1970~2025 통계로 본 물가 55년사

종합 물가총람®

사단법인 한국물가정보

AI 대전환의 시대, 데이터로 물가의 미래를 읽다

존경하는 독자 여러분, 안녕하십니까?

사단법인 한국물가정보가 『종합물가총람』 2025년판을 새롭게 선보이게 되어 매우 뜻깊게 생각합니다. 지난 반세기 동안 우리 기관은 국가 경제의 기초자료로서 물가 정보를 조사하고 축적해 왔습니다. 그동안 축적된 방대한 데이터는 한국물가정보의 역사이자, 곧 대한민국 물가 변동의 기록이기도 합니다. 이번 2025년판은 그러한 55년의 데이터 흐름 위에서, 한 단계 더 나아간 기술적 진화를 담았습니다.

최근 세계 경제는 높은 인플레이션, 글로벌 공급망 재편, 그리고 급속한 기술 변화라는 세 가지 축 위에서 움직이고 있으며, 물가의 흐름은 과거 어느 때보다도 예측하기 어려운 시대를 맞이하고 있습니다. 이러한 환경 속에서 물가는 단순한 경제 지표를 넘어, 사회·산업 전반의 방향을 가늠하는 중요한 나침반이 되고 있습니다.

특히 AI(인공지능)와 빅데이터 기술이 주도하는 새로운 경제 패러다임이 등장하면서, 물가의 개념과 분석 방식 또한 근본적인 전환점을 맞고 있습니다. 과거에는 '기록'과 '비교'의 영역에 머물렀다면, 이제는 AI가 방대한 데이터를 실시간으로 분석해 '예측'과 '통찰'의 단계로 나아가고 있습니다. 한국물가정보는 이러한 흐름 속에서 AI 기반 분석체계와 데이터 융합 플랫폼을 강화하며, 물가 정보 서비스를 한층 고도화하고 있습니다.

(사)한국물가정보는 지난 55년간 우리 경제의 물가 변동을 조사·기록하며, 합리적인 가격정보 제공을 통해 국가경제의 기초를 다져왔습니다. 이번 『종합물가총람』은 1970년부터 2025년까지의 주요 품목별 물가 흐름을 연도별로 비교하고, 각 시기의 경제적 배경을 심층적으로 반영하였습니다. 또한, 그간 축적된 빅데이터에 AI 기술을 접목하여, 단순한 통계집을 넘어 '예측 가능한 물가정보 플랫폼'으로 발전하기 위한 첫걸음을 담고 있습니다.

한국물가정보는 앞으로도 기술 변화와 시장 환경의 변화를 기회로 삼아, 더 정확하고 신뢰할 수 있는 물가정보 서비스를 제공하겠습니다. 물가 분석의 전문기관을 넘어, AI와 데이터 혁신을 선도하는 경제정보 플랫폼으로 성장해 나가겠습니다.

끝으로, 지난 반세기 동안 (사)한국물가정보와 함께해 주신 독자 여러분께 깊은 감사의 말씀을 드립니다. 앞으로도 물가의 흐름을 읽고, 미래의 변화를 예측하는 든든한 동반자가 되겠습니다.

2025년 11월

발행인 노승권

1970-2025
| 통계로 보는 물가 55년 史 |

CONTENTS

CONTENTS

Ⅰ. 주요 건자재 물가

Ⅱ. 공공·서비스요금

1. 노임단가

2. 공공요금

3. 생활물가

4. 운임

5. 기타

Ⅲ. 주요 경제 통계

"가격이 말하는 시대의 구조 변화"

1970~2025 AI가 분석한 한국경제 55년

서론 : 성장의 역사에서 '가격의 역사' 로

1970년대 초, 1인당 국민소득이 300달러에 불과하던 시절 한국은 산업화를 향한 '성장 지상주의' 에 매진했다. 그로부터 55년이 지난 2025년, 한국경제는 GDP 2조 달러, 1인당 소득 4만 달러의 고소득 경제로 도약했다. 그러나 그 과정은 단순한 성장의 연속이 아니라 '가격이 변하며 구조가 바뀐 시대' 였다. 화폐·물가·임금·자재비·공공요금이 모두 급등하며 소득 구조와 생활비, 자산시장, 생산비용까지 모든 경제 영역이 인플레이션의 축 위에서 재편되었다.
이번 분석은 세 개의 축, 즉 ① 주요 경제지표, ② 공공·서비스요금, ③ 건설자재가격을 통해 1970년부터 2025년까지의 가격변동과 구조적 변화를 추적했다.

거시경제의 흐름 : 팽창하는 통화, 팽창하는 자산

1) 1970~1990년대 : 고도성장의 시기

경제지표 분석에 따르면 1970~1990년대는 실물성장 중심의 고도성장기였다. 제조업과 수출이 급증하며 GDP가 폭발적으로 늘었고, 화폐발행액은 1970년 대비 약 2,000배, 외환보유액은 1,000배 이상 확대되었다. 이 시기 인플레이션은 평균 15% 내외였지만, 소득 상승 속도가 이를 앞질러 '물가보다 소득이 빠른 시대' 였다. 생활비 부담은 있었으나, 전반적 체감은 '성장으로 해결되는 물가' 였다.

2) 2000~2010년대 : 금융자유화와 자산경제의 형성

IMF 외환위기 이후 한국은 금융개방과 자본시장 확대로 전환했다. 그 결과 통화·자산 중심 경제가 본격화되었다. 화폐발행액은 1970년 대비 12만 배, 외환보유액은 6만 배 증가했고, KOSPI는 1970년 53.8에서 2025년 3,183.79 수준으로 상승했다. 물가와 자산가격이 동반상승하며, '성장률보다 자산이 더 빨리 오르는 시대' 가 시작되었다. 이 시기부터 부동산·주식 등 금융자산이 실물경제보다 가계부의 중심 지표로 자리 잡았다.

3) 2020~2025년 : 인플레이션의 귀환

팬데믹 이후 공급망 교란, 에너지·곡물 가격 상승, 환율 급등이 겹치며 소비자물가지수(CPI)는 24배, 생산자물가지수(PPI)는 16배 상승했다. '저물가 시대의 종언' 과 함께, 한국경제는 저성장·고물가·고자산 가격의 삼중구조에 들어섰다.

공공·서비스요금 : 체감물가의 중심, 생활비의 구조적 상승

1) 1970~1990년대 : 성장의 그림자, 낮은 공공요금

산업화 초기, 전기·수도·교육·교통요금 등은 정부의 통제 아래 인위적으로 낮게 유지되었다. 이는 경제성장과 수출경쟁력 유지를 위한 정책적 선택이었다. 그러나 공공요금의 억제는 생산비용을 왜곡시키고 장기적으로 누적된 인상 압력을 초래했다. 1980년대 후반부터 공공요금 현실화 정책이 본격화되며 생활비 체감 상승이 시작되었다.

2) 2000~2020년대 : 생활비 시대의 도래

공공·서비스요금 데이터에 따르면 1970~2025년 동안 평균 150배 상승(연평균 +9.54%)했다. 특히 임금·노무비 항목이 가장 빠르게 상승했는데, 보통인부·특별인부·콘크리트공·배전전공 등의 임금이 55년간 평균 30,000% 상승했다. 이는 단순한 물가 상승이 아니라 노동공급 감소, 근로시간 단축, 숙련노동 인력난이 장기적으로 축적된 결과다. 노동비용은 이제 단순 '생산요소' 가 아니라 공공서비스 단가를 결정하는 핵심 요인이 되었다.

건설자재가격 : 산업화의 지표에서 인플레이션의 상징으로

1) 철강·비철금속의 장기 상승

1970~2025년 건설자재 평균가격은 47배 상승했다. 특히 철근, H형강, 열연강판 등 철강류의 상승폭이 두드러졌다. 1970년대엔 산업화의 핵심소재였지만, 이제는 공사비 상승의 직접 원인이자 인플레이션의 대표 변수다. 2000년대 이후 중국의 폭발적 수요, 2020년대 팬데믹으로 인한 공급망 차질이 가격 급등을 이끌었다. 이는 건설업계뿐 아니라 전력, 기계, 조선 등 산업 전반의 원가구조를 뒤흔드는 요인이 되었다.

2) 골재·시멘트의 완만한 상승

모래, 자갈, 시멘트 등은 1970년 대비 20~30배 상승했다. 상대적으로 완만한 이유는 국내 자급률이 높고, 재활용 기술이 확산되었기 때문이다. 다만 2010년대 이후 지역별 수급 불균형, 환경규제 강화로 인해 운송비와 채취단가가 급등하며 가격 압력이 다시 커지고 있다.

3) 자재가격과 경제순환

건설자재가격은 단순한 원자재 지표가 아니라 경기순환의 바로미터다. 가격 상승기는 경기과열기와 일치하고, 하락기는 건설투자 위축과 함께 나타났다. 2020년대의 자재가격 급등은 실물부문에서 인플레이션이 가장 강하게 드러난 사례로 평가된다.

종합 해석 : 55년, 가격이 말하는 구조의 변화

1) 가격의 상승은 성장의 부산물이자 구조 전환의 증거

성장 없는 인플레이션은 위기지만, 한국의 경우 성장을 통해 인플레이션을 흡수하며 산업·금융·노동 구조를 진화시켰다.

2) 공급보다 비용 중심의 경제로 이동

1970~80년대는 생산성 중심의 경제였지만, 2000년대 이후는 비용·임금·금융 비중이 높아진 구조다. 즉, '생산경제에서 비용경제로' 의 전환이다.

3) 물가안정 정책의 한계와 방향성

공공요금 억제, 금리인상, 유가정책 등 전통적 수단만으로는 비용 구조의 근본적 변화를 제어하기 어렵다. 기술·에너지 효율화, 노동생산성 향상, 공급망 안정화가 실질적 물가안정의 핵심이다.

4) 인플레이션의 사회적 재편 효과

가격 상승은 부의 재분배를 유발했다. 자산보유층은 상승의 수혜를, 임금 근로자층은 실질구매력 하락의 부담을 겪었다. 이는 향후 복지·조세·임금정책 전반의 핵심 변수로 작용할 전망이다.

“상승의 속도는 둔화, 불균형은 심화”

AI가 예측한 한국경제의 미래

AI 예측모델이 과거 1970~2025년 데이터를 기반으로 추정한 결과, 향후 15년(2026~2040)은 전반적인 상승세는 이어지되 상승 속도는 둔화될 것으로 예상된다. 그러나 물가·임금·자산가격 간의 불균형은 오히려 심화될 가능성이 높다. AI 시뮬레이션 결과 2026~2040년에는 경제지표 평균 상승률은 +5.5%, 공공요금은 +4.3%, 자재가격은 +3.8% 수준으로 낮아질 것으로 추정된다. 이는 고성장기의 ‘물가와 성장의 동행’ 이 끝나고, 이제는 ‘물가와 소득의 괴리’ 가 확대되는 구조로 전환되고 있음을 의미한다.

AI 예측 ①

통화·금융 부문 : 완만한 통화 팽창과 ‘유동성의 분화’

화폐발행액과 통화량(M2)은 2020년대의 과잉 유동성 국면을 지나 2040년까지 연평균 3~4%대의 완만한 증가세를 유지할 것으로 보인다. 한국은행의 긴축·완화 사이클이 짧아지고, 디지털화폐(CBDC) 도입이 본격화되면 화폐의 총량보다 ‘유통 속도’ 가 경제 변수로 부상한다. 이는 자산가격을 크게 끌어올리진 않지만, 자본이 특정 영역(부동산·주식·신기술)에 집중되는 ‘유동성의 불균형 시대’ 가 이어질 가능성을 시사한다.

AI 예측 ②

공공요금·생활비 : 임금·에너지비 중심의 압력 지속

공공서비스요금은 정책적 통제 하의 점진적 상승이 전망된다. 다만, 인건비와 에너지 단가가 지속적으로 상승하면서 생활비 체감 인플레이션은 공식지표보다 높게 유지될 것으로 보인다. AI의 예측(2026→2040)에 따르면 공공서비스요금은 평균 +65% 상승, 전기·가스요금은 +80~100% 상승, 교통요금(자동차·철도 등)은 +70% 상승할 것으로 예측된다. AI 모델은 특히 노동집약적 서비스업(운수·전력·보수 분야)의 비용 상승을 2040년까지 물가를 이끄는 주된 요인으로 제시한다. 이는 단순한 물가가 아니라 ‘노동비용 인플레이션’ 의 지속이다.

AI 예측 ③

건설자재 : 자재가격은 안정, 친환경 전환이 변수

AI가 분석한 건설자재가격의 장기 트렌드는 안정적이나 편차가 큰 ‘요동형 추세’ 다. 2020년대 중반 이후 원자재 공급망이 회복되면서 2026~2030년 사이에는 일시적 하락세가 예상되지만, 2035년 이후 탄소배출 규제와 친환경 원자재 확대로 다시 상승세로 돌아설 가능성이 높다. AI의 예측에 따르면 철근은 톤당 85만원(2026) → 2035년 115만원 → 2040년 130만원, 시멘트는 1포대 8,000원(2026) → 2040년 11,000원으로 예측되며 이는 ‘가격 자체보다 변동성 관리’ 가 건설시장 안정의 핵심이 될 것이다.

정책적 시사점 : 가격 안정이 곧 경쟁력

1) 공공요금·자재비의 구조적 관리 필요

단기적 가격 통제보다 장기적 '비용 효율성 정책' 이 중요.
에너지 효율, 물류 개선, 노동생산성 향상이 핵심 변수.

2) 노동시장 개혁 = 인플레이션 완화정책

숙련 인력 부족과 임금 상승이 물가를 자극하므로 고령층 재고용, 자동화 보조정책이 필요.

3) 통화정책의 미세조정 체제 필요

대규모 금리조정보다는, AI 기반 실시간 유동성 모니터링 체계 구축이 요구됨.

4) AI와 데이터경제의 활용

정부와 기업은 '데이터로 가격을 읽는 능력' 이 향후 10년의 경쟁력이 될 것이다.
AI 가격 예측 시스템을 공공정책과 산업계 의사결정에 결합하는 것이 중요하다.

결론 : AI가 제시하는 2040년의 키워드는 '균형의 시대'

1970~2025년이 '성장의 시대' 였다면, 2026~2040년은 '균형의 시대' 가 될 것이다. 성장률은 낮아지고 물가 상승은 완만해지겠지만, 가격의 구조적 불균형 즉 통화, 임금, 원자재, 공공요금 간의 비대칭은 더욱 복잡해질 전망이다. 다음 15년의 경제는 가격이 아니라 구조가 만든다. 인플레이션은 끝나지 않지만, 그 속도보다 '균형을 잡는 능력' 이 우리나라 경제의 진짜 경쟁력이 될 것이다.

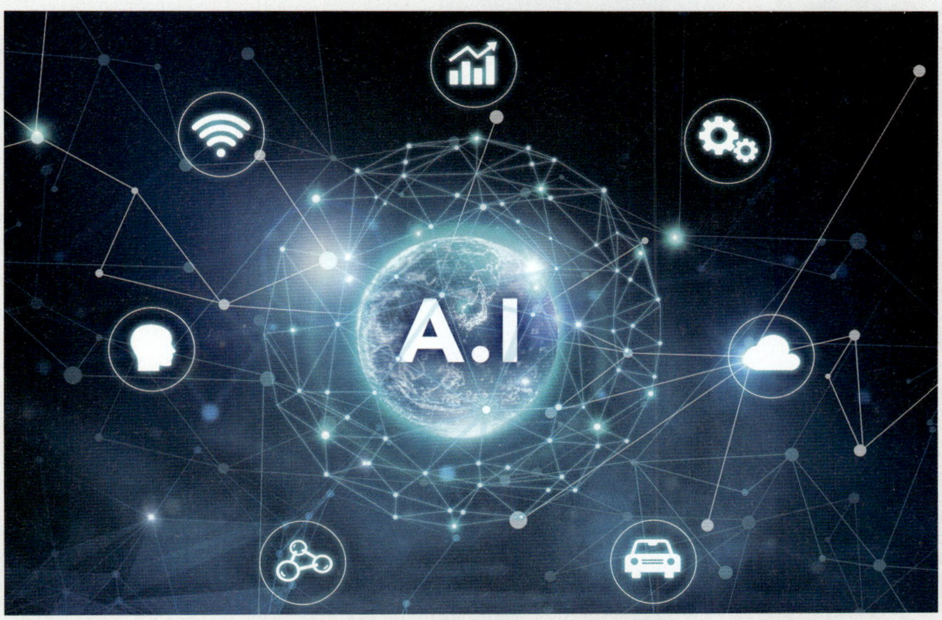

표지로 보는 since 1990
〈종합물가총람〉 발간 史

1990

● 창간호

1995

2000

2005

2010

2015

2020

2025

Chapter 01.

Contents

Ⅰ. 주요 건자재 물가

※본편 調査價格의 성격
▶ 조사가격은 매년 12월호(2025년 10월호)를 기준하였음. 1979년 이후는 부가세 별도 가격임. (농수산물은 비적용)

다품종·소량 건설 시대의 아파트와 DIY

이번 종합물가총람〈주요 건자재 물가〉에서는 특집으로 '시대에 맞춰 변화하는 건축자재 환경'에 관한 칼럼을 준비했다. 이 칼럼에서는 세면대 부품 하나를 교체하지 못해 겪는 불편을 통해 곧 한국 주거가 맞닥뜨린 현실을 비춘다. 주거가 다양해질수록 DIY 기반의 새로운 관리 시스템이 요구되고 있는 가운데 향후 건축자재 시장이 어떻게 변화해갈지 소개해볼까 한다.

한번은 욕실 세면대가 물을 내려보내지 못한 적이 있었다. 원터치 팝업 트랩 마개가 눌려 다시 튀어나오지 않았다. 반복해 누르는 것으로 닫혔다 열리기를 반복 작동해야 하는데, 마개가 끼어 팝업(pop up)되지 못한 것이다. 유튜브에 간단한 대처 방법이 있다고 해서 따라 했다가 모두 실패했다. 너무 쉽게 해서 낙관했었지만.

귀찮아서 저절로(?) 해결되지 않을까 망설이는데, 이게 여간 불편한 게 아니었다. 단지 세면대 물이 내려가지 않는 것뿐인데, 온 신경이 세면대로 가기 시작했다. 결국 주방 싱크대를 이용하던 이틀 만에 한계점이 왔다. 세면대 밑으로 들어가 트랩을 분해하기로 했다. 전문가를 부르기엔 사안이 너무 가벼워 보였기에 이 방법밖에 남지 않았다고 생각했다. 미국에선 추석에 가족들끼리 옹기종기 앉아 '집안에 의사나 변호사보다 배관공 한 사람쯤 있어야 한다'는 덕담을 주고받는다고. 믿을 수 없는 소식통에 의한 말이니 믿거나 말거나…….

어쨌든 집에 있는 온갖 도구들을 다 꺼내 트랩을 분해한 후 긴 드라이버(가지고 있는 줄도 몰랐던)와 망치를 이용해 마개를 강제로 밀어냈다. 역시나 망가져 있었다. 생각보다 쉽게 해결됐다고 생각하고 새 걸로 주문하려고 하는데, 새로운 장애물이 놓여 있다는 걸 알게 됐다. 알맞은 부품을 주문하는 것이다.

많은 부품이 규격화·표준화되어 다양하게 선택(?)할 수 있다지만 아무래도 순정품보다 더 나을 수 없다. 그래서 순정품을 찾아보려고 하면 그게 또 쉽지 않다. 오래돼서 절판된 경우도, 어떤 제품인지 알아볼 수 없는 경우도 허다했다. 조금 내려놓고 같은 규격의 대체품을 찾으려고 했는데 그것도 만만찮다. 어느 규격이 일치해야 하는 건지 알 수 없었다. 구경(口徑)은 맞는데 길이가 다르거나 하는 등의 이유로 석연치 않았다. 손해 볼 생각하고 주문해야 하나?

통계청에서 발간한 《센서스 100년 한국의 주택》(2025)을 보면 1970년부터 2020년까지 주택 유형의 추이를 살펴볼 수 있다. 특히 1970년에 0.7%에 불과하던 아파트가 2020년엔 62.9%로 치솟고, 반면에 단독주택은 93.7%에서 21%로 곤두박질친다. 다가구주택을 포함한 수치이다. 2020년 연립·다세대 주택의 수치를 아파트에 포함해 공동주택으로 추산하면 77.8%이다. 한국인들은 대부분 공동주택에 살고 있다고 말할 수 있을 정도이다. 주목할 부분은 빈집 항목인데 1970년엔 1.7%였던 것이 2015년부터 빠르게 증가해 6.5%, 2020년엔 8.2%에 이른다. 주택이 남는다고? 가구당 주택 보급률(2005~2023)을 보면 이해된다. 2023년 전국 기준 102.5%, 서울 93.6%에 이른다. 물론 '1

인 가구의 증가세'와 '살만한 주택의 보급'이라는 측면에선 한국인에게 필요한 집이 모두 충족되었다고 볼 수는 없다. 하지만 이런 수치만 보더라도 과거 대규모로 추진된 아파트 건설·보급 방식은 크게 달라질 수밖에 없다고 생각한다. 살 집이 부족해 대량으로 찍어 내던 방식에서 탈피해 살만한 집을 지어야 할 테니까.

이 얘기는 과거 주택(상대적으로 그 수가 적은)에 우리의 삶을 끼어 맞추던 것에서 반대로 개별적 욕구를 적극적으로 충족하는 주택이 만들어질 수 있는 환경이 마련됐다고밖에 볼 수 없다. 그래서 재개발이 진행될 기존 대단지 역시 좀 더 작은 섹터로 구분되어 다양한 유형이 되지 않을까 싶은 것이다. 얼마 전 한 건설회사에서 '넥스트 홈'이라는 개념을 내놓았다. 가변형 벽(넥스트 월), 움직이는 가구(넥스트 퍼니처) 그리고 기성 제작 화장실(넥스트 배스)로 공간을 소비자의 욕구에 맞춰 최적화(customize)하겠다는 취지이다. 이 역시도 수요자들의 욕구를 맞추려는 노력이라고 생각한다.

대단지 아파트는 소품종 대량 생산을 대표하는 제품이다. 우리는 몇몇 건설회사가 브랜드를 내걸고 비슷한 모델을 전국적으로 '복·붙(복사·붙여넣기)'하던 역사가 있다. 그런 아파트가 여러 가지 이유로 변화를 예고하고 있다. 다양한 선택이 가능한 아파트로. 반려동물을 위한(반대로 반려동물이 없는 단지도), 자발적 히키코모리를 위한, 캠핑카·족(族)을 위한, 대가족을 위한 메자닌(mezzanine) 아파트 등으로. 정리하자면 작은 단지 다품종 소량 건설의 아파트로 바뀌어 갈 것으로 예상된다는 것이다.

그런 이유로 아파트 거주민에겐 개성 있는 공간에 사는 대신 관리 측면에서 조금 까다로워질 수도 있을 것 같다. 다품종 소량 건설 시대에는 대기업보다는 중소기업의 가구나 자재가 채택되어 개체 수가 폭발적으로 늘어나지 않을까, 싶은 것이다. 게다가 지금은 관리사무소에 연락하면 가벼운 보수나 수리 정도는 해주고 있지만, 이 역시 점차 힘들어질 것 같다. 전엔 무상 서비스였던 모든 노동에 가격이 매겨지는 건 시간문제니까. 그리고 그 서비스가 여전히 유지된다고 해도 노후로 인한 대부분의 관리는 필연적으로 거주민의 몫이며, 자연스럽게 스스로 해결해야 하는 DIY(Do It Yourself)가 더 필요해질 것이다.

전문적인 기술이 필요하지 않은 소소한 부품의 교체에만 집중해서 생각해 보자. 그 많은 부품 중에 적당한 것(가급적 순정품)을 찾아서 대체하는 방안과 부품을 생산하는 업체 시점에서도 소량의 희소성 있는 부품을 유지·제공하는 시스템이 필요하다. 어느 정도 분위기는 조성되어 있다고 생각한다. 하나로 모을 필요가 있다.

다양한 주거 욕구에 맞춰 아파트도 다품종 소량 건설되고, 이에 따라 자재 역시 다품종 소량 생산될 거라고 예측했다. 자연스럽게 거주민 스스로 주택을 관리하는 DIY가 요구되고, 어느 정도 분위기도 마련됐다고 말했다. 세 가지를 들 수 있는데, 그 첫 번째가 건설 분야에 적용될 BIM이다.

다품종 소량 생산은 일반적으로 소품종 대량 생산에 비해 가지 수가 많다. 적절한 관리는 정확한 진단과 처방이 기본이다. 기존의 관리 체계에선 어딘가에 문의해야 하거나 엄청난 시간과 노력을 투자해야 한다. 그러고도 찾을 수 없는 경우는 허다하다. 있어도 찾을 수 없는 건 없는 거나 다름없다. 그런데 BIM 설계가 적용된 건물은 얘기가 다르다. 우선 BIM은 'Building Information Modeling'으로 '빌딩 정보 모델링' 즉 '정보가 3D 모델링에 적용된 건물'을 의미한다. 더 쉽게 얘기하면 계획·설계 단계부터 3D 모델링을 매개로 시공, 운영 및 유지·보수에 이르는 전 생애주기 정보를 통합적으로 관리하는 시스템을 말한다. 예를 하나 들어보자. 발코니가 있다. 기존 도면에서는 바닥에 패턴을 적용해 타일을 시공할 때 대략 몇 제곱미터 자재가 필요하다는 정보까지 얻을 수 있다. 그런데 BIM의 3D 모델링은 훨씬 상세한 정보(메타 데이터)를 담을 수 있다. 어느 회사의 어떤 타일이 몇 박스(안전율까지 고려한)가 시공되었다는 것부터, 전체 공정 중 어디에 해당하며, 얼마만큼 여분으로 남을지도 기록할 수 있다. 게다가 시방서 파일까지 첨부하면 시공 방법도 참고할 수 있게 된다. 그러니 세면대는 어느 회사의 어떤 제품이고 트랩 마개의 제품명과 제품 번호까지 정확히 확인할 수 있다. 이런 측면에서 BIM의 3D 모델링은 게놈 지도(Genome Map)와 많이 닮았다고 생각한다. 게놈 지도는 질병과 관련된 유전자를 찾아내고 그 기능을 분석하는 데 필수적이고, 이를 통해 질병 진단, 치료법 개발, 신약 개발 등의 대응이 가능하기

때문이다. '찾아서 유지·관리하는 대응'이 가능하게 하는 것이다. 다만 이 BIM 데이터(3D 모델링)가 누구에게, 어느 정도로, 어떤 방식으로 공개될지는 고민이 필요하겠다.

필요한 트랩 마개를 알아냈다. 그런데 구매하려고 여러 온라인 유통 플랫폼에 확인해도 제품을 찾을 수 없다면? 제조사에 문의해도 십수 년 된 제품이라 구할 수 없다는 답이 돌아온다면? 대체품을 찾아야 한다.

트랩 마개도 스펙을 가진다. 재질이나 내경, 외경, 길이 등이 포함될 것이다. BIM 시스템에 트랩 마개의 제품 정보가 입력되어 있다면 스펙에 대한 정보 역시 '표준화된 파일'로 업로드되어 있어야 한다고 생각한다. 이미 그런 분야가 있다. 조명 회사에서 조명을 만들 때 IES(Illuminating Engineering Society) 파일도 함께 만드는데, 해당 조명의 배광 정보를 담은 '표준화된 텍스트 파일'이다. 조명이 빛을 어떤 방향으로 얼마의 힘으로 발산하는지에 대한 정확한 측광(photometric) 데이터를 제공하는 것이다. 조명의 전체 광속(루멘), 수직각 및 수평각에 따른 광도 분포, 색온도, 조명의 물리적 크기 역시 포함하고 있다. 사실상 해당 조명의 거의 모든 물리값을 포함한다고 해도 과언이 아니다. 그래서 실제 크기의 3D 공간 안에서 어떻게 빛을 발하는지 시뮬레이션 할 수 있는 데이터를 제공하는 것이다. 이 IES 파일은 대부분의 조명 회사 사이트에서 다운로드를 할 수 있는데, ERCO나 BEGA와 같은 세계적인 회사에서는 IES 데이터가 적용된 3D 모델까지 내려받을 수 있다. IES 파일처럼 건설 자재의 스펙을 표준화된 텍스트 파일로 만들면 여러 방면에서 효용성이 증대될 수 있을 것 같다. 이렇게 되면 드래그 앤 드롭(drag & drop) 기술을 적용해 시너지 효과도 얻어낼 수 있다. '드래그 앤 드롭'은 이런 것이다. ERCO의 조명(ies 파일이 적용된 3D 모델)을 웹사이트에서 '선택·드래그'해, 내 작업 환경(3D 모델링 앱)으로 '드롭' 해 적용할 수 있다. 웹사이트와 특정 앱 사이를 '표준화된 파일'로 호환하는 것이다. 앱 내에서 실제 조명이 갖는 기능은 모두 가능하다. 관절(joint)을 움직여 타겟을 조정하거나, 디머(dimmer)를 조절해 밝기를 조정하는 모든 것이 가능하다. 만약 내 세면대의 BIM 3D 모델을 열어놓고 트랩 마개를 제조하는 업체의 웹사이트에서 비슷한 제품을 '드래그 앤 드롭' 할 수 있도록 하면 어떨까? 스펙 파일 간의 비교는 AI에게 맡기고 사용자는 눈으로 호환되는지 아닌지만 확인하면 그만이니까. 또는 직접적으로 스펙 파일을 AI 창에 올려서 호환되는 제품을 추천받을 수도 있겠다. 새로운 기술은 필요 없다. AI, BIM, '드래그 앤 드롭'이면 꽤나 유용한 DIY 플랫폼이 마련될 수 있을 것 같다.

유통(제작) 업체의 시점에서 바라보자. 오래된 제품, 그것도 다품종 소량 생산에 의한 제품. 가지고 있다가 팔 수 있는 확률이나 이익률은 얼마나 될까? 남는 장사일까? 남아야 소량 생산하고도 오랫동안 가지고 있을 수 있다. 이런 걱정의 기저에는 우리가 잘 아는 '80대 20 법칙'이 있다. 이탈리아 경제학자 파레토가 주장한 '부의 80%는 인구의 20%가 소유한다'는 것인데, 이에서 파생하여 '불량품의 80%는 20%의 잘못 때문에 발생한다', '프로젝트 전체의 20%가 시간과 에너지의 80%를 차지한다' 그리고 '매출의 80%는 20%의 상품에서 나온다' 등으로 확대 적용하고 있다.

예를 들어 작은 소매점은 과자, 아이스크림, 음료가 수익의 대부분(80%)이고, 나머지가 20%를 차지한다는 것이다. 몇 년에 한 번 팔릴까 말까, 하는 양초와 같은 건 그냥 구색 갖추기 위함이라는 것이다. 소품종 대량 생산을 설명할 땐 잘 들어맞는다. 그런데 다품종 소량 생산은

이와 정반대이니 수지가 맞을 수 없다고 생각하기 쉽다. 하지만 지금은 그렇지 않다.

'롱테일(Long Tail) 현상'이라고 있다. 우메다 모치오의 저서 《웹 진화론》(2006)을 보면 책 판매량에 비교해 설명하고 있다. 여기선 2024년 교보문고의 베스트 셀러를 예로 들어보자. 1위 《소년이 온다》, 2위 《채식주의자》, 3위 《작별하지 않는다》였다. 공교롭게도 모두 한강 작가의 책이다. 가로축과 세로축이 있는 그래프를 그려보자. 가로축에는 좌측부터 판매량 순으로 '소년', '채식', '작별' 등을 표시(권당 5mm)하고, 세로축에는 아래부터 판매 부수를 표시(1,000권당 5mm)해 눈금을 매긴다. 2024년 한 해 출간된 신간이 대략 6만 4천여 종이고, '소년'이 노벨상 수상 전 57만 권, 수상 이후 120만 권 정도가 팔렸으니 2025년 기준 대략 200만 권이라고 추정해 보자. 가로 3.2km, 세로 100m의 거대한 그래프가 만들어진다. 도서 판매 부수는 1위부터 10위까지 엇비슷해 완만한 경사를 이루다가 갑자기 뚝 떨어져 판매 부수가 1권이 되는 도서까지 거의 가로축과 나란히 붙어서 갈 것이다. 이 점들을 이어 붙이면 거대한 공룡의 엉덩이에서부터 '긴 꼬리'를 그린 것 같은 모양이 된다.

매장에 진열할 필요 없는 창고형 유통 플랫폼 시대. 전국 여러 창고 중 어느 곳 하나라도 있으면 웹사이트에 '있음'으로 표시할 수 있다. 게다가 할인할 필요도 없고, 오히려 가격을 조금 더 올려붙일 수도 있다. 다시 말해 전통적인 엉덩이 부분이 아닌 꼬리 부분에서 수익을 올릴 수 있다는 것이다. '롱테일' 수익 구조를 추구하는 기업이 바로 아마존과 구글이다. '롱테일'이 '엉덩이'보다 더 수익이 좋다는 얘기는 아니다. 다만 '롱테일 현상'을 보더라도 다품종 소량 생산의 시대에 네트워크가 닿아 있다면 소량 생산 제품도 수익을 내고 유지될 수 있다고 말하고 싶었다. 다시 말해 '희소성의 경제학' 측면에서 가능하다는 것이다.

그래도 없다면? 직접 만드는 수밖에. 그러기 위해선 전제가 필요하다. 제품을 생산 중단하는 업체에선 대체 제품을 만들거나 그럴 환경이 되지 않는다면 소비자를 위해 도면을 공증 기관에 위탁하는 것이다. 이 역시 BIM 시스템을 이용할 수 있다. 해당 제품 도면(업체 위탁한)을 링크 걸고, '공증된 기관'이 관리하고, 3D 프린트 업체와 연결하는 것이다. 제품 도면은 아무래도 저작권이 있기 때문이다. 업체는 도면에 3D 프린트를 대비해 여러 주의 사항을 기록(시방서)해 두는 것도 좋겠다.

이렇게 소소한 자재를 찾기 위해 애쓰는 이유는 명확하다. 발코니 타일이 일부 깨졌는데 같은 제품을 구하기 어려워 전체를 새로 시공해야 한다거나 더럽혀진 벽지를 구하기 어려워 전부 새로 시공해야 할 때, 싱크대 상판만 교체하고 싶을 때, 낭비하지 않고 현명한 소비를 하기 위해서이다.

자재 하나하나 어떻게 신경 쓰냐며 그런 건 소모품이라고 한다면 할 말은 없다. 하지만 현관 옆 콘솔에 떨어지는 포인트 조명을 갈아 끼울 때 적당한 제품을 알려줄 수 있는 건설회사가 더 믿음직스러운 건 분명하다. 자재 아까운 줄 아는 거니까.

한참 만에 욕실에서 나온 노모께서 근심 가득한 표정으로 말씀하신다. 아파트가 십수 년을 훌쩍 넘겼으니 이제 이사 가야 하는 건가, 하고. 사정을 들어보니 욕실 천장에서 물이 새고 있다는 것이다. 사람 사는 실내로 물이 샌다는 건 심각한 거니까. 그럴 수 있다. 그런데 실상을 알고 나면 좀 머쓱해진다. 욕실 천장 위로는 윗집 욕실 배관이 지나간다. 배관이 연결되는 부위마다 고무 패킹이 있다. 새지 말라고. 그 고무 패킹이 오래되면 딱딱해지다가 깨지기 쉽다. 아파트 관리실에 말하면 돈도 받지 않고 금방 해결해 준다. 그런데 앞으로도 그럴 수 있을까? 잘은 모르겠지만 앞으로 이 정도는 스스로 해결할 수 있어야 한다고 생각한다.

미국 대형 마트에 가면 스스로(DIY) 썩은 이를 빼거나 구멍 난 곳을 때울 수 있는 키트(kit)가 있다고 한다. 우린 그 정도까진 가지 않았으면 한다. 다만 트랩 마개 정도를 바꾸거나 구형 전등을 LED 전구로 바꿀 수 있는 정도에서 합의(?) 봤으면 좋겠다.

이석용

건축학자, 소설가와 동화 작가로도 활동 중이며 「건축, 교양이 되다」, 동화 「마녀 바라쿠다의 정원」, 소설 「파파라치」 등을 썼다.

철근

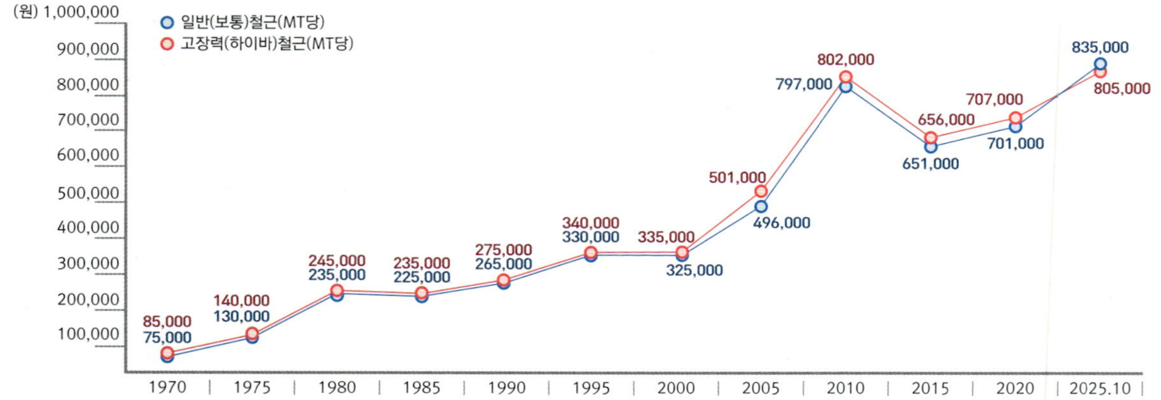

※ 규격 : D10mm

형강

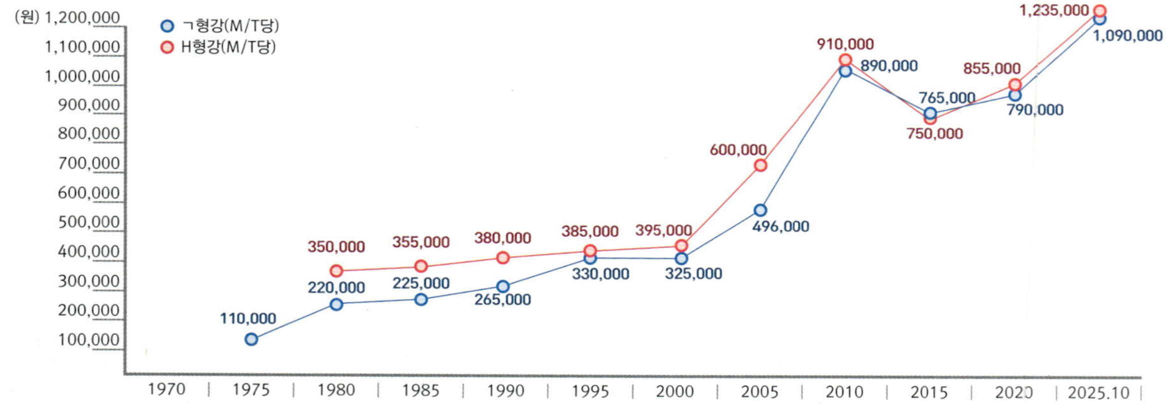

※ 규격 : ㄱ형강 : 50x50mm, H형강 : 100x100x6x8mm

열연강판·냉연강판

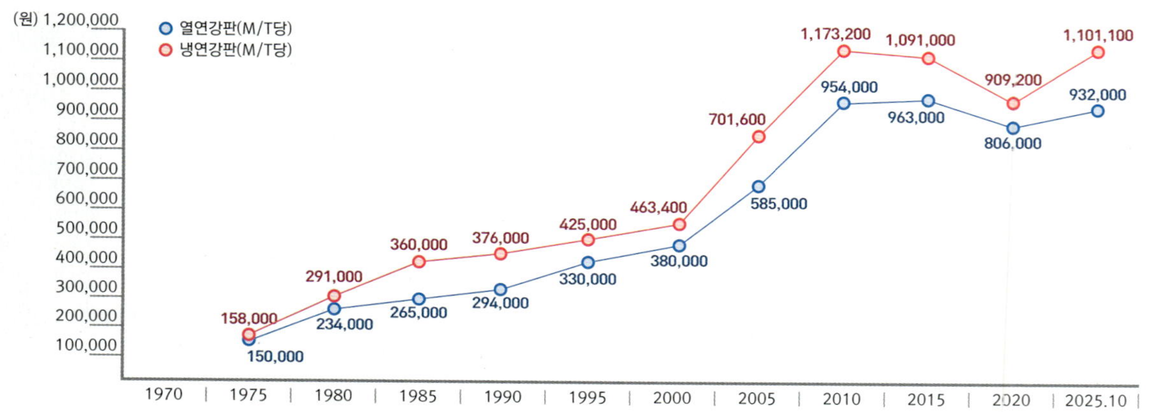

※ 규격 : 열연강판(4.5≤T<6.0㎜), 냉연강판(1.00≤T≤1.75㎜)

니켈·마그네슘

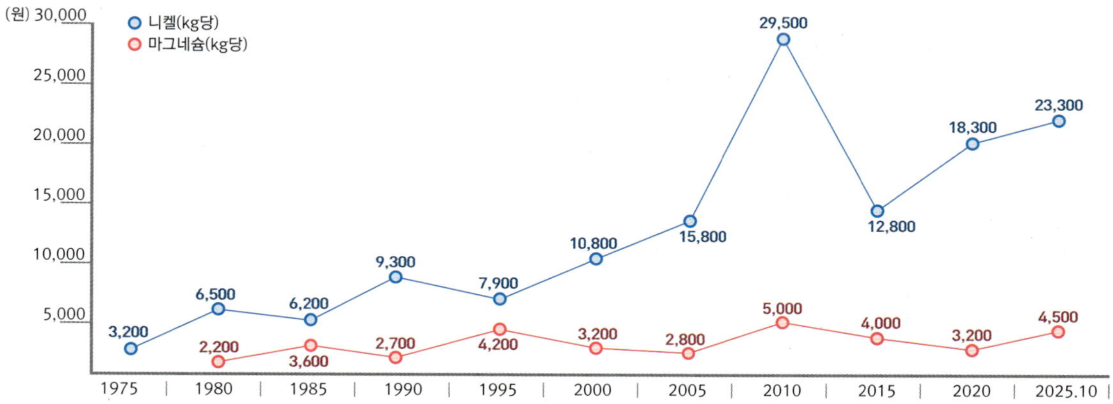

자갈·모래

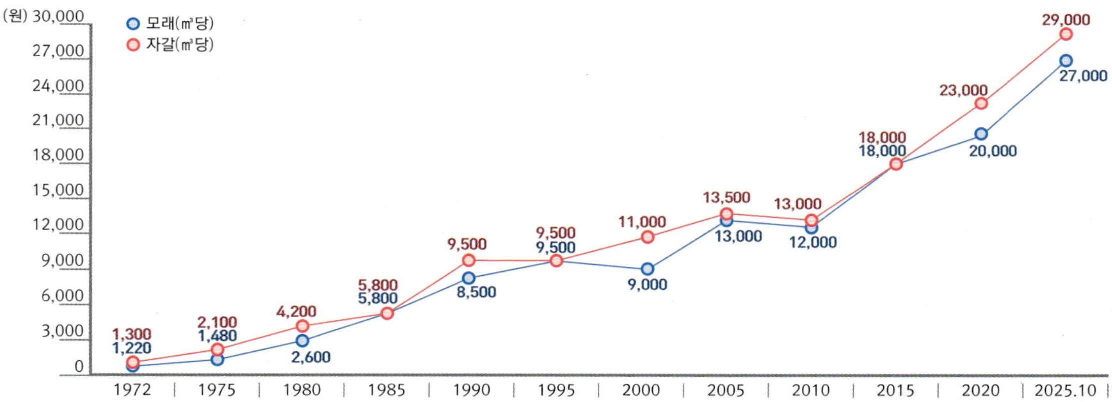

※ 규격 : 자갈(25㎜), 모래(세사)

시멘트·레미콘

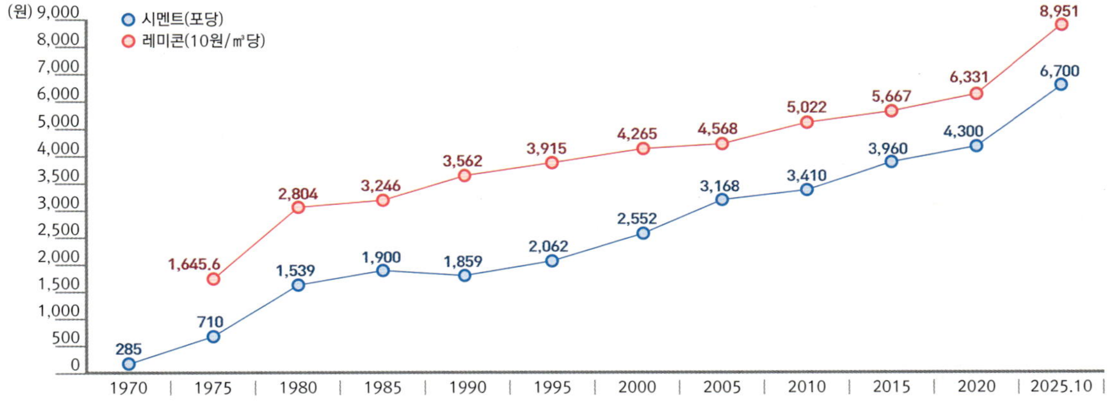

※ 규격 : 시멘트(40㎏入), 레미콘(18MPa, 12㎝, 25㎜, 레미콘 시작년도는 1978년도임)

돌망태·콘크리트경계블록

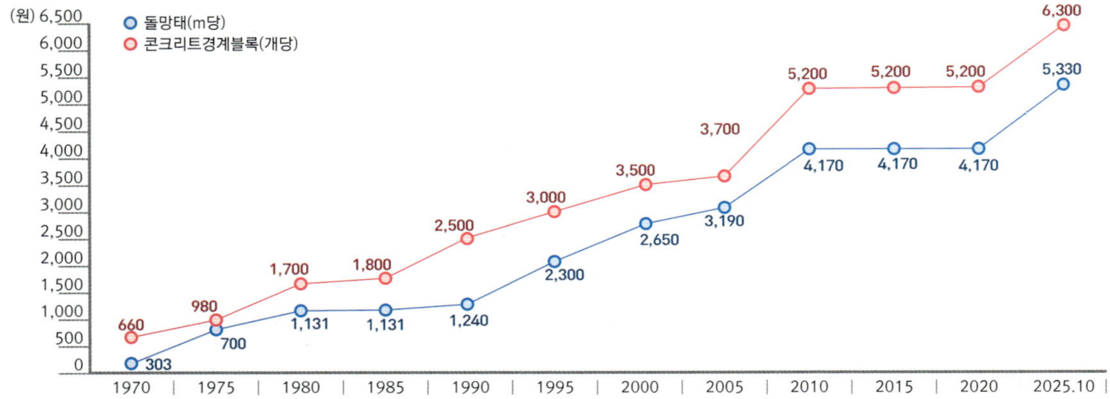

※ 규격 : 돌망태(#8 15×45×45㎝(원형)), 콘크리트경계블록(15×17×20×100㎝(보차도))

흄관·플륨관

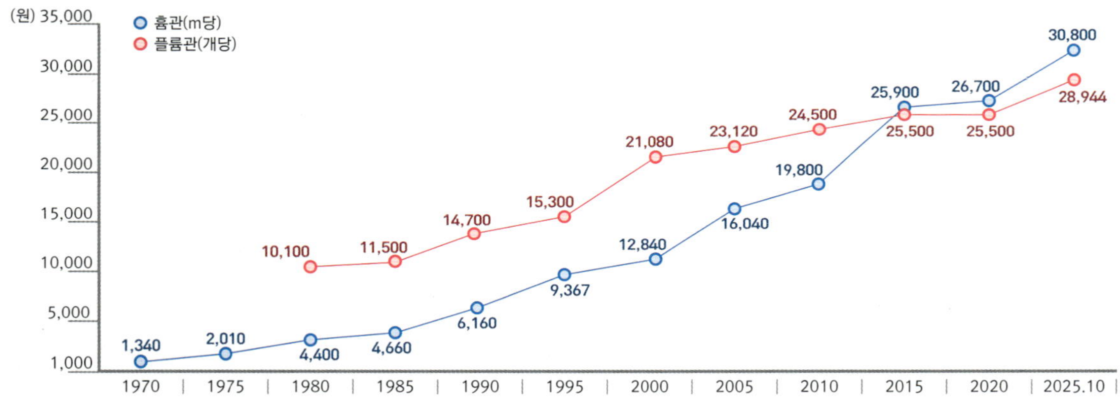

※ 규격 : 흄관(압력관 2㎏/㎠, 250×27(28)×2,500㎜), 플륨관(U형, 310×275×32×2,000㎜)

강관파일·화약

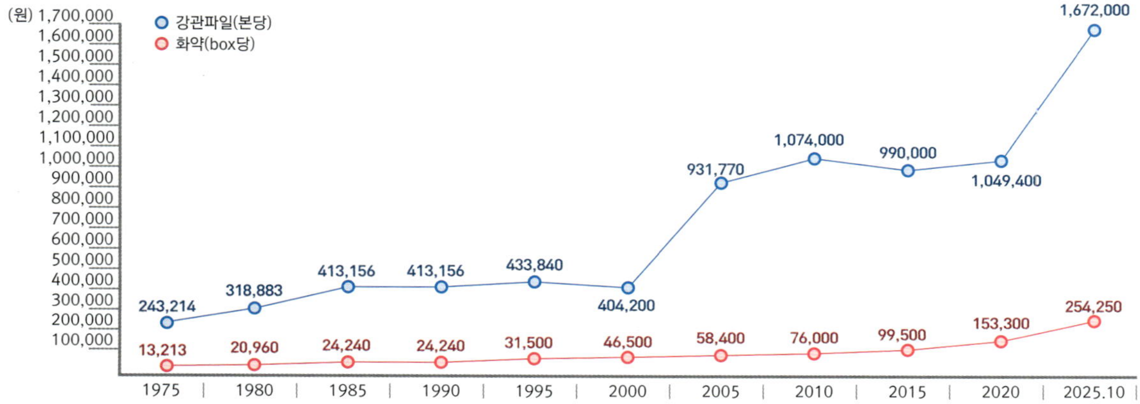

※ 규격 : 강관파일(스파이럴 508.0×8㎜), 화약(다이너마이트 일반 25(28)㎜, 20㎏), 화약 2024년 3월까지 이후 단종

벽돌·블록

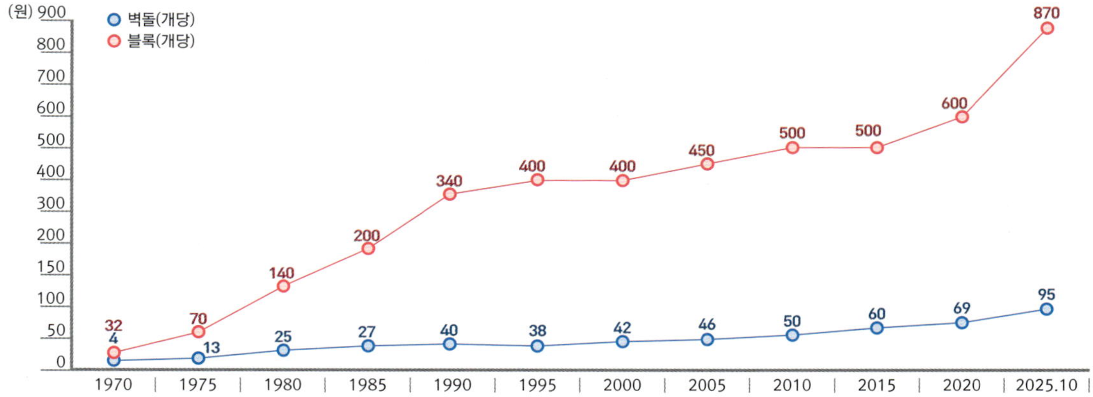

※ 규격 : 시멘트벽돌(190×90×57㎜), 속빈시멘트블록(B-4)

유리·합판

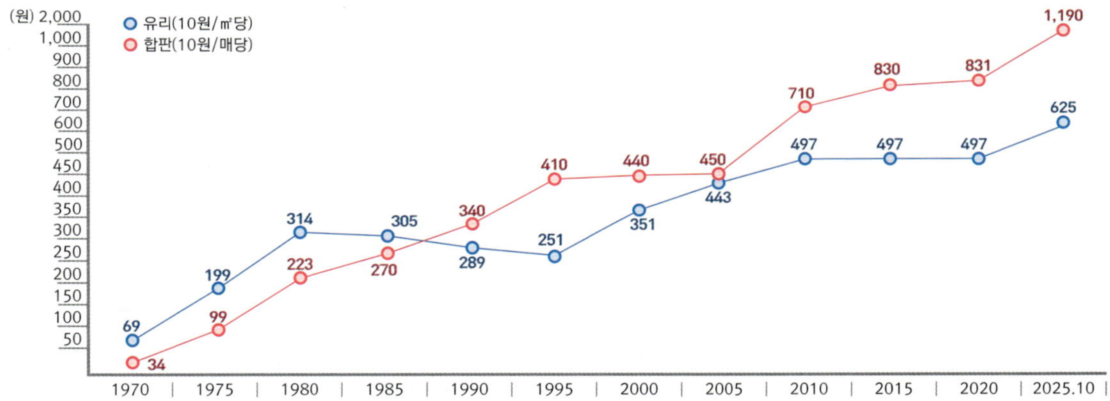

※ 규격 : 맑은유리(3×610×1,219㎜), 보통합판(준내수)(2.7×1,220×2,440㎜)

파이프

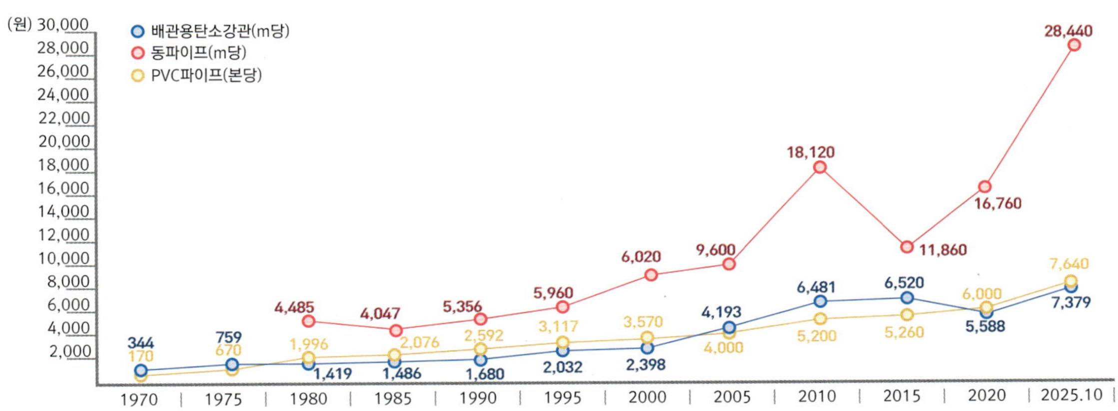

※ 규격 : 배관용탄소강관(흑관반제품 50㎜), 동파이프(K형 호칭경 32A, PVC파이프(호칭경 30㎜)
※ 참고 : 1) 배관용탄소강관의 시작년도는 1971년 2) 동파이프의 시작년도는 1983년

밸브

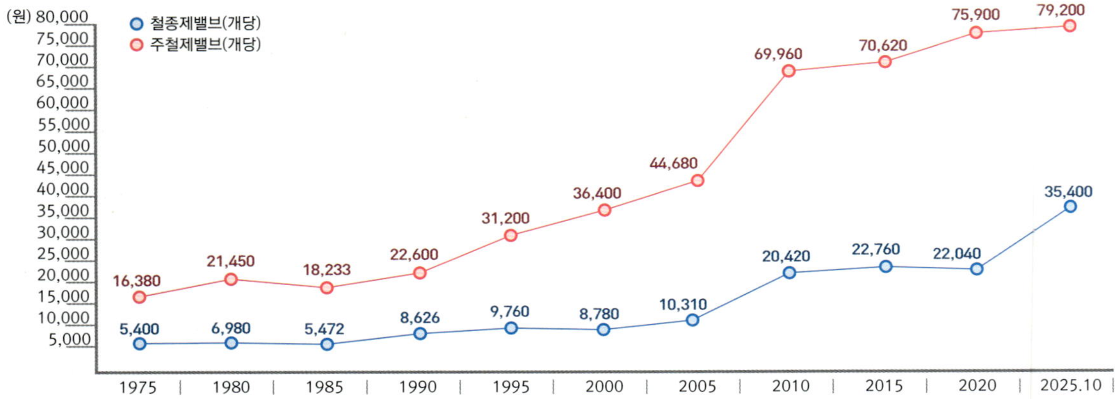

※ 규격 : 청동제밸브(게이트밸브 10㎏/㎠, 25㎜), 주철제밸브(게이트밸브 10㎏/㎠, 50㎜)

공구·베어링

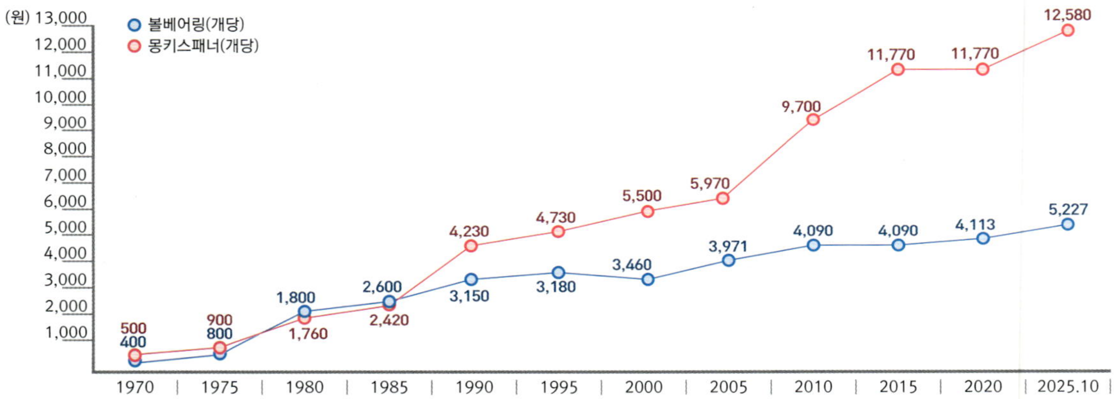

※ 규격 : 볼베어링(6008), 몽키스패너(200㎜)

조명기구

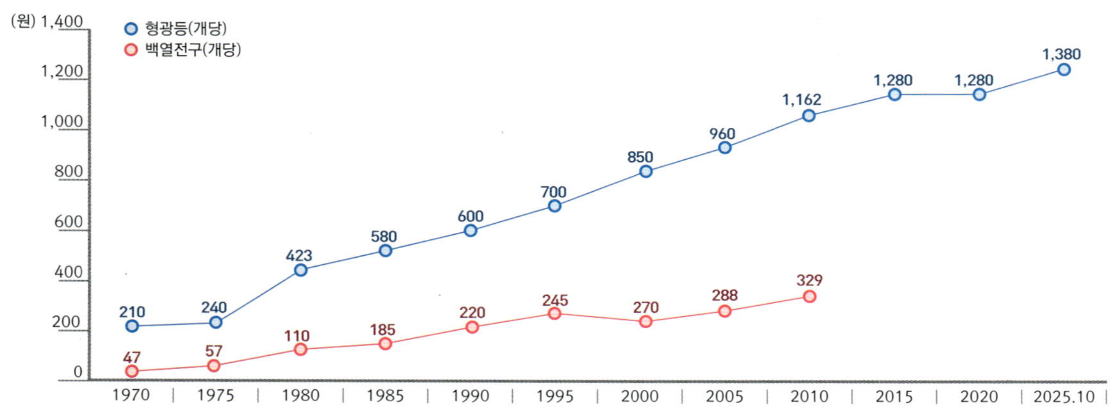

※ 규격 : 형광등(직관 20D), 백열전구(투명 220V 60W)

전선·전선관

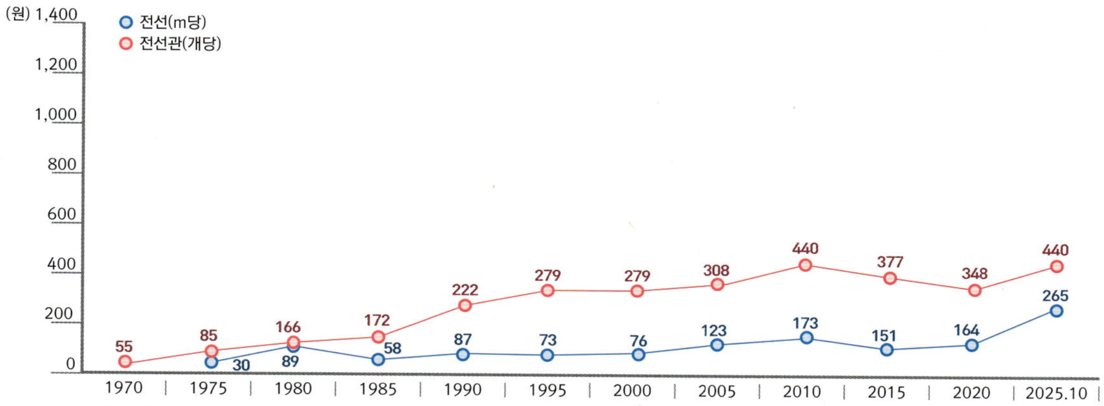

※ 규격 : 전선(1.5㎟), PVC전선관(HI 16㎟)

유류

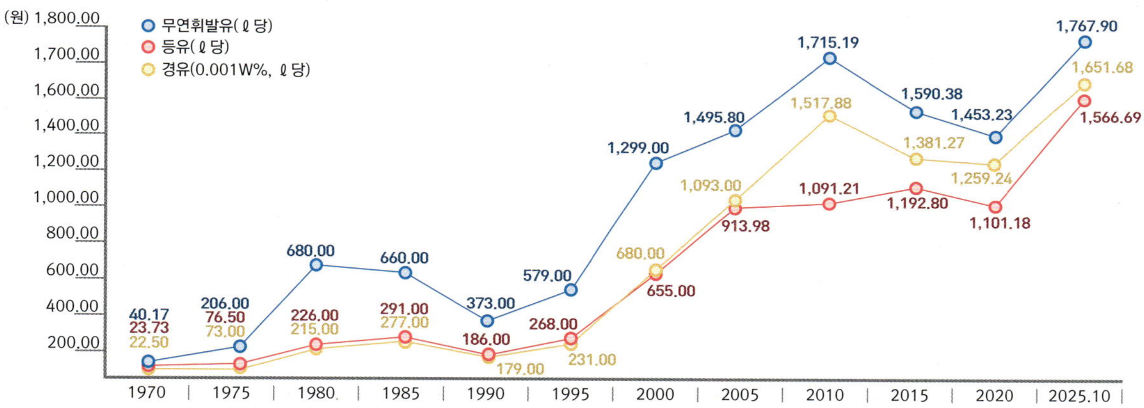

※ 주유소가격 기준. 휘발유는 1986년까지 보통휘발유 가격이며, 등유는 1998년부터 실내등유 가격임

재생재료

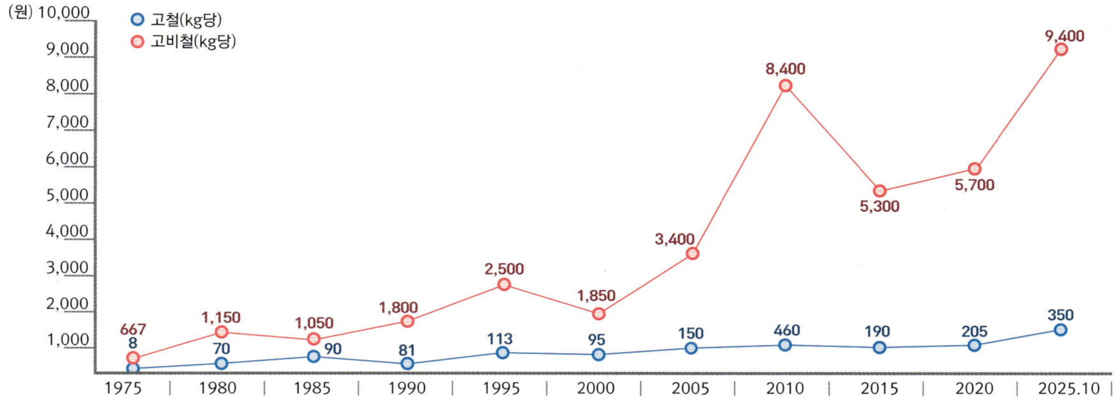

※ 규격 : 고철(주물용), 고비철(동)

종이

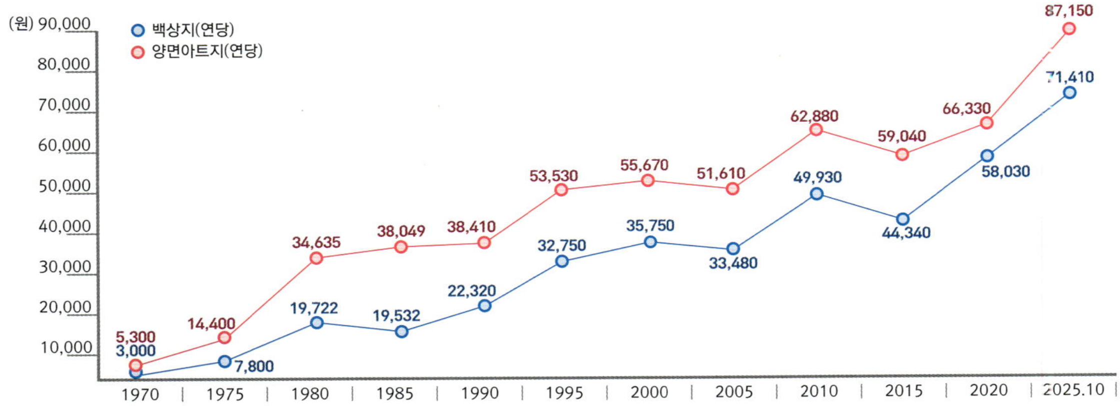

※ 규격 : 백상지(60g/㎡ 4·6전지, 2006년부터 70g/㎡ 4·6전지, 2019년도부터 80g/㎡ 4·6전지), 양면아트지(80g/㎡ 4·6전지)

소주·맥주

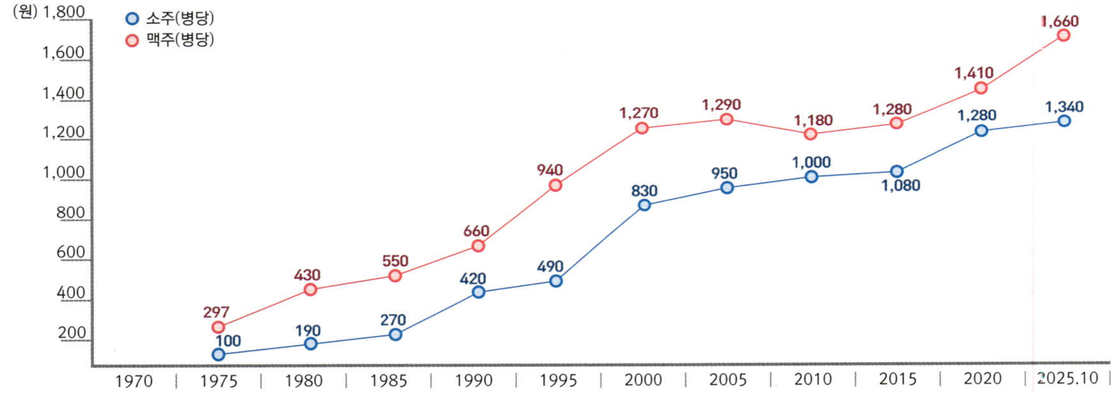

※ 규격 : 소주(360㎖), 맥주(500㎖)

소고기·돼지고기

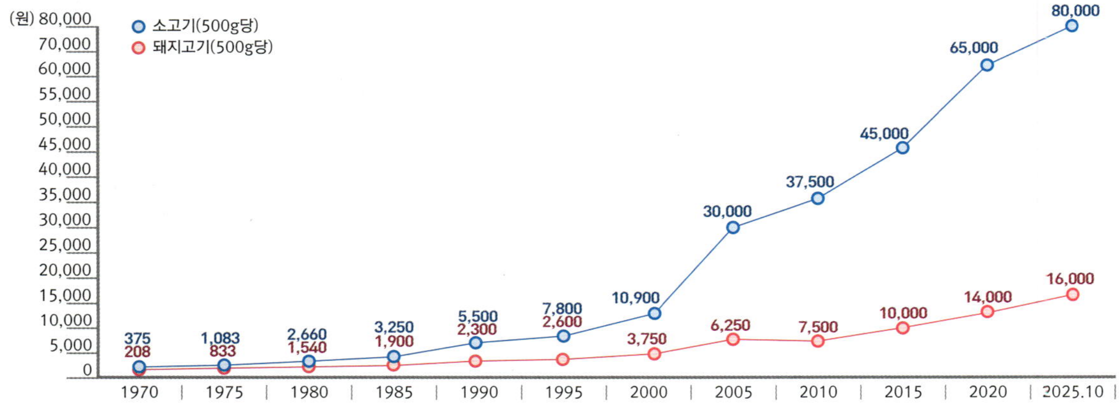

※ 규격 : 쇠고기(정육), 돼지고기(정육)

닭고기·계란

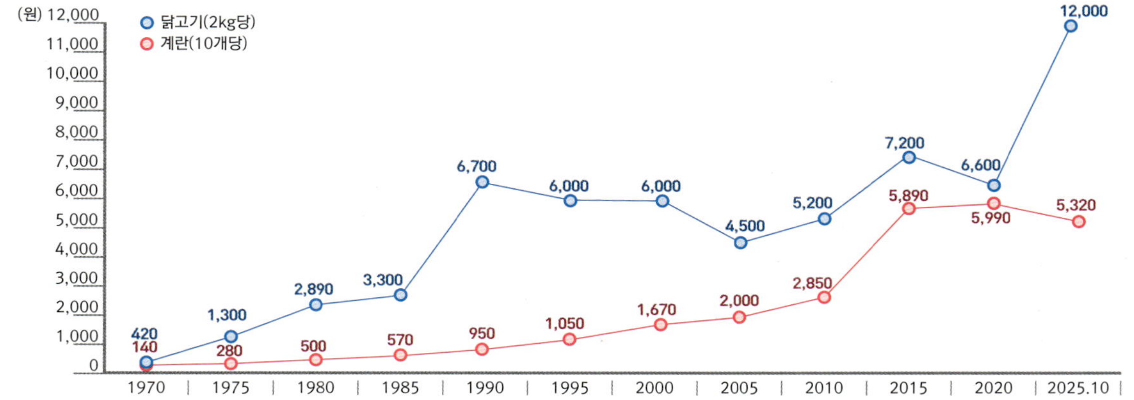

※ 규격 : 계란(황란)

쌀·찹쌀·콩

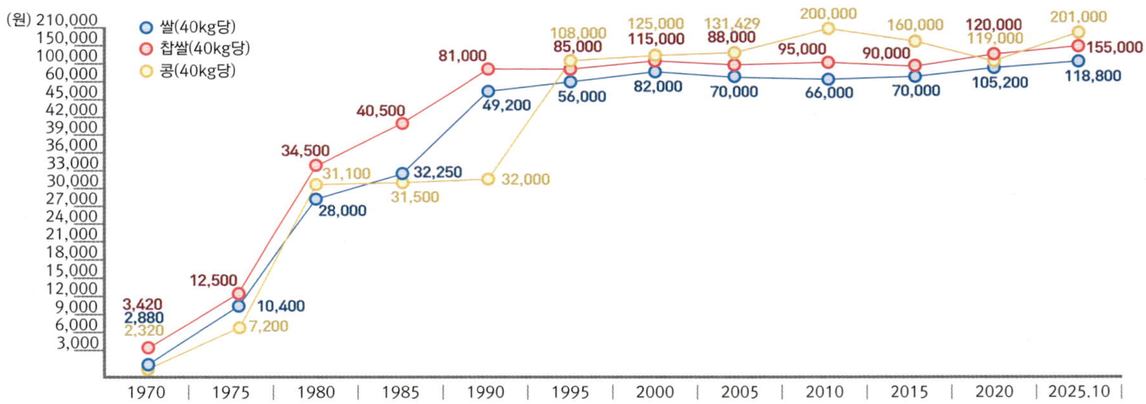

※ 규격 : 쌀(일반미), 찹쌀(일반미), 콩(백태)

생선

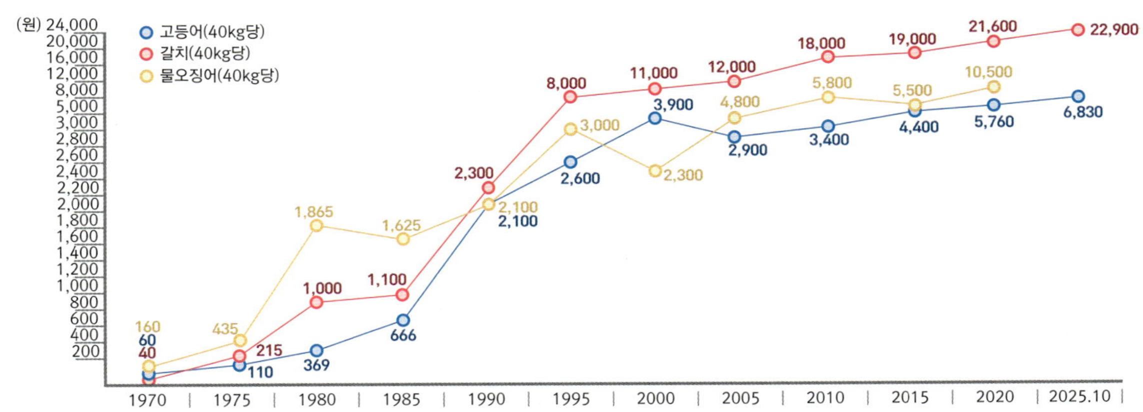

※ 규격 : 생선은 생물기준임

공 통 자 재(1)

품 명	규 격	단위	1970	1971	1972	1973	1974	1975	1976
봉 강									
일반(보통)철근	D10 3/8″	M/T	75,000	70,000	70,000	110,000	125,000	130,000	130,000
(SD30A, 30B)	D13 1/2″	〃	75,000	70,000	70,000	110,000	125,000	130,000	130,000
〃	D16 5/8″	〃	75,000	70,000	70,000	110,000	125,000	130,000	130,000
〃	D19 3/4″	〃	75,000	70,000	70,000	110,000	125,000	130,000	130,000
고 장 력	D10 3/8″	〃	85,000	80,000	80,000	120,000	135,000	140,000	140,000
(하이바)철근	D13 1/2″	〃	85,000	80,000	80,000	120,000	135,000	140,000	140,000
(SD35, 40)	D16 5/8″	〃	85,000	80,000	80,000	120,000	135,000	140,000	140,000
〃	D19 3/4″	〃	85,000	80,000	80,000	120,000	135,000	140,000	140,000
일반구조용	45㎜	〃	-	-	-	-	-	-	-
원 형 강	60	〃	-	-	-	-	-	-	-
〃	80	〃	-	-	-	-	-	-	-
〃	100	〃	-	-	-	-	-	-	-
〃	120	〃	-	-	-	-	-	-	-
평 강	3㎜	〃	-	-	-	140,000	140,000	120,000	120,000
〃	6	〃	-	-	-	140,000	140,000	120,000	120,000
〃	9	〃	-	-	-	140,000	140,000	120,000	120,000
각 강	9㎜	〃	-	-	-	150,000	140,000	125,000	125,000
(4각강)	12	〃	-	-	-	150,000	140,000	125,000	125,000
〃	16	〃	-	-	-	150,000	140,000	125,000	125,000
〃	28	〃	-	-	-	160,000	150,000	135,000	135,000
〃	32	〃	-	-	-	160,000	150,000	135,000	135,000
형 강									
ㄱ 형 강	25×25	〃	-	-	120,000	120,000	130,000	120,000	120,000
〃	30×30	〃	-	-	120,000	120,000	130,000	120,000	120,000
〃	40×40	〃	-	-	110,000	120,000	120,000	110,000	110,000
〃	50×50	〃	-	-	110,000	120,000	120,000	110,000	110,000
〃	75×75	〃	-	-	110,000	120,000	120,000	110,000	110,000
ㄷ 형 강	75×40× 5 ×7.0	〃	-	-	110,000	140,000	180,000	175,000	175,000
〃	100×50× 5 ×7.5	〃	-	-	110,000	140,000	180,000	175,000	175,000
〃	150×75×6.5×10	〃	-	-	-	-	205,000	200,000	200,000
〃	200×80×7.5×11	〃	-	-	-	-	220,000	215,000	215,000
I 형 강	150× 75×5.5× 9.5	〃	-	-	-	275,000	270,000	260,000	260,000
〃	200×100×7.0×10	〃	-	-	-	275,000	270,000	260,000	260,000
〃	250×125×7.5×12.5	〃	-	-	-	275,000	270,000	260,000	260,000
경 레 일	8.33×79.37×79.37	〃	-	-	-	-	-	-	-
중레일(레일)	13.49×122.24×122.24	〃	-	-	-	-	-	-	-
H 형 강	100×100×6× 8	〃					-		290,000
(중형)	150×150×7×10	〃					-		290,000
〃	250×250×9×14	〃					-		280,000
〃	350×350×12×19	〃					-		280,000
〃	390×300×10×16	〃					-		-
〃	482×300×11×15	〃					-		-
경량H형강	150× 75×5.0×7.0	〃					-		250,000
〃	200×100×6.0×9.0	〃					-		250,000
〃	250×150×3.2×4.5	〃					-		250,000
〃	300×150×6.0×9.0	〃	-	-	-	-	-	-	250,000
〃	350×175×4.5×9.0	〃	-	-	-	-	-	-	250,000
〃	400×200×6.0×9.0	〃	-	-	-	-	-	-	250,000

◎ 형강의 Extra가격 (M/T당)

재 질	Extra가격	재 질	Extra가격
SS275	**Base**	SM275B	50,000원
SHP275	**Base**	SM355A	70,000원
SHP275W	**Base**	SM355B	90,000원
SHN275	**Base**	SHN355	70,000원
SS315	50,000원	SHP355W	70,000원
SS410	60,000원	SHN460	150,000원
SM275A	30,000원	SHP450W	200,000원

〈2025년 10월 현재〉

㈜ 레일 : 공장도가

1977	1978	1979	1980	1981	1982	1983	1984	1985	1986	1987	1988	1989
150,000	160,000	180,000	235,000	240,000	240,000	215,000	225,000	225,000	230,000	233,000	255,000	280,000
150,000	160,000	180,000	235,000	240,000	240,000	215,000	225,000	225,000	230,000	233,000	255,000	280,000
150,000	160,000	180,000	235,000	240,000	240,000	215,000	225,000	225,000	230,000	233,000	255,000	280,000
150,000	160,000	180,000	235,000	240,000	240,000	215,000	225,000	225,000	230,000	233,000	255,000	280,000
160,000	170,000	190,000	245,000	250,000	250,000	225,000	235,000	235,000	240,000	243,000	265,000	290,000
160,000	170,000	190,000	245,000	250,000	250,000	225,000	235,000	235,000	240,000	243,000	265,000	290,000
160,000	170,000	190,000	245,000	250,000	250,000	225,000	235,000	235,000	240,000	243,000	265,000	290,000
160,000	170,000	190,000	245,000	250,000	250,000	225,000	235,000	235,000	240,000	243,000	265,000	290,000
180,000	190,000	210,000	240,000	270,000	260,000	260,000	260,000	260,000	260,000	280,000	290,000	290,000
190,000	200,000	220,000	250,000	280,000	270,000	270,000	270,000	270,000	270,000	290,000	300,000	300,000
190,000	200,000	220,000	250,000	280,000	270,000	270,000	270,000	270,000	270,000	290,000	300,000	300,000
190,000	200,000	220,000	250,000	280,000	270,000	270,000	270,000	270,000	270,000	290,000	300,000	300,000
190,000	200,000	220,000	250,000	280,000	270,000	270,000	270,000	270,000	270,000	290,000	300,000	300,000
140,000	159,000	190,000	245,000	270,000	265,000	240,000	250,000	250,000	250,000	290,000	310,000	305,000
140,000	159,000	190,000	245,000	270,000	265,000	240,000	250,000	250,000	250,000	290,000	310,000	305,000
140,000	159,000	190,000	245,000	270,000	265,000	240,000	250,000	250,000	250,000	290,000	310,000	305,000
150,000	170,000	200,000	250,000	270,000	270,000	250,000	250,000	250,000	250,000	285,000	320,000	310,000
150,000	170,000	200,000	250,000	270,000	270,000	250,000	250,000	250,000	250,000	285,000	320,000	310,000
150,000	170,000	200,000	250,000	270,000	270,000	250,000	250,000	250,000	250,000	285,000	320,000	310,000
160,000	180,000	210,000	260,000	280,000	280,000	260,000	260,000	260,000	260,000	290,000	335,000	310,000
160,000	180,000	210,000	260,000	280,000	280,000	260,000	260,000	260,000	260,000	290,000	335,000	335,000
150,000	170,000	190,000	230,000	240,000	255,000	250,000	250,000	250,000	250,000	280,000	290,000	290,000
150,000	170,000	190,000	230,000	240,000	255,000	250,000	250,000	250,000	250,000	280,000	290,000	290,000
140,000	160,000	180,000	220,000	230,000	250,000	240,000	240,000	240,000	240,000	270,000	280,000	280,000
140,000	160,000	180,000	220,000	230,000	250,000	240,000	240,000	240,000	240,000	270,000	280,000	280,000
140,000	160,000	180,000	220,000	230,000	250,000	240,000	240,000	240,000	240,000	270,000	280,000	280,000
185,000	195,000	260,000	270,000	280,000	290,000	260,000	270,000	265,000	265,000	290,000	290,000	290,000
185,000	195,000	260,000	270,000	280,000	290,000	260,000	270,000	265,000	265,000	290,000	290,000	290,000
190,000	225,000	285,000	295,000	305,000	315,000	300,000	310,000	305,000	305,000	310,000	315,000	315,000
205,000	235,000	305,000	315,000	330,000	330,000	315,000	325,000	315,000	315,000	320,000	330,000	330,000
270,000	270,000	280,000	320,000	375,000	375,000	365,000	365,000	360,000	360,000	360,000	370,000	370,000
270,000	270,000	280,000	320,000	375,000	375,000	365,000	365,000	360,000	360,000	360,000	370,000	370,000
270,000	270,000	280,000	320,000	375,000	375,000	365,000	365,000	360,000	360,000	360,000	370,000	370,000
–	–	–	–	360,000	360,000	360,000	360,000	330,000	330,000	340,000	350,000	350,000
–	–	–	–	450,000	450,000	450,000	450,000	450,000	450,000	440,000	460,000	460,000
290,000	310,000	320,000	350,000	360,000	370,000	355,000	355,000	355,000	355,000	360,000	365,000	380,000
290,000	310,000	320,000	350,000	360,000	370,000	355,000	355,000	355,000	355,000	360,000	365,000	380,000
280,000	300,000	310,000	340,000	350,000	360,000	345,000	345,000	345,000	345,000	350,000	355,000	370,000
280,000	300,000	310,000	340,000	350,000	360,000	345,000	345,000	345,000	345,000	350,000	355,000	370,000
–	–	–	–	350,000	360,000	345,000	345,000	345,000	345,000	350,000	355,000	370,000
–	–	–	–	350,000	360,000	345,000	345,000	345,000	345,000	350,000	355,000	370,000
240,000	260,000	270,000	300,000	330,000	330,000	320,000	330,000	330,000	330,000	350,000	380,000	370,000
240,000	260,000	270,000	300,000	330,000	330,000	320,000	330,000	330,000	330,000	350,000	380,000	370,000
240,000	260,000	270,000	300,000	330,000	330,000	320,000	330,000	330,000	330,000	350,000	380,000	370,000
240,000	260,000	270,000	300,000	330,000	330,000	320,000	330,000	330,000	330,000	350,000	380,000	370,000
240,000	260,000	270,000	300,000	330,000	330,000	320,000	330,000	330,000	330,000	350,000	380,000	370,000
240,000	260,000	270,000	300,000	330,000	330,000	320,000	330,000	330,000	330,000	350,000	380,000	370,000

공 통 자 재(1)

품 명	규 격	단위	1990	1991	1992	1993	1994	1995	1996
봉 강									
일반(보통)철근	D10 3/8″	M/T	265,000	265,000	260,000	300,000	280,000	330,000	283,000
(SD30A, 30B)	D13 1/2″	〃	265,000	265,000	260,000	300,000	280,000	325,000	278,000
〃	D16 5/8″	〃	265,000	265,000	260,000	300,000	280,000	320,000	273,000
〃	D19 3/4″	〃	265,000	265,000	260,000	300,000	280,000	320,000	273,000
고 장 력	D10 3/8″	〃	275,000	275,000	270,000	310,000	290,000	340,000	293,000
(하이바)철근	D13 1/2″	〃	275,000	275,000	270,000	310,000	290,000	335,000	288,000
(SD35, 40)	D16 5/8″	〃	275,000	275,000	270,000	310,000	290,000	330,000	283,000
〃	D19 3/4″	〃	275,000	275,000	270,000	310,000	290,000	330,000	283,000
일 반 구 조 용	45㎜	〃	310,000	315,000	315,000	340,000	350,000	365,000	365,000
원 형 강	60	〃	325,000	330,000	330,000	340,000	350,000	365,000	365,000
〃	80	〃	325,000	330,000	330,000	340,000	350,000	365,000	365,000
〃	100	〃	325,000	330,000	330,000	340,000	350,000	365,000	385,000
〃	120	〃	325,000	330,000	350,000	390,000	360,000	365,000	385,000
평 강	3㎜	〃	330,000	330,000	325,000	370,000	375,000	370,000	340,000
〃	6	〃	330,000	330,000	325,000	370,000	375,000	370,000	340,000
〃	9	〃	330,000	330,000	325,000	370,000	375,000	370,000	340,000
각 강	9㎜	〃	310,000	310,000	310,000	370,000	375,000	370,000	360,000
(4각강)	12	〃	310,000	310,000	310,000	370,000	375,000	370,000	360,000
〃	16	〃	310,000	310,000	310,000	370,000	375,000	370,000	360,000
〃	28	〃	310,000	310,000	310,000	370,000	375,000	380,000	370,000
〃	32	〃	335,000	335,000	335,000	390,000	385,000	380,000	370,000
형 강									
ㄱ 형 강	25×25	〃	320,000	320,000	320,000	330,000	340,000	355,000	335,000
〃	30×30	〃	320,000	320,000	320,000	330,000	340,000	335,000	335,000
〃	40×40	〃	310,000	310,000	310,000	320,000	335,000	335,000	313,000
〃	50×50	〃	310,000	310,000	305,000	315,000	330,000	335,000	323,000
〃	75×75	〃	310,000	310,000	310,000	320,000	330,000	335,000	323,000
ㄷ 형 강	75×40× 5 ×7.0	〃	320,000	320,000	320,000	320,000	350,000	358,000	330,000
〃	100×50× 5 ×7.5	〃	320,000	320,000	320,000	320,000	350,000	358,000	330,000
〃	150×75×6.5×10	〃	340,000	340,000	320,000	330,000	370,000	370,000	364,000
〃	200×80×7.5×11	〃	360,000	360,000	330,000	335,000	390,000	392,000	378,000
I 형 강	150× 75×5.5× 9.5	〃	380,000	386,000	380,000	390,000	410,000	410,000	390,000
〃	200×100×7.0×10	〃	380,000	386,000	380,000	380,000	410,000	430,000	406,000
〃	250×125×7.5×12.5	〃	380,000	386,000	380,000	380,000	429,000	430,000	406,000
경 레 일	8.33×79.37×79.37	〃	370,000	370,000	370,000	400,000	400,000	436,000	405,000
중레일(레일)	13.49×122.24×122.24	〃	460,000	460,000	550,000	550,000	550,000	-	-
H 형 강	100×100×6× 8	〃	380,000	390,000	345,000	365,000	390,000	385,000	374,000
(중형)	150×150×7×10	〃	380,000	390,000	345,000	335,000	360,000	385,000	374,000
〃	250×250×9×14	〃	370,000	390,000	345,000	335,000	360,000	385,000	374,000
〃	350×350×12×19	〃	370,000	390,000	345,000	335,000	360,000	385,000	374,000
〃	390×300×10×16	〃	370,000	390,000	345,000	335,000	360,000	385,000	374,000
〃	482×300×11×15	〃	370,000	390,000	345,000	335,000	360,000	385,000	374,000
경 량 H 형 강	150× 75×5.0×7.0	〃	380,000	390,000	380,000	365,000	380,000	415,000	415,000
〃	200×100×6.0×9.0	〃	380,000	390,000	380,000	365,000	380,000	415,000	405,000
〃	250×150×3.2×4.5	〃	380,000	380,000	380,000	355,000	370,000	415,000	400,000
〃	300×150×6.0×9.0	〃	380,000	380,000	370,000	355,000	370,000	400,000	400,000
〃	350×175×4.5×9.0	〃	380,000	380,000	370,000	355,000	370,000	400,000	400,000
〃	400×200×6.0×9.0	〃	380,000	380,000	370,000	355,000	370,000	400,000	400,000

㈜ 레일 : 공장도가

1997	1998	1999	2000	2001	2002	2003	2004	2005	2006	2007	2008	2009
320,000	350,000	285,000	325,000	320,000	355,000	422,000	555,000	496,000	493,000	606,000	944,000	733,000
315,000	345,000	280,000	320,000	315,000	350,000	417,000	550,000	491,000	485,000	596,000	934,000	723,000
310,000	340,000	275,000	315,000	310,000	345,000	412,000	545,000	488,000	483,000	593,000	929,000	718,000
310,000	340,000	275,000	315,000	310,000	345,000	412,000	545,000	488,000	483,000	593,000	911,000	718,000
330,000	360,000	295,000	335,000	330,000	365,000	427,000	560,000	501,000	498,000	611,000	949,000	738,000
325,000	355,000	290,000	330,000	325,000	360,000	422,000	555,000	496,000	490,000	601,000	939,000	728,000
320,000	350,000	285,000	325,000	320,000	355,000	417,000	550,000	493,000	488,000	598,000	934,000	723,000
320,000	350,000	285,000	325,000	320,000	355,000	417,000	550,000	493,000	488,000	598,000	934,000	723,000
400,000	454,000	454,000	-	-	-	485,000	715,000	600,000	585,000	675,000	1,160,000	860,000
400,000	454,000	454,000	-	-	-	485,000	715,000	600,000	585,000	675,000	1,160,000	860,000
400,000	454,000	454,000	-	-	-	485,000	715,000	600,000	585,000	675,000	1,160,000	860,000
400,000	454,000	454,000	-	-	-	485,000	715,000	600,000	585,000	675,000	1,160,000	860,000
400,000	454,000	454,000	-	-	-	485,000	715,000	600,000	585,000	675,000	1,160,000	860,000
370,000	451,000	425,000	425,000	420,000	445,000	485,000	680,000	630,000	570,000	685,000	1,130,000	850,000
330,000	430,000	420,000	420,000	410,000	440,000	475,000	660,000	590,000	560,000	685,000	1,130,000	830,000
330,000	430,000	420,000	420,000	410,000	440,000	475,000	660,000	590,000	560,000	685,000	1,130,000	830,000
-	-	-	440,000	430,000	445,000	475,000	667,000	630,000	590,000	685,000	1,200,000	830,000
-	470,000	440,000	450,000	440,000	450,000	485,000	707,000	640,000	590,000	685,000	1,200,000	830,000
360,000	450,000	420,000	440,000	430,000	445,000	475,000	667,000	630,000	580,000	685,000	1,200,000	830,000
410,000	-	420,000	440,000	430,000	445,000	475,000	667,000	630,000	580,000	685,000	1,200,000	830,000
410,000	-	420,000	440,000	430,000	445,000	475,000	667,000	630,000	580,000	685,000	1,200,000	830,000
345,000	444,000	415,000	420,000	428,000	448,000	451,000	645,000	590,000	550,000	700,000	1,120,000	840,000
345,000	444,000	415,000	420,000	428,000	448,000	451,000	645,000	590,000	550,000	700,000	1,100,000	840,000
325,000	379,000	355,000	360,000	401,000	422,000	451,000	645,000	590,000	550,000	700,000	1,100,000	840,000
325,000	379,000	355,000	360,000	376,000	399,000	432,000	679,000	590,000	550,000	700,000	1,070,000	820,000
325,000	379,000	355,000	360,000	376,000	399,000	432,000	679,000	590,000	550,000	700,000	1,070,000	820,000
350,000	418,000	400,000	410,000	415,000	420,000	450,000	655,000	590,000	550,000	665,000	1,110,000	790,000
350,000	418,000	405,000	410,000	415,000	420,000	450,000	655,000	590,000	550,000	665,000	1,100,000	790,000
350,000	418,000	405,000	410,000	415,000	420,000	450,000	655,000	590,000	550,000	665,000	1,120,000	790,000
378,000	460,000	450,000	450,000	435,000	440,000	467,000	689,000	590,000	550,000	665,000	1,130,000	820,000
410,000	481,000	461,000	461,000	435,000	445,000	490,000	742,000	730,000	-	-	-	-
415,000	513,000	483,000	483,000	445,000	455,000	500,000	752,000	732,000	690,000	730,000	1,120,000	1,040,000
415,000	513,000	483,000	483,000	445,000	455,000	500,000	752,000	732,000	690,000	730,000	1,120,000	1,040,000
405,000	487,000	487,000	477,000	503,000	519,000	577,000	860,000	782,000	760,000	824,000	1,180,000	1,060,000
650,000	700,000	700,000	700,000	700,000	764,000	804,000	1,061,000	1,031,000	1,011,000	1,011,000	1,390,000	1,270,000
385,000	420,000	380,000	395,000	400,000	410,000	480,000	667,000	600,000	610,000	700,000	1,100,000	890,000
385,000	420,000	380,000	395,000	400,000	410,000	480,000	667,000	600,000	610,000	700,000	1,100,000	890,000
385,000	420,000	380,000	395,000	400,000	410,000	480,000	667,000	600,000	610,000	700,000	1,100,000	890,000
385,000	420,000	380,000	395,000	400,000	430,000	500,000	667,000	600,000	610,000	700,000	1,100,000	890,000
385,000	420,000	380,000	395,000	400,000	430,000	500,000	667,000	600,000	610,000	700,000	1,100,000	890,000
385,000	420,000	380,000	395,000	400,000	430,000	500,000	667,000	600,000	610,000	700,000	1,100,000	890,000
417,000	449,000	449,000	449,000	449,000	490,000	534,000	830,000	870,000	850,000	880,000	1,450,000	1,200,000
417,000	449,000	449,000	449,000	449,000	490,000	534,000	830,000	870,000	820,000	880,000	1,450,000	1,200,000
417,000	449,000	449,000	449,000	498,000	545,000	566,000	830,000	870,000	850,000	880,000	1,450,000	1,200,000
417,000	449,000	449,000	449,000	498,000	490,000	534,000	830,000	870,000	850,000	880,000	1,450,000	1,200,000
417,000	449,000	449,000	498,000	498,000	545,000	566,000	830,000	870,000	850,000	880,000	1,450,000	1,200,000
417,000	449,000	449,000	449,000	449,000	490,000	534,000	830,000	870,000	850,000	880,000	1,450,000	1,200,000

공 통 자 재(1)

품 명	규 격	단위	2010	2011	2012	2013	2014	2015	2016
봉 강									
일반(보통)철근	D10 3/8″	M/T	797,000	848,000	772,000	712,000	646,000	651,000	565,000
(SD30A, 30B)	D13 1/2″	〃	787,000	838,000	762,000	701,000	636,000	641,000	555,000
〃	D16 5/8″	〃	782,000	833,000	757,000	696,000	631,000	636,000	550,000
〃	D19 3/4″	〃	782,000	833,000	757,000	696,000	631,000	636,000	550,000
고 장 력	D10 3/8″	〃	802,000	853,000	777,000	717,000	651,000	656,000	570,000
(하이바)철근	D13 1/2″	〃	792,000	843,000	767,000	707,000	641,000	646,000	560,000
(SD35, 40)	D16 5/8″	〃	787,000	838,000	762,000	701,000	636,000	641,000	555,000
〃	D19 3/4″	〃	787,000	838,000	762,000	701,000	636,000	641,000	555,000
일 반 구 조 용	45㎜	〃	-	-	-	-	-	-	-
원 형 강	60	〃	1,000,000	1,020,000	950,000	940,000	950,000	830,000	830,000
〃	80	〃	-	-	-	-	-	-	-
〃	100	〃	-	-	-	-	-	-	-
〃	120	〃	-	-	-	-	-	-	-
평 강	3㎜	〃	890,000	980,000	910,000	900,000	880,000	775,000	775,000
〃	6	〃	870,000	960,000	890,000	880,000	860,000	755,000	775,000
〃	9	〃	870,000	960,000	890,000	880,000	860,000	755,000	775,000
각 강	9㎜	〃	-	-	-	-	-	-	-
(4각강)	12	〃	-	-	-	-	-	-	-
〃	16	〃	910,000	970,000	900,000	890,000	870,000	765,000	765,000
〃	28	〃	-	-	-	-	-	-	-
〃	32	〃	-	-	-	-	-	-	-
형 강									
ㄱ 형 강	25×25	〃	910,000	1,010,000	930,000	890,000	870,000	765,000	765,000
〃	30×30	〃	910,000	1,010,000	930,000	890,000	870,000	765,000	765,000
〃	40×40	〃	910,000	1,010,000	930,000	890,000	870,000	765,000	765,000
〃	50×50	〃	890,000	990,000	910,000	870,000	870,000	765,000	765,000
〃	75×75	〃	890,000	990,000	910,000	870,000	870,000	765,000	765,000
ㄷ 형 강	75×40× 5 ×7.0	〃	890,000	990,000	910,000	870,000	850,000	750,000	750,000
〃	100×50× 5 ×7.5	〃	890,000	990,000	910,000	870,000	850,000	750,000	750,000
〃	150×75×6.5×10	〃	890,000	990,000	910,000	870,000	850,000	750,000	750,000
〃	200×80×7.5×11	〃	920,000	1,020,000	940,000	900,000	880,000	780,000	780,000
I 형 강	150× 75×5.5× 9.5	〃	-	-	-	-	-	-	-
〃	200×100×7.0×10	〃	1,040,000	1,090,000	1,070,000	1,070,000	1,070,000	1,070,000	1,070,000
〃	250×125×7.5×12.5	〃	1,040,000	1,090,000	1,070,000	1,070,000	1,070,000	1,070,000	1,070,000
경 레 일	8.33×79.37×79.37	〃	1,190,000	1,240,000	1,240,000	1,240,000	1,240,000	1,240,000	1,240,000
중레일(레일)	13.49×122.24×122.24	〃	1,270,000	1,320,000	1,320,000	1,320,000	1,320,000	1,320,000	1,320,000
H 형 강	100×100×6× 8	〃	910,000	1,040,000	930,000	870,000	855,000	750,000	750,000
(중형)	150×150×7×10	〃	910,000	1,040,000	930,000	870,000	855,000	750,000	750,000
〃	250×250×9×14	〃	910,000	1,040,000	930,000	870,000	855,000	750,000	750,000
〃	350×350×12×19	〃	910,000	1,040,000	930,000	870,000	855,000	750,000	750,000
〃	390×300×10×16	〃	910,000	1,040,000	930,000	870,000	855,000	750,000	750,000
〃	482×300×11×15	〃	910,000	1,040,000	930,000	870,000	855,000	750,000	750,000
경 량 H 형 강	150× 75×5.0×7.0	〃	1,250,000	1,250,000	1,130,000	1,130,000	1,130,000	1,130,000	1,130,000
〃	200×100×6.0×9.0	〃	1,250,000	1,250,000	1,130,000	1,130,000	1,130,000	1,130,000	1,130,000
〃	250×150×3.2×4.5	〃	1,250,000	1,250,000	1,130,000	1,130,000	1,130,000	1,130,000	1,130,000
〃	300×150×6.0×9.0	〃	1,250,000	1,250,000	1,130,000	1,130,000	1,130,000	1,130,000	1,130,000
〃	350×175×4.5×9.0	〃	1,250,000	1,250,000	1,130,000	1,130,000	1,130,000	1,130,000	1,130,000
〃	400×200×6.0×9.0	〃	1,250,000	1,250,000	1,130,000	1,130,000	1,130,000	1,130,000	1,130,000

㈜ 레일 : 공장도가

2017	2018	2019	2020	2021	2022	2023	2024	2025					
696,000	752,000	636,000	701,000	1,111,000	-	-	-	-					
686,000	742,000	626,000	691,000	1,100,000	-	-	-	-					
681,000	737,000	621,000	686,000	1,095,000	-	-	-	-					
681,000	737,000	621,000	686,000	1,095,000	-	-	-	-					
701,000	757,000	641,000	707,000	1,080,000	1,045,000	1,031,000	866,000	805,000					
691,000	747,000	631,000	696,000	1,070,000	1,035,000	1,021,000	856,000	795,000					
686,000	742,000	626,000	691,000	1,065,000	1,030,000	1,016,000	851,000	790,000					
686,000	742,000	626,000	691,000	1,065,000	1,030,000	1,016,000	851,000	790,000					
-	-	-	-	-	-	-	-	-					
820,000	870,000	810,000	780,000	1,330,000	1,360,000	1,160,000	1,010,000	990,000					
-	-	-	-	-	-	-	-	-					
-	-	-	-	-	-	-	-	-					
-	-	-	-	-	-	-	-	-					
825,000	895,000	820,000	800,000	1,340,000	1,370,000	1,170,000	1,030,000	1,030,000					
805,000	875,000	800,000	780,000	1,320,000	1,350,000	1,150,000	1,010,000	1,010,000					
805,000	875,000	800,000	780,000	1,320,000	1,350,000	1,150,000	1,010,000	1,010,000					
-	-	-	-	-	-	-	-	-					
-	-	-	-	-	-	-	-	-					
815,000	885,000	810,000	790,000	1,330,000	1,360,000	1,160,000	1,020,000	1,020,000					
-	-	-	-	-	-	-	-	-					
-	-	-	-	-	-	-	-	-					
815,000	885,000	810,000	790,000	1,330,000	1,360,000	1,230,000	1,090,000	1,090,000					
815,000	885,000	810,000	790,000	1,330,000	1,360,000	1,230,000	1,090,000	1,090,000					
815,000	885,000	810,000	790,000	1,330,000	1,360,000	1,230,000	1,090,000	1,090,000					
815,000	885,000	810,000	790,000	1,330,000	1,360,000	1,230,000	1,090,000	1,090,000					
815,000	885,000	810,000	790,000	1,330,000	1,360,000	1,230,000	1,090,000	1,090,000					
810,000	850,000	780,000	760,000	1,300,000	1,330,000	1,200,000	1,060,000	1,050,000					
810,000	850,000	780,000	760,000	1,300,000	1,330,000	1,200,000	1,060,000	1,050,000					
810,000	850,000	780,000	760,000	1,300,000	1,330,000	1,200,000	1,060,000	1,050,000					
810,000	850,000	780,000	760,000	1,300,000	1,330,000	1,200,000	1,060,000	1,050,000					
-	-	-	-	-	-	-	-	-					
970,000	950,000	950,000	950,000	1,200,000	1,310,000	1,310,000	1,310,000	1,310,000					
970,000	950,000	950,000	950,000	950,000	1,310,000	1,310,000	1,310,000	1,310,000					
1,240,000	1,240,000	1,240,000	1,340,000	1,420,000	-	-	-	-					
1,320,000	1,320,000	1,320,000	1,420,000	1,500,000	1,520,000	1,520,000	1,520,000	1,520,000					
820,000	950,000	820,000	855,000	1,350,000	1,375,000	1,375,000	1,245,000	1,235,000					
820,000	950,000	820,000	855,000	1,350,000	1,375,000	1,375,000	1,245,000	1,235,000					
820,000	950,000	820,000	855,000	1,350,000	1,375,000	1,375,000	1,245,000	1,235,000					
820,000	950,000	820,000	855,000	1,350,000	1,375,000	1,375,000	1,245,000	1,235,000					
820,000	950,000	820,000	855,000	1,350,000	1,375,000	1,375,000	1,245,000	1,235,000					
820,000	950,000	820,000	855,000	1,350,000	1,375,000	1,375,000	1,245,000	1,235,000					
1,230,000	1,230,000	1,230,000	1,230,000	1,230,000	1,550,000	1,480,000	1,410,000	1,410,000					
1,230,000	1,230,000	1,230,000	1,230,000	1,230,000	1,550,000	1,480,000	1,410,000	1,410,000					
1,230,000	1,230,000	1,230,000	1,230,000	1,230,000	1,550,000	1,480,000	1,410,000	1,410,000					
1,230,000	1,230,000	1,230,000	1,230,000	1,230,000	1,550,000	1,480,000	1,410,000	1,410,000					
1,230,000	1,230,000	1,230,000	1,230,000	1,230,000	1,550,000	1,480,000	1,410,000	1,410,000					
1,230,000	1,230,000	1,230,000	1,230,000	1,230,000	1,550,000	1,480,000	1,410,000	1,410,000					

공 통 자 재(2)

품 명	규 격	단위	1970	1971	1972	1973	1974	1975	1976
강 판									
열 연 강 판	3.2×1,294×2,438㎜	M/T	-	-	-	-	-	-	150,000
〃	4.0 〃	〃	-	-	-	-	-	-	150,000
〃	4.5 〃	〃	-	-	-	-	-	-	150,000
〃	5.0 〃	〃	-	-	-	-	-	-	150,000
〃	5.6 〃	〃	-	-	-	-	-	-	150,000
냉 연 강 판	0.3 〃	〃	-	-	-	-	-	-	165,000
〃	0.4 〃	〃	-	-	-	-	-	-	165,000
〃	0.6 〃	〃	-	-	-	-	-	-	165,000
〃	0.8 〃	〃	-	-	-	-	-	-	165,000
〃	1.0 〃	〃	-	-	-	-	-	-	162,000
〃	1.4 〃	〃	-	-	-	-	-	-	158,000
〃	1.8 〃	〃	-	-	-	-	-	-	148,000
무 늬 강 판	3.2 〃	〃	-	-	-	-	217,000	230,000	230,000
〃	4.5 〃	〃	-	-	-	-	217,000	230,000	230,000
〃	6.0 〃	〃	-	-	-	-	217,000	230,000	230,000
아 연 도 강 판	0.23㎜ 3′× 6′(2008년부터 4′×8′)	매	-	-	-	-	-	-	770
〃	0.35 〃	〃	-	-	-	-	-	-	1,170
〃	0.55 〃	〃	-	-	-	-	-	-	1,670
〃	0.70 〃	〃	-	-	-	-	-	-	2,010
〃	0.90 〃	〃	-	-	-	-	-	-	2,490
착색아연도강판	0.23㎜ 3′× 6′	〃	-	-	-	-	-	-	1,070
(Polyester수지)	0.25 〃	〃	-	-	-	-	-	-	1,110
〃	0.27 〃	〃	-	-	-	-	-	-	1,150
〃	0.30 〃	〃	-	-	-	-	-	-	1,210
〃	0.33 〃	〃	-	-	-	-	-	-	1,340
〃	0.35 〃	〃	-	-	-	-	-	-	1,360
전기아연도강판	0.4 〃	M/T(매)	-	-	-	-	-	-	-
〃	0.5 〃	〃	-	-	-	-	-	-	-
〃	0.6 〃	〃	-						-
〃	0.7 〃	〃	-						-
〃	0.8 〃	〃	-						-
전 기 강 판	G-9 (30PG130)	M/T	-						-
(규소강판)	G-10 (30PG140)	〃	-						-
〃	G-11 (35PG155)	〃	-						-
〃	S-12	〃	-						-
〃	S-14 (50PN400)	〃	-						-
〃	S-18 (50PN470)	〃	-						-
〃	S-60 (50PN1300)	〃	-						-
석 도 강 판	0.21㎜, 부착량 2.8/11.2	매	-						-
〃	0.23 〃	〃	-						-
〃	0.21, 부착량 5.6/11.2	〃	-						-
〃	0.23 〃	〃	-	-	-	-	-	-	-
〃	0.21, 부착량 8.4/11.2	〃	-	-	-	-	-	-	-
〃	0.23 〃	〃	-	-	-	-	-	-	-

◎ 열연강판 Extra 가격

1. 박판(Coil기준) Extra (M/T당)

두 께(㎜)	가 격
1.20≤T<1.40	43,000원
1.40≤T<1.60	30,000
1.60≤T<1.80	15,900
1.80≤T<2.00	8,700
2.00≤T<3.00	4,000
3.00≤T<4.50	3,200
4.50≤T<6.00	**Base**
6.00≤T≤9.00	3,200
9.00<T	5,600

재 질(강종)	가 격
SS 75	5,000원
SGT 355	20,000

2. 후판 Extra (M/T당)

두 께(㎜)	가 격
6.0≤T≤ 7.0	171,300원
7.0<T≤ 8.0	139,700
8.0<T≤ 9.0	97,500
9.0<T≤ 12.0	34,400
12.0<T≤ 20.0	**Base**
20.0<T≤ 30.0	14,200
30.0<T≤ 40.0	23,800
40.0<T≤ 50.0	33,400
50.0<T≤ 60.0	39,400
60.0<T≤ 70.0	45,400
70.0<T≤ 80.0	53,800
80.0<T≤100.0	64,600
100.0<T≤120.0	79,000

〈2025년 10월 현재〉

㈜ 전기아연도강판: '89년까지는 공장도가 (M/T당)

1977	1978	1979	1980	1981	1982	1983	1984	1985	1986	1987	1988	1989
180,000	210,000	250,100	226,000	280,000	290,000	280,000	275,000	265,000	264,300	287,000	278,410	297,000
180,000	210,000	250,100	226,000	280,000	290,000	280,000	275,000	265,000	264,300	287,000	278,410	297,000
180,000	210,000	250,100	234,000	280,000	290,000	280,000	275,000	265,000	264,300	285,000	275,140	294,000
180,000	210,000	250,100	234,000	280,000	290,000	280,000	275,000	265,000	264,300	285,000	275,140	294,000
180,000	210,000	250,100	234,000	280,000	290,000	280,000	275,000	265,000	264,300	285,000	275,140	294,000
196,640	228,300	260,300	323,300	379,200	423,900	423,900	409,000	400,000	413,200	428,000	436,430	444,000
190,510	221,180	252,200	313,200	367,400	410,700	410,700	396,000	388,000	403,300	414,000	454,180	431,000
178,450	207,180	236,200	293,400	344,100	384,700	384,700	371,000	363,000	403,300	388,000	395,570	402,000
178,450	207,180	236,200	293,400	344,100	384,700	384,700	371,000	363,000	403,300	388,000	389,850	396,000
177,070	205,580	234,400	291,100	341,500	381,800	381,800	368,000	360,000	372,100	385,000	383,310	390,000
177,070	205,580	234,400	291,100	341,500	381,800	381,800	368,000	360,000	372,100	385,000	383,310	390,000
177,070	205,580	234,400	291,100	341,500	381,800	381,800	368,000	360,000	372,100	385,000	385,760	390,000
240,000	260,000	290,000	320,000	380,000	380,000	370,000	350,000	340,000	360,000	370,000	380,000	400,000
240,000	260,000	290,000	320,000	380,000	380,000	370,000	350,000	340,000	360,000	370,000	380,000	400,000
240,000	260,000	290,000	320,000	380,000	380,000	370,000	350,000	340,000	360,000	370,000	380,000	400,000
750	860	910	1,280	1,460	1,630	1,570	1,540	1,479	1,530	1,610	1,800	1,730
1,140	1,300	1,380	1,940	2,210	2,470	2,380	2,330	2,247	2,370	2,450	2,730	2,630
1,640	1,870	1,980	2,770	3,160	3,530	3,400	3,330	3,212	3,200	3,500	3,900	3,750
1,980	2,240	2,380	3,330	3,800	4,240	4,090	4,010	3,862	3,900	4,210	4,690	4,510
2,450	2,780	2,950	4,130	4,710	5,260	5,070	4,970	4,790	4,850	5,210	5,810	5,600
1,250	1,430	1,640	2,010	2,290	2,580	2,580	2,580	2,530	2,653	2,705	3,080	2,970
1,300	1,490	1,710	2,100	2,390	2,690	2,690	2,690	2,640	2,762	2,820	3,210	3,100
1,350	1,550	1,780	2,190	2,490	2,810	2,810	2,810	2,750	2,878	2,940	3,350	3,230
1,420	1,630	1,870	2,300	2,620	2,950	2,950	2,950	2,889	3,025	3,090	3,520	3,390
1,570	1,800	2,070	2,550	2,910	3,270	3,270	3,270	3,208	3,360	3,430	3,900	3,770
1,600	1,835	2,110	2,600	2,960	3,330	3,330	3,330	3,262	3,417	3,490	3,970	3,830
–	–	–	–	–	–	–	–	–	439,000	447,780	488,322	490,549
–	–	–	–	–	–	–	–	–	415,000	423,300	459,495	461,722
–	–	–	–	–	–	–	–	–	412,000	420,240	443,468	445,675
–	–	–	–	–	–	–	–	–	394,000	401,880	437,859	440,086
–	–	–	–	–	–	–	–	–	393,000	400,860	432,259	434,486
–	–	–	655,762	874,345	977,518	977,518	977,518	977,518	988,602	1,007,480	1,007,480	1,007,480
–	–	–	659,532	844,009	943,602	943,602	943,602	943,602	943,602	962,480	962,480	962,480
–	–	–	619,039	831,891	868,563	868,563	868,563	868,563	925,602	944,480	944,480	944,480
–	–	–	478,560	623,254	696,799	696,799	696,799	696,799	738,904	750,270	750,270	750,270
–	–	–	457,576	598,973	669,652	669,652	669,652	669,652	702,904	714,270	714,270	714,270
–	–	–	405,115	538,300	601,820	601,820	601,820	601,820	612,904	624,270	624,270	624,270
–	–	–	394,623	526,164	588,251	588,251	588,251	588,251	594,904	606,270	606,270	606,270
–	–	–	342	364	387	398	398	398	398	394	394	394
–	–	–	347	369	392	403	403	403	403	400	400	400
–	–	–	354	377	401	412	412	412	412	408	408	408
–	–	–	359	382	405	417	417	417	417	414	414	414
–	–	–	361	403	408	419	419	419	419	416	416	416
–	–	–	365	407	412	424	424	424	424	421	421	421

공 통 자 재(2)

품 명	규 격	단위	1990	1991	1992	1993	1994	1995	1996
강 판									
열 연 강 판	3.2×1,294×2,438㎜	M/T	297,000	325,000	325,000	320,000	315,000	335,000	335,000
〃	4.0 〃	〃	297,000	325,000	325,000	320,000	315,000	335,000	335,000
〃	4.5 〃	〃	294,000	325,000	325,000	320,000	315,000	330,000	330,000
〃	5.0 〃	〃	294,000	325,000	325,000	320,000	315,000	330,000	330,000
〃	5.6 〃	〃	294,000	325,000	325,000	320,000	315,000	340,000	330,000
냉 연 강 판	0.3 〃	〃	428,000	453,000	441,590	463,900	456,500	483,800	483,800
〃	0.4 〃	〃	416,000	441,000	429,190	450,900	443,700	470,510	470,510
〃	0.6 〃	〃	388,000	422,350	411,470	432,300	425,400	451,200	451,200
〃	0.8 〃	〃	383,000	410,560	399,650	419,800	413,200	438,400	438,400
〃	1.0 〃	〃	376,000	398,000	387,840	407,400	401,000	425,500	425,500
〃	1.4 〃	〃	376,000	398,000	387,840	407,400	401,000	425,500	425,500
〃	1.8 〃	〃	376,000	401,000	390,320	410,000	403,500	420,900	428,300
무 늬 강 판	3.2 〃	〃	400,000	380,000	360,000	345,000	345,000	350,000	350,000
〃	4.5 〃	〃	400,000	380,000	360,000	345,000	345,000	350,000	350,000
〃	6.0 〃	〃	400,000	380,000	360,000	345,000	345,000	350,000	350,000
아 연 도 강 판	0.23㎜ 3′×6′(2008년부터 4′×8′)	매	1,810	1,900	1,900	1,870	1,920	2,030	2,050
〃	0.35 〃	〃	2,580	2,710	2,710	2,670	2,750	2,900	2,930
〃	0.55 〃	〃	3,710	3,900	3,900	3,840	3,950	4,170	4,220
〃	0.70 〃	〃	4,430	4,660	4,660	4,590	4,720	4,990	5,700
〃	0.90 〃	〃	5,500	5,770	5,770	5,680	5,890	6,180	6,260
착색아연도강판	0.23㎜ 3′×6′	〃	3,020	3,170	3,170	3,120	3,180	3,280	1,820
(Polyester수지)	0.25 〃	〃	3,190	3,340	3,340	3,290	3,340	3,460	1,920
〃	0.27 〃	〃	3,250	3,410	3,410	3,360	3,420	3,510	1,950
〃	0.30 〃	〃	3,410	3,580	3,580	3,630	3,580	3,690	2,050
〃	0.33 〃	〃	3,700	3,880	3,880	3,820	3,890	4,000	2,220
〃	0.35 〃	〃	3,760	3,950	3,950	3,890	3,950	4,070	2,260
전기아연도강판	0.4 〃	M/T(매)	2,760	2,980	2,980	2,880	2,780	2,970	3,050
〃	0.5 〃	〃	3,250	3,440	3,440	3,330	3,250	3,480	3,570
〃	0.6 〃	〃	3,760	3,990	3,990	3,860	3,760	4,020	4,130
〃	0.7 〃	〃	4,290	4,550	4,550	4,400	4,320	4,620	4,750
〃	0.8 〃	〃	4,800	5,090	5,090	4,920	4,880	5,200	5,350
전 기 강 판	G-9 (30PG130)	M/T	1,007,480	1,007,480	1,007,480	1,089,060	1,089,060	1,138,760	1,191,690
(규소강판)	G-10 (30PG140)	〃	962,480	962,480	962,480	1,029,170	1,029,170	1,078,370	1,131,800
〃	G-11 (35PG155)	〃	944,480	944,480	944,480	1,021,330	1,021,330	1,071,030	1,123,960
〃	S-12	〃	750,270	750,270	750,270	767,741	767,741	790,045	790,045
〃	S-14 (50PN400)	〃	714,270	714,270	714,270	731,741	731,741	754,045	754,045
〃	S-18 (50PN470)	〃	624,270	624,270	624,270	641,741	641,741	664.045	664,045
〃	S-60 (50PN1300)	〃	606,270	606,270	606,270	623,741	623,741	646 045	646,045
석 도 강 판	0.21㎜, 부착량 2.8/11.2	매	394	407	420	420	420	456	456
〃	0.23 〃	〃	400	413	426	426	426	466	466
〃	0.21, 부착량 5.6/11.2	〃	408	422	435	435	435	463	463
〃	0.23 〃	〃	414	428	441	441	441	474	474
〃	0.21, 부착량 8.4/11.2	〃	416	429	443	443	443	472	472
〃	0.23 〃	〃	421	435	448	448	448	482	482

1997	1998	1999	2000	2001	2002	2003	2004	2005	2006	2007	2008	2009
355,000	365,000	385,000	380,000	338,000	413,000	443,000	663,000	588,000	573,000	573,000	964,000	772,000
355,000	365,000	385,000	380,000	338,000	413,000	443,000	663,000	588,000	573,000	573,000	964,000	772,000
350,000	360,000	385,000	380,000	335,000	410,000	440,000	660,000	585,000	570,000	570,000	960,000	768,000
350,000	360,000	385,000	380,000	335,000	410,000	440,000	660,000	585,000	570,000	570,000	960,000	768,000
350,000	360,000	385,000	380,000	335,000	410,000	440,000	660,000	585,000	570,000	570,000	960,000	768,000
518,300	518,300	519,200	519,200	492,600	569,300	583,700	772,700	754,800	695,600	695,600	1,141,100	1,010,700
512,300	512,300	506,300	506,300	479,900	556,300	578,500	759,900	742,500	683,400	683,400	1,128,000	997,200
491,300	491,300	487,900	487,900	461,700	537,700	559,900	741,700	725,000	666,100	666,100	1,109,300	978,000
477,200	477,200	475,600	475,600	449,500	525,300	547,500	729,500	713,200	654,400	654,400	1,096,800	965,100
463,400	463,400	463,400	463,400	437,400	513,000	535,200	717,400	701,600	642,900	642,900	1,084,300	952,400
463,400	463,400	463,400	463,400	437,400	513,000	535,200	717,400	701,600	642,900	642,900	1,084,300	952,400
466,400	466,400	465,900	465,900	439,900	515,500	537,700	719,900	704,000	645,300	645,300	1,086,900	955,000
375,000	385,000	400,000	390,000	370,000	425,000	450,000	690,000	630,000	620,000	620,000	1,014,000	802,000
375,000	385,000	400,000	390,000	370,000	425,000	450,000	690,000	630,000	620,000	620,000	1,014,000	802,000
375,000	385,000	400,000	390,000	370,000	425,000	450,000	690,000	630,000	620,000	620,000	1,014,000	802,000
2,270	2,270	2,430	2,270	2,200	2,470	2,550	3,360	3,240	3,330	3,330	8,040	7,120
3,250	3,250	3,250	3,250	3,150	3,500	3,610	4,850	4,670	4,810	4,810	11,730	10,330
4,670	4,670	4,670	4,670	4,520	5,060	5,240	6,890	6,640	6,860	6,860	16,990	14,840
5,590	5,590	5,590	5,590	5,390	6,060	6,280	8,360	8,050	8,330	8,330	20,800	18,090
6,930	6,930	6,930	6,930	6,690	7,560	7,840	10,470	10,090	10,400	10,440	26,490	23,010
3,798	4,248	4,240	2,360	2,360	2,400	2,500	2,870	2,890	2,800	2,800	3,770	3,350
4,014	4,482	4,480	2,490	2,490	2,530	2,640	3,040	3,060	2,970	2,970	4,020	3,560
4,086	4,572	4,570	2,540	2,540	2,580	2,700	3,130	3,150	3,050	3,050	4,160	3,690
4,302	4,806	4,800	2,670	2,670	2,720	2,850	3,320	3,340	3,240	3,240	4,450	3,930
4,662	5,220	5,220	2,900	2,900	2,940	3,080	3,610	3,650	3,520	3,520	4,880	4,310
4,737	5,292	5,290	2,940	2,940	3,000	3,150	3,710	3,740	3,600	3,600	5,050	4,440
3,420	3,420	3,420	3,420	3,320	3,710	3,980	5,150	5,010	4,930	4,930	7,010	6,230
4,000	4,000	4,000	4,000	3,880	4,380	4,590	6,060	5,880	5,790	5,790	8,390	7,390
4,630	4,630	4,630	4,630	4,480	5,080	5,250	7,010	6,800	6,690	6,690	9,800	8,600
5,330	5,330	5,330	5,330	5,150	5,850	6,060	8,100	7,850	7,730	7,730	11,350	9,950
6,660	6,660	6,000	6,000	5,800	6,600	6,830	9,170	8,880	8,750	8,750	12,880	11,280
1,251,860	1,251,860	1,346,000	1,346,900	1,460,900	1,460,900	1,460,900	1,654,900	2,659,900	3,139,900	3,359,900	4,009,900	4,009,900
1,191,970	1,191,970	1,287,000	1,287,000	1,401,000	1,401,000	1,401,000	1,595,000	2,600,000	3,080,000	3,300,000	3,950,000	3,950,000
1,184,130	1,184,130	1,279,000	1,279,100	1,393,100	1,393,100	1,393,100	1,587,100	2,592,100	3,072,100	3,292,100	3,942,100	3,942,100
815,545	815,545	779,500	779,500	779,500	799,500	799,500	909,500	904,500	782,500	782,500	1,142,500	-
779,545	779,545	743,500	743,500	743,500	763,500	763,500	873,500	868,500	746,500	746,500	1,136,500	986,500
689,545	689,545	653,500	653,500	653,500	673,500	673,500	843,500	838,500	716,500	716,500	1,106,500	956,500
671,545	671,545	-	502,000	502,000	522,000	522,000	712,000	707,000	585,000	585,000	980,000	830,000
456	486	486	500	500	527	527	645	1,881	1,856	1,890	2,597	2,348
466	516	516	527	527	556	556	682	1,656	1,633	1,664	2,309	2,082
464	495	495	509	509	537	537	657	2,007	1,981	2,016	2,758	2,496
475	524	524	535	535	564	564	691	1,679	1,656	1,686	2,332	2,105
472	503	503	517	517	544	544	666	1,938	1,913	1,947	2,654	2,405
482	533	533	544	544	573	573	702	1,818	1,794	1,826	2,515	2,273

공 통 자 재(2)

품 명	규 격	단위	2010	2011	2012	2013	2014	2015	2016
강 판									
열 연 강 판	3.2×1,294×2,438㎜	M/T	957,000	1,073,000	1,073,000	1,073,000	1,073,000	966,000	764,000
〃	4.0 〃	〃	957,000	1,073,000	1,073,000	1,073,000	1,073,000	966,000	764,000
〃	4.5 〃	〃	954,000	1,070,000	1,070,000	1,070,000	1,070,000	963,000	761,000
〃	5.0 〃	〃	954,000	1,070,000	1,070,000	1,070,000	1,070,000	963,000	761,000
〃	5.6 〃	〃	954,000	1,070,000	1,070,000	1,070,000	1,070,000	963,000	761,000
냉 연 강 판	0.3 〃	〃	1,231,500	1,243,200	1,243,200	1,243,200	1,243,200	1,135,100	1,041,200
〃	0.4 〃	〃	1,218,000	1,231,300	1,231,300	1,231,300	1,231,300	1,130,300	1,029,300
〃	0.6 〃	〃	1,198,800	1,214,500	1,214,500	1,214,500	1,214,500	1,113,500	1,012,500
〃	0.8 〃	〃	1,185,900	1,203,200	1,203,200	1,203,200	1,203,200	1,102,200	1,001,200
〃	1.0 〃	〃	1,173,200	1,192,000	1,192,000	1,192,000	1,192,000	1,091,000	990,000
〃	1.4 〃	〃	1,173,200	1,192,000	1,192,000	1,192,000	1,192,000	1,091,000	990,000
〃	1.8 〃	〃	1,175,800	1,194,300	1,194,300	1,194,300	1,194,300	1,093,300	992,300
무 늬 강 판	3.2 〃	〃	1,023,000	1,171,000	1,171,000	1,171,000	1,171,000	1,064,000	834,000
〃	4.5 〃	〃	1,023,000	1,171,000	1,171,000	1,171,000	1,171,000	1,064,000	834,000
〃	6.0 〃	〃	1,023,000	1,171,000	1,171,000	1,171,000	1,171,000	1,064,000	834,000
아 연 도 강 판	0.23㎜ 3′×6′(2008년부터 4′×8′)	매	8,500	9,420	9,420	9,420	9,420	9,420	9,420
〃	0.35 〃	〃	12,400	13,800	13,800	13,800	13,800	13,800	13,800
〃	0.55 〃	〃	18,030	20,190	20,190	20,190	20,190	20,190	20,190
〃	0.70 〃	〃	22,100	24,820	24,820	24,820	24,820	24,820	24,820
〃	0.90 〃	〃	28,920	31,670	31,670	31,670	31,670	31,670	31,670
착색아연도강판	0.23㎜ 3′×6′	〃	3,400	3,710	3,710	3,710	3,710	3,710	3,710
(Polyester수지)	0.25 〃	〃	3,610	3,950	3,950	3,950	3,950	3,950	3,950
〃	0.27 〃	〃	3,740	4,100	4,100	4,100	4,100	4,100	4,100
〃	0.30 〃	〃	4,000	4,390	4,390	4,390	4,390	4,390	4,390
〃	0.33 〃	〃	4,370	4,820	4,820	4,820	4,820	4,820	4,820
〃	0.35 〃	〃	4,510	4,980	4,980	4,980	4,980	4,980	4,980
전기아연도강판	0.4 〃	〃	7,410	8,430	8,430	8,430	8,430	8,430	8,430
〃	0.5 〃	〃	8,870	10,140	10,140	10,140	10,140	10,140	10,140
〃	0.6 〃	〃	10,380	11,900	11,900	11,900	11,900	11,900	11,900
〃	0.7 〃	〃	12,010	13,790	13,790	13,790	13,790	13,790	13,790
〃	0.8 〃	〃	13,630	15,660	15,660	15,660	15,660	15,660	15,660
전 기 강 판	G-9 (30PG130)	M/T	3,060,000	3,220,000	3,220,000	3,220,000	3,220,000	3,220,000	3,220,000
(규소강판)	G-10 (30PG140)	〃	3,000,000	3,160,000	3,160,000	3,160,000	3,160,000	3,160,000	3,160,000
〃	G-11 (35PG155)	〃	2,992,100	3,152,100	3,152,100	3,152,100	3,152,100	3,152,100	3,152,100
〃	S-12	〃	-	-	-	-	-	-	-
〃	S-14 (50PN400)	〃	1,216,500	1,376,500	1,376,500	1,376,500	1,376,500	1,376,500	1,376,500
〃	S-18 (50PN470)	〃	1,186,500	1,346,500	1,346,500	1,346,500	1,346,500	1,346,500	1,346,500
〃	S-60 (50PN1300)	〃	1,060,000	1,220,000	1,220,000	1,220,000	1,220,000	1,220,000	1,220,000
석 도 강 판	0.21㎜, 부착량 2.8/11.2	매	2,769	3,106	3,106	3,106	3,106	3,106	3,106
〃	0.23 〃	〃	2,466	2,773	2,773	2,773	2,773	2,773	2,773
〃	0.21, 부착량 5.6/11.2	〃	2,800	3,137	3,137	3,137	3,137	3,137	3,137
〃	0.23 〃	〃	2,489	2,796	2,796	2,796	2,796	2,796	2,796
〃	0.21, 부착량 8.4/11.2	〃	2,826	3,163	3,163	3,163	3,163	3,163	3,163
〃	0.23 〃	〃	2,514	2,821	2,821	2,821	2,821	2,821	2,821

주 레일 : 공장도가

2017	2018	2019	2020	2021	2022	2023	2024	2025
860,000	870,000	794,000	809,000	1,389,000	1,177,000	945,000	895,000	935,000
860,000	870,000	794,000	809,000	1,389,000	1,177,000	945,000	895,000	935,000
856,000	866,000	791,000	806,000	1,386,000	1,174,000	942,000	891,000	932,000
856,000	866,000	791,000	806,000	1,386,000	1,174,000	942,000	891,000	932,000
856,000	866,000	791,000	806,000	1,386,000	1,174,000	942,000	891,000	932,000
1,021,000	1,034,100	940,200	960,400	1,536,100	1,394,700	1,233,100	1,132,100	1,152,300
1,009,100	1,029,300	928,300	948,500	1,524,200	1,382,800	1,221,200	1,120,200	1,140,400
992,300	1,012,500	911,500	931,700	1,507,400	1,366,000	1,204,400	1,103,400	1,123,600
981,000	1,001,200	900,200	920,400	1,496,100	1,354,700	1,193,100	1,092,100	1,112,300
969,800	990,000	889,000	909,200	1,484,900	1,343,500	1,181,900	1,080,900	1,101,100
969,800	990,000	889,000	909,200	1,484,900	1,343,500	1,181,900	1,080,900	1,101,100
972,100	992,300	891,300	911,500	1,487,200	1,345,800	1,184,200	1,083,200	1,103,400
908,340	898,340	803,340	818,340	1,393,000	1,183,000	953,000	903,000	943,000
908,340	898,340	803,340	818,340	1,393,000	1,183,000	953,000	903,000	943,000
908,340	898,340	803,340	818,340	1,393,000	1,183,000	953,000	903,000	943,000
7,840	7,780	7,060	7,450	11,050	10,130	10,000	9,280	9,280
11,500	11,400	10,320	10,910	16,310	14,930	14,730	13,660	13,660
16,860	16,710	15,050	15,960	24,270	22,160	21,850	20,190	20,190
20,760	20,560	18,480	19,610	30,060	27,410	27,020	24,930	24,930
26,480	26,240	23,550	25,020	38,440	35,020	34,540	31,850	31,850
3,520	3,520	3,520	3,520	4,490	4,650	4,280	3,890	3,750
3,740	3,740	3,740	3,740	4,790	4,960	4,550	4,140	3,990
3,880	3,880	3,880	3,880	5,000	5,180	4,760	4,310	4,150
4,150	4,150	4,150	4,150	5,390	5,580	5,110	4,620	4,450
4,540	4,540	4,540	4,540	5,920	6,150	5,620	5,070	4,870
4,680	4,680	4,680	4,680	6,150	6,380	5,830	5,240	5,030
7,140	7,080	6,400	6,690	10,220	9,200	9,320	8,420	8,310
8,600	8,530	7,670	8,050	12,440	11,180	11,320	10,210	10,050
10,110	10,020	9,000	9,430	14,710	13,190	13,370	12,030	11,850
11,720	11,620	10,420	10,940	17,080	15,310	15,520	13,960	13,750
13,320	13,190	11,830	12,430	19,440	17,410	17,650	15,870	15,630
3,084,000	3,084,000	3,084,000	3,084,000	–	–	–	–	–
3,027,000	3,027,000	3,027,000	3,027,000	–	–	–	–	–
3,019,495	3,019,495	3,019,495	3,019,495	–	–	–	–	–
–	–	–	–	–	–	–	–	–
1,327,675	1,327,675	1,327,675	1,327,675	–	–	–	–	–
1,299,175	1,299,175	1,299,175	1,299,175	–	–	–	–	–
1,179,000	1,179,000	1,179,000	1,179,000	–	–	–	–	–
3,106	3,106	3,106	3,106	3,914	4,048	3,728	3,392	3,274
2,773	2,773	2,773	2,773	3,511	3,634	3,342	3,035	2,927
3,137	3,137	3,137	3,137	3,945	4,080	3,760	3,423	3,305
2,796	2,796	2,796	2,796	3,533	3,656	3,364	3,057	2,949
3,163	3,163	3,163	3,163	3,971	4,105	3,786	3,449	3,331
2,821	2,821	2,821	2,821	3,558	3,681	3,389	3,082	2,974

공 통 자 재(3)

품 명	규 격	단위	1970	1971	1972	1973	1974	1975	1976
강 관									
구조용강관	15.9㎜ 1.4㎜	m							-
열연(HR)	19.1 〃	〃							-
〃	22.2 〃	〃							-
〃	25.4 〃	〃							-
비닐하우스용강관	15.9㎜ 1.2㎜	〃	-	-	-	-	-	-	-
(농원파이프)	19.1 〃	〃	-	-	-	-	-	-	-
〃	22.2 〃	〃	-	-	-	-	-	-	-
특수강									
구조용	3/8″ 0.6㎜	〃	-	-	-	378	420	480	480
스테인리스관	〃 0.7	〃	-	-	-	440	485	560	560
〃	〃 0.8	〃	-	-	-	478	530	615	615
〃	1/2″ 0.6	〃	-	-	-	396	440	510	510
〃	〃 0.7	〃	-	-	-	455	505	585	585
〃	〃 0.8	〃	-	-	-	520	575	665	665
〃	5/8″ 0.6	〃	-	-	-	445	495	575	575
〃	〃 0.7	〃	-	-	-	520	576	670	670
〃	〃 0.8	〃	-	-	-	576	640	745	745
스테인리스강판	0.3㎜ 1,000×2,000㎜	천원/톤	630	630	735	1,083	1,260	1,470	1,470
(STS 304)	0.6 〃	〃	525	525	619	824	1,102	1,260	1,260
27종	1.0 〃	〃	441	441	560	693	945	1,102	1,102
〃	1.5 〃	〃	420	420	546	638	903	1,071	1,071
〃	2.0 〃	〃	465	465	542	612	852	992	992
(STS 430)	0.4 〃	〃	516	516	600	674	936	1,089	1,089
24종	0.6 〃	〃	476	476	553	621	863	1,003	1,003
〃	0.8 〃	〃	420	420	489	549	763	887	887
〃	1.0 〃	〃	385	385	448	503	699	812	812
〃	2.0 〃	〃	356	356	414	465	646	751	751
고탄소공구강	STC3 원형봉	kg	-	-	-	-	-	1,020	1,070
〃	〃 판 10~25	〃	-	-	-	-	-	910	960
냉간금형공구강	STD11 원형봉	〃	-	-	-	-	-	1,930	2,030
〃	〃 판 13~16	〃	-	-	-	-	-	1,820	1,920
열간금형공구강	STD61 원형봉	〃	-	-	-	-	-	1,930	2,030
〃	〃 판 13~16	〃	-	-	-	-	-	1,820	1,920
고속도공구강	SKH9 원형봉	〃	-	-	-	-	-	3,760	3,960
회주철품	GC-10	〃	-	-	-	-	-	390	407
〃	-15	〃	-	-	-	-	-	490	514
〃	-200	〃	-	-	-	-	-	490	514
〃	-250	〃	-	-	-	-	-	500	523
〃	-300	〃	-	-	-	-	-	510	533
선 재									
보통철선	# 8 4.0㎜	〃	74	74	75	90	110	142	160
〃	10 3.2	〃	76	76	79	100	120	152	170
〃	12 2.6	〃	79	79	79	110	130	160	180
〃	14 2.0	〃	82	79	79	120	140	170	190
소둔철선	# 8 4.0	〃	76	76	78	115	165	170	190
(어니일링)	10 3.2	〃	78	78	80	118	168	180	200
〃	20 0.9	〃	93	93	95	160	210	230	250

스테인리스강관 단위중량(㎏/m) 계산법
단위중량 = (외경-두께)두께×비중×π×1/1000
※ (STS 304, 304L 비중=7.93, STS 316, 316L 비중=7.98, STS 430 비중=7.70)

1977	1978	1979	1980	1981	1982	1983	1984	1985	1986	1987	1988	1989
-	-	-	-	-	-	-	-	182	202	214	240	240
-	-	-	-	-	-	-	-	203	225	238	270	270
-	-	-	-	-	-	-	-	229	253	268	300	300
-	-	-	-	-	-	-	-	262	290	307	330	330
-	-	-	-	-	-	-	-	206	202	227	250	260
-	-	-	-	-	-	-	-	243	239	268	300	310
-	-	-	-	-	-	-	-	278	272	305	340	350
530	542	590	737	785	800	800	850	760	720	710	1,110	770
620	634	690	860	915	935	935	995	890	850	800	1,230	890
680	700	760	944	1,005	1,025	1,025	1,090	980	930	890	1,240	990
565	580	630	786	837	855	855	910	810	770	760	1,180	810
650	671	730	911	970	990	990	1,050	940	890	850	1,320	940
735	754	820	1,021	1,087	1,110	1,110	1,180	1,050	1,000	960	1,480	1,060
635	653	710	883	940	960	960	1,020	910	870	870	1,350	840
740	763	830	1,031	1,097	1,120	1,120	1,190	1,060	1,010	970	1,490	1,050
825	850	920	1,142	1,215	1,240	1,240	1,320	1,180	1,120	1,070	1,650	1,160
1,701	1,761	1,927	2,444	2,599	2,650	2,650	2,803	2,485	2,362	2,460	3,697	3,010
1,501	1,558	1,704	2,163	2,295	2,499	2,499	2,478	2,091	1,982	2,170	3,268	2,662
1,307	1,359	1,486	1,886	2,003	2,098	2,098	2,162	1,917	1,817	1,900	2,852	2,322
1,260	1,310	1,433	1,818	1,932	1,997	1,997	2,084	1,848	1,752	1,830	2,749	2,239
1,194	1,242	1,358	1,809	1,927	1,966	1,966	1,976	1,808	1,719	1,790	2,691	2,192
1,312	1,391	1,500	2,533	2,699	2,754	2,754	2,754	1,936	1,840	1,910	3,545	2,390
1,209	1,282	1,368	2,344	2,498	2,548	2,548	2,548	1,764	1,672	1,745	3,268	2,177
1,069	1,133	1,214	2,135	2,275	2,321	2,321	2,321	1,566	1,484	1,550	2,986	1,933
976	1,038	1,113	2,021	2,153	2,197	2,197	2,197	1,457	1,381	1,450	2,852	1,800
905	960	1,030	1,877	1,999	2,040	2,040	2,040	1,328	1,259	1,320	2,692	1,639
1,100	1,100	1,100	1,400	1,400	1,400	1,300	1,300	1,300	1,300	1,300	1,500	1,500
990	990	1,100	1,400	1,400	1,400	1,300	1,300	1,300	1,300	1,400	1,800	1,800
2,090	2,090	2,300	2,900	2,900	2,900	2,600	2,600	2,300	2,400	2,800	2,800	2,800
1,980	1,980	2,300	2,900	2,900	2,900	2,500	2,300	2,300	2,400	2,900	2,900	2,900
2,090	2,090	2,300	2,900	2,900	2,900	2,500	2,400	2,400	2,300	2,800	2,800	2,800
1,980	1,980	2,300	2,900	2,900	2,900	2,600	2,500	2,500	2,300	2,900	2,900	2,900
4,180	4,180	6,000	6,000	7,000	7,000	6,000	6,000	6,000	6,000	5,500	6,500	6,500
420	420	420	441	441	441	470	470	470	470	460	560	560
530	530	530	553	553	553	510	510	510	510	500	600	600
530	530	530	553	553	553	530	530	530	530	520	620	620
540	540	540	560	560	560	560	560	560	560	550	650	650
550	550	550	574	574	574	610	610	610	610	600	700	700
210	220	240	300	320	330	310	320	300	320	320	360	340
220	230	250	305	330	340	315	325	305	320	325	370	350
230	240	260	310	340	350	320	335	305	325	325	370	350
240	250	270	315	350	360	330	345	305	330	330	380	370
200	210	253	300	340	340	330	335	335	335	335	390	360
210	220	260	310	350	350	335	340	340	340	340	390	370
260	270	310	340	390	390	360	405	400	410	410	480	410

공 통 자 재(3)

품 명	규 격	단위	1990	1991	1992	1993	1994	1995	1996
강 관									
구 조 용 강 관	15.9㎜ 1.4㎜	m	258	258	242	242	242	254	241
열 연 (HR)	19.1 〃	〃	285	285	268	268	268	284	268
〃	22.2 〃	〃	322	322	302	302	302	325	307
〃	25.4 〃	〃	357	357	335	335	335	367	348
비닐하우스용강관	15.9㎜ 1.2㎜	〃	265	265	282	282	274	308	308
(농원파이프)	19.1 〃	〃	310	310	333	333	322	362	362
〃	22.2 〃	〃	350	350	379	379	368	413	413
특수강									
구 조 용	3/8″ 0.6㎜	〃	590	700	640	620	660	840	660
스테인리스관	〃 0.7	〃	650	780	710	700	730	950	740
〃	〃 0.8	〃	720	850	770	770	800	1,020	790
〃	1/2″ 0.6	〃	620	770	690	680	710	940	730
〃	〃 0.7	〃	690	840	760	760	780	100	810
〃	〃 0.8	〃	780	900	820	810	870	1,130	900
〃	5/8″ 0.6	〃	710	850	770	770	790	1,020	820
〃	〃 0.7	〃	790	970	870	870	900	1,170	930
〃	〃 0.8	〃	860	1,030	920	920	970	1,260	1,040
스테인리스강판	0.3㎜ 1,000×2,000㎜	천원/톤	2,489	2,648	2,417	2,500	2,500	3,227	2,704
(STS 304)	0.6 〃	〃	2,237	2,396	2,187	2,280	2,280	2,943	2,467
27종	1.0 〃	〃	2,006	2,165	1,976	2,080	2,080	2,686	2,251
〃	1.5 〃	〃	1,892	2,052	1,890	1,975	1,975	2,549	2,137
〃	2.0 〃	〃	1,838	1,997	1,840	1,923	1,923	2,482	2,081
(STS 430)	0.4 〃	〃	1,949	2,065	1,954	1,990	1,990	2,566	2,232
24종	0.6 〃	〃	1,823	1,939	1,835	1,864	1,864	2,410	2,096
〃	0.8 〃	〃	1,655	1,771	1,676	1,749	1,749	2,266	1,970
〃	1.0 〃	〃	1,519	1,635	1,546	1,612	1,612	2,095	1,823
〃	2.0 〃	〃	1,372	1,468	1,387	1,455	1,455	1,899	1,652
고탄소공구강	STC3 원형봉	kg	1,500	1,300	1,300	1,300	1,300	1,500	1,500
〃	〃 판 10~25	〃	1,800	1,500	1,500	1,500	1,500	1,800	1,800
냉간금형공구강	STD11 원형봉	〃	2,800	3,000	2,700	3,000	2,700	3,300	3,100
〃	〃 판 13~16	〃	2,800	3,000	3,000	3,000	3,000	4,000	3,800
열간금형공구강	STD61 원형봉	〃	2,800	2,800	2,800	2,700	2,700	3,300	3,100
〃	〃 판 13~16	〃	-	-	-	3,000	3,000	4,000	3,800
고속도공구강	SKH9 원형봉	〃	5,500	5,800	5,800	5,800	5,800	7,500	7,500
회 주 철 품	GC-10	〃	600	600	730	730	730	730	770
〃	-15	〃	630	650	810	810	810	810	850
〃	-200	〃	680	680	850	850	850	850	890
〃	-250	〃	700	700	860	860	860	860	900
〃	-300	〃	800	800	960	960	960	960	1,000
선 재									
보 통 철 선	# 8 4.0㎜	〃	390	410	410	430	410	440	480
〃	10 3.2	〃	400	420	420	440	410	440	480
〃	12 2.6	〃	400	425	425	460	410	440	480
〃	14 2.0	〃	415	445	445	480	450	470	520
소 둔 철 선	# 8 4.0	〃	425	440	440	480	460	510	530
(어니일링)	10 3.2	〃	425	440	440	480	460	510	530
〃	20 0.9	〃	550	580	580	660	590	580	580

1997	1998	1999	2000	2001	2002	2003	2004	2005	2006	2007	2008	2009
294	303	325	325	319	320	350	520	500	440	440	780	570
328	339	364	364	356	360	400	590	580	500	500	900	660
375	388	416	416	408	410	450	670	670	570	570	1,020	740
424	436	470	470	460	470	510	760	750	650	650	1,170	850
336	356	–	451	450	500	550	780	–	–	–	–	–
395	418	400	399	390	420	450	660	600	600	600	910	690
450	478	459	459	450	490	520	770	700	710	710	1,070	810
660	657	710	750	740	790	850	1,050	870	1,370	1,510	1,340	1,160
740	739	800	830	840	890	970	1,180	970	1,460	1,670	1,440	1,280
790	812	890	930	900	970	1,050	1,270	1,030	1,610	1,810	1,570	1,390
730	748	830	880	840	890	970	1,170	1,020	1,440	1,670	1,410	1,280
810	840	910	980	910	980	1,090	1,250	1,110	1,580	1,870	1,550	1,440
900	921	1,030	1,080	1,030	1,090	1,210	1,410	1,240	1,760	2,090	1,730	1,600
820	830	950	990	930	980	1,100	1,280	1,120	1,630	1,610	1,600	1,440
930	931	1,040	1,090	1,030	1,060	1,210	1,400	1,250	1,780	2,050	1,760	1,590
1,040	1,040	1,170	1,220	1,130	1,180	1,330	1,560	1,350	2,010	2,330	1,980	1,780
2,603	2,614	2,837	3,069	2,928	3,016	3,395	4,304	3,702	5,062	5,250	5,038	4,682
2,375	2,348	2,587	2,792	2,660	2,749	3,132	4,030	3,426	4,777	4,973	4,763	4,402
2,167	2,175	2,361	2,540	2,414	2,503	2,891	3,777	3,171	4,514	4,718	4,510	4,144
2,003	2,067	2,243	2,410	2,286	2,374	2,765	3,645	3,039	4,378	4,584	4,378	4,054
2,057	2,011	2,184	2,344	2,221	2,310	2,702	3,579	2,972	4,309	4,518	4,312	3,942
2,148	2,239	2,453	2,489	2,167	2,167	2,274	2,630	2,621	2,456	2,542	3,270	2,829
2,017	2,102	2,302	2,327	2,017	2,017	2,124	2,476	2,457	2,287	2,386	3,114	2,683
1,897	1,977	2,165	2,179	1,867	1,867	1,974	2,322	2,293	2,118	2,229	2,957	2,538
1,755	1,828	2,002	2,002	1,771	1,771	1,878	2,223	2,188	2,009	2,128	2,856	2,444
1,590	1,657	1,818	1,801	1,578	1,578	1,685	2,026	1,977	1,791	1,926	2,654	2,257
1,500	1,800	1,800	1,800	1,800	1,800	1,248	2,233	2,136	2,136	1,965	2,842	2,842
1,600	2,000	2,000	2,000	2,000	2,000	1,703	2,716	2,661	2,661	2,391	3,306	3,306
3,100	3,600	3,600	3,600	3,600	3,600	2,873	4,158	4,731	4,731	4,318	5,614	5,614
3,300	3,800	4,500	4,500	4,500	4,500	3,328	4,710	5,253	5,253	4,720	6,044	6,044
3,100	3,600	3,600	3,600	3,600	3,600	2,873	4,158	5,281	5,281	4,917	6,554	6,554
3,300	3,800	4,500	4,500	4,500	4,500	3,328	4,710	5,804	5,804	5,319	6,995	6,995
7,500	–	–	30,000	30,000	30,000	–	–	–	–	–	–	–
770	1,000	1,000	1,000	1,000	1,000	1,070	1,420	–	–	–	–	–
850	1,100	1,100	1,100	1,100	1,100	1,170	1,560	–	–	–	–	–
890	1,150	1,150	1,150	1,150	1,150	1,230	1,630	1,600	1,600	1,600	2,400	2,200
900	1,170	1,170	1,170	1,170	1,170	1,250	1,660	1,700	1,700	1,700	2,550	2,350
1,000	1,300	1,300	1,300	1,300	1,300	1,390	1,850	2,000	2,000	2,000	3,000	2,800
480	500	500	500	490	550	510	730	670	700	740	1,300	1,030
480	520	510	510	500	560	520	740	680	700	740	1,300	1,030
490	540	520	520	510	570	530	770	700	740	780	1,340	1,060
520	570	530	530	520	580	550	780	710	740	780	1,340	1,060
510	520	500	520	520	580	580	910	740	740	790	1,440	1,180
510	520	500	520	520	580	580	910	740	740	790	1,440	1,180
560	670	630	520	520	580	580	910	740	740	790	1,440	1,180

공 통 자 재(3)

품 명	규 격	단위	2010	2011	2012	2013	2014	2015	2016
강 관									
구 조 용 강 관	15.9㎜ 1.4㎜	m	660	700	700	670	670	670	600
열 연 (HR)	19.1 〃	〃	750	790	790	770	770	770	690
〃	22.2 〃	〃	850	900	900	870	870	870	790
〃	25.4 〃	〃	980	1,030	1,030	1,000	1,000	1,000	900
비닐하우스용강관	15.9㎜ 1.2㎜	〃	-	-	-	-	-	-	-
(농원파이프)	19.1 〃	〃	750	920	920	870	870	870	780
〃	22.2 〃	〃	890	1,080	1,080	1,030	1,030	1,030	930
특수강									
구 조 용	3/8″ 0.6㎜	〃	1,250	1,190	1,010	1,010	1,120	1,120	890
스테인리스관	〃 0.7	〃	1,430	1,350	1,160	1,160	1,280	1,280	1,020
〃	〃 0.8	〃	1,610	1,540	1,300	1,300	1,440	1,440	1,140
〃	1/2″ 0.6	〃	1,280	1,340	1,170	1,170	1,290	1,290	1,030
〃	〃 0.7	〃	1,480	1,470	1,340	1,340	1,480	1,480	1,180
〃	〃 0.8	〃	1,680	1,660	1,500	1,500	1,660	1,660	1,320
〃	5/8″ 0.6	〃	1,550	1,520	1,410	1,410	1,560	1,560	1,240
〃	〃 0.7	〃	1,740	1,720	1,610	1,610	1,780	1,780	1,410
〃	〃 0.8	〃	2,000	1,990	1,830	1,830	2,020	2,020	1,610
스테인리스강판	0.3㎜ 1,000×2,000㎜	천원/톤	5,156	4,938	5,156	4,829	4,720	4,720	3,771
(STS 304)	0.6 〃	〃	4,883	4,665	4,883	4,556	4,447	4,447	3,499
27종	1.0 〃	〃	4,633	4,415	4,633	4,306	4,197	4,197	3,248
〃	1.5 〃	〃	4,545	4,327	4,545	4,218	4,109	4,109	3,161
〃	2.0 〃	〃	4,436	4,218	4,436	4,109	4,000	4,000	3,052
(STS 430)	0.4 〃	〃	3,469	3,582	3,582	3,243	3,469	3,469	2,497
24종	0.6 〃	〃	3,311	3,424	3,424	3,085	3,311	3,311	2,339
〃	0.8 〃	〃	3,153	3,266	3,266	2,927	3,153	3,153	2,181
〃	1.0 〃	〃	3,051	3,164	3,164	2,825	3,051	3,051	2,079
〃	2.0 〃	〃	2,848	2,961	2,961	2,622	2,848	2,848	1,876
고탄소공구강	STC3 원형봉	kg	3,179	3,179	3,179	3,179	3,179	3,179	3,179
〃	〃 판 10~25	〃	3,674	3,674	3,674	3,674	3,674	3,674	3,674
냉간금형공구강	STD11 원형봉	〃	6,050	6,050	6,050	6,050	6,050	6,050	6,050
〃	〃 판 13~16	〃	6,523	6,523	6,523	6,523	6,523	6,523	6,523
열간금형공구강	STD61 원형봉	〃	6,193	6,193	6,193	6,193	6,193	6,193	6,193
〃	〃 판 13~16	〃	6,655	6,655	6,655	6,655	6,655	6,655	6,655
고속도공구강	SKH9 원형봉	〃	-	-	-	-	-	-	-
회 주 철 품	GC-10	〃	-	-	-	-	-	-	-
〃	-15	〃	-	-	-	-	-	-	-
〃	-200	〃	2,200	2,200	2,200	2,200	2,200	2,200	2,200
〃	-250	〃	2,350	2,350	2,350	2,350	2,350	2,350	2,350
〃	-300	〃	2,800	2,800	2,800	2,800	2,800	2,800	2,800
선 재									
보 통 철 선	# 8 4.0㎜	〃	1,140	1,250	1,250	1,250	1,250	1,250	1,250
〃	10 3.2	〃	1,140	1,250	1,250	1,250	1,250	1,250	1,250
〃	12 2.6	〃	1,170	1,280	1,280	1,280	1,280	1,280	1,280
〃	14 2.0	〃	1,170	1,280	1,280	1,280	1,280	1,280	1,280
소 둔 철 선	# 8 4.0	〃	1,290	1,410	1,410	1,410	1,410	1,410	1,410
(어니일링)	10 3.2	〃	1,290	1,410	1,410	1,410	1,410	1,410	1,410
〃	20 0.9	〃	1,290	1,410	1,410	1,410	1,410	1,410	1,410

2017	2018	2019	2020	2021	2022	2023	2024	2025
594	576	518	542	1,085	1,277	1,195	1,187	1,013
690	669	602	622	1,246	1,467	1,374	1,363	1,163
777	754	679	703	1,408	1,656	1,550	1,538	1,312
882	856	770	806	1,613	1,899	1,777	1,764	1,503
-	-	-	-	-	-	-	-	-
815	801	801	825	1,610	1,742	1,667	1,669	1,487
957	941	941	971	1,894	2,041	1,953	1,956	1,742
820	820	820	820	1,120	1,860	1,990	1,840	1,660
940	940	940	940	1,280	2,140	2,290	2,120	1,910
1,050	1,050	1,050	1,050	1,440	2,420	2,590	2,400	2,160
950	950	950	950	1,290	2,110	2,250	2,090	1,880
1,080	1,080	1,080	1,080	1,480	2,430	2,600	2,410	2,180
1,220	1,220	1,220	1,220	1,660	2,760	2,950	2,740	2,470
1,150	1,150	1,150	1,150	1,560	2,670	2,850	2,640	2,390
1,300	1,300	1,300	1,300	1,780	3,090	3,300	3,060	2,760
1,490	1,490	1,490	1,490	2,020	3,510	3,750	3,480	3,140
3,717	3,826	3,880	3,826	5,243	5,461	4,643	4,425	4,262
3,444	3,553	3,608	3,553	4,970	5,188	4,371	4,153	3,989
3,194	3,303	3,357	3,303	4,720	4,938	4,120	3,902	3,739
3,107	3,216	3,270	3,216	4,633	4,851	4,033	3,815	3,652
2,998	3,107	3,161	2,998	3,107	4,742	3,924	3,706	3,543
2,667	2,672	2,656	2,712	3,537	3,424	3,593	3,650	3,650
2,509	2,514	2,497	2,554	3,379	3,266	3,435	3,492	3,492
2,350	2,356	2,339	2,396	3,221	3,108	3,277	3,334	3,334
2,249	2,254	2,237	2,294	3,119	3,006	3,175	3,232	3,232
2,045	2,051	2,034	2,091	2,915	2,802	2,972	3,028	3,028
3,179	3,179	-	-	-	-	-	-	-
3,674	3,674	-	-	-	-	-	-	-
6,050	6,050	4,920	4,920	5,070	5,970	5,970	5,970	5,970
6,523	6,523	5,340	5,340	5,490	6,390	6,390	6,390	6,390
6,193	6,193	5,040	5,040	5,090	5,990	5,990	5,990	5,990
6,655	6,655	5,440	5,440	5,490	6,390	6,390	6,390	6,390
-	-	-	-	-	-	-	-	-
-	-	-	-	-	-	-	-	-
-	-	-	-	-	-	-	-	-
2,200	2,200	2,200	2,400	2,400	3,750	3,750	3,750	3,750
2,350	2,350	2,350	2,600	2,600	3,900	3,900	3,900	3,900
2,800	2,800	2,800	3,100	3,100	4,050	4,050	4,050	4,050
1,250	1,250	1,250	1,250	1,620	1,680	1,630	1,630	1,630
1,250	1,250	1,250	1,250	1,620	1,680	1,630	1,630	1,630
1,280	1,280	1,280	1,280	1,650	1,720	1,660	1,660	1,660
1,280	1,280	1,280	1,280	1,650	1,720	1,660	1,660	1,660
1,410	1,410	1,410	1,410	1,840	1,900	1,850	1,850	1,850
1,410	1,410	1,410	1,410	1,840	1,900	1,850	1,850	1,850
1,410	1,410	1,410	1,410	1,840	1,900	1,850	1,850	1,850

공 통 자 재(4)

품 명 · 규 격		단위	1970	1971	1972	1973	1974	1975	1976
선 재									
아 연 도 철 선	# 8 4.0㎜	kg	81	81	82	120	170	190	220
〃	10 3.2	〃	83	83	84	124	174	210	230
〃	12 2.6	〃	85	85	86	126	176	220	240
〃	14 2.0	〃	90	90	90	134	184	235	255
일 반 용 철 못	N25	상자	-	-	-	-	-	-	-
〃	32	〃	-	-	-	-	-	-	-
〃	38	〃	-	-	-	-	-	-	-
〃	50	〃	-	-	-	-	-	-	-
〃	65	〃	-	-	-	-	-	-	-
〃	75	〃	-	-	-	-	-	-	-
콘 크 리 트 못	25㎜	갑	-	-	-	-	-	-	250
〃	50	〃	-	-	-	-	-	-	450
〃	75	〃	-	-	-	-	-	-	650
〃	90	〃	-	-	-	-	-	-	850
〃	100	〃	-	-	-	-	-	-	1,000
경 강 선	1.6㎜ (10년부터 0.2㎜)	kg	-	-	150	205	275	360	360
〃	2.0 (10년부터 0.3㎜)	〃	-	-	145	200	270	350	350
〃	2.3 (10년부터 0.4㎜)	〃	-	-	145	200	270	350	350
〃	3.2	〃	-	-	140	195	260	340	340
〃	4.0	〃	-	-	140	190	250	340	340
〃	5.0	〃	-	-	130	190	250	340	340
P . C 강 선	7.0㎜ 38.48㎟	〃	-	-	170	200	250	310	310
〃	8.0 50.27	〃	-	-	170	200	250	310	310
P . C 강 연 선	10.8 7연선	〃	-	-	230	280	330	400	400
〃	12.7 〃	〃	-	-	230	280	330	400	400
볼 트									
보통육각볼트	16×190㎜	개	-	-	-	-	-	190	190
〃	20 190	〃	-	-	-	-	-	270	270
스테인리스볼트	6×20	〃	-	-	-	-	-	-	-
(6각)	6 25	〃	-	-	-	-	-	-	-
〃	6 30	〃	-	-	-	-	-	-	-
〃	6 40	〃	-	-	-	-	-	-	-
앵 커 볼 트	3/8″ × 6″	〃	-	-	-	-	-	-	-
〃	〃 14″	〃	-	-	-	-	-	-	-
스 트 롱 앵 커	1/4″	〃	-	-	-	-	-	-	-
〃	3/8″	〃	-	-	-	-	-	-	-
〃	1/2″	〃	-	-	-	-	-	-	-
〃	5/8″	〃	-	-	-	-	-	-	-
〃	3/4″	〃	-	-	-	-	-	-	-
세 트 앵 커	3/8″ × 75㎜	〃	-	-	-	-	-	-	-
〃	1/2″ 100	〃	-	-	-	-	-	-	-
〃	5/8″ 125	〃	-	-	-	-	-	-	-
〃	3/4″ 150	〃	-	-	-	-	-	-	-
고 장 력 볼 트	16×40㎜	〃	-	-	-	-	-	-	-
(6각)	16 50	〃	-	-	-	-	-	-	-
〃	16 60	〃	-	-	-	-	-	-	-
〃	20 40	〃	-	-	-	-	-	-	-
〃	20 50	〃	-	-	-	-	-	-	-

1977	1978	1979	1980	1981	1982	1983	1984	1985	1986	1987	1988	1989
230	240	280	330	375	375	375	375	340	360	360	380	380
240	250	290	340	385	385	385	385	350	370	370	390	390
250	260	300	350	395	395	395	395	360	380	380	400	400
265	275	315	365	410	410	410	410	370	390	390	410	410
–	–	–	9,000	8,950	9,450	9,100	9,100	8,900	10,000	9,600	10,850	10,850
–	–	–	8,880	8,800	9,120	8,900	8,900	8,690	9,800	9,400	10,500	10,500
–	–	–	8,630	8,680	8,900	8,700	8,500	8,580	9,600	9,200	10,250	10,250
–	–	–	8,500	8,400	8,670	8,500	8,500	8,370	9,400	9,000	10,050	10,050
–	–	–	8,380	8,250	8,570	8,300	8,300	8,160	9,200	8,800	9,850	9,850
–	–	–	8,250	8,120	8,450	8,200	8,200	8,050	9,100	8,700	9,700	9,700
230	360	360	350	360	360	360	360	350	350	350	370	460
450	960	800	850	850	850	850	850	800	800	800	840	1,050
750	1,560	1,400	1,500	1,800	1,800	1,800	1,800	1,710	1,700	1,700	1,780	2,000
900	1,800	1,800	1,800	2,500	2,500	2,500	2,500	2,310	2,310	2,300	2,410	2,450
1,100	2,160	2,160	2,400	2,900	2,900	2,900	2,900	2,700	2,700	2,700	2,800	2,900
400	420	470	550	590	590	590	590	540	540	540	640	780
380	410	460	530	560	560	560	560	520	520	520	620	720
380	410	460	530	560	560	560	560	520	520	520	620	690
360	380	430	500	560	560	530	530	485	485	485	570	680
350	370	420	490	520	520	520	520	475	475	475	550	670
350	360	400	470	500	500	500	500	480	480	480	530	640
310	350	480	560	600	600	600	610	610	600	600	600	690
310	350	480	560	600	600	600	610	610	600	600	600	690
400	430	560	630	680	680	700	700	700	690	690	690	790
400	430	560	630	680	680	700	700	700	690	690	690	790
210	220	283	283	283	283	240	240	240	240	240	227	227
290	300	384	384	384	384	375	375	375	375	375	363	363
–	–	–	–	–	–	–	37	37	37	37	40	35
–	–	–	–	–	–	–	42	42	42	42	45	40
–	–	–	–	–	–	–	48	48	48	48	50	44
–	–	–	–	–	–	–	53	53	53	53	55	53
–	–	–	50	50	50	46	50	50	50	50	56	56
–	–	–	103	103	103	95	105	105	105	105	105	105
37	37	34	34	36	36	34	34	30	30	30	32	32
67	67	61	61	61	60	61	61	45	45	45	45	45
110	110	102	102	102	100	102	102	70	70	70	70	70
260	260	238	238	238	240	238	238	160	160	160	160	160
370	370	343	343	343	352	343	343	250	250	250	250	300
–	–	–	–	–	–	–	–	80	80	80	80	80
–	–	–	–	–	–	–	–	160	160	160	160	160
–	–	–	–	–	–	–	–	310	310	310	310	310
–	–	–	–	–	–	–	–	590	590	590	590	590
–	–	–	–	–	–	–	–	96	96	96	96	96
–	–	–	–	–	–	–	–	109	109	109	109	109
–	–	–	–	–	–	–	–	123	123	123	123	123
–	–	–	–	–	–	–	–	165	165	165	165	165
–	–	–	–	–	–	–	–	178	178	178	178	178

공 통 자 재(4)

품 명	규 격	단위	1990	1991	1992	1993	1994	1995	1996
선 재									
아 연 도 철 선	# 8 4.0㎜	kg	460	500	500	510	490	550	580
〃	10 3.2	〃	470	520	520	520	520	570	600
〃	12 2.6	〃	490	550	550	550	540	590	620
〃	14 2.0	〃	520	570	570	570	560	620	650
일 반 용 철 못	N25	상자	13,000	14,400	14,100	15,100	14,000	15,900	15,900
〃	32	〃	12,500	13,800	13,500	14,800	13,500	15,400	15,900
〃	38	〃	12,000	13,200	13,000	14,300	12,900	14,800	15,900
〃	50	〃	11,700	12,700	12,600	13,900	12,600	14,500	13,800
〃	65	〃	11,400	12,200	12,200	13,500	12,300	14,200	13,800
〃	75	〃	11,200	11,800	11,800	13,100	12,100	14,000	13,500
콘 크 리 트 못	25㎜	갑	460	460	490	490	440	460	460
〃	50	〃	1,050	1,050	1,090	1,090	990	800	800
〃	75	〃	2,000	2,000	2,040	2,040	1,870	2,070	2,070
〃	90	〃	2,450	2,450	2,510	2,510	2,310	2,640	2,640
〃	100	〃	2,900	2,900	3,000	3,000	2,750	3,220	3,220
경 강 선	1.6㎜ (10년부터 0.2㎜)	kg	760	760	760	760	760	980	980
〃	2.0 (10년부터 0.3㎜)	〃	700	700	710	710	710	870	870
〃	2.3 (10년부터 0.4㎜)	〃	670	670	670	670	670	820	820
〃	3.2	〃	660	660	660	660	660	770	770
〃	4.0	〃	650	650	650	650	650	760	760
〃	5.0	〃	630	630	630	630	630	740	740
P.C 강 선	7.0㎜ 38.48㎟	〃	680	680	610	610	610	600	620
〃	8.0 50.27	〃	680	680	610	610	610	600	620
P.C 강 연 선	10.8 7연선	〃	720	720	–	–	–	–	–
〃	12.7 〃	〃	720	720	750	750	750	700	720
볼 트									
보통육각볼트	16×190㎜	개	261	287	287	287	348	355	355
〃	20 190	〃	401	441	441	441	535	561	561
스테인리스볼트	6×20	〃	35	38	34	26	26	37	37
(6각)	6 25	〃	40	43	39	31	31	41	41
〃	6 30	〃	44	48	43	35	35	45	45
〃	6 40	〃	53	57	51	41	41	54	54
앵 커 볼 트	3/8″ × 6″	〃	62	68	68	62	95	95	95
〃	〃 14″	〃	129	140	140	119	180	180	180
스 트 롱 앵 커	1/4″	〃	45	55	55	55	60	60	47
〃	3/8″	〃	50	60	60	60	66	66	50
〃	1/2″	〃	98	120	120	120	132	132	110
〃	5/8″	〃	240	300	300	300	440	440	320
〃	3/4″	〃	420	500	500	550	880	880	600
세 트 앵 커	3/8″ × 75㎜	〃	80	80	80	80	93	93	70
〃	1/2″ 100	〃	160	170	170	170	192	192	140
〃	5/8″ 125	〃	310	320	320	320	385	385	260
〃	3/4″ 150	〃	590	620	620	620	715	715	520
고 장 력 볼 트	16×40㎜	〃	96	106	106	106	106	220	220
(6각)	16 50	〃	109	120	120	120	120	237	237
〃	16 60	〃	123	135	135	135	135	254	254
〃	20 40	〃	165	182	182	182	182	366	366
〃	20 50	〃	178	187	196	196	196	393	393

1997	1998	1999	2000	2001	2002	2003	2004	2005	2006	2007	2008	2009
600	670	670	610	590	660	660	840	880	910	940	1,690	1,340
620	690	690	630	610	680	680	860	910	930	960	1,740	1,390
640	710	710	660	630	700	700	890	930	950	990	1,790	1,430
660	730	760	700	680	740	740	930	980	1,000	1,030	1,880	1,530
15,500	18,400	17,700	17,300	17,300	19,500	19,500	24,700	23,100	22,200	22,200	32,100	28,500
-	-	-	12,900	12,900	15,100	15,100	20,300	18,700	18,000	18,000	28,800	25,200
15,000	17,200	15,400	15,100	15,100	17,300	17,300	22,500	20,900	20,100	20,100	32,100	28,500
14,500	16,900	14,700	14,500	14,500	16,700	16,700	21,800	20,200	19,500	19,500	29,100	25,400
14,000	16,500	14,000	13,800	13,800	16,000	16,000	21,200	19,500	18,800	18,800	29,100	25,400
13,700	16,300	13,400	13,300	13,300	15,500	15,500	20,600	19,000	18,300	18,300	28,800	25,200
440	440	440	440	400	440	460	-	460	450	450	620	560
1,090	1,100	1,100	1,100	400	440	460	-	460	450	450	620	560
1,970	1,980	1,980	1,980	400	440	460	-	460	450	450	620	560
2,520	2,530	2,530	2,530	400	440	460	-	460	450	450	620	560
3,060	3,080	3,080	3,080	400	440	460	-	460	450	450	620	560
980	1,700	1,700	1,700	1,700	1,370	1,410	1,460	1,550	1,550	1,550	-	-
870	1,490	1,490	1,490	1,490	1,190	1,240	1,270	1,360	1,360	1,360	-	-
820	1,370	1,370	1,370	1,370	1,070	1,120	1,150	1,240	1,240	1,240	-	-
770	1,330	1,330	1,330	1,330	1,030	1,060	1,100	1,180	1,180	1,180	-	-
760	1,300	1,300	1,300	1,300	1,010	1,040	1,060	1,150	1,150	1,150	-	-
740	1,270	1,270	1,270	1,270	990	1,020	1,040	1,130	1,130	1,130	-	-
620	800	800	800	800	800	800	1,040	1,120	1,120	1,120	-	-
620	800	800	800	800	800	800	1,040	1,120	1,120	1,120	-	-
-	-	-	970	970	970	970	1,190	1,290	1,290	1,290	1,830	1,830
720	950	950	950	950	950	950	1,170	1,270	1,270	1,680	2,040	2,040
355	319	319	323	323	323	323	492	492	492	492	739	620
561	504	504	510	510	510	510	778	-	-	-	1,166	979
37	37	37	37	37	37	37	44	44	49	62	54	51
41	41	41	41	41	41	41	49	49	55	69	60	57
45	45	45	45	45	45	45	54	54	62	78	67	68
54	54	54	54	54	54	54	65	65	70	91	79	75
95	95	-	231	231	231	231	323	363	-	-	-	-
180	180	-	462	462	462	462	647	725	-	-	-	-
47	47	47	58	53	53	-	-	75	75	78	137	137
50	50	50	58	57	57	-	-	75	75	88	137	137
110	110	110	115	117	117	-	-	163	163	238	274	274
300	300	300	345	351	351	-	-	563	563	600	977	977
600	600	600	690	703	703	-	-	938	938	960	1,560	1,560
68	68	68	78	80	80	80	88	96	96	96	166	166
140	140	140	161	163	163	163	179	238	238	238	454	454
260	260	260	300	290	290	290	310	488	488	488	894	894
480	480	480	550	550	550	550	600	900	900	900	1,722	1,722
240	240	232	255	255	255	255	304	337	337	337	455	444
277	277	250	275	275	275	275	330	363	363	363	488	477
314	314	268	295	295	295	295	354	389	389	389	524	513
431	431	386	425	425	425	425	510	561	561	561	756	739
479	479	415	457	457	457	457	548	603	603	603	812	794

공 통 자 재(4)

품 명	규 격	단위	2010	2011	2012	2013	2014	2015	2016
선 재									
아 연 도 철 선	# 8 4.0㎜	kg	1,460	1,570	1,570	1,570	1,570	1,570	1,570
〃	10 3.2	〃	1,500	1,620	1,620	1,620	1,620	1,620	1,620
〃	12 2.6	〃	1,550	1,670	1,670	1,670	1,670	1,670	1,670
〃	14 2.0	〃	1,640	1,760	1,760	1,760	1,760	1,760	1,760
일 반 용 철 못	N25	상자	25,300	25,300	25,300	25,300	25,300	25,300	25,300
〃	32	〃	22,000	22,000	22,000	22,000	22,000	22,000	22,000
〃	38	〃	25,300	25,300	25,300	25,300	25,300	25,300	25,300
〃	50	〃	22,200	22,200	22,200	22,200	22,200	22,200	22,200
〃	65	〃	22,200	22,200	22,200	22,200	22,200	22,200	22,200
〃	75	〃	22,000	22,000	22,000	22,000	22,000	22,000	22,000
콘 크 리 트 못	25㎜	갑	560	560	560	560	560	560	400
〃	50	〃	560	560	560	560	560	560	400
〃	75	〃	560	560	560	560	560	560	400
〃	90	〃	560	560	560	560	560	560	400
〃	100	〃	560	560	560	560	560	560	400
경 강 선	1.6㎜ (10년부터 0.2㎜)	kg	8,260	8,830	8,830	8,830	8,830	8,830	8,830
〃	2.0 (10년부터 0.3㎜)	〃	6,710	7,170	7,170	7,170	7,170	7,170	7,170
〃	2.3 (10년부터 0.4㎜)	〃	5,550	5,940	5,940	5,940	5,940	5,940	5,940
〃	3.2	〃	–	–	–	–	–	–	–
〃	4.0	〃	–	–	–	–	–	–	–
〃	5.0	〃	–	–	–	–	–	–	–
P.C 강 선	7.0㎜ 38.48㎟	〃	–	–	–	–	–	–	–
〃	8.0 50.27	〃	–	–	–	–	–	–	–
P.C 강 연 선	10.8 7연선	〃	1,830	1,860	1,860	1,860	1,860	1,860	1,860
〃	12.7 〃	〃	2,040	2,070	2,070	2,070	2,070	2,070	2,070
볼 트									
보통육각볼트	16×190㎜	개	620	620	620	620	620	620	611.3
〃	20 190	〃	978.8	978.8	978.8	978.8	978.8	979	963.8
스테인리스볼트	6×20	〃	51	51	51	51	51	51	51
(6각)	6 25	〃	57	57	57	57	57	57	57
〃	6 30	〃	64	64	64	64	64	64	64
〃	6 40	〃	75	75	75	75	75	75	75
앵 커 볼 트	3/8″ × 6″	〃	–	–	–	–	–	–	–
〃	〃 14″	〃	–	–	–	–	–	–	–
스 트 롱 앵 커	1/4″	〃	137	137	137	137	137	137	137
〃	3/8″	〃	137	137	137	137	137	137	137
〃	1/2″	〃	274	274	274	274	274	274	274
〃	5/8″	〃	977	977	977	977	977	977	977
〃	3/4″	〃	1,560	1,560	1,560	1,560	1,560	1,560	1,560
세 트 앵 커	3/8″×75㎜(23년부터 SET A/C(용융) 3/8×70(9×70))	〃	166	166	166	166	166	166	166
〃	1/2″ 100(23년부터 SET A/C(용융) 1/2×4″(12×100))	〃	454	454	454	454	454	454	454
〃	5/8″ 125(23년부터 SET A/C(용융) 5/8×5″(16×125))	〃	894	894	894	894	894	894	894
〃	3/4″ 150(23년부터 SET A/C(용융) 3/4×6″(19×150))	〃	1,722	1,722	1,722	1,722	1,722	1,722	1,722
고 장 력 볼 트	16×40㎜ (16년부터 콜라6각볼트)	〃	444	444	444	444	444	444	270.7
(6각)	16 50 〃	〃	477	477	477	477	477	477	306.3
〃	16 60 〃	〃	513	513	513	513	513	513	336.8
〃	20 40 〃	〃	739	739	739	739	739	739	441.0
〃	20 50 〃	〃	794	794	794	794	794	794	441.0

2017	2018	2019	2020	2021	2022	2023	2024	2025					
1,690	1,690	1,690	1,690	2,190	2,280	2,230	2,230	2,230					
1,740	1,740	1,740	1,740	2,240	2,320	2,280	2,280	2,280					
1,790	1,790	1,790	1,790	2,290	2,370	2,320	2,320	2,320					
1,880	1,880	1,880	1,880	2,380	2,460	2,420	2,420	2,420					
30,800	30,800	30,800	30,800	39,000	40,400	40,400	40,400	40,400					
27,500	27,500	27,500	27,500	35,700	37,100	37,100	37,100	37,100					
30,800	30,800	30,800	30,800	39,000	40,400	40,400	40,400	40,400					
27,700	27,700	27,700	27,700	36,000	37,400	37,400	37,400	37,400					
27,700	27,700	27,700	27,700	36,000	37,400	37,400	37,400	37,400					
27,500	27,500	27,500	27,500	35,700	37,100	37,100	37,100	37,100					
500	500	500	500	700	700	700	700	700					
500	500	500	500	700	700	700	700	700					
500	500	500	500	700	700	700	700	700					
500	500	500	500	700	700	700	700	700					
500	500	500	500	700	700	700	700	700					
8,830	8,830	8,830	8,830	11,480	11,480	11,480	11,480	11,480					
7,170	7,170	7,170	7,170	9,320	9,320	9,320	9,320	9,320					
5,940	5,940	5,940	5,940	7,710	7,710	7,710	7,710	7,710					
–	–	–	–	–	–	–	–	–					
–	–	–	–	–	–	–	–	–					
–	–	–	–	–	–	–	–	–					
–	–	–	–	–	–	–	–	–					
–	–	–	–	–	–	–	–	–					
1,860	1,860	1,860	1,860	2,410	2,410	2,410	2,410	2,410					
2,070	2,070	2,070	2,070	2,690	2,690	2,690	2,690	2,690					
611.3	611.3	611.3	611.3	1,006.5	1,019.7	1,019.7	1,019.7	1,019.7					
963.8	963.8	963.8	963.8	1,581.8	1,604.9	1,604.9	1,604.9	1,604.9					
42	42	42	42	52	73	73	73	73					
45	45	45	45	58	80	80	80	80					
52	52	52	52	64	88	88	88	88					
62	62	62	62	77	106	106	106	106					
–	–	–	–	–	–	–	–	–					
–	–	–	–	–	–	–	–	–					
137	137	137	137	137	137	–	–	–					
137	137	137	137	137	137	–	–	–					
274	274	274	274	274	274	–	–	–					
977	977	977	977	977	977	–	–	–					
1,560	1,560	1,560	1,560	1,560	1,560	–	–	–					
166	166	166	166	166	166	550	550	550					
454	454	454	454	454	454	1,100	1,100	1,100					
894	894	894	894	894	894	2,100	2,100	2,100					
1,722	1,722	1,722	1,722	1,722	1,722	3,250	3,250	3,250					
270.7	270.7	270.7	270.7	327.8	331.1	331.1	331.1	331.1					
306.3	306.3	306.3	306.3	375.1	378.4	378.4	378.4	378.4					
336.8	336.8	336.8	336.8	426.8	430.1	430.1	430.1	430.1					
441.0	441.0	441.0	441.0	620.4	621.5	621.5	621.5	621.5					
441.0	441.0	441.0	441.0	643.5	645.7	645.7	645.7	645.7					

공 통 자 재(5)

품명	규격	단위	1970	1971	1972	1973	1974	1975	1976
철 망									
스테인리스망	Mesh 1.0 3.0㎜	m	-	-	-	-	10,100	10,100	10,100
(STS 304)	1.5 2.6	〃	-	-	-	-	10,260	10,260	10,260
〃	2.0 2.0	〃	-	-	-	-	8,030	8,030	8,030
〃	3.0 1.8	〃	-	-	-	-	9,090	9,090	9,090
〃	120 0.080	〃	-	-	-	-	5,610	5,610	5,610
〃	150 0.065	〃	-	-	-	-	6,920	6,920	6,920
(STS 316)	165 0.053	〃	-	-	-	-	7,470	7,470	7,470
〃	180 0.053	〃	-	-	-	-	7,940	7,940	7,940
스테인리스	0.2㎜ 0.75	R/L	-	-	-	-	39,560	39,560	39,560
방충망	〃 0.9	〃	-	-	-	-	45,210	45,210	45,210
〃	〃 1.2	〃	-	-	-	-	56,510	56,510	56,510
PVC능형철망	# 8×56×56㎜	㎡	-	-	-	-	860	860	860
〃	10×56×56	〃	-	-	-	-	600	600	600
크림프철망	#10 3.2 50	m	-	-	-	-	1,020	1,020	1,020
〃	#10 3.2 38	〃	-	-	-	-	1,290	1,290	1,290
〃	#10 3.2 30	〃	-	-	-	-	1,520	1,520	1,520
익스펜디드메탈	12×30.5 1.6×2.0	㎡	-	-	-	-	910	910	910
〃	〃 2.3 3.0	〃	-	-	-	-	1,960	1,960	1,960
〃	22×50.8 1.6×2.0	〃	-	-	-	-	500	500	500
〃	〃 2.3 2.5	〃	-	-	-	-	890	890	890
〃	〃 3.2 3.5	〃	-	-	-	-	1,730	1,730	1,730
비철금속									
연괴	Pb 99.97%이상	kg	-	-	-	-	-	-	380
아연(괴)	Zn 99.97%	〃	-	-	230	360	-	450	540
알루미늄	Al	〃	-	-	300	-	-	450	450
전기동	Cu 99.99%	〃	-	-	575	950	1,050	950	1,000
안티몬	Sb 99.90%	〃	-	-	1,730	-	1,900	3,000	2,800
니켈	Ni 99.90%	〃	-	-	2,700	2,400	2,500	3,200	3,750
마그네슘	Mg 99.80%	〃	-	-	-	-	-	-	1,510
순동판	0.2 ×400×1,200㎜	〃	570	-	720	1,450	1,200	1,350	1,350
〃	0.3 〃	〃	854	-	1,020	1,450	1,200	1,350	1,300
〃	0.5 〃	〃	-	-	-	1,100	1,100	1,150	1,150
〃	1.0 〃	〃	-	-	-	1,100	1,100	1,150	1,150
황동판	0.2 〃	〃	-	-	-	1,300	1,300	1,300	1,350
〃	0.3 〃	〃	-	-	-	1,200	1,200	1,200	1,300
〃	0.5 〃	〃	-	-	-	1,100	1,100	1,100	1,150
〃	1.0 〃	〃	-	-	-	1,100	1,100	1,100	1,100
연판	1㎜ 914×1,829	〃	-	-	-	500	500	560	560
〃	2 〃	〃	-	-	-	500	500	560	560
〃	3 〃	〃	-	-	-	500	500	560	560
〃	4 〃	〃	-	-	-	500	500	560	560
땜납(봉)	Sn 30%	〃	-	-	-	-	-	2,000	2,000
〃	Sn 40%	〃	-	-	-	-	-	2,300	2,500
〃	Sn 50%	〃	-	-	-	-	-	2,800	2,800

주 크림프철망: '99년까지는 m당 가격임.

1977	1978	1979	1980	1981	1982	1983	1984	1985	1986	1987	1988	1989
11,200	11,540	14,240	16,750	17,820	17,820	17,820	19,600	19,600	19,600	19,600	22,000	22,000
11,400	11,750	14,500	17,060	18,150	18,150	18,150	19,970	19,970	19,970	19,970	26,000	26,000
8,920	9,190	11,340	13,340	14,190	14,190	14,190	16,610	16,610	16,610	16,610	20,000	20,000
10,100	10,400	12,840	15,100	16,000	16,000	16,000	18,480	18,480	18,480	18,480	30,000	30,000
6,230	6,420	7,920	9,310	9,900	9,900	9,900	10,000	10,000	10,000	10,000	13,000	13,000
7,680	7,910	9,760	11,480	12,210	12,210	12,210	13,200	13,200	13,200	13,200	20,000	20,000
8,300	8,550	10,550	12,410	13,200	13,200	13,200	14,200	14,200	14,200	14,200	22,000	22,000
8,820	9,090	11,220	13,200	14,000	14,000	14,000	14,200	14,200	14,200	14,200	23,000	23,000
43,950	45,310	55,930	65,800	70,000	70,000	70,000	70,000	70,000	70,000	70,000	95,000	95,000
50,230	51,780	63,920	75,200	80,000	80,000	80,000	80,000	90,000	90,000	90,000	120,000	120,000
62,780	64,720	79,900	94,000	100,000	100,000	100,000	100,000	130,000	130,000	150,000	170,000	170,000
950	980	1,210	1,424	1,515	1,515	1,515	1,515	1,515	1,450	1,450	2,070	2,070
660	680	830	977	1,040	1,040	1,040	1,040	1,040	980	980	1,485	1,485
1,130	1,160	1,430	1,680	1,790	1,790	1,790	1,790	1,790	1,790	1,790	1,790	1,790
1,430	1,470	1,810	2,130	2,260	2,260	2,260	2,260	2,260	2,260	2,260	2,260	2,260
1,680	1,730	2,130	2,500	2,660	2,660	2,660	2,660	2,660	2,660	2,660	2,660	2,660
1,217	1,264	1,560	1,830	1,960	2,390	2,390	2,390	2,390	2,390	2,390	2,405	2,405
2,624	2,726	3,380	3,940	4,220	4,460	4,460	4,460	4,460	4,460	4,460	4,660	4,660
662	688	850	900	1,060	1,300	1,300	1,300	1,300	1,300	1,300	1,320	1,320
1,188	1,235	1,530	1,780	1,960	2,010	2,010	2,010	2,010	2,010	2,010	2,070	2,070
2,316	2,406	2,980	3,480	3,720	3,810	3,810	3,810	3,810	3,810	3,810	3,870	3,870
-	550	748	750	750	770	630	550	550	520	690	650	670
-	605	660	750	900	900	900	920	880	950	900	1,200	1,200
546	792	930	1,500	1,400	1,300	1,550	1,300	1,150	1,300	1,800	2,400	1,420
-	-	1,485	1,850	1,950	1,950	1,850	-	1,700	-	2,200	2,600	2,300
-	3,000	3,000	3,300	3,300	3,300	3,300	4,500	4,000	3,400	3,400	-	2,000
-	4,180	4,950	6,500	6,800	6,800	6,500	5,800	6,200	5,000	5,900	10,500	8,800
-	-	-	2,200	2,200	2,650	2,650	3,500	3,600	3,500	3,500	3,500	3,100
1,350	1,705	2,145	2,379	2,850	2,650	2,700	2,700	2,800	2,740	3,350	3,800	3,490
1,300	1,595	2,035	2,312	2,750	2,550	2,600	2,600	-	-	3,260	3,720	3,440
1,150	1,485	1,815	2,249	2,550	2,200	2,300	2,400	-	-	3,195	3,650	3,330
1,150	1,485	1,815	2,182	2,350	2,200	2,300	2,400	2,620	2,560	3,155	3,610	3,220
1,350	1,540	1,980	-	-	-	-	-	2,400	2,340	2,870	3,270	3,250
1,300	1,430	1,870	1,900	2,300	2,350	2,350	2,350	2,320	2,260	2,775	3,180	3,150
1,150	1,320	1,760	1,800	2,100	2,150	2,150	2,150	-	-	2,690	3,090	3,070
1,100	1,298	1,650	1,800	2,100	2,150	2,150	2,150	2,220	2,160	2,600	3,000	2,930
600	660	880	1,000	1,000	1,000	900	750	700	660	750	750	750
600	660	880	1,000	1,000	1,000	900	750	700	660	750	750	750
600	660	880	1,000	1,000	1,000	900	750	700	660	750	750	750
600	660	880	1,000	1,000	1,000	900	750	700	660	750	750	750
2,500	3,600	3,900	4,300	4,700	4,700	4,400	4,400	4,400	4,000	3,500	3,500	3,500
2,900	4,000	4,400	5,300	5,700	5,700	5,400	5,400	5,400	4,900	4,000	4,000	4,000
3,700	4,800	5,600	6,500	6,500	6,500	6,500	6,500	6,500	6,000	6,000	6,000	6,000

공 통 자 재(5)

품명	규격	단위	1990	1991	1992	1993	1994	1995	1996
철 망									
스테인리스망	Mesh 1.0 3.0㎜	m	21,000	21,000	22,300	22,300	19,000	20,000	20,000
(STS 304)	1.5 2.6(2000년부터 4.0 1.6㎜)	〃	25,000	25,000	25,000	25,000	21,200	21,900	21,900
〃	2.0 2.0	〃	19,000	19,000	19,200	19,200	16,300	18,300	18,300
〃	3.0 1.8	〃	29,000	29,000	29,000	29,000	24,600	24,700	24,700
〃	120 0.080	〃	12,000	12,000	12,000	12,000	10,200	11,500	11,500
〃	150 0.065	〃	19,000	19,000	19,000	19,000	16,200	17,100	17,100
(STS 316)	165 0.053	〃	21,000	21,000	21,000	21,000	18,000	19,000	19,000
〃	180 0.053	〃	22,000	22,000	22,000	22,000	18,700	20,000	20,000
스테인리스 방충망	0.2㎜ 0.75	R/L	95,000	95,000	95,000	95,000	85,000	87,000	87,000
	〃 0.9	〃	120,000	120,000	120,000	120,000	100,000	109,000	109,000
〃	〃 1.2	〃	170,000	170,000	170,000	170,000	150,000	160,000	160,000
PVC능형철망	# 8×56×56㎜	㎡	2,260	2,260	2,260	2,260	1,500	1,810	-
〃	10×56×56	〃	1,620	1,620	1,620	1,780	1,350	1,380	-
크림프철망	#10 3.2 50	R/L(m)	2,680	2,680	2,550	2,600	2,600	2,600	2,600
〃	#10 3.2 38	〃	3,640	3,640	3,460	3,530	3,530	3,530	3,530
〃	#10 3.2 30	〃	4,070	4,070	3,870	3,950	3,950	3,950	3,950
익스펜디드메탈	12×30.5 1.6×2.0	㎡	2,620	2,880	3,160	3,160	2,940	2,940	2,940
〃	〃 2.3 3.0	〃	5,080	5,370	5,870	5,870	5,460	5,460	5,460
〃	22×50.8 1.6×2.0	〃	1,440	1,580	1,720	1,720	1,600	1,600	1,600
〃	〃 2.3 2.5	〃	2,260	2,440	2,670	2,670	2,490	2,490	2,490
〃	〃 3.2 3.5	〃	4,220	4,580	5,000	5,000	4,650	4,650	4,650
비철금속									
연괴	Pb 99.97%이상	kg	750	500	650	440	800	940	940
아연(괴)	Zn 99.97%	〃	1,250	1,040	1,170	1,050	1,200	1,150	1,150
알루미늄	Al	〃	1,600	1,050	1,180	1,050	1,700	1,650	1,500
전기동	Cu 99.99%	〃	2,450	2,200	2,190	1,700	2,800	2,850	2,230
안티몬	Sb 99.90%	〃	2,000	1,700	2,000	1,900	4,600	5,500	4,000
니켈	Ni 99.90%	〃	9,300	7,000	6,700	5,300	6,800	7,900	7,500
마그네슘	Mg 99.80%	〃	2,700	2,100	2,800	2,300	3,300	4,200	3,000
순동판	0.2 ×400×1,200㎜	〃	3,780	3,630	3,670	3,250	3,940	4,330	3,820
〃	0.3 〃	〃	3,730	3,580	3,610	3,190	3,880	4,270	3,760
〃	0.5 〃	〃	3,620	3,470	3,500	3,090	3,780	4,160	3,660
〃	1.0 〃	〃	3,510	3,360	3,400	2,980	3,670	4,060	3,550
황동판	0.2 〃	〃	3,430	3,300	3,380	3,120	3,580	3,850	3,560
〃	0.3 〃	〃	3,330	3,190	3,270	3,010	3,470	3,740	3,450
〃	0.5 〃	〃	3,250	3,120	3,190	2,930	3,400	3,670	3,380
〃	1.0 〃	〃	3,110	2,980	3,050	2,800	3,260	3,530	3,240
연판	1㎜ 914×1,829	〃	900	900	900	950	880	960	1,200
〃	2 〃	〃	900	900	900	950	880	960	1,200
〃	3 〃	〃	900	900	900	950	880	960	1,200
〃	4 〃	〃	900	900	900	950	880	960	1,200
땜납(봉)	Sn 30%	〃	3,500	3,500	3,500	3,500	3,500	3,500	2,800
〃	Sn 40%	〃	4,000	4,000	4,000	4,000	4,000	4,000	3,200
〃	Sn 50%	〃	6,000	5,500	5,500	4,600	4,600	4,600	4,000

[주] 크림프철망: '99년까지는 m당 가격임. 연판가격 : 2005년 부터 매(枚)당 가격임.

1997	1998	1999	2000	2001	2002	2003	2004	2005	2006	2007	2008	2009
20,000	20,000	22,000	23,800	23,800	23,000	23,000	25,000	24,950	28,830	30,870	30,870	30,870
–	–	–	34,200	34,200	33,100	33,100	36,000	36,000	41,950	44,530	44,530	44,530
18,300	16,900	18,500	20,100	20,100	19,400	19,400	21,100	24,950	28,830	30,870	30,870	30,870
24,700	18,700	20,500	22,200	22,200	21,500	21,500	23,300	33,000	38,130	40,830	40,830	40,830
9,500	9,900	10,800	11,700	11,700	10,800	10,800	11,800	11,800	13,640	15,440	15,440	15,440
14,500	18,000	15,800	17,100	17,100	15,800	15,800	17,200	16,000	18,490	20,940	20,940	20,940
17,500	23,400	17,800	19,200	19,200	17,800	17,800	18,000	18,000	20,800	21,840	21,840	21,840
18,500	23,400	19,800	21,400	21,400	19,800	19,800	21,600	18,800	21,720	22,810	22,810	22,810
90,000	100,000	100,000	100,000	100,000	85,000	85,000	93,500	93,500	93,500	97,900	–	–
95,000	110,000	110,000	110,000	110,000	95,000	95,000	104,500	104,500	104,500	140,800	–	–
130,000	148,000	148,000	148,000	148,000	125,000	125,000	137,500	137,500	137,500	171,600	–	–
3,980	3,980	3,980	3,980	3,900	3,900	3,900	4,490	4,490	4,490	4,490	–	–
2,970	2,970	2,970	2,970	2,210	2,210	2,210	2,540	2,970	2,970	2,970	–	–
2,600	–	5,000	50,000	50,000	50,000	50,000	61,600	61,600	61,600	61,600	73,900	73,900
3,530	–	–	45,000	45,000	45,000	45,000	56,800	56,800	56,800	56,800	66,900	66,900
3,950	–	–	25,000	25,000	25,000	25,000	–	–	–	–	–	–
2,900	3,100	3,100	3,268	2,849	3,519	3,519	5,267	7,900	7,680	8,880	11,640	11,280
5,400	5,900	5,900	6,326	5,280	6,769	6,769	9,986	14,900	14,280	16,800	22,680	21,720
1,600	1,700	1,700	1,931	1,895	2,081	2,081	2,819	4,300	4,080	4,920	6,360	6,120
2,500	2,700	2,700	2,774	2,382	2,971	2,971	4,456	6,800	6,480	7,680	10,680	10,200
4,650	5,100	5,100	5,325	4,477	5,671	5,671	8,597	12,500	11,880	13,800	20,280	19,440
880	950	950	950	800	880	880	1,450	1,700	1,500	3,800	2,500	2,800
1,460	2,000	1,800	1,700	1,400	1,400	1,400	1,700	1,900	4,200	3,300	2,600	2,400
1,800	2,000	2,300	1,950	2,100	2,100	2,200	2,500	2,250	3,500	2,800	3,400	2,650
2,600	2,850	2,750	2,650	2,500	2,650	2,850	4,200	5,250	8,200	7,900	6,200	8,200
3,400	3,500	3,500	3,000	2,500	4,800	4,800	4,700	6,300	6,500	7,500	6,800	6,000
7,500	7,200	10,300	10,800	7,800	10,500	16,000	18,400	15,800	34,000	34,500	18,000	24,000
3,000	3,600	3,200	3,200	3,200	2,800	2,800	3,200	2,800	2,800	3,500	5,700	4,000
4,190	4,650	–	4,770	4,540	4,600	5,100	6,510	7,460	10,730	10,830	9,900	10,710
4,130	4,540	4,490	4,660	4,440	4,490	5,000	6,410	7,350	10,630	10,720	9,790	10,610
4,020	4,470	4,420	4,580	4,360	4,420	4,920	6,330	7,380	10,660	10,650	9,720	10,530
3,920	4,330	4,280	4,450	4,220	4,280	4,790	6,200	7,250	10,520	10,510	9,580	10,390
3,970	4,350	4,420	4,600	4,300	4,310	4,740	5,730	6,480	9,460	9,180	8,190	9,000
3,860	4,240	4,320	4,490	4,190	4,200	4,630	5,620	6,370	9,360	9,070	8,080	8,900
3,790	4,170	4,240	4,410	4,110	4,130	4,550	5,550	6,300	9,390	8,990	8,010	8,820
3,650	4,030	4,100	4,280	3,980	3,990	4,410	5,410	6,160	9,250	8,850	7,870	8,680
1,100	1,250	1,300	1,300	1,300	1,350	1,348	1,648	32,200	45,500	81,600	52,000	59,000
1,100	1,250	1,300	1,300	1,300	1,350	1,348	1,648	64,500	91,100	163,300	104,000	118,100
1,100	1,250	1,300	1,300	1,300	1,350	1,348	1,648	96,800	136,700	244,900	156,000	177,100
1,100	1,250	1,300	1,300	1,300	1,350	1,348	1,648	129,100	182,300	326,600	208,100	236,200
2,800	4,180	4,080	4,000	3,840	3,950	3,950	5,600	5,200	5,600	7,500	12,000	11,000
3,200	4,820	4,720	4,700	4,510	4,640	4,640	6,300	5,900	6,700	8,500	13,000	13,000
3,800	5,740	5,640	5,500	5,280	5,430	5,430	7,600	7,200	7,700	9,000	15,000	14,000

공 통 자 재(5)

품 명	규 격	단위	2010	2011	2012	2013	2014	2015	2016
철 망									
스테인리스망	Mesh 1.0 3.0㎜	m	32,420	32,420	32,420	32,420	38,900	38,900	38,900
(STS 304)	1.5 2.6(2000년부터 4.0 1.6㎜)	〃	46,760	46,760	46,760	46,760	56,110	56,110	56,110
〃	2.0 2.0	〃	32,420	32,420	32,420	32,420	38,900	38,900	38,900
〃	3.0 1.8	〃	42,880	42,880	42,880	42,880	51,450	51,450	51,450
〃	120 0.080	〃	16,220	16,220	16,220	16,220	19,460	19,460	19,460
〃	150 0.065	〃	21,990	21,990	21,990	21,990	26,380	26,380	26,380
(STS 316)	165 0.053	〃	22,940	22,940	22,940	22,940	27,520	27,520	27,520
〃	180 0.053	〃	23,960	23,960	23,960	23,960	28,750	28,750	28,750
스테인리스 방충망	0.2㎜ 0.75	R/L	-	-	-	-	-	-	-
	〃 0.9	〃	-	-	-	-	-	-	-
〃	〃 1.2	〃	-	-	-	-	-	-	-
PVC능형철망	# 8×56×56㎜	㎡	-	-	-	-	-	-	-
〃	10×56×56	〃	-	-	-	-	-	-	-
크림프철망	#10 3.2 50	R/L(m)	73,900	73,900	73,900	73,900	73,900	-	-
〃	#10 3.2 38	〃	66,900	66,900	66,900	66,900	66,900	-	-
〃	#10 3.2 30	〃	-	-	-	-	-	-	-
익스펜디드메탈	12×30.5 1.6×2.0	㎡	11,280	11,280	11,280	11,280	11,280	11,280	11,280
〃	〃 2.3 3.0	〃	21,720	21,720	21,720	21,720	21,720	21,720	21,720
〃	22×50.8 1.6×2.0	〃	6,120	6,120	6,120	6,120	6,120	6,120	6,120
〃	〃 2.3 2.5	〃	10,200	10,200	10,200	10,200	10,200	10,200	10,200
〃	〃 3.2 3.5	〃	19,440	19,440	19,440	19,440	19,440	19,440	19,440
비철금속									
연 괴	Pb 99.97%이상	kg	3,300	2,850	2,750	2,700	2,650	2,380	2,800
아 연 (괴)	Zn 99.97%	〃	3,300	2,750	2,450	2,500	2,950	2,430	3,250
알 루 미 늄	Al	〃	2,900	2,950	2,600	2,400	2,850	2,300	2,350
전 기 동	Cu 99.99%	〃	10,600	9,400	9,600	8,650	7,950	6,750	6,250
안 티 몬	Sb 99.90%	〃	8,500	9,500	8,500	7,800	7,600	6,800	7,800
니 켈	Ni 99.90%	〃	29,500	24,300	20,500	16,200	18,500	12,800	14,300
마 그 네 슘	Mg 99.80%	〃	5,000	4,500	4,600	4,000	4,500	4,000	3,800
순 동 판	0.2 ×400×1,200㎜	〃	12,740	11,800	12,260	10,900	10,370	9,250	8,580
〃	0.3 〃	〃	12,630	11,700	12,150	10,800	10,270	9,140	8,480
〃	0.5 〃	〃	12,560	11,620	12,080	10,720	10,190	9,070	8,400
〃	1.0 〃	〃	12,420	11,490	11,940	10,580	10,050	8,930	8,260
황 동 판	0.2 〃	〃	10,440	9,650	9,950	9,000	8,830	7,950	7,800
〃	0.3 〃	〃	10,330	9,540	9,840	8,900	8,730	7,840	7,690
〃	0.5 〃	〃	10,260	9,460	9,760	8,820	8,650	7,760	7,610
〃	1.0 〃	〃	10,120	9,330	9,630	8,680	8,510	7,620	7,470
연 판	1㎜ 914×1,829	〃	58,100	61,000	59,000	60,000	60,000	60,000	60,000
〃	2 〃	〃	116,200	122,100	118,100	120,000	120,000	120,000	120,000
〃	3 〃	〃	174,300	183,100	177,100	180,000	180,000	180,000	180,000
〃	4 〃	〃	232,400	244,200	236,200	240,000	240,000	240,000	240,000
땜 납 (봉)	Sn 30%	〃	13,500	17,000	17,000	17,000	17,000	17,000	17,000
〃	Sn 40%	〃	17,000	21,000	21,000	21,000	21,000	21,000	21,000
〃	Sn 50%	〃	20,000	25,000	25,000	25,000	25,000	25,000	25,000

㊟ 크림프철망: '99년까지는 m당 가격임. 연판가격 : 2005년 부터 매(枚)당 가격임.

2017	2018	2019	2020	2021	2022	2023	2024	2025					
38,900	38,900	38,900	38,900	38,900	50,570	50,570	50,570	50,570					
56,110	56,110	56,110	56,110	56,110	72,940	72,940	72,940	72,940					
38,900	38,900	38,900	38,900	38,900	50,570	50,570	50,570	50,570					
51,450	51,450	51,450	51,450	51,450	66,880	66,880	66,880	66,880					
19,460	19,460	19,460	19,460	19,460	25,290	25,290	25,290	25,290					
26,380	26,380	26,380	26,380	26,380	34,290	34,290	34,290	34,290					
27,520	27,520	27,520	27,520	27,520	35,770	35,770	35,770	35,770					
28,750	28,750	28,750	28,750	28,750	37,370	37,370	37,370	37,370					
–	–	–	–	–	–	–	–	–					
–	–	–	–	–	–	–	–	–					
–	–	–	–	–	–	–	–	–					
–	–	–	–	–	–	–	–	–					
–	–	–	–	–	–	–	–	–					
–	–	–	–	–	–	–	–	–					
–	–	–	–	–	–	–	–	–					
–	–	–	–	–	–	–	–	–					
11,280	11,280	11,280	11,280	11,280	14,660	14,660	14,660	14,660					
21,720	21,720	21,720	21,720	21,720	28,230	28,230	28,230	28,230					
6,120	6,120	6,120	6,120	6,120	7,950	7,950	7,950	7,950					
10,200	10,200	10,200	10,200	10,200	13,260	13,260	13,260	13,260					
19,440	19,440	19,440	19,440	19,440	25,270	25,270	25,270	25,270					
3,300	2,900	2,950	2,450	3,600	3,300	3,400	3,250	3,400					
4,280	3,400	3,450	3,300	4,600	4,700	3,800	4,750	4,600					
2,830	2,750	2,650	2,500	4,500	3,700	3,580	4,150	4,300					
8,400	7,400	7,600	8,600	12,400	11,800	11,850	14,100	15,300					
7,600	7,400	7,500	7,500	8,200	7,800	7,500	7,200	11,000					
14,900	16,500	20,700	18,300	24,800	37,200	28,500	24,500	23,300					
3,400	3,300	3,300	3,200	9,200	4,800	4,350	4,200	4,500					
11,050	10,320	10,190	11,250	15,530	14,810	14,680	17,100	17,570					
10,940	10,210	10,090	11,150	15,430	14,710	14,570	17,000	17,460					
10,870	10,140	10,010	11,070	15,350	14,630	14,500	16,920	17,390					
10,730	10,000	9,870	10,930	15,220	14,500	14,360	16,790	17,250					
9,830	9,090	8,990	9,630	12,910	12,580	12,120	14,080	14,240					
9,720	8,980	8,890	9,520	12,800	12,470	12,010	13,970	14,130					
9,650	8,910	8,810	9,440	12,730	12,400	11,940	13,890	14,050					
9,510	8,770	8,670	9,300	12,590	12,260	11,800	13,760	13,920					
70,200	59,800	61,700	61,700	61,700	74,000	79,900	79,900	83,600					
140,500	119,600	123,400	123,400	123,400	148,100	159,900	159,900	167,300					
210,700	179,400	185,100	185,100	185,100	222,100	239,900	239,900	250,900					
281,000	239,200	246,800	246,800	246,800	296,200	319,900	319,900	334,600					
17,000	17,000	17,000	17,000	17,000	21,900	28,400	28,400	29,700					
21,000	21,000	21,000	21,000	21,000	27,000	35,100	35,100	36,700					
25,000	25,000	25,000	25,000	25,000	32,200	41,800	41,800	43,700					

공 통 자 재(6)

품 명	규 격	단위	1970	1971	1972	1973	1974	1975	1976
비철금속									
알 루 미 늄 판	0.6×909×1,818㎜	매	-	-	1,650	1,650	2,300	2,600	2,541
(A1050)	0.8 〃	〃	-	-	2,200	2,200	2,700	3,490	3,381
〃	1.0 〃	〃	-	-	2,800	2,800	3,250	4,350	4,220
〃	1.5 〃	〃	-	-	3,900	3,900	4,600	6,450	6,321
〃	2.0 〃	〃	-	-	5,280	5,280	6,200	8,600	8,421
〃	3.0 〃	〃	-	-	7,960	7,960	9,440	12,800	12,621
고 력 황 동 주 물	HBSC 1 A급	kg	-	-	-	-	-	-	-
〃	2 A	〃	-	-	-	-	-	-	-
〃	3 A	〃	-	-	-	-	-	-	-
알루미늄청동주물	ALBC 1 A	〃	-	-	-	-	-	-	-
〃	ALBC 2 A	〃	-	-	-	-	-	-	-
알루미늄합금주물	AC-1 A,B A	〃	-	-	-	-	-	-	-
골재·시멘트									
자 연 자 갈	#57 25㎜	㎥	-	-	1,300	1,500	1,600	2,100	2,350
〃	#467 40	〃	-	-	980	-	-	1,650	1,900
강 모 래	세사	〃	-	-	1,220	-	1,320	1,480	1,800
쇄 석 골 재	#57 25㎜	〃	-	-	1,500	-	1,650	1,900	2,300
〃	#67 19	〃	-	-	1,750	-	2,000	2,300	2,600
〃	#78 13	〃	-	-	1,850	-	2,800	2,400	2,800
포틀랜드시멘트	40kg 入(부가세포함)	대	285	294	345	325	502	710	700
백 색 시 멘 트	〃 〃	〃	1,010	935	1,050	1,050	1,450	1,650	1,770
레 미 콘	#57-135 - 8	㎥	-	-	-	-	-	-	-
〃	〃 -12	〃	-	-	-	-	-	-	-
〃	〃 -15	〃	-	-	-	-	-	-	-
〃	〃 -18	〃	-	-	-	-	-	-	-
〃	#57-180 - 8	〃	-	-	-	-	-	-	-
〃	〃 -12	〃	-	-	-	-	-	-	-
〃	〃 -15	〃	-	-	-	-	-	-	-
〃	〃 -18	〃						-	-
가설재									
수 직 문 형 지 주	1,219×1,700㎜	개						-	-
수 평 발 판 지 주	1,050 1,829	〃						-	-
가 새 틀	1,219 1,829	〃						-	-
조인트핀(연결핀)	36.4×225㎜	〃						-	-
작 키 베 이 스	Ø36×406	〃						-	-
Column Band	6×65×800㎜	〃						-	-
(거푸집용)	〃 1,000	〃						-	-
천막·로프									
P V C 코 팅 지	T-210 0.35±0.02×122	m						-	-
(타포린)	T-420 0.50±0.02×123	〃	-	-	-	-	-	-	-
〃	T-630 0.60±0.02×152	〃	-	-	-	-	-	-	-
천 막 (12인용)									
〃 (면방수지)	5.4×3.6×3.0×1.8	개	-	-	-	-	-	-	-
〃 (PVC코팅지)	〃	〃	-	-	-	-	-	-	-
〃 (PE텍스)	〃	〃	-	-	-	-	-	-	-
기 념 천 막	면범포지 6평	〃	-	-	-	-	-	-	-
〃	〃 8평	〃	-	-	-	-	-	-	-
〃	〃 10평	〃	-	-	-	-	-	-	-
마 닐 라 로 프	16㎜	m	-	-	-	-	-	-	137
〃	18	〃	-	-	-	-	-	-	210
나 일 론 로 프	20	〃	-	-	-	-	-	-	446
〃	24	〃	-	-	-	-	-	-	646
P E 로 프	20	〃	-	-	-	-	-	-	160
〃	24	〃	-	-	-	-	-	-	230
P P 로 프	24	〃	-	-	-	-	-	-	210

※골재의 규격 및 용도

〈자갈〉

1) O/S(40~150):댐콘크리트, 장석기초대용
2) #467(40~5):토목기초 콘크리트, 일반건축 공사용
3) #57(25~5):P.C제품, PILE, 전주, R/C제조용
4) #67(19~5):P.C제품, PILE, 전주, R/C제조용
5) #78(13~2):쇼크리트, 아스팔트표층용, 방수공사, 우물정수공사

〈모래〉

1) 왕사(10~#50):BLOCK제조, 벽돌
2) 중사(#4~#100):콘크리트제조용, R/C제조용
3) 세사(#16~#100):미장용
4) 직모래(#30~#200):도로포장공사, 충진재료(가스관, 수도관 등)

㈜ 시멘트, 레미콘:공장도가, 골재:채취장상차도, Column Band: '94년까지는 Set당 가격임.

1977	1978	1979	1980	1981	1982	1983	1984	1985	1986	1987	1988	1989
2,492	3,040	4,478	5,380	5,385	–	5,940	5,830	5,720	5,930	7,090	8,930	6,870
3,316	4,050	5,958	7,120	7,125	6,892	7,859	7,670	7,540	7,810	9,355	11,810	9,060
4,140	5,050	7,438	8,910	8,910	8,525	9,841	9,610	9,440	9,780	11,710	14,780	11,330
6,200	7,580	11,157	13,310	13,310	12,752	14,683	14,340	14,080	14,590	17,490	22,100	16,930
8,259	10,100	14,838	17,800	17,720	16,952	19,577	19,120	18,770	19,450	23,320	29,470	22,570
12,379	15,160	22,276	26,500	26,580	25,430	29,366	28,680	28,160	30,310	34,980	44,200	33,860
–	2,360	2,700	2,708	3,508	3,508	3,500	3,500	3,500	3,500	3,500	4,400	4,400
–	2,299	2,600	2,869	3,669	3,669	3,600	3,600	3,600	3,600	3,600	4,400	4,400
–	2,239	2,600	3,085	3,885	3,885	3,850	3,850	3,850	3,850	3,850	4,900	4,900
–	2,541	2,600	3,239	4,039	4,039	4,000	4,000	4,000	4,000	4,000	4,500	4,500
–	2,420	–	3,308	4,108	4,108	3,900	3,900	3,900	3,900	3,500	5,000	5,000
–	2,178	2,500	2,545	–	–	3,200	3,200	3,200	3,200	3,300	5,000	5,000
2,849	2,849	3,696	4,200	3,500	4,500	5,441	5,441	5,800	5,800	6,800	6,400	–
2,299	2,299	2,420	3,200	3,000	3,700	–	–	–	–	5,800	5,500	6,300
1,990	1,990	2,200	2,600	4,545	5,500	6,441	6,441	5,800	5,400	5,000	6,000	7,000
2,860	3,520	4,070	3,700	3,500	4,500	–	–	7,950	6,950	6,050	6,400	6,800
3,245	3,850	5,280	5,500	4,000	5,000	–	–	9,200	8,200	9,000	–	–
3,630	4,290	6,380	6,500	–	6,000	–	–	10,500	9,050	10,500	–	–
768	860	1,132	1,539	1,752	1,927	1,927	1,900	1,900	1,891	1,884	1,871	1,859
1,785	1,967	2,950	–	4,087	4,497	4,497	4,884	4,884	4,884	4,884	4,884	4,884
–	14,861	18,420	24,870	26,700	29,320	29,320	29,320	29,320	29,320	29,320	29,320	29,320
–	15,136	18,760	25,330	27,200	29,870	29,870	29,870	29,870	29,870	29,870	29,870	29,870
–	15,334	19,010	27,000	27,550	30,250	30,250	30,250	30,250	30,250	30,250	30,250	30,250
–	15,554	19,280	–	–	30,690	30,690	30,690	30,690	30,690	30,690	30,690	30,690
–	16,137	20,000	27,530	28,990	31,830	31,830	31,830	31,830	31,830	31,830	31,830	31,830
–	16,456	20,390	28,040	29,560	32,460	32,460	32,460	32,460	32,460	32,460	32,460	32,460
–	16,731	20,770	29,190	30,110	33,060	33,060	33,060	33,060	33,060	33,060	33,060	33,060
–	17,017	21,150	–	–	33,650	33,650	33,650	33,650	33,650	33,650	33,650	33,650
–	5,445	6,820	8,800	8,800	8,800	8,800	8,800	8,800	8,800	7,700	8,800	8,800
–	4,345	5,700	8,000	8,000	8,000	8,000	8,000	8,000	8,000	6,700	7,700	7,700
–	1,474	1,650	2,300	2,300	2,300	2,300	2,300	2,300	2,300	2,000	2,400	2,400
–	330	385	450	450	450	450	450	450	450	400	500	500
–	3,500	3,500	3,600	3,600	3,600	3,600	3,600	3,600	3,600	3,300	3,700	3,700
–	3,500	3,500	3,900	4,300	4,300	4,300	4,300	4,300	4,100	4,100	5,060	5,160
–	4,100	4,100	4,600	5,100	5,100	5,100	5,100	5,100	4,900	4,900	6,020	6,200
–	–	–	–	–	900	900	900	900	900	1,100	1,250	1,250
–	–	–	–	–	1,100	1,100	1,100	1,100	1,100	1,300	1,500	1,500
–	–	–	–	–	1,400	1,400	1,400	1,400	1,300	1,680	2,350	2,350
–	–	–	–	84,500	101,400	101,400	101,400	101,400	101,400	101,400	101,400	101,400
–	–	–	–	93,600	112,320	112,320	112,320	112,320	112,320	112,320	112,320	112,320
–	–	–	–	44,200	53,040	53,040	53,040	53,040	53,040	53,040	53,040	53,040
–	–	–	–	–	70,000	67,000	67,000	67,000	60,000	64,000	75,000	75,000
–	–	–	–	–	85,000	82,000	82,000	82,000	75,000	77,000	85,000	85,000
–	–	–	–	–	100,000	96,000	96,000	96,000	85,000	89,000	98,000	98,000
169	175	187	193	275	275	275	240	240	240	240	289	289
211	220	230	242	343	343	343	331	288	288	288	370	370
446	446	510	553	818	818	818	745	672	672	672	792	792
646	646	700	800	1,185	1,185	1,185	1,079	973	973	973	1,147	1,147
160	160	183	210	230	230	245	245	239	239	239	287	287
230	230	263	290	330	330	353	353	344	344	344	417	417
210	210	242	260	290	290	326	326	317	317	317	383	383

공 통 자 재(6)

품 명	규 격	단위	1990	1991	1992	1993	1994	1995	1996
비철금속									
알 루 미 늄 판	0.6×909×1,818㎜	매	7,390	6,740	6,540	6,430	7,000	7,790	7,490
(A1050)	0.8 〃	〃	9,760	8,900	8,620	8,480	9,320	10,360	9,960
〃	1.0 〃	〃	12,210	11,130	10,790	10,620	11,660	12,970	12,480
〃	1.5 〃	〃	18,240	16,630	16,120	15,850	17,490	19,450	18,770
〃	2.0 〃	〃	24,320	22,170	21,490	21,130	23,320	25,930	24,960
〃	3.0 〃	〃	36,480	33,250	32,230	31,700	34,980	38,900	37,440
고 력 황 동 주 물	HBSC 1 A급	kg	4,400	4,400	5,100	6,500	6,500	6,500	6,500
〃	2 A	〃	4,400	4,400	5,100	5,100	5,100	5,100	5,100
〃	3 A	〃	4,900	4,900	5,400	5,400	5,400	5,400	5,400
알루미늄청동주물	ALBC 1 A	〃	4,500	4,500	4,800	5,500	5,500	5,500	5,500
〃	ALBC 2 A	〃	5,000	5,000	4,800	4,800	4,800	4,800	4,800
알루미늄합금주물	AC-1 A,B A	〃	5,000	5,000	5,000	7,000	7,000	7,000	7,000
골재·시멘트									
자 연 자 갈	#57 25㎜	m^3	9,500	11,000	10,000	9,500	9,500	9,500	10,000
〃	#467 40	〃	9,000	10,000	10,000	9,000	9,000	-	-
강 모 래	세사	〃	8,500	10,000	9,500	9,500	9,000	9,500	10,000
쇄 석 골 재	#57 25㎜	〃	8,500	9,500	9,000	9,000	9,000	9,000	8,500
〃	#67 19	〃	-	-	-	9,500	9,500	9,500	9,000
〃	#78 13	〃	-	-	-	11,000	11,000	11,000	9,000
포틀랜드시멘트	40kg 入(부가세포함)	대	1,859	1,859	1,947	1,947	1,947	2,062	2,062
백 색 시 멘 트	〃 〃	〃	4,884	4,884	4,884	5,104	5,104	5,456	5,456
레 미 콘	#57-135 - 8	m^3	32,530	34,800	37,650	37,650	34,630	35,360	35,630
〃	〃 -12	〃	33,070	35,380	38,280	38,280	35,280	36,020	36,300
〃	〃 -15	〃	33,450	35,790	38,720	38,720	35,730	36,490	36,770
〃	〃 -18	〃	33,880	36,250	39,220	39,220	36,250	37,000	37,290
〃	#57-180 - 8	〃	35,000	37,550	40,630	40,630	37,590	38,390	38,680
〃	〃 -12	〃	35,620	38,100	41,240	41,240	38,350	39,150	39,450
〃	〃 -15	〃	36,210	38,640	41,820	41,820	39,060	39,890	40,180
〃	〃 -18	〃	36,790	39,240	42,470	42,470	39,750	40,590	40,890
가설재									
수 직 문 형 지 주	1,219×1,700㎜	개	8,800	9,600	9,500	9,500	9,200	11,000	11,000
수 평 발 판 지 주	1,050 1,829	〃	7,700	8,400	8,100	8,300	8,000	9,100	9,100
가 새 틀	1,219 1,829	〃	2,400	2,600	2,400	2,300	2,300	2,500	2,500
조인트핀(연결핀)	36.4×225㎜	〃	500	600	480	450	450	450	450
작 키 베 이 스	Ø36×406	〃	3,700	4,000	4,200	4,200	4,200	4,500	3,900
Column Band	6×65×800㎜	〃	5,160	5,160	4,550	4,550	4,550	1,700	1,700
(거푸집용)	〃 1,000	〃	6,200	6,200	5,420	5,420	5,420	1,900	1,900
천막·로프									
PVC 코팅지	T-210 0.35±0.02×122	m	1,300	1,180	1,150	1,150	1,300	1,500	1,400
(타포린)	T-420 0.50±0.02×123	〃	1,600	1,450	1,450	1,450	1,600	1,750	1,650
〃	T-630 0.60±0.02×152	〃	2,500	2,500	2,550	2,550	2,000	2,200	2,050
천 막 (12인용)									
〃 (면방수지)	5.4×3.6×3.0×1.8	개	153,000	153,000	145,000	145,000	160,000	160,000	160,000
〃 (PVC코팅지)	〃	〃	150,000	150,000	143,000	143,000	158,000	158,000	158,000
〃 (PE텍스)	〃	〃	70,000	70,000	67,000	67,000	74,000	74,000	74,000
기 념 천 막	면범포지 6평	〃	80,000	100,000	95,000	95,000	100,000	100,000	100,000
〃	〃 8평	〃	90,000	112,500	106,900	105,000	120,000	120,000	120,000
〃	〃 10평	〃	110,000	137,500	130,600	130,600	145,000	145,000	145,000
마 닐 라 로 프	16㎜	m	289	308	308	308	327	327	327
〃	18	〃	370	394	394	394	418	-	-
나 일 론 로 프	20	〃	864	978	978	978	968	968	943
〃	24	〃	1,250	1,408	1,408	1,408	1,393	1,393	1,365
PE 로 프	20	〃	330	330	257	257	361	361	324
〃	24	〃	479	479	370	370	520	520	461
PP 로 프	24	〃	440	440	331	331	481	481	437

주 시멘트, 레미콘:공장도가, 골재:채취장상차도, Column Band: '94년까지는 Set당 가격, 천막: '94년까지는 공장도가.)

1997	1998	1999	2000	2001	2002	2003	2004	2005	2006	2007	2008	2009
3,320	3,810	3,740	8,802	8,850	8,210	8,610	9,520	9,140	10,570	10,540	12,190	10,540
3,320	3,810	3,740	11,714	11,780	10,940	11,480	12,670	12,170	14,070	14,020	16,230	14,020
3,320	3,810	3,740	14,659	14,750	13,680	14,360	15,860	15,230	17,600	17,560	20,310	17,560
3,320	3,810	3,740	21,989	22,120	20,530	21,540	23,800	22,850	26,410	26,340	30,470	26,340
3,320	3,810	3,740	29,319	29,500	27,370	28,730	31,730	30,470	35,210	35,120	40,640	35,120
3,320	3,810	3,740	43,980	44,260	41,070	43,100	47,600	45,710	52,830	52,680	60,950	52,680
6,500	7,000	8,000	8,000	8,000	-	-	-	-	-	-	-	-
5,100	6,000	7,000	7,000	7,000	-	-	-	-	-	-	-	-
5,400	6,000	7,000	7,000	7,000	-	-	-	-	-	-	-	-
5,500	6,500	8,000	8,000	8,000	-	-	-	8,000	11,000	12,000	12,800	12,900
4,800	6,000	8,000	7,000	8,000	-	-	-	8,300	11,500	12,500	13,300	13,400
7,000	7,000	9,000	9,000	9,000	-	-	-	-	-	-	-	-
10,000	10,000	11,000	11,000	12,000	13,000	13,000	14,000	13,500	14,500	12,000	13,000	13,000
-	-	10,000	10,000	11,500	12,000	12,000	13,000	13,000	13,000	12,000	12,000	13,000
10,500	10,500	9,000	9,000	9,000	11,000	11,000	14,500	13,000	11,000	12,500	12,000	12,000
6,500	9,000	8,000	9,000	9,000	10,000	10,000	10,000	9,500	9,500	10,000	14,000	15,000
7,000	9,500	-	-	-	13,000	13,000	13,500	13,000	12,000	13,000	14,500	15,000
7,000	11,000	12,000	12,000	12,500	12,500	12,500	13,500	13,000	13,000	13,000	14,500	15,000
2,184	2,682	2,552	2,700	3,000	3,300	3,400	3,410	3,168	3,168	3,168	3,168	3,410
5,885	6,765	6,875	8,000	8,000	8,000	8,800	8,800	8,800	8,800	8,800	8,800	9,000
36,910	36,230	36,230	38,650	39,890	-	44,430	45,690	41,780	41,530	41,530	43,980	45,930
37,600	36,960	36,960	39,360	40,630	-	45,180	46,430	42,450	42,210	42,210	44,690	46,680
38,080	37,150	37,150	39,850	40,870	-	45,720	46,960	42,940	42,690	42,690	45,200	47,210
38,630	38,180	38,180	40,410	41,710	-	46,320	47,550	43,480	43,230	43,230	45,770	47,800
40,070	42,390	41,810	41,810	43,220	46,160	47,650	49,090	44,890	44,630	44,630	47,250	49,350
40,870	43,240	42,650	42,650	44,060	46,980	48,760	49,950	45,680	45,410	45,410	48,080	50,200
41,630	44,040	43,440	43,440	44,860	47,770	49,600	50,770	46,420	46,150	46,150	48,870	51,040
42,360	44,820	44,200	44,200	45,630	48,510	50,390	51,510	47,110	46,830	46,830	49,590	51,790
11,100	11,100	12,000	13,000	13,000	13,800	14,200	20,500	20,500	21,000	21,000	26,600	26,500
10,800	11,100	10,000	10,000	10,000	10,800	11,200	15,000	15,000	18,500	18,500	23,500	23,000
2,800	2,800	3,000	3,000	3,000	3,500	3,500	5,000	5,000	5,300	5,300	8,300	7,800
470	470	500	500	500	-	-	-	-	-	-	-	-
4,500	4,500	4,500	4,500	4,500	5,500	5,500	6,000	6,000	7,000	7,000	9,400	8,900
1,450	1,800	1,620	1,620	1,620	-	-	-	-	-	-	-	-
1,650	2,000	1,800	1,800	1,800	1,800	-	-	-	-	-	-	-
1,350	1,590	1,600	1,760	1,760	1,760	1,760	1,990	1,970	1,970	1,970	2,610	2,390
1,500	1,770	1,800	1,980	1,980	1,980	1,980	2,220	2,110	2,110	2,110	2,770	2,550
2,000	2,120	2,300	2,530	2,530	2,530	2,530	2,800	2,800	2,800	2,800	3,570	3,350
160,000	179,200	315,000	315,000	315,000	315,000	315,000	380,000	399,000	399,000	399,000	560,200	548,900
158,000	176,960	315,000	315,000	315,000	315,000	315,000	380,000	399,000	399,000	399,000	560,200	548,900
74,000	82,880	180,000	180,000	180,000	180,000	180,000	-	-	-	-	-	-
100,000	120,000	162,000	162,000	162,000	162,000	162,000	195,000	204,700	204,700	204,700	287,200	281,400
120,000	140,000	198,000	198,000	198,000	198,000	198,000	238,000	249,900	249,900	249,900	350,700	343,600
145,000	175,000	225,000	225,000	225,000	225,000	225,000	271,000	284,500	284,500	284,500	399,300	391,300
327	673	731	731	731	731	616	616	616	671	671	747	747
-	1,000	1,100	1,121	1,121	1,121	944	944	944	1,028	1,028	1,145	1,145
888	1,416	1,272	1,272	1,272	1,272	1,344	1,344	1,344	1,747	2,016	2,028	2,028
1,285	2,050	1,841	1,841	1,841	1,841	1,946	1,946	1,946	2,530	2,919	2,936	2,936
300	420	500	500	500	500	420	-	-	-	-	-	-
427	598	712	712	712	712	598	-	-	-	-	-	-
410	492	601	601	601	601	574	818	745	857	857	985	957

공 통 자 재(6)

품 명	규 격	단위	2010	2011	2012	2013	2014	2015	2016
비철금속									
알루미늄판	0.6×909×1,818㎜	매	11,960	11,520	11,050	10,210	11,140	10,450	10,860
(A1050)	0.8 〃	〃	15,910	15,340	14,720	13,600	14,830	13,910	14,450
〃	1.0 〃	〃	19,920	19,200	18,420	17,020	18,570	17,400	18,090
〃	1.5 〃	〃	29,890	28,800	27,640	25,540	27,860	26,120	27,140
〃	2.0 〃	〃	39,860	38,410	36,860	34,050	37,150	34,830	36,190
〃	3.0 〃	〃	59,790	57,610	55,290	51,080	55,720	52,250	54,280
고력황동주물	HBSC 1 A급	kg	-	-	-	-	-	-	-
〃	2 A	〃	-	-	-	-	-	-	-
〃	3 A	〃	-	-	-	-	-	-	-
알루미늄청동주물	ALBC 1 A	〃	14,200	15,500	17,000	16,500	16,500	16,300	16,300
〃	ALBC 2 A	〃	14,500	15,800	17,300	16,800	16,800	16,600	16,600
알루미늄합금주물	AC-1 A,B A	〃	-	-	-	-	-	-	-
골재·시멘트									
자연자갈	#57 25㎜	㎥	13,000	13,000	13,000	13,000	13,000	18,000	18,000
〃	#467 40	〃	13,000	13,000	13,000	13,000	13,000	18,000	18,000
강모래	세사	〃	12,000	12,000	12,000	12,000	12,000	18,000	18,000
쇄석골재	#57 25㎜	〃	15,000	15,000	15,000	15,000	16,000	15,000	15,000
〃	#67 19	〃	15,000	15,000	15,000	15,000	15,000	18,000	18,000
〃	#78 13	〃	15,000	15,000	15,000	15,000	15,000	18,000	18,000
포틀랜드시멘트	40kg 入(부가세포함)	대	3,410	3,410	3,410	3,410	3,960	3,960	3,960
백색시멘트	〃 〃	〃	8,700	9,000	10,500	10,500	10,500	10,500	10,500
레미콘	#57-135 - 8	㎥	45,930	46,910	49,840	-	-	-	-
〃	〃 -12	〃	46,680	47,670	50,650	-	-	-	-
〃	〃 -15	〃	47,210	48,220	51,230	-	-	-	-
〃	〃 -18	〃	47,800	48,820	51,870	-	-	-	-
〃	#57-180 - 8	〃	49,350	50,400	53,560	53,560	55,702	55,702	57,373
〃	〃 -12	〃	50,220	51,290	54,490	54,490	56,670	56,670	58,370
〃	〃 -15	〃	51,040	52,120	55,380	55,380	57,595	57,595	59,323
〃	〃 -18	〃	51,790	52,890	56,200	56,200	58,448	58,448	60,201
가설재									
수직문형지주	1,219×1,700㎜	개	29,400	29,400	29,400	28,300	28,300	28,300	28,300
수평발판지주	1,050 1,829	〃	25,700	25,700	25,700	25,200	25,200	25,200	25,200
가새틀	1,219 1,829	〃	9,100	9,100	9,100	8,900	8,900	8,900	8,900
조인트핀(연결핀)	36.4×225㎜	〃	-	-	-	-	-	-	-
작키베이스	Ø36×406	〃	10,300	10,300	10,300	10,100	10,100	10,100	10,100
Column Band	6×65×800㎜	〃	-	-	-	-	-	-	-
(거푸집용)	〃 1,000	〃	-	-	-	-	-	-	-
천막·로프									
PVC 코팅지	T-210 0.35±0.02×122	m	2,390	2,950	2,950	2,950	2,950	2,950	2,950
(타포린)	T-420 0.50±0.02×123	〃	2,550	3,130	3,130	3,130	3,130	3,130	3,130
〃	T-630 0.60±0.02×152	〃	3,350	3,980	3,980	3,980	3,980	3,980	3,980
천막(12인용)									
〃 (면방수지)	5.4×3.6×3.0×1.8	개	576,300	605,000	605,000	605,000	605,000	605,000	605,000
〃 (PVC코팅지)	〃	〃	576,300	605,000	605,000	605,000	605,000	605,000	605,000
〃 (PE텍스)	〃	〃	-	-	-	-	-	-	-
기념천막	면범포지 6평	〃	295,400	310,000	310,000	310,000	310,000	310,000	310,000
〃	〃 8평	〃	360,700	378,700	378,700	378,700	378,700	378,700	378,700
〃	〃 10평	〃	410,800	431,300	431,300	431,300	431,300	431,300	431,300
마닐라로프	16㎜	m	760	1,007	1,007	1,007	1,007	1,158	1,270
〃	18	〃	1,165	1,457.5	1,457.5	1,457.5	1,457.5	1,676	1,843
나일론로프	20	〃	2,028	-	-	-	-	-	-
〃	24	〃	2,936	-	-	-	-	-	-
PE로프	20 (23년부터 Ø10㎜×150m(6.2kg))	〃	-	-	-	-	-	-	-
〃	24 (23년부터 Ø16㎜×150m(15.5kg))	〃	-	-	-	-	-	-	-
PP로프	24 (23년부터 Ø10㎜×150m(7.2kg))	〃	957	-	-	-	-	-	-

㈜ 시멘트, 레미콘:공장도가, 골재:채취장상차도, Column Band: '94년까지는 Set당 가격, 천막: '94년까지는 공장도가.)

2017	2018	2019	2020	2021	2022	2023	2024	2025					
12,600	12,270	11,460	11,580	16,290	15,010	14,250	16,350	16,290					
16,770	16,350	15,270	15,420	21,680	19,980	18,970	21,760	21,680					
20,990	20,460	19,100	19,290	27,140	25,010	23,740	27,230	27,140					
31,490	30,690	28,660	28,950	40,700	37,510	35,620	40,850	40,700					
41,990	40,930	38,220	38,610	54,280	50,020	47,500	54,470	54,280					
62,980	61,390	57,320	57,900	81,420	75,030	71,260	81,710	81,420					
-	-	-	-	-	-	-	-	-					
-	-	-	-	-	-	-	-	-					
-	-	-	-	-	-	-	-	-					
16,300	16,300	-	-	-	-	-	-	-					
16,600	16,600	-	-	-	-	-	-	-					
-	-	-	-	-	-	-	-	-					
19,000	23,000	23,000	23,000	23,000	27,000	28,000	29,000	29,000					
19,000	23,000	23,000	23,000	23,000	27,000	28,000	29,000	29,000					
19,000	20,000	20,000	20,000	20,000	24,000	26,000	27,000	27,000					
16,000	16,000	16,000	16,000	16,000	19,000	20,000	23,000	23,000					
19,000	19,000	19,000	19,000	19,000	23,000	28,000	30,000	30,000					
19,000	22,000	22,000	22,000	22,000	26,000	28,000	30,000	30,000					
3,960	4,300	4,300	4,300	4,800	5,600	6,700	6,700	6,700					
10,500	10,500	10,500	10,500	11,700	13,600	16,500	16,500	16,500					
-	-	-	-	-	-	-	-	-					
-	-	-	-	-	-	-	-	-					
-	-	-	-	-	-	-	-	-					
-	-	-	-	-	-	-	-	-					
57,373	62,229	62,229	62,229	68,450	77,340	85,460	90,240	87,980					
58,370	63,311	63,311	63,311	69,640	78,690	86,950	91,810	89,510					
59,323	64,345	64,345	64,345	70,770	79,970	88,360	93,300	90,960					
60,201	65,297	65,297	65,297	71,820	81,150	89,670	94,690	92,320					
28,300	33,000	33,000	33,000	33,000	42,900	42,900	42,900	42,900					
25,200	30,800	30,800	30,800	30,800	40,700	40,700	40,700	40,700					
8,900	9,300	9,300	9,300	9,300	11,600	11,600	11,600	11,600					
-	-	-	-	-	-	-	-	-					
10,100	10,100	10,100	10,100	10,100	13,800	13,800	13,800	13,800					
-	-	-	-	-	-	-	-	-					
-	-	-	-	-	-	-	-	-					
2,950	3,440	3,440	3,270	3,270	3,590	4,890	5,620	5,620					
3,130	3,600	3,600	3,590	3,590	3,940	5,370	6,170	6,170					
3,980	4,560	4,560	4,680	4,680	5,140	7,010	8,060	8,060					
605,000	-	-	-	-	-	-	-	-					
605,000	-	-	-	-	-	-	-	-					
-	-	-	-	-	-	-	-	-					
310,000	-	-	-	-	-	-	-	-					
378,700	-	-	-	-	-	-	-	-					
431,300	-	-	-	-	-	-	-	-					
1,270	1,306	1,306	1,306	1,306	1,437	1,669	1,669	1,669					
1,843	2,032	2,032	2,032	2,032	2,235	2,941	2,941	2,941					
-	-	-	-	-	-	-	-	-					
-	-	-	-	-	-	-	-	-					
-	-	-	-	-	-	216	216	216					
-	-	-	-	-	-	540	540	540					
-	-	-	-	-	-	243	243	243					

토 목 자 재(1)

품 명	규 격	단위	1970	1971	1972	1973	1974	1975	1976
일반토목용재									
지 수 판	PVC지수판 150×5㎜	m	-	850	850	-	-	-	900
〃	〃 230 5	〃	-	-	1,800	-	-	-	1,350
〃	〃 300 9.5	〃	-	2,860	2,860	-	-	-	3,450
유 공 관	THP유공관 Ø100	〃	-	-	-	-	-	-	-
〃	〃 Ø200	〃						-	-
〃	〃 Ø300	〃						-	-
시 트 파 일	400×100×10.5㎜	M/T						-	-
〃	400 150 13.0	〃						-	-
강 관 파 일	스파이럴 508.0× 8㎜	본	-	-	-	-	-	-	-
(10m)	〃 508.0×10	〃	-					-	-
〃	〃 609.6× 8	〃	-					-	-
〃	〃 609.6×10	〃	-					-	-
〃	전기저항용접406.4× 6㎜	〃	-					-	-
〃	(SPS 41) 457.2 7	〃	-					-	-
〃	〃 508.0 8	〃	-					-	-
〃	〃 508.0 10	〃	-					-	-
〃	〃 558.8 8	〃	-					-	-
〃	〃 558.8 10	〃	-					-	-
〃	〃 609.6 8	〃	-	-	-	-	-	-	-
〃	〃 609.6 10	〃	-	-	-	-	-	-	-
콘크리트파일	400㎜×75㎜× 8m	〃	-	21,000	23,100	23,100	30,000	30,000	30,000
〃	〃 〃 9	〃	14,500	23,000	25,300	25,300	32,900	32,900	32,900
〃	〃 〃 10	〃	16,400	28,200	31,000	31,000	40,300	40,300	40,300
〃	〃 〃 〃	〃	-	34,000	37,400	37,400	48,600	48,600	48,600
〃	450㎜×80㎜×10m	〃	-	-	-	-	-	-	-
〃	〃 〃 12	〃	-	-	-	-	-	-	-
〃	〃 〃 14	〃	-	-	-	-	-	-	-
〃	〃 〃 15	〃	-	-	-	-	-	-	-
〃	500㎜×90㎜×10m	〃	21,000	36,000	39,600	39,600	51,500	51,500	51,500
〃	〃 〃 12	〃	28,600	48,900	53,800	53,800	59,180	59,180	59,180
〃	〃 〃 14	〃	38,200	65,100	71,600	71,600	93,080	93,080	93,080
〃	〃 〃 15	〃	-	-	-	-	-	-	-
돌 망 태	타원형#8 15×45×90㎝	m	-	468	642	941	1,130	1,133	1,133
〃	원 형#8 15 45 45	〃	303	303	424	606	700	700	700
〃	이불형#8 15× 40×120㎝	〃	674	674	943	1,620	1,940	1,940	1,940
〃	〃 #8 15 60 120	〃	788	788	1,103	1,920	2,330	2,330	2,330
산 업 용 화 약	다이너마이트 일반 25㎜	Box	-	-	-	-	-	-	-
〃	〃 〃 32	〃	-	-	-	-	-	-	-
〃	〃 고성능 25	〃	-	-	-	-	-	-	-
〃	〃 〃 32	〃	-	-	-	-	-	-	-

※ M/T = Metric Ton

미터법상의 1톤 즉 1,000㎏을 말하는데, 영국에서는 2,240파운드(약 1,016㎏)를 1톤이라 하여 英톤, 미국에서는 2,000파운드(약 970㎏)를 1톤이라 하여 美톤, 이에 대하여 M/T는 일명 佛톤이라고도 함.

〈시트파일〉

1977	1978	1979	1980	1981	1982	1983	1984	1985	1986	1987	1988	1989
900	900	1,440	1,700	1,955	1,955	1,955	1,955	1,600	1,600	1,600	1,680	1,560
1,350	1,350	2,145	2,560	3,140	3,140	3,140	3,140	2,400	2,400	2,300	2,640	2,310
3,450	3,450	5,147	6,180	7,107	7,107	7,107	7,107	5,400	5,400	5,000	5,460	5,600
-	-	-	-	-	-	-	-	-	864	905	905	905
-	-	-	-	-	-	-	-	-	2,538	2,655	2,655	2,655
-	-	-	-	-	-	-	-	-	4,728	4,950	4,950	4,950
-	-	-	-	-	-	-	-	-	350,000	350,000	380,000	380,000
-	-	-	-	-	-	-	-	-	350,000	350,000	380,000	380,000
-	243,214	253,955	318,883	376,281	413,156	413,156	413,156	413,156	413,156	413,156	413,156	413,156
-	301,173	311,325	391,771	426,289	507,593	507,593	507,593	507,593	507,593	507,593	507,593	507,593
-	286,182	302,309	378,552	445,511	489,171	489,171	489,171	489,171	489,171	489,171	489,171	489,171
-	353,253	365,812	462,383	545,611	599,080	599,080	599,080	599,080	599,080	599,080	599,080	599,080
-	-	-	-	-	-	-	236,800	224,960	207,200	221,610	224,960	248,640
-	-	-	-	-	-	-	310,800	253,840	271,950	290,000	295,260	326,340
-	-	-	-	-	-	-	394,400	374,680	345,100	369,100	374,680	414,120
-	-	-	-	-	-	-	492,200	467,400	430,500	460,440	466,640	515,760
-	-	-	-	-	-	-	436,000	414,200	414,200	424,500	456,540	478,280
-	-	-	-	-	-	-	540,000	513,000	513,000	528,400	568,260	595,320
-	-	-	-	-	-	-	476,000	452,200	452,200	498,540	546,020	581,630
-	-	-	-	-	-	-	592,000	562,400	562,400	621,180	680,340	724,710
37,800	41,580	54,780	74,500	74,500	74,500	74,500	74,500	68,600	64,800	65,000	87,780	88,700
41,450	45,590	61,710	86,000	86,000	86,000	86,000	86,000	79,200	74,800	75,000	99,940	101,100
50,770	55,840	68,640	98,100	98,100	98,100	98,100	98,100	88,600	83,600	83,700	111,810	113,000
61,230	67,350	80,300	113,200	113,200	113,200	113,200	113,200	104,400	98,500	98,500	125,970	127,300
-	-	86,020	123,200	123,200	123,200	123,200	123,200	113,500	117,000	117,000	136,040	137,480
-	-	102,850	153,200	153,200	153,200	153,200	153,200	141,200	145,500	145,550	168,720	170,500
-	99,550	137,720	191,600	191,600	191,600	191,600	191,600	176,500	182,000	182,000	204,250	206,400
-	131,780	157,160	230,000	230,000	230,000	230,000	230,000	211,900	218,500	218,500	247,540	250,180
64,890	71,370	99,550	144,800	144,800	144,800	144,800	144,800	133,500	137,600	137,600	167,200	158,400
74,560	82,010	123,090	179,100	179,100	179,100	179,100	179,100	165,000	170,150	170,150	203,300	205,440
117,280	129,000	153,670	223,600	223,600	223,600	223,600	223,600	206,000	212,400	212,400	252,130	254,780
-	-	204,380	297,300	297,300	297,300	297,300	297,300	274,000	282,450	282,450	316,160	319,490
1,200	1,488	1,488	1,755	1,755	1,755	1,755	1,755	1,755	1,730	1,730	1,730	1,730
700	870	870	1,131	1,131	1,131	1,131	1,131	1,131	1,131	1,131	1,131	1,131
1,856	2,364	2,364	2,795	2,795	2,795	2,795	2,790	2,750	2,750	2,750	2,750	2,750
2,320	2,880	2,880	3,406	3,406	3,406	3,406	3,406	3,400	3,400	3,400	3,400	3,400
-	-	13,213	20,960	24,530	24,530	24,530	24,240	24,240	24,240	24,240	24,240	24,240
-	-	-	-	-	-	-	23,750	23,750	23,750	23,750	23,750	23,750
-	-	19,439	30,850	36,100	36,100	36,100	35,670	35,670	35,670	35,670	35,670	35,670
-	-	-	-	-	-	-	32,880	32,880	32,880	32,880	32,880	32,880

토 목 자 재(1)

품 명	규 격	단위	1990	1991	1992	1993	1994	1995	1996
일반토목용재									
지 수 판	PVC지수판 150×5㎜	m	1,600	1,500	1,500	1,400	1,400	2,000	2,070
〃	〃 230 5	〃	2,200	2,450	2,450	2,070	2,100	2,950	3,910
〃	〃 300 9.5	〃	6,000	6,200	6,200	6,000	6,200	7,250	6,320
유 공 관	THP유공관 Ø100	〃	830	810	810	902	902	900	940
〃	〃 Ø200	〃	2,430	2,430	2,200	2,630	2,630	2,630	2,680
〃	〃 Ø300	〃	4,530	4,530	4,330	4,920	4,920	4,920	4,780
시 트 파 일	400×100×10.5㎜	M/T	380,000	400,000	400,000	400,000	400,000	450,000	450,000
〃	400 150 13.0	〃	380,000	400,000	400,000	400,000	400,000	450,000	450,000
강 관 파 일	스파이럴 508.0× 8㎜	본	413,156	413,156	413,156	413,593	414,120	433,840	433,840
(10m)	〃 508.0×10	〃	507,593	507,593	507,593	507,593	515,760	540,320	540,320
〃	〃 609.6× 8	〃	489,171	489,171	489,171	489,171	492,230	521,840	521,840
〃	〃 609.6×10	〃	599,080	599,080	599,080	599,080	599,080	650,320	650,320
〃	전기저항용접406.4× 6㎜	〃	248,640	248,640	248,640	248,640	248,640	260,480	260,480
〃	(SPS 41) 457.2 7	〃	326,340	326,340	326,340	326,340	326,340	341,880	341,880
〃	〃 508.0 8	〃	414,120	414,120	414,120	414,120	414,120	433,840	433,840
〃	〃 508.0 10	〃	515,760	515,760	515,760	515,760	515,760	540,320	540,320
〃	〃 558.8 8	〃	478,280	478,280	478,280	478,280	478,280	478,280	478,280
〃	〃 558.8 10	〃	595,320	595,320	595,320	595,320	595,320	595,320	595,320
〃	〃 609.6 8	〃	581,630	581,630	581,630	581,630	581,630	521,840	521,840
〃	〃 609.6 10	〃	724,710	724,710	724,710	724,710	724,710	650,320	650,320
콘크리트파일	400㎜×75㎜× 8m	〃	107,600	107,600	101,100	86,030	99,610	112,300	113,800
〃	〃 〃 9	〃	119,900	119,900	112,700	95,150	111,050	126,400	128,100
〃	〃 〃 10	〃	137,800	137,800	125,800	170,020	123,920	140,600	142,500
〃	〃 〃 〃	〃	147,500	147,500	138,600	117,950	136,570	154,700	156,800
〃	450㎜×80㎜×10m	〃	162,300	162,300	152,500	129,810	150,300	161,500	163,400
〃	〃 〃 12	〃	192,700	192,700	181,100	154,200	178,460	193,500	195,800
〃	〃 〃 14	〃	223,100	223,100	209,700	178,450	206,620	226,200	228,800
〃	〃 〃 15	〃	260,000	260,000	244,300	220,000	222,990	242,200	245,000
〃	500㎜×90㎜×10m	〃	200,700	200,700	188,600	160,150	185,850	208,800	211,200
〃	〃 〃 12	〃	233,700	233,700	219,700	186,960	216,480	250,500	253,400
〃	〃 〃 14	〃	276,300	276,300	259,700	221,010	255,900	292,100	295,500
〃	〃 〃 15	〃	331,000	331,000	311,100	290,000	297,360	313,700	317,300
돌 망 태	타원형#8 15×45×90㎝	m	1,900	2,640	2,640	2,840	2,900	3,200	3,320
〃	원 형#8 15 45 45	〃	1,240	1,790	1,790	1,960	2,030	2,300	2,420
〃	이불형#8 15× 40×120㎝	〃	3,300	4,500	4,500	5,500	5,100	5,700	5,990
〃	〃 #8 15 60 120	〃	3,600	5,830	5,830	7,000	6,200	6,900	7,250
산 업 용 화 약	다이너마이트 일반 25㎜	Box	24,240	27,000	28,700	28,700	28,700	31,500	24,400
〃	〃 〃 32	〃	23,750	26,400	25,200	25,200	25,200	27,500	23,800
〃	〃 고성능 25	〃	35,670	35,670	42,200	42,200	42,200	44,000	31,500
〃	〃 〃 32	〃	32,880	32,800	38,900	38,900	38,900	39,000	27,500

1997	1998	1999	2000	2001	2002	2003	2004	2005	2006	2007	2008	2009
2,070	3,200	2,900	2,900	2,900	2,900	2,900	2,900	2,900	2,700	2,200	2,200	2,400
3,910	4,900	4,600	4,600	4,600	4,600	4,600	4,600	4,600	4,400	3,400	3,400	3,800
6,320	9,900	9,600	9,600	9,600	9,600	9,600	9,600	9,600	8,200	8,300	8,300	9,000
940	1,170	1,170	1,170	1,170	1,170	1,300	1,300	1,300	1,580	1,910	2,360	2,360
2,680	3,470	3,470	3,470	3,470	3,470	3,700	3,700	3,700	4,660	5,550	6,920	6,920
4,780	6,090	6,090	6,090	6,090	6,090	6,700	6,700	6,700	8,110	9,330	11,320	11,320
450,000	550,000	550,000	550,000	550,000	550,000	580,000	777,000	777,000	777,000	840,000	1,240,000	1,000,000
450,000	550,000	550,000	550,000	550,000	550,000	580,000	777,000	777,000	777,000	840,000	1,240,000	1,000,000
414,100	414,100	404,200	404,200	404,200	423,980	473,200	838,100	931,770	728,650	690,200	1,429,700	1,025,440
515,800	515,800	503,400	504,300	504,300	528,900	590,400	1,043,800	1,160,460	907,490	859,600	1,780,600	1,277,120
498,500	498,500	486,200	571,900	545,300	571,900	638,400	1,133,050	1,259,690	877,190	830,900	1,721,150	1,234,480
621,100	621,100	605,900	636,400	606,800	636,400	710,400	1,257,150	1,397,660	1,092,980	1,035,300	2,144,550	1,538,160
248,600	248,600	242,700	242,700	242,700	255,100	284,100	503,200	526,880	413,810	402,560	828,800	602,100
326,300	326,300	-	363,200	322,200	381,800	425,200	753,100	788,540	619,310	602,480	1,240,400	907,260
414,100	414,100	404,200	404,200	424,200	423,980	473,200	838,100	877,540	689,210	670,480	1,380,400	1,009,660
515,700	515,700	504,300	504,300	504,300	528,900	590,400	1,043,800	1,092,920	858,370	835,040	1,719,200	1,257,470
456,500	456,500	-	446,900	446,900	469,700	523,200	920,550	963,870	757,020	736,440	1,516,200	1,108,990
568,200	568,200	-	553,500	553,500	581,800	648,000	1,146,650	1,200,610	942,950	917,320	1,888,600	1,381,380
498,100	498,100	511,700	511,700	487,900	512,800	571,200	1,008,950	1,056,430	829,210	807,160	1,661,800	1,215,490
620,700	620,700	636,400	636,400	606,800	636,400	710,400	1,257,150	1,316,310	1,033,820	1,005,720	2,070,600	1,514,500
100,080	112,580	120,080	123,080	128,200	143,500	161,000	134,200	140,400	136,200	146,600	183,900	174,700
112,640	126,680	135,120	138,490	144,300	161,500	181,100	150,900	157,900	153,300	164,900	206,900	196,550
125,280	140,930	150,320	154,070	160,300	179,400	201,300	167,700	175,500	170,300	183,200	229,900	218,400
137,840	155,030	165,360	169,490	176,300	197,400	221,500	184,600	193,100	187,400	201,600	253,000	240,350
145,200	163,350	174,240	178,590	192,100	215,100	245,400	204,500	213,900	207,700	223,400	280,300	266,280
174,000	195,750	208,800	214,020	230,500	258,000	294,600	245,500	256,800	249,200	268,100	336,500	319,670
203,360	228,750	244,000	250,100	269,000	301,100	343,600	286,300	299,600	290,700	312,800	392,500	372,870
217,760	244,950	261,280	267,810	288,200	322,600	368,200	306,800	321,000	311,500	335,100	420,600	399,570
187,760	211,200	225,280	230,910	241,500	270,300	309,800	258,200	270,100	262,200	282,000	353,900	366,200
225,200	253,350	270,240	276,990	289,900	324,500	371,900	309,900	324,200	314,600	338,500	424,800	403,560
262,640	295,430	319,120	327,090	338,200	378,600	433,900	361,500	378,200	367,100	394,900	495,600	470,820
282,000	317,250	338,400	346,860	362,300	405,600	464,800	387,400	405,200	393,300	423,100	531,000	504,450
3,450	3,710	3,710	3,650	3,500	3,490	3,650	4,320	4,320	3,970	3,970	5,390	5,620
2,510	2,710	2,710	2,650	2,650	2,650	2,900	3,190	3,190	3,190	3,190	4,060	4,170
6,100	6,580	6,580	6,440	6,440	6,440	6,700	7,370	7,370	7,370	7,370	9,660	9,930
7,500	8,100	8,100	7,190	7,940	7,940	8,300	9,130	9,130	9,130	9,130	12,040	12,360
39,000	50,000	50,000	46,500	46,500	50,300	54,100	54,100	58,400	58,400	58,400	65,600	76,000
35,500	45,500	45,500	52,500	52,500	56,900	61,200	61,200	66,600	66,600	66,600	73,800	85,500
55,000	68,000	68,000	60,000	60,000	65,000	69,900	69,900	69,900	54,100	54,100	59,400	59,400
50,000	62,000	62,000	67,500	67,500	73,200	78,700	78,700	78,700	59,500	59,500	64,800	64,800

토 목 자 재(1)

품 명	규 격	단위	2010	2011	2012	2013	2014	2015	2016
일반토목용재									
지 수 판	PVC지수판 150×5㎜	m	2,400	2,400	2,400	2,400	2,400	2,400	2,400
〃	〃 230 5	〃	4,800	4,800	4,800	4,800	4,800	4,800	4,800
〃	※1 〃 300 9.5	〃	9,100	9,100	9,100	9,100	9,100	9,100	9,100
유 공 관	THP유공관 Ø100	〃	2,360	2,430	2,430	2,430	2,430	2,430	2,430
〃	〃 Ø200	〃	6,920	7,400	7,400	7,400	7,390	7,390	7,390
〃	〃 Ø300	〃	11,320	12,670	12,670	12,670	12,670	12,670	12,670
시 트 파 일	400×100×10.5㎜	M/T	1,040,000	1,040,000	1,040,000	1,040,000	1,140,000	1,140,000	1,140,000
〃	400 150 13.0	〃	1,040,000	1,040,000	1,040,000	1,040,000	1,140,000	1,140,000	1,140,000
강 관 파 일	스파이럴 508.0× 8㎜	본	1,074,000	1,084,000	1,084,000	1,084,000	1,084,000	990,000	770,000
(10m)	〃 508.0 10	〃	1,338,000	1,350,000	1,350,000	1,350,000	1,350,000	1,230,000	970,000
〃	〃 609.6 8(9)	〃	1,293,000	1,305,000	1,305,000	1,305,000	1,305,000	1,190,000	1,048,000
〃	〃 609.6 10	〃	1,612,000	1,626,000	1,626,000	1,626,000	1,626,000	1,480,000	1,166,000
〃	전기저항용접 406.4× 6㎜	〃	632,000	650,000	650,000	650,000	650,000	650,000	405,000
〃	※2 (SPS 41) 457.2 7	〃	946,000	974,000	974,000	974,000	974,000	974,000	537,000
〃	〃 508.0 8	〃	1,053,000	1,084,000	1,084,000	1,084,000	1,084,000	1,084,000	674,000
〃	〃 508.0 10	〃	1,311,000	1,350,000	1,350,000	1,350,000	1,350,000	1,350,000	840,000
〃	〃 558.8(557.2)× 8	〃	1,156,000	1,191,000	1,191,000	1,191,000	1,191,000	1,191,000	743,000
〃	〃 558.8(557.2) 10	〃	1,441,000	1,483,000	1,483,000	1,483,000	1,483,000	1,483,000	923,000
〃	〃 609.6× 8	〃	1,267,000	1,305,000	1,305,000	1,305,000	1,305,000	1,305,000	811,000
〃	〃 609.6 10	〃	1,579,000	1,626,000	1,626,000	1,626,000	1,626,000	1,626,000	1,010,000
콘크리트파일	400㎜×65(75)㎜× 8m	〃	165,900	172,200	211,800	211,800	211,800	211,800	250,100
〃	〃 〃 9	〃	186,700	194,000	238,300	238,300	238,300	238,300	281,700
〃	〃 〃 10	〃	207,400	215,900	264,800	264,800	264,800	264,800	313,500
〃	〃 〃 11	〃	228,300	237,700	291,300	291,300	291,300	291,300	345,300
〃	450㎜×70(80)㎜×10m	〃	252,900	263,200	321,600	321,600	321,600	321,600	382,200
〃	〃 〃 12	〃	303,600	316,600	385,900	385,900	385,900	385,900	459,700
〃	〃 〃 14	〃	354,200	368,800	450,200	450,200	450,200	450,200	535,500
〃	〃 〃 15	〃	379,500	395,500	482,400	482,400	482,400	482,400	574,300
〃	500㎜×80(90)㎜×10m	〃	319,300	332,400	406,400	406,400	406,400	406,400	482,700
〃	〃 〃 12	〃	383,300	399,100	487,700	487,700	487,700	487,700	579,500
〃	〃 〃 14	〃	447,200	465,800	569,000	569,000	569,000	569,000	676,500
〃	〃 〃 15	〃	479,200	498,600	609,600	609,600	609,600	609,600	724,000
돌 망 태	타원형 #8 15×45×90(95)㎝	m	5,620	5,620	5,620	5,620	5,620	5,620	5,620
〃	원 형 #8 15 45 45	〃	4,170	4,170	4,170	4,170	4,170	4,170	4,170
〃	이불형#8 15×40×120㎝	〃	9,930	9,930	9,930	9,930	9,930	9,930	9,930
〃	〃 #8 15 60 120	〃	12,360	12,360	12,360	12,360	12,360	12,360	12,360
산 업 용 화 약	※3 메가마이트 일반 25㎜	Box	76,000	82,400	87,000	87,000	93,000	99,500	107,500
〃	〃 〃 32	〃	85,500	92,700	98,000	98,000	-	-	-
〃	※4 〃 고성능 25	〃	59,400	59,400	59,400	59,400	59,400	64,000	64,000
〃	〃 〃 32	〃	64,800	64,800	64,800	64,800	64,800	70,000	70,000

주 ※1 : 2006년부터 PVC지수판 300×9.5㎜에서 300×9.0㎜으로 조사대상을 변경함.
※2 : 2005년부터 전기저항용접(SPS 41) 457.2×7㎜에서 457.2×8㎜으로 조사대상을 변경함.
※3 : 2008년부터 메가마이트 일반 25㎜에서 28㎜으로 조사대상을 변경함.
※4 : 2006년부터 메가마이트 고성능 25㎜에서 메가맥스 32㎜로, 메가마이트 고성능 32㎜에서 메가맥스 50㎜로 조사대상을 변경함.

2017	2018	2019	2020	2021	2022	2023	2024	2025					
2,400	2,400	2,400	2,400	2,400	5,000	5,000	-	-					
4,800	4,800	4,800	4,800	4,800	13,000	13,000	-	-					
9,100	9,100	9,100	9,100	9,100	17,000	17,000	-	-					
2,430	-	-	-	-	-	-	-	-					
7,390	-	-	-	-	-	-	-	-					
12,670	-	-	-	-	-	-	-	-					
1,140,000	1,140,000	1,140,000	1,140,000	1,140,000	1,400,000	1,400,000	1,400,000	1,250,000					
1,140,000	1,140,000	1,140,000	1,140,000	1,140,000	1,400,000	1,400,000	1,400,000	1,400,000					
937,000	937,000	937,000	1,049,400	1,765,000	1,765,000	1,765,000	1,765,000	1,672,000					
1,169,000	1,169,000	1,169,000	1,309,200	2,199,000	2,199,000	2,199,000	2,199,000	2,083,000					
1,131,000	1,131,000	1,131,000	1,266,700	2,125,000	2,125,000	2,125,000	2,125,000	2,013,000					
1,406,000	1,406,000	1,406,000	1,574,700	2,648,000	2,648,000	2,648,000	2,648,000	2,508,000					
533,000	533,000	533,000	564,900	977,000	977,000	977,000	977,000	903,000					
797,000	797,000	797,000	844,800	1,462,000	1,462,000	1,462,000	1,462,000	1,351,000					
887,000	887,000	887,000	940,200	1,627,000	1,627,000	1,627,000	1,627,000	1,503,000					
1,107,000	1,107,000	1,107,000	1,173,400	2,027,000	2,027,000	2,027,000	2,027,000	1,873,000					
978,000	978,000	978,000	1,036,600	1,787,000	1,787,000	1,787,000	1,787,000	1,651,000					
1,218,000	1,218,000	1,218,000	1,291,000	2,226,000	2,226,000	2,226,000	2,226,000	2,057,000					
1,060,000	1,060,000	1,060,000	1,132,000	1,959,000	1,959,000	1,959,000	1,959,000	1,810,000					
1,331,000	1,331,000	1,331,000	1,410,800	2,441,000	2,441,000	2,441,000	2,441,000	2,256,000					
221,800	221,800	211,800	211,800	254,200	254,200	254,200	254,200	254,200					
238,300	238,300	238,300	238,300	286,000	286,000	286,000	286,000	286,000					
264,800	264,800	264,800	264,800	317,800	317,800	317,800	317,800	317,800					
291,300	291,300	291,300	291,300	349,600	349,600	349,600	349,600	349,600					
321,600	321,600	321,600	321,600	386,000	386,000	386,000	386,000	386,000					
385,900	385,900	385,900	385,900	463,100	463,100	463,100	463,100	463,100					
450,200	450,200	450,200	450,200	540,300	540,300	540,300	540,300	540,300					
482,400	482,400	482,400	482,400	578,900	578,900	578,900	578,900	578,900					
406,400	406,400	406,400	487,700	487,700	487,700	487,700	487,700	487,700					
487,700	487,700	487,700	585,300	585,300	585,300	585,300	585,300	585,300					
569,000	569,000	569,000	682,800	682,800	682,800	682,800	682,800	682,800					
609,600	609,600	609,600	609,600	731,600	731,600	731,600	731,600	731,600					
5,620	5,620	5,620	5,620	6,260	7,190	7,190	7,190	7,190					
4,170	4,170	4,170	4,170	4,170	5,330	5,330	5,330	5,330					
9,930	9,930	9,930	9,930	9,930	12,730	12,730	12,730	12,730					
12,360	12,360	12,360	12,360	12,360	15,840	15,840	15,840	15,840					
118,250	118,250	118,250	153,300	213,100	221,100	254,250	-	-					
-	-	-	-	-	-	-	-	-					
64,000	64,000	64,000	80,000	87,300	97,800	104,630	108,130	110,630					
70,000	70,000	70,000	87,500	95,400	106,900	114,380	118,500	121,250					

토 목 자 재 (2)

품 명	규 격	단위	1970	1971	1972	1973	1974	1975	1976
일반토목용재									
산 업 용 화 약	초유폭약	Box	-	2,500	2,500	2,500	3,232	4,380	4,380
〃	도폭선(500m)	〃	-	-	-	-	-	-	-
〃	전기뇌관 1.5m(1,500개)	〃	-	49,500	49,500	49,500	71,100	82,200	82,200
〃	〃 2.5 (1,000개)	〃	-	40,200	40,200	40,200	49,800	57,200	57,200
〃	〃 3.5 (500개)	〃	-	23,700	23,700	23,700	29,495	-	-
〃	지발전기뇌관2.5m(1,000개)	〃	-	66,450	66,450	66,450	117,600	154,500	154,500
〃	〃 3.5 (500개)	〃	-	29,350	29,350	29,350	45,000	-	-
도로용재									
아 스 팔 트	스트레이트 AP-3PK	D/M	3,125	4,800	4,359	5,847	-	-	15,000
〃	〃 -3BK	〃	-	-	-	-	-	-	-
〃	컷백 MC-1,3	〃	3,700	6,500	4,710	6,337	-	-	16,000
〃	〃 RC-1,3	〃	4,500	5,000	6,363	7,837	-	-	18,000
아 스 콘	일반 #467	M/T	-	-	-	2,500	4,010	4,980	5,550
〃	〃 # 67	〃	-	-	-	3,330	5,430	6,700	7,270
〃	〃 # 78	〃	-	-	-	3,470	5,650	6,850	7,470
콘 크 리 트 경 계 블 록	보차도15×17×20×100㎝	개	-	660	660	660	780	980	1,200
	〃 18 20.5 25 100	〃	-	800	800	800	950	1,250	1,600
〃	〃 18 21 30 100	〃	-	1,000	1,000	1,000	1,180	1,550	1,980
〃	도로 12 12 12 100㎝	〃	-	-	-	-	-	-	-
〃	〃 15 15 12 100	〃	-	-	-	-	490	680	800
〃	〃 15 15 15 100	〃	-	-	-	-	-	770	900
콘크리트K블록	96×20×151㎝	㎡	-	-	-	-	-	-	-
보 도 용 콘 크 리 트 판	무색(사각) 30×30×6㎝	개	50	50	51	51	66	95	125
	유색(사각) 30 30 6	〃	-	-	-	-	-	185	185
상·하수로재									
원 심 력 철 근 콘 크 리 트 관 (흄관)	보통관 250×28×2,500	m	1,200	1,320	1,450	1,450	1,890	1,890	1,890
	〃 400 35 〃	〃	1,900	2,090	2,300	2,300	2,990	2,990	2,900
〃	〃 600 50 〃	〃	3,100	3,410	3,750	3,750	4,870	4,880	4,880
〃	〃 800 66 〃	〃	4,430	4,870	5,360	5,360	7,310	6,970	6,970
〃	〃 1,000 82 〃	〃	7,190	7,910	8,700	8,700	11,310	11,310	11,310
〃	〃 1,200 95 〃	〃	12,000	13,200	14,520	14,520	18,870	18,880	18,880
	압력관 2kg/㎠								
〃	250×28×2,500	〃	1,340	1,470	1,610	1,610	2,010	2,010	2,010
〃	400 35 〃	〃	2,280	2,510	2,660	2,660	3,458	3,330	3,330
〃	600 50 〃	〃	3,670	4,040	4,380	4,380	5,694	5,430	5,480
〃	800 66 〃	〃	4,930	5,420	6,150	6,150	7,995	7,690	7,690
〃	1,000 82 〃	〃	7,630	8,390	9,790	9,790	12,727	12,240	12,240
〃	1,200 95 〃	〃	15,990	17,590	18,630	18,630	24,219	23,290	23,290

㊟ D/M = Drum : 드럼
두꺼운 철판으로 만든 원주형의 통으로 휘발유나 윤활유 등의 포장용기로 쓰임. 용적은 200ℓ가 기준이나 내용물과 나라에 따라 상이함.

1977	1978	1979	1980	1981	1982	1983	1984	1985	1986	1987	1988	1989
4,380	5,680	7,670	12,000	13,920	13,920	13,920	13,900	13,900	13,900	13,900	13,900	13,900
–	–	–	–	–	–	–	90,000	90,000	90,000	90,000	90,000	90,000
82,200	100,485	136,935	217,500	253,500	253,500	253,500	240,000	240,000	240,000	240,000	240,000	240,000
57,200	69,894	93,890	150,000	175,000	175,000	175,000	170,000	170,000	170,000	170,000	170,000	170,000
–	82,390	54,925	87,500	102,000	102,000	102,000	100,000	100,000	100,000	100,000	100,000	100,000
154,500	200,475	286,260	–	513,000	513,000	513,000	502,500	502,500	502,500	502,500	502,500	502,500
–	75,020	107,120	169,500	192,500	192,500	192,500	187,000	187,000	187,000	187,000	187,500	187,500
22,000	–	–	–	–	51,350	49,250	49,250	49,250	41,140	37,870	31,630	29,560
–	–	–	–	–	50,000	47,970	47,970	47,970	39,860	36,590	30,250	27,940
16,000	–	–	–	–	52,100	49,950	49,950	49,950	41,700	39,380	33,040	30,700
18,000	–	–	–	–	76,400	73,000	73,000	73,000	60,100	55,900	45,900	42,240
5,900	7,370	12,320	17,050	21,100	21,790	21,790	21,790	21,790	21,790	18,360	19,900	19,650
7,600	9,130	15,180	21,250	27,350	28,280	28,280	28,280	28,280	28,280	23,800	24,250	24,000
7,900	9,570	15,950	22,400	28,400	29,400	29,400	29,400	29,400	29,400	24,450	24,850	24,450
1,200	1,210	1,400	1,700	1,700	1,700	1,600	1,700	1,800	1,800	1,700	1,850	1,900
1,600	1,760	1,800	2,350	2,300	2,200	2,500	2,200	2,600	2,600	2,500	2,500	2,600
1,980	2,200	2,300	2,800	2,700	2,650	2,900	2,650	3,200	3,200	2,900	3,000	3,100
–	770	900	1,000	1,100	1,200	1,200	1,000	1,200	1,200	900	1,100	1,000
800	880	1,100	1,200	1,200	1,300	1,300	1,200	1,300	1,300	1,100	1,200	1,200
900	990	1,200	1,350	1,350	1,400	1,500	1,350	1,400	1,400	1,350	1,300	1,500
–	–	–	4,140	5,520	5,520	5,520	5,520	5,520	5,520	5,520	5,520	5,520
125	150	180	220	260	275	275	275	275	275	260	280	305
200	275	330	350	330	360	360	360	360	360	340	380	380
2,486	2,739	3,476	3,950	3,950	4,264	4,264	4,264	4,050	4,050	4,050	4,710	4,600
3,949	4,345	4,741	5,380	5,380	6,300	6,300	6,300	5,990	5,990	5,990	6,960	6,810
6,974	7,667	8,371	9,510	9,510	11,916	11,916	11,916	11,320	11,320	11,320	13,160	12,880
10,725	11,803	13,937	16,750	16,750	20,952	20,952	20,952	19,900	19,900	19,900	24,670	23,590
17,424	19,162	22,649	26,560	26,560	33,232	33,232	33,232	31,570	31,570	31,570	36,690	35,920
25,949	28,545	33,726	38,220	38,220	46,472	46,472	46,472	44,150	44,150	44,150	51,310	50,230
2,662	3,465	3,729	4,400	4,400	4,900	4,900	4,900	4,660	4,660	4,660	5,410	5,290
4,389	5,709	5,269	6,220	6,220	7,560	7,560	7,560	7,180	7,180	7,180	8,350	8,170
7,832	10,186	9,449	11,160	11,160	14,290	14,290	14,290	13,580	13,580	13,580	15,770	15,440
11,836	15,400	15,400	18,200	18,200	25,140	25,140	25,140	23,880	23,880	23,880	24,750	27,170
18,843	24,497	24,497	28,950	28,950	39,880	39,880	39,880	37,890	37,890	37,890	44,020	43,110
32,010	41,613	41,613	49,170	49,170	55,760	55,760	55,760	52,970	52,970	52,970	61,560	60,270

토 목 자 재(2)

품 명	규 격	단위	1990	1991	1992	1993	1994	1995	1996
일반토목용재									
산 업 용 화 약	초유폭약	Box	13,900	15,500	15,800	15,800	15,800	15,800	15,800
〃	※1도폭선 500m	〃	90,000	90,000	95,600	95,600	95,600	150,000	150,000
〃	※2전기뇌관 1.5m(1,500개)	〃	240,000	240,000	255,000	255,000	255,000	270,000	270,000
〃	※3 〃 2.5 (1,000개)	〃	170,000	170,000	180,000	180,000	180,000	190,000	190,000
〃	※4 〃 3.5 (500개)	〃	100,000	100,000	107,500	107,500	107,500	115,000	115,000
〃	※5지발전기뇌관 2.5m(1,000개)	〃	502,500	502,500	530,640	530,640	530,640	682,500	682,500
〃	※6 〃 3.5 (500개)	〃	187,500	187,500	200,000	200,000	200,000	250,000	250,000
도로용재									
아 스 팔 트	스트레이트 AP-3PK	D/M	29,560	32,060	38,000	38,000	35,000	35,000	40,000
〃	※7 〃 -3BK	〃	27,940	28,940	33,400	33,400	25,000	25,000	27,000
〃	컷백 MC-1,3	〃	30,700	33,200	39,000	39,000	38,000	38,000	41,000
〃	〃 RC-1,3	〃	42,240	44,740	51,900	51,900	51,300	51,900	53,000
아 스 콘	일반 #467	M/T	19,650	21,800	22,850	22,850	19,000	21,150	21,100
〃	〃 # 67	〃	24,000	23,900	28,350	28,350	22,500	24,000	24,500
〃	〃 # 78	〃	24,450	27,100	28,450	28,450	23,000	25,950	25,400
콘 크 리 트	보차도15×17×20×100㎝	개	2,500	3,500	3,150	3,000	2,900	3,000	3,200
경 계 블 록	〃 18 20.5 25 100	〃	3,700	4,500	4,050	3,800	3,700	4,000	4,200
〃	〃 18 21 30 100	〃	4,500	5,500	4,950	4,600	4,800	5,000	5,300
〃	도 로 12 12 12 100㎝	〃	1,500	2,000	1,800	1,800	1,700	1,800	2,100
〃	〃 15 15 12 100	〃	1,600	2,300	2,070	2,050	2,000	2,000	2,300
〃	〃 15 15 15 100	〃	2,400	2,500	2,250	2,200	2,200	2,200	2,500
콘크리트K블록	96×20×151㎝	㎡	5,980	5,800	6,000	5,980	5,980	5,980	6,800
보 도 용	무색(사각) 30×30×6㎝	개	400	500	440	400	460	480	470
콘 크 리 트 판	유색(사각) 30 30 6	〃	520	600	540	540	540	570	570
상·하수로재									
원 심 력 철 근	보통관 250×28×2,500	m	5,080	5,840	7,785	8,050	8,050	7,990	9,260
콘 크 리 트 관	〃 400 35 〃	〃	7,510	8,450	11,255	11,510	11,510	11,560	12,760
(흄관)	〃 600 50 〃	〃	14,200	15,700	19,935	20,390	20,390	20,502	23,630
〃	〃 800 66 〃	〃	24,940	27,500	35,055	35,860	35,860	36,040	41,670
〃	〃 1,000 82 〃	〃	39,560	43,600	55,600	56,880	56,880	57,307	66,210
〃	〃 1,200 95 〃	〃	55,320	60,900	77,750	79,540	79,540	79,934	92,930
	압력관 2kg/㎠								
〃	250×28×2,500	〃	6,160	7,090	8,960	8,330	8,330	9,367	10,170
〃	400 35 〃	〃	9,500	10,930	11,730	12,800	12,830	14,421	15,680
〃	600 50 〃	〃	17,960	20,660	21,250	23,250	23,250	26,125	28,400
〃	800 66 〃	〃	31,590	36,330	37,383	40,900	40,900	45,961	49,950
〃	1,000 82 〃	〃	50,100	57,630	59,296	64,880	64,880	72,903	79,240
〃	1,200 95 〃	〃	70,060	80,560	82,892	90,690	90,690	101,897	110,760

주 ※1 : 2005년부터 도폭선 500m에서 610m로, 2008년부터 10g, 500m로 조사대상을 변경함.
※2 : 2006년부터 전기뇌관 1.5m에서 3.5m로 조사대상을 변경함.
※3 : 2006년부터 전기뇌관 2.5m에서 4m로, 2008년부터 4.5m로, 2016년부터 3.5m로 조사대상을 변경함.
※4 : 2006년부터 전기뇌관 3.5m에서 5m로, 2008년부터 6m로, 2016년부터 3.5m로 조사대상을 변경함
※5 : 2006년부터 지발전기뇌관 2.5m에서 4m로, 2008년부터 3.5m로 조사대상을 변경함.
※6 : 2006년부터 지발전기뇌관 3.5m에서 5m로, 2008년부터 4.5m로 조사대상을 변경함.
※7 : 2010년부터 AP-3PK에서 AP-3BK로, AP-3BK에서 AP-5BK로 조사대상을 변경함.

1997	1998	1999	2000	2001	2002	2003	2004	2005	2006	2007	2008	2009
20,500	25,500	25,500	29,500	29,500	31,900	34,300	34,300	34,300	34,300	34,300	37,400	37,400
-	-	235,000	235,000	235,000	255,000	275,000	275,000	275,000	275,000	275,000	299,000	299,000
-	-	1,040	1,040	1,040	1,120	1,200	1,200	1,200	1,460	1,460	1,590	1,590
-	-	1,130	1,130	1,130	1,220	1,310	1,310	-	1,520	1,520	1,710	1,710
-	-	1,260	1,260	1,260	1,360	1,460	1,460	1,460	1,640	1,640	1,890	1,890
-	-	1,230	1,230	1,230	1,330	1,430	1,430	-	1,630	1,630	1,710	1,710
-	-	1,350	1,350	1,350	1,460	1,570	1,570	1,570	1,760	1,760	1,830	1,830
45,000	55,000	52,000	52,000	57,000	57,000	62,000	62,000	60,000	76,000	76,000	110,000	120,000
28,400	38,000	52,000	52,000	57,000	57,000	62,000	62,000	60,000	76,000	76,000	110,000	120,000
45,000	58,000	70,000	70,000	80,000	90,000	98,000	98,000	98,000	130,000	130,000	170,000	170,000
58,000	85,000	105,000	105,000	125,000	125,000	133,000	133,000	133,000	180,000	180,000	190,000	190,000
22,000	30,000	30,500	31,000	32,000	32,000	35,000	38,000	38,000	44,000	44,000	47,170	56,000
24,000	34,000	33,500	34,000	35,000	35,000	38,000	40,000	40,000	46,000	46,000	49,330	59,000
26,000	35,500	35,500	36,000	36,000	36,000	39,000	42,000	42,000	48,000	48,000	52,670	61,000
3,200	3,600	3,500	3,500	3,500	3,500	3,400	3,700	3,700	3,700	3,700	3,700	5,200
4,200	4,800	4,500	4,500	4,500	4,500	4,200	4,800	4,800	4,800	4,800	4,800	6,300
5,300	6,500	6,000	6,000	6,000	6,000	5,800	6,300	6,300	6,300	6,300	6,300	8,000
2,100	2,100	2,100	2,100	2,100	2,100	2,100	2,200	2,200	2,200	2,200	2,200	3,600
2,300	2,400	2,400	2,400	2,400	2,400	2,400	2,600	2,600	2,600	2,600	2,600	4,000
2,500	2,600	2,800	2,800	2,800	2,800	2,800	3,000	3,000	3,000	3,000	3,000	4,200
7,500	7,500	7,500	7,500	7,500	7,500	7,500	7,500	8,500	8,500	9,000	10,200	10,200
500	600	600	600	600	600	600	600	600	650	690	690	690
600	720	700	700	700	700	700	700	700	800	800	800	800
8,740	10,490	10,490	10,490	10,490	10,490	10,490	11,360	11,360	14,190	14,190	15,609	15,609
12,510	15,010	15,010	15,010	15,010	15,010	15,010	16,240	16,240	20,300	20,300	22,330	22,330
22,310	26,780	26,780	26,780	26,780	26,780	26,780	28,960	28,960	36,220	36,220	39,842	39,842
39,360	47,230	47,230	47,230	47,230	47,230	47,230	51,120	51,120	63,890	63,890	70,279	70,279
62,530	75,040	75,040	75,040	75,040	75,040	75,040	81,200	81,200	101,520	101,520	111,672	111,672
87,760	105,320	105,320	105,320	105,320	105,320	105,320	114,000	114,000	142,480	142,480	156,728	156,728
9,640	12,840	12,840	12,840	12,840	12,840	12,840	16,040	16,040	20,040	20,040	22,044	22,044
14,850	19,800	19,800	19,800	19,800	19,800	19,800	22,760	22,760	28,440	28,440	31,284	31,284
26,900	35,880	35,880	35,880	35,880	35,880	35,880	44,840	44,840	56,040	56,040	61,644	61,644
47,320	63,080	63,080	63,080	63,080	63,080	63,080	78,840	78,840	98,560	98,560	108,416	108,416
75,070	100,080	100,080	100,080	100,080	100,080	100,080	125,080	125,080	156,360	156,360	171,996	171,996
104,930	139,920	139,920	139,920	139,920	139,920	139,920	174,880	174,880	218,600	218,600	240,460	240,460

토 목 자 재 (2)

품 명	규 격	단위	2010	2011	2012	2013	2014	2015	2016
일반토목용재									
산 업 용 화 약	초유폭약	Box	37,400	37,400	37,400	37,400	37,400	40,500	32,400
〃	※1도폭선 500m	〃	299,000	299,000	299,000	299,000	299,000	330,000	330,000
〃	※2전기뇌관 1.5m(1,500개)	〃	1,590	1,590	1,590	1,590	1,590	1,690	1,750
〃	※3 〃 2.5 (1,000개)	〃	1,710	1,710	1,710	1,710	1,710	1,710	1,800
〃	※4 〃 3.5 (500개)	〃	1,890	1,890	1,890	1,890	1,890	1,890	1,930
〃	※5지발전기뇌관 2.5m(1,000개)	〃	1,710	1,710	1,710	1,710	1,710	1,710	1,930
〃	※6 〃 3.5 (500개)	〃	1,830	1,830	1,830	1,830	1,830	1,830	2,060
도로용재									
아 스 팔 트	스트레이트 AP-3PK	D/M	128,000	142,000	164,000	142,000	130,000	86,000	68,000
〃	※7 〃 -3BK	〃	128,000	142,000	164,000	142,000	130,000	86,000	68,000
〃	컷백 MC-1,3	〃	180,000	225,000	260,000	260,000	260,000	260,000	260,000
〃	〃 RC-1,3	〃	200,000	220,000	280,000	280,000	280,000	280,000	280,000
아 스 콘	일반 #467	M/T	57,000	63,000	70,000	70,000	70,000	70,000	61,300
〃	〃 # 67	〃	61,000	67,000	76,000	76,000	76,000	74,500	65,500
〃	〃 # 78	〃	63,000	70,000	83,000	83,000	83,000	81,400	72,100
콘 크 리 트	보차도15×17×20×100㎝	개	5,200	4,500	4,500	4,500	4,500	5,200	5,200
경 계 블 록	〃 18 20.5 25 100	〃	6,300	5,500	5,500	5,500	5,500	6,300	6,300
〃	〃 18 21 30 100	〃	8,000	6,500	6,500	6,500	6,500	8,000	8,000
〃	도 로 12 12 12 100㎝	〃	3,600	2,800	2,800	2,800	2,800	3,600	3,600
〃	〃 15 15 12 100	〃	4,000	3,100	3,100	3,100	3,100	4,000	4,000
〃	〃 15 15 15 100	〃	4,200	3,300	3,300	3,300	3,300	4,500	4,500
콘크리트K블록	96×20×151㎝	㎡	10,200	-	-	-	-	-	-
보 도 용	무색(사각) 30×30×6㎝	개	690	-	-	-	-	-	-
콘 크 리 트 판	유색(사각) 30 30 6	〃	800	-	-	-	-	-	-
상·하수로재									
원 심 력 철 근	보통관 250×28×2,500	m	14,600	13,700	15,800	17,400	19,100	19,100	19,700
콘 크 리 트 관	〃 400 35 〃	〃	20,900	19,700	22,600	24,900	27,400	27,400	28,200
(흄관)	〃 600 50 〃	〃	37,400	35,200	40,400	44,400	48,800	48,800	50,300
〃	〃 800 66 〃	〃	66,000	62,000	71,300	78,400	86,200	86,200	88,800
〃	〃 1,000 82 〃	〃	104,900	98,600	113,300	124,600	137,100	137,100	141,200
〃	〃 1,200 95 〃	〃	147,300	138,400	159,100	175,000	192,500	192,500	198,300
	압력관 2kg/㎠								
〃	250×28×2,500	〃	19,800	19,800	21,400	23,500	25,900	25,900	26,700
〃	400 35 〃	〃	28,100	28,100	30,300	33,300	36,600	36,600	37,700
〃	600 50 〃	〃	55,400	55,400	45,300	65,800	72,400	72,400	74,600
〃	800 66 〃	〃	97,500	97,500	79,800	115,800	127,400	127,400	131,200
〃	1,000 82 〃	〃	154,700	154,700	126,900	183,800	202,200	202,200	208,300
〃	1,200 95 〃	〃	216,400	216,400	178,200	257,100	282,800	282,800	291,300

주 ※1 : 2005년부터 도폭선 500m에서 610m로, 2008년부터 10g, 500m로 조사대상을 변경함.
※2 : 2006년부터 전기뇌관 1.5m에서 3.5m로 조사대상을 변경함.
※3 : 2006년부터 전기뇌관 2.5m에서 4m로, 2008년부터 4.5m로, 2016년부터 3.5m로 조사대상을 변경함.
※4 : 2006년부터 전기뇌관 3.5m에서 5m로, 2008년부터 6m로, 2016년부터 3.5m로 조사대상을 변경함
※5 : 2006년부터 지발전기뇌관 2.5m에서 4m로, 2008년부터 3.5m로 조사대상을 변경함.
※6 : 2006년부터 지발전기뇌관 3.5m에서 5m로, 2008년부터 4.5m로 조사대상을 변경함.
※7 : 2010년부터 AP-3PK에서 AP-3BK로, AP-3BK에서 AP-5BK로 조사대상을 변경함.

2017	2018	2019	2020	2021	2022	2023	2024	2025				
32,400	32,400	32,400	40,500	43,800	50,400	53,000	55,000	56,500				
330,000	330,000	330,000	445,000	480,600	567,300	680,630	706,250	743,750				
2,450	1,800	1,800	2,425	2,790	3,130	3,920	4,050	4,120				
1,800	1,800	1,800	2,425	2,425	3,130	3,910	4,050	4,050				
1,930	1,930	1,930	2,600	2,600	3,350	4,190	4,340	4,340				
1,930	1,930	1,930	2,600	2,600	3,350	4,190	4,340	4,340				
2,060	2,060	2,060	2,788	2,788	3,600	4,500	4,660	4,660				
88,000	120,000	136,000	102,000	146,000	180,000	218,000	196,000	206,000				
88,000	120,000	136,000	102,000	146,000	180,000	218,000	196,000	206,000				
260,000	260,000	260,000	260,000	260,000	290,000	290,000	290,000	290,000				
280,000	280,000	280,000	280,000	280,000	310,000	310,000	310,000	310,000				
62,000	59,660	62,040	63,460	63,460	90,590	91,590	79,660	83,120				
66,200	63,560	66,100	67,620	67,620	95,330	96,330	89,380	92,590				
72,900	69,790	72,580	74,240	74,240	102,880	103,880	95,640	100,040				
5,200	5,200	5,200	5,200	5,800	6,300	6,300	6,300	6,300				
6,300	6,300	6,300	6,300	7,000	7,400	7,400	7,400	7,400				
8,000	8,000	8,000	8,000	8,800	9,500	9,500	9,500	9,500				
3,600	3,600	3,600	3,600	4,000	4,200	4,200	4,200	4,200				
4,000	4,000	4,000	4,000	4,400	4,800	4,800	4,800	4,800				
4,500	4,500	4,500	4,500	5,000	5,300	5,300	5,300	5,300				
–	–	–	–	–	–	–	–	–				
–	–	–	–	–	–	–	–	–				
–	–	–	–	–	–	–	–	–				
19,700	19,700	19,700	19,700	19,700	22,700	22,700	22,700	22,700				
28,200	28,200	28,200	28,200	28,200	32,500	32,500	32,500	32,500				
50,300	50,300	50,300	50,300	50,300	57,900	57,900	57,900	57,900				
88,800	88,800	88,800	88,800	88,800	102,200	102,200	102,200	102,200				
141,200	141,200	141,200	141,200	141,200	162,400	162,400	162,400	162,400				
198,300	198,300	198,300	198,300	198,300	228,100	228,100	228,100	228,100				
26,700	26,700	26,700	26,700	26,700	30,800	30,800	30,800	30,800				
37,700	37,700	37,700	37,700	37,700	43,400	43,400	43,400	43,400				
74,600	74,600	74,600	74,600	74,600	85,800	85,800	85,800	85,800				
131,200	131,200	131,200	131,200	131,200	150,900	150,900	150,900	150,900				
208,300	208,300	208,300	208,300	208,300	239,600	239,600	239,600	239,600				
291,300	291,300	291,300	291,300	291,300	335,000	335,000	335,000	335,000				

토 목 자 재(3)

품 명	규 격	단위	1970	1971	1972	1973	1974	1975	1976
상·하수로재	압력관 3kg/㎠								
원심력철근	250×28×2,500	m	1,520	1,670	1,770	1,770	2,301	2,210	2,210
콘크리트관	400 35 〃	〃	2,590	2,850	3,020	3,020	3,926	3,780	3,780
(흄관)	600 50 〃	〃	4,120	4,540	5,000	5,000	6,510	6,260	6,260
〃	800 66 〃	〃	5,950	6,540	6,930	6,930	9,009	8,660	8,660
〃	1,000 82 〃	〃	9,320	12,250	10,870	10,870	14,131	13,590	13,590
〃	1,200 95 〃	〃	19,540	21,540	22,740	22,740	29,562	28,430	28,430
	압력관 4kg/㎠								
〃	250×28×2,500	〃	1,700	1,870	1,980	1,980	2,574	2,480	2,480
〃	400 35 〃	〃	2,890	3,180	3,370	3,370	4,381	4,210	4,210
〃	600 50 〃	〃	4,920	5,410	5,730	5,730	7,449	7,160	7,160
〃	800 66 〃	〃	6,930	7,620	8,080	8,080	10,504	10,100	10,100
〃	1,000 82 〃	〃	11,340	12,470	13,220	13,220	17,186	16,530	16,530
〃	1,200 95 〃	〃	-	-	-	-	-	33,390	33,390
P C 관	500㎜ 3kg/㎠	〃	-	-	-	-	-	-	-
〃	〃 5	〃	-	-	-	-	-	-	-
〃	〃 8	〃						-	-
〃	〃 10	〃						-	-
〃	1,000㎜ 3kg/㎠	〃						-	-
〃	〃 5	〃						-	-
〃	〃 8	〃	-	-	-	-	-	-	-
〃	〃 10	〃	-	-	-	-	-	-	-
〃	1,500㎜ 3kg/㎠	〃	-	-	-	-	-	-	-
〃	〃 5	〃	-	-	-	-	-	-	-
〃	〃 8	〃	-	-	-	-	-	-	-
〃	〃 10	〃	-	-	-	-	-	-	-
〃	2,000㎜ 3kg/㎠	〃	-	-	-	-	-	-	-
〃	〃 5	〃	-	-	-	-	-	-	-
〃	〃 8	〃	-	-	-	-	-	-	-
〃	〃 10	〃	-	-	-	-	-	-	-
플 륨 관(U형)	310×275×32×2,000	본				-	-	-	4,680
〃	425 350 38 〃	〃				-	-	-	6,240
〃	530 425 52 〃	〃				-	-	-	-
〃	640 500 60 〃	〃				-	-	-	-
벤치플륨관	300 200 40 〃	〃				-	-	-	-
(소켓식)Ⅱ종	400 260 50 〃	〃				-	-	-	-
〃	500 320 55 〃	〃				-	-	-	-
〃	600 380 60 〃	〃				-	-	-	-
〃	800 490 75 〃	〃				-	-	-	-
(소켓식)Ⅲ종	500 400 60 〃	〃				-	-	-	-
〃	700 600 75 〃	〃				-	-	-	-
〃	1,000 800 85 〃	〃				-	-	-	-

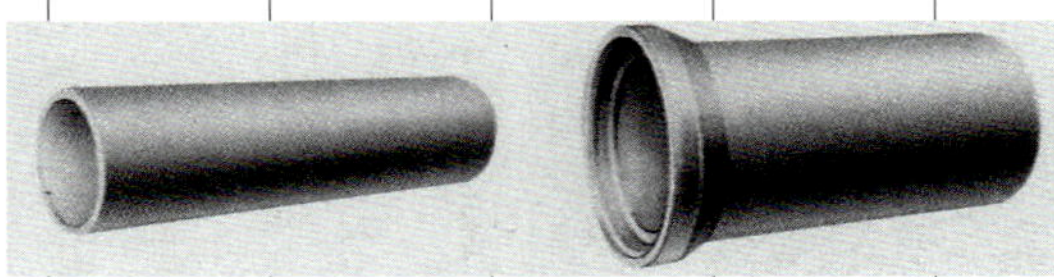

〈흄관 A형(직관, 左), B형(소켓식, 右)〉

〈플륨관〉

1977	1978	1979	1980	1981	1982	1983	1984	1985	1986	1987	1988	1989
3,026	3,806	4,092	4,830	4,830	5,540	5,540	5,540	5,260	5,260	5,260	6,110	5,980
4,983	6,479	5,984	7,070	7,070	8,500	8,500	8,500	8,080	8,080	8,080	9,380	9,180
8,954	11,638	10,747	12,700	12,700	16,080	16,080	16,080	15,280	15,280	15,280	17,750	17,380
13,343	17,347	17,347	20,500	20,500	28,280	28,280	28,280	26,870	26,870	26,870	31,220	30,570
20,922	27,203	27,203	32,140	32,140	46,520	46,520	46,520	44,190	44,190	44,190	51,360	50,280
39,083	50,809	50,809	60,040	60,040	65,060	65,060	65,060	61,810	61,810	61,810	71,890	70,390
3,267	4,246	4,576	5,400	5,400	6,400	6,400	6,400	6,080	6,080	6,080	7,060	6,910
5,566	7,238	6,677	7,890	7,890	9,760	9,760	9,760	9,270	9,270	9,270	10,770	10,550
10,241	13,310	12,287	14,520	14,520	18,460	18,460	18,460	17,540	17,540	17,540	20,380	19,950
15,554	20,218	20,218	23,890	23,890	32,480	32,480	32,480	30,860	30,860	30,860	35,850	35,110
25,443	33,077	33,077	39,090	39,090	53,180	53,180	53,180	50,520	50,520	50,520	58,710	57,480
45,903	59,675	59,675	70,520	70,520	74,360	74,360	74,360	70,640	70,640	70,640	82,090	80,380
-	-	-	18,600	25,310	27,840	27,840	27,840	27,840	27,840	27,840	27,840	27,840
-	-	-	18,800	25,510	28,060	28,060	28,060	28,060	28,060	28,060	28,060	28,060
-	14,949	14,949	19,010	25,600	28,160	28,160	28,160	28,160	28,160	28,160	28,160	28,160
-	15,664	15,664	20,170	26,800	29,480	29,480	29,480	29,480	29,480	29,480	29,480	29,480
-	-	-	46,200	62,300	68,530	68,530	68,530	68,530	68,530	68,530	68,530	68,530
-	-	-	48,200	64,180	70,600	70,600	70,600	70,600	70,600	70,600	70,600	70,600
-	40,854	40,854	51,510	66,100	72,720	72,720	72,720	72,720	72,720	72,720	72,720	72,720
-	45,309	45,309	58,990	76,310	83,940	83,940	83,940	83,940	83,940	83,940	83,940	83,940
-	-	-	96,800	122,940	135,230	135,230	135,230	135,230	135,230	135,230	135,230	135,230
-	-	-	101,000	126,790	139,470	139,470	139,470	139,470	139,470	139,470	139,470	139,470
-	83,776	83,776	107,890	134,360	147,800	147,800	147,800	147,800	147,800	147,800	147,800	147,800
-	102,730	102,730	124,180	148,950	163,850	163,850	163,850	163,850	163,850	163,850	163,850	163,850
-	-	-	165,390	197,640	217,400	217,400	217,400	217,400	217,400	217,400	217,400	217,400
-	-	-	168,030	203,180	223,500	223,500	223,500	223,500	223,500	223,500	223,500	223,500
-	144,529	144,529	183,580	228,480	251,330	251,330	251,330	251,330	251,330	251,330	251,330	251,330
-	157,256	157,256	204,610	244,860	269,350	269,350	269,350	269,350	269,350	269,350	269,350	269,350
6,270	6,270	6,730	10,100	11,160	11,550	11,160	11,160	11,500	11,500	11,500	13,000	12,820
8,360	8,360	8,970	13,460	17,670	15,000	17,670	16,870	17,700	17,700	17,700	18,100	17,190
-	-	-	-	-	23,460	-	-	25,000	25,000	25,000	26,400	25,080
-	-	-	-	-	27,300	-	-	28,000	28,000	30,000	36,200	34,390
-	-	-	-	-	-	-	-	12,300	12,300	11,500	13,500	12,830
-	-	-	-	-	-	-	-	18,000	18,000	17,700	20,100	19,090
-	-	-	-	-	-	-	-	25,500	25,500	25,000	26,000	24,700
-	-	-	-	-	-	-	-	33,000	33,000	31,000	31,500	29,930
-	-	-	-	-	-	-	-	-	-	51,000	56,100	53,300
-	-	-	18,600	19,600	25,000	25,000	25,000	25,000	25,000	26,500	29,150	27,690
-	-	-	-	-	-	-	-	-	-	50,000	55,000	52,250
-	-	-	-	-	-	-	-	-	-	80,000	88,000	83,600

토 목 자 재(3)

품 명	규 격	단위	1990	1991	1992	1993	1994	1995	1996
상·하수로재	압력관 3kg/㎠								
원심력철근	250×28×2,500	m	6,960	8,000	10,100	9,395	9,395	10,545	11,460
콘크리트관	400 35 〃	〃	10,680	12,280	13,175	14,415	14,415	16,188	17,590
(흄관)	600 50 〃	〃	20,200	23,240	23,902	26,150	26,150	29,374	31,930
〃	800 66 〃	〃	35,530	40,870	42,058	46,020	46,020	51,699	56,190
〃	1,000 82 〃	〃	58,450	67,230	69,173	75,680	75,680	85,044	92,440
〃	1,200 95 〃	〃	81,820	94,090	96,815	105,930	105,930	119,016	129,360
	압력관 4kg/㎠								
〃	250×28×2,500	〃	8,040	9,260	11,680	10,865	10,865	12,198	15,920
〃	400 35 〃	〃	12,260	14,100	15,130	16,555	16,555	18,601	20,220
〃	600 50 〃	〃	23,190	26,680	27,455	30,040	30,040	33,744	36,680
〃	800 66 〃	〃	40,810	46,930	48,297	52,840	52,840	59,375	64,530
〃	1,000 82 〃	〃	66,820	76,840	79,067	86,510	86,510	97,204	105,660
〃	1,200 95 〃	〃	93,430	107,450	110,550	120,955	120,955	135,907	147,730
P C 관	500㎜ 3kg/㎠	〃	33,410	33,410	46,350	46,350	46,350	46,350	46,350
〃	〃 5	〃	33,680	33,680	46,720	46,720	46,720	46,720	46,720
〃	〃 8	〃	33,800	33,800	46,900	46,900	46,900	46,900	46,900
〃	〃 10	〃	35,380	35,380	49,090	49,090	49,090	49,090	49,090
〃	1,000㎜ 3kg/㎠	〃	89,690	89,690	112,690	112,690	112,690	112,690	112,690
〃	〃 5	〃	91,780	91,780	116,100	116,100	116,100	116,100	116,100
〃	〃 8	〃	94,540	94,540	119,590	119,590	119,590	119,590	119,590
〃	〃 10	〃	109,130	109,130	138,050	138,050	138,050	138,050	138,050
〃	1,500㎜ 3kg/㎠	〃	182,560	182,560	210,860	210,860	210,860	210,860	210,860
〃	〃 5	〃	188,290	188,290	217,470	217,470	217,470	217,470	217,470
〃	〃 8	〃	199,530	199,530	230,450	230,450	230,450	230,450	230,450
〃	〃 10	〃	221,200	221,200	255,480	255,480	255,480	255,480	255,480
〃	2,000㎜ 3kg/㎠	〃	300,010	300,010	330,760	330,760	330,760	330,760	330,760
〃	〃 5	〃	308,430	308,430	340,040	340,040	340,040	340,040	340,040
〃	〃 8	〃	346,840	346,840	382,380	382,380	382,380	382,380	382,380
〃	〃 10	〃	371,700	371,700	409,800	409,800	409,800	409,800	409,800
플 륨 관(U형)	310×275×32×2,000	본	14,700	15,700	15,700	14,700	14,130	15,300	19,400
〃	425 350 38 〃	〃	18,900	22,000	22,000	20,600	19,800	21,500	25,000
〃	530 425 52 〃	〃	27,500	33,000	33,000	30,800	29,700	32,200	37,000
〃	640 500 60 〃	〃	37,810	44,000	44,000	41,100	39,600	43,000	49,400
벤 치 플 륨 관	300 200 40 〃	〃	13,490	15,600	15,600	14,600	14,040	15,200	19,400
(소켓식)Ⅱ종	400 260 50 〃	〃	20,000	23,200	23,200	21,700	20,880	22,600	26,000
〃	500 320 55 〃	〃	25,930	31,400	31,400	29,400	28,260	30,700	35,300
〃	600 380 60 〃	〃	31,350	36,900	36,900	34,500	33,210	36,000	41,400
〃	800 490 75 〃	〃	55,950	58,100	58,100	54,300	55,290	48,800	66,000
(소켓식)Ⅲ종	500 400 60 〃	〃	30,400	35,700	35,700	35,700	37,260	39,100	45,500
〃	700 600 75 〃	〃	57,500	68,900	68,900	68,900	64,080	74,460	81,000
〃	1,000 800 85 〃	〃	87,800	102,300	102,300	102,300	104,310	113,220	131,900

주 ※1, ※3, ※5, ※7 : 2008년부터 3kg/㎠에서 4kg/㎠로 조사대상을 변경함.
※2, ※4, ※6, ※8 : 2008년부터 5kg/㎠에서 6kg/㎠로 조사대상을 변경함.

1997	1998	1999	2000	2001	2002	2003	2004	2005	2006	2007	2008	2009
10,850	14,480	14,480	14,480	14,480	14,480	14,480	32,360	32,360	53,390	53,390	58,729	58,729
16,670	22,240	22,240	22,240	22,240	22,240	22,240	49,410	49,410	81,530	81,530	89,683	89,683
30,250	40,340	40,340	40,340	40,340	40,340	40,340	89,710	89,710	148,020	148,020	162,822	162,822
53,240	70,980	70,980	70,980	70,980	70,980	70,980	157,910	157,910	260,550	260,550	286,605	286,605
87,570	116,760	116,760	116,760	116,760	116,760	116,760	258,600	258,600	426,690	426,690	469,359	469,359
122,550	163,400	163,400	163,400	163,400	163,400	163,400	361,520	361,520	596,510	596,510	656,161	656,161
15,080	16,720	16,720	16,720	16,720	16,720	16,720	20,880	20,880	30,170	30,170	33,187	33,187
19,150	25,520	25,520	25,520	25,520	25,520	25,520	31,880	31,880	45,690	45,690	50,259	50,259
34,750	46,320	46,320	46,320	46,320	46,320	46,320	57,880	57,880	83,100	83,100	91,410	91,410
61,140	81,520	81,520	81,520	81,520	81,520	81,520	101,880	101,880	146,250	146,250	160,875	160,875
100,100	133,480	133,480	133,480	133,480	133,480	133,480	166,840	166,840	238,460	238,460	262,306	262,306
139,950	186,600	186,600	186,600	186,600	186,600	186,600	233,240	233,240	332,960	332,960	366,256	366,256
41,710	48,670	50,150	50,150	50,150	50,150	50,150	50,150	50,158	50,158	50,158	61,800	61,800
42,040	49,060	50,490	50,490	50,490	50,490	50,490	50,490	50,495	50,495	50,495	61,975	61,975
42,210	49,240	50,730	50,730	50,730	50,730	50,730	50,730	50,733	50,733	50,733	62,100	62,100
44,180	51,520	53,030	53,020	53,020	53,020	53,020	53,020	53,020	53,020	53,020	64,900	64,900
101,420	123,960	121,770	121,770	121,770	121,770	121,770	121,770	121,778	121,778	121,778	150,850	150,850
104,490	127,710	125,340	125,340	125,340	125,340	125,340	125,340	125,340	125,340	125,340	155,925	155,925
107,630	131,550	128,980	128,980	128,980	128,980	128,980	128,980	128,988	128,988	128,988	157,850	157,850
124,240	151,850	148,270	148,270	148,270	148,270	148,270	148,270	148,273	148,273	148,273	181,450	181,450
189,770	242,490	227,570	227,570	227,570	227,570	227,570	227,570	227,575	227,575	227,575	281,275	281,275
195,720	250,090	234,000	234,000	234,000	234,000	234,000	234,000	234,005	234,005	234,005	291,425	291,425
207,400	265,020	247,570	247,570	247,570	247,570	247,570	247,570	247,570	247,570	247,570	302,950	302,950
229,930	293,800	273,720	273,720	273,720	273,720	273,720	273,720	273,725	273,725	273,725	334,975	334,975
297,680	380,370	355,530	355,530	355,530	355,530	355,530	355,530	355,530	355,530	355,530	437,575	437,575
306,030	391,050	365,220	365,220	365,220	365,220	365,220	365,220	365,228	365,228	365,228	456,300	456,300
344,140	439,740	409,470	409,470	409,470	409,470	409,470	409,470	409,470	409,470	409,470	501,075	501,075
368,820	471,270	438,120	438,120	438,120	438,120	438,120	438,120	438,125	438,125	438,125	536,150	536,150
17,900	22,320	21,080	21,080	21,080	21,080	21,080	23,120	23,120	25,800	25,800	27,200	27,200
23,100	28,800	27,200	25,600	25,600	25,600	25,600	29,830	29,830	33,300	33,300	35,100	35,100
34,600	40,800	40,800	38,400	38,400	38,400	38,400	44,790	44,790	50,000	50,000	52,700	52,700
46,200	54,490	54,480	51,280	51,280	51,280	51,280	59,920	59,920	67,000	67,000	70,500	70,500
17,800	21,000	21,080	21,080	21,080	21,080	21,080	23,030	23,030	25,700	25,700	27,100	27,100
24,300	28,650	28,640	26,960	26,960	26,960	26,960	31,450	31,450	35,100	35,100	37,000	37,000
33,000	38,850	38,840	36,560	36,560	36,560	36,560	42,670	42,670	47,600	47,600	50,200	50,200
38,700	45,560	45,470	42,800	42,800	42,800	42,800	50,060	50,060	55,900	55,900	58,900	58,900
61,000	71,830	71,820	67,600	67,600	67,600	67,600	78,960	78,960	88,200	88,200	92,900	92,900
42,000	49,470	49,470	46,560	46,560	46,560	46,560	54,400	54,400	60,800	60,800	64,000	64,000
74,600	87,890	87,890	82,720	82,720	82,720	82,720	96,640	96,640	108,000	108,000	113,700	113,700
121,700	143,310	143,310	134,880	134,880	134,880	134,880	157,590	157,590	176,000	176,000	185,400	185,400

토 목 자 재(3)

품 명	규 격	단위	2010	2011	2012	2013	2014	2015	2016
상·하수로재	압력관 3kg/㎠								
원심력철근	250×28×2,500	m	52,800	-	-	-	-	-	-
콘크리트관	400 35 〃	〃	80,700	-	-	-	-	-	-
(흄관)	600 50 〃	〃	146,500	-	-	-	-	-	-
〃	800 66 〃	〃	257,900	-	-	-	-	-	-
〃	1,000 82 〃	〃	422,400	-	-	-	-	-	-
〃	1,200 95 〃	〃	590,500	-	-	-	-	-	-
	압력관 4kg/㎠								
〃	250×28×2,500	〃	29,800	29,800	32,200	35,400	38,900	38,900	40,100
〃	400 35 〃	〃	45,200	45,200	48,800	53,700	59,100	59,100	60,900
〃	600 50 〃	〃	82,200	82,200	88,800	97,700	107,500	107,500	110,700
〃	800 66 〃	〃	144,700	144,700	156,300	171,900	189,100	189,100	194,800
〃	1,000 82 〃	〃	236,000	236,000	254,900	280,400	308,400	308,400	317,700
〃	1,200 95 〃	〃	329,600	329,600	356,000	391,600	430,800	430,800	443,700
P C 관	※1 500㎜ 3kg/㎠	〃	61,800	71,500	79,850	83,825	83,825	83,825	83,825
〃	※2 〃 5	〃	61,975	71,725	80,075	84,075	84,075	84,075	84,075
〃	〃 8	〃	62,100	71,875	80,225	84,225	84,225	84,225	84,225
〃	〃 10	〃	64,900	75,125	83,850	88,025	88,025	88,025	88,025
〃	※3 1,000㎜ 3kg/㎠	〃	150,850	174,600	194,925	204,650	204,650	204,650	204,650
〃	※4 〃 5	〃	155,925	180,525	201,525	211,600	211,600	211,600	211,600
〃	〃 8	〃	157,850	182,725	204,000	214,200	214,200	214,200	214,200
〃	〃 10	〃	181,450	210,050	234,475	246,175	246,175	246,175	246,175
〃	※5 1,500㎜ 3kg/㎠	〃	281,275	337,775	377,050	395,900	395,900	395,900	395,900
〃	※6 〃 5	〃	291,425	349,925	390,650	410,175	410,175	410,175	410,175
〃	〃 8	〃	302,950	363,775	406,100	426,400	426,400	426,400	426,400
〃	〃 10	〃	334,975	402,225	449,025	471,475	471,475	471,475	471,475
〃	※7 2,000㎜ 3kg/㎠	〃	437,575	555,725	620,375	651,375	651,375	651,375	651,375
〃	※8 〃 5	〃	456,300	579,525	646,925	679,250	679,250	679,250	679,250
〃	〃 8	〃	501,075	636,375	710,400	745,900	745,900	745,900	745,900
〃	〃 10	〃	536,150	680,925	760,125	798,125	798,125	798,125	798,125
플 륨 관(U형)	310×275×32×2,000	본	24,500	24,500	25,200	25,200	25,200	25,500	25,500
〃	425 350 38 〃	〃	31,600	31,600	32,500	32,500	32,500	32,800	32,800
〃	530 425 52 〃	〃	47,500	47,500	48,900	48,900	48,900	49,400	49,400
〃	640 500 60 〃	〃	63,500	63,500	65,400	65,400	65,400	66,100	66,100
벤치플륨관	300 200 40 〃	〃	24,400	24,400	25,100	25,100	25,100	25,600	25,600
(소켓식)Ⅱ종	400 260 50 〃	〃	33,300	33,300	34,300	34,300	34,300	35,000	35,000
〃	500 320 55 〃	〃	45,200	45,200	46,600	46,600	46,600	47,500	47,500
〃	600 380 60 〃	〃	53,100	53,100	54,700	54,700	54,700	55,800	55,800
〃	800 490 75 〃	〃	83,700	83,700	86,200	86,200	86,200	87,900	87,900
(소켓식)Ⅲ종	500 400 60 〃	〃	54,400	54,400	56,000	56,000	56,000	58,900	58,900
〃	700 600 75 〃	〃	96,700	96,700	99,600	99,600	99,600	100,300	100,300
〃	1,000 800 85 〃	〃	157,600	157,600	162,300	162,300	162,300	159,300	159,300

주 ※1, ※3, ※5, ※7 : 2008년부터 3kg/㎠에서 4kg/㎠로 조사대상을 변경함.
※2, ※4, ※6, ※8 : 2008년부터 5kg/㎠에서 6kg/㎠로 조사대상을 변경함.

2017	2018	2019	2020	2021	2022	2023	2024	2025					
–	–	–	–	–	–	–	–	–					
–	–	–	–	–	–	–	–	–					
–	–	–	–	–	–	–	–	–					
–	–	–	–	–	–	–	–	–					
–	–	–	–	–	–	–	–	–					
–	–	–	–	–	–	–	–	–					
40,100	40,100	40,100	40,100	40,100	46,200	46,200	46,200	46,200					
60,900	60,900	60,900	60,900	60,900	70,100	70,100	70,100	70,100					
110,700	110,700	110,700	110,700	110,700	127,400	127,400	127,400	127,400					
194,800	194,800	194,800	194,800	194,800	224,100	224,100	224,100	224,100					
317,700	317,700	317,700	317,700	317,700	365,400	365,400	365,400	365,400					
443,700	443,700	443,700	443,700	443,700	510,300	510,300	510,300	510,300					
83,825	83,825	90,250	90,250	111,000	127,750	127,750	162,000	162,000					
84,075	84,075	93,250	93,250	114,500	131,750	131,750	162,500	162,500					
84,225	84,225	93,500	93,500	115,000	132,250	132,250	162,750	162,750					
88,025	88,025	97,750	97,750	120,000	138,000	138,000	170,250	170,250					
204,650	204,650	227,000	227,000	279,000	321,000	321,000	395,250	395,250					
211,600	211,600	234,750	234,750	288,500	332,000	332,000	408,750	408,750					
214,200	214,200	237,500	237,500	292,000	336,000	336,000	413,750	413,750					
246,175	246,175	273,000	273,000	335,750	386,250	386,250	475,500	475,500					
395,900	395,900	439,000	439,000	539,750	620,750	620,750	764,500	764,500					
410,175	410,175	454,750	454,750	559,250	643,250	643,250	792,000	792,000					
426,400	426,400	472,750	472,750	581,250	668,500	668,500	823,500	823,500					
471,475	471,475	522,750	522,750	642,750	739,250	739,250	910,500	910,500					
651,375	651,375	722,250	722,250	888,250	1,021,500	1,021,500	1,257,750	1,257,750					
679,250	679,250	753,250	753,250	926,250	1,065,250	1,065,250	1,311,750	1,311,750					
745,900	745,900	827,250	827,250	1,017,500	1,170,250	1,170,250	1,440,250	1,440,250					
798,125	798,125	885,000	885,000	1,088,500	1,252,000	1,252,000	1,541,250	1,541,250					
25,500	25,500	25,500	25,500	26,800	26,800	26,800	26,800	28,944					
32,800	32,800	32,800	32,800	34,500	34,500	34,500	34,500	37,260					
49,400	49,400	49,400	49,400	51,900	51,900	51,900	51,900	56,052					
66,100	66,100	66,100	66,100	29,500	29,500	29,500	29,500	75,060					
25,600	25,600	25,600	25,600	26,900	26,900	26,900	26,900	31,600					
35,000	35,000	35,000	35,000	36,800	36,800	36,800	36,800	43,300					
47,500	47,500	47,500	47,500	49,900	49,900	49,900	49,900	58,700					
55,800	55,800	55,800	55,800	58,600	58,600	58,600	58,600	68,900					
87,900	87,900	87,900	87,900	92,300	92,300	92,300	92,300	108,600					
58,900	58,900	58,900	58,900	61,900	71,000	71,000	71,000	83,500					
100,300	100,300	100,300	100,300	105,400	121,200	121,200	121,200	142,600					
159,300	159,300	159,300	159,300	167,300	203,900	203,900	203,900	239,900					

건 축 자 재(1)

품명	규격	단위	1970	1971	1972	1973	1974	1975	1976
조적재									
시멘트벽돌 (콘크리트벽돌)	190×90×57㎜	개	4	3.80	5.50	7.40	7.80	13.20	14.29
속빈시멘트블록	B -4	〃	32	35	37	37	70	70	87
(속빈콘크리트블록)	-6	〃	38	44	46	46	90	90	107
〃	-8	〃	48	53	56	56	115	115	139
〃	SB-6	〃	-	-	-	-	-	-	127
〃	-8	〃	64	64	67	68	94	125	149
〃	HB-4	〃	-	21	22	22	-	42	46
〃	-6	〃	-	26	27	27	-	52	61
〃	-8	〃	33	33	35	35	49	67	77
점토벽돌	190×90×57㎜	〃	9	11	12	-	-	-	-
미장벽돌	건출1종 190×90×57㎜	〃	25	20	25	25	25	25	55
내화모르터	SK32	kg	-	-	-	-	-	12	15
〃	SK34	〃	-	-	-	-	-	15	26
내화벽돌	SK32 230×114×65㎜	매	32	35	38	50	80	120	120
〃	SK34 〃	〃	35	40	42	60	100	160	160
경량단열벽돌	190×90×57㎜	개	-	12	13	15	18	22	23
경량단열블록	390×190×100	〃	-	58	61	65	90	106	115
〃	390 190 150	〃	-	68	71	75	100	125	138
〃	390 190 200	〃	-	78	81	87	110	155	162
속빈PC판	THK 70㎜ 슬라브용	㎡	-	-	-	-	-	-	-
〃	〃 100 〃	〃	-	-	-	-	-	-	-
〃	〃 120 〃	〃	-	-	-	-	-	-	-
〃	〃 150 〃	〃	-	-	-	-	-	-	-
〃	〃 200 〃	〃	-	-	-	-	-	-	-
〃	〃 250(265) 〃	〃	-	-	-	-	-	-	-
석재									
화강석	황등석 판재20㎜ 연마	〃	20,700	20,700	20,700	20,700	27,000	27,000	30,000
〃	포천석 〃	〃	21,800	21,800	21,800	21,800	29,000	29,000	31,500
〃	마천석 〃	〃	20,700	20,700	20,700	20,700	20,700	20,700	28,000
타일									
내장타일	도기질 250×400㎜	〃	-	-	-	-	-	-	7,000
외장타일	자기질 200×200㎜	〃	632.17	683	787.87	1,151	2,120	1,424	2,445
바닥타일	300×300㎜	〃	727.30	757.5	900	2,500	3,500	4,200	2,700
모자이크타일	73× 73	〃	727.30	757.5	757.5	900	1,500	1,970	2,550
〃	108×108	〃	727.30	757.5	757.5	900	1,500	1,970	2,550
테라조	계단판	〃	4,500	4,500	4,500	5,387	7,696	9,620	11,545

㈜ 1) 속빈PC판 THK 250㎜는 2011년부터 265㎜를 기준으로 함.
2) 내장타일 제품은 1989년까지 도기질 1급, 2급 108×108㎜ 기준, 1991년까지 석기질귀리 108×9,152×10㎜ 기준, 2009년까지 도기질 200×250㎜(단위:Box당)를 기준으로 함.
3) 외장타일 제품은 2007년까지 자기질 100×200×10㎜를 기준으로 함.
4) 바닥타일 제품은 2009년까지 자기질 150×150× 7㎜를 기준으로 함.

1977	1978	1979	1980	1981	1982	1983	1984	1985	1986	1987	1988	1989
14.50	17.60	17.60	25	25	27	27	27	27	27	27	30	30
89	118.70	118.70	140	165	200	200	200	200	200	200	250	250
110	145.90	145.90	200	250	270	270	270	270	270	270	350	350
143	176.58	176.58	240	310	350	350	350	350	350	350	460	460
130	175.18	175.18	240	250	330	330	330	330	330	330	390	390
154	194.23	194.23	290	320	390	390	420	420	420	420	500	500
47	69.08	69.08	80	90	110	110	120	120	120	120	130	130
63	82.99	82.99	110	120	150	150	160	160	160	160	180	180
79	98.29	98.29	140	150	180	180	200	200	200	200	240	240
-	-	84	92	89	109	109	120	95	95	95	110	120
66	88	125	144	158	170	159	175	150	135	135	155	155
20	28	28	34	34	34	65	55	60	60	58	90	90
31	40	40	45	45	45	90	90	90	90	88	90	100
120	146	180	250	250	250	280	300	300	300	300	350	350
160	195	220	334	334	334	360	400	400	400	400	450	500
25	31	36	40	50	70	90	100	120	120	120	120	120
125	165	180	200	280	320	380	450	600	600	600	600	600
152	198	210	270	350	400	450	670	800	800	800	800	800
185	231	260	350	400	460	540	800	1,000	1,000	1,000	1,000	1,000
-	-	7,600	10,000	10,000	10,000	10,000	11,000	11,000	11,000	11,000	11,600	11,600
-	-	8,200	10,500	10,500	10,500	10,500	11,600	11,600	11,600	11,600	12,500	12,500
-	-	8,800	11,000	11,000	11,000	11,000	12,100	12,100	12,100	12,100	13,000	13,000
-	-	9,300	12,000	12,000	12,000	12,000	13,200	13,200	13,200	13,200	14,200	14,200
-	-	10,600	14,000	14,000	14,000	14,000	15,400	15,400	15,400	15,400	16,500	16,500
-	-	12,000	16,000	16,000	16,000	16,000	17,600	17,600	17,600	17,600	18,600	18,600
31,200	36,400	36,400	36,400	36,400	36,000	36,000	36,000	36,000	38,000	38,000	38,000	38,000
32,500	40,000	40,000	40,000	40,000	38,000	38,000	38,000	38,000	35,000	35,000	38,000	42,000
29,500	39,500	39,500	39,500	39,500	30,000	30,000	30,000	30,000	30,000	35,000	35,000	35,000
7,800	10,000	9,906	9,906	11,500	13,200	15,200	16,000	16,000	16,000	16,000	18,500	18,500
2,637	3,136	3,636	3,910	3,940	4,210	4,650	4,650	4,650	4,650	4,650	6,000	6,000
3,634	4,333	5,000	6,700	4,848	6,750	8,700	8,700	8,700	8,700	5,600	7,000	7,000
2,637	3,001	3,333	4,449	3,788	4,400	4,650	4,650	5,800	5,800	5,000	6,000	6,000
2,894	4,001	4,090	4,449	3,788	4,500	5,264	5,264	5,800	5,800	5,000	6,500	6,500
12,700	12,700	21,600	22,000	22,000	23,000	23,000	23,000	23,000	23,000	23,000	23,000	23,000

건 축 자 재(1)

품 명	규 격	단위	1990	1991	1992	1993	1994	1995	1996
조적재									
시멘트벽돌 (콘크리트벽돌)	190×90×57㎜	개	40	45	40	35	34	38	41
속빈시멘트블록	B -4	〃	340	420	400	350	350	400	410
(속빈콘크리트블록)	-6	〃	440	550	500	450	450	500	550
〃	-8	〃	540	650	600	550	550	600	650
〃	SB-6	〃	440	610	580	550	520	550	610
〃	-8	〃	550	710	680	650	620	650	720
〃	HB-4	〃	170	240	220	200	210	220	250
〃	-6	〃	230	300	280	250	255	250	290
〃	-8	〃	280	350	330	350	320	330	360
점토벽돌	190×90×57㎜	〃	125	160	150	120	120	120	170
미장벽돌	견출1종 190×90×57㎜	〃	260	190	170	170	170	160	160
내화모르터	SK32	kg	60	80	70	70	70	130	130
〃	SK34	〃	80	100	100	100	100	150	150
내화벽돌	SK32 230×114×65㎜	매	400	440	440	440	440	500	500
〃	SK34 〃	〃	500	540	540	540	540	650	650
경량단열벽돌	190×90×57㎜	개	120	120	56	56	56	56	56
경량단열블록	390×190×100	〃	600	600	620	620	620	620	620
〃	390 190 150	〃	800	800	800	800	800	800	800
〃	390 190 200	〃	1,000	1,000	1,000	1,000	1,000	1,000	1,000
속빈PC판	THK 70㎜ 슬라브용	㎡	11,600	15,000	15,000	15,000	16,200	16,200	16,200
〃	〃 100 〃	〃	12,500	16,300	16,300	16,300	18,000	18,000	18,000
〃	〃 120 〃	〃	13,000	17,300	17,300	17,300	19,500	19,500	19,500
〃	〃 150 〃	〃	14,200	19,000	19,000	19,000	22,000	22,000	22,000
〃	〃 200 〃	〃	17,500	22,000	22,000	22,000	24,000	24,000	24,000
〃	〃 250(265) 〃	〃	20,000	25,000	25,000	25,000	27,000	27,000	27,000
석 재									
화강석	황등석 판재20㎜ 연마	〃	37,000	34,000	37,000	37,000	33,000	37,000	37,000
〃	포천석 〃	〃	45,000	34,500	37,000	37,000	32,000	34,000	34,000
〃	마천석 〃	〃	40,000	48,000	48,000	48,000	47,000	48,000	50,000
타 일									
내장타일	도기질 250×400㎜	〃	18,500	18,500	11,000	11,000	11,000	11,000	11,000
외장타일	자기질 200×200㎜	〃	6,500	6,500	6,500	6,500	6,500	8,000	8,000
바닥타일	300×300㎜	〃	7,500	7,500	7,500	7,500	7,500	7,200	7,200
모자이크타일	73× 73	〃	7,500	7,500	6,200	6,200	6,200	7,500	7,500
〃	108×108	〃	7,500	7,500	7,700	7,700	7,700	8,500	8,500
테라조	계단판	〃	24,800	24,800	25,500	25,000	25,000	29,000	30,000

㈜ 1) 속빈PC판 THK 250㎜는 2011년부터 265㎜를 기준으로 함.
2) 내장타일 제품은 1989년까지 도기질 1급, 2급 108×108㎜ 기준, 1991년까지 석기질귀리 108×9,152×10㎜ 기준, 2009년까지 도기질 200×250㎜(단위:Box당)를 기준으로 함.
3) 외장타일 제품은 2007년까지 자기질 100×200×10㎜를 기준으로 함.
4) 바닥타일 제품은 2009년까지 자기질 150×150× 7㎜를 기준으로 함.

1997	1998	1999	2000	2001	2002	2003	2004	2005	2006	2007	2008	2009
42	48	42	42	43	45	46	46	45	45	45	45	50
430	470	400	400	450	450	450	450	450	450	450	450	450
570	600	520	520	600	600	600	600	600	600	600	600	600
720	750	620	620	750	750	750	750	750	750	750	750	750
610	700	700	700	700	700	700	700	700	700	700	700	700
720	800	800	800	800	800	800	800	800	800	800	800	800
250	300	300	300	300	300	300	300	300	300	300	300	300
290	350	350	350	350	350	350	350	350	350	350	350	350
360	400	400	400	400	400	400	400	400	400	400	400	400
170	170	200	190	250	250	250	250	250	250	250	360	360
190	170	180	190	190	230	230	230	230	230	230	-	-
150	200	150	200	200	200	200	200	200	200	200	300	450
180	250	200	250	250	250	250	250	250	250	250	400	550
500	700	900	800	800	800	-	-	-	-	-	-	-
650	750	1,100	1,000	1,000	1,000	950	950	950	950	950	1,100	1,700
56	56	56	56	-	-	-	-	-	-	-	-	-
620	620	620	620	-	-	-	-	-	-	-	-	-
800	800	800	800	-	-	-	-	-	-	-	-	-
1,000	1,000	1,000	1,000	-	-	-	-	-	-	-	-	-
18,000	23,000	23,000	25,000	25,000	29,000	32,000	32,000	32,000	39,000	-	-	-
19,000	25,000	25,000	27,000	27,000	31,000	34,000	34,000	34,000	41,000	61,000	66,000	73,000
21,000	27,000	27,000	29,000	29,000	34,000	37,000	37,000	37,000	43,000	64,000	69,000	76,000
24,000	30,000	30,000	32,000	32,000	37,000	41,000	41,000	41,000	44,000	64,000	69,000	76,000
26,000	36,000	36,000	39,000	39,000	46,000	51,000	51,000	51,000	52,000	74,000	81,000	89,000
30,000	39,000	39,000	42,000	42,000	49,000	54,000	54,000	54,000	-	-	-	-
37,000	40,000	40,000	40,000	28,000	28,000	28,000	28,000	28,000	28,000	28,000	33,600	33,600
50,000	40,000	29,000	30,000	30,000	29,000	29,000	29,000	29,000	29,000	29,000	34,800	34,800
50,000	50,000	50,000	50,000	50,000	45,000	50,000	50,000	50,000	55,000	55,000	66,000	66,000
10,500	7,500	7,500	7,500	7,500	7,500	7,500	7,500	7,500	7,500	7,500	7,500	7,500
8,000	9,000	9,500	9,500	9,500	9,500	9,500	9,500	9,500	9,500	9,500	-	-
7,200	8,000	8,000	8,000	8,000	-	-	-	8,000	8,000	8,000	8,000	8,000
7,500	9,000	9,000	9,000	-	-	-	-	21,000	25,000	25,000	29,000	29,000
8,500	10,000	10,000	10,000	-	-	-	-	-	-	-	-	-
30,000	35,000	35,000	35,000	35,000	-	-	-	30,000	30,000	30,000	36,000	36,000

건 축 자 재(1)

품 명	규 격	단위	2010	2011	2012	2013	2014	2015	2016
조적재									
시 멘 트 벽 돌 (콘크리트벽돌)	190×90×57㎜	개	50	50	60	60	60	60	60
속빈시멘트블록 (속빈콘크리트블록)	B -4	〃	500	500	500	500	500	500	500
	-6	〃	600	600	600	600	600	600	600
〃	-8	〃	800	800	800	800	800	800	800
〃	SB-6	〃	700	700	700	700	700	700	700
〃	-8	〃	800	800	800	800	800	800	800
〃	HB-4	〃	300	300	300	300	300	300	300
〃	-6	〃	350	350	350	350	350	350	350
〃	-8	〃	400	400	400	400	400	400	400
점 토 벽 돌	190×90×57㎜	〃	380	380	380	380	380	380	380
미 장 벽 돌	견출1종 190×90×57㎜	〃	-	-	-	-	-	-	-
내 화 모 르 터	SK32	kg	450	450	450	450	450	-	-
〃	SK34	〃	550	550	550	550	550	-	-
내 화 벽 돌	SK32 230×114×65㎜	매	-	-	-	-	-	-	-
〃	SK34 〃	〃	1,700	1,700	1,700	1,700	1,700	1,700	1,700
경량단열벽돌	190×90×57㎜	개	-	-	-	-	-	-	-
경량단열블록	390×190×100	〃	-	-	-	-	-	-	-
〃	390 190 150	〃	-	-	-	-	-	-	-
〃	390 190 200	〃	-	-	-	-	-	-	-
속 빈 P C 판	THK 70㎜ 슬라브용	㎡	-	-	-	-	-	-	-
〃	〃 100 〃	〃	73,000	73,000	73,000	-	-	-	-
〃	〃 120 〃	〃	76,000	76,000	76,000	99,000	99,000	99,000	99,000
〃	〃 150 〃	〃	76,000	76,000	76,000	116,000	116,000	116,000	116,000
〃	〃 200 〃	〃	89,000	89,000	109,000	113,000	113,000	113,000	113,000
〃	〃 250(265) 〃	〃	-	94,000	115,000	119,000	119,000	119,000	119,000
석 재									
화 강 석	황등석 판재20㎜ 연마	〃	33,600	33,600	33,600	33,600	33,600	33,600	33,600
〃	포천석 〃	〃	34,800	34,800	34,800	34,800	34,800	34,800	34,800
〃	마천석 〃	〃	69,300	69,300	69,300	75,000	70,000	70,000	70,000
타 일									
내 장 타 일	도기질 250×400㎜	〃	-	-	-	-	-	12,000	10,000
외 장 타 일	자기질 200×200㎜	〃	-	-	-	-	-	11,000	8,500
바 닥 타 일	300×300㎜	〃	-	-	-	9,000	9,500	9,500	9,500
모자이크타일	73× 73	〃	29,000	29,000	29,000	29,000	29,000	29,000	29,000
〃	108×108	〃	-	-	-	-	-	-	-
테 라 조	계단판	〃	35,000	35,000	35,000	35,000	35,000	35,000	35,000

㈜ 1) 속빈PC판 THK 250㎜는 2011년부터 265㎜를 기준으로 함.
2) 내장타일 제품은 1989년까지 도기질 1급, 2급 108×108㎜ 기준, 1991년까지 석기질귀리 108×9,152×10㎜ 기준, 2009년까지 도기질 200×250㎜(단위:Box당)를 기준으로 함.
3) 외장타일 제품은 2007년까지 자기질 100×200×10㎜를 기준으로 함.
4) 바닥타일 제품은 2009년까지 자기질 150×150× 7㎜를 기준으로 함.

2017	2018	2019	2020	2021	2022	2023	2024	2025					
69	69	69	69	69	75	75	85	95					
500	600	600	600	600	700	700	700	870					
600	750	750	750	750	900	900	900	1,090					
800	900	900	900	900	900	1,100	1,100	1,330					
700	850	850	850	850	1,400	1,400	1,400	1,400					
800	1,000	1,000	1,000	1,000	1,600	1,600	1,600	1,600					
300	400	400	400	400	900	900	900	900					
350	450	450	450	450	1,050	1,050	1,050	1,050					
400	500	500	500	500	1,150	1,150	1,150	1,300					
380	380	380	380	380	480	480	500	550					
–	–	–	–	–	–	–	–	–					
–	–	–	–	–	–	–	–	–					
–	–	–	–	–	–	–	–	–					
–	–	–	–	–	–	–	–	–					
1,700	1,700	1,700	1,700	1,700	1,700	1,700	2,100	2,100					
–	–	–	–	–	–	–	–	–					
–	–	–	–	–	–	–	–	–					
–	–	–	–	–	–	–	–	–					
–	–	–	–	–	–	–	–	–					
–	–	–	–	–	–	–	–	–					
–	–	–	–	–	–	–	–	–					
99,000	99,000	99,000	99,000	99,000	99,000	99,000	–	–					
116,000	116,000	116,000	116,000	116,000	116,000	116,000	–	–					
113,000	113,000	113,000	113,000	113,000	113,000	113,000	–	–					
119,000	119,000	119,000	119,000	119,000	119,000	119,000	–	–					
33,600	33,600	33,600	33,600	33,600	–	–	–	–					
34,800	34,800	34,800	34,800	34,800	–	–	–	–					
70,000	70,000	70,000	70,000	70,000	–	–	–	–					
10,000	10,000	10,000	10,000	10,000	10,000	10,000	–	–					
8,500	8,500	8,500	8,500	8,500	15,000	15,000	–	–					
9,500	9,500	9,500	9,500	9,500	17,000	17,000	–	–					
29,000	–	–	–	–	–	–	–	–					
–	–	–	–	–	–	–	–	–					
–	–	–	–	–	–	–	–	–					

건 축 자 재(2)

품 명	규 격	단위	1970	1971	1972	1973	1974	1975	1976
지붕재									
오 지 기 와	315×315㎜, 바닥형	매	-	-	-	-	-	-	80
슬레이트소골	0.63× 72×180 KS	〃	330	350	356	356	455	720	750
〃	〃 240	〃	480	510	515	515	635	1,020	1,065
슬레이트대골	0.63×96×180	〃	450	480	500	500	630	1,020	1,065
〃	〃 210	〃	550	580	600	600	745	1,200	1,250
〃	〃 240	〃	660	680	700	700	860	1,380	1,435
슬레이트용마루	960㎜	〃	130	140	150	150	190	304	317
슬레이트용머리		〃	38	45	50	50	-	505	505
슬 레 이 트 못	3″	개	3	3	3	4	5	5	5
방수재									
블론아스팔트	침입도 10~20	M/T	20,000	27,500	26,500	27,500	63,000	69,000	69,000
아스팔트콤파운드	1종기준	〃	25,000	32,500	31,500	32,500	70,000	77,000	77,000
아스팔트프라이머	200ℓ KSM-2270	D/M	8,000	11,000	11,000	11,000	11,000	12,000	12,000
아스팔트루핑	21㎡ 1×21m 25㎏	권	780	780	900	1,000	2,000	2,400	2,200
〃	〃 〃 30	〃	1,000	1,000	1,000	1,050	2,100	2,600	-
〃	〃 〃 35	〃	-	-	1,150	1,150	2,400	-	-
아스팔트펠트	42㎡ 1×42m 20㎏	〃	800	800	1,200	1,200	2,200	2,400	2,400
〃	〃 〃 25	〃	-	-	1,100	950	2,400	2,600	2,600
〃	〃 〃 30	〃	1,000	1,050	1,200	1,050	2,600	2,800	3,000
미장재									
석고플라스터	25㎏	포	450	450	450	450	500	600	600
생 석 회	제강용(85%)	M/T	4,500	6,250	6,250	4,500	23,000	25,000	25,000
인 조 석	백색(강원산)	〃	3,888	5,000	6,250	6,000	10,000	11,250	13,333
퍼라이트코팅	3㎜ 천정슬라브 마감용	㎡	-	-	-	-	-	1,100	1,800
암 면 뿜 칠		〃	-	-	-	-	-	-	4,800
도 료									
합 성 수 지	KSM-6010 2급 백색(외부)	18ℓ	-	8,870	10,260	13,680	22,950	22,950	22,950
에멀션페인트	〃 2급 백색(내부)	〃	-	2,790	3,105	5,085	19,350	19,350	19,350
조 합 페 인 트	KSM-6020 1급 백색	〃	-	9,650	9,670	9,675	18,180	18,180	18,180
〃	〃 1급 적색	〃	-	8,685	8,685	8,685	20,340	20,340	20,340
〃	〃 2급 흑색	〃	-	6,885	6,885	6,885	17,010	17,010	17,010
광 명 단	KSM-6030(1종) 1류	〃	-	29,835	30,150	38,160	61,335	61,335	61,335
〃	〃 2류	〃	-	-	18,450	23,175	41,310	41,310	41,310
〃	〃 3류	〃	-	-	24,435	28,665	45,720	45,720	45,720
〃	〃 4류	〃	-	-	24,435	27,675	46,935	46,935	46,935
도로표시용페인트	KSM-5322 백색	〃	-	-	-	-	-	-	-
방 청 페 인 트	KSM-6030(1종)	〃	-	8,280	8,280	17,640	22,680	22,680	22,680
아연말프라이머	KSM-6030(3종) 1류	〃	-	13,275	13,275	16,650	30,240	30,240	30,240
신 너	KSM-6060(1종)	〃	-	3,960	7,065	7,065	13,320	13,320	13,320
알키드에나멜	KSM-6020 백색	〃	-	7,470	10,260	10,260	25,560	25,560	25,560
페 인 트	〃 흑색	〃	-	7,245	9,270	9,270	19,350	19,350	19,350
〃	〃 녹색	〃	-	8,460	12,465	12,465	22,950	22,950	22,950
〃	〃 황색	〃	-	8,460	12,465	12,465	26,550	26,550	26,550
〃	〃 적색	〃	-	8,460	12,465	12,465	34,920	34,920	34,920
본 타 일	#100일반본타일(외부)	포	-	-	-	-	-	-	-
〃	#200 〃 (내부)	18ℓ	-	-	-	-	-	-	-
에폭시본타일	에폭시계본타일(유용성)	포	-	-	-	-	-	-	-
〃	〃 (수용성)	18ℓ	-	-	-	-	-	-	-

주 1) 오지기와는 2013년까지 스페니쉬U형 숫기와, 0.18×315×200㎜ 기준,
2020년까지 평판형 바닥, 360×345×13㎜ 기준으로 함.
2) 슬레이트용마루는 2001년부터 91㎝에서 960㎜로 변경됨.

1977	1978	1979	1980	1981	1982	1983	1984	1985	1986	1987	1988	1989
100	–	–	420	450	450	450	700	550	600	600	600	700
786	787	1,096	1,380	1,540	1,533	1,533	1,532	1,532	1,687	1,800	1,890	1,936
1,116	1,116	1,553	1,957	2,183	2,174	2,174	2,172	2,172	2,391	2,620	2,750	2,748
1,116	1,116	1,553	1,957	2,103	2,176	2,176	2,172	2,172	2,396	2,600	2,730	2,750
1,329	1,329	1,850	2,330	2,600	2,591	2,591	2,587	2,587	2,851	3,050	3,200	3,274
1,542	1,542	2,147	2,703	3,016	3,005	3,005	3,000	3,000	3,306	3,650	3,830	3,796
319	319	444	559	624	628	628	625	625	628	690	690	726
563	563	–	382	438	460	460	460	460	460	600	600	528
5.5	5.5	10	10	10	15	15	15	15	15	15	15	15
80,850	136,000	264,000	247,500	313,500	313,500	300,300	300,300	273,000	247,000	247,000	203,000	203,000
103,000	161,000	289,000	277,000	305,900	335,500	325,600	325,600	296,000	268,000	268,000	223,000	223,000
15,600	18,720	56,000	76,000	83,000	84,700	83,600	83,600	83,600	71,000	71,000	56,000	56,000
2,376	3,300	4,300	6,500	7,400	7,400	7,400	9,500	9,500	9,500	8,300	8,500	8,500
2,900	3,520	5,200	7,200	8,300	8,300	8,300	10,500	10,500	10,500	9,200	9,500	9,500
3,100	3,740	5,800	8,100	9,300	9,300	9,300	12,000	12,000	12,000	10,800	10,500	10,500
2,500	2,700	4,300	6,000	11,000	11,000	11,000	11,500	11,500	11,500	10,900	10,000	10,000
2,900	3,300	4,900	6,700	12,400	12,400	12,400	12,400	13,500	13,500	12,800	12,000	12,000
3,100	3,740	5,200	7,200	13,400	13,400	13,400	15,000	15,000	15,000	13,600	13,500	13,500
583	702	735	900	1,200	1,200	1,200	1,200	1,200	1,200	1,200	1,400	1,400
35,000	44,000	44,000	67,000	67,000	71,000	82,500	82,500	80,300	65,000	65,000	65,000	65,000
14,000	14,000	15,500	16,500	14,000	17,000	19,000	19,000	19,000	14,000	14,000	18,000	16,000
1,700	2,090	2,640	2,830	2,830	3,020	3,020	3,300	3,300	3,400	3,800	3,600	3,800
4,100	5,610	6,100	5,250	5,250	5,280	5,300	5,300	4,810	4,800	6,000	4,350	5,470
16,020	24,840	17,190	18,900	22,860	23,580	23,580	23,580	22,725	24,480	19,120	19,120	19,120
11,250	20,565	11,794	15,030	18,162	18,945	18,945	18,945	18,000	19,485	14,740	14,740	14,740
28,170	30,298	23,105	28,665	31,790	53,190	53,190	53,190	53,190	60,345	50,940	50,940	50,940
20,160	21,683	21,611	26,811	21,820	34,200	34,200	34,200	34,200	36,090	44,480	44,480	44,480
14,175	15,246	15,640	19,404	21,820	25,380	25,380	25,380	25,380	26,370	20,820	20,820	20,820
51,300	62,595	50,850	76,503	110,259	117,450	117,450	117,450	113,625	123,300	106,010	106,010	106,010
31,500	37,440	32,040	47,456	68,395	68,400	68,400	68,400	68,400	70,650	58,150	58,150	58,150
38,035	40,905	37,440	57,416	82,750	91,080	91,080	91,080	91,080	91,080	74,570	74,570	74,570
39,645	51,525	40,095	63,183	91,062	90,900	90,900	90,900	90,900	102,420	83,110	83,110	83,110
25,830	25,830	25,141	28,756	41,445	42,885	42,885	42,885	42,885	43,200	35,730	35,730	35,730
34,605	34,605	33,682	36,787	53,019	53,100	53,100	53,100	53,100	58,050	49,660	49,660	49,660
74,475	74,475	72,488	77,839	112,185	120,015	120,015	120,015	120,015	117,135	106,180	106,180	106,180
13,500	13,500	13,140	16,155	23,283	15,840	15,840	15,840	15,840	15,840	11,900	11,900	11,900
22,005	22,005	19,035	24,615	30,150	30,150	30,150	30,150	30,150	31,815	25,560	25,560	25,560
16,155	16,155	15,345	18,900	26,595	23,850	23,850	23,850	23,850	24,480	19,120	19,120	19,120
21,465	21,465	19,665	24,615	30,330	30,375	30,375	30,375	30,375	28,440	24,450	24,450	24,450
25,560	25,560	20,475	24,885	30,780	30,825	30,825	30,825	30,825	31,716	25,940	25,940	25,940
29,295	29,295	21,060	26,235	35,280	35,325	35,325	35,325	35,325	35,460	27,490	27,490	27,490
–	–	5,740	7,241	7,000	7,000	7,000	7,000	6,000	6,000	6,000	6,000	6,000
–	–	5,570	6,682	6,000	6,000	6,000	6,000	5,500	5,500	5,500	5,500	5,500
–	–	13,800	17,940	15,940	15,940	15,940	15,940	12,500	12,500	12,500	12,500	12,500
–	–	12,500	16,250	12,440	14,250	14,250	14,250	12,000	12,000	12,000	12,000	12,000

건 축 자 재(2)

품 명	규 격	단위	1990	1991	1992	1993	1994	1995	1996
지붕재									
오 지 기 와	315×315㎜, 바닥형	매	700	750	750	800	850	850	850
슬레이트소골	0.63× 72×180 KS	〃	1,930	1,930	2,120	2,020	2,330	2,450	2,600
〃	〃 240	〃	2,740	2,740	3,020	2,880	3,320	3,470	3,680
슬레이트대골	0.63×96×180	〃	2,750	2,750	3,020	2,880	3,320	3,470	3,680
〃	〃 210	〃	3,270	3,270	3,600	3,430	3,960	4,160	4,410
〃	〃 240	〃	3,790	3,790	4,170	3,970	4,600	4,800	5,000
슬레이트용마루	960㎜	〃	730	730	790	750	860	900	950
슬레이트용머리		〃	530	500	530	510	580	610	650
슬 레 이 트 못	3″	개	15	15	15	20	25	30	30
방수재									
블론아스팔트	침입도 10~20	M/T	235,000	250,000	283,000	283,000	283,000	283,000	316,000
아스팔트콤파운드	1종기준	〃	265,000	285,000	321,000	321,000	321,000	311,000	352,000
아스팔트프라이머	200 ℓ KSM-2270	D/M	80,000	90,000	103,000	103,000	103,000	103,000	103,000
아스팔트루핑	21㎡ 1×21m 25㎏	권	9,000	10,500	10,500	10,500	10,500	12,000	14,000
〃	〃 〃 30	〃	10,000	11,500	11,500	11,500	11,500	13,000	15,000
〃	〃 〃 35	〃	11,000	12,500	12,500	12,500	12,500	14,500	17,000
아스팔트펠트	42㎡ 1×42m 20㎏	〃	10,000	11,500	11,500	11,500	11,500	13,500	15,000
〃	〃 〃 25	〃	12,000	13,500	13,500	13,500	13,500	15,500	17,000
〃	〃 〃 30	〃	14,000	15,500	15,500	15,500	15,500	18,000	20,000
미장재									
석고플라스터	25㎏	포	1,400	1,300	1,300	1,300	1,300	1,425	1,425
생 석 회	제강용(85%)	M/T	65,000	65,000	65,000	65,000	65,000	70,000	70,000
인 조 석	백색(강원산)	〃	19,000	19,000	22,000	24,000	24,000	26,000	26,000
퍼라이트코팅	3㎜ 천정슬라브 마감용	㎡	4,300	5,800	5,800	6,600	4,750	4,800	4,750
암 면 뿜 칠		〃	5,470	5,470	5,470	5,100	5,100	4,800	5,100
도 료									
합 성 수 지	KSM-6010 2급 백색(외부)	18 ℓ	19,120	21,980	21,980	21,980	21,980	25,800	25,800
에멀션페인트	〃 2급 백색(내부)	〃	14,740	16,950	16,950	16,950	16,950	20,800	20,800
조 합 페 인 트	KSM-6020 1급 백색	〃	50,940	56,830	56,830	56,830	56,830	52,640	52,640
〃	〃 1급 적색	〃	44,480	45,080	45,080	45,080	45,080	50,400	50,400
〃	〃 2급 흑색	〃	20,820	23,950	23,950	23,950	23,950	31,400	31,400
광 명 단	KSM-6030(1종) 1류	〃	106,010	100,440	100,440	100,440	100,440	100,800	100,800
〃	〃 2류	〃	58,130	66,900	66,900	66,900	66,900	62,800	62,800
〃	〃 3류	〃	74,570	78,580	78,580	78,580	78,580	77,300	77,300
〃	〃 4류	〃	83,110	83,810	83,810	83,810	83,810	93,000	93,000
도로표시용페인트	KSM-5322 백색	〃	35,730	41,090	41,090	41,090	41,090	43,700	43,700
방 청 페 인 트	KSM-6030(1종)	〃	49,660	57,120	57,120	57,120	57,120	63,900	63,900
아연말프라이머	KSM-6030(3종) 1류	〃	106,180	128,240	128,240	128,240	128,240	128,800	128,800
신 너	KSM-6060(1종)	〃	11,900	13,690	13,690	13,690	13,690	16,300	16,300
알키드에나멜	KSM-6020 백색	〃	25,560	29,400	29,400	29,400	29,400	35,900	35,900
페 인 트	〃 흑색	〃	19,120	21,990	21,990	21,990	21,990	30,300	30,300
〃	〃 녹색	〃	24,450	28,120	28,120	28,120	28,120	38,100	38,100
〃	〃 황색	〃	25,940	28,550	28,550	28,550	28,550	39,200	39,200
〃	〃 적색	〃	27,490	31,620	31,620	31,620	31,620	44,800	44,800
본 타 일	#100일반본타일(외부)	포	6,700	8,500	7,500	7,500	7,500	8,800	8,800
〃	#200 〃 (내부)	18 ℓ	5,900	7,760	6,500	6,500	6,500	15,800	14,400
에폭시본타일	에폭시계본타일(유용성)	포	10,600	14,443	13,800	13,800	13,800	-	-
〃	〃 (수용성)	18 ℓ	-	-	-	-	-	-	-

주 1) 오지기와는 2013년까지 스페니쉬U형 숫기와, 0.18×315×200㎜ 기준, 2020년까지 평판형 바닥, 360×345×13㎜ 기준으로 함.
2) 슬레이트용마루는 2001년부터 91㎝에서 960㎜로 변경됨.

1997	1998	1999	2000	2001	2002	2003	2004	2005	2006	2007	2008	2009
850	1,000	1,000	1,000	1,050	1,050	-	-	1,100	1,100	1,100	1,100	1,100
2,710	4,312	4,492	4,620	5,040	5,040	5,040	5,040	5,040	-	-	-	-
3,850	5,852	6,074	6,260	6,830	6,830	6,830	6,830	6,830	-	-	-	-
3,840	5,951	6,191	6,380	6,960	6,960	6,960	6,960	6,960	-	-	-	-
4,590	6,941	7,221	7,440	8,110	8,110	8,110	8,110	8,110	-	-	-	-
5,320	7,843	8,193	8,400	9,170	9,170	9,170	9,170	9,170	-	-	-	-
999	1,364	1,444	1,490	1,620	1,620	1,620	1,620	1,620	-	-	-	-
675	946	986	1,010	1,100	1,100	1,100	1,100	1,100	-	-	-	-
30	40	40	40	-	-	-	-	-	-	-	-	-
340,000	420,000	465,000	550,000	550,000	550,000	550,000	625,000	625,000	700,000	700,000	1,050,000	1,050,000
374,000	450,000	495,000	580,000	580,000	580,000	580,000	655,000	655,000	730,000	730,000	1,150,000	1,150,000
115,000	170,000	150,000	160,000	160,000	160,000	160,000	160,000	160,000	180,000	230,000	180,000	180,000
14,000	18,000	20,000	20,000	22,000	22,000	22,000	22,000	22,000	22,000	22,000	22,000	22,000
15,000	19,000	21,000	21,000	24,000	24,000	24,000	24,000	24,000	24,000	24,000	24,000	24,000
17,000	21,000	23,000	23,000	26,000	26,000	26,000	26,000	26,000	26,000	26,000	26,000	26,000
15,000	19,000	21,000	21,000	21,000	21,000	21,000	21,000	21,000	21,000	21,000	21,000	21,000
17,000	21,000	23,000	23,000	26,000	26,000	26,000	26,000	26,000	26,000	26,000	26,000	26,000
20,000	-	26,000	26,000	31,000	31,000	31,000	31,000	31,000	31,000	31,000	31,000	31,000
1,425	1,425	1,425	1,425	1,425	1,425	1,500	1,500	1,500	1,500	1,500	-	-
70,000	90,000	70,000	70,000	70,000	70,000	70,000	75,000	75,000	75,000	75,000	105,000	105,000
30,000	32,000	31,000	31,000	31,000	35,000	35,000	35,000	35,000	35,000	35,000	35,000	-
4,800	7,420	7,420	7,420	7,420	7,420	-	-	-	-	-	-	-
4,800	4,800	4,800	4,800	4,800	4,800	4,800	4,800	4,800	4,800	4,800	4,800	4,800
25,800	37,830	37,830	37,830	37,830	37,830	37,830	47,500	46,100	46,100	49,000	45,600	57,700
20,800	30,360	30,360	30,360	30,360	30,360	30,360	38,100	36,900	36,900	42,000	42,500	46,500
52,640	83,950	83,950	83,950	83,950	80,500	80,500	100,900	93,900	93,900	108,000	109,800	120,700
50,400	74,170	74,170	74,170	74,170	74,170	74,170	96,200	85,800	85,800	98,700	104,000	114,400
31,400	46,110	46,110	46,110	46,110	46,110	46,110	57,300	53,300	53,300	61,300	76,200	83,800
100,800	145,470	145,470	145,470	145,470	145,470	145,470	184,100	174,900	174,900	201,200	291,000	320,100
62,800	90,500	90,500	90,500	90,500	90,500	90,500	114,500	108,800	108,800	125,200	157,400	173,100
77,300	111,550	111,550	111,550	111,550	111,550	111,550	141,100	134,000	134,000	154,100	214,800	236,200
93,000	134,200	134,200	134,200	134,200	134,200	134,200	102,200	97,200	97,200	105,000	143,900	158,300
43,700	64,400	64,400	64,400	64,400	64,400	64,400	75,400	71,700	71,700	85,000	75,300	82,800
63,900	92,110	92,110	92,110	92,110	92,110	92,110	116,500	110,600	110,600	127,200	130,300	143,400
128,800	185,150	185,150	185,150	185,150	185,150	185,150	235,200	223,500	223,500	223,500	379,800	417,800
16,300	23,920	23,920	23,920	23,920	23,920	23,920	29,300	31,600	31,600	40,000	45,900	45,900
35,900	54,740	54,740	54,740	54,740	54,740	54,740	67,000	65,100	65,100	80,000	88,700	94,300
30,300	46,230	46,230	46,230	46,230	46,230	46,230	55,500	53,900	53,900	62,000	76,800	84,400
38,100	58,190	58,190	58,190	58,190	58,190	58,190	69,900	76,200	76,200	76,200	97,000	97,300
39,200	59,910	59,190	59,190	59,190	59,190	59,190	69,900	67,900	67,900	83,000	105,000	117,100
44,800	68,420	68,420	68,420	68,420	68,420	68,420	77,300	75,000	75,000	95,000	102,500	118,300
7,920	8,600	8,600	8,600	8,600	8,600	8,600	11,000	-	-	-	-	-
14,300	16,000	16,000	16,000	16,000	16,000	16,000	18,300	-	-	-	-	-
65,600	88,000	88,000	88,000	-	-	-	-	-	-	-	-	-
46,200	58,600	58,600	58,600	-	-	-	-	-	-	-	-	-

건 축 자 재(2)

품 명	규 격	단위	2010	2011	2012	2013	2014	2015	2016
지붕재									
오 지 기 와	315×315㎜, 바닥형	매	1,100	1,100	1,100	1,100	1,700	1,700	-
슬레이트소골	0.63× 72×180 KS	〃	-	-	-	-	-	-	-
〃	〃 240	〃	-	-	-	-	-	-	-
슬레이트대골	0.63×96×180	〃	-	-	-	-	-	-	-
〃	〃 210	〃	-	-	-	-	-	-	-
〃	〃 240	〃	-	-	-	-	-	-	-
슬레이트용마루	960㎜	〃	-	-	-	-	-	-	-
슬레이트용머리		〃	-	-	-	-	-	-	-
슬 레 이 트 못	3″	개	-	-	-	-	-	-	-
방수재									
블론아스팔트	침입도 10~20	M/T	1,150,000	1,400,000	1,700,000	1,700,000	1,700,000	1,700,000	1,700,000
아스팔트콤파운드	1종기준	〃	1,250,000	1,500,000	1,800,000	1,800,000	1,800,000	1,800,000	1,800,000
아스팔트프라이머	200 ℓ KSM-2270	D/M	180,000	450,000	450,000	450,000	450,000	450,000	450,000
아스팔트루핑	21㎡ 1×21m 25㎏	권	50,000	50,000	50,000	50,000	50,000	50,000	50,000
〃	〃 〃 30	〃	55,000	55,000	55,000	55,000	55,000	55,000	55,000
〃	〃 〃 35	〃	60,000	60,000	60,000	60,000	60,000	60,000	60,000
아스팔트펠트	42㎡ 1×42m 20㎏	〃	33,000	33,000	33,000	33,000	33,000	57,000	57,000
〃	〃 〃 25	〃	42,000	42,000	42,000	42,000	42,000	68,000	68,000
〃	〃 〃 30	〃	48,000	48,000	48,000	48,000	48,000	83,000	83,000
미장재									
석고플라스터	25㎏	포	-	-	-	-	-	-	-
생 석 회	제강용(85%)	M/T	105,000	105,000	105,000	105,000	105,000	90,000	90,000
인 조 석	백색(강원산)	〃	-	-	-	-	-	-	-
퍼라이트코팅	3㎜ 천정슬라브 마감용	㎡	-	-	-	-	-	-	-
암 면 뿜 칠		〃	4,800	4,800	4,800	4,800	-	-	-
도 료									
합 성 수 지	KSM-6010 2급 백색(외부)	18 ℓ	66,500	66,500	69,100	69,100	69,100	69,100	69,100
에멀션페인트	〃 2급 백색(내부)	〃	53,600	53,600	58,500	58,500	58,500	58,500	58,500
조 합 페 인 트	KSM-6020 1급 백색	〃	138,900	159,800	159,800	159,800	159,800	159,800	159,800
〃	〃 1급 적색	〃	131,600	141,800	141,800	141,800	141,800	141,800	141,800
〃	〃 2급 흑색	〃	83,800	95,600	95,600	95,600	95,600	95,600	95,600
광 명 단	KSM-6030(1종) 1류	〃	320,100	354,500	354,500	354,500	354,500	354,500	354,500
〃	〃 2류	〃	173,100	194,600	194,600	194,600	194,600	194,600	194,600
〃	〃 3류	〃	236,200	260,600	260,600	260,600	260,600	260,600	260,600
〃	〃 4류	〃	158,300	177,000	177,000	177,000	177,000	177,000	177,000
도로표시용페인트	KSM-5322 백색	〃	91,100	104,800	104,800	104,800	104,800	104,800	104,800
방 청 페 인 트	KSM-6030(1종)	〃	164,900	183,500	183,500	183,500	183,500	183,500	183,500
아연말프라이머	KSM-6030(3종) 1류	〃	432,900	459,100	459,100	459,100	459,100	459,100	459,100
신 너	KSM-6060(1종)	〃	43,400	48,600	48,600	48,600	48,600	48,600	48,600
알키드에나멜	KSM-6020 백색	〃	108,500	116,300	116,300	116,300	116,300	116,300	116,300
페 인 트	〃 흑색	〃	84,400	93,200	93,200	93,200	93,200	93,200	93,200
〃	〃 녹색	〃	107,100	115,900	115,900	115,900	115,900	115,900	115,900
〃	〃 황색	〃	112,800	121,900	121,900	121,900	121,900	121,900	121,900
〃	〃 적색	〃	129,700	149,700	149,700	149,700	149,700	149,700	149,700
본 타 일	#100일반본타일(외부)	포	11,500	11,500	11,500	11,500	11,500	11,500	-
〃	#200 〃 (내부)	18 ℓ	19,300	19,300	19,300	19,300	19,300	19,300	-
에폭시본타일	에폭시계본타일(유용성)	포	-	-	-	-	-	-	-
〃	〃 (수용성)	18 ℓ	68,900	68,900	68,900	68,900	68,900	68,900	-

㈜ 1) 오지기와는 2013년까지 스페니쉬U형 숫기와, 0.18×315×200㎜ 기준,
2020년까지 평판형 바닥, 360×345×13㎜ 기준으로 함.
2) 슬레이트용마루는 2001년부터 91㎝에서 960㎜로 변경됨.

2017	2018	2019	2020	2021	2022	2023	2024	2025
-	-	-	-	-	1,600	2,000	2,000	2,000
-	-	-	-	-	-	-	-	-
-	-	-	-	-	-	-	-	-
-	-	-	-	-	-	-	-	-
-	-	-	-	-	-	-	-	-
-	-	-	-	-	-	-	-	-
-	-	-	-	-	-	-	-	-
-	-	-	-	-	-	-	-	-
-	-	-	-	-	-	-	-	-
1,700,000	1,700,000	1,700,000	1,700,000	1,700,000	2,100,000	2,100,000	2,100,000	2,100,000
1,800,000	1,800,000	1,800,000	1,800,000	1,800,000	2,200,000	2,200,000	2,200,000	2,200,000
450,000	450,000	450,000	450,000	450,000	739,200	739,200	739,200	739,200
50,000	50,000	-	-	-	-	-	-	-
55,000	55,000	-	-	-	-	-	-	-
60,000	60,000	-	-	-	-	-	-	-
57,000	57,000	57,000	57,000	57,000	57,000	57,000	57,000	-
68,000	68,000	68,000	68,000	68,000	68,000	68,000	68,000	-
83,000	83,000	83,000	83,000	83,000	83,000	83,000	83,000	-
-	-	-	-	-	-	-	-	-
90,000	100,000	105,000	105,000	105,000	169,000	169,000	169,000	169,000
-	-	-	-	-	-	-	-	-
-	-	-	-	-	-	-	-	-
-	-	-	-	-	-	-	-	-
69,100	72,600	72,600	72,600	84,000	84,000	84,000	84,000	84,000
58,500	51,300	51,300	51,300	59,000	59,000	59,000	59,000	59,000
159,800	167,900	167,900	167,900	184,700	197,600	197,600	197,600	197,600
141,800	153,100	153,100	153,100	177,000	177,000	177,000	177,000	177,000
95,600	100,400	100,400	100,400	110,400	118,100	118,100	118,100	118,100
354,500	372,300	372,300	372,300	201,800	201,800	201,800	201,800	201,800
194,600	204,300	204,300	204,300	151,200	151,200	151,200	151,200	151,200
260,600	273,700	273,700	273,700	182,160	182,160	182,160	182,160	182,160
177,000	185,900	185,900	185,900	151,200	151,200	151,200	151,200	151,200
104,800	90,900	90,900	90,900	69,300	69,300	69,300	69,300	69,300
183,500	192,700	192,700	192,700	162,700	162,700	162,700	162,700	162,700
459,100	482,300	482,300	482,300	-	-	-	-	-
48,600	48,600	48,600	48,600	63,200	69,500	69,500	69,500	69,500
116,300	127,900	127,900	127,900	140,700	150,600	150,600	150,600	150,600
93,200	102,500	102,500	102,500	112,800	120,600	120,600	120,600	120,600
109,200	109,200	109,200	109,200	124,800	124,800	124,800	124,800	124,800
173,500	173,500	173,500	173,500	283,400	283,400	283,400	283,400	283,400
149,700	164,800	164,800	164,800	181,200	193,800	193,800	193,800	193,800
-	-	-	-	-	-	-	-	-
-	-	-	-	-	-	-	-	-
-	-	-	-	-	-	-	-	-
-	-	-	-	-	-	-	-	-

건 축 자 재(3)

품 명	규 격	단위	1970	1971	1972	1973	1974	1975	1976
창호재									
스 틸 샤 시									
(미서기창)	100×50×1.0㎜	㎡	–	–	–	6,800	7,450	10,200	10,200
(고 정 창)	100 40 1.2	〃	–	–	–	6,400	6,646	9,100	9,100
셔 터	수동 1.0㎜	〃	–	–	–	9,776	10,665	14,443	14,443
알루미늄샤시									
(미서기창)	85㎜ 1×1m	Set	–	–	–	–	–	–	–
〃	110 〃	〃	–	–	–	–	–	–	–
(고 정 창)	80 〃	〃	–	–	–	–	–	–	–
〃	110 〃	〃	–	–	–	–	–	–	–
(미닫이창)	80 〃	〃	–	–	–	–	–	–	–
〃	110 〃	〃	–	–	–	–	–	–	–
플라스틱창문틀									
(미서기창)	96 〃	〃	–	–	–	–	–	–	–
〃	115 〃	〃	–	–	–	–	–	–	–
(고 정 창)	93 〃	〃	–	–	–	–	–	–	–
창호철물									
도 어 클 로 저	King K620	개	–	–	–	–	–	–	–
플 로 어 힌 지	King K5100, K5200	조	–	–	–	–	–	–	–
보 주 정 첩	황동판 5″	개	350	350	350	780	780	780	780
건축철물									
표준코너비드	50×50㎜	m	–	–	–	–	–	–	–
루 프 드 레 인	75Ø(3″)	조	370	370	370	511	511	511	511
(일반형)	100Ø(4″)	〃	420	420	420	611	611	611	611
〃	150Ø(6″)	〃	650	650	650	815	815	815	815
점 검 구	400×400(450×450)	개	–	–	–	–	–	–	–
유 리									
맑 은 유 리	3(2)× 610× 914㎜	㎡	–	330	330	330	330	790	790
〃	3 610 1,219	〃	–	760	760	760	760	2,190	2,190
〃	5 914 1,514(1,524)	〃	–	1,870	1,870	1,870	1,870	5,410	5,410
칼 라 유 리	5×2,134×3,048㎜	〃	–	–	–	–	–	–	–
〃	6 2,134 3,048	〃	–	–	–	–	–	–	–
〃	8 2,134 3,048	〃	–	–	–	–	–	–	–
〃	10 2,134 3,048	〃	–	–	–	–	–	–	–
무 늬 유 리	3× 914×1,321㎜	〃	–	–	–	–	–	2,060	1,840
〃	4 914 1,524	〃	–	–	–	–	–	3,090	3,090
〃	5 1,829 2,438	〃	–	–	–	–	–	–	–
투명복층유리	16×1,200×1,800㎜	〃	–	–	–	–	–	–	–
접 합 유 리	6.4× 900×2,500(1,500)㎜	〃	–	–	–	–	–	–	–
〃	10.4 1,500 3,100(2,700)	〃	–	–	–	–	–	–	–
합 판									
보 통 합 판	2.7 ×1,220×2,440㎜	매	340	400	450	670	900	910	930
(준내수)	4.8 1,220 2,440	〃	–	–	–	–	–	–	–
〃	8.5(9.0) 1,220 2,440	〃	1,030	1,320	1,250	1,562	1,798	2,370	2,400
〃	12.0 1,220 2,440	〃	–	–	–	–	–	–	–
(내수)	12.0 910 1,820	〃	810	1,080	970	1,158	1,400	2,060	1,950
〃	12.0 1,220 2,440	〃	1,230	1,740	1,650	1,912	2,193	3,200	3,100
보 드									
중밀도섬유판	15×1,220×2,440㎜	〃	–	–	–	–	–	–	–
(MDF)	18 1,220 2,440	〃	–	–	–	–	–	–	–

주 1) 플라스틱창문틀은 2002년까지 미서기창 96㎜는 슬라이딩 80㎜, 미서기창 115㎜는 슬라이딩 90㎜, 고정창 93㎜는 98㎜를 기준으로 함.
2) 루프드레인은 1999년부터 IS-RD-1521(삼중식)을 기준으로 함.
3) 보통합판 2.7㎜는 3.2㎜ 기준임.
4) 중밀도섬유판(MDF)은 1997년부터 그린색을 기준으로 함.

1977	1978	1979	1980	1981	1982	1983	1984	1985	1986	1987	1988	1989
12,500	18,967	21,050	25,500	27,127	30,380	30,380	32,730	32,730	33,720	33,720	44,600	49,000
11,350	17,538	19,465	23,755	27,127	27,080	27,080	28,200	28,200	29,050	29,050	38,400	42,200
15,999	22,609	27,030	33,306	35,517	39,780	39,780	41,900	41,900	41,900	41,900	41,000	41,000
12,180	12,789	16,247	18,887	19,700	19,700	22,464	28,300	28,300	28,300	28,300	26,600	25,500
15,887	16,681	21,191	26,664	28,500	28,500	32,464	37,258	37,258	37,258	37,250	32,700	36,000
6,578	8,014	8,774	13,111	13,666	13,666	14,000	16,000	16,000	16,437	16,437	15,400	11,500
10,464	13,907	13,958	16,000	16,500	16,500	18,000	20,000	20,000	22,986	22,986	19,000	14,500
11,663	14,500	15,558	18,000	18,700	18,700	20,200	22,200	22,200	22,200	22,200	23,000	24,000
13,245	15,510	17,666	21,750	24,250	24,250	25,750	27,750	27,750	27,750	27,750	30,800	31,500
-	-	-	21,500	23,650	23,650	23,650	24,830	24,830	24,830	24,830	27,320	29,780
-	-	19,800	25,100	27,610	27,610	27,610	28,990	28,990	28,990	28,990	29,860	31,350
-	-	6,930	17,600	19,360	19,360	19,360	20,330	20,330	20,330	20,330	20,740	21,780
8,500	9,570	9,450	10,500	13,000	13,000	14,000	15,000	14,000	14,000	14,000	16,000	16,000
-	-	-	34,000	35,000	35,000	36,000	36,000	39,000	43,000	39,000	37,000	37,000
780	780	1,000	1,000	1,100	1,100	1,100	1,550	2,000	2,200	2,100	2,400	2,500
-	-	-	-	-	-	418	460	470	470	400	400	400
511	690	855	855	855	950	950	1,200	1,200	1,500	1,500	1,800	1,800
611	580	950	1,305	1,305	1,350	1,350	1,500	1,500	1,800	2,000	2,400	2,400
815	815	1,500	2,151	2,151	2,500	2,500	3,000	3,000	3,500	3,500	4,000	4,000
-	-	5,500	6,600	6,600	6,600	7,700	7,700	7,700	7,700	7,700	9,400	9,400
710	710	890	1,340	1,430	1,450	1,450	1,430	1,450	1,450	1,450	1,450	1,450
1,850	1,850	2,320	3,450	3,440	3,760	3,760	3,650	3,350	3,280	3,280	3,500	3,180
4,000	4,000	5,490	7,450	7,060	7,140	7,140	5,950	5,510	5,400	5,400	5,750	5,230
-	-	-	-	-	-	-	7,780	7,860	7,040	6,930	6,830	6,830
-	-	-	-	-	-	-	9,630	9,730	9,570	9,350	9,210	9,210
-	-	-	-	-	-	-	-	-	-	-	-	-
-	-	-	-	-	-	-	18,340	18,530	18,150	17,820	17,570	17,570
1,520	1,520	2,320	3,230	3,170	3,200	3,200	3,170	3,200	3,080	3,020	2,980	2,740
2,290	2,290	2,870	3,990	3,910	3,960	3,960	3,920	4,230	3,810	3,740	3,690	3,580
-	-	-	-	-	-	-	-	-	-	-	-	-
20,320	20,320	23,460	35,420	35,420	37,400	37,400	37,400	29,920	29,920	29,920	29,920	29,920
-	-	19,060	28,600	28,600	28,600	28,600	28,600	20,240	20,240	20,240	18,370	18,370
-	-	30,060	45,100	45,100	45,100	45,100	45,100	36,080	36,080	36,080	32,670	32,670
1,200	1,310	1,354	2,228	2,218	2,480	2,345	2,695	2,700	2,750	4,100	3,700	3,200
-	-	-	-	-	-	-	-	-	-	5,500	5,300	4,500
3,048	3,592	4,068	6,271	6,248	6,258	6,258	6,930	6,900	7,100	10,100	9,800	8,500
-	-	-	-	-	-	-	-	-	-	11,500	11,200	-
2,500	3,638	3,765	5,665	5,641	5,689	5,676	5,885	6,240	5,800	7,300	6,600	6,500
4,087	7,892	6,278	9,512	9,474	9,518	9,530	9,920	10,480	9,700	12,500	11,200	10,800
-	-	-	-	-	-	-	-	-	-	11,100	11,500	11,850
-	-	-	-	-	-	-	-	-	-	13,500	13,500	13,950

건 축 자 재(3)

품 명	규 격	단위	1990	1991	1992	1993	1994	1995	1996
창호재									
스 틸 샤 시									
(미서기창)	100×50×1.0㎜	㎡	49,000	49,000	50,470	50,470	50,470	52,990	52,990
(고 정 창)	100 40 1.2	〃	42,200	42,200	43,470	43,470	43,470	67,380	45,640
셔 터	수동 1.0㎜	〃	41,000	41,000	35,000	35,000	35,000	35,000	35,000
알루미늄샤시									
(미서기창)	85㎜ 1×1m	Set	28,400	29,500	29,500	29,500	29,500	35,300	35,300
〃	110 〃	〃	35,900	41,000	41,000	41,000	41,000	41,200	41,200
(고 정 창)	80 〃	〃	12,200	12,200	12,200	12,200	12,200	26,800	26,800
〃	110 〃	〃	16,200	16,200	16,200	16,200	16,200	30,100	30,100
(미닫이창)	80 〃	〃	27,300	27,300	27,300	27,300	27,300	32,900	32,900
〃	110 〃	〃	35,900	35,900	35,900	35,900	35,900	38,600	38,600
플라스틱창문틀									
(미서기창)	96 〃	〃	31,700	31,700	31,700	31,700	31,700	39,400	39,400
〃	115 〃	〃	32,900	32,900	32,900	32,900	32,900	42,600	42,600
(고 정 창)	93 〃	〃	23,300	23,300	23,300	23,300	23,300	28,500	28,500
창호철물									
도 어 클 로 저	King K620	개	16,000	16,000	16,000	16,000	16,000	16,000	-
플 로 어 힌 지	King K5100, K5200	조	37,000	37,000	37,000	37,000	37,000	38,000	38,000
보 주 정 첩	황동판 5″	개	3,000	3,000	3,200	3,200	3,200	4,000	5,000
건축철물									
표준코너비드	50×50㎜	m	380	260	260	260	260	260	260
루 프 드 레 인	75Ø(3″)	조	1,800	1,500	1,500	1,500	2,000	2,500	2,500
(일반형)	100Ø(4″)	〃	2,400	2,000	2,000	2,000	3,000	3,000	3,000
〃	150Ø(6″)	〃	4,000	3,500	3,500	3,500	4,000	4,000	4,000
점 검 구	400×400(450×450)	개	9,400	9,400	11,300	11,300	11,300	11,300	11,300
유 리									
맑 은 유 리	3(2)× 610× 914㎜	㎡	1,450	1,450	1,450	1,830	1,670	1,670	1,670
〃	3 610 1,219	〃	3,180	3,180	2,700	2,760	2,760	2,760	2,760
〃	5 914 1,514(1,524)	〃	5,230	5,230	4,400	4,040	4,090	4,090	4,090
칼 라 유 리	5×2,134×3,048㎜	〃	6,830	6,830	6,830	6,830	6,110	6,110	6,110
〃	6 2,134 3,048	〃	9,210	9,210	9,210	9,210	9,210	9,210	9,210
〃	8 2,134 3,048	〃	-	-	-	-	-	-	-
〃	10 2,134 3,048	〃	17,570	17,570	17,570	17,570	17,570	17,570	17,570
무 늬 유 리	3× 914×1,321㎜	〃	2,740	2,740	2,740	2,740	2,730	2,730	2,730
〃	4 914 1,524	〃	3,580	3,580	3,580	3,580	3,570	3,570	3,570
〃	5 1,829 2,438	〃	-	-	-	-	-	-	-
투명복층유리	16×1,200×1,800㎜	〃	29,920	29,920	19,690	18,150	18,150	18,150	18,150
접 합 유 리	6.4× 900×2,500(1,500)㎜	〃	18,370	18,370	16,500	16,500	19,800	20,900	20,900
〃	10.4 1,500 3,100(2,700)	〃	32,670	32,670	23,100	23,100	28,600	29,040	29,040
합 판									
보 통 합 판	2.7 ×1,220×2,440㎜	매	3,400	3,130	3,600	5,600	4,400	4,070	4,400
(준내수)	4.8 1,220 2,440	〃	4,500	4,830	5,410	8,300	7,100	6,600	7,000
〃	8.5(9.0) 1,220 2,440	〃	8,000	9,070	9,370	14,200	12,600	12,100	12,500
〃	12.0 1,220 2,440	〃	-	-	-	-	16,400	16,060	17,000
(내수)	12.0 910 1,820	〃	6,400	6,780	7,110	11,500	10,500	10,230	10,500
〃	12.0 1,220 2,440	〃	10,500	11,560	12,500	19,000	17,600	16,940	18,500
보 드									
중밀도섬유판	15×1,220×2,440㎜	〃	10,370	10,900	10,900	13,600	14,500	14,500	13,500
(MDF)	18 1,220 2,440	〃	12,090	12,700	12,700	16,000	16,800	16,800	16,000

주 1) 플라스틱창문틀은 2002년까지 미서기창 96㎜는 슬라이딩 80㎜, 미서기창 115㎜는 슬라이딩 90㎜, 고정창 93㎜는 98㎜를 기준으로 함.
2) 루프드레인은 1999년부터 IS-RD-1521(삼중식)을 기준으로 함.
3) 보통합판 2.7㎜는 3.2㎜ 기준임.
4) 중밀도섬유판(MDF)은 1997년부터 그린색을 기준으로 함.

1997	1998	1999	2000	2001	2002	2003	2004	2005	2006	2007	2008	2009
52,990	58,290	58,290	61,210	61,210	72,720	67,330	67,330	81,400	81,400	81,400	81,400	89,540
45,640	74,120	74,120	77,830	77,830	77,830	85,610	85,610	103,510	103,510	103,510	103,510	113,850
35,000	35,000	35,000	35,000	35,000	35,000	35,000	35,000	35,000	35,000	35,000	35,000	35,000
35,300	47,800	53,500	53,500	49,000	44,100	44,100	46,740	46,740	46,740	46,740	46,740	46,740
41,200	58,400	60,000	60,000	57,700	72,600	72,600	76,950	76,950	76,950	76,950	76,950	76,950
26,800	34,500	34,500	34,500	34,500	27,800	27,800	29,460	29,460	29,460	29,460	29,460	29,460
30,100	41,900	41,900	41,900	41,900	32,800	32,800	34,760	34,760	34,760	34,760	34,760	34,760
32,900	44,400	47,600	47,600	-	-	-	-	-	-	-	-	-
38,600	51,900	55,250	55,250	-	-	-	-	-	-	-	-	-
42,900	53,700	53,700	56,400	56,400	56,400	-	-	-	-	-	-	-
45,200	56,600	56,600	59,400	59,400	59,400	-	-	-	-	-	-	-
30,400	38,100	38,100	40,000	40,000	40,000	-	-	-	-	-	-	-
-	18,000	18,000	18,000	-	-	-	-	-	-	-	-	-
-	40,000	40,000	40,000	40,000	40,000	40,000	40,000	40,000	40,000	40,000	40,000	40,000
5,000	8,000	8,000	8,000	8,000	8,000	8,000	8,000	8,000	8,000	8,000	-	-
260	360	360	360	360	360	360	360	360	360	360	360	400
2,500	3,000	50,000	75,600	75,600	75,600	75,600	58,500	58,500	58,500	58,500	58,500	-
3,000	3,500	65,000	156,600	156,600	156,600	156,600	75,600	75,600	75,600	75,600	75,600	92,400
4,000	5,000	-	-	-	-	-	156,600	156,600	155,600	155,600	156,600	191,400
11,300	11,300	9,500	9,500	9,500	9,500	9,500	9,500	9,500	8,000	8,000	8,000	8,000
1,700	2,780	2,780	2,780	4,340	4,340	4,770	4,770	4,770	4,770	4,770	5,000	5,130
2,780	3,910	3,910	3,860	4,340	4,340	4,770	4,770	4,770	4,770	4,770	5,000	5,130
4,110	5,940	5,940	5,940	6,570	6,570	7,220	7,220	7,220	7,220	7,220	7,580	7,620
6,220	6,570	6,570	6,570	7,270	7,270	7,990	7,990	7,990	7,990	7,990	8,380	8,380
9,390	8,600	8,600	8,600	9,510	9,510	10,460	10,460	10,460	10,460	10,460	10,980	10,980
-	-	-	12,650	13,990	13,990	15,380	15,380	15,380	15,380	15,380	16,140	-
17,880	15,800	15,800	15,800	17,490	17,490	19,230	19,230	19,230	19,230	19,230	20,190	-
2,780	3,790	3,790	3,750	4,200	4,200	4,620	4,620	4,620	4,620	4,620	5,220	5,220
3,630	4,670	4,670	4,670	5,180	5,180	5,690	5,690	5,690	5,690	5,690	6,440	6,440
5,220	6,300	6,300	6,190	6,850	6,850	7,530	7,530	7,530	7,530	7,530	8,530	8,530
18,150	24,830	24,830	24,830	24,600	24,600	24,600	24,600	24,300	23,500	23,500	23,500	25,700
20,900	29,260	29,260	29,260	28,630	28,630	28,630	28,630	29,000	29,000	29,000	30,400	30,400
29,040	40,650	40,650	40,650	39,780	39,780	39,780	39,780	39,800	39,800	39,800	41,600	41,600
4,400	4,800	4,600	4,000	4,000	4,200	4,000	4,500	4,500	5,000	5,500	7,500	8,000
7,000	7,300	6,700	6,200	6,200	6,300	6,000	7,000	7,000	7,500	8,500	11,200	11,200
12,500	13,400	11,900	11,400	11,400	11,700	11,700	12,600	12,600	14,000	14,800	19,500	19,500
17,000	16,800	15,700	15,100	15,100	15,300	15,000	16,200	16,200	17,000	19,000	23,600	25,000
9,500	10,100	9,200	9,000	9,000	9,200	9,200	9,200	9,200	10,000	12,500	15,700	15,700
18,500	17,700	16,200	16,000	16,000	16,700	16,700	17,500	17,500	19,000	23,000	29,100	29,100
11,600	13,100	15,300	15,000	15,000	14,500	14,500	14,500	15,500	15,500	14,800	22,200	21,000
13,500	15,200	17,700	17,200	17,200	16,600	16,600	16,600	17,800	17,800	17,700	26,400	25,000

건 축 자 재(3)

품 명	규 격	단위	2010	2011	2012	2013	2014	2015	2016
창호재									
스틸샤시									
(미서기창)	100×50×1.0㎜	㎡	89,540	89,540	-	-	-	-	-
(고정창)	100 40 1.2	〃	113,850	113,850	-	-	-	-	-
셔터	수동 1.0㎜	〃	35,000	35,000	35,000	35,000	45,000	45,000	-
알루미늄샤시									
(미서기창)	85㎜ 1×1m	Set	46,740	60,100	60,100	55,000	55,000	55,000	55,000
〃	110 〃	〃	76,950	88,300	88,300	79,000	79,000	79,000	79,000
(고정창)	80 〃	〃	29,460	28,100	28,100	31,000	31,000	31,000	31,000
〃	110 〃	〃	34,760	45,800	45,800	48,000	48,000	48,000	48,000
(미닫이창)	80 〃	〃	-	-	-	-	-	-	-
〃	110 〃	〃	-	-	-	-	-	-	-
플라스틱창문틀									
(미서기창)	96 〃	〃	-	53,800	53,800	53,800	53,800	53,800	53,800
〃	115 〃	〃	-	56,700	56,700	56,700	56,700	56,700	56,700
(고정창)	93 〃	〃	-	38,200	38,200	38,200	38,200	38,200	38,200
창호철물									
도어클로저	King K620	개	-	35,000	35,000	38,000	38,000	38,000	38,000
플로어힌지	King K5100, K5200	조	40,000	55,000	55,000	60,000	60,000	60,000	60,000
보주정첩	황동판 5″	개	-	-	-	-	-	-	-
건축철물									
표준코너비드	50×50㎜	m	400	400	-	-	-	-	-
루프드레인	75Ø(3″)	조	71,500	71,500	71,500	71,500	71,500	71,500	71,500
(일반형)	100Ø(4″)	〃	92,400	92,400	92,400	92,400	92,400	92,400	-
〃	150Ø(6″)	〃	191,400	191,400	191,400	191,400	191,400	191,400	-
점검구	400×400(450×450)	개	8,000	-	9,000	9,000	9,000	8,100	-
유리									
맑은유리	3(2)× 610× 914㎜	㎡	4,970	4,970	4,970	4,970	4,970	4,970	4,970
〃	3 610 1,219	〃	4,970	4,970	4,970	4,970	4,970	4,970	4,970
〃	5 914 1,514(1,524)	〃	7,620	7,620	7,620	7,620	8,070	8,070	8,070
칼라유리	5×2,134×3,048㎜	〃	8,380	8,380	8,380	8,380	7,212	9,010	9,010
〃	6 2,134 3,048	〃	10,980	10,980	10,980	10,980	9,365	11,700	11,700
〃	8 2,134 3,048	〃	-	-	-	16,050	12,487	16,200	16,200
〃	10 2,134 3,048	〃	-	-	-	20,760	15,608	20,200	20,200
무늬유리	3× 914×1,321㎜	〃	5,220	5,220	5,220	5,220	6,324	6,324	6,324
〃	4 914 1,524	〃	6,440	6,440	6,440	-	-	-	-
〃	5 1,829 2,438	〃	8,530	8,530	8,530	8,530	10,361	10,361	10,361
투명복층유리	16×1,200×1,800㎜	〃	25,700	25,700	25,700	25,700	25,700	25,700	25,700
접합유리	6.4× 900×2,500(1,500)㎜	〃	30,400	30,400	30,400	30,400	30,400	30,400	30,400
〃	10.4 1,500 3,100(2,700)	〃	41,600	41,600	41,600	41,600	41,600	41,600	41,600
합판									
보통합판	2.7 ×1,220×2,440㎜	매	7,100	8,100	7,900	8,300	8,300	8,300	8,300
(준내수)	4.8 1,220 2,440	〃	9,800	12,500	12,100	12,700	12,700	12,700	12,700
〃	8.5(9.0) 1,220 2,440	〃	17,900	21,800	21,100	22,200	22,200	22,200	22,200
〃	12.0 1,220 2,440	〃	21,800	27,200	26,400	27,700	27,700	27,700	27,700
(내수)	12.0 910 1,820	〃	14,600	19,800	19,200	20,200	20,200	20,200	20,200
〃	12.0 1,220 2,440	〃	24,800	29,200	28,300	29,700	29,700	29,700	29,700
보드									
중밀도섬유판	15×1,220×2,440㎜	〃	21,000	16,200	16,200	16,700	16,700	16,700	19,700
(MDF)	18 1,220 2,440	〃	25,000	18,500	18,500	19,100	19,100	19,100	22,700

주 1) 플라스틱창문틀은 2002년까지 미서기창 96㎜는 슬라이딩 80㎜,
미서기창 115㎜는 슬라이딩 90㎜, 고정창 93㎜는 98㎜를 기준으로 함.
2) 루프드레인은 1999년부터 IS-RD-1521(삼중식)을 기준으로 함.
3) 보통합판 2.7㎜는 3.2㎜ 기준임.
4) 중밀도섬유판(MDF)은 1997년부터 그린색을 기준으로 함.

2017	2018	2019	2020	2021	2022	2023	2024	2025
-	-	-	-	-	-	-	-	-
-	-	-	-	-	-	-	-	-
-	-	-	-	-	-	-	-	-
55,000	-	-	-	-	-	-	-	-
79,000	-	-	-	-	-	-	-	-
31,000	-	-	-	-	-	-	-	-
48,000	-	-	-	-	-	-	-	-
-	-	-	-	-	-	-	-	-
-	-	-	-	-	-	-	-	-
53,800	-	-	-	-	-	-	-	-
56,700	-	-	-	-	-	-	-	-
38,200	-	-	-	-	-	-	-	-
38,000	38,000	38,000	40,000	40,000	40,000	40,000	40,000	40,000
60,000	60,000	60,000	60,000	60,000	60,000	60,000	60,000	60,000
-	-	-	-	-	-	-	-	-
-	-	-	-	-	-	-	-	-
-	-	-	-	-	-	-	-	-
-	-	-	-	-	-	-	-	-
-	-	-	-	-	-	-	-	-
-	-	-	18,950	33,352	33,352	33,352	33,352	33,352
4,970	4,970	4,970	4,970	5,700	6,250	6,250	6,250	6,250
4,970	4,970	4,970	4,970	5,700	6,250	6,250	6,250	6,250
8,070	8,070	8,070	8,070	9,200	9,750	9,750	9,750	9,750
9,010	9,010	9,010	9,010	10,300	10,660	10,660	10,660	10,660
11,700	11,700	11,700	11,700	13,400	13,860	13,860	13,860	13,860
16,200	16,200	16,200	16,200	18,500	19,140	19,140	19,140	19,140
20,200	20,200	20,200	20,200	23,100	23,900	23,900	23,900	23,900
6,324	6,324	6,324	6,324	7,300	7,550	7,550	7,550	7,550
-	-	-	-	-	-	-	-	-
10,361	10,361	10,361	10,361	11,900	12,310	12,310	12,310	12,310
43,000	43,000	43,000	-	-	-	-	44,900	43,700
38,000	38,000	38,000	-	-	-	-	-	-
46,600	46,600	46,600	-	-	-	-	-	-
8,540	9,040	8,310	8,310	9,100	9,900	11,400	11,900	11,900
13,080	13,080	12,030	12,030	13,200	14,360	16,600	17,100	17,100
22,860	22,860	21,030	21,030	23,000	25,010	25,700	26,200	26,200
28,530	28,530	26,240	26,240	28,700	31,210	32,200	32,700	32,700
20,800	20,800	19,130	19,130	20,900	27,210	24,400	24,900	24,900
30,590	30,590	28,140	28,140	30,700	39,960	40,000	40,500	40,500
19,700	19,700	19,700	19,700	21,100	26,880	26,800	26,800	26,800
22,700	22,700	22,700	22,700	24,300	30,850	30,800	30,800	30,800

건 축 자 재(4)

품 명	규 격	단위	1970	1971	1972	1973	1974	1975	1976
보 드									
고밀도섬유판	3.2×1,220×2,440	매	-	840	850	920	1,150	1,300	1,400
(하드보드)	4.8 〃	〃					-	-	-
파 티 클 보 드	9.0 〃	〃					-	-	-
〃	12.0 〃	〃					-	-	-
〃	15.0 〃	〃					-	-	-
〃	18.0 〃	〃					-	-	-
〃	20.0 〃	〃					-	-	-
〃	23.0 〃	〃	-	-	-	-	-	-	-
석 고 평 보 드	9.5× 900×1,800	〃					-	-	-
〃	12.5 〃	〃					-	-	-
〃	15.0 〃	〃					-	-	-
〃	9.5× 900×2,400	〃					-	-	-
〃	12.5 〃	〃					-	-	-
〃	15.0 〃	〃					-	-	-
〃	9.5× 900×2,700	〃					-	-	-
〃	12.5 〃	〃					-	-	-
밤 라 이 트	3 × 900×1,800㎜	〃	-				-	-	-
〃	3 1,200 2,400	〃	-	-	-	-	-	-	2,200
〃	4 〃	〃	-	-	-	-	-	-	2,800
〃	5 〃	〃	-	-	-	-	-	-	3,400
나 무 라 이 트	3 × 900×2,700㎜	〃	-	-	-	-	-	-	4,000
〃	3 1,210 2,420	〃	-	-	-	-	-	-	4,000
〃	4 〃	〃	-	-	-	-	-	-	4,600
〃	5 〃	〃	-	-	-	-	-	-	5,200
보온재									
퍼 라 이 트 판	150×610× 30㎜	〃	-	-	-	-	-	-	-
〃	〃 50	〃	-	-	-	-	-	-	-
규 산 칼 슘 판	150×610× 30	〃	-	-	-	-	-	240	240
(실리카보드)	〃 50	〃	-	-	-	-	-	395	395
〃	〃 100	〃	-	-	-	-	-	790	790
〃	300×610× 30	〃	-	-	-	-	-	485	485
〃	〃 50	〃	-	-	-	-	-	790	790
〃	〃 100	〃	-	-	-	-	-	1,585	1,585
유리면보온재	32(30)kg/m³ 25㎜	m²	-	-	-	-	-	-	-
(유리섬유보드)	〃 50	〃	-	-	-	-	-	-	-
〃	〃 (75)100	〃	-	-	-	-	-	-	-
〃	40kg/m³ 25㎜	〃	-	-	-	-	-	-	-
〃	〃 50	〃	-	-	-	-	-	-	-
〃	80kg/m³ 25㎜	〃	-	-	-	-	-	-	-
〃	〃 50	〃	-	-	-	-	-	-	-
	비중								
발 포 폴 리	1×900×1,800㎜ 0.015	매	-	-	-	-	-	-	-
스 티 렌 판	〃 0.020	〃	-	-	-	-	-	-	-
〃	〃 0.025	〃	-	-	-	-	-	-	-
〃	〃 0.030	〃	-	-	-	-	-	-	-
콜 크 판	600×900× 5㎜	〃	-	-	-	-	-	-	-
(일반형)	〃 10	〃	-	-	-	-	-	-	-
〃	〃 20	〃	-	-	-	-	-	-	-
고 무 콜 크 판	600×900× 2㎜	〃	-	-	-	-	-	-	-
〃	〃 3	〃	-	-	-	-	-	-	-
〃	〃 5	〃	-	-	-	-	-	-	-
실내장식재									
비단(양단)벽지	A	m²	-	-	-	-	-	-	-
마 직 벽 지	B	〃	-	-	-	-	-	-	606
장판지(전주지)	8배지 80×98㎝	매	-	-	-	-	-	-	-
〃	6배지 〃	〃	-	-	-	-	-	-	-
초 배 지	한지 A 48×75	권	-	-	-	-	-	-	-
〃	〃 B 52 93	〃	-	-	-	-	-	-	-
조립식건물재									
경 량 철 골	M-Bar	m²	-	-	-	-	-	-	-
천 장 부 재	H-Bar	〃	-	-	-	-	-	-	-
〃	T-Bar	〃	-	-	-	-	-	-	-
〃	HT-Bar	〃	-	-	-	-	-	-	-

하드보드(경질섬유판) :

밀도 0.85g/㎤ 이상의 섬유판을 총칭하지만, 실제 규격에서는 습식제조공정에 의해 생산된 하드보드를 지칭하기도 한다.

석고보드 :

이수석고(CaSo4·2H2O)를 약200℃로 가열하여 결정수를 탈수시킨 소석고(CaSo4·½H2O)를 주원료로 하고 이것에 혼화제를 넣은 물로 반죽하여 강인한 보드용 원지 사이에 넣어 안정된 결정 상태의 석고로 환원시켜 판상으로 제조한 것이다.

주 1) 퍼라이트판은 2001년부터 ㎡당 단가임.
2) 경량철골천정부재는 2006년부터 m당 단가임.

1977	1978	1979	1980	1981	1982	1983	1984	1985	1986	1987	1988	1989
1,111	1,216	1,630	2,191	2,603	2,893	2,893	2,750	2,893	2,630	2,630	3,000	3,000
-	-	-	-	-	-	-	-	-	-	-	4,550	4,550
-	-	-	-	-	-	-	4,670	4,670	4,670	4,670	4,670	4,670
-	-	-	-	-	-	-	5,780	5,780	5,780	5,780	5,780	5,780
-	-	-	-	-	-	-	2,630	2,630	2,630	2,630	2,630	2,630
-	-	-	-	-	-	-	3,260	3,260	3,260	3,260	3,260	3,260
-	-	-	-	-	-	-	3,840	3,840	3,840	3,840	3,840	3,840
-	-	-	-	-	-	-	4,290	4,290	4,290	4,290	4,290	4,290
-	-	1,580	1,900	2,200	2,200	2,200	2,200	2,000	2,000	1,950	1,950	1,900
-	-	2,100	2,500	2,800	2,800	2,800	2,800	2,500	2,500	2,450	2,450	2,370
-	-	-	-	3,800	3,800	3,800	3,800	3,400	3,400	3,350	3,350	3,160
-	-	2,150	2,550	2,900	2,900	2,900	2,900	2,600	2,600	2,500	2,500	2,500
-	-	2,800	3,350	3,800	3,800	3,800	3,800	3,400	3,400	3,300	3,300	3,180
-	-	-	-	5,300	5,300	5,300	5,300	4,800	4,800	4,650	4,650	4,240
-	-	2,370	2,800	3,200	3,200	3,200	3,200	2,900	2,900	2,800	2,800	2,860
-	-	3,150	3,750	4,200	4,200	4,200	4,200	3,800	3,800	3,650	3,650	3,570
-	-	2,272	1,750	1,950	2,150	2,150	2,150	2,000	2,000	2,000	2,000	2,000
2,200	2,409	2,363	3,000	3,340	3,650	3,650	3,650	3,400	3,400	3,400	3,400	3,450
2,800	3,066	2,900	3,750	4,170	4,560	4,560	4,560	4,240	4,240	4,240	4,240	4,300
3,400	3,723	4,382	4,600	5,200	5,680	5,680	5,680	5,280	5,280	5,280	5,280	5,400
4,000	4,380	4,400	5,620	6,200	6,700	6,700	6,700	6,630	6,630	6,630	6,630	6,800
4,000	4,380	4,936	5,620	6,400	6,920	6,920	6,920	6,850	6,850	6,850	6,850	7,000
4,600	5,037	5,636	6,400	7,300	7,830	7,830	7,830	7,750	7,750	7,750	7,750	8,000
5,200	5,694	6,236	7,200	8,250	8,950	8,950	8,950	8,860	8,860	8,850	8,850	9,300
-	-	-	-	-	-	-	720	720	720	720	720	660
-	-	-	-	-	-	-	1,190	1,190	1,190	1,190	1,190	1,090
240	332	470	550	720	720	720	720	720	720	645	645	645
395	556	790	930	1,190	1,190	1,190	1,190	1,190	1,190	1,070	1,070	1,070
790	1,108	1,565	1,840	2,380	2,380	2,380	2,380	2,380	2,380	2,140	2,140	2,140
485	664	940	1,110	1,440	1,440	1,440	1,440	1,440	1,440	1,290	1,290	1,290
790	1,113	1,580	1,860	2,380	2,380	2,380	2,380	2,380	2,380	2,140	2,140	2,140
1,585	2,215	3,130	3,680	4,760	4,760	4,760	4,760	4,760	4,760	4,280	4,280	4,280
-	-	-	1,718	1,718	1,718	1,718	1,200	1,200	1,200	1,200	1,080	1,080
-	-	-	3,436	3,436	3,436	3,436	2,400	2,400	2,400	2,400	2,160	2,160
-	-	-	6,872	6,872	6,872	6,872	4,800	4,800	4,800	4,800	4,320	4,320
-	-	-	2,290	2,290	2,290	2,290	1,600	1,600	1,600	1,600	1,440	1,440
-	-	-	4,581	4,581	4,581	4,581	3,200	3,200	3,200	3,200	2,880	2,880
-	-	-	4,581	4,581	4,581	4,581	3,200	3,200	3,200	3,200	2,880	2,880
-	-	-	9,163	9,163	9,163	9,163	6,400	6,400	6,400	6,400	5,760	5,760
27	30	55	58	60	60	60	48	43	43	46	46	48
33	36	70	69	75	75	75	60	54	54	58	58	60
41	46	85	89	93	93	93	75	67	67	72	72	70
49	54	95	105	112	112	112	90	80	80	85	86	80
-	-	850	850	1,250	1,250	1,250	2,000	2,000	2,500	2,500	2,250	2,250
-	-	1,700	1,700	2,500	2,500	2,500	4,000	4,000	5,000	5,000	4,500	4,500
-	-	3,400	3,400	5,000	5,000	5,000	8,000	8,000	8,000	8,000	8,000	8,000
-	-	800	800	1,000	1,000	1,000	1,200	1,000	1,000	1,000	1,000	1,000
-	-	1,212	1,212	1,515	1,515	1,515	1,800	1,500	1,500	1,500	1,500	1,500
-	-	2,000	2,000	2,500	2,500	2,500	3,000	2,500	2,500	2,500	2,500	2,500
-	-	2,590	3,030	3,410	3,856	3,856	4,240	6,000	6,000	6,000	6,000	6,000
606	606	763	763	1,090	1,350	1,350	1,480	1,800	1,800	1,800	1,960	1,960
-	-	720	850	765	1,200	1,200	1,200	1,200	1,200	1,200	1,200	1,200
-	-	360	500	450	800	800	800	800	800	800	800	800
-	-	-	-	-	2,000	2,000	2,000	2,000	2,000	2,000	2,000	2,000
-	-	-	-	-	1,200	1,200	1,200	1,200	1,200	1,200	1,000	1,000
-	2,480	2,850	3,000	3,000	3,000	3,000	3,000	3,000	3,000	3,000	3,000	5,000
-	2,520	2,800	3,200	3,200	3,200	3,200	3,200	3,200	3,200	3,200	3,200	5,000
-	2,600	2,770	3,100	3,100	3,100	3,100	3,100	3,100	3,100	3,100	3,100	5,500
-	-	3,200	3,500	3,500	3,500	3,500	3,500	3,500	3,500	3,500	3,500	6,000

건 축 자 재(4)

품 명	규 격	단위	1990	1991	1992	1993	1994	1995	1996
보 드									
고밀도섬유판	3.2×1,220×2,440	매	2,818	2,720	2,720	3,300	3,350	3,350	3,350
(하드보드)	4.8 〃	〃	4,545	4,540	4,540	4,950	5,190	5,190	5,190
파티클보드	9.0 〃	〃	4,670	5,050	5,400	7,000	5,200	6,500	6,500
〃	12.0 〃	〃	5,780	6,200	6,500	8,500	6,300	7,700	7,700
〃	15.0 〃	〃	2,630	7,300	7,600	10,000	6,500	8,800	8,800
〃	18.0 〃	〃	3,260	8,600	9,000	11,600	8,700	10,300	10,300
〃	20.0 〃	〃	3,840	9,700	10,400	12,500	10,500	12,000	12,000
〃	23.0 〃	〃	4,290	11,200	11,400	15,000	11,600	13,500	13,500
석고평보드	9.5× 900×1,800	〃	1,900	1,900	2,130	2,130	2,090	2,090	1,850
〃	12.5 〃	〃	2,370	2,450	2,770	2,770	2,750	2,750	2,450
〃	15.0 〃	〃	3,160	3,300	3,630	3,630	3,520	3,520	3,150
〃	9.5× 900×2,400	〃	2,500	2,530	2,880	2,880	2,860	2,860	2,550
〃	12.5 〃	〃	3,180	3,300	3,630	3,630	3,520	3,520	3,150
〃	15.0 〃	〃	4,240	4,600	4,900	4,900	4,840	4,840	4,350
〃	9.5× 900×2,700	〃	2,860	2,830	3,200	3,200	3,080	3,080	2,750
〃	12.5 〃	〃	3,570	3,700	4,160	4,160	4,070	4,070	3,650
밤라이트	3 × 900×1,800㎜	〃	2,000	2,350	2,400	2,600	2,530	2,600	2,700
〃	3 1,200 2,400	〃	3,450	4,070	4,300	4,500	4,150	4,800	4,800
〃	4 〃	〃	4,300	5,170	5,000	5,500	5,500	5,900	6,100
〃	5 〃	〃	5,400	6,490	6,200	6,800	6,820	7,300	7,700
나무라이트	3 × 900×2,700㎜	〃	6,800	7,370	8,200	8,200	8,200	8,200	8,800
〃	3 1,210 2,420	〃	7,000	7,370	8,200	8,200	8,200	8,200	8,800
〃	4 〃	〃	8,000	8,690	9,700	9,700	9,700	9,700	10,600
〃	5 〃	〃	9,300	11,250	11,250	11,250	11,250	11,250	12,000
보온재									
퍼라이트판	150×610× 30㎜	〃	660	860	720	720	720	720	720
〃	〃 50	〃	1,090	1,430	1,190	1,190	1,190	1,190	1,190
규산칼슘판	150×610× 30	〃	720	720	720	720	720	720	720
(실리카보드)	〃 50	〃	1,190	1,190	1,190	1,190	1,190	1,190	1,190
〃	〃 100	〃	2,380	2,380	2,380	2,380	2,380	2,380	2,380
〃	300×610× 30	〃	1,440	1,440	1,440	1,440	1,440	1,440	1,440
〃	〃 50	〃	2,380	2,380	2,380	2,380	2,380	2,380	2,380
〃	〃 100	〃	4,760	4,760	4,760	4,760	4,760	4,760	4,760
유리면보온재	32(30)kg/㎥ 25㎜	㎡	1,031	1,050	1,050	1,050	1,050	1,155	1,270
(유리섬유보드)	〃 50	〃	2,062	2,100	2,100	2,100	2,100	2,310	2,540
〃	〃 (75)100	〃	4,124	3,150	3,150	3,150	3,150	3,465	3,810
〃	40kg/㎥ 25㎜	〃	1,374	1,310	1,310	1,310	1,310	1,540	1,690
〃	〃 50	〃	2,750	2,630	2,630	2,630	2,630	3,080	3,390
〃	80kg/㎥ 25㎜	〃	2,750	2,630	2,630	2,630	2,630	3,080	3,390
〃	〃 50	〃	5,500	5,260	5,260	5,260	5,260	6,160	6,780
	비중								
발포폴리	1×900×1,800㎜ 0.015	매	50	47	45	35	40	46	42
스티렌판	〃 0.020	〃	60	60	58	47	55	61	55
〃	〃 0.025	〃	70	70	69	59	69	76	69
〃	〃 0.030	〃	80	80	81	71	80	91	84
콜크판	600×900× 5㎜	〃	2,250	3,000	3,000	3,000	3,250	3,250	-
(일반형)	〃 10	〃	4,500	5,500	5,500	6,000	6,500	6,500	-
〃	〃 20	〃	8,000	8,000	8,000	8,000	12,000	12,000	-
고무콜크판	600×900× 2㎜	〃	1,000	5,000	5,000	-	-	-	-
〃	〃 3	〃	1,500	7,500	7,500	-	-	-	-
〃	〃 5	〃	2,500	12,500	12,500	-	-	-	-
실내장식재									
비단(양단)벽지	A	㎡	6,000	6,000	6,000	6,600	6,700	7,200	7,500
마직벽지	B	〃	1,960	1,960	1,960	2,700	2,300	2,500	2,500
장판지(전주지)	8배지 80×98㎝	매	1,000	1,000	1,000	1,400	800	900	900
〃	6배지 〃	〃	600	600	600	930	600	600	600
초배지	한지 A 48×75	권	2,000	2,000	2,000	2,500	2,000	2,000	-
〃	〃 B 52 93	〃	1,000	1,000	1,000	1,700	1,500	1,500	-
조립식건물재									
경량철골	M-Bar	㎡	5,000	5,000	5,200	5,500	5,500	5,500	5,500
천장부재	H-Bar	〃	5,000	5,000	5,500	5,500	5,500	-	-
〃	T-Bar	〃	5,500	5,500	5,500	6,500	6,500	7,500	7,500
〃	HT-Bar	〃	6,000	6,000	6,500	6,500	6,500	-	9,000

주 1) 퍼라이트판은 2001년부터 ㎡당 단가임.
2) 경량철골천정부재는 2006년부터 m당 단가임.

1997	1998	1999	2000	2001	2002	2003	2004	2005	2006	2007	2008	2009
3,350	4,300	4,400	4,000	4,000	3,800	3,800	3,800	3,800	3,800	3,800	5,300	5,000
5,190	6,800	5,500	5,500	5,500	5,300	5,300	5,300	5,300	5,300	5,300	7,400	7,000
6,700	7,000	8,200	8,200	8,200	8,200	8,000	9,200	9,200	9,200	9,200	10,900	10,900
7,900	8,500	9,300	9,100	9,100	9,100	9,200	10,500	10,500	10,500	10,500	12,400	12,400
9,000	9,500	10,000	9,600	9,600	9,600	9,300	11,500	11,500	11,500	10,500	13,600	13,600
10,500	11,400	12,000	11,800	11,800	11,800	11,300	13,900	13,900	13,900	13,900	16,400	16,400
12,300	13,800	15,000	15,000	15,000	15,000	14,900	17,300	17,300	17,300	17,300	20,500	20,500
13,800	15,500	16,300	16,300	16,300	16,300	16,100	19,800	19,800	19,800	19,800	23,400	23,400
2,000	3,200	3,200	3,200	3,450	3,450	3,450	3,450	3,450	3,100	3,100	3,700	3,700
2,600	4,100	4,100	4,100	4,360	4,360	4,360	4,360	4,360	4,000	4,000	5,000	5,000
3,400	4,400	5,200	5,200	5,700	5,700	5,700	5,700	5,700	5,000	5,000	6,100	6,100
2,700	4,300	4,300	4,300	4,600	4,600	4,600	4,600	4,600	4,000	4,000	4,900	4,900
3,400	5,400	5,400	5,400	5,800	5,800	5,800	5,800	5,800	5,300	5,300	6,600	6,600
4,200	6,900	6,900	6,900	7,500	7,500	7,500	7,500	7,500	6,700	6,700	8,100	8,100
3,000	4,900	4,900	4,900	5,300	5,300	5,300	5,300	5,300	4,800	4,800	5,600	5,600
3,800	6,100	6,100	6,100	6,500	6,500	6,500	6,500	6,500	6,000	6,000	7,400	7,400
3,000	4,600	4,800	4,800	5,060	5,060	5,060	5,060	-	-	-	-	-
5,300	8,100	8,500	8,500	8,950	8,950	8,950	8,950	-	-	-	-	-
6,800	10,200	10,700	10,700	11,200	11,200	11,200	11,200	-	-	-	-	-
8,500	12,500	13,200	13,200	14,000	14,000	14,000	14,000	-	-	-	-	-
9,000	11,000	11,800	11,800	12,100	12,100	12,100	12,100	-	-	-	-	-
9,000	11,700	12,500	12,500	12,900	12,900	12,900	12,900	-	-	-	-	-
10,600	13,700	14,700	14,700	15,100	15,100	15,100	15,100	-	-	-	-	-
12,000	16,000	17,100	17,100	17,500	17,500	17,500	17,500	-	-	-	-	-
720	890	-	-	9,850	9,850	9,850	9,850	9,850	9,850	9,850	9,850	9,850
1,190	1,460	-	-	16,340	16,340	16,340	16,340	16,340	16,340	16,340	16,340	16,340
720	720	770	770	860	860	860	-	-	-	-	-	-
1,190	1,190	1,280	1,280	1,430	1,430	1,430	-	-	-	-	-	-
2,380	2,380	2,560	2,560	2,850	2,850	2,850	-	-	-	-	-	-
1,440	1,440	1,540	1,540	1,710	1,710	1,710	-	-	-	-	-	-
2,380	2,380	2,560	2,560	2,850	2,850	2,850	-	-	-	-	-	-
4,760	4,760	5,130	5,130	5,710	5,710	5,710	-	-	-	-	-	-
1,270	1,450	1,520	1,520	1,710	1,710	1,710	1,710	1,710	1,590	1,590	1,790	1,790
2,540	2,900	3,040	3,040	3,430	3,430	3,430	3,430	3,430	3,250	3,250	3,580	3,580
3,810	4,360	4,560	4,560	5,140	5,140	5,140	5,140	5,140	4,930	4,930	5,360	5,360
1,690	1,940	1,900	1,900	2,290	2,290	2,290	2,290	2,290	1,980	1,980	2,240	2,240
3,390	3,870	3,800	3,800	4,580	4,580	4,580	4,580	4,580	4,030	4,030	4,470	4,470
3,390	3,870	3,800	3,800	4,570	4,570	4,570	4,570	4,570	3,980	3,980	4,470	4,470
6,780	7,750	7,600	7,600	9,150	9,150	9,150	9,150	9,150	8,160	8,160	8,930	8,930
44	47	44	52	50	60	54	65	65	65	65	78	78
59	64	64	68	65	78	68	90	90	90	90	108	108
74	80	75	84	80	96	88	105	105	105	105	126	126
89	95	94	100	95	114	106	130	130	130	130	156	156
-	10,000	10,000	10,000	10,000	10,000	10,000	10,000	10,000	10,000	10,000	10,000	10,000
-	20,000	20,000	20,000	20,000	20,000	20,000	20,000	20,000	20,000	20,000	20,000	20,000
-	40,000	40,000	40,000	40,000	40,000	40,000	40,000	40,000	40,000	40,000	40,000	40,000
-	12,000	12,000	12,000	12,000	12,000	12,000	12,000	12,000	12,000	12,000	12,000	12,000
-	18,000	18,000	18,000	18,000	18,000	18,000	18,000	18,000	18,000	18,000	18,000	18,000
-	30,000	30,000	30,000	30,000	30,000	30,000	30,000	30,000	30,000	30,000	30,000	30,000
7,500	9,000	8,900	8,900	8,890	8,890	8,890	8,890	8,890	8,890	8,890	8,890	17,500
2,500	3,000	2,700	2,700	2,690	2,690	2,690	2,690	2,690	2,690	2,060	2,060	5,400
900	1,200	1,200	1,200	1,200	1,200	1,200	1,200	1,200	1,200	1,200	1,200	2,000
600	800	800	800	1,000	1,000	900	900	900	900	950	950	1,500
7,500	9,000	9,000	9,000	14,000	14,000	14,000	14,000	14,000	14,000	20,000	20,000	20,000
5,500	6,600	6,600	6,600	12,000	12,000	12,000	12,000	12,000	-	-	-	-
5,500	7,500	-	7,500	7,500	7,500	-	-	800	800	800	800	800
7,500	-	-	7,500	7,500	7,500	-	-	760	760	760	810	810
7,500	8,500	-	8,500	8,500	8,500	-	-	1,130	1,130	1,130	1,180	1,180
9,000	9,000	-	9,000	9,000	9,000	-	-	-	-	-	-	-

건 축 자 재(4)

품 명	규 격	단위	2010	2011	2012	2013	2014	2015	2016
보 드									
고밀도섬유판	3.2×1,220×2,440	매	5,000	5,100	-	-	-	-	-
(하드보드)	4.8 〃	〃	7,000	7,100	-	-	-	-	-
파티클보드	9.0 〃	〃	10,900	10,900	10,900	11,100	11,100	11,100	11,100
〃	12.0 〃	〃	12,400	12,400	12,400	12,700	12,700	12,700	12,700
〃	15.0 〃	〃	13,600	13,600	13,600	14,300	14,300	14,300	14,300
〃	18.0 〃	〃	16,400	16,400	16,400	16,600	16,600	16,600	16,600
〃	20.0 〃	〃	20,500	20,500	20,500	21,000	21,000	21,000	21,000
〃	23.0 〃	〃	23,400	23,400	23,400	23,600	23,600	23,600	23,600
석고평보드	9.5× 900×1,800	〃	3,700	3,700	3,700	4,200	4,200	4,200	4,200
〃	12.5 〃	〃	5,000	5,000	5,000	5,700	5,700	5,700	5,700
〃	15.0 〃	〃	6,100	6,100	6,100	6,900	6,900	6,900	6,900
〃	9.5× 900×2,400	〃	4,900	4,900	4,900	5,700	5,700	5,700	5,700
〃	12.5 〃	〃	6,600	6,600	6,600	7,600	7,600	7,600	7,600
〃	15.0 〃	〃	8,100	8,100	8,100	-	-	-	-
〃	9.5× 900×2,700	〃	5,600	5,600	5,600	6,300	6,300	6,300	6,300
〃	12.5 〃	〃	7,400	7,400	7,400	8,500	8,500	8,500	8,500
밤라이트	3 × 900×1,800㎜	〃	-	-	-	-	-	-	-
〃	3 1,200 2,400	〃	-	-	-	-	-	-	-
〃	4 〃	〃	-	-	-	-	-	-	-
〃	5 〃	〃	-	-	-	-	-	-	-
나무라이트	3 × 900×2,700㎜	〃	-	-	-	-	-	-	-
〃	3 1,210 2,420	〃	-	-	-	-	-	-	-
〃	4 〃	〃	-	-	-	-	-	-	-
〃	5 〃	〃	-	-	-	-	-	-	-
보온재									
퍼라이트판	150×610× 30㎜	〃	9,850	9,850	9,850	9,850	9,850	9,850	9,850
〃	〃 50	〃	16,340	16,340	16,340	16,340	16,340	16,340	16,340
규산칼슘판	150×610× 30	〃	-	-	-	-	-	-	-
(실리카보드)	〃 50	〃	-	-	-	-	-	-	-
〃	〃 100	〃	-	-	-	-	-	-	-
〃	300×610× 30	〃	-	-	-	-	-	-	-
〃	〃 50	〃	-	-	-	-	-	-	-
〃	〃 100	〃	-	-	-	-	-	-	-
유리면보온재	32(30)kg/m³ 25㎜	m²	1,800	2,020	2,020	2,080	2,184	2,184	2,184
(유리섬유보드)	〃 50	〃	3,600	4,040	4,040	4,160	4,368	4,368	4,368
〃	〃 (75)100	〃	5,400	6,050	6,050	6,240	6,552	6,552	6,552
〃	40kg/m³ 25㎜	〃	2,300	2,520	2,520	2,600	2,730	2,730	2,730
〃	〃 50	〃	4,500	5,040	5,040	5,200	5,460	5,460	5,460
〃	80kg/m³ 25㎜	〃	4,500	5,040	5,040	5,200	5,460	5,460	5,460
〃	〃 50	〃	9,000	10,080	10,080	-	-	-	-
발포폴리	1×900×1,800㎜ 비중 0.015	매	78	80	85	98	110	110	110
스티렌판	〃 0.020	〃	108	110	114	130	135	135	135
〃	〃 0.025	〃	126	130	137	163	170	170	170
〃	〃 0.030	〃	156	160	161	195	200	200	200
콜크판	600×900× 5㎜	〃	12,500	12,500	12,500	12,500	12,500	12,500	12,500
(일반형)	〃 〃 10	〃	25,000	25,000	25,000	25,000	25,000	25,000	25,000
〃	〃 〃 20	〃	50,000	50,000	50,000	50,000	50,000	50,000	50,000
고무콜크판	600×900× 2㎜	〃	-	-	-	-	-	-	-
〃	〃 〃 3	〃	-	-	-	-	-	-	-
〃	〃 〃 5	〃	-	-	-	-	-	-	-
실내장식재									
비단(양단)벽지	A	m²	17,500	17,500	17,500	17,500	17,500	17,500	17,500
마직벽지	B	〃	5,400	5,400	5,400	5,400	5,400	5,400	5,400
장판지(전주지)	8배지 80×98㎝	매	2,000	-	-	-	-	-	-
〃	6배지 〃	〃	1,500	-	-	-	-	-	-
초배지	한지 A 48×75	권	20,000	-	-	-	-	-	-
〃	〃 B 52 93	〃	-	-	-	-	-	-	-
조립식건물재									
경량철골	M-Bar	m²	800	930	930	930	930	930	930
천장부재	H-Bar	〃	810	930	930	930	930	930	930
〃	T-Bar	〃	1,180	1,260	1,260	1,260	1,260	1,260	1,260
〃	HT-Bar	〃	-	-	-	-	-	-	-

㈜ 1) 퍼라이트판은 2001년부터 ㎡당 단가임.
2) 경량철골천정부재는 2006년부터 m당 단가임.

2017	2018	2019	2020	2021	2022	2023	2024	2025					
-	-	-	-	-	-	-	-	-					
-	-	-	-	-	-	-	-	-					
11,100	11,100	11,100	11,100	11,900	13,090	13,090	13,090	13,090					
12,700	12,700	12,700	12,700	13,600	14,960	14,960	14,960	14,960					
14,300	14,300	14,300	14,300	15,300	16,830	16,830	16,830	16,830					
16,600	16,600	16,600	16,600	17,800	19,580	19,580	19,580	19,580					
21,000	21,000	21,000	21,000	22,500	24,750	24,750	24,750	24,750					
23,600	23,600	23,600	23,600	25,300	27,830	27,830	27,830	27,830					
4,200	4,200	4,200	4,200	4,500	5,000	5,000	5,000	5,000					
5,700	5,700	5,700	5,700	6,100	6,900	6,900	6,900	6,900					
6,900	6,900	6,900	6,900	7,400	8,300	8,300	8,300	8,300					
5,700	5,700	5,700	5,700	6,100	6,800	6,800	6,800	6,800					
7,600	7,600	7,600	7,600	8,100	9,200	9,200	9,200	9,200					
-	-	-	-	-	-	-	-	-					
6,300	6,300	6,300	6,300	6,700	7,600	7,600	7,600	7,600					
8,500	8,500	8,500	8,500	9,100	10,300	10,300	10,300	10,300					
-	-	-	-	-	-	-	-	-					
-	-	-	-	-	-	-	-	-					
-	-	-	-	-	-	-	-	-					
-	-	-	-	-	-	-	-	-					
-	-	-	-	-	-	-	-	-					
-	-	-	-	-	-	-	-	-					
-	-	-	-	-	-	-	-	-					
-	-	-	-	-	-	-	-	-					
9,850	-	-	-	-	-	-	-	-					
16,340	-	-	-	-	-	-	-	-					
-	-	-	-	-	-	-	-	-					
-	-	-	-	-	-	-	-	-					
-	-	-	-	-	-	-	-	-					
-	-	-	-	-	-	-	-	-					
-	-	-	-	-	-	-	-	-					
-	-	-	-	-	-	-	-	-					
2,184	2,184	2,184	2,184	2,184	2,880	2,880	2,880	2,880					
4,368	4,368	4,368	4,368	4,368	5,760	5,760	5,760	5,760					
6,552	6,552	6,552	6,552	6,552	8,640	8,640	8,640	8,640					
2,730	2,730	2,730	2,730	2,730	3,600	3,600	3,600	3,600					
5,460	5,460	5,460	5,460	5,460	7,200	7,200	7,200	7,200					
5,460	5,460	5,460	5,460	5,460	7,200	7,200	7,200	7,200					
-	-	-	-	-	-	-	-	-					
110	110	110	110	110	110	110	110	110					
135	135	135	135	135	135	135	135	135					
170	170	170	170	170	170	170	170	170					
200	200	200	200	200	200	200	200	200					
-	-	-	-	-	-	-	-	-					
-	-	-	-	-	-	-	-	-					
-	-	-	-	-	-	-	-	-					
-	-	-	-	-	-	-	-	-					
-	-	-	-	-	-	-	-	-					
-	-	-	-	-	-	-	-	-					
17,500	17,500	16,660	16,660	16,660	16,660	-	-	-					
5,400	5,400	9,090	10,000	10,000	10,000	-	-	-					
-	-	-	-	-	-	-	-	-					
-	-	-	-	-	-	-	-	-					
-	-	-	-	-	-	-	-	-					
-	-	-	-	-	-	-	-	-					
930	930	930	930	1,160	1,160	1,160	1,160	1,160					
930	930	930	930	1,160	1,160	1,160	1,160	1,160					
1,260	1,260	1,260	1,260	1,570	1,570	1,570	1,570	1,570					
-	-	-	-										

급배수·위생설비 (1)

품명	규격	단위	1970	1971	1972	1973	1974	1975	1976
배관재									
배 관 용	호칭 20㎜	m	-	118	118	193	255	255	255
탄 소 강 관	25	〃	-	174	174	290	382	382	382
(흑관반제품)	32	〃	-	216	216	358	470	470	470
〃	40	〃	-	248	248	248	412	412	412
〃	50	〃	-	344	344	575	759	759	759
〃	65	〃	-	442	442	739	975	975	975
〃	80	〃	-	579	579	971	1,289	1,289	1,289
〃	100	〃	-	848	848	1,396	1,842	1,842	1,842
〃	125	〃	-	1,220	1,220	1,908	2,519	2,519	2,519
〃	150	〃	-	1,537	1,537	2,284	3,015	3,015	3,015
(백관반제품)	20	〃	-	177	177	327	376	376	376
〃	25	〃	-	260	260	375	535	535	535
〃	32	〃	-	319	319	561	645	645	645
〃	40	〃	-	367	367	644	741	741	741
〃	50	〃	-	509	509	877	1,017	1,017	1,017
〃	65	〃	-	653	653	1,125	1,294	1,294	1,294
〃	80	〃	-	853	853	1,432	1,636	1,636	1,636
〃	100	〃	-	1,243	1,243	2,027	2,331	2,331	2,331
〃	125	〃	-	1,680	1,680	2,749	3,161	3,161	3,161
〃	150	〃	-	2,097	2,097	3,273	3,764	3,764	3,764
	구경 외경 두께(㎜)								
수 도 용	125 139.8×4.4 Ⓘ	본	-	-	-	-	-	-	-
도 복 장 강 관	150 165.2 4.4(5) 〃	〃	-	-	-	-	-	-	-
(아스팔트)	200 216.3 5.3(5.8) 〃	〃	-	-	-	-	-	-	-
〃	250 267.4 5.8(6.6) 〃	〃	-	-	-	-	-	-	-
〃	300 318.5 6.3(6.9) 〃	〃	-	-	-	-	-	-	-
〃	350 355.6 6.8(6) 〃	〃	-	-	-	-	-	-	-
〃	400 406.4 7.0(6) 〃	〃	-	-	-	-	-	-	-
〃	450 457.2 7.1(6) 〃	〃	-	-	-	-	-	-	-
〃	500 508.0 7.1(6) 〃	〃	-	-	-	-	-	-	-
〃	600 609.6 6.0 〃	〃	94,626	97,278	97,278	85,400	98,000	-	-
〃	700 711.2 6.0 〃	〃	108,480	111,091	111,091	112,200	112,000	-	-
〃	700 711.2 7.1(7) 〃	〃	-	120,900	120,900	121,500	121,500	-	-
〃	800 812.8 7.1(7) 〃	〃	-	124,632	124,632	125,900	125,900	-	-
〃	800 812.8 8.0 〃	〃	-	-	-	-	-	-	-
〃	900 914.4 7.9(8) 〃	〃	-	-	-	-	-	-	-
스테인리스강관	25A (1″)×2.0㎜	m	-	-	-	-	-	-	-
(공업용)	〃 3.0	〃	-	-	-	-	-	-	-
〃	32A (1¼) 2.0	〃	-	-	-	-	-	-	-
〃	〃 3.0	〃	-	-	-	-	-	-	-
〃	40A (1½) 2.0	〃	-	-	-	-	-	-	-
〃	〃 3.0	〃	-	-	-	-	-	-	-
〃	50A (2) 2.0	〃	-	-	-	-	-	-	-
〃	〃 3.0	〃	-	-	-	-	-	-	-
〃	65A (2½) 2.0	〃	-	-	-	-	-	-	-
〃	〃 3.0	〃	-	-	-	-	-	-	-
〃	80A (3) 2.0	〃	-	-	-	-	-	-	-
〃	〃 3.0	〃	-	-	-	-	-	-	-

주 1) 수도용도복장강관은 2012년부터 m당 단가임.
2) ㉠는 가격조사단계가 '메이커→수요자'를 의미함.

1977	1978	1979	1980	1981	1982	1983	1984	1985	1986	1987	1988	1989
275	275	388	478	544	534	534	534	500	520	538	580	564
412	412	580	715	814	799	799	799	748	778	807	868	846
508	508	715	880	1,002	984	984	984	921	958	993	1,174	1,040
588	588	827	1,018	1,160	1,139	1,139	1,139	1,066	1,108	1149	1,236	1,204
818	818	1,153	1,419	1,616	1,587	1,587	1,587	1,486	1,545	1603	1,725	1,680
1,053	1,053	1,482	1,827	2,080	2,043	2,043	2,043	1,912	1,990	2063	2,220	2,161
1,393	1,393	1,960	2,415	2,750	2,701	2,701	2,701	2,529	2,630	2553	2,936	2,859
1,990	1,990	2,801	3,451	3,930	3,860	3,860	3,860	3,614	3,760	3899	4,195	4,085
2,721	2,721	3,828	4,716	5,371	5,275	5,275	5,275	4,936	5,138	5331	5,735	5,585
3,257	3,257	4,583	5,646	6,430	6,315	6,315	6,315	5,913	6,153	6382	6,867	6,687
399	399	503	625	675	701	701	701	656	674	700	753	773
565	565	714	888	959	997	997	997	933	959	994	1,070	1,098
684	684	864	1,075	1,162	1,206	1,206	1,206	1,129	1,158	1201	1,293	1,328
785	785	992	1,234	1,334	1,334	1,386	1,386	1,297	1,331	1381	1,486	1,526
1,077	1,077	1,077	1,360	1,691	1,828	1,898	1,898	1,777	1,824	1893	2,037	2,092
1,372	1,372	1,734	2,158	2,332	2,422	2,422	2,422	2,267	2,328	2414	2,598	2,668
1,736	1,736	2,192	2,727	2,947	3,061	3,061	3,061	2,866	2,942	3051	3,283	3,373
2,472	2,472	3,123	3,884	4,199	4,362	4,362	4,362	4,084	4,193	4349	4,679	4,808
3,353	3,353	4,235	5,268	5,695	5,917	5,917	5,917	5,540	5,687	5899	6,347	6,521
3,992	3,992	5,043	6,274	6,782	7,045	7,045	7,045	6,596	6,773	7025	7,558	7,765
-	-	31,080	43,190	49,674	54,102	54,102	54,102	54,102	54,102	54,102	54,102	57,840
-	-	36,720	51,414	59,124	65,040	65,040	65,040	65,040	65,040	65,040	65,040	69,540
-	-	55,104	78,282	90,024	93,624	93,624	93,624	93,624	93,624	93,624	93,624	100,170
-	-	76,356	108,360	124,614	131,172	131,172	131,172	131,172	131,172	131,172	131,172	140,340
125,587	140,232	140,385	177,106	157,842	168,888	168,888	168,888	168,888	168,888	168,888	168,888	180,660
136,949	152,145	153,337	193,106	205,314	206,520	206,520	206,520	206,520	206,520	206,520	206,520	220,980
154,088	171,266	170,622	216,069	228,666	236,796	236,796	236,796	236,796	236,796	236,796	236,796	253,320
165,145	183,722	168,521	235,896	252,090	266,910	266,910	266,910	266,910	266,910	266,910	266,910	285,540
186,577	207,782	212,406	270,562	280,242	296,376	296,376	296,376	296,376	296,376	296,376	296,376	317,100
214,882	239,089	245,668	313,326	338,916	354,588	354,588	354,588	354,588	354,588	354,588	354,588	379,380
243,012	270,189	278,865	356,036	379,368	393,342	393,342	393,342	393,342	393,342	393,342	393,342	420,870
275,126	300,159	298,324	380,825	425,388	428,040	428,040	428,040	428,040	428,040	428,040	428,040	457,980
311,895	335,918	337,144	430,599	486,792	507,600	507,600	507,600	507,600	507,600	507,600	507,600	543,120
336,895	367,814	364,216	465,105	520,674	572,400	572,400	572,400	572,400	572,400	572,400	572,400	612,468
369,241	406,074	399,557	510,566	612,679	625,626	625,626	625,626	625,626	625,626	625,626	625,626	656,904
-	-	4,048	4,576	4,320	4,320	4,240	4,240	4,240	4,240	4,679	4,758	4,940
-	-	5,881	6,649	6,277	6,277	6,161	6,161	6,161	6,161	6,194	6,298	6,710
-	-	5,148	5,820	5,493	5,493	5,393	5,393	5,393	5,393	6,286	6,053	6,170
-	-	7,533	8,515	8,039	8,039	7,892	7,892	7,892	7,892	8,393	8,437	8,600
-	-	5,895	6,663	6,290	6,290	6,175	6,175	6,175	6,175	7,009	7,090	7,070
-	-	8,653	9,781	9,233	9,233	9,063	9,063	9,063	9,063	9,364	9,781	9,880
-	-	7,400	8,365	7,897	7,897	7,751	7,751	7,751	7,751	10,199	9,199	8,873
-	-	10,910	12,233	11,643	11,643	11,429	11,429	11,429	11,429	13,713	12,332	12,460
-	-	9,398	10,624	10,030	10,030	9,845	9,845	9,845	9,845	10,674	11,687	11,270
-	-	13,908	15,722	14,842	14,842	14,570	14,570	14,570	14,570	14,359	15,772	15,880
-	-	11,018	12,455	11,758	11,758	11,541	11,541	11,541	11,541	12,509	13,698	13,210
-	-	16,337	18,468	17,434	17,434	17,114	17,114	17,114	17,114	16,864	18,465	18,650

급배수·위생설비 (1)

품 명	규 격	단위	1990	1991	1992	1993	1994	1995	1996
배관재									
배 관 용 탄 소 강 관 (흑관반제품)	호칭 20㎜	m	564	593	650	650	650	682	669
〃	25	〃	846	890	974	974	974	1,024	1,005
〃	32	〃	1,040	1,095	1,198	1,198	1,198	1,259	1,236
〃	40	〃	1,204	1,267	1,415	1,415	1,415	1,457	1,431
〃	50	〃	1,680	1,796	1,936	1,936	1,936	2,032	1,995
〃	65	〃	2,161	2,275	2,490	2,490	2,490	2,615	2,568
〃	80	〃	2,859	3,010	3,295	3,295	3,295	3,459	3,396
〃	100	〃	4,085	4,301	4,706	4,706	4,706	4,941	4,853
〃	125	〃	5,585	5,880	6,434	6,434	6,434	6,755	6,634
〃	150	〃	6,687	7,041	7,706	7,706	7,706	8,091	7,946
(백관반제품)	20	〃	773	815	880	880	880	923	906
〃	25	〃	1,098	1,157	1,247	1,247	1,247	1,310	1,287
〃	32	〃	1,328	1,397	1,508	1,508	1,508	1,583	1,554
〃	40	〃	1,526	1,607	1,734	1,734	1,734	1,820	1,787
〃	50	〃	2,092	2,201	2,374	2,374	2,374	2,490	2,448
〃	65	〃	2,668	2,809	3,029	3,029	3,029	3,181	3,124
〃	80	〃	3,373	3,551	3,830	3,830	3,830	4,022	3,950
〃	100	〃	4,808	5,062	5,458	5,458	5,458	5,732	5,629
〃	125	〃	6,521	6,864	7,403	7,403	7,403	7,774	7,635
〃	150	〃	7,765	8,174	8,816	8,816	8,816	9,258	9,092
	구경 외경 두께(㎜)								
수 도 용 도 복 장 강 관 (아스팔트)	125 139.8×4.4 ㊀	본	60,150	69,150	69,150	69,150	69,150	79,530	79,530
〃	150 165.2 4.4(5) 〃	〃	72,300	82,590	82,590	82,590	82,590	95,400	95,400
〃	200 216.3 5.3(5.8) 〃	〃	104,160	119,790	119,790	119,790	119,790	137 760	137,760
〃	250 267.4 5.8(6.6) 〃	〃	144,540	166,200	166,200	166,200	166,200	191,130	191,130
〃	300 318.5 6.3(6.9) 〃	〃	186,060	212,100	212,100	212,100	212,100	243,900	243,900
〃	350 355.6 6.8(6) 〃	〃	227,610	257,190	257,190	257,190	257,190	295,770	295,770
〃	400 406.4 7.0(6) 〃	〃	260,910	292,200	292,200	292,200	292,200	336,030	336,030
〃	450 457.2 7.1(6) 〃	〃	294,120	326,460	326,460	326,460	326,460	375,420	375,420
〃	500 508.0 7.1(6) 〃	〃	326,610	359,280	359,280	359,280	359,280	413,160	413,160
〃	600 609.6 6.0 〃	〃	390,750	425,910	425,910	425,910	425,910	489,780	489,780
〃	700 711.2 6.0 〃	〃	433,500	468,180	468,180	468,180	468,180	538,410	538,410
〃	700 711.2 7.1(7) 〃	〃	471,720	509,460	509,460	509,460	509,460	585,870	585,870
〃	800 812.8 7.1(7) 〃	〃	559,410	592,980	592,980	592,980	592,980	607,800	607,800
〃	800 812.8 8.0 〃	〃	630,840	668,700	668,700	668,700	668,700	684,930	684,930
〃	900 914.4 7.9(8) 〃	〃	676,590	710,400	710,400	710,400	710,400	816,960	816,960
스테인리스강관 (공업용)	25A (1″)×2.0㎜	m	3,110	3,620	3,084	3,084	3,380	5,319	4,840
〃	〃 3.0	〃	4,090	4,746	4,043	4,043	4,440	6,463	5,860
〃	32A (1¼) 2.0	〃	3,970	4,611	3,927	3,927	4,320	6,514	6,150
〃	〃 3.0	〃	5,260	6,101	5,198	5,198	5,720	7,932	7,500
〃	40A (1½) 2.0	〃	4,810	5,343	4,550	4,550	5,640	7,575	7,040
〃	〃 3.0	〃	6,290	7,082	6,033	6,033	7,500	9,206	8,620
〃	50A (2) 2.0	〃	6,380	7,220	6,151	6,151	6,760	10,240	8,840
〃	〃 3.0	〃	8,570	9,644	8,216	8,216	9,040	12,538	10,870
〃	65A (2½) 2.0	〃	8,030	9,100	7,752	7,752	8,520	12,275	11,230
〃	〃 3.0	〃	10,850	12,207	10,399	10,399	11,440	15,082	13,850
〃	80A (3) 2.0	〃	9,710	10,995	9,365	9,365	10,330	15,590	13,170
〃	〃 3.0	〃	13,140	14,791	12,599	12,599	13,860	19,227	16,270

㈜ 1) 수도용도복장강관은 2012년부터 m당 단가임.
2) ㉤는 가격조사단계가 '메이커→수요자'를 의미함.

1997	1998	1999	2000	2001	2002	2003	2004	2005	2006	2007	2008	2009
759	805	805	805	805	863	881	1,298	1,315	1,305	1,305	2,225	1,667
1,140	1,207	1,207	1,207	1,207	1,307	1,355	1,994	2,020	2,006	2,006	3,421	2,560
1,401	1,487	1,487	1,487	1,487	1,674	1,737	2,557	2,591	2,574	2,574	4,385	3,283
1,622	1,720	1,720	1,720	1,720	1,864	2,000	2,940	2,979	2,959	2,959	5,044	3,775
2,262	2,398	2,398	2,398	2,398	2,615	2,757	4,138	4,193	4,165	4,165	7,099	5,314
2,912	3,087	3,087	3,087	3,087	3,334	3,527	5,288	5,359	5,322	5,322	9,075	6,793
3,851	4,083	4,083	4,083	4,083	4,407	4,578	6,869	6,961	6,914	6,914	11,785	8,825
5,503	5,833	5,833	5,833	5,833	6,297	6,566	9,852	9,985	9,918	9,918	16,907	12,659
7,522	7,973	7,973	7,973	7,973	8,619	8,701	13,050	13,227	13,138	13,138	22,397	16,767
9,011	9,552	9,552	9,552	9,552	10,406	10,339	15,507	15,716	15,611	15,611	26,611	19,922
1,057	1,244	1,244	1,244	1,244	1,345	1,339	1,757	1,774	1,853	2,011	2,994	2,357
1,501	1,766	1,766	1,766	1,766	1,914	1,926	2,563	2,589	2,710	2,900	4,395	3,395
1,812	2,132	2,132	2,132	2,132	2,449	2,468	3,288	3,321	3,478	3,721	5,636	4,356
2,048	2,451	2,451	2,451	2,451	2,655	2,838	3,779	3,818	3,998	4,277	6,481	5,009
2,855	3,360	3,360	3,360	3,360	3,664	3,769	5,320	5,375	5,628	6,022	9,122	7,052
3,643	4,287	4,287	4,287	4,287	4,631	4,821	6,799	6,869	7,192	7,696	11,660	9,012
4,606	5,421	5,421	5,421	5,421	5,854	6,262	8,831	8,923	9,343	9,997	15,143	11,706
6,565	7,727	7,727	7,727	7,727	8,390	8,980	12,667	12,800	13,403	14,340	21,722	16,791
8,905	10,478	10,478	10,478	10,478	11,323	11,894	16,779	16,955	18,051	18,997	25,478	22,244
10,605	12,478	12,478	12,478	12,478	13,472	14,134	19,937	20,147	21,095	22,572	34,192	26,432
79,530	116,400	93,040	93,040	93,040	93,040	102,340	139,300	139,300	139,300	139,300	204,600	204,600
95,400	143,640	111,600	111,600	111,600	111,600	122,760	154,200	154,200	154,200	154,200	227,370	227,370
137,760	207,720	161,700	161,700	161,700	161,700	177,280	222,800	222,800	222,800	222,800	328,570	328,570
191,130	265,140	221,700	221,700	221,700	221,700	243,870	309,100	309,100	309,100	309,100	455,840	455,840
243,900	323,100	283,260	283,260	283,260	283,260	311,580	394,500	394,500	394,500	394,500	581,790	581,790
295,770	399,480	343,090	343,090	343,090	343,090	377,390	478,300	478,300	478,300	478,300	704,000	704,000
336,030	468,840	389,790	389,790	389,790	389,790	428,760	543,400	543,400	543,400	543,400	801,570	801,570
375,420	483,480	431,730	431,730	431,730	431,730	474,900	608,000	608,000	608,000	608,000	896,830	896,830
413,160	527,460	475,140	475,140	475,140	475,140	522,650	669,000	669,000	669,000	669,000	986,700	986,700
489,780	582,060	563,260	563,260	563,260	563,260	619,580	776,000	776,000	776,000	776,000	1,176,890	1,176,890
538,410	663,060	610,000	610,000	610,000	610,000	671,000	918,000	918,000	918,000	918,000	1,337,270	1,337,270
585,870	707,460	667,890	667,890	667,890	667,890	734,670	1,014,000	1,014,000	1,014,000	1,014,000	1,466,850	1,466,850
607,800	815,640	747,990	747,990	747,990	747,990	822,780	1,158,500	1,158,500	1,158,500	1,158,500	1,662,650	1,662,650
684,930	918,360	876,660	876,660	876,660	876,660	964,320	1,267,500	1,267,500	1,267,500	1,267,500	1,888,810	1,888,810
816,960	991,620	946,560	946,560	946,560	946,560	971,900	1,429,500	1,429,500	1,429,500	1,429,500	2,023,230	2,023,230
4,140	4,840	4,840	5,165	5,060	5,410	6,070	6,983	6,103	8,571	9,176	9,075	7,647
5,010	5,860	5,861	6,567	6,460	6,910	7,750	8,878	7,760	11,372	12,174	12,041	10,147
5,270	6,150	6,156	6,569	6,460	6,910	7,750	8,881	7,762	10,901	11,671	11,543	9,727
6,420	7,500	7,506	8,411	8,280	8,870	9,940	11,370	9,937	14,563	15,591	15,420	12,994
6,030	7,040	7,049	7,522	7,380	7,890	8,850	10,169	8,887	12,482	13,363	13,216	11,137
7,380	8,620	8,622	9,660	9,510	10,180	11,420	13,060	11,414	16,727	17,908	17,711	14,925
7,570	8,840	8,848	9,442	9,270	9,920	11,130	12,765	11,157	15,669	16,775	16,591	13,981
9,300	10,870	10,871	12,182	11,980	12,820	14,380	16,468	14,393	21,093	22,582	22,334	18,821
9,620	11,230	11,238	11,993	11,780	12,610	14,140	16,213	14,170	19,901	21,306	21,072	17,757
11,860	13,850	13,175	14,789	14,540	15,560	17,460	19,994	17,474	25,608	25,763	27,115	22,850
11,270	13,170	16,279	14,059	13,820	14,790	16,590	19,006	16,611	23,329	24,976	24,702	20,816
13,930	16,270	16,986	17,372	17,070	18,280	20,500	23,485	20,525	31,584	33,814	33,442	28,182

급배수·위생설비 (1)

품명	규격	단위	2010	2011	2012	2013	2014	2015	2016
배관재									
배관용 탄소강관	호칭 20㎜	m	2,033	2,150	2,150	2,104	2,047	2,042	1,686
〃	25	〃	3,123	3,298	3,298	3,226	3,147	3,140	2,585
(흑관반제품)	32	〃	4,006	4,236	4,236	4,144	4,036	4,027	3,321
〃	40	〃	4,604	4,867	4,867	4,761	4,638	4,628	3,815
〃	50	〃	6,481	6,855	6,885	6,706	6,535	6,520	5,373
〃	65	〃	8,286	8,762	8,762	8,571	8,349	8,330	6,868
〃	80	〃	10,761	11,381	11,381	11,133	10,846	10,821	8,921
〃	100	〃	15,436	16,323	16,323	15,969	15,558	15,522	12,795
〃	125	〃	20,450	21,620	21,620	21,150	20,609	20,562	16,947
〃	150	〃	24,297	25,688	25,688	25,129	24,490	24,434	20,136
(백관반제품)	20	〃	2,703	2,769	2,769	2,739	2,671	2,665	2,171
〃	25	〃	3,935	4,053	4,053	4,009	3,910	3,901	3,177
〃	32	〃	5,050	5,205	5,205	5,149	5,016	5,005	4,080
〃	40	〃	5,801	5,908	5,980	5,915	5,764	5,751	4,687
〃	50	〃	8,168	8,419	8,419	8,328	8,120	8,102	6,600
〃	65	〃	10,443	10,765	10,765	10,648	10,375	10,351	8,439
〃	80	〃	13,560	13,980	13,980	13,828	13,477	13,447	10,959
〃	100	〃	19,452	20,050	20,050	19,832	19,332	19,238	15,717
〃	125	〃	25,770	26,570	26,570	26,281	25,612	25,554	20,827
〃	150	〃	30,620	31,561	31,561	31,217	30,430	30,362	24,739
	구경 외경 두께(㎜)								
수도용 도복장강관	125 139.8×4.4 Ⓘ	본	204,600	211,900	-	-	-	-	-
〃	150 165.2 4.4(5) 〃	〃	227,370	236,600	55,613	55,613	55,613	55,613	-
(아스팔트)	200 216.3 5.3(5.8) 〃	〃	328,570	352,600	81,308	81,308	81,308	81,308	-
〃	250 267.4 5.8(6.6) 〃	〃	455,840	483,400	105,203	105,203	105,203	105,203	-
〃	300 318.5 6.3(6.9) 〃	〃	581,790	616,300	128,558	128,558	128,558	128,558	-
〃	350 355.6 6.8(6) 〃	〃	704,000	577,500	136,748	136,748	136,748	136,748	-
〃	400 406.4 7.0(6) 〃	〃	801,570	661,000	157,050	157,050	157,050	157,050	-
〃	450 457.2 7.1(6) 〃	〃	896,830	744,600	-	-	-	-	-
〃	500 508.0 7.1(6) 〃	〃	986,700	828,200	195,998	195,998	195,998	195,998	-
〃	600 609.6 6.0 〃	〃	1,176,890	940,800	234,428	234,428	234,428	234,428	-
〃	700 711.2 6.0 〃	〃	1,337,270	1,098,500	262,328	262,328	262,328	262,328	-
〃	700 711.2 7.1(7) 〃	〃	1,466,850	1,224,600	-	-	-	-	-
〃	800 812.8 7.1(7) 〃	〃	1,662,650	1,401,000	309,818	309,818	309,818	309,818	-
〃	800 812.8 8.0 〃	〃	1,888,810	1,545,000	-	-	-	-	-
〃	900 914.4 7.9(8) 〃	〃	2,023,230	1,739,400	-	-	-	-	-
스테인리스강관	25A (1″)×2.0㎜	m	8,780	7,922	7,757	7,738	7,425	7,425	7,001
(공업용)	〃 3.0	〃	11,650	10,511	10,291	10,267	9,851	9,851	9,289
〃	32A (1¼) 2.0	〃	11,168	10,076	9,866	9,842	9,444	9,444	8,905
〃	〃 3.0	〃	14,919	13,461	13,180	13,148	12,616	12,616	11,896
〃	40A (1½) 2.0	〃	12,787	11,537	11,296	11,269	10,813	10,813	10,196
〃	〃 3.0	〃	17,137	15,462	15,139	15,103	14,491	14,491	13,664
〃	50A (2) 2.0	〃	16,052	14,484	14,180	14,147	13,574	13,574	12,799
〃	〃 3.0	〃	21,609	19,497	19,089	19,044	18,273	18,273	17,230
〃	65A (2½) 2.0	〃	20,388	18,396	18,011	17,968	17,240	17,240	16,256
〃	〃 3.0	〃	26,235	23,671	23,176	23,121	22,185	22,185	20,919
〃	80A (3) 2.0	〃	23,900	21,565	21,113	21,063	20,211	20,211	19,057
〃	〃 3.0	〃	32,357	29,195	28,584	28,516	27,362	27,362	25,801

주 1) 수도용도복장강관은 2012년부터 m당 단가임.
2) Ⓘ는 가격조사단계가 '메이커→수요자'를 의미함.

2017	2018	2019	2020	2021	2022	2023	2024	2025					
1,753	1,753	1,753	1,753	2,472	2,899	2,427	2,180	2,315					
2,688	2,688	2,688	2,688	3,791	4,446	3,722	3,343	3,550					
3,453	3,453	3,453	3,453	4,870	5,712	4,782	4,295	4,560					
3,967	3,967	3,967	3,967	5,595	6,562	5,493	4,934	5,239					
5,588	5,588	5,588	5,588	7,881	9,242	7,738	6,950	7,379					
7,143	7,143	7,143	7,143	10,073	11,813	9,890	8,883	9,432					
9,278	9,278	9,278	9,278	13,084	15,344	12,846	11,538	12,251					
13,307	13,307	13,307	13,307	18,767	22,008	18,425	16,549	17,572					
17,625	17,625	17,625	17,625	24,856	29,150	24,404	21,919	23,274					
20,941	20,941	20,941	20,941	29,532	34,633	28,995	26,042	27,653					
2,258	2,258	2,258	2,258	3,213	3,821	3,126	2,808	2,981					
3,304	3,304	3,304	3,304	4,703	5,592	4,575	4,109	4,364					
4,243	4,243	4,243	4,243	6,039	7,182	5,876	5,277	5,604					
4,875	4,875	4,875	4,875	6,937	8,250	6,750	6,062	6,437					
6,864	6,864	6,864	6,864	9,768	11,616	9,504	8,536	9,064					
8,776	8,776	8,776	8,776	12,489	14,852	12,152	10,914	11,589					
11,397	11,397	11,397	11,397	16,219	19,287	15,780	14,173	15,050					
16,345	16,345	16,345	16,345	23,261	27,661	22,632	20,327	21,584					
21,660	21,660	21,660	21,660	30,824	36,656	29,991	26,936	28,603					
25,729	25,729	25,729	25,729	36,614	43,541	35,624	31,996	33,975					
-	-	-	-										
-	-	-	-	-	-	-	-	-					
-	-	-	-	-	-	-	-	-					
-	-	-	-	-	-	-	-	-					
-	-	-	-	-	-	-	-	-					
-	-	-	-	-	-	-	-	-					
-	-	-	-	-	-	-	-	-					
-	-	-	-	-	-	-	-	-					
-	-	-	-	-	-	-	-	-					
-	-	-	-	-	-	-	-	-					
-	-	-	-	-	-	-	-	-					
-	-	-	-	-	-	-	-	-					
-	-	-	-	-	-	-	-	-					
-	-	-	-	-	-	-	-	-					
-	-	-	-	-	-	-	-	-					
7,093	7,093	7,093	6,909	8,936	10,778	10,594	10,612	10,803					
9,411	9,411	9,411	9,167	11,856	14,301	14,056	14,080	14,334					
9,022	9,022	9,022	8,788	11,365	13,709	13,475	13,498	13,741					
12,053	12,053	12,053	11,740	15,183	18,314	18,001	18,032	18,357					
10,330	10,330	10,330	10,062	13,013	15,696	15,428	15,454	15,733					
13,844	13,844	13,844	13,484	17,440	21,036	20,676	20,712	21,085					
12,968	12,968	12,968	12,631	16,336	19,705	19,368	19,401	19,751					
17,457	17,457	17,457	17,003	21,991	26,526	26,072	26,117	26,587					
16,470	16,470	16,470	16,043	20,749	25,027	24,599	24,641	25,085					
21,194	21,194	21,194	20,644	26,699	32,204	31,654	31,708	32,279					
19,308	19,308	19,308	18,806	24,323	29,338	28,837	28,886	29,407					
26,140	26,140	26,140	25,461	32,930	39,720	39,041	39,107	39,812					

급배수·위생설비 (2)

품명	규격	단위	1970	1971	1972	1973	1974	1975	1976
배관재									
스테인리스강관	100A (4″)×2.0㎜	m	-	-	-	-	-	-	-
(공업용)	〃 3.0	〃	-	-	-	-	-	-	-
〃	〃 4.0	〃	-	-	-	-	-	-	-
〃	〃 5.0	〃	-	-	-	-	-	-	-
〃	125A (5″)×3.0	〃	-	-	-	-	-	-	-
〃	〃 4.0	〃	-	-	-	-	-	-	-
〃	〃 5.0	〃	-	-	-	-	-	-	-
〃	150A (6″)×3.0	〃	-	-	-	-	-	-	-
〃	〃 4.0	〃	-	-	-	-	-	-	-
〃	〃 5.0	〃	-	-	-	-	-	-	-
	호칭경 외경 두께(㎜)								
동 파 이 프	15A 15.88×1.24	〃							-
(K형)	19 19.05 1.24	〃							-
〃	20 22.22 1.65	〃							-
〃	25 28.58 1.65	〃							-
〃	32 34.92 1.65	〃							-
〃	40 41.28 1.83	〃							-
〃	50 53.98 2.11	〃							-
〃	65 66.68 2.41	〃							-
〃	80 79.38 2.77	〃							-
(L형)	15A 15.88×1.02	〃							-
〃	19 19.05 1.07	〃							-
〃	20 22.22 1.14	〃							-
〃	25 28.58 1.27	〃							-
〃	32 34.92 1.40	〃							-
〃	40 41.28 1.52	〃	-	-	-	-	-	-	-
〃	50 53.98 1.78	〃	-	-	-	-	-	-	-
〃	65 66.68 2.03	〃	-	-	-	-	-	-	-
〃	80 79.38 2.29	〃	-	-	-	-	-	-	-
(M형)	15A 15.88×0.71	〃	-	-	-	-	-	-	-
〃	19 19.05 0.90	〃	-	-	-	-	-	-	-
〃	20 22.22 0.81	〃	-	-	-	-	-	-	-
〃	25 28.58 0.89	〃	-	-	-	-	-	-	-
〃	32 34.92 1.07	〃	-	-	-	-	-	-	-
〃	40 41.28 1.24	〃	-	-	-	-	-	-	-
〃	50 53.98 1.47	〃	-	-	-	-	-	-	-
〃	65 66.68 1.65	〃	-	-	-	-	-	-	-
〃	80 79.38 1.83	〃	-	-	-	-	-	-	-
P V C 파 이 프	호칭경 13㎜	본	62	53	53	72	104	149	214
(수도용직관)	16	〃	75	76	76	76	-	-	316
〃	20	〃	96	92	92	130	187	268	383
〃	25	〃	140	138	138	138	-	-	554
〃	30	〃	170	170	170	229	328	469	670
〃	40	〃	245	228	228	228	-	684	978
〃	50	〃	345	328	328	328	679	971	1,388
〃	65	〃	457	424	424	424	-	-	-
〃	75	〃	680	624	624	624	1,344	1,907	2,725
〃	100	〃	-	1,076	1,076	1,076	1,067	2,954	4,220

〈참고1〉 관류 단중(㎏/m) 구하는 공식

※ 배관용 탄소강관 단중(㎏/m) 환산공식
A=[외경(㎜)-두께(㎜)]×두께(㎜)×0.02466
(응용 : A=1m의 중량, A÷배관용 탄소강관 중량=길이)

※ 스테인리스강관 단중(㎏/m) 환산공식
A=[외경(㎜)-두께(㎜)]×두께(㎜)×비중×π×1/1,000
(STS304비중 : 7.93, STS316비중 : 7.98)

※ 동파이프 단중(㎏/m) 환산공식
A=[외경(㎜)-두께(㎜)]×두께(㎜)×0.02808

〈참고2〉 급배수 자재 용어에 대한 해설

※ 완제품 : 반제품(강관)의 끝면에 나사를 쳐서 소켓을 끼우고 다른쪽 끝면에는 비닐캡으로 싼 것을 의미한다.

※ 本(본) : 일반적으로 관(管)에서 사용되는데 PVC파이프의 경우 1본 = 4m를 의미한다.

※ : 가격조사단계가 '메이커 → 수요자'와 같이 대리점이나 도매상을 거치지 않는 것을 의미한다.

㈜ PVC파이프의 경우 2010년부터 백색 KS제품 단가 적용.

1977	1978	1979	1980	1981	1982	1983	1984	1985	1986	1987	1988	1989
-	-	14,205	16,058	15,177	15,177	14,880	14,880	14,880	14,880	16,131	17,663	17,000
-	-	21,119	27,546	22,538	22,538	22,122	22,122	22,122	22,122	21,800	23,870	24,100
-	-	27,905	36,399	29,780	29,780	31,568	31,568	31,568	31,568	28,810	31,541	31,870
-	-	34,566	45,086	-	-	40,989	40,989	40,989	40,989	38,184	41,804	40,260
-	-	25,958	33,858	27,701	27,701	27,189	27,189	27,189	27,189	26,796	29,339	29,640
-	-	34,357	44,814	36,665	36,665	38,865	38,865	38,865	38,865	35,470	38,833	39,460
-	-	42,630	55,605	-	-	50,550	50,550	50,550	50,550	47,092	51,557	49,660
-	-	30,777	40,144	-	-	32,237	32,237	32,237	32,237	28,684	34,787	35,150
-	-	40,783	53,196	43,523	43,523	46,135	46,135	46,135	46,135	31,771	46,097	46,580
-	-	50,663	66,082	54,067	54,067	60,075	60,075	60,075	60,075	55,966	61,237	59,021
-	-	-	-	-	-	1,530	1,491	1,382	1,327	1,544	1,814	1,804
-	-	-	-	-	-	1,840	1,798	1,672	1,606	1,857	2,192	2,192
-	-	-	-	-	-	2,815	2,742	2,553	2,456	2,840	3,348	3,337
-	-	-	-	-	-	3,670	3,570	3,323	3,196	3,704	4,363	4,363
-	-	-	-	-	-	4,485	4,364	4,047	3,901	4,525	5,335	5,324
-	-	-	-	-	-	5,905	5,753	5,342	5,147	5,961	7,042	7,020
-	-	-	-	-	-	8,935	8,700	8,086	7,781	9,020	10,638	10,627
-	-	-	-	-	-	12,800	12,471	11,601	11,167	12,916	15,217	15,196
-	-	-	-	-	-	17,730	17,284	16,084	15,507	17,895	21,094	21,017
-	-	-	-	-	-	1,275	1,245	1,159	1,121	1,285	1,512	1,502
-	-	-	-	-	-	1,605	1,566	1,460	1,402	1,620	1,912	1,812
-	-	-	-	-	-	1,990	1,943	1,806	1,738	2,008	2,365	1,365
-	-	-	-	-	-	2,855	2,782	2,586	2,489	2,883	3,402	3,391
-	-	-	-	-	-	3,840	3,740	3,479	3,341	3,877	4,579	4,568
-	-	-	-	-	-	4,954	4,816	4,471	4,305	4,989	5,897	5,886
-	-	-	-	-	-	7,800	7,394	6,870	6,615	7,668	9,050	9,029
-	-	-	-	-	-	10,860	10,579	9,837	9,475	10,962	12,917	12,895
-	-	-	-	-	-	14,775	14,384	13,386	12,906	14,893	17,518	17,485
-	-	-	-	-	-	910	889	824	790	918	1,080	1,080
-	-	-	-	-	-	1,370	1,342	1,248	1,194	1,393	1,631	1,631
-	-	-	-	-	-	1,445	1,412	1,315	1,261	1,458	1,791	1,717
-	-	-	-	-	-	2,045	1,992	1,851	1,774	2,062	2,430	2,430
-	-	-	-	-	-	2,985	2,913	2,709	2,599	3,013	3,553	3,553
-	-	-	-	-	-	4,045	3,938	3,657	3,502	4,082	4,817	4,806
-	-	-	-	-	-	6,365	6,198	5,755	5,522	6,426	7,571	7,560
-	-	-	-	-	-	8,925	8,699	8,086	7,753	9,007	40,595	10,584
-	-	-	-	-	-	11,950	11,663	10,864	10,418	12,063	14,180	14,159
307	307	464	640	828	776	776	664	664	632	653	783	768
452	452	684	944	1,220	1,142	1,142	981	981	932	1,050	1,154	1,132
548	548	828	1,140	1,480	1,383	1,383	1,188	1,188	1,128	1,160	1,399	1,368
792	792	1,196	1,648	2,136	1,999	1,999	1,716	1,716	1,636	1,676	2,019	1,980
958	958	1,448	1,996	2,588	2,418	2,418	2,076	2,076	1,972	2,030	2,443	2,392
1,398	1,398	2,112	2,912	3,780	3,529	3,529	3,027	3,027	2,888	2,961	3,565	3,492
1,984	1,984	2,940	4,128	5,360	5,006	5,006	4,294	4,294	4,096	4,201	5,059	4,956
-	-	4,332	6,084	7,828	7,376	7,376	6,327	6,327	6,040	6,190	7,454	7,300
3,893	3,893	5,768	8,104	10,432	9,825	9,825	8,430	8,430	8,040	8,245	9,926	9,724
6,029	6,029	8,932	12,544	16,148	15,211	15,211	13,050	13,050	12,452	12,762	15,369	15,056

급배수·위생설비 (2)

품 명	규 격	단위	1990	1991	1992	1993	1994	1995	1996
배관재									
스테인리스강관	100A (4″)×2.0㎜	m	13,020	14,737	12,554	12,554	13,800	20,900	16,980
(공업용)	〃 3.0	〃	17,680	19,894	16,947	16,947	18,640	25,863	21,040
〃	〃 4.0	〃	23,340	26,258	22,367	22,367	24,600	35,882	27,800
〃	〃 5.0	〃	29,450	34,760	29,610	29,610	32,570	42,545	36,850
〃	125A (5″)×3.0	〃	24,530	27,602	23,513	23,513	25,860	34,134	25,860
〃	〃 4.0	〃	32,470	36,534	31,122	31,122	34,230	45,186	34,230
〃	〃 5.0	〃	41,090	48,503	41,319	41,319	48,750	47,494	45,450
〃	150A (6″)×3.0	〃	29,090	32,727	27,879	27,879	30,650	33,055	30,660
〃	〃 4.0	〃	38,540	43,367	36,943	36,943	40,630	56,377	40,630
〃	〃 5.0	〃	48,840	57,644	49,104	49,104	54,010	74,937	54,010
	호칭경 외경 두께(㎜)								
동 파 이 프	15A 15.88×1.24	〃	1,814	1,755	1,710	1,419	1,880	2,020	1,690
(K형)	19 19.05 1.24	〃	2,192	2,125	2,070	1,715	2,270	2,440	2,050
〃	20 22.22 1.65	〃	3,358	3,234	3,170	2,612	3,470	3,730	3,130
〃	25 28.58 1.65	〃	4,374	4,217	4,130	3,400	4,520	4,870	4,080
〃	32 34.92 1.65	〃	5,356	5,169	5,030	4,377	5,540	5,960	4,990
〃	40 41.28 1.83	〃	7,063	6,807	6,650	5,768	7,300	7,870	6,580
〃	50 53.98 2.11	〃	10,681	10,285	10,040	8,716	11,040	11,890	9,950
〃	65 66.68 2.41	〃	15,271	14,735	14,370	12,394	15,800	16,980	14,220
〃	80 79.38 2.77	〃	21,114	20,379	19,890	17,156	21,840	23,470	19,670
(L형)	15A 15.88×1.02	〃	1,522	1,459	1,420	1,193	1,570	1,680	1,410
〃	19 19.05 1.07	〃	1,911	1,850	1,800	1,498	1,980	2,120	1,780
〃	20 22.22 1.14	〃	2,376	2,294	2,240	1,853	2,450	2,640	2,210
〃	25 28.58 1.27	〃	3,412	3,287	3,200	2,652	3,520	3,800	3,180
〃	32 34.92 1.40	〃	4,590	4,429	4,330	3,746	4,750	5,120	4,280
〃	40 41.28 1.52	〃	5,907	5,708	5,560	4,830	6,120	6,580	5,510
〃	50 53.98 1.78	〃	9,072	8,752	8,530	7,414	9,380	10,110	8,640
〃	65 66.68 2.03	〃	12,949	12,494	12,200	10,510	13,400	14,410	12,070
〃	80 79.38 2.29	〃	17,571	16,965	16,550	14,277	18,170	19,540	16,370
(M형)	15A 15.88×0.71	〃	1,080	1,046	1,020	847	1,120	1,200	1,010
〃	19 19.05 0.90	〃	1,630	1,586	1,530	1,280	1,690	1,820	1,520
〃	20 22.22 0.81	〃	1,728	1,659	1,610	1,350	1,780	1,910	1,610
〃	25 28.58 0.89	〃	2,440	2,357	2,290	1,893	2,520	2,710	2,270
〃	32 34.92 1.07	〃	3,564	3,446	3,370	2,918	3,700	3,970	3,330
〃	40 41.28 1.24	〃	4,838	4,661	4,540	3,973	5,030	5,410	4,530
〃	50 53.98 1.47	〃	7,592	7,325	7,140	6,200	7,850	8,450	7,070
〃	65 66.68 1.65	〃	10,627	10,253	10,000	8,637	10,990	11,830	9,900
〃	80 79.38 1.83	〃	14,223	13,730	13,390	11,565	14,710	15,800	13,250
P V C 파 이 프	호칭경 13㎜	본	823	770	770	721	826	1,001	870
(수도용직관)	16	〃	1,217	1,130	1,130	1,063	1,217	1,472	1,280
〃	20	〃	1,475	1,370	1,370	1,287	1,474	1,783	1,550
〃	25	〃	2,141	1,970	1,970	1,860	2,130	2,576	2,240
〃	30	〃	2,592	2,390	2,390	2,250	2,576	3,117	2,710
〃	40	〃	3,786	3,480	3,480	3,287	3,764	4,548	3,960
〃	50	〃	5,375	4,940	4,940	4,657	5,332	6,452	5,610
〃	65	〃	7,923	7,270	7,270	6,859	7,854	9,505	8,270
〃	75	〃	10,559	9,690	9,690	9,143	10,469	12,662	11,010
〃	100	〃	16,352	15,000	15,000	14,150	16,202	19,602	17,050

㈜ PVC파이프의 경우 2010년부터 백색 KS제품 단가 적용.

1997	1998	1999	2000	2001	2002	2003	2004	2005	2006	2007	2008	2009
14,540	16,980	21,043	18,126	17,800	19,060	21,380	24,505	21,417	30,079	32,202	31,848	26,839
18,010	21,040	21,040	22,457	22,080	23,640	26,520	30,359	26,533	40,828	43,710	43,230	36,431
23,800	27,800	27,806	29,674	30,223	32,370	36,310	40,115	35,509	53,949	57,757	57,122	48,138
28,520	33,310	36,852	39,329	38,660	41,410	46,450	53,167	46,466	68,097	72,904	72,103	60,763
22,140	25,860	25,864	27,602	27,140	29,070	32,600	37,314	32,612	50,182	53,725	53,134	44,777
29,300	34,230	34,234	36,534	35,910	38,460	43,140	49,389	43,164	66,421	71,109	70,328	59,267
35,140	41,050	45,451	48,503	47,690	51,090	57,300	65,571	57,307	83,984	89,913	88,925	74,939
26,250	30,660	30,667	32,727	32,170	34,460	38,650	44,242	38,667	59,500	63,700	63,000	53,091
34,790	40,630	40,637	43,367	42,640	45,670	51,220	58,626	51,238	78,844	84,410	83,482	70,352
41,740	48,760	54,014	57,643	56,670	60,710	68,080	77,926	68,105	99,809	106,855	105,681	89,059
1,890	2,050	2,020	2,040	1,900	1,670	1,940	2,700	3,180	4,860	4,910	4,530	4,960
2,290	2,480	2,450	2,470	2,310	2,030	2,350	3,280	3,860	5,910	5,970	5,500	6,040
3,500	3,780	3,750	3,770	3,520	3,130	3,620	5,050	5,940	9,090	9,180	8,460	9,280
4,570	4,940	4,890	4,930	4,600	4,110	4,750	6,620	7,790	11,920	12,050	11,100	12,180
5,590	5,050	5,980	6,020	5,620	5,060	5,850	8,160	9,600	14,680	14,840	13,680	15,000
7,370	7,980	7,880	7,940	6,660	6,670	7,720	10,760	12,650	19,360	19,570	18,030	19,780
11,140	12,060	11,910	12,000	11,210	10,090	11,680	16,270	19,140	29,280	29,590	27,270	29,910
15,940	17,230	17,050	17,180	16,030	14,300	16,550	23,050	27,120	41,490	41,930	38,650	42,380
22,030	23,790	23,540	21,580	22,150	19,600	22,670	31,590	37,160	56,840	57,460	52,950	58,070
1,580	1,710	1,690	1,700	1,600	1,400	1,620	2,250	2,650	4,060	4,100	3,780	4,150
1,990	2,160	2,130	2,150	2,010	1,770	2,050	2,860	3,360	5,150	5,200	4,790	5,260
2,480	2,680	2,650	2,670	2,500	2,210	2,560	3,570	4,200	6,430	6,500	5,990	6,570
3,550	3,850	3,810	3,840	3,580	3,200	3,700	5,160	6,070	9,280	9,390	8,650	9,490
4,800	5,180	5,120	5,160	4,820	4,340	5,020	6,990	8,230	12,590	12,720	11,720	12,860
6,170	6,680	6,600	6,650	6,200	5,590	6,460	9,010	10,600	16,210	16,390	15,100	16,560
9,470	10,250	10,130	10,210	9,540	8,580	9,930	13,830	16,270	24,890	25,160	23,190	25,430
13,520	16,610	14,460	14,580	13,600	12,130	14,040	19,550	23,010	35,190	35,570	32,780	35,950
18,430	19,800	19,590	19,740	18,440	16,310	18,870	26,290	30,930	47,300	47,820	44,070	48,330
1,130	1,220	1,200	1,210	1,130	990	1,140	1,600	1,880	2,880	2,910	2,680	2,940
1,710	1,850	1,820	1,840	1,720	1,500	1,740	2,430	2,860	4,370	4,420	4,070	4,470
1,800	1,950	1,920	1,940	1,820	1,600	1,850	2,580	3,030	4,640	4,690	4,320	4,740
2,540	2,750	2,720	2,740	2,560	2,270	2,630	3,660	4,310	6,600	6,670	6,140	6,740
3,730	4,030	3,990	4,020	3,750	3,350	3,880	5,400	6,360	9,720	9,830	9,060	9,940
5,070	5,490	5,430	5,480	5,100	4,570	5,280	7,360	8,660	13,250	13,400	12,350	13,540
7,920	8,570	8,480	8,550	7,980	7,130	8,250	11,500	13,530	20,690	20,920	19,280	21,140
11,090	11,990	11,860	11,950	11,150	9,890	11,450	15,950	18,770	28,710	29,020	26,740	29,330
14,840	16,020	15,840	15,960	14,930	13,120	15,180	21,140	24,880	38,050	38,460	35,450	38,880
870	1,040	1,090	1,140	1,230	-	-	-	-	-	-	-	-
1,280	1,530	1,600	1,680	1,810	1,800	1,760	2,084	1,970	1,870	1,930	2,120	2,120
1,550	1,860	1,940	2,040	2,190	2,190	2,140	2,524	2,390	2,270	2,340	2,570	2,570
2,240	2,680	2,810	2,950	3,170	3,160	3,090	3,648	3,460	3,280	3,390	3,720	3,720
2,710	3,250	3,400	3,570	3,830	3,660	3,570	4,212	4,000	3,790	3,910	4,300	4,300
3,960	4,740	4,960	5,220	5,600	5,340	5,210	6,148	5,840	5,530	5,710	6,280	6,280
5,610	6,730	7,040	7,490	7,940	7,220	7,050	8,304	7,880	7,470	7,720	8,490	8,490
8,270	9,910	10,380	11,040	11,700	10,960	10,710	12,600	11,970	11,340	11,710	12,880	12,880
11,010	13,210	13,820	14,700	15,590	14,590	14,260	16,784	15,940	15,100	15,600	17,160	17,160
17,050	20,450	21,400	22,490	24,130	21,940	21,430	25,228	23,960	22,700	23,460	25,800	25,800

급배수·위생설비 (2)

품 명	규 격	단위	2010	2011	2012	2013	2014	2015	2016
배관재									
스테인리스강관	100A (4″)×2.0㎜	m	30,815	27,804	27,222	27,157	26,058	26,058	24,571
(공업용)	〃 3.0	〃	41,828	37,741	36,951	36,863	35,371	35,371	33,352
〃	〃 4.0	〃	55,269	49,869	48,825	48,709	46,737	46,737	44,070
〃	〃 5.0	〃	69,765	62,948	61,630	61,484	58,995	58,995	55,628
〃	125A (5″)×3.0	〃	51,411	46,387	45,417	45,309	43,475	43,475	40,993
〃	〃 4.0	〃	68,047	61,398	60,113	59,970	57,543	57,543	54,259
〃	〃 5.0	〃	86,041	77,633	76,009	75,828	72,759	72,759	68,606
〃	150A (6″)×3.0	〃	60,957	55,000	53,849	53,721	51,547	51,547	48,605
〃	〃 4.0	〃	80,775	72,882	71,356	71,187	68,306	68,306	64,407
〃	〃 5.0	〃	102,253	92,262	90,331	90,116	86,469	86,469	81,534
	호칭경 외경 두께(㎜)								
동 파 이 프	15A 15.88×1.24	〃	6,000	5,300	5,540	4,840	4,660	3,980	3,910
(K형)	19 19.05 1.24	〃	7,290	6,450	6,730	5,890	5,660	4,840	4,750
〃	20 22.22 1.65	〃	11,210	9,910	10,350	9,050	8,700	7,450	7,300
〃	25 28.58 1.65	〃	14,710	13,000	13,580	11,880	11,420	9,760	9,570
〃	32 34.92 1.65	〃	18,120	16,020	16,730	14,630	14,070	12,050	11,820
〃	40 41.28 1.83	〃	23,890	21,120	22,050	19,290	18,550	15,860	15,550
〃	50 53.98 2.11	〃	36,130	31,940	33,350	29,180	28,050	24,030	23,570
〃	65 66.68 2.41	〃	51,190	45,270	47,260	41,350	39,750	34,010	33,350
〃	80 79.38 2.77	〃	70,140	62,020	64,760	56,650	54,460	46,600	45,700
(L형)	15A 15.88×1.02	〃	5,010	4,430	4,620	4,040	3,890	3,330	3,260
〃	19 19.05 1.07	〃	6,350	5,620	5,860	5,130	4,930	4,220	4,140
〃	20 22.22 1.14	〃	7,940	7,020	7,330	6,410	6,160	5,270	5,170
〃	25 28.58 1.27	〃	11,460	10,130	10,580	9,250	8,900	7,610	7,460
〃	32 34.92 1.40	〃	15,530	13,730	14,340	12,520	12,040	10,300	10,100
〃	40 41.28 1.52	〃	20,000	17,690	18,470	16,130	15,500	13,270	13,010
〃	50 53.98 1.78	〃	30,710	27,160	28,360	24,810	23,850	20,410	20,010
〃	65 66.68 2.03	〃	43,430	38,400	40,090	35,030	33,680	28,320	28,260
〃	80 79.38 2.29	〃	58,370	51,610	53,890	47,130	45,300	38,770	38,020
(M형)	15A 15.88×0.71	〃	3,550	3,140	3,280	2,870	2,760	2,360	2,310
〃	19 19.05 0.90	〃	5,400	4,770	4,980	4,360	4,190	3,580	3,510
〃	20 22.22 0.81	〃	5,730	5,060	5,290	4,620	4,440	3,800	3,730
〃	25 28.58 0.89	〃	8,140	7,200	7,510	6,570	6,320	5,410	5,300
〃	32 34.92 1.07	〃	12,000	10,610	11,080	9,690	9,320	7,950	7,800
〃	40 41.28 1.24	〃	16,360	14,460	15,100	13,210	12,700	10,900	10,690
〃	50 53.98 1.47	〃	25,540	22,580	23,570	20,620	19,830	16,950	16,620
〃	65 66.68 1.65	〃	35,420	31,320	32,700	28,610	27,500	23,560	23,110
〃	80 79.38 1.83	〃	46,960	41,520	43,350	37,920	36,460	31,170	30,560
P V C 파 이 프	호칭경 13㎜	본	-	-	-	-	-	-	-
(수도용직관)	16	〃	2,580	2,580	2,550	2,560	2,580	2,580	2,420
〃	20	〃	3,130	3,130	3,090	3,110	3,140	3,140	2,980
〃	25	〃	4,530	4,520	4,470	4,510	4,550	4,550	4,410
〃	30	〃	5,250	5,240	5,170	5,210	5,260	5,260	5,180
〃	40	〃	7,650	7,650	7,560	7,620	7,690	7,690	7,720
〃	50	〃	10,350	10,330	10,210	10,300	10,400	10,400	10,810
〃	65	〃	15,710	15,680	15,510	15,640	15,790	15,790	16,000
〃	75	〃	20,940	20,900	20,670	20,850	21,050	21,050	21,300
〃	100	〃	31,500	31,350	31,010	31,290	31,600	31,600	32,010

주 PVC파이프의 경우 2010년부터 백색 KS제품 단가 적용.

2017	2018	2019	2020	2021	2022	2023	2024	2025					
24,894	24,894	24,894	24,248	31,360	37,827	37,180	37,244	37,915					
33,791	33,791	33,791	32,913	42,568	51,345	50,467	50,554	51,465					
44,650	44,650	44,650	43,490	56,247	67,845	66,685	66,799	68,003					
56,360	56,360	56,360	54,896	70,999	85,638	84,174	84,318	85,838					
41,533	41,533	41,533	40,454	52,321	63,109	62,030	62,136	63,256					
54,973	54,973	54,973	53,545	69,251	83,530	82,102	82,243	83,725					
69,509	69,509	69,509	67,704	87,563	105,618	103,812	103,990	105,864					
49,244	49,244	49,244	47,965	62,035	74,826	73,547	73,673	75,001					
65,255	65,255	65,255	63,560	82,204	99,153	97,459	97,625	99,384					
82,606	82,606	82,606	80,461	104,063	125,519	123,374	123,585	125,812					
5,450	5,140	5,010	5,560	8,180	8,120	8,040	9,130	9,400					
6,630	6,250	6,090	6,760	9,940	9,870	9,770	11,100	11,430					
10,200	9,620	9,360	10,400	15,290	15,170	15,020	17,070	17,570					
13,350	12,590	12,270	13,620	20,020	19,870	19,670	22,350	23,010					
16,500	15,560	15,160	16,820	24,740	24,550	24,310	27,620	28,440					
21,700	20,470	19,930	22,130	32,540	32,290	31,970	36,330	37,400					
32,900	31,030	30,220	33,540	49,320	48,950	48,460	55,070	56,690					
46,560	43,910	42,760	47,470	69,800	69,270	68,580	77,930	80,230					
63,790	60,160	58,590	65,040	95,630	94,900	93,960	106,770	109,920					
4,560	4,300	4,180	4,640	6,830	6,780	6,710	7,630	7,850					
5,780	5,450	5,310	5,890	8,670	8,600	8,510	9,680	9,960					
7,220	6,810	6,630	7,360	10,830	10,740	10,640	12,090	12,450					
10,420	9,830	9,570	10,630	15,620	15,510	15,350	17,450	17,960					
14,100	13,300	12,950	14,380	21,140	20,980	20,980	20,980	24,300					
18,160	17,130	16,680	18,520	27,230	27,020	26,760	30,400	31,300					
27,930	26,340	25,660	28,480	41,880	41,560	41,150	46,760	48,130					
39,450	37,210	36,230	40,220	59,140	58,690	58,110	66,030	67,980					
53,070	50,050	48,740	54,110	79,550	78,950	78,170	88,820	91,440					
3,230	3,050	2,970	3,300	4,850	4,810	4,760	5,410	5,570					
4,910	4,630	4,510	5,000	7,360	7,300	7,230	8,220	8,460					
5,210	4,910	4,780	5,310	7,810	7,750	7,670	8,720	8,980					
7,400	6,980	6,800	7,550	11,100	11,010	10,900	12,390	12,760					
10,890	10,270	10,000	11,100	16,320	16,200	16,040	18,220	18,760					
14,920	14,070	13,710	15,210	22,370	22,200	21,980	24,980	25,710					
23,200	21,880	21,310	23,660	34,780	34,520	34,180	38,840	39,980					
32,250	30,420	29,620	32,890	48,350	47,980	47,510	53,990	55,580					
42,660	40,240	39,180	43,500	63,960	63,470	62,840	71,410	73,510					
-	-	-	-	-	-	-	-	-					
2,420	2,610	2,980	2,980	3,700	3,339	3,230	3,230	3,230					
2,980	3,210	3,620	3,620	4,490	4,011	4,590	4,590	4,590					
4,410	4,760	4,950	4,950	6,140	5,838	6,720	6,720	6,720					
5,180	5,590	6,050	6,050	7,500	6,983	9,200	9,200	9,200					
7,720	8,330	8,340	8,340	10,350	10,290	11,900	11,900	11,900					
10,810	11,670	11,540	11,540	14,340	14,658	17,690	17,690	17,690					
16,000	17,280	18,000	18,000	22,360	21,431	30,110	30,110	30,110					
21,300	23,000	24,210	24,210	30,090	28,581	40,880	40,880	40,880					
32,010	34,570	36,240	36,240	45,040	44,562	54,790	54,790	54,790					

급배수·위생설비 (3)

품명	규격	단위	1970	1971	1972	1973	1974	1975	1976
배관재									
PVC파이프	호칭경 30㎜	본	-	-	-	-	-	-	862
(VG[1])	35	〃	-	-	-	-	-	-	962
〃	40	〃	-	-	-	-	-	-	1,258
〃	50	〃	-	-	-	-	-	-	1,785
〃	65	〃	-	-	-	-	-	-	2,299
〃	75	〃	-	-	-	-	-	-	3,283
〃	100	〃	-	-	-	-	-	-	5,355
(VG[2])	35	〃	-	-	-	-	-	-	570
〃	40	〃	-	-	-	-	-	-	657
〃	50	〃	-	-	-	-	-	-	828
〃	65	〃	-	-	-	-	-	-	1,312
〃	75	〃	-	-	-	-	-	-	1,844
〃	100	〃	-	-	-	-	-	-	2,763
〃	125	〃	-	-	-	-	-	-	4,358
〃	150	〃	-	-	-	-	-	-	5,462
폴리에틸렌	(고밀도)13(16)㎜	m						-	-
파이프	20	〃						-	-
(수도관)	25	〃						-	-
〃	30	〃						-	-
〃	40	〃						-	-
〃	50	〃						-	-
(일반관)	20	〃						-	-
〃	25	〃						-	-
〃	30	〃						-	-
〃	40	〃						-	-
〃	50	〃						-	-
〃	65	〃						-	-
〃	75	〃						-	-
〃	100	〃						-	-
〃	125	〃						-	-
〃	350	〃						-	-
〃	400	〃						-	-
(압력관2종)	(7kg) 65	〃						-	-
〃	〃 75	〃						-	-
〃	〃 100	〃						-	-
〃	〃 125	〃						-	-
〃	〃 150	〃						-	-
(압력관1종)	(8kg) 65	〃	-	-	-	-	-	-	-
〃	〃 75	〃	-	-	-	-	-	-	-
〃	〃 100	〃	-	-	-	-	-	-	-
〃	〃 125	〃	-	-	-	-	-	-	-
〃	〃 150	〃	-	-	-	-	-	-	-

※주요파이프 해설 및 용도

〈일반배관용탄소강관〉
1. 해설:사용압력이 비교적 낮은 배관에 사용하며, 증기, 물, 기름, 가스, 공기 등의 배관에 주로 쓰임.
2. 용도:상하수용, 공업용수용, 관개용수용, 석유 및 가스수송용, 저수용, 소화전용, 선박용배관

〈동파이프〉
1. 해설:전신 가공한 단면이 둥근형인 이음매 없는 동 및 동합금 관.
2. 용도:음용수배관, 냉난방, 가스, 배수, 급탕, 의료, 소화배관 등

〈일반배관용스테인리스강관〉
1. 해설:최고사용압력 10kgf/㎠(10bar)이하의 급수, 급탕, 배수, 냉온수 배관 및 기타 배관에 사용
2. 용도 1)STS 304 TPD-통상의 급수, 급탕, 배수, 냉온수 등의 배관용.
   2)STS 316 TPD-수질환경 등에서 STS304보다 높은 내식성이 요구되는 경우에 사용.

〈일반용경질염화비닐관〉(PVC파이프)
1. 해설:KS C 8431(경질 비닐 전선관) 및 KS M 3401(수도용 경질염화비닐관)을 제외한 일반 유체 수송용 경질염화비닐관.
2. 용도 1)VG1: ①산,알카리,염류 등 약품수송용 및 염 배수용
   ②옥내외 전화전선 보호관 및 지하매설 보호관
   2)VG2 :하수도 배수용 및 배수, 배기관용

〈일반용폴리에틸렌파이프〉(PE파이프)
1. 해설:일반용으로 사용하는 폴리에틸렌 관.
2. 용도:수도용, 농업용, 전선용, 오폐수(하수)처리용, 공업용, 레저산업용, 해수용, 광산용

〈폴리부틸렌파이프〉(PB파이프)
1. 해설:온도 95도 이하의 물에 사용하는 폴리부틸렌 관..
2. 용도:급수 및 온수배관, 난방용, 공업용, 농업용, 제설용, 온천용, 소방용, 태양열주택용 등

주 1) PVC파이프의 경우 2010년부터 백색 KS제품 단가 적용.
2) 폴리에틸렌파이프(수도관)는 1999년부터 13㎜에서 16㎜로 변경됨.

1977	1978	1979	1980	1981	1982	1983	1984	1985	1986	1987	1988	1989
958	958	1,448	1,996	2,588	2,418	2,418	2,076	2,076	1,974	2,074	2,443	2,443
1,069	1,069	1,616	2,228	2,892	2,700	2,700	2,330	2,330	2,208	2,315	2,729	2,729
1,398	1,398	2,112	2,912	3,780	3,529	3,529	3,027	3,027	2,889	3,027	3,565	3,565
1,984	1,984	2,940	4,128	5,360	5,006	5,006	4,294	4,294	4,099	4,295	5,059	5,059
2,555	2,555	3,784	5,316	6,844	6,448	6,448	5,530	5,530	5,279	5,530	6,515	6,515
3,648	3,648	5,404	8,104	10,432	9,205	9,205	8,430	8,430	8,043	8,427	9,926	9,926
5,950	5,950	8,816	12,544	16,148	15,015	15,015	13,050	13,050	12,453	13,046	15,369	15,369
634	634	956	1,320	1,712	1,602	1,602	1,372	1,372	1,308	1,343	1,619	1,619
730	730	1,110	1,520	1,792	1,843	1,843	1,579	1,579	1,508	1,547	1,860	1,860
921	921	1,364	1,916	2,488	2,325	2,325	1,997	1,997	1,900	1,951	2,350	2,350
1,458	1,458	2,160	3,036	3,944	3,681	3,681	3,159	3,159	3,008	3,278	3,720	3,720
2,049	2,049	3,036	4,264	5,540	5,171	5,171	4,435	4,435	4,232	4,301	5,226	5,226
3,071	3,071	4,552	6,392	8,304	7,750	7,750	6,648	6,648	6,344	6,502	7,829	7,829
4,843	4,843	7,176	10,080	13,100	12,221	12,221	10,485	10,485	10,000	10,246	12,337	12,337
6,969	6,969	10,324	14,504	18,848	17,585	17,585	15,078	15,078	14,400	14,755	17,768	17,768
-	138	173	200	200	200	200	200	213	199	199	230	190
-	208	261	301	301	301	301	301	323	301	301	344	385
-	292	365	421	421	421	421	421	477	446	446	516	575
-	414	518	599	599	599	599	599	680	635	635	728	808
-	485	607	702	702	702	702	702	876	818	818	935	1,042
-	684	856	990	990	990	990	990	1,230	1,148	1,148	1,315	1,468
-	160	200	234	234	234	234	234	266	248	248	285	323
-	231	289	339	339	339	339	339	368	343	343	392	447
-	293	367	425	425	425	425	425	494	461	461	525	597
-	417	522	604	604	604	604	604	608	567	567	648	737
-	584	731	860	860	860	860	860	890	831	831	948	1,076
-	764	955	1,108	1,108	1,108	1,108	1,108	1,296	1,210	1,210	1,382	1,491
-	1,048	1,311	1,691	1,691	1,691	1,691	1,691	1,890	1,764	1,764	2,016	2,150
-	1,709	2,137	2,430	2,430	2,430	2,430	2,430	2,685	2,506	2,506	2,864	3,055
-	2,430	3,038	3,436	3,436	3,436	3,436	3,436	3,900	3,640	3,640	4,160	4,432
-	-	14,230	19,335	19,335	19,335	19,335	19,335	19,335	17,950	17,950	20,513	20,513
-	-	18,132	24,636	24,636	24,636	24,636	24,636	24,640	22,872	22,872	26,140	26,140
-	798	-	1,404	1,404	1,404	1,404	1,404	1,150	1,512	1,512	1,600	1,600
-	1,025	-	1,852	1,852	1,852	1,852	1,852	1,580	1,941	1,941	2,195	2,195
-	1,873	-	2,935	2,935	2,935	2,935	2,935	2,593	3,162	3,162	3,576	3,576
-	2,310	-	4,572	4,572	4,572	4,572	4,572	4,050	5,010	5,010	5,630	5,630
-	3,906	-	6,011	6,011	6,011	6,011	6,011	5,320	6,880	6,880	7,400	7,400
-	808	-	1,453	1,453	1,453	1,453	1,453	1,285	1,529	1,529	1,788	1,788
-	1,139	-	1,990	1,990	1,990	1,990	1,990	1,760	2,156	2,156	2,451	2,451
-	2,085	-	3,250	3,250	3,250	3,250	3,250	2,875	3,521	3,521	4,003	4,003
-	2,873	-	4,901	4,901	4,901	4,901	4,901	4,335	5,309	5,309	6,035	6,035
-	4,174	-	6,790	6,790	6,790	6,790	6,790	6,006	7,355	7,355	8,362	8,362

급배수·위생설비 (3)

품명	규격	단위	1990	1991	1992	1993	1994	1995	1996
배관재									
PVC파이프	호칭경 30㎜	본	2,592	2,390	2,390	2,250	2,576	3,117	2,710
(VG¹)	35	〃	2,896	2,660	2,660	2,628	3,009	3,639	-
〃	40	〃	3,786	3,480	3,480	3,287	3,764	4,548	3,960
〃	50	〃	5,375	4,940	4,940	4,657	5,332	6,452	5,610
〃	65	〃	6,931	7,270	7,270	6,859	7,854	9,505	8,270
〃	75	〃	10,559	9,690	9,690	9,143	10,469	12,662	11,010
〃	100	〃	16,352	15,000	15,000	14,150	16,202	19,602	17,050
(VG²)	35	〃	1,713	1,580	1,580	1,507	1,726	2,064	1,720
〃	40	〃	1,973	1,820	1,820	1,733	1,984	2,375	1,980
〃	50	〃	2,490	2,300	2,300	2,188	2,505	2,996	2,500
〃	65	〃	3,955	3,630	3,630	3,459	3,961	4,744	3,960
〃	75	〃	5,556	5,100	5,100	4,865	5,570	6,664	5,560
〃	100	〃	8,328	7,640	7,640	7,286	8,342	9,983	8,340
〃	125	〃	13,130	12,040	12,040	11,483	13,148	15,738	13,140
〃	150	〃	18,910	17,340	17,340	16,536	18,934	22,661	18,920
폴리에틸렌	(고밀도)13(16)㎜	m	212	212	212	212	212	212	212
파이프	20	〃	432	432	432	432	432	432	432
(수도관)	25	〃	630	630	630	630	630	630	630
〃	30	〃	898	898	898	898	898	898	898
〃	40	〃	1,156	1,156	1,156	1,156	1,156	1,156	1,156
〃	50	〃	1,690	1,690	1,690	1,690	1,690	1,690	1,690
(일반관)	20	〃	359	359	359	359	359	359	359
〃	25	〃	495	495	495	495	495	495	495
〃	30	〃	661	661	661	661	661	661	661
〃	40	〃	814	814	814	814	814	814	814
〃	50	〃	1,191	1,191	1,191	1,191	1,191	1,191	1,191
〃	65	〃	1,658	1,658	1,658	1,658	1,658	1,658	1,658
〃	75	〃	2,394	2,394	2,394	2,394	2,394	2,394	2,394
〃	100	〃	3,401	3,401	3,401	3,401	3,401	3,401	3,401
〃	125	〃	4,945	4,945	4,945	4,945	4,945	4,945	4,945
〃	350	〃	27,282	27,282	27,282	27,282	27,282	27,282	27,282
〃	400	〃	35,325	35,325	35,325	35,325	35,325	35,325	35,325
(압력관2종)	(7㎏) 65	〃	1,745	1,745	1,745	1,745	1,745	1,745	1,745
〃	〃 75	〃	2,808	2,808	2,808	2,808	2,808	2,808	2,808
〃	〃 100	〃	4,544	4,544	4,544	4,544	4,544	4,544	4,544
〃	〃 125	〃	6,755	6,755	6,755	6,755	6,755	6,755	6,755
〃	〃 150	〃	9,427	9,427	9,427	9,427	9,427	9,427	9,427
(압력관1종)	(8㎏) 65	〃	2,364	2,364	2,364	2,364	2,364	2,364	2,364
〃	〃 75	〃	3,262	3,262	3,262	3,262	3,262	3,262	3,262
〃	〃 100	〃	5,055	5,055	5,055	5,055	5,055	5,055	5,055
〃	〃 125	〃	7,681	7,681	7,681	7,681	7,681	7,681	7,681
〃	〃 150	〃	10,736	10,736	10,736	10,736	10,736	10,736	10,736

주 1) PVC파이프의 경우 2010년부터 백색 KS제품 단가 적용.
2) 폴리에틸렌파이프(수도관)는 1999년부터 13㎜에서 16㎜로 변경됨.

1997	1998	1999	2000	2001	2002	2003	2004	2005	2006	2007	2008	2009
2,710 – 3,960	3,250 – 4,740	3,400 – 4,960	3,570 – 5,220	3,830 – 5,600	3,660 – 5,340	3,570 – 5,210	4,212 – 6,148	4,000 – 5,840	3,790 – 5,530	3,910 – 5,710	4,300 – 6,280	4,300 – 6,280
5,610	6,730	7,040	7,400	7,940	7,220	7,050	8,304	7,880	7,470	7,720	8,490	8,490
8,270	8,670	9,070	9,530	10,230	10,960	10,710	12,600	11,970	11,340	11,710	12,880	12,880
11,010	13,210	13,820	14,530	15,590	14,590	14,260	16,784	15,940	15,100	15,600	17,160	17,160
17,050	20,450	21,400	22,490	24,130	21,940	21,430	25,228	23,960	22,700	23,460	25,800	25,800
1,720	2,010	2,180	2,290	2,460	2,470	2,410	2,843	2,700	2,550	2,640	2,900	2,900
1,980	2,310	2,510	2,640	2,840	2,840	2,770	3,271	3,100	2,940	3,040	3,340	3,340
2,500	2,910	3,160	3,330	3,580	3,420	3,340	3,939	3,740	3,540	3,660	4,020	4,020
3,960	4,620	5,010	5,280	5,670	5,420	5,290	6,237	5,920	5,610	5,800	6,380	6,380
5,560	6,490	7,040	7,410	7,970	7,250	7,080	8,345	7,920	7,510	7,760	8,530	8,530
8,340	9,720	10,560	11,110	11,950	10,870	10,620	12,506	11,880	11,250	11,630	12,790	12,790
13,140	15,330	16,650	17,520	18,840	17,660	17,260	20,312	19,290	18,280	18,890	20,770	20,770
18,920	22,030	23,960	25,220	27,110	25,420	24,830	29,226	27,760	26,300	27,180	29,890	29,890
230	290	430	430	430	430	430	460	480	510	510	640	640
480	600	640	640	640	640	640	690	720	760	760	950	950
690	870	930	930	930	930	930	1,000	1,050	1,110	1,110	1,390	1,390
990	1,250	1,320	1,320	1,320	1,320	1,320	1,420	1,490	1,570	1,570	1,960	1,960
1,270	1,610	1,690	1,690	1,690	1,690	1,690	1,820	1,910	2,010	2,010	2,490	2,490
1,860	2,360	2,470	2,470	2,470	2,470	2,470	2,660	2,790	2,930	2,930	3,760	3,760
380	430	480	480	480	480	480	480	530	530	530	730	730
520	590	660	660	660	660	660	660	730	730	730	1,000	1,000
680	780	870	870	870	870	870	870	960	960	960	1,320	1,320
840	960	1,070	1,070	1,070	1,070	1,070	1,070	1,180	1,180	1,180	1,630	1,630
1,240	1,420	1,570	1,570	1,570	1,570	1,570	1,570	1,730	1,730	1,730	2,380	2,380
1,800	2,070	2,290	2,290	2,290	2,290	2,290	2,290	2,520	2,520	2,520	3,470	3,470
2,640	3,030	3,340	3,340	3,340	3,340	3,340	3,340	3,680	3,870	3,870	5,060	5,060
3,740	4,300	4,740	4,740	4,740	4,740	4,740	4,740	5,220	5,490	5,490	7,480	7,480
5,460	6,270	6,910	6,910	6,910	6,910	6,910	6,910	7,610	8,000	8,000	10,590	10,590
30,150	34,670	40,920	40,920	40,920	40,920	40,920	40,920	45,020	47,280	47,280	60,030	60,030
39,050	44,900	52,980	52,980	52,980	52,980	52,980	52,980	58,280	61,200	61,200	77,290	77,290
1,920	2,430	2,540	2,540	2,540	2,540	2,540	2,740	2,870	3,010	3,010	3,650	3,650
3,130	3,970	4,150	4,150	4,150	4,150	4,150	4,480	4,700	4,940	4,940	5,800	5,800
5,000	6,350	6,630	6,630	6,630	6,630	6,630	7,160	7,510	7,890	7,890	9,500	9,500
7,430	9,430	9,830	9,830	9,830	9,830	9,830	10,610	11,140	11,700	11,700	14,000	14,000
10,370	13,160	13,720	13,720	13,720	13,720	13,720	14,810	15,550	16,330	16,330	19,340	19,340
2,600	3,300	3,440	3,440	3,440	3,440	3,440	3,710	3,890	4,090	4,090	4,940	4,940
3,590	4,550	4,740	4,740	4,740	4,740	4,740	5,110	5,360	5,630	5,630	6,630	6,630
5,560	7,060	7,360	7,360	7,360	7,360	7,360	7,940	8,330	8,750	8,750	10,680	10,680
8,450	10,370	11,180	11,180	11,180	11,180	11,180	12,070	12,670	13,310	13,310	16,010	16,010
11,810	14,990	15,620	15,620	15,620	15,620	15,620	16,870	17,710	18,600	18,600	22,020	22,020

급배수·위생설비 (3)

품 명	규 격	단위	2010	2011	2012	2013	2014	2015	2016
배관재									
P V C 파 이 프	호칭경 30㎜	본	5,200	5,240	5,170	5,210	5,260	5,260	5,020
(VG[1])	35	〃	-	-	-	-	-	5,850	5,630
〃	40	〃	7,590	7,650	7,560	7,620	7,690	7,690	7,350
〃	50	〃	10,260	10,350	10,230	10,320	10,420	10,420	10,440
〃	65	〃	15,570	15,700	15,520	15,650	15,800	15,800	13,450
〃	75	〃	20,750	20,930	20,690	20,870	21,070	21,070	20,480
〃	100	〃	31,210	31,470	31,120	31,400	31,710	31,710	31,700
(VG[2])	35	〃	3,820	3,650	3,600	3,620	3,650	3,650	3,610
〃	40	〃	4,400	4,160	4,110	4,140	4,180	4,180	4,150
〃	50	〃	5,300	5,020	4,960	5,000	5,050	5,050	4,850
〃	65	〃	8,410	7,970	7,870	7,940	8,010	8,010	7,670
〃	75	〃	11,250	10,640	10,520	10,600	10,700	10,700	10,770
〃	100	〃	16,870	15,950	15,770	15,910	16,060	16,060	15,170
〃	125	〃	27,400	25,900	25,610	25,840	26,090	26,090	25,480
〃	150	〃	39,440	37,270	36,860	37,200	37,570	37,570	36,660
폴 리 에 틸 렌	(고밀도)13(16)㎜	m	670	670	670	670	670	670	670
파 이 프	20	〃	990	990	990	990	990	990	990
(수 도 관)	25	〃	1,450	1,450	1,450	1,450	1,450	1,450	1,450
〃	30	〃	2,050	2,050	2,050	2,050	2,050	2,050	2,050
〃	40	〃	2,600	2,600	2,600	2,600	2,600	2,600	2,600
〃	50	〃	3,940	3,940	3,940	3,940	3,940	3,940	3,940
(일 반 관)	20	〃	770	770	770	770	770	730	730
〃	25	〃	1,050	1,050	1,050	1,050	1,050	1,000	1,000
〃	30	〃	1,390	1,390	1,390	1,390	1,390	1,320	1,320
〃	40	〃	1,710	1,710	1,710	1,710	1,710	1,630	1,630
〃	50	〃	2,500	2,500	2,500	2,500	2,500	2,380	2,380
〃	65	〃	3,640	3,640	3,640	3,640	3,640	3,470	3,470
〃	75	〃	5,310	5,310	5,310	5,310	5,310	5,060	5,060
〃	100	〃	7,820	7,820	7,820	7,820	7,820	7,480	7,480
〃	125	〃	11,080	11,080	11,080	11,080	11,080	10,590	10,590
〃	350	〃	-	-	-	-	-	60,030	60,030
〃	400	〃	80,800	80,800	80,800	80,800	80,800	77,290	77,290
(압력관2종)	(7kg) 65	〃	4,210	4,210	4,210	4,210	4,210	4,210	3,650
〃	〃 75	〃	6,070	6,070	6,070	6,070	6,070	6,070	5,800
〃	〃 100	〃	9,940	9,940	9,940	9,940	9,940	9,940	9,500
〃	〃 125	〃	14,640	14,640	14,640	14,640	14,640	14,640	14,000
〃	〃 150	〃	20,220	20,220	20,220	20,220	20,220	20,220	19,340
(압력관1종)	(8kg) 65	〃	5,190	5,190	5,190	5,190	5,190	5,190	4,940
〃	〃 75	〃	6,940	6,940	6,940	6,940	6,940	6,940	6,630
〃	〃 100	〃	11,170	11,170	11,170	11,170	11,170	11,170	10,680
〃	〃 125	〃	16,740	16,740	16,740	16,740	16,740	16,740	16,010
〃	〃 150	〃	23,030	23,030	23,030	23,030	23,030	23,030	22,020

주 1) PVC파이프의 경우 2010년부터 백색 KS제품 단가 적용.
2) 폴리에틸렌파이프(수도관)는 1999년부터 13㎜에서 16㎜로 변경됨.

2017	2018	2019	2020	2021	2022	2023	2024	2025					
5,170	5,620	6,000	6,000	8,310	7,182	7,640	7,640	7,640					
5,800	6,290	6,730	6,730	9,280	8,846	9,410	9,410	9,410					
7,570	8,230	8,800	8,800	12,120	10,781	11,470	11,470	11,470					
10,750	11,660	12,460	12,460	17,190	16,836	17,920	17,920	17,920					
13,850	15,020	16,040	16,040	22,140	24,347	25,910	25,910	25,910					
21,090	22,900	24,450	24,450	34,290	29,960	31,880	31,880	31,880					
32,640	35,460	37,870	37,870	51,550	49,023	52,180	52,180	52,180					
3,720	3,740	3,990	3,990	5,490	4,873	5,180	5,180	5,180					
4,270	4,300	4,600	4,600	6,340	5,608	5,960	5,960	5,960					
5,000	5,410	5,790	5,790	7,990	7,440	7,910	7,910	7,910					
7,900	8,570	9,160	9,160	12,670	12,625	13,430	13,430	13,430					
11,090	12,050	12,870	12,870	17,760	16,294	17,340	17,340	17,340					
15,620	17,070	18,220	18,220	26,630	26,867	28,590	28,590	28,590					
26,230	28,480	30,430	30,430	41,970	41,518	44,190	44,190	44,190					
37,750	40,990	43,760	43,760	60,390	57,546	61,250	61,250	61,250					
670	670	670	670	670	670	670	670	670					
990	990	990	990	990	990	990	990	990					
1,450	1,450	1,450	1,450	1,450	1,450	1,450	1,450	1,450					
2,050	2,050	2,050	2,050	2,050	2,050	2,050	2,050	2,050					
2,600	2,600	2,600	2,600	2,600	2,600	2,600	2,600	2,600					
3,940	3,940	3,940	3,940	3,940	3,940	3,940	3,940	3,940					
730	730	730	730	730	730	730	730	730					
1,000	1,000	1,000	1,000	1,000	1,000	1,000	1,000	1,000					
1,320	1,320	1,320	1,320	1,320	1,320	1,320	1,320	1,320					
1,630	1,630	1,630	1,630	1,630	1,630	1,630	1,630	1,630					
2,380	2,380	2,380	2,380	2,380	2,380	2,380	2,380	2,380					
3,470	3,470	3,470	3,470	3,470	3,470	3,470	3,470	3,470					
5,060	5,060	5,060	5,060	5,060	5,060	5,060	5,060	5,060					
7,480	7,480	7,480	7,480	7,480	7,480	7,480	7,480	7,480					
10,590	10,590	10,590	10,590	10,590	10,590	10,590	10,590	10,590					
60,030	60,030	60,030	60,030	60,030	60,030	60,030	60,030	60,030					
77,290	77,290	77,290	77,290	77,290	77,290	77,290	77,290	77,290					
3,650	3,650	3,650	3,650	3,650	3,650	3,650	3,650	3,650					
5,800	5,800	5,800	5,800	5,800	5,800	5,800	5,800	5,800					
9,500	9,500	9,500	9,500	9,500	9,500	9,500	9,500	9,500					
14,000	14,000	14,000	14,000	14,000	14,000	14,000	14,000	14,000					
19,340	19,340	19,340	19,340	19,340	19,340	19,340	19,340	19,340					
4,940	4,940	4,940	4,940	4,940	4,940	4,940	4,940	4,940					
6,630	6,630	6,630	6,630	6,630	6,630	6,630	6,630	6,630					
10,680	10,680	10,680	10,680	10,680	10,680	10,680	10,680	10,680					
16,010	16,010	16,010	16,010	16,010	16,010	16,010	16,010	16,010					
22,020	22,020	22,020	22,020	22,020	22,020	22,020	22,020	22,020					

급배수·위생설비 (4)

품명	규격	단위	1970	1971	1972	1973	1974	1975	1976
배관재									
가단주철제 관이음쇠 (45°엘보)	(흑 관) 20㎜	개	38	41	50	65	50	65	65
〃	〃 25	〃	66	67	81	106	81	106	106
〃	〃 32	〃	98	110	132	172	132	172	172
〃	〃 40	〃	121	125	150	195	150	195	195
〃	〃 50	〃	187	220	264	344	264	344	344
〃	(아연도금) 20	〃	38	45	55	72	63	78	91
〃	〃 25	〃	66	73	89	116	99	127	148
〃	〃 32	〃	98	117	145	189	157	206	241
〃	〃 40	〃	132	135	165	215	170	234	273
〃	〃 50	〃	220	232	290	377	310	413	482
(티)	(흑 관) 20	〃	53	55	66	86	66	86	86
〃	〃 25	〃	72	90	108	141	108	141	141
〃	〃 32	〃	132	132	159	207	159	207	207
〃	〃 40	〃	158	160	192	250	192	250	250
〃	〃 50	〃	-	-	-	-	-	-	-
〃	(아연도금) 20	〃	64	60	73	95	81	103	120
〃	〃 25	〃	92	96	119	155	129	69	197
〃	〃 32	〃	145	139	175	228	187	248	290
〃	〃 40	〃	178	170	211	275	226	300	350
〃	〃 50	〃	264	272	343	446	363	487	568
(유니온)	(흑 관) 20	〃	126	144	173	225	173	225	225
〃	〃 25	〃	198	204	245	319	245	319	319
〃	〃 32	〃	242	260	312	406	312	406	406
〃	〃 40	〃	275	320	384	500	384	500	500
〃	〃 50	〃	385	440	528	687	528	687	687
〃	(아연도금) 20	〃	176	149	190	247	198	270	315
〃	〃 25	〃	209	210	270	351	280	383	447
〃	〃 32	〃	253	267	343	396	355	487	568
〃	〃 40	〃	-	330	422	549	437	600	700
〃	〃 50	〃	-	452	581	756	601	824	962
(소 켓)	(흑 관) 20	〃	29	32	39	51	39	51	51
〃	〃 25	〃	47	52	63	82	63	82	82
〃	〃 32	〃	65	72	87	114	87	114	114
〃	〃 40	〃	85	94	113	147	113	147	147
〃	〃 50	〃	135	150	180	234	180	234	234
〃	(아연도금) 20	〃	34	37	45	56	51	61	71
〃	〃 25	〃	53	58	69	90	79	98	115
〃	〃 32	〃	72	79	96	125	108	137	160
〃	〃 40	〃	95	104	124	162	139	176	206
〃	〃 50	〃	147	162	198	258	218	281	328
(크로스)	(흑 관) 20	〃	67	74	89	116	89	116	116
〃	〃 25	〃	102	113	136	177	136	177	177
〃	〃 32	〃	162	180	216	281	216	281	281
〃	〃 40	〃	183	204	245	319	245	319	319
〃	〃 50	〃	-	340	408	531	408	531	531
〃	(아연도금) 20	〃	72	79	98	128	106	139	162
〃	〃 25	〃	108	119	150	195	160	212	248
〃	〃 32	〃	169	187	238	110	250	337	393
〃	〃 40	〃	193	214	270	351	285	383	447
〃	〃 50	〃	318	352	449	584	296	637	743

1977	1978	1979	1980	1981	1982	1983	1984	1985	1986	1987	1988	1989
65	71	72	91	127	127	172	193	183	183	183	210	221
106	126	117	143	200	200	271	305	289	288	288	335	352
172	179	189	241	340	340	426	479	455	453	453	516	542
195	203	215	273	392	392	507	570	541	539	539	613	643
344	359	378	482	679	679	787	885	841	836	836	962	1,009
91	110	109	137	101	101	189	225	225	225	225	272	285
148	165	178	222	310	310	323	359	359	359	359	436	457
241	278	289	362	506	506	530	560	560	560	560	671	704
273	315	328	410	574	574	621	669	669	669	669	799	837
482	556	578	723	1,012	1,012	1,024	1,036	1,036	1,036	1,036	1,251	1,311
86	93	95	120	175	175	226	277	264	262	262	309	324
141	145	155	197	290	290	353	416	396	394	394	466	489
207	211	228	290	420	420	497	575	546	543	543	624	673
250	261	275	350	500	500	630	772	734	729	729	861	902
406	424	447	568	831	831	980	1,129	1,073	1,067	1,067	1,256	1,316
120	132	144	180	260	260	291	323	323	323	323	402	422
197	214	2,365	296	429	429	458	487	487	487	487	605	634
290	311	348	435	630	630	652	674	674	674	674	834	875
350	375	420	525	761	761	832	903	903	903	903	1,117	1,171
568	609	682	852	1,235	1,235	1,277	1,319	1,319	1,319	1,319	1,634	1,713
225	232	248	315	480	480	552	625	594	591	591	680	713
319	333	351	447	648	648	763	879	835	830	830	754	1,000
406	424	440	568	855	855	986	1,118	1,063	1,057	1,057	1,210	1,268
500	522	550	700	1,015	1,015	1,228	1,441	1,370	1,362	1,362	1,563	1,639
687	717	756	962	1,395	1,395	1,626	1,857	1,765	1,754	1,754	2,012	2,109
315	338	378	473	685	685	708	731	732	732	732	884	927
447	479	536	671	972	972	1,000	1,028	1,029	1,029	1,029	1,239	1,298
568	609	682	852	1,235	1,235	1,271	1,307	1,307	1,307	1,307	1,570	1,647
700	750	840	1,050	1,522	1,522	1,604	1,686	1,686	1,686	1,686	2,031	2,129
962	1,024	1,154	1,443	2,092	2,092	2,153	2,214	2,214	2,214	2,214	2,616	2,742
51	52	56	71	102	102	126	151	144	143	143	164	171
82	85	90	115	166	166	206	247	235	234	234	266	279
114	118	125	160	232	232	273	314	299	297	297	340	357
147	153	162	206	298	298	338	378	360	358	358	407	426
234	244	257	328	475	475	538	602	572	569	569	648	679
71	76	85	107	155	155	164	174	175	175	175	217	223
115	123	138	173	225	225	256	288	289	289	289	346	363
160	171	192	240	312	312	339	367	368	368	368	442	464
206	221	247	309	389	389	416	443	444	444	444	528	553
328	351	394	492	589	589	646	704	705	690	690	845	886
116	157	162	162	226	226	262	298	284	282	282	347	364
177	239	248	248	359	359	407	456	434	431	431	530	556
281	351	393	393	575	575	649	723	688	683	683	842	883
319	399	447	447	648	648	734	821	780	768	768	955	1,001
531	664	743	743	1,077	1,077	1,222	1,367	1,299	1,291	1,291	1,592	1,668
162	206	210	243	325	325	345	349	350	350	350	450	473
248	314	322	372	492	492	529	532	532	532	532	691	724
393	421	511	590	699	699	840	845	845	845	845	1,093	1,146
447	565	581	671	899	899	959	961	961	961	961	1,242	1,302
743	939	966	1,115	1,402	1,402	1,600	1,597	1,597	1,597	1,597	2,060	2,168

급배수·위생설비 (4)

품 명	규 격	단위	1990	1991	1992	1993	1994	1995	1996
배관재									
가단주철제 관이음쇠	(흑 관) 20㎜	개	244	264	285	285	304	333	330
관 이 음 쇠	〃 25	〃	388	420	453	453	484	530	526
(45°엘보)	〃 32	〃	599	647	699	699	744	817	809
〃	〃 40	〃	710	767	828	828	883	968	959
〃	〃 50	〃	1,114	1,204	1,300	1,300	1,386	1,455	1,506
〃	(아연도금) 20	〃	315	340	368	368	392	430	427
〃	〃 25	〃	505	546	590	590	629	690	684
〃	〃 32	〃	777	840	907	907	968	1,062	1,052
〃	〃 40	〃	924	999	1,079	1,079	1,150	1,262	1,250
〃	〃 50	〃	1,448	1,564	1,689	1,689	1,800	1,974	1,956
(티)	(흑 관) 20	〃	358	388	419	419	447	490	486
〃	〃 25	〃	539	583	630	630	672	737	730
〃	〃 32	〃	744	804	869	869	926	1,016	1,007
〃	〃 40	〃	996	1,076	1,162	1,162	1,239	1,359	1,347
〃	〃 50	〃	1,453	1,570	1,697	1,697	1,808	1,983	1,965
〃	(아연도금) 20	〃	466	504	545	545	580	637	631
〃	〃 25	〃	700	756	817	817	871	955	947
〃	〃 32	〃	966	1,043	1,127	1,127	1,202	1,318	1,306
〃	〃 40	〃	1,293	1,396	1,509	1,509	1,608	1,764	1,748
〃	〃 50	〃	1,891	2,043	2,207	2,207	2,352	2,580	2,556
(유 니 온)	(흑 관) 20	〃	787	850	919	919	980	1,075	1,065
〃	〃 25	〃	1,104	1,194	1,289	1,289	1,374	1,507	1,493
〃	〃 32	〃	1,400	1,513	1,634	1,634	1,741	1,910	1,892
〃	〃 40	〃	1,809	1,954	2,111	2,111	2,185	2,486	2,445
〃	〃 50	〃	2,329	2,516	2,717	2,717	2,895	3,176	3,147
〃	(아연도금) 20	〃	1,024	1,107	1,196	1,196	1,274	1,398	1,385
〃	〃 25	〃	1,434	1,549	1,673	1,673	1,784	1,956	1,938
〃	〃 32	〃	1,818	1,964	2,121	2,121	2,262	2,480	2,457
〃	〃 40	〃	2,351	2,540	2,743	2,743	2,925	3,208	3,178
〃	〃 50	〃	3,027	3,270	3,532	3,532	3,765	4,128	4,090
(소 켓)	(흑 관) 20	〃	189	204	221	221	236	259	257
〃	〃 25	〃	308	333	360	360	384	421	417
〃	〃 32	〃	394	426	461	461	491	539	534
〃	〃 40	〃	471	509	550	550	585	643	637
〃	〃 50	〃	750	810	875	875	933	1,023	1,014
〃	(아연도금) 20	〃	247	267	289	289	308	338	335
〃	〃 25	〃	401	433	468	468	498	547	542
〃	〃 32	〃	512	554	599	599	638	700	694
〃	〃 40	〃	611	660	713	713	760	834	827
〃	〃 50	〃	978	1,057	1,142	1,142	1,217	1,335	1,323
(크 로 스)	(흑 관) 20	〃	402	434	469	469	499	548	543
〃	〃 25	〃	613	663	716	716	764	837	830
〃	〃 32	〃	975	1,053	1,137	1,137	1,212	1,330	1,318
〃	〃 40	〃	1,106	1,195	1,291	1,291	1,376	1,509	1,495
〃	〃 50	〃	1,842	1,989	2,148	2,148	2,291	2,512	2,489
〃	(아연도금) 20	〃	522	564	610	610	650	713	707
〃	〃 25	〃	799	864	933	933	994	1,091	1,081
〃	〃 32	〃	1,266	1,367	1,477	1,477	1,574	1,726	1,711
〃	〃 40	〃	1,437	1,553	1,678	1,678	1,788	1,961	1,943
〃	〃 50	〃	2,394	2,586	2,793	2,793	2,977	3,265	3,235

1997	1998	1999	2000	2001	2002	2003	2004	2005	2006	2007	2008	2009
312	322	322	345	345	330	430	450	450	513	567	711	711
497	512	512	549	549	530	680	720	720	810	900	1,125	1,125
766	788	788	845	845	820	1,050	1,110	1,110	1,224	1,350	1,692	1,692
908	935	935	1,002	1,002	1,010	1,240	1,320	1,320	1,458	1,602	2,007	2,007
1,425	1,467	1,467	1,572	1,572	1,530	1,960	2,070	2,070	2,286	2,511	3,141	3,141
344	356	356	386	386	370	490	520	520	666	729	882	882
552	571	571	618	618	590	780	830	830	1,062	1,170	1,404	1,404
849	879	879	952	952	920	1,200	1,280	1,280	1,593	1,755	2,106	2,106
1,009	1,044	1,044	1,131	1,131	1,090	1,430	1,530	1,530	1,899	2,088	2,511	2,511
1,579	1,634	1,634	1,770	1,770	1,710	2,240	2,390	2,390	2,970	3,267	3,924	3,924
460	473	473	507	507	490	630	670	670	756	828	1,035	1,035
691	711	711	762	762	740	950	1,000	1,000	1,134	1,251	1,566	1,566
953	981	981	1,051	1,051	1,020	1,310	1,380	1,380	1,530	1,683	2,106	2,106
1,275	1,312	1,312	1,406	1,406	1,360	1,750	1,850	1,850	2,043	2,250	2,817	2,817
1,860	1,915	1,915	2,052	2,052	1,990	2,550	2,700	2,700	2,979	3,276	4,095	4,095
509	527	527	571	571	550	720	770	770	981	1,080	1,296	1,296
764	790	790	856	856	830	1,080	1,150	1,150	1,476	1,620	1,944	1,944
1,055	1,091	1,091	1,182	1,182	1,140	1,500	1,600	1,600	1,980	2,178	2,610	2,610
1,411	1,460	1,460	1,582	1,582	1,530	2,000	2,140	2,140	2,655	2,925	3,510	3,510
2,064	2,135	2,135	2,313	2,313	2,240	2,930	3,130	3,130	3,879	4,266	5,121	5,121
1,008	1,038	1,038	1,112	1,112	1,080	1,380	1,460	1,460	1,611	1,773	2,223	2,223
1,413	1,455	1,455	1,559	1,559	1,510	1,940	2,050	2,050	2,268	2,493	3,123	3,123
1,791	1,844	1,844	1,979	1,979	1,920	2,460	2,600	2,600	2,871	3,159	3,951	3,951
2,315	2,383	2,383	2,553	2,553	2,480	3,180	3,370	3,370	3,708	4,077	5,103	5,103
2,979	3,067	3,067	3,286	3,286	3,190	4,090	4,330	4,330	4,770	5,247	6,561	6,561
1,311	1,350	1,350	1,446	1,446	1,400	1,800	1,900	1,900	2,097	2,304	2,880	2,880
1,835	1,889	1,889	2,024	2,024	1,970	2,520	2,670	2,670	2,943	3,240	4,050	4,050
2,326	2,394	2,394	2,565	2,565	2,490	3,190	3,380	3,380	3,726	4,095	5,121	5,121
3,009	3,097	3,097	3,318	3,318	3,230	4,130	4,380	4,380	4,824	5,310	6,642	6,642
3,872	3,986	3,986	4,271	4,271	4,150	5,320	5,630	5,630	6,201	6,822	8,532	8,532
243	250	250	268	268	260	330	350	350	387	423	531	531
395	406	406	435	435	420	540	570	570	630	693	873	873
505	520	520	558	558	540	690	730	730	810	891	1,116	1,116
603	620	620	665	665	640	820	870	870	963	1,062	1,332	1,332
960	988	988	1,059	1,059	1,030	1,320	1,390	1,390	1,539	1,692	2,115	2,115
317	326	326	350	350	340	430	460	460	513	567	684	684
513	528	528	566	566	550	700	740	740	819	900	1,080	1,080
656	676	676	724	724	700	900	950	950	1,053	1,161	1,395	1,395
782	805	805	863	863	840	1,070	1,130	1,130	1,251	1,377	1,656	1,656
1,252	1,289	1,289	1,381	1,381	1,340	1,720	1,820	1,820	2,007	2,205	2,646	2,646
514	529	529	567	567	550	700	740	740	828	909	1,143	1,143
785	808	808	866	866	840	1,070	1,140	1,140	1,260	1,386	1,737	1,737
1,247	1,284	1,284	1,376	1,376	1,330	1,710	1,810	1,810	1,998	2,196	2,745	2,745
1,415	1,457	1,457	1,561	1,561	1,480	1,940	2,060	2,060	2,268	2,493	3,123	3,123
2,356	2,425	2,425	2,598	2,598	2,520	3,230	3,430	3,430	3,771	4,149	5,193	5,193
699	688	688	738	738	710	920	970	970	1,071	1,179	1,422	1,422
1,023	1,053	1,053	1,128	1,128	1,090	1,400	1,480	1,480	1,638	1,800	2,160	2,160
1,619	1,667	1,667	1,786	1,786	1,730	2,220	2,350	2,350	2,592	2,853	3,429	3,429
1,839	1,893	1,893	2,028	2,028	1,970	2,520	2,670	2,670	2,943	3,240	3,888	3,888
3,062	3,152	3,152	3,378	3,378	3,280	4,210	4,450	4,450	4,905	5,400	6,480	6,480

급배수·위생설비 (4)

품 명	규 격	단위	2010	2011	2012	2013	2014	2015	2016
배관재									
가 단 주 철 제	(흑 관) 20㎜	개	695	703	703	770	770	770	710
관 이 음 쇠	〃 25	〃	1,100	1,113	1,113	1,219	1,219	1,219	1,130
(45°엘보)	〃 32	〃	1,654	1,673	1,673	1,833	1,833	1,833	1,710
〃	〃 40	〃	1,962	1,985	1,985	2,174	2,174	2,174	2,020
〃	〃 50	〃	3,071	3,106	3,106	3,403	3,403	3,403	3,180
〃	(아연도금) 20	〃	862	872	872	887	887	887	890
〃	〃 25	〃	1,373	1,388	1,388	1,412	1,412	1,412	1,420
〃	〃 32	〃	2,059	2,083	2,083	2,118	2,118	2,118	2,130
〃	〃 40	〃	2,455	2,483	2,483	2,525	2,525	2,525	2,540
〃	〃 50	〃	3,837	3,880	3,880	3,946	3,946	3,946	3,960
(티)	(흑 관) 20	〃	1,012	1,024	1,024	1,121	1,121	1,121	1,040
〃	〃 25	〃	1,531	1,549	1,549	1,697	1,697	1,697	1,580
〃	〃 32	〃	2,059	2,083	2,083	2,282	2,282	2,282	2,130
〃	〃 40	〃	2,754	2,786	2,786	3,052	3,052	3,052	2,850
〃	〃 50	〃	4,004	4,050	4,050	4,436	4,436	4,436	4,130
〃	(아연도금) 20	〃	1,267	1,282	1,282	1,303	1,303	1,303	1,120
〃	〃 25	〃	1,901	1,922	1,922	1,955	1,955	1,955	1,690
〃	〃 32	〃	2,552	2,581	2,581	2,625	2,625	2,625	2,280
〃	〃 40	〃	3,432	3,471	3,471	3,530	3,530	3,530	3,050
〃	〃 50	〃	5,007	5,064	5,064	5,149	5,149	5,149	4,460
(유니온)	(흑 관) 20	〃	2,174	2,198	2,198	2,408	2,408	2,408	2,250
〃	〃 25	〃	3,054	3,088	3,088	3,383	3,383	3,383	3,150
〃	〃 32	〃	3,863	3,907	3,907	4,280	4,280	4,280	3,990
〃	〃 40	〃	4,990	5,046	5,046	5,528	5,528	5,528	5,160
〃	〃 50	〃	6,415	6,488	6,488	7,108	7,108	7,108	6,630
〃	(아연도금) 20	〃	2,816	2,848	2,848	2,896	2,896	2,896	2,800
〃	〃 25	〃	3,960	4,005	4,005	4,073	4,073	4,073	3,930
〃	〃 32	〃	5,007	5,064	5,064	5,149	5,149	5,149	4,970
〃	〃 40	〃	6,494	6,568	6,568	6,679	6,679	6,679	6,440
〃	〃 50	〃	8,342	8,437	8,437	8,579	8,579	8,579	8,270
(소 켓)	(흑 관) 20	〃	519	525	525	575	575	575	530
〃	〃 25	〃	854	863	863	946	946	946	880
〃	〃 32	〃	1,091	1,104	1,104	1,209	1,209	1,209	1,120
〃	〃 40	〃	1,302	1,317	1,317	1,443	1,443	1,443	1,340
〃	〃 50	〃	2,068	2,092	2,092	2,291	2,291	2,291	2,140
〃	(아연도금) 20	〃	669	676	676	688	688	688	690
〃	〃 25	〃	1,056	1,068	1,068	1,086	1,086	1,086	1,090
〃	〃 32	〃	1,364	1,380	1,380	1,403	1,403	1,403	1,400
〃	〃 40	〃	1,619	1,638	1,638	1,665	1,665	1,665	1,670
〃	〃 50	〃	2,587	2,617	2,617	2,661	2,661	2,661	2,670
(크로스)	(흑 관) 20	〃	1,118	1,130	1,130	1,238	1,238	1,238	1,160
〃	〃 25	〃	1,698	1,718	1,718	1,882	1,882	1,882	1,750
〃	〃 32	〃	2,684	2,715	2,715	2,974	2,974	2,974	2,770
〃	〃 40	〃	3,054	3,088	3,088	3,383	3,383	3,383	3,150
〃	〃 50	〃	5,078	5,135	5,135	5,626	5,626	5,626	5,250
〃	(아연도금) 20	〃	1,390	1,406	1,406	1,430	1,430	1,430	1,440
〃	〃 25	〃	2,112	2,136	2,136	2,172	2,172	2,172	2,170
〃	〃 32	〃	3,353	3,391	3,391	3,448	3,448	3,448	3,470
〃	〃 40	〃	3,802	3,845	3,845	3,910	3,910	3,910	3,930
〃	〃 50	〃	6,336	6,408	6,408	6,516	6,516	6,516	6,540

2017	2018	2019	2020	2021	2022	2023	2024	2025					
710	710	710	820	880	1,290	1,238	1,238	1,238					
1,130	1,130	1,130	1,300	1,400	2,080	1,992	1,992	1,992					
1,710	1,710	1,710	1,960	2,110	3,090	2,954	2,954	2,954					
2,020	2,020	2,020	2,320	2,510	3,740	3,572	3,572	3,572					
3,180	3,180	3,180	3,740	4,030	5,970	5,699	5,699	5,699					
890	890	890	1,020	1,100	1,620	1,544	1,544	1,544					
1,420	1,420	1,420	1,650	1,780	2,590	2,475	2,475	2,475					
2,130	2,130	2,130	2,470	2,670	3,920	3,744	3,744	3,744					
2,540	2,540	2,540	2,910	3,140	4,600	4,394	4,394	4,394					
3,960	3,960	3,960	4,560	4,930	7,200	6,864	6,864	6,864					
1,040	1,040	1,040	1,190	1,290	1,870	1,789	1,789	1,789					
1,580	1,580	1,580	1,810	1,950	2,880	2,746	2,746	2,746					
2,130	2,130	2,130	2,440	2,630	3,880	3,708	3,708	3,708					
2,850	2,850	2,850	3,260	3,520	5,180	4,945	4,945	4,945					
4,130	4,130	4,130	4,730	5,100	7,480	7,140	7,140	7,140					
1,120	1,120	1,120	1,290	1,390	2,050	1,960	1,960	1,960					
1,690	1,690	1,690	1,980	2,130	3,130	2,990	2,990	2,990					
2,280	2,280	2,280	2,640	2,850	4,170	3,983	3,983	3,983					
3,050	3,050	3,050	3,570	3,860	5,680	5,424	5,424	5,424					
4,460	4,460	4,460	5,220	5,640	8,280	7,894	7,894	7,894					
2,250	2,250	2,250	2,570	2,780	4,100	3,916	3,916	3,916					
3,150	3,150	3,150	3,610	3,890	5,680	5,424	5,424	5,424					
3,990	3,990	3,990	4,560	4,930	7,200	6,864	6,864	6,864					
5,160	5,160	5,160	5,940	6,410	9,360	8,923	8,923	8,923					
6,630	6,630	6,630	7,580	8,180	12,020	11,466	11,466	11,466					
2,800	2,800	2,800	3,200	3,460	5,070	4,841	4,841	4,841					
3,930	3,930	3,930	4,510	4,870	7,120	6,796	6,796	6,796					
4,970	4,970	4,970	5,720	6,170	9,070	8,653	8,653	8,653					
6,440	6,440	6,440	7,370	7,950	11,660	11,123	11,123	11,123					
8,270	8,270	8,270	9,620	10,390	15,260	14,555	14,555	14,555					
530	530	530	620	660	1,000	962	962	962					
880	880	880	1,010	1,090	1,620	1,544	1,544	1,544					
1,120	1,120	1,120	1,290	1,390	2,080	1,992	1,992	1,992					
1,340	1,340	1,340	1,540	1,660	2,440	2,335	2,335	2,335					
2,140	2,140	2,140	2,450	2,640	3,880	3,708	3,708	3,708					
690	690	690	820	890	1,290	1,238	1,238	1,238					
1,090	1,090	1,090	1,250	1,350	1,980	1,888	1,888	1,888					
1,400	1,400	1,400	1,650	1,780	2,590	2,475	2,475	2,475					
1,670	1,670	1,670	1,980	2,130	3,160	3,021	3,021	3,021					
2,670	2,670	2,670	3,130	3,380	4,960	4,737	4,737	4,737					
1,160	1,160	1,160	1,330	1,430	2,080	-	-	-					
1,750	1,750	1,750	2,010	2,170	3,160	-	-	-					
2,770	2,770	2,770	3,170	3,420	5,040	-	-	-					
3,150	3,150	3,150	3,610	3,890	5,680	-	-	-					
5,250	5,250	5,250	5,990	6,470	9,500	-	-	-					
1,440	1,440	1,440	1,650	1,780	2,610	-	-	-					
2,170	2,170	2,170	2,490	2,690	3,960	-	-	-					
3,470	3,470	3,470	4,010	4,330	6,330	-	-	-					
3,930	3,930	3,930	4,510	4,870	7,120	-	-	-					
6,540	6,540	6,540	7,480	8,070	11,880	-	-	-					

급배수·위생설비 (5)

품 명	규 격	단위	1970	1971	1972	1973	1974	1975	1976
배관재									
가단주철제 관이음쇠 (니플)	(흑 관) 20㎜	개	–	40	48	63	48	63	63
	〃 25	〃	–	60	72	94	72	94	94
	〃 32	〃	–	84	101	132	101	132	132
〃	〃 40	〃	–	120	144	188	144	188	188
〃	〃 50	〃	–	180	216	281	216	281	281
〃	(아연도금) 20	〃	–	–	–	–	–	76	88
〃	〃 25	〃	–	–	–	–	–	113	132
〃	〃 32	〃	–	–	–	–	–	158	185
〃	〃 40	〃	–	–	–	–	–	226	263
〃	〃 50	〃	–	–	–	–	–	337	393
(부 싱)	(흑 관) 20	〃	–	34	34	49	41	54	54
〃	〃 25	〃	–	42	42	67	51	67	67
〃	〃 32	〃	–	66	66	104	80	104	104
〃	〃 40	〃	–	90	90	141	108	141	141
〃	〃 50	〃	–	145	145	227	174	227	227
〃	(아연도금) 20	〃	–	–	–	–	–	65	76
〃	〃 25	〃	–	–	–	–	–	80	94
〃	〃 32	〃	–	–	–	–	–	125	146
〃	〃 40	〃	–	–	–	–	–	169	197
〃	〃 50	〃	–	–	–	–	–	272	318
(캡)	(흑 관) 20	〃	28	38	38	–	38	50	50
〃	〃 25	〃	34	46	46	–	46	60	60
〃	〃 32	〃	54	72	72	–	72	94	94
〃	〃 40	〃	72	96	96	–	96	125	125
〃	〃 50	〃	108	144	144	–	144	188	188
〃	(아연도금) 20	〃	33	42	42	41	41	72	70
〃	〃 25	〃	40	51	51	50	50	113	84
〃	〃 32	〃	61	79	79	79	79	150	132
〃	〃 40	〃	82	106	106	105	105	226	175
〃	〃 50	〃	120	158	158	158	158	374	263
(플 럭)	(흑 관) 20	〃	–	28	28	45	34	45	45
〃	〃 25	〃	–	37	37	59	45	59	59
〃	〃 32	〃	–	56	56	89	68	89	89
〃	〃 40	〃	–	77	77	121	93	121	121
〃	〃 50	〃	–	105	105	164	126	164	164
〃	(아연도금) 20	〃	–	–	–	–	–	54	63
〃	〃 25	〃	–	–	–	–	–	71	83
〃	〃 32	〃	–	–	–	–	–	107	125
〃	〃 40	〃	–	–	–	–	–	145	169
〃	〃 50	〃	–	–	–	–	–	197	230

1977	1978	1979	1980	1981	1982	1983	1984	1985	1986	1987	1988	1989
63	63	69	88	139	139	190	186	177	176	176	191	201
94	93	103	132	205	205	271	266	253	252	252	275	288
132	141	145	185	225	225	335	339	322	320	320	349	367
188	201	207	263	391	391	481	484	460	457	457	498	522
281	301	309	393	499	499	569	579	551	547	547	596	625
88	94	106	132	199	199	213	217	218	218	218	248	260
132	140	158	198	254	254	310	312	313	313	313	356	374
185	200	222	278	359	359	395	398	398	398	398	454	476
263	292	316	395	429	429	561	565	565	565	565	645	676
393	420	472	590	654	654	672	675	675	675	675	775	813
54	61	71	76	125	125	141	138	131	131	131	151	159
67	79	94	94	149	149	180	178	169	168	168	192	201
104	123	146	146	199	199	271	267	254	252	252	288	302
141	169	197	197	259	259	372	362	345	343	343	392	410
227	285	318	318	493	493	591	585	556	553	553	631	661
76	90	99	114	147	147	170	163	163	163	163	196	206
94	109	122	141	192	192	200	201	201	201	201	248	260
146	185	190	219	293	293	311	314	314	314	314	374	393
197	250	256	295	341	341	421	425	425	425	425	507	532
318	403	413	477	598	598	679	684	684	684	684	818	857
50	51	55	70	104	104	131	128	122	122	122	164	172
60	62	66	84	108	108	162	154	147	146	146	197	207
94	99	103	131	209	209	239	241	230	230	230	309	324
125	130	138	175	213	213	319	322	306	306	306	410	431
188	199	207	263	316	316	378	361	344	344	344	615	645
70	89	84	105	133	133	141	150	150	150	150	213	224
84	107	101	126	158	158	169	180	180	180	180	256	268
132	167	158	198	250	250	267	284	284	284	284	402	422
175	221	210	263	331	331	353	376	376	376	376	534	561
263	332	342	395	445	445	505	565	565	565	565	800	838
45	47	50	63	98	98	107	116	110	110	110	139	146
59	61	65	83	110	110	131	152	145	145	144	181	189
89	91	98	125	193	193	211	229	218	218	217	273	285
121	130	133	169	219	219	265	311	296	296	294	371	388
164	170	180	230	351	351	386	422	401	401	399	546	573
63	72	76	95	129	129	99	136	136	136	136	181	189
83	95	100	125	151	151	129	178	178	178	178	235	247
125	139	150	188	220	220	215	269	269	269	269	355	372
169	185	203	254	316	316	299	363	363	363	363	480	503
230	250	276	345	415	415	382	495	495	495	495	709	743

급배수·위생설비 (5)

품 명	규 격	단위	1990	1991	1992	1993	1994	1995	1996
배관재									
가단주철제	(흑 관) 20㎜	개	222	240	260	260	276	304	302
관이음쇠	〃 25	〃	318	344	372	372	396	435	431
(니 플)	〃 32	〃	404	437	472	472	504	553	548
〃	〃 40	〃	577	623	674	674	718	788	781
〃	〃 50	〃	691	746	806	806	860	943	934
〃	(아연도금) 20	〃	288	311	337	337	359	394	391
〃	〃 25	〃	412	446	482	482	514	564	559
〃	〃 32	〃	526	569	615	615	655	719	712
〃	〃 40	〃	747	807	872	872	930	1,019	1,010
〃	〃 50	〃	898	970	1,048	1,048	1,118	1,225	1,241
(부 싱)	(흑 관) 20	〃	175	190	205	205	218	240	238
〃	〃 25	〃	222	240	260	260	276	304	302
〃	〃 32	〃	334	361	390	390	416	456	452
〃	〃 40	〃	453	489	529	529	563	618	613
〃	〃 50	〃	730	788	852	852	902	996	987
〃	(아연도금) 20	〃	227	245	265	265	283	310	307
〃	〃 25	〃	288	311	337	337	359	394	391
〃	〃 32	〃	434	469	507	507	540	593	587
〃	〃 40	〃	587	634	685	685	731	801	794
〃	〃 50	〃	947	1,022	1,104	1,104	1,177	1,291	1,279
(캡)	(흑 관) 20	〃	191	206	223	223	237	261	259
〃	〃 25	〃	228	246	266	266	284	311	308
〃	〃 32	〃	358	388	419	419	447	490	486
〃	〃 40	〃	475	514	556	556	593	650	644
〃	〃 50	〃	712	770	832	832	887	972	964
〃	(아연도금) 20	〃	247	268	290	290	309	339	336
〃	〃 25	〃	296	320	347	347	370	398	402
〃	〃 32	〃	466	504	545	545	581	637	631
〃	〃 40	〃	619	669	723	723	771	845	837
〃	〃 50	〃	925	999	1,080	1,080	1,151	1,262	1,251
(플 럭)	(흑 관) 20	〃	161	174	189	189	202	221	220
〃	〃 25	〃	209	226	244	244	260	285	283
〃	〃 32	〃	315	340	368	368	392	430	427
〃	〃 40	〃	429	463	500	500	532	585	580
〃	〃 50	〃	633	684	739	739	787	864	856
〃	(아연도금) 20	〃	209	226	244	244	260	285	283
〃	〃 25	〃	272	294	318	318	339	372	369
〃	〃 32	〃	411	445	480	480	512	562	557
〃	〃 40	〃	555	599	648	648	691	757	751
〃	〃 50	〃	820	885	957	957	1,020	1,119	1,108

1997	1998	1999	2000	2001	2002	2003	2004	2005	2006	2007	2008	2009
285	294	294	315	315	300	390	410	410	459	504	630	630
408	420	420	450	450	430	560	590	590	657	720	900	900
518	534	534	572	572	550	710	750	750	828	909	1,143	1,143
739	760	760	815	815	790	1,010	1,070	1,070	1,188	1,305	1,368	1,368
884	910	910	975	975	940	1,210	1,280	1,280	1,413	1,557	1,953	1,953
369	380	380	408	408	390	500	530	530	594	657	792	792
529	544	544	583	583	560	720	770	770	846	927	1,116	1,116
674	694	694	744	744	720	920	980	980	1,080	1,188	1,431	1,431
956	984	984	1,054	1,054	1,020	1,310	1,390	1,390	1,530	1,683	2,025	2,025
1,149	1,183	1,183	1,268	1,268	1,230	1,580	1,670	1,670	1,845	2,034	2,448	2,448
225	232	232	249	249	240	310	320	320	360	396	495	495
285	294	294	315	315	300	390	410	410	459	504	630	630
428	441	441	472	472	450	580	620	620	684	756	945	945
580	597	597	639	639	620	790	840	840	927	1,017	1,278	1,278
934	961	961	1,030	1,030	1,000	1,280	1,360	1,360	1,494	1,647	2,061	2,061
291	299	299	321	321	310	400	420	420	468	513	621	621
369	380	380	408	408	390	500	530	530	594	657	792	792
556	572	572	613	613	590	760	800	800	891	981	1,179	1,179
752	774	774	829	829	800	1,030	1,090	1,090	1,206	1,323	1,593	1,593
1,211	1,246	1,246	1,335	1,335	1,300	1,660	1,760	1,760	1,944	2,142	2,574	2,574
244	252	252	270	270	260	330	350	350	396	432	540	540
291	300	300	321	321	310	400	420	420	468	513	648	648
460	473	473	507	507	490	630	670	670	738	810	1,017	1,017
609	627	627	672	672	650	830	880	880	981	1,080	1,350	1,350
912	939	939	1,006	1,006	970	1,250	1,320	1,320	1,458	1,602	2,007	2,007
318	327	327	351	351	340	430	460	460	513	567	684	684
380	392	392	420	420	400	520	550	550	612	675	810	810
597	615	615	659	659	640	820	870	870	954	1,053	1,269	1,269
792	816	816	874	874	850	1,090	1,150	1,150	1,269	1,395	1,674	1,674
1,184	1,219	1,219	1,306	1,306	1,270	1,620	1,720	1,720	1,899	2,088	2,511	2,511
208	214	214	229	229	220	280	300	300	333	369	468	468
267	275	275	295	295	280	360	390	390	432	477	603	603
403	415	415	445	445	430	550	580	580	648	711	891	891
548	564	564	605	605	580	750	790	790	882	972	1,215	1,215
810	834	834	894	894	870	1,110	1,180	1,180	1,296	1,422	1,782	1,782
267	275	275	295	295	280	360	390	390	432	477	576	576
349	359	359	385	385	370	480	500	500	558	612	738	738
527	543	543	582	582	560	720	760	760	846	927	1,116	1,116
710	731	731	783	783	760	970	1,030	1,030	1,143	1,260	1,512	1,512
1,049	1,080	1,080	1,158	1,158	1,120	1,440	1,520	1,520	1,683	1,854	2,232	2,232

급배수·위생설비 (5)

품 명	규 격	단위	2010	2011	2012	2013	2014	2015	2016
배관재									
가단주철제	(흑 관) 20㎜	개	616	623	623	683	683	683	630
관이음쇠	〃 25	〃	880	890	890	975	975	975	910
(니 플)	〃 32	〃	1,118	1,130	1,130	1,238	1,238	1,238	1,160
〃	〃 40	〃	1,338	1,353	1,353	1,482	1,482	1,482	1,660
〃	〃 50	〃	1,910	1,931	1,931	2,116	2,116	2,116	1,970
〃	(아연도금) 20	〃	774	783	783	796	796	796	800
〃	〃 25	〃	1,091	1,104	1,104	1,122	1,122	1,122	1,120
〃	〃 32	〃	1,399	1,415	1,415	1,439	1,439	1,439	1,440
〃	〃 40	〃	1,980	2,003	2,003	2,036	2,036	2,036	2,040
〃	〃 50	〃	2,394	2,421	2,421	2,462	2,462	2,462	2,480
(부 싱)	(흑 관) 20	〃	484	490	490	536	536	536	500
〃	〃 25	〃	616	623	623	683	683	683	630
〃	〃 32	〃	924	935	935	1,024	1,024	1,024	950
〃	〃 40	〃	1,250	1,264	1,264	1,385	1,385	1,385	1,290
〃	〃 50	〃	2,015	2,038	2,038	2,233	2,233	2,233	2,080
〃	(아연도금) 20	〃	607	614	614	624	624	624	630
〃	〃 25	〃	774	783	783	796	796	796	800
〃	〃 32	〃	1,153	1,166	1,166	1,186	1,186	1,186	1,190
〃	〃 40	〃	1,558	1,575	1,575	1,602	1,602	1,602	1,610
〃	〃 50	〃	2,517	2,545	2,545	2,588	2,588	2,588	2,600
(캡)	(흑 관) 20	〃	528	534	534	585	585	585	540
〃	〃 25	〃	634	641	641	702	702	702	650
〃	〃 32	〃	994	1,006	1,006	1,102	1,102	1,102	1,030
〃	〃 40	〃	1,320	1,335	1,335	1,463	1,463	1,463	1,360
〃	〃 50	〃	1,962	1,985	1,985	2,174	2,174	2,174	2,020
〃	(아연도금) 20	〃	669	676	676	688	688	688	690
〃	〃 25	〃	792	801	801	815	815	815	810
〃	〃 32	〃	1,241	1,255	1,255	1,276	1,276	1,276	1,280
〃	〃 40	〃	1,637	1,655	1,655	1,683	1,683	1,683	1,690
〃	〃 50	〃	2,455	2,483	2,483	2,525	2,525	2,525	2,540
(플 럭)	(흑 관) 20	〃	458	463	463	507	507	507	470
〃	〃 25	〃	590	596	596	653	653	653	610
〃	〃 32	〃	871	881	881	965	965	965	900
〃	〃 40	〃	1,188	1,202	1,202	1,316	1,316	1,316	1,220
〃	〃 50	〃	1,742	1,762	1,762	1,931	1,931	1,931	1,800
〃	(아연도금) 20	〃	563	570	570	579	579	579	580
〃	〃 25	〃	722	730	730	742	742	742	750
〃	〃 32	〃	1,091	1,104	1,104	1,122	1,122	1,122	1,120
〃	〃 40	〃	1,478	1,495	1,495	1,520	1,520	1,520	1,530
〃	〃 50	〃	2,182	2,207	2,207	2,244	2,244	2,244	2,250

2017	2018	2019	2020	2021	2022	2023	2024	2025					
630	630	630	730	780	1,150	1,102	1,102	1,102					
910	910	910	1,040	1,120	1,650	1,581	1,581	1,581					
1,160	1,160	1,160	1,330	1,430	2,160	2,059	2,059	2,059					
1,660	1,660	1,660	1,900	2,050	3,020	2,886	2,886	2,886					
1,970	1,970	1,970	2,250	2,430	3,600	3,432	3,432	3,432					
800	800	800	920	990	1,440	1,373	1,373	1,373					
1,120	1,120	1,120	1,290	1,390	2,080	1,992	1,992	1,992					
1,440	1,440	1,440	1,650	1,780	2,610	2,496	2,496	2,496					
2,040	2,040	2,040	2,340	2,520	3,700	3,536	3,536	3,536					
2,480	2,480	2,480	2,860	3,080	4,530	4,326	4,326	4,326					
500	500	500	630	680	1,000	962	962	962					
630	630	630	730	780	1,150	1,102	1,102	1,102					
950	950	950	1,090	1,170	1,720	1,648	1,648	1,648					
1,290	1,290	1,290	1,480	1,590	2,340	2,231	2,231	2,231					
2,080	2,080	2,080	2,390	2,580	3,810	3,640	3,640	3,640					
630	630	630	770	830	1,220	1,170	1,170	1,170					
800	800	800	920	990	1,440	1,373	1,373	1,373					
1,190	1,190	1,190	1,370	1,470	2,160	2,059	2,059	2,059					
1,610	1,610	1,610	1,850	1,990	2,880	2,746	2,746	2,746					
2,600	2,600	2,600	2,980	3,220	4,750	4,534	4,534	4,534					
540	540	540	630	680	1,000	962	962	962					
650	650	650	750	810	1,180	1,134	1,134	1,134					
1,030	1,030	1,030	1,180	1,270	1,870	1,789	1,789	1,789					
1,360	1,360	1,360	1,560	1,680	2,440	2,335	2,335	2,335					
2,020	2,020	2,020	2,320	2,510	3,670	3,505	3,505	3,505					
690	690	690	800	860	1,280	1,227	1,227	1,227					
810	810	810	930	1,000	1,510	1,446	1,446	1,446					
1,280	1,280	1,280	1,470	1,590	2,300	2,200	2,200	2,200					
1,690	1,690	1,690	1,940	2,090	3,090	2,954	2,954	2,954					
2,540	2,540	2,540	2,900	3,130	4,600	4,394	4,394	4,394					
470	470	470	540	580	860	827	827	827					
610	610	610	700	760	1,110	1,066	1,066	1,066					
900	900	900	1,040	1,120	1,650	1,581	1,581	1,581					
1,220	1,220	1,220	1,410	1,520	2,230	2,132	2,132	2,132					
1,800	1,800	1,800	2,060	2,220	3,240	3,089	3,089	3,089					
580	580	580	670	720	1,080	1,030	1,030	1,030					
750	750	750	860	930	1,360	1,305	1,305	1,305					
1,120	1,120	1,120	1,290	1,390	2,080	1,992	1,992	1,992					
1,530	1,530	1,530	1,760	1,900	2,800	2,678	2,678	2,678					
2,250	2,250	2,250	2,580	2,790	4,100	3,916	3,916	3,916					

급배수·위생설비 (6)

품 명	규 격	단위	1970	1971	1972	1973	1974	1975	1976
배관재									
P V C 이 음 관	(수도용)								
(엘 보 우)	13㎜	개	45	25	25	25	45	50	50
〃	16	〃	–	29	29	29	–	–	66
〃	20	〃	80	49	49	49	84	90	98
〃	25	〃	110	64	64	64	–	–	152
〃	30	〃	150	86	86	86	168	–	174
(소 켓)	13	〃	–	30	30	30	34	36	27
〃	16	〃	–	35	35	35	–	–	41
〃	20	〃	–	58	58	58	62	66	73
〃	25	〃	–	84	84	84	–	–	88
〃	30	〃	–	120	120	120	90	–	110
(티)	13	〃	42	30	–	–	56	60	50
〃	16	〃	–	35	–	–	–	–	66
〃	20	〃	80	58	–	–	90	66	93
〃	25	〃	120	84	–	–	–	–	140
〃	30	〃	170	120	–	–	190	–	184
	유효장 구경(㎜)								
배 수 용 주 철 관	1종직관 300㎜ 50 Ⓘ	본	330	330	–	–	–	840	970
(HUB)	〃 75 〃	〃	390	390	–	–	–	1,130	1,360
〃	〃 100 〃	〃	530	530	–	–	–	1,530	1,760
〃	〃 125 〃	〃	720	720	–	–	–	1,870	2,150
〃	〃 150 〃	〃	1,060	1,060	–	–	–	2,230	2,560
〃	〃 200 〃	〃	1,640	1,640	–	–	–	–	–
〃	400 50 〃	〃	–	–	–	–	–	1,010	1,160
〃	〃 75 〃	〃	–	–	–	–	–	1,410	1,620
〃	〃 100 〃	〃	–	–	–	–	–	1,850	2,130
〃	〃 125 〃	〃	–	–	–	–	–	2,300	2,650
〃	〃 150 〃	〃	–	–	–	–	–	2,730	3,140
〃	600 50 〃	〃	460	460	–	–	–	1,290	–
〃	〃 75 〃	〃	680	680	–	–	–	1,510	–
〃	〃 100 〃	〃	910	910	–	–	–	2,000	–
〃	〃 125 〃	〃	1,210	1,210	–	–	–	2,470	–
〃	〃 150 〃	〃	1,600	1,600	–	–	–	2,390	–
〃	800 50 〃	〃	–	–	–	–	–	1,550	–
〃	〃 75 〃	〃	–	–	–	–	–	1,850	–
배수용주철이형관	(HUB)								
(90°단곡관)	50㎜ Ⓘ	개	250	250	–	–	–	1,090	1,250
〃	75 〃	〃	390	390	–	–	–	1,500	1,730
〃	100 〃	〃	630	630	–	–	–	2,230	2,560
〃	125 〃	〃	990	990	–	–	–	2,700	3,110
〃	150 〃	〃	1,300	1,300	–	–	–	3,430	3,940
〃	200 〃	〃	2,400	2,400	–	–	–	–	–

㈜ 1) PVC이음관의 경우 2010년부터 백색 KS제품 단가 적용.
2) ⓣ는 가격조사단계가'메이커→수요자'를 의미함.

1977	1978	1979	1980	1981	1982	1983	1984	1985	1986	1987	1988	1989
37	37	50	59	59	59	49	49	47	47	47	58	58
53	53	70	89	89	89	88	88	84	84	81	90	90
78	78	103	129	125	125	119	119	114	114	108	123	123
112	112	149	194	192	192	190	190	182	182	163	193	193
135	135	178	228	225	225	224	224	215	215	204	230	230
27	27	36	47	42	42	40	40	38	38	33	38	38
40	40	53	67	62	62	60	60	58	58	56	62	62
73	73	98	125	119	119	95	95	91	91	74	84	84
88	88	118	149	145	145	142	142	136	136	130	147	147
99	99	132	171	175	175	180	180	173	173	176	195	195
50	50	67	85	84	84	71	71	68	68	59	67	67
64	64	85	109	106	106	101	101	97	97	95	114	114
93	93	123	159	159	159	158	158	152	152	150	182	182
140	140	185	238	250	250	264	264	253	253	246	278	278
184	184	243	312	309	309	290	290	278	278	275	338	338
1,067	1,067	1,370	1,750	1,890	1,890	1,890	1,890	1,512	1,606	1,606	2,286	2,465
1,496	1,496	1,960	2,275	2,460	2,460	2,460	2,460	1,968	2,091	2,091	3,276	3,570
1,936	1,936	2,560	3,150	3,400	3,400	3,400	3,400	2,720	2,890	2,890	4,275	4,675
2,365	2,365	3,120	3,850	4,160	4,160	4,160	4,160	3,328	3,536	3,536	5,211	5,695
2,816	2,816	3,710	4,550	4,910	4,910	4,910	4,910	3,928	4,173	4,173	6,201	6,715
-	-	5,880	6,825	7,370	7,370	7,370	7,370	5,896	6,264	6,264	9,900	10,795
1,726	1,726	1,650	1,925	2,080	2,080	2,080	2,080	1,664	1,768	1,768	2,754	3,060
1,782	1,782	2,350	2,800	3,020	3,020	3,020	3,020	2,420	2,571	2,571	3,924	4,250
2,343	2,343	3,080	3,675	3,970	3,970	3,970	3,970	3,176	3,374	3,374	5,148	5,610
2,915	2,915	3,750	4,550	4,910	4,910	4,910	4,910	3,928	4,173	4,173	6,264	6,800
3,454	3,454	4,450	5,425	5,860	5,860	5,860	5,860	4,688	4,981	4,981	7,434	8,075
-	-	2,170	2,715	2,930	2,930	2,930	2,930	2,344	2,490	2,490	3,033	3,315
-	-	3,120	3,900	4,210	4,210	4,210	4,210	3,368	3,578	3,578	4,356	4,760
-	-	4,060	5,075	6,560	6,560	6,560	6,560	5,248	5,576	5,576	6,786	7,395
-	-	5,010	6,265	6,770	6,770	6,770	6,770	5,416	5,754	5,754	7,002	7,650
-	-	5,950	7,435	8,030	8,030	8,030	8,030	6,424	6,825	6,825	8,514	9,265
-	-	2,700	3,375	3,650	3,650	3,650	3,650	2,920	3,102	3,102	3,771	4,080
-	-	3,890	4,865	5,250	5,250	5,250	5,250	4,200	4,462	4,462	5,436	5,950
1,375	1,375	1,530	2,275	2,460	2,460	2,460	2,460	1,968	2,091	2,091	2,547	2,760
1,903	1,903	2,400	2,975	3,210	3,210	3,210	3,210	2,568	2,728	2,728	3,321	3,610
2,816	2,816	3,560	4,550	4,910	4,910	4,910	4,910	3,928	4,173	4,173	5,085	5,525
3,410	3,410	4,370	5,425	5,860	5,860	5,860	5,860	4,696	4,989	4,989	6,066	6,630
4,334	4,334	5,340	6,825	7,370	7,370	7,370	7,370	5,872	6,239	6,239	7,632	8,330
-	-	9,030	12,075	13,040	13,040	13,040	13,040	10,448	11,101	11,101	13,455	14,620

급배수·위생설비 (6)

품 명	규 격	단위	1990	1991	1992	1993	1994	1995	1996
배관재									
P V C 이 음 관	(수도용)								
(엘 보 우)	13㎜	개	50	54	52	52	52	72	61
〃	16	〃	82	90	85	85	85	121	103
〃	20	〃	112	123	116	116	116	164	139
〃	25	〃	175	192	182	182	182	243	207
〃	30	〃	209	230	218	218	218	296	247
(소 켓)	13	〃	35	37	39	39	39	57	48
〃	16	〃	57	55	59	59	59	94	80
〃	20	〃	77	77	80	80	80	125	106
〃	25	〃	134	121	139	139	139	202	172
〃	30	〃	178	168	186	186	186	254	216
(티)	13	〃	61	67	64	64	64	95	81
〃	16	〃	104	114	108	108	108	150	128
〃	20	〃	165	181	172	172	172	220	187
〃	25	〃	253	278	264	264	264	332	282
〃	30	〃	307	338	320	320	320	407	346
	유효장 구경(㎜)								
배 수 용 주 철 관	1종직관 300㎜ 50 Ⓣ	본	2,700	2,700	3,100	3,100	3,570	4,590	4,590
(HUB)	〃 75 〃	〃	3,900	3,900	4,510	4,510	5,185	6,630	6,630
〃	〃 100 〃	〃	5,100	5,100	5,910	5,910	6,800	8,623	8,620
〃	〃 125 〃	〃	6,200	6,200	7,230	7,230	8,330	10,498	10,490
〃	〃 150 〃	〃	7,300	7,300	8,500	8,500	9,775	12,495	12,490
〃	〃 200 〃	〃	11,800	11,800	13,640	13,640	15,725	19,805	19,800
〃	400 50 〃	〃	3,300	3,300	3,870	3,870	4,462	5,568	5,560
〃	〃 75 〃	〃	4,600	4,600	5,400	5,400	6,205	7,905	7,900
〃	〃 100 〃	〃	6,100	6,100	7,100	7,100	8,160	10,370	10,370
〃	〃 125 〃	〃	7,400	7,400	8,590	8,590	9,902	12,623	12,620
〃	〃 150 〃	〃	8,800	8,800	10,200	10,200	11,730	14,960	14,960
〃	600 50 〃	〃	4,000	4,000	4,680	4,680	5,397	6,205	6,200
〃	〃 75 〃	〃	5,500	5,500	6,380	6,380	7,352	8,628	8,620
〃	〃 100 〃	〃	7,200	7,200	8,330	8,330	9,605	11,008	11,000
〃	〃 125 〃	〃	8,100	8,100	9,310	9,310	11,135	13,473	13,470
〃	〃 150 〃	〃	9,600	9,600	11,090	11,090	13,090	15.853	15,850
〃	800 50 〃	〃	5,000	5,000	5,820	5,820	6,715	7,650	7,650
〃	〃 75 〃	〃	6,900	6,900	7,950	7,950	9,137	10,795	10,790
배수용주철이형관	(HUB)								
(90°단곡관)	50㎜ Ⓣ	개	3,100	3,100	3,660	3,660	4,207	4,718	4,710
〃	75 〃	〃	4,700	4,700	5,480	5,480	6,332	7,098	7,090
〃	100 〃	〃	6,300	6,300	7,310	7,310	6,715	9,945	9,940
〃	125 〃	〃	8,100	8,100	9,390	9,390	10,837	13.813	13,810
〃	150 〃	〃	10,300	10,300	11,860	11,860	13,642	15 300	15,300
〃	200 〃	〃	17,200	17,200	19,890	19,890	22,907	25.670	25,670

주 1) PVC이음관의 경우 2010년부터 백색 KS제품 단가 적용.
2) ㊀는 가격조사단계가'메이커→수요자'를 의미함.

1997	1998	1999	2000	2001	2002	2003	2004	2005	2006	2007	2008	2009
61	63	80	80	120	122	122	122	122	122	122	122	122
103	106	120	120	180	183	183	183	183	182	183	183	183
139	144	160	160	220	224	224	224	224	224	224	224	224
207	215	240	240	264	267	267	267	267	267	267	267	267
247	262	300	300	330	333	333	333	333	333	333	333	333
48	50	70	70	120	122	122	122	122	122	122	122	122
80	82	90	90	150	153	153	153	153	153	153	153	153
106	110	130	130	180	183	183	183	183	183	183	183	183
172	178	200	200	220	222	222	222	222	222	222	222	222
216	224	250	250	275	279	279	279	279	279	279	279	279
81	83	120	120	140	142	142	142	142	142	142	142	142
128	132	150	150	230	234	234	234	234	234	234	234	234
187	194	220	220	300	305	305	305	305	305	305	305	305
282	293	330	330	363	365	365	365	365	365	365	365	365
346	359	400	400	440	448	448	448	448	448	448	448	448
4,590	5,000	4,000	3,780	3,780	3,780	4,050	4,180	4,180	4,180	4,180	8,190	9,100
6,630	7,200	5,900	5,460	5,460	5,460	5,850	6,040	6,040	6,040	6,040	11,700	13,000
8,620	9,500	7,700	7,140	7,140	7,140	7,650	7,900	7,900	7,900	7,900	15,300	17,000
10,490	11,600	9,400	8,700	8,700	8,700	9,270	9,570	9,570	9,570	9,570	18,540	20,600
12,490	13,700	11,100	10,320	10,320	10,320	10,980	11,340	11,340	11,340	11,340	21,960	24,400
19,800	21,800	17,700	16,380	16,380	16,380	17,460	18,040	18,040	18,040	18,040	34,830	38,700
5,560	6,000	4,900	4,560	4,560	4,560	4,860	5,020	5,020	5,020	5,020	10,890	12,100
7,900	8,700	7,000	6,540	6,540	6,540	6,930	7,160	7,160	7,160	7,160	13,770	15,300
10,370	11,400	9,200	8,580	8,580	8,580	9,180	9,480	9,480	9,480	9,480	18,360	20,400
12,620	13,900	11,300	10,440	10,440	10,440	11,160	11,530	11,530	11,530	11,530	22,230	24,700
14,960	16,400	13,300	12,360	12,360	12,360	13,230	13,670	13,670	13,670	13,670	26,370	29,300
6,200	8,200	6,600	6,180	6,180	6,180	6,570	6,780	6,780	6,780	6,780	12,960	-
8,620	11,400	9,200	8,580	8,580	8,580	9,180	9,480	9,480	9,480	9,480	18,180	-
11,000	14,500	11,800	10,920	10,920	10,920	11,700	12,090	12,090	12,090	12,090	23,040	-
13,470	17,800	14,400	13,380	13,380	13,380	14,310	14,780	14,780	14,780	14,780	28,350	-
15,850	21,000	17,000	15,780	15,780	15,780	16,830	17,390	17,390	17,390	17,390	33,210	-
7,650	10,100	8,200	7,620	7,620	7,620	8,100	8,370	8,370	8,370	8,370	16,020	-
10,790	14,300	11,600	10,740	10,740	10,740	11,520	11,900	11,900	11,900	11,900	22,770	-
4,710	5,200	4,200	3,900	3,900	3,900	4,320	4,460	4,460	4,460	4,460	8,550	9,500
7,090	7,700	6,300	5,820	5,820	5,820	6,930	7,160	7,160	7,160	7,160	13,770	15,300
9,940	10,400	8,400	7,800	7,800	7,800	9,900	10,230	10,230	10,230	10,230	19,710	21,900
13,810	15,500	12,600	11,640	11,640	11,640	12,420	12,830	12,830	12,830	12,830	24,750	27,500
15,300	18,100	14,700	13,620	13,620	13,620	14,580	15,060	15,060	15,060	15,060	29,160	32,400
25,670	35,200	28,600	24,600	24,600	24,600	28,260	29,200	29,200	29,200	29,200	56,340	62,600

급배수·위생설비 (6)

품명	규격	단위	2010	2011	2012	2013	2014	2015	2016
배관재									
PVC이음관	(수도용)								
(엘보우)	13㎜	개	146	145	145	142	142	142	-
〃	16	〃	220	217	217	213	213	213	220
〃	20	〃	269	266	266	261	261	261	280
〃	25	〃	320	317	317	311	311	311	320
〃	30	〃	400	396	396	388	388	388	390
(소 켓)	13	〃	146	145	145	142	142	142	-
〃	16	〃	184	182	182	178	178	178	200
〃	20	〃	220	217	217	213	213	213	220
〃	25	〃	266	264	264	258	258	258	260
〃	30	〃	335	331	331	325	325	325	330
(티)	13	〃	170	169	169	165	165	165	-
〃	16	〃	281	278	278	272	272	272	290
〃	20	〃	366	362	355	355	355	355	360
〃	25	〃	438	434	434	425	425	425	430
〃	30	〃	538	532	532	521	521	521	530
	유효장 구경(㎜)								
배수용주철관	1종직관 300㎜ 50 Ⓘ	본	9,100	9,100	9,100	9,100	9,100	9,100	9,100
(HUB)	〃 75 〃	〃	13,000	13,000	13,000	13,000	13,000	13,000	13,000
〃	〃 100 〃	〃	17,000	17,000	17,000	17,000	17,000	17,000	17,000
〃	〃 125 〃	〃	20,600	20,600	20,600	20,600	20,600	20,600	20,600
〃	〃 150 〃	〃	24,400	24,400	24,400	24,400	24,400	24,400	24,400
〃	〃 200 〃	〃	38,700	38,700	38,700	38,700	38,700	38,700	38,700
〃	400 50 〃	〃	12,100	12,100	12,100	12,100	12,100	12,100	12,100
〃	〃 75 〃	〃	15,300	15,300	15,300	15,300	15,300	15,300	15,300
〃	〃 100 〃	〃	20,400	20,400	20,400	20,400	20,400	20,400	20,400
〃	〃 125 〃	〃	24,700	24,700	24,700	24,700	24,700	24,700	24,700
〃	〃 150 〃	〃	29,300	29,300	29,300	29,300	29,300	29,300	29,300
〃	600 50 〃	〃	-	-	-	-	-	-	-
〃	〃 75 〃	〃	-	-	-	-	-	-	-
〃	〃 100 〃	〃	-	-	-	-	-	-	-
〃	〃 125 〃	〃	-	-	-	-	-	-	-
〃	〃 150 〃	〃	-	-	-	-	-	-	-
〃	800 50 〃	〃	-	-	-	-	-	-	-
〃	〃 75 〃	〃	-	-	-	-	-	-	-
배수용주철이형관	(HUB)								
(90°단곡관)	50㎜ Ⓘ	개	9,500	9,500	9,500	9,500	9,500	9,500	9,500
〃	75 〃	〃	15,300	15,300	15,300	15,300	15,300	15,300	15,300
〃	100 〃	〃	21,900	21,900	21,900	21,900	21,900	21,900	21,900
〃	125 〃	〃	27,500	27,500	27,500	27,500	27,500	27,500	27,500
〃	150 〃	〃	32,400	32,400	32,400	32,400	32,400	32,400	32,400
〃	200 〃	〃	62,600	62,600	62,600	62,600	62,600	62,600	62,600

주 1) PVC이음관의 경우 2010년부터 백색 KS제품 단가 적용.
2) ⓣ는 가격조사단계가'메이커→수요자'를 의미함.

2017	2018	2019	2020	2021	2022	2023	2024	2025					
–	–	–	–	–	–	–	–	–					
220	220	220	220	300	300	290	290	290					
280	280	280	280	350	350	370	370	370					
320	320	320	320	420	420	460	460	460					
390	390	390	390	520	520	530	530	530					
–	–	–	–	–	–	–	–	–					
200	200	200	200	250	250	250	250	250					
220	220	220	220	300	300	290	290	290					
260	260	260	260	350	350	370	370	370					
330	330	330	330	430	430	440	440	440					
–	–	–	–	–	–	–	–	–					
290	290	290	290	370	370	380	380	380					
360	360	360	360	470	470	480	480	480					
430	430	430	430	580	580	570	570	570					
530	530	530	530	700	700	700	700	700					
9,100	9,100	9,100	9,100	9,100	10,900	10,900	10,900	10,900					
13,000	13,000	13,000	13,000	13,000	15,600	15,600	15,600	15,600					
17,000	17,000	17,000	17,000	17,000	20,400	20,400	20,400	20,400					
20,600	20,600	20,600	20,600	20,600	24,700	24,700	24,700	24,700					
24,400	24,400	24,400	24,400	24,400	29,300	29,300	29,300	29,300					
38,700	38,700	38,700	38,700	38,700	46,400	46,400	46,400	46,400					
12,100	12,100	12,100	12,100	12,100	14,500	14,500	14,500	14,500					
15,300	15,300	15,300	15,300	15,300	18,400	18,400	18,400	18,400					
20,400	20,400	20,400	20,400	20,400	24,500	24,500	24,500	24,500					
24,700	24,700	24,700	24,700	24,700	29,600	29,600	29,600	29,600					
29,300	29,300	29,300	29,300	29,300	35,200	35,200	35,200	35,200					
–	–	–	–	–	36,000	36,000	36,000	36,000					
–	–	–	–	–	48,000	48,000	48,000	48,000					
–	–	–	–	–	60,000	60,000	60,000	60,000					
–	–	–	–	–	84,000	84,000	84,000	84,000					
–	–	–	–	–	96,000	96,000	96,000	96,000					
–	–	–	–	–	36,000	36,000	36,000	36,000					
–	–	–	–	–	48,000	48,000	48,000	48,000					
9,500	9,500	9,500	9,500	9,500	11,400	11,400	11,400	11,400					
15,300	15,300	15,300	15,300	15,300	18,400	18,400	18,400	18,400					
21,900	21,900	21,900	21,900	21,900	26,300	26,300	26,300	26,300					
27,500	27,500	27,500	27,500	27,500	33,000	33,000	33,000	33,000					
32,400	32,400	32,400	32,400	32,400	38,900	38,900	38,900	38,900					
62,600	62,600	62,600	62,600	62,600	75,200	75,200	75,200	75,200					

급배수·위생설비 (7)

품 명	규 격	단위	1970	1971	1972	1973	1974	1975	1976
배관재									
배수용주철이형관	(HUB)								
(45°곡관)	50㎜ Ⓘ	개	-	250	-	-	-	730	840
〃	75 〃	〃	-	350	-	-	-	970	1,120
〃	100 〃	〃	-	490	-	-	-	1,350	1,550
〃	125 〃	〃	-	730	-	-	-	1,780	2,050
〃	150 〃	〃	-	960	-	-	-	2,230	2,560
〃	200 〃	〃	-	1,970	-	-	-	-	-
(소 재 구)	50 〃	〃	-	460	-	-	-	-	1,350
〃	75 〃	〃	-	550	-	-	-	-	1,630
〃	100 〃	〃	-	610	-	-	-	-	1,810
〃	125 〃	〃	-	890	-	-	-	-	2,620
〃	150 〃	〃	-	1,210	-	-	-	-	3,110
(P 트 랩)	50 〃	〃	550	-	-	-	-	-	1,820
〃	75 〃	〃	880	-	-	-	-	-	2,910
〃	100 〃	〃	1,100	-	-	-	-	-	3,630
〃	125 〃	〃	-	-	-	-	-	-	4,250
밸 브									
청 동 제 밸 브									
(게이트밸브)	5kg/㎠ 15㎜	〃	-	-	-	-	-	-	1,230
〃	〃 20	〃	-	-	-	-	-	-	1,630
〃	〃 25	〃	-	-	-	-	-	-	2,250
〃	〃 32	〃	-	-	-	-	-	-	4,000
〃	〃 40	〃	-	-	-	-	-	-	5,250
〃	10kg/㎠ 15	〃	-	-	-	-	-	-	2,940
〃	〃 20	〃	-	-	-	-	-	-	3,900
〃	〃 25	〃	-	-	-	-	-	-	5,400
〃	〃 32	〃	-	-	-	-	-	-	9,600
〃	〃 40	〃	-	-	-	-	-	-	12,600
(글로브밸브)	5kg/㎠ 15	〃	-	-	-	-	-	-	1,000
〃	〃 20	〃	-	-	-	-	-	-	1,300
〃	〃 25	〃	-	-	-	-	-	-	2,000
〃	〃 32	〃	-	-	-	-	-	-	3,060
〃	〃 40	〃	-	-	-	-	-	-	3,880
〃	10kg/㎠ 15	〃	-	-	-	-	-	-	2,380
〃	〃 20	〃	-	-	-	-	-	-	3,120
〃	〃 25	〃	-	-	-	-	-	-	4,760
〃	〃 32	〃	-	-	-	-	-	-	7,340
〃	〃 40	〃	-	-	-	-	-	-	9,300
주 철 제 밸 브									
(게이트밸브)	10kg/㎠ 50㎜	〃	-	-	-	-	-	-	16,380
〃	〃 65	〃	-	-	-	-	-	-	18,630
〃	〃 80	〃	-	-	-	-	-	-	24,380
〃	〃 100	〃	-	-	-	-	-	-	36,000
〃	〃 125	〃	-	-	-	-	-	-	43,130
(글로브밸브)	〃 50	〃	-	-	-	-	-	-	14,250
〃	〃 65	〃	-	-	-	-	-	-	18,250
〃	〃 80	〃	-	-	-	-	-	-	22,630
〃	〃 100	〃	-	-	-	-	-	-	32,880
〃	〃 125	〃	-	-	-	-	-	-	43,500

주 ⓣ는 가격조사단계가 '메이커→수요자'를 의미함.

1977	1978	1979	1980	1981	1982	1983	1984	1985	1986	1987	1988	1989
924	924	1,120	1,400	1,510	1,510	1,510	1,510	1,208	1,283	1,283	1,566	1,700
1,232	1,232	1,550	1,925	2,080	2,080	2,080	2,080	1,664	1,768	1,768	2,151	2,335
1,705	1,705	2,160	2,800	3,020	3,020	3,020	3,020	2,416	2,567	2,567	3,123	3,400
2,255	2,255	2,810	3,675	3,970	3,970	3,970	3,970	3,176	3,374	3,374	4,113	4,505
1,816	2,816	3,560	4,550	4,910	4,910	4,910	4,910	3,928	4,173	4,173	5,085	5,525
-	-	6,430	8,400	9,070	9,070	9,070	9,070	7,256	7,709	7,709	9,387	10,220
1,485	1,485	1,700	2,450	2,290	2,290	2,290	2,290	1,832	1,946	1,946	2,736	2,975
1,793	1,793	2,100	2,800	2,830	2,830	2,830	2,830	2,264	2,405	2,405	3,123	3,400
1,991	1,991	2,370	3,150	3,200	3,200	3,200	3,200	2,560	2,720	2,720	3,519	3,825
2,882	2,882	3,500	4,550	4,720	4,720	4,720	4,720	3,776	4,012	4,012	5,085	5,525
3,421	3,421	4,140	5,425	5,580	5,580	5,580	5,580	4,464	4,743	4,743	6,066	6,630
2,002	2,002	2,400	3,150	3,400	3,400	3,400	3,400	2,720	2,890	2,890	3,519	3,825
3,201	3,201	3,780	5,075	5,480	5,480	5,480	5,480	4,384	4,658	4,658	5,670	6,160
3,993	3,993	4,900	6,300	6,800	6,820	6,800	6,800	5,440	5,780	5,780	7,038	7,650
4,675	4,675	5,700	7,525	8,130	8,130	8,130	8,130	6,504	6,910	6,910	17,082	18,530
1,107	1,353	1,390	1,390	1,390	1,390	1,390	1,390	1,090	1,112	1,516	1,670	1,738
1,460	1,793	1,950	1,950	1,950	1,950	1,950	1,950	1,529	1,560	1,824	2,050	2,134
2,025	2,475	3,200	3,200	3,200	3,200	3,200	3,200	2,509	2,560	2,979	3,340	3,476
3,600	4,400	4,330	4,330	4,330	4,330	4,330	4,330	3,395	3,464	3,968	4,450	4,641
4,724	5,775	6,030	6,030	6,030	6,030	6,030	6,030	4,728	4,824	5,603	6,280	6,545
2,940	3,234	2,940	2,940	2,940	2,940	2,940	2,940	2,309	2,356	2,798	3,140	3,278
3,900	4,290	4,410	4,410	4,410	4,410	4,410	4,410	3,457	3,528	4,137	4,640	4,839
5,400	5,940	6,980	6,980	6,980	6,980	6,980	6,980	5,472	5,584	6,707	7,520	7,842
9,600	10,560	10,100	10,100	10,100	10,100	10,100	10,100	7,918	8,080	9,615	10,780	11,242
12,600	13,860	13,570	13,570	13,570	13,570	13,570	13,570	10,639	10,856	12,934	14,490	15,113
900	1,100	1,230	1,230	1,230	1,230	1,230	1,920	964	1,107	1,363	1,600	1,810
1,170	1,430	1,890	1,890	1,890	1,890	1,890	2,880	1,482	1,701	2,114	2,250	2,170
1,799	2,200	2,940	2,940	2,940	2,940	2,940	4,450	2,304	2,646	3,195	3,330	3,380
2,754	3,366	4,140	4,140	4,140	4,140	4,140	6,190	3,246	3,726	4,589	4,770	4,760
3,491	4,268	6,250	6,250	6,250	6,250	6,250	7,480	4,900	5,625	6,935	7,200	7,180
2,380	2,618	2,380	2,380	2,380	2,380	2,380	2,750	1,865	1,904	2,798	2,790	2,728
3,120	3,432	3,790	3,790	3,790	3,790	3,790	4,380	2,971	3,032	4,137	4,410	4,312
4,760	5,236	5,700	5,700	5,700	5,700	5,700	6,590	4,468	4,560	6,707	6,600	6,512
7,340	8,074	8,510	8,510	8,510	8,510	8,510	9,840	6,672	6,808	9,655	9,900	9,680
9,300	10,230	10,580	10,580	10,580	10,580	10,580	12,240	8,295	8,464	12,934	12,240	11,968
15,486	14,696	21,450	21,450	21,450	21,450	21,450	19,300	18,233	21,450	24,668	24,000	22,600
17,849	20,196	27,620	27,620	27,620	27,620	27,620	24,850	23,477	27,620	31,763	28,900	27,200
23,100	23,760	33,810	33,810	33,810	33,810	33,810	30,420	28,739	33,810	38,882	35,800	33,600
34,124	37,719	49,560	49,560	49,560	49,560	49,560	44,600	42,126	49,560	56,994	53,600	50,200
40,823	52,833	64,500	64,500	64,500	64,500	64,500	58,050	54,825	64,000	74,175	71,300	66,800
14,962	18,964	21,950	21,950	21,950	21,950	21,950	19,750	19,760	21,950	19,757	26,000	24,700
19,162	22,902	25,440	25,440	25,440	25,440	25,440	22,890	22,900	25,440	29,256	33,000	31,500
23,760	28,391	31,540	31,540	31,540	31,540	31,540	28,380	28,390	31,540	36,271	45,000	42,100
34,523	43,560	48,400	48,400	48,400	48,400	48,400	43,560	43,560	48,400	55,660	60,500	57,000
45,674	56,573	63,530	63,530	63,530	63,530	63,530	57,170	57,180	63,530	73,060	96,300	90,100

급배수·위생설비 (7)

품명	규격	단위	1990	1991	1992	1993	1994	1995	1996
배관재									
배수용주철이형관	(HUB)								
(45°곡관)	50㎜ Ⓘ	개	1,900	1,900	2,300	2,300	2,677	3,188	3,180
〃	75 〃	〃	2,700	2,700	3,230	3,230	3,740	4,505	4,500
〃	100 〃	〃	4,100	4,100	4,760	4,760	5,482	6,970	6,970
〃	125 〃	〃	5,800	5,800	6,760	6,760	7,777	9,945	9,940
〃	150 〃	〃	6,500	6,500	7,520	7,520	8,670	11,305	11,300
〃	200 〃	〃	10,800	10,800	12,500	12,500	14,407	18,870	18,870
(소 재 구)	50 〃	〃	2,900	2,900	3,440	3,440	3,995	3,995	3,990
〃	75 〃	〃	3,400	3,400	3,910	3,910	4,505	4,505	4,500
〃	100 〃	〃	3,800	3,800	4,420	4,420	5,100	5,100	5,100
〃	125 〃	〃	5,800	5,800	6,760	6,760	7,778	7,778	7,700
〃	150 〃	〃	9,600	9,600	11,050	11,050	12,708	12,708	12,700
(P 트 랩)	50 〃	〃	3,800	3,800	4,420	4,420	5,100	5,908	5,900
〃	75 〃	〃	6,500	6,500	7,520	7,520	8,670	10,073	10,070
〃	100 〃	〃	9,400	9,400	10,840	10,840	12,495	16,035	14,530
〃	125 〃	〃	20,400	20,400	23,550	23,550	27,073	27,073	27,070
밸 브									
청 동 제 밸 브									
(게이트밸브)	5kg/㎠ 15㎜	〃	1,911	2,195	2,195	2,195	2,195	2,195	2,050
〃	〃 20	〃	2,347	2,743	2,743	2,743	2,743	2,743	2,570
〃	〃 25	〃	3,823	4,343	4,343	4,343	4,343	4,343	4,070
〃	〃 32	〃	5,105	5,943	5,943	5,943	5,943	5,943	5,570
〃	〃 40	〃	7,199	8,000	8,000	8,000	8,000	8,000	7,500
〃	10kg/㎠ 15	〃	3,605	4,274	4,274	4,274	4,274	4,274	3,740
〃	〃 20	〃	5,322	6,136	6,136	6,136	6,136	6,136	5,360
〃	〃 25	〃	8,626	9,760	9,760	9,760	9,760	9,760	8,540
〃	〃 32	〃	12,366	13,885	13,885	13,885	13,885	13,885	12,140
〃	〃 40	〃	16,624	18,605	18,605	18,605	18,605	18,605	16,270
(글로브밸브)	5kg/㎠ 15	〃	1,810	2,076	2,076	2,076	2,076	2,076	2,070
〃	〃 20	〃	2,325	2,608	2,608	2,608	2,608	2,608	2,600
〃	〃 25	〃	3,618	4,056	4,056	4,056	4,056	4,056	4,050
〃	〃 32	〃	5,100	5,712	5,712	5,712	5,712	5,712	5,710
〃	〃 40	〃	7,690	8,625	8,625	8,625	8,625	8,625	8,620
〃	10kg/㎠ 15	〃	2,920	3,667	3,667	3,667	3,667	3,667	3,200
〃	〃 20	〃	4,620	5,796	5,796	5,796	5,796	5,796	5,070
〃	〃 25	〃	6,970	8,752	8,752	8,752	8,752	8,752	7,650
〃	〃 32	〃	10,360	13,011	13,011	13,011	13,011	13,011	11,380
〃	〃 40	〃	12,810	16,087	16,087	16,087	16,087	16,087	14,070
주 철 제 밸 브									
(게이트밸브)	10kg/㎠ 50㎜	〃	22,600	29,440	25,600	25,600	31,200	31,200	38,250
〃	〃 65	〃	27,200	34,040	29,600	29,600	32,800	32,800	39,100
〃	〃 80	〃	33,600	42,320	36,800	36,800	40,800	40,800	48,450
〃	〃 100	〃	50,200	62,560	54,400	54,400	58,400	58,400	68,000
〃	〃 125	〃	66,800	83,720	72,800	72,800	81,600	81,600	95,200
(글로브밸브)	〃 50	〃	24,700	33,950	29,750	29,750	56,000	56,000	62,900
〃	〃 65	〃	31,500	41,710	36,550	36,550	61,600	61,600	68,850
〃	〃 80	〃	42,100	55,290	48,450	48,450	76,000	76,000	85,000
〃	〃 100	〃	57,000	75,660	66,300	66,300	100,000	100,000	111,350
〃	〃 125	〃	90,100	118,430	103,700	103,700	154,400	154,400	171,700

주 ①는 가격조사단계가 '메이커→수요자'를 의미함.

1997	1998	1999	2000	2001	2002	2003	2004	2005	2006	2007	2008	2009
3,180	3,500	2,800	2,640	2,640	2,640	2,790	2,880	2,880	2,880	2,880	11,160	12,400
4,500	4,900	4,000	3,720	3,720	3,720	4,860	5,020	5,020	5,020	5,020	15,048	16,720
6,970	7,200	5,900	5,460	5,460	5,460	7,020	7,250	7,250	7,250	7,250	20,700	23,000
9,940	11,200	9,100	8,400	8,400	8,400	9,000	9,300	9,300	9,300	9,300	26,550	29,500
11,300	13,400	10,900	10,080	10,080	10,080	10,800	11,160	11,160	11,160	11,160	30,060	33,400
18,870	22,300	18,100	16,740	16,740	16,740	17,910	18,500	18,500	18,500	18,500	59,130	65,700
3,990	3,700	3,000	2,820	2,820	2,820	2,970	3,060	3,060	3,060	3,060	5,940	6,600
4,500	4,200	3,400	3,180	3,180	3,180	3,330	3,440	3,440	3,440	3,440	6,660	7,400
5,100	4,800	3,900	3,660	3,660	3,660	3,870	3,990	3,990	3,990	3,990	7,740	8,600
7,700	7,900	6,400	5,940	5,940	5,940	7,830	8,090	8,090	8,090	8,090	15,570	17,300
12,700	12,200	9,900	9,180	9,180	9,180	9,900	10,230	10,230	10,230	10,230	19,710	21,900
5,900	6,100	5,000	4,620	4,620	4,620	5,130	5,300	5,300	5,300	5,300	10,260	11,400
10,070	10,400	8,500	7,860	7,860	7,860	8,910	9,200	9,200	9,200	9,200	17,820	19,800
14,530	15,100	12,200	11,340	11,340	11,340	12,150	12,550	12,550	12,550	12,550	24,300	27,000
27,070	–	–	–	–	–	–	–	–	–	–	–	–
1,920	2,500	2,500	2,500	2,500	2,370	2,500	3,750	3,460	5,740	5,740	6,700	6,990
2,400	3,120	3,120	3,120	3,120	2,970	3,120	4,690	4,340	7,180	7,180	8,380	8,740
3,800	4,940	4,940	4,940	4,940	4,700	4,950	7,450	6,870	10,890	10,890	12,710	13,260
5,200	6,500	6,500	6,500	6,500	6,180	6,510	9,790	9,050	14,960	14,960	17,460	18,210
7,000	8,750	8,750	8,750	8,750	8,330	8,770	13,190	12,180	20,150	20,150	23,510	24,510
3,210	4,680	4,680	4,010	4,010	3,750	3,600	6,060	5,600	8,870	8,870	10,350	10,800
4,600	6,710	6,710	5,750	5,750	5,400	5,170	7,910	7,300	11,560	11,560	13,500	14,070
7,320	10,250	10,250	8,780	8,780	8,250	7,900	11,160	10,310	16,320	16,320	19,060	19,870
10,410	14,580	14,580	12,500	12,500	11,750	11,240	15,890	14,670	22,550	22,550	26,300	27,430
13,950	19,540	19,540	16,740	16,740	15,740	15,070	21,290	19,660	29,740	29,740	34,700	36,190
2,200	2,540	2,540	2,540	2,540	2,410	2,550	3,830	3,530	5,650	5,650	6,590	6,870
2,770	3,200	3,200	3,200	3,200	3,040	3,200	4,810	4,440	7,100	7,100	8,290	8,650
4,310	4,790	4,790	4,790	4,790	4,550	4,800	7,220	6,660	9,490	9,490	11,080	11,550
6,060	6,500	6,500	6,500	6,500	6,170	6,510	9,790	9,030	14,460	14,460	16,860	17,950
9,160	9,810	9,810	9,810	9,810	9,340	9,830	14,790	13,650	21,830	21,830	25,470	26,560
3,200	4,170	4,170	3,580	3,580	3,350	3,210	4,830	4,460	7,070	7,070	8,250	8,600
5,070	6,590	6,590	5,650	5,650	5,310	5,080	7,640	7,060	11,170	11,170	13,040	13,600
7,650	9,570	9,570	8,210	8,210	7,710	7,380	11,100	10,240	16,230	16,230	18,940	19,750
11,380	14,230	14,230	12,200	12,200	11,460	10,970	16,500	15,230	24,130	24,130	28,150	29,360
14,070	17,600	17,600	15,080	15,080	14,160	13,570	20,410	18,840	29,840	29,840	34,810	36,300
36,000	45,600	37,000	36,400	38,950	37,000	36,930	46,410	44,680	46,850	46,850	75,790	75,790
36,800	49,600	40,300	39,600	42,310	40,190	40,170	50,500	48,630	50,980	50,980	91,630	91,630
45,600	60,000	48,700	48,000	51,240	48,670	48,600	61,420	59,140	62,010	62,010	106,790	106,790
64,000	84,000	68,200	67,200	71,710	68,120	68,040	85,990	82,800	86,810	86,810	161,910	161,910
89,600	112,000	91,000	89,600	95,550	90,770	90,720	114,660	110,400	115,750	115,750	211,520	211,520
59,200	70,400	57,200	56,300	60,060	57,050	57,020	71,660	69,000	72,340	72,340	93,010	93,010
64,800	77,600	63,000	62,000	66,150	62,840	62,850	79,170	76,230	79,920	79,920	96,460	96,460
80,000	96,000	78,000	76,800	81,900	77,800	77,760	98,280	94,630	99,210	99,210	125,390	125,390
104,800	128,000	104,000	102,400	109,200	103,740	103,680	131,040	126,180	132,280	132,280	176,380	176,380
161,600	192,000	156,000	153,600	163,800	155,610	155,520	196,560	189,270	198,430	198,430	267,330	267,330

급배수·위생설비 (7)

품 명	규 격	단위	2010	2011	2012	2013	2014	2015	2016
배관재									
배수용주철이형관	(HUB)								
(45°곡관)	50㎜ ㊤	개	12,400	12,400	12,400	12,400	12,400	12,400	12,400
〃	75 〃	〃	16,720	16,720	16,720	16,720	16,720	16,720	16,720
〃	100 〃	〃	23,000	23,000	23,000	23,000	23,000	23,000	23,000
〃	125 〃	〃	29,500	29,500	29,500	29,500	29,500	29,500	29,500
〃	150 〃	〃	33,400	33,400	33,400	33,400	33,400	33,400	33,400
〃	200 〃	〃	65,700	65,700	65,700	65,700	65,700	65,700	65,700
(소 재 구)	50 〃	〃	6,600	6,600	6,600	6,600	6,600	6,600	6,600
〃	75 〃	〃	7,400	7,400	7,400	7,400	7,400	7,400	7,400
〃	100 〃	〃	8,600	8,600	8,600	8,600	8,600	8,600	8,600
〃	125 〃	〃	17,300	17,300	17,300	17,300	17,300	17,300	17,300
〃	150 〃	〃	21,900	21,900	21,900	21,900	21,900	21,900	21,900
(P 트 랩)	50 〃	〃	11,400	11,400	11,400	11,400	11,400	11,400	11,400
〃	75 〃	〃	19,800	19,800	19,800	19,800	19,800	19,800	19,800
〃	100 〃	〃	27,000	27,000	27,000	27,000	27,000	27,000	27,000
〃	125 〃	〃	-	-	-	-	-	-	-
밸 브									
청 동 제 밸 브									
(게이트밸브)	5kg/㎠ 15㎜	〃	7,180	8,420	8,150	8,490	8,490	8,490	7,500
〃	〃 20	〃	8,980	12,320	11,940	12,460	12,460	12,460	10,980
〃	〃 25	〃	13,610	18,120	17,540	18,360	18,360	18,360	16,140
〃	〃 32	〃	18,710	25,410	24,590	25,690	25,690	25,690	22,620
〃	〃 40	〃	25,190	36,660	35,500	37,100	37,100	37,100	32,640
〃	10kg/㎠ 15	〃	11,090	11,450	11,090	11,590	11,590	11,590	10,200
〃	〃 20	〃	14,460	15,690	15,200	15,870	15,870	15,870	13,980
〃	〃 25	〃	20,420	22,510	21,790	22,760	22,760	22,760	20,040
〃	〃 32	〃	28,180	32,010	30,990	34,310	34,310	34,310	28,500
〃	〃 40	〃	37,180	42,590	41,240	43,130	43,130	43,130	37,920
(글로브밸브)	5kg/㎠ 15	〃	7,070	-	-	-	-	-	-
〃	〃 20	〃	8,880	-	-	-	-	-	-
〃	〃 25	〃	11,860	-	-	-	-	-	-
〃	〃 32	〃	18,070	-	-	-	-	-	-
〃	〃 40	〃	27,300	-	-	-	-	-	-
〃	10kg/㎠ 15	〃	8,840	9,760	9,450	9,860	9,860	9,860	8,700
〃	〃 20	〃	13,970	15,090	14,610	15,250	15,250	15,250	13,440
〃	〃 25	〃	20,290	21,490	20,810	21,720	21,720	21,720	19,140
〃	〃 32	〃	30,160	32,480	31,450	32,890	32,890	32,890	28,920
〃	〃 40	〃	37,300	41,790	40,460	42,310	42,310	42,310	37,200
주 철 제 밸 브									
(게이트밸브)	10kg/㎠ 50㎜	〃	69,960	70,620	70,620	70,620	70,620	70,620	66,000
〃	〃 65	〃	84,580	85,380	85,380	85,380	85,380	85,380	79,800
〃	〃 80	〃	98,580	99,510	99,510	99,510	99,510	99,510	93,000
〃	〃 100	〃	149,460	150,870	150,870	150,870	150,870	150,870	141,000
〃	〃 125	〃	195,250	197,090	197,090	197,090	197,090	197,090	184,200
(글로브밸브)	〃 50	〃	85,860	86,670	86,670	89,550	89,550	89,550	81,000
〃	〃 65	〃	89,040	89,880	89,880	92,870	92,870	92,870	84,000
〃	〃 80	〃	115,750	116,840	116,840	120,730	120,730	120,730	109,200
〃	〃 100	〃	162,810	164,350	164,350	169,830	169,830	169,830	153,600
〃	〃 125	〃	246,760	249,090	249,090	257,390	257,390	257,390	232,800

㈜ ㉠는 가격조사단계가 '메이커→수요자'를 의미함.

2017	2018	2019	2020	2021	2022	2023	2024	2025					
12,400	12,400	12,400	12,400	12,400	14,900	14,900	14,900	14,900					
16,720	16,720	16,720	16,720	16,720	20,100	20,100	20,100	20,100					
23,000	23,000	23,000	23,000	23,000	27,600	27,600	27,600	27,600					
29,500	29,500	29,500	29,500	29,500	35,400	35,400	35,400	35,400					
33,400	33,400	33,400	33,400	33,400	40,100	40,100	40,100	40,100					
65,700	65,700	65,700	65,700	65,700	78,900	78,900	78,900	78,900					
6,600	6,600	6,600	6,600	6,600	7,900	7,900	7,900	7,900					
7,400	7,400	7,400	7,400	7,400	8,900	8,900	8,900	8,900					
8,600	8,600	8,600	8,600	8,600	10,400	10,400	10,400	10,400					
17,300	17,300	17,300	17,300	17,300	20,800	20,800	20,800	20,800					
21,900	21,900	21,900	21,900	21,900	26,300	26,300	26,300	26,300					
11,400	11,400	11,400	11,400	11,400	6,500	6,500	6,500	6,500					
19,800	19,800	19,800	19,800	19,800	9,800	9,800	9,800	9,800					
27,000	27,000	27,000	27,000	27,000	12,500	12,500	12,500	12,500					
-	-	-	-	-	-	-	-	-					
7,500	8,120	8,250	8,250	11,250	12,250	12,250	13,870	13,250					
10,980	11,890	12,070	12,070	16,470	17,930	17,930	20,310	19,390					
16,140	17,480	17,750	17,750	24,210	26,360	26,360	29,850	28,510					
22,620	24,500	24,880	24,880	33,930	36,940	36,940	41,840	39,960					
32,640	35,360	35,900	35,900	48,960	53,310	53,310	60,380	57,660					
10,200	11,050	11,220	11,220	15,300	16,660	16,660	18,870	18,020					
13,980	15,140	15,370	15,370	20,970	22,830	22,830	25,860	24,690					
20,040	21,710	22,040	22,040	30,060	32,730	32,730	37,070	35,400					
28,500	30,870	31,350	31,350	42,750	46,550	46,550	52,720	50,350					
37,920	41,080	41,710	41,710	56,880	61,930	61,930	70,150	66,990					
-	-	-	-	-	-	-	-	-					
-	-	-	-	-	-	-	-	-					
-	-	-	-	-	-	-	-	-					
-	-	-	-	-	-	-	-	-					
-	-	-	-	-	-	-	-	-					
8,700	9,420	9,570	9,570	13,050	14,210	14,210	16,090	15,370					
13,440	14,560	14,780	14,780	20,160	21,950	21,950	24,860	23,740					
19,140	20,730	21,050	21,050	28,710	31,260	31,260	35,400	33,810					
28,920	31,330	31,810	31,810	43,380	47,230	47,230	53,500	51,090					
37,200	40,300	40,920	40,920	55,800	60,760	60,760	68,820	65,720					
63,800	74,800	75,900	75,900	77,000	93,500	99,000	99,000	79,200					
77,140	90,440	91,770	91,770	93,100	113,050	120,000	120,000	96,000					
89,900	105,400	106,950	106,950	108,500	131,750	139,800	139,800	111,840					
136,300	159,800	162,150	162,150	164,500	199,750	211,800	211,800	169,440					
178,060	208,760	211,830	211,830	214,900	260,950	276,600	276,600	221,280					
78,300	91,800	93,150	93,150	94,500	114,750	121,800	121,800	97,440					
81,200	95,200	96,600	96,600	98,000	119,000	126,000	126,000	100,800					
105,560	123,760	125,580	125,580	127,400	154,700	163,800	163,800	131,040					
148,480	174,080	176,640	176,640	179,200	217,600	230,400	230,400	184,320					
225,040	263,840	267,720	267,720	271,600	329,800	349,200	349,200	279,360					

급배수·위생설비 (8)

품 명	규 격	단위	1970	1971	1972	1973	1974	1975	1976
밸 브									
주 강 제 밸 브	20kg/㎠ 50㎜	개	-	-	-	-	-	-	-
(글로브밸브)	80	〃	-	-	-	-	-	-	-
〃	100	〃	-	-	-	-	-	-	-
〃	125	〃	-	-	-	-	-	-	-
〃	150	〃	-	-	-	-	-	-	-
버터플라이밸브	10kg/㎠ 50㎜	〃	-	-	-	-	-	-	-
(Fig. 1-062)	65	〃	-	-	-	-	-	-	-
〃	80	〃	-	-	-	-	-	-	-
〃	100	〃	-	-	-	-	-	-	-
〃	125	〃	-	-	-	-	-	-	-
펌프·미터	구경 양정								
와권보류트펌프	150∅×20(24)m Ⓘ	천원/대	-	-	-	-	-	-	-
(양흡입)	〃 30 〃	〃	-	-	-	-	-	-	960
〃	250∅ 20(26) 〃	〃	-	-	-	-	-	-	-
〃	300∅ 20(30) 〃	〃	-	-	-	-	-	-	-
〃	350∅ 20 〃	〃	-	-	-	-	-	-	-
〃	〃 30(33) 〃	〃	-	-	-	-	-	-	-
〃	400∅ 20 〃	〃	-	-	-	-	-	-	-
〃	〃 30(35) 〃	〃	-	-	-	-	-	-	-
수 도 미 터	50㎜	개	-	-	-	-	-	-	-
(연 결 식)	75(80)	〃	-	-	-	-	-	-	-
〃	100	〃	-	-	-	-	-	-	-
(월트망식)	75(80)	〃	-	-	-	-	-	-	-
〃	100	〃	-	-	-	-	-	-	-
〃	150	〃	-	-	-	-	-	-	-
위생기재									
세 면 기	CL-204, L-221(L960)	조	-	-	9,800	14,300	17,500	17,500	17,500
대 형 양 변 기	CC-302, C-152(C235)	〃	-	18,500	19,280	27,900	30,700	28,000	28,000
중 형 양 변 기	CC-303, C-151(C921)	〃	20,000	15,200	16,280	23,700	27,500	27,000	26,500
벽 걸 이 소 변 기	CU- 12, U-26(U135)	〃	-	-	4,000	-	-	10,000	11,000
중형스톨소변기	CU-402, U-50(U331)	〃	-	14,100	14,300	17,330	18,000	19,100	19,100
F R P 정 화 조	15인용	〃	-	-	-	-	-	-	42,500
〃	20	〃	-	-	-	-	-	-	62,500
〃	25	〃	-	-	-	-	-	-	88,500
〃	30	〃	-	-	-	-	-	-	115,000
S M C 욕 조	SMC-1200	개	-	-	-	13,500	13,500	13,500	13,500
(일반용)	-1300	〃	-	-	-	16,000	16,000	16,000	14,500
〃	-1500	〃	-	-	-	19,500	19,500	19,000	16,000
〃	-1600	〃	-	-	-	24,000	24,000	24,000	17,500

㈜ 1) ⓣ는 가격조사단계가 '메이커→수요자'를 의미함.
2) 수도미터 연결식의 경우 1997년부터 마이네케로 변경됨.
3) 수도미터 월트망식의 경우 2003년부터 터빈형으로 변경됨.
4) 위생기재 세면기~중형스톨소변기의 경우 2021년부터 규격 변경됨.
5) 와권보류트펌프의 경우 2015년부터 ( )안의 규격 적용.
6) SMC욕조의 경우 2013년부터 마블욕조로 변경됨.

1977	1978	1979	1980	1981	1982	1983	1984	1985	1986	1987	1988	1989
-	-	45,000	45,000	57,500	57,500	57,500	51,750	51,000	48,875	66,125	85,500	77,963
-	-	81,000	81,000	103,500	103,500	103,500	93,150	84,400	87,975	119,025	159,750	146,438
-	-	126,000	126,000	161,000	161,000	161,000	144,900	144,000	136,550	185,150	238,050	218,213
-	-	180,000	180,000	230,000	230,000	230,000	207,000	206,000	195,500	264,500	325,350	298,238
-	-	270,000	270,000	285,000	285,000	285,000	256,500	255,000	242,250	327,750	476,550	436,836
-	31,460	34,606	44,040	50,230	50,230	50,230	50,230	50,230	55,300	55,300	55,300	63,500
-	37,290	30,016	52,200	61,800	61,800	61,800	61,800	61,800	67,900	67,900	67,900	78,000
-	39,380	43,318	55,000	63,200	63,200	63,200	63,200	63,200	69,500	69,500	69,500	79,900
38,800	46,970	51,667	65,750	77,500	77,500	77,500	77,500	77,500	85,200	85,200	85,200	97,900
54,000	59,730	65,703	83,600	98,500	98,500	98,500	98,500	98,500	108,400	108,400	108,400	124,600
481	692	1,258	1,176	2,042	2,042	2,042	2,042	2,042	2,042	1,775	1,356	1,519
838	1,052	1,659	2,343	2,694	2,694	2,694	2,694	2,694	2,694	2,450	1,970	2,206
-	-	2,273	3,212	3,694	3,694	3,694	3,694	3,694	3,694	3,300	2,640	2,957
-	1,817	2,731	3,859	4,438	4,438	4,438	4,438	4,438	4,438	3,845	3,060	3,443
-	2,381	3,732	5,274	6,065	6,065	6,065	6,065	6,065	6,065	5,240	4,480	5,040
-	2,826	4,447	6,283	7,225	7,225	7,225	7,225	7,225	7,225	6,373	5,264	5,922
-	2,738	4,418	6,242	7,178	7,178	7,178	7,178	7,178	7,178	6,570	5,326	5,992
-	4,137	6,078	8,591	9,880	9,880	9,880	9,880	9,880	9,880	8,850	6,700	7,538
-	-	49,450	81,800	128,810	128,810	128,810	141,240	141,240	141,240	141,240	139,900	168,000
-	-	58,090	103,800	164,340	164,340	164,340	180,070	180,070	180,070	180,070	178,400	214,000
-	-	72,620	142,000	223,190	223,190	223,190	243,870	243,870	243,870	243,870	241,600	290,000
-	-	42,330	56,000	86,790	86,790	86,790	94,600	94,600	94,600	94,600	93,700	112,000
-	-	52,330	70,000	107,030	107,030	107,030	116,050	116,050	116,050	116,050	114,900	137,000
-	-	70,000	94,200	148,170	148,170	148,170	160,380	160,380	160,380	160,380	158,900	190,000
17,150	21,000	25,000	38,510	43,770	43,770	41,180	41,180	37,770	38,100	38,100	-	60,000
26,080	21,681	29,260	50,380	46,420	46,200	46,200	46,220	44,840	44,770	44,770	-	85,000
24,103	19,454	25,872	46,180	45,860	45,860	46,020	42,820	41,200	41,660	41,660	-	80,000
12,280	17,000	21,000	23,770	24,545	24,545	24,020	24,020	22,950	23,060	23,060	-	55,000
19,100	20,000	24,178	42,720	41,810	41,810	42,000	42,000	39,640	41,060	41,060	-	80,000
51,000	66,000	63,000	85,000	98,000	98,000	330,000	330,000	330,000	340,000	340,000	225,000	225,000
75,000	110,000	105,000	132,000	160,000	160,000	380,000	380,000	380,000	390,000	390,000	285,000	285,000
105,000	154,000	145,000	190,000	230,000	230,000	430,000	430,000	430,000	440,000	440,000	315,000	315,000
140,000	198,000	185,000	284,000	320,000	320,000	-	-	-	490,000	490,000	385,000	385,000
16,000	15,000	26,000	22,000	33,000	33,000	50,000	35,000	47,500	47,500	47,500	48,500	44,000
17,000	16,000	28,000	24,000	35,000	35,000	55,000	36,000	50,000	50,000	50,000	51,000	46,000
19,000	17,000	32,000	27,000	39,000	39,000	60,000	41,000	53,750	53,750	53,750	54,800	50,000
21,000	18,000	35,000	32,000	41,000	41,000	64,300	44,000	60,000	60,000	60,000	61,000	54,000

급배수·위생설비 (8)

품 명	규 격	단위	1990	1991	1992	1993	1994	1995	1996
밸 브									
주 강 제 밸 브	20kg/㎠ 50㎜	개	77,963	102,060	85,050	97,650	96,390	96,390	90,720
(글로브밸브)	80	〃	146,438	191,700	159,750	180,000	181,050	181,050	170,400
〃	100	〃	218,213	273,690	228,075	222,530	258,480	258,480	243,280
〃	125	〃	298,238	374,130	311,775	294,980	353,340	353,340	332,280
〃	150	〃	436,836	547,470	456,225	437,700	517,050	517,050	486,640
버터플라이밸브	10kg/㎠ 50㎜	〃	63,500	71,400	71,400	71,400	71,400	71,400	75,000
(Fig. 1-062)	65	〃	78,000	85,000	85,000	85,000	85,000	85,000	89,300
〃	80	〃	79,900	86,100	86,100	86,100	86,100	86,100	90,400
〃	100	〃	97,900	109,200	109,200	109,200	109,200	109,200	114,700
〃	125	〃	124,600	138,600	138,600	138,600	138,600	138,600	145,500
펌프·미터	구경 양정								
와권보류트펌프	150Ø×20(24)m Ⓘ	천원/대	1,519	1,519	1,670	1,670	1,670	1,670	1,670
(양흡입)	〃 30 〃	〃	2,206	2,206	2,426	2,426	2,426	2,426	2,426
〃	250Ø 20(26) 〃	〃	2,957	2,957	3,253	3,253	3,253	3,253	3,253
〃	300Ø 20(30) 〃	〃	3,443	3,443	3,787	3,787	3,787	3,787	3,787
〃	350Ø 20 〃	〃	5,040	5,040	5,544	5,544	5,544	5,544	5,544
〃	〃 30(33) 〃	〃	5,922	5,922	6,514	6,514	6,514	6,514	6,514
〃	400Ø 20 〃	〃	5,992	5,992	6,591	6,591	6,591	6,591	6,591
〃	〃 30(35) 〃	〃	7,538	7,538	8,292	8,292	8,292	8,292	8,292
수 도 미 터	50㎜	개	168,000	218,000	218,000	240,000	232,000	-	-
(연 결 식)	75(80)	〃	214,000	278,000	278,000	306,000	296,000	427,500	450,000
〃	100	〃	290,000	377,000	377,000	415,000	402,000	522,500	550,000
(월트망식)	75(80)	〃	112,000	146,000	146,000	161,000	156,000	190,000	200,000
〃	100	〃	137,000	178,000	178,000	196,000	190,100	237,500	240,000
〃	150	〃	190,000	247,000	247,000	272,000	263,840	389,500	-
위생기재									
세 면 기	CL-204, L-221(L960)	조	54,000	71,580	69,000	54,000	54,000	54,000	53,000
대 형 양 변 기	CC-302, C-152(C235)	〃	68,000	79,600	82,000	77,000	75,000	75,000	65,000
중 형 양 변 기	CC-303, C-151(C921)	〃	63,000	73,140	75,000	69,000	68,000	68,000	59,500
벽걸이소변기	CU- 12, U-26(U135)	〃	45,000	51,110	55,000	24,000	24,000	24,000	80,000
중형스톨소변기	CU-402, U-50(U331)	〃	75,000	104,210	109,000	89,000	89,000	75,000	65,000
F R P 정 화 조	15인용	〃	225,000	225,000	225,000	225,000	480,000	480,000	916,000
〃	20	〃	285,000	285,000	285,000	285,000	530,000	530,000	1,047,000
〃	25	〃	315,000	315,000	315,000	315,000	620,000	620,000	1,178,000
〃	30	〃	385,000	385,000	385,000	385,000	720,000	720,000	1,309,000
S M C 욕 조	SMC-1200	개	50,000	50,000	50,000	50,000	50,000	50,000	50,000
(일반용)	-1300	〃	52,000	52,000	52,000	52,000	52,000	52,000	52,000
〃	-1500	〃	56,000	56,000	56,000	56,000	56,000	56,000	56,000
〃	-1600	〃	58,000	58,000	58,000	58,000	58,000	58,000	58,000

주 1) ①는 가격조사단계가 '메이커→수요자'를 의미함.
2) 수도미터 연결식의 경우 1997년부터 마이네케로 변경됨.
3) 수도미터 월트망식의 경우 2003년부터 터빈형으로 변경됨.
4) 위생기재 세면기~중형스톨소변기의 경우 2021년부터 규격 변경됨.
5) 와권보류트펌프의 경우 2015년부터 ( )안의 규격 적용.
6) SMC욕조의 경우 2013년부터 마블욕조로 변경됨.

1997	1998	1999	2000	2001	2002	2003	2004	2005	2006	2007	2008	2009
90,720	138,800	138,800	145,700	161,100	138,450	121,790	177,300	170,650	170,650	177,300	236,390	236,390
170,400	251,000	251,000	263,500	285,600	250,370	220,280	298,680	287,480	287,480	298,680	398,210	398,210
243,280	344,600	344,600	361,800	353,000	343,730	302,420	407,980	392,680	392,680	407,980	543,970	543,970
332,280	471,100	471,100	494,600	467,900	469,910	413,400	556,340	535,470	535,470	556,340	741,740	741,740
486,640	689,300	689,300	723,800	694,500	687,570	604,900	744,500	716,580	716,580	744,500	992,640	992,640
75,000	75,000	77,700	77,700	77,700	77,700	77,700	108,600	108,600	108,600	108,600	124,900	124,900
89,300	89,300	89,300	89,300	89,300	89,300	89,300	114,000	114,000	114,000	114,000	131,100	131,100
90,400	90,400	90,400	90,400	90,400	90,400	90,400	124,300	124,300	124,300	124,300	142,900	142,900
114,700	114,700	114,700	114,700	114,700	114,700	114,700	158,300	158,300	158,300	158,300	182,000	182,000
145,500	145,500	145,500	145,500	145,500	145,500	145,500	195,200	195,200	195,200	195,200	224,500	224,500
1,670	2,179	2,179	2,179	2,397	2,636	2,636	2,979	3,872.7	5,034	6,544	7,557	8,312
2,426	-	-	-	-	3,564	3,564	3,992	5,189.6	6,746	8,567	9,804	10,784
3,253	4,251	4,251	4,251	4,676	5,143	5,143	5,812	7,555.6	9,822	12,768	14,612	16,073
3,787	4,950	4,950	4,950	5,445	5,989	5,989	6,768	8,798.4	11,437	14,868	17,484	19,232
5,544	7,245	7,245	7,245	7,964	8,760	8,760	9,898	12,867.4	16,727	21,745	25,571	28,128
6,514	-	-	-	-	11,857	11,857	13,398	17,417.4	22,642	28,755	32,909	36,199
6,591	8,607	8,607	8,607	9,466	10,412	10,412	11,765	15,294.5	19,882	25,846	29,851	32,836
8,292	-	-	-	-	13,203	13,203	14,523	18,879.9	24,543	31,169	36,654	40,319
435,000	567,000	567,000	567,000	567,000	597,000	597,000	597,000	597,000	597,000	597,000	597,000	597,000
512,000	666,000	666,000	666,000	666,000	702,000	702,000	702,000	702,000	702,000	702,000	702,000	702,000
564,000	735,000	735,000	735,000	735,000	774,000	774,000	774,000	774,000	774,000	774,000	774,000	774,000
180,000	200,000	200,000	200,000	200,000	340,000	340,000	390,000	390,000	390,000	390,000	390,000	599,000
200,000	220,000	220,000	220,000	220,000	370,000	370,000	420,000	420,000	420,000	420,000	420,000	676,000
-	-	-	-	-	790,000	790,000	900,000	900,000	900,000	900,000	900,000	1,130,000
95,000	93,500	93,500	93,500	100,000	100,000	100,000	100,000	120,000	120,000	120,000	120,000	130,000
64,000	70,400	70,400	70,400	65,000	65,000	100,000	100,000	110,000	110,000	110,000	110,000	115,000
60,000	66,000	66,000	66,000	52,000	52,000	60,000	60,000	60,000	60,000	60,000	60,000	95,000
89,000	6,800	96,800	96,800	96,800	96,800	110,000	110,000	120,000	120,000	120,000	120,000	115,000
63,000	70,400	70,400	70,400	71,000	71,000	75,000	75,000	80,000	105,000	105,000	105,000	-
916,000	860,000	860,000	860,000	860,000	860,000	860,000	860,000	860,000	860,000	860,000	860,000	860,000
1,047,000	980,000	980,000	980,000	980,000	980,000	980,000	980,000	980,000	980,000	980,000	980,000	980,000
1,178,000	1,100,000	1,100,000	1,100,000	1,100,000	1,100,000	1,100,000	1,100,000	1,100,000	1,100,000	1,100,000	1,100,000	1,100,000
1,309,000	1,250,000	1,250,000	1,250,000	1,250,000	1,250,000	1,250,000	1,250,000	1,250,000	1,250,000	1,250,000	1,250,000	1,250,000
50,000	56,000	63,000	63,000	63,000	66,000	66,000	73,000	75,000	75,000	75,000	75,000	75,000
52,000	-	-	63,000	63,000	66,000	66,000	74,000	76,000	76,000	76,000	76,000	76,000
56,000	59,000	68,000	68,000	68,000	72,000	72,000	79,000	82,000	82,000	82,000	82,000	82,000
58,000	62,000	71,000	71,000	71,000	75,000	75,000	82,000	84,000	84,000	84,000	84,000	84,000

급배수·위생설비 (8)

품 명	규 격	단위	2010	2011	2012	2013	2014	2015	2016
밸 브									
주 강 제 밸 브	20kg/㎠ 50㎜	개	206,840	247,310	247,310	260,630	260,630	260,630	248,920
(글로브밸브)	80	〃	348,440	416,660	416,660	439,100	439,100	439,100	419,370
〃	100	〃	475,970	569,190	569,190	599,840	599,840	599,840	572,880
〃	125	〃	649,020	776,170	776,170	817,970	817,970	817,970	781,200
〃	150	〃	868,560	1,038,720	1,038,720	1,094,650	1,094,650	1,094,650	1,045,450
버터플라이밸브	10kg/㎠ 50㎜	〃	124,900	134,900	146,600	146,600	159,300	159,300	159,300
(Fig. 1-062)	65	〃	131,100	141,600	153,900	153,900	167,300	167,300	167,300
〃	80	〃	142,900	154,400	167,800	167,800	182,400	182,400	182,400
〃	100	〃	182,000	196,600	213,700	213,700	232,300	232,300	232,300
〃	125	〃	224,500	242,500	263,600	263,600	286,500	286,500	286,500
펌프·미터	구경 양정								
와권보류트펌프	150Ø×20(24)m (工)	천원/대	8,312	8,312	8,312	8,312	8,312	13,090	13,090
(양흡입)	〃 30 〃	〃	10,784	10,784	10,784	10,784	10,784	15,900	15,900
〃	250Ø 20(26) 〃	〃	16,073	16,073	16,073	16,073	16,073	19,000	19,000
〃	300Ø 20(30) 〃	〃	19,232	19,232	19,232	19,232	19,232	35,000	35,000
〃	350Ø 20 〃	〃	28,128	28,128	28,128	28,128	28,128	–	–
〃	〃 30(33) 〃	〃	36,199	36,199	36,199	36,199	36,199	39,500	39,500
〃	400Ø 20 〃	〃	32,836	32,836	32,836	32,836	32,836	–	–
〃	〃 30(35) 〃	〃	40,319	40,319	40,319	40,319	40,319	65,100	65,100
수 도 미 터	50㎜	개	530,000	530,000	530,000	530,000	530,000	530,000	530,000
(연 결 식)	75(80)	〃	599,000	599,000	599,000	599,000	599,000	599,000	599,000
〃	100	〃	676,000	676,000	676,000	676,000	676,000	676,000	676,000
(월트망식)	75(80)	〃	599,000	599,000	599,000	599,000	599,000	599,000	599,000
〃	100	〃	676,000	676,000	676,000	676,000	676,000	676,000	676,000
〃	150	〃	1,130,000	1,130,000	1,130,000	1,130,000	1,130,000	1,130,000	1,130,000
위생기재									
세 면 기	CL-204, L-221(L960)	조	130,000	130,000	135,000	104,000	114,000	114,000	114,000
대 형 양 변 기	CC-302, C-152(C235)	〃	115,000	115,000	125,000	124,000	137,000	137,000	137,000
중 형 양 변 기	CC-303, C-151(C921)	〃	95,000	95,000	95,000	99,000	109,000	109,000	109,000
벽걸이소변기	CU- 12, U-26(U135)	〃	115,000	115,000	150,000	133,000	138,000	138,000	138,000
중형스톨소변기	CU-402, U-50(U331)	〃	135,000	135,000	160,000	150,000	153,000	142,000	142,000
F R P 정 화 조	15인용	〃	800,000	800,000	800,000	800,000	800,000	800,000	800,000
〃	20	〃	1,000,000	1,000,000	1,000,000	1,000,000	1,000,000	1,000,000	1,000,000
〃	25	〃	–	–	–	–	–	–	–
〃	30	〃	1,300,000	1,300,000	1,300,000	1,300,000	1,300,000	1,300,000	1,300,000
S M C 욕 조	SMC-1200	개	75,000	75,000	75,000	110,000	110,000	110,000	110,000
(일반용)	-1300	〃	76,000	76,000	76,000	115,000	115,000	115,000	115,000
〃	-1500	〃	82,000	82,000	82,000	125,000	125,000	125,000	125,000
〃	-1600	〃	84,000	84,000	84,000	130,000	130,000	130,000	130,000

주 1) ㉦는 가격조사단계가 '메이커→수요자'를 의미함.
2) 수도미터 연결식의 경우 1997년부터 마이네케로 변경됨.
3) 수도미터 월트망식의 경우 2003년부터 터빈형으로 변경됨.
4) 위생기재 세면기~중형스톨소변기의 경우 2021년부터 규격 변경됨.
5) 와권보류트펌프의 경우 2015년부터 ( )안의 규격 적용.
6) SMC욕조의 경우 2013년부터 마블욕조로 변경됨.

2017	2018	2019	2020	2021	2022	2023	2024	2025					
259,580	273,810	311,970	291,520	360,620	356,310	404,880	404,880	404,880					
437,340	461,300	525,520	516,880	524,060	434,720	494,000	494,000	494,000					
597,430	630,160	717,910	702,790	712,550	631,750	717,920	717,920	717,920					
814,680	859,320	1,223,640	910,220	922,860	858,960	976,080	976,080	976,080					
1,090,250	1,149,990	1,310,040	1,256,970	1,274,430	1,112,490	1,264,240	1,264,240	1,264,240					
159,300	171,300	171,300	171,300	171,300	188,500	-	-	-					
167,300	179,900	179,900	179,900	179,900	197,900	-	-	-					
182,400	196,100	196,100	196,100	196,100	215,800	-	-	-					
232,300	249,800	249,800	249,800	249,800	274,800	-	-	-					
286,500	308,100	308,100	308,100	308,100	339,000	-	-	-					
13,090	18,090	18,090	18,090	18,090	20,700	20,700	20,700	20,700					
15,900	20,900	20,900	20,900	20,900	21,620	21,620	21,620	21,620					
19,000	24,000	24,000	24,000	24,000	29,900	29,900	29,900	29,900					
35,000	40,000	40,000	40,000	40,000	39,100	39,100	39,100	39,100					
-	-	-	-	-	-	-	-	-					
39,500	44,500	44,500	44,500	44,500	41,400	41,400	41,400	41,400					
-	-	-	-	-	-	-	-	-					
65,100	70,100	70,100	70,100	70,100	75,900	75,900	75,900	75,900					
530,000	530,000	530,000	530,000	530,000	530,000	530,000	530,000	530,000					
599,000	599,000	599,000	599,000	599,000	599,000	599,000	599,000	599,000					
676,000	676,000	676,000	676,000	676,000	676,000	676,000	676,000	676,000					
599,000	599,000	599,000	599,000	599,000	599,000	599,000	599,000	599,000					
676,000	676,000	676,000	676,000	676,000	676,000	676,000	676,000	676,000					
1,130,000	1,130,000	1,130,000	1,130,000	1,130,000	1,130,000	1,130,000	1,130,000	1,130,000					
114,000	114,000	114,000	114,000	96,000	109,000	116,000	116,000	123,000					
137,000	137,000	137,000	137,000	747,000	829,000	891,000	891,000	940,000					
109,000	109,000	109,000	109,000	731,000	813,000	874,000	874,000	922,000					
138,000	138,000	138,000	138,000	185,000	212,000	226,000	226,000	239,000					
142,000	142,000	142,000	142,000	151,000	170,000	181,000	181,000	192,000					
800,000	800,000	800,000	800,000	800,000	800,000	800,000	800,000	800,000					
1,000,000	1,000,000	1,000,000	1,000,000	1,000,000	1,000,000	1,000,000	1,000,000	1,000,000					
-	-	-	-	-	-	-	-	-					
1,300,000	1,300,000	1,300,000	1,300,000	1,300,000	1,300,000	1,300,000	1,300,000	1,300,000					
110,000	110,000	110,000	110,000	110,000	110,000	110,000	110,000	110,000					
115,000	115,000	115,000	115,000	115,000	115,000	115,000	115,000	115,000					
125,000	125,000	125,000	125,000	125,000	125,000	125,000	125,000	125,000					
130,000	130,000	130,000	130,000	130,000	130,000	130,000	130,000	130,000					

냉난방·공조설비 (1)

품 명	규 격	단위	1970	1971	1972	1973	1974	1975	1976
보일러	kcal/hr								
온 수 보 일 러	20,000	대	-	-	-	-	-	153,500	153,500
(난방,온수겸용)	30,000	〃	-	-	-	-	-	191,500	191,500
〃	50,000	〃	-	-	-	-	-	249,000	249,000
〃	70,000	〃	-	-	-	-	-	285,000	285,000
〃	100,000	〃	-	-	-	-	-	396,000	396,000
	kg/hr								
강관섹쇼날보일러	500	천원/대	-	-	-	-	-	-	-
〃	600	〃	-	-	-	-	-	-	-
〃	800	〃	-	-	-	-	-	-	-
〃	1,000	〃	-	-	-	-	-	-	-
〃	1,500	〃	-	-	-	-	-	-	-
〃	2,000	〃	-	-	-	-	-	-	-
〃	2,500	〃	-	-	-	-	-	-	-
〃	3,000	〃	-	-	-	-	-	-	-
	증발량 압력								
	kg/hr (kg/㎠)								
증 기 보 일 러	2,000 10	〃	-	4,031	4,031	4,866	5,839	6,714	6,714
(수관식)	2,500 〃	〃	-	4,762	4,762	5,748	6,897	7,931	7,931
〃	3,000 〃	〃	-	5,342	5,342	6,448	7,737	8,897	8,897
〃	4,000 〃	〃	-	6,522	6,522	7,873	9,447	10,864	10,864
〃	5,000 〃	〃	-	7,553	7,553	9,117	10,940	12,581	12,581
〃	6,000 〃	〃	-	8,177	8,177	9,870	11,844	13,620	13,620
〃	7,000 〃	〃	-	9,564	9,564	11,544	13,852	15,529	15,529
〃	8,000 〃	〃	-	10,404	10,404	12,558	15,690	17,329	17,329
〃	10,000 〃	〃	-	12,054	12,054	14,550	17,460	20,079	20,079
(노통연관식)	500 〃	〃	-	-	-	-	1,788	2,355	2,355
〃	1,000 〃	〃	-	-	-	-	2,916	3,352	3,352
〃	1,500 〃	〃	-	-	-	-	3,976	4,572	4,572
〃	2,000 〃	〃	-	-	-	-	5,256	6,044	6,044
〃	2,500 〃	〃	-	-	-	-	6,208	7,139	7,139
〃	3,000 〃	〃	-	-	-	-	6,964	8,008	8,008
〃	3,500 〃	〃	-	-	-	-	7,750	8,913	8,913
〃	4,000 〃	〃	-	-	-	-	8,503	9,778	9,778
〃	4,500 〃	〃	-	-	-	-	9,153	10,526	10,526
〃	5,000 〃	〃	-	-	-	-	9,631	11,075	11,075
	kcal/hr								
(입형연관식)	100	〃	-	-	-	-	-	2,500	2,500
〃	200	〃	-	-	-	-	-	3,000	3,000
〃	300 경유	〃	-	-	-	-	-	3,500	3,500
〃	300 B/C	〃	-	-	-	-	-	4,000	4,000
〃	500 경유	〃	-	-	-	-	-	4,500	4,500
〃	500 B/C	〃	-	-	-	-	-	5,000	5,000
〃	1,000 경유	〃	-	-	-	-	-	5,500	5,500
〃	1,000 B/C	〃	-	-	-	-	-	6,000	6,000
〃	1,500 경유	〃	-	-	-	-	-	6,500	6,500
〃	1,500 B/C	〃	-	-	-	-	-	7,000	7,000

주 1) 냉난방 · 공조설비의 가격 성격은 공장도가 기준임.
2) 증기보일러 입형연관식 1975~96년도 가격은 열매체 가격 기준임.

1977	1978	1979	1980	1981	1982	1983	1984	1985	1986	1987	1988	1989
158,300	169,380	179,800	191,900	213,800	213,800	213,800	213,800	213,800	213,800	220,000	270,000	243,000
197,500	211,300	229,500	241,000	278,900	278,900	278,900	278,900	278,900	278,900	365,000	365,000	317,000
259,800	277,900	299,800	318,200	366,800	366,800	366,800	366,800	366,800	366,800	475,000	475,000	417,000
297,300	318,000	339,700	356,800	413,600	413,600	413,600	413,600	413,600	413,600	545,000	545,000	470,000
405,500	433,800	462,000	530,000	602,500	602,500	602,500	602,500	602,500	602,500	730,000	730,000	796,000
-	-	-	4,340	4,347	5,000	5,000	5,000	6,000	6,000	6,000	6,000	6,500
-	-	-	4,780	4,782	5,500	5,500	5,500	6,700	6,700	6,700	7,500	8,000
-	-	-	5,700	5,739	6,600	6,600	7,000	8,000	8,000	8,000	9,000	10,000
-	-	-	6,130	6,130	7,050	7,050	8,000	9,500	9,500	9,500	11,000	12,000
-	-	-	8,000	8,170	9,400	9,400	10,000	10,500	10,500	10,500	12,500	14,000
-	-	-	10,000	10,400	12,000	12,000	12,000	12,500	12,500	12,500	14,000	16,500
-	-	-	12,000	12,900	14,850	14,850	13,500	14,000	14,000	14,000	16,500	18,500
-	-	-	14,000	14,340	16,500	16,500	15,000	15,500	15,500	15,500	18,000	20,000
7,385	7,385	7,385	8,123	10,559	12,500	12,500	12,500	12,500	13,500	13,500	13,750	15,500
8,724	8,724	8,724	9,596	11,515	13,200	13,200	13,500	13,500	15,500	15,500	14,850	16,500
9,786	9,786	9,786	10,764	12,916	14,350	14,350	14,500	14,500	17,400	17,400	15,950	18,000
11,950	11,950	11,950	13,145	15,770	17,921	17,921	17,900	17,900	20,600	20,600	19,690	24,000
13,839	13,839	13,839	15,222	17,961	20,376	20,376	20,300	20,300	23,200	23,200	22,330	28,500
14,982	14,982	14,982	16,480	19,990	26,589	26,589	25,000	25,000	27,800	27,800	27,500	32,000
17,521	17,521	17,521	19,273	21,405	28,950	28,950	28,000	28,000	30,600	30,600	30,800	36,500
19,061	19,061	19,061	20,967	23,320	30,650	30,650	30,000	30,000	31,440	31,440	33,000	39,000
22,086	22,086	22,086	24,294	29,150	34,128	34,128	34,000	34,000	37,500	37,500	37,400	43,000
2,568	2,568	3,868	4,254	5,955	7,060	7,060	7,350	7,350	7,700	12,000	12,000	12,000
3,687	3,687	4,655	5,120	6,712	8,224	8,224	8,561	8,561	8,800	8,800	8,800	8,800
5,029	5,029	5,529	6,081	8,208	9,173	9,173	9,000	9,000	10,500	10,500	10,500	11,500
6,648	6,648	6,648	7,312	9,505	11,047	11,047	11,000	11,000	12,000	12,000	12,000	14,000
7,852	7,852	7,852	8,637	10,796	11,925	11,925	12,000	12,000	13,200	13,500	13,500	15,000
8,808	8,808	8,808	9,688	12,110	12,460	12,460	12,500	12,500	14,200	14,500	14,500	16,000
9,804	9,804	9,804	10,784	13,480	14,106	14,106	14,754	14,754	15,800	15,800	15,800	16,526
10,755	10,755	10,755	11,830	14,787	15,623	15,623	14,500	14,500	17,300	17,500	17,500	20,000
11,578	11,578	11,578	12,735	15,918	16,850	16,850	17,861	17,861	18,500	18,500	18,500	20,350
12,182	12,182	12,182	13,400	16,610	18,042	18,042	17,500	17,500	20,500	20,500	20,500	24,000
2,750	2,750	2,750	3,162	3,162	4,545	4,545	4,500	4,500	4,500	4,500	5,400	5,400
3,300	3,300	3,300	3,795	3,795	5,064	5,064	5,064	5,064	5,317	5,317	6,114	6,114
3,850	3,850	3,850	4,427	4,427	5,467	5,467	5,467	5,467	5,740	5,740	6,635	6,635
4,400	4,400	4,400	5,060	5,060	6,800	6,800	6,800	6,800	6,800	6,800	6,800	6,800
4,950	4,950	4,950	5,692	5,692	7,390	7,390	7,390	7,390	7,981	7,981	8,380	8,380
5,500	5,500	5,500	6,525	6,325	8,405	8,405	8,400	8,400	8,400	8,400	8,400	8,400
6,050	6,050	6,050	6,957	6,957	8,867	8,867	8,867	8,867	8,867	9,133	9,133	9,133
6,600	6,600	6,600	7,590	7,590	9,964	9,964	9,964	9,964	10,282	10,282	10,282	10,282
7,150	7,150	7,150	8,222	8,222	10,200	10,200	10,200	10,200	10,608	10,608	10,608	10,608
7,700	7,700	7,700	8,855	8,855	11,371	11,371	11,300	11,300	11,300	11,300	11,300	11,300

냉난방·공조설비 (1)

품 명	규 격	단위	1990	1991	1992	1993	1994	1995	1996
보일러	kcal/hr								
온 수 보 일 러	20,000	대	270,000	270,000	270,000	380,000	430,000	430,000	430,000
(난방,온수겸용)	30,000	〃	365,000	365,000	365,000	480,000	480,000	480,000	480,000
〃	50,000	〃	475,000	475,000	475,000	660,000	660,000	660,000	660,000
〃	70,000	〃	545,000	545,000	545,000	800,000	800,000	800,000	800,000
〃	100,000	〃	730,000	730,000	730,000	980,000	980,000	980,000	980,000
	kg/hr								
강관섹쇼날보일러	500	천원/대	7,000	7,750	7,750	8,520	8,520	8,520	8,520
〃	600	〃	8,800	9,500	9,500	10,500	10,500	10,500	10,500
〃	800	〃	11,000	11,500	11,500	12,650	12,650	12,650	12,650
〃	1,000	〃	13,000	14,200	14,200	15,620	15,620	15,620	15,620
〃	1,500	〃	15,000	17,500	17,500	19,250	19,250	19,250	19,250
〃	2,000	〃	17,500	20,200	20,200	22,220	22,220	22,220	22,220
〃	2,500	〃	19,500	23,200	23,200	25,520	25,520	25,520	25,520
〃	3,000	〃	22,000	26,200	26,200	28,800	28,800	28,800	28,800
	증발량 압력 kg/hr (kg/㎠)								
증 기 보 일 러	2,000 10	〃	15,500	17,600	19,600	19,600	19,600	24,400	20,200
(수관식)	2,500 〃	〃	16,500	20,300	22,200	22,200	22,200	27,800	22,900
〃	3,000 〃	〃	18,000	21,800	25,000	25,000	25,000	30,300	25,600
〃	4,000 〃	〃	24,000	25,800	29,000	29,000	29,000	35,400	30,100
〃	5,000 〃	〃	28,500	30,300	34,100	34,100	34,100	40,900	34,500
〃	6,000 〃	〃	32,000	33,800	38,100	38,100	38,100	46,700	39,300
〃	7,000 〃	〃	36,500	38,300	42,900	42,900	42,900	52,500	43,900
〃	8,000 〃	〃	39,000	41,300	46,200	46,200	46,200	56,100	46,400
〃	10,000 〃	〃	43,000	47,800	54,000	54,000	54,000	64,800	53,900
(노통연관식)	500 〃	〃	8,900	8,900	8,900	9,600	10,560	10,560	10,500
〃	1,000 〃	〃	10,700	10,700	10,700	11,400	12,540	12,540	13,100
〃	1,500 〃	〃	12,300	12,300	12,300	13,500	14,850	14,850	14,800
〃	2,000 〃	〃	14,200	14,200	14,200	15,700	17,270	17,270	17,100
〃	2,500 〃	〃	15,900	15,900	15,900	17,800	19,580	19,580	18,800
〃	3,000 〃	〃	17,300	17,300	17,300	19,300	21,230	21,230	20,800
〃	3,500 〃	〃	18,400	18,400	18,400	21,600	23,760	23,760	23,100
〃	4,000 〃	〃	21,300	21,300	21,300	23,300	25,630	25,630	24,900
〃	4,500 〃	〃	22,800	22,800	22,800	25,100	27,610	27,610	27,400
〃	5,000 〃	〃	24,300	24,300	24,300	27,600	30,360	30,360	29,600
	kcal/hr								
(입형연관식)	100	〃	5,350	5,350	5,350	5,350	5,400	5,400	5,400
〃	200	〃	5,650	5,650	5,650	5,650	6,200	6,200	6,200
〃	300 경유	〃	6,000	6,000	6,000	6,000	6,650	6,650	6,650
〃	300 B/C	〃	7,000	7,000	7,000	7,000	6,800	6,800	6,800
〃	500 경유	〃	7,600	7,600	7,600	7,600	8,380	8,380	8,380
〃	500 B/C	〃	8,400	8,400	8,400	8,400	8,400	8,400	8,400
〃	1,000 경유	〃	8,900	8,900	8,900	8,900	9,250	9,250	9,250
〃	1,000 B/C	〃	9,500	9,500	9,500	9,500	10,300	10,300	10,300
〃	1,500 경유	〃	10,000	10,000	10,000	10,000	10,700	10,700	10,700
〃	1,500 B/C	〃	11,000	11,000	11,000	11,000	11,300	11,300	11,300

주 1) 냉난방 · 공조설비의 가격 성격은 공장도가 기준임.
2) 증기보일러 입형연관식 1975~96년도 가격은 열매체 가격 기준임.

1997	1998	1999	2000	2001	2002	2003	2004	2005	2006	2007	2008	2009
430,000	380,000	380,000	380,000	380,000	400,000	400,000	460,000	460,000	485,000	470,000	470,000	470,000
480,000	560,000	560,000	560,000	613,200	470,000	470,000	570,000	570,000	592,000	570,000	570,000	570,000
660,000	840,000	840,000	840,000	929,600	850,000	850,000	1,070,000	920,000	1,154,000	1,154,000	1,154,000	1,154,000
800,000	900,000	900,000	900,000	998,200	900,000	900,000	1,230,000	1,030,000	1,351,000	1,351,000	1,351,000	1,351,000
980,000	1,100,000	1,100,000	1,100,000	1,195,600	1,200,000	1,200,000	1,360,000	1,190,000	1,463,000	1,463,000	1,463,000	1,463,000
8,520	10,200	11,800	11,800	11,800	11,800	11,800	17,525	17,525	20,100	20,100	22,700	22,700
10,500	12,500	14,500	14,500	14,500	14,500	14,500	19,090	19,090	21,900	21,900	24,700	24,700
12,650	15,100	17,600	17,600	17,600	17,600	17,600	23,230	23,230	26,700	26,700	30,200	30,200
15,620	18,700	20,400	20,400	20,400	20,400	20,400	26,910	26,910	30,900	30,900	34,900	34,900
19,250	22,900	26,100	26,100	26,100	26,100	26,100	34,615	34,615	39,800	39,800	45,800	45,800
22,220	26,200	29,200	29,200	29,200	29,200	29,200	38,617	38,617	44,400	44,400	50,200	50,200
25,520	29,800	35,400	35,400	35,400	35,400	35,400	46,816	46,816	53,800	53,800	60,800	60,800
28,800	34,200	40,400	40,400	40,400	40,400	40,400	53,429	53,429	61,400	61,400	69,400	69,400
28,500	30,960	30,960	30,960	30,960	30,960	30,960	35,600	35,600	35,600	58,650	82,110	82,110
32,000	38,400	38,400	38,400	38,400	38,400	38,400	44,160	44,160	44,160	-	-	-
35,600	42,720	42,720	42,720	42,720	42,720	42,720	49,120	49,120	49,120	65,860	92,204	92,204
41,700	50,400	50,400	50,400	50,040	50,040	50,040	57,500	57,500	57,500	73,480	102,872	102,872
47,600	57,120	57,120	57,120	57,120	57,120	57,120	65,700	65,700	65,700	87,470	112,458	112,458
55,200	66,240	66,240	66,240	66,240	66,240	66,240	72,900	72,900	72,900	96,310	125,834	125,834
62,000	74,400	74,400	74,400	74,400	74,400	74,400	82,000	82,000	82,000	101,460	132,723	132,723
66,200	79,400	79,400	79,400	79,440	79,440	79,440	87,300	87,300	87,300	108,250	148,550	148,550
76,000	91,200	91,200	91,200	91,200	91,200	91,200	100,300	100,300	100,300	121,630	159,282	159,282
14,500	17,400	17,400	17,400	18,000	18,000	18,000	18,000	27,300	27,300	27,300	27,300	27,300
17,400	20,880	20,880	20,880	20,500	20,500	20,500	20,500	30,030	30,030	30,030	30,030	30,030
20,600	24,720	24,720	24,720	24,600	24,600	24,600	24,600	32,760	32,760	32,760	32,760	32,760
22,800	27,360	27,360	27,360	26,300	26,300	26,300	26,300	38,640	38,640	38,640	38,640	38,640
25,500	30,600	30,600	30,600	30,000	30,000	30,000	30,000	42,210	42,210	42,210	42,210	42,210
27,500	33,000	33,000	33,000	32,600	32,600	32,600	32,600	46,830	46,830	46,830	46,830	46,830
29,200	35,040	35,040	35,040	34,800	34,800	34,800	34,800	51,660	51,660	51,660	51,660	51,660
33,100	39,720	39,720	39,720	39,500	39,500	39,500	39,500	54,600	54,600	54,600	54,600	54,600
34,800	41,760	41,760	41,760	41,300	41,300	41,300	41,300	59,430	59,430	59,430	59,430	59,430
38,900	46,680	46,680	46,680	45,700	45,700	45,700	45,700	64,680	64,680	64,680	64,680	64,680
3,850	5,500	5,500	5,500	5,500	5,500	5,500	5,500	5,500	5,200	5,200	5,200	5,200
5,500	6,850	6,850	6,850	6,850	6,850	6,850	7,700	7,700	7,400	7,400	7,400	7,400
10,780	10,900	10,900	10,900	10,900	10,900	10,900	14,500	14,500	14,500	14,500	14,500	14,500
14,300	15,300	15,300	15,300	15,300	15,300	15,300	19,700	19,700	19,700	19,700	19,700	19,700
14,300	15,860	15,860	15,860	15,860	15,860	15,860	18,800	18,800	18,800	18,800	18,800	18,800
18,700	17,840	17,840	17,840	17,840	17,840	17,840	23,200	23,200	23,200	23,200	23,200	23,200
18,150	21,750	21,750	21,750	21,750	21,750	21,750	24,200	24,200	24,200	24,200	24,200	24,200
20,900	22,750	22,750	22,750	22,750	22,750	22,750	28,500	28,500	28,500	28,500	28,500	28,500
20,900	24,850	24,850	24,850	24,850	24,850	24,850	28,800	28,800	28,800	28,800	28,800	28,800
24,200	26,950	26,950	26,950	26,950	26,950	26,950	33,500	33,500	33,500	33,500	33,500	33,500

냉난방·공조설비 (1)

품 명	규 격	단위	2010	2011	2012	2013	2014	2015	2016
보일러	kcal/hr								
온 수 보 일 러	20,000	대	531,000	531,000	531,000	531,000	531,000	531,000	531,000
(난방,온수겸용)	30,000	〃	667,000	667,000	667,000	667,000	667,000	667,000	667,000
〃	50,000	〃	1,673,000	1,673,000	1,673,000	1,673,000	1,673,000	1,673,000	1,673,000
〃	70,000	〃	1,848,000	1,848,000	1,848,000	1,848,000	1,848,000	1,848,000	1,848,000
〃	100,000	〃	2,377,000	2,377,000	2,377,000	2,377,000	2,377,000	2,377,000	2,377,000
	kg/hr								
강관섹쇼날보일러	500	천원/대	22,700	22,700	-	-	-	-	-
〃	600	〃	24,700	24,700	-	-	-	-	-
〃	800	〃	30,200	30,200	-	-	-	-	-
〃	1,000	〃	34,900	34,900	-	-	-	-	-
〃	1,500	〃	45,800	45,800	-	-	-	-	-
〃	2,000	〃	50,200	50,200	-	-	-	-	-
〃	2,500	〃	60,800	60,800	-	-	-	-	-
〃	3,000	〃	69,400	69,400	-	-	-	-	-
	증발량 압력								
	kg/hr (kg/㎠)								
증 기 보 일 러	2,000 10	〃	82,110	82,110	82,110	82,110	82,110	82,110	90,321
(수관식)	2,500 〃	〃	-	-	-	-	-	-	-
〃	3,000 〃	〃	92,204	92,204	92,204	92,204	92,204	92,204	101,424
〃	4,000 〃	〃	102,872	102,872	102,872	102,872	102,872	102,872	113,159
〃	5,000 〃	〃	112,458	112,458	112,458	112,458	112,458	112,458	123,703
〃	6,000 〃	〃	125,834	125,834	125,834	125,834	125,834	125,834	138,417
〃	7,000 〃	〃	132,723	132,723	132,723	132,723	132,723	132,723	145,995
〃	8,000 〃	〃	148,550	148,550	148,550	148,550	148,550	148,550	163,405
〃	10,000 〃	〃	159,282	159,282	159,282	159,282	159,282	159,282	175,210
(노통연관식)	500 〃	〃	28,980	28,980	28,980	28,980	28,980	28,980	45,500
〃	1,000 〃	〃	35,535	35,535	35,535	35,535	35,535	35,535	49,750
〃	1,500 〃	〃	40,250	40,250	40,250	40,250	40,250	40,250	52,750
〃	2,000 〃	〃	45,080	45,080	45,080	45,080	45,080	45,080	56,000
〃	2,500 〃	〃	52,440	52,440	52,440	52,440	52,440	52,440	60,750
〃	3,000 〃	〃	54,510	54,510	54,510	54,510	54,510	54,510	64,250
〃	3,500 〃	〃	65,090	65,090	65,090	65,090	65,090	65,090	71,500
〃	4,000 〃	〃	69,920	69,920	69,920	69,920	69,920	69,920	77,250
〃	4,500 〃	〃	74,520	74,520	74,520	74,520	74,520	74,520	82,000
〃	5,000 〃	〃	79,005	79,005	79,005	79,005	79,005	79,005	86,000
	kcal/hr								
(입형연관식)	100	〃	5,200	5,200	5,200	5,200	5,200	5,200	7,360
〃	200	〃	7,400	7,400	7,400	7,400	7,400	7,400	9,545
〃	300 경유	〃	14,500	14,500	14,500	14,500	14,500	14,500	15,870
〃	300 B/C	〃	19,700	19,700	19,700	19,700	19,700	19,700	21,850
〃	500 경유	〃	18,800	18,800	18,800	18,800	18,800	18,800	20,355
〃	500 B/C	〃	23,200	23,200	23,200	23,200	23,200	23,200	24,495
〃	1,000 경유	〃	24,200	24,200	24,200	24,200	24,200	24,200	25,875
〃	1,000 B/C	〃	28,500	28,500	28,500	28,500	28,500	28,500	31,970
〃	1,500 경유	〃	28,800	28,800	28,800	28,800	28,800	28,800	29,670
〃	1,500 B/C	〃	33,500	33,500	33,500	33,500	33,500	33,500	34,500

주 1) 냉난방 · 공조설비의 가격 성격은 공장도가 기준임.
2) 증기보일러 입형연관식 1975~96년도 가격은 열매체 가격 기준임.

2017	2018	2019	2020	2021	2022	2023	2024	2025
531,000	531,000	531,000	–	–	–	–	–	–
667,000	667,000	667,000	–	–	–	–	–	–
1,673,000	1,673,000	1,673,000	1,760,000	1,918,000	1,918,000	1,918,000	1,918,000	1,918,000
1,848,000	1,848,000	1,848,000	1,940,000	2,116,000	2,116,000	2,116,000	2,116,000	2,116,000
2,377,000	2,377,000	2,377,000	2,460,000	2,688,000	2,688,000	2,688,000	2,688,000	2,688,000
–	–	28,100	28,100	33,809	33,809	33,809	–	42,700
–	–	30,870	30,870	30,870	37,285	37,285	–	46,900
–	–	33,700	33,700	33,700	40,627	40,627	–	51,080
–	–	39,510	39,510	39,510	47,576	47,576	–	59,590
–	–	50,960	50,960	50,960	55,751	55,751	–	68,840
–	–	55,220	55,220	55,220	64,012	64,012	–	78,780
–	–	66,880	66,880	66,880	72,560	72,560	–	89,060
–	–	76,340	76,340	76,340	81,094	81,094	–	99,250
90,321	117,400	117,400	117,400	117,400	–	–	–	–
–	–	–	–	–	–	–	–	–
101,424	131,800	131,800	131,800	131,800	–	–	–	–
113,159	147,100	147,100	147,100	147,100	–	–	–	–
123,703	160,800	160,800	160,800	160,800	–	–	–	–
138,417	179,900	179,900	179,900	179,900	–	–	–	–
145,995	189,700	189,700	189,700	189,700	–	–	–	–
163,405	212,400	212,400	212,400	212,400	–	–	–	–
175,210	227,700	227,700	227,700	227,700	–	–	–	–
45,500	45,500	45,500	45,500	57,354	57,354	57,354	57,354	57,354
49,750	49,750	49,750	49,750	62,502	62,502	62,502	62,502	62,502
52,750	52,750	52,750	52,750	65,934	65,934	65,934	65,934	65,934
56,000	56,000	56,000	56,000	69,982	69,982	69,982	69,982	69,982
60,750	60,750	60,750	60,750	75,460	75,460	75,460	75,460	75,460
64,250	64,250	64,250	64,250	80,102	80,102	80,102	80,102	80,102
71,500	71,500	71,500	71,500	89,485	89,485	89,485	89,485	89,485
77,250	77,250	77,250	77,250	94,523	94,523	94,523	94,523	94,523
82,000	82,000	82,000	82,000	102,597	102,597	102,597	102,597	102,597
86,000	86,000	86,000	86,000	107,008	107,008	107,008	107,008	107,008
7,360	9,500	9,500	9,500	9,500	9,500	–	–	–
9,545	12,400	12,400	12,400	12,400	12,400	–	–	–
15,870	20,600	20,600	20,600	20,600	20,600	–	–	–
21,850	28,400	28,400	28,400	28,400	28,400	–	–	–
20,355	26,400	26,400	26,400	26,400	26,400	–	–	–
24,495	31,800	31,800	31,800	31,800	31,800	–	–	–
25,875	33,600	33,600	33,600	33,600	33,600	–	–	–
31,970	41,500	41,500	41,500	41,500	41,500	–	–	–
29,670	38,500	38,500	38,500	38,500	38,500	–	–	–
34,500	44,800	44,800	44,800	44,800	44,800	–	–	–

냉난방·공조설비 (2)

품명	규격	단위	1970	1971	1972	1973	1974	1975	1976
연소기·방열기	Ton/hr								
대용량가스버너	1	천원/대	310	319	319	319	370	370	370
〃	1.5~2	〃	–	390	390	390	450	450	450
〃	3	〃	–	430	430	430	500	500	500
〃	4	〃	–	566	566	566	650	650	650
〃	5	〃	–	610	610	610	700	700	700
〃	6	〃	–	675	675	675	800	800	800
〃	7	〃	–	750	750	750	870	870	870
〃	8	〃	–	400	400	400	445	445	445
〃	10	〃	–	430	430	430	495	495	495
〃	15	〃	–	470	470	470	550	550	550
열 교 환 기	500,000kcal/hr	〃	–	–	–	–	–	–	–
〃	600,000	〃	–	–	–	–	–	–	–
〃	700,000	〃	–	–	–	–	–	–	–
공 기 예 열 기	3,000kg/hr	〃	–	–	–	–	–	–	800
세주형방열기	600×160㎜ 85kcal/hr	주	–			–	–	–	–
(강판제방열기)	600 220 112	〃	–			–	–	–	–
알루미늄방열기	600A×46(은색)	〃	–			–	–	–	–
〃	〃 K 〃 (금색)	〃	–			–	–	–	–
〃	〃 C 〃 (동색)	〃	–			–	–	–	–
〃	〃 B 〃 (미색)	〃	–			–	–	–	–
〃	450A×46(은색)	〃	–			–	–	–	–
〃	〃 K 〃 (금색)	〃	–			–	–	–	–
〃	〃 C 〃 (동색)	〃	–			–	–	–	–
〃	〃 B 〃 (미색)	〃	–			–	–	–	–
전기라디에이터	2~3坪	대	–				–	–	–
〃	3~4	〃	–				–	–	–
〃	4~6	〃	–				–	–	–
냉·난방기									
냉각탑(FRP)	5R/T (50R/T)	천원/대	–				–	–	140
〃	10 (100R/T)	〃	–				–	–	210
〃	15 (150R/T)	〃	–	–	–	–	–	–	290
〃	20 (200R/T)	〃	–	–	–	–	–	–	350
〃	25 (250R/T)	〃	–	–	–	–	–	–	440
〃	30 (300R/T)	〃	–	–	–	–	–	–	520
〃	40 (400R/T)	〃	–	–	–	–	–	–	640
〃	50 (500R/T)	〃	–	–	–	–	–	–	800
〃	60 (600R/T)	〃	–	–	–	–	–	–	960
〃	80 (800R/T)	〃	–	–	–	–	–	–	1,280
〃	100 (1000R/T)	〃	–	–	–	–	–	–	1,600
냉 동 기	15R/T	〃	–	–	–	–	–	–	–
(Chiller)	60		–	–	–	–	–	–	–
〃	90	〃	–	–	–	–	–	–	–
〃	160	〃	–	–	–	–	–	–	–

〈전기라디에이터〉

무공해 전기에너지를 이용하여 라디어이터 내부에 약 1/3공간을 차지하고 있는 오일을 가열하여 순환시킴으로서 난방효과를 내는 제품이다. 산소연소가 없기 때문에 산소부족 문제가 없고 전기를 사용함으로서 이동이 자유로우며 벽걸이형, 스탠드형등 다양한 형태로의 제작이 가능하다. 그러나 전기소모량이 많다는 단점이 있다.

주 1) 대용량 가스버너 1970~90년도 가격은 760kg/hr~1,950kg/hr의 오일버너 가격 기준임.
2) 냉각탑은 2018년부터 ( )안의 규격 기준임.

1977	1978	1979	1980	1981	1982	1983	1984	1985	1986	1987	1988	1989
448	492	492	540	680	750	750	750	750	780	780	780	780
541	595	595	650	810	890	890	890	890	930	930	930	930
604	664	664	720	900	990	990	990	990	1,040	1,040	1,040	1,040
781	859	859	860	950	1,050	1,050	1,050	1,050	1,100	1,100	1,100	1,100
833	916	916	900	1,000	1,070	1,070	1,070	1,070	1,120	1,120	1,120	1,120
1,021	1,123	1,123	1,100	1,100	1,100	1,100	1,100	1,100	1,150	1,150	1,150	1,150
1,042	1,146	1,146	1,140	1,100	1,150	1,150	1,150	1,150	1,200	1,200	1,200	1,200
552	607	607	660	830	910	910	910	910	950	950	950	950
593	652	652	710	890	980	980	980	980	1,030	1,030	1,030	1,030
656	721	721	790	980	1,080	1,080	1,080	1,080	1,130	1,130	1,130	1,130
-	-	1,100	1,324	1,500	2,100	2,100	2,100	2,100	2,100	2,100	2,100	2,100
-	-	1,320	1,620	1,850	2,700	2,700	2,700	2,700	2,700	2,700	2,700	2,700
-	-	1,540	1,954	2,200	3,000	3,000	3,000	3,000	3,000	3,000	3,000	3,000
880	880	880	1,056	2,140	2,450	2,450	2,450	2,450	3,100	3,100	3,100	3,100
-	-	-	3,700	3,700	3,700	3,700	3,700	3,700	3,700	3,700	3,700	3,700
-	-	-	4,700	4,700	4,700	4,700	4,700	4,200	4,200	4,200	4,200	4,200
3,000	3,300	3,300	3,900	4,300	4,300	4,300	4,300	3,800	3,700	3,700	3,700	3,700
3,400	3,400	3,400	4,000	4,400	4,400	4,400	4,400	3,800	3,700	3,700	3,700	3,700
3,400	3,400	3,400	4,000	4,400	4,400	4,400	4,400	3,800	3,700	3,700	3,700	3,700
3,400	3,400	3,400	4,000	4,400	4,400	4,400	4,400	3,800	3,700	3,700	3,700	3,700
3,000	3,000	3,000	3,600	4,000	4,000	4,000	4,000	3,600	3,500	3,500	3,500	3,500
3,100	3,100	3,100	3,700	4,100	4,100	4,100	4,100	3,600	3,500	3,500	3,500	3,500
3,100	3,100	3,100	3,700	4,100	4,100	4,100	4,100	3,600	3,500	3,500	3,500	3,500
3,100	3,100	3,100	3,700	4,100	4,100	4,100	4,100	3,600	3,500	3,500	3,500	3,500
-	-	100,000	100,000	100,000	100,000	100,000	125,000	131,000	131,000	149,600	149,600	154,000
-	-	115,000	115,000	115,000	115,000	115,000	128,750	136,000	136,000	149,600	149,600	154,000
-	-	135,000	135,000	135,000	135,000	135,000	145,000	151,000	151,000	172,700	172,700	177,000
150	165	156	156	189	189	189	189	189	181	181	275	275
230	253	235	235	270	270	270	270	270	258	258	374	374
320	352	353	353	403	403	403	403	403	385	385	440	440
380	418	419	419	460	460	460	460	460	440	440	506	506
480	528	524	524	575	575	575	575	575	550	550	594	594
560	616	588	588	655	655	655	655	655	627	627	704	704
700	770	745	745	805	805	805	805	805	770	770	880	880
870	957	954	954	1,035	1,035	1,035	1,035	1,035	990	990	1,210	1,210
1,000	1,100	1,112	1,112	1,207	1,207	1,207	1,207	1,207	1,550	1,550	1,540	1,540
1,400	1,540	1,571	1,571	1,783	1,783	1,783	1,783	1,783	1,705	1,705	1,980	1,980
1,700	1,870	2,222	2,222	2,300	2,300	2,300	2,300	2,300	2,200	2,200	2,530	2,530
-	-	-	-	-	3,580	3,580	3,580	3,580	3,580	3,687	4,334	4,723
-	-	-	-	-	9,000	9,000	9,000	9,000	9,000	9,270	10,890	11,761
-	-	-	-	-	14,000	14,000	14,000	14,000	14,000	14,420	14,850	16,038
-	-	-	-	-	21,500	21,500	21,500	21,500	21,500	22,145	26,010	28,610

냉난방·공조설비 (2)

품 명	규 격	단위	1990	1991	1992	1993	1994	1995	1996
연소기·방열기	Ton/hr								
대용량가스버너	1	천원/대	860	9,440	9,440	9,440	9,440	13,200	13,200
〃	1.5~2	〃	1,020	15,246	15,246	15,246	15,246	15,246	15,246
〃	3	〃	1,140	15,972	15,972	15,972	15,972	15,972	15,972
〃	4	〃	1,210	17,787	17,787	17,787	17,787	17,787	17,787
〃	5	〃	1,230	18,200	18,200	18,200	18,200	18,200	18,200
〃	6	〃	1,270	18,800	18,800	18,800	18,800	18,800	18,800
〃	7	〃	1,330	22,700	22,700	22,700	22,700	19,500	19,500
〃	8	〃	1,040	24,800	24,800	24,800	24,800	24,800	24,800
〃	10	〃	1,130	27,000	27,000	27,000	27,000	27,000	27,000
〃	15	〃	1,240	29,600	29,600	29,800	29,800	29,800	31,000
열 교 환 기	500,000kcal/hr	〃	2,320	2,320	2,320	2,550	2,550	2,550	3,100
〃	600,000	〃	2,600	2,600	2,600	2,860	2,860	2,860	3,300
〃	700,000	〃	2,980	2,980	2,980	3,270	3,270	3,270	3,620
공 기 예 열 기	3,000kg/hr	〃	3,400	3,400	3,400	3,500	4,800	4,800	4,800
세주형방열기	600×160㎜ 85kcal/hr	주	4,800	5,200	5,720	6,650	8,800	9,300	9,300
(강판제방열기)	600 220 112	〃	5,000	5,500	6,050	7,400	9,100	9,600	9,600
알루미늄방열기	600A×46(은색)	〃	3,750	3,750	3,750	3,750	3,750	3,750	3,500
〃	〃 K 〃 (금색)	〃	3,750	3,750	3,750	3,750	3,750	3,750	3,500
〃	〃 C 〃 (동색)	〃	3,750	3,750	3,750	3,750	3,750	3,750	3,500
〃	〃 B 〃 (미색)	〃	3,750	3,750	3,750	3,750	3,750	3,750	3,500
〃	450A×46(은색)	〃	3,600	3,600	3,600	3,600	3,600	3,600	3,300
〃	〃 K 〃 (금색)	〃	3,600	3,600	3,600	3,600	3,600	3,600	3,300
〃	〃 C 〃 (동색)	〃	3,600	3,600	3,600	3,600	3,600	3,600	3,300
〃	〃 B 〃 (미색)	〃	3,600	3,600	3,600	3,600	3,600	3,600	3,300
전기라디에이터	2~3坪	대	170,000	188,000	188,000	188,000	188,000	216,000	216,000
〃	3~4	〃	170,000	188,000	188,000	188,000	188,000	216,000	216,000
〃	4~6	〃	195,000	213,000	213,000	213,000	213,000	245,000	245,000
냉·난방기									
냉각탑(FRP)	5R/T (50R/T)	천원/대	275	275	340	340	340	340	340
〃	10 (100R/T)	〃	374	374	420	420	420	420	420
〃	15 (150R/T)	〃	440	440	550	550	550	550	550
〃	20 (200R/T)	〃	506	506	600	600	600	600	600
〃	25 (250R/T)	〃	594	594	700	700	700	700	700
〃	30 (300R/T)	〃	704	704	850	850	850	850	850
〃	40 (400R/T)	〃	880	880	1,050	1,050	1,050	1,050	1,050
〃	50 (500R/T)	〃	1,210	1,210	1,400	1,400	1,400	1,400	1,400
〃	60 (600R/T)	〃	1,540	1,540	1,750	1,750	1,750	1,750	1,750
〃	80 (800R/T)	〃	1,980	1,980	2,200	2,200	2,200	2,200	2,200
〃	100 (1000R/T)	〃	2,530	2,530	2,800	2,800	2,800	2,800	2,800
냉 동 기	15R/T	〃	5,196	5,663	5,940	5,940	5,940	5,940	-
(Chiller)	60	〃	12,938	14,100	14,800	14,800	14,800	14,800	14,800
〃	90	〃	17,641	20,000	21,000	21,000	21,000	21,000	21,000
〃	160	〃	31,471	34,300	36,010	36,010	36,010	36,010	36,010

㈜ 1) 대용량 가스버너 1970~90년도 가격은 760kg/hr~1,950kg/hr의 오일버너 가격 기준임.
2) 냉각탑은 2018년부터 ( )안의 규격 기준임.

1997	1998	1999	2000	2001	2002	2003	2004	2005	2006	2007	2008	2009
13,200	18,480	17,160	17,160	17,160	17,160	12,355	12,355	12,355	-	-	-	-
15,246	21,344	19,820	19,820	19,820	19,820	14,270	14,270	14,270	14,800	14,800	14,800	14,800
15,972	22,361	20,760	20,760	20,760	20,760	18,684	18,684	18,684	25,200	25,200	25,200	25,200
17,787	24,902	23,120	23,120	23,120	23,120	20,808	20,808	20,808	-	-	-	-
18,200	25,480	23,660	23,660	23,660	23,660	21,294	21,294	21,294	31,800	31,800	31,800	31,800
18,800	26,320	24,440	24,440	24,440	24,440	21,996	21,996	21,996	-	-	-	-
19,500	27,300	25,350	25,350	25,350	25,350	22,815	22,815	22,815	-	-	-	-
24,800	34,720	32,240	32,240	32,240	33,740	30,366	30,366	30,366	-	-	-	-
27,000	37,800	35,100	35,100	35,100	36,600	32,940	32,940	32,940	-	-	-	-
31,000	43,400	40,300	40,300	40,300	41,800	37,620	37,620	37,620	-	-	-	-
3,100	3,500	3,500	3,500	3,500	3,500	3,500	4,025	4,025	4,025	4,025	4,025	4,025
3,300	3,700	3,700	3,700	3,700	3,700	3,700	4,255	4,255	4,255	4,255	4,255	4,255
3,620	4,000	4,000	4,000	4,000	4,000	4,000	4,600	4,600	4,600	4,600	4,600	4,600
4,800	4,800	4,800	4,800	4,800	4,800	4,800	5,520	5,520	5,520	5,520	5,520	5,520
9,300	9,300	9,300	9,300	9,300	9,300	9,300	9,300	-	-	-	-	-
9,600	9,600	9,600	9,600	9,600	9,600	9,600	9,600	-	-	-	-	-
3,500	3,500	3,500	3,500	3,500	3,500	3,500	4,200	4,200	4,200	4,200	7,500	7,700
3,500	3,500	3,500	3,500	3,500	3,500	3,500	4,200	4,200	4,200	4,200	7,500	7,700
3,500	3,500	3,500	3,500	3,500	3,500	3,500	4,200	4,200	4,200	4,200	7,500	7,700
3,500	3,500	3,500	3,500	3,500	3,500	3,500	4,200	4,200	4,200	4,200	7,500	7,700
3,300	3,300	3,300	3,300	3,300	3,300	3,300	3,900	3,900	3,900	3,900	7,000	7,000
3,300	3,300	3,300	3,300	3,300	3,300	3,300	3,900	3,900	3,900	3,900	7,000	7,000
3,300	3,300	3,300	3,300	3,300	3,300	3,300	3,900	3,900	3,900	3,900	7,000	7,000
3,300	3,300	3,300	3,300	3,300	3,300	3,300	3,900	3,900	3,900	3,900	7,000	7,000
180,000	180,000	180,000	180,000	150,000	150,000	150,000	150,000	150,000	150,000	150,000	170,000	170,000
180,000	180,000	180,000	180,000	180,000	180,000	180,000	180,000	180,000	180,000	180,000	210,000	200,000
210,000	210,000	210,000	210,000	210,000	210,000	210,000	210,000	210,000	210,000	210,000	230,000	230,000
340	340	450	500	500	500	500	500	500	600	670	670	670
420	420	550	600	600	600	600	600	600	700	790	790	790
550	550	650	700	700	700	700	700	700	850	930	930	930
600	600	700	800	800	800	800	800	800	900	1,080	1,080	1,080
700	700	-	-	-	-	-	-	-	930	1,150	1,150	1,150
850	850	850	950	950	950	950	950	950	1,100	1,310	1,310	1,310
1,050	1,050	1,050	1,100	1,100	1,100	1,100	1,100	1,100	1,350	1,730	1,730	1,730
1,400	1,400	1,400	1,600	1,600	1,600	1,600	1,600	1,600	1,750	2,160	2,160	2,160
1,750	1,750	1,550	1,700	1,700	1,700	1,700	1,700	1,700	2,200	2,360	2,360	2,360
2,200	2,200	2,200	2,600	2,600	2,600	2,600	2,600	2,600	2,750	3,220	3,220	3,220
2,800	2,800	2,800	3,400	3,400	3,400	3,400	3,400	3,400	3,200	3,780	3,780	3,780
6,350	7,620	7,620	7,620	7,640	8,780	8,780	8,780	8,780	8,780	8,780	8,780	-
14,800	17,760	17,760	17,760	17,750	20,380	20,380	20,380	20,380	20,380	20,380	20,380	-
-	-	-	-	26,310	31,860	31,860	31,860	31,860	31,860	31,860	31,860	-
36,010	45,230	45,230	45,230	45,010	49,500	49,500	49,500	49,500	49,500	49,500	49,500	-

냉난방·공조설비 (2)

품 명	규 격	단위	2010	2011	2012	2013	2014	2015	2016
연소기·방열기	Ton/hr								
대용량가스버너	1	천원/대	-	-	-	-	-	16,800	16,800
〃	1.5~2	〃	14,800	14,800	14,800	14,800	14,800	18,480	18,480
〃	3	〃	25,200	25,200	25,200	25,200	25,200	20,400	20,400
〃	4	〃	-	-	-	-	-	-	-
〃	5	〃	31,800	31,800	31,800	31,800	31,800	-	-
〃	6	〃	-	-	-	-	-	-	-
〃	7	〃	-	-	-	-	-	-	-
〃	8	〃	-	-	-	-	-	-	-
〃	10	〃	-	-	-	-	-	-	-
〃	15	〃	-	-	-	-	-	-	-
열 교 환 기	500,000kcal/hr	〃	4,025	4,025	4,025	4,025	4,025	4,025	3,760
〃	600,000	〃	4,255	4,255	4,255	4,255	4,255	4,255	4,310
〃	700,000	〃	4,600	4,600	4,600	4,600	4,600	4,600	4,600
공 기 예 열 기	3,000kg/hr	〃	5,520	5,520	5,520	5,520	5,520	5,520	-
세주형방열기	600×160㎜ 85kcal/hr	주	-	-	-	-	-	-	-
(강판제방열기)	600 220 112	〃	-	-	-	-	-	-	-
알루미늄방열기	600A×46(은색)	〃	-	-	-	-	-	-	-
〃	〃 K 〃 (금색)	〃	-	-	-	-	-	-	-
〃	〃 C 〃 (동색)	〃	-	-	-	-	-	-	-
〃	〃 B 〃 (미색)	〃	-	-	-	-	-	-	-
〃	450A×46(은색)	〃	-	-	-	-	-	-	-
〃	〃 K 〃 (금색)	〃	-	-	-	-	-	-	-
〃	〃 C 〃 (동색)	〃	-	-	-	-	-	-	-
〃	〃 B 〃 (미색)	〃	-	-	-	-	-	-	-
전기라디에이터	2~3坪	대	150,000	150,000	150,000	150,000	150,000	150,000	150,000
〃	3~4	〃	180,000	180,000	180,000	180,000	180,000	180,000	180,000
〃	4~6	〃	210,000	210,000	210,000	210,000	210,000	210,000	210,000
냉·난방기									
냉각탑(FRP)	5R/T (50R/T)	천원/대	670	-	-	-	-	-	-
〃	10 (100R/T)	〃	790	1,030	1,030	1,030	1,030	1,030	1,030
〃	15 (150R/T)	〃	930	1,280	1,280	1,280	1,280	1,280	1,280
〃	20 (200R/T)	〃	1,080	1,460	1,460	1,460	1,460	1,460	1,460
〃	25 (250R/T)	〃	1,150	1,660	1,660	1,660	1,660	1,660	1,660
〃	30 (300R/T)	〃	1,310	1,870	1,870	1,870	1,870	1 870	1,870
〃	40 (400R/T)	〃	1,730	2,080	2,080	2,080	2,080	2,080	2,080
〃	50 (500R/T)	〃	2,160	2,910	2,910	2,910	2,910	2,910	2,910
〃	60 (600R/T)	〃	2,360	3,740	3,740	3,740	3,740	3,740	3,740
〃	80 (800R/T)	〃	3,220	5,400	5,400	5,400	5,400	5,400	5,400
〃	100 (1000R/T)	〃	3,780	6,050	6,050	6,050	6,050	6,050	6,050
냉 동 기	15R/T	〃	-	-	-	-	-	-	-
(Chiller)	60	〃	-	-	-	-	-	-	-
〃	90	〃	-	-	-	-	-	-	-
〃	160	〃	-	-	-	-	-	-	-

주 1) 대용량 가스버너 1970~90년도 가격은 760kg/hr~1,950kg/hr의 오일버너 가격 기준임.
2) 냉각탑은 2018년부터 ( )안의 규격 기준임.

2017	2018	2019	2020	2021	2022	2023	2024	2025
16,800	16,800	16,800	16,800	16,800	16,800	16,800	16,800	16,800
18,480	18,480	18,480	18,480	18,480	18,480	18,480	18,480	18,480
20,400	20,400	20,400	20,400	20,400	20,400	20,400	20,400	20,400
-	-	-	-	-	-	-	-	-
-	-	-	-	-	-	-	-	-
-	-	-	-	-	-	-	-	-
-	-	-	-	-	-	-	-	-
-	-	-	-	-	-	-	-	-
-	-	-	-	-	-	-	-	-
-	-	-	-	-	-	-	-	-
3,000	3,000	3,000	3,000	3,010	3,010	3,300	3,300	3,300
3,430	3,430	3,430	3,430	3,470	3,470	3,810	3,810	3,810
3,750	3,750	3,750	3,750	3,780	3,780	4,150	4,150	4,150
-	-	-	-	-	-	-	-	-
-	-	-	-	-	-	-	-	-
-	-	-	-	-	-	-	-	-
-	-	-	-	-	-	-	-	-
-	-	-	-	-	-	-	-	-
-	-	-	-	-	-	-	-	-
-	-	-	-	-	-	-	-	-
-	-	-	-	-	-	-	-	-
-	-	-	-	-	-	-	-	-
-	-	-	-	-	-	-	-	-
-	-	-	-	-	-	-	-	-
150,000	150,000	150,000	150,000	150,000	150,000	150,000	150,000	150,000
180,000	180,000	180,000	180,000	180,000	180,000	180,000	180,000	180,000
210,000	210,000	210,000	210,000	210,000	210,000	210,000	210,000	210,000
-	19,500	19,500	19,500	19,500	19,500	-	-	-
1,030	23,000	23,000	23,000	23,000	23,000	-	-	-
1,280	28,500	28,500	28,500	28,500	28,500	-	-	-
1,460	33,000	33,000	33,000	33,000	33,000	-	-	-
1,660	34,000	34,000	34,000	34,000	34,000	-	-	-
1,870	39,000	39,000	39,000	39,000	39,000	-	-	-
2,080	53,000	53,000	53,000	53,000	53,000	-	-	-
2,910	65,000	65,000	65,000	65,000	65,000	-	-	-
3,740	70,000	70,000	70,000	70,000	70,000	-	-	-
5,400	92,000	92,000	92,000	92,000	92,000	-	-	-
6,050	108,000	108,000	108,000	108,000	108,000	-	-	-
-	-	-	-	-	-	-	-	-
-	-	-	-	-	-	-	-	-
-	-	-	-	-	-	-	-	-
-	-	-	-	-	-	-	-	-

냉난방·공조설비 (3)

품 명	규 격	단위	1970	1971	1972	1973	1974	1975	1976
냉·난방기	kcal/hr								
건 조 기	160,000(D)	천원/대				-	-	-	-
(페인트소부용)	200,000	〃				-	-	-	-
〃	250,000	〃				-	-	-	-
〃	160,000(N)	〃				-	-	-	-
〃	200,000	〃				-	-	-	-
〃	250,000	〃				-	-	-	-
온 풍 난 방 기	17,200	〃				-	-	-	-
(팩케이지용)	21,500	〃				-	-	-	-
〃	25,800	〃				-	-	-	-
〃	43,000	〃				-	-	-	-
〃	51,600	〃				-	-	-	-
(팬코일)	200,000	〃				-	-	-	-
〃	300,000	〃				-	-	-	-
〃	450,000	〃				-	-	-	-
〃	600,000	〃				-	-	-	-
콘 벡 터	32Ø×108×132	m				-	-	4,554	4,554
(ST+ST)	〃 〃 165	〃				-	-	4,917	4,917
〃	50Ø 〃 132	〃				-	-	5,115	5,115
〃	〃 〃 165	〃				-	-	5,511	5,511
(CU+AL)	32Ø 〃 165	〃				-	-	6,270	6,270
〃	〃 〃 196	〃				-	-	6,765	6,765
〃	40Ø 〃 165	〃				-	-	5,115	5,115
〃	〃 〃 196	〃				-	-	5,577	5,577
유 닛 히 터	40,000kcal/hr	대				-	-	-	-
(벽형)	45,000	〃	-	-	-	-	-	-	-
〃	50,000	〃	-	-	-	-	-	-	-
〃	60,000	〃	-	-	-	-	-	-	-
〃	70,000	〃	-	-	-	-	-	-	-
〃	80,000	〃	-	-	-	-	-	-	-
공조기기									
항 온 항 습 기	3HP	천원/대	-	-	-	-	-	-	-
(전산실용)	5	〃	-	-	-	-	-	-	-
〃	7.5	〃				-	-	-	-
〃	10	〃				-	-	-	-
〃	15	〃				-	-	-	-
〃	20	〃				-	-	-	-
〃	30	〃				-	-	-	-
항 온 항 습 기	3	〃				-	-	-	-
(실험실용)	5	〃				-	-	-	-
〃	7.5	〃				-	-	-	-
〃	10	〃				-	-	-	-
항 온 제 습 기	3	〃				-	-	-	-
〃	5	〃				-	-	-	-
〃	7.5	〃				-	-	-	-
〃	10	〃				-	-	-	-
〃	15	〃				-	-	-	-
냉 각 제 습 기	2	〃				-	-	-	-
〃	3	〃				-	-	-	-
〃	5	〃				-	-	-	-
제 습 기	1	〃				-	-	-	-
〃	2	〃				-	-	-	-
〃	3	〃				-	-	-	-
〃	5	〃				-	-	-	-
〃	7.5	〃	-	-	-	-	-	-	-

〈팬코일유닛〉

팬코일 유닛은 정격 풍량 40㎥/min 이하로 공장에서 냉각·가열 코일 및 송풍기를 일체로 조립한 완성품으로서, 공기를 직접 실내로 분출하거나 또는 정압 손실 100Pa 이하의 덕트를 시공할 수 있는 환경 냉·난방용 팬코일 유닛을 일컫는다.

즉, 공냉식 열교환기와 송풍기를 케이싱 안에 조합 시켜 공냉식 열교환기 내부에 냉수 또는 온수를 통과시키면서 송풍기로 열교환기를 향하여 바람을 불어냄으로서 그 통과되는 공기를 차갑게도 하고 따뜻하게도 만들어 쾌적한 공간을 만들 수 있다.

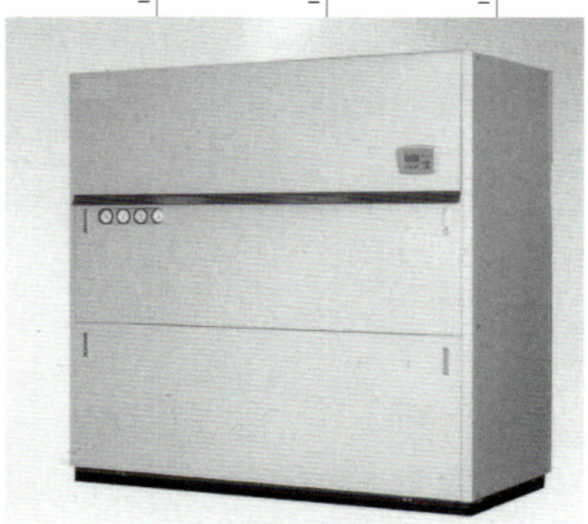

〈항온항습기〉

항온 항습기는 온도 및 습도, 분진등에 예민한 COMPUTER, ON-LINE 기기등 전자장비가 최상의 상태로 운전될 수 있도록 최적의 환경을 조성해주는 기계장치로 실내의 온도 및 습도를 연중 일정하게 유지시켜주는 것을 목적으로 한다.

㈜ 1) 건조기 1980~95년도 가격은 일반건조기 가격 기준임.
2) 온풍난방기 팬코일 1979~97년도 가격은 산업용 가격 기준임.
3) 콘벡터 1975~90년도 가격은 사각콘벡터 가격 기준임.
4) 유닛히터 1980~95년도 가격은 P-Type 가격 기준임.
5) 항온항습기 가격은 2016년부터 전산실용→상향식, 실험실용→하향식 기준임.

1977	1978	1979	1980	1981	1982	1983	1984	1985	1986	1987	1988	1989
–	–	–	2,500	2,585	2,843	2,843	2,843	2,843	2,843	2,843	2,843	2,843
–	–	–	3,000	3,025	3,327	3,327	3,327	3,327	3,327	3,327	3,327	3,327
–	–	–	3,300	3,388	3,726	3,726	3,726	3,726	3,726	3,726	3,726	3,726
–	–	–	3,800	3,993	4,392	4,392	4,392	4,392	4,392	4,392	4,392	4,392
–	–	–	4,295	4,591	5,051	5,051	5,051	5,051	5,051	5,051	5,051	5,051
–	–	–	5,054	5,510	6,061	6,061	6,061	6,061	6,061	6,061	6,061	6,061
–	350	370	370	370	400	450	450	450	450	450	720	800
–	400	630	630	700	800	896	896	896	896	896	1,003	1,123
–	750	1,093	1,093	1,093	1,257	1,408	1,408	1,408	1,408	1,408	1,562	1,733
–	850	1,327	1,327	1,327	1,526	1,710	1,710	1,710	1,710	1,710	1,890	2,070
–	1,200	1,874	1,874	1,874	2,024	2,165	2,165	2,165	2,165	2,165	2,290	2,404
–	–	3,300	3,300	3,700	3,700	3,700	3,700	3,700	3,700	3,700	3,993	3,993
–	–	6,072	6,072	6,600	6,600	6,600	6,600	6,600	6,600	6,600	7,347	7,347
–	–	7,458	7,458	8,200	8,200	8,200	8,200	8,200	8,200	8,200	9,024	9,200
–	–	8,949	8,949	9,850	9,850	9,850	9,850	9,850	9,850	9,850	11,224	11,224
4,554	5,115	6,305	7,400	7,400	7,400	7,400	11,200	11,200	11,200	11,200	11,200	11,200
4,917	5,473	6,680	7,840	7,840	7,840	7,840	11,870	11,870	11,870	11,870	11,870	11,870
5,115	5,690	6,880	8,400	8,400	8,400	8,400	13,000	13,000	13,000	13,000	13,000	13,000
5,511	6,080	7,290	8,900	8,900	8,900	8,900	13,780	13,780	13,780	13,780	13,780	13,780
6,270	6,910	8,230	10,050	10,050	10,050	10,050	15,500	15,500	15,500	15,500	15,500	15,500
6,765	7,390	8,720	10,650	10,650	10,650	10,650	16,400	16,400	16,400	16,400	16,400	16,400
5,115	5,675	7,050	7,900	7,900	7,900	7,900	11,900	11,900	11,900	11,900	11,900	11,900
5,577	6,072	8,090	9,000	9,000	9,000	9,000	13,000	13,000	13,000	13,000	13,000	13,000
–	–	–	225,000	225,000	246,000	246,000	300,000	320,000	320,000	320,000	320,000	320,000
–	–	–	237,500	237,500	270,000	270,000	320,000	351,000	351,000	351,000	351,000	351,000
–	–	–	287,500	287,500	338,000	338,000	400,000	439,000	439,000	439,000	439,000	439,000
–	–	–	300,000	300,000	295,000	295,000	346,000	384,000	384,000	384,000	384,000	384,000
–	–	–	312,500	312,500	377,000	377,000	446,000	490,000	490,000	490,000	490,000	490,000
–	–	–	331,250	331,250	408,000	408,000	531,000	531,000	531,000	531,000	531,000	531,000
–	–	4,750	4,750	5,100	5,250	5,250	5,510	5,510	5,510	5,510	5,510	5,510
–	–	8,150	8,150	8,250	7,650	7,650	8,030	8,030	8,030	8,030	8,030	8,030
–	–	11,500	11,500	11,650	9,950	9,950	10,440	10,440	10,440	10,440	10,440	10,440
–	–	15,000	15,000	15,500	13,500	13,500	14,170	14,170	14,170	14,170	14,170	14,170
–	–	21,000	21,000	21,850	21,000	21,000	22,050	22,050	22,050	22,050	22,050	22,050
–	–	25,200	25,200	26,350	24,500	25,500	25,720	25,720	25,720	25,720	25,720	25,720
–	–	33,260	33,260	33,260	33,260	34,500	34,770	34,770	34,770	34,770	34,770	34,770
–	–	–	–	–	–	–	5,400	5,500	5,700	4,700	5,600	5,600
–	–	–	–	–	–	–	9,500	8,300	9,500	6,300	8,800	8,800
–	–	–	–	–	–	–	13,000	9,500	14,800	8,500	11,500	11,500
–	–	–	–	–	–	–	17,000	15,000	18,000	12,100	15,500	15,500
–	–	4,200	4,400	4,400	4,400	4,400	4,400	4,620	4,620	4,620	4,620	4,620
–	–	7,000	7,500	7,500	7,500	7,500	7,500	7,870	7,870	7,870	7,870	7,870
–	–	10,000	10,500	10,550	10,550	10,550	10,550	11,070	11,070	11,070	11,070	11,070
–	–	14,000	14,700	14,700	14,700	14,700	14,700	15,430	15,430	15,430	15,430	15,430
–	–	20,000	20,900	19,500	19,500	19,500	19,500	20,470	20,470	20,470	20,470	20,470
–	–	–	–	–	2,350	2,350	2,460	2,460	2,460	2,460	2,460	2,460
–	–	–	–	–	3,250	3,250	3,410	3,410	3,410	3,410	3,410	3,410
–	–	–	–	–	4,550	4,550	5,040	5,040	5,040	5,040	5,040	5,040
–	–	–	–	1,500	1,500	1,500	1,500	1,500	1,500	1,500	1,500	1,500
–	–	–	–	3,000	3,000	3,000	3,000	3,000	3,000	3,000	3,000	3,000
–	–	–	–	4,350	4,350	4,350	4,350	4,350	4,350	4,350	4,350	4,350
–	–	–	–	7,100	7,100	7,100	7,100	7,100	7,100	7,100	7,100	7,100
–	–	–	–	11,200	11,200	11,200	11,200	11,200	11,200	11,200	11,200	11,200

냉난방·공조설비 (3)

품명	규격	단위	1990	1991	1992	1993	1994	1995	1996
냉·난방기	kcal/hr								
건 조 기	160,000(D)	천원/대	2,843	2,843	2,700	2,700	2,800	3,200	3,200
(페인트소부용)	200,000	〃	3,327	3,327	3,200	3,200	3,200	3,700	3,700
〃	250,000	〃	3,726	3,726	3,500	3,500	3,700	4,500	4,500
〃	160,000(N)	〃	4,392	4,392	4,100	4,100	4,300	5,300	5,300
〃	200,000	〃	5,051	5,051	5,000	5,000	5,100	6,800	6,800
〃	250,000	〃	6,061	6,061	5,900	5,900	6,300	8,300	8,300
온 풍 난 방 기	17,200	〃	1,000	1,000	1,300	1,300	1,300	1,300	-
(팩케이지용)	21,500	〃	1,350	1,150	1,550	1,550	1,550	1,550	-
〃	25,800	〃	1,650	1,750	1,900	1,900	1,900	1,900	-
〃	43,000	〃	2,400	2,400	2,450	2,450	2,450	2,450	-
〃	51,600	〃	2,750	2,750	2,800	2,800	2,800	2,800	-
(팬코일)	200,000	〃	4,200	4,200	4,200	5,000	5,000	5,000	-
〃	300,000	〃	7,347	7,347	7,347	7,400	7,400	7,400	-
〃	450,000	〃	9,000	9,000	9,000	9,000	9,000	9,000	-
〃	600,000	〃	11,224	11,224	11,224	11,300	11,300	11,300	-
콘 벡 터	320Ø×108×132	m	11,200	10,620	11,500	11,500	11,500	13,800	13,800
(ST+ST)	〃 〃 165	〃	11,870	12,510	12,800	12,800	12,800	15,300	15,300
〃	500Ø 〃 132	〃	13,000	12,470	12,800	12,800	12,800	14,500	14,500
〃	〃 〃 165	〃	13,780	14,450	14,450	14,450	14,450	17,500	17,500
(CU+AL)	320Ø 〃 165	〃	15,500	30,780	30,780	30,780	30,780	33,000	33,000
〃	〃 〃 196	〃	16,400	33,580	33,580	33,580	33,580	36,500	36,500
〃	400Ø 〃 165	〃	11,900	35,180	35,180	35,180	35,180	38,700	38,700
〃	〃 〃 196	〃	13,000	37,980	37,980	37,980	37,980	41,500	41,500
유 닛 히 터	40,000kcal/hr	대	320,000	320,000	345,000	345,000	360,000	377,000	-
(벽형)	45,000	〃	351,000	380,000	395,000	395,000	400,000	420,000	-
〃	50,000	〃	439,000	440,000	455,000	455,000	480,000	480,000	-
〃	60,000	〃	384,000	450,000	480,000	480,000	490,000	496,000	-
〃	70,000	〃	490,000	535,000	560,000	560,000	590,000	595,000	-
〃	80,000	〃	531,000	565,000	660,000	660,000	670,000	670,000	-
공조기기									
항 온 항 습 기	3HP	천원/대	5,200	5,200	5,600	5,600	5,600	5,600	6,000
(전산실용)	5	〃	7,200	7,200	8,500	8,500	8,500	8,500	8,800
〃	7.5	〃	11,000	11,000	11,200	11,200	11,200	11,200	10,200
〃	10	〃	13,500	13,500	15,600	15,600	15,600	15,600	15,500
〃	15	〃	18,000	18,000	22,000	22,000	22,000	22,000	23,000
〃	20	〃	22,500	22,500	27,000	27,000	27,000	27,000	27,000
〃	30	〃	32,000	32,000	34,000	34,000	34,000	34,000	-
항 온 항 습 기	3	〃	5,200	5,200	5,200	5,200	5,200	5,200	5,700
(실험실용)	5	〃	6,500	6,500	6,500	7,000	7,000	7,000	8,500
〃	7.5	〃	9,500	9,500	9,500	9,500	9,500	9,500	9,600
〃	10	〃	12,500	12,500	13,500	13,500	13,500	13,500	15,000
항 온 제 습 기	3	〃	4,620	4,500	4,500	4,500	4,500	4,500	4,500
〃	5	〃	7,870	6,800	6,800	6,800	6,800	6,800	6,800
〃	7.5	〃	11,070	9,300	9,300	9,300	9,300	9,300	9,300
〃	10	〃	15,430	11,000	11,000	11,000	11,000	11,000	11,000
〃	15	〃	20,470	16,000	16,000	16,000	6,000	16,000	16,000
냉 각 제 습 기	2	〃	2,500	2,500	2,500	2,500	2,500	2,500	2,500
〃	3	〃	3,700	3,700	3,700	3,700	3,700	3,700	3,700
〃	5	〃	5,200	5,200	5,200	5,200	5,200	5,200	5,200
제 습 기	1	〃	1,500	1,500	1,750	1,750	1,750	1,750	1,750
〃	2	〃	2,600	2,600	3,300	3,300	3,300	3,300	3,300
〃	3	〃	3,300	3,300	4,500	4,500	4,500	4,500	4,500
〃	5	〃	4,750	4,750	6,800	6,800	6,800	6,300	6,800
〃	7.5	〃	6,375	6,375	6,375	7,100	7,800	7,300	7,800

주 1) 건조기 1980~95년도 가격은 일반건조기 가격 기준임.
2) 온풍난방기 팬코일 1979~97년도 가격은 산업용 가격 기준임.
3) 콘벡터 1975~90년도 가격은 사각콘벡터 가격 기준임.
4) 유닛히터 1980~95년도 가격은 P-Type 가격 기준임.
5) 항온항습기 가격은 2016년부터 전산실용→상향식, 실험실용→하향식 기준임.

1997	1998	1999	2000	2001	2002	2003	2004	2005	2006	2007	2008	2009
-	2,800	2,800	2,800	2,800	2,800	2,800	4,500	4,500	4,500	-	-	-
-	3,500	3,500	3,500	3,500	3,500	3,500	5,500	5,500	5,500	-	-	-
-	4,500	4,500	4,500	4,500	4,500	4,500	6,000	6,000	6,000	-	-	-
-	3,200	3,200	3,200	3,200	3,200	3,200	-	-	-	-	-	-
-	4,000	4,000	4,000	4,000	4,000	4,000	-	-	-	-	-	-
-	4,500	4,500	4,500	4,500	4,500	4,500	-	-	-	-	-	-
1,400	1,450	1,667	1,667	1,667	1,667	1,667	1,700	1,785	1,785	1,785	1,963	2,290
1,520	1,570	1,805	1,805	1,805	1,805	1,805	1,750	1,837	1,837	1,837	2,120	2,330
1,660	1,710	1,966	1,966	1,966	1,966	1,966	1,950	2,050	2,050	2,050	2,255	2,460
2,250	2,300	2,645	2,645	2,645	2,645	2,645	2,850	2,990	2,990	2,990	3,588	3,800
2,450	2,500	2,875	2,875	2,875	2,875	2,875	2,950	3,097	3,097	3,097	3,716	3,930
5,000	5,160	5,160	5,160	5,160	5,160	5,160	5,500	-	-	-	-	-
6,800	7,800	7,800	7,800	7,800	7,800	7,800	7,000	-	-	-	-	-
9,000	10,440	10,440	10,440	10,440	10,440	10,440	11,000	-	-	-	-	-
13,000	12,000	12,000	12,000	12,000	12,000	12,000	12,500	-	-	-	-	-
13,800	17,000	17,000	17,000	19,000	19,000	19,000	24,200	-	-	-	-	-
15,300	19,000	19,000	19,000	21,000	21,000	21,000	26,400	-	-	-	-	-
14,500	18,000	18,000	18,000	20,000	20,000	20,000	29,150	-	-	-	-	-
17,500	21,000	21,000	21,000	23,000	23,000	23,000	30,250	-	-	-	-	-
33,000	41,000	41,000	41,000	41,000	41,000	41,000	49,500	-	-	-	-	-
36,500	43,000	43,000	43,000	43,000	43,000	43,000	52,800	-	-	-	-	-
38,700	44,000	44,000	44,000	44,000	44,000	44,000	54,450	-	-	-	-	-
41,500	46,000	46,000	46,000	46,000	46,000	46,000	56,100	-	-	-	-	-
485,000	590,000	590,000	590,000	590,000	590,000	590,000	640,000	490,000	490,000	490,000	490,000	500,000
520,000	640,000	640,000	640,000	640,000	640,000	640,000	700,000	530,000	530,000	530,000	530,000	550,000
565,000	700,000	700,000	700,000	700,000	700,000	700,000	750,000	570,000	570,000	570,000	570,000	600,000
600,000	750,000	750,000	750,000	750,000	750,000	750,000	830,000	-	-	-	-	-
700,000	850,000	850,000	850,000	850,000	850,000	850,000	900,000	-	-	-	-	-
800,000	900,000	900,000	900,000	-	-	-	-	-	-	-	-	-
6,000	5,200	5,700	5,700	5,200	5,200	5,200	5,200	5,200	5,200	4,500	4,500	4,500
8,800	8,000	8,500	8,500	7,000	7,000	7,000	8,000	8,000	8,000	7,000	7,000	7,000
10,200	9,500	9,600	9,600	9,000	9,000	9,000	10,000	10,000	10,000	8,500	8,500	8,500
15,500	13,500	15,000	15,000	13,500	13,500	13,500	14,000	14,000	14,000	13,500	13,500	13,500
23,000	19,000	22,000	22,000	17,000	17,000	17,000	20,000	20,000	20,000	17,500	17,500	17,500
27,000	22,000	25,000	25,000	22,000	22,000	22,000	24,000	24,000	24,000	21,800	21,800	21,800
-	30,000	30,000	30,000	31,000	31,000	31,000	32,000	32,000	32,000	29,950	29,950	29,950
5,700	5,700	5,200	5,200	5,300	5,300	5,300	5,300	5,300	5,300	5,300	7,384	7,384
8,500	8,500	8,000	8,000	6,500	6,500	6,500	6,500	6,500	6,500	6,500	8,450	8,450
9,600	9,600	9,500	9,500	8,800	8,800	8,800	8,800	8,800	8,800	8,800	10,200	10,200
15,000	15,000	13,500	13,500	13,500	13,500	13,500	13,500	13,500	13,500	13,500	15,360	15,360
4,500	4,500	4,500	4,500	4,500	5,100	4,500	4,500	4,500	4,500	5,000	5,000	5,000
6,800	6,800	6,800	6,800	6,800	7,200	6,800	6,800	6,800	6,800	7,000	7,000	7,000
9,300	9,300	9,300	9,300	9,300	9,300	9,300	9,300	9,300	9,300	7,500	7,500	7,500
11,000	11,000	11,000	11,000	11,000	13,500	11,000	11,000	11,000	11,000	11,500	11,500	11,500
16,000	16,000	16,000	16,000	16,000	17,000	16,000	16,000	16,000	16,000	17,000	17,000	17,000
2,500	2,500	2,500	2,500	2,500	2,500	2,500	2,500	2,500	2,500	3,650	3,650	3,650
3,700	3,700	3,700	3,700	3,700	3,700	3,700	3,700	3,700	3,700	4,900	4,900	4,900
5,200	5,200	5,200	5,200	5,200	5,200	5,200	5,200	5,200	5,200	6,950	6,950	6,950
2,200	3,500	3,500	3,500	3,500	3,000	3,000	3,000	3,000	-	-	-	-
4,000	4,000	4,000	4,000	4,000	3,700	3,700	3,700	3,700	-	-	-	-
4,800	5,000	5,000	5,000	5,000	5,000	5,000	5,000	5,000	-	-	-	-
7,600	7,500	7,500	7,500	7,500	7,300	7,300	7,300	7,300	-	-	-	-
10,500	9,200	9,200	9,200	9,200	9,500	9,500	9,500	9,500	-	-	-	-

냉난방·공조설비 (3)

품명	규격	단위	2010	2011	2012	2013	2014	2015	2016
냉·난방기	kcal/hr								
건 조 기	160,000(D)	천원/대	-	-	-	-	-	-	-
(페인트소부용)	200,000	〃	-	-	-	-	-	-	-
〃	250,000	〃	-	-	-	-	-	-	-
〃	160,000(N)	〃	-	-	-	-	-	-	-
〃	200,000	〃	-	-	-	-	-	-	-
〃	250,000	〃	-	-	-	-	-	-	-
온 풍 난 방 기	17,200	〃	2,290	2,290	2,000	2,000	2,000	2,400	2,400
(팩케이지용)	21,500	〃	2,330	2,330	2,100	2,100	2,100	2,500	2,500
〃	25,800	〃	2,460	2,460	2,200	2,200	2,200	2,800	2,800
〃	43,000	〃	3,800	3,800	3,250	3,250	3,250	3,500	3,500
〃	51,600	〃	3,930	3,930	3,550	3,550	3,550	3,800	3,800
(팬코일)	200,000	〃	-	-	-	-	-	-	-
〃	300,000	〃	-	-	-	-	-	-	-
〃	450,000	〃	-	-	-	-	-	-	-
〃	600,000	〃	-	-	-	-	-	-	-
콘 벡 터	32Ø×108×132	m	-	-	-	-	-	-	-
(ST+ST)	〃 〃 165	〃	-	-	-	-	-	-	-
〃	50Ø 〃 132	〃	-	-	-	-	-	-	-
〃	〃 〃 165	〃	-	-	-	-	-	-	-
(CU+AL)	32Ø 〃 165	〃	-	-	-	-	-	-	-
〃	〃 〃 196	〃	-	-	-	-	-	-	-
〃	40Ø 〃 165	〃	-	-	-	-	-	-	-
〃	〃 〃 196	〃	-	-	-	-	-	-	-
유 닛 히 터	40,000kcal/hr	대	500,000	450,000	730,000	730,000	730,000	730,000	730,000
(벽형)	45,000	〃	550,000	-	-	-	-	-	-
〃	50,000	〃	600,000	590,000	800,000	800,000	800,000	800,000	800,000
〃	60,000	〃	-	650,000	900,000	900,000	900,000	900,000	900,000
〃	70,000	〃	-	-	-	-	-	-	-
〃	80,000	〃	-	-	-	-	-	-	-
공조기기									
항 온 항 습 기	3HP	천원/대	4,500	4,500	4,500	4,500	4,500	4,500	5,200
(전산실용)	5	〃	7,000	7,000	7,000	7,000	7,000	7,000	6,500
〃	7.5	〃	8,000	8,000	8,000	8,000	8,000	8,000	9,300
〃	10	〃	13,000	13,000	13,000	13,000	13,000	13,000	22,700
〃	15	〃	17,000	17,000	17,000	17,000	17,000	17,000	31,900
〃	20	〃	20,000	20,000	20,000	20,000	20,000	20,000	-
〃	30	〃	-	-	-	-	-	-	-
항 온 항 습 기	3	〃	5,100	5,100	5,100	5,100	5,100	5,100	5,460
(실험실용)	5	〃	6,500	6,500	6,500	6,500	6,500	6,500	6,825
〃	7.5	〃	9,000	9,000	9,000	9,000	9,000	9,000	9,765
〃	10	〃	10,000	10,000	10,000	10,000	10,000	10,000	23,835
항 온 제 습 기	3	〃	-	-	-	-	-	7,150	7,150
〃	5	〃	-	-	-	-	-	9,350	9,350
〃	7.5	〃	-	-	-	-	-	13,200	13,200
〃	10	〃	-	-	-	-	-	17,600	17,600
〃	15	〃	-	-	-	-	-	23,100	23,100
냉 각 제 습 기	2	〃	4,200	4,200	4,200	4,200	4,200	4,200	4,200
〃	3	〃	4,700	4,700	4,700	4,700	4,700	4,700	4,700
〃	5	〃	5,500	5,500	5,500	5,500	5,500	5,500	5,500
제 습 기	1	〃	-	-	-	-	-	-	-
〃	2	〃	-	-	-	-	-	-	-
〃	3	〃	-	-	-	-	-	-	-
〃	5	〃	-	-	-	-	-	-	-
〃	7.5	〃	-	-	-	-	-	-	-

㊟ 1) 건조기 1980~95년도 가격은 일반건조기 가격 기준임.
2) 온풍난방기 팬코일 1979~97년도 가격은 산업용 가격 기준임.
3) 콘벡터 1975~90년도 가격은 사각콘벡터 가격 기준임.
4) 유닛히터 1980~95년도 가격은 P-Type 가격 기준임.
5) 항온항습기 가격은 2016년부터 전산실용→상향식, 실험실용→하향식 기준임.

2017	2018	2019	2020	2021	2022	2023	2024	2025					
-	-	-	-	-	-	-	-	-					
-	-	-	-	-	-	-	-	-					
-	-	-	-	-	-	-	-	-					
-	-	-	-	-	-	-	-	-					
-	-	-	-	-	-	-	-	-					
-	-	-	-	-	-	-	-	-					
1,550	1,550	1,550	1,550	1,550	1,550	1,550	1,550	1,550					
1,680	1,680	1,680	1,680	1,680	1,680	1,680	1,680	1,680					
1,830	1,830	1,830	1,830	1,830	1,830	1,830	1,830	1,830					
2,520	2,520	2,520	2,520	2,520	2,520	2,520	2,520	2,520					
2,680	2,680	2,680	2,680	2,680	2,680	2,680	2,680	2,680					
-	-	-	-	-	-	-	-	-					
-	-	-	-	-	-	-	-	-					
-	-	-	-	-	-	-	-	-					
-	-	-	-	-	-	-	-	-					
-	-	-	-	-	-	-	-	-					
-	-	-	-	-	-	-	-	-					
-	-	-	-	-	-	-	-	-					
-	-	-	-	-	-	-	-	-					
-	-	-	-	-	-	-	-	-					
-	-	-	-	-	-	-	-	-					
-	-	-	-	-	-	-	-	-					
-	-	-	-	-	-	-	-	-					
690,000	690,000	690,000	820,000	820,000	820,000	1,160,000	1,160,000	1,160,000					
740,000	740,000	740,000	890,000	890,000	890,000	1,270,000	1,270,000	1,270,000					
-	-	-	-	-	-	1,460,000	1,460,000	1,460,000					
-	-	-	-	-	-	-	-	-					
-	-	-	-	-	-	-	-	-					
-	-	-	-	-	-	-	-	-					
5,200	5,200	5,200	5,200	5,200	5,200	5,200	5,200	5,200					
6,500	6,500	6,500	6,500	6,500	6,500	6,500	6,500	6,500					
9,300	9,300	9,300	9,300	9,300	9,300	9,300	9,300	9,300					
22,700	22,700	22,700	22,700	22,700	22,700	22,700	22,700	22,700					
31,900	31,900	31,900	31,900	31,900	31,900	31,900	31,900	31,900					
-	-	-	-	-	-	-	-	-					
-	-	-	-	-	-	-	-	-					
5,460	5,460	5,460	5,460	5,460	5,460	5,460	5,460	5,460					
6,825	6,825	6,825	6,825	6,825	6,825	6,825	6,825	6,825					
9,765	9,765	9,765	9,765	9,765	9,765	9,765	9,765	9,765					
23,835	23,835	23,835	23,835	23,835	23,835	23,835	23,835	23,835					
7,150	-	-	-	-	-	-	-	-					
9,350	-	-	-	-	-	-	-	-					
13,200	-	-	-	-	-	-	-	-					
17,600	-	-	-	-	-	-	-	-					
23,100	-	-	-	-	-	-	-	-					
4,200	4,200	4,200	-	-	-	-	-	-					
4,700	4,700	4,700	-	-	-	-	-	-					
5,500	5,500	5,500	-	-	-	-	-	-					
-	-	-	-	-	-	-	-	-					
-	-	-	-	-	-	-	-	-					
-	-	-	-	-	-	-	-	-					
-	-	-	-	-	-	-	-	-					
-	-	-	-	-	-	-	-	-					

냉난방·공조설비 (4)

품 명	규 격	단위	1970	1971	1972	1973	1974	1975	1976
풍력기기									
다 익 송 풍 기	#3	천원/대	-	-	-	-	-	-	-
〃	3.5	〃	-	-	-	-	-	-	-
〃	4	〃	-	-	-	-	-	-	-
〃	4.5	〃	-	-	-	-	-	-	-
〃	5	〃	-	-	-	-	-	-	-
〃	5.5	〃	-	-	-	-	-	-	-
〃	6	〃	-	-	-	-	-	-	-
〃	7	〃	-	-	-	-	-	-	-
〃	8	〃	-	-	-	-	-	-	-
축 류 송 풍 기	Ø400	〃	-	-	-	-	-	-	-
〃	500	〃	-	-	-	-	-	-	-
〃	600	〃	-	-	-	-	-	-	-
〃	700	〃	-	-	-	-	-	-	-
〃	800	〃	-	-	-	-	-	-	-
〃	900	〃	-	-	-	-	-	-	-
〃	1,000	〃	-	-	-	-	-	-	-
터 보 송 풍 기	#2.5	〃	-	-	-	-	-	110	110
〃	3	〃	-	-	-	-	-	140	140
〃	3.5	〃	-	-	-	-	-	150	150
〃	4	〃	-	-	-	-	-	180	180
〃	4.5	〃	-	-	-	-	-	260	260
〃	5	〃	-	-	-	-	-	300	300
〃	5.5	〃	-	-	-	-	-	350	350
〃	6	〃	-	-	-	-	-	400	400
〃	6.5	〃	-	-	-	-	-	460	460
〃	7	〃	-	-	-	-	-	490	490
에 어 커 튼	11㎥/min	대	-	-	-	-	-	-	-
〃	17	〃	-	-	-	-	-	-	-
덕 트									
덕 트 기 구	원형 (AL제)	㎝				-	-	-	-
(디퓨져)	〃 (철 제)	〃				-	-	-	-
〃	각형 (AL제)	〃				-	-	-	-
〃	〃 (철 제)	〃				-	-	-	-
(레지스터)	VHS형 (AL제)	㎠				-	-	-	-
〃	〃 (철 제)	〃				-	-	-	-
(그릴)	VH형 (AL제)	〃				-	-	-	-
〃	〃 (철 제)	〃				-	-	-	-
(브리즈라인디퓨져)	1 Slot (AL제)	㎝				-	-	-	-
〃	2 Slot (〃)	〃				-	-	-	-
(캄라인디퓨져)	2S형 (〃)	〃				-	-	-	-
〃	4S형 (〃)	〃				-	-	-	-
(스프리트댐퍼핸들)	ED형 (합금제)	개				-	-	-	-
(소음엘보우)	〃 (합성제)	㎠				-	-	-	-
(F. V. D)	핸들 및 퓨즈포함	set				-	-	-	-
스파이럴씸덕트	6″ 150㎜	m				-	-	-	-
(GAL#26)	8″ 200	〃				-	-	-	-
〃	10″ 250	〃	-	-	-	-	-	-	-
〃	12″ 300	〃	-	-	-	-	-	-	-
알 루 미 늄	3″ 75	〃	-	-	-	-	-	-	-
플랙시블덕트	6″ 150	〃	-	-	-	-	-	-	-
〃	8″ 200	〃	-	-	-	-	-	-	-
〃	10″ 250	〃	-	-	-	-	-	-	-

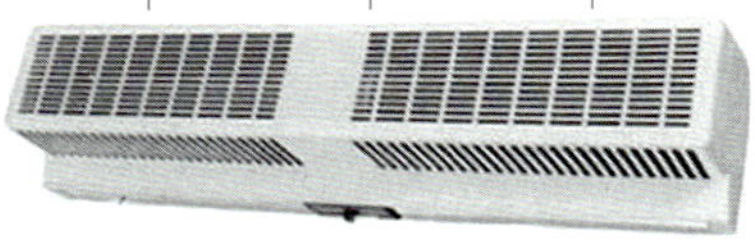

〈에어커튼〉

에어커튼은 사람의 왕래가 빈번한 일반매장이나 음식점, 은행, 쇼핑몰, 냉동창고 등의 출입구 상단에 설치하여 Motor의 Fan 회전으로 발생하는 공기막에 의해 출입문의 장시간 개방을 요구하는 장소에 효율적인 냉방효과를 누릴 수 있다.

냉기순환방식으로 다수의 에어컨이 필요한 넓은 매장에서도 에어커튼의 설치로 매장내의 전지역을 냉방함으로서 냉방 에너지 효율을 향상시킬 수 있다. 또한 먼지나 벌레(모기, 날파리, 나방) 등을 차단함으로서 실내에 쾌적한 환경을 조성하여 준다.

㈜ 1) 덕트기구(디퓨저) 원형은 2008년부터 ND150 이하, AL24,000으로 변경,
2022년부터 ND150 이하, AL30,000으로 변경됨.
2) 덕트기구(디퓨저) 각형은 2008년부터 AL22,000으로 변경, 2022년부터 AL30,000으로 변경됨.
3) 에어커튼 규격은 2010~2011년까지 11㎥/min→28㎥/min, 17㎥/min→30㎥/min으로 변경,
2012년부터 28㎥/min→28~23㎥/min, 30㎥/min→30~25㎥/min로 변경됨.

1977	1978	1979	1980	1981	1982	1983	1984	1985	1986	1987	1988	1989
-	135	135	180	180	220	220	340	340	340	340	340	340
-	229	229	275	275	330	330	400	400	400	400	400	400
-	323	323	360	360	450	450	630	630	630	630	630	630
-	427	427	550	550	625	625	930	930	930	930	930	930
-	564	564	650	650	810	810	1,110	1,110	1,110	1,110	1,110	1,110
-	746	746	750	750	945	945	1,380	1,380	1,380	1,380	1,380	1,380
-	914	914	1,100	1,100	1,100	1,100	1,680	1,680	1,680	1,680	1,680	1,680
-	1,149	1,149	1,350	1,350	1,350	1,350	2,050	2,050	2,050	2,050	2,050	2,050
-	1,380	1,380	1,650	1,650	1,650	1,650	2,520	2,520	2,520	2,520	2,520	2,520
-	110	173	180	180	240	240	290	290	290	290	290	290
-	143	207	215	215	310	310	380	380	380	380	380	380
-	187	220	310	310	390	390	470	470	470	470	470	470
-	242	323	365	365	455	455	550	550	550	550	550	550
-	-	-	465	465	520	520	630	630	630	630	630	630
-	-	-	570	570	650	650	780	780	780	780	780	780
-	-	-	770	770	850	850	1,020	1,020	1,020	1,020	1,020	1,020
130	130	130	160	160	220	390	390	390	390	390	390	390
150	150	150	215	215	279	418	418	418	418	418	418	418
180	180	180	258	258	325	487	487	487	487	487	487	487
220	220	220	325	325	409	613	613	613	613	613	613	613
260	260	260	383	383	482	723	723	723	723	723	723	723
300	300	300	440	440	528	844	844	844	844	844	844	844
350	350	350	470	470	535	1,110	1,110	1,110	1,110	1,110	1,110	1,110
400	400	400	535	535	604	1,276	1,276	1,276	1,276	1,276	1,276	1,276
460	460	460	560	560	705	1,360	1,360	1,360	1,360	1,360	1,360	1,360
490	490	490	675	675	905	1,860	1,860	1,860	1,860	1,860	1,860	1,860
-	-	-	-	-	250,000	250,000	250,000	250,000	250,000	250,000	250,000	250,000
-	-	-	-	-	295,000	295,000	295,000	295,000	295,000	295,000	295,000	295,000
-	-	-	450	495	600	600	600	600	550	550	550	550
-	-	-	375	413	450	450	450	450	450	450	450	450
-	-	-	900	990	1,000	1,000	1,000	1,000	900	900	900	900
-	-	-	750	825	850	850	850	850	800	800	800	800
-	-	-	14.50	15.95	18	18	16	16	14	14	14	14
-	-	-	13.50	14.85	16	16	15	15	13	13	13	13
-	-	-	9.50	10.45	12	12	12	9	9	9	9	9
-	-	-	9.0	9.9	11	11	11	8	8	8	8	8
-	-	-	260	286	300	300	300	300	300	300	300	300
-	-	-	450	495	450	450	450	450	450	450	450	450
-	-	-	250	275	280	280	280	280	280	280	280	280
-	-	-	400	430	430	430	430	430	430	430	430	430
-	-	-	1,500	1,650	1,700	2,000	1,700	2,000	2,000	1,500	1,500	1,500
-	-	-	120	132	150	150	150	130	130	130	130	130
-	-	-	20,000	22,000	22,000	24,000	23,000	20,000	20,000	20,000	20,000	20,000
-	-	2,700	2,700	2,700	2,700	2,700	2,700	2,700	2,700	2,702	2,702	2,702
-	-	3,600	3,600	3,600	3,600	3,600	3,600	3,600	3,600	3,603	3,603	3,603
-	-	4,500	4,500	4,500	4,500	4,500	4,500	4,500	4,500	4,504	4,504	4,504
-	-	5,400	5,400	5,400	5,400	5,400	5,400	5,400	5,400	5,405	5,405	5,405
-	-	3,000	3,000	3,600	3,600	3,600	3,180	3,180	3,090	3,000	3,000	3,000
-	-	6,000	6,000	7,200	7,200	7,200	6,360	6,360	6,120	6,000	6,000	6,000
-	-	8,000	8,000	9,600	9,600	9,600	8,400	8,400	8,200	8,000	8,000	8,000
-	-	10,000	10,000	12,000	12,000	12,000	10,500	10,500	10,200	10,000	10,000	10,000

냉난방·공조설비 (4)

품명	규격	단위	1990	1991	1992	1993	1994	1995	1996
풍력기기									
다익송풍기	#3	천원/대	300	300	300	400	400	400	-
〃	3.5	〃	400	400	400	540	540	540	-
〃	4	〃	570	570	570	660	660	660	-
〃	4.5	〃	790	790	790	930	930	930	-
〃	5	〃	900	900	900	1,260	1,260	1,260	-
〃	5.5	〃	1,300	1,300	1,300	1,490	1,490	1,490	-
〃	6	〃	1,600	1,600	1,600	1,840	1,840	1,840	-
〃	7	〃	1,800	1,800	1,800	2,250	2,250	2,250	-
〃	8	〃	2,500	2,500	2,500	2,800	2,800	2,800	-
축류송풍기	Ø400	〃	260	260	350	350	350	400	400
〃	500	〃	340	340	450	450	450	500	500
〃	600	〃	450	450	600	600	600	650	650
〃	700	〃	540	540	700	700	700	750	750
〃	800	〃	650	650	800	800	800	850	850
〃	900	〃	810	810	970	970	970	980	980
〃	1,000	〃	1,150	1,150	1,200	1,200	1,200	1,250	1,250
터보송풍기	#2.5	〃	280	280	280	450	450	450	500
〃	3	〃	360	360	360	620	620	620	630
〃	3.5	〃	520	520	520	880	880	880	750
〃	4	〃	620	620	620	960	960	960	860
〃	4.5	〃	800	800	800	1,200	1,200	1,200	1,050
〃	5	〃	1,000	1,000	1,000	1,360	1,360	1,360	1,250
〃	5.5	〃	1,100	1,100	1,100	1,400	1,400	1,400	1,430
〃	6	〃	1,300	1,300	1,300	1,430	1,430	1,430	1,800
〃	6.5	〃	1,360	1,360	1,360	1,500	1,500	1,500	2,100
〃	7	〃	1,870	1,870	1,870	1,900	1,900	1,900	2,450
에어커튼	11㎥/min	대	250,000	250,000	275,000	275,000	275,000	295,000	295,000
〃	17	〃	295,000	295,000	290,000	290,000	290,000	321,000	321,000
덕트									
덕트기구	원형 (AL제)	㎝	550	550	550	700	750	900	1,000
(디퓨져)	〃 (철제)	〃	450	450	450	650	650	700	900
〃	각형 (AL제)	〃	650	650	900	900	900	1,000	1,000
〃	〃 (철제)	〃	600	600	700	750	750	800	900
(레지스터)	VHS형 (AL제)	㎠	14	14	14	18	18	18	18
〃	〃 (철제)	〃	13	13	13	15	15	15	15
(그릴)	VH형 (AL제)	〃	9	9	9	9	9	9	-
〃	〃 (철제)	〃	8	8	8	15	15	15	-
(브리즈라인디퓨져)	1 Slot (AL제)	㎝	200	280	280	280	280	280	280
〃	2 Slot (〃)	〃	300	400	400	400	400	400	400
(카라인디퓨져)	2S형 (〃)	〃	280	280	280	400	400	400	400
〃	4S형 (〃)	〃	430	430	430	450	450	450	450
(스프리트댐퍼핸들)	ED형 (합금제)	개	1,500	1,500	1,500	1,500	1,500	1,500	1,500
(소음엘보우)	〃 (합성제)	㎠	130	130	130	130	130	130	130
(F. V. D)	핸들 및 퓨즈포함	set	15,000	15,000	15,000	15,000	15,000	15,000	15,000
스파이럴씸덕트	6″ 150㎜	m	2,702	3,150	3,800	3,800	3,800	3,800	3,800
(GAL#26)	8″ 200	〃	3,603	4,200	5,000	5,000	5,000	5,000	5,000
〃	10″ 250	〃	4,504	5,250	6,300	6,300	6,300	6,300	6,300
〃	12″ 300	〃	5,405	6,300	7,600	7,600	7,600	7,600	7,600
알루미늄	3″ 75	〃	2,700	2,700	2,700	2,700	2,700	2,700	2,700
플랙시블덕트	6″ 150	〃	5,100	5,100	5,100	5,100	5,100	5,100	5,100
〃	8″ 200	〃	6,800	6,800	6,800	6,800	6,800	6,800	6,800
〃	10″ 250	〃	8,500	8,500	8,500	8,500	8,500	8,500	8,500

주 1) 덕트기구(디퓨저) 원형은 2008년부터 ND150 이하, AL24,000으로 변경,
2022년부터 ND150 이하, AL30,000으로 변경됨.
2) 덕트기구(디퓨저) 각형은 2008년부터 AL22,000으로 변경, 2022년부터 AL30,000으로 변경됨.
3) 에어커튼 규격은 2010~2011년까지 11㎥/min→28㎥/min, 17㎥/min→30㎥/min으로 변경,
2012년부터 28㎥/min→28~23㎥/min, 30㎥/min→30~25㎥/min로 변경됨.

1997	1998	1999	2000	2001	2002	2003	2004	2005	2006	2007	2008	2009
570	570	570	570	570	700	700	700	852	1,164	1,164	1,164	1,164
700	700	700	700	700	800	800	800	1,036	1,402	1,402	1,402	1,402
850	850	850	850	850	1,000	1,000	1,000	1,274	1,658	1,658	1,658	1,658
1,000	1,000	1,000	1,000	1,000	1,250	1,250	1,250	1,438	1,872	1,872	1,872	1,872
1,150	1,150	1,150	1,150	1,150	1,500	1,500	1,500	1,654	2,154	2,154	2,154	2,154
1,300	1,300	1,300	1,300	1,300	1,800	1,800	1,800	1,886	2,504	2,504	2,504	2,504
1,500	1,500	1,500	1,500	1,500	2,100	2,100	2,100	2,174	2,940	2,940	2,940	2,940
1,950	1,950	1,950	1,950	1,950	2,800	2,800	2,800	3,010	3,928	3,928	3,928	3,928
2,450	2,450	2,450	2,450	2,450	3,500	3,500	3,500	3,930	5,278	5,278	5,278	5,278
450	450	450	450	450	500	500	500	500	665	665	665	665
550	550	550	550	550	650	650	650	600	823	823	823	823
700	700	700	700	700	850	850	850	880	1,029	1,029	1,029	1,029
850	850	850	850	850	1,000	1,000	1,000	1,000	1,188	1,188	1,188	1,188
1,000	1,000	1,000	1,000	1,000	1,200	1,200	1,200	1,300	1,346	1,346	1,346	1,346
1,200	1,200	1,200	1,200	1,200	1,500	1,500	1,500	1,700	1,584	1,584	1,584	1,584
1,500	1,500	1,500	1,500	1,500	1,900	1,900	1,900	2,100	2,138	2,138	2,138	2,138
500	500	500	725	720	725	725	1,131	1,131	1,131	1,131	1,131	1,131
630	630	630	914	914	914	914	1,425	1,425	1,425	1,425	1,425	1,425
750	750	750	1,088	1,088	1,088	1,088	1,697	1,697	1,697	1,697	1,697	1,697
860	860	860	1,247	1,247	1,247	1,247	1,945	1,945	1,945	1,945	1,945	1,945
1,050	1,050	1,050	1,523	1,523	1,523	1,523	2,375	2,375	2,375	2,375	2,375	2,375
1,250	1,250	1,250	1,813	1,813	1,813	1,813	2,828	2,828	2,828	2,828	2,828	2,828
1,430	1,430	1,430	2,074	2,074	2,074	2,074	3,235	3,235	3,235	3,235	3,235	3,235
1,800	1,800	1,800	2,610	2,610	2,610	2,610	4,071	4,071	4,071	4,071	4,071	4,071
2,100	2,100	2,100	3,045	3,045	3,045	3,045	4,750	4,750	4,750	4,750	4,750	4,750
2,450	2,450	2,450	3,553	3,553	3,553	3,553	5,542	5,542	5,542	5,542	5,542	5,542
338,000	338,000	-	-	338,000	338,000	338,000	338,000	-	-	-	-	-
375,000	375,000	375,000	375,000	375,000	375,000	375,000	375,000	-	-	-	-	-
1,000	900	900	900	900	900	900	900	900	900	900	14,000	14,000
900	800	800	800	800	800	800	800	800	800	800	14,000	14,000
1,000	1,000	1,000	1,000	1,000	1,000	1,000	1,000	1,000	1,000	1,000	12,000	12,000
900	900	900	900	900	900	900	900	-	-	-	12,000	12,000
18	18	18	18	18	18	18	18	18	18	18	24	24
18	18	18	18	18	18	18	18	18	18	18	24	24
9	10	10	10	11	11	11	11	11	11	11	20	20
8	10	10	10	11	11	11	11	11	11	11	15	15
280	280	280	280	420	420	420	420	420	420	420	250	250
400	430	430	430	500	500	500	500	500	500	500	350	350
400	-	-	-	400	400	400	400	400	400	400	300	300
450	-	-	-	480	480	480	480	480	480	480	400	400
1,500	2,000	2,000	2,000	2,000	2,000	2,000	2,000	2,000	2,000	2,000	2,500	2,500
130	150	150	150	150	150	150	150	150	150	150	180	180
15,000	15,000	15,000	15,000	20,000	20,000	20,000	20,000	20,000	20,000	20,000	25,000	25,000
3,800	4,800	4,800	4,800	4,800	4,800	4,800	4,800	4,800	4,800	4,800	6,800	6,800
5,000	6,300	6,300	6,300	6,300	6,300	6,300	6,300	6,300	6,300	6,300	8,900	8,900
6,300	7,900	7,900	7,900	7,900	7,900	7,900	7,900	7,900	7,900	7,900	11,100	11,100
7,600	9,500	9,500	9,500	9,500	9,500	9,500	9,500	9,500	9,500	9,500	13,300	13,300
2,700	2,700	2,700	2,700	2,700	2,700	2,400	2,700	2,400	2,400	2,400	2,400	3,200
5,100	5,100	5,100	5,100	5,100	5,100	4,800	5,100	4,800	4,800	4,800	4,800	4,800
6,800	6,800	6,800	6,800	6,800	6,800	6,400	6,800	6,400	6,400	6,400	6,400	6,400
8,500	8,500	8,500	8,500	8,500	8,500	8,000	8,500	8,000	8,000	8,000	8,000	8,000

냉난방·공조설비 (4)

품 명	규 격	단위	2010	2011	2012	2013	2014	2015	2016
풍력기기									
다 익 송 풍 기	#3	천원/대	440	440	440	440	440	440	440
〃	3.5	〃	533	533	533	533	533	533	533
〃	4	〃	630	630	630	630	630	630	630
〃	4.5	〃	723	723	723	723	723	723	723
〃	5	〃	838	838	838	838	838	838	838
〃	5.5	〃	959	959	959	959	959	959	959
〃	6	〃	1,138	1,138	1,138	1,138	1,138	1,138	1,138
〃	7	〃	1,361	1,361	1,361	1,361	1,361	1,361	1,361
〃	8	〃	1,613	1,613	1,613	1,613	1,613	1,613	1,613
축 류 송 풍 기	Ø400	〃	614	614	614	512	512	512	512
〃	500	〃	720	720	720	612	612	612	612
〃	600	〃	864	864	864	710	710	710	710
〃	700	〃	1,008	1,008	1,008	864	864	864	864
〃	800	〃	1,152	1,152	1,152	962	962	962	962
〃	900	〃	1,296	1,296	1,296	1,089	1,089	1,089	1,089
〃	1,000	〃	1,440	1,440	1,440	1,317	1,317	1,317	1,317
터 보 송 풍 기	#2.5	〃	1,131	1,131	1,131	980	980	980	980
〃	3	〃	1,425	1,425	1,425	1,350	1,350	1,350	1,350
〃	3.5	〃	1,697	1,697	1,697	1,560	1,560	1,560	1,560
〃	4	〃	1,945	1,945	1,945	1,820	1,820	1,820	1,820
〃	4.5	〃	2,375	2,375	2,375	2,120	2,120	2,120	2,120
〃	5	〃	2,828	2,828	2,828	2,320	2,320	2,320	2,320
〃	5.5	〃	3,235	3,235	3,235	2,980	2,980	2,980	2,980
〃	6	〃	4,071	4,071	4,071	3,620	3,620	3,620	3,620
〃	6.5	〃	4,750	4,750	4,750	3,920	3,920	3,920	3,920
〃	7	〃	5,542	5,542	5,542	4,680	4,680	4,680	4,680
에 어 커 튼	11㎥/min	대	280,000	280,000	250,000	250,000	250,000	250,000	250,000
〃	17	〃	320,000	320,000	260,000	260,000	260,000	260,000	260,000
덕 트									
덕 트 기 구	원형 (AL제)	㎝	14,000	14,000	14,000	14,000	14,000	14,000	14,000
(디퓨져)	〃 (철 제)	〃	14,000	14,000	14,000	14,000	14,000	14,000	14,000
〃	각형 (AL제)	〃	12,000	12,000	12,000	12,000	12,000	12,000	12,000
〃	〃 (철 제)	〃	12,000	12,000	12,000	12,000	12,000	12,000	12,000
(레지스터)	VHS형 (AL제)	㎠	23	23	23	23	23	23	23
〃	〃 (철 제)	〃	23	23	23	23	80	80	80
(그릴)	VH형 (AL제)	〃	15	15	15	15	15	15	15
〃	〃 (철 제)	〃	15	15	15	15	55	55	55
(브리즈라인디퓨져)	1 Slot (AL제)	㎝	250	250	250	250	250	250	250
〃	2 Slot (〃)	〃	350	350	350	350	350	350	350
(캄라인디퓨져)	2S형 (〃)	〃	600	600	600	600	600	600	600
〃	4S형 (〃)	〃	800	800	800	800	800	800	800
(스프리트댐퍼핸들)	ED형 (합금제)	개	2,500	2,500	2,500	2,500	2,500	2,500	2,500
(소음엘보우)	〃 (합성제)	㎠	180	180	180	180	180	180	180
(F. V. D)	핸들 및 퓨즈포함	set	-	-	-	-	-	-	-
스파이럴씸덕트	6″ 150㎜	m	6,800	5,400	4,800	4,800	4,800	4,800	4,800
(GAL#26)	8″ 200	〃	8,900	7,100	6,300	6,300	6,300	6,300	6,300
〃	10″ 250	〃	11,100	8,800	7,900	7,900	7,900	7,900	7,900
〃	12″ 300	〃	13,300	10,600	9,500	9,500	9,500	9,500	9,500
알 루 미 늄	3″ 75	〃	3,200	3,200	3,200	3,200	3,200	3,200	3,200
플랙시블덕트	6″ 150	〃	4,800	4,800	4,800	4,800	4,800	4,800	4,800
〃	8″ 200	〃	6,400	6,400	6,400	6,400	6,400	6,400	6,400
〃	10″ 250	〃	8,000	8,000	8,000	8,000	8,000	8,000	8,000

[주] 1) 덕트기구(디퓨져) 원형은 2008년부터 ND150 이하, AL24,000으로 변경,
2022년부터 ND150 이하, AL30,000으로 변경됨.
2) 덕트기구(디퓨져) 각형은 2008년부터 AL22,000으로 변경, 2022년부터 AL30,000으로 변경됨.
3) 에어커튼 규격은 2010~2011년까지 11㎥/min→28㎥/min, 17㎥/min→30㎥/min으로 변경,
2012년부터 28㎥/min→28~23㎥/min, 30㎥/min→30~25㎥/min로 변경됨.

2017	2018	2019	2020	2021	2022	2023	2024	2025					
440	440	440	440	440	440	580	580	580					
533	533	533	533	533	533	690	690	690					
630	630	630	630	630	630	790	790	790					
723	723	723	723	723	723	880	880	880					
838	838	838	838	838	838	950	950	950					
959	959	959	959	959	959	1,100	1,100	1,100					
1,138	1,138	1,138	1,138	1,138	1,138	1,300	1,300	1,300					
1,361	1,361	1,361	1,361	1,361	1,361	1,800	1,800	1,800					
1,613	1,613	1,613	1,613	1,613	1,613	2,400	2,400	2,400					
512	512	512	512	512	512	700	700	700					
612	612	612	612	612	612	800	800	800					
710	710	710	710	710	710	900	900	900					
864	864	864	864	864	864	1,000	1,000	1,000					
962	962	962	962	962	962	1,300	1,300	1,300					
1,089	1,089	1,089	1,089	1,089	1,089	1,500	1,500	1,500					
1,317	1,317	1,317	1,317	1,317	1,317	1,800	1,800	1,800					
980	1,108	1,108	1,108	1,108	1,108	1,656	1,656	1,656					
1,350	1,397	1,397	1,397	1,397	1,397	2,088	2,088	2,088					
1,560	1,660	1,660	1,660	1,660	1,660	2,481	2,481	2,481					
1,820	1,906	1,906	1,906	1,906	1,906	2,848	2,848	2,848					
2,120	2,328	2,328	2,328	2,328	2,328	3,479	3,479	3,479					
2,320	2,770	2,770	2,770	2,770	2,770	4,141	4,141	4,141					
2,980	3,170	3,170	3,170	3,170	3,170	4,739	4,739	4,739					
3,620	3,990	3,990	3,990	3,990	3,990	5,965	5,965	5,965					
3,920	4,655	4,655	4,655	4,655	4,655	6,958	6,958	6,958					
4,680	5,430	5,430	5,430	5,430	5,430	8,117	8,117	8,117					
250,000	250,000	250,000	250,000	250,000	250,000	300,000	330,000	-					
260,000	260,000	260,000	260,000	260,000	260,000	310,000	340,000	-					
14,000	14,000	14,000	14,000	14,000	18,000	18,000	18,000	18,000					
14,000	14,000	14,000	14,000	14,000	18,000	18,000	18,000	18,000					
12,000	12,000	12,000	12,000	12,000	16,000	16,000	16,000	16,000					
12,000	12,000	12,000	12,000	12,000	16,000	16,000	16,000	16,000					
23	23	23	23	23	23	23	23	32					
80	80	80	80	80	80	80	80	83					
15	15	15	15	15	15	15	15	19					
55	55	55	55	55	55	55	55	50					
250	250	250	250	250	300	300	300	300					
350	350	350	350	350	400	400	400	400					
300	300	300	300	300	350	350	350	350					
400	400	400	400	400	450	450	450	450					
2,500	2,500	2,500	2,500	2,500	6,000	6,000	6,000	6,000					
180	180	180	180	180	250	250	250	250					
-	-	-	-	-	-	-	-	-					
4,800	4,800	4,800	4,800	8,900	8,900	8,900	8,900	8,900					
6,300	6,300	6,300	6,300	11,600	11,600	11,600	11,600	11,600					
7,900	7,900	7,900	7,900	14,500	14,500	14,500	14,500	14,500					
9,500	9,500	9,500	9,500	17,300	17,300	17,300	17,300	17,300					
3,200	3,200	3,200	3,200	3,200	3,200	3,200	3,200	3,200					
4,800	4,800	4,800	4,800	4,800	4,800	4,800	4,800	4,800					
6,400	6,400	6,400	6,400	6,400	6,400	6,400	6,400	6,400					
8,000	8,000	8,000	8,000	8,000	8,000	8,000	8,000	8,000					

기 계 · 공 구 (1)

굴삭기 버킷용량이란?
표준 버킷 면적(산적량)을 말하는데 쉽게 표현하면 굴삭기의 바가지를 뜻한다. 다양한 종류와 용량이 있으며 0.9㎥보다 2.0㎥의 굴삭기가 용적량이 더 크고 힘이 좋겠죠?

지게차란?
중량물을 싣고 내리는 하역 작업시 주로 사용한다. 디젤식, LPG식, 전동식 등 크기와 그 종류에 따라 여러 가지가 있다. 앞쪽에 2단으로 신축하는 수직 마스크가 있고 이에 맞물린 2개의 포크를 하물 밑에 넣고 들어올리거나 이동하는 역할을 하며 포크는 보통 앞쪽으로 6。뒤쪽으로 12。경사 시킬 수 있다. 하물을 들어올리는 속도는 보통 초당 25~35㎝이며 그 높이는 3.3m 또는 그 이상이며 들어올리는 중량은 1ton에서 많게는 15ton이상이다.

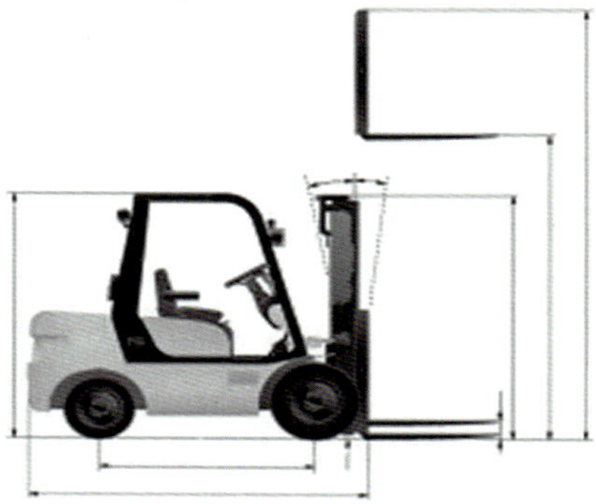

품명	규격	단위	1970	1971	1972	1973	1974	1975	1976
건설기계									
굴삭기	버킷용량 : 0.9㎥	만원/대						–	–
〃	: 2.0㎥	〃						–	–
지게차	적재능력 : 2.0ton	〃						–	–
〃	: 3.5ton	〃						–	–
〃	: 5.0ton	〃						–	–
〃	: 10.0ton	〃						–	–
〃	: 15.0ton	〃						–	–
기계요소									
코크스크류	(준설기부품)	개						–	–
픽업툴	(〃)	〃						–	–
알곤용접기	200A	대						–	–
〃	500A	〃						–	–
Belt Conveyor	500㎜(W)× 5m(L)	〃						–	–
	500㎜(W) 10m(L)	〃						–	–
평벨트	KS-1종	Ply						–	–
〃	청, 흑	〃						–	–
브이벨트	A형	inch						–	–
〃	B형	〃						–	–
〃	C형	〃						–	–
〃	D형	〃						–	–
〃	E형	〃	–	–	–	–	–	–	–
볼베어링	6004	개	220	220	316	318	400	400	430
〃	6005	〃	245	245	355	360	430	430	490
〃	6006	〃	300	300	435	435	530	530	610
〃	6008	〃	400	400	726	726	800	800	857
〃	6200	〃	125	125	177	178	280	280	300
〃	6201	〃	155	155	180	182	282	282	335
〃	6202	〃	165	165	198	200	340	340	380
〃	6203	〃	180	183	222	225	370	370	390
〃	6204	〃	230	230	276	278	410	410	480
〃	6205	〃	265	265	310	312	435	435	500
〃	6206	〃	330	332	396	400	525	525	600
〃	6207	〃	420	430	550	554	755	755	1,180
〃	6208	〃	550	560	612	625	890	890	1,200
〃	6209	〃	670	680	883	885	1,270	1,270	1,400
〃	6210	〃	720	730	950	980	1,500	1,500	1,640
〃	6211	〃	855	856	1,233	1,240	1,570	1,570	1,800
〃	6213	〃	1,470	1,500	1,936	2,030	2,800	2,800	3,000
〃	6214	〃	1,625	1,700	2,114	2,320	3,200	3,200	3,534
〃	6302	〃	220	230	303	324	400	400	480
〃	6304	〃	300	320	400	420	490	490	570

1977	1978	1979	1980	1981	1982	1983	1984	1985	1986	1987	1988	1989
-	-	5,190	5,490	5,980	6,580	6,580	6,580	6,580	7,800	7,800	7,800	7,800
-	-	11,600	17,000	17,500	17,500	17,500	17,500	17,500	22,000	22,000	22,500	22,500
-	-	760	899	999	999	999	999	999	1,190	1,210	1,210	1,250
-	1,036	1,036	1,293	1,470	1,470	1,470	1,470	1,470	1,550	1,750	1,750	1,850
-	1,485.5	1,519	1,867	2,060	2,060	2,060	2,060	2,060	2,260	2,310	2,550	2,550
-	-	-	3,880	4,280	4,280	4,280	4,280	4,280	4,520	4,730	4,900	4,900
-	-	-	5,850	6,590	6,590	6,590	6,590	6,590	6,590	6,590	6,800	6,800
-	-	13,600	14,580	29,700	29,700	29,700	29,700	29,700	29,700	29,700	29,700	29,700
-	-	12,800	13,825	29,700	29,700	29,700	29,700	29,700	29,700	29,700	29,700	29,700
-	-	-	750,000	870,000	1,200,000	1,200,000	1,200,000	1,200,000	1,200,000	1,200,000	1,250,000	1,250,000
-	-	-	1,050,000	1,200,000	1,600,000	1,600,000	1,600,000	1,600,000	1,600,000	1,600,000	1,750,000	1,750,000
-	830,000	-	950,000	950,000	1,050,000	1,150,000	1,200,000	1,200,000	1,200,000	1,200,000	1,100,000	1,100,000
-	1,200,000	-	1,350,000	1,350,000	1,500,000	1,600,000	1,700,000	1,700,000	1,700,000	1,700,000	1,900,000	1,900,000
-	-	23.1	47	63	63	63	63	63	63	63	62	62
-	-	38.5	29	34	34	34	34	34	34	34	36	36
-	-	9.35	13	15	15	15	15	15	15	15	15	15
-	-	14.96	20	24	24	24	24	24	24	24	24	24
-	-	27.11	36	43.5	43.5	43.5	43.5	43.5	43.5	43.5	43.5	43.5
-	-	52.30	70	84	84	84	84	84	84	84	84	84
-	-	79.47	106	127.5	127.5	127.5	127.5	127.5	127.5	127.5	127.5	127.5
520	640	750	1,070	1,090	1,100	1,130	1,130	1,170	1,180	1,200	1,205	1,220
590	690	800	1,180	1,200	1,290	1,295	1,300	1,320	1,330	1,350	1,370	1,370
694	698	820	1,450	1,530	1,580	1,600	1,630	1,670	1,680	1,700	1,750	1,760
860	870	1,030	1,800	2,000	2,200	2,500	2,530	2,600	2,730	2,750	2,870	2,860
316	450	600	670	780	783	790	793	800	805	807	810	820
363	470	700	750	800	830	832	835	840	845	847	850	850
400	495	730	760	820	830	837	845	850	860	870	890	900
410	530	830	850	880	900	937	950	960	1,000	1,100	1,150	1,170
552	570	870	890	900	1,100	1,150	1,170	1,190	1,200	1,230	1,250	1,300
582	631	900	940	980	1,200	1,250	1,290	1,340	1,400	1,480	1,520	1,520
683	732	1,000	1,300	1,350	1,450	1,490	1,500	1,700	1,750	1,750	1,850	1,890
1,200	1,250	1,400	1,800	1,900	2,100	2,200	2,300	2,350	2,327	2,450	2,480	2,520
1,230	1,240	1,500	2,500	2,900	2,900	2,900	3,000	3,130	3,150	3,180	3,230	3,250
1,557	1,600	2,200	2,800	3,100	3,150	3,200	3,300	3,350	3,400	3,500	3,600	3,790
1,779	1,900	2,500	2,900	3,300	4,020	4,100	4,250	4,300	4,300	4,420	4,400	4,450
2,098	2,300	2,950	3,400	3,800	4,320	4,520	4,800	4,950	5,200	5,400	5,700	5,990
3,240	3,400	4,000	4,700	5,600	5,930	6,340	6,800	6,940	7,050	7,300	7,500	7,790
3,743	3,900	4,700	5,320	5,900	6,350	6,700	7,200	8,200	8,900	9,700	10,340	10,930
509	520	700	900	920	940	960	1,020	1,040	1,100	1,170	1,200	1,260
673	702	820	1,020	1,040	1,130	1,170	1,200	1,270	1,320	1,380	1,490	1,590

기계 · 공구 (1)

품 명	규 격	단위	1990	1991	1992	1993	1994	1995	1996
건설기계									
굴 삭 기	버킷용량 : 0.9㎥	만원/대	7,800	7,800	7,800	7,800	7,800	7,800	7,800
〃	: 2.0㎥	〃	22,500	22,500	22,500	22,500	22,500	22,500	22,500
지 게 차	적재능력 : 2.0ton	〃	1,250	1,360	1,560	1,560	1,560	1,680	1,680
〃	: 3.5ton	〃	1,850	1,850	2,300	2,300	2,300	2,500	2,500
〃	: 5.0ton	〃	2,550	2,750	2,990	2,990	2,990	3,250	3,250
〃	: 10.0ton	〃	5,000	5,000	5,850	5,850	6,600	6,900	6,900
〃	: 15.0ton	〃	8,500	8,500	9,000	9,000	9,000	-	-
기계요소									
코 크 스 크 류	(준설기부품)	개	35,000	38,600	38,600	38,600	38,600	20,100	20,100
픽 업 툴	(〃)	〃	35,000	38,600	38,600	38,600	38,600	20,100	20,100
알 곤 용 접 기	200A	대	1,330,000	1,312,500	1,312,500	1,312,500	1,312,500	1,450,000	1,450,000
〃	500A	〃	1,820,000	1,812,500	1,812,500	1,812,500	1,812,500	2,150,000	2,150,000
Belt	500㎜(W)× 5m(L)	〃	1,100,000	1,100,000	1,100,000	1,100,000	1,100,000	-	-
Conveyor	500㎜(W) 10m(L)	〃	1,900,000	1,900,000	1,900,000	1,900,000	1,900,000	-	-
평 벨 트	KS-1종	Ply	62	70	70	70	75	75	94
〃	청, 흑	〃	36	43	43	43	46	46	59
브 이 벨 트	A형	inch	15	19	19	19	19	20	22
〃	B형	〃	24	30	30	30	30	31	40
〃	C형	〃	43.5	50	50	50	50	51	60
〃	D형	〃	84	91	91	91	91	92	102
〃	E형	〃	127.5	135	135	135	135	136	150
볼 베 어 링	6004	개	1,350	1,200	1,300	1,300	1,340	1,340	1,340
〃	6005	〃	1,510	1,350	1,460	1,460	1,510	1,510	1,510
〃	6006	〃	1,940	1,740	1,870	1,870	1,950	1,950	1,950
〃	6008	〃	3,150	2,810	3,040	3,040	3,180	3,180	3,180
〃	6200	〃	910	810	840	840	900	900	900
〃	6201	〃	940	840	870	870	940	940	940
〃	6202	〃	990	890	910	910	990	990	990
〃	6203	〃	-	-	1,050	1,050	1,130	1,130	1,130
〃	6204	〃	1,440	1,280	1,310	1,310	1,430	1,430	1,430
〃	6205	〃	1,670	1,490	-	-	1,670	1,670	1,670
〃	6206	〃	2,080	1,860	1,910	1,910	2,080	2,080	2,080
〃	6207	〃	2,780	2,480	2,670	2,670	2,810	2,810	2,810
〃	6208	〃	3,610	3,230	3,490	3,490	3,670	3,670	3,670
〃	6209	〃	4,170	3,730	4,030	4,030	4,230	4,230	4,230
〃	6210	〃	4,900	4,380	4,730	4,730	4,970	4,970	4,970
〃	6211	〃	6,590	5,900	6,360	6,360	6,750	6,750	6,750
〃	6213	〃	11,140	9,960	10,740	10,740	11,400	11,400	11,400
〃	6214	〃	12,030	10,750	11,590	11,590	12,310	12,310	12,310
〃	6302	〃	1,390	1,240	1,340	1,340	1,390	1,390	1,390
〃	6304	〃	1,750	1,400	1,690	1,690	1,760	1,760	1,760

1997	1998	1999	2000	2001	2002	2003	2004	2005	2006	2007	2008	2009
7,800	8,500	9,700	10,300	10,300	10,300	10,300	12,500	12,800	13,000	13,000	13,000	15,500
22,500	23,500	24,500	26,500	26,500	27,000	27,000	29,000	29,800	30,000	30,000	30,000	28,300
1,853	2,130	2,250	2,400	2,400	2,400	2,400	2,400	2,900	3,200	2,700	2,260	2,260
2,565	2,940	3,100	3,350	3,350	3,350	3,350	3,350	4,000	4,400	3,700	3,100	3,100
3,325	3,800	4,000	4,200	4,200	4,200	4,200	4,200	5,200	5,700	4,800	4,120	4,120
6,935	8,170	8,600	8,600	8,600	8,600	8,600	8,600	10,000	10,000	8,800	8,800	8,800
9,310	9,970	10,500	10,500	10,500	10,500	10,500	10,500	12,000	12,000	10,600	10,600	10,600
20,100	22,800	22,800	27,000	27,000	32,400	32,400	32,400	32,400	32,400	33,000	39,000	39,000
20,100	22,800	22,800	27,000	27,000	32,400	32,400	32,400	32,400	38,800	39,000	46,000	46,000
1,450,000	1,450,000	1,450,000	1,450,000	1,450,000	1,450,000	1,450,000	1,450,000	1,450,000	1,450,000	1,450,000	1,450,000	1,400,000
2,150,000	2,150,000	2,150,000	2,150,000	2,150,000	2,150,000	2,150,000	2,150,000	2,150,000	2,150,000	2,150,000	2,150,000	2,000,000
-	-	3,000,000	3,000,000	3,000,000	3,000,000	3,100,000	3,100,000	3,100,000	3,200,000	3,200,000	3,200,000	3,400,000
-	2,900,000	4,800,000	4,800,000	4,800,000	4,800,000	5,000,000	5,000,000	5,000,000	-	-	-	5,200,000
94	118.1	118.1	118.1	118.1	118.1	118.1	118.1	118.1	118.1	118.1	125.0	125.0
59	79.2	79.2	79.2	79.2	79.2	79.2	79.2	79.2	79.2	79.2	79.2	79.2
22	30.6	30.6	30.6	30.6	30.6	30.6	30.6	35	35	35	38.5	38.5
40	49	49	49	49	49	49	49	57	57	57	62.7	62.7
60	88.7	88.7	88.7	88.7	88.7	88.7	88.7	103	103	103	113.3	113.3
102	171.4	171.4	171.4	171.4	171.4	171.4	171.4	198	198	198	217.8	217.8
150	260.2	260.2	260.2	260.2	260.2	260.2	260.2	300	300	300	330.0	330.0
1,340	1,450	1,450	1,450	1,450	1,450	1,450	1,480	1,672	1,672	1,672	1,672	1,672
1,510	1,640	1,640	1,640	1,640	1,640	1,640	1,669	1,886	1,886	1,886	1,886	1,886
1,950	2,120	2,120	2,120	2,120	2,120	2,120	2,142	2,420	2,420	2,420	2,420	2,420
3,180	3,460	3,460	3,460	3,460	3,460	3,460	3,514	3,971	3,971	3,971	3,971	3,971
900	980	980	980	980	980	980	998	1,128	1,128	1,128	1,128	1,128
940	1,020	1,020	1,020	1,020	1,020	1,020	1,038	1,173	1,173	1,173	1,173	1,173
990	1,080	1,080	1,080	1,080	1,080	1,080	1,093	1,235	1,235	1,235	1,235	1,235
1,130	1,230	1,230	1,230	1,230	1,230	1,230	1,250	1,413	1,413	1,413	1,413	1,413
1,430	1,560	1,560	1,560	1,560	1,560	1,560	1,582	1,788	1,788	1,788	1,788	1,788
1,670	1,810	1,810	1,810	1,810	1,810	1,810	1,840	2,079	2,079	2,079	2,079	2,079
2,080	2,260	2,260	2,260	2,260	2,260	2,260	2,302	2,601	2,601	2,601	2,601	2,601
2,810	3,060	3,060	3,060	3,060	3,060	3,060	3,102	3,505	3,505	3,505	3,505	3,505
3,670	3,960	3,960	3,960	3,960	3,960	3,960	4,035	4,560	4,560	4,560	4,560	4,560
4,230	4,600	4,600	4,600	4,600	4,600	4,600	4,666	5,273	5,273	5,273	5,273	5,273
4,970	5,240	5,240	5,240	5,240	5,240	5,240	5,478	6,190	6,190	6,190	6,190	6,190
6,750	7,360	7,360	7,360	7,360	7,360	7,360	7,449	8,417	8,417	8,417	8,417	8,417
11,400	12,420	12,420	12,420	12,420	12,420	12,420	12,580	14,215	14,215	14,215	14,215	14,215
12,310	13,410	13,410	13,410	13,410	13,410	13,410	13,583	15,349	15,349	15,349	15,349	15,349
1,390	1,510	1,510	1,510	1,510	1,510	1,510	1,533	1,732	1,732	1,732	1,732	1,732
1,760	1,910	1,910	1,910	1,910	1,910	1,910	1,939	2,191	2,191	2,191	2,191	2,191

기계·공구(1)

품명	규격	단위	2010	2011	2012	2013	2014	2015	2016
건설기계									
굴 삭 기	버킷용량 : 0.9㎥	만원/대	15,500	16,500	16,500	16,500	16,500	–	–
〃	: 2.0㎥	〃	28,300	30,000	30,000	30,000	30,000	26,000	26,000
지 게 차	적재능력 : 2.0ton	〃	2,390	2,490	2,620	2,620	2,750	2,750	3,180
〃	: 3.5ton	〃	3,500	3,620	3,620	3,620	3,920	3,920	4,670
〃	: 5.0ton	〃	5,360	5,560	5,560	5,560	6,040	6,040	6,840
〃	: 10.0ton	〃	10,000	10,500	11,050	11,050	11,550	11,500	14,500
〃	: 15.0ton	〃	11,200	12,300	12,850	12,850	12,850	12,850	15,650
기계요소									
코 크 스 크 류	(준설기부품)	개	39,000	42,900	42,900	42,900	42,900	42,900	42,900
픽 업 툴	(〃)	〃	46,000	50,600	50,600	50,600	50,600	50,600	50,600
알 곤 용 접 기	200A	대	1,400,000	1,400,000	1,400,000	–	–	–	–
〃	500A	〃	2,000,000	2,000,000	2,000,000	–	–	–	–
Belt	500㎜(W)× 5m(L)	〃	3,400,000	3,400,000	3,400,000	3,400,000	3,400,000	3,400,000	3,400,000
Conveyor	500㎜(W) 10m(L)	〃	5,200,000	5,200,000	5,200,000	5,200,000	5,200,000	5,200,000	5,200,000
평 벨 트	KS-1종	Ply	136.2	149.8	149.8	149.8	149.8	149.8	149.8
〃	청, 흑	〃	86.3	97.5	97.5	97.5	97.5	97.5	97.5
브 이 벨 트	A형	inch	42.0	42.0	46.2	46.2	46.2	46.2	46.2
〃	B형	〃	67.2	67.2	73.9	73.9	73.9	73.9	73.9
〃	C형	〃	121.8	121.8	134.0	134.0	134.0	134.0	134.0
〃	D형	〃	235.2	235.2	258.7	258.7	258.7	258.7	258.7
〃	E형	〃	352.6	352.6	387.9	387.9	387.9	387.9	387.9
볼 베 어 링	6004	개	1,722	1,722	1,722	1,722	1,722	1,722	1,722
〃	6005	〃	1,943	1,943	1,943	1,943	1,943	1,943	1,943
〃	6006	〃	2,493	2,493	2,493	2,493	2,493	2,493	2,493
〃	6008	〃	4,090	4,090	4,090	4,090	4,090	4,090	4,090
〃	6200	〃	1,128	1,128	1,128	1,128	1,128	1,128	1,128
〃	6201	〃	1,173	1,173	1,173	1,173	1,173	1,173	1,173
〃	6202	〃	1,235	1,235	1,235	1,235	1,235	1,235	1,235
〃	6203	〃	1,413	1,413	1,413	1,413	1,413	1,413	1,413
〃	6204	〃	1,788	1,788	1,788	1,788	1,788	1,788	1,788
〃	6205	〃	2,079	2,079	2,079	2,079	2,079	2,079	2,079
〃	6206	〃	2,601	2,601	2,601	2,601	2,601	2,601	2,601
〃	6207	〃	3,505	3,505	3,505	3,505	3,505	3,505	3,505
〃	6208	〃	4,560	4,560	4,560	4,560	4,560	4,560	4,560
〃	6209	〃	5,273	5,273	5,273	5,273	5,273	5,273	5,273
〃	6210	〃	6,190	6,190	6,190	6,190	6,190	6,190	6,190
〃	6211	〃	8,417	8,417	8,417	8,417	8,417	8,417	8,417
〃	6213	〃	14,215	14,215	14,215	14,215	14,215	14,215	14,215
〃	6214	〃	15,349	15,349	15,349	15,349	15,349	15,349	15,349
〃	6302	〃	1,783	1,783	1,783	1,783	1,783	1,783	1,783
〃	6304	〃	2,256	2,256	2,256	2,256	2,256	2,256	2,256

㈜ 지게차는 2007~2015년까지 10.0ton → 11.0ton,
2007년부터 15.0ton → 16.0ton으로 변경됨.

2017	2018	2019	2020	2021	2022	2023	2024	2025					
-	-	-	-	-	-	-	-	-					
27,720	27,720	27,720	27,720	27,720	-	-	-	34,000					
3,180	3,180	3,180	3,180	3,180	3,180	3,180	3,180	3,180					
4,670	4,670	4,670	4,670	4,670	4,670	4,670	4,670	4,670					
6,840	6,840	6,840	6,840	6,840	6,840	6,840	6,840	6,840					
14,500	14,500	14,500	14,500	14,500	14,500	14,500	14,500	14,500					
15,650	15,650	15,650	15,650	15,650	15,650	15,650	15,650	15,650					
42,900	56,700	56,700	56,700	56,700	68,000	68,000	68,000	68,000					
50,600	50,600	50,600	50,600	50,600	78,000	78,000	78,000	78,000					
-	-	-	-	-	-	-	-	-					
-	-	-	-	-	-	-	-	-					
-	-	-	-	-	-	-	-	-					
-	-	-	-	-	-	-	-	-					
149.8	149.8	149.8	149.8	149.8	164.7	181.17	181.17	181.17					
97.5	97.5	97.5	97.5	97.5	107.2	117.92	117.92	117.92					
50.0	50.0	50.0	50.0	50.0	55.0	60.5	60.5	60.5					
80.0	80.0	80.0	80.0	80.0	88.0	96.8	96.8	96.8					
145.0	145.0	145.0	145.0	145.0	159.5	175.45	175.45	175.45					
280.0	280.0	280.0	280.0	280.0	308.0	338.8	338.8	338.8					
425.0	425.0	425.0	425.0	425.0	462.0	508.2	508.2	508.2					
1,725	1,725	1,725	1,725	1,863	1,993	2,192	2,192	2,192					
1,963	1,963	1,963	1,963	2,120	2,268	2,494	2,494	2,494					
2,513	2,513	2,513	2,513	2,714	2,903	3,193	3,193	3,193					
4,113	4,113	4,113	4,113	4,442	4,752	5,227	5,227	5,227					
1,241	1,241	1,241	1,241	1,340	1,433	1,576	1,576	1,576					
1,290	1,290	1,290	1,290	1,393	1,490	1,639	1,639	1,639					
1,359	1,359	1,359	1,359	1,468	1,570	1,727	1,727	1,727					
1,554	1,554	1,554	1,554	1,678	1,795	1,974	1,974	1,974					
1,967	1,967	1,967	1,967	2,124	2,272	2,499	2,499	2,499					
2,287	2,287	2,287	2,287	2,470	2,642	2,906	2,906	2,906					
2,761	2,761	2,761	2,761	2,982	3,190	3,509	3,509	3,509					
3,856	3,856	3,856	3,856	4,164	4,455	4,900	4,900	4,900					
5,016	5,016	5,016	5,016	5,417	5,796	6,375	6,375	6,375					
5,800	5,800	5,800	5,800	6,264	6,702	7,372	7,372	7,372					
6,809	6,809	6,809	6,809	7,354	7,868	8,654	8,654	8,654					
9,259	9,259	9,259	9,259	10,000	10,700	11,770	11,770	11,770					
15,637	15,637	15,637	15,637	16,888	18,070	19,877	19,877	19,877					
16,884	16,884	16,884	16,884	18,235	19,511	21,462	21,462	21,462					
1,961	1,961	1,961	1,961	2,118	2,266	2,492	2,492	2,492					
2,482	2,482	2,482	2,482	2,681	2,868	3,154	3,154	3,154					

기계·공구(2)

품명	규격	단위	1970	1971	1972	1973	1974	1975	1976
공구									
스트레이트 생크드릴	15/64"	개	180	180	180	600	600	450	450
	17/64"	〃	230	230	230	400	470	570	570
〃	19/64"	〃	300	300	300	440	530	720	720
〃	21/64"	〃	320	320	320	500	630	800	800
〃	23/64"	〃	400	400	400	600	820	1,050	1,500
전기드릴	6㎜	대	–	11,600	13,500	18,000	24,000	24,500	24,500
(Hand Drill)	10	〃	–	12,700	20,000	25,000	34,500	33,000	33,000
〃	13	〃	–	21,500	23,500	30,000	48,000	46,000	46,000
〃	20	〃	–	31,000	35,000	45,000	55,000	53,000	53,000
핸드그라인더	PG125(125㎜)	〃	–	24,200	29,000	35,000	–	–	–
디스크그라인더	100㎜	〃	–	19,000	21,000	23,000	33,500	33,000	33,000
〃	180	〃	–	31,000	33,500	40,000	55,000	53,000	53,000
〃	205	〃	–	33,000	39,000	–	–	–	–
힐티공포	DX-A41용 C6.8/11M(황색)	100발	–	–	–	–	–	4,500	4,500
〃	DX-600N용 C6.8/18(흑색, 적색)	〃	–	–	–	–	–	5,000	5,000
뺀찌	6"	개	150	150	200	200	300	300	700
〃	8	〃	250	250	320	320	350	350	1,100
니퍼	6	〃	150	150	230	310	–	–	–
플라이어	150㎜(6")	〃	–	–	–	–	–	–	–
〃	200㎜(8")	〃	–	–	–	–	–	–	–
〃	250㎜(10")	〃	–	–	–	–	–	–	–
스패너	10×12㎜	〃	–	–	–	–	–	–	–
몽키스패너	200㎜(8")	〃	500	850	1,200	500	900	900	900
끌	3, 6, 9, 12, 15, 18㎜	〃	–	90	90	90	90	–	200
〃	21, 24, 30, 36㎜	〃	–	90	90	90	90	–	200
연마포	#40 229×279㎜	매	–	43	43	53	72	72	74
〃	50 〃	〃	34	43	43	53	72	72	74
〃	60 〃	〃	30	41	41	51	72	68	70
〃	80 〃	〃	32	39	39	49	68	68	70
〃	100 〃	〃	28	37	37	47	68	68	70
〃	120~140 〃	〃	24	33	33	43	64	64	66
연마지	#80 229×279㎜	〃	20	23	23	30	42	48	53
〃	150	〃	20	23	23	28	40	46	49
연마지석	100(125)×25㎜	개	–	180	180	390	390	450	450
(A석)	150 25	〃	–	330	330	730	730	900	900
〃	205 25	〃	–	510	510	1,120	1,120	1,520	1,578
〃	255 32(25)	〃	–	860	860	1,900	1,900	2,480	2,480
〃	305 25	〃	–	1,080	1,080	2,370	2,400	3,280	3,280
〃	305 38	〃	–	1,470	1,690	3,200	3,200	4,560	4,560
〃	355 38	〃	–	2,170	2,500	4,720	4,750	6,740	6,780
〃	405 38	〃	–	3,350	3,800	7,320	7,400	9,120	9,200
금강석 (각지석)	200(205)×50×25㎜	〃	–	190	193	400	420	550	570
농기구									
보통리어카	470×1,100×2,000㎜ (합판별도)	대	–	–	10,000	10,000	18,000	18,000	22,000
대각삽		개	–	–	–	–	–	–	–
중각삽		〃	–	–	–	–	–	–	–
조선낫		〃	–	–	–	–	–	–	–
선호미		〃	–	–	–	–	–	–	–

1977	1978	1979	1980	1981	1982	1983	1984	1985	1986	1987	1988	1989
565	759	792	946	780	780	780	730	730	730	730	800	800
610	902	990	980	965	965	965	900	900	990	900	990	990
800	1,084	1,160	1,738	1,140	1,140	1,540	1,060	1,060	1,060	1060	1,170	1,170
990	1,331	1,452	1,430	1,430	1,430	1,430	1,250	1,250	1,300	1335	1,470	1,470
1,555	1,557	1,157	1,520	1,520	1,520	1,520	1,520	1,520	1,520	1520	1,670	1,670
30,000	31,000	33,000	39,000	42,900	42,900	40,000	40,000	35,000	35,000	32,000	38,000	38,000
40,000	41,000	44,100	40,000	54,340	45,100	51,000	55,000	46,000	46,000	43,000	50,000	50,000
55,000	55,000	79,200	65,000	78,650	78,650	84,000	84,000	80,000	80,000	80,000	94,000	94,000
60,000	61,000	97,900	98,000	100,000	100,100	108,000	108,000	98,000	98,000	98,000	115,000	115,000
-	-	-	-	-	93,500	85,800	115,500	-	-	-	215,000	215,000
40,000	41,000	40,300	40,000	51,480	45,100	52,000	50,600	52,000	52,000	42,500	60,000	60,000
62,000	62,000	61,600	85,000	100,000	100,100	110,400	101,200	107,000	107,000	96,000	124,000	124,000
-	-	72,600	90,000	114,400	114,400	117,600	107,800	117,000	117,000	102,500	140,000	140,000
4,950	6,000	6,000	7,200	7,200	7,200	7,200	8,300	8,300	7,100	7,800	5,300	5,300
5,500	6,000	6,000	7,200	7,200	7,200	7,200	8,300	8,300	7,100	7,800	5,300	5,300
850	1,001	1,255	1,225	1,721	1,721	1,721	1,842	1,590	1,590	1,590	2,000	2,682
1,400	1,400	1,890	1,890	2,594	2,594	2,594	2,777	2,370	2,370	2,370	2,973	3,064
840	946	1,192	1,192	1,634	1,634	1,634	1,749	1,550	1,550	1,550	1,882	2,491
-	460	682	682	830	996	996	1,287	1,287	960	1,180	1,180	1,600
-	600	1,007	1,007	1,320	1,399	1,399	1,760	1,760	1,290	1,600	1,600	2,048
-	1,000	1,342	1,342	1,795	2,120	2,120	2,695	2,695	2,090	2,500	2,500	3,455
-	360	416	416	416	492	492	541	541	470	540	555	764
1,400	1,400	1,760	1,760	2,175	2,860	2,860	3,234	2,420	2,580	2,780	2,838	3,760
500	500	880	880	1,000	1,500	1,500	1,500	1,500	1,500	1,400	1,800	1,800
600	600	1,100	1,100	1,500	2,000	2,000	2,000	2,000	2,000	1,800	2,000	2,000
76	76	76	76	76	135	135	135	150	150	150	170	170
76	76	76	76	76	130	130	130	145	145	145	160	160
72	72	72	72	72	130	130	130	145	145	145	160	160
72	72	72	72	72	125	125	125	140	140	140	150	150
72	72	72	72	72	125	125	125	140	140	140	150	150
68	68	68	68	68	120	120	120	135	135	135	140	140
57	57	57	57	57	95	95	95	85	80	110	110	110
49	49	49	53	53	85	85	85	75	75	90	90	90
463	463	518	739	800	800	810	814	800	800	810	820	820
926	926	1,036	1,478	1,530	1,530	1,500	1,560	1,570	1,580	1,600	1,650	1,650
1,578	1,765	2,000	2,520	2,780	2,800	3,000	3,080	3,100	3,240	3,250	3,200	3,200
3,050	3,116	4,700	4,976	5,400	5,750	5,800	5,930	6,000	6,230	6,320	6,300	6,400
3,730	4,104	4,809	5,800	6,910	6,930	6,940	6,900	7,000	7,040	7,030	7,080	7,100
4,730	4,970	5,296	7,559	7,840	7,930	8,000	9,010	9,080	10,250	10,750	11,000	11,000
6,900	7,041	7,878	11,245	12,800	12,900	12,950	13,200	13,300	13,750	14,200	14,700	14,800
9,477	9,540	10,604	15,136	18,040	18,400	18,700	18,900	18,950	19,000	19,040	19,250	19,300
620	700	780	820	920	934	964	975	980	1,130	1,170	1,190	1,200
24,200	26,410	38,000	40,000	41,000	41,800	42,000	43,000	43,500	42,000	42,000	42,000	42,000
-	-	-	1,500	2,000	2,000	2,000	2,000	2,000	2,000	2,000	2,000	2,100
-	-	-	1,400	1,800	1,800	1,800	1,800	1,800	1,800	1,800	1,800	2,000
-	-	-	500	600	600	600	600	800	800	800	800	1,200
-	-	-	300	500	500	500	500	700	700	700	700	1,300

기계 · 공구 (2)

품 명	규 격	단위	1990	1991	1992	1993	1994	1995	1996
공 구									
스트레이트 생크드릴	15/64″	개	880	880	880	880	880	-	-
〃	17/64″	〃	1,060	1,060	1,060	1,060	1,060	-	-
〃	19/64″	〃	1,250	1,250	1,250	1,250	1,250	-	-
〃	21/64″	〃	1,580	1,580	1,580	1,580	1,580	-	-
〃	23/64″	〃	1,790	1,790	1,790	1,790	1,790	-	-
전기드릴	6㎜	대	43,000	46,800	46,800	54,000	54,000	-	-
(Hand Drill)	10	〃	54,000	58,800	58,800	67,000	67,000	68,500	68,500
〃	13	〃	92,000	105,600	105,600	120,000	120,000	98,700	98,700
〃	20	〃	178,000	132,000	132,000	150,000	150,000	160,300	160,300
핸드그라인더	PG125(125㎜)	〃	218,000	216,000	216,000	240,000	240,000	256,700	256,700
디스크그라인더	100㎜	〃	60,000	61,200	61,200	70,000	70,000	73,200	73,200
〃	180	〃	123,000	132,000	132,000	150,000	150,000	155,700	155,700
〃	205	〃	138,000	146,400	146,400	164,000	164,000	175,400	175,400
힐티공포	DX-A41용 C6.8/11M(황색)	100발	5,300	5,600	5,800	6,100	6,100	6,100	6,200
〃	DX-600N용 C6.8/18(흑색, 적색)	〃	5,300	5,600	5,800	6,100	6,100	6,100	6,200
뺀찌	6″	개	3,200	3,200	3,250	3,250	3,250	3,940	4,370
〃	8	〃	4,740	4,740	4,820	4,820	4,820	5,830	6,200
니퍼	6	〃	2,950	2,950	2,960	2,960	2,960	3,570	4,130
플라이어	150㎜(6″)	〃	1,855	1,855	2,000	1,682	1,682	2,030	2,240
〃	200㎜(8″)	〃	2,300	2,300	2,800	2,355	2,355	2,900	3,200
〃	250㎜(10″)	〃	3,964	3,964	4,800	4,037	4,037	4,850	5,410
스패너	10×12㎜	〃	891	891	955	955	955	1,020	1,020
몽키스패너	200㎜(8″)	〃	4,230	4,230	4,150	4,150	4,150	4,730	5,040
끌	3, 6, 9, 12, 15, 18㎜	〃	1,800	3,000	3,000	3,500	3,500	4,000	4,000
〃	21, 24, 30, 36㎜	〃	2,000	3,500	4,000	4,000	4,500	5,000	5,000
연마포	#40 229×279㎜	매	185	216	216	220	230	240	260
〃	50 〃	〃	170	204	204	210	220	230	250
〃	60 〃	〃	170	204	204	210	220	230	250
〃	80 〃	〃	160	190	190	200	200	220	240
〃	100 〃	〃	160	190	190	200	200	220	240
〃	120~140 〃	〃	150	190	190	190	190	210	230
연마지	#80 229×279㎜	〃	110	108	108	110	120	120	130
〃	150	〃	90	96	96	100	100	110	110
연마지석	100(125)×25㎜	개	980	970	970	970	1,090	1,320	1,320
(A석)	150 25	〃	2,000	1,950	1,950	1,950	2,190	2,640	2,640
〃	205 25	〃	3,600	3,550	3,550	3,550	4,060	4,910	4,910
〃	255 32(25)	〃	7,600	7,550	7,550	7,550	9,120	-	-
〃	305 25	〃	8,400	8,350	8,350	8,350	10,200	11,210	11,210
〃	305 38	〃	12,400	12,300	12,300	12,300	15,200	-	-
〃	355 38	〃	17,400	17,300	17,300	17,300	21,280	-	-
〃	405 38	〃	22,400	22,300	22,300	22,300	27,550	-	-
금강석 (각지석)	200(205)×50×25㎜	〃	1,300	1,300	1,300	1,300	-	-	-
농기구									
보통리어카	470×1,100×2,000㎜ (합판별도)	대	55,000	55,000	55,000	65,000	65,000	70,000	70,000
대각삽		개	2,100	3,400	3,400	3,400	3,400	5,400	5,400
중각삽		〃	2,000	3,200	3,200	3,200	3,200	4,300	4,300
조선낫		〃	1,200	1,600	1,600	1,600	1,600	3,600	3,600
선호미		〃	1,300	1,400	1,400	1,400	1,400	2,300	2,300

1997	1998	1999	2000	2001	2002	2003	2004	2005	2006	2007	2008	2009
-	-	1,260	1,260	1,450	1,450	1,450	1,670	1,670	1,670	1,670	1,870	1,870
-	-	1,560	1,560	1,790	1,790	1,790	2,060	2,060	2,060	2,060	2,310	2,310
-	-	1,850	1,850	2,130	2,130	2,130	2,450	2,450	2,450	2,450	2,740	2,740
-	-	2,210	2,210	2,540	2,540	2,540	2,920	2,920	2,920	2,920	3,270	3,270
-	-	2,740	2,740	3,150	3,150	3,150	3,620	3,620	3,620	3,620	4,050	4,050
-	61,600	61,000	63,910	65,600	69,600	69,600	69,600	72,000	72,000	74,000	76,000	81,000
68,500	-	78,500	83,000	89,600	100,000	100,000	100,000	131,000	131,000	139,000	145,000	159,000
98,700	107,800	98,600	107,070	114,400	128,000	128,000	128,000	165,000	165,000	177,000	185,000	203,000
160,300	-	192,900	205,010	221,600	252,000	252,000	252,000	325,000	325,000	344,000	360,000	385,000
256,700	279,400	292,300	321,210	355,200	400,000	400,000	400,000	530,000	530,000	557,000	580,000	620,000
73,200	79,200	63,500	63,910	65,600	72,000	72,000	72,000	81,000	81,000	83,000	87,000	87,000
155,700	169,400	162,900	166,000	177,600	196,000	196,000	196,000	245,000	245,000	260,000	273,000	292,000
175,400	210,100	175,400	177,620	184,800	-	-	-	-	-	-	-	-
6,500	11,000	11,500	11,800	12,100	12,400	10,400	10,400	10,500	11,000	11,000	11,000	11,000
7,000	17,000	17,900	18,400	18,900	19,300	16,300	16,300	16,600	17,000	17,000	17,000	17,000
4,370	4,340	4,350	-	-	-	-	-	-	6,600	6,500	8,430	8,430
6,200	6,160	6,160	6,800	7,370	7,370	7,370	7,370	7,370	9,360	9,200	11,970	11,970
4,130	4,100	4,110	4,500	4,890	4,890	4,890	4,890	4,890	6,210	6,100	8,490	8,490
2,230	2,230	2,240	2,500	2,670	2,670	2,670	2,670	2,670	3,390	3,400	4,620	4,620
3,130	3,130	3,140	3,500	3,750	3,750	3,750	3,750	3,750	4,760	4,700	6,510	6,510
5,370	5,370	5,380	5,500	6,430	6,430	6,430	6,430	6,430	8,170	8,000	11,170	11,170
1,020	1,020	1,030	1,200	1,220	1,220	1,220	1,220	1,220	1,570	1,500	2,030	2,030
5,040	5,010	5,020	5,500	5,970	5,970	5,970	5,970	5,970	7,140	7,500	9,700	9,700
4,500	5,500	5,500	5,500	5,500	5,500	5,500	5,500	5,500	5,500	5,500	5,500	6,500
5,500	6,000	6,000	6,000	6,000	6,000	6,000	6,000	6,000	6,000	6,000	6,000	7,500
260	370	360	360	360	360	360	360	360	360	360	460	400
250	360	350	350	350	350	350	350	350	350	350	450	390
250	360	350	350	350	350	350	350	350	350	350	450	390
240	350	330	330	330	330	330	330	330	330	330	430	380
240	350	330	330	330	330	330	330	330	330	330	430	380
230	340	320	320	320	320	320	320	320	320	320	420	370
130	190	180	180	180	180	180	180	180	180	180	220	250
120	180	160	160	160	160	160	160	160	160	160	200	230
1,200	1,680	1,680	1,680	1,680	1,680	1,680	1,680	1,680	1,680	2,420	2,420	4,560
2,490	3,900	3,900	3,900	3,900	3,900	3,900	3,900	3,900	3,900	3,850	3,850	7,250
4,520	6,290	6,290	6,290	6,290	6,290	6,290	6,290	6,290	6,290	7,150	7,150	12,130
10,800	14,400	14,400	14,400	14,400	14,400	14,400	14,400	14,400	14,400	11,550	11,550	17,200
10,490	13,020	13,990	13,990	13,990	13,990	13,990	13,990	13,990	13,990	17,600	17,600	24,430
15,490	20,660	20,660	20,660	20,660	20,660	20,660	20,660	20,660	20,660	27,500	27,500	36,400
21,700	28,940	28,940	28,940	28,940	28,940	28,940	28,940	28,940	28,940	34,100	34,100	50,930
28,270	38,100	38,100	38,100	38,100	38,100	38,100	38,100	38,100	38,100	-	-	-
-	2,000	2,100	2,100	2,100	2,100	2,100	2,100	3,000	3,000	3,850	3,850	5,500
77,000	90,000	100,000	100,000	100,000	100,000	100,000	105,000	115,000	125,000	125,000	125,000	120,000
5,400	5,800	5,800	5,800	5,800	5,800	5,800	6,300	6,300	6,300	6,300	6,300	6,000
4,300	4,600	4,600	4,600	4,600	4,600	4,600	5,100	5,100	5,100	5,100	5,100	5,400
3,600	3,850	3,850	3,850	3,850	3,850	3,850	5,000	5,000	5,000	5,000	5,000	5,500
2,300	2,460	2,460	2,460	2,460	2,460	2,460	3,000	3,000	3,000	3,000	3,000	4,200

기계 · 공구(2)

품 명	규 격	단위	2010	2011	2012	2013	2014	2015	2016
공 구									
스트레이트 생크드릴	15/64″	개	1,870	1,870	1,870	1,870	1,870	1,870	-
〃	17/64″	〃	2,310	2,310	2,310	2,310	2,310	2,310	-
〃	19/64″	〃	2,740	2,740	2,740	2,740	2,740	2,740	-
〃	21/64″	〃	3,270	3,270	3,270	3,270	3,270	3,270	-
〃	23/64″	〃	4,050	4,050	4,050	4,050	4,050	4,050	-
전기드릴	6㎜	대	81,000	82,000	82,000	82,000	82,000	82,000	82,000
(Hand Drill)	10	〃	159,000	159,000	159,000	159,000	159,000	159,000	159,000
〃	13	〃	203,000	210,000	210,000	210,000	210,000	210,000	210,000
〃	20	〃	385,000	385,000	385,000	385,000	385,000	385,000	385,000
핸드그라인더	PG125(125㎜)	〃	620,000	620,000	620,000	620,000	620,000	620,000	620,000
디스크그라인더	100㎜	〃	87,000	91,000	91,000	91,000	91,000	91,000	91,000
〃	180	〃	292,000	300,000	300,000	300,000	300,000	300,000	300,000
〃	205	〃	-	-	-	-	-	-	-
힐티공포	DX-A41용 C6.8/11M(황색)	100발	11,000	12,500	12,500	12,500	12,500	12,500	12,500
〃	DX-600N용 C6.8/18(흑색, 적색)	〃	17,000	20,000	20,000	20,000	20,000	20,000	20,000
뺀찌	6″	개	8,430	9,680	10,360	10,360	10,360	10,360	10,360
〃	8	〃	11,970	13,740	15,120	15,120	15,120	15,120	15,120
니퍼	6	〃	9,490	10,600	11,240	11,240	11,240	11,240	11,240
플라이어	150㎜(6″)	〃	4,620	5,880	6,300	6,300	6,300	6,300	6,300
〃	200㎜(8″)	〃	6,510	8,270	8,770	8,770	8,770	8,770	8,770
〃	250㎜(10″)	〃	11,170	14,190	15,610	15,610	15,610	15,610	15,610
스패너	10×12㎜	〃	2,030	2,320	2,460	2,460	2,460	2,460	2,460
몽키스패너	200㎜(8″)	〃	9,700	11,770	11,770	11,770	11,770	11,770	11,770
끌	3, 6, 9, 12, 15, 18㎜	〃	6,000	6,000	6,000	6,000	6,000	6,000	6,000
〃	21, 24, 30, 36㎜	〃	7,000	7,000	7,000	7,000	7,000	7,000	7,000
연마포	#40 229×279㎜	매	400	440	440	440	440	600	470
〃	50 〃	〃	390	430	430	430	430	600	470
〃	60 〃	〃	390	430	430	430	430	600	460
〃	80 〃	〃	380	420	420	420	420	600	460
〃	100 〃	〃	380	420	420	420	420	600	440
〃	120~140 〃	〃	370	410	410	410	410	600	440
연마지	#80 229×279㎜	〃	260	285	285	285	285	285	280
〃	150	〃	240	265	265	265	265	265	250
연마지석	100(125)×25㎜	개	4,560	4,560	4,560	4,560	4,560	4,560	4,560
(A석)	150 25	〃	7,250	7,250	7,250	7,250	7,250	7,250	7,250
〃	205 25	〃	12,130	12,130	12,130	12,130	12,130	12,130	12,130
〃	255 32(25)	〃	17,200	17,200	17,200	17,200	17,200	17,200	17,200
〃	305 25	〃	24,430	24,430	24,430	24,430	24,430	24,430	24,430
〃	305 38	〃	36,400	36,400	36,400	36,400	36,400	36,400	36,400
〃	355 38	〃	50,930	50,930	50,930	50,930	50,930	50,930	50,930
〃	405 38	〃	-	-	-	-	-	-	-
금강석 (각지석)	200(205)×50×25㎜	〃	5,500	5,500	5,500	5,500	5,500	5,500	5,500
농기구									
보통리어카	470×1,100×2,000㎜ (합판별도)	대	120,000	120,000	120,000	120,000	120,000	100,000	110,000
대각삽		개	8,800	5,100	6,600	6,600	6,600	6,600	10,000
중각삽		〃	7,300	5,000	6,500	6,500	6,500	6,500	7,300
조선낫		〃	6,500	5,500	7,100	7,100	7,100	7,100	7,100
선호미		〃	4,200	2,600	3,300	3,300	3,300	3,300	3,300

주 1) 연마지석은 2007년부터 ( )안의 규격 적용.
2) 금강석은 2005년부터 ( )안의 규격 적용.
3) 보통리어카는 2005년부터 430×1,060×2,000㎜으로 변경됨.

2017	2018	2019	2020	2021	2022	2023	2024	2025					
-	-	-	-	-	-	-	-	-					
-	-	-	-	-	-	-	-	-					
-	-	-	-	-	-	-	-	-					
-	-	-	-	-	-	-	-	-					
-	-	-	-	-	-	-	-	-					
82,000	82,000	92,000	92,000	92,000	92,000	92,000	-	-					
159,000	159,000	-	-	-	-	-	-	-					
210,000	210,000	324,000	324,000	324,000	324,000	324,000	-	-					
385,000	385,000	436,000	436,000	436,000	436,000	436,000	-	-					
620,000	620,000	-	-	-	-	-	-	-					
91,000	91,000	94,000	94,000	94,000	98,000	98,000	98,000	98,000					
300,000	300,000	332,000	332,000	324,000	340,000	340,000	340,000	340,000					
-	-	-	-	-	-	-	-	-					
12,500	12,500	12,500	-	-	-	-	-	-					
20,000	20,000	20,000	-	-	-	-	-	-					
10,360	10,360	10,360	10,360	-	-	-	-	-					
15,120	15,120	15,120	15,120	-	-	-	-	-					
11,240	11,240	11,240	11,240	-	-	-	-	-					
6,300	6,300	6,300	6,300	-	-	-	-	-					
8,770	8,770	8,770	8,770	-	-	-	-	-					
15,610	15,610	15,610	15,610	-	-	-	-	-					
2,460	2,460	2,460	2,460	2,210	2,430	2,430	2,430	2,430					
11,770	11,770	11,770	11,770	11,440	12,580	12,580	12,580	12,580					
6,000	6,000	6,000	-	-	-	-	-	-					
7,000	7,000	7,000	-	-	-	-	-	-					
561	561	561	561	617	617	678	678	678					
561	561	561	561	617	617	678	678	678					
550	550	550	550	605	605	665	665	665					
528	528	528	528	580	580	638	638	638					
528	528	528	528	580	580	638	638	638					
528	528	528	528	580	580	638	638	638					
341	341	341	341	375	375	412	412	412					
303	303	310	310	350	350	385	385	385					
4,560	4,560	4,560	4,560	5,016	5,016	5,517	5,517	5,517					
7,250	7,250	7,250	7,250	7,975	7,975	8,772	8,772	8,772					
12,130	12,130	12,130	12,130	13,343	13,343	14,677	14,677	14,677					
17,200	17,200	17,200	17,200	18,920	18,920	20,812	20,812	20,812					
24,430	24,430	24,430	24,430	26,873	26,873	29,560	29,560	29,560					
36,400	36,400	36,400	36,400	40,040	40,040	44,044	44,044	44,044					
50,930	50,930	50,930	50,930	56,023	56,023	61,625	61,625	61,625					
-	-	-	-	-	-	-	-	-					
5,500	5,500	5,500	5,500	6,050	6,050	6,655	6,655	6,655					
110,000	110,000	110,000	110,000	150,000	150,000	157,500	157,500	157,500					
10,000	10,000	10,000	10,000	10,000	12,000	12,000	12,000	12,000					
7,300	7,300	7,300	7,300	7,300	8,800	8,800	8,800	8,800					
7,100	7,100	7,100	7,100	7,100	8,500	8,500	8,500	8,500					
3,300	3,300	3,300	3,300	3,300	4,000	4,000	4,000	4,000					

전 기 자 재(1)

품명	규격	단위	1970	1971	1972	1973	1974	1975	1976
전선·케이블									
600V비닐	1.6㎜ 1/1.6	m	-	20	18	25	30	30	32
절연전선 (IV)	2.0 1/2.0	〃	-	30	28	35	40	40	45
〃	2.0㎟ 7/0.6	〃	-	22	22	30	35	35	40
〃	22 7/2.0	〃	-	226	226	253	288	288	328
〃	100 19/2.6	〃	-	1,010	1,010	1,145	1,301	1,301	1,479
600V2종비닐	1.6㎜ 1/1.6	〃	-	-	-	-	-	-	30
절연전선 (HIV)	2.0 1/2.0	〃	-	-	-	-	-	-	45
〃	2.0㎟ 7/0.6	〃	-	-	-	-	-	-	32
〃	22 7/2.0	〃	-	-	-	-	-	-	352
〃	100 19/2.6	〃	-	-	-	-	-	-	1,520
접지용전선	2.0㎟	〃	-	-	-	52	58	58	62
(F-GV)	22	〃	-	-	-	36	40	40	43
옥외용비닐	3.5㎜ 1/2.0	〃	-	20	20	22	30	40	45
절연전선	5.5 1/3.2	〃	-	74	74	81	116	110	130
(OW)	14㎟ 7/1.6	〃	-	143	143	148	212	165	210
〃	22 7/2.0	〃	-	215	215	224	310	257	328
〃	60 19/1.8	〃	-	490	490	540	740	690	710
가교PE절연비닐	600V 1C 8㎟	〃	-	-	-	-	-	-	208
시이스케이블	〃 〃 100	〃	-	-	-	-	-	-	1,649
(CV)	〃 〃 200	〃	-	-	-	-	-	-	2,365
〃	〃 2C 22	〃	-	-	-	-	-	-	1,028
〃	〃 〃 150	〃	-	-	-	-	-	-	5,768
〃	〃 〃 200	〃	-	-	-	-	-	-	7,402
〃	〃 3C 22	〃	-	-	-	-	-	-	1,139
〃	〃 〃 100	〃	-	-	-	-	-	-	6,011
〃	〃 〃 150	〃	-	-	-	-	-	-	7,720
〃	22㎸ 1C 100	〃	-	-	-	-	-	-	5,581
〃	〃 〃 250	〃	-	-	-	-	-	-	10,808
〃	〃 3C 38	〃	-	-	-	-	-	-	12,178
〃	〃 〃 100	〃	-	-	-	-	-	-	19,600
〃	〃 〃 250	〃	-	-	-	-	-	-	34,254
제어용비닐절연	7/0.6 2C 2	〃	-	-	-	-	142	142	152
비닐시이스케이블	7/1.2 〃 8	〃	-	-	-	-	429	429	458
(CVV)	7/0.6 3C 2	〃	-	-	-	-	162	162	173
〃	7/1.2 〃 8	〃	-	-	-	-	579	579	618
〃	7/0.6 4C 2	〃	-	-	-	-	258	258	276
〃	7/1.2 〃 8	〃	-	-	-	-	749	749	799
〃	7/0.6 5C 2	〃	-	-	-	-	309	309	330
〃	7/1.2 〃 8	〃	-	-	-	-	791	791	844
〃	7/0.6 6C 2	〃	-	-	-	-	360	360	384
〃	7/1.2 〃 8	〃	-	-	-	-	963	963	1,028
〃	7/0.6 7C 2	〃	-	-	-	-	360	360	385
〃	7/1.2 〃 8	〃	-	-	-	-	1,090	1,090	1,163
〃	7/0.6 8C 2	〃	-	-	-	-	396	396	423
〃	7/1.2 〃 8	〃	-	-	-	-	1,222	1,222	1,304
〃	7/0.6 10C 2	〃	-	-	-	-	529	529	565
〃	7/1.2 〃 8	〃	-	-	-	-	995	995	1,602

주 1) IV전선 2.0㎟는 1999년 이전에는 2.2㎟이며, 2007년부터 규격 폐지됨.
2) F-GV전선은 2004년 이전에는 GV전선임.
3) F-GV전선 2004년 이전 2.5㎟는 2㎟, 25㎟는 22㎟임.
4) OW전선 2000년 이전 3.5㎟는 2.0㎜, 5.5㎟는 3.2㎜, 60㎟는 50㎜임.
5) 2010년부터 HIV연선 폐지 HFIX연선 규격임.
6) F-CV전선은 2005년 이전에는 CV전선임.
7) F-CV전선 2005년 이전에는 8㎟는 10㎟, 22㎟는 25㎟, 38㎟는 35㎟, 100㎟는 95㎟, 200㎟는 185㎟, 250㎟는 240㎟임.

1977	1978	1979	1980	1981	1982	1983	1984	1985	1986	1987	1988	1989
32	28	39	59	63	63	57	54	50	47	60	76	76
45	42	54	77	88	88	80	76	70	66	90	116	116
33	39	49	76	76	76	73	69	65	60	74	81	81
309	366	464	691	703	703	580	551	510	490	652	828	828
1,199	1,375	1,655	2,670	2,673	2,673	2,461	2,295	2,150	2,050	2,673	3,634	3,634
32	36	65	89	93	93	64	59	58	54	65	87	87
48	54	94	130	136	136	93	84	84	79	109	121	121
34	38	67	92	96	96	84	76	76	70	91	93	93
373	424	615	860	895	895	680	615	615	575	849	868	868
1,610	1,800	2,490	3,487	3,628	3,628	2,764	2,500	2,500	2,340	2,874	3,816	3,816
62	73	98	131	141	141	141	141	130	125	153	168	168
413	482	637	864	928	928	928	928	-	-	874	-	1,016
42	42	58	80	84	84	78	70	70	66	93	120	120
112	112	146	205	212	212	194	175	175	164	236	284	284
292	292	335	538	560	560	394	355	355	334	474	544	544
359	359	473	661	688	688	593	535	535	504	691	871	871
829	829	1,094	1,531	1,592	1,592	1,304	1,180	1,180	1,108	1,487	1,766	1,766
248	285	359	500	504	504	348	300	295	285	411	464	464
1,963	2,256	2,843	3,969	4,002	4,002	3,134	2,700	2,650	2,585	2,995	3,984	3,984
2,815	3,235	4,279	5,977	6,089	6,089	5,957	5,200	5,130	4,910	5,598	7,456	7,456
1,223	1,406	1,773	2,475	2,497	2,497	1,963	1,700	1,680	1,620	2,015	2,408	2,408
6,867	7,894	9,944	13,891	14,908	14,908	10,483	9,200	9,000	8,650	10,953	12,884	12,884
8,812	10,128	12,761	17,825	17,978	17,978	13,376	11,700	11,500	11,030	12,917	16,268	16,268
1,152	1,430	1,981	2,767	2,790	2,790	2,649	2,300	2,285	2,185	2,694	3,136	3,136
6,077	7,543	9,719	13,575	13,690	13,690	9,974	8,750	8,490	8,230	10,708	12,491	12,491
7,805	9,689	11,623	16,237	16,342	16,342	14,840	13,000	12,550	12,240	14,636	18,444	18,444
5,645	7,006	8,827	12,330	12,435	12,435	8,190	7,200	6,995	6,760	7,587	8,569	8,569
10,926	13,561	17,084	20,866	21,542	21,542	14,944	13,100	12,830	12,330	13,844	15,636	15,636
12,311	15,281	19,252	23,514	24,276	24,276	16,859	14,800	14,365	13,910	15,619	17,640	17,640
19,815	24,594	30,984	37,844	39,071	39,071	27,133	23,800	23,020	22,380	25,137	28,391	28,391
34,628	42,980	54,146	66,133	68,276	68,276	47,414	41,500	40,325	39,120	43,938	49,613	49,613
154	191	251	349	363	363	373	340	330	315	340	384	384
464	576	723	1,011	1,052	1,052	817	760	740	695	796	899	899
175	218	295	413	430	430	410	390	390	365	385	440	440
626	778	978	1,368	1,421	1,421	1,079	990	980	915	1,016	1,163	1,163
280	349	459	642	668	668	531	490	480	450	552	624	624
809	1,005	1,261	1,765	1,835	1,835	1,428	1,300	1,250	1,210	1,328	1,504	1,504
334	415	548	766	797	797	656	600	595	560	606	685	685
854	1,060	1,398	1,958	2,037	2,037	1,731	1,575	1,550	1,470	1,656	1,871	1,871
389	483	537	856	891	891	758	690	670	620	689	778	778
1,040	1,292	1,437	2,292	2,392	2,392	2,033	1,850	1,830	1,735	1,949	2,202	2,202
390	485	635	932	970	970	824	750	720	680	747	844	844
1,177	1,462	1,818	2,858	2,974	2,974	2,527	2,300	2,100	1,965	2,147	2,460	2,460
428	531	693	1,043	1,086	1,086	923	840	800	750	846	956	956
1,319	1,638	2,037	3,044	3,167	3,167	2,692	2,450	2,400	2,245	2,510	2,845	2,845
572	711	884	1,305	1,358	1,358	1,154	1,050	1,000	940	1,076	1,215	1,215
1,621	2,013	2,104	3,853	4,009	4,009	3,407	3,100	3,050	2,860	3,192	3,605	3,605

전 기 자 재(1)

품 명	규 격	단위	1990	1991	1992	1993	1994	1995	1996
전선·케이블									
600V비닐절연전선	1.6㎜ 1/1.6	m	76	66	66	58	58	69	62
(IV)	2.0㎜ 1/2.0	〃	116	101	101	89	89	103	92
〃	2.0㎟ 7/0.6	〃	81	71	71	63	69	82	73
〃	22㎟ 7/2.0	〃	828	724	724	652	699	830	743
〃	100㎟ 19/2.6	〃	3,634	3,180	3,180	2,862	2,979	3,538	3,165
내열비닐절연전선	1.5㎟	〃	87	76	76	67	66	73	65
(HIV)	2.5㎟	〃	121	106	106	94	93	107	96
저독성난연가교	2.5SQ	〃	93	81	81	72	74	87	78
폴리올레핀절연전선	25SQ	〃	868	760	760	684	748	888	795
(HFIX)	95SQ	〃	3,816	3,339	3,339	3,005	3,197	3,785	3,386
접 지 용 전 선	2.5㎟	〃	168	157	157	123	158	187	152
(F-GV)	25㎟	〃	1,016	953	953	760	1,030	1,224	992
옥 외 용 비 닐	3.5㎟	〃	120	112	112	91	96	111	99
절 연 전 선	5.5㎟	〃	284	266	266	216	225	264	236
(OW)	14㎟	〃	544	510	510	414	506	609	545
〃	22㎟	〃	871	764	764	621	706	850	761
〃	60㎟	〃	1,766	1,656	1,656	1,346	1,615	1,947	1,742
절연난연PVC	0.6/1㎸ 1C 10㎟	〃	464	435	435	391	391	418	350
시 스 테 이 블	0.6/1㎸ 1C 95㎟	〃	3,984	3,735	3,735	3,420	3,420	3,818	3,196
(F-CV)	0.6/1㎸ 1C 185㎟	〃	7,456	6,990	6,990	6,575	7,609	8,750	7,323
〃	0.6/1㎸ 2C 25㎟	〃	2,408	2,258	2,258	2,029	2,029	2,208	1,848
〃	0.6/1㎸ 2C 150㎟	〃	12,884	12,078	12,078	11,059	11,059	12,419	10,394
〃	0.6/1㎸ 2C 185㎟	〃	16,268	15,252	15,252	14,348	14,348	15,639	13,089
〃	0.6/1㎸ 3C 25㎟	〃	3,136	2,940	2,940	2,642	2,642	2,995	2,506
〃	0.6/1㎸ 3C 95㎟	〃	12,491	11,710	11,710	10,721	10,721	12,162	10,179
〃	0.6/1㎸ 3C 150㎟	〃	18,444	17,291	17,291	15,831	15,831	17,168	14,369
〃	6/10㎸ 1C 95㎟	〃	8,569	8,034	8,034	7,423	7,248	8,335	6,976
〃	6/10㎸ 1C 240㎟	〃	15,636	14,659	14,659	13,545	14,598	12,048	14,050
〃	6/10㎸ 3C 35㎟	〃	17,640	16,538	16,538	15,281	14,798	17,007	14,234
〃	6/10㎸ 3C 95㎟	〃	28,391	26,616	26,616	24,593	23,832	27,407	22,938
〃	6/10㎸ 3C 240㎟	〃	49,613	46,152	46,152	44,930	42,200	35,039	40,618
절연난연시스	2C 2.5㎟	〃	384	360	360	334	352	395	330
제 어 케 이 블	2C 6㎟	〃	899	843	843	781	845	949	794
(F-CVV)	3C 2.5㎟	〃	440	413	413	383	430	482	403
〃	3C 6㎟	〃	1,163	1,090	1,090	1,011	1,110	1,246	1,043
〃	4C 2.5㎟	〃	624	585	585	542	534	588	492
〃	4C 6㎟	〃	1,504	1,410	1,410	1,308	1,413	1,585	1,327
〃	5C 2.5㎟	〃	685	642	642	596	587	671	561
〃	5C 6㎟	〃	1,871	1,754	1,754	1,626	1,728	1,938	1,622
〃	6C 2.5㎟	〃	778	729	729	702	691	775	648
〃	6C 6㎟	〃	2,202	2,064	2,064	1,986	1,956	2,208	1,848
〃	7C 2.5㎟	〃	844	791	791	761	749	828	693
〃	7C 6㎟	〃	2,460	2,306	2,306	2,218	2,184	2,468	2,066
〃	8C 2.5㎟	〃	956	895	895	861	920	1,032	864
〃	8C 6㎟	〃	2,845	2,667	2,667	2,566	2,527	2,892	2,421
〃	10C 2.5㎟	〃	1,215	1,139	1,139	1,095	1,150	1,290	725
〃	10C 6㎟	〃	3,605	3,380	3,380	3,251	3,202	3,643	3,049

주 1) IV전선 2.0㎟는 1999년 이전에는 2.2㎟이며, 2007년부터 규격 폐지됨.
2) F-GV전선은 2004년 이전에는 GV전선임.
3) F-GV전선 2004년 이전 2.5㎟는 2㎟, 25㎟는 22㎟임.
4) OW전선 2000년 이전 3.5㎟는 2.0㎜, 5.5㎟는 3.2㎜, 60㎟는 50㎜임.
5) 2010년부터 HIV연선 폐지 HFIX연선 규격임.
6) F-CV전선은 2005년 이전에는 CV전선임.
7) F-CV전선 2005년 이전에는 8㎟는 10㎟, 22㎟는 25㎟, 38㎟는 35㎟, 100㎟는 95㎟, 200㎟는 185㎟, 250㎟는 240㎟임.

1997	1998	1999	2000	2001	2002	2003	2004	2005	2006	2007	2008	2009
62	85	71	72	75	79	83	111	123	222	-	-	-
94	126	105	106	109	115	121	161	179	321	-	-	-
75	100	84	85	91	-	-	134	149	267	-	-	-
780	1,022	856	865	819	869	881	1,172	1,302	2,337	-	-	-
3,325	4,357	3,649	3,686	3,288	3,504	3,493	4,645	5,138	9,221	-	-	-
67	90	75	76	78	79	83	111	123	169	144	134	159
99	132	110	111	113	115	121	161	179	276	234	219	262
80	107	90	91	93	96	-	134	149	287	243	227	278
834	1,093	916	925	842	869	881	1,172	1,302	2,851	2,420	2,257	2,711
3,557	4,661	3,904	3,944	3,394	3,504	3,493	4,645	5,138	10,024	8,511	7,935	9,529
152	212	193	185	155	156	166	226	246	381	417	388	495
992	1,391	1,262	1,210	990	1,001	1,061	1,444	1,624	2,919	2,478	2,311	2,768
102	136	114	109	149	151	155	207	215	328	317	296	338
246	325	272	261	229	231	239	319	331	506	483	450	515
571	749	628	602	556	562	580	773	803	1,227	1,167	1,088	1,244
798	1,047	877	841	826	835	861	1,148	1,192	1,821	1,734	1,617	1,848
1,830	2,397	2,008	1,926	2,079	2,101	2,167	2,890	2,999	4,584	4,525	4,219	4,822
387	490	399	390	418	446	441	602	669	1,618	1,354	1,262	1,508
3,535	4,482	3,652	3,569	3,679	3,927	3,880	5,295	5,887	10,149	10,260	9,565	10,622
8,101	10,271	8,369	8,179	7,513	8,188	8,092	11,044	12,278	18,426	18,858	17,581	19,529
2,043	2,592	2,112	2,064	2,031	2,168	2,142	2,924	3,251	6,513	5,871	5,473	6,318
11,500	14,578	11,879	11,609	11,831	12,631	12,482	17,034	18,939	32,077	31,533	29,397	32,659
14,483	18,358	14,959	14,619	15,758	17,174	16,972	23,162	25,751	39,624	38,921	36,285	40,309
2,772	3,515	2,864	2,799	2,805	2,995	2,960	4,039	4,491	9,692	8,769	8,175	9,438
11,263	14,227	11,633	16,048	16,842	17,980	17,768	24,249	18,461	32,491	31,018	28,917	32,122
15,899	20,153	16,421	21,260	22,911	24,968	24,675	33,673	26,960	47,747	47,099	43,909	48,781
7,719	9,784	7,972	7,791	8,430	9,070	8,963	12,233	13,600	15,058	12,892	12,019	14,396
15,546	19,706	16,057	15,692	15,531	16,711	16,514	22,537	25,057	30,719	28,017	26,120	31,293
15,749	19,964	16,267	15,897	18,610	20,023	19,787	27,004	30,023	29,159	23,992	22,367	26,489
25,381	32,173	26,215	25,619	26,769	28,802	28,463	38,844	43,186	48,184	39,647	36,962	43,777
44,946	56,970	46,420	25,365	48,924	52,640	52,021	70,993	78,930	98,312	87,303	81,389	96,400
364	463	377	373	395	425	425	662	668	948	1,248	1,258	1,472
877	1,113	907	896	1,034	1,113	1,113	1,735	1,749	2,483	2,034	1,907	2,228
445	565	461	455	474	510	510	795	801	1,137	1,541	1,546	1,802
1,153	1,462	1,191	1,177	1,354	1,456	1,456	2,270	2,288	3,248	2,672	2,491	2,908
543	690	562	555	598	643	643	1,002	1,010	1,434	1,855	1,859	2,174
1,467	1,960	1,516	1,499	1,712	1,842	1,842	2,871	2,894	4,108	3,321	3,098	3,620
619	787	641	634	695	748	748	1,166	1,175	1,668	2,169	2,167	2,531
1,793	2,275	1,854	1,833	2,072	2,230	2,230	3,475	3,503	4,973	4,069	3,787	4,424
715	909	740	732	798	859	859	1,339	1,350	1,916	2,516	2,509	3,341
2,043	2,592	2,112	2,088	2,504	2,694	2,694	4,198	4,231	6,007	4,779	4,419	5,677
766	972	792	783	880	946	946	1,475	1,487	2,111	2,764	2,758	3,620
2,285	2,897	2,631	2,334	2,753	2,962	2,962	4,615	4,652	6,603	5,305	4,924	6,260
955	1,211	987	976	1,000	1,076	1,076	1,677	1,691	2,400	3,108	3,090	3,611
2,678	3,395	2,766	2,735	3,144	3,383	3,383	5,270	5,313	7,542	6,015	5,569	6,510
1,193	1,514	1,233	1,219	1,232	1,326	1,326	2,065	2,082	2,955	3,832	3,812	4,617
3,372	4,276	3,484	3,445	3,924	4,222	4,222	6,579	6,632	9,414	7,504	6,952	8,459

전 기 자 재(1)

품 명	규 격	단위	2010	2011	2012	2013	2014	2015	2016
전선·케이블									
600V비닐절연전선	1.6㎜ 1/1.6	m	–	–	–	–	–	–	–
(IV)	2.0㎜ 1/2.0	〃	–	–	–	–	–	–	–
〃	2.0㎟ 7/0.6	〃	–	–	–	–	–	–	–
〃	22㎟ 7/2.0	〃	–	–	–	–	–	–	–
〃	100㎟ 19/2.6	〃	–	–	–	–	–	–	–
내열비닐절연전선	1.5㎟	〃	173	166	177	169	164	151	137
(HIV)	2.5㎟	〃	285	274	292	279	270	249	225
저독성난연가교	2.5SQ	〃	556	437	551	463	453	393	371
폴리올레핀절연전선	25SQ	〃	5,376	4,222	3,081	4,092	4,003	3,843	3,657
(HFIX)	95SQ	〃	18,316	14,384	11,214	13,264	12,976	13,092	12,459
접 지 용 전 선	2.5㎟	〃	539	517	551	526	511	471	425
(F-GV)	25㎟	〃	3,012	2,892	3,081	2,940	2,854	2,632	2,373
옥 외 용 비 닐	3.5㎟	〃	371	383	406	385	392	378	378
절 연 전 선	5.5㎟	〃	566	585	619	587	599	579	579
(OW)	14㎟	〃	1,366	1,412	1,495	1,418	1,446	1,399	1,399
〃	22㎟	〃	2,030	2,098	2,221	2,107	2,149	2,080	2,080
〃	60㎟	〃	5,297	5,474	5,797	5,498	5,607	5,437	5,437
절연난연PVC	0.6/1㎸ 1C 10㎟	〃	1,561	1,514	1,585	1,530	1,497	1,391	1,327
시 스 테 이 블	0.6/1㎸ 1C 95㎟	〃	10,996	10,664	11,162	10,779	10,545	9,798	9,345
(F-CV)	0.6/1㎸ 1C 185㎟	〃	20,218	19,606	20,523	19,817	19,387	18,015	17,181
〃	0.6/1㎸ 2C 25㎟	〃	6,541	6,343	6,640	6,412	6,272	5,828	5,559
〃	0.6/1㎸ 2C 150㎟	〃	33,810	32,787	34,320	33,141	32,420	30,126	28,732
〃	0.6/1㎸ 2C 185㎟	〃	41,729	40,467	42,359	40,903	40,014	37,183	35,461
〃	0.6/1㎸ 3C 25㎟	〃	9,770	9,475	9,917	9,577	9,369	8,706	8,303
〃	0.6/1㎸ 3C 95㎟	〃	33,254	32,249	33,756	32,596	31,888	29,631	28,259
〃	0.6/1㎸ 3C 150㎟	〃	50,500	48,973	51,262	49,500	48,424	44,998	42,915
〃	6/10㎸ 1C 95㎟	〃	14,903	14,452	15,128	14,608	14,290	13,279	12,664
〃	6/10㎸ 1C 240㎟	〃	32,395	31,415	32,884	31,754	31,064	28,865	27,529
〃	6/10㎸ 3C 35㎟	〃	27,733	26,894	28,151	27,184	26,593	24,711	23,567
〃	6/10㎸ 3C 95㎟	〃	45,833	44,447	46,524	44,926	43,949	40,839	38,949
〃	6/10㎸ 3C 240㎟	〃	100,927	97,876	102,450	98,930	96,780	89,931	85,768
절연난연시스	2C 2.5㎟	〃	1,519	1,474	1,543	1,490	1,457	1,354	1,292
제 어 케 이 블	2C 6㎟	〃	2,300	2,232	2,336	2,256	2,207	2,050	1,956
(F-CVV)	3C 2.5㎟	〃	1,860	1,805	1,889	1,824	1,785	1,658	1,582
〃	3C 6㎟	〃	3,001	2,913	3,049	2,944	2,880	2,676	2,552
〃	4C 2.5㎟	〃	2,244	2,178	2,279	2,201	2,153	2,001	1,908
〃	4C 6㎟	〃	3,735	3,625	3,794	3,664	3,584	3,331	3,177
〃	5C 2.5㎟	〃	2,612	2,535	2,653	2,562	2,507	2,329	2,221
〃	5C 6㎟	〃	4,566	4,431	4,638	4,478	4,381	4,071	3,882
〃	6C 2.5㎟	〃	3,026	2,936	3,074	2,968	2,904	2,698	2,573
〃	6C 6㎟	〃	5,322	5,164	5,406	5,220	5,107	4,745	4,526
〃	7C 2.5㎟	〃	3,320	3,222	3,373	3,257	3,186	2,961	2,824
〃	7C 6㎟	〃	5,931	5,756	6,025	5,818	5,691	5,289	5,044
〃	8C 2.5㎟	〃	3,726	3,616	3,785	3,655	3,576	3,323	3,169
〃	8C 6㎟	〃	6,719	6,520	6,825	6,590	6,447	5,991	5,713
〃	10C 2.5㎟	〃	4,765	4,624	4,841	4,674	4,573	4,249	4,052
〃	10C 6㎟	〃	8,730	8,472	8,868	8,563	8,377	7,784	7,424

주 1) IV전선 2.0㎟는 1999년 이전에는 2.2㎟이며, 2007년부터 규격 폐지됨.
2) F-GV전선은 2004년 이전에는 GV전선임.
3) F-GV전선 2004년 이전 2.5㎟는 2㎟, 25㎟는 22㎟임.
4) OW전선 2000년 이전 3.5㎟는 2.0㎜, 5.5㎟는 3.2㎜, 60㎟는 50㎜임.
5) 2010년부터 HIV연선 폐지 HFIX연선 규격임.
6) F-CV전선은 2005년 이전에는 CV전선임.
7) F-CV전선 2005년 이전에는 8㎟는 10㎟, 22㎟는 25㎟, 38㎟는 35㎟, 100㎟는 95㎟, 200㎟는 185㎟, 250㎟는 240㎟임.

2017	2018	2019	2020	2021	2022	2023	2024	2025					
–	–	–	–	–	–	–	–	–					
–	–	–	–	–	–	–	–	–					
–	–	–	–	–	–	–	–	–					
–	–	–	–	–	–	–	–	–					
–	–	–	–	–	–	–	–	–					
159	159	159	164	229	221	221	257	265					
261	261	261	270	377	364	364	424	436					
431	431	431	454	634	613	613	712	733					
4,247	4,247	4,247	4,392	6,127	5,927	5,922	6,888	7,089					
14,467	14,467	14,467	14,962	20,870	20,189	20,175	23,465	24,148					
493	493	493	510	711	688	688	800	823					
2,756	2,756	2,756	2,850	3,976	3,846	3,843	4,470	4,600					
402	402	402	416	580	561	560	652	671					
614	614	614	635	886	857	857	997	1,026					
1,486	1,486	1,486	1,537	2,143	2,073	2,072	2,410	2,480					
2,209	2,209	2,209	2,284	3,187	3,082	3,080	3,583	3,687					
5,774	5,774	5,774	5,971	8,329	8,057	8,052	9,365	9,637					
1,485	1,485	1,485	1,523	1,965	1,820	1,820	2,042	2,088					
10,461	10,461	10,461	10,729	13,841	15,396	15,394	17,274	17,659					
19,232	19,232	19,232	19,726	25,448	29,060	29,056	32,604	33,331					
6,222	6,222	6,222	6,382	8,233	9,430	9,429	10,580	10,816					
32,162	32,162	32,162	32,988	42,556	50,768	50,761	56,960	58,230					
39,696	39,696	39,696	40,715	52,524	62,970	62,962	70,650	72,226					
9,294	9,294	9,294	9,533	12,298	13,509	13,507	15,156	15,494					
31,634	31,634	31,634	32,446	41,857	47,921	47,915	53,765	54,964					
48,039	48,039	48,039	49,272	63,564	73,290	73,281	82,229	84,062					
14,177	14,177	14,177	14,541	18,758	17,059	17,057	19,140	19,566					
30,817	30,817	30,817	31,608	40,776	36,803	36,798	41,292	42,213					
26,382	26,382	26,382	27,059	34,907	25,925	25,921	29,086	29,735					
43,600	43,600	43,600	44,719	57,690	55,057	55,050	61,772	63,149					
96,010	96,010	96,010	98,474	127,037	117,135	117,120	131,421	134,351					
1,446	1,446	1,446	1,483	1,913	1,871	1,871	2,099	2,146					
2,189	2,189	2,189	2,245	2,897	2,833	2,833	3,179	3,249					
1,771	1,771	1,771	1,816	2,343	2,291	2,291	2,571	2,628					
2,857	2,857	2,857	2,930	3,780	3,697	3,697	4,148	4,241					
2,136	2,136	2,136	2,191	2,826	2,764	2,764	3,101	3,171					
3,556	3,556	3,556	3,647	4,705	4,602	4,061	5,163	5,278					
2,487	2,487	2,487	2,550	3,290	3,218	3,218	3,611	3,691					
4,346	4,346	4,346	4,458	5,751	5,624	5,624	6,310	6,451					
2,881	2,881	2,881	2,954	3,811	3,728	3,727	4,182	4,276					
5,066	5,066	5,066	5,196	6,703	6,556	6,555	7,356	6,147					
3,161	3,161	3,161	3,242	4,182	4,091	4,090	4,589	4,692					
5,646	5,646	5,646	5,791	7,471	7,307	7,306	8,198	8,381					
3,547	3,547	3,547	3,638	4,694	4,591	4,590	5,151	5,265					
6,396	6,396	6,396	6,560	8,463	8,277	8,276	9,286	9,493					
4,536	4,536	4,536	4,653	6,002	5,871	5,870	6,586	6,733					
8,311	8,311	8,311	8,524	10,996	10,755	10,754	12,067	12,336					

전 기 자 재(2)

품 명	규 격	단위	1970	1971	1972	1973	1974	1975	1976
전선·케이블									
제어용비닐절연	7/0.6 12C 2㎟	m	–	–	–	–	641	641	684
비닐시이스케이블	7/1.2 〃 8	〃	–	–	–	–	1,783	1,783	1,902
(CVV)	7/0.6 15C 2	〃	–	–	–	–	731	731	780
〃	7/1.0 〃 5.5	〃	–	–	–	–	1,660	1,660	1,771
〃	7/0.6 20C 2	〃	–	–	–	–	764	764	815
〃	7/1.0 〃 5.5	〃	–	–	–	–	1,912	1,912	2,040
〃	7/0.6 25C 2	〃	–	–	–	–	1,002	1,002	1,069
〃	7/0.8 〃 3.5	〃	–	–	–	–	1,749	1,749	1,866
〃	7/0.6 30C 2	〃	–	–	–	–	1,121	1,121	1,196
〃	7/0.8 〃 3.5	〃	–	–	–	–	2,122	2,122	2,264
제 어 용 비 닐	2C 1.25㎟	〃	–	–	–	–	–	–	–
절연차폐케이블	2C 2	〃	–	–	–	–	–	–	–
(CVV-S)	2C 3.5	〃	–	–	–	–	–	–	–
〃	2C 5.5	〃	–					–	–
(CVV-SB)	2C 1.25㎟	〃	–					–	–
〃	2C 2	〃	–					–	–
〃	2C 3.5	〃	–					–	–
〃	2C 5.5	〃	–					–	–
수 중 케 이 블	3C 2.0㎟(원형, 2중)	〃	–					–	–
〃	3.5㎟ 〃	〃	–					–	–
〃	5.5㎟ 〃	〃	–	–	–	–	–	–	–
〃	8.0㎟ 〃	〃	–	–	–	–	–	–	–
내 화 전 선	1C 3.5㎟	〃	–					–	–
(F-FR8)	5.5	〃	–					–	–
〃	8.0	〃	–					–	–
〃	14.0	〃	–					–	–
〃	2C 3.5	〃	–					–	–
〃	5.5	〃	–					–	–
〃	8.0	〃	–					–	–
〃	14.0	〃	–					–	–
내 열 전 선	1.6㎜ 2C	〃	–	–	–	–	–	–	–
(F-FR3)	3	〃	–	–	–	–	–	–	–
〃	4	〃	–	–	–	–	–	–	–
〃	5	〃	–	–	–	–	–	–	–
600V비닐절연비닐	2C 2㎟	〃	–	–	–	–	143	143	153
캡타이어케이블	〃 8	〃	–	–	–	–	467	467	500
(VCT)	3C 2	〃	–	–	–	–	179	179	192
〃	〃 8	〃	–	–	–	–	570	570	610
〃	4C 2	〃	–	–	–	–	220	220	236
〃	〃 8	〃	–	–	–	–	705	705	755
인입용비닐절연전선	2개연 2㎜	〃	–	61	61	72	80	80	86
(DV)	3개연 2	〃	–	95	95	119	133	133	143
PE절연비닐시스	0.5㎜ 5Pair	〃	–	–	–	193	215	215	230
시 내 쌍 케 이 블	〃 20	〃	–	–	–	293	326	326	349
(CPEV)	0.65 5	〃	–	–	–	259	288	288	309
〃	〃 20	〃	–	–	–	527	585	585	626
〃	0.9 5	〃	–	–	–	317	352	352	377
〃	〃 20	〃	–	–	–	745	827	827	886

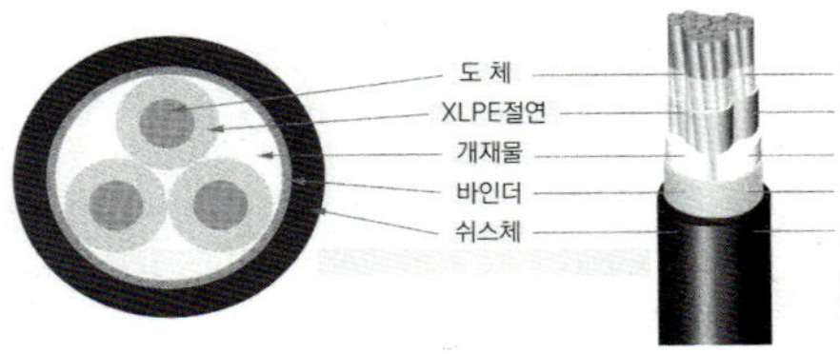

〈참고〉
전선이나 케이블의 종류에는 절연전선, 코드, 캡타이어 케이블, 고압 케이블, 저압 케이블 및 나전선 등이 있다. 도체로는 동(연동 및 경동), 알루미늄 합금, 동합금 등이 사용된다. 절연체나 보호 피복 재료로는 천연고무, 합성고무, 합성수지 등이 사용되고 있으나 최근에는 합성수지의 발달로 거의 합성수지가 사용되고 있다. 이러한 전선이나 케이블은 그 종류가 대단히 많을 뿐 아니라 종류에 따라 특성에 차이가 있으므로, 설계나 사용 과정에서는 사용 목적에 적합한 것을 선정하여야 한다.

주 1) CVV전선 20C 2000년 이전에는 19C임.
2) CVV전선 25C 2000년 이전에는 24C임.
3) CVV전선 30C 2000년 이전에는 27C임.

1977	1978	1979	1980	1981	1982	1983	1984	1985	1986	1987	1988	1989
692	859	1,093	1,478	1,538	1,538	1,307	1,190	1,180	1,110	1,233	1,392	1,392
1,924	2,389	2,971	4,425	4,604	4,604	3,913	3,560	3,500	3,310	3,577	4,046	4,046
789	980	1,256	1,763	1,835	1,835	1,560	1,420	1,380	1,340	1,450	1,647	1,647
1,792	2,225	2,678	4,573	4,758	4,758	4,044	3,680	3,600	–	3,573	4,112	4,112
825	1,025	1,312	2,870	2,986	2,986	2,538	2,310	2,250	1,605	1,855	2,016	2,016
2,064	2,563	3,188	4,897	5,095	5,095	4,330	3,940	3,850	3,605	4,292	4,848	4,848
1,082	1,344	1,755	2,672	2,780	2,780	2,363	2,150	2,100	2,000	2,306	2,736	2,736
1,888	2,344	2,755	4,077	4,242	4,242	3,605	3,280	3,250	3,060	3,507	4,259	4,259
1,210	1,504	1,961	2,995	3,116	3,116	2,648	2,410	2,350	2,215	2,642	3,026	3,026
2,290	2,843	3,038	4,536	4,720	4,720	4,011	3,650	3,600	3,400	3,819	4,688	4,688
–	–	–	–	–	–	422	385	380	360	391	441	441
–	–	–	–	–	–	521	475	470	440	464	524	524
–	–	–	–	–	–	635	580	575	540	586	672	672
–	–	–	–	–	–	872	795	790	740	770	887	887
–	–	–	–	–	–	523	425	420	450	491	547	547
–	–	–	–	–	–	682	555	550	500	624	734	734
–	–	–	–	–	–	823	670	640	790	1,062	1,200	1,200
–	–	–	–	–	–	1,057	860	850	1,000	1,153	1,302	1,302
–	–	–	–	1,010	1,010	1,010	960	909	910	910	1,149	1,081
–	–	–	–	1,480	1,480	1,480	1,406	1,332	1,330	1,330	1,507	1,419
–	–	–	–	2,100	2,100	2,100	1,995	1,890	1,890	1,890	1,964	1,848
–	–	–	–	2,890	2,890	2,890	2,746	2,601	2,600	2,600	2,340	2,202
–	–	–	–	767	767	767	767	650	560	612	740	696
–	–	–	–	930	930	930	930	800	705	776	931	876
–	–	–	–	1,092	1,092	1,092	1,092	940	840	925	1,110	1,045
–	–	–	–	1,572	1,572	1,572	1,572	1,350	1,210	1,332	1,599	1,505
–	–	–	–	1,447	1,447	1,447	1,447	1,245	1,150	1,268	1,521	1,432
–	–	–	–	1,765	1,765	1,765	1,765	1,518	1,420	1,561	1,941	1,763
–	–	–	–	2,915	2,915	2,915	2,915	2,500	2,230	2,451	2,941	2,768
–	–	–	–	3,892	3,892	3,892	3,892	3,380	2,930	3,222	3,866	3,639
–	–	–	–	489	489	489	489	775	660	733	880	828
–	–	–	–	904	904	904	904	900	760	840	1,008	949
–	–	–	–	1,035	1,035	1,035	1,035	1,020	900	997	1,196	1,126
–	–	–	–	1,190	1,190	1,190	1,190	1,300	1,150	1,280	1,535	1,445
162	200	255	370	385	385	345	320	320	290	425	412	412
530	636	839	1,175	1,221	1,221	983	915	910	830	1,133	1,155	1,155
204	254	335	468	487	487	436	405	405	370	520	565	565
646	803	1,110	1,554	1,617	1,617	1,354	1,260	1,260	1,150	1,438	1,561	1,561
250	311	412	576	599	599	599	495	495	450	638	654	654
799	993	1,373	1,926	2,000	2,000	2,000	1,660	1,660	1,530	2,163	2,215	2,215
91	114	150	209	217	217	213	200	190	179	209	243	243
194	227	300	418	434	434	434	360	355	260	303	362	362
230	286	298	398	406	406	350	325	320	360	457	581	516
349	559	581	780	796	796	703	650	635	670	813	1,033	918
309	360	394	528	539	539	413	380	370	440	549	698	620
626	778	810	1,085	1,107	1,107	950	855	850	820	959	1,219	1,084
377	457	475	638	651	651	654	605	590	590	651	828	736
886	1,100	1,145	1,537	1,568	1,568	1,435	1,335	1,300	1,220	1,407	1,788	1,589

전 기 자 재(2)

품 명	규 격	단위	1990	1991	1992	1993	1994	1995	1996
전선·케이블									
절연난연시스	12C 2.5㎟	m	1,392	1,305	1,305	1,256	1,275	1,431	1,197
제 어 케 이 블	12C 6㎟	〃	4,046	3,787	3,787	3,643	3,783	4,245	3,553
(F-CVV)	15C 2.5㎟	〃	1,647	1,544	1,544	1,485	1,651	1,853	1,551
〃	15C 6㎟	〃	4,112	3,855	3,855	3,708	3,651	4,735	3,126
〃	20C 2.5㎟	〃	2,016	1,890	1,890	1,818	1,791	2,095	1,753
〃	20C 6㎟	〃	4,848	4,545	4,545	4,372	4,305	4,613	3,961
〃	25C 2.5㎟	〃	2,736	2,565	2,565	2,468	2,430	2,648	2,216
〃	25C 4㎟	〃	4,259	3,993	3,993	3,841	3,782	4,105	3,436
〃	30C 2.5㎟	〃	3,026	2,837	2,837	2,729	2,687	2,889	2,418
〃	30C 4㎟	〃	4,688	4,401	4,401	4,228	4,163	4,491	3,758
절연난연시스	2C 1.5㎟	〃	441	414	414	401	484	543	454
제어차폐케이블	2C 2.5㎟	〃	524	492	492	477	526	591	494
(F-CVV-S)	2C 4㎟	〃	672	630	630	611	651	730	611
〃	2C 6㎟	〃	887	831	831	807	855	960	803
(F-CVV-SB)	2C 1.5㎟	〃	547	513	513	488	512	574	480
〃	2C 2.5㎟	〃	734	688	688	656	686	770	644
〃	2C 4㎟	〃	1,200	1,125	1,125	1,072	1,069	972	814
〃	2C 6㎟	〃	1,302	1,221	1,221	1,164	1,161	1,175	983
수 중 케 이 블	2㎟	〃	1,081	1,014	1,014	1,014	1,014	1,085	-
〃	4㎟	〃	1,419	1,383	1,330	1,330	1,330	1,422	-
〃	6㎟	〃	1,848	1,802	1,733	1,733	1,733	1,857	-
〃	10㎟	〃	2,202	2,146	2,064	2,064	2,064	2,207	-
난연PVC시스	1C 4㎟	〃	696	653	653	619	745	857	717
트레이용내화케이블	1C 6㎟	〃	876	822	822	779	882	1,014	849
(TFR-8)	1C 10㎟	〃	1,045	980	980	930	1,011	1,163	973
〃	1C 16㎟	〃	1,505	1,411	1,411	1,340	1,455	1,673	1,401
〃	2C 4㎟	〃	1,432	1,342	1,342	1,274	1,413	1,625	1,360
〃	2C 6㎟	〃	1,763	1,653	1,653	1,569	1,750	2,012	1,684
〃	2C 10㎟	〃	2,768	2,595	2,595	2,463	2,463	2,374	1,987
〃	2C 16㎟	〃	3,639	3,411	3,411	3,238	3,238	3,191	2,670
난연PVC시스	1.5㎟(1.38㎜) 단선 2C	〃	828	777	777	737	737	767	642
화재경보용내열케이블	1.5㎟(1.38㎜) 단선 3C	〃	949	890	890	844	844	937	785
(TFR-3)	1.5㎟(1.38㎜) 단선 4C	〃	1,126	1,056	1,056	1,002	1,002	1,248	1,045
〃	1.5㎟(1.38㎜) 단선 5C	〃	1,445	1,355	1,355	1,286	1,286	1,436	1,202
비닐절연비닐	2C 2.5㎟	〃	412	386	386	386	386	336	374
캡타이어케이블	2C 10㎟	〃	1,155	1,083	1,083	1,083	1,083	1,033	1,090
(VCT)	3C 2.5㎟	〃	565	530	530	530	530	530	451
〃	3C 10㎟	〃	1,561	1,464	1,464	1,464	1,464	1,434	1,427
〃	4C 2.5㎟	〃	654	614	614	614	614	614	579
〃	4C 10㎟	〃	2,215	2,082	2,082	2,082	2,082	2,082	1,897
인입용비닐절연전선	2개연 2㎜	〃	243	228	228	185	277	329	266
(DV)	3개연 2㎜	〃	362	339	339	276	388	461	373
폴리에틸렌절연비닐	0.5 ㎜ 5pair	〃	516	484	500	410	455	511	427
시스시내쌍케이블	0.5 ㎜ 20pair	〃	918	861	888	729	744	834	698
(CPEV)	0.65㎜ 5pair	〃	620	582	600	492	517	581	486
〃	0.65㎜ 20pair	〃	1,084	1,016	1,009	828	959	1,076	901
〃	0.9 ㎜ 5pair	〃	736	690	732	601	617	692	579
〃	0.9 ㎜ 20pair	〃	1,589	1,490	1,597	1,311	1,564	1,754	1,468

주 1) CVV전선 20C 2000년 이전에는 19C임.
2) CVV전선 25C 2000년 이전에는 24C임.
3) CVV전선 30C 2000년 이전에는 27C임.

1997	1998	1999	2000	2001	2002	2003	2004	2005	2006	2007	2008	2009
1,197	1,679	1,368	1,352	1,414	1,521	1,521	2,370	2,389	3,391	4,401	4,363	5,292
3,553	4,983	4,060	4,014	4,574	4,921	4,921	7,668	7,729	10,972	8,721	8,062	9,780
1,551	2,175	1,772	1,752	1,753	1,887	1,887	2,940	2,964	4,207	5,248	5,199	6,309
3,126	4,384	3,572	3,532	4,059	4,368	4,368	6,806	6,860	9,739	10,598	9,790	11,869
1,753	2,495	2,003	1,980	2,238	2,408	2,408	3,753	3,783	5,371	6,695	6,580	7,972
3,961	5,415	4,412	4,362	5,340	5,746	5,746	8,953	9,024	12,811	13,988	-	-
2,216	3,108	2,532	2,503	2,753	2,962	2,962	4,615	4,652	6,603	8,181	8,034	9,745
3,436	4,818	3,926	3,881	4,226	4,547	4,547	7,085	7,142	10,139	12,769	12,582	15,250
2,418	3,391	2,763	2,731	3,239	3,485	3,485	5,430	5,474	7,771	9,676	9,535	11,564
3,758	5,271	4,295	4,246	5,182	5,576	5,576	8,688	8,757	12,432	15,092	14,838	17,986
501	637	519	513	452	487	487	758	781	1,304	1,295	1,286	1,521
545	693	564	558	526	566	566	883	909	1,504	1,493	1,472	1,738
674	857	698	690	635	683	683	1,065	1,097	1,983	1,968	1,922	2,275
888	1,126	917	907	940	1,012	1,012	1,576	1,624	2,409	2,391	2,180	2,578
530	673	549	542	506	582	582	862	968	1,429	1,419	1,420	1,675
711	903	736	728	611	678	678	1,004	1,181	1,704	1,691	1,652	1,950
900	1,141	930	919	866	818	818	1,212	1,613	2,187	2,171	2,064	2,442
1,086	1,379	1,123	1,110	1,198	1,211	1,211	1,794	2,156	2,721	2,700	2,180	2,905
-	-	-	470	455	455	491	634	646	940	933	-	-
-	-	-	708	686	686	740	909	926	1,348	1,338	1,351	2,085
-	-	-	1,067	1,034	1,034	1,116	1,442	1,469	2,139	2,122	1,964	3,039
-	-	-	1,474	1,428	1,428	1,542	1,992	2,029	2,954	2,932	3,112	4,826
792	1,089	819	800	660	710	711	929	901	1,256	1,115	1,040	1,291
938	1,289	969	947	786	845	846	1,105	1,072	1,464	1,296	1,209	1,499
1,075	1,478	1,112	1,087	1,010	1,087	1,087	1,420	1,377	2,106	1,868	1,742	2,163
1,550	2,028	1,600	1,564	1,119	1,204	1,205	1,574	1,527	2,368	2,330	2,172	2,603
1,504	2,066	1,554	1,518	1,477	1,589	1,613	2,107	2,044	2,700	2,395	2,233	2,775
1,862	2,558	1,924	1,880	1,879	2,022	2,052	2,681	2,600	3,144	2,785	2,597	3,229
2,197	3,018	2,270	2,218	2,172	2,337	2,372	3,099	3,006	4,530	4,011	3,739	4,649
2,953	4,057	3,051	2,982	2,427	2,612	2,648	3,459	3,356	5,093	5,004	4,665	5,587
709	975	733	717	703	756	757	1,014	994	1,653	1,432	1,335	1,632
867	1,192	896	876	842	906	907	1,215	1,191	1,895	1,642	1,531	1,871
1,155	1,587	1,194	1,167	1,022	1,099	1,100	1,473	1,444	2,187	1,895	1,766	2,158
1,329	1,826	1,373	1,342	1,180	1,269	1,270	1,701	1,667	2,486	2,154	2,008	2,453
374	504	385	373	361	373	391	521	544	844	875	815	900
1,090	1,470	1,180	1,144	1,109	1,144	1,201	1,602	1,670	2,594	2,863	2,669	2,946
451	609	460	446	432	446	468	624	651	1,011	1,180	1,100	1,214
1,427	1,926	1,560	1,513	1,466	1,513	1,588	2,118	2,208	3,430	4,023	3,750	4,140
579	781	590	572	554	572	600	800	834	1,296	1,510	1,408	1,555
1,897	2,560	2,000	1,940	1,880	1,940	2,037	2,717	2,832	4,399	5,253	4,898	5,405
266	373	339	284	263	276	284	378	384	570	522	486	556
373	523	475	443	411	432	444	591	600	892	816	760	869
427	632	499	499	488	555	555	704	776	1,205	1,196	1,115	1,231
698	1,033	907	907	887	1,008	1,008	1,278	1,306	2,027	2,011	1,875	2,070
486	719	596	596	583	663	663	841	878	1,364	1,353	1,262	1,392
901	1,333	1,194	1,194	1,167	1,327	1,327	1,683	1,719	2,668	2,648	2,469	2,725
579	857	778	778	761	865	865	1,097	1,120	1,739	1,726	1,609	1,776
1,468	2,173	1,998	1,998	1,954	2,221	2,221	2,817	2,877	4,466	4,432	4,132	4,560

전 기 자 재(2)

품 명	규 격	단위	2010	2011	2012	2013	2014	2015	2016
전선·케이블									
절연난연시스	12C 2.5㎟	m	5,462	5,300	5,548	5,357	5,241	4,870	4,645
제어케이블	12C 6㎟	〃	10,093	9,795	10,253	9,901	9,685	9,000	8,583
(F-CVV)	15C 2.5㎟	〃	6,511	6,319	6,614	6,387	6,248	5,806	5,537
〃	15C 6㎟	〃	12,249	11,887	12,443	12,015	11,754	10,922	10,416
〃	20C 2.5㎟	〃	8,227	7,984	8,357	8,070	7,894	7,336	6,996
〃	20C 6㎟	〃	-	-	-	-	-	-	-
〃	25C 2.5㎟	〃	10,057	9,760	10,216	9,865	9,651	8,968	8,552
〃	25C 4㎟	〃	15,738	15,273	15,987	15,437	15,102	14,033	13,383
〃	30C 2.5㎟	〃	11,934	11,581	12,122	11,706	11,451	10,641	10,148
〃	30C 4㎟	〃	18,562	18,013	18,855	18,207	17,811	16,551	15,785
절연난연시스	2C 1.5㎟	〃	1,571	1,524	1,595	1,540	1,507	1,400	1,335
제어차폐케이블	2C 2.5㎟	〃	1,796	1,741	1,823	1,760	1,722	1,600	1,526
(F-CVV-S)	2C 4㎟	〃	2,350	2,279	2,385	2,303	2,253	2,094	1,997
〃	2C 6㎟	〃	2,664	2,583	2,704	2,611	2,554	2,374	2,264
(F-CVV-SB)	2C 1.5㎟	〃	1,731	1,679	1,757	1,697	1,660	1,542	1,471
〃	2C 2.5㎟	〃	2,015	1,954	2,045	1,975	1,932	1,795	1,712
〃	2C 4㎟	〃	2,522	2,446	2,560	2,472	2,419	2,243	2,144
〃	2C 6㎟	〃	3,001	2,910	3,046	2,942	2,878	2,674	2,550
수중케이블	2㎟	〃	-	-	-	-	-	-	-
〃	4㎟	〃	2,221	2,172	2,262	2,175	2,207	2,100	2,100
〃	6㎟	〃	3,236	3,164	3,296	3,169	3,215	3,100	3,100
〃	10㎟	〃	5,139	5,026	5,235	5,032	5,107	4,800	4,800
난연PVC시스	1C 4㎟	〃	1,406	1,350	1,439	1,373	1,333	1,147	1,094
트레이용내화케이블	1C 6㎟	〃	1,633	1,568	1,671	1,594	1,548	1,332	1,271
(TFR-8)	1C 10㎟	〃	2,356	2,262	2,410	2,300	2,233	1,922	1,833
〃	1C 16㎟	〃	2,835	2,722	2,900	2,768	2,687	2,313	2,206
〃	2C 4㎟	〃	3,022	2,902	3,092	2,950	2,864	2,466	2,351
〃	2C 6㎟	〃	3,517	3,377	3,598	3,433	3,333	2,869	2,736
〃	2C 10㎟	〃	5,064	4,862	5,180	4,943	4,799	4,131	3,940
〃	2C 16㎟	〃	6,086	5,844	6,226	5,941	5,768	4,965	4,735
난연PVC시스	1.5㎟(1.38㎜) 단선 2C	〃	1,783	1,712	1,824	1,741	1,690	1,455	1,388
화재경보용내열케이블	1.5㎟(1.38㎜) 단선 3C	〃	2,044	1,963	2,091	1,996	1,937	1,568	1,590
(TFR-3)	1.5㎟(1.38㎜) 단선 4C	〃	2,358	2,264	2,412	2,301	2,234	1,923	1,834
〃	1.5㎟(1.38㎜) 단선 5C	〃	2,681	2,574	2,742	2,617	2,541	2,187	2,086
비닐절연비닐	2C 2.5㎟	〃	966	927	982	931	1,025	918	918
캡타이어케이블	2C 10㎟	〃	3,158	3,032	3,211	3,045	3,350	3,017	3,017
(VCT)	3C 2.5㎟	〃	1,302	1,250	1,324	1,255	1,381	1,245	1,245
〃	3C 10㎟	〃	4,438	4,261	4,513	4,280	4,708	3,778	3,778
〃	4C 2.5㎟	〃	1,666	1,600	1,694	1,607	1,768	1,589	1,589
〃	4C 10㎟	〃	5,795	5,564	5,893	5,589	6,148	5,534	5,534
인입용비닐절연전선	2개연 2㎜	〃	611	631	668	634	646	572	572
(DV)	3개연 2㎜	〃	955	987	1,045	991	1,010	888	888
폴리에틸렌절연비닐	0.5 ㎜ 5pair	〃	1,311	1,282	1,336	1,284	1,303	698	673
시스시내쌍케이블	0.5 ㎜ 20pair	〃	2,203	2,155	2,245	2,158	2,190	2,123	2,046
(CPEV)	0.65㎜ 5pair	〃	1,482	1,450	1,510	1,452	1,473	990	954
〃	0.65㎜ 20pair	〃	2,902	2,838	2,956	2,842	2,884	3,113	3,000
〃	0.9 ㎜ 5pair	〃	1,891	1,849	1,927	1,852	1,879	1,793	1,728
〃	0.9 ㎜ 20pair	〃	4,855	4,748	4,946	4,754	4,825	5,280	5,088

주 1) CVV전선 20C 2000년 이전에는 19C임.
2) CVV전선 25C 2000년 이전에는 24C임.
3) CVV전선 30C 2000년 이전에는 27C임.

2017	2018	2019	2020	2021	2022	2023	2024	2025					
5,199	5,199	5,199	5,333	6,879	6,729	6,728	7,549	7,718					
9,608	9,608	9,608	9,855	12,713	12,435	12,433	13,951	14,262					
6,198	6,198	6,198	6,357	8,201	8,021	8,020	9,000	9,200					
11,660	11,660	11,660	11,960	1,549	15,090	15,088	16,931	17,308					
7,832	7,832	7,832	8,033	10,363	10,135	10,134	11,371	11,625					
-	-	-	-	-	-	-	-	-					
9,574	9,574	9,574	9,819	12,668	12,390	12,388	13,901	14,211					
14,982	14,982	14,982	15,366	19,823	19,388	19,386	21,753	22,238					
11,360	11,360	11,360	11,652	15,032	14,702	14,700	16,495	16,863					
17,670	17,670	17,670	18,123	23,380	22,867	22,864	25,656	26,228					
1,495	1,495	1,495	1,533	1,978	1,934	1,934	2,170	2,219					
1,708	1,708	1,708	1,752	2,260	2,211	2,210	2,480	2,536					
2,235	2,235	2,235	2,293	2,958	2,893	2,892	3,246	3,318					
2,534	2,534	2,534	2,599	3,353	3,279	3,279	3,679	3,761					
1,647	1,647	1,647	1,689	2,179	2,131	2,131	2,391	2,444					
1,917	1,917	1,917	1,966	2,536	2,481	2,480	2,783	2,845					
2,399	2,399	2,399	2,461	3,175	3,105	3,105	3,484	3,562					
2,855	1,855	1,855	2,928	3,778	3,695	3,694	4,145	4,238					
-	-	-	-	-	-	-	-	-					
2,197	2,197	2,197	2,254	2,908	3,353	3,353	3,762	3,846					
3,244	3,244	3,244	3,327	4,292	4,885	4,884	5,481	5,603					
5,023	5,023	5,023	5,152	6,646	7,756	7,755	8,702	8,896					
1,225	1,225	1,225	1,256	1,621	1,585	1,585	1,778	1,818					
1,422	1,422	1,422	1,459	1,882	1,841	1,840	2,065	2,111					
2,052	2,052	2,052	2,105	2,715	2,655	2,655	2,979	3,046					
2,469	2,469	2,469	2,533	3,267	3,196	3,195	3,585	3,665					
2,632	2,632	2,632	2,700	3,483	3,406	3,406	3,822	3,907					
3,063	3,063	3,063	3,142	4,053	3,964	3,964	4,448	4,547					
4,410	4,410	4,410	4,523	5,835	5,707	5,706	6,403	6,546					
5,300	5,300	5,300	5,436	7,013	6,859	6,858	7,696	7,867					
1,553	1,553	1,553	1,593	2,055	2,010	2,010	2,255	2,306					
1,780	1,780	1,780	1,826	2,356	2,304	2,304	2,585	2,643					
2,053	2,053	2,053	2,106	2,717	2,657	2,657	2,981	3,048					
2,335	2,335	2,335	2,395	3,089	3,022	3,021	3,390	3,466					
975	975	975	1,092	1,524	1,474	1,473	1,713	1,763					
3,204	3,204	3,204	3,588	5,005	4,842	4,838	5,627	5,791					
1,322	1,322	1,322	1,481	2,066	1,998	1,997	2,323	2,390					
4,012	4,012	4,012	4,494	6,268	6,064	6,059	7,047	7,253					
1,687	1,687	1,687	1,890	2,636	2,550	2,548	2,964	3,050					
5,877	5,877	5,877	6,582	9,181	8,881	8,875	10,322	10,623					
608	608	608	629	877	848	848	986	1,015					
943	943	943	975	1,360	1,316	1,315	1,529	1,574					
715	715	715	739	1,031	998	997	1,159	1,193					
2,173	2,173	2,173	2,247	3,134	3,032	3,030	3,524	3,626					
1,013	1,013	1,013	1,048	1,462	1,414	1,413	1,643	1,691					
3,186	3,186	3,186	3,295	4,596	4,446	4,443	5,167	5,317					
1,835	1,835	1,835	1,898	2,647	2,561	2,559	2,976	3,063					
5,403	5,403	5,403	5,588	7,795	7,540	7,535	8,764	9,019					

전 기 자 재(3)

품 명	규 격	단위	1970	1971	1972	1973	1974	1975	1976
전선·케이블									
국 내 케 이 블	2개연 10/0.6	m	-	-	-	127	142	142	152
(SWV-SH)	〃 20/0.6	〃	-	-	-	200	222	222	238
동 축 케 이 블	3C-2V	〃	-	-	-	88	98	98	105
(ECX)	7C-2V	〃	-	-	-	205	228	228	244
비닐옥내전화선	2심 0.8㎜	〃	-	-	-	18	20	20	22
(TIV)	〃 1.0	〃	-	-	-	34	38	38	41
비닐옥외전화선 (TOV)	〃 1.2	〃	-	-	-	39	44	44	47
고 무 코 드	RFF 0.75㎟	〃	-	-	-	54	60	60	65
〃	〃 2.0	〃	-	-	-	87	97	97	104
고 무 절 연	2RNCT 2심 2.0㎟	〃	-	-	-	-	242	242	260
캡타이어케이블	〃 〃 14	〃	-	-	-	-	1,035	1,035	1,110
〃	2RNCT 3심 2.0	〃	-	-	-	-	345	345	370
〃	〃 〃 14	〃	-	-	-	-	1,483	1,483	1,590
기구용비닐코드	VFF 20/0.18	〃	-	-	-	28	32	32	34
〃	〃 50/0.18	〃	-	-	-	57	64	64	69
전기용나동선	경동연선 단선 2.0㎜	〃	23	25	25	27	31	31	34
〃	〃 연선 8.0㎟	〃	-	62	62	80	89	89	96
〃	〃 〃 22	〃	-	177	177	200	223	223	250
〃	연동연선 단선 2.0㎜	〃	24	26	26	27	31	31	34
〃	〃 연선 8㎟	〃	649	649	649	774	889	889	905
〃	〃 〃 22	〃	178	178	178	212	244	244	249
에 나 멜 동 선	PEW/UEW 0.5㎜	kg	1,203	1,203	1,203	1,754	2,015	2,015	2,051
〃	〃 1.0	〃	1,173	1,196	1,196	1,611	1,850	1,850	1,883
전선부자재									
압 착 단 자	1.25㎟-3,4㎜Ⓚ	개	-	-	5	5	5	7	7
강 제 전 선 관	아연도금 16㎜	m	112	114	114	168	222	222	222
〃	〃 22	〃	138	144	144	215	284	284	284
〃	〃 36	〃	240	249	249	339	449	449	449
P V C 전 선 관	VE 16	〃	55	50	52	65	85	85	85
〃	〃 22	〃	55	64	64	80	102	102	102
〃	〃 36	〃	180	176	176	210	284	284	284
〃	HI 16	〃	-	-	-	-	-	-	-
〃	〃 22	〃	-	-	-	-	-	-	-
〃	〃 36	〃	-	-	-	-	-	-	-
에틸렌전선관	16㎜	〃	-	-	-	-	-	-	-
〃	22	〃	-	-	-	-	-	-	-
〃	36	〃	-	-	-	-	-	-	-
강제전선관부품	부 싱 22㎜	개	7	8	8	25	25	25	25
〃	〃 36	〃	15	16	16	60	60	60	60
〃	새 들 22	〃	4	4	4	9	9	9	9
〃	〃 36	〃	10	10	10	21	21	21	21

주 1) 나동선 경동연선은 2000년 이전에는 경동선임.
2) 나동선 연동연선은 2000년 이전에는 연동선임.
3) 압착단자 2000년 이전에는 비KS제품임.
4) 동축케이블 5C-2V는 2006년 이전 3C-2V임.
5) 고무절연캡타이어케이블 PNCT는 2006년 이전 2RNCT임.
6) PNCT 2006년 이전 1.5㎟는 2.0㎟, 10㎟는 14㎟임.

1977	1978	1979	1980	1981	1982	1983	1984	1985	1986	1987	1988	1989
152	189	196	255	268	268	308	293	293	293	310	527	468
238	296	309	400	420	420	464	441	441	441	470	728	647
105	131	145	148	148	148	148	150	140	150	255	324	288
244	303	399	546	546	546	546	510	510	460	538	684	610
22	28	37	48	52	52	52	47	40	40	46	57	50
41	53	70	91	98	98	98	88	85	75	85	104	92
47	61	80	107	115	115	115	104	95	90	95	109	97
65	76	100	130	160	160	160	152	144	145	140	136	128
104	122	160	260	310	310	310	295	279	280	270	243	229
260	395	494	530	550	550	550	523	553	495	520	779	733
1,110	1,110	1,230	1,990	2,190	2,190	2,190	2,081	2,124	1,970	2,080	2,790	2,626
454	529	662	710	800	800	800	760	760	720	760	986	928
1,590	1,590	1,750	2,880	3,190	3,190	3,190	3,031	3,051	2,870	3,030	3,429	3,228
34	44	56	61	66	66	66	50	45	45	45	61	50
69	90	112	123	132	132	132	100	80	80	80	110	95
34	40	49	56	75	75	70	70	68	65	72	109	109
96	102	129	149	180	180	180	180	178	180	187	315	315
250	284	357	406	505	505	495	495	495	480	549	884	884
34	41	50	59	70	70	75	75	68	65	72	109	109
905	106	130	153	180	180	180	180	178	180	187	315	315
249	292	360	415	495	495	505	505	496	480	549	884	884
2,051	1,868	2,106	3,219	3,219	3,219	3,094	2,862	2,862	2,840	2,950	3,980	3,940
1,883	1,715	1,952	3,007	3,007	3,007	2,880	2,642	2,642	2,640	2,750	3,625	3,620
7	7	7	10	10	7	7	7	7	7	7	7	7
222	237	300	362	551	550	550	520	485	540	555	597	608
284	304	386	446	704	703	703	670	620	690	710	763	777
449	481	610	737	1,217	1,127	1,127	1,070	815	1,085	1,135	1,224	1,246
70	70	120	166	215	215	201	180	172	160	168	199	199
85	85	144	199	257	257	240	250	205	195	200	238	238
240	240	404	557	723	723	635	635	577	545	567	668	668
–	–	141	197	250	250	241	210	203	190	197	217	227
–	–	169	236	301	301	289	250	243	230	236	261	272
–	–	404	577	845	845	734	635	600	585	660	731	764
–	–	121	139	190	190	190	173	140	147	147	159	150
–	–	139	163	262	262	262	238	180	201	201	219	190
–	–	390	455	574	574	574	522	420	451	451	482	460
20	17	18	21	21	21	50	50	75	70	70	89	89
50	45	40	58	58	58	110	110	160	150	150	190	190
8	8	8	16	16	16	18	25	24	24	25	30	30
18	13	16	32	32	32	36	50	48	48	50	57	57

전 기 자 재(3)

품 명	규 격	단위	1990	1991	1992	1993	1994	1995	1996
전선·케이블									
비닐절연비닐시스	2개연 10/0.6	m	468	439	439	367	473	544	473
전화용국내케이블	2개연 20/0.6	〃	647	606	606	507	643	740	643
고주파폴리에틸렌	5C-2V	〃	288	270	270	231	246	259	218
절연동축케이블 (ECX)	7C-2V	〃	610	570	570	489	698	736	620
PVC옥내전화선(TIV)	2P 0.8㎜	〃	50	48	48	40	54	62	52
8자형옥외전화선	2P 1.0㎜	〃	92	87	87	73	101	116	97
(TOV)	2P 1.2㎜	〃	97	91	91	76	106	121	102
고 무 코 드	CTF 0.75㎟ 2C	〃	128	120	120	120	129	134	-
〃	CTF 1.5㎟ 2C	〃	229	215	215	215	232	241	-
고 무 절 연	PNCT 2심 1.5㎟	〃	733	687	687	687	719	1,009	988
캡타이어케이블	PNCT 2심 10㎟	〃	2,626	2,462	2,462	2,462	2,689	3,091	3,026
〃	PNCT 3심 1.5㎟	〃	928	870	870	870	915	1,242	1,216
〃	PNCT 3심 10㎟	〃	3,228	3,026	3,026	3,026	3,368	4,198	4,110
기구용비닐코드	VFF 2심 0.5㎟	〃	50	45	45	45	58	54	54
〃	VFF 2심 0.75㎟	〃	95	90	90	90	116	109	118
전기용나동선	경동연선 AS 2.0㎟	〃	109	102	102	80	80	92	85
〃	경동연선 AS 8.0㎟	〃	315	263	263	210	212	244	225
〃	경동연선 AS 22.0㎟	〃	884	737	737	588	706	811	750
〃	연동연선 HS 2.0㎟	〃	109	102	102	80	80	92	85
〃	연동연선 HS 8.0㎟	〃	315	263	263	210	212	244	225
〃	연동연선 HS 22.0㎟	〃	884	737	737	588	706	811	750
에 나 멜 동 선	PEW/UEW 0.5㎜	kg	3,600	3,400	3,400	2,780	3,474	4,135	3,560
〃	PEW/UEW 1.0㎜	〃	3,430	3,230	3,230	2,584	3,281	3,913	3,360
전선부자재									
압 착 단 자	1.5㎟ - 4, 5㎜	개	7	7	6	6	5	4	4
강 제 전 선 관	아연도금 16㎜	m	608	638	690	690	696	745	745
〃	아연도금 22㎜	〃	777	816	883	883	892	954	954
〃	아연도금 36㎜	〃	1,246	1,309	1,416	1,416	1,428	1,529	1,529
P V C 전 선 관	VE 16㎜	〃	222	-	-	-	-	-	-
〃	VE 22㎜	〃	270	-	-	-	-	-	-
〃	VE 36㎜	〃	759	-	-	-	-	-	-
〃	HI 16㎜	〃	238	198	204	214	240	279	235
〃	HI 22㎜	〃	286	237	244	257	288	335	283
〃	HI 36㎜	〃	826	665	673	721	807	905	760
폴리에틸렌전선관	16㎜	〃	153	157	136	128	137	137	140
〃	22㎜	〃	209	214	186	174	186	186	186
〃	36㎜	〃	464	474	412	387	413	413	413
강제전선관부품	부싱 22㎜	개	90	90	90	90	90	102	102
〃	부싱 36㎜	〃	200	200	200	200	200	215	215
〃	새들 22㎜	〃	30	30	25	25	25	53	53
〃	새들 36㎜	〃	37	37	45	45	45	85	85

주 1) 나동선 경동연선은 2000년 이전에는 경동선임.
2) 나동선 연동연선은 2000년 이전에는 연동선임.
3) 압착단자 2000년 이전에는 비KS제품임.
4) 압착단자 2022년부터 1.5㎟ - 3, 4㎜ 규격 사용.
5) 동축케이블 5C-2V는 2006년 이전 3C-2V임.
6) 고무절연캡타이어케이블 PNCT는 2006년 이전 2RNCT임.
7) PNCT 2006년 이전 1.5㎟는 2.0㎟, 10㎟는 14㎟임.

1997	1998	1999	2000	2001	2002	2003	2004	2005	2006	2007	2008	2009
473	673	554	554	677	677	697	946	975	1,365	1,182	1,102	1,216
643	916	729	729	892	892	918	1,246	1,284	1,797	1,557	1,452	1,602
218	306	245	240	240	267	267	327	327	667	695	648	695
620	883	615	557	557	619	619	758	830	1,179	1,241	1,157	1,230
52	75	55	50	50	50	55	68	70	104	103	96	105
97	114	96	92	92	92	97	121	125	185	184	171	186
102	140	116	111	111	111	117	145	149	220	219	204	221
-	-	160	155	147	150	155	223	234	335	589	549	541
-	-	260	252	239	244	245	352	370	528	920	858	845
988	1,593	1,380	1,380	1,380	1,380	1,380	1,988	1,988	2,301	1,737	1,557	1,718
3,026	4,881	4,230	4,230	4,230	4,230	4,230	6,093	6,093	6,950	5,627	5,045	5,568
1,216	1,960	1,699	1,699	1,699	1,699	1,699	2,447	2,447	2,627	2,117	1,898	2,094
4,110	6,628	5,744	5,744	5,744	5,744	5,744	8,274	8,274	8,393	7,581	6,796	7,501
54	80	63	61	58	59	59	82	86	126	130	121	138
118	151	130	126	120	123	123	172	180	263	271	253	289
85	135	109	109	67	68	74	121	141	226	184	172	213
225	339	289	288	243	245	268	484	562	904	738	688	855
750	992	962	961	764	772	845	1,293	1,277	2,055	1,676	1,563	1,941
89	135	109	109	67	68	74	121	141	226	184	172	213
235	339	289	288	243	245	268	484	562	904	738	688	855
786	992	962	961	764	772	845	1,293	1,277	2,055	1,676	1,563	1,941
3,928	4,780	4,480	4,480	4,610	4,610	4,840	6,462	6,821	10,880	9,437	8,798	10,928
3,730	4,630	4,330	4,330	4,460	4,460	4,683	6,261	6,609	10,542	9,144	8,524	10,589
4	5	5	5	36	36	36	39	32	32	28	26	25
868	1,022	1,004	1,004	1,004	1,127	1,204	1,606	1,547	1,501	1,576	2,197	2,197
1,113	1,309	1,285	1,285	1,285	1,444	1,533	2,045	1,970	1,941	2,038	2,842	2,842
1,783	2,097	2,060	2,060	2,060	2,312	2,436	3,250	3,130	3,184	3,344	4,662	4,662
-	-	-	279	270	248	248	284	308	360	342	440	440
-	-	-	334	324	298	298	342	370	432	410	529	529
-	-	-	937	908	835	835	957	1,035	1,210	1,150	1,480	1,480
235	291	288	279	270	248	248	284	308	360	342	440	440
283	347	345	334	324	298	298	342	370	432	410	529	529
760	947	968	937	908	835	835	957	1,035	1,210	1,150	1,480	1,480
154	195	195	186	186	167	167	197	201	207	197	260	260
204	285	285	271	271	244	244	288	294	302	287	363	363
480	700	700	572	572	515	515	607	620	638	606	788	788
102	147	125	115	115	115	115	145	145	145	145	153	153
215	383	325	300	300	300	300	380	380	380	380	386	386
53	58	45	45	45	45	45	57	57	57	57	76	76
85	95	80	80	80	80	80	101	101	101	101	129	129

전 기 자 재(3)

품명	규격	단위	2010	2011	2012	2013	2014	2015	2016
전선·케이블									
비닐절연비닐시스	2개연 10/0.6	m	1,295	1,266	1,319	1,268	1,287	840	770
전화용국내케이블	2개연 20/0.6	〃	1,706	1,668	1,737	1,670	1,695	1,440	1,364
고주파폴리에틸렌	5C-2V	〃	756	726	773	738	716	626	589
절연동축케이블 (ECX)	7C-2V	〃	1,339	1,285	1,370	1,307	1,269	1,109	1,044
PVC옥내전화선(TIV)	2P 0.8㎜	〃	113	116	123	118	119	139	139
8자형옥외전화선	2P 1.0㎜	〃	201	207	220	210	213	220	220
(TOV)	2P 1.2㎜	〃	239	247	262	250	254	-	-
고 무 코 드	CTF 0.75㎟ 2C	〃	552	571	605	573	585	561	561
〃	CTF 1.5㎟ 2C	〃	863	892	944	895	913	862	862
고 무 절 연	PNCT 2심 1.5㎟	〃	1,842	1,769	1,873	1,776	1,811	1,671	1,671
캡타이어케이블	PNCT 2심 10㎟	〃	5,970	5,732	6,070	5,757	5,871	5,415	5,415
〃	PNCT 3심 1.5㎟	〃	2,245	2,156	2,283	2,165	2,208	2,037	2,037
〃	PNCT 3심 10㎟	〃	8,041	7,721	8,177	7,755	7,908	7,294	7,294
기구용비닐코드	VFF 2심 0.5㎟	〃	152	157	166	158	174	176	176
〃	VFF 2심 0.75㎟	〃	209	216	229	217	239	242	242
전기용나동선	경동연선 AS 2.0㎟	〃	253	235	242	208	201	182	156
〃	경동연선 AS 8.0㎟	〃	1,014	944	971	836	809	733	625
〃	경동연선 AS 22.0㎟	〃	2,304	2,144	2,205	1,898	1,837	1,664	1,421
〃	연동연선 HS 2.0㎟	〃	253	235	242	208	201	182	156
〃	연동연선 HS 8.0㎟	〃	1,014	944	971	836	809	733	625
〃	연동연선 HS 22.0㎟	〃	2,304	2,144	2,205	1,898	1,837	1,664	1,421
에 나 멜 동 선	PEW/UEW 0.5㎜	kg	12,971	12,069	12,415	10,688	10,341	9,367	7,998
〃	PEW/UEW 1.0㎜	〃	12,568	11,694	12,029	10,356	10,020	9,077	7,749
전선부자재									
압 착 단 자	1.5㎟ - 4, 5㎜	개	24	26	26	26	26	26	26
강 제 전 선 관	아연도금 16㎜	m	2,366	2,603	2,603	2,603	2,603	2,063	1,783
〃	아연도금 22㎜	〃	3,062	3,369	3,369	3,369	3,369	2,671	2,309
〃	아연도금 36㎜	〃	5,095	5,605	5,605	5,605	5,605	4,469	3,862
P V C 전 선 관	VE 16㎜	〃	440	484	484	484	484	377	348
〃	VE 22㎜	〃	529	582	582	582	582	452	418
〃	VE 36㎜	〃	1,480	1,628	1,628	1,628	1,628	1,177	1,086
〃	HI 16㎜	〃	440	484	484	484	484	377	348
〃	HI 22㎜	〃	529	582	582	582	582	452	418
〃	HI 36㎜	〃	1,480	1,628	1,628	1,628	1,628	1,177	1,086
폴리에틸렌전선관	16㎜	〃	260	286	286	286	286	276	276
〃	22㎜	〃	363	399	399	399	399	386	345
〃	36㎜	〃	788	867	867	867	867	840	770
강제전선관부품	부싱 22㎜	개	153	153	153	153	153	153	153
〃	부싱 36㎜	〃	386	386	386	386	386	386	386
〃	새들 22㎜	〃	76	87	87	87	87	87	87
〃	새들 36㎜	〃	129	148	148	148	148	148	148

주 1) 나동선 경동연선은 2000년 이전에는 경동선임.
2) 나동선 연동연선은 2000년 이전에는 연동선임.
3) 압착단자 2000년 이전에는 비KS제품임.
4) 압착단자 2022년부터 1.5㎟ - 3, 4㎜ 규격 사용.
5) 동축케이블 5C-2V는 2006년 이전 3C-2V임.
6) 고무절연캡타이어케이블 PNCT는 2006년 이전 2RNCT임.
7) PNCT 2006년 이전 1.5㎟는 2.0㎟, 10㎟는 14㎟임.

2017	2018	2019	2020	2021	2022	2023	2024	2025				
818	818	818	846	1,180	1,141	1,140	1,326	1,365				
1,448	1,448	1,448	1,498	2,090	2,021	2,020	2,349	2,418				
660	660	660	677	873	854	854	958	979				
1,169	1,169	1,169	1,198	1,546	1,512	1,512	1,697	1,734				
161	161	161	167	233	226	225	262	269				
233	233	233	242	337	326	326	379	390				
–	–	–	–	–	–	–	–	–				
596	596	596	616	860	832	831	967	995				
916	916	916	947	1,321	1,278	1,277	1,485	1,529				
1,774	1,774	1,774	1,835	2,559	2,476	2,474	2,878	2,961				
5,750	5,750	5,750	5,947	8,295	8,024	8,019	9,327	9,598				
2,163	2,163	2,163	2,237	3,120	3,018	3,016	3,508	3,610				
7,745	7,745	7,745	8,011	11,174	10,809	10,802	12,563	12,929				
187	187	187	193	270	261	261	303	312				
257	257	257	266	371	359	358	417	429				
238	216	211	206	314	297	284	342	353				
955	867	851	827	1,263	1,192	1,140	1,373	1,417				
2,169	1,969	1,932	1,878	2,868	2,708	2,590	3,119	3,218				
238	216	211	206	314	297	284	342	353				
955	867	851	827	1,263	1,192	1,140	1,373	1,417				
2,169	1,969	1,932	1,878	2,868	2,708	2,590	3,119	3,218				
12,214	11,085	10,880	10,571	16,145	15,245	14,579	17,554	18,113				
11,834	10,741	10,542	10,243	15,644	14,772	14,126	17,009	17,551				
26	26	26	26	26	39	39	44	48				
2,171	2,171	2,171	2,380	2,779	3,214	3,374	3,374	3,374				
2,811	2,811	2,811	3,090	3,607	4,160	4,368	4,368	4,368				
4,701	4,701	4,701	5,170	6,022	6,959	7,306	7,306	7,306				
348	348	348	348	348	440	440	440	440				
418	418	418	418	418	528	528	528	528				
1,086	1,086	1,086	1,086	1,086	1,373	1,373	1,373	1,373				
348	348	348	348	348	440	440	440	440				
418	418	418	418	418	528	528	528	528				
1,086	1,086	1,086	1,086	1,086	1,373	1,373	1,373	1,373				
317	317	317	317	317	317	317	317	317				
368	368	368	368	368	368	404	404	404				
816	816	816	816	816	816	816	816	816				
153	153	153	153	153	184	184	184	184				
386	386	386	386	386	463	463	463	463				
87	87	87	87	87	104	104	104	104				
148	148	148	148	148	178	178	178	178				

전 기 자 재(4)

품 명	규 격	단위	1970	1971	1972	1973	1974	1975	1976
전선부자재									
강제전선관부품	L형곤지레이터 22㎜	개	290	300	300	340	340	340	340
〃	〃 36	〃	1,400	1,405	1,405	1,593	1,593	1,593	1,593
〃	T형곤지레이터 22	〃	-	-	-	-	-	-	-
〃	〃 36	〃	-	-	-	-	-	-	-
〃	노말밴드 22㎜	〃	90	100	100	160	200	220	220
〃	〃 36	〃	180	200	200	240	420	420	420
〃	커프링 22	〃	-	-	-	-	-	-	-
〃	〃 36	〃	-	-	-	-	-	-	-
〃	록너트 22	〃	6	7	7	6	7	9	9
〃	〃 36	〃	14	15	15	14	15	18	18
노출용S/W Box	1개용 1방 22㎜	〃	-	-	-	-	-	270	270
〃	〃 2 〃	〃	-	-	-	-	-	300	300
〃	2개용 1 〃	〃	-	-	-	-	-	680	680
〃	〃 2 〃	〃	-	-	-	-	-	760	760
풀 박 스	100×100×50㎜	〃	-	-	-	-	-	-	-
〃	200 200 200	〃	-	-	-	-	-	-	-
PVC전선관부품	커플링 22㎜	〃	-	-	-	-	-	-	-
〃	〃 36	〃	-	-	-	-	-	-	-
〃	콘넥터 22	〃	-	-	-	-	-	-	-
〃	〃 36	〃	-	-	-	-	-	-	-
전력·배전기기									
일단접지변압기	11.4㎸~6.3㎸ 75kVA	천원/대	243	296	296	243	353	406	406
(단상)	/105~210V 100	〃	299	363	363	298	434	499	499
주 상 변 압 기 (삼상)	6.3~3.15㎸ 100 /230~115V	〃	395	528	528	425	551	634	634
절 연 변 압 기	6.3/3.3㎸ 100	〃	463	562	562	499	647	744	744
(삼상)	〃 250	〃	742	900	900	800	1,071	1,232	1,232
전력용특고압변압기	22.9/6.6~3.3㎸ 750	〃	2,350	2,827	2,827	2,260	1,927	3,366	3,366
(삼상)	〃 1,500	〃	3,867	4,433	4,433	3,458	3,467	5,150	5,150
진 상 용 콘 덴 서	110/220V 3Ø 20㎌	대	-	-	-	-	3,650	3,650	3,650
(저압)	〃 〃 40	〃	-	-	-	-	6,350	6,350	6,350
〃	380/440V 〃 50	〃	-	-	-	-	33,000	33,000	33,000
〃	〃 〃 100	〃	-	-	-	-	66,000	66,000	66,000
(고압)	3.3/6.6㎸ 〃 50kVA	〃	-	-	-	-	187,000	187,000	187,000
〃	〃 〃 100	〃	-	-	-	-	265,000	265,000	265,000
삼상유도전동기	〃 〃 150	천원/대	1,137	842	842	1,263	2,066	2,066	2,066
(고압, 반폐)	〃 〃 200	〃	1,390	1,060	1,060	1,590	2,594	2,594	2,594
회전위상변환기	220V 5㎸A	대	-	-	-	-	-	-	-
(RPG)	〃 10	〃	-	-	-	-	-	-	-
유 입 개 폐 기	7.2㎸ 단투 200A	〃	25,000	25,000	25,000	25,000	24,000	24,000	33,000
〃	〃 절체 〃	〃	42,500	42,500	42,500	42,500	42,500	42,500	60,500
전 자 개 폐 기	상입형 2.7㎾	〃	-	6,110	8,250	8,250	9,500	9,500	8,500
〃	개방형 〃	〃	-	5,500	7,650	7,650	8,600	8,600	8,000

1977	1978	1979	1980	1981	1982	1983	1984	1985	1986	1987	1988	1989
320	374	500	600	600	600	550	600	500	480	480	600	650
1,500	1,760	2,300	2,800	2,800	2,800	2,500	2,800	2,350	2,150	2,150	2,600	2,600
-	440	600	720	720	720	600	650	570	550	550	630	630
-	2,200	2,900	3,500	3,500	3,500	3,000	3,300	2,800	2,700	2,700	3,000	3,000
200	220	300	400	400	400	450	450	650	635	635	774	774
380	550	770	840	840	840	800	800	1,370	1,280	1,280	1,605	1,605
-	77	89	110	125	125	100	100	150	150	150	175	175
-	154	190	230	190	190	220	220	370	370	370	440	440
10	13	15	18	18	18	23	23	35	30	30	30	30
20	26	30	35	35	35	40	40	55	50	50	50	50
300	462	616	740	740	740	700	750	600	600	630	690	890
330	484	650	780	780	780	730	800	660	660	680	730	930
662	935	1,400	1,800	1,800	1,800	1,600	1,800	1,450	1,450	1,450	1,700	1,900
740	1,045	1,600	2,000	2,000	2,000	1,800	2,000	1,600	1,600	1,600	1,900	2,100
-	495	650	800	800	800	700	700	720	720	720	700	700
-	1,980	2,310	2,800	2,800	2,800	2,500	2,500	2,800	2,800	2,800	2,500	2,500
-	-	-	46	46	46	60	55	40	40	45	47	47
-	-	-	190	190	190	228	210	144	144	178	197	197
-	-	-	46	46	46	49	43	43	43	45	47	47
-	-	-	163	163	163	173	160	160	160	162	169	169
452	427	470	660	746	746	746	746	671	540	693	716	716
557	525	577	811	917	917	917	917	825	687	852	880	880
634	668	735	1,035	1,169	1,169	1,169	1,169	1,052	1,110	1,099	1,122	1,122
744	785	863	1,214	1,372	1,372	1,372	1,372	1,235	1,236	1,236	1,316	1,316
1,232	1,300	1,429	2,014	2,275	2,275	2,275	2,275	1,934	1,780	2,051	2,184	2,184
3,366	3,553	3,905	5,504	6,219	6,219	6,219	6,219	5,597	5,722	5,667	7,072	7,072
5,150	5,437	5,976	8,423	9,517	9,517	9,517	9,517	8,565	8,756	8,673	9,136	9,136
3,650	3,022	2,750	3,600	4,000	4,000	4,000	3,400	2,700	3,200	3,500	3,500	3,500
6,350	6,043	5,470	7,200	8,000	8,000	8,000	6,800	5,400	6,300	6,900	6,900	6,900
33,000	31,452	28,470	37,610	42,500	42,500	42,500	34,250	26,000	26,800	28,500	28,500	28,500
66,000	62,900	56,940	75,220	85,000	85,000	85,000	68,500	46,500	53,500	58,500	58,500	58,500
187,000	181,623	165,020	203,360	242,000	242,000	242,000	245,000	223,000	262,000	285,000	285,000	302,000
265,000	251,790	282,480	282,480	335,000	335,000	363,000	360,000	330,000	380,000	410,000	410,000	441,000
2,066	3,076	3,432	5,204	5,984	5,984	5,984	5,984	4,684	5,204	5,204	3,320	4,124
2,594	3,863	4,311	6,537	7,518	7,518	7,518	7,518	5,883	6,537	6,537	4,200	5,452
-	-	198,000	237,000	237,600	237,600	250,000	275,000	261,360	237,600	218,000	250,000	268,000
-	-	290,400	351,000	351,000	351,000	354,000	389,000	386,100	351,000	338,000	388,000	415,000
45,500	69,000	105,000	160,000	180,000	180,000	180,000	200,000	180,000	170,000	170,000	170,000	170,000
79,700	121,000	184,000	280,000	350,000	350,000	350,000	370,000	330,000	315,000	315,000	315,000	315,000
9,000	11,550	10,500	15,900	20,200	22,200	22,200	22,200	18,500	15,500	15,700	15,700	14,690
8,500	10,450	9,500	14,300	18,400	20,000	20,000	20,000	17,200	13,500	13,900	13,900	13,030

전 기 자 재(4)

품 명	규 격	단위	1990	1991	1992	1993	1994	1995	1996
전선부자재									
강제전선관부품	L형 곤지레이터 22㎜	개	1,610	1,610	1,710	1,710	1,710	2,656	2,656
〃	L형 곤지레이터 36㎜	〃	2,600	2,600	3,170	3,870	3,870	4,882	4,882
〃	T형 곤지레이터 22㎜	〃	1,900	1,900	2,090	2,090	2,090	3,187	3,187
〃	T형 곤지레이터 36㎜	〃	3,000	3,000	3,720	4,610	4,610	5,843	5,843
〃	노말밴드 22㎜	〃	800	800	950	950	950	1,105	1,105
〃	노말밴드 36㎜	〃	1,610	1,610	1,990	1,990	1,990	2,380	2,380
〃	커프링 22㎜	〃	200	200	250	250	250	272	272
〃	커프링 36㎜	〃	470	470	470	470	470	552	552
〃	록너트 22㎜	〃	31	31	33	33	33	55	55
〃	록너트 36㎜	〃	52	52	57	57	57	136	136
노출용S/W Box	1개용 1방 22㎜	〃	720	1,780	1,900	1,900	1,810	2,210	–
〃	1개용 2방 22㎜	〃	765	1,950	2,050	2,050	1,950	2,330	–
〃	2개용 1방 22㎜	〃	1,700	2,800	3,000	3,000	2,850	3,530	–
〃	2개용 2방 22㎜	〃	1,870	3,310	3,500	3,500	3,330	4,100	–
풀 박 스	100×100×50㎜	〃	590	700	800	700	700	1,200	1,080
〃	200×200×200㎜	〃	2,970	3,640	4,160	3,640	3,640	4,400	3,960
PVC전선관부품	커플링 22㎜	〃	50	55	53	53	65	69	58
〃	커플링 36㎜	〃	206	228	216	216	262	277	235
〃	커넥터 22㎜	〃	50	58	54	54	66	66	61
〃	커넥터 36㎜	〃	177	197	186	186	225	236	240
전력·배전기기									
일단접지변압기	11.4㎸~6.3㎸ 75kVA	천원/대	836	944	954	954	954	1 122	1,122
(단상)	/105~210V 100kVA	〃	1,029	1,161	1,173	1,173	1,173	1,379	1,379
주 상 변 압 기	6.3㎸~3.15㎸ 75kVA	〃	–	–	–	–	–	–	1,667
(삼상)	/230~115V 100kVA	〃	1,312	1,388	1,388	1,388	1,388	1,667	–
절 연 변 압 기	6.3/3.3㎸ 100kVA	〃	1,539	1,629	1,629	1,629	1,629	1,956	1,956
(삼상)	6.3/3.3㎸ 250kVA	〃	2,553	2,702	2,702	2,702	2,702	3,244	3,244
전력용특고압변압기	22.9/6.6~3.3㎸ 750kVA	〃	6,978	7,388	7,388	7,388	7,388	10,110	10,110
(삼상)	22.9/6.6~3.3㎸ 1500kVA	〃	10,678	11,305	11,305	11,305	11,305	13,001	13,001
몰 드 변 압 기	3P 6.6~3.3㎸/480V이하 100kVA	〃	–	–	–	–	–	–	–
(일반몰드)	3P 22.9㎸/480V이하 100kVA	〃	–	–	–	–	–	–	–
몰 드 변 압 기	3P 6.6~3.3㎸/480V이하 100kVA	〃	–	–	–	–	–	–	–
(저소음고효율)	3P 22.9㎸/480V이하 100kVA	〃	–	–	–	–	–	–	–
진상용콘덴서	220V 1P,3P 20uF	대	3,500	3,500	3,500	3,500	3,300	3,100	2,950
(저압)	220V 1P,3P 40uF	〃	6,900	6,900	6,900	6,900	6,400	6,030	5,730
〃	380/440V 1P,3P 50uF	〃	28,500	28,500	28,500	28,500	27,300	25,620	24,340
〃	380/440V 1P,3P 100uF	〃	58,500	58,500	58,500	58,500	54,300	50,930	48,380
(고압)	3.3㎸ 3P 50kVA	〃	302,000	302,000	302,000	302,000	305,000	317,300	317,300
〃	3.3㎸ 3P 100kVA	〃	441,000	441,000	441,000	441,000	445,000	463,200	463,200
유 도 전 동 기	3.3㎸ 110㎾ 4P	천원/대	4,124	4,120	4,532	4,532	4,804	4,226	4,417
(고압모터,반폐형)	3.3㎸ 160㎾ 4P	〃	5,452	5,452	5,997	5,997	6,357	5,520	5,768
회전위상변환기	220V 5kVA	대	268,000	293,000	293,000	293,000	322,300	322,300	322,300
(RPG변환기)	220V 10kVA	〃	415,000	456,000	456,000	456,000	501,600	501,600	501,600
유 입 개 폐 기	7.2㎸ 단투 200A	〃	260,000	260,000	255,000	255,000	255,000	400,000	400,000
〃	7.2㎸ 절체 200A	〃	390,000	390,000	425,000	425,000	425,000	700,000	750,000
전 자 개 폐 기	상입형 2.7㎾	〃	14,690	17,700	16,810	15,930	16,000	16,000	16,000
〃	개방형 2.7㎾	〃	13,030	15,700	14,810	14,130	14,200	14,200	14,200
전 자 개 폐 기	표준형 150 2P	〃	–	–	–	–	–	–	–
(열동형과부하계전기)	표준형 400 2P	〃	–	–	–	–	–	–	–

1997	1998	1999	2000	2001	2002	2003	2004	2005	2006	2007	2008	2009
2,656	3,575	3,680	3,210	3,210	3,210	3,210	4,061	4,061	4,061	3,479	4,873	4,873
4,882	6,560	6,800	5,900	5,900	5,900	5,900	7,464	7,464	7,464	7,464	8,957	8,957
3,187	4,290	4,400	3,860	3,860	3,860	3,860	4,883	4,883	4,883	4,883	5,860	5,860
5,843	7,740	7,840	6,960	6,960	6,960	6,960	8,804	8,804	8,804	8,804	10,565	10,565
1,105	1,313	1,440	1,030	1,030	1,030	1,030	1,329	1,329	1,329	1,329	2,013	2,013
2,380	2,625	2,250	2,070	2,070	2,070	2,070	2,671	2,671	2,671	2,671	3,922	3,922
272	305	260	240	240	240	240	304	304	304	304	439	439
552	620	530	485	485	485	485	614	614	614	614	930	930
55	68	55	50	50	50	50	70	70	70	70	90	90
136	158	135	120	120	120	120	167	167	167	167	228	228
2,160	2,750	2,330	2,280	2,280	2,280	2,280	2,753	2,753	2,753	2,753	2,898	2,898
2,320	3,000	2,550	2,490	2,490	2,490	2,490	3,007	3,007	3,007	3,007	3,220	3,220
3,440	4,375	3,710	3,630	3,630	3,630	3,630	4,383	4,383	4,383	4,383	3,623	3,623
4,000	5,000	4,250	4,150	4,150	4,150	4,150	5,011	5,011	5,011	5,011	4,025	4,025
1,080	1,480	1,400	1,400	1,400	1,400	1,400	1,512	1,557	1,713	1,576	1,782	1,782
3,960	4,680	4,420	4,420	4,420	4,420	4,900	5,292	5,451	5,996	5,516	5,940	5,940
58	74	68	68	68	68	68	68	81	85	90	110	110
235	303	271	271	271	271	271	271	324	340	328	454	454
61	80	79	79	79	79	79	79	94	99	90	125	125
240	323	287	287	287	287	287	287	343	360	338	469	469
1,181	1,358	1,295	1,255	1,202	1,202	1,202	1,202	1,274	3,432	3,432	3,432	3,432
1,452	1,670	1,574	1,525	1,460	1,460	1,460	1,460	1,547	4,031	4,031	4,031	4,031
1,852	2,222	2,046	1,983	1,899	1,899	1,899	1,993	2,113	3,923	3,923	3,923	3,923
–	–	–	–	–	–	–	–	–	–	–	–	–
2,173	2,390	2,201	2,133	2,043	2,043	2,043	2,043	2,165	3,923	3,923	3,923	3,923
3,604	3,964	3,652	3,539	3,388	3,388	3,388	3,388	3,591	5,731	5,731	5,731	5,731
11,233	11,120	10,786	10,452	10,008	10,008	10,008	10,008	10,608	22,667	22,667	22,667	22,667
14,446	14,301	12,376	16,365	15,669	15,669	15,669	15,669	16,609	40,226	40,226	40,226	40,226
–	–	–	–	–	–	–	–	–	–	–	–	–
–	–	–	–	–	–	–	–	–	–	–	–	–
–	–	–	–	–	–	–	–	–	–	–	–	–
–	–	–	–	–	–	–	–	–	–	–	–	–
2,950	4,370	4,370	4,370	4,370	4,370	4,370	4,589	4,589	4,589	4,589	5,048	5,048
5,730	6,830	6,830	6,830	6,830	6,830	6,830	7,172	7,172	7,172	7,172	7,889	7,889
24,340	25,940	25,940	25,940	25,940	25,940	25,940	27,237	27,237	27,237	27,237	29,961	29,961
48,380	44,790	44,790	44,790	44,790	44,790	44,790	47,030	47,030	47,030	47,030	51,733	51,733
317,300	482,450	482,450	482,450	482,450	554,817	554,817	582,558	582,558	582,558	582,558	640,814	640,814
453,200	692,210	692,210	692,210	692,210	796,041	796,041	835,843	835,843	835,843	835,843	919,427	919,427
4,417	5,741	5,741	5,680	5,680	5,680	5,680	6,878	7,978	7,978	7,978	12,116	12,116
5,768	7,498	7,498	7,419	7,419	7,419	7,419	7,838	9,996	9,996	9,996	15,165	15,165
322,300	–	398,000	398,000	398,000	398,000	398,000	457,000	457,000	457,000	457,000	502,000	502,000
501,600	–	620,000	620,000	620,000	620,000	620,000	713,000	713,000	713,000	713,000	784,000	784,000
440,000	616,000	630,000	750,000	750,000	750,000	750,000	900,000	900,000	1,200,000	1,200,000	1,500,000	1,500,000
825,000	1,155,000	1,155,000	1,300,000	1,300,000	1,400,000	1,400,000	1,680,000	1,680,000	2,200,000	2,200,000	2,600,000	2,600,000
16,000	21,600	21,600	21,600	26,500	26,500	26,500	29,200	29,200	29,200	29,200	31,500	31,500
14,200	18,800	18,800	18,800	21,000	21,000	21,000	23,100	23,100	23,100	23,100	23,800	23,800
–	–	–	–	–	–	–	–	–	–	–	–	–
–	–	–	–	–	–	–	–	–	–	–	–	–

전 기 자 재(4)

품 명	규 격	단위	2010	2011	2012	2013	2014	2015	2016
전선부자재									
강제전선관부품	L형 곤지레이터 22㎜	개	4,873	5,847	5,847	5,847	5,847	5,847	5,847
〃	L형 곤지레이터 36㎜	〃	8,957	10,748	10,748	10,748	10,748	10,748	10,748
〃	T형 곤지레이터 22㎜	〃	5,860	7,032	7,032	7,032	7,032	7,032	7,032
〃	T형 곤지레이터 36㎜	〃	10,565	12,678	12,678	12,678	12,678	12,678	12,678
〃	노말밴드 22㎜	〃	2,013	2,314	2,314	2,314	2,314	2,314	2,314
〃	노말밴드 36㎜	〃	3,922	4,510	4,510	4,510	4,510	4,510	4,510
〃	커프링 22㎜	〃	439	504	504	504	504	504	504
〃	커프링 36㎜	〃	930	1,069	1,069	1,069	1,069	1,069	1,069
〃	록너트 22㎜	〃	90	103	103	103	103	103	103
〃	록너트 36㎜	〃	228	262	262	262	262	262	262
노출용S/W Box	1개용 1방 22㎜	〃	2,898	2,898	2,898	2,898	2,898	2,898	2,898
〃	1개용 2방 22㎜	〃	3,220	3,220	3,220	3,220	3,220	3,220	3,220
〃	2개용 1방 22㎜	〃	3,623	3,623	3,623	3,623	3,623	3,623	3,623
〃	2개용 2방 22㎜	〃	4,025	4,025	4,025	4,025	4,025	4,025	4,025
풀 박 스	100×100×50㎜	〃	1,871	2,880	2,880	2,880	2,880	2,400	1,940
〃	200×200×200㎜	〃	6,237	7,440	7,440	7,440	7,440	6,200	5,700
PVC전선관부품	커플링 22㎜	〃	110	121	121	121	121	112	103
〃	커플링 36㎜	〃	454	499	499	499	499	407	376
〃	커넥터 22㎜	〃	125	138	138	138	138	130	120
〃	커넥터 36㎜	〃	469	516	516	516	516	429	396
전력·배전기기									
일단접지변압기	11.4㎸~6.3㎸ 75kVA	천원/대	-	-	-	-	-	-	-
(단상)	/105~210V 100kVA	〃	-	-	-	-	-	-	-
주 상 변 압 기	6.3㎸~3.15㎸ 75kVA	〃	-	-	-	-	-	-	-
(삼상)	/230~115V 100kVA		-	-	-	-	-	-	-
절 연 변 압 기	6.3/3.3㎸ 100kVA	〃	-	-	-	-	-	-	-
(삼상)	6.3/3.3㎸ 250kVA	〃	-	-	-	-	-	-	-
전력용특고압변압기	22.9/6.6~3.3㎸ 750kVA	〃	-	-	-	-	-	-	-
(삼상)	22.9/6.6~3.3㎸ 1500kVA	〃	-	-	-	-	-	-	-
몰 드 변 압 기	3P 6.6~3.3㎸/480V이하 100kVA	〃	7,900	7,900	7,900	7,900	7,600	7,600	7,600
(일반몰드)	3P 22.9㎸/480V이하 100kVA	〃	8,400	8,400	8,400	8,400	9,700	8,500	8,500
몰 드 변 압 기	3P 6.6~3.3㎸/480V이하 100kVA	〃	10,700	10,700	10,700	10,700	10,700	10,400	10,400
(저소음고효율)	3P 22.9㎸/480V이하 100kVA	〃	12,600	12,600	12,600	12,600	12,600	13,300	13,300
진상용콘덴서	220V 1P,3P 20uF	대	5,048	7,800	7,800	7,800	7,800	7,800	7,800
(저압)	220V 1P,3P 40uF	〃	7,889	11,800	11,800	11,800	11,800	11,800	11,800
〃	380/440V 1P,3P 50uF	〃	29,961	44,400	44,400	44,400	44,400	44,400	44,400
〃	380/440V 1P,3P 100uF	〃	51,733	76,600	76,600	76,600	76,600	76,600	76,600
(고압)	3.3㎸ 3P 50kVA	〃	640,814	892,000	892,000	892,000	892,000	892,000	892,000
〃	3.3㎸ 3P 100kVA	〃	919,427	1,278,000	1,278,000	1,278,000	1,278,000	1,278,000	1,278,000
유 도 전 동 기	3.3㎸ 110㎾ 4P	천원/대	12,116	12,116	13,839	13,839	13,839	13,839	13,839
(고압모터,반폐형)	3.3㎸ 160㎾ 4P	〃	15,165	15,165	17,342	17,342	17,342	17,342	17,342
회전위상변환기	220V 5kVA	대	502,000	502,000	502,000	502,000	552,000	552,000	607,000
(RPG변환기)	220V 10kVA	〃	784,000	784,000	784,000	784,000	862,000	862,000	948,000
유 입 개 폐 기	7.2㎸ 단투 200A	〃	1,500,000	1,700,000	1,700,000	1,700,000	1,900,000	2,300,000	2,300,000
〃	7.2㎸ 절체 200A	〃	2,600,000	2,800,000	3,500,000	3,500,000	4,000,000	-	-
전 자 개 폐 기	상입형 2.7㎾	〃	31,500	-	-	-	-	-	-
〃	개방형 2.7㎾	〃	23,800	-	-	-	-	-	-
전 자 개 폐 기	표준형 150 2P	〃	43,400	47,000	47,000	47,000	47,000	47,000	47,000
(열동형과부하계전기)	표준형 400 2P	〃	115,200	124,600	124,600	124,600	124,600	124,600	124,600

2017	2018	2019	2020	2021	2022	2023	2024	2025
5,847	5,847	5,847	5,847	5,847	7,016	7,916	7,016	7,016
10,748	10,748	10,748	10,748	10,748	12,898	12,898	12,898	12,898
7,032	7,032	7,032	7,032	7,032	8,438	8,438	8,438	8,438
12,678	12,678	12,678	12,678	12,678	15,214	15,214	15,214	15,214
2,314	2,314	2,314	2,314	2,314	2,777	2,777	2,777	2,777
4,510	4,510	4,510	4,510	4,510	5,412	5,412	5,412	5,412
504	504	504	504	504	605	605	605	605
1,069	1,069	1,069	1,069	1,069	1,283	1,283	1,283	1,283
103	103	103	103	103	124	124	124	124
262	262	262	262	262	314	314	314	314
2,898	2,898	2,898	2,898	2,898	3,478	3,478	3,478	3,478
3,220	3,220	3,220	3,220	3,220	3,864	3,864	3,864	3,864
3,623	3,623	3,623	3,623	3,623	4,348	4,348	4,348	4,348
4,025	4,025	4,025	4,025	4,025	4,830	4,830	4,830	4,830
2,420	2,420	2,420	2,250	2,475	2,475	2,690	2,690	2,690
7,120	7,120	7,120	5,880	6,479	6,479	7,100	7,100	7,100
103	103	103	103	103	103	103	103	103
376	376	376	376	376	376	376	376	376
120	120	120	120	120	120	120	120	120
396	396	396	396	396	396	396	396	396
-	-	-	-	-	-	-	-	-
-	-	-	-	-	-	-	-	-
-	-	-	-	-	-	-	-	-
-	-	-	-	-	-	-	-	-
-	-	-	-	-	-	-	-	-
-	-	-	-	-	-	-	-	-
-	-	-	-	-	-	-	-	-
-	-	-	-	-	-	-	-	-
7,600	8,300	8,300	11,772	12,950	12,950	15,540	17,640	17,640
8,500	8,900	8,900	13,079	14,387	14,387	18,704	21,136	21,136
10,400	10,700	10,700	14,588	14,588	14,588	17,506	17,506	17,506
13,300	12,600	12,600	16,209	16,209	16,209	19,451	19,451	19,451
7,800	7,800	7,800	7,800	7,800	8,580	8,580	8,580	8,580
11,800	11,800	11,800	11,800	11,800	12,980	12,980	12,980	12,980
44,400	44,400	44,400	44,400	44,400	48,840	48,840	48,840	48,840
76,600	76,600	76,600	76,600	76,600	84,260	84,260	84,260	84,260
892,000	892,000	892,000	892,000	892,000	981,200	981,200	981,200	981,200
1,278,000	1,278,000	1,278,000	1,278,000	1,278,000	1,405,800	1,405,800	1,405,800	1,405,800
13,839	-	-	28,134	28,134	28,134	37,137	-	-
17,342	-	-	35,214	35,214	35,214	46,483	-	-
607,000	607,000	607,000	607,000	607,000	728,400	728,400	874,000	961,400
948,000	948,000	948,000	948,000	948,000	1,137,600	1,137,600	1,365,100	1,501,610
2,300,000	2,300,000	2,300,000	2,200,000	2,200,000	-	-	-	-
-	-	-	-	-	-	-	-	-
-	-	-	-	-	-	-	-	-
-	-	-	-	-	-	-	-	-
47,000	47,000	47,000	47,000	47,000	-	-	-	-
124,600	124,600	124,600	124,600	124,600	-	-	-	-

전 기 자 재(5)

품 명	규 격	단위	1970	1971	1972	1973	1974	1975	1976
전력·배전기기									
동 피 뢰 침	보호반경 54	개	-	-	-	-	-	-	-
〃	보호반경 73	〃	-	-	-	-	-	-	-
접 지 동 판	1.0×300×300㎜	매	-	-	-	-	1,450	1,600	1,850
접 지 동 봉	16×1,800㎜	개	-	-	-	-	1,720	1,900	2,200
배선·조명기구									
커버나이프스위치	단투 250V 30A 2P	〃	165	175	175	290	320	370	345
〃	쌍투 〃 〃 〃	〃	310	330	330	560	620	720	670
판 고 리 휴 즈	A형 50A	〃	3	3	3	3	10	10	10
〃	〃 150	〃	8	8	8	8	25	25	25
통 형 퓨 즈	30A	〃	-	-	-	-	28	28	28
〃	100	〃	-	-	-	-	160	160	160
퓨 즈 링 크	27㎸ 10A	〃	-	-	-	-	-	845	845
〃	〃 50	〃	-	-	-	-	-	1,000	1,000
〃	〃 100	〃	-	-	-	-	-	2,200	2,200
매 입 콘 센 트	4P 250V 20A	〃	159	179	179	269	319	298	298
키 소 켓	〃 6	〃	37	45	45	50	95	84	84
꽂 음 프 러 그	고무 250V 20A 3P	〃	20	24	24	27	90	32	30
콘센트용플레이트	1개용	〃	18	22	22	25	40	35	35
그라스테이프	8㎜	R/L	-	36	36	36	36	50	50
베크라이트판	0.5×1,000×1,000㎜	매	1,000	1,000	1,000	1,000	1,000	1,000	1,100
엠파이어튜브	2×1,000	m	-	-	-	-	-	-	-
부 저	DC 6V	개	-	100	100	160	230	180	180
형 광 등	직관형 20D	〃	-	210	210	210	280	240	240
〃	〃 20W	〃	-	240	240	240	320	280	280
〃	환 형 22D	〃	-	370	370	370	460	400	400
〃	〃 22W	〃	-	420	420	420	520	456	456
백 열 전 구	투 명 110V 30W	〃	-	45	45	45	70	52	70
〃	〃 220 60	〃	-	47	47	48	75	57	75
〃	불투명 110 30	〃	-	47	47	48	73	55	75
〃	〃 220 60	〃	-	48	48	48	80	60	80
적 외 선 램 프	110/220V 125/185W	〃	-	-	-	-	-	-	-
〃	〃 250	〃	-	-	-	-	-	-	-
전 주									
콘크리트전주	10m 190㎜ 350㎏	본	10,500	10,100	10,100	11,100	13,100	13,100	13,100
(한전주)	14 190 500	〃	32,500	32,500	32,500	38,700	51,200	51,200	51,200
(체신주)	7 140 200	〃	4,700	4,600	4,600	5,500	8,200	8,200	8,200
〃	7.5 190 600	〃	9,100	9,100	9,100	10,010	12,200	12,200	12,200
근 가	0.7m 55㎏	개	700	700	700	920	1,400	1,400	1,400
〃	1.2 90	〃	1,000	1,000	1,000	1,650	2,400	2,400	2,400
가선재									
배전용경완금	75×45× 900	〃	-	-	-	-	-	-	-
〃	75 75 1,400	〃	-	-	-	-	-	-	-
〃	75 75 1,800	〃	-	-	-	-	-	-	-
〃	75 75 2,400	〃	-	-	-	-	-	-	-
U 볼 트	270×500	〃	-	-	-	-	-	-	-
〃	320 550	〃	-	-	-	-	-	-	-
〃	360 590	〃	-	-	-	-	-	-	-
배 전 용 완 금	7×90×90×1,800	〃	1,950	2,450	2,450	5,000	6,400	6,400	6,400
전 지									
망 간 건 전 지	DM 1.5V	〃	35	40	39	39	41	70	61
〃	CM 〃	〃	-	-	33	33	33	60	51
〃	AAM 〃	〃	-	-	20	20	20	40	34
알 카 건 전 지	AA 〃	〃	-	-	-	-	-	-	-
〃	AAA 〃	〃	-	-	-	-	-	-	-

주 1) 한전주 10m는 1999년 이전에는 8m임.
2) 동피뢰침은 2000년 이전에 보호반경 54m는 14-485, 보호반경 73m는 14-395임.
3) 판고리휴즈 A형은 2001년 이전에 50은 30, 150은 100임.
4) 꽂음프러그 고무 250V 20A 3P는 2001년 이전에는 평캡 125 15임.
5) 형광등 환형는 2000년 이전에 22D는 20D는, 22W는 20W임.
6) 알카건전지는 2000년 이전에 AA는 A-1, AAA는 A-4S 1.5A-1임.

1977	1978	1979	1980	1981	1982	1983	1984	1985	1986	1987	1988	1989
-	6,250	6,000	7,500	7,500	7,500	7,500	7,500	7,100	7,100	6,500	9,000	9,000
-	5,000	4,800	6,000	6,000	6,000	6,000	6,000	5,700	5,700	5,500	7,200	7,500
1,850	1,650	1,800	3,200	3,200	3,200	3,200	3,200	3,200	3,200	2,700	2,700	4,000
2,300	2,875	2,800	3,700	3,700	2,850	2,850	2,600	2,600	2,600	2,400	2,500	2,700
345	470	620	780	860	860	940	940	920	890	1,000	1,220	1,270
700	630	1,250	1,560	1,800	1,800	1,860	1,860	1,830	1,800	2,025	2,450	2,375
10	20	20	25	22	23	21	21	21	21	18	20	20
25	55	55	55	55	55	48	44	44	44	40	50	50
28	56	60	85	85	85	133	121	121	120	120	156	156
160	310	320	450	450	450	530	479	479	450	430	620	620
860	850	875	1,150	1,150	1,150	1,150	1,150	1,150	1,150	1,150	1,200	1,200
1,000	1,090	1,125	1,600	1,600	1,600	1,600	1,600	1,600	1,600	1,600	1,700	1,700
2,200	2,350	2,500	3,500	3,500	3,500	3,500	3,500	3,500	3,500	3,500	3,700	3,700
298	396	477	630	630	630	630	630	630	630	710	860	1,100
84	82	92	125	125	130	129	125	135	135	155	188	174
30	46	54	75	75	75	72	75	77	77	80	90	86
35	38	41	58	58	72	72	77	77	77	90	105	100
50	70	70	100	100	100	100	100	100	100	100	100	100
1,100	1,100	1,100	1,900	2,560	2,560	2,560	2,560	2,240	2,240	2,240	2,240	2,640
-	-	-	36	48	48	48	48	40	40	40	40	55
180	240	286	390	390	390	390	390	410	410	445	660	645
300	300	300	423	500	530	530	570	580	570	560	583	600
345	345	345	489	520	600	600	630	620	635	620	660	680
500	500	500	913	1,100	1,100	1,120	1,120	1,120	1,150	1,150	1,125	1,170
570	570	570	1,018	1,300	1,250	1,200	1,210	1,120	1,200	1,200	1,210	1,260
74	81	80	96	135	135	145	165	165	165	165	170	170
78	84	85	110	165	165	160	185	185	185	180	185	185
76	88	85	100	149	149	150	170	170	170	170	175	175
73	100	90	120	155	155	165	185	185	185	180	185	190
-	1,146	1,344	1,344	1,545	1,545	1,545	1,545	1,545	1,545	1,545	1,545	1,545
-	1,256	1,485	1,485	1,630	1,630	1,630	1,630	1,630	1,630	1,630	1,630	1,630
16,700	20,200	22,900	39,000	39,000	39,000	39,000	39,000	39,000	37,000	37,000	37,000	39,000
63,800	77,198	76,600	130,300	130,300	130,300	130,300	130,300	130,300	123,500	123,500	130,000	130,000
8,200	12,232	12,800	21,800	21,800	21,800	21,800	21,800	21,800	20,000	23,000	23,000	21,800
12,200	21,780	22,500	38,300	38,300	38,300	38,300	38,300	38,300	36,000	36,000	36,000	38,300
1,400	2,090	2,600	3,640	3,640	3,640	3,640	3,640	3,640	3,640	2,300	3,000	3,500
2,400	2,640	3,300	4,620	4,620	4,620	4,620	4,620	4,620	4,620	4,000	4,000	5,500
-	-	-	-	1,830	1,830	1,830	1,830	2,200	2,200	2,200	2,200	2,860
-	-	-	-	3,560	5,000	5,000	5,000	4,800	4,800	4,800	4,800	6,360
-	-	-	-	6,100	8,000	8,000	8,000	8,300	8,300	8,300	8,300	10,560
-	-	-	-	7,960	10,500	10,500	10,500	10,500	10,500	10,500	10,500	13,930
-	-	-	-	1,100	1,250	1,250	1,250	1,500	1,500	1,500	1,500	1,500
-	-	-	-	1,210	1,400	1,400	1,400	1,600	1,600	1,600	1,600	1,600
-	-	-	-	1,268	1,500	1,500	1,500	1,750	1,750	1,750	1,750	1,750
7,200	7,200	7,450	8,540	7,500	11,900	11,900	11,900	10,000	10,000	10,000	10,000	10,000
61	61	73	107	139	139	167	178	197	197	181	181	181
51	51	60	77	115	115	140	148	163	163	150	150	150
34	34	40	51	75	75	92	96	107	107	100	100	100
-	-	317	395	527	527	670	910	910	910	860	655	655
-	-	144	180	240	240	260	300	300	300	270	230	230

전 기 자 재(5)

품 명	규 격	단위	1990	1991	1992	1993	1994	1995	1996
전력·배전기기									
동 피 뢰 침	보호반경 45 (PLUS P40)	개	9,900	9,900	9,900	9,900	9,900	11,000	13,500
(고전압펄스식피뢰침)	보호반경 60 (PLUS P60)	〃	8,000	8,000	8,000	8,000	8,000	9,000	9,000
접 지 동 판	1.0×300×300㎜	매	2,800	3,200	3,200	3,200	3,200	3,480	3,840
접 지 동 봉	16×1,800㎜	개	2,500	3,600	3,600	3,600	3,600	3,960	3,960
배선·조명기구									
커버나이프스위치	단투 250V 30A 2P	〃	1,362	1,362	1,362	1,362	1,772	1,772	2,262
〃	쌍투 〃 〃 〃	〃	1,926	1,926	1,926	1,926	2,629	2,629	3,095
판 고 리 휴 즈	50A	〃	15	76	78	93	93	93	101
〃	150	〃	60	143	114	125	125	125	140
통 형 퓨 즈	30A	〃	156	188	190	297	297	297	300
〃	100	〃	620	710	720	891	891	891	1,050
퓨 즈 링 크	27㎸ 10A	〃	1,350	1,600	1,480	1,500	1,500	2,000	2,000
〃	〃 50	〃	1,900	2,190	2,090	2,100	2,100	3,500	3,500
〃	〃 100	〃	4,000	4,600	4,500	4,500	4,500	5,000	5,000
매 입 콘 센 트	220V 접4구	〃	1,178	1,178	1,178	1,178	1,532	1,532	1,762
키 소 켓		〃	205	205	205	205	347	347	452
플 러 그	고무 250V 20A 3P	〃	90	90	90	90	126	126	179
플러쉬플레이트	1구 P/L	〃	106	106	106	106	149	149	179
그라스테이프	8㎜	R/L	120	130	130	130	130	180	180
베크라이트판	0.5×1,000×1,000㎜	매	2,640	2,700	2,700	2,900	2,900	3,600	3,500
엠파이어튜브	2×1,000	m	55	55	55	55	55	55	55
부 저	DC 6V	개	645	855	1,050	1,080	1,080	-	1,700
형 광 등	직관형 20D	〃	600	630	650	650	700	700	760
〃	〃 20W	〃	680	630	650	650	700	700	760
〃	환 형 22D	〃	1,170	1,250	1,300	1,300	1,410	1,400	1,500
〃	〃 22W	〃	1,260	1,250	1,300	1,300	1,410	1,400	1,500
백 열 전 구	투 명 110V 30W	〃	198	218	240	240	240	230	310
〃	〃 220 60	〃	220	240	260	260	260	245	320
〃	불투명 110 30	〃	210	229	250	250	250	240	320
〃	〃 220 60	〃	235	250	270	270	270	255	330
적 외 선 램 프	110/220V 125/185W	〃	1,400	1,400	1,500	1,500	1,300	1,300	1,750
〃	〃 250	〃	1,500	1,400	1,500	1,500	1,300	1,300	1,750
전 주									
콘크리트전주	10m 190㎜ 350㎏	본	39,000	45,430	46,595	47,780	50,248	56,540	57,630
(한전주)	14 190 500	〃	135,050	151,455	148,925	152,830	160,732	179,240	180,910
(통신주)	7 140 200	〃	27,170	32,272	44,330	50,130	57,200	55,300	51,818
〃	7.5 190 600	〃	51,100	72,530	99,660	111,300	129,560	126,100	116,363
근 가	0.7m 55㎏	개	3,500	3,730	2,500	2,513	2,587	2,788	2,927
〃	1.2 90	〃	5,500	5,500	4,132	4,154	4,279	4,612	4,842
가선재									
배전용경완금	75×45× 900	〃	2,860	3,432	3,432	-	-	-	-
〃	75 75 1,400	〃	6,360	6,932	6,932	7,980	7,980	7,980	7,980
〃	75 75 1,800	〃	10,560	11,510	11,510	13,585	13,585	13,585	13,585
〃	75 75 2,400	〃	13,930	15,214	15,214	18,189	18,189	18,189	18,189
U 볼 트	270×500	〃	1,860	1,860	1,860	1,860	1,860	1,860	1,860
〃	320 550	〃	2,050	2,050	2,050	2,050	2,050	2,050	2,050
〃	360 590	〃	2,200	2,200	2,200	2,200	2,200	2,200	2,200
배 전 용 완 금	7×90×90×1,800	〃	10,000	15,410	16,620	16,200	16,200	18,000	18,900
전 지									
망 간 건 전 지	DM 1.5V	〃	220	220	220	265	265	264	240
〃	CM 〃	〃	184	184	184	220	220	220	200
〃	AAM 〃	〃	120	120	120	144	144	143	130
알 카 건 전 지	AA 〃	〃	950	750	750	832	832	836	760
〃	AAA 〃	〃	260	260	260	290	290	290	272

주 1) 한전주 10m는 1999년 이전에는 8m임.
2) 동피뢰침은 2000년 이전에 보호반경 54m는 14-485, 보호반경 73m는 14-395임.
3) 판고리휴즈 A형은 2001년 이전에 50은 30, 150은 100임.
4) 꽂음프러그 고무 250V 20A 3P는 2001년 이전에는 평캡 125 15임.
5) 형광등 환형는 2000년 이전에 22D는 20D는, 22W는 20W임.
6) 알카건전지는 2000년 이전에 AA는 A-1, AAA는 A-4S 1.5A-1임.

1997	1998	1999	2000	2001	2002	2003	2004	2005	2006	2007	2008	2009
13,500	13,500	13,500	13,500	4,500,000	4,500,000	4,500,000	4,500,000	4,500,000	4,500,000	3,500,000	3,500,000	3,500,000
9,000	11,000	11,000	11,000	5,700,000	5,000,000	5,000,000	5,000,000	5,000,000	5,000,000	4,000,000	4,000,000	4,000,000
3,840	4,500	4,500	4,500	6,200	6,200	6,200	6,200	6,200	6,200	12,000	12,000	12,000
3,960	4,500	4,500	4,500	4,900	4,900	4,900	4,900	4,900	4,900	5,400	5,400	5,400
2,420	2,880	2,880	2,880	2,880	2,890	2,890	–	–	–	–	–	–
3,311	3,940	3,940	3,940	3,940	4,170	4,170	–	–	–	–	–	–
101	50	50	50	50	60	60	64	64	67	71	66	65
140	130	130	130	130	280	280	290	290	365	320	299	291
300	400	400	400	400	400	400	420	420	529	464	433	422
1,050	1,800	1,800	1,800	1,800	1,800	1,800	1,920	1,920	2,419	2,122	1,978	1,930
2,000	2,450	2,450	2,450	2,450	2,450	2,450	2,620	2,620	3,300	2,894	2,698	2,632
3,500	4,680	4,680	4,680	4,680	4,680	4,680	5,000	5,000	6,300	5,525	5,151	5,026
5,000	6,760	6,760	6,760	6,760	6,760	6,760	7,230	7,230	9,108	7,988	7,447	7,266
1,762	2,250	2,250	2,250	2,250	2,298	2,298	3,056	4,743	4,743	4,743	4,743	4,743
452	512	512	512	512	524	524	723	729	729	729	729	729
179	202	202	202	202	1,563	1,563	2,079	2,072	2,072	2,072	2,072	2,072
179	213	213	213	213	218	218	301	450	450	450	450	450
180	–	200	200	400	2,860	2,860	2,860	2,860	3,146	3,146	3,933	3,933
3,500	3,500	3,500	3,500	3,500	3,500	3,500	3,500	3,500	3,850	3,850	7,000	7,000
55	80	80	80	80	80	80	80	80	88	88	110	110
1,700	2,200	2,200	2,400	2,700	2,700	2,700	2,700	2,700	2,700	2,700	2,800	2,800
830	880	850	850	900	900	900	960	960	1,162	1,162	1,162	1,162
830	880	850	850	900	900	900	960	960	1,162	1,162	1,162	1,162
1,600	1,700	1,700	1,700	1,700	1,700	1,700	1,760	1,760	2,226	2,226	2,226	2,226
1,600	1,700	1,700	1,700	1,700	1,700	1,700	1,760	1,760	2,226	2,226	2,226	2,226
280	330	260	260	260	260	273	273	278	306	306	306	306
290	340	270	270	270	270	283	283	288	317	317	317	317
290	340	270	270	270	270	283	283	288	317	317	317	317
300	350	280	280	280	280	294	294	299	329	329	329	329
1,750	2,000	2,000	2,000	2,000	2,000	2,000	2,000	2,200	2,200	2,200	2,200	2,200
1,750	2,000	2,000	2,000	2,000	2,000	2,000	2,000	2,200	2,200	2,200	2,200	2,200
59,275	60,660	60,660	100,720	97,770	97,770	109,932	117,000	117,000	121,300	125,300	161,040	150,000
182,478	186,700	186,700	186,490	180,704	180,704	184,595	204,400	204,400	213,500	217,600	299,670	277,800
52,636	53,545	53,545	62,110	62,110	61,100	61,100	67,350	67,350	66,693	66,693	78,988	86,720
113,636	113,636	113,636	120,350	120,350	120,350	120,350	116,500	116,500	115,365	115,365	139,435	153,060
2,941	2,972	2,972	4,000	4,000	4,000	4,000	4,367	4,367	4,367	4,367	4,367	5,909
4,865	4,914	4,914	6,000	6,000	6,000	6,000	6,551	6,551	6,551	6,551	6,551	8,000
6,000	5,200	5,200	5,200	5,200	5,200	5,200	5,620	5,620	5,620	6,918	7,123	8,200
11,000	9,800	9,800	9,800	9,800	9,800	9,800	10,580	10,580	10,580	13,022	13,408	14,910
13,000	16,500	16,500	16,500	16,500	16,500	16,500	17,820	17,820	17,820	21,935	22,584	25,725
19,000	19,500	19,500	19,500	19,500	19,500	19,500	21,060	21,060	21,060	25,923	26,690	34,125
2,600	3,700	3,700	3,700	3,700	3,700	3,700	4,000	4,000	4,000	4,924	5,069	5,069
2,900	4,400	4,400	4,400	4,400	4,400	4,400	4,750	4,750	4,750	5,847	6,020	6,020
3,100	4,600	4,600	4,600	4,600	4,600	4,600	4,970	4,970	4,970	6,118	6,299	6,299
18,000	–	21,000	21,000	21,000	21,000	21,000	22,680	22,680	22,680	27,916	28,743	28,743
240	300	300	312	300	300	300	340	340	360	360	360	414
200	260	260	270	260	260	260	290	290	310	310	310	357
130	170	170	170	155	155	155	170	170	180	180	180	207
760	1,100	1,100	1,100	250	260	260	290	290	340	340	340	360
270	350	350	350	260	270	270	310	310	350	350	350	371

전 기 자 재(5)

품 명	규 격	단위	2010	2011	2012	2013	2014	2015	2016
전력·배전기기									
동 피 뢰 침	보호반경 45 (PLUS P40)	개	2,800,000	2,800,000	3,200,000	3,200,000	3,200,000	3,200,000	3,200,000
(고전압펄스식피뢰침)	보호반경 60 (PLUS P60)	〃	3,200,000	3,200,000	3,500,000	3,500,000	3,500,000	3,500,000	3,500,000
접 지 동 판	1.0×300×300㎜	매	9,600	9,600	9,600	12,000	12,000	12,000	12,000
접 지 동 봉	16×1,800㎜	개	5,000	5,000	5,000	9,200	9,200	9,200	9,200
배선·조명기구									
커버나이프스위치	단투 250V 30A 2P	〃	6,251	8,099	8,099	8,099	8,099	8,099	8,099
〃	쌍투 〃 〃 〃	〃	11,418	11,418	11,418	11,418	11,418	11,418	11,418
판 고 리 휴 즈	50A	〃	65	71	71	71	71	71	71
〃	150	〃	291	320	320	320	320	320	320
통 형 퓨 즈	30A	〃	422	464	464	464	464	464	464
〃	100	〃	1,930	2,123	2,123	2,123	2,123	2,123	2,123
퓨 즈 링 크	27㎸ 10A	〃	2,632	-	-	-	-	-	-
〃	〃 50	〃	5,026	-	-	-	-	-	-
〃	〃 100	〃	7,266	-	-	-	-	-	-
매 입 콘 센 트	220V 접4구	〃	4,535	4,535	4,535	4,535	4,535	4,535	4,535
키 소 켓		〃	1,003	1,255	1,255	1,255	1,255	1,255	1,255
플 러 그	고무 250V 20A 3P	〃	1,917	1,917	1,917	1,917	1,917	1,917	1,917
플러쉬플레이트	1구 P/L	〃	495	495	495	495	495	495	495
그라스테이프	8㎜	R/L	3,933	3,933	-	-	-	-	-
베크라이트판	0.5×1,000×1,000㎜	매	7,000	7,000	-	-	-	-	-
엠파이어튜브	2×1,000	m	110	110	-	-	-	-	-
부 저	DC 6V	개	2,800	2,800	-	-	-	-	-
형 광 등	직관형 20D	〃	1,162	1,280	1,280	1,280	1,280	1,280	1,280
〃	〃 20W	〃	1,162	1,280	1,280	1,280	1,280	1,280	1,280
〃	환 형 22D	〃	2,226	2,770	2,770	2,770	2,770	2,770	2,770
〃	〃 22W	〃	2,226	2,770	2,770	2,770	2,770	2,770	2,770
백 열 전 구	투 명 110V 30W	〃	306	400	400	-	-	-	-
〃	〃 220 60	〃	317	400	400	600	-	-	-
〃	불투명 110 30	〃	317	400	400	-	-	-	-
〃	〃 220 60	〃	329	400	400	600	-	-	-
적 외 선 램 프	110/220V 125/185W	〃	2,200	2,200	2,200	-	-	-	-
〃	〃 250	〃	2,200	2,200	2,200	-	-	-	-
전 주									
콘크리트전주	10m 190㎜ 350㎏	본	159,200	168,710	180,630	187,400	193,100	198,900	197,790
(한전주)	14 190 500	〃	288,400	292,940	308,500	318,400	328,000	336,200	335,330
(통신주)	7 140 200	〃	88,579	88,579	92,122	100,300	100,300	100,300	102,971
〃	7.5 190 600	〃	156,878	156,878	163,153	177,700	177,700	177,700	181,815
근 가	0.7m 55㎏	개	5,909	5,909	5,909	5,909	5,909	5,909	-
〃	1.2 90	〃	8,000	8,000	8,000	8,000	8,000	8,000	-
가선재									
배전용경완금	75×45× 900	〃	-	-	-	-	-	-	-
〃	75 75 1,400	〃	-	-	18,000	18,000	18,000	18,000	18,000
〃	75 75 1,800	〃	-	-	30,600	30,600	30,600	30,600	30,600
〃	75 75 2,400	〃	-	-	36,300	36,300	36,300	36,300	36,300
U 볼 트	270×500	〃	7,500	7,500	7,500	7,500	7,500	7,500	7,500
〃	320 550	〃	8,250	8,250	8,250	8,250	8,250	8,250	8,250
〃	360 590	〃	9,000	9,000	9,000	9,000	9,000	9,000	9,000
배 전 용 완 금	7×90×90×1,800	〃	-	-	-	-	-	-	-
전 지									
망 간 건 전 지	DM 1.5V	〃	414	414	414	414	414	414	414
〃	CM 〃	〃	357	357	357	357	357	357	357
〃	AAM 〃	〃	207	207	207	207	207	207	207
알 카 건 전 지	AA 〃	〃	360	360	360	360	360	360	360
〃	AAA 〃	〃	371	371	371	371	371	371	371

주 1) 한전주 10m는 1999년 이전에는 8m임.
2) 동피뢰침은 2000년 이전에 보호반경 54m는 14-485, 보호반경 73m는 14-395임.
3) 판고리휴즈 A형은 2001년 이전에 50은 30, 150은 100임.
4) 꽂음프러그 고무 250V 20A 3P는 2001년 이전에는 평캡 125 15임.
5) 형광등 환형는 2000년 이전에 22D는 20D는, 22W는 20W임.
6) 알카건전지는 2000년 이전에 AA는 A-1, AAA는 A-4S 1.5A-1임.

2017	2018	2019	2020	2021	2022	2023	2024	2025					
-	-	-	-	-	-	-	-	-					
-	-	-	-	-	-	-	-	-					
12,000	12,000	-	-	-	-	-	-	-					
9,200	9,200	9,200	9,200	10,500	10,500	15,000	15,000	15,000					
8,099	8,099	8,099	16,198	16,198	16,198	16,198	16,198	16,198					
11,418	11,418	11,418	22,836	22,836	22,836	22,836	22,836	22,836					
71	71	71	70	70	70	-	-	-					
320	320	320	350	350	350	-	-	-					
464	464	464	510	510	510	-	-	-					
2,123	2,123	2,123	2,330	2,330	2,330	-	-	-					
-	-	-	-	-	-	-	-	-					
-	-	-	-	-	-	-	-	-					
-	-	-	-	-	-	-	-	-					
4,535	4,535	4,535	4,535	4,535	5,487	5,487	5,487	5,487					
1,255	1,255	1,255	1,255	1,255	1,380	1,380	1,380	1,380					
1,917	1,917	1,917	1,917	1,917	3,200	3,200	3,200	3,200					
495	495	495	495	495	544	544	544	544					
-	-	-	-	-	-	-	-	-					
-	-	-	-	-	-	-	-	-					
-	-	-	-	-	-	-	-	-					
-	-	-	-	-	-	-	-	-					
1,280	1,280	1,280	1,280	1,380	1,380	1,380	1,380	1,380					
1,280	1,280	1,280	1,280	1,380	1,380	1,380	1,380	1,380					
2,770	2,770	2,770	2,770	3,358	3,358	3,358	3,358	3,358					
2,770	2,770	2,770	2,770	3,358	3,358	3,358	3,358	3,358					
-	-	-	-	-	-	-	-	-					
-	-	-	-	-	-	-	-	-					
-	-	-	-	-	-	-	-	-					
-	-	-	-	-	-	-	-	-					
-	-	-	-	-	-	-	-	-					
-	-	-	-	-	-	-	-	-					
193,904	193,904	193,904	193,904	223,427	223,427	252,205	252,205	252,205					
328,447	328,447	328,447	328,447	381,117	381,117	381,117	381,117	381,117					
102,935	102,935	102,935	102,935	105,085	119,376	119,376	119,376	119,376					
181,754	181,754	181,754	181,754	183,904	208,914	208,914	208,914	208,914					
-	-	8,000	8,000	8,000	13,000	14,500	14,500	14,500					
-	-	12,000	12,000	12,000	17,000	19,000	19,000	19,000					
-	-	-	-	-	-	-	-	-					
18,000	18,000	18,000	18,000	18,000	18,000	18,000	18,000	18,000					
30,600	30,600	30,600	30,600	30,600	30,600	30,600	30,600	30,600					
36,300	36,300	36,300	36,300	36,300	36,300	36,300	36,300	36,300					
7,500	7,500	7,500	7,500	7,500	7,500	7,500	7,500	7,500					
8,250	8,250	8,250	8,250	8,250	8,250	8,250	8,250	8,250					
9,000	9,000	9,000	9,000	9,000	9,000	9,000	9,000	9,000					
-	-	-	-	-	-	-	-	-					
-	-	-	-	-	-	-	1,150	1,150					
-	-	-	-	-	-	-	1,000	1,000					
-	-	-	-	-	-	-	-	-					
-	-	-	-	-	458	500	567	567					
-	-	-	-	-	458	500	567	567					

소방·안전·화학 (1)

품명	규격	단위	1970	1971	1972	1973	1974	1975	1976
소방시설									
분말소화기	20kg	개	-	-	-	-	-	-	-
옥외지상소화전함	100×65×65㎜	〃	-	-	-	-	-	-	-
소방호스	Ø40 합성수지2중피	권	-	-	-	45,000	45,000	45,000	40,500
〃	Ø65 〃	〃	-	-	-	55,000	55,000	55,000	63,000
앵글밸브	Ø40	개	-	-	-	-	-	-	-
경종	DC 24V	〃	-	2,900	2,900	2,500	2,900	2,900	2,500
표시등	〃	〃	-	1,000	1,000	1,500	1,500	1,500	1,000
수동발신기	P형 1급 원형	〃	-	2,900	2,900	3,300	3,300	3,300	3,300
수신기	P형 1급 5회로	대	-	120,000	120,000	130,000	130,000	130,000	130,000
예비군·민방위장비									
방독면	일반용	Set	-	-	-	-	-	-	-
헬멧	일반용	개	-	-	-	-	-	-	-
탄띠, 수통, 피	군용과 동일형	〃	-	-	-	-	-	-	-
예비군복	얼룩무늬	벌	-	-	-	-	-	-	-
예비군잠바		〃	-	-	-	-	-	-	-
예비군모자		개	-	-	-	-	-	-	-
정글화	고급	켤레	-	-	-	-	-	-	-
전투화	가죽상품	〃	-	-	-	-	-	-	-
예비군완장	비닐가공	개	-	-	-	-	-	-	-
모포		〃	-	-	-	-	-	-	-
우의		벌	-	-	-	-	-	-	-
배낭		개	-	-	-	-	-	-	-
야전삽		〃	-	-	-	-	-	-	-
포승줄	5m	〃	-	-	-	-	-	-	-
민방위복	上·下(일반용)	벌	-	-	-	-	-	-	-
민방위모자		개	-	-	-	-	-	-	500
민방위완장	10×40	〃	-	-	-	-	-	-	90
민방위훈련화		켤레	-	-	-	-	-	-	-
구급배낭	3호	Set	-	-	-	-	-	-	4,175
민방위기	80/120	매	-	-	-	-	-	-	1,500
방독장갑	일반	Set	-	-	-	-	-	-	-
방독장화	〃	켤레	-	-	-	-	-	-	-
삼각끈		매	-	-	-	-	-	-	-
유화제품									
에틸렌		M/T	-	-	-	-	-	-	-
프로필렌	P.G	〃	-	-	-	-	-	-	-
〃	C.G	〃	-	-	-	-	-	-	-
부타디엔		〃	-	-	-	-	-	-	-
벤젠	(용제용)	〃	-	-	-	-	-	-	-
톨루엔	〃	〃	-	-	-	-	-	-	-
크실렌	〃	〃	-	-	-	-	-	-	-
HDPE	(필름용)	〃	-	180,000	180,000	180,000	201,330	324,000	-
LDPE	(필름용)	〃	-	220,000	220,000	220,000	201,330	410,000	320,000
PP	범용	〃	-	210,000	180,000	180,000	200,000	290,000	-
PS	G.P	〃	-	-	-	-	-	-	-
〃	H.I	〃	-	-	-	-	-	-	-
SM		〃	-	-	-	-	-	324,000	-
PVC	Straight	〃	-	-	-	-	-	-	-
〃	Paste	〃	-	-	-	-	-	-	350,000

㈜ 유화제품은 공장도가 기준임.

1977	1978	1979	1980	1981	1982	1983	1984	1985	1986	1987	1988	1989
-	-	-	192,000	180,000	175,000	150,000	152,000	114,500	114,500	114,500	129,000	117,700
-	-	198,000	266,200	266,200	230,000	230,000	230,000	180,000	180,000	180,000	190,000	250,000
40,500	52,800	54,000	76,230	63,000	63,000	63,000	63,000	55,460	55,460	55,460	55,460	55,460
63,000	69,850	71,000	101,640	84,000	84,000	84,000	84,000	73,600	73,600	73,600	73,600	73,600
-	9,150	9,150	11,000	9,000	9,000	9,000	9,000	9,000	9,000	9,000	9,000	9,000
2,500	2,310	2,100	2,700	3,500	3,500	6,000	6,000	6,000	6,000	6,000	6,000	5,500
1,000	880	880	1,000	1,100	1,000	1,000	1,000	1,000	1,000	1,000	1,000	1,000
3,300	3,050	3,500	3,300	3,727	3,727	4,000	4,000	4,000	4,000	4,000	4,000	4,000
130,000	131,818	167,000	250,000	287,687	200,000	200,000	200,000	200,000	200,000	200,000	190,000	190,000
-	6,500	6,500	-	-	12,000	12,000	12,540	12,540	12,800	12,800	12,800	12,800
-	2,400	3,500	4,500	4,500	7,500	8,000	8,000	8,000	8,000	8,000	8,000	8,000
-	2,100	1,980	2,300	2,300	2,600	2,500	2,500	3,000	3,000	2,650	2,390	2,390
-	7,000	7,600	9,800	11,000	11,500	11,500	11,500	12,000	12,000	13,810	15,200	15,100
-	5,000	5,000	12,000	15,000	12,500	12,500	12,500	15,000	15,000	15,000	17,000	15,000
-	400	500	600	600	600	600	800	1,100	1,320	1,590	1,830	1,700
-	6,500	6,500	7,500	7,500	7,800	8,640	8,640	9,500	9,500	10,450	11,500	11,000
-	7,500	8,000	7,500	8,500	13,000	13,000	13,000	12,000	12,000	13,000	22,790	22,790
-	350	350	380	380	380	400	350	400	400	400	500	500
-	6,000	9,000	10,200	10,000	10,000	12,000	12,000	11,000	11,000	15,000	18,000	15,000
-	3,500	4,800	5,900	7,300	7,300	8,500	8,500	10,000	10,000	10,000	11,000	11,000
-	3,300	4,000	5,000	5,500	5,500	6,500	6,500	7,200	7,200	10,000	12,500	12,500
-	1,850	2,100	3,500	3,500	3,500	3,500	3,500	3,500	3,500	3,500	4,500	4,500
-	700	700	800	800	800	800	1,000	1,000	1,000	1,000	1,000	1,000
-	-	8,500	8,500	12,000	13,000	13,000	13,000	8,500	8,500	9,000	17,000	13,000
500	500	500	500	420	600	600	600	500	500	500	600	800
90	150	150	250	300	300	300	300	300	300	300	300	400
-	-	-	2,500	3,980	4,200	4,200	4,200	3,500	3,500	3,500	4,500	5,000
4,175	4,800	4,800	8,000	7,800	7,800	7,800	7,500	7,500	7,500	7,500	7,500	7,500
1,500	1,500	-	3,000	3,500	4,000	4,000	4,500	4,500	4,500	5,000	5,000	5,000
-	-	-	-	1,000	1,000	1,000	1,000	1,000	1,300	1,600	2,000	2,000
-	-	-	-	-	-	4,000	4,500	4,000	4,000	4,000	4,000	4,000
-	-	-	-	700	700	700	600	700	700	700	500	600
-	-	-	-	-	464,916	422,852	431,823	373,574	305,000	330,000	310,000	324,000
-	-	-	-	-	-	406,104	406,104	373,574	293,032	316,000	286,000	302,000
-	-	-	-	-	-	323,488	336,216	331,788	274,000	307,000	277,000	293,000
-	-	-	-	-	469,503	499,825	524,371	510,882	328,000	396,000	338,000	314,000
-	-	-	-	-	416,753	353,637	353,637	353,300	221,000	261,000	257,000	223,000
-	-	-	-	-	395,652	353,637	353,637	369,572	247,000	231,000	272,000	215,000
-	-	-	-	-	300,695	298,228	298,228	290,350	202,000	184,000	218,000	190,000
-	-	445,391	696,836	842,163	787,150	752,850	737,700	643,000	579,700	628,106	653,600	620,900
320,000	-	-	663,469	771,727	860,180	833,100	816,000	718,000	619,500	677,000	713,200	675,100
-	-	438,378	582,253	685,609	754,170	749,300	734,300	677,000	610,600	659,400	663,800	579,700
-	-	550,552	686,590	852,181	917,390	880,000	859,000	844,000	703,000	847,000	1,033,000	778,200
-	-	697,098	-	-	1,166,990	1,103,000	1,077,000	1,066,000	956,000	1,085,000	1,252,000	1,181,000
-	-	-	541,509	-	722,670	629,700	603,400	584,000	398,000	526,000	526,000	502,000
-	-	-	531,895	720,000	760,760	770,000	758,100	706,200	657,000	666,400	724,000	653,800
460,000	-	-	-	1,068,181	1,143,760	1,137,000	1,137,000	1,050,000	1,001,000	1,021,000	1,114,000	1,070,000

소방·안전·화학 (1)

품 명	규 격	단위	1990	1991	1992	1993	1994	1995	1996
소방시설									
분말소화기	20kg	개	115,000	126,000	140,000	95,000	110,000	110,000	130,000
옥외지상소화전함	100×65×65㎜	〃	200,000	200,000	250,000	250,000	250,000	255,000	255,000
소방호스	Ø40 합성수지2중피	권	55,460	58,000	57,000	65,000	65,000	63,000	63,000
〃	Ø65 〃	〃	73,600	75,000	79,000	85,000	85,000	85,000	85,000
앵글밸브	Ø40	개	8,000	9,500	13,000	14,000	14,000	14,000	14,000
경종	DC 24V	〃	5,500	5,500	5,500	5,500	5,500	5,500	5,500
표시등	〃	〃	1,000	1,000	1,000	1,000	1,000	1,000	1,000
수동발신기	P형 1급 원형	〃	4,000	3,500	4,000	5,000	5,000	5,000	5,000
수신기	P형 1급 5회로	대	200,000	200,000	200,000	200,000	200,000	200,000	200,000
예비군·민방위장비									
방독면	일반용	Set	12,800	12,800	11,500	17,200	17,200	22,300	26,900
헬멧	일반용	개	8,000	8,000	9,000	12,000	12,000	12,000	12,000
탄띠, 수통, 피	군용과 동일형	〃	2,390	2,390	4,500	5,000	5,000	5,000	6,500
예비군복	얼룩무늬	벌	15,100	16,500	18,000	20,000	22,820	22,820	28,340
예비군잠바		〃	15,000	16,000	18,000	17,000	17,000	17,000	35,000
예비군모자		개	1,700	2,000	2,000	1,500	2,000	2,000	3,670
정글화	고급	켤레	11,000	11,000	13,000	15,000	15,000	17,000	18,000
전투화	가죽상품	〃	22,000	22,000	24,000	28,000	28,000	28,000	31,230
예비군완장	비닐가공	개	500	500	700	700	700	700	1,000
모포		〃	15,000	17,000	10,000	18,000	18,000	18,000	25,000
우의		벌	11,000	11,000	12,500	15,000	15,000	18,000	18,000
배낭		개	12,500	12,500	15,000	13,000	15,000	15,000	16,000
야전삽		〃	4,500	4,500	4,500	5,500	5,500	6,500	8,500
포승줄	5m	〃	1,000	1,000	1,000	1,000	1,000	1,000	1,000
민방위복	上·下(일반용)	벌	13,000	16,000	20,000	20,000	20,000	20,000	22,000
민방위모자		개	800	850	650	1,200	1,500	1,500	1,500
민방위완장	10×40	〃	500	500	450	500	500	500	500
민방위훈련화		켤레	5,000	5,000	5,000	6,500	6,500	8,500	12,000
구급배낭	3호	Set	8,500	8,500	9,000	9,000	9,000	10,000	10,000
민방위기	80/120	매	5,000	5,000	7,200	5,000	5,000	5,000	6,000
방독장갑	일반	Set	2,000	2,000	2,000	2,000	2,000	2,000	–
방독장화	〃	켤레	5,500	5,500	5,500	5,500	5,500	6,000	–
삼각끈		매	700	700	1,000	700	700	700	1,000
유화제품									
에틸렌		M/T	534,000	361,000	371,000	260,000	356,000	306,000	343,000
프로필렌	P.G	〃	473,000	339,000	350,000	250,000	374,000	318,000	398,000
〃	C.G	〃	455,000	329,000	340,000	242,500	359,000	308,500	386,000
부타디엔		〃	417,000	276,000	310,000	271,000	295,000	408,000	340,000
벤젠	(용제용)	〃	441,000	297,000	237,000	220,000	318,000	272,000	341,000
톨루엔	〃	〃	423,000	259,000	246,000	231,000	288,000	239,000	286,000
크실렌	〃	〃	360,000	212,000	202,000	231,000	324,000	260,000	280,000
HDPE	(필름용)	〃	782,000	605,000	605,000	460,000	650,000	720,000	690,000
LDPE	(필름용)	〃	863,000	731,000	731,000	600,000	690,000	780,000	730,000
PP	범용	〃	813,000	678,000	678,000	460,000	700,000	800,000	680,000
PS	G.P	〃	1,179,000	840,000	890,000	890,000	1,190,000	1,190,000	1,150,000
〃	H.I	〃	1,258,000	1,193,000	990,000	990,000	1,290,000	1,290,000	1,250,000
SM		〃	768,000	579,000	515,000	509,000	780,000	560,000	540,000
PVC	Straight	〃	759,000	655,000	665,000	640,000	790,000	735,000	735,000
〃	Paste	〃	1,184,000	1,105,000	1,105,000	1,105,000	1,150,000	1,160,000	1,160,000

㈜ 유화제품은 공장도가 기준임.

1997	1998	1999	2000	2001	2002	2003	2004	2005	2006	2007	2008	2009
125,000	150,000	130,000	130,000	135,000	135,000	135,000	120,000	120,000	120,000	160,000	240,000	240,000
255,000	260,000	290,000	250,000	250,000	250,000	250,000	250,000	265,000	300,000	300,000	380,000	380,000
63,000	63,000	61,000	61,000	61,000	61,000	61,000	61,000	64,000	64,000	65,000	70,000	70,000
85,000	85,000	83,000	83,000	83,000	83,000	83,000	83,000	87,000	87,000	88,000	95,000	95,000
14,000	14,000	14,000	14,000	14,000	14,000	14,000	14,000	16,000	20,000	20,000	25,000	25,000
5,500	5,000	5,000	6,000	6,000	6,000	6,000	6,000	6,000	6,000	6,000	6,000	6,000
1,000	1,000	1,000	1,500	1,500	1,500	1,500	1,500	1,500	1,500	1,500	1,500	1,500
5,000	5,000	5,000	5,000	5,000	5,000	5,000	5,000	5,000	5,000	5,000	5,000	5,000
200,000	170,000	170,000	250,000	250,000	-	250,000	250,000	250,000	250,000	250,000	250,000	250,000
28,000	25,000	30,000	25,000	28,000	28,000	28,000	28,000	28,000	28,000	28,000	28,000	28,000
12,000	15,000	15,000	18,000	18,000	18,000	18,000	18,000	18,000	18,000	18,000	18,000	18,000
7,000	8,500	8,500	8,500	8,500	8,500	8,500	8,500	8,500	8,500	8,500	8,500	8,500
31,200	31,000	32,420	32,420	32,420	27,860	27,860	27,860	27,860	27,860	27,860	27,860	27,860
35,000	40,000	40,000	40,000	40,000	40,000	40,000	40,000	40,000	40,000	40,000	40,000	40,000
3,670	3,500	4,000	4,000	4,000	2,500	2,500	2,500	2,500	2,500	2,500	2,500	2,500
18,000	30,000	30,000	30,000	30,000	30,000	30,000	30,000	30,000	30,000	30,000	30,000	30,000
34,480	35,000	38,130	38,130	38,130	37,550	37,550	37,550	37,550	37,550	37,550	37,550	37,550
1,000	1,200	1,200	1,500	1,500	1,500	1,500	1,500	1,500	1,500	1,500	1,500	1,500
25,000	35,000	35,000	35,000	35,000	35,000	35,000	35,000	35,000	35,000	35,000	35,000	35,000
18,000	22,000	22,000	22,000	22,000	22,000	22,000	22,000	22,000	22,000	22,000	22,000	22,000
18,000	22,000	22,000	25,000	25,000	25,000	25,000	25,000	25,000	25,000	25,000	25,000	25,000
9,500	12,000	12,000	12,000	12,000	15,000	15,000	15,000	15,000	15,000	15,000	15,000	15,000
1,000	1,500	1,500	1,500	1,500	1,500	1,500	1,500	1,500	1,500	1,500	1,500	1,500
25,000	25,000	25,000	30,000	30,000	30,000	30,000	30,000	30,000	30,000	30,000	30,000	30,000
1,500	2,000	2,000	2,000	2,000	2,500	2,500	2,500	2,500	3,500	3,500	3,500	3,500
500	600	600	600	600	700	700	700	700	900	900	900	900
12,000	17,000	17,000	17,000	17,000	17,000	17,000	17,000	17,000	17,000	17,000	17,000	17,000
12,000	20,000	20,000	20,000	20,000	20,000	20,000	20,000	20,000	20,000	20,000	20,000	20,000
6,000	8,000	8,000	8,000	8,000	8,000	8,000	8,000	8,000	8,000	8,000	8,000	8,000
-	3,000	3,000	3,000	3,000	3,000	3,000	3,000	3,000	3,000	3,000	3,000	3,000
-	13,000	13,000	13,000	13,000	13,000	13,000	13,000	13,000	13,000	13,000	13,000	13,000
1,000	1,200	1,200	1,200	1,200	1,200	1,200	1,200	1,200	1,200	1,200	1,200	1,200
433,000	474,000	589,000	696,000	567,000	655,000	670,000	986,000	1,069,000	948,000	1,237,000	1,265,000	1,328,000
319,000	330,000	565,000	671,000	542,000	620,000	640,000	961,000	1,044,000	923,000	1,211,000	954,000	1,205,000
309,400	320,000	542,000	643,000	520,000	595,000	614,000	923,000	1,002,000	886,000	1,163,000	916,000	1,157,000
427,000	461,000	422,000	631,000	484,000	646,000	708,000	976,000	1,165,000	1,325,000	1,090,000	2,601,000	1,682,000
359,000	459,000	443,000	586,000	492,000	647,000	672,000	1,384,000	870,000	1,000,000	980,000	980,000	1,000,000
348,000	388,000	440,000	584,000	562,000	584,000	704,000	1,003,000	820,000	850,000	950,000	980,000	960,000
353,000	399,000	526,000	555,000	590,000	578,000	724,000	941,000	880,000	930,000	970,000	1,000,000	980,000
720,000	900,000	1,100,000	990,000	840,000	760,000	850,000	1,200,000	1,160,000	1,240,000	1,360,000	1,500,000	1,480,000
820,000	1,000,000	1,230,000	1,200,000	1,000,000	1,050,000	1,400,000	1,900,000	1,500,000	1,420,000	1,490,000	1,650,000	1,630,000
680,000	700,000	970,000	850,000	870,000	750,000	900,000	1,250,000	1,180,000	1,210,000	1,330,000	1,500,000	1,430,000
1,000,000	1,100,000	1,350,000	1,100,000	810,000	965,000	1,140,000	1,820,000	1,620,000	1,580,000	1,630,000	2,140,000	2,090,000
1,100,000	1,200,000	1,430,000	1,170,000	1,000,000	1,085,000	1,200,000	1,870,000	1,720,000	1,700,000	1,750,000	2,290,000	2,240,000
530,000	594,000	690,000	779,000	662,000	783,000	809,000	1,539,000	1,110,000	1,190,800	1,235,400	744,338	1,142,490
8[illegible]5,000	790,000	940,000	960,000	850,000	920,000	950,000	1,250,000	1,230,000	1,050,000	1,220,000	1,405,000	1,600,000
1,200,000	1,450,000	1,300,000	1,400,000	1,330,000	1,600,000	1,650,000	1,800,000	1,950,000	1,900,000	2,150,000	2,250,000	2,300,000

소방·안전·화학 (1)

품명	규격	단위	2010	2011	2012	2013	2014	2015	2016
소방시설									
분말소화기	20kg	개	213,400	152,200	152,200	152,200	152,200	152,200	152,200
옥외지상소화전함	100×65×65㎜	〃	380,000	380,000	380,000	380,000	380,000	380,000	380,000
소방호스	Ø40 합성수지2중피	권	70,000	70,000	55,000	55,000	55,000	55,000	58,000
〃	Ø65 〃	〃	95,000	95,000	75,000	75,000	75,000	75,000	80,000
앵글밸브	Ø40	개	25,000	25,000	25,000	25,000	25,000	25,000	33,000
경종	DC 24V	〃	7,500	7,500	7,500	7,500	7,500	7,500	7,500
표시등	〃	〃	2,000	2,000	2,000	2,000	2,000	2,000	25,000
수동발신기	P형 1급 원형	〃	5,000	7,000	7,000	7,000	5,000	5,000	5,000
수신기	P형 1급 5회로	대	250,000	250,000	-	-	-	-	-
예비군·민방위장비									
방독면	일반용	Set	28,000	28,000	45,000	45,000	47,000	47,000	47,000
헬멧	일반용	개	18,000	18,000	-	-	-	-	-
탄띠, 수통, 피	군용과 동일형	〃	8,500	8,500	10,000	10,000	10,000	10,000	10,000
예비군복	얼룩무늬	벌	27,860	27,860	30,000	30,000	30,000	30,000	30,000
예비군잠바		〃	40,000	40,000	45,000	45,000	45,000	45,000	45,000
예비군모자		개	2,500	2,500	3,000	3,000	3,000	3,000	3,000
정글화	고급	켤레	30,000	30,000	-	-	-	-	-
전투화	가죽상품	〃	37,550	37,550	-	-	-	-	-
예비군완장	비닐가공	개	1,500	1,500	-	-	-	-	-
모포		〃	35,000	35,000	30,000	30,000	30,000	30,000	30,000
우의		벌	22,000	22,000	55,000	55,000	55,000	55,000	55,000
배낭		개	25,000	25,000	20,000	20,000	20,000	20,000	20,000
야전삽		〃	15,000	15,000	10,000	10,000	10,000	10,000	10,000
포승줄	5m	〃	1,500	1,500	1,000	1,000	1,000	1,000	1,000
민방위복	上·下(일반용)	벌	30,000	30,000	40,000	40,000	40,000	40,000	40,000
민방위모자		개	3,500	3,500	4,000	4,000	4,000	4,000	4,000
민방위완장	10×40	〃	900	900	2,000	2,000	2,000	2,000	2,000
민방위훈련화		켤레	17,000	17,000	-	-	-	-	-
구급배낭	3호	Set	20,000	20,000	20,000	20,000	20,000	20,000	20,000
민방위기	80/120	매	8,000	8,000	8,000	8,000	8,000	8,000	8,000
방독장갑	일반	Set	3,000	3,000	5,000	5,000	5,000	5,000	5,000
방독장화	〃	켤레	13,000	13,000	12,000	12,000	12,000	12,000	12,000
삼각끈		매	1,200	1,200	2,000	2,000	2,000	2,000	-
유화제품									
에틸렌		M/T	1,488,000	1,759,000	1,812,000	1,762,000	1,567,000	1,004,000	1,078,000
프로필렌	P.G	〃	1,341,000	1,655,000	1,635,000	1,643,000	1,430,000	728,000	849,000
〃	C.G	〃	1,287,000	1,589,000	1,560,000	1,512,000	1,488,000	826,000	761,000
부타디엔		〃	2,072,000	2,734,000	2,034,000	1,472,000	1,421,000	1,059,000	1,156,000
벤젠	(용제용)	〃	1,250,000	1,220,000	1,360,000	1,447,000	1,140,000	787,000	-
톨루엔	〃	〃	1,180,000	1,410,000	1,430,000	1,281,000	1,045,000	806,000	-
크실렌	〃	〃	1,290,000	1,650,000	1,560,000	1,402,000	992,000	864,000	-
HDPE	(필름용)	〃	1,600,000	1,700,000	1,770,000	1,750,000	1,770,000	1,510,000	1,520,000
LDPE	(필름용)	〃	1,800,000	2,000,000	2,060,000	1,970,000	1,980,000	1,690,000	1,587,000
PP	범용	〃	1,530,000	1,600,000	1,850,000	1,830,000	1,870,000	1,600,000	1,600,000
PS	G.P	〃	2,590,000	2,000,000	1,950,000	2,280,000	2,100,000	1,920,000	1,900,000
〃	H.I	〃	2,740,000	2,200,000	2,200,000	2,380,000	2,120,000	2,100,000	2,080,000
SM		〃	1,360,000	1,600,000	1,673,000	1,703,360	1,349,000	1,000,400	1,000,400
PVC	Straight	〃	1,520,000	1,600,000	1,700,000	1,620,000	1,620,000	1,905,000	1,905,000
〃	Paste	〃	2,450,000	2,500,000	2,800,000	2,600,000	2,600,000	2,550,000	2,400,000

㈜ 유화제품은 공장도가 기준임.

2017	2018	2019	2020	2021	2022	2023	2024	2025
152,200	152,200	152,200	152,200	152,000	167,000	167,000	167,000	167,000
380,000	380,000	450,000	420,000	420,000	750,000	750,000	750,000	750,000
55,000	55,000	55,000	62,000	62,000	75,000	75,000	75,000	75,000
70,000	70,000	70,000	86,000	86,000	102,000	102,000	103,000	103,000
33,000	-	-	-	-	-	-	-	-
7,500	7,500	7,500	7,500	7,500	7,500	7,500	7,500	10,500
25,000	2,000	2,000	2,000	2,000	2,000	2,000	2,000	2,500
5,000	5,000	5,000	5,000	5,000	5,000	5,000	5,000	7,000
-	-	-	-	-	-	-	-	-
47,000	47,000	47,000	52,000	52,000	52,000	52,000	52,000	43,000
-	-	-	-	-	-	-	-	-
10,000	10,000	10,000	10,000	10,000	10,000	10,000	10,000	22,000
30,000	30,000	30,000	30,000	30,000	30,000	30,000	30,000	-
45,000	45,000	45,000	45,000	45,000	45,000	45,000	45,000	-
3,000	3,000	3,000	3,000	3,000	3,000	3,000	3,000	15,000
-	-	-	-	-	-	-	-	-
-	-	-	-	-	-	-	-	-
-	-	-	-	-	-	-	-	-
30,000	30,000	30,000	30,000	30,000	30,000	30,000	30,000	30,000
55,000	55,000	55,000	55,000	55,000	55,000	55,000	55,000	35,000
20,000	20,000	20,000	20,000	20,000	20,000	20,000	20,000	15,000
10,000	10,000	10,000	18,000	18,000	18,000	18,000	18,000	25,000
1,000	1,000	1,000	1,000	1,000	1,000	1,000	1,000	1,500
40,000	40,000	40,000	42,500	42,500	42,500	42,500	42,500	42,000
4,000	4,000	4,000	4,000	4,000	4,000	4,000	4,000	7,000
2,000	2,000	2,000	3,000	3,000	3,000	3,000	3,000	3,000
-	-	-	-	-	-	-	-	-
20,000	20,000	20,000	20,000	20,000	20,000	20,000	20,000	-
8,000	8,000	8,000	8,000	8,000	8,000	8,000	8,000	12,000
5,000	5,000	5,000	5,000	5,000	5,000	5,000	5,000	5,000
12,000	12,000	12,000	12,000	12,000	12,000	12,000	12,000	28,000
-	-	-	-	-	-	-	-	-
1,405,000	1,427,000	1,427,000	1,042,000	1,465,000	-	1,300,000	1,250,000	1,238,600
1,037,000	1,306,000	1,316,000	932,000	1,267,000	1,550,000	1,550,000	1,450,000	1,450,000
999,000	1,108,000	1,118,000	748,000	1,221,000	-	-	-	-
1,351,000	1,757,000	1,837,000	1,507,000	1,270,000	1,650,000	1,650,000	2,200,000	1,800,000
-	-	-	-	-	-	-	-	-
-	-	-	-	-	-	-	-	-
-	-	-	-	-	-	-	-	-
1,500,000	1,460,000	1,195,000	1,550,000	2,000,000	1,950,000	2,100,000	1,800,000	1,800,000
1,590,000	1,565,000	1,460,000	1,500,000	2,150,000	2,400,000	2,400,000	2,100,000	2,100,000
1,500,000	1,550,000	1,360,000	1,530,000	1,500,000	1,850,000	1,900,000	1,900,000	1,750,000
2,020,000	2,300,000	2,335,000	2,335,000	1,700,000	2,200,000	2,200,000	2,200,000	2,200,000
2,200,000	2,400,000	2,435,000	2,435,000	1,777,000	2,300,000	2,300,000	2,300,000	2,300,000
-	-	-	-	-	-	-	-	-
1,915,000	1,915,000	1,915,000	1,915,000	1,865,000	1,765,000	1,500,000	1,500,000	1,500,000
2,410,000	2,410,000	2,410,000	2,410,000	2,360,000	2,260,000	2,100,000	2,100,000	2,100,000

소방·안전·화학 (2)

품명	규격	단위	1970	1971	1972	1973	1974	1975	1976
유화제품									
ABS	(일반용)	M/T	–	–	–	–	–	–	–
아크릴로니트릴		〃	–	–	–	–	–	–	–
카프로락탐		〃	–	–	–	–	–	–	–
SBR	#1500	〃	–	–	–	–	369,567	–	420,000
〃	#1712	〃	–	–	–	–	–	–	–
BR	#01	〃	–	–	–	–	–	–	–
아세트알데히드		〃	–	–	–	–	–	–	–
아세톤	(공업용)	〃	103,125	95,000	130,000	200,000	300,000	300,000	250,000
알킬벤젠	Soft	〃	–	–	–	–	–	–	–
〃	Hard	〃	–	–	–	–	–	–	–
부탄올	(normal)	〃	–	170,000	220,000	360,000	360,000	430,000	430,000
카본블랙	HAF	〃	–	–	–	–	–	270,000	288,000
무수말레인산		〃	–	400,000	400,000	600,000	–	–	–
페놀		〃	–	–	–	–	–	–	–
무수프탈산		〃	–	160,000	160,000	126,000	126,000	126,000	126,000
PPG	#3000	〃	–	–	–	–	–	–	–
TDI		〃	–	–	–	–	–	–	–
싸이클로헥산		〃	–	–	–	–	–	–	–
화공약품									
황산	98%	〃	–	–	–	25,000	25,000	–	–
질산	농질산(98%)	〃	–	–	–	–	–	–	–
염산	35%	〃	23,300	28,000	18,000	50,000	–	–	–
가성카리	45% 공업용	〃	–	–	–	–	–	–	–
무수탄산가리	99.5% 공업, 식용	〃	–	–	–	–	330,000	–	–
글리세린	94%(공업용)	kg	264	300	280	500	530	780	750
황산알루미늄	17%고체	〃	30	27	27	38	38	–	–
〃	7%액체	〃	–	–	–	–	–	–	–
폴리염화알루미늄	10%	〃	–	–	–	–	–	–	–
황산동	98.7%	〃	170	170	200	–	–	–	–
염화칼슘	공업용(74%)	M/T	18,000	18,500	24,000	25,000	–	–	–
〃	식용	〃	–	–	–	–	–	–	–
인산칼슘	18%	〃	–	–	–	–	–	–	–
탄산칼슘	공업용	〃	–	–	–	–	–	–	–
산화티탄	KA-100	kg	–	–	–	–	–	–	–
아연화	KS2호	〃	–	–	–	–	–	520	500
과산화수소	35%	M/T	100,000	110,000	145,000	350,000	270,000	330,000	400,000
수산	99.5%	kg	–	–	–	–	–	–	–
인산	공업용	M/T	–	–	–	–	400,000	450,000	430,000
가성소다	50%액체	〃	–	20,000	30,000	60,000	70,000	–	–
액체염소	99.5%	kg	90	90	100	100	–	–	–
소다회	99%	M/T	–	35,000	35,000	60,000	100,000	100,000	100,000
중조	99.2%	〃	–	35,000	42,000	50,000	98,000	125,000	125,000
규산소다	1호	kg	–	–	–	–	–	–	–
〃	2호	〃	–	–	–	–	–	–	–
〃	3호	〃	–	15	15	17	80	80	80
아염소산소다	25%	M/T	–	–	–	–	–	–	–
염화제2철	38% 이상	kg	80	88	88	88	88	88	88
염화아연	90%	〃	85	90	90	90	250	250	260

(공장도가)

1977	1978	1979	1980	1981	1982	1983	1984	1985	1986	1987	1988	1989
-	-	-	-	1,400,636	1,520,690	1,503,000	1,492,000	1,476,000	1,320,000	1,400,000	1,400,000	1,150,000
-	-	-	-	-	900,236	-	-	-	808,400	771,000	674,700	536,740
-	-	-	-	-	1,358,148	-	-	-	1,100,500	1,100,500	1,100,500	1,100,500
480,000	-	-	-	-	856,700	936,000	929,600	915,900	770,450	823,000	911,000	800,000
-	-	-	-	-	780,830	851,000	846,600	826,100	725,730	759,000	825,000	800,000
-	-	-	-	-	979,000	1,059,000	1,059,000	1,044,900	903,770	747,000	985,000	955,000
-	-	-	-	-	608,257	602,307	602,307	595,699	531,300	537,100	537,100	537,100
250,000	362,500	425,000	512,500	632,500	-	558,000	558,000	555,300	480,130	499,000	499,000	367,000
-	-	-	-	-	928,000	909,440	948,300	948,300	886,000	915,400	871,000	735,000
-	-	-	-	-	694,300	694,300	694,300	765,600	765,600	860,000	860,000	810,000
430,000	-	-	-	-	608,850	627,115	627,115	616,500	590,000	605,000	605,000	550,000
300,000	300,000	374,600	535,336	-	-	578,000	586,000	586,000	572,000	572,000	572,000	572,000
500,000	545,000	500,000	746,200	-	1,056,280	-	988,182	985,920	822,300	966,400	1,048,000	1,055,000
-	-	-	-	754,545	725,000	788,000	788,000	791,000	662,850	673,000	727,000	800,000
126,000	-	-	549,381	-	828,102	-	722,730	754,710	591,460	591,460	591,000	500,000
-	-	-	-	-	1,122,100	1,120,600	1,120,600	1,120,600	1,124,600	1,121,000	1,081,000	1,081,000
-	-	-	-	-	-	2,025,000	2,025,000	2,396,000	2,396,000	2,372,000	2,100,000	1,760,000
-	-	-	-	-	494,081	387,890	410,982	321,030	274,000	317,000	310,000	270,000
-	-	-	39,090	39,090	29,000	27,500	31,818	32,000	32,000	49,000	49,000	49,000
-	-	-	-	-	293,000	293,000	293,000	293,000	293,000	272,500	272,500	272,000
-	-	72,727	65,450	74,545	60,000	40,000	70,000	60,000	60,000	90,000	85,000	80,000
-	-	-	-	-	-	-	305,000	328,500	328,500	330,000	350,000	350,000
-	-	-	-	-	-	-	580,000	600,000	600,000	600,000	600,000	600,000
750	750	750	1,000	1,300	1,210	1,100	1,100	1,100	1,400	1,050	1,050	1,000
-	70	60	66	110	100	100	100	105	105	110	120	155
-	-	-	-	-	40	50	40	45	45	45	48	60
-	-	-	-	-	-	-	-	115	115	110	120	160
-	300	409	590	750	750	750	636	636	636	650	600	600
-	-	-	133,000	169,000	153,600	153,600	153,600	153,600	153,600	153,600	161,500	161,500
-	-	-	101,000	159,500	159,500	159,500	159,500	159,500	159,500	159,000	168,000	168,000
-	-	-	-	288,000	288,000	320,000	298,000	288,000	288,000	271,000	271,000	271,000
-	-	-	-	-	-	102,000	102,000	107,000	107,000	130,000	120,000	120,000
-	661	661	600	918	918	1,050	1,050	1,050	1,300	1,370	1,370	1,500
500	500	500	500	500	880	900	950	950	950	900	1,030	1,270
400,000	454,545	454,545	509,090	650,000	650,000	650,000	650,000	650,000	650,000	625,000	620,500	565,000
-	-	-	-	-	1,100	900	900	870	870	880	970	970
430,000	430,000	452,727	510,000	590,909	-	-	540,000	560,000	580,000	580,000	630,000	630,000
-	-	-	-	-	134,000	120,000	118,000	118,000	118,000	128,000	128,000	127,000
-	-	-	-	355	350	254	300	330	330	400	400	400
100,000	100,000	90,909	147,270	192,400	168,800	168,800	168,000	166,800	166,800	166,800	166,800	166,800
125,000	136,363	136,363	198,800	226,600	218,000	21,8000	218,000	218,000	218,000	218,000	218,000	218,000
-	-	-	-	-	220	220	211	211	213	213	212	205
-	-	-	-	-	-	-	159	159	167	167	166	156
85	90	95	-	142	142	142	114	114	114	114	107	107
-	-	-	-	-	780,000	780,000	780,000	780,000	780,000	780,000	780,000	700,000
88	120	109	160	160	170	160	160	140	140	140	110	120
260	300	318	318	427	272	400	460	500	500	700	700	550

소방·안전·화학 (2)

품명	규격	단위	1990	1991	1992	1993	1994	1995	1996
유화제품									
ABS	(일반용)	M/T	1,496,000	1,260,000	1,310,000	1,310,000	1,560,000	1,600,000	1,600,000
아크릴로니트릴		〃	528,000	517,000	635,700	561,000	749,000	1,032,000	742,000
카프로락탐		〃	1,100,000	1,311,000	1,210,000	1,030,000	912,000	-	1,180,000
SBR	#1500	〃	968,000	906,000	906,000	846,000	910,000	1,147,000	1,110,000
〃	#1712	〃	862,000	818,000	818,000	775,000	822,000	1,047,000	1,010,000
BR	#01	〃	1,060,000	979,000	979,000	920,000	963,000	1,172,000	1,140,000
아세트알데히드		〃	680,000	667,000	675,000	646,000	688,000	700,000	-
아세톤	(공업용)	〃	599,000	440,000	350,000	320,000	560,000	820,000	500,000
알킬벤젠	Soft	〃	760,000	750,000	740,000	729,300	724,400	724,000	716,600
〃	Hard	〃	810,000	810,000	810,000	810,000	810,000	810,000	810,000
부탄올	(normal)	〃	615,000	590,000	610,000	570,000	750,000	1,150,000	800,000
카본블랙	HAF	〃	671,000	619,000	607,000	599,000	600,000	585,000	590,000
무수말레인산		〃	1,102,000	870,000	1,005,000	850,000	1,100,000	1,150,000	1,080,000
페놀		〃	900,000	670,000	700,000	700,000	820,000	920,000	800,000
무수프탈산		〃	670,000	619,000	607,000	550,000	780,000	851,100	-
PPG	#3000	〃	1,232,500	1,197,000	1,197,000	1,197,000	1,197,000	1,354,000	1,354,000
TDI		〃	1,939,000	1,846,000	1,846,000	1,826,000	1,826,000	2,083,000	2,083,000
싸이클로헥산		〃	563,000	377,000	332,000	333,000	445,000	443,000	442,000
화공약품									
황산	98%	〃	45,000	45,000	45,000	45,000	45,000	51,000	55,000
질산	농질산(98%)	〃	246,000	263,600	263,000	246,200	246,200	280,000	280,000
염산	35%	〃	60,000	29,000	20,000	35,000	70,000	90,000	90,000
가성카리	45% 공업용	〃	350,000	350,000	350,000	350,000	350,000	350,000	350,000
무수탄산가리	99.5% 공업, 식용	〃	600,000	600,000	600,000	600,000	600,000	600,000	600,000
글리세린	94%(공업용)	kg	950	1,000	1,000	1,100	1,100	1,900	1,750
황산알루미늄	17%고체	〃	155	155	150	150	150	155	160
〃	7%액체	〃	60	60	60	60	60	60	65
폴리염화알루미늄	10%	〃	160	160	160	160	160	160	160
황산동	98.7%	〃	600	650	800	800	800	800	900
염화칼슘	공업용(74%)	M/T	161,500	178,000	178,000	178,000	180,000	220,000	220,000
〃	식용	〃	168,000	184,800	184,000	184,000	184,800	230,000	235,000
인산칼슘	18%	〃	271,000	271,000	240,000	271,000	271,000	271,000	305,000
탄산칼슘	공업용	〃	150,000	150,000	150,000	160,000	160,000	190,000	190,000
산화티탄	KA-100	kg	1,500	1,430	1,430	1,430	1,430	1,430	1,430
아연화	KS2호	〃	1,300	1,090	1,250	1,070	1,070	1,070	1,120
과산화수소	35%	M/T	565,000	535,000	535,000	535,000	498,000	510,000	530,000
수산	99.5%	kg	780	780	1,000	600	600	600	600
인산	공업용	M/T	630,000	630,000	630,000	630,000	620,000	630,000	630,000
가성소다	50%액체	〃	129,000	132,000	140,000	110,000	125,000	160,000	160,000
액체염소	99.5%	kg	400	400	400	350	370	420	400
소다회	99%	M/T	166,800	166,800	181,000	179,000	180,000	190,000	190,000
중조	99.2%	〃	218,000	258,000	258,000	258,000	258,500	260,000	220,000
규산소다	1호	kg	205	205	220	227	227	227	227
〃	2호	〃	156	156	183	183	183	183	183
〃	3호	〃	107	107	114	114	114	114	114
아염소산소다	25%	M/T	680,000	680,000	700,000	680,000	780,000	850,000	850,000
염화제2철	38% 이상	kg	120	120	200	160	160	150	150
염화아연	90%	〃	660	600	600	630	630	700	800

(공장도가)

1997	1998	1999	2000	2001	2002	2003	2004	2005	2006	2007	2008	2009
1,600,000	1,700,000	1,900,000	1,680,000	1,300,000	1,440,000	1,530,000	2,080,000	1,920,000	1,930,000	1,960,000	2,540,000	2,390,000
725,000	847,000	981,000	1,129,000	1,150,000	1,270,000	1,160,000	1,800,000	1,780,000	1,910,000	2,184,000	2,298,000	2,230,000
1,444,000	1,466,000	1,874,000	1,776,000	1,600,000	1,710,000	1,762,000	2,740,000	2,080,000	2,220,000	2,360,000	2,320,000	2,400,000
1,110,000	1,530,000	1,405,000	1,250,000	1,150,000	1,280,000	1,380,000	1,850,000	1,950,000	1,950,000	1,850,000	2,900,000	2,800,000
1,010,000	1,500,000	1,189,000	1,100,000	1,100,000	1,250,000	1,350,000	1,750,000	1,850,000	1,850,000	1,750,000	2,700,000	2,550,000
1,140,000	1,630,000	1,514,000	1,250,000	1,350,000	1,300,000	1,400,000	1,910,000	2,010,000	1,850,000	1,900,000	3,400,000	3,100,000
-	-	898,000	970,000	1,002,000	986,000	955,000	1,236,000	1,335,600	1,229,750	1,423,380	1,442,140	1,600,000
690,000	700,000	930,000	800,000	600,000	950,000	880,000	1,700,000	1,000,000	1,100,000	1,150,000	1,500,000	1,300,000
736,600	1,300,000	1,090,000	1,010,000	1,200,000	1,200,000	1,050,000	1,300,000	1,350,000	1,350,000	1,500,000	2,800,000	1,900,000
810,000	1,208,000	910,000	950,000	1,050,000	1,050,000	1,000,000	1,300,000	1,450,000	1,600,000	1,850,000	2,600,000	2,500,000
800,000	850,000	950,000	730,000	760,000	950,000	780,000	1,300,000	1,150,000	1,420,000	1,370,000	1,450,000	1,370,000
590,000	812,000	842,000	773,000	906,000	829,000	829,000	851,000	999,000	1,158,000	1,212,000	1,550,000	1,116,000
1,190,000	1,450,000	1,400,000	1,760,000	1,760,000	1,200,000	1,250,000	1,950,000	1,650,000	1,570,000	1,670,000	1,800,000	1,700,000
870,000	900,000	980,000	1,120,000	1,240,000	1,150,000	1,125,000	2,200,000	1,500,000	1,750,000	1,900,000	2,150,000	1,800,000
-	-	1,200,000	880,000	980,000	1,100,000	990,000	1,480,000	1,250,000	1,350,000	1,530,000	1,400,000	1,700,000
1,444,000	1,754,000	1,794,000	1,794,000	1,864,000	1,864,000	2,014,000	2,574,000	2,574,000	2,750,000	2,750,000	3,350,000	2,800,000
2,083,000	2,363,000	2,503,000	2,683,000	2,683,000	2,683,000	2,883,000	3,313,000	3,230,000	3,230,000	3,300,000	3,950,000	3,500,000
464,000	636,000	707,000	815,000	876,000	898,000	1,008,000	1,360,000	1,330,000	1,300,000	1,510,000	1,725,000	1,745,000
56,000	51,000	73,000	73,000	73,000	73,000	85,000	90,000	90,000	90,000	90,000	100,000	30,000
280,000	350,000	350,000	365,000	365,000	400,000	535,000	585,000	585,000	585,000	580,000	805,000	765,000
90,000	100,000	65,000	120,000	85,000	80,000	90,000	90,000	100,000	100,000	100,000	120,000	120,000
350,000	550,000	550,000	570,000	570,000	570,000	570,000	600,000	650,000	650,000	650,000	980,000	930,000
600,000	800,000	840,000	870,000	870,000	870,000	870,000	915,000	1,130,000	1,130,000	1,130,000	1,760,000	1,660,000
1,550	1,600	1,550	1,450	1,650	1,550	1,500	1,500	1,500	-	-	-	-
200	210	200	220	240	240	240	240	260	260	260	350	350
90	85	80	90	100	100	100	100	100	100	100	130	130
200	210	200	220	220	220	220	220	220	220	220	270	270
850	1,100	950	850	850	1,200	1,425	1,850	1,900	3,300	3,400	-	-
235,000	260,000	260,000	230,000	240,000	240,000	250,000	270,000	270,000	270,000	300,000	380,000	385,000
250,000	280,000	280,000	250,000	260,000	260,000	280,000	300,000	300,000	300,000	330,000	410,000	413,000
330,000	430,000	375,000	290,000	350,000	340,000	290,000	350,000	365,000	340,000	410,000	-	-
200,000	260,000	260,000	260,000	260,000	260,000	260,000	280,000	280,000	300,000	300,000	300,000	300,000
1,850	1,850	1,850	1,850	2,000	2,000	1,800	1,800	1,800	1,800	1,800	2,700	2,700
1,380	1,780	1,800	1,850	1,490	1,400	1,480	1,660	1,900	3,650	2,880	2,090	2,580
530,000	600,000	600,000	600,000	600,000	600,000	630,000	630,000	630,000	570,000	595,000	800,000	750,000
750	1,200	1,100	1,100	900	900	900	900	900	900	1,000	2,000	2,400
660,000	860,000	770,000	740,000	740,000	790,000	910,000	970,000	1,080,000	1,080,000	1,080,000	2,200,000	900,000
200,000	150,000	135,000	150,000	188,000	180,000	170,000	179,000	199,000	190,000	220,000	410,000	410,000
400	400	380	450	450	450	376	376	400	550	550	750	750
210,000	258,000	225,000	225,000	295,000	238,000	238,000	238,000	290,000	290,000	345,000	530,000	470,000
220,000	240,000	215,000	200,000	200,000	200,000	200,000	200,000	235,000	235,000	300,000	540,000	480,000
272	411	424	424	424	424	424	424	424	424	424	545	545
220	359	343	344	344	344	344	344	344	344	344	500	500
135	232	214	214	214	214	214	214	214	214	196	300	250
850,000	950,000	900,000	850,000	850,000	850,000	950,000	950,000	950,000	970,000	1,050,000	1,500,000	1,500,000
150	170	120	150	140	130	130	130	150	150	150	220	220
900	980	950	850	750	850	850	950	950	1,200	2,000	2,000	1,900

소방·안전·화학 (2)

품명	규격	단위	2010	2011	2012	2013	2014	2015	2016
유화제품									
ABS	(일반용)	M/T	2,890,000	2,800,000	2,780,000	2,730,000	2,700,000	2,450,000	2,360,000
아크릴로니트릴		〃	3,050,000	2,400,000	2,210,000	2,380,000	2,763,000	2,558,000	2,558,000
카프로락탐		〃	3,110,000	3,740,000	3,060,000	2,730,000	2,570,000	-	-
SBR	#1500	〃	3,400,000	4,600,000	3,800,000	2,400,000	2,700,000	2,000,000	2,000,000
〃	#1712	〃	3,250,000	4,200,000	3,100,000	2,000,000	2,200,000	1,700,000	1,700,000
BR	#01	〃	3,750,000	5,200,000	4,100,000	2,800,000	3,200,000	2,400,000	2,400,000
아세트알데히드		〃	1,857,000	2,092,000	2,060,000	1,850,000	1,850,000	-	-
아세톤	(공업용)	〃	1,300,000	1,500,000	1,500,000	1,500,000	1,500,000	1,400,000	1,400,000
알킬벤젠	Soft	〃	2,150,000	-	-	-	-	-	-
〃	Hard	〃	2,450,000	-	-	-	-	-	-
부탄올	(normal)	〃	1,740,000	1,700,000	1,700,000	1,700,000	1,700,000	1,700,000	1,700,000
카본블랙	HAF	〃	1,521,000	1,961,000	1,974,000	1,974,000	1,974,000	1,800,000	1,800,000
무수말레인산		〃	1,850,000	1,970,000	2,040,000	2,040,000	2,100,000	1,810,000	1,150,000
페놀		〃	2,450,000	2,600,000	2,600,000	2,300,000	2,300,000	1,950,000	1,950,000
무수프탈산		〃	1,850,000	2,100,000	2,350,000	1,830,000	1,650,000	1,350,000	1,810,000
PPG	#3000	〃	3,000,000	3,200,000	3,200,000	3,200,000	3,200,000	3,200,000	3,100,000
TDI		〃	3,280,000	3,480,000	4,090,000	4,090,000	4,090,000	2,800,000	2,800,000
싸이클로헥산		〃	1,900,000	2,120,000	1,760,000	2,180,000	1,760,000	1,750,000	1,880,000
화공약품									
황산	98%	〃	40,000	90,000	100,000	80,000	90,000	90,000	90,000
질산	농질산(98%)	〃	800,000	670,000	450,000	450,000	450,000	450,000	450,000
염산	35%	〃	150,000	180,000	180,000	50,000	74,000	110,000	140,000
가성카리	45% 공업용	〃	800,000	800,000	800,000	800,000	800,000	800,000	800,000
무수탄산가리	99.5% 공업, 식용	〃	1,350,000	1,350,000	1,350,000	1,400,000	1,400,000	1,400,000	1,400,000
글리세린	94%(공업용)	kg	-	-	-	-	-	-	-
황산알루미늄	17%고체	〃	380	390	395	395	395	395	395
〃	7%액체	〃	130	140	140	140	140	140	140
폴리염화알루미늄	10%	〃	245	244	244	230	230	230	230
황산동	98.7%	〃	-	-	-	-	-	-	-
염화칼슘	공업용(74%)	M/T	425,000	445,000	445,000	425,000	470,000	560,000	510,000
〃	식용	〃	453,000	473,000	473,000	445,000	467,250	530,000	530,000
인산칼슘	18%	〃	-	-	-		-	-	-
탄산칼슘	공업용	〃	-	-	-	-	-	-	-
산화티탄	KA-100	kg	2,700	3,000	3,600	3,600	3,600	3,600	3,600
아연화	KS2호	〃	2,730	2,570	2,500	2,370	2,760	2,670	2,650
과산화수소	35%	M/T	750,000	800,000	700,000	690,000	800,000	800,000	800,000
수산	99.5%	kg	2,400	2,400	2,400	2,350	2,400	2,400	2,400
인산	공업용	M/T	1,150,000	1,150,000	1,100,000	1,300,000	1,250,000	1,250,000	1,100,000
가성소다	50%액체	〃	300,000	350,000	380,000	360,000	380,000	410,000	500,000
액체염소	99.5%	kg	750	750	750	950	950	850	850
소다회	99%	M/T	580,000	580,000	580,000	580,000	580,000	560,000	560,000
중조	99.2%	〃	570,000	570,000	570,000	570,000	570,000	570,000	570,000
규산소다	1호	kg	545	545	545	545	545	545	545
〃	2호	〃	437	500	500	500	500	437	437
〃	3호	〃	250	285	285	285	285	285	285
아염소산소다	25%	M/T	-	-	-	-	-	-	-
염화제2철	38% 이상	kg	220	220	220	220	220	220	220
염화아연	90%	〃	1,900	1,900	1,900	1,900	1,900	1,900	1,900

(공장도가)

2017	2018	2019	2020	2021	2022	2023	2024	2025					
2,580,000	2,610,000	2,385,000	2,275,000	2,225,000	2,600,000	2,600,000	2,600,000	2,600,000					
2,558,000	2,558,000	2,558,000	2,558,000	2,558,000	-	-	-	-					
-	-	-	-	-	-	-	-	-					
2,000,000	2,000,000	1,800,000	1,800,000	1,800,000	-	-	-	-					
1,700,000	1,700,000	1,500,000	1,500,000	1,500,000	-	-	-	-					
2,400,000	2,400,000	2,200,000	2,200,000	2,200,000	-	-	-	-					
-	-	-	-	-	-	-	-	-					
1,400,000	1,400,000	1,400,000	1,400,000	1,400,000	1,400,000	1,400,000	1,400,000	1,400,000					
-	-	-	-	-	-	-	-	-					
-	-	-	-	-	-	-	-	-					
1,700,000	1,700,000	1,700,000	1,700,000	1,700,000	1,700,000	1,700,000	1,700,000	1,700,000					
1,800,000	1,800,000	1,543,000	1,974,000	1,974,000	2,500,000	2,400,000	2,400,000	2,400,000					
1,150,000	1,150,000	1,150,000	1,300,000	1,300,000	2,700,000	2,400,000	2,400,000	2,400,000					
2,050,000	2,050,000	2,050,000	2,050,000	2,050,000	2,050,000	1,500,000	1,500,000	1,500,000					
1,810,000	1,150,000	1,810,000	1,110,000	1,110,000	-	-	-	-					
3,300,000	3,300,000	3,300,000	3,300,000	3,300,000	3,500,000	3,500,000	3,500,000	3,500,000					
3,900,000	3,800,000	3,300,000	3,300,000	3,300,000	3,100,000	3,250,000	3,250,000	3,250,000					
2,060,000	2,210,000	2,074,000	2,200,000	2,200,000	2,540,000	2,440,000	2,440,000	2,340,000					
90,000	90,000	90,000	90,000	90,000	135,000	135,000	125,000	125,000					
450,000	450,000	450,000	450,000	450,000	-	-	-	-					
180,000	160,000	228,000	258,000	288,000	298,000	298,000	298,000	298,000					
795,000	795,000	895,000	895,000	961,000	-	-	-	-					
1,400,000	1,400,000	1,500,000	1,500,000	1,700,000	-	-	-	-					
-	-	-	-	-	-	-	-	-					
395	395	395	395	338	400	400	400	400					
140	140	140	140	120	140	140	140	140					
230	230	230	230	230	-	-	-	-					
-	-	-	-	-	-	-	-	-					
520,000	530,000	530,000	530,000	477,000	477,000	477,000	477,000	477,000					
540,000	550,000	550,000	550,000	500,000	500,000	500,000	500,000	500,000					
-	-	-	-	-	-	-	-	-					
-	-	-	-	-	-	-	-	-					
3,600	3,600	3,600	3,600	4,800	4,800	4,800	4,800	4,800					
2,650	2,650	2,650	2,490	4,600	5,110	5,110	5,110	4,880					
800,000	800,000	800,000	1,000,000	1,000,000	1,000,000	1,000,000	1,000,000	1,000,000					
2,500	2,500	2,250	3,000	1,800	2,500	2,500	2,500	2,500					
1,300,000	1,300,000	1,300,000	1,300,000	1,430,000	1,430,000	1,430,000	1,430,000	1,430,000					
590,000	417,000	417,000	417,000	450,360	500,360	570,360	620,360	620,360					
850	850	850	850	850	950	950	950	950					
570,000	600,000	640,000	640,000	650,000	650,000	650,000	650,000	650,000					
570,000	570,000	570,000	550,000	660,000	660,000	660,000	660,000	660,000					
545	545	545	545	-	-	-	-	-					
437	437	437	500	-	-	-	-	-					
285	285	285	285	242	-	-	-	-					
-	-	-	-	-	-	-	-	-					
240	240	240	240	240	270	270	270	270					
1,900	1,900	1,900	1,900	1,900	1,900	1,900	1,900	1,900					

소방·안전·화학 (3)

품명	규격	단위	1970	1971	1972	1973	1974	1975	1976
고무·합성수지제품									
가 황 촉 진 제	M	kg	-	450	450	450	1,300	1,000	1,050
〃	DM	〃	-	600	600	600	1,600	1,200	1,250
〃	D	〃	-	600	600	600	1,800	2,500	2,500
〃	TT	〃	-	750	750	750	1,900	-	-
카 본 블 랙	SRF	〃	-	150	150	150	-	250	250
KS송수용호스(1종)	15×3P×20m	R/L	-	-	-	-	-	-	-
〃	25 4 20	〃	-	-	-	-	-	-	-
Air Hose	1/2 5 20	〃	-	-	-	-	-	-	-
Sand hose	2 5 20	〃	-	-	-	-	-	-	-
O.B.L	4″×6m	〃	-	-	-	-	-	-	-
아 크 릴 평 판	3㎜ 850×1,750㎜	매	-	-	-	-	-	-	-
〃	4 〃	〃	-	-	-	-	-	-	-
〃	5 〃	〃	-	-	-	-	-	-	-
아크릴파이프	3㎜ 90×1030㎜	개	-	-	-	-	-	-	-
〃	5 100 〃	〃	-	-	-	-	-	-	-
〃	5 290 〃	〃	-	-	-	-	-	-	-
아 크 릴 봉	지름 60	kg	-	-	-	-	-	-	-
〃	90	〃	-	-	-	-	-	-	-
연 료									
무 연 탄	연탄제조용 5등급	M/T	-	2,580	2,970	3,990	4,800	6,030	6,030
코 우 크 스	7,300kcal/kg이상	〃	-	-	-	-	-	-	-
휘 발 유	무연 (주유소가)	ℓ	-	40.17	45.75	48.41	180.50	206.00	206.00
등 유	〃	〃	14.29	23.73	27.36	28.25	61.00	76.50	76.50
경 유	1.0W% 〃	〃	13.83	22.50	22.28	22.76	55.50	73.00	73.00
중 유	3% (대리점가)	〃	8.86	12.83	14.68	14.30	37.92	53.75	53.75
벙 커 C 유	4% 〃	〃	6.30	8.82	9.72	8.93	33.05	46.40	46.40
프 로 판 가 스	일반용	kg	70.00	85.00	75.00	91.00	195.00	315.50	315.50
부 탄 가 스	〃	〃	-	-	-	-	-	-	231.21
가 스									
알 곤 가 스	99.9%이상	병	-	-	-	-	-	-	25,000
〃	99.999%이상	〃	-	-	-	-	-	-	-
헬 륨 가 스	99.9%이상	〃	-	-	-	-	-	-	70,000
산 소	99%	〃	624	-	-	-	1,200	1,200	1,500
질 소	99.9%	〃	-	-	-	-	-	-	-
〃	99.999%이상	〃	-	-	-	-	-	-	-
수 소	99.9%이상	〃	-	-	-	-	-	-	1,100
〃	99.99%이상	〃	-	-	-	-	-	-	-
드라이아이스	30kg	Box	-	-	-	-	-	-	-
아 세 틸 렌	공업용 98%이상	kg	290	300	300	300	800	800	1,000
후 레 온 가 스	R-11	〃	-	-	-	-	-	-	1,300
〃	R-12	〃	-	-	-	-	-	-	2,400
액 체 산 소	니콘	ℓ	-	-	-	-	-	-	-
액 체 질 소	〃	〃	-	-	-	-	-	-	-
N_2O 가 스	99.99%	병	-	-	-	-	-	-	-

주 1) 마블스폰지 : 1970~90년까지는 A스폰지(화학)가격기준임.
2) KS송수용호스(1종) : 1970~90까지는 송수용호스 가격기준임.
3) Air Hose : 1970~90년도까지는 공기용호스 가격기준임.
4) 아크릴평판은 2003년부터 재생캐스팅 가격임.
5) 무연탄은 부가세 면세이며, 연료유·프로판·부탄가스는 부가세포함임.
6) 무연탄, 코우크스는 공장도 가격임.
7) 1986년까지는 보통휘발유가격, 등유는 1998년부터 실내등유가격임.
8) 아크릴봉은 2007년 이전 30Ø는 지름 60, 40Ø는 지름 90이며, 단위는 kg에서 매로 바뀜.

1977	1978	1979	1980	1981	1982	1983	1984	1985	1986	1987	1988	1989
1,050	1,200	1,590	1,590	1,800	1,800	1,800	1,909	1,909	1,909	2,150	2,350	2,100
1,250	1,400	1,727	1,727	2,000	2,000	2,000	2,181	2,181	2,181	2,350	2,650	2,400
2,500	2,200	2,454	2,454	3,000	3,180	3,180	2,909	2,909	2,909	3,100	3,100	3,900
-	1,600	1,636	1,636	2,000	2,272	2,272	2,181	2,181	2,181	2,200	2,200	2,200
260	260	321	459	543	543	543	540	540	540	550	600	530
-	-	-	-	-	94,500	94,500	94,500	94,500	94,500	133,400	153,410	153,410
-	-	18,640	22,000	27,300	22,000	22,000	22,000	24,500	24,500	24,500	33,810	33,810
-	-	14,040	17,600	21,300	21,300	21,300	21,300	23,400	23,400	23,400	28,750	28,750
-	-	69,740	90,600	111,200	111,200	111,200	111,200	111,200	111,200	111,200	140,300	140,300
-	-	-	-	202,400	-	-	-	117,800	177,800	160,000	201,250	201,250
-	8,700	9,090	12,600	12,600	12,600	12,600	9,000	9,000	9,000	13,500	10,000	10,000
-	11,500	12,272	17,500	17,500	17,500	17,500	13,000	13,000	13,000	18,000	14,500	14,500
-	15,000	15,454	22,000	22,000	22,000	22,000	15,000	15,000	15,000	22,500	18,000	18,000
-	-	-	-	-	-	-	4,100	4,100	4,715	4,715	4,715	4,715
-	-	-	-	-	-	-	6,800	6,800	7,820	7,820	10,000	10,000
-	-	-	-	-	-	-	22,000	22,000	25,300	25,300	25,000	25,000
-	-	-	-	-	4,000	4,000	4,000	4,000	4,500	4,500	5,500	5,500
-	-	-	-	-	4,950	4,950	4,950	5,500	6,500	6,500	6,500	6,500
8,500	12,060	14,670	-	28,910	29,710	30,930	31,800	34,250	36,440	38,190	40,740	40,740
-	-	-	-	180,000	180,000	180,000	185,000	185,000	185,000	185,000	185,000	173,000
191.00	198.50	370.00	680.00	700.00	740.00	660.00	660.00	660.00	570.00	515.00	402.00	373.00
71.00	74.00	112.00	226.00	268.00	292.00	291.00	291.00	291.00	240.00	215.00	186.00	186.00
65.50	69.50	116.00	215.00	255.00	278.00	277.00	277.00	277.00	230.00	207.00	179.00	179.00
50.86	53.20	90.91	182.34	206.16	218.04	205.64	202.23	202.23	157.73	140.54	106.94	106.94
50.03	51.98	88.72	177.09	198.19	207.27	190.61	185.76	185.76	139.81	125.08	89.14	89.14
291.50	260.00	379.00	686.00	802.70	818.00	740.00	740.00	740.00	580.00	510.00	415.00	415.00
213.41	192.15	302.70	592.40	702.90	720.03	640.00	639.95	639.95	476.00	388.00	293.00	293.00
25,300	25,300	22,727	22,727	22,727	25,000	25,000	25,000	30,000	25,000	25,000	30,000	30,000
66,000	66,000	40,909	40,909	40,909	65,000	65,000	65,000	65,000	70,000	65,000	65,000	65,000
88,000	88,000	136,363	136,363	136,363	140,000	140,000	140,000	140,000	120,000	120,000	130,000	120,000
1,500	2,200	2,500	2,500	4,000	3,500	5,000	5,000	5,000	4,000	4,000	4,500	4,000
-	-	-	5,000	7,000	7,000	7,000	7,000	10,000	8,000	8,000	6,000	6,000
-	-	-	-	-	30,000	30,000	30,000	60,000	60,000	60,000	60,000	60,000
3,000	4,400	-	6,000	-	-	-	-	9,000	6,000	8,000	8,000	7,000
-	-	-	-	22,000	22,000	22,000	22,000	30,000	50,000	30,000	50,000	50,000
-	-	-	-	-	8,400	8,400	8,400	8,400	8,400	8,400	8,400	12,000
1,000	1,000	1,454	1,890	4,400	3,500	4,000	4,000	4,000	4,000	3,500	3,500	3,500
1,300	1,320	1,596	1,596	1,596	1,756	1,756	1,756	1,600	1,700	1,700	1,870	1,550
2,400	2,530	2,640	2,640	3,000	3,000	3,000	3,000	3,000	3,000	3,000	3,500	2,500
-	-	-	409	409	500	800	800	800	350	350	350	350
-	-	-	454	454	500	1,000	1,000	1,000	350	350	450	450
-	-	-	-	-	7,500	7,500	7,500	7,500	7,500	6,500	10,000	10,000

소방·안전·화학 (3)

품 명	규 격	단위	1990	1991	1992	1993	1994	1995	1996
고무·합성수지제품									
가 황 촉 진 제	M	kg	2,100	2,310	2,310	2,450	2,450	2,800	2,800
〃	DM	〃	2,400	2,640	2,640	2,640	2,640	3,000	3,000
〃	D	〃	3,900	4,290	4,400	5,000	5,000	5,100	5,400
〃	TT	〃	2,200	2,420	2,420	2,450	2,450	2,800	2,800
카 본 블 랙	SRF	〃	583	583	527	540	538	538	538
KS송수용호스(1종)	15×3P×20m	R/L	153,410	29,000	30,780	39,800	39,800	46,000	48,000
〃	25 4 20	〃	33,810	39,000	44,800	53,500	53,500	60,000	63,000
Air Hose	1/2 5 20	〃	28,750	30,090	35,190	41,300	43,300	56,700	58,800
Sand hose	2 5 20	〃	140,300	135,000	139,680	176,000	185,000	210,000	220,000
O.B.L	4″×6m	〃	201,250	291,000	300,000	300,000	315,400	334,000	350,000
아 크 릴 평 판	3㎜ 850×1,750㎜	매	10,000	12,000	14,000	12,000	14,700	15,500	16,000
〃	4 〃	〃	14,500	16,000	16,000	16,000	20,200	21,500	22,200
〃	5 〃	〃	18,000	21,000	21,000	21,000	24,300	25,000	25,800
아크릴파이프	3㎜ 90×1030㎜	개	4,715	4,715	4,715	4,715	6,900	7,200	7,200
〃	5 100 〃	〃	10,000	10,000	10,000	10,000	12,600	13,000	13,000
〃	5 290 〃	〃	25,000	25,000	25,000	25,000	33,000	34,000	34,000
아 크 릴 봉	지름 60	kg	5,500	5,500	5,500	6,500	7,200	7,500	9,000
〃	90	〃	6,500	6,500	6,500	7,500	8,400	8,800	12,000
연 료									
무 연 탄	연탄제조용 5등급	M/T	40,740	40,740	40,740	40,740	40,740	40,740	42,780
코 우 크 스	7,300kcal/kg이상	〃	173,000	173,000	173,000	183,000	183,000	183,000	183,000
휘 발 유	무연 (주유소가)	ℓ	373.00	507.00	610.00	610.00	560.00	579.00	730.00
등 유	〃	〃	186.00	216.00	254.00	254.00	265.00	268.00	351.00
경 유	1.0W% 〃	〃	179.00	179.00	210.00	210.00	229.00	231.00	345.00
중 유	3% (대리점가)	〃	104.27	100.87	113.66	113.66	118.36	121.29	192.62
벙 커 C 유	4% 〃	〃	84.81	79.96	86.65	86.65	91.31	98.32	156.92
프 로 판 가 스	일반용	kg	415.00	438.00	460.00	460.00	475.00	255.89	354.80
부 탄 가 스	〃	〃	293.00	283.00	304.00	304.00	304.00	255.24	330.00
가 스									
알 곤 가 스	99.9%이상	병	25,000	25,000	30,000	30,000	25,000	25,000	25,000
〃	99.999%이상	〃	65,000	65,000	50,000	50,000	60,000	80,000	80,000
헬 륨 가 스	99.9%이상	〃	120,000	120,000	80,000	80,000	100,000	100,000	100,000
산 소	99%	〃	3,700	4,000	5,000	5,000	5,000	7,000	7,000
질 소	99.9%	〃	6,000	6,000	5,000	5,000	6,000	7,000	7,000
〃	99.999%이상	〃	60,000	60,000	50,000	50,000	60,000	80,000	80,000
수 소	99.9%이상	〃	5,800	6,000	7,500	7,500	8,000	8,000	9,000
〃	99.99%이상	〃	50,000	50,000	80,000	80,000	80,000	80,000	90,000
드라이아이스	30kg	Box	13,500	14,000	15,000	15,000	15,000	16,000	16,000
아 세 틸 렌	공업용 98%이상	kg	3,000	3,200	2,800	4,000	5,000	6,000	5,000
후 레 온 가 스	R-11	〃	1,600	1,600	3,800	6,000	4,000	4,000	4,000
〃	R-12	〃	3,000	3,000	3,000	3,000	3,000	8,000	8,000
액 체 산 소	니콘	ℓ	350	350	220	220	500	500	500
액 체 질 소	〃	〃	450	450	450	450	600	600	500
N_2O 가 스	99.99%	병	10,000	10,000	12,000	12,000	6,000	6,000	6,000

주 1) 마블스폰지 : 1970~90년까지는 A스폰지(화학)가격기준임.
2) KS송수용호스(1종) : 1970~90까지는 송수용호스 가격기준임.
3) Air Hose : 1970~90년도까지는 공기용호스 가격기준임.
4) 아크릴평판은 2003년부터 재생캐스팅 가격임.
5) 무연탄은 부가세 면세이며, 연료유·프로판·부탄가스는 부가세포함임.
6) 무연탄, 코우크스는 공장도 가격임.
7) 1986년까지는 보통휘발유가격, 등유는 1998년부터 실내등유가격임.
8) 아크릴봉은 2007년 이전 30Ø는 지름 60, 40Ø는 지름 90이며, 단위는 kg에서 매로 바뀜.

1997	1998	1999	2000	2001	2002	2003	2004	2005	2006	2007	2008	2009
3,000	4,200	3,790	3,790	3,790	3,790	3,790	3,790	3,790	3,790	2,900	3,400	3,400
3,300	4,400	3,850	3,850	3,850	3,850	3,850	3,850	4,000	4,000	3,100	3,600	3,600
5,900	9,100	7,000	7,000	7,000	7,000	7,000	7,000	7,700	7,700	7,700	8,400	8,400
3,000	4,000	3,650	3,650	3,650	3,650	3,650	3,650	3,650	3,650	2,100	2,400	2,400
538	750	840	800	800	800	800	800	1,000	1,150	1,240	1,448	1,043
48,000	64,000	64,000	64,000	64,000	64,000	64,000	64,000	75,600	75,600	75,600	75,600	-
63,000	94,300	94,300	94,300	94,300	94,300	94,300	94,300	111,400	111,400	111,400	111,400	-
55,600	73,600	78,000	78,000	78,000	78,000	78,000	78,000	92,200	92,200	92,200	92,200	96,200
220,000	288,800	288,800	288,800	288,800	288,800	288,800	288,800	341,400	341,400	341,400	341,400	343,700
350,000	457,000	457,000	457,000	457,000	457,000	457,000	457,000	540,400	540,400	540,400	540,400	-
16,000	24,000	17,400	23,100	23,100	23,100	26,000	26,000	28,300	28,000	28,000	28,000	29,000
22,200	34,000	22,500	29,870	29,870	29,870	32,000	32,000	34,800	36,500	36,500	36,500	37,500
25,800	39,000	27,700	36,780	36,780	36,780	39,000	39,000	42,500	45,200	45,200	45,200	46,500
7,200	10,800	10,580	12,210	12,210	12,210	12,210	11,590	12,100	12,500	14,500	14,500	19,500
13,000	19,000	18,620	21,500	21,500	21,500	21,500	20,420	21,400	23,500	23,500	23,500	-
34,000	50,000	49,000	56,590	56,590	56,590	56,590	53,760	56,400	65,000	65,000	65,000	-
9,000	13,500	13,230	14,550	14,550	14,550	14,550	14,550	14,550	14,550	20,000	20,000	20,000
12,000	18,000	17,640	19,400	19,400	19,400	19,400	19,400	19,400	19,400	32,000	32,000	35,000
47,050	54,100	62,210	62,210	62,210	62,210	65,320	65,320	81,110	81,110	89,220	99,950	115,430
-	250,000	240,000	240,000	240,000	240,000	240,000	280,000	450,000	380,000	450,000	480,000	950,000
842.00	1,219.00	1,270.00	1,299.00	1,260.87	1,306.34	1,296.01	1,393.49	1,495.80	1,424.57	1,601.03	1,530.14	1,650.91
375.00	478.00	580.00	655.00	551.58	620.41	648.35	828.67	913.98	893.38	1,036.81	1,136.95	1,026.20
368.00	523.00	598.00	680.00	-	723.00	778.96	935.00	1,093.00	1,123.00	1,359.00	1,365.00	1,445.88
213.42	210.98	292.92	346.38	288.16	349.12	361.37	417.88	516.65	486.72	642.73	803.55	763.40
185.11	172.81	257.81	297.82	278.63	303.63	318.63	353.16	451.22	416.95	550.72	754.72	692.22
444.80	647.58	604.58	713.58	630.64	690.03	598.69	804.07	935.70	864.28	995.60	1,443.19	1,080.45
420.00	620.00	577.00	686.00	751.52	705.76	621.05	830.36	955.14	890.09	1,022.01	1,487.84	1,319.00
25,000	25,000	27,000	27,000	31,000	31,000	31,000	31,000	31,000	30,000	30,000	30,000	30,000
80,000	100,000	80,000	80,000	92,000	92,000	92,000	92,000	92,000	92,000	92,000	92,000	92,000
100,000	65,000	65,000	65,000	74,700	74,700	74,700	74,700	74,700	85,000	120,000	120,000	120,000
9,000	10,000	10,500	10,500	12,000	12,000	12,000	15,000	15,000	13,000	13,000	13,000	13,000
9,000	9,000	11,000	11,000	12,600	12,600	12,600	17,000	17,000	15,000	15,000	15,000	15,000
80,000	80,000	70,000	70,000	80,500	80,500	80,500	80,500	80,500	80,500	80,500	80,500	80,500
10,000	11,000	12,000	12,000	13,800	13,800	13,800	18,000	18,000	16,000	16,000	16,000	16,000
90,000	100,000	90,000	90,000	103,500	103,500	103,500	103,500	103,500	103,500	103,500	103,500	103,500
16,000	19,000	18,000	18,000	20,700	20,700	20,700	20,700	20,700	20,700	20,700	20,700	20,700
5,000	8,000	8,000	8,000	9,200	9,200	9,200	9,200	9,200	10,000	10,000	10,000	10,000
4,000	5,000	4,200	4,200	4,200	4,200	4,200	4,200	4,200	4,500	4,500	4,500	4,500
8,000	8,000	6,600	6,600	6,600	6,600	6,600	6,600	6,600	7,500	7,500	7,500	7,500
700	1,000	800	800	900	900	900	900	900	750	750	750	750
700	1,000	800	800	900	900	900	900	900	750	750	750	750
6,000	8,000	8,000	8,000	9,200	9,200	9,200	9,200	9,200	9,200	9,200	9,200	9,200

소방·안전·화학 (3)

품명	규격	단위	2010	2011	2012	2013	2014	2015	2016
고무·합성수지제품									
가황촉진제	M	kg	3,400	6,000	6,000	6,000	6,000	6,000	6,000
〃	DM	〃	3,600	6,200	6,200	6,200	6,200	6,200	6,200
〃	D	〃	8,400	12,000	12,000	12,000	12,000	12,000	12,000
〃	TT	〃	2,400	8,000	8,000	8,000	8,000	8,000	8,000
카본블랙	SRF	〃	1,422	1,841	2,096	1,842	1,842	1,842	1,842
KS송수용호스(1종)	15×3P×20m	R/L	-	-	-	-	-	-	-
〃	25 4 20	〃	-	-	-	-	-	-	-
Air Hose	1/2 5 20	〃	-	-	-	-	-	-	-
Sand hose	2 5 20	〃	-	-	-	-	-	-	-
O.B.L	4″×6m	〃	-	-	-	-	-	-	-
아크릴평판	3㎜ 850×1,750㎜	매	29,000	35,000	35,000	35,000	33,000	33,000	33,000
〃	4 〃	〃	37,500	46,000	46,000	46,000	43,000	43,000	43,000
〃	5 〃	〃	46,500	56,500	56,500	56,500	52,500	52,500	52,500
아크릴파이프	3㎜ 90×1030㎜	개	-	-	-	-	-	-	-
〃	5 100 〃	〃	-	-	-	-	-	-	-
〃	5 290 〃	〃	-	-	-	-	-	-	-
아크릴봉	지름 60	매	-	-	-	-	-	-	-
〃	90	〃	-	-	-	-	-	-	-
연료									
무연탄	연탄제조용 5등급	M/T	123,680	142,230	142,230	142,230	142,230	142,230	153,670
코우크스	7,300kcal/kg이상	〃	-	-	-	-	-	-	-
휘발유	무연 (주유소가)	ℓ	1,715.19	1,976.26	1,968.14	1,894.48	1,752.48	1,590.38	1,574.59
등유	〃	〃	1,091.21	1,368.99	1,401.06	1,370.44	1,246.35	1,192.80	1,079.81
경유	1.0W% 〃	〃	1,517.88	1,793.79	1,798.95	1,718.66	1,557.96	1,381.27	1,375.20
중유	3% (대리점가)	〃	808.98	1,083.06	1,042.56	969.93	877.16	592.86	645.76
벙커C유	4% 〃	〃	746.22	1,021.70	964.70	889.95	828.70	517.70	575.70
프로판가스	일반용	kg	1,199.18	1,423.38	1,509.68	1,459.95	1,328.18	952.92	887.79
부탄가스	〃	〃	-	1,199.18	1,564.71	1,511.45	1,379.66	1,028.29	951.53
가스									
알곤가스	99.9%이상	병	30,000	30,000	30,000	30,000	30,000	30,000	30,000
〃	99.999%이상	〃	85,000	85,000	85,000	85,000	85,000	85,000	85,000
헬륨가스	99.9%이상	〃	120,000	185,000	180,000	210,000	210,000	210,000	210,000
산소	99%	〃	13,000	13,000	13,000	13,000	13,000	13,000	13,000
질소	99.9%	〃	15,000	15,000	15,000	15,000	15,000	15,000	15,000
〃	99.999%이상	〃	85,000	85,000	85,000	85,000	85,000	85,000	85,000
수소	99.9%이상	〃	16,000	16,000	16,000	16,000	16,000	16,000	16,000
〃	99.99%이상	〃	103,500	103,500	103,500	103,500	103,500	103,500	103,500
드라이아이스	30kg	Box	20,700	20,700	20,700	20,700	20,700	20,700	20,700
아세틸렌	공업용 98%이상	kg	10,000	10,000	13,000	13,000	13,000	13,000	13,000
후레온가스	R-11	〃	4,000	7,000	3,000	3,400	4,500	5,200	5,200
〃	R-12	〃	-	-	-	-	-	-	-
액체산소	니콘	ℓ	750	750	750	750	750	700	700
액체질소	〃	〃	750	750	750	750	750	700	700
N_2O 가스	99.99%	병	9,200	9,200	9,200	9,200	9,200	9,200	9,200

주 1) 마블스폰지 : 1970~90년까지는 A스폰지(화학)가격기준임.
2) KS송수용호스(1종) : 1970~90까지는 송수용호스 가격기준임.
3) Air Hose : 1970~90년도까지는 공기용호스 가격기준임.
4) 아크릴평판은 2003년부터 재생캐스팅 가격임.
5) 무연탄은 부가세 면세이며, 연료유·프로판·부탄가스는 부가세포함임.
6) 무연탄, 코우크스는 공장도 가격임.
7) 1986년까지는 보통휘발유가격, 등유는 1998년부터 실내등유가격임.
8) 아크릴봉은 2007년 이전 30Ø는 지름 60, 40Ø는 지름 90이며, 단위는 kg에서 매로 바뀜.

2017	2018	2019	2020	2021	2022	2023	2024	2025					
6,000	6,000	6,000	6,000	6,000	6,000	6,000	5,500	5,500					
6,200	6,200	6,200	6,200	6,200	6,500	6,500	6,000	6,000					
12,000	12,000	12,000	12,000	12,000	12,000	12,000	11,000	11,000					
8,000	8,000	8,000	8,000	8,000	8,000	8,000	7,000	7,000					
1,842	1,842	1,842	1,842	1,842	2,100	1,900	2,100	2,100					
–	–	–	–	–	–	–	–	–					
–	–	–	–	–	–	–	–	–					
–	–	–	–	–	–	–	–	–					
–	–	–	–	–	–	–	–	–					
–	–	–	–	–	–	–	–	–					
33,000	33,000	36,500	45,000	45,000	45,000	45,000	45,000	45,000					
43,000	43,000	47,500	58,000	58,000	58,000	58,000	58,000	58,000					
52,500	52,500	58,000	72,000	72,000	72,000	72,000	72,000	72,000					
–	–	–	–	–	–	–	–	–					
–	–	–	–	–	–	–	–	–					
–	–	–	–	–	–	–	–	–					
–	–	–	–	–	–	–	–	–					
–	–	–	–	–	–	–	–	–					
153,670	166,030	179,380	179,380	179,380	179,380	179,380	179,380	179,380					
–	–	–	–	–	–	–	–	–					
1,686.65	1699.31	1,663.56	1,453.23	1,923.27	1,761.05	1,830.00	1,784.00	1,767.90					
1,125.05	1240.75	1,212.35	1,101.18	1,294.82	1,762.24	1,647.00	1,571.91	1,566.69					
1,486.73	1548.19	1,513.84	1,259.24	1,717.24	1,971.41	1,820.00	1,698.00	1,651.68					
820.08	968.53	796.66	635.83	1,052.57	1,467.98	1,294.12	1,077.75	1,109.11					
660.70	891.95	757.95	682.95	1,034.95	1,292.50	1,216.95	984.95	1,155.54					
1,165.02	1,246.13	1,050.87	986.44	1,508.15	1,569.25	1,382.33	1,503.50	1,381.50					
1,223.50	1,308.16	1,131.00	1,088.10	1,611.81	1,641.89	1,470.33	1,569.50	1,472.50					
30,000	30,000	30,000	30,000	30,000	36,000	36,000	36,000	36,000					
85,000	85,000	85,000	85,000	85,000	102,000	102,000	102,000	102,000					
165,000	165,000	460,000	460,000	460,000	576,000	576,000	576,000	576,000					
13,000	13,000	13,000	13,000	13,000	20,000	20,000	20,000	20,000					
15,000	15,000	15,000	15,000	15,000	20,000	20,000	20,000	20,000					
85,000	85,000	85,000	85,000	85,000	102,000	102,000	102,000	102,000					
16,000	16,000	16,000	20,000	20,000	24,000	24,000	24,000	24,000					
103,500	103,500	103,500	103,500	103,500	124,200	124,200	124,200	124,200					
20,700	20,700	20,700	20,700	20,700	20,700	20,700	20,700	20,700					
13,000	13,000	13,000	25,000	25,000	39,000	39,000	42,900	50,000					
–	–	–	–	–	–	–	–	–					
–	–	–	–	–	–	–	–	–					
700	700	700	700	700	800	800	800	800					
700	700	700	700	700	800	800	800	800					
9,200	9,200	9,200	9,200	8,000	10,500	10,500	10,500	10,500					

사무·교육·생활용품 (1)

품 명	규 격	단위	1970	1971	1972	1973	1974	1975	1976	1977	1978	1979	1980	1981
사무용품														
철재양수책상	1,500×800× 750	개	55,500	58,500	61,600	64,900	68,400	72,000	75,800	79,800	84,000	88,500	93,200	98,100
〃	1,600 800 750	〃	103,400	108,900	114,700	120,800	127,200	133,900	141,000	148,500	156,400	164,700	173,400	182,500
〃	1,400 800 750	〃	53,700	56,600	59,600	62,800	66,200	69,700	73,400	77,300	81,400	85,700	90,250	95,000
목재편수책상	1,400 800 720	〃	84,600	89,100	93,800	98,800	104,000	109,500	115,300	121,400	127,800	134,600	141,700	149,200
목재양수책상	1,800 800 740	〃	107,100	112,800	118,800	125,100	131,700	138,700	146,100	153,800	161,900	170,500	179,500	189,000
〃	1,600 800 700	〃	77,500	81,600	85,900	90,500	95,300	100,400	105,700	111,300	117,200	123,400	129,900	136,700
〃	1,500 800 750	〃	54,400	57,300	60,400	63,600	67,000	70,600	74,400	78,400	82,600	87,000	91,600	96,400
목 재 협 탁	450 700 700	〃	29,300	30,900	32,600	34,400	36,300	38,300	40,300	42,500	44,800	47,200	49,700	52,300
〃	450 800 750	〃	24,700	26,000	27,400	28,900	30,500	32,200	33,900	35,700	37,600	39,600	41,700	43,900
회전의자(팔걸이有)	610 610 1,000	〃	73,300	77,200	81,300	85,600	90,200	95,000	100,000	105,300	110,900	116,800	123,000	129,500
〃	700 680 1,200	〃	179,000	188,500	198,500	209,000	220,100	231,700	243,900	256,800	270,400	284,700	299,700	315,400
평 의 자	540 520 750	〃	24,900	26,300	27,700	29,200	30,800	32,500	34,300	36,200	38,200	40,300	42,500	44,800
〃	410 400 450	〃	7,300	7,700	8,200	8,700	9,200	9,700	10,300	10,900	11,500	12,200	12,850	13,500
화일캐비닛(2단)	455 635 730	〃	21,900	23,100	24,400	25,700	27,100	28,600	30,200	31,800	33,500	35,300	37,200	39,150
〃	455 635 730	〃	34,200	36,100	38,100	40,200	42,400	44,700	47,100	49,600	52,300	55,100	58,000	61,050
캐 비 닛	850 360 1,790	〃	40,800	43,100	45,400	47,800	50,400	53,100	55,900	58,900	62,100	65,400	68,900	72,500
〃	850 360 885	〃	26,200	27,600	29,100	30,700	32,400	34,200	36,100	38,100	40,200	42,400	44,650	47,000
〃	850 365 1,790	〃	36,500	38,500	40,600	42,800	45,100	47,500	50,000	52,700	55,500	58,500	61,600	64,800
〃	510 360 885	〃	15,200	16,100	17,000	17,900	18,900	19,900	21,000	22,200	23,400	24,700	26,000	27,300
로커(1인용)	455 515 1,790	〃	-	-	-	-	-	-	25,600	27,000	28,500	30,100	31,700	33,400
〃 (2인용)	608 515 1,790	〃	-	-	-	-	-	-	36,100	38,000	40,100	42,300	44,600	47,000
〃 (3인용)	900 515 1,790	〃	-	-	-	-	-	-	82,300	86,700	91,300	96,200	101,300	106,600
책장(2단)	1,200 400 1,650	〃	63,100	66,500	70,100	73,800	77,700	81,800	86,200	90,800	95,600	100,700	106,000	111,500
〃	880 360 1,790	〃	58,900	62,000	65,300	68,800	72,500	76,400	80,500	84,800	89,300	94,100	99,100	104,300
회 의 용 탁 자	1,800 900 730	〃	39,500	41,600	43,800	46,200	48,700	51,300	54,000	56,900	59,900	63,100	66,500	70,000
〃	1,200 900 730	〃	77,200	81,300	85,600	90,200	95,000	100,000	105,300	110,900	116,800	123,000	129,500	136,300
〃	900 900 730	〃	88,000	92,700	97,600	102,800	108,300	114,000	120,100	126,500	133,200	140,300	147,700	155,500
응 접 탁 자	1,800 900 730	〃	31,100	32,800	34,600	36,500	38,500	40,600	42,800	45,100	47,500	50,100	52,800	55,600
〃	1,500 650 480	〃	22,600	23,800	25,100	26,500	27,900	29,400	31,000	32,700	34,500	36,400	38,400	40,400
로 우 파 티 션	700×1,200	대	56,300	59,300	62,500	65,800	69,300	73,000	76,900	81,000	85,300	89,800	94,600	99,600
〃	800 1,200	〃	40,100	42,300	44,600	47,000	49,500	52,200	55,000	57,900	61,000	64,300	67,700	71,300
〃	1,000 1,200	〃	111,500	117,400	123,600	130,200	137,100	144,400	152,000	160,000	168,600	177,500	186,900	196,700
내 화 금 고	1,070× 620× 550	〃	-	133,300	140,400	147,800	155,600	163,800	172,500	181,600	191,200	201,300	211,900	211,900
〃	1,200 670 580	〃	-	160,800	169,300	178,300	187,700	197,600	208,000	219,000	230,600	242,800	255,600	255,600
〃	1,330 720 640	〃	-	193,000	203,200	213,900	225,200	237,100	249,600	262,800	276,700	291,300	306,700	306,700
〃	1,670 850 750	〃	-	252,700	266,100	280,200	295,000	310,600	327,000	344,300	362,500	381,600	401,700	401,700
〃	1,330 1,000 640	〃	-	298,700	314,500	331,100	348,600	367,000	386,400	406,800	428,300	450,900	474,700	474,700
〃	1,770 1,210 760	〃	-	390,900	411,500	433,200	456,000	480,100	505,400	532,100	560,200	589,700	620,800	620,800
인화지(확대지)	11×14″(100枚)	갑	5,000	5,000	6,000	8,000	10,000	13,000	15,500	18,500	23,000	29,200	30,800	30,000
〃 (전 지)	20 24″(10枚)	매	2,700	2,700	3,000	3,500	4,000	4,500	6,100	7,800	8,600	10,500	13,200	14,300
플 래 쉬 球	青色	개	30	30	-	-	-	50	90	90	101	356	396	605
야 광		〃	350	350	400	400	500	500	540	540	600	990	1,100	1,100

㈜ 로우파티션의 1970년~90년까지의 가격은 옷장의 가격임.

1982	1983	1984	1985	1986	1987	1988	1989	1990	1991	1992	1993	1994	1995	1996	1997	1998	1999	2000	2001
98,100	103,300	103,300	108,680	108,680	114,600	126,060	132,330	132,330	143,700	175,500	184,500	184,500	193,600	272,000	152,000	152,000	198,000	198,000	198,000
182,500	192,090	192,080	202,180	202,180	210,900	231,990	260,590	260,590	338,200	414,500	435,400	435,400	493,600	518,000	230,000	230,000	270,000	270,000	270,000
95,000	99,900	99,900	105,160	105,160	106,400	117,040	117,600	117,600	141,000	156,400	181,300	205,000	226,300	344,000	149,000	149,000	182,000	182,000	182,000
149,200	157,070	157,070	165,330	165,330	167,000	183,700	203,500	150,000	141,000	180,100	220,500	220,500	220,500	220,500	220,500	236,000	236,000	236,000	236,000
189,000	198,900	198,900	209,380	209,380	211,500	232,650	258,500	218,300	270,000	300,300	300,300	368,200	368,000	384,000	249,900	272,000	272,000	272,000	272,000
136,700	143,900	143,900	151,470	151,470	153,000	168,300	187,000	170,000	218,300	240,130	240,130	240,130	235,200	235,200	235,200	254,000	254,000	254,000	254,000
96,400	101,500	101,500	106,830	106,830	110,800	118,700	131,890	121,000	134,000	134,000	134,000	165,400	256,000	272,000	202,500	207,000	236,000	236,000	236,000
52,300	55,070	55,070	57,960	57,960	58,550	64,400	71,500	65,000	75,000	81,000	87,200	87,200	93,600	98,000	-	-	-	204,000	204,000
43,900	46,200	46,200	48,600	48,600	49,100	54,000	54,000	50,000	58,000	81,000	77,200	77,200	87,200	97,000	-	-	-	210,000	210,000
129,500	136,400	136,400	143,550	143,550	145,000	159,500	136,600	150,260	150,260	150,260	170,520	205,800	205,800	205,800	205,800	222,000	222,000	222,000	222,000
315,400	332,000	332,000	349,380	349,380	352,900	388,200	348,500	383,350	383,350	383,350	443,200	500,900	561,700	561,700	561,700	602,700	602,700	602,700	602,700
44,800	47,200	47,200	49,680	49,680	50,200	55,200	55,200	60,720	60,720	66,700	68,900	75,820	-	-	-	-	-	-	-
13,500	14,200	14,200	14,940	14,940	15,100	16,600	16,500	18,000	31,000	31,000	31,000	31,000	31,000	31,000	-	-	-	-	-
39,150	41,200	41,200	43,340	43,340	55,400	60,900	66,920	55,000	63,000	63,000	63,000	73,000	50,000	50,000	70,000	70,000	85,000	85,000	85,000
61,050	64,260	64,260	67,540	67,540	90,300	98,300	108,050	80,850	77,000	77,000	77,000	87,000	72,000	72,000	103,000	103,000	124,000	124,000	124,000
72,500	76,350	76,350	80,350	80,350	80,350	88,300	88,300	67,000	67,000	67,000	150,900	150,900	153,000	153,000	87,000	87,000	105,000	105,000	105,000
47,000	49,500	49,500	52,120	52,120	57,330	50,820	63,000	50,000	50,000	50,000	60,000	70,000	78,100	79,680	54,000	67,600	78,000	-	-
64,800	68,200	68,200	71,800	71,800	78,980	86,790	78,400	71,900	71,900	71,900	86,300	86,300	98,100	102,000	102,000	110,000	112,000	-	-
27,300	28,700	28,700	30,140	30,140	33,150	36,410	46,600	53,700	53,700	53,700	54,000	54,000	78,100	79,680	-	71,500	83,000	-	-
33,400	35,250	35,250	37,070	37,070	55,900	61,490	74,700	61,700	71,000	86,400	91,800	91,800	102,700	64,860	83,000	119,000	80,000	80,000	80,000
47,000	49,500	49,500	52,030	52,030	87,800	96,580	112,500	96,600	117,300	143,600	150,900	150,900	170,900	82,240	109,000	154,000	114,000	114,000	114,000
106,600	112,200	112,200	118,100	118,100	129,730	142,560	172,500	142,600	175,500	215,500	226,300	226,300	256,300	112,640	140,000	182,000	150,000	150,000	150,000
111,500	117,400	117,400	123,500	123,500	135,800	149,380	164,300	135,800	177,300	177,300	211,800	211,800	250,000	-	150,000	150,000	195,000	195,000	195,000
104,300	109,800	109,800	115,500	115,500	127,000	139,700	134,400	122,200	188,000	-	120,000	120,000	141,120	141,120	170,000	170,000	205,000	205,000	205,000
70,000	73,500	73,500	77,400	77,400	85,100	93,610	103,000	85,100	102,800	126,000	91,800	91,800	101,800	-	227,300	-	-	303,500	303,500
136,300	143,500	143,500	151,000	151,000	166,000	182,600	175,800	159,800	237,000	-	77,200	77,200	87,200	150,000	190,000	250,000	-	-	-
155,500	163,700	163,700	172,300	172,300	189,500	208,450	200,700	182,400	270,000	-	65,400	65,400	75,000	81,200	-	-	-	-	-
55,600	58,520	58,520	61,600	61,600	67,700	74,470	86,000	71,100	-	-	143,600	143,600	-	-	-	320,000	-	-	-
40,400	42,500	42,500	44,700	44,700	49,100	54,000	62,500	51,600	-	-	143,600	143,600	156,300	-	-	220,000	-	-	-
99,600	104,900	104,900	110,400	110,400	121,400	133,540	161,700	133,600	-	-	98,000	98,000	98,000	114,000	114,000	126,000	126,000	127,900	127,900
71,300	75,000	75,000	78,900	78,900	86,800	95,480	115,600	95,500	-	-	108,000	108,000	108,000	125,000	125,000	138,000	138,000	137,400	137,400
196,700	207,000	207,000	218,000	218,000	239,800	263,700	263,700	237,600	237,600	-	128,000	128,000	128,000	139,000	139,000	153,000	152,000	154,700	154,700
238,000	250,600	250,600	263,700	263,700	290,000	319,000	385,000	350,000	450,000	450,000	475,000	485,000	485,000	535,000	535,000	535,000	535,000	580,000	580,000
287,200	302,300	302,300	318,200	318,200	350,000	385,000	462,000	420,000	520,000	520,000	572,000	580,000	580,000	635,000	635,000	635,000	635,000	720,000	720,000
344,600	362,800	362,800	381,900	381,900	420,000	462,000	550,000	500,000	615,000	615,000	670,000	690,000	690,000	750,000	750,000	750,000	750,000	830,000	830,000
451,300	475,000	475,000	500,000	500,000	550,000	605,000	726,000	660,000	850,000	850,000	925,000	995,000	995,000	1,055,000	1,055,000	1,055,000	1,055,000	1,120,000	1,120,000
533,400	561,500	561,500	591,000	591,000	650,000	715,000	858,000	778,000	980,000	980,000	1,080,000	1,180,000	1,180,000	1,230,000	1,230,000	1,230,000	1,230,000	1,330,000	1,330,000
697,500	734,200	734,200	772,800	772,800	850,000	935,000	1,078,000	980,000	1,350,000	1,350,000	1,480,000	1,600,000	1,600,000	1,760,000	1,760,000	1,760,000	1,760,000	1,820,000	1,820,000
29,700	33,000	33,000	35,000	34,500	34,500	38,000	38,000	31,000	38,000	38,000	41,800	41,800	41,800	41,800	48,000	72,000	72,000	74,000	74,000
14,300	13,000	13,000	14,300	14,300	14,300	14,300	14,000	12,730	12,730	13,500	15,500	15,000	15,000	15,000	18,000	27,000	28,000	28,000	28,000
605	700	700	700	865	865	950	950	900	900	-	-	-	14,000	14,000	14,000	20,000	35,000	35,000	35,000
1,100	1,000	1,00	1,000	1,000	1,000	1,100	1,100	1,000	1,000	1,000	1,500	1,500	1,500	1,500	1,500	3,000	3,000	3,000	3,000

사무·교육·생활용품 (1)

품명	규격	단위	2002	2003	2004	2005	2006	2007	2008	2009	2010
사무용품											
목재데스크	1,400×760×720	개	168,000	168,000	180,000	180,000	180,000	180,000	180,000	196,000	243,000
〃	1,600×760×720	〃	172,000	172,000	186,000	186,000	186,000	186,000	186,000	202,000	260,000
3인학습테이블	1,500×690×700	〃	-	-	175,000	175,000	175,000	175,000	175,000	185,000	180,000
스터디캐럴	2,370×770×1,220	〃	-	-	467,000	467,000	467,000	467,000	467,000	494,000	494,000
〃	2,370×1,185×1,220	〃	-	-	542,000	542,000	542,000	542,000	542,000	573,000	556,000
AV 캐럴	1,075×775×1,170	〃	-	-	578,000	578,000	578,000	578,000	578,000	611,000	611,000
〃	1,075×1,475×1,170	〃	-	-	963,000	963,000	963,000	963,000	963,000	1,021,000	1,021,000
PC 캐럴	1,075×775×1,170	〃	-	-	642,000	642,000	642,000	642,000	642,000	678,000	678,000
〃	1,075×1,475×1,170	〃	-	-	1,091,000	1,091,000	1,091,000	1,091,000	1,091,000	1,155,000	1,155,000
PC 테이블	510×650×820	〃	-	-	185,000	185,000	185,000	185,000	185,000	196,000	190,000
회전의자	685×720×1,190	〃	882,000	882,000	-	-	-	-	-	-	-
(사무용의자)	655×750×1,120	〃	-	-	645,000	645,000	645,000	645,000	645,000	677,000	677,000
〃	655×425×985(655×605×1,055)	〃	-	-	-	-	-	-	-	-	-
〃	725×690×1,120	〃	475,000	475,000	-	-	-	-	-	-	-
〃	655×750×1,120	〃	-	-	409,000	409,000	409,000	409,000	409,000	429,000	429,000
〃	655×425×1,180(680×635×1,165)	〃	-	-	-	-	-	-	-	-	-
중량보관고	900×450×1,800	대	117,600	117,600	117,600	117,600	117,600	117,600	117,600	166,000	166,000
〃	1,200×450×1,800	〃	137,700	137,700	137,700	137,700	137,700	137,700	137,700	194,000	194,000
경량보관고	900×300×1,800	〃	94,200	94,200	94,200	94,200	94,200	94,200	94,200	119,000	119,000
〃	1,200×300×1,800	〃	106,100	106,100	106,100	106,100	106,100	106,100	106,100	140,000	140,000
전화대		개	15,750	15,750	18,000	18,000	18,000	-	-	20,000	20,000
캐비닛	800×390×1,500(800×414×1,525)	〃	230,000	230,000	230,000	230,000	230,000	310,000	310,000	182,600	182,600
〃	800×390×1,860(800×414×2,253)	〃	291,000	291,000	291,000	291,000	291,000	337,000	337,000	211,200	211,200
산업용품											
선반	0.5T×200×600	매	1,750	2,100	3,182	3,182	3,182	3,500	3,800	4,000	4,000
〃	0.8T×300×600	〃	3,200	3,840	5,818	5,818	5,818	6,400	7,000	7,200	7,200
〃	1.0T×300×600	〃	4,120	4,940	7,484	7,484	7,484	8,232	9,000	9,200	9,200
〃	1.2T×300×600	〃	5,370	6,440	9,757	9,757	9,757	10,733	11,800	12,000	12,000
앵글	1.6T×30×30×3m	본	2,140	2,560	3,723	3,723	3,723	4,095	4,700	4,410	4,850
〃	1.8T×30×30×3m	〃	2,350	2,820	4,102	4,102	4,102	4,512	5,100	4,770	5,240
〃	2.3T×30×30×3m	〃	2,780	3,360	4,886	4,886	4,886	5,375	6,100	5,670	6,060
〃	2.5T×30×30×3m	〃	2,940	3,520	5,120	5,120	5,120	5,632	6,400	5,940	6,350
〃	2.3T×30×55×3m	〃	3,420	4,100	5,963	5,963	5,963	6,559	7,500	6,930	7,410
〃	2.5T×30×55×3m	〃	3,790	4,540	6,603	6,603	6,603	7,263	8,300	7,650	8,180
교육용품											
철제연결식의자	500×850×840	석	122,500	122,500	125,500	125,500	125,500	95,000	145,000	145,000	167,000
〃	500×900×840	〃	245,000	245,000	245,000	245,000	245,000	185,000	265,000	265,000	305,000
〃	500×650×850	〃	117,500	117,500	117,500	117,500	117,500	117,500	137,000	137,000	158,000
수강용의자	500×750×720	〃	43,000	43,000	47,000	47,000	47,000	47,000	47,000	47,000	54,000
〃	500×780×750	〃	45,000	45,000	50,000	50,000	50,000	50,000	50,000	50,000	57,500
〃	500×780×730	〃	45,500	45,500	50,000	50,000	50,000	50,000	50,000	50,000	57,500
관람석의자											
(스탠드고정)	400×440×360	〃	21,500	21,500	23,500	23,500	23,500	23,500	30,000	30,000	34,500
〃	450×380×280	〃	20,500	20,500	22,500	22,500	22,500	22,500	28,000	28,000	32,500
(고정식)	450×460×720	〃	27,500	27,500	33,500	33,500	33,500	33,500	40,000	40,000	46,000
〃	400×440×680	〃	25,000	25,000	30,500	30,500	30,500	30,500	36,000	36,000	41,500

㈜ 1) 회전의자 2020년도부터 괄호안의 품명 및 규격임.
2) 캐비닛 2020년도부터 괄호안의 규격임.

2011	2012	2013	2014	2015	2016	2017	2018	2019	2020	2021	2022	2023	2024	2025
195,000	195,000	195,000	195,000	195,000	195,000	240,300	240,300	240,300	175,500	175,500	175,500	255,200	255,200	255,200
203,000	203,000	203,000	203,000	203,000	203,000	257,400	257,400	257,400	182,700	182,700	182,700	264,000	264,000	264,000
–	–	–	–	–	–	–	–	–	–	–	–	–	–	–
–	–	–	–	–	–	–	–	–	–	–	–	–	–	–
–	–	–	–	–	–	–	–	–	–	–	–	–	–	–
–	–	–	–	–	–	–	–	–	–	–	–	–	–	–
–	–	–	–	–	–	–	–	–	–	–	–	–	–	–
–	–	–	–	–	–	–	–	–	–	–	–	–	–	–
–	–	–	–	–	–	–	–	–	–	–	–	–	–	–
–	–	–	–	–	–	–	–	–	–	–	–	–	–	–
–	–	–	–	–	–	–	–	–	–	–	–	–	–	–
–	–	–	–	–	–	–	–	–	–	–	–	–	–	–
340,000	340,000	340,000	340,000	340,000	340,000	340,000	314,000	314,000	314,000	267,300	280,500	280,500	280,500	280,500
–	–	–	–	–	–	–	–	–	–	–	–	–	–	–
–	–	–	–	–	–	–	–	–	–	–	–	–	–	–
372,000	372,000	372,000	372,000	372,000	372,000	372,000	393,000	393,000	393,000	374,000	374,000	374,000	374,000	374,000
166,000	166,000	171,000	171,000	171,000	171,000	176,800	147,500	147,500	–	–	–	–	–	–
194,000	194,000	198,000	198,000	198,000	198,000	202,900	169,300	169,300	–	–	–	–	–	–
119,000	119,000	121,000	121,000	121,000	121,000	103,300	86,100	86,100	–	–	–	–	–	–
140,000	140,000	141,000	141,000	141,000	141,000	119,600	99,800	99,800	–	–	–	–	–	–
–	–	–	–	–	–	–	–	–	–	–	–	–	–	–
326,000	326,000	326,000	326,000	326,000	326,000	326,000	340,000	340,000	340,000	342,000	342,000	342,000	465,300	465,300
355,000	355,000	355,000	355,000	355,000	355,000	355,000	366,000	366,000	366,000	400,000	400,000	400,000	543,400	543,400
4,080	3,880	3,490	3,490	3,490	3,880	3,880	4,650	4,650	4,650	4,650	5,340	5,340	5,340	5,340
7,340	6,980	6,280	6,280	6,280	6,980	6,980	8,370	8,370	8,370	8,370	9,620	9,620	9,620	9,620
9,380	8,920	8,020	8,020	8,020	8,920	8,920	10,700	10,700	10,700	10,700	12,300	12,300	12,300	12,300
12,240	11,630	10,460	10,460	10,460	11,640	11,640	13,960	13,960	13,960	13,960	16,050	16,050	16,050	16,050
4,940	4,700	4,230	4,230	4,230	4,230	4,230	5,070	5,070	5,070	5,070	5,830	6,410	6,410	6,410
5,340	4,700	–	–	–	–	–	–	–	–	–	–	–	–	–
6,180	5,880	5,290	5,290	5,290	5,290	5,290	6,340	6,340	6,340	6,340	7,290	8,020	8,020	8,020
6,470	–	–	–	–	–	–	–	–	–	–	–	–	–	–
7,550	7,180	6,460	6,460	6,460	6,460	6,460	7,750	7,750	7,750	7,750	8,910	9,800	9,800	9,000
8,340	–	–	–	–	–	–	–	–	–	–	–	–	–	–
173,000	173,000	173,000	173,000	173,000	173,000	173,000	173,000	176,280	176,280	–	–	–	–	–
300,000	300,000	300,000	300,000	300,000	300,000	300,000	300,000	389,532	389,532	–	–	–	–	–
165,000	165,000	165,000	165,000	165,000	165,000	165,000	165,000	156,000	156,000	–	–	–	–	–
–	–	–	–	–	–	–	–	–	–	–	–	–	–	–
–	–	–	–	–	–	–	–	–	–	–	–	–	–	–
–	–	–	–	–	–	–	–	–	–	–	–	–	–	–
–	–	–	–	–	–	–	–	–	–	–	–	–	–	–
–	–	–	–	–	–	–	–	–	–	–	–	–	–	–
–	–	–	–	–	–	–	–	–	–	–	–	–	–	–
–	–	–	–	–	–	–	–	–	–	–	–	–	–	–

사무·교육·생활용품 (2)

품명	규격	단위	1970	1971	1972	1973	1974	1975	1976
교육용품									
메스플라스크	백색 100㎖	개	1,300	1,500	1,600	1,600	1,700	1,700	1,810
메스실린더	무전 25㎖ 경질	〃	230	380	500	650	750	750	910
비이커	검사품 50㎖ 경질	〃	–	–	100	120	150	200	300
시험관	15×150㎖ 경질	〃	35	60	70	80	80	95	95
삼각플라스크	100㎖	〃	400	370	370	350	350	330	338
용지									
신문용지	54g/㎡ 4·6전지	연	–	–	–	–	–	–	3,900
중질지	60 〃	〃	–	–	–	–	–	–	–
〃	70 〃	〃	–	–	–	–	–	–	–
〃	80 〃	〃	–	–	–	–	–	–	–
백상지	60 〃	〃	3,000	3,300	3,400	5,200	7,140	7,800	7,680
〃	70 〃	〃	3,500	3,800	3,900	6,000	8,330	9,100	8,950
〃	80 〃	〃	4,400	4,500	4,500	6,800	9,520	10,400	10,240
편면아트지	90 〃	〃	–	8,470	7,980	10,214	–	–	–
〃	100 〃	〃	–	9,400	9,000	11,500	–	–	–
양면아트지	80 〃	〃	–	5,300	6,400	–	–	14,400	13,280
〃	90 〃	〃	–	–	–	–	–	–	–
〃	100 〃	〃	–	–	8,000	–	15,500	17,000	16,600
〃	150 〃	〃	–	–	–	–	23,250	25,500	24,900
〃	180 〃	〃	–	–	–	–	27,900	30,600	29,880
〃	200 〃	〃	–	–	–	–	31,000	34,000	33,200
〃	250 〃	〃	–	–	–	–	38,750	42,500	41,500
〃	300 〃	〃	–	–	–	–	46,500	51,000	49,800
마닐라판지	240	〃	–	10,300	10,800	15,120	21,600	23,314	19,776
〃	260	〃	–	11,150	17,000	16,380	22,880	24,708	20,944
〃	280	〃	–	–	–	–	–	–	21,640
〃	300	〃	–	12,900	13,000	18,900	28,200	26,976	22,833
〃	350	〃	–	–	–	–	–	–	26,274
문구용품									
갱지	8절 1,000枚	권	330	330	370	400	500	700	900
〃	16절 1,000枚	〃	165	165	220	280	350	420	500
사각봉투		속	40	40	60	70	80	100	200
항공봉투	上品	〃	–	–	–	–	–	450	450
장부	5절 200P(금전출납부)	권	–	–	–	800	900	900	1,000
〃	5절 400P(금전출납부)	〃	–	–	–	1,600	1,800	1,800	1,800
인주	매표 50각	개	80	80	100	120	180	200	250
양면칼	10날입(ST-300)	갑	–	–	80	100	120	200	300

1977	1978	1979	1980	1981	1982	1983	1984	1985	1986	1987	1988	1989
1,810	2,010	2,010	2,233	2,233	2,233	2,500	2,700	2,700	2,700	2,700	2,970	2,970
910	1,010	1,010	1,122	1,122	1,122	1,550	1,600	1,600	1,600	1,600	1,760	1,760
338	376	376	418	418	418	740	740	740	740	740	814	814
98	109	109	121	121	121	150	160	160	160	160	176	176
338	376	376	418	418	418	820	840	840	840	840	924	924
-	-	-	11,274	11,432	11,805	11,684	12,409	12,409	12,364	12,342	12,522	14,316
7,400	8,600	10,800	12,898	16,798	16,327	16,327	16,588	16,588	16,093	16,434	17,094	17,820
8,460	10,900	13,200	16,181	19,829	19,280	19,280	19,489	19,488	18,898	19,107	19,868	21,340
13,786	13,786	16,371	16,514	21,497	20,917	20,917	21,231	21,230	20,504	20,526	21,348	22,781
8,010	8,010	16,764	19,722	22,822	20,539	20,539	19,533	19,532	20,747	19,041	19,822	21,230
9,770	9,770	17,893	21,051	24,384	21,945	21,945	21,944	21,943	21,958	21,384	22,270	23,320
11,145	11,145	19,566	23,019	26,652	23,988	23,988	23,821	23,820	23,826	23,221	24,171	25,300
15,960	15,960	21,578	31,732	37,102	36,319	36,319	36,319	35,137	34,034	35,222	39,171	42,460
17,675	17,650	23,214	34,093	39,468	38,726	38,726	38,726	37,457	36,278	37,549	40,223	42,570
14,825	14,825	21,606	34,635	40,088	39,327	39,327	39,327	38,049	36,861	38,148	39,991	42,350
-	-	23,894	35,020	40,462	39,689	39,689	39,689	38,392	37,180	38,478	39,426	42,625
18,095	18,095	23,214	35,246	40,810	40,037	40,037	40,037	38,735	37,510	38,819	40,768	42,885
26,535	26,535	33,684	49,467	57,277	56,199	56,199	56,199	54,369	52,657	54,499	58,692	64,460
32,555	32,555	41,320	60,682	70,238	68,918	68,918	68,918	66,665	64,592	66,852	70,407	77,396
34,915	34,915	44,307	65,078	75,327	73,912	73,912	73,912	71,506	69,256	71,676	78,256	86,020
44,215	44,215	56,122	82,424	95,405	93,612	93,612	93,612	90,560	87,714	90,783	97,820	107,470
52,380	52,380	66,482	97,651	113,029	110,893	110,893	110,893	107,283	103,906	107,536	117,384	128,370
21,192	22,968	27,440	44,670	52,613	49,289	49,289	51,549	48,690	48,191	52,140	62,210	53,130
22,444	24,324	29,805	47,310	55,219	52,272	52,272	54,671	51,569	51,051	55,275	65,888	56,342
23,406	25,367	28,224	49,323	61,299	54,439	54,439	57,014	53,779	53,229	57,596	68,711	58,795
24,472	26,521	32,591	51,582	64,261	56,916	56,916	59,608	56,225	55,649	60,214	71,837	62,040
28,656	30,515	37,397	59,360	74,081	65,492	65,492	68,598	64,705	64,053	69,300	82,672	70,730
1,000	1,238	2,000	2,500	3,500	3,500	3,000	4,000	3,520	4,000	4,000	4,400	4,000
618	618	1,000	1,250	1,750	1,750	1,500	2,000	1,760	2,000	2,000	2,200	2,000
300	400	500	500	900	900	450	450	450	600	600	600	600
450	450	650	650	1,000	1,000	900	900	900	1,000	1,000	1,600	1,600
1,000	1,100	1,150	1,150	1,800	1,800	1,200	1,200	1,200	1,800	1,800	2,000	2,000
2,000	2,000	2,160	2,160	3,600	3,600	2,600	2,600	2,600	3,600	3,600	4,000	4,000
300	400	400	540	800	800	720	720	720	700	700	800	800
400	600	650	680	680	680	680	680	680	680	680	680	680

사무·교육·생활용품 (2)

품명	규격	단위	1990	1991	1992	1993	1994	1995	1996
교육용품									
메스플라스크	백색 100mℓ (1000mℓ)	개	2,700	2,700	3,000	3,500	4,000	-	-
메스실린더	무전 25mℓ (50mℓ)경질	〃	1,600	1,600	1,780	1,950	2,320	-	-
비이커	검사품 50mℓ(100mℓ)경질	〃	740	740	900	1,040	1,200	-	-
시험관	15×150mℓ (13×120mℓ)경질	〃	160	-	170	170	170	260	330
삼각플라스크	100mℓ	〃	840	840	1,020	1,130	1,320	1,320	1,670
용지									
신문용지	54g/m²(46g/m²) 4·6전지	연	11,880	-	-	-	13,750	17,100	16,500
중질지	60 〃	〃	16,570	16,566	16,749	17,315	20,900	24,160	23,400
〃	70 〃	〃	19,270	19,256	19,701	20,369	23,740	28,190	27,300
〃	80 〃	〃	20,700	20,689	22,154	22,908	25,520	31,400	30,400
백상지	60 〃	〃	22,320	22,098	22,099	22,099	25,940	32,750	29,940
〃	70 〃	〃	23,850	23,629	23,631	23,631	27,720	35,000	31,900
〃	80 〃	〃	26,040	25,817	25,709	25,709	30,290	38,250	34,960
편면아트지	90 〃	〃	37,640	36,915	37,743	37,743	44,030	52,750	48,210
〃	100 〃	〃	38,630	37,878	38,728	38,728	45,210	53,660	49,100
양면아트지	80 〃	〃	38,410	38,508	38,509	38,509	44,680	53,530	48,100
〃	90 〃	〃	38,740	38,836	38,837	38,837	45,090	54,020	49,400
〃	100 〃	〃	39,070	39,164	39,166	39,166	45,540	54,080	49,500
〃	150 〃	〃	57,120	57,215	57,217	57,217	66,480	78,920	72,200
〃	180 〃	〃	68,600	68,702	68,704	68,704	79,770	94,700	86,600
〃	200 〃	〃	76,260	76,359	76,362	76,362	88,630	109,950	100,600
〃	250 〃	〃	95,300	95,395	95,397	95,397	110,800	137,450	125,700
〃	300 〃	〃	114,440	114,539	114,542	114,542	132,950	164,920	150,900
마닐라판지	240	〃	49,110	48,968	48,291	48,291	52,879	72,870	72,870
〃	260	〃	52,020	51,862	51,145	51,145	56,004	77,080	77,080
〃	280	〃	54,250	54,085	53,335	53,335	58,402	80,380	80,380
〃	300	〃	56,720	56,545	55,763	55,763	61,060	83,990	83,990
〃	350	〃	65,290	65,073	64,173	64,173	70,269	97,050	97,050
문구용품									
갱지	8절 1,000枚	권	5,180	4,730	4,730	4,730	4,730	6,000	6,000
〃	16절 1,000枚	〃	2,650	2,360	2,360	2,360	2,360	3,500	3,500
사각봉투	황서류	속	540	1,450	1,450	1,450	1,450	3,000	3,000
항공봉투	上品	〃	2,070	2,070	2,070	2,070	2,070	2,600	2,600
장부	5절 200P(금전출납부)	권	2,530	2,530	2,630	2,630	3,180	5,000	5,500
〃	5절 400P(금전출납부)	〃	4,840	4,840	5,270	5,270	6,300	9,000	10,500
인주	매표 50각	개	1,240	1,240	1,240	1,630	1,630	2,400	2,400
양면칼	10날입(ST-300)	갑	680	680	680	670	670	1,050	1,150

주 1) 칠판, 문구용품 1995~2005년 부가세포함 가격임.
2) 메스플라스크, 메스실린더 1997년도부터 괄호안의 규격임.
3) 신문용지 2008년부터 괄호안의 규격임.
4) 사각봉투는 2008년부터 황봉투로 변경.

1997	1998	1999	2000	2001	2002	2003	2004	2005	2006	2007	2008	2009
16,720	16,720	23,100	23,100	23,100	23,100	23,100	23,100	23,100	23,100	24,500	24,500	24,500
4,490	4,490	4,950	4,950	4,950	4,950	4,950	4,950	4,950	4,950	5,200	5,200	5,200
–	–	1,760	1,760	1,760	1,760	1,760	1,760	1,760	1,760	1,850	1,850	1,850
330	330	400	400	400	400	400	400	400	400	420	420	420
1,670	1,670	1,980	1,980	1,980	1,980	1,980	1,980	1,980	1,980	2,100	2,100	2,100
16,500	18,890	18,550	19,480	18,580	18,580	18,580	18,580	18,580	18,580	18,950	19,770	19,770
23,400	30,310	28,940	30,220	28,780	28,780	29,350	29,350	29,350	29,350	29,930	34,180	34,180
27,300	35,380	33,780	34,670	33,020	33,020	33,680	33,680	33,680	33,680	34,350	39,220	39,220
30,400	39,430	37,640	38,910	37,060	37,060	37,800	37,800	37,800	37,800	38,550	–	–
31,280	34,080	34,800	35,750	32,970	31,000	30,980	33,480	33,480	33,480	35,840	–	–
33,500	36,420	37,200	38,210	35,230	33,130	33,110	35,780	35,780	35,780	38,310	51,350	46,690
36,530	39,820	40,660	41,770	38,520	36,220	36,200	39,120	39,120	39,120	41,890	56,150	56,150
50,380	54,920	56,080	54,860	50,600	47,580	47,070	50,870	50,870	50,870	54,470	73,940	73,940
51,250	55,900	57,080	55,840	51,490	48,420	47,890	51,750	51,750	51,750	55,410	75,270	75,270
51,130	55,730	56,910	55,670	51,340	48,280	47,760	51,610	51,610	51,610	55,270	72,800	72,800
51,600	56,250	57,440	56,200	51,830	48,730	48,200	52,090	52,090	52,090	55,780	73,490	73,490
51,800	56,280	57,470	56,220	51,850	48,760	48,230	52,120	52,120	52,120	55,810	73,530	73,530
75,380	82,190	83,920	82,100	75,710	71,200	70,440	76,120	76,120	76,210	81,520	107,360	107,360
90,450	98,620	100,700	98,510	90,850	85,430	84,510	91,330	91,330	91,330	97,800	128,830	128,830
105,020	114,520	116,940	114,400	105,500	99,120	98,150	106,070	106,070	106,070	113,590	149,610	149,610
131,290	143,160	146,180	143,000	131,880	124,010	122,690	132,590	132,590	132,590	142,000	187,000	187,000
157,530	171,790	175,420	171,600	158,260	148,820	147,230	159,110	159,110	159,110	170,400	224,430	224,430
74,260	87,730	83,739	96,401	96,401	96,401	96,401	96,401	96,401	99,194	123,907	143,690	143,690
78,550	77,080	88,480	101,735	101,735	101,735	101,735	101,735	101,735	104,632	130,700	152,880	152,880
81,910	80,380	92,280	106,103	106,103	106,103	106,103	106,103	106,103	109,262	136,483	159,960	159,960
85,600	83,990	96,750	110,943	110,943	110,943	110,943	110,943	110,943	114,135	142,570	169,760	169,760
98,900	97,050	111,287	127,953	127,953	127,953	127,953	127,953	127,953	131,734	164,553	197,660	197,660
6,000	6,000	6,000	6,000	6,000	6,000	6,000	6,500	6,500	10,000	10,000	–	–
3,500	3,500	3,000	3,000	3,000	3,000	3,000	3,000	3,000	5,000	5,000	–	–
3,000	6,000	6,000	6,000	6,000	6,000	6,000	6,000	6,000	3,000	3,000	1,200	1,200
2,600	3,500	3,500	3,500	3,000	3,000	3,000	3,000	3,000	4,000	4,000	3,000	3,000
5,500	5,500	5,000	6,000	6,000	6,000	6,000	6,000	6,000	6,000	6,000	6,000	6,000
10,500	10,500	11,000	12,000	12,000	12,000	12,000	12,000	12,000	12,000	12,000	12,000	12,000
2,400	3,000	2,500	2,500	2,500	2,500	2,500	2,500	2,500	2,500	2,500	2,500	2,500
1,150	1,500	1,500	2,000	2,000	2,000	2,000	2,000	2,000	1,500	1,500	1,500	1,500

사무·교육·생활용품 (2)

품명	규격	단위	2010	2011	2012	2013	2014	2015	2016
교육용품									
메스플라스크	백색 100mℓ (1000mℓ)	개	24,500	-	33,000	33,000	33,000	33,000	33,000
메스실린더	무전 25mℓ (50mℓ)경질	〃	5,200	-	7,150	7,150	7,150	7,150	7,150
비이커	검사품 50mℓ(100mℓ)경질	〃	1,850	-	2,860	2,860	2,860	2,860	2,860
시험관	15×150mℓ (13×120mℓ)경질	〃	420	-	330	330	330	330	330
삼각플라스크	100mℓ	〃	2,100	-	3,190	3,190	3,190	3,190	3,190
용지									
신문용지	54g/㎡(46g/㎡) 4·6전지	연	20,650	-	-	-	22,270	22,270	22,270
중질지	60 〃	〃	35,720	35,000	35,000	35,000	32,510	32,510	32,510
〃	70 〃	〃	40,990	40,170	40,170	40,170	37,300	37,300	37,300
〃	80 〃	〃	-	-	-	-	37,000	37,000	37,000
백상지	60(70) 〃	〃	-	-	-	-	45,140	45,140	47,390
〃	70(80) 〃	〃	49,930	44,820	45,520	45,700	44,340	44,340	46,550
〃	80(90) 〃	〃	54,600	49,000	49,770	49,970	48,700	48,700	51,130
편면아트지	90 〃	〃	63,820	61,130	61,800	62,070	59,920	59,920	62,910
〃	100 〃	〃	96,760	62,220	62,900	63,180	60,990	60,990	64,030
양면아트지	80 〃	〃	62,880	60,230	60,890	61,150	59,040	59,040	61,990
〃	90 〃	〃	63,460	60,790	61,460	61,730	59,590	59,590	62,560
〃	100 〃	〃	63,550	60,830	61,500	61,760	59,630	59,630	62,610
〃	150 〃	〃	72,720	88,810	89,790	90,180	87,050	90,970	95,510
〃	180 〃	〃	111,260	106,570	107,750	108,210	104,470	109,170	114,620
〃	200 〃	〃	129,290	123,850	125,210	125,750	121,320	121,320	127,380
〃	250 〃	〃	161,500	154,700	156,400	157,080	151,640	151,640	159,220
〃	300 〃	〃	193,800	185,660	187,700	188,520	181,990	181,990	191,080
마닐라판지	240	〃	146,560	-	-	-	-	-	-
〃	260	〃	155,930	-	-	-	-	-	-
〃	280	〃	163,150	-	-	-	-	-	-
〃	300	〃	173,150	-	-	-	-	-	-
〃	350	〃	201,610	-	-	-	-	-	-
문구용품									
갱지	8절 1,000枚	권	-	-	-	-	-	-	-
〃	16절 1,000枚	〃	-	-	-	-	-	-	-
사각봉투	황서류(규격봉투 16절 100매)	속	1,200	2,000	2,000	2,000	2,000	2,000	2,000
항공봉투	上品	〃	3,000	3,000	3,000	3,000	3,000	3,000	3,000
장부	5절 200P(금전출납부)	권	6,000	6,000	6,000	6,000	6,000	6,000	6,000
〃	5절 400P(금전출납부)	〃	12,000	12,000	12,000	12,000	12,000	12,000	12,000
인주	매표 50각(매표 인주 50g)	개	2,500	3,000	3,000	3,000	3,000	3,000	3,000
양면칼	10날입(ST-300)	갑	1,500	-	-	-	-	-	-

㈜ 1) 메스플라스크, 메스실린더 1997년도부터 괄호안의 규격임.
2) 신문용지 2008년부터 괄호안의 규격임.
3) 사각봉투는 2008년부터 황봉투로 변경.
4) 비이커, 시험관 2012년부터 괄호안의 규격임.
5) 백상지 2019년부터 괄호안 규격임.
6) 사각봉투 2020년부터 괄호안 규격임.
7) 인주 2020년부터 괄호안 규격임.

2017	2018	2019	2020	2021	2022	2023	2024	2025
33,000	33,000	33,000	33,000	33,000	33,000	33,000	33,000	33,000
7,150	7,150	7,150	7,150	7,150	7,150	7,150	7,150	7,150
2,860	2,860	2,860	2,860	2,860	2,860	2,860	2,860	2,860
330	330	330	330	330	330	330	330	330
3,190	3,190	3,190	3,190	3,190	3,190	3,190	3,190	3,190
22,270	22,270	22,270	22,270	22,270	24,040	24,040	24,040	24,040
32,510	32,510	32,510	32,510	32,510	35,100	35,100	35,100	35,100
37,300	37,300	37,300	37,300	37,300	40,270	40,270	40,270	40,270
37,000	37,000	37,000	37,000	37,000	-	-	-	-
50,700	50,700	52,840	52,840	56,530	65,020	65,020	65,020	65,020
49,810	49,810	58,030	58,030	62,090	71,410	71,410	71,410	71,410
54,710	54,710	65,020	65,020	69,570	80,010	80,010	80,010	80,010
67,310	67,310	67,310	67,310	-	87,100	87,100	87,100	87,100
68,510	68,510	68,510	68,510	-	87,140	87,140	87,140	87,140
66,330	66,330	66,330	66,330	75,780	87,150	87,150	87,150	87,150
66,940	66,940	66,940	66,940	76,490	87,970	87,970	87,970	87,970
67,000	67,000	67,000	67,000	76,520	88,010	88,010	88,010	88,010
102,200	102,200	102,200	102,200	116,790	134,310	134,310	134,310	134,310
122,640	122,640	122,640	122,640	140,130	161,160	161,160	161,160	161,160
136,300	136,300	136,300	136,300	155,710	179,070	179,070	179,070	179,070
170,370	170,370	170,370	170,370	194,630	223,830	223,830	223,830	223,830
204,460	204,460	204,460	204,460	233,590	268,640	268,640	268,640	268,640
-	-	-	-	-	-	-	-	-
-	-	-	-	-	-	-	-	-
-	-	-	-	-	-	-	-	-
-	-	-	-	-	-	-	-	-
-	-	-	-	-	-	-	-	-
-	-	-	-	-	-	-	-	-
-	-	-	-	-	-	-	-	-
1,800	1,800	1,800	1,800	1,800	2,000	2,400	2,400	2,400
-	-	-	-	-	-	-	-	-
4,500	4,500	4,500	4,500	4,500	8,000	8,000	8,000	8,800
9,000	9,000	9,000	9,000	9,000	16,000	16,000	16,000	17,600
3,200	3,200	3,200	3,200	3,200	4,600	6,000	6,000	6,000
1,500	1,500	1,500	1,500	1,500	1,800	1,800	1,800	1,800

사무·교육·생활용품 (3)

품 명	규 격	단위	1970	1971	1972	1973	1974	1975	1976
문구용품									
책 철	아리랑大	갑	100	130	150	180	200	250	280
침 핀	500침핀 10갑	상자	40	60	80	100	130	200	300
크 립	100개 10갑	〃	40	60	80	100	130	200	300
압 핀	20갑	〃	130	150	190	300	450	600	800
종 이 집 게	小	개	5	8	10	12	15	15	18
스 테 플 러	352	〃	100	100	120	180	200	250	300
스 테 플 러 침	H-13침 8㎜ 1000pcs	갑	20	20	30	30	40	40	50
명 함 첩	A400	권	250	300	420	350	800	1,000	1,200
신 문 철	알루미늄 MN-403 650㎜	개	20	50	80	120	170	220	260
스 크 랩 북	大	〃	50	70	120	200	290	420	580
앨 범	양장접착앨범 50매	권	220	300	400	600	900	1,200	1,800
책 꽂 이	책꽂이 3단	개	450	500	600	800	1,000	1,300	1,800
연 필 꽂 이		봉	25	50	110	200	300	450	650
흑 표 지	8절	매	8	15	20	50	80	110	130
〃	16절(A4)	〃	4	6	8	10	15	20	40
백 표 지	8절	권	2	4	6	6	8	10	13
결 재 판		〃	–	–	–	–	–	–	180
전 화 번 호 부	大(上品)	〃	–	–	–	–	–	–	260
방 명 록	대	〃	250	330	450	600	800	1,000	1,200
재생재료									
고 철	주물용	kg	–	–	–	–	–	–	8
고 비 철 (황 동)	신동용 上品	〃	–	–	–	–	–	–	533
〃	주물용 上品	〃	–	–	–	–	–	–	500
고 비 철 (동)		〃	–	–	–	–	–	–	667
고 드 럼 통	휘발유 上品200ℓ	개	1,350	1,000	1,000	3,000	3,000	3,000	2,700
고 마 대	80kg용 上品	매	68	32	32	32	48	48	100
〃	中品	〃	45	25	25	25	34	34	80
〃	下品	〃	18	12	12	12	21	21	60
고 모 조 지	백색 상품	kg	35	40	42	52	67	83	100
고 아 트 지	〃	〃	–	–	–	–	–	–	35
섬 유									
원 사 (면 사)	10수 (장갑사)	고리	–	–	–	–	–	134,000	190,000
〃	20수	〃	58,000	76,000	94,000	88,000	101,760	135,000	206,000
〃	40수	〃	60,000	85,000	104,000	99,200	114,880	156,000	227,000
의료기재									
체 온 계	항문용	개	–	–	180	180	200	210	250
봉 합 침	각침 12개입	타	–	–	–	–	–	–	–
〃	환침 12개입	〃	–	–	–	–	–	–	–
봉 합 사	#1	〃	–	–	–	–	–	–	–
석 고 붕 대	10 ㎝×4.55m	〃	2,100	2,350	2,600	3,100	3,800	4,500	4,550
〃	15 3.65	〃	2,300	2,500	2,850	3,350	4,000	4,700	4,750
붕 대 3 호	7.5㎝×9 m	〃	600	730	840	925	1,050	1,315	1,400
〃	10 5.4	〃	550	675	735	845	920	1,050	1,150

주 재생재료는 부가세포함 가격임.

1977	1978	1979	1980	1981	1982	1983	1984	1985	1986	1987	1988	1989
280	300	330	390	450	520	520	520	550	550	550	660	660
410	580	650	650	700	700	700	700	700	700	700	700	700
410	580	650	650	680	700	700	700	700	700	700	700	700
1,000	1,000	1,100	1,100	1,200	1,200	1,200	1,200	1,400	1,400	1,400	1,400	1,400
18	23	33	42	50	50	50	50	50	50	50	50	50
350	400	580	680	800	800	800	800	450	450	450	450	450
50	70	75	83	100	100	100	100	100	100	100	100	100
1,600	2,000	2,000	2,300	2,900	3,200	3,400	3,400	3,400	3,400	3,400	4,000	4,000
310	370	400	400	420	420	420	420	420	420	420	420	420
710	800	1,000	1,000	1,200	1,200	1,200	1,200	1,200	1,200	1,200	1,400	1,400
2,200	2,700	3,000	3,300	3,500	3,500	3,500	3,500	3,740	3,800	3,800	3,800	3,800
2,200	2,700	3,000	3,000	3,000	3,000	3,000	3,100	3,300	3,300	3,300	3,600	3,600
800	1,000	1,200	1,300	1,500	1,500	1,600	1,600	1,800	1,800	1,800	1,800	1,800
150	180	200	220	240	250	250	250	260	260	260	260	260
60	90	130	170	230	300	160	160	110	110	110	140	140
15	18	20	20	20	20	20	20	20	20	20	20	20
200	250	300	300	300	300	300	300	300	300	300	300	300
300	350	400	400	400	400	400	420	420	420	420	420	420
1,600	2,000	2,500	2,700	3,000	3,000	3,000	3,000	3,500	3,500	3,500	3,500	3,500
8	10	20	70	70	80	80	90	90	80	80	80	98
533	493	560	700	800	850	850	1,050	1,050	1,050	1,050	1,100	1,300
490	450	560	700	750	820	850	950	900	900	900	900	950
533	640	750	1,150	1,200	1,100	1,100	1,100	1,050	1,050	1,250	1,500	1,550
2,500	2,300	3,000	5,000	5,000	4,000	6,200	4,000	5,000	5,000	5,000	5,000	5,000
100	–	400	250	250	250	250	130	130	130	160	200	200
80	–	250	150	150	130	130	80	80	80	140	170	170
60	–	150	100	100	80	80	50	50	50	110	130	130
100	100	153	125	138	103	105	115	110	105	120	120	210
35	40	38	40	50	49	55	65	65	60	65	69	90
190,000	171,110	179,579	214,500	255,000	283,500	277,000	345,000	240,000	340,000	355,000	250,000	195,000
206,000	179,056	204,800	242,000	286,000	325,000	340,000	370,000	335,000	440,000	475,000	380,000	980,000
227,000	204,961	237,300	279,000	344,910	418,000	412,000	470,000	445,000	555,000	595,000	480,000	450,000
250	300	420	500	600	600	600	600	600	600	600	800	880
700	900	1,200	1,600	2,200	2,200	1,600	1,600	1,800	2,000	2,400	3,000	3,300
700	900	1,200	1,600	2,200	2,200	1,600	1,600	1,800	2,000	2,500	3,000	3,300
–	–	1,000	1,000	1,500	1,500	1,500	1,500	1,800	1,800	1,800	2,000	2,200
5,100	6,041	6,041	6,944	10,000	10,000	10,000	12,012	12,012	12,012	11,275	9,020	9,920
5,300	6,967	6,967	8,008	12,000	12,000	12,000	13,860	13,860	13,860	13,000	10,400	11,440
1,500	1,700	1,700	1,946	2,530	2,530	2,530	3,688	3,688	3,688	3,160	2,530	2,780
1,200	1,400	1,400	1,610	1,870	1,870	1,870	2,772	2,772	2,772	2,620	2,090	2,300

사무·교육·생활용품 (3)

품 명	규 격	단위	1990	1991	1992	1993	1994	1995	1996
문구용품									
책철	아리랑大	갑	600	640	820	820	820	1,500	1,500
침핀	500침핀 10갑	상자	1,500	1,820	2,550	2,550	2,550	3,000	3,000
크립	100개 10갑	〃	1,500	1,820	2,550	2,550	2,550	3,000	3,000
압핀	20갑	〃	1,500	1,820	2,550	5,000	5,000	6,000	6,000
종이집게	小	개	50	60	60	60	60	100	100
스테플러	352	〃	750	640	730	960	960	2,500	2,500
스테플러침	H-13침 8㎜ 1000pcs	갑	91	91	91	91	110	200	200
명함첩	A400	권	4,400	4,400	4,550	4,550	4,550	5,000	5,000
신문철	알루미늄 MN-403 650㎜	개	710	710	710	710	710	1,200	1,200
스크랩북	大	〃	1,400	1,490	1,490	1,490	1,490	3,000	3,000
앨범	양장접착앨범 50매	권	4,100	4,100	4,100	4,500	4,500	13,000	13,000
책꽂이	책꽂이 3단	개	4,360	4,360	4,360	4,360	4,360	6,000	6,000
연필꽂이		봉	1,640	1,640	1,640	1,640	1,640	3,000	3,000
흑표지	8절	매	280	280	280	320	320	600	600
〃	16절(A4)	〃	170	170	170	170	170	300	300
백표지	8절	권	27	27	27	27	27	50	60
결재판		〃	300	410	410	410	500	1,000	1,000
전화번호부	大(上品)	〃	420	1,380	1,380	1,380	1,590	2,000	2,000
방명록	대	〃	3,500	4,090	4,090	4,090	4,090	7,000	7,000
재생재료									
고철	주물용	kg	81	90	90	115	110	113	95
고비철(황동)	신동용 上品	〃	1,100	–	1,200	1,200	1,350	1,600	1,430
〃	주물용 上品	〃	770	–	–	950	1,050	1,350	1,200
고비철(동)		〃	1,800	1,700	1,700	1,330	1,850	2,250	1,700
고드럼통	휘발유 上品200ℓ	개	5,000	8,000	8,000	8,000	8,000	8,000	8,000
고마대	80kg용 上品	매	–	200	180	180	210	210	220
〃	中品	〃	–	150	150	160	180	180	200
〃	下品	〃	–	100	100	100	100	100	100
고모조지	백색 상품	kg	210	80	80	100	100	200	250
고아트지	〃	〃	115	50	50	40	37	150	120
섬 유									
원사(면사)	10수(장갑사)	고리	300,000	300,000	300,000	300,000	450,000	430,000	500,000
〃	20수	〃	345,000	390,000	390,000	390,000	540,000	580,000	570,000
〃	40수	〃	420,000	510,000	500,000	450,000	570,000	600,000	600,000
의료기재									
체온계	항문용	개	800	700	1,000	1,000	1,000	1,000	1,000
봉합침	각침 12개입(10개입)	타	3,000	3,000	3,000	3,000	3,000	3,000	3,000
〃	환침 12개입(10개입)	〃	3,000	3,000	3,000	3,000	3,000	3,000	3,000
봉합사	#1	〃	2,000	1,500	2,000	2,000	2,000	2,000	2,000
석고붕대	10㎝×4.55m	〃	9,020	9,000	10,000	10,000	10,000	10,000	10,000
〃	15 3.65	〃	10,400	10,500	13,000	13,000	13,000	13,000	13,000
붕대 3호	7.5㎝×9 m	〃	2,530	2,500	2,500	2,500	2,500	2,500	2,500
〃	10 5.4	〃	2,090	1,200	2,000	2,000	2,000	2,000	2,000

㈜ 1) 문구용품 1995~2005년 부가세포함 가격임.
2) 재생재료는 부가세포함 가격임.
3) 봉합침 2006년부터 괄호안의 규격임.
4) 스크랩북 2008년부터 메이커 변경.

1997	1998	1999	2000	2001	2002	2003	2004	2005	2006	2007	2008	2009
1,500	1,200	1,000	1,200	1,200	1,200	1,200	1,200	1,500	1,500	1,500	1,500	-
3,000	3,000	3,000	3,000	3,000	3,000	3,000	3,000	3,000	3,000	3,000	3,000	3,000
3,000	3,000	3,000	3,000	3,000	3,000	3,000	3,000	3,000	3,000	3,000	3,000	3,000
6,000	6,000	6,000	6,000	6,000	6,000	6,000	6,000	6,000	6,000	6,000	6,000	-
100	100	100	100	100	100	100	100	100	100	100	-	-
2,500	2,700	3,000	3,000	3,000	3,000	3,000	3,000	3,000	-	-	-	-
200	220	300	200	200	200	200	200	220	-	-	-	-
5,000	5,200	5,200	5,200	7,000	7,000	7,000	7,000	7,000	-	-	7,500	7,500
1,200	3,000	2,000	3,000	3,000	3,000	3,000	3,000	3,000	5,000	5,000	5,000	-
3,000	3,000	5,000	5,000	8,000	8,000	8,000	8,000	8,000	7,400	7,400	4,400	4,400
13,000	15,000	15,000	15,000	20,000	20,000	20,000	20,000	20,000	20,000	20,000	-	-
6,000	8,800	8,800	8,800	12,000	12,000	12,000	12,000	12,000	12,000	12,000	9,000	9,000
3,000	3,500	3,500	3,500	3,000	3,000	3,000	3,000	3,000	-	-	3,300	3,300
600	800	800	800	800	800	800	800	800	650	650	1,000	-
300	400	400	400	400	400	400	400	400	350	350	500	500
60	100	100	100	100	100	100	100	100	50	50	-	-
1,000	1,500	1,500	1,500	2,000	2,000	2,000	2,000	2,000	2,000	2,300	2,600	-
2,000	2,500	2,500	2,500	3,000	3,000	3,000	3,000	3,000	3,000	3,000	1,200	1,200
7,000	8,000	8,000	7,000	7,000	7,000	7,000	7,000	7,000	7,000	7,000	7,500	7,500
105	102	95	95	85	85	130	190	150	180	380	230	380
1,550	1,750	1,700	1,650	1,650	1,550	1,500	2,800	3,700	6,300	5,200	3,400	4,800
1,250	1,350	1,300	1,250	1,250	1,200	1,200	1,250	1,400	2,200	2,700	2,500	3,200
1,800	2,000	1,900	1,850	1,850	1,900	2,100	2,700	3,400	5,500	5,500	4,900	6,400
8,000	8,000	8,000	8,000	8,000	8,000	8,000	8,000	8,000	8,000	8,800	8,800	8,800
220	260	260	260	260	-	-	-	-	-	-	-	-
200	180	220	200	200	260	260	300	300	300	330	330	330
100	-	160	150	150	150	150	180	180	180	200	200	200
220	295	250	330	320	250	275	275	275	275	400	400	190
110	133	110	135	125	105	125	125	125	125	175	175	120
580,000	570,000	600,000	550,000	570,000	570,000	500,000	540,000	540,000	560,000	495,000	559,000	450,000
650,000	800,000	680,000	620,000	640,000	640,000	600,000	660,000	660,000	580,000	520,000	587,000	587,000
680,000	820,000	820,000	760,000	780,000	780,000	700,000	800,000	800,000	700,000	625,000	706,000	706,000
1,000	1,250	1,250	1,250	1,250	1,250	1,250	1,250	1,250	1,250	1,300	1,300	1,300
4,000	5,000	5,000	5,000	5,000	5,000	5,000	5,000	5,000	5,000	5,200	5,200	5,200
4,000	5,000	5,000	5,000	5,000	5,000	5,000	5,000	5,000	5,000	5,200	5,200	5,200
3,000	4,000	4,000	4,000	4,000	4,000	4,000	4,000	4,000	4,000	4,200	4,200	4,200
10,000	14,000	14,000	14,000	14,000	14,000	14,000	14,000	14,000	14,000	14,700	14,700	14,700
13,000	18,000	18,000	18,000	18,000	18,000	18,000	18,000	18,000	18,000	18,900	18,900	18,900
2,500	3,500	3,500	3,500	3,500	3,500	3,500	3,500	3,500	3,500	3,600	3,600	3,600
2,000	4,000	4,000	4,000	4,000	4,000	4,000	4,000	4,000	4,000	4,200	4,200	4,200

사무·교육·생활용품 (3)

품명	규격	단위	2010	2011	2012	2013	2014	2015	2016
문구용품									
책철	아리랑大(70㎜ 50Set)	갑	1,600	2,000	2,000	2,000	2,000	2,000	2,000
침핀	500침핀 10갑	상자	4,000	5,000	5,000	5,000	5,000	5,000	5,000
크립	100개 10갑	〃	4,000	5,000	5,000	5,000	5,000	5,000	5,000
압핀	20갑(점보실버압핀 2개)	〃	8,000	10,000	10,000	10,000	10,000	10,000	10,000
종이집게	小	개	-	-	-	-	-	-	-
스테플러	352	〃	6,000	7,000	7,000	7,000	7,000	7,000	7,000
스테플러침	H-13침 8㎜ 1000pcs	갑	1,000	1,200	1,200	1,200	1,200	1,200	1,200
명함첩	A400	권	7,500	11,000	11,000	11,000	11,000	11,000	11,000
신문철	알루미늄 MN-403 650㎜	개	-	-	-	-	-	-	-
스크랩북	大	〃	4,400	5,500	5,500	5,500	5,500	5,500	5,500
앨범	양장접착앨범 50매	권	20,000	20,000	20,000	20,000	20,000	20,000	20,000
책꽂이	책꽂이 3단	개	9,000	9,000	9,000	9,000	9,000	9,000	9,000
연필꽂이		봉	3,300	3,900	3,900	3,900	3,900	3,900	3,900
흑표지	8절	매	1,000	1,200	1,200	1,200	1,200	1,200	1,200
〃	16절(A4)	〃	500	1,000	1,000	1,000	1,000	1,000	1,000
백표지	8절	권	-	-	-	-	-	-	-
결재판		〃	2,600	-	-	-	-	-	-
전화번호부	大(上品)	〃	1,200	1,700	1,700	1,700	1,700	1,700	1,700
방명록	대	〃	7,500	7,600	7,600	7,600	7,600	7,600	7,600
재생재료									
고철	주물용	kg	460	515	320	335	270	190	235
고비철(황동)	신동용 上品	〃	5,600	4,500	4,600	4,600	4,250	4,350	3,700
〃	주물용 上品	〃	3,800	3,550	3,750	3,750	3,450	3,550	2,350
고비철(동)		〃	8,400	7,750	8,000	7,400	6,400	5,300	4,950
고드럼통	휘발유 上品200ℓ	개	11,500	-	-	-	-	-	-
고마대	80kg용 上品	매	-	-	-	-	-	-	-
〃	中品	〃	500	-	-	-	-	-	-
〃	下品	〃	300	-	-	-	-	-	-
고모조지	백색 상품	kg	225	250	205	205	205	205	290
고아트지	〃	〃	145	185	130	130	130	130	165
섬유									
원사(면사)	10수(장갑사)	고리	516,000	495,000	351,000	351,000	351,000	351,000	351,000
〃	20수	〃	673,000	540,000	392,000	392,000	392,000	392,000	392,000
〃	40수	〃	808,000	855,000	679,000	679,000	679,000	679,000	679,000
의료기재									
체온계	항문용	개	1,300	1,300	1,300	1,300	1,300	1,300	1,300
봉합침	각침 12개입(10개입)	타	5,200	5,200	5,200	5,200	5,200	5,200	5,200
〃	환침 12개입(10개입)	〃	5,200	5,200	5,200	5,200	5,200	5,200	5,200
봉합사	#1	〃	4,200	4,200	4,200	4,200	4,200	4,200	4,200
석고붕대	10 ㎝×4.55m(7.5㎝×270㎝)	〃	14,700	20,000	20,000	20,000	20,000	20,000	20,000
〃	15 3.65 (15㎝×360㎝)	〃	18,900	24,000	24,000	24,000	24,000	24,000	24,000
붕대 3호	7.5㎝×9 m	〃	3,600	3,700	3,700	3,700	3,700	3,700	3,700
〃	10 5.4	〃	4,200	4,300	4,300	4,300	4,300	4,300	4,300

주 1) 재생재료는 부가세포함 가격임.
2) 봉합침 2006년부터 괄호안의 규격임.
3) 스크랩북 2008년부터 메이커 변경.
4) 석고붕대 2018년부터 괄호안의 규격임.
5) 책철 2020년부터 괄호안의 규격임.
6) 압핀 2020년부터 괄호안의 규격임.

2017	2018	2019	2020	2021	2022	2023	2024	2025					
1,600	1,600	1,600	1,600	1,600	2,200	2,200	2,200	2,200					
5,500	5,500	5,500	5,500	5,500	5,000	5,000	5,000	5,000					
5,000	5,000	5,000	5,000	5,000	5,000	5,000	5,000	5,000					
8,000	8,000	8,000	8,000	8,000	9,600	9,600	9,600	9,600					
–	–	–	–	–	–	–	–	–					
7,200	7,200	7,200	7,200	7,200	7,200	7,200	7,200	7,200					
900	900	900	1,100	1,100	1,600	1,600	1,600	1,600					
11,000	11,000	11,000	11,000	11,000	12,800	12,800	12,800	12,800					
–	–	–	–	–	6,500	6,500	6,500	6,500					
–	–	–	–	–	–	–	–	–					
28,000	28,000	28,000	28,000	28,000	28,000	28,000	28,000	28,000					
8,800	8,800	8,800	8,800	8,800	8,800	8,800	8,800	8,800					
4,000	4,000	4,000	4,000	4,000	5,500	5,500	5,500	5,500					
–	–	–	–	–	–	–	–	–					
–	–	–	–	–	1,000	1,000	1,000	1,000					
–	–	–	–	–	–	–	–	–					
–	–	–	–	–	–	–	–	–					
–	–	–	–	–	–	–	–	–					
7,000	7,000	7,000	7,000	7,000	8,000	8,000	8,000	8,000					
280	285	195	205	520	425	360	330	350					
5,080	4,380	4,200	3,600	6,700	5,500	5,450	6,650	7,900					
3,530	2,830	2,670	2,130	5,250	4,650	4,700	6,000	7,000					
6,600	5,900	6,100	5,700	8,600	7,400	6,300	8,400	9,400					
–	–	–	–	–	–	–	–	–					
–	–	–	–	–	–	–	–	–					
–	–	–	–	–	–	–	–	–					
–	–	–	–	–	–	–	–	–					
300	300	270	270	270	155	155	155	155					
175	175	145	145	145	145	145	145	145					
351,000	391,000	–	–	–	–	–	–	–					
392,000	432,000	–	–	–	–	–	–	–					
679,000	719,000	–	–	–	–	–	–	–					
1,300	1,300	1,300	1,300	1,300	1,300	4,500	4,500	4,500					
5,200	5,200	5,200	5,200	5,200	5,200	6,240	6,240	6,240					
5,200	5,200	5,200	5,200	5,200	5,200	6,240	6,240	6,240					
4,200	4,200	4,200	4,200	4,200	4,200	5,040	5,040	5,040					
20,000	18,000	18,000	18,000	18,000	18,000	18,000	18,000	18,000					
24,000	28,000	28,000	28,000	28,000	28,000	28,000	28,000	28,000					
3,700	–	–	–	–	–	–	–	–					
4,300	–	–	–	–	–	–	–	–					

사무·교육·생활용품 (4)

품명	규격	단위	1970	1971	1972	1973	1974	1975	1976
의료기재									
탄력붕대	7.5㎝×2.15m	타	1,400	1,740	2,020	2,450	2,750	3,050	3,240
〃	10 2.15	〃	1,800	2,250	2,860	3,210	3,780	4,150	4,500
솜붕대	7.5㎝×250㎝	〃	400	510	630	720	860	1,050	1,250
〃	15 250	〃	750	820	945	1,070	1,210	1,430	1,845
운동용품									
축구공	비공인구	개	1,400	1,800	-	2,000	2,000	2,500	3,500
축구골대	고정식 732×244㎝	조	-	-	-	-	-	-	90,000
배트	준경식	개	250	-	-	-	-	-	-
야구공	경식	〃	-	-	-	-	-	-	1,000
배구네트	A(규격품)	매	-	-	-	-	-	-	5,500
〃	B(〃)	〃	-	-	-	-	-	-	3,500
배구공	공인구	개	800	900	1,000	1,500	1,500	1,700	1,800
핸드볼골대(경기용)	이동식 300×200	조	-	-	-	-	-	-	90,000
〃 (일반용)	〃	〃	-	-	-	-	-	-	70,000
핸드볼공	공인구	개	600	-	-	-	-	2,500	1,800
〃	비공인구	〃	450	-	-	-	-	1,500	1,400
농구대	야외고정식	조	-	-	-	-	-	-	120,000
농구공	공인구	개	-	1,800	2,000	2,700	3,500	2,500	4,500
정구지주	야외고정식 107㎝	조	-	-	-	-	-	-	-
정구롤러	L90×W50	〃	-	-	-	-	-	-	-
배드민턴지주	실내이동식 155㎝	〃	-	-	-	-	-	-	-
배드민턴네트	야외고정식	〃	-	-	-	-	-	-	-
지주정리대	이동식	대	-	-	-	-	-	-	-
배드민턴공	규격품	타	-	-	-	-	-	-	-
〃	비닐	개	-	-	-	-	-	-	-
뜀틀	100×38×100 8단	대	-	-	-	34,000	34,000	45,000	45,000
〃	80 35 80 6단	〃	-	-	-	23,000	23,000	35,000	35,000
평행봉	이동조절식	〃	-	-	-	-	-	-	-
〃	이동고정식	〃	-	-	-	-	-	-	35,000
철봉	이동조절식	〃	-	-	-	-	-	-	20,000
〃	이동고정식	〃	-	10,000	10,000	13,000	13,000	15,000	15,000
허들	경기용	조	-	-	-	-	-	-	12,000
〃	중·고교용	〃	-	-	-	-	-	-	-
〃	초등용	〃	-	-	-	-	-	-	-
투창	대나무	개	-	-	-	-	-	-	-
높이뛰기바	스테인리스	조	-	-	-	-	-	-	20,000
호루라기	PVC	개	-	-	-	-	-	-	-
〃	철제	〃	-	-	-	-	-	-	-
줄다리기줄	마닐라36㎜ 60m용	〃	-	-	-	-	-	-	72,000
아령	철제도금	kg	-	-	-	-	-	-	700
윗몸일으키기	1인용	대	-	-	-	-	-	-	18,000

1977	1978	1979	1980	1981	1982	1983	1984	1985	1986	1987	1988	1989
3,860	4,367	4,367	5,019	8,723	8,723	8,723	8,723	8,723	8,723	8,160	6,520	7,170
5,050	5,511	5,511	6,335	10,956	10,956	10,956	10,956	10,956	10,956	10,290	8,230	9,050
1,600	1,940	1,940	2,230	2,230	2,230	2,230	3,080	3,080	3,080	2,890	2,310	2,540
2,010	2,168	2,168	2,492	3,400	3,400	3,400	4,320	4,320	4,320	4,050	3,240	3,560
4,500	4,500	5,000	6,000	6,000	6,000	7,000	7,000	15,000	13,000	13,000	13,000	13,000
115,000	180,000	220,000	240,000	240,000	240,000	330,000	410,000	495,000	450,000	450,000	550,000	650,000
1,500	2,300	2,500	2,500	3,500	3,500	3,500	3,500	3,500	4,500	4,500	4,500	4,500
1,160	1,370	2,200	2,200	2,500	2,500	2,500	2,500	3,000	3,000	3,000	3,000	3,000
7,000	13,000	10,000	10,000	12,000	12,000	12,000	12,000	12,000	16,000	16,000	16,000	16,000
5,000	6,500	6,000	6,000	8,000	8,000	8,000	8,000	8,000	10,000	10,000	10,000	10,000
2,500	3,000	5,000	5,000	8,000	8,000	8,000	8,000	13,000	10,000	10,000	10,000	10,000
115,000	140,000	150,000	150,000	150,000	150,000	220,000	300,000	330,000	400,000	400,000	400,000	480,000
95,000	120,000	90,000	90,000	110,000	110,000	110,000	130,000	200,000	250,000	250,000	280,000	280,000
2,200	3,000	4,000	4,000	4,500	4,500	5,000	5,500	6,000	8,000	8,000	8,000	8,000
1,400	2,000	3,000	3,500	4,500	4,500	4,500	4,500	4,500	4,500	4,500	4,500	4,500
156,000	200,000	200,000	220,000	240,000	260,000	320,000	400,000	400,000	400,000	500,000	550,000	600,000
6,500	9,000	12,200	14,800	18,000	18,000	18,000	20,000	25,000	26,000	26,000	26,000	26,000
35,000	45,000	56,000	56,000	130,000	130,000	130,000	140,000	150,000	165,000	180,000	180,000	185,000
–	–	120,000	120,000	150,000	150,000	150,000	150,000	162,000	180,000	180,000	180,000	194,000
45,000	60,000	60,000	89,000	110,000	110,000	110,000	110,000	110,000	115,000	115,000	120,000	120,000
15,000	–	20,000	20,000	35,000	35,000	33,000	33,000	45,000	55,000	55,000	55,000	65,000
45,000	60,000	100,000	100,000	140,000	140,000	140,000	140,000	160,000	180,000	180,000	180,000	180,000
1,500	1,800	2,800	3,000	4,500	4,500	4,500	4,500	4,500	5,000	5,000	5,000	5,000
50	50	50	50	50	50	50	50	50	100	100	100	100
58,500	68,500	80,000	100,000	100,000	100,000	100,000	100,000	121,000	130,000	140,000	140,000	167,000
48,500	48,500	60,000	70,000	70,000	70,000	70,000	80,000	90,000	90,000	100,000	110,000	130,000
97,000	120,000	150,000	150,000	165,000	165,000	165,000	165,000	165,000	200,000	228,000	228,000	250,000
55,000	84,000	110,000	110,000	120,000	120,000	120,000	120,000	120,000	110,000	150,000	150,000	200,000
26,000	47,000	90,000	90,000	96,000	96,000	96,000	96,000	96,000	110,000	120,000	120,000	180,000
19,500	36,500	60,000	60,000	66,000	66,000	66,000	66,000	60,000	80,000	100,000	115,000	140,000
12,000	22,000	37,000	50,000	55,000	55,000	55,000	55,000	55,000	55,000	50,000	50,000	55,000
9,000	12,500	18,000	18,000	22,000	22,000	22,000	22,000	22,000	22,000	24,000	24,000	28,000
7,000	9,500	14,000	14,000	16,500	16,500	16,500	16,500	16,500	16,500	20,000	20,000	22,000
3,500	5,000	7,000	7,000	9,000	9,000	9,000	9,000	9,000	10,000	10,000	10,000	12,000
25,000	30,000	40,000	40,000	50,000	50,000	50,000	50,000	55,000	55,000	55,000	55,000	55,000
–	–	250	300	300	300	300	500	500	500	500	500	500
–	–	400	500	500	500	500	750	750	750	750	750	750
85,000	100,000	100,000	100,800	100,800	100,800	100,800	145,000	145,000	145,000	160,000	160,000	180,000
800	1,000	1,200	1,200	1,500	1,500	1,500	1,500	1,500	1,500	1,500	1,500	2,000
20,000	30,000	45,000	60,000	80,000	80,000	80,000	85,000	85,000	85,000	90,000	95,000	95,000

사무·교육·생활용품 (4)

품명	규격	단위	1990	1991	1992	1993	1994	1995	1996
의료기재									
탄력붕대	7.5㎝×2.15m	타	6,520	5,000	6,000	6,000	6,000	6,000	6,000
〃	10 2.15	〃	8,230	6,500	7,000	7,000	7,000	7,000	7,000
솜붕대	7.5㎝×250㎝	〃	2,310	3,000	2,700	2,700	2,700	2,700	2,700
〃	15 250	〃	3,240	3,800	3,500	3,500	3,500	3,500	3,500
운동용품									
축구공	비공인구	개	13,000	13,000	13,000	13,000	15,000	15,000	15,000
축구골대	고정식 732×244㎝	조	650,000	650,000	650,000	1,300,000	1,300,000	1,300,000	1,300,000
배트	준경식	개	4,500	4,500	4,500	4,500	8,500	-	34,000
야구공	경식	〃	3,000	3,000	3,000	3,000	2,800	2,800	4,000
배구네트	A(규격품)	매	20,000	20,000	20,000	15,000	15,000	15,000	15,000
〃	B(〃)	〃	10,000	10,000	10,000	13,000	13,000	13,000	13,000
배구공	공인구	개	10,000	10,000	10,000	18,000	18,000	18,000	28,000
핸드볼골대(경기용)	이동식 300×200	조	480,000	480,000	480,000	700,000	700,000	700,000	700,000
〃 (일반용)	〃	〃	280,000	280,000	280,000	420,000	420,000	420,000	420,000
핸드볼공	공인구	개	8,000	8,000	8,000	10,000	10,000	23,000	23,000
〃	비공인구	〃	4,500	4,500	4,500	6,000	6,000	15,000	15,000
농구대	야외고정식	조	600,000	680,000	680,000	1,000,000	1,000,000	1,200,000	1,200,000
농구공	공인구	개	26,000	26,000	26,000	18,000	18,000	18,000	23,000
정구지주	야외고정식 107㎝	조	203,500	250,000	280,000	280,000	300,000	300,000	300,000
정구롤러	L90×W50	〃	194,000	194,000	194,000	285,000	285,000	300,000	300,000
배드민턴지주	실내이동식 155㎝	〃	132,000	120,000	120,000	130,000	155,000	155,000	155,000
배드민턴네트	야외고정식	〃	71,500	65,000	65,000	85,000	85,000	85,000	85,000
지주정리대	이동식	대	198,000	170,000	170,000	170,000	200,000	200,000	200,000
배드민턴공	규격품	타	5,000	5,800	5,800	4,500	4,500	4,500	4,500
〃	비닐	개	100	100	100	100	100	100	100
뜀틀	100×38×100 8단	대	167,000	167,000	167,000	250,000	250,000	330,000	330,000
〃	80 35 80 6단	〃	130,000	125,000	125,000	200,000	200,000	280,000	280,000
평행봉	이동조절식	〃	250,000	460,000	460,000	450,000	450,000	450,000	450,000
〃	이동고정식	〃	200,000	200,000	200,000	360,000	360,000	400,000	400,000
철봉	이동조절식	〃	180,000	180,000	180,000	280,000	280,000	330,000	330,000
〃	이동고정식	〃	140,000	140,000	140,000	210,000	210,000	250,000	250,000
허들	경기용	조	50,000	130,000	130,000	180,000	180,000	180,000	180,000
〃	중·고교용	〃	28,000	28,000	28,000	38,000	38,000	40,000	40,000
〃	초등용	〃	22,000	20,000	20,000	28,000	28,000	30,000	30,000
투창	대나무	개	12,000	12,000	12,000	33,000	33,000	40,000	40,000
높이뛰기바	스테인리스	조	60,000	60,000	60,000	60,000	60,000	80,000	80,000
호루라기	PVC	개	550	500	500	500	500	500	500
〃	철제	〃	750	750	750	750	750	750	750
줄다리기줄	마닐라36㎜ 60m용	〃	180,000	180,000	180,000	216,000	216,000	216,000	216,000
아령	철제도금	kg	2,000	2,000	2,000	2,000	2,000	2,000	2,000
윗몸일으키기	1인용(2인용)	대	95,000	90,000	90,000	90,000	90,000	90,000	90,000

㈜ 1) 야구공 2001년~2007년까지 BOX단위임.
2) 윗몸일으키기 1998년부터 괄호안의 규격임.

1997	1998	1999	2000	2001	2002	2003	2004	2005	2006	2007	2008	2009
6,000	9,000	9,000	9,000	9,000	9,000	9,000	9,000	9,000	9,000	9,400	9,400	9,400
7,000	11,000	11,000	11,000	11,000	11,000	11,000	11,000	11,000	11,000	11,500	11,500	11,500
2,700	4,500	4,500	4,500	4,500	4,500	4,500	4,500	4,500	4,500	4,700	4,700	4,700
3,500	5,000	5,000	5,000	5,000	5,000	5,000	5,000	5,000	5,000	5,200	5,200	5,200
15,000	22,000	22,000	22,000	22,000	22,000	22,000	22,000	22,000	22,000	22,000	28,000	28,000
1,300,000	1,300,000	1,300,000	1,300,000	1,300,000	1,300,000	1,300,000	1,300,000	1,500,000	1,500,000	1,500,000	1,500,000	1,500,000
34,000	–	38,000	45,000	45,000	45,000	50,000	50,000	50,000	50,000	50,000	50,000	50,000
4,000	7,000	7,000	–	83,000	70,000	75,000	75,000	75,000	75,000	75,000	5,000	5,000
15,000	15,000	26,000	25,000	25,000	25,000	25,000	25,000	25,000	25,000	25,000	26,000	26,000
13,000	13,000	18,000	20,000	20,000	20,000	20,000	20,000	20,000	20,000	20,000	25,000	25,000
28,000	38,000	38,000	38,000	38,000	38,000	38,000	38,000	38,000	38,000	38,000	38,000	38,000
700,000	900,000	900,000	900,000	1,200,000	1,200,000	1,200,000	1,200,000	1,200,000	1,200,000	1,200,000	1,200,000	1,200,000
420,000	600,000	600,000	600,000	800,000	800,000	800,000	800,000	900,000	900,000	900,000	900,000	900,000
23,000	38,000	38,000	38,000	38,000	38,000	38,000	38,000	38,000	38,000	38,000	38,000	38,000
15,000	22,000	22,000	22,000	22,000	22,000	22,000	22,000	22,000	22,000	22,000	27,000	27,000
1,200,000	1,300,000	1,300,000	1,300,000	1,300,000	1,300,000	1,300,000	1,300,000	1,300,000	1,300,000	1,300,000	1,300,000	–
23,000	37,000	37,000	37,000	37,000	37,000	37,000	37,000	37,000	37,000	37,000	48,000	48,000
140,000	140,000	140,000	140,000	140,000	140,000	140,000	140,000	350,000	350,000	350,000	350,000	350,000
300,000	300,000	300,000	300,000	300,000	300,000	300,000	300,000	550,000	550,000	550,000	550,000	550,000
300,000	300,000	300,000	300,000	350,000	350,000	350,000	400,000	400,000	400,000	400,000	550,000	650,000
85,000	85,000	120,000	120,000	140,000	140,000	140,000	140,000	150,000	150,000	150,000	150,000	150,000
200,000	200,000	200,000	200,000	300,000	300,000	300,000	300,000	300,000	300,000	300,000	–	–
4,500	–	–	–	–	–	–	–	–	–	–	–	–
100	2,200	2,200	2,200	2,200	2,200	2,200	2,200	2,200	2,200	2,200	–	–
330,000	550,000	550,000	550,000	550,000	550,000	550,000	550,000	580,000	580,000	580,000	580,000	580,000
280,000	450,000	450,000	450,000	450,000	450,000	450,000	450,000	520,000	520,000	520,000	520,000	520,000
450,000	600,000	600,000	600,000	600,000	600,000	600,000	600,000	700,000	700,000	700,000	700,000	700,000
400,000	500,000	500,000	500,000	450,000	450,000	450,000	450,000	550,000	550,000	550,000	550,000	550,000
330,000	400,000	400,000	400,000	500,000	500,000	500,000	500,000	550,000	550,000	550,000	550,000	550,000
250,000	300,000	300,000	300,000	400,000	400,000	400,000	400,000	450,000	450,000	450,000	450,000	450,000
180,000	200,000	200,000	200,000	200,000	200,000	200,000	200,000	200,000	200,000	200,000	200,000	200,000
40,000	50,000	50,000	50,000	50,000	50,000	50,000	50,000	110,000	110,000	110,000	110,000	110,000
30,000	40,000	40,000	40,000	40,000	40,000	40,000	40,000	80,000	80,000	80,000	80,000	80,000
40,000	50,000	50,000	50,000	50,000	50,000	50,000	50,000	50,000	50,000	50,000	50,000	50,000
80,000	100,000	100,000	100,000	100,000	100,000	100,000	100,000	100,000	100,000	100,000	100,000	100,000
500	500	500	500	500	500	500	500	500	500	500	500	500
750	750	750	750	750	750	750	750	750	750	750	750	750
216,000	350,000	350,000	350,000	350,000	350,000	350,000	350,000	400,000	400,000	400,000	400,000	400,000
2,000	2,000	2,000	2,000	2,000	2,000	2,000	2,000	3,000	3,000	3,000	3,000	3,000
90,000	300,000	400,000	400,000	450,000	450,000	450,000	450,000	550,000	550,000	550,000	550,000	550,000

사무·교육·생활용품 (4)

품 명	규 격	단위	2010	2011	2012	2013	2014	2015	2016
의료기재									
탄 력 봉 대	7.5㎝×2.15m(7.5㎝×190㎝)	타(R/L)	9,400	9,500	9,500	9,500	9,500	9,500	9,500
〃	10 2.15 (15㎝×190㎝)	〃	11,500	11,500	11,500	11,500	11,500	11,500	11,500
솜 봉 대	7.5㎝×250㎝	타	4,700	4,800	4,800	4,800	4,800	4,800	4,800
〃	15 250	〃	5,300	5,300	5,300	5,300	5,300	5,300	5,300
운동용품									
축 구 공	비공인구	개	30,000	30,000	30,000	30,000	30,000	30,000	30,000
축 구 골 대	고정식 732×244㎝	조	1,500,000	1,500,000	1,500,000	1,500,000	1,500,000	1,500,000	1,500,000
배 트	준경식	개	50,000	50,000	50,000	50,000	50,000	50,000	50,000
야 구 공	경식	〃	5,000	5,000	5,000	5,000	5,000	5,000	5,000
배 구 네 트	A(규격품)	매	30,000	30,000	30,000	30,000	30,000	30,000	30,000
〃	B(〃)	〃	25,000	28,000	28,000	28,000	28,000	28,000	28,000
배 구 공	공인구	개	35,000	39,000	39,000	39,000	39,000	39,000	39,000
핸드볼골대(경기용)	이동식 300×200	조	1,650,000	1,650,000	1,650,000	1,650,000	1,650,000	1,650,000	1,650,000
〃 (일반용)	〃	〃	1,210,000	1,210,000	1,210,000	1,210,000	1,210,000	1,210,000	1,210,000
핸 드 볼 공	공인구	개	38,000	40,000	40,000	40,000	40,000	40,000	40,000
〃	비공인구	〃	27,000	-	-	-	-	-	-
농 구 대	야외고정식	조	900,000	900,000	900,000	900,000	900,000	900,000	900,000
농 구 공	공인구	개	49,000	49,000	49,000	49,000	49,000	49,000	49,000
정 구 지 주	야외고정식 107㎝	조	350,000	440,000	440,000	440,000	440,000	440,000	440,000
정 구 롤 러	L90×W50	〃	550,000	-	-	600,000	600,000	600,000	600,000
배드민턴지주	실내이동식 155㎝	〃	650,000	-	-	700,000	700,000	700,000	700,000
배드민턴네트	야외고정식	〃	-	25,000	25,000	25,000	25,000	25,000	25,000
지 주 정 리 대	이동식	대	550,000	550,000	550,000	550,000	550,000	550,000	550,000
배 드 민 턴 공	규격품	타	-	-	-	-	-	-	-
〃	비닐	개	-	-	-	-	-	-	-
뜀 틀	100×38×100 8단	대	580,000	580,000	580,000	580,000	580,000	580,000	580,000
〃	80 35 80 6단	〃	520,000	520,000	520,000	520,000	520,000	520,000	520,000
평 행 봉	이동조절식	〃	700,000	700,000	700,000	700,000	700,000	700,000	700,000
〃	이동고정식	〃	550,000	550,000	550,000	550,000	550,000	550,000	550,000
철 봉	이동조절식	〃	550,000	550,000	550,000	550,000	550,000	550,000	550,000
〃	이동고정식	〃	450,000	450,000	450,000	450,000	450,000	450,000	450,000
허 들	경기용	조	200,000	200,000	200,000	200,000	200,000	200,000	200,000
〃	중·고교용	〃	110,000	110,000	110,000	110,000	110,000	110,000	110,000
〃	초등용	〃	80,000	80,000	80,000	80,000	80,000	80,000	80,000
투 창	대나무	개	50,000	50,000	50,000	50,000	50,000	50,000	50,000
높 이 뛰 기 바	스테인리스	조	100,000	100,000	100,000	100,000	100,000	100,000	100,000
호 루 라 기	PVC	개	500	500	500	500	500	500	500
〃	철제	〃	750	750	750	750	750	750	750
줄 다 리 기 줄	마닐라36㎜ 60m용	〃	400,000	400,000	400,000	400,000	400,000	400,000	400,000
아 령	철제도금	kg	3,000	-	-	-	-	-	-
윗몸일으키기	1인용(2인용)	대	880,000	880,000	880,000	880,000	880,000	880,000	880,000

주 1) 윗몸일으키기 1998년부터 괄호안의 규격임.
2) 탄력봉대 2018년부터 괄호안의 규격임.
3) 탄력봉대 2018년부터 R/L단위임.
4) 운동용품 2023년부터 개편되어 제품 변경됨.

2017	2018	2019	2020	2021	2022	2023	2024	2025					
9,500	10,400	10,400	10,400	10,400	10,400	10,400	10,400	10,400					
11,500	9,200	9,200	9,200	9,200	9,200	9,200	9,200	9,200					
4,800	5,000	5,000	5,000	5,000	5,000	5,000	5,000	5,000					
5,300	7,000	7,000	7,000	7,000	7,000	7,000	7,000	7,000					
30,000	30,000	30,000	30,000	30,000	–	27,000	30,000	27,000					
1,500,000	1,500,000	1,500,000	1,500,000	1,500,000	–	860,000	860,000	860,000					
50,000	89,000	69,000	69,000	69,000	69,000	390,000	390,000	390,000					
5,000	6,500	6,500	6,500	6,500	6,500	–	–	–					
30,000	30,000	–	–	–	–	64,000	66,000	66,000					
28,000	38,000	–	–	–	–	52,000	52,000	52,000					
39,000	39,000	–	–	–	–	–	–	–					
1,600,000	1,600,000	1,600,000	1,600,000	1,600,000	1,600,000	1,600,000	1,600,000	1,600,000					
1,200,000	1,200,000	1,200,000	1,200,000	1,200,000	1,200,000	1,200,000	1,200,000	1,200,000					
40,000	40,000	40,000	40,000	40,000	40,000	–	–	–					
–	–	–	–	–	–	–	–	–					
900,000	900,000	900,000	900,000	900,000	–	–	–	–					
49,000	49,000	–	–	–	–	–	–	–					
440,000	440,000	600,000	–	–	–	–	–	–					
600,000	600,000	600,000	–	–	–	–	–	–					
700,000	700,000	550,000	–	–	700,000	700,000	700,000	700,000					
25,000	25,000	–	–	–	–	–	–	–					
550,000	550,000	–	–	–	–	–	–	–					
–	–	–	–	–	–	20,000	20,000	30,000					
–	–	–	–	–	–	–	–	–					
580,000	600,000	600,000	600,000	600,000	600,000	600,000	600,000	600,000					
520,000	550,000	550,000	550,000	550,000	550,000	550,000	550,000	550,000					
700,000	–	–	–	–	–	–	–	–					
550,000	–	–	–	–	–	–	–	–					
550,000	–	–	–	–	–	–	–	–					
450,000	–	–	–	–	–	–	–	–					
200,000	200,000	200,000	200,000	200,000	200,000	–	–	–					
110,000	110,000	110,000	110,000	110,000	110,000	–	–	–					
80,000	80,000	80,000	80,000	80,000	80,000	–	–	–					
50,000	50,000	50,000	50,000	50,000	50,000	–	–	–					
100,000	100,000	100,000	100,000	100,000	100,000	–	–	–					
500	500	500	500	500	500	–	–	–					
750	750	750	750	750	750	–	–	–					
400,000	400,000	400,000	400,000	400,000	400,000	–	–	–					
–	–	–	–	–	–	–	–	–					
–	–	–	2,099,000	2,099,000	2,099,000	2,099,000	2,099,000	2,099,000					

사무·교육·생활용품 (5)

품 명	규 격	단위	1970	1971	1972	1973	1974	1975	1976
레저용품									
민물낚시대	2.7m	개	-	-	-	-	-	-	2,400
〃	3.6	〃	-	-	-	-	-	-	3,200
〃	4.5	〃	-	-	-	-	-	-	4,000
받침대	3절	〃	-	-	-	-	-	-	1,100
〃	4절	〃	-	-	-	-	-	-	1,300
〃	5절	〃	-	-	-	-	-	-	2,600
낚시대용찌	일반	〃	-	-	-	-	-	-	250
지렁이통	목제	〃	-	-	-	-	-	-	600
도구상자	보통	대	-	-	-	-	-	-	600
버너	휘발유 국산(보통)	개	-	-	-	-	-	-	10,000
수통	1ℓ 수통+케이스	〃	-	-	-	-	-	-	500
침낭	닭 털	〃	-	-	-	-	-	-	8,000
배낭	중	〃	-	-	-	-	-	-	5,000
판초		〃	-	-	-	-	-	-	3,000
텐트	사각 2-3인용	조	-	-	-	-	-	-	14,000
양말	순 모	족	-	-	-	-	-	-	3,500
〃	방 모	〃	-	-	-	-	-	-	1,600
등산화		〃	-	-	-	-	-	-	12,000
악 기									
큰북	28″	개	-	-	-	-	-	-	18,000
작은북		〃	-	-	-	-	-	-	4,500
탬버린	大	〃	-	-	-	-	-	-	900
트라이앵글		〃	-	-	-	-	-	-	200
심벌즈	16″	〃	-	-	-	-	-	-	5,000
하모니카	上 品	〃	-	-	-	-	-	-	1,600
가야금	정 악 上 品	〃	-	-	-	-	-	-	-
〃	산 조 中 品	〃	-	-	-	-	-	-	-
거문고	정악	〃	-	-	-	-	-	-	-
〃	산조	〃	-	-	-	-	-	-	-
해금	上 品	〃	-	-	-	-	-	-	-
〃	中 品	〃	-	-	-	-	-	-	-
대금	쌍 골	〃	-	-	-	-	-	-	-
당피리	上 品	〃	-	-	-	-	-	-	-
아쟁	정 악 上 品	〃	-	-	-	-	-	-	-
박	上 品	〃	-	-	-	-	-	-	-
태평소	上 品	〃	-	-	-	-	-	-	-
장구	정악반주	〃	-	-	-	-	-	-	-
북	사물용	〃	-	-	-	-	-	-	-
소고	上	〃	-	-	-	-	-	-	-
꽹과리	금배합	〃	-	-	-	-	-	-	-

주 수통 2004년까지 물주머니(비닐) 가격임.

1977	1978	1979	1980	1981	1982	1983	1984	1985	1986	1987	1988	1989
2,700	3,100	3,500	3,500	3,800	3,800	3,800	4,100	4,100	4,100	4,510	4,510	4,510
3,600	4,000	4,500	4,500	4,900	4,900	4,900	5,300	5,300	5,300	5,830	5,830	5,830
4,400	5,000	5,500	6,000	6,300	6,300	6,300	6,900	6,900	6,900	7,590	7,590	7,590
1,600	2,000	2,500	2,500	2,800	2,800	2,800	3,500	3,500	3,500	3,850	3,850	3,850
1,900	2,300	3,000	3,000	4,000	4,000	4,000	4,500	4,500	4,500	4,950	4,950	4,950
3,100	4,000	4,500	4,500	5,000	5,000	5,000	6,000	6,000	6,000	6,600	6,600	6,600
300	350	350	350	400	400	400	400	400	400	440	440	440
650	800	1,000	1,000	1,000	1,000	1,000	1,000	1,000	1,200	1,650	1,650	1,650
700	900	1,200	1,200	1,500	1,500	1,500	1,500	1,500	1,500	1650	1,650	1,650
12,000	12,000	16,000	16,000	18,000	18,000	18,000	18,000	18,000	18,000	19,800	19,800	19,800
600	800	1,000	1,000	1,200	1,200	1,200	1,200	1,200	1,200	1,320	1,320	1,320
10,000	12,000	15,000	15,000	18,000	18,000	18,000	18,000	18,000	18,000	19,000	19,800	19,800
6,000	8,000	12,000	12,000	15,000	15,000	15,000	15,000	15,000	15,000	16,000	16,500	16,500
3,000	3,500	5,000	5,000	6,000	6,000	6,000	6,000	6,000	6,000	6,000	6,600	6,600
22,000	34,000	45,000	45,000	55,000	55,000	50,000	50,000	50,000	50,000	52,000	55,000	55,000
4,000	4,500	5,000	5,000	5,800	5,800	5,800	6,500	6,500	6,500	8,000	8,800	8,800
2,000	2,000	3,000	3,000	3,200	3,200	3,200	4,000	4,000	4,000	5,000	5,200	5,200
14,000	16,000	18,000	18,000	22,500	22,500	22,500	22,500	22,500	22,500	23,000	25,000	25,000
20,000	35,000	50,000	50,000	50,000	50,000	50,000	50,000	50,000	50,000	50,000	50,000	50,000
5,000	9,000	15,000	15,000	14,000	14,000	14,000	14,000	14,000	14,000	15,000	15,000	15,000
1,100	1,400	2,000	2,000	2,000	2,000	2,000	2,000	2,000	2,000	3,000	3,000	3,000
300	300	500	500	500	500	500	500	500	500	500	500	500
6,000	8,000	10,000	10,000	12,000	12,000	12,000	12,000	12,000	12,000	12,000	12,000	12,000
2,200	3,400	4,000	4,000	4,000	4,000	4,000	7,000	7,000	7,000	8,000	8,000	8,000
-	-	350,000	350,000	350,000	350,000	350,000	350,000	450,000	750,000	750,000	800,000	800,000
-	-	250,000	250,000	250,000	250,000	250,000	350,000	480,000	480,000	480,000	500,000	500,000
-	-	350,000	350,000	350,000	350,000	400,000	500,000	500,000	500,000	500,000	600,000	600,000
-	-	300,000	300,000	300,000	300,000	300,000	450,000	450,000	450,000	450,000	500,000	500,000
-	-	200,000	200,000	200,000	200,000	200,000	250,000	250,000	250,000	250,000	275,000	275,000
-	-	180,000	180,000	180,000	180,000	180,000	200,000	200,000	200,000	200,000	220,000	220,000
-	-	350,000	350,000	400,000	400,000	400,000	420,000	420,000	420,000	420,000	450,000	450,000
-	-	10,000	10,000	13,000	13,000	13,000	13,000	13,000	13,000	13,000	15,000	15,000
-	-	350,000	350,000	350,000	350,000	450,000	500,000	560,000	620,000	620,000	660,000	660,000
-	-	50,000	50,000	55,000	55,000	55,000	65,000	65,000	68,000	68,000	71,000	71,000
-	-	40,000	40,000	40,000	40,000	40,000	45,000	45,000	50,000	50,000	55,000	55,000
-	-	40,000	60,000	80,000	80,000	80,000	100,000	100,000	110,000	110,000	120,000	120,000
-	-	50,000	50,000	60,000	60,000	60,000	70,000	70,000	75,000	75,000	80,000	80,000
-	-	2,000	3,000	4,000	5,000	6,000	8,000	10,000	12,000	12,000	12,000	12,000
-	-	15,000	15,000	22,000	30,000	30,000	33,000	33,000	33,000	30,000	30,000	30,000

사무·교육·생활용품 (5)

품 명	규 격	단위	1990	1991	1992	1993	1994	1995	1996
레저용품									
민물낚시대	2.7m(신수향 2.7m)	개	4,100	4,100	5,000	5,000	5,400	8,000	8,000
〃	3.6 (신수향 3.7m)	〃	5,300	5,300	6,640	6,640	7,200	10,500	11,000
〃	4.5 (신수향 4.43m)	〃	6,900	6,900	8,360	8,360	9,100	13,500	15,000
받 침 대	3절(신수향카본받침대)	〃	3,500	3,500	3,600	3,600	5,000	7,500	7,500
〃	4절(신수향카본받침대)	〃	4,500	4,500	5,000	5,000	6,300	9,000	9,000
〃	5절(신수향카본받침대)	〃	6,000	6,000	6,820	6,820	7,200	10,000	10,000
낚시대용찌	일반	〃	400	400	-	450	450	500	500
지렁이통	목제	〃	1,500	1,500	2,700	2,700	2,700	4,000	4,000
도구상자	보통	대	1,500	1,500	1,820	1,820	2,700	3,000	3,000
버 너	국산(보통)	개	18,000	36,300	-	-	41,000	45,000	50,000
수 통	1ℓ 수통+케이스	〃	1,200	1,080	1,820	1,820	1,820	2,000	2,000
침 낭	닭 털	〃	18,000	16,200	-	22,000	22,000	25,000	25,000
배 낭	중	〃	15,000	17,000	22,000	20,000	20,000	22,000	22,000
판 초		〃	6,000	5,400	10,800	11,700	11,700	13,000	16,000
텐 트	사각 2-3인용	조	50,000	45,000	41,000	45,000	45,000	50,000	90,000
양 말	순 모	족	8,000	7,200	6,360	6,800	6,800	7,500	10,000
〃	방 모	〃	4,730	4,300	5,000	5,400	5,400	6,000	8,000
등 산 화		〃	22,730	31,500	50,000	54,000	54,000	60,000	60,000
악 기									
큰 북	28″	개	45,450	59,000	59,000	72,000	72,000	70,000	80,000
작 은 북		〃	13,640	18,200	20,900	31,800	31,800	35,000	50,000
탬 버 린	大	〃	2,730	6,300	6,300	22,700	22,700	25,000	25,000
트라이앵글		〃	460	1,350	1,350	7,200	7,200	8,000	8,000
심 벌 즈	16″	〃	10,900	20,000	20,000	25,000	31,800	35,000	35,000
하모니카	上 品	〃	7,300	8,000	9,100	9,100	10,900	15,000	15,000
가 야 금	정 악 上 品	〃	727,300	1,000,000	1,180,000	1,500,000	1,800,000	1,980,000	2,200,000
〃	산 조 中 品	〃	454,500	500,000	630,000	800,000	1,200,000	1,320,000	1,650,000
거 문 고	정악	〃	545,000	800,000	1,090,000	1,200,000	1,409,000	1,550,000	2,200,000
〃	산조	〃	454,000	800,000	1,090,000	1,200,000	1,409,000	1,550,000	1,650,000
해 금	上 品	〃	250,000	500,000	500,000	550,000	600,000	660,000	770,000
〃	中 品	〃	200,000	350,000	350,000	385,000	400,000	440,000	550,000
대 금	쌍 골	〃	409,000	600,000	630,000	1,000,000	1,500,000	1,650,000	1,650,000
당 피 리	上 品	〃	13,600	25,000	25,000	35,000	35,000	38,500	44,000
아 쟁	정 악 上 品	〃	600,000	1,500,000	1,500,000	1,650,000	1,650,000	1,815,000	3,500,000
박	上 品	〃	64,500	60,000	109,000	120,000	150,000	165,000	165,000
태 평 소	上 品	〃	50,000	80,000	100,000	110,000	150,000	165,000	165,000
장 구	정악반주	〃	109,000	150,000	190,000	227,000	227,000	250,000	220,000
북	사물용	〃	72,700	72,700	136,000	150,000	170,000	187,000	110,000
소 고	上	〃	10,900	15,000	15,000	15,000	15,000	16,500	44,000
꽹 과 리	금배합	〃	27,300	30,000	-	-	48,000	53,000	66,000

주 1) 민물낚시대 2005년부터 괄호안의 규격임.
2) 받침대 2005년부터 신수향카본으로 재질변경.
3) 민물낚시대, 받침대 2010년부터 고급형으로 변경.
4) 버너 2005년부터 휘발유에서 가스버너로 변경.
5) 수통 2004년까지 물주머니(비닐) 가격임.

1997	1998	1999	2000	2001	2002	2003	2004	2005	2006	2007	2008	2009
8,000	8,000	8,000	8,000	8,000	8,000	8,000	22,000	32,340	32,340	33,900	33,900	–
11,000	11,000	11,000	11,000	11,000	11,000	11,000	28,000	42,900	42,900	45,000	45,000	45,000
15,000	15,000	15,000	15,000	15,000	15,000	15,000	38,000	49,060	49,060	51,500	51,500	51,500
7,500	8,000	8,000	8,000	8,000	8,000	8,000	8,000	17,380	17,380	18,200	18,200	18,200
9,000	10,000	10,000	10,000	10,000	10,000	10,000	10,000	22,110	22,110	23,200	23,200	23,200
10,000	12,000	12,000	12,000	12,000	12,000	12,000	12,000	27,170	27,170	28,500	28,500	25,800
500	1,000	2,000	2,000	2,000	2,000	2,000	2,000	2,000	2,000	2,100	2,100	2,100
4,000	4,000	4,000	4,000	4,000	4,000	4,000	4,000	4,000	4,000	4,200	4,200	4,200
3,000	3,000	3,000	3,000	3,000	3,000	3,000	4,000	4,000	4,000	4,200	4,200	4,200
55,000	96,000	96,000	96,000	96,000	96,000	96,000	96,000	20,000	20,000	21,000	21,000	21,000
2,000	3,600	3,600	3,600	3,600	3,600	3,600	3,600	24,000	24,000	25,000	25,000	25,000
25,000	30,000	30,000	55,300	55,300	55,300	55,300	55,300	38,000	38,000	40,000	40,000	40,000
40,000	48,000	48,000	50,200	50,200	50,200	50,200	50,200	56,000	56,000	59,000	59,000	59,000
16,000	19,200	19,200	19,200	19,200	19,200	19,200	19,200	22,800	22,800	24,000	24,000	24,000
90,000	108,000	108,000	196,000	196,000	196,000	196,000	196,000	216,000	216,000	227,000	227,000	227,000
10,000	12,000	12,000	9,400	9,400	9,400	9,400	9,400	12,600	12,600	13,000	13,000	13,000
8,000	9,600	9,600	8,500	8,500	8,500	8,500	8,500	12,000	12,000	13,000	13,000	13,000
61,000	72,000	72,000	84,500	84,500	84,500	67,000	67,000	79,000	79,000	83,000	83,000	83,000
80,000	92,000	92,000	80,000	80,000	80,000	85,000	85,000	85,000	85,000	89,000	89,000	89,000
50,000	57,000	57,000	50,000	50,000	50,000	50,000	50,000	50,000	50,000	52,000	52,000	52,000
25,000	35,000	35,000	10,000	10,000	10,000	10,000	10,000	10,000	10,000	11,000	11,000	11,000
10,000	18,000	18,000	15,000	15,000	15,000	15,000	15,000	15,000	15,000	16,000	16,000	16,000
35,000	50,000	50,000	50,000	50,000	50,000	50,000	50,000	50,000	50,000	52,000	52,000	52,000
15,000	16,500	16,500	25,000	25,000	25,000	25,000	25,000	25,000	25,000	26,000	26,000	26,000
2,200,000	2,500,000	2,500,000	2,500,000	2,500,000	3,500,000	3,500,000	3,500,000	2,500,000	2,500,000	2,625,000	2,625,000	2,625,000
1,650,000	2,000,000	2,000,000	2,000,000	2,000,000	2,500,000	2,500,000	2,500,000	800,000	800,000	840,000	840,000	840,000
2,200,000	3,500,000	3,500,000	3,500,000	3,500,000	3,500,000	3,500,000	3,500,000	2,500,000	2,500,000	2,625,000	2,625,000	2,625,000
1,650,000	2,500,000	2,500,000	2,500,000	2,500,000	2,000,000	2,000,000	2,000,000	1,200,000	1,200,000	1,260,000	1,260,000	1,260,000
1,000,000	1,100,000	1,100,000	1,100,000	1,100,000	1,200,000	1,200,000	1,200,000	1,200,000	1,200,000	1,260,000	1,260,000	1,260,000
700,000	900,000	900,000	900,000	900,000	600,000	600,000	600,000	600,000	600,000	630,000	630,000	630,000
1,650,000	1,650,000	1,650,000	1,650,000	1,650,000	2,000,000	2,000,000	2,000,000	1,200,000	1,200,000	1,260,000	1,260,000	1,260,000
44,000	44,000	44,000	44,000	44,000	80,000	80,000	80,000	120,000	120,000	126,000	126,000	126,000
3,000,000	3,800,000	3,800,000	3,800,000	3,800,000	4,000,000	4,000,000	4,000,000	2,500,000	2,500,000	2,625,000	2,625,000	2,625,000
165,000	165,000	165,000	165,000	165,000	165,000	165,000	165,000	160,000	160,000	168,000	168,000	168,000
165,000	165,000	165,000	165,000	165,000	165,000	165,000	165,000	180,000	180,000	189,000	189,000	189,000
220,000	220,000	220,000	220,000	220,000	220,000	220,000	220,000	250,000	250,000	262,000	262,000	262,000
110,000	120,000	120,000	120,000	120,000	120,000	120,000	120,000	150,000	150,000	157,000	157,000	157,000
44,000	44,000	44,000	44,000	44,000	44,000	44,000	44,000	25,000	25,000	26,000	26,000	26,000
66,000	66,000	66,000	66,000	66,000	66,000	66,000	66,000	50,000	50,000	52,000	52,000	52,000

사무·교육·생활용품 (5)

품 명	규 격	단위	2010	2011	2012	2013	2014	2015	2016
레저용품									
민물낚시대	2.7m(신수향 2.7m)	개	-	-	-	-	-	-	-
〃	3.6 (신수향 3.7m)	〃	45,000	75,000	75,000	75,000	75,000	75,000	75,000
〃	4.5 (신수향 4.43m)	〃	51,500	87,000	87,000	87,000	87,000	87,000	87,000
받 침 대	3절(신수향카본받침대)	〃	55,000	43,700	43,700	43,700	43,700	43,700	43,700
〃	4절(신수향카본받침대)	〃	65,000	56,800	56,800	56,800	56,800	56,800	56,800
〃	5절(신수향카본받침대)	〃	81,000	71,000	71,000	71,000	71,000	71,000	71,000
낚시대용찌	일반	〃	5,000	5,000	5,000	5,000	5,000	5,000	5,000
지 렁 이 통	목제	〃	3,500	3,500	3,500	3,500	3,500	3,500	3,500
도 구 상 자	보통	대	4,500	4,500	4,500	4,500	4,500	4,500	4,500
버 너	국산(보통)	개	21,000	-	124,000	124,000	124,000	124,000	124,000
수 통	1ℓ 수통+케이스	〃	25,000	25,000	25,000	25,000	25,000	25,000	25,000
침 낭	닭 털	〃	40,000	-	69,000	69,000	69,000	69,000	69,000
배 낭	중	〃	59,000	59,000	59,000	59,000	59,000	59,000	59,000
판 초		〃	24,000	24,000	24,000	24,000	24,000	24,000	24,000
텐 트	사각 2-3인용	조	227,000	-	198,000	198,000	198,000	198,000	198,000
양 말	순 모	족	13,000	13,000	13,000	13,000	13,000	13,000	13,000
〃	방 모	〃	13,000	13,000	13,000	13,000	13,000	13,000	13,000
등 산 화		〃	83,000	83,000	83,000	83,000	83,000	83,000	83,000
악 기									
큰 북	28″	개	84,000	84,000	110,000	110,000	110,000	110,000	110,000
작 은 북		〃	63,000	63,000	77,000	77,000	77,000	77,000	77,000
탬 버 린	大	〃	11,000	11,000	11,000	11,000	11,000	11,000	11,000
트라이앵글		〃	16,000	16,000	16,000	16,000	16,000	16,000	16,000
심 벌 즈	16″	〃	52,000	52,000	52,000	52,000	52,000	52,000	52,000
하 모 니 카	上 品	〃	26,000	26,000	26,000	26,000	26,000	26,000	26,000
가 야 금	정 악 上 品	〃	2,625,000	2,625,000	3,300,000	3,300,000	3,300,000	3,300,000	3,300,000
〃	산 조 中 品	〃	840,000	840,000	1,100,000	1,100,000	1,100,000	1,100,000	1,100,000
거 문 고	정악	〃	2,625,000	2,625,000	2,750,000	2,750,000	2,750,000	2,750,000	2,750,000
〃	산조	〃	735,000	735,000	1,320,000	1,320,000	1,320,000	1,320,000	1,320,000
해 금	上 品	〃	1,260,000	1,260,000	1,320,000	1,320,000	1,320,000	1,320,000	1,320,000
〃	中 品	〃	630,000	630,000	660,000	660,000	660,000	660,000	660,000
대 금	쌍 골	〃	1,260,000	1,260,000	1,650,000	1,650,000	1,650,000	1,650,000	1,650,000
당 피 리	上 品	〃	126,000	126,000	165,000	165,000	165,000	165,000	165,000
아 쟁	정 악 上 品	〃	2,625,000	2,625,000	3,300,000	3,300,000	3,300,000	3,300,000	3,300,000
박	上 品	〃	168,000	168,000	198,000	198,000	198,000	198,000	198,000
태 평 소	上 品	〃	189,000	189,000	165,000	165,000	165,000	165,000	165,000
장 구	정악반주	〃	262,000	262,000	275,000	275,000	275,000	275,000	275,000
북	사물용	〃	157,000	157,000	220,000	220,000	220,000	220,000	220,000
소 고	上	〃	26,000	26,000	33,000	33,000	33,000	33,000	33,000
꽹 과 리	금배합	〃	52,000	52,000	110,000	110,000	110,000	110,000	110,000

주 1) 민물낚시대 2005년부터 광호안의 규격임.
2) 받침대 2005년부터 신수향카본으로 재질변경.
3) 민물낚시대, 받침대 2010년부터 고급형으로 변경.
4) 버너 2005년부터 휘발유에서 가스버너로 변경.
5) 수통 2004년까지 물주머니(비닐) 가격임.
6) 레저용품 2023년부터 개편되어 제품 변경됨.

2017	2018	2019	2020	2021	2022	2023	2024	2025					
–	–	–	–	–	–	–	–	–					
75,000	114,000	114,000	114,000	114,000	114,000	–	–	–					
87,000	133,000	133,000	133,000	133,000	133,000	–	–	–					
43,700	47,000	47,000	63,000	47,000	47,000	58,000	58,000	58,000					
56,800	63,000	63,000	81,000	81,000	81,000	81,000	81,000	81,000					
71,000	81,000	81,000	103,000	103,000	103,000	100,000	100,000	100,000					
5,000	5,000	5,000	5,000	5,000	5,000	–	–	–					
3,500	3,500	3,500	3,500	3,500	3,500	–	–	–					
4,500	5,400	5,400	5,400	5,400	5,400	–	–	–					
124,000	124,000	–	–	–	–	–	–	–					
25,000	25,000	25,000	25,000	25,000	25,000	–	–	–					
69,000	69,000	68,000	90,000	90,000	90,000	85,000	85,000	85,000					
59,000	59,000	59,000	59,000	59,000	59,000	109,000	109,000	109,000					
24,000	24,000	24,000	24,000	24,000	24,000	–	–	–					
198,000	198,000	282,000	282,000	282,000	–	730,000	730,000	730,000					
13,000	13,000	13,000	13,000	13,000	13,000	–	–	–					
13,000	13,000	13,000	13,000	13,000	13,000	–	–	–					
83,000	83,000	83,000	83,000	83,000	83,000	289,000	289,000	289,000					
110,000	110,000	110,000	110,000	110,000	110,000	110,000	110,000	110,000					
77,000	77,000	77,000	77,000	77,000	77,000	77,000	77,000	77,000					
11,000	11,000	11,000	11,000	11,000	11,000	11,000	11,000	11,000					
16,000	16,000	16,000	16,000	16,000	16,000	16,000	16,000	16,000					
52,000	52,000	52,000	52,000	52,000	52,000	52,000	52,000	52,000					
26,000	26,000	26,000	26,000	26,000	26,000	26,000	26,000	26,000					
3,300,000	3,300,000	3,300,000	3,300,000	3,300,000	3,300,000	3,300,000	3,300,000	3,300,000					
1,100,000	1,100,000	1,100,000	1,100,000	1,100,000	1,100,000	1,100,000	1,100,000	1,100,000					
2,750,000	2,750,000	2,500,000	2,500,000	2,500,000	2,500,000	2,500,000	2,500,000	2,500,000					
1,320,000	1,320,000	1,350,000	1,350,000	1,350,000	1,350,000	1,350,000	1,350,000	1,350,000					
1,320,000	1,320,000	1,000,000	1,000,000	1,000,000	1,000,000	1,000,000	1,000,000	1,000,000					
660,000	660,000	650,000	650,000	650,000	650,000	650,000	650,000	650,000					
1,650,000	1,650,000	1,650,000	1,650,000	1,650,000	1,650,000	1,650,000	1,650,000	1,650,000					
165,000	165,000	165,000	165,000	165,000	165,000	165,000	165,000	165,000					
3,300,000	3,300,000	3,000,000	3,000,000	3,000,000	3,000,000	3,000,000	3,000,000	3,000,000					
198,000	198,000	198,000	198,000	198,000	198,000	198,000	198,000	198,000					
165,000	165,000	160,000	160,000	160,000	160,000	160,000	160,000	160,000					
275,000	275,000	290,000	290,000	290,000	290,000	290,000	290,000	290,000					
220,000	220,000	220,000	220,000	220,000	220,000	220,000	220,000	220,000					
33,000	33,000	33,000	33,000	33,000	33,000	33,000	33,000	33,000					
110,000	110,000	100,000	100,000	100,000	100,000	100,000	100,000	100,000					

사무·교육·생활용품 (6)

품명	규격	단위	1970	1971	1972	1973	1974	1975	1976
식료품									
건오징어	20마리	축	–	–	–	–	–	–	5,500
북어	대태 상품 10마리	쾌	–	750	600	600	500	850	400
김	개량종 상품 100장	속	–	395	640	770	900	1,300	2,200
소주	360mℓ	병	65	57	67	67	95	100	105
맥주	500mℓ	〃	–	–	–	–	235	297	297
소고기	정육 500g	g	375	500	567	583	683	833	1,250
돼지고기	정육 500g	〃	208	273	250	317	350	1,083	667
닭고기	상품	2kg	420	550	600	800	1,500	1,300	1,400
계란	황란 상품 10개	줄	140	115	150	200	240	280	250
고추가루	상 품 600g	g	500	312	276	276	300	1,500	850
겨자가루	35g	포	–	70	70	70	100	100	200
후춧가루	실중량 100g	통	375	325	325	390	450	400	300
간장	진간장 1ℓ	병	–	–	–	–	–	204	155
고추장	500g	포	28	90	–	92	135	204	204
된장	〃	〃	27	50	44	90	78	125	121
소금	천일염 3kg	〃	42	55	85	75	92	175	175
설탕	3kg	〃	300	404	544	540	1,300	1,500	1,380
쌀(일반미)	중품 40kg	가마	2,880	3,440	4,400	5,500	8,500	10,400	13,000
찹쌀(일반미)	〃	〃	3,240	4,320	5,200	10,400	12,500	12,500	18,000
콩(백태)	〃	〃	2,320	2,740	3,200	4,800	5,200	7,200	12,220
팥(적두)	〃	〃	3,040	3,400	3,720	3,680	6,000	11,200	19,000
녹두	〃	〃	6,720	5,600	5,200	8,400	9,600	13,600	16,923
참깨	〃	〃	8,000	10,800	10,800	11,000	20,000	24,000	37,931
들깨	〃	〃	–	2,800	3,520	6,000	5,400	5,600	20,833
땅콩	〃	〃	–	–	–	–	–	–	–
배추	중품	kg	30	14	57	64	12	24	16
무	〃	〃	20	14	22	32	19	17	21
양배추	〃	〃	28	40	32	48	32	40	29
양파	〃	20kg	2,400	800	853	2,000	1,067	3,173	1,813
마늘	〃	〃	–	1,400	5,067	1,200	4,800	2,650	3,900
당근	〃	10kg	400	400	587	2,133	533	733	493
생강	〃	kg	70	110	120	70	186	267	1,417
시금치	〃	〃	50	65	64	80	80	63	140
상추.치마	〃	〃	–	65	80	107	173	69	173
미나리	〃	〃	–	20	59	72	80	51	187
파	〃	〃	32	40	26	–	32	51	40
오이	〃	10kg	2,000	3,000	2,000	667	5,333	3,600	2,533
호박	〃	〃	–	300	–	480	747	1,867	800
고구마	〃	20kg	1,200	520	960	1,067	640	720	2,347
감자	〃	〃	500	800	960	1,333	–	1,333	4,533
사과	〃	15kg	–	–	–	–	–	9,000	7,000
배	〃	〃	1,167	1,333	1,280	1,440	3,000	2,637	2,500
고등어(생)	〃	kg	–	60	78	60	115	110	172
갈치(생)	〃	〃	–	45	170	80	370	215	505
물오징어	〃	〃	–	160	130	220	250	435	763

㊟ 북어의 1970년~95년까지의 가격은 대태, 중품의 가격임.

1977	1978	1979	1980	1981	1982	1983	1984	1985	1986	1987	1988	1989
3,000	2,800	6,000	4,000	6,000	6,000	5,000	6,000	7,500	8,000	8,000	8,500	8,500
2,250	1,050	1,250	2,500	3,000	1,750	2,750	2,500	2,500	1,800	2,250	3,250	2,500
3,300	4,900	5,000	5,000	5,000	5,000	7,000	4,000	6,000	3,800	5,650	4,850	3,750
116	132	180	190	270	270	270	270	270	270	270	350	450
392	333	333	430	510	550	550	550	550	550	550	620	700
1,583	1,667	2,080	2,660	3,580	4,000	4,330	4,125	3,250	3,050	3,200	5,080	5,100
708	917	830	1,540	1,660	1,700	1,330	1,500	1,900	2,000	1,250	2,000	1,450
1,800	1,600	1,800	2,890	2,000	3,000	2,900	3,200	3,300	3,300	3,000	3,500	3,900
330	380	410	500	450	500	700	700	700	570	420	490	850
600	4,500	3,300	2,600	2,000	2,400	2,200	3,800	3,800	3,300	3,300	3,600	3,400
400	350	400	400	500	600	600	1,080	1,020	1,020	1,020	300	300
340	750	600	550	750	750	700	700	770	900	900	340	340
167	272	386	333	480	520	520	610	640	640	640	640	700
200	200	480	500	550	550	550	600	600	600	600	710	800
180	180	360	220	250	300	550	300	290	350	350	350	350
225	240	550	550	650	550	550	650	580	580	610	610	630
1,280	1,350	1,354	3,128	3,080	2,700	2,532	2,100	1,950	1,880	1,880	1,720	1,620
12,500	17,250	19,500	28,000	29,500	29,500	29,000	30,000	32,250	34,750	-	42,225	44,100
15,000	21,000	24,000	34,500	40,000	32,000	38,500	40,000	40,500	41,500	-	40,000	58,000
14,722	18,056	11,186	31,100	36,100	28,000	32,500	31,500	31,500	30,500	-	39,000	41,700
15,500	26,500	22,000	35,000	40,000	30,000	37,500	47,500	42,500	60,000	-	47,000	57,500
20,000	35,000	55,000	90,000	62,500	78,000	70,000	70,000	77,500	75,000	-	82,000	72,000
50,000	68,667	-	210,520	173,300	186,600	176,670	210,000	23,333	240,000	-	210,000	240,000
20,833	29,167	32,890	42,660	57,700	56,000	53,000	58,000	62,000	70,000	-	71,110	67,500
-	-	62,000	67,000	70,000	72,000	75,000	75,500	77,500	79,000	-	72,000	72,530
72	31	28	37	85	150	62	50	62	-	50	93	108
47	25	34	45	98	200	75	60	71	-	60	76	92
-	-	41	40	250	130	125	110	95	63	170	85	75
2,400	5,067	2,160	2,930	5,390	4,000	4,300	10,600	5,367	5,067	5,024	4,800	3,200
27,500	-	6,000	7,400	8,600	8,000	6,000	-	43,833	13,500	2,760	6,250	38,000
1,860	147	800	1,330	2,400	2,080	4,750	1,700	3,700	1,125	3,034	4,450	3,500
425	288	100	186	1,340	1,330	325	400	692	483	750	700	700
267	127	113	260	480	280	175	200	544	561	534	390	500
333	213	173	213	133	186	200	120	225	237	354	210	250
227	173	200	480	346	346	300	300	412	350	450	510	280
120	147	77	107	141	96	163	300	235	120	350	190	400
4,267	2,933	2,000	2,133	6,130	2,930	4,500	3,200	5,380	5,500	4,500	6,000	5,000
2,267	3,000	2,933	4,000	4,530	3,460	5,000	4,600	4,500	4,200	4,000	4,430	5,000
1,333	1,333	1,547	1,493	1,600	2,660	2,500	3,000	2,750	2,500	3,500	3,000	4,500
2,400	3,467	4,000	2,560	3,200	2,930	4,000	5,600	4,000	2,250	4,667	8,040	4,000
-	-	12,000	10,000	8,500	14,000	7,500	13,000	12,667	11,000	17,000	13,000	13,000
3,800	5,500	6,500	6,500	7,000	9,000	7,000	13,500	9,333	10,000	12,000	11,000	8,000
165	135	150	369	461	611	390	740	666	625	600	450	600
216	257	265	1,000	550	900	1,200	1,050	1,100	1,200	1,350	1,381	2,300
610	695	875	1,856	1,860	2,450	2,500	2,250	1,625	1,800	1,250	1,300	2,200

사무·교육·생활용품 (6)

품 명	규 격	단위	1990	1991	1992	1993	1994	1995	1996
식료품									
건 오 징 어	20마리	축	10,000	-	-	-	15,000	-	11,000
북 어	대태 상품 10마리	쾌	-	9,000	6,250	5,250	5,000	7,500	16,000
김	개량종 상품 100장	속	6,000	6,500	-	3,600	4,000	2,500	2,600
소 주	360㎖	병	420	440	490	490	490	490	510
맥 주	500㎖	〃	660	680	790	850	1,000	940	1,190
소 고 기	정육 500g	g	5,500	6,500	7,500	7,500	8,000	7,800	8,400
돼 지 고 기	정육 500g	〃	2,300	2,500	2,000	2,600	2,500	2,600	2,500
닭 고 기	상품	2kg	6,700	4,000	4,240	4,000	6,000	6,000	5,600
계 란	황란 상품 10개	줄	950	850	900	950	1,000	1,050	1,060
고 추 가 루	상 품 600g	g	2,900	4,720	5,500	6,000	6,500	7,800	8,400
겨 자 가 루	35g	포	220	200	660	-	600	600	580
후 춧 가 루	실중량 100g	통	1,220	1,220	1,390	1,390	1,320	1,320	1,320
간 장	진간장 1ℓ	병	740	730	900	900	900	1,160	1,370
고 추 장	500g	포	750	1,160	1,200	1,450	1,600	2,000	2,260
된 장	〃	〃	380	380	360	360	470	620	690
소 금	천일염 3kg	〃	790	840	920	920	920	920	1,050
설 탕	3kg	〃	1,950	1,860	1,860	1,980	2,000	2,250	2,340
쌀 (일 반 미)	중품 40kg	가마	49,200	50,000	50,200	51,800	60,000	56,000	69,700
찹 쌀 (일 반 미)	〃	〃	81,000	58,500	58,500	92,500	80,000	85,000	85,000
콩 (백 태)	〃	〃	32,000	46,000	66,000	74,000	90,000	108,000	92,000
팥 (적 두)	〃	〃	69,000	85,000	72,000	90,000	-	140,000	100,000
녹 두	〃	〃	72,000	133,300	140,000	147,000	130,000	160,000	190,000
참 깨	〃	〃	300,000	346,700	346,700	433,000	410,000	380,000	395,000
들 깨	〃	〃	75,550	97,800	133,000	89,000	126,000	100,000	115,000
땅 콩	〃	〃	93,330	96,000	124,000	110,000	135,000	107,000	120,000
배 추	중품	kg	70	80	160	90	150	200	160
무	〃	〃	140	140	140	210	120	300	150
양 배 추	〃	〃	300	190	100	240	500	300	200
양 파	〃	20kg	9,900	9,000	3,100	11,300	15,600	5,200	14,000
마 늘	〃	〃	-	20,000	16,000	26,000	40,000	-	31,100
당 근	〃	10kg	7,500	3,500	7,000	3,400	7,000	9,000	3,750
생 강	〃	kg	3,000	5,000	5,000	-	3,500	-	5,125
시 금 치	〃	〃	310	350	350	-	500	-	1,400
상 추 . 치 마	〃	〃	400	-	-	-	500	-	-
미 나 리	〃	〃	600	700	700	-	-	-	2,500
파	〃	〃	1,300	450	400	700	-	400	440
오 이	〃	10kg	5,500	8,500	7,000	-	10,000	-	11,500
호 박	〃	〃	6,500	9,000	12,000	-	30,000	-	30,000
고 구 마	〃	20kg	8,000	10,000	8,500	-	25,000	-	40,000
감 자	〃	〃	19,000	13,000	7,800	-	30,000	-	30,000
사 과	〃	15kg	20,000	22,000	16,000	26,000	31,000	20,000	19,000
배	〃	〃	23,000	24,000	21,000	32,000	35,000	20,000	28,000
고 등 어 (생)	〃	kg	2,100	1,900	2,600	2,000	2,400	2,600	2,000
갈 치 (생)	〃	〃	-	5,300	3,800	4,000	6,500	8,000	7,500
물 오 징 어	〃	〃	2,100	-	-	1,400	3,300	3,000	2,800

주 1) 북어의 1970년~95년까지의 가격은 대태, 중품의 가격임.
2) 당근의 경우 2000년부터 ㎏당 가격임.

1997	1998	1999	2000	2001	2002	2003	2004	2005	2006	2007	2008	2009
7,500	12,000	12,000	13,000	13,000	15,000	30,000	18,000	35,000	40,000	40,000	43,000	35,000
16,000	25,000	33,000	30,000	35,000	32,000	50,000	40,000	40,000	40,000	40,000	40,000	30,000
4,000	7,000	2,600	6,000	6,000	6,000	6,000	7,000	7,000	7,000	7,000	7,000	6,000
540	600	600	830	830	850	950	1,030	950	950	1,070	940	1,000
1,190	1,330	1,300	1,270	1,270	1,220	1,290	1,290	1,290	1,290	1,310	1,150	1,150
10,800	10,000	11,000	10,900	10,000	21,000	22,100	30,000	35,833	34,167	32,083	31,667	37,500
3,080	3,600	3,800	3,750	3,750	4,750	5,500	6,700	6,250	6,250	6,250	8,333	7,500
5,000	5,800	7,000	6,000	8,000	8,000	5,000	7,000	4,600	6,000	5,000	5,600	5,200
1,060	1,310	1,350	1,670	1,670	1,670	1,800	2,000	2,000	2,000	2,000	2,950	2,780
6,000	8,000	7,800	12,300	13,530	13,530	15,030	13,530	13,530	13,530	13,530	16,900	16,900
580	800	800	800	800	710	710	710	710	840	840	1,300	1,300
1,320	1,350	1,350	1,350	1,350	1,350	1,350	1,960	2,460	2,460	2,460	2,950	2,880
1,370	1,810	1,810	1,810	2,140	2,140	2,460	2,650	2,650	2,650	2,650	3,750	3,580
2,575	2,300	2,120	1,980	2,080	2,080	2,510	3,570	3,570	3,570	3,570	3,765	3,550
780	840	840	840	840	840	1,080	1,380	1,375	1,375	1,375	2,290	2,290
1,000	750	630	850	850	850	850	900	900	900	1,400	3,200	2,730
2,610	3,900	3,900	2,940	3,180	3,180	3,180	2,940	2,940	2,940	2,940	3,060	4,110
71,000	76,000	80,200	82,000	76,000	80,000	84,000	76,000	70,000	72,000	72,000	78,000	66,000
100,000	92,500	92,500	115,000	90,000	75,000	130,000	80,000	88,000	73,000	120,000	90,000	97,500
74,280	106,300	134,000	125,000	94,000	102,000	149,000	143,000	131,429	84,000	140,000	131,429	131,429
94,000	140,000	160,000	155,000	135,000	115,000	220,000	150,000	130,000	140,000	270,000	160,000	160,000
130,000	128,000	191,000	224,000	160,000	145,000	300,000	270,000	280,000	260,000	210,000	210,000	225,000
426,600	446,700	420,000	427,000	430,000	427,000	767,000	500,000	466,667	533,333	566,667	500,000	540,000
111,100	111,100	127,100	129,000	143,000	138,000	165,000	160,000	186,667	195,556	213,333	213,333	257,778
117,640	149,300	107,000	160,000	150,000	123,000	219,000	187,000	138,667	213,333	186,667	234,667	277,333
180	270	640	-	150	350	600	250	700	200	700	300	250
250	270	460	-	150	400	550	250	700	250	700	300	350
250	450	530	350	170	450	600	200	400	200	1,100	300	200
13,000	12,400	8,800	10,000	8,000	9,000	18,200	10,600	9,000	20,000	10,000	18,000	13,000
44,000	66,000	31,000	31,000	31,000	31,000	41,000	40,000	35,000	40,000	38,000	33,000	43,000
6,000	11,500	7,000	2,000	800	1,500	2,000	2,000	1,500	3,000	2,000	2,000	2,500
7,750	3,500	600	2,500	2,500	800	1,400	3,400	1,150	2,000	2,000	2,500	3,000
2,500	2,500	2,000	1,250	1,250	2,000	1,000	1,500	1,750	1,750	1,750	1,250	2,000
2,250	3,500	3,250	1,000	3,250	1,750	1,250	1,000	1,250	1,750	1,500	2,750	3,250
1,500	2,000	1,500	1,250	1,250	2,500	1,500	1,400	1,750	1,900	1,750	1,750	3,500
600	1,000	900	700	600	800	2,000	650	1,500	800	1,600	800	1,300
-	-	16,500	9,000	26,500	12,500	15,000	7,000	15,000	11,000	16,000	27,500	11,000
-	-	21,000	8,000	20,000	15,000	18,750	11,250	15,000	11,250	20,000	31,250	15,000
38,000	40,000	12,000	12,000	13,300	18,000	28,000	20,000	14,000	20,000	18,000	20,000	28,000
28,000	33,000	14,000	8,000	10,000	10,000	27,000	21,000	9,000	15,000	15,000	11,000	21,000
19,000	23,000	25,000	21,000	30,000	31,000	32,000	35,000	32,000	42,000	35,000	37,000	33,000
30,000	26,000	23,000	15,000	18,000	16,000	28,000	21,000	17,000	22,000	18,000	16,000	20,000
2,500	2,300	2,100	3,900	3,400	3,000	4,200	4,600	2,900	4,200	2,900	2,750	2,900
12,000	11,000	9,000	11,000	12,000	12,000	11,000	11,000	12,000	10,000	11,500	9,000	12,000
1,300	6,000	2,000	2,300	3,100	2,900	2,500	3,100	4,800	4,000	2,100	2,300	2,900

사무·교육·생활용품 (6)

품 명	규 격	단위	2010	2011	2012	2013	2014	2015	2016
식료품									
건오징어	20마리	축	50,000	50,000	50,000	50,000	50,000	50,000	60,000
북어	대태 상품 10마리	쾌	50,000	50,000	50,000	50,000	50,000	50,000	60,000
김	개량종 상품 100장	속	7,000	7,000	8,000	6,000	6,000	6,000	6,000
소주	360㎖	병	1,000	1,000	990	1,080	1,080	1,080	1,130
맥주	500㎖	〃	1,180	1,190	1,250	1,280	1,280	1,280	1,240
소고기	정육 500g	g	37,500	42,000	42,000	45,000	45,000	45,000	45,000
돼지고기	정육 500g	〃	7,500	10,000	9,000	10,000	13,000	10,000	12,000
닭고기	상품	2kg	5,200	7,000	8,200	7,600	7,600	7,200	8,600
계란	황란 상품 10개	줄	2,850	-	6,200	6,300	5,890	5,890	5,890
고추가루	상 품 600g	g	16,900	16,900	44,300	33,900	33,000	29,980	29,980
겨자가루	35g	포	1,460	-	-	-	-	-	-
후춧가루	실중량 100g	통	2,930	2,880	3,220	4,120	4,100	4,100	3,750
간장	진간장 1ℓ	병	3,950	5,300	4,000	4,200	4,200	4,200	4,450
고추장	500g	포	3,950	7,290	5,610	6,150	6,150	6,650	6,650
된장	〃	〃	2,290	2,700	2,700	1,450	2,950	2,950	2,950
소금	천일염 3kg	〃	3,480	3,480	3,450	3,480	3,480	3,480	3,480
설탕	3kg	〃	3,780	5,370	4,830	4,890	4,800	4,800	4,890
쌀(일반미)	중품 40kg	가마	66,000	80,000	86,000	85,000	80,000	70,000	60,000
찹쌀(일반미)	〃	〃	95,000	82,500	105,000	95,000	97,500	90,000	62,500
콩(백태)	〃	〃	200,000	195,000	190,000	180,000	130,000	160,000	160,000
팥(적두)	〃	〃	280,000	335,000	430,000	240,000	200,000	170,000	340,000
녹두	〃	〃	425,000	460,000	440,000	360,000	340,000	340,000	350,000
참깨	〃	〃	550,000	550,000	550,000	500,000	400,000	530,000	471,000
들깨	〃	〃	340,000	270,000	400,000	340,000	390,000	390,000	350,000
땅콩	〃	〃	340,000	270,000	400,000	340,000	390,000	260,000	-
배추	중품	kg	600	300	600	500	350	300	600
무	〃	〃	700	250	650	400	380	350	600
양배추	〃	〃	1,300	500	900	400	370	350	1,200
양파	〃	20kg	13,000	18,000	22,000	18,000	8,000	34,000	20,000
마늘	〃	〃	100,000	55,000	75,000	50,000	60,000	100,000	116,000
당근	〃	10kg	4,000	4,000	4,000	4,000	1,500	3,000	2,600
생강	〃	kg	2,000	2,250	1,750	2,250	4,250	4,050	1,350
시금치	〃	〃	1,750	2,000	2,750	1,500	2,000	2,000	3,250
상추.치마	〃	〃	2,000	2,750	3,250	1,750	4,000	3,250	6,500
미나리	〃	〃	3,000	3,250	3,250	3,500	3,750	2,600	4,000
파	〃	〃	2,000	1,200	2,300	1,200	1,200	1,700	2,200
오이	〃	10kg	12,500	14,000	12,500	7,000	10,000	9,000	28,000
호박	〃	〃	22,500	18,750	25,000	13,750	27,500	15,000	17,500
고구마	〃	20kg	34,000	50,000	38,000	30,000	32,000	40,000	48,000
감자	〃	〃	25,000	31,000	25,000	18,000	16,000	24,000	27,000
사과	〃	15kg	45,000	52,000	60,000	55,000	50,000	48,000	35,000
배	〃	〃	28,000	30,000	50,000	35,000	27,000	40,000	38,000
고등어(생)	〃	kg	3,400	4,800	4,000	3,000	5,500	4,400	4,800
갈치(생)	〃	〃	18,000	23,000	20,000	15,000	20,000	19,000	20,000
물오징어	〃	〃	5,800	7,200	5,000	4,700	5,000	5,500	8,500

주 1) 당근의 경우 2000년부터 ㎏당 가격임.
2) 오이의 경우 2018년부터 50개당 가격임.
3) 호박의 경우 2017년부터 20개당 가격임.

2017	2018	2019	2020	2021	2022	2023	2024	2025					
49,000	120,000	120,000	120,000	120,000	140,000	140,000	140,000	140,000					
60,000	60,000	60,000	60,000	60,000	60,000	60,000	60,000	60,000					
-	10,000	8,000	8,000	8,000	10,000	10,000	13,000	15,000					
1,130	1,190	1,260	-	-	-	1,380	1,340	1,340					
1,330	1,400	1,910	-	1,410	1,550	1,660	1,660	1,660					
45,060	48,000	48,000	65,000	68,000	80,000	75,000	78,000	80,000					
11,640	12,000	12,000	14,000	16,000	17,000	17,000	18,000	16,000					
8,000	8,000	7,000	6,600	9,600	10,400	11,000	11,000	12,000					
5,890	4,990	5,990	5,990	5,670	5,320	5,320	5,320	5,320					
29,980	39,980	38,900	32,900	33,600	33,600	34,800	35,880	35,980					
-	-	-	-	-	-	-	-	-					
3,750	4,480	4,480	4,990	5,290	5,390	6,180	7,180	7,940					
4,450	4,500	4,500	4,990	3,490	4,770	5,680	5,890	5,890					
6,650	6,650	7,100	7,100	8,250	8,415	9,500	9,500	10,300					
2,950	3,150	3,350	3,350	3,890	4,095	4,550	4,550	4,850					
3,480	3,000	3,000	3,000	4,470	3,475	5,725	10,250	10,250					
4,890	4,590	4,590	5,370	5,370	5,940	7,140	6,990	6,960					
72,000	96,000	92,000	105,200	104,000	85,200	97,200	88,000	118,800					
95,000	128,000	104,000	120,000	111,000	90,000	96,500	114,000	155,000					
172,570	208,000	211,420	-	-	-	207,000	195,000	201,000					
284,000	375,000	370,000	420,000	-	-	420,000	328,000	755,000					
380,000	380,000	380,000	-	-	-	-	440,000	423,000					
490,000	471,000	453,000	-	-	690,000	-	-	-					
290,000	443,000	455,000	562,000	-	-	-	-	540,000					
-	-	-	-	-	-	-	-	-					
600	600	600	480	1,040	680	740	900	1,140					
300	333	800	460	570	710	388	935	450					
600	625	1,125	1,750	813	1,145	1,125	1,575	791					
22,000	10,000	8,000	25,000	19,000	28,800	22,800	23,060	19,333					
100,000	84,000	50,000	85,000	116,000	120,000	-	-	70,000					
1,550	3,000	2,500	2,750	1,250	2,050	2,715	2,880	1,015					
3,400	8,000	5,800	4,700	3,000	5,800	7,000	4,500	4,400					
1,750	2,000	2,000	2,000	3,500	1,813	2,125	3,875	6,125					
2,000	1,750	3,750	2,000	2,675	1,813	2,550	3,925	10,000					
3,500	3,666	4,666	4,620	6,000	7,333	6,667	9,773	9,107					
-	1,700	1,300	2,800	1,550	2,070	4,120	2,120	1,740					
18,000	10,000	41,000	14,300	56,700	15,200	34,700	34,000	21,200					
9,000	17,000	9,000	12,000	24,000	14,500	21,000	24,700	25,000					
50,000	62,000	42,000	62,000	46,000	44,000	44,000	48,000	52,600					
37,000	38,000	18,000	33,000	31,600	43,600	38,000	24,000	38,300					
42,000	52,500	37,500	63,000	43,050	51,000	97,200	79,500	125,550					
30,000	40,000	30,000	59,600	37,500	35,200	54,200	63,000	40,600					
5,000	3,500	3,800	5,760	4,960	6,660	6,150	6,160	6,830					
15,000	16,000	19,000	21,600	9,330	11,000	11,000	15,600	22,900					
10,000	15,000	13,000	10,500	9,160	14,300	-	-	-					

주요 건자재 물가 길잡이

당 법인은 「종합물가정보」를 창간한지 55주년을 맞아 독자들에게 새로운 정보를 제공하고자 "통계로 본 물가 55년사"인 「종합물가총람」을 발간하게 되었습니다.

특히, 주요 건자재 물가 편은 당 법인에서 발행하는 55년 역사의 「종합물가정보」지에 수록된 내용으로 1970년~현재(2025년 10월)까지의 자료 중에서 독자들의 문의가 빈번한 주요제품 위주로 구성하였으며, 자재별로 공통자재, 토목자재, 건축자재 등으로 세분화하여 독자들이 이용하기에 편리하게끔 편집하였습니다.

또 제품에 따라서 최초 게재시기가 1970년 이후인 것은 부득이하게 게재년도 이후부터 자료가 수록되어 있으니 참조해 주시기 바랍니다.

게재된 가격은 실제 유통가격인 도매가나 대리점가 위주로 수록하였으며, 제품 특성상 공장도가로 거래되는 제품은 별도로 '주기'를 달아 표기하였으니 참고하시기 바랍니다. 지역은 서울(수도권)을 기준으로 하였기 때문에 지역에 따라 다소 가격편차가 있을 수 있습니다.

또 55년간의 자료를 정리하다보니 과거와 현재의 제품 선호도나 KS규격 및 재질변경 등으로 단종 되었거나 품질·성능이 향상되어 부득이 과거의 제품과 동일한 조건으로 비교하기가 곤란한 경우에는 유사제품의 규격을 대입하였기 때문에 가격에 대한 단순비교 의미가 다소 퇴색된 제품도 있을 수 있으니 이용 시 참고 하시기 바랍니다.

지금까지는 독자들이 통계자료를 활용하고자 할 때 여러 곳에서 자료를 찾아야 하는 번거로움과 전문성 결여로 이용에 애로사항이 많았습니다. 하지만 「종합물가총람」을 발행함으로 해서 통계자료에 대한 접근이 쉬워지고 다양한 정보를 한곳에서 확인할 수 있게 되어 정부, 학계 및 연구소, 기업 그리고 국민들의 실생활에도 유용하게 활용될 수 있기를 바랍니다.

▣ 종합물가총람 구성

주요내용은 제Ⅰ편의 〈주요 건자재 물가〉를 비롯하여 제Ⅱ편의 〈공공·서비스요금〉과 제Ⅲ편의 〈주요경제통계〉로 구성되어 있으며, 자료는 본사의 자산인 지난 55년간의 축적된 자료와 한국은행, 통계청, 관세청, 서울시청 외 관공서와 기타 각종 단체 및 기업에서 자료 협조를 받아 일목요연하게 정리하고 분석하였습니다.
마지막으로 본지의 발간을 위해 협조해 주신 자료 협조처에도 깊은 감사의 말씀을 드립니다.

▣ 자료 협조처

통계청, 한국은행, 관세청, 서울시청, 기획재정부, 국토교통부, 우정사업본부, 코레일, 문화체육관광부, 법제처, 한국도로공사, KT, 서울메트로, KT&G, 한국전력공사, 한국수입협회, 한국거래소, 서울특별시버스운송사업조합, 코버스, 한국교육개발원 교육통계연구센터, 서울특별시택시운송사업조합, 농림수산식품부, 대한항공, 대한건설협회, 중소기업중앙회, 한국엔지니어링협회, 한국토지정보시스템, 영화진흥위원회, 전국화물자동차운송사업연합회, 근로복지공단 등

Chapter 02.

Contents

Ⅱ. 공공·서비스요금

※본편 調査價格의 성격
▶ 2025년 공공요금은 7월말까지의 금액임. (일부제외)

55년간의 기록으로 본 '한 잔의 역사'

〈공공·서비스요금〉에서는 특집으로 '기록으로 본 공공·서비스요금 55년사'를 주제로 준비했다. 서민의 영원한 친구 '소주' 도수는 35도에서 14도까지 낮아졌다는데, 가격은 어떻게 변했는지, 소주의 역사와 변천사를 알아볼까 한다.

한국인이 가장 좋아하는 술은 무엇일까?

대부분의 한국인은 이 질문의 정답을 짐작할 수 있다. 우리가 삶을 살아가면서 몸으로, 눈으로 쉽게 확인할 수 있기 때문이다. 바로 '소주'다.

퇴근길, 동료들과 삼겹살과 함께 소주잔을 주고받는 장면은 우리에게 너무나 익숙하다. TV 드라마에서도 소주잔을 놓고 대화를 하거나, 각종 스트레스를 푸는 장면이 자주 나온다.

최근 K-드라마, K-영화 등이 인기를 끌면서 한국의 TV 프로그램이나 영화에서 한국 사람들이 소주를 마시는 장면을 보고 '한국 소주를 먹고 싶어졌다'라는 외국인도 많아지고 있다.

실제로 서울 등 유명 음식점에 가보면 소주를 앞에 놓고 음식을 즐기는 외국인을 쉽게 찾아볼 수 있다.

■한국인이 가장 좋아하는 술은 '소주'

한국인이 가장 좋아하는 술이 소주라는 사실은 공신력 있는 여론조사 회사에서 실시한 조사에서도 이미 확인됐다. 한국갤럽이 2024년 3월 22일부터 4월 5일까지 전국(제주 제외) 만 13세 이상 1,777명 중 음주자들에게 가장 좋아하는 술이 무엇인지 물었다. 그 결과, 절반가량인 52%가 소주라 답했다. 다음은 맥주 38%, 막걸리 5%, 와인 4%, 위스키 0.5%, 사케 0.2% 순으로 나타났다. 소주가 '한국인이 좋아하는 술 1위'라는 사실은 2004년, 2014년, 2019년 조사에서도 확인된 바 있다.

다만, 성별로 분석하는 경우 소주와 맥주의 선호도가 갈린다. 갤럽의 조사에서 남성은 소주파(소주 67%, 맥주 24%)인 것으로 나타났지만, 여성은 맥주파(소주 30%, 맥주 58%)인 것으로 집계됐다. 소주는 대체로 고연령일수록 인기가 높은 것으로 나타나기도 했다.

한자로 '燒酒'라고 쓰는 소주는 원래 증류식 술을 가리킨다. 하지만, 한국인이 즐겨 마시는 소주는 일반적으로 주정에 물을 타서 만드는 '희석식 소주'를 지칭한다. 희석식 소주는 우리나라가 경제적으로 무척 어려웠던 시대, 이른바 '보릿고개'를 넘기 위해 널리 퍼졌다. 쌀로 만든 술을 금지한 이후 감자나 고구마 등으로 만든 주정에 물을 희석해서 판매하기 시작하면서 탄생한 게 지금의 희석식 소주다.

소주의 간단한 역사를 살펴보면 흥미롭다. 소주를 비롯한 먹는 음식의 유래나 역사에 대해서는 대체로 여러 가지 설이 있는데, 기록 등을 토대로 대략 더듬어 본다. 소주 업계 등의 기록에 따르면 문자 그대로의 소주를 의미하는 증류주는 10세기경 아라비아의 연금술사에 의해 이어져 온 증류 방법을 통해 제조됐다는 기록이 있다.

우리나라에는 고려 후기에 몽골로부터 들어온 것으로 전해진다. 1277년

몽골군의 고려침략 당시 곡주를 증류해서 소주를 만드는 비법이 전수됐다는 설이 유력하게 전해오고 있다.

이렇듯 국내에는 여러 가지의 전통 증류식 소주가 전해 내려온다. 하지만, 앞에서도 설명했듯이 요즘 국내에서 소비되는 소주의 대부분은 주정과 물을 섞어서 만든 '희석식 소주'다.

소주를 '희석식 소주'로 부른다고 해서 물과 알코올을 단순하게 섞은 저급한 술로 여기는 사람도 있고 심지어는 '화학주'라고 오해하는 사람도 있는데 이는 정확한 정보에 바탕을 둔 것이 아니라고 희석식 소주 업계는 설명한다.

감자, 고구마, 보리, 쌀 등을 발효시키고 증류한 뒤 불순물을 제거해 주정을 만들기 때문에 엄밀하게 이야기하면 희석식 소주도 곡주라고 할 수 있다는 게 업계 입장이다.

요즘은 소주와 맥주를 섞어 먹는 '소맥 문화'가 확산해 있지만, 서민들이 가장 사랑하는 술은 역시 소주다. 이 희석식 소주가 인기를 끄는 이유는 여러 가지가 있지만, 그중 하나는 상대적으로 저렴한 가격이 꼽힌다. 이른바 가성비가 아주 높은 술이다.

가성비 높은 술, 소주의 가격 변천 과정을 한번 살펴보자.

■소주 가격, 55년 동안 '20배' 올라…1970년 65원에서 2025년 1200~1300원대

공식적인 가격 조사가 시작된 1970년 360㎖ 소주 1병의 가격은 65원이었다. 그 당시 다른 식품 가격을 살펴보자. 쇠고기 500g이 375원, 돼지고기 500g은 208원, 쌀 40kg은 2,880원이었다. 소주 5~6병 가격이 쇠고기 500g 가격과 비슷했으니, 당시의 경우는 서민들에게 희석식 소주 1병 가격은 만만치 않았다.

소주 1병 가격이 100원대를 기록한 것은 1975년이다. 1974년 95원이었던 소주 가격은 이듬해 100원으로 올랐다. 1970년 65원에서 1975년 100원으로 5년 사이에 소주 가격은 53.8% 상승했다.

하지만, 다른 품목의 가격은 이보다 훨씬 더 올랐다. 쌀 40kg을 예로 살펴보자. 쌀 40kg 가격은 1970년 2,880원에서 1975년 1만 400원으로 무려 3.6배 상승했다. 소주가 점점 가성비 높은 술의 자리를 차지해 가고 있음을 보여주는 수치다.

1980년대 들어 소주 가격은 200원대를 돌파한다. 1980년 190원이던 소주 가격은 이듬해인 1981년 270원으로 껑충 뛴다. 270원 소주 시대는 1987년까지 이어진다. 정치적으로나, 사회적으로나 여러 가지로 암울하던 당시, 주머니가 빈약한 젊은이들은 단돈 1,000원으로 소주 1병과 안주로 마른오징어 다리 등을 사서 서울의 한강 둔치 등에서 마시며 세상을 한탄하곤 했다.

소주 가격은 '서울올림픽'이 열린 1988년 350원으로 오르더니, 1989년에는 단숨에 450원으로 뛰었다. 400원대 소주 시대는 1995년까지 이어지다가, 1996년 500원대 시대를 맞이한다. 그해 510원으로 오른 소주 가격은 1997년 540원으로 올랐다. 1997년 말 터진 IMF(국제통화기금) 경제 위기의 여파는 1998년과 1999년 최고조에 이르렀다.

많은 사람이 직장을 잃고 거리로 내몰렸다. 실직 사실을 주변에 밝히지 못한 사람들이 부족한 용돈을 쪼개 소주 한두 병을 사서 등산배낭에 넣고 산으로 가서 이른바 '깡소주'를 마시면서 서러움을 달래고는 했다는 얘기를 들은 적이 있다. 많은 사람이 직장을 잃고 길을 헤매던 시대, 새로운 용기를 심어준 것도 소주였다.

1998년 600원으로 상승한 소주 가격은 이듬해까지 이어지다가, 뉴밀레니엄 시대를 맞이한 2000년대로 접어들면서 800원대로 껑충 뛴다. 1999년까지 600원대를 유지하던 소주 가격은 2000년 갑자기 830원으로 올랐다.

800원대 소주는 2002년(850원)까지 이어지다가 2003년 딱 1년만 900원대(950원) 시대를 유지한 뒤 2004년(1,030원) 드디어 1,000원 시대를 연다.

1970년 60원 시대에서 2004년 1,000원 시대에 이르기까지 34년이 걸렸다. 2004년의 소주 1병 가격 1,030원은 1970년 65원에서 15.8배가 뛰었다. 한국 경제의 성장과 함께 서민의 친구가 돼온 소주 가격도 꽤 많이 오른 셈이다.

하지만, 이후 소주 가격은 큰 변동이 없었다. 2004년 처음으로 1,000원대를 기록한 소주 가격은 2015년까지 1,000원대를 꾸준히 유지했다. 2005년, 2006년, 2008년, 2012년의 경우는 일시적으로 900원대로 후퇴하기도 했다.

소주 가격이 처음으로 1,100원대를 기록한 것은 2016년(1,130원)이다. 1,100원대 소주 가격은 2018년까지 이어지다가 2019년(1,260원) 처음으로 1,200원대를 기록한다.

이런 가격대는 2025년까지 이어지고 있다. 2025년 11월 한국물가정보의 조사 결과를 보면, 대형마트 판매가격을 기준으로 한 소주 1병 가격은 제품별로 1,260원에서 1,340원에 이르는 것으로 나타났다.

상당수 음식점에서 내놓는 소주의 가격이 4,000원에서 최근 5,000~6,000원 수준으로 올랐다고는 하지만, 마트 등 소매점에서 사다 마시는 소주는 가성비라는 측면에서 압도적으로 좋다고 할 수 있다.

■소주 도수 낮추기 경쟁 '100년 역사'

지금까지 살펴본 바와 같이 소주 가격은 1970년 65원에서 2025년 1,200~1,300원대로 55년 사이에 약 20배 올랐다.

그렇다면, 그동안 소주의 도수는 어떻게 됐을까? 소주의 알코올 도수 변화를 살펴보면 재미있는 현상을 하나 찾을 수 있다. 가격은 점점 올라가는데, 도수는 점점 낮아지고 있다는 것이다. 2023년 초 소주 업계에서 빅뉴스가 하나 전해졌다.

충청 지역의 한 소주 업체가 알코올 도수가 14도대인 소주를 내놓았다는 소식이었다. 충청권을 기반으로 한, 이 소주 업체는 알코올 도수 14.9의 소주를 내놔 세상을 놀라게 했다.

한때 30도대에 이르던 소주 도수가 20도 시대를 지나 10도 후반 시대로 접어드는가 했더니, 10도 전반 시대가 문을 열었다는 이 소식은, 소주의 '도수 낮추기' 경쟁이 어디까지 갈 수 있을까를 생각하게 하는 뜨거운 뉴스였다.

14도대 소주가 출고되기 시작됐다는 소식이 전해지자, '14도 소주가 나왔다는 데 그게 진짜냐'라는 이야기에서부터 '14도짜리 소주도 소주냐'라는 말까지, 정말로 다양한 반응이 나왔다.

60대 이상 애주가들은 예전의 25도짜리 소주를 경험했다. 이들 중 상당수는 소주 도수가 20도 아래로 내려간 뒤 마땅치 않다는 반응을 내놓는 경우가 많았다. 이런 사람들은 14도대 소주가 나왔다는 소식을 접하고 나서 "그건 소주가 아니라 물이다"라면서 극단적인 반응을 내놓기도 했다. 하지만, 도수가 높은 술을 그다지 선호하지 않는 20~30대 젊은이나 여성들은 14도대 소주의 등장을 적극적으로 반겼다.

국내 주요 소주 업계가 자사 홈페이지 등에 발표한 자료 등을 토대로 한국 소주 도수의 변화를 살펴봤다. 국내 소주 업계를 이끌어가고 있는 강자인 '참이슬'과 '처음처럼'의 제조업체는 모두 모두 1920년대에 창립된 회사에 그 연원을 두고 있다.

'참이슬'의 예전 브랜드인 '진로'는 1924년 만들어진 진천양조상회에서 만들어지기 시작했다. 이후 사명은 진로를 거쳐 지금의 하이트진로로 바뀌었다. '처음처럼'을 내는 롯데주류(롯데칠성음료 주류영업본부)의 전신인 '경월'은 1926년 생겨난 회사다.

1920년대 세상에 나온 소주의 도수는 35도였다. 알코올 도수가 35도에 이르면 '독주', 그러니까 '독한 술'로 분류된다.

한국 소주의 도수는 1960년대까지 30도가 주류였다. 사람들에게 익숙한 20도(25도) 대 소주는 1970년대 들어서 나오기 시작했다. 25도 소주가 오랜 세월 시장을 이끌면서 한때 '소주=25도'라는 인식이 심어지기도 했다. 지금도 '25도짜리 소주가 제맛'이라면서 일부러 25도짜리 소주를 구해다 마시는 애주가도 있다. 이런 수요에 대응하기 위해 25도짜리 소주를 업계가 여전히 내놓고 있기도 하다.

1990년대로 접어들면서 '소주=25도'라는 등식은 깨진다. 21도, 23도 소주가 속속 나오면서 소주 업계는 본격적인 도수 낮추기 경쟁 시대로 접어든다.

2006년, 소주 업계에서는 큰 이벤트가 하나 발생한다. 19.8도짜리 소주가 출시된 것이다. 이는 소주 도수의 마지노선으로까지 인식되던 20도의 벽이 무너지는 출발선이었다. 이후 업계는 '더 낮은 소주로 소비자를 파고들라'라는 구호라도 내세우고 있는 것처럼 경쟁적으로 도수 낮추기에 나섰다.

2014년에 접어들면서는 17도대 소주가 나왔다. 이어 2019년에는 16도대 소주가 나왔다. 지금도 16도대 소주가 소주 시장의 큰 흐름을 이루고 있다. 이런 상황에서 대전·충남·세종지역 소주 제조업체인 선양소주(출시 당시 기업명 맥키스컴퍼니)가 국내 최저 도수인 14.9도 소주인 '선양(鮮洋)'을 2023년 출시하면서, 소주 업계가 다시 발칵 뒤집혔다.

소주의 도수 낮추기 경쟁은 앞으로도 계속될 것인가? 이 물음은 소주 업계는 물론 국내 주류업계의 커다란 주목거리다. 소주 도수 낮추기 경쟁의 배경을 헤집어보면, 건강을 위해 독한 술을 피하려는 소비자들의 심리에 업계가 대응하고 있음을 알 수 있다. 특히 요즘 젊은이들은 예전 사람들처럼 독주를 마구 마시고 만취에 이르는 것을 극구 피하려는 경향이 짙다.

대신 적당한 도수의 술을 천천히 음미하려는 성향을 보인다. 이런 추세로 볼 때 소주의 도수 낮추기 경쟁은 계속될 수밖에 없을 것으로 여겨진다. 소비자들이 찾는 제품을 내놓는 게 제조업체의 숙명이기 때문이다.

하지만, 소주의 도수 낮추기에는 일정한 한계가 있다는 게 전문가들의 분석도 있다. 알코올 도수를 지나치게 낮추는 경우 이른바 '물비린내'가 나는 등 소주의 맛이 떨어진다는 게 업계의 정설이다. 그래서 업계에서는 소주의 도수를 낮추는 경우 나는 '물비린내'를 없애는 기술을 확보하는 것이 아주 중요하다고 여긴다. 소주 업계의 한 관계자는 "소주의 도수를 16도까지 낮춘 이후 추가로 낮추지 못하는 이유 중 하나가 물비린내를 잡기가 쉽지 않기 때문"이라고 설명했다.

2023년 14.9도짜리 소주를 낸 회사의 경우 오랜 연구와 시행착오 끝에 14도대의 소주에서 나는 물비린내를 잡는 데 성공했다고 밝힌 바 있다. 이 회사 관계자는 "자체적으로 개발해 한국, 미국, 중국, 일본에서 특허를 받은 산소숙성공법을 적용하고 쌀과 보리로 만든 증류주 원액을 적정 비율로 첨가하는 방법으로 물비린내는 없애는 데 성공했다"라면서 "도수가 낮아졌지만, 소주 본연의 맛을 유지하면서도 끝 맛이 부드러워 자연스럽게 목 넘김을 할 수 있도록 했다"라고 설명했다.

지금은 K-푸드의 한 축이라고 할 수 있는 소주. 그것의 역사는 '가격은 오르는데 도수는 낮아진 것'으로 요약할 수 있을 것이다.

윤희일
칼럼니스트(경향신문 전 경제부 선임기자 및 도쿄특파원)

공사부문 노임단가(1)

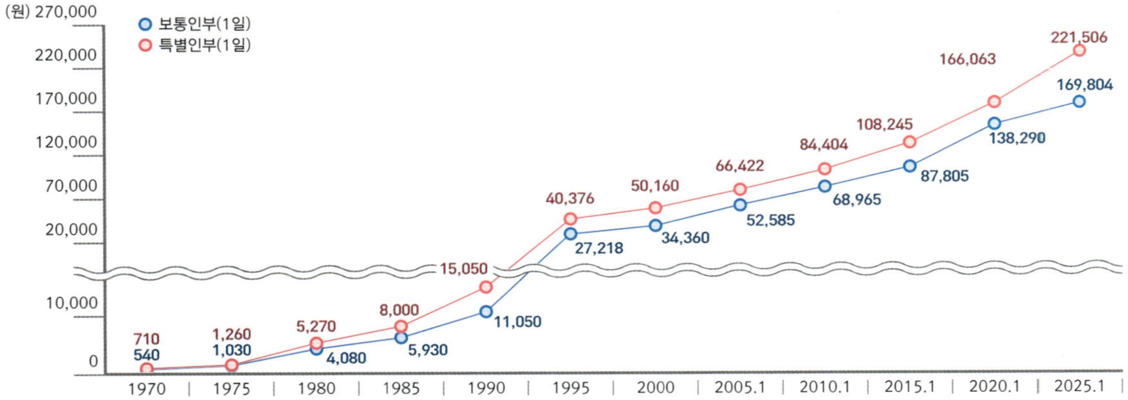

공사부문 노임단가(2)

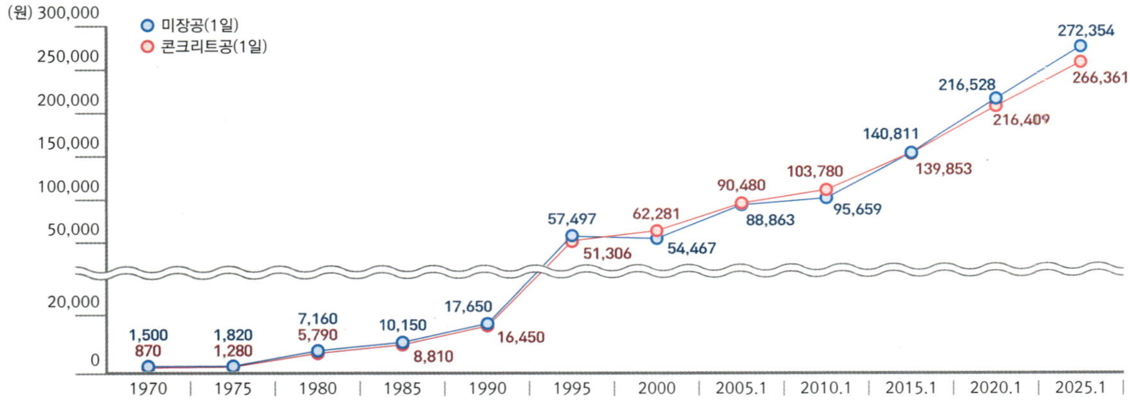

공사부문 노임단가(3)

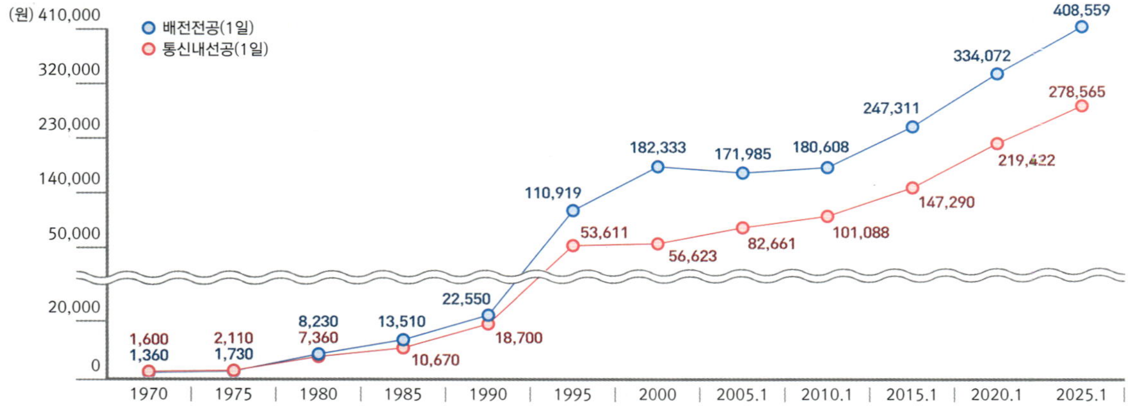

공사부문 노임단가(4)

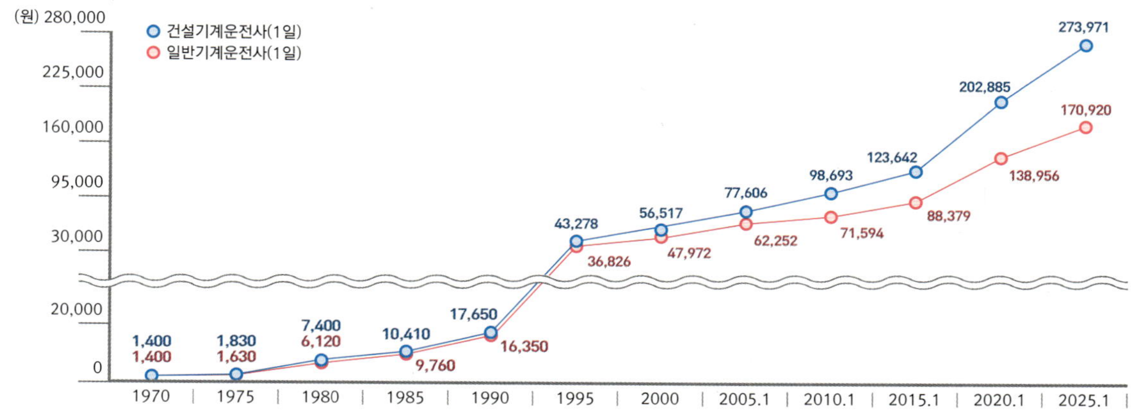

제조부문 노임단가

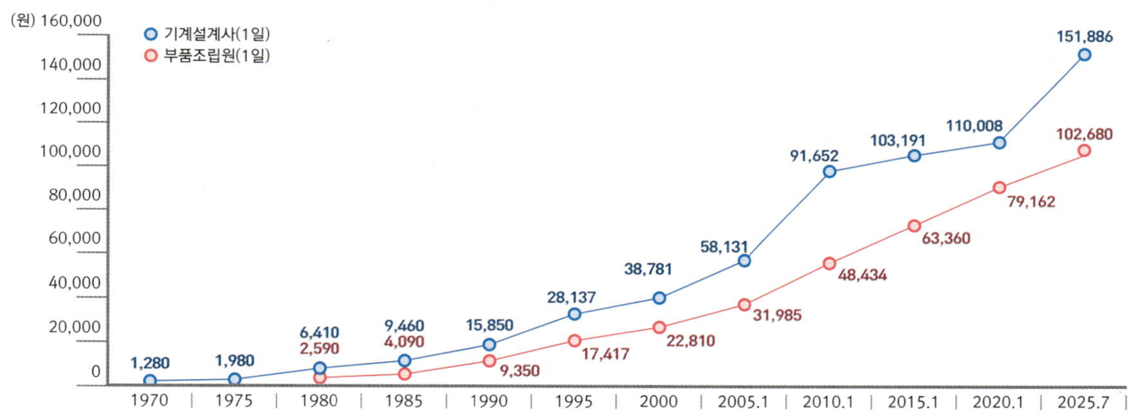

엔지니어링 노임단가(건설 및 기타)

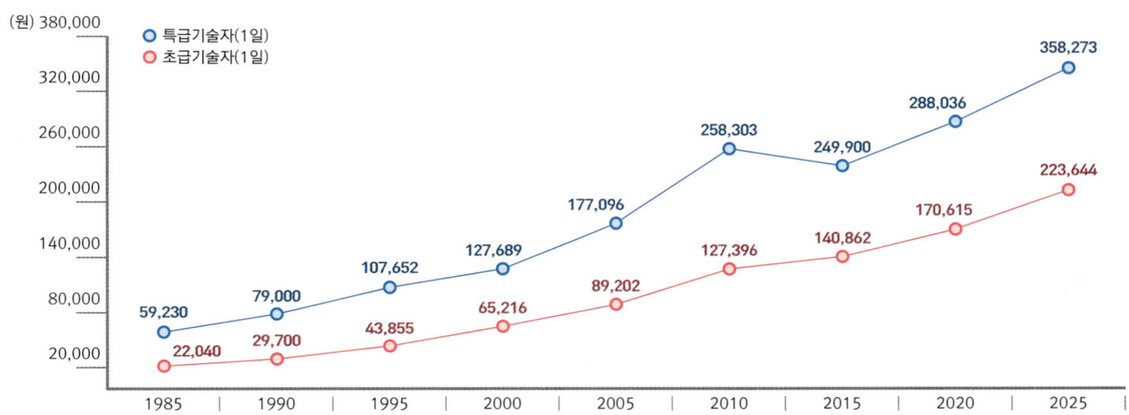

택시·시내버스요금

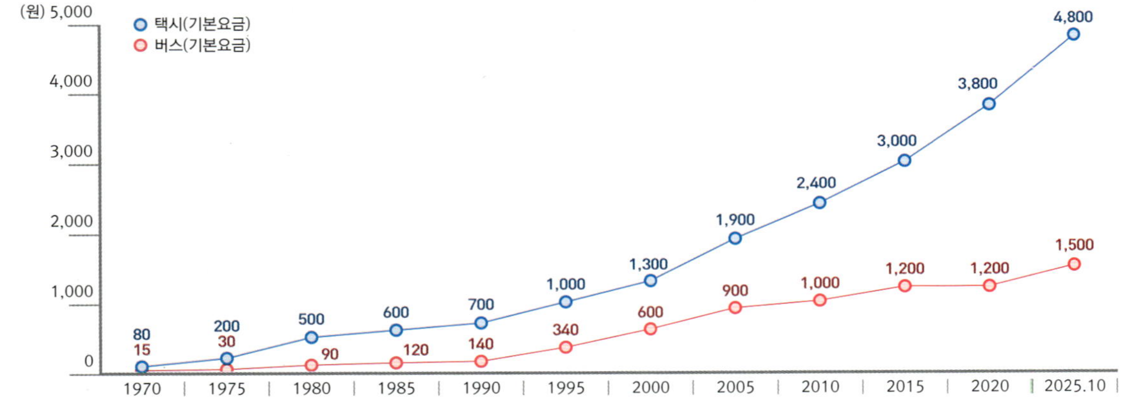

※ 택시요금 : 기본구간(서울기준), 버스요금 : 서울시내 일반(입석)버스(2004년 7월 시행된 거리비례제 기본구간운임)

고속버스·철도요금

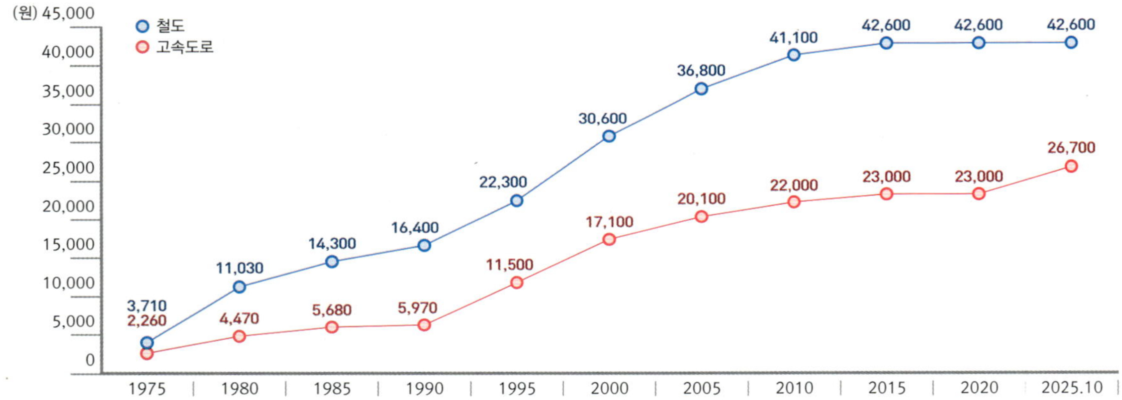

※ 철도 : 서울-부산간 새마을호, 고속버스 : 서울-부산간 일반고속버스

항공요금

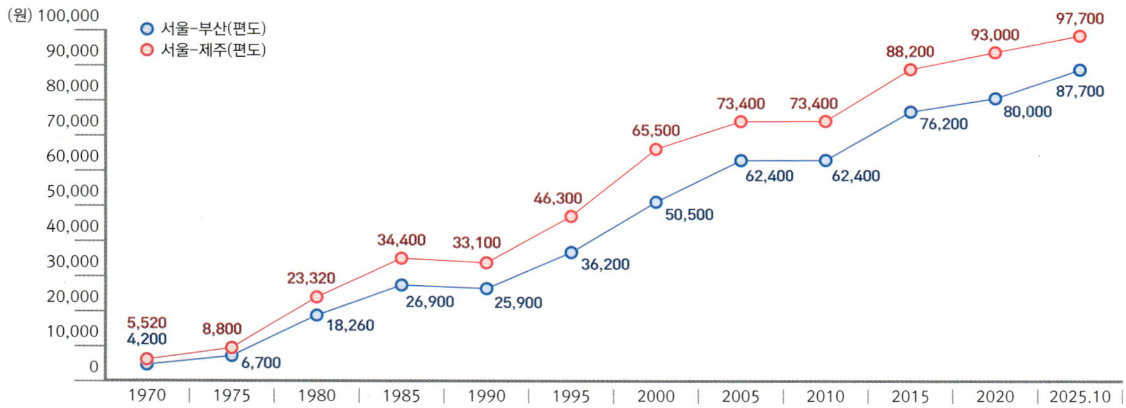

곡물수매가

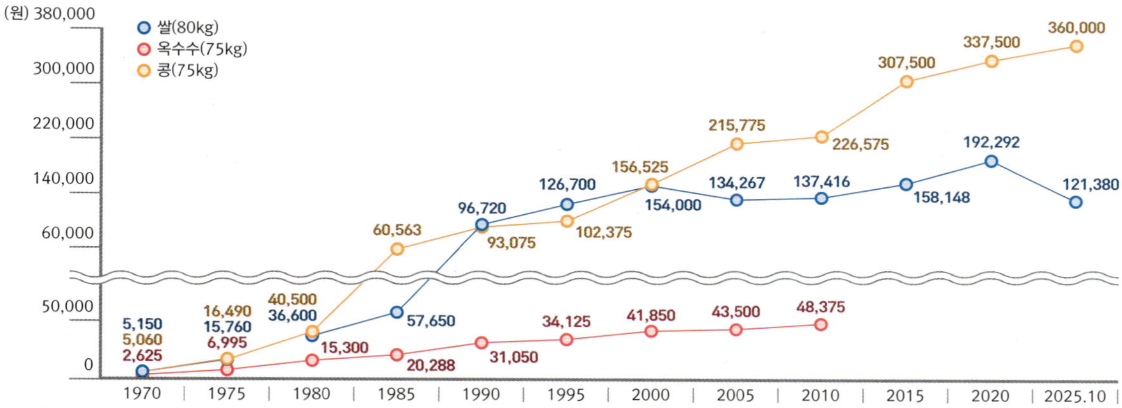

※ 추곡수매가격임, 쌀은 92년도 부터 일반미(2등급)임, 옥수수 수매는 2010년 까지만 시행
※ 2021년부터 농림축산식품부 자료인용. (쌀은 포대벼 2등급, 콩은 대립종 특등 기준)

영화관람료

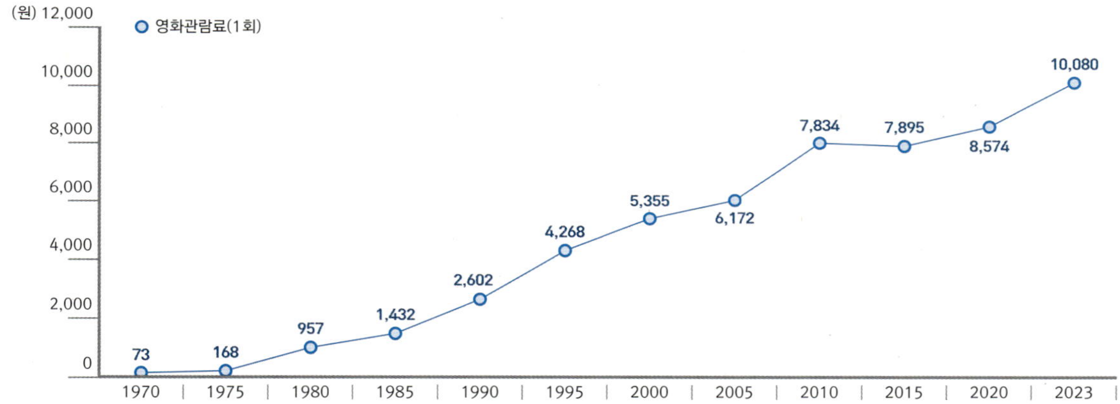

※ 영화관람료는 외화, 한국영화의 평균관람 요금임

TV 수신료

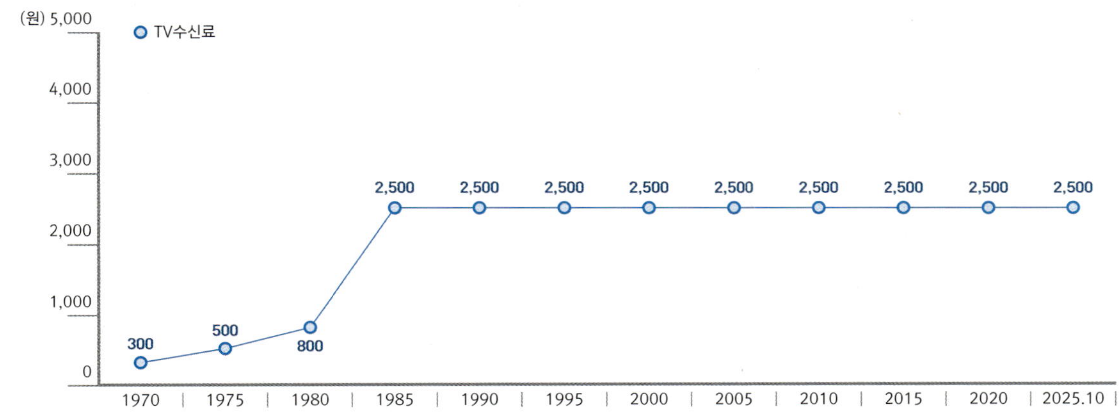

우편·전화요금

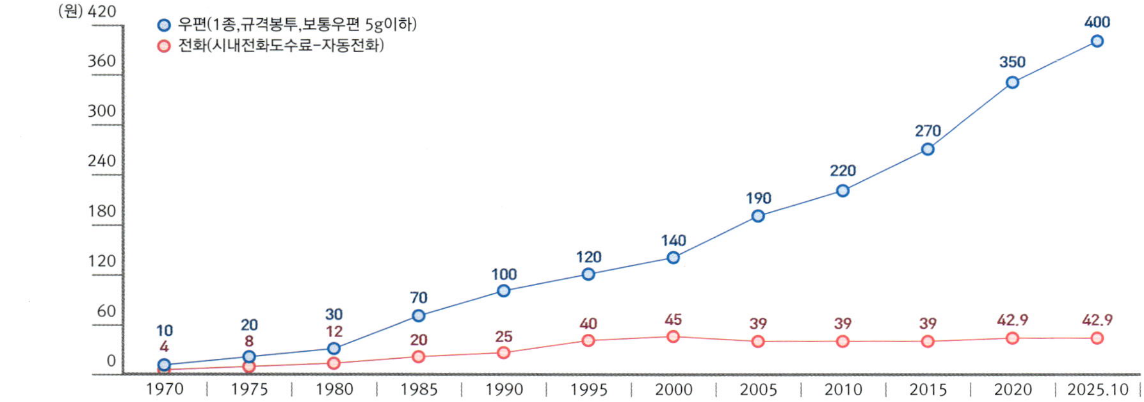

※ 우편요금 규격변경 : 1종필서(~'83), 1종규격봉서('84~'93), 보통우편 5g 이하('94~)
※ 전화요금 : 시내3분이내 기준

지하철 요금

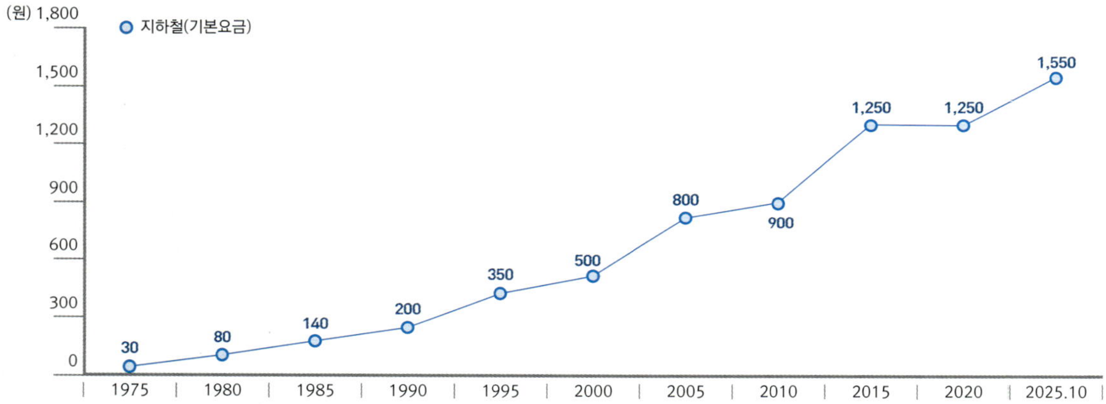

※ 1월기준

자동차등록대수

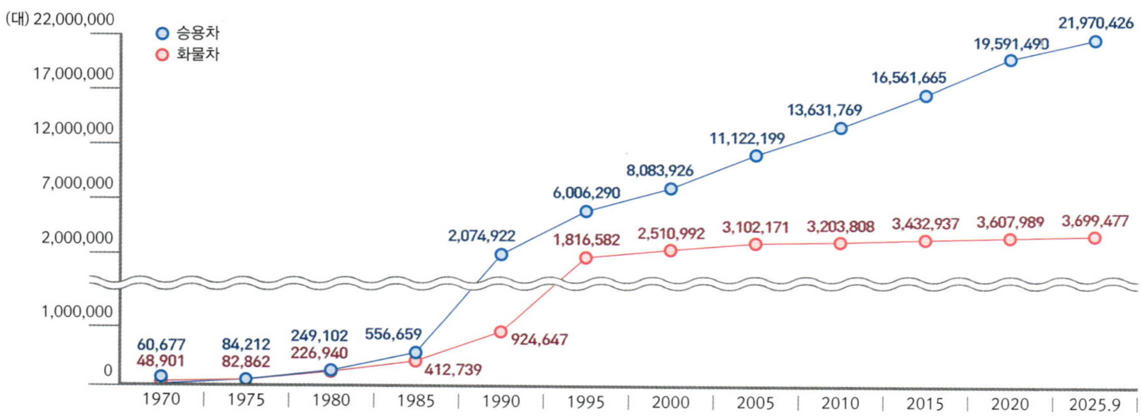

인구추이

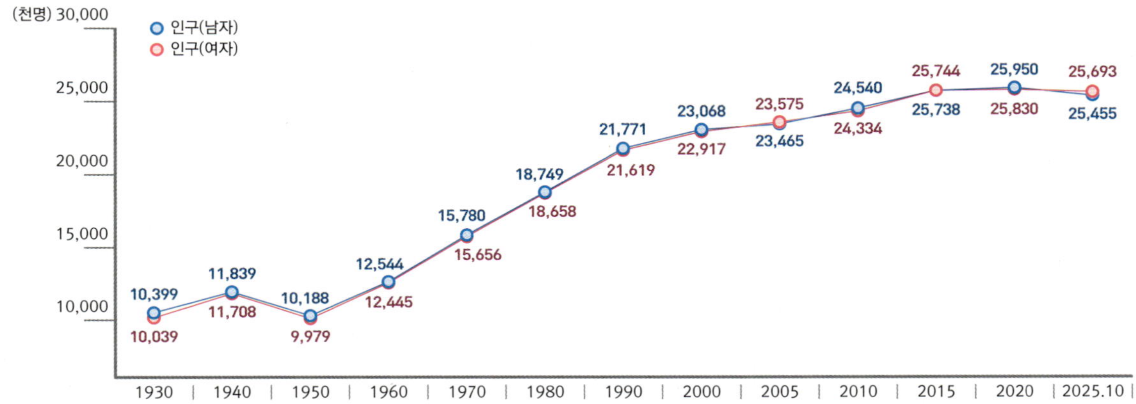

※ 2025년도는 확정치가 아닌 추계인구 자료임

교육비

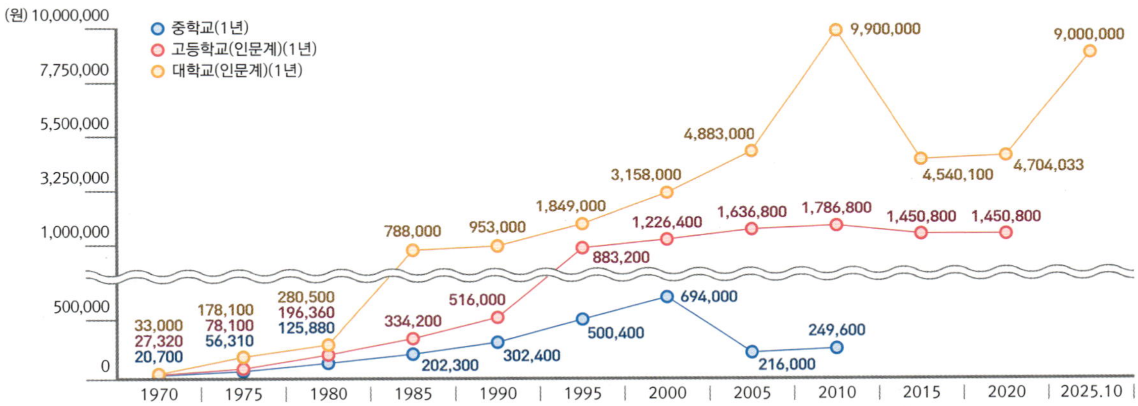

※ 2000년 이후 중학교 의무교육 시행으로 교육비 인하됨, 2012년 이후 중학교 무상교육 실시, 국·공립 고등학교는 2021년부터 무상교육 전면 시행
※ 국공립 1년치 최고가격임

환율

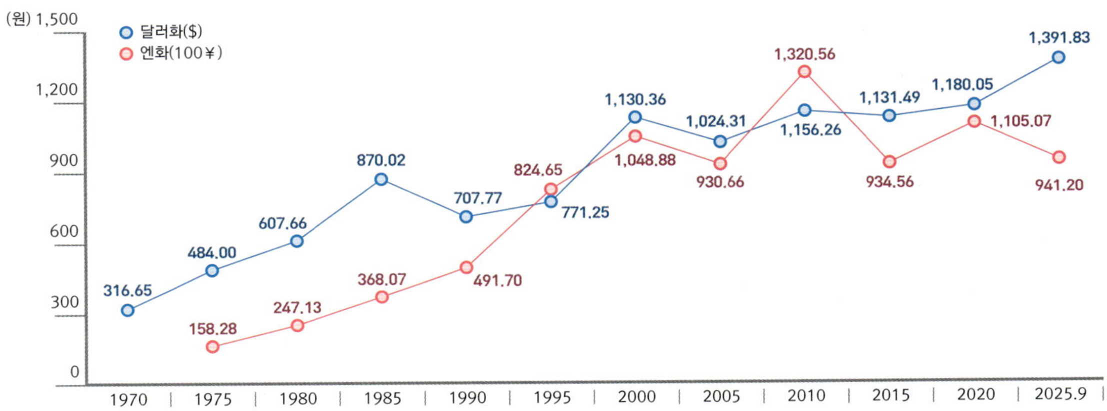

정부(시중)노임단가 (1)

1. 공사부문

(단위:원/인)

직종번호	직종명	1970	1971	1972	1973	1974	1975	1976	1977	1978	1979	1980	1981	1982
1	갱부(우마차포함)	1,370	1,500	760	760	1,250	1,630	1,850	2,350	3,210	3,950	5,230	6,350	7,360
2	도목수	-	-	-	-	-	-	-	-	4,210	6,620	8,570	9,630	10,880
3	건축목공	1,400	1,500	1,120	1,120	1,510	1,960	2,090	2,550	3,710	5,530	7,070	8,110	8,950
4	형틀목공	1,100	1,400	1,030	1,030	1,390	1,740	1,860	2,360	3,650	5,080	6,730	7,910	8,330
5	창호공(창호목공)	-	-	-	-	-	-	-	-	3,810	5,450	6,840	8,200	9,150
6	철골공	-	-	950	950	1,370	1,920	2,070	2,620	3,740	4,780	7,070	8,060	8,700
7	철공	1,300	1,500	950	950	1,230	1,720	1,930	2,450	3,680	5,770	6,900	7,330	8,110
8	철근공	1,100	1,300	880	880	1,230	1,660	1,810	2,290	3,650	5,270	6,600	7,820	8,210
9	철판공	1,300	1,500	950	950	1,280	1,850	2,000	2,490	3,700	4,180	6,240	7,110	8,190
10	셔터공	1,300	1,500	890	890	1,330	1,860	2,020	2,570	3,680	5,920	7,650	8,090	8,710
11	창호공(샷시공)	1,300	1,500	920	920	1,330	1,860	1,980	2,430	3,870	5,230	6,540	7,890	9,070
12	절단공	-	-	800	800	1,200	1,680	1,820	2,310	3,670	4,340	6,290	7,350	7,460
13	석공	1,500	1,650	880	880	1,400	2,030	2,200	2,890	4,290	5,560	7,170	9,150	9,450
14	특수비계공	2,200	2,200	1,550	1,550	1,780	2,230	2,410	2,950	4,330	6,690	8,650	9,560	10,750
15	비계공	1,000	1,600	950	950	1,280	1,660	1,800	2,360	3,870	5,380	7,070	8,240	8,840
16	동발공(터널)	-	-	660	660	890	1,240	1,420	1,800	3,330	4,050	5,930	7,440	8,160
17	조적공	1,300	1,500	800	800	1,200	1,680	1,830	2,320	3,550	5,200	6,620	7,770	8,290
18	치장벽돌공	-	-	-	-	-	-	-	-	-	-	-	-	-
19	벽돌(블럭)제작공	1,300	1,500	800	800	1,120	1,460	1,600	2,100	3,200	4,940	6,020	7,950	7,950
20	연돌공	-	-	950	950	1,470	1,980	2,140	2,620	4,050	5,080	6,580	7,880	8,350
21	미장공	1,500	1,500	900	900	1,300	1,820	1,980	2,510	4,000	5,740	7,160	8,320	8,840
22	방수공	1,300	1,400	880	880	1,230	1,780	1,930	2,540	3,800	4,840	6,580	7,710	7,980
23	타일공	1,360	1,500	950	950	1,330	1,920	2,080	2,630	4,600	5,940	7,450	8,490	9,080
24	줄눈공	-	-	890	890	1,110	1,600	1,760	2,230	3,880	5,070	7,030	7,370	7,810
25	연마공	-	1,500	810	810	1,170	1,350	1,540	2,020	2,960	6,420	7,340	8,400	8,680
26	콘크리트공	870	900	660	660	920	1,280	1,420	1,870	3,050	4,330	5,790	7,020	7,290
27	바이브레이터공	-	-	-	-	890	1,240	1,390	1,830	3,060	4,420	5,920	6,890	7,070
28	보일러공	1,400	1,500	970	970	1,400	1,960	2,200	2,790	3,780	5,240	7,790	8,720	9,590
29	배관공	1,300	1,450	900	900	1,300	1,820	2,010	2,550	3,540	5,030	6,400	8,040	8,310
30	배관공(수도)	-	-	-	-	-	-	-	-	-	-	-	-	-
31	온돌공	1,300	1,450	770	770	1,270	1,840	2,030	2,580	3,880	5,600	6,920	8,020	8,250
32	위생공	-	1,500	920	920	1,330	1,860	2,020	2,570	3,480	4,920	6,410	7,370	7,830
33	보온공	1,200	1,300	950	950	1,230	1,720	1,860	2,630	3,480	4,860	6,060	6,650	7,140
34	도장공	1,300	1,450	810	810	1,170	1,690	1,880	2,380	3,530	5,240	6,640	7,550	8,300
35	내장공	1,500	1,600	780	780	1,280	1,790	1,940	2,460	3,970	5,210	7,380	8,100	8,280
36	도배공	-	1,200	720	720	1,150	1,610	1,810	2,290	3,850	6,190	7,170	8,010	8,260
37	아스타일공	1,360	1,500	950	950	1,330	1,920	2,080	2,630	3,660	4,230	6,040	7,630	8,330
38	기와공	1,500	1,500	800	800	1,240	1,790	1,970	2,590	4,420	5,450	7,830	9,400	9,400
39	스레이트공	1,300	1,600	810	810	1,130	1,630	1,830	2,320	3,210	5,450	7,050	7,460	8,210
40	지붕잇기공	-	-	-	-	-	-	-	-	-	-	-	-	-
41	견출공	-	-	-	-	-	-	-	-	-	-	-	-	-
42	판넬조립공	-	-	-	-	-	-	-	-	-	-	-	-	-
43	화약취급공	1,300	1,500	810	810	1,360	1,840	1,850	2,460	4,560	6,320	8,130	9,300	10,690
44	착암공	1,200	1,500	850	850	1,160	1,620	1,830	2,400	3,750	5,130	6,620	7,880	8,630
45	보안공	1,800	-	860	860	1,200	1,500	1,660	1,960	2,840	3,020	5,150	6,370	6,370
46	포장공	1,200	1,500	840	840	1,170	1,690	1,790	2,290	3,420	3,800	5,760	7,130	8,560
47	포설공	-	-	840	840	1,260	1,760	1,880	2,200	3,370	4,070	6,340	7,300	8,400
48	궤도공	-	-	760	760	1,140	1,480	1,600	1,960	2,940	3,590	4,750	5,230	5,750
49	용접공(철도)	-	-	760	760	1,140	1,540	1,610	1,970	3,140	4,230	5,590	6,150	6,770
50	잠수부/()안은4인조기준	(11,000)	(15,000)	(7,830)	(7,830)	(11,700)	(15,200)	(17,360)	(22,010)	(29,530)	(30,730)	(37,690)	(47,450)	(47,450)
51	잠함공	2,500	2,500	2,030	2,030	2,940	3,680	3,840	4,530	6,790	7,270	9,610	10,570	11,630
52	보링공	1,650	1,650	1,220	1,220	1,580	2,050	2,140	2,710	4,660	4,910	6,500	7,890	7,990
53	우물공	1,240	1,400	720	720	1,150	1,660	1,800	2,360	4,270	5,250	6,680	7,270	8,000
54	영림기사	-	-	900	900	1,300	1,690	1,760	2,110	3,820	6,360	8,410	9,250	10,180
55	조경공	1,500	1,500	600	760	1,210	1,510	1,610	2,110	3,270	5,450	6,800	7,790	7,790
56	벌목부	-	-	490	490	800	-	1,220	1,600	2,200	3,590	5,210	5,590	6,710
57	조림인부	-	-	490	490	800	960	1,100	1,450	2,140	3,660	4,930	5,940	7,130
58	플랜트기계설치공	-	-	-	-	-	-	-	3,200	4,690	4,980	7,450	9,310	10,710
59	플랜트특수용접공	-	-	-	-	-	-	-	-	-	-	-	-	-
60	플랜트용접공	-	-	-	-	-	-	-	4,180	4,790	5,510	7,950	8 750	8,750
61	플랜트배관공	-	-	-	-	-	-	-	3,000	4,410	4,830	7,130	7 730	8,890
62	플랜트제관공	-	-	-	-	-	-	-	2,930	4,560	5,700	9,080	9 080	9,080
63	석면해체공	-	-	-	-	-	-	-	-	-	-	-	-	-
64	시공측량사	1,700	1,800	1,220	1,220	1,950	2,150	2,280	2,990	4,310	6,260	8,630	10 290	10,290
65	시공측량사조수	1,000	1,000	610	610	880	1,140	1,240	1,620	2,740	3,620	5,160	5,810	6,070
66	측부	-	-	610	610	880	1,100	1,140	1,500	2,090	2,780	3,910	4,450	4,970
67	검조부	-	-	1,220	1,220	1,460	1,650	1,680	1,980	2,300	3,620	3,460	3,810	4,190

(단위:원/인)

1983	1984	1985	1986	1987	1988	1989	1990	1991	1992	1993	1994	1995.1	직종명	직종번호
7,800	8,100	8,150	8,450	8,530	9,850	11,800	14,650	19,700	24,700	32,700	33,500	29,977	갱부(우마차포함)	1
11,430	11,430	11,690	11,870	13,010	14,580	16,350	18,950	24,000	32,200	45,600	52,500	73,539	도목수	2
9,410	9,720	10,280	10,670	11,330	12,690	14,600	17,450	22,500	30,300	39,600	43,700	57,199	건축목공	3
9,010	9,530	10,230	10,570	11,660	13,060	14,800	17,650	22,700	30,500	40,200	42,800	57,260	형틀목공	4
9,600	9,730	10,020	10,530	11,620	13,020	14,800	17,650	22,700	30,500	38,800	40,400	47,393	창호공(창호목공)	5
9,300	9,700	10,180	10,740	11,640	13,040	14,800	17,650	22,700	29,400	38,400	41,300	57,701	철골공	6
8,810	9,010	9,340	9,770	10,770	12,430	14,300	17,150	22,200	28,800	35,100	35,500	52,635	철공	7
8,930	9,360	9,930	10,310	11,460	12,840	14,800	17,650	22,700	30,500	38,900	40,900	58,024	철근공	8
8,680	8,680	9,240	9,520	10,930	11,930	13,750	16,600	21,600	27,000	33,500	35,400	45,810	철판공	9
9,700	10,280	10,280	10,540	11,740	12,650	14,550	17,400	22,400	28,000	37,400	37,400	48,189	셔터공	10
9,360	9,530	9,920	10,260	11,130	12,470	14,350	17,200	22,200	27,800	35,500	35,500	42,386	창호공(샷시공)	11
8,100	8,100	8,100	8,480	9,640	10,800	12,950	15,800	21,000	26,300	36,100	36,100	49,310	절단공	12
10,200	10,260	10,590	11,250	12,070	13,720	15,400	18,000	23,000	30,900	41,000	44,900	59,776	석공	13
10,750	10,870	11,210	11,590	12,870	14,420	16,150	18,750	27,800	37,100	47,400	49,700	62,432	특수비계공	14
9,500	9,800	10,280	10,700	11,500	12,880	14,800	17,650	22,700	30,500	40,300	43,700	60,347	비계공	15
9,680	9,970	9,970	10,220	10,220	11,800	13,600	16,450	21,500	25,800	38,800	40,900	53,164	동발공(터널)	16
8,960	9,430	9,610	10,080	10,930	12,250	14,100	16,950	22,000	29,600	37,800	40,300	54,587	조적공	17
-	-	-	-	-	-	-	18,650	23,700	30,800	39,100	41,300	60,827	치장벽돌공	18
7,960	8,080	8,890	9,420	10,250	11,480	13,500	16,350	21,400	26,800	31,700	31,700	49,754	벽돌(블럭)제작공	19
8,350	8,600	8,960	9,130	10,500	10,910	13,050	15,900	24,600	32,000	35,500	37,200	46,756	연돌공	20
9,240	9,450	10,150	10,600	11,450	12,830	14,800	17,650	22,700	30,500	40,100	42,700	57,497	미장공	21
8,750	9,080	9,510	9,790	10,790	12,090	13,950	16,800	21,800	28,300	35,600	36,500	46,795	방수공	22
9,360	9,370	9,720	10,190	11,350	12,720	14,650	17,500	22,500	30,300	39,700	41,000	57,146	타일공	23
8,560	8,560	8,720	9,240	9,760	11,270	13,500	16,350	21,400	27,800	35,800	35,800	50,364	줄눈공	24
8,690	9,000	9,270	9,530	9,890	11,420	13,500	16,350	22,800	30,600	38,800	38,800	56,549	연마공	25
7,910	8,330	8,810	9,260	10,540	11,810	13,600	16,450	21,500	27,900	36,300	38,500	51,306	콘크리트공	26
7,450	7,700	7,770	8,220	9,400	10,850	13,000	15,850	20,900	28,200	34,700	34,700	53,280	바이브레이터공	27
9,870	9,890	1,030	11,080	12,380	13,520	15,150	17,750	22,800	28,500	34,600	34,700	46,595	보일러공	28
8,670	9,010	9,430	9,620	10,200	10,960	13,100	15,950	21,000	27,300	33,500	34,400	42,008	배관공	29
-	-	-	-	-	-	-	-	-	-	-	-	-	배관공(수도)	30
8,750	8,750	9,080	9,270	9,830	10,910	13,050	15,900	20,900	26,100	31,100	31,100	44,297	온돌공	31
8,290	8,310	8,790	8,920	10,100	10,300	12,350	15,200	20,200	26,300	33,200	33,900	42,960	위생공	32
8,080	8,160	8,510	8,930	9,660	10,820	12,950	15,800	20,800	25,000	30,900	30,900	43,313	보온공	33
8,990	9,210	9,750	10,280	11,220	12,570	14,500	17,350	22,400	29,000	36,600	38,200	53,419	도장공	34
8,790	8,920	9,300	9,920	11,060	12,390	14,250	17,100	23,600	31,700	40,100	42,400	55,882	내장공	35
8,900	8,940	9,570	9,820	10,640	11,920	13,750	16,600	21,600	27,000	34,900	34,900	47,742	도배공	36
9,410	9,570	9,930	10,380	11,380	12,750	14,700	17,550	22,600	28,300	36,400	38,800	46,029	아스타일공	37
9,400	9,400	9,830	10,040	11,320	13,070	14,800	17,650	23,200	30,200	38,300	42,200	68,249	기와공	38
8,780	8,840	9,170	9,300	9,450	10,590	12,700	15,550	22,100	28,700	34,300	38,300	84,693	스레이트공	39
-	-	-	-	-	-	-	-	-	-	-	-	-	지붕잇기공	40
-	-	-	-	-	-	-	-	-	-	-	-	-	견출공	41
-	-	-	-	-	-	-	-	-	-	-	-	-	판넬조립공	42
11,420	11,480	11,760	12,010	12,010	13,300	14,900	17,750	22,800	30,600	39,300	41,200	60,299	화약취급공	43
9,270	9,700	10,040	10,660	10,740	12,030	13,850	16,700	21,700	28,100	35,100	36,500	44,064	착암공	44
6,760	6,830	7,030	7,030	7,450	8,350	10,000	12,900	19,800	21,600	27,100	27,100	33,895	보안공	45
8,560	9,000	9,560	10,060	10,500	12,120	13,950	16,800	21,800	28,300	37,700	40,300	42,095	포장공	46
9,370	9,530	9,790	10,000	10,080	11,290	13,500	16,350	21,400	27,800	35,200	36,200	49,005	포설공	47
6,900	7,110	7,320	7,540	7,990	8,950	10,700	13,550	18,100	21,700	27,300	27,300	34,708	궤도공	48
11,000	11,330	11,670	11,880	11,930	13,370	15,000	17,850	22,900	29,800	37,400	37,800	58,557	용접공(철도)	49
(50,990)	(55,250)	(56,090)	(57,420)	(57,420)	(58,390)	(65,400)	18,950	28,000	36,400	45,700	53,700	60,308	잠수부/()안은4인조기준	50
12,330	12,700	13,080	13,470	14,280	16,000	17,950	20,550	25,600	30,700	38,500	38,500	-	잠함공	51
7,990	8,580	9,210	9,680	10,260	11,100	12,300	16,150	21,200	25,400	30,900	33,000	44,658	보링공	52
8,000	8,000	8,530	8,850	9,380	10,510	12,260	15,450	17,100	23,900	30,000	30,000	46,448	우물공	53
10,790	11,110	11,440	11,780	12,490	13,990	15,700	18,300	23,300	28,000	35,000	35,000	85,000	영림기사	54
8,780	9,040	9,040	9,290	10,680	10,760	12,900	15,750	20,800	26,000	35,500	35,500	44,190	조경공	55
7,630	7,630	7,860	7,910	8,630	9,960	11,950	14,800	19,800	23,800	29,900	29,900	41,848	벌목부	56
7,710	8,000	8,240	8,490	9,410	10,540	12,600	15,450	20,500	25,600	32,200	32,200	38,787	조림인부	57
11,970	12,330	12,330	12,400	12,990	14,550	14,550	17,400	26,400	33,000	41,900	41,900	61,934	플랜트기계설치공	58
-	-	-	-	-	-	-	-	32,200	39,600	49,700	49,700	63,933	플랜트특수용접공	59
9,790	9,790	9,790	10,350	11,560	13,340	14,950	17,800	26,800	35,800	43,200	43,200	61,357	플랜트용접공	60
9,940	10,500	10,500	10,800	11,410	13,170	14,800	17,650	26,700	33,400	41,600	41,600	55,703	플랜트배관공	61
10,150	10,460	10,770	11,350	12,140	12,430	14,300	17,150	26,200	32,800	40,300	40,300	51,591	플랜트제관공	62
-	-	-	-	-	-	-	-	-	-	-	-	-	석면해체공	63
11,260	11,310	11,310	11,480	11,780	13,200	14,800	17,650	22,700	28,200	30,700	30,700	42,185	시공측량사	64
6,380	6,860	6,890	6,890	7,880	8,830	10,600	13,450	17,300	21,800	21,800	21,800	27,764	시공측량사조수	65
5,280	5,390	5,700	5,810	6,110	6,850	8,200	11,100	15,500	18,600	19,200	20,000	24,027	측부	66
4,440	4,570	4,710	4,860	5,390	6,040	7,110	10,010	13,800	16,600	18,800	19,600	-	검조부	67

정부(시중)노임단가 (2)

(단위:원/인)

직종번호	직종명	1995.9	1996.1	1996.9	1997.1	1997.9	1998.1	1998.9	1999.1	1999.9	2000.1	2000.9	2001.1	2001.9
1	갱부(우마차포함)	47,737	52,762	53,965	56,477	62,028	56,352	50,308	46,995	48,318	51,318	53,322	51,617	48,994
2	도목수	71,191	83,905	78,123	78,097	80,541	81,068	-	-	-	-	-	-	-
3	건축목공	60,339	63,706	63,220	67,285	69,710	71,703	65,712	62,310	63,888	60,176	61,692	63,257	66,753
4	형틀목공	61,835	67,246	65,580	70,616	72,515	75,306	65,381	62,603	62,381	61,483	63,219	64,943	67,648
5	창호공(창호목공)	58,232	63,841	64,898	64,829	65,138	66,162	61,043	56,563	55,718	51,776	55,960	53,621	55,545
6	철골공	58,845	84,832	65,054	66,046	72,992	73,514	64,796	60,500	60,700	64,454	64,572	64,609	66,569
7	철공	58,947	66,655	66,194	67,900	73,156	72,430	59,917	59,797	60,682	63,441	68,851	65,845	64,286
8	철근공	61,510	66,050	69,452	70,979	75,509	77,839	66,944	65,147	64,665	63,607	66,745	68,758	70,167
9	철판공	59,563	63,685	66,869	69,932	70,072	73,217	68,465	61,774	61,447	58,465	59,039	61,903	59,175
10	셔터공	51,949	52,989	58,987	62,226	69,166	64,659	-	-	-	-	-	-	-
11	창호공(샷시공)	50,023	59,541	57,717	63,505	62,029	66,647	58,035	55,318	55,655	56,652	60,072	58,429	59,368
12	절단공	56,756	59,963	65,939	64,126	59,851	65,881	67,321	59,642	58,164	61,395	61,292	59,029	63,118
13	석공	67,845	71,740	70,616	71,945	75,449	77,005	67,292	69,257	66,104	60,879	64,890	65,443	69,479
14	특수비계공	74,315	76,360	86,144	91,943	83,352	85,884	75,380	78,766	69,820	66,312	72,456	73,285	73,274
15	비계공	65,265	67,869	74,682	78,568	77,373	79,467	69,324	66,531	66,225	66,149	67,640	68,645	71,272
16	동발공(터널)	40,065	50,282	52,204	55,773	61,841	65,485	59,691	61,285	59,084	58,938	58,692	55,046	60,263
17	조적공	56,054	61,121	63,036	62,381	66,437	67,986	58,379	58,512	56,120	57,968	56,969	57,592	61,286
18	치장벽돌공	65,912	71,899	69,294	71,541	73,827	73,288	64,317	61,897	60,632	61,553	61,167	63,567	61,878
19	벽돌(블럭)제작공	56,372	63,854	64,323	62,112	71,848	61,291	57,334	56,942	55,205	57,286	56,981	55,132	60,197
20	연돌공	54,103	55,661	55,361	61,895	64,279	72,745	-	-	-	-	-	-	-
21	미장공	60,814	65,070	65,740	67,466	69,194	71,283	61,569	59,451	58,995	54,467	58,263	59,137	62,196
22	방수공	47,192	53,953	54,255	55,579	57,209	57,701	51,640	50,866	49,182	49,062	48,704	50,753	52,636
23	타일공	57,466	64,202	66,101	65,646	66,528	68,147	60,760	58,994	59,268	56,533	56,154	57,740	61,694
24	줄눈공	53,274	56,412	63,278	69,425	56,155	63,589	55,387	58,172	57,286	52,633	53,392	54,238	56,218
25	연마공	51,430	55,251	56,906	57,426	63,517	67,289	54,957	56,709	61,143	56,884	60,073	60,376	62,946
26	콘크리트공	57,135	59,988	61,538	64,591	67,783	71,184	63,605	60,596	61,529	62,281	64,308	63,355	67,489
27	바이브레이터공	49,465	58,110	61,317	65,146	63,032	69,081	-	-	-	-	-	-	-
28	보일러공	51,076	51,610	56,911	57,708	59,920	56,787	52,463	48,190	48,055	46,165	47,931	47,570	48,864
29	배관공	45,096	48,933	51,160	53,408	56,402	58,907	52,004	48,833	47,788	47,537	49,542	51,272	54,533
30	배관공(수도)	-	-	-	-	-	-	-	-	-	-	-	-	-
31	온돌공	47,875	50,126	53,989	58,907	60,000	54,720	-	-	-	-	-	-	-
32	위생공	44,120	49,667	50,341	52,401	57,768	59,212	51,145	48,855	47,747	49,691	48,198	51,626	53,112
33	보온공	46,747	51,545	60,859	61,630	58,460	63,143	54,125	49,987	49,300	51,700	50,900	52,961	55,637
34	도장공	49,493	55,408	60,159	59,569	60,229	63,038	55,640	52,915	53,130	53,370	56,361	57,502	57,454
35	내장공	59,064	64,991	64,540	66,457	69,893	72,244	59,767	58,768	56,336	53,250	56,117	58,925	62,326
36	도배공	47,968	54,852	59,238	55,228	56,356	58,443	52,201	51,632	55,621	53,277	52,655	53,852	50,711
37	아스타일공	55,469	56,750	60,592	62,199	67,874	71,686	-	-	-	-	-	-	-
38	기와공	64,584	66,473	68,801	72,101	78,724	69,476	-	-	-	-	-	-	-
39	스레이트공	61,145	76,515	73,049	75,895	74,212	72,727	-	-	-	-	-	-	-
40	지붕잇기공	62,051	68,727	71,306	73,202	75,894	69,497	64,891	68,363	67,773	67,057	67,216	64,670	66,038
41	견출공	-	-	-	-	-	68,717	60,203	59,133	58,060	55,628	57,314	59,672	60,095
42	판넬조립공	-	-	-	-	-	67,380	58,782	55,888	59,171	58,823	58,910	60,190	63,694
43	화약취급공	56,904	64,371	63,146	65,568	66,262	69,595	60,578	67,520	70,722	70,920	67,924	68,580	66,179
44	착암공	49,584	56,255	53,477	52,686	54,443	57,292	54,279	50,107	49,906	52,818	52,647	50,430	54,280
45	보안공	32,868	32,352	34,873	39,804	38,773	41,290	44,036	41,224	40,511	41,597	41,261	42,925	44,195
46	포장공	56,260	71,104	70,037	68,240	64,084	65,494	56,237	59,695	61,600	63,929	63,034	59,901	58,672
47	포설공	62,709	67,418	69,371	66,328	65,376	65,082	54,013	53,731	53,542	55,613	56,843	56,799	56,860
48	궤도공	40,389	43,063	47,906	-	76,255	60,000	62,818	53,629	53,982	58,339	57,795	58,478	62,234
49	용접공(철도)	55,714	56,717	54,676	58,149	65,104	67,201	55,736	58,661	61,831	58,398	61,016	64,144	63,629
50	잠수부/()안은4인조기준	75,184	73,646	82,746	75,164	92,040	81,832	73,901	87,712	90,328	85,405	90,140	89,256	88,034
51	잠함공	-	-	-	-	-	-	-	-	-	-	-	-	-
52	보링공	44,584	50,222	48,972	45,887	50,958	58,626	53,721	50,288	50,970	48,651	48,022	47,958	46,378
53	우물공	-	-	-	-	52,316	50,558	-	-	-	-	-	-	-
54	영림기사	56,790	70,938	56,221	57,037	57,965	72,675	-	-	-	-	-	-	-
55	조경공	51,060	52,553	55,950	56,546	55,442	60,207	50,321	50,250	53,931	51,756	53,468	54,828	55,700
56	벌목부	51,860	53,704	51,833	53,731	61,479	66,433	64,902	57,718	59,480	60,289	62,409	60,692	63,702
57	조림인부	33,108	41,218	45,778	49,339	49,506	53,688	32,014	43,854	43,582	44,577	44,544	40,995	40,152
58	플랜트기계설치공	65,839	69,396	82,970	82,195	84,592	80,805	61,521	59,903	61,529	65,612	64,281	66,009	66,046
59	플랜트특수용접공	88,664	85,059	100,125	119,232	127,162	141,121	93,828	100,475	91,094	88,272	87,594	87,559	85,784
60	플랜트용접공	79,335	75,981	89,492	93,816	97,692	95,379	69,101	63,349	61,564	57,021	60,712	61,599	62,886
61	플랜트배관공	78,492	73,390	93,817	92,953	97,774	97,219	76,135	66,377	65,803	63,995	63,923	63,723	63,034
62	플랜트제관공	57,016	59,942	79,771	80,697	85,993	81,966	60,834	54,813	56,205	53,914	57,994	53,665	53,497
63	석면해체공	-	-	-	-	-	-	-	-	-	-	-	-	-
64	시공측량사	49,795	53,524	56,005	55,504	50,559	58,506	47,571	44,848	50,942	50,453	49,167	51,058	48,997
65	시공측량사조수	31,625	35,323	35,962	34,324	35,894	38,777	32,619	33,985	36,017	34,386	34,305	32,808	31,559
66	측부	25,116	28,115	32,570	33,929	31,106	32,725	32,690	26,699	29,586	29,428	31,115	29,562	31,179
67	검조부	-	-	-	-	31,220	32,800	-	-	-	-	-	-	-

(단위:원/인)

2002.1	2002.9	2003.1	2003.9	2004.1	2004.9	2005.1	2005.9	2006.1	2006.9	2007.1	2007.9	2008.1	직종명	직종번호
49,863	50,355	54,463	54,468	50,903	52,551	52,806	53,063	53,900	54,234	55,316	57,869	66,063	갱부(우마차포함)	1
-	-	-	-	-	-	-	-	-	-	-	-	-	도목수	2
69,086	78,068	86,872	89,931	87,481	88,581	88,571	90,370	90,046	92,518	96,578	96,686	102,164	건축목공	3
71,251	79,997	91,573	92,041	92,242	92,709	92,862	93,642	91,893	92,808	92,614	94,357	96,690	형틀목공	4
55,664	66,561	74,970	78,506	82,618	86,478	86,080	85,388	81,895	83,652	85,461	87,926	88,407	창호공(창호목공)	5
67,147	70,490	79,079	83,811	89,660	92,775	93,061	95,091	94,733	92,667	95,336	96,553	100,401	철골공	6
63,963	75,336	85,754	85,952	90,908	94,778	94,502	93,202	93,552	92,135	97,539	93,962	103,303	철공	7
73,192	84,113	93,853	96,310	93,842	95,566	95,897	97,761	97,389	98,887	99,590	100,345	100,835	철근공	8
64,601	76,518	81,995	79,446	83,753	87,376	86,533	87,581	90,303	89,096	95,084	93,464	95,595	철판공	9
-	-	-	-	-	-	-	-	-	-	-	-	-	셔터공	10
65,205	71,143	81,464	81,363	81,707	81,729	81,570	81,639	83,138	88,219	85,979	83,859	84,868	창호공(샷시공)	11
57,667	62,686	75,064	77,240	79,726	82,384	83,145	82,480	79,276	83,943	87,467	89,707	88,232	절단공	12
78,296	82,964	94,158	93,922	95,056	97,837	95,946	93,579	96,009	92,637	90,997	94,805	97,834	석공	13
77,976	83,129	98,910	99,020	100,895	99,410	99,717	99,532	98,891	102,509	105,519	106,414	117,101	특수비계공	14
75,140	80,461	93,650	97,513	97,360	95,541	95,622	97,356	98,529	101,854	103,867	104,231	107,592	비계공	15
56,000	60,415	64,424	67,654	67,311	68,243	68,277	68,371	71,485	74,120	71,779	-	77,671	동발공(터널)	16
66,461	74,460	83,651	83,302	85,904	85,568	85,554	84,806	83,710	83,561	87,613	87,829	86,508	조적공	17
62,612	73,307	81,817	85,233	86,484	90,122	87,596	85,899	84,240	84,617	87,729	88,020	85,979	치장벽돌공	18
58,386	64,192	71,966	75,677	81,450	78,445	81,362	81,865	85,266	86,192	90,626	88,153	85,103	벽돌(블럭)제작공	19
-	-	-	-	-	-	-	-	-	-	-	-	-	연돌공	20
67,451	78,939	89,051	87,975	87,223	89,016	88,863	86,978	86,731	86,273	88,300	88,702	89,567	미장공	21
56,597	57,461	69,668	66,538	70,788	70,655	70,360	69,892	71,223	69,384	72,274	69,549	76,130	방수공	22
67,477	81,170	97,463	100,870	98,192	95,268	95,194	97,014	97,355	97,148	97,883	100,416	98,698	타일공	23
60,197	70,657	77,158	75,121	79,875	77,812	77,783	78,606	77,168	78,247	77,223	81,493	87,793	줄눈공	24
66,696	68,702	76,357	79,620	77,869	81,721	80,949	79,348	76,365	79,014	79,847	78,217	82,822	연마공	25
68,884	77,157	90,048	87,613	88,153	90,529	90,480	88,759	89,575	91,208	93,109	94,550	97,531	콘크리트공	26
-	-	-	-	-	-	-	-	-	-	-	-	-	바이브레이터공	27
44,487	52,274	62,087	64,560	65,972	69,773	70,093	71,069	75,456	73,557	72,717	77,939	81,886	보일러공	28
60,590	64,676	76,823	73,514	73,508	74,921	75,046	76,209	76,528	76,816	78,893	79,781	83,392	배관공	29
-	-	-	91,883	88,528	91,448	93,683	96,117	101,443	100,549	103,468	100,674	98,857	배관공(수도)	30
-	-	-	-	-	-	-	-	-	-	-	-	-	온돌공	31
53,984	59,941	67,979	69,137	73,589	74,058	73,974	73,151	73,159	75,542	73,771	74,533	78,195	위생공	32
58,030	67,013	71,545	73,286	72,946	76,164	76,656	77,097	80,092	82,710	82,684	78,823	81,730	보온공	33
59,780	70,380	79,956	77,382	82,782	81,436	81,720	82,503	84,343	83,825	88,603	88,520	91,764	도장공	34
67,326	79,456	82,336	85,714	84,105	88,124	88,014	86,954	88,373	88,125	90,652	86,871	94,793	내장공	35
54,579	64,526	78,284	81,724	84,417	82,635	79,152	79,785	77,499	77,240	79,754	78,836	77,185	도배공	36
-	-	-	-	-	-	-	-	-	-	-	-	-	아스타일공	37
-	-	-	-	-	-	-	-	-	-	-	-	-	기와공	38
-	-	-	-	-	-	-	-	-	-	-	-	-	스레이트공	39
66,982	76,687	81,437	79,139	81,949	86,408	85,507	86,338	85,466	83,644	88,774	84,604	92,296	지붕잇기공	40
64,564	74,977	77,536	81,735	81,207	85,418	86,667	88,634	88,586	88,769	87,141	88,841	89,647	견출공	41
59,771	69,879	77,022	80,749	83,201	84,056	83,848	81,695	84,223	87,052	87,667	86,540	90,139	판넬조립공	42
73,666	78,393	88,068	81,573	81,540	81,236	79,230	76,932	73,968	74,277	77,724	81,753	88,932	화약취급공	43
56,840	58,322	62,427	65,785	68,402	66,640	66,491	66,437	67,072	70,899	68,984	71,788	71,432	착암공	44
39,737	-	40,355	-	49,639	50,283	52,495	53,112	54,507	54,848	-	58,099	62,439	보안공	45
63,786	64,059	75,117	77,498	83,276	87,513	89,164	88,353	84,916	86,020	90,740	90,780	88,878	포장공	46
52,740	61,070	69,338	69,844	71,760	73,751	74,884	75,198	75,216	77,160	80,814	78,073	85,175	포설공	47
65,978	73,102	73,763	75,353	72,675	76,159	77,196	75,401	78,100	80,644	82,155	86,126	86,117	궤도공	48
65,262	75,250	78,637	78,694	86,402	85,937	88,287	86,048	84,916	89,637	85,787	85,832	86,478	용접공(철도)	49
91,893	92,469	100,665	99,415	103,094	109,358	115,575	117,101	120,266	119,692	127,596	125,866	125,171	잠수부/()안은4인조기준	50
-	-	-	-	-	-	-	-	-	-	-	-	-	잠함공	51
51,152	57,812	65,692	64,752	68,006	71,899	74,595	75,681	77,400	79,682	79,215	81,833	83,739	보링공	52
-	-	-	-	-	-	-	-	-	-	-	-	-	우물공	53
-	-	-	-	-	-	-	-	-	-	-	-	-	영림기사	54
60,423	61,271	68,999	70,973	74,905	75,810	74,406	73,643	71,972	72,778	73,765	76,926	79,562	조경공	55
64,595	68,116	70,227	72,894	75,772	80,390	79,326	78,178	80,578	82,465	85,581	85,124	81,108	벌목부	56
40,705	48,339	55,397	54,684	58,649	61,063	59,010	59,978	64,171	66,116	69,291	69,214	71,000	조림인부	57
67,802	75,711	84,725	86,185	87,070	85,632	84,789	86,182	90,260	92,968	96,128	100,611	106,830	플랜트기계설치공	58
89,849	101,262	109,022	111,865	107,487	107,339	106,751	107,980	111,905	116,416	120,954	131,235	140,351	플랜트특수용접공	59
65,712	77,855	88,312	88,116	92,780	91,065	94,448	94,966	99,121	103,978	107,520	118,206	121,942	플랜트용접공	60
69,836	77,614	89,935	90,775	94,175	93,458	94,685	95,256	99,842	104,831	104,371	109,815	117,001	플랜트배관공	61
56,906	67,334	75,035	79,159	82,426	81,260	82,689	83,153	86,524	91,288	93,412	98,678	102,841	플랜트제관공	62
-	-	-	-	-	-	-	-	-	-	-	-	-	석면해체공	63
46,927	57,703	59,021	62,558	62,981	67,328	65,038	65,929	69,577	68,369	65,864	67,779	69,562	시공측량사	64
33,274	38,824	42,620	44,147	44,666	46,438	45,716	46,250	47,743	49,815	52,392	51,466	53,912	시공측량사조수	65
30,212	31,786	36,149	38,098	38,725	38,861	38,903	39,817	42,022	40,269	41,661	40,820	43,396	측부	66
-	-	-	-	-	-	-	-	-	-	-	-	-	검조부	67

정부(시중)노임단가 (3)

(단위:원/인)

직종번호	직종명	2008.9	2009.1	2009.9	2010.1	2010.9	2011.1	2011.9	2012.1	2012.9	2013.1	2013.9	2014.1	2014.9
1	갱부(우마차포함)	64,238	69,527	69,954	-	-	-	-	-	-	-	-	-	-
2	도목수	-	-	-	-	-	-	-	-	-	-	-	-	-
3	건축목공	102,173	101,831	99,763	96,310	98,254	99,722	106,641	104,682	113,281	113,962	123,200	123,567	133,609
4	형틀목공	97,678	100,469	101,873	100,730	101,932	104,308	105,805	114,466	107,506	115,082	132,235	132,373	143,562
5	창호공(창호목공)	92,176	91,294	91,260	91,121	96,641	-	-	-	-	-	-	-	-
6	철골공	105,185	104,340	106,050	105,994	108,881	111,501	115,954	114,141	120,830	124,625	130,770	126,237	129,299
7	철공	107,740	111,574	107,463	109,702	107,079	109,857	104,518	113,632	117,844	122,482	123,225	132,283	134,827
8	철근공	106,266	110,775	111,980	110,803	108,427	109,325	111,058	114,884	118,389	118,264	127,758	128,252	137,204
9	철판공	101,619	98,616	96,999	103,664	100,784	104,801	107,902	111,670	118,154	120,277	121,590	124,319	124,199
10	셔터공	-	-	-	-	-	-	-	-	-	-	-	-	-
11	창호공(샷시공)	90,281	92,773	88,710	91,121	96,641	97,457	101,494	107,183	110,390	117,090	121,799	128,451	126,072
12	절단공	89,768	94,852	92,056	-	-	-	-	-	-	-	-	-	-
13	석공	97,243	103,576	104,596	109,066	111,569	106,512	112,871	119,030	128,509	128,544	133,267	128,136	135,109
14	특수비계공	119,729	128,429	119,739	-	-	-	-	-	-	-	-	-	-
15	비계공	114,640	116,264	116,944	118,515	117,090	120,681	123,972	126,924	136,740	141,535	150,673	149,852	153,958
16	동발공(터널)	74,727	-	75,350	-	-	-	-	-	-	-	-	-	-
17	조적공	91,518	89,437	90,619	95,916	100,263	102,200	104,754	109,297	117,597	116,217	120,532	122,344	119,163
18	치장벽돌공	87,746	92,669	91,588	-	-	-	-	-	-	-	-	-	-
19	벽돌(블럭)제작공	92,945	91,608	91,957	-	-	-	-	-	-	-	-	-	-
20	연돌공	-	-	-	-	-	-	-	-	-	-	-	-	-
21	미장공	93,122	93,579	94,140	95,659	98,280	100,562	103,210	107,403	112,225	115,095	123,123	129,924	135,353
22	방수공	76,896	75,703	76,579	80,553	81,638	82,178	77,442	81,612	88,799	87,417	92,902	91,971	98,523
23	타일공	98,480	95,954	96,865	101,048	104,474	105,611	110,585	115,534	120,603	123,611	130,375	126,339	132,287
24	줄눈공	84,091	86,407	86,543	87,652	83,265	83,415	87,103	88,140	90,959	94,619	99,219	99,267	102,821
25	연마공	88,184	83,169	84,497	87,598	88,269	88,551	86,165	90,245	96,541	96,799	103,896	104,643	113,333
26	콘크리트공	99,880	98,735	100,639	103,780	100,947	103,765	102,951	107,477	111,559	117,989	123,616	125,217	131,474
27	바이브레이터공	-	-	-	-	-	-	-	-	-	-	-	-	-
28	보일러공	86,214	90,556	85,080	89,899	84,813	86,950	90,595	97,465	105,230	103,571	111,174	113,314	119,278
29	배관공	86,717	87,372	86,513	89,975	91,564	92,988	94,293	95,187	103,242	104,844	112,679	108,729	117,068
30	배관공(수도)	106,785	114,758	114,043	113,593	119,760	120,692	113,702	121,189	124,928	130,795	133,005	129,456	137,091
31	온돌공	-	-	-	-	-	-	-	-	-	-	-	-	-
32	위생공	82,511	81,777	82,016	85,352	82,119	83,210	87,613	93,707	102,698	101,593	105,651	112,110	113,837
33	보온공	84,692	85,836	86,727	84,400	87,698	86,307	89,836	93,112	90,568	98,179	107,815	105,408	106,975
34	도장공	90,721	93,734	93,715	92,700	95,987	96,119	100,929	105,730	106,840	109,720	114,929	115,265	121,900
35	내장공	96,284	95,706	95,998	93,324	99,352	97,939	100,066	108,686	114,792	116,367	124,831	126,011	129,598
36	도배공	78,714	79,641	79,056	81,322	83,005	80,414	84,052	89,724	96,090	97,428	103,928	108,172	112,571
37	아스타일공	-	-	-	-	-	-	-	-	-	-	-	-	-
38	기와공	-	-	-	-	-	-	-	-	-	-	-	-	-
39	스레이트공	-	-	-	-	-	-	-	-	-	-	-	-	-
40	지붕잇기공	98,458	96,512	97,124	99,773	104,050	105,110	110,267	114,953	122,326	121,564	118,435	118,788	122,074
41	견출공	94,282	90,015	90,624	94,633	95,681	98,569	102,932	103,673	112,082	111,378	117,866	115,792	121,588
42	판넬조립공	88,421	95,224	95,379	95,410	97,417	99,232	102,363	103,162	111,345	111,372	119,474	122,756	118,192
43	화약취급공	88,875	91,390	86,934	93,030	91,167	95,130	98,620	107,051	116,554	116,803	126,015	126,338	136,494
44	착암공	77,435	77,924	78,325	79,533	81,112	84,470	88,645	83,149	90,510	89,295	97,004	96,782	104,951
45	보안공	66,264	70,848	70,564	-	-	-	-	-	-	-	-	-	-
46	포장공	95,722	94,418	95,740	93,077	98,247	99,638	99,661	96,988	105,237	105,320	113,536	112,897	117,562
47	포설공	89,444	91,832	89,203	87,120	90,496	91,993	88,444	84,211	91,841	93,140	100,604	103,648	110,164
48	궤도공	86,606	91,851	90,244	94,909	99,599	99,412	98,292	96,970	104,948	104,006	108,682	-	103,369
49	용접공(철도)	91,769	90,331	91,303	108,464	108,866	110,123	115,090	118,003	123,164	118,754	128,244	129,095	129,940
50	잠수부/()안은4인조기준	130,014	140,154	141,632	148,257	144,015	152,890	155,679	142,472	155,876	157,610	158,273	166,216	185,400
51	잠함공	-	-	-	-	-	-	-	-	-	-	-	-	-
52	보링공	80,455	85,532	83,862	88,782	84,617	87,934	90,591	87,389	96,008	97,175	100,791	104,870	106,648
53	우물공	-	-	-	-	-	-	-	-	-	-	-	-	-
54	영림기사	-	-	-	-	-	-	-	-	-	-	-	-	-
55	조경공	81,394	87,542	87,634	84,090	89,787	87,905	90,072	95,540	103,362	104,904	113,194	113,331	119,232
56	벌목부	87,600	85,877	84,917	89,169	91,695	90,524	97,349	99,200	105,800	105,911	114,201	115,303	122,125
57	조림인부	72,136	75,915	72,516	-	-	-	-	-	-	-	-	-	-
58	플랜트기계설치공	115,352	123,613	116,850	124,328	131,716	135,389	145,425	152,521	162,361	173,641	190,147	182,205	189,035
59	플랜트특수용접공	154,662	163,473	164,739	165,273	175,802	180,511	-	176,077	182,554	187,135	203,604	200,635	216,240
60	플랜트용접공	131,501	143,061	143,946	143,296	153,374	159,756	164,849	176,855	163,191	168,786	182,147	189,801	191,416
61	플랜트배관공	125,221	137,627	130,214	136,587	144,674	148,074	155,151	155,819	157,877	172,716	180,976	184,655	191,518
62	플랜트제관공	112,215	121,065	121,318	125,905	131,115	126,004	134,336	132,884	145,093	146,253	149,292	151,437	159,019
63	석면해체공	-	-	-	88,854	92,842	95,386	98,119	99,179	93,868	97,473	99,818	105,370	111,020
64	시공측량사	74,978	78,731	79,255	-	-	-	-	-	-	-	-	-	-
65	시공측량사조수	58,426	58,966	58,477	-	-	-	-	-	-	-	-	-	-
66	측부	46,477	51,040	50,285	-	-	-	-	-	-	-	-	-	-
67	검조부	-	-	-	-	-	-	-	-	-	-	-	-	-

(단위:원/인)

2015.1	2015.9	2016.1	2016.9	2017.1	2017.9	2018.1	2018.9	2019.1	2019.9	2020.1	2020.9	2021.1	직종명	직종번호
-	-	-	-	-	-	-	-	-	-	-	-	-	갱부(우마차포함)	1
-	-	-	-	-	-	-	-	-	-	-	-	-	도목수	2
139,327	142,205	148,851	158,297	163,377	169,062	175,760	188,225	200,925	203,532	210,176	217,895	224,657	건축목공	3
151,091	152,831	160,431	168,448	174,036	179,290	189,303	197,929	201,951	207,239	215,964	220,808	226,280	형틀목공	4
-	-	-	-	-	-	-	-	-	-	-	-	-	창호공(창호목공)	5
132,746	138,516	143,120	152,524	156,660	163,899	176,388	185,739	195,321	198,829	203,456	204,375	205,246	철골공	6
138,946	138,413	146,509	151,564	156,492	162,422	170,500	177,994	178,249	184,100	192,968	194,315	200,155	철공	7
140,157	148,057	154,424	164,864	170,033	179,665	189,585	199,266	210,096	212,935	219,392	225,461	228,896	철근공	8
120,603	128,022	131,821	140,589	143,643	148,955	153,766	160,892	164,550	178,010	183,489	186,880	181,604	철판공	9
-	-	-	-	-	-	-	-	-	-	-	-	-	셔터공	10
132,695	133,792	139,607	147,229	151,907	157,823	163,191	175,176	187,530	195,972	199,185	205,617	217,409	창호공(샷시공)	11
-	-	-	-	-	-	-	-	-	-	-	-	-	절단공	12
138,838	143,609	151,583	157,965	162,796	168,680	173,847	190,800	204,601	204,974	209,932	218,442	212,629	석공	13
-	-	-	-	-	-	-	-	-	-	-	-	-	특수비계공	14
158,014	161,990	167,860	175,367	180,153	187,771	196,261	208,195	224,359	228,462	234,297	236,858	247,977	비계공	15
-	-	-	-	-	-	-	-	-	-	-	-	-	동발공(터널)	16
125,105	126,631	135,009	143,356	148,121	153,959	161,334	172,091	185,725	192,633	209,720	210,537	217,664	조적공	17
-	-	-	-	-	-	-	-	-	-	-	-	-	치장벽돌공	18
-	-	-	-	-	-	-	-	-	-	-	-	-	벽돌(블럭)제작공	19
-	-	-	-	-	-	-	-	-	-	-	-	-	연돌공	20
140,811	141,989	149,091	157,810	162,424	169,508	175,547	188,228	209,611	214,502	216,528	217,740	228,423	미장공	21
101,093	105,008	110,271	116,958	120,907	126,051	130,819	139,009	148,971	153,086	158,594	165,332	174,334	방수공	22
133,837	141,147	145,574	153,735	159,509	164,998	174,390	187,087	199,848	206,065	210,086	214,930	230,160	타일공	23
104,254	109,670	114,424	117,880	121,906	126,210	126,890	134,900	146,786	150,525	156,858	161,213	169,920	줄눈공	24
114,286	116,489	121,211	126,629	129,000	135,816	-	145,883	148,870	153,200	-	164,445	-	연마공	25
139,853	142,556	148,586	157,427	161,530	167,893	176,062	199,737	198,242	208,492	216,409	211,203	215,145	콘크리트공	26
-	-	-	-	-	-	-	-	-	-	-	-	-	바이브레이터공	27
122,300	118,057	125,520	130,838	136,450	142,144	147,079	159,406	171,738	178,567	182,298	193,985	190,000	보일러공	28
116,622	122,333	125,901	134,427	137,910	143,420	148,689	163,004	176,011	186,665	189,003	189,198	201,852	배관공	29
129,775	136,044	140,704	143,391	149,515	158,481	163,848	177,266	173,600	180,219	182,347	197,689	205,381	배관공(수도)	30
-	-	-	-	-	-	-	-	-	-	-	-	-	온돌공	31
114,023	116,013	121,038	126,225	131,450	136,613	141,618	153,392	166,350	173,148	179,133	188,808	193,773	위생공	32
101,978	107,826	112,777	118,712	123,274	127,821	133,195	147,179	160,788	174,352	180,707	188,789	184,244	보온공	33
122,128	127,681	132,552	138,445	141,733	148,659	153,890	174,277	184,508	188,854	198,613	200,386	213,676	도장공	34
135,112	137,611	144,150	150,050	154,536	160,195	165,367	177,322	189,600	192,305	203,246	206,710	206,253	내장공	35
116,098	116,463	122,699	129,887	133,325	138,737	145,618	157,719	165,558	169,575	174,513	179,138	185,814	도배공	36
-	-	-	-	-	-	-	-	-	-	-	-	-	아스타일공	37
-	-	-	-	-	-	-	-	-	-	-	-	-	기와공	38
-	-	-	-	-	-	-	-	-	-	-	-	-	스레이트공	39
122,862	127,218	133,189	141,063	144,009	150,969	155,855	155,527	159,703	169,590	177,964	185,074	181,305	지붕잇기공	40
126,819	129,962	134,289	141,250	146,052	151,518	159,626	170,221	182,686	187,174	199,140	203,611	199,735	견출공	41
122,968	127,665	132,250	137,435	141,394	146,994	152,318	160,436	166,716	176,700	183,762	191,294	186,646	판넬조립공	42
137,626	140,738	147,280	152,163	157,414	164,637	169,977	164,540	170,086	177,500	184,533	189,117	206,294	화약취급공	43
103,874	106,060	113,289	119,308	122,918	128,508	129,160	135,852	142,030	150,052	156,731	164,614	173,250	착암공	44
-	-	-	-	-	-	-	-	-	-	-	-	-	보안공	45
121,878	126,728	131,508	137,978	141,226	148,118	154,530	162,899	176,515	185,736	194,484	196,174	212,761	포장공	46
110,430	113,795	114,608	115,556	119,124	125,125	131,820	138,693	145,489	151,602	158,482	161,580	172,935	포설공	47
104,040	106,163	110,698	118,155	121,380	125,226	130,850	140,101	149,629	159,726	172,081	167,430	163,911	궤도공	48
134,516	138,252	143,509	153,849	157,183	163,001	169,201	180,350	198,711	209,394	223,094	224,357	225,966	용접공(철도)	49
179,574	185,057	199,391	220,486	228,347	242,022	249,104	269,167	249,770	275,382	255,749	285,436	285,645	잠수부/()안은4인조기준	50
-	-	-	-	-	-	-	-	-	-	-	-	-	잠함공	51
111,074	116,234	120,813	127,977	131,456	136,757	142,459	150,050	161,455	169,406	174,955	180,135	191,340	보링공	52
-	-	-	-	-	-	-	-	-	-	-	-	-	우물공	53
-	-	-	-	-	-	-	-	-	-	-	-	-	영림기사	54
124,463	128,487	135,114	137,988	143,852	147,748	147,733	159,410	169,758	175,057	179,178	183,149	181,378	조경공	55
123,948	126,094	133,882	139,681	144,976	153,571	-	162,884	166,034	174,278	188,584	185,580	200,000	벌목부	56
-	-	-	-	-	-	-	-	-	-	-	-	-	조림인부	57
185,554	198,390	208,340	208,455	216,166	215,100	217,129	219,777	223,690	219,705	204,705	223,207	217,415	플랜트기계설치공	58
225,221	231,482	238,902	-	238,468	236,835	242,882	245,943	266,702	-	242,150	274,337	285,714	플랜트특수용접공	59
192,353	198,280	206,005	214,492	221,554	218,675	211,791	214,751	220,359	221,110	229,620	237,886	238,123	플랜트용접공	60
199,445	207,691	215,183	228,165	236,621	234,786	227,813	240,654	255,579	249,688	252,529	263,753	266,618	플랜트배관공	61
169,175	174,450	181,919	186,570	194,858	193,931	202,953	208,835	218,174	210,021	215,389	218,683	208,513	플랜트제관공	62
108,037	117,550	123,810	129,920	134,648	141,192	147,482	159,868	168,117	178,514	186,578	175,708	184,615	석면해체공	63
-	-	-	-	-	-	-	-	-	-	-	-	-	시공측량사	64
-	-	-	-	-	-	-	-	-	-	-	-	-	시공측량사조수	65
-	-	-	-	-	-	-	-	-	-	-	-	-	측부	66
-	-	-	-	-	-	-	-	-	-	-	-	-	검조부	67

정부(시중)노임단가 (4)

(단위:원/인)

직종번호	직종명	2021.9	2022.1	2022.9	2023.1	2023.9	2024.1	2024.9	2025.1	2025.9				
1	갱부(우마차포함)	-	-	-	-	-	-	-	-	-				
2	도목수	-	-	-	-	-	-	-	-	-				
3	건축목공	225,210	237,273	242,631	254,714	267,639	268,058	279,267	277,894	283,068				
4	형틀목공	230,766	242,138	246,376	259,126	274,955	274,978	275,108	272,831	273,074				
5	창호공(창호목공)	-	-	-	-	-	-	-	-	-				
6	철골공	207,346	214,374	216,712	230,145	238,762	243,126	247,269	250,239	251,511				
7	철공	202,032	209,189	211,415	223,124	230,289	233,754	237,480	237,754	237,686				
8	철근공	229,629	236,805	240,080	252,113	261,936	260,137	261,934	264,104	265,818				
9	철판공	185,232	188,181	193,615	202,901	208,846	211,998	216,258	219,236	219,862				
10	셔터공	-	-	-	-	-	-	-	-	-				
11	창호공(샷시공)	219,260	224,380	234,564	236,675	242,050	248,238	249,088	248,350	250,287				
12	절단공	-	-	-	-	-	-	-	-	-				
13	석공	217,417	226,394	236,050	245,307	249,245	258,935	263,972	266,246	267,532				
14	특수비계공	-	-	-	-	-	-	-	-	-				
15	비계공	254,117	262,297	269,039	278,151	281,721	280,472	282,352	279,433	279,613				
16	동발공(터널)	-	-	-	-	-	-	-	-	-				
17	조적공	219,340	222,862	233,781	242,636	250,950	260,473	269,836	266,624	275,141				
18	치장벽돌공	-	-	-	-	-	-	-	-	-				
19	벽돌(블럭)제작공	-	-	-	-	-	-	-	-	-				
20	연돌공	-	-	-	-	-	-	-	-	-				
21	미장공	228,820	237,304	239,846	251,976	256,225	266,787	274,502	272,354	278,998				
22	방수공	176,933	184,934	191,620	199,427	206,323	212,562	219,996	220,722	226,204				
23	타일공	234,370	247,079	253,427	258,576	269,214	274,325	279,575	284,337	286,589				
24	줄눈공	173,416	176,807	181,682	185,459	189,100	195,370	200,341	202,696	207,796				
25	연마공	170,190	-	186,660	-	-	201,535	-	-	210,772				
26	콘크리트공	220,755	227,269	235,988	245,223	255,373	261,283	264,080	266,361	271,064				
27	바이브레이터공	-	-	-	-	-	-	-	-	-				
28	보일러공	193,938	-	205,072	210,465	216,022	-	230,103	233,255	-				
29	배관공	202,212	202,689	208,255	214,118	224,209	229,482	229,664	238,145	239,439				
30	배관공(수도)	208,005	216,011	220,741	226,771	237,446	243,168	248,510	250,572	257,390				
31	온돌공	-	-	-	-	-	-	-	-	-				
32	위생공	193,759	196,165	201,663	202,504	204,242	213,253	214,222	219,040	220,650				
33	보온공	183,071	185,212	191,095	194,048	201,180	204,285	214,086	213,722	214,975				
34	도장공	217,123	229,273	235,799	242,035	249,977	250,776	256,854	253,409	258,362				
35	내장공	211,250	217,517	222,738	228,883	236,263	243,538	245,524	252,249	255,231				
36	도배공	188,914	192,426	199,187	205,156	211,861	215,675	221,362	222,618	226,042				
37	아스타일공	-	-	-	-	-	-	-	-	-				
38	기와공	-	-	-	-	-	-	-	-	-				
39	스레이트공	-	-	-	-	-	-	-	-	-				
40	지붕잇기공	187,839	194,244	204,039	209,602	219,230	222,346	229,334	224,113	229,958				
41	견출공	209,167	218,209	227,145	232,725	240,727	240,918	247,288	243,075	247,938				
42	판넬조립공	192,957	198,691	205,422	213,197	216,928	226,601	232,729	237,854	240,735				
43	화약취급공	207,145	223,097	226,437	236,187	246,180	254,202	252,322	258,751	261,462				
44	착암공	174,178	185,264	189,031	194,463	207,037	210,152	212,500	220,081	220,354				
45	보안공	-	-	-	-	-	-	-	-	-				
46	포장공	215,034	225,104	232,804	237,245	255,303	258,360	266,931	267,989	270,747				
47	포설공	-	183,371	192,239	194,853	201,946	205,982	211,355	216,121	219,579				
48	궤도공	167,662	175,508	182,713	190,168	199,932	209,325	213,095	-	-				
49	용접공(철도)	230,706	234,564	238,739	249,748	262,551	267,021	270,724	278,326	280,178				
50	잠수부/()안은4인조기준	295,409	322,115	323,830	346,760	362,612	379,657	388,408	388,892	392,061				
51	잠함공	-	-	-	-	-	-	-	-	-				
52	보링공	193,659	199,076	199,921	212,226	220,391	223,458	221,816	225,273	226,520				
53	우물공	-	-	-	-	-	-	-	-	-				
54	영림기사	-	-	-	-	-	-	-	-	-				
55	조경공	185,347	189,749	192,790	203,631	213,634	219,533	222,504	224,132	227,176				
56	벌목부	201,640	213,333	219,920	224,390	237,386	243,490	251,041	248,681	248,140				
57	조림인부	-	-	-	-	-	-	-	-	-				
58	플랜트기계설치공	224,492	232,558	228,112	240,797	236,212	240,652	238,910	236,640	238,846				
59	플랜트특수용접공	-	309,714	-	-	-	337,986	335,294	-	337,247				
60	플랜트용접공	240,972	254,611	263,081	273,303	276,653	286,083	289,294	299,776	301,090				
61	플랜트배관공	271,268	289,075	296,124	296,392	292,829	310,129	318,247	324,130	324,800				
62	플랜트제관공	220,871	228,994	232,031	236,086	242,760	249,947	253,759	259,128	260,644				
63	석면해체공	186,269	181,057	191,523	198,675	202,830	196,351	203,469	203,923	204,762				
64	시공측량사	-	-	-	-	-	-	-	-	-				
65	시공측량사조수	-	-	-	-	-	-	-	-	-				
66	측부	-	-	-	-	-	-	-	-	-				
67	검조부	-	-	-	-	-	-	-	-	-				

(단위:원/인)

1970	1971	1972	1973	1974	1975	1976	1977	1978	1979	1980	1981	1982	직종명	직종번호
-	-	-	-	-	-	4,070	4,790	6,130	7,830	10,210	12,400	13,640	송전전공	68
-	-	-	-	-	-	-	-	-	-	-	-	-	송전활선전공	69
1,360	1,500	920	920	1,280	1,730	3,290	3,880	4,450	6,500	8,230	10,860	10,980	배전전공	70
-	-	-	-	-	-	-	-	-	-	-	-	-	배전활선전공	71
-	-	-	-	-	-	3,010	3,550	4,430	5,550	7,480	9,460	10,050	플랜트전공	72
-	-	-	-	-	-	2,450	2,890	3,730	4,760	6,580	8,370	8,620	내선전공	73
-	-	-	-	-	-	-	-	4,940	9,930	12,120	14,450	16,100	특고압케이블전공	74
-	-	-	-	-	-	-	-	4,910	6,650	8,820	10,670	12,270	고압케이블전공	75
-	-	-	-	-	-	-	-	4,580	6,200	7,440	9,000	10,350	저압케이블전공	76
-	-	-	-	-	2,770	2,880	3,400	4,600	6,210	8,210	9,030	9,930	철도신호공	77
-	-	-	-	-	-	3,060	3,610	4,740	5,680	7,510	9,010	9,010	계장공	78
-	-	-	-	-	-	-	-	6,410	7,730	10,530	11,680	13,430	전기공사기사1급	79
-	-	-	-	-	-	-	-	4,040	5,530	8,790	10,090	11,600	전기공사기사2급	80
-	2,200	1,420	1,420	1,980	2,570	2,940	3,470	4,470	4,640	8,420	9,670	10,270	통신외선공	81
-	-	-	1,160	1,620	2,260	2,490	3,040	3,990	4,570	7,450	9,460	9,900	통신설비공	82
1,600	1,600	1,160	1,160	1,620	2,110	2,320	2,840	3,760	4,390	7,360	8,870	9,600	통신내선공	83
-	-	1,420	1,420	1,980	2,670	2,940	3,600	4,720	5,640	9,120	11,850	13,110	통신케이블공	84
2,530	3,000	1,490	1,490	1,930	2,320	2,470	2,910	5,110	6,890	9,110	10,880	11,970	무선안테나공	85
-	-	-	-	-	-	-	-	-	8,340	11,470	13,330	15,330	통신기사1급	86
-	-	-	-	-	-	-	-	-	5,800	9,180	10,600	12,720	통신기사2급	87
-	-	-	-	-	-	-	-	-	4,040	8,320	9,960	9,960	통신기능사	88
-	-	-	-	-	-	-	-	4,400	5,390	7,210	10,150	10,600	수작업반장	89
1,000	1,300	780	780	1,090	1,520	1,600	2,030	3,500	4,610	6,050	7,850	8,660	작업반장	90
1,300	1,400	800	800	1,240	1,610	1,770	2,240	3,700	4,900	6,600	9,070	9,120	인력운반공(목도)	91
-	-	740	740	1,180	1,300	1,380	1,810	2,820	3,800	5,030	5,530	6,080	조력공	92
710	900	690	690	970	1,260	1,400	1,800	2,730	4,000	5,270	6,530	7,010	특별인부	93
540	680	300	600	820	1,030	1,200	1,500	2,110	2,990	4,080	4,820	5,070	보통인부	94
1,400	1,600	1,010	1,010	1,410	1,830	2,020	2,650	4,270	5,960	7,400	8,750	9,530	건설기계운전사 (건설기계운전기사)	95
-	-	-	-	-	-	-	-	-	-	-	-	-	건설기계조장	96
1,100	1,300	800	800	1,040	1,500	1,680	2,130	3,500	5,030	6,540	8,300	9,130	화물차운전사 (운전사(운반차))	97
1,400	1,600	780	780	1,130	1,630	1,770	2,160	3,710	4,820	6,120	8,080	8,890	일반기계운전사 (운전사(기계))	98
-	-	620	620	860	1,160	1,280	2,570	2,460	3,690	4,820	5,720	6,530	건설기계운전조수	99
-	-	870	870	1,300	1,880	2,110	2,770	4,640	5,290	7,230	9,700	10,960	고급선원	100
-	-	720	720	1,040	1,500	1,620	2,060	3,040	3,710	5,430	7,080	7,670	보통선원	101
-	-	-	-	-	-	-	-	-	-	-	-	-	선원	102
-	-	720	720	900	1,300	1,380	1,690	2,730	2,920	5,210	6,230	6,850	선부	103
-	-	-	-	-	-	-	-	4,030	7,240	9,940	11,200	12,320	준설선선장	104
-	-	-	-	-	-	-	-	-	-	8,920	10,420	11,460	준설선기관장	105
-	-	-	-	-	-	-	-	3,630	5,330	7,060	8,460	9,310	준설선기관사	106
-	-	-	-	-	-	-	-	3,200	4,450	6,890	7,810	8,590	준설선운전사	107
-	-	-	-	-	-	-	-	3,520	4,400	6,670	7,660	8,430	준설선전기사	108
-	-	-	-	-	-	1,910	2,510	4,540	5,740	7,100	7,630	8,770	기계설비공(기계설치공)	109
1,400	1,500	920	920	1,280	1,730	1,970	2,410	3,480	3,950	6,310	7,540	7,830	기계설비공(기계공)	110
-	-	-	-	1,370	1,780	1,900	2,410	2,880	4,720	6,240	7,060	7,960	선반공	111
-	-	1,110	1,110	1,330	1,730	1,840	2,330	3,470	4,950	6,430	7,280	7,770	정비공	112
-	-	730	730	940	1,130	1,230	1,560	2,650	3,450	4,570	5,030	5,530	벨트콘베이어작업공	113
-	-	-	-	1,230	1,780	1,870	2,460	5,420	6,780	8,970	8,970	10,320	현도사	114
-	-	770	770	1,150	1,660	1,780	2,100	4,120	5,860	7,830	9,170	9,170	제도사	115
-	-	-	-	-	-	-	-	-	-	-	-	-	시험관련기사 (특급품질관리원)	116
-	-	-	-	-	-	-	-	-	-	-	-	-	시험관련산업기사 (고급품질관리원)	117
-	-	-	-	-	-	-	-	-	-	-	-	-	중급품질관리원	118
-	-	-	-	-	-	-	-	-	-	-	-	-	시험관련기능사 (초급품질관리원)	119
-	-	-	-	1,750	2,100	2,310	3,030	6,100	7,870	9,230	10,730	12,340	시험사1급	120
-	-	-	-	1,280	1,660	1,820	2,390	4,130	6,110	8,020	9,700	10,750	시험사2급	121
-	-	-	-	1,130	1,470	1,570	1,850	3,270	5,340	6,710	8,120	8,930	시험사3급	122
-	-	-	-	1,020	1,220	1,290	1,690	2,770	4,320	5,500	6,660	7,330	시험사4급	123
-	-	-	-	680	-	970	1,230	2,240	3,080	4,290	5,320	5,850	시험보조수	124
-	-	-	-	-	-	-	-	5,280	7,660	9,360	12,620	13,860	안전관리기사1급	125
-	-	-	-	-	-	-	-	4,000	5,640	7,020	8,300	9,370	안전관리기사2급	126
1,200	1,400	780	780	1,090	1,580	1,740	2,200	3,890	6,570	7,080	7,480	8,540	유리공	127
1,300	1,400	880	880	1,270	1,710	1,880	2,340	3,770	5,140	7,080	7,120	8,190	덕트공(함석공)	128
1,500	1,600	1,080	1,080	1,400	1,890	2,090	2,650	3,940	5,200	6,780	8,120	8,340	용접공(일반)	129
-	-	-	-	1,460	1,900	2,060	2,520	3,830	6,410	8,480	9,330	10,280	리벳공	130
-	-	-	-	1,140	1,540	1,640	2,010	3,490	5,000	6,610	7,730	7,730	루핑공	131
-	-	-	-	-	-	-	-	-	-	-	-	-	닥트공	132
1,300	1,450	800	800	1,240	1,730	1,810	2,400	3,520	3,900	5,160	6,200	6,820	대장공	133
-	-	800	800	1,240	1,850	2,000	2,540	4,150	5,350	6,780	8,830	9,400	할석공	134
-	-	-	-	-	-	3,170	3,730	4,880	9,110	12,050	13,260	14,590	제철축로공	135
-	-	800	800	1,230	1,060	1,120	1,470	2,410	3,400	4,810	5,820	5,830	양생공	136
-	-	700	700	980	1,270	1,400	1,710	3,180	3,730	4,930	5,420	5,960	계령공	137
-	-	-	-	-	-	-	-	-	-	-	-	-	모래분사공	138

정부(시중)노임단가 (5)

(단위:원/인)

직종번호	직 종 명	1983	1984	1985	1986	1987	1988	1989	1990	1991	1992	1993	1994	1995.1
68	송 전 전 공	15,580	16,090	16,730	17,230	19,390	21,720	24,350	26,850	31,900	42,500	53,400	72,000	138,834
69	송 전 활 선 전 공	-	-	-	-	-	-	-	32,200	37,200	49,200	61,800	77,800	-
70	배 전 전 공	12,540	12,870	13,510	14,020	15,860	17,880	20,050	22,550	27,600	35,900	42,700	54,000	110,919
71	배 전 활 선 전 공	-	-	-	-	-	-	-	27,000	35,000	46,000	50,600	60,900	132,504
72	플 랜 트 전 공	11,480	11,920	11,920	12,340	13,650	15,760	17,700	20,300	29,300	36,600	43,300	43,300	48,481
73	내 선 전 공	9,910	10,220	10,650	11,010	12,410	13,900	15,600	18,200	23,200	28,800	35,300	36,400	43,680
74	특고압케이블전공	16,100	16,100	16,120	16,620	17,710	20,440	22,900	25,400	30,400	42,400	60,000	64,000	85,550
75	고 압 케 이 블 전 공	13,020	13,150	13,540	14,090	15,050	16,860	18,900	21,500	26,500	34,500	47,300	49,100	53,761
76	저 압 케 이 블 전 공	10,970	11,610	11,960	12,250	12,480	14,410	16,150	18,750	23,800	30,900	42,400	43,900	52,942
77	철 도 신 호 공	9,930	10,230	10,540	10,860	11,510	12,900	14,800	17,650	22,700	31,700	39,800	50,400	66,263
78	계 장 공	9,550	9,840	10,140	10,340	10,590	12,200	14,100	16,950	22,000	26,400	33,500	34,400	43,941
79	전기공사기사1급	15,320	15,350	15,350	15,420	15,480	17,340	19,450	22,050	-	-	-	-	58,856
80	전기공사기사2급	11,600	11,700	12,070	12,800	12,800	13,960	15,650	18,250	-	-	-	-	49,922
81	통 신 외 선 공	11,020	11,290	11,760	12,120	12,410	13,970	15,650	18,250	23,300	29,100	41,700	42,700	62,206
82	통 신 설 비 공	10,290	10,830	10,840	11,300	12,700	14,660	16,450	19,050	24,100	28,900	37,000	37,700	62,028
83	통 신 내 선 공	9,810	10,140	10,670	11,020	12,570	14,350	16,100	18,700	23,700	29,600	36,200	36,200	53,611
84	통 신 케 이 블 공	13,110	13,480	13,560	13,850	14,200	15,910	17,850	20,450	25,500	31,900	44,300	47,000	64,905
85	무 선 안 테 나 공	12,690	13,070	13,460	13,860	14,690	16,820	18,850	21,450	26,500	33,100	41,600	44,600	89,797
86	통 신 기 사 1 급	15,670	16,160	16,640	17,120	17,210	19,280	21,110	21,630	-	-	-	-	51,942
87	통 신 기 사 2 급	12,720	12,980	13,370	13,740	13,860	14,980	16,800	19,400	-	-	-	-	63,470
88	통 신 기 능 사	10,950	11,230	11,650	12,050	12,460	14,360	14,360	17,210	-	-	-	-	63,939
89	수 작 업 반 장	11,350	11,380	11,380	11,890	11,890	13,700	15,350	17,950	23,000	29,800	41,800	41,300	57,031
90	작 업 반 장	8,740	9,150	9,440	9,970	10,410	11,660	13,500	16,350	21,400	26,700	33,200	36,100	46,672
91	인력운반공(목도)	9,400	10,050	10,350	10,470	10,470	11,730	13,500	16,350	21,400	28,100	43,700	43,700	56,625
92	조 력 공	6,450	6,640	6,840	6,970	7,600	8,520	10,200	13,050	18,100	21,700	26,000	26,000	38,645
93	특 별 인 부	7,210	7,460	8,000	8,490	9,100	10,200	12,200	15,050	20,100	26,100	30,000	31,200	40,376
94	보 통 인 부	5,290	5,560	5,930	6,120	6,520	7,270	8,150	11,050	16,100	19,300	21,200	22,300	27,218
95	건 설 기 계 운 전 사 (건설기계운전기사)	10,010	10,410	10,410	10,910	11,690	13,100	14,800	17,650	22,700	28,200	35,300	37,200	43,278
96	건 설 기 계 조 장	-	-	-	-	-	-	-	19,420	24,500	31,900	38,000	38,000	52,057
97	화 물 차 운 전 사 (운전사(운반차))	9,430	9,570	9,630	9,860	10,040	11,330	13,500	16,350	21,400	25,700	30,900	33,800	40,190
98	일 반 기 계 운 전 사 (운전사(기계))	8,890	9,070	9,760	9,760	9,760	11,270	13,500	16,350	21,400	25,700	30,400	30,400	36,826
99	건설기계운전조수	6,530	6,840	6,930	7,180	7,190	7,430	8,900	11,800	16,100	20,300	22,600	27,300	35,946
100	고 급 선 원	11,710	12,000	12,630	13,420	13,450	15,530	17,400	20,000	25,000	30,000	35,500	35,600	39,571
101	보 통 선 원	7,840	8,110	8,650	9,240	10,230	11,810	13,600	16,450	19,200	21,500	26,800	26,800	47,189
102	선 원	-	-	-	-	-	-	-	-	-	-	-	23,800	41,423
103	선 부	7,260	7,260	7,840	7,670	8,240	9,230	11,050	13,900	18,800	18,800	23,800	-	-
104	준 설 선 선 장	12,320	13,050	13,440	14,560	14,830	17,120	19,200	21,800	25,700	30,800	37,700	40,300	55,484
105	준 설 선 기 관 장	11,460	12,290	12,660	13,390	13,480	15,560	17,450	20,050	25,100	26,400	32,900	34,900	49,658
106	준 설 선 기 관 사	9,310	10,100	10,400	10,560	10,660	12,310	14,200	17,050	21,800	21,800	27,700	29,200	43,112
107	준 설 선 운 전 사	9,110	10,020	10,320	10,580	10,670	12,320	14,200	17,050	22,100	22,100	28,500	29,100	43,435
108	준 설 선 전 기 사	8,940	9,830	10,120	10,400	10,570	12,200	14,050	16,900	21,700	21,700	26,400	28,600	43,046
109	기계설비공(기계설치공)	8,910	9,290	9,570	9,870	11,340	12,120	13,950	16,800	21,800	26,200	34,000	34,000	49,313
110	기계설비공(기계공)	8,630	8,640	8,640	8,990	8,990	10,070	12,050	14,900	19,900	25,900	30,900	30,900	46,852
111	선 반 공	8,440	8,690	8,950	9,470	10,040	11,250	13,450	16,200	21,200	25,400	31,900	42,600	-
112	정 비 공	9,180	9,480	9,480	9,760	10,350	10,390	12,450	15,300	20,300	21,800	25,700	30,500	37,612
113	벨트콘베이어작업공	6,640	7,280	7,460	7,680	8,140	9,120	10,900	13,750	18,800	22,600	28,400	28,400	-
114	현 도 사	10,940	11,590	11,940	12,230	14,060	14,550	16,300	18,900	23,900	28,700	37,200	37,800	80,457
115	제 도 사	9,170	9,170	9,550	9,550	10,120	11,340	11,340	10,910	20,000	24,000	30,100	30,100	40,438
116	시 험 관 련 기 사 (특급품질관리원)	-	-	-	-	-	-	-	-	-	-	-	-	-
117	시험관련산업기사 (고급품질관리원)	-	-	-	-	-	-	-	-	-	-	-	-	-
118	중 급 품 질 관 리 원	-	-	-	-	-	-	-	-	-	-	-	-	-
119	시 험 관 련 기 능 사 (초급품질관리원)	-	-	-	-	-	-	-	-	-	-	-	-	-
120	시 험 사 1 급	12,340	12,610	12,990	12,990	13,770	14,550	16,300	18,900	23,900	28,700	33,800	36,100	46,918
121	시 험 사 2 급	10,750	11,300	11,300	11,300	11,300	12,120	13,950	16,800	21,800	22,900	25,800	25,800	28,895
122	시 험 사 3 급	9,070	9,560	9,850	9,850	10,440	11,700	13,500	16,350	21,000	22,100	24,400	24,400	26,513
123	시 험 사 4 급	8,020	8,020	8,260	8,300	8,550	9,580	11,450	14,300	19,300	20,300	22,500	22,500	21,135
124	시 험 보 조 수	5,870	6,260	6,450	6,540	6,950	8,020	9,600	12,500	14,100	16,900	-	-	24,536
125	안전관리기사1급	13,860	14,440	14,440	14,440	14,440	14,450	16,200	18,800	-	-	-	-	39,468
126	안전관리기사2급	9,700	10,270	10,270	10,510	10,510	11,780	13,550	16,400	-	-	20,000	20,000	27,836
127	유 리 공	9,110	9,800	10,150	10,450	10,450	12,060	13,900	16,750	21,800	29,300	36,000	35,000	52,861
128	덕 트 공 (함 석 공)	8,680	9,020	9,030	9,450	10,480	12,100	13,950	16,800	21,800	27,300	34,000	34,000	45,935
129	용 접 공 (일 반)	8,910	9,550	9,770	10,110	11,100	12,440	14,350	17,200	22,200	28,800	36,900	39,500	51,895
130	리 벳 공	10,280	10,280	10,280	10,590	12,230	12,580	14,500	17,350	22,400	30,000	36,900	43,400	-
131	루 핑 공	7,730	7,960	8,200	8,250	8,750	9,800	11,750	14,600	19,600	24,500	35,600	33,300	-
132	닥 트 공	-	-	-	10,120	10,120	11,340	13,500	16,350	21,400	25,700	31,400	31,400	42,678
133	대 장 공	7,230	7,450	7,450	7,670	8,130	9,110	10,900	13,750	18,800	22,600	28,400	28,400	47,273
134	할 석 공	10,180	10,180	10,400	10,710	11,760	13,530	15,200	17,800	22,800	28,400	37,100	39,300	54,077
135	제 철 축 로 공	15,470	15,930	16,410	16,900	17,910	20,060	22,500	25,000	30,400	38,000	49,700	53,100	78,981
136	양 생 공	6,610	6,770	6,890	7,100	8,070	9,040	10,850	13,700	18,700	22,400	24,800	25,500	44,277
137	계 령 공	6,320	6,510	7,140	7,350	7,790	8,950	10,700	13,550	18,600	22,300	28,000	28,000	-
138	모 래 분 사 공	-	-	-	-	-	-	-	14,910	20,000	26,600	34,000	35,300	-

(단위:원/인)

1995.9	1996.1	1996.9	1997.1	1997.9	1998.1	1998.9	1999.1	1999.9	2000.1	2000.9	2001.1	2001.9	직종명	직종번호
182,855	194,975	220,908	213,858	213,626	234,733	188,956	197,482	205,591	217,032	223,961	226,235	228,665	송전전공	68
-	205,682	-	-	220,000	-	250,000	235,109	238,947	238,668	245,138	258,018	273,511	송전활선전공	69
141,261	146,383	152,246	176,675	177,197	192,602	164,094	176,615	183,689	182,333	184,746	180,602	165,958	배전전공	70
158,473	172,465	167,262	202,051	203,832	215,055	188,915	182,772	189,317	189,457	202,982	207,143	222,274	배전활선전공	71
54,702	55,122	60,807	62,877	63,743	64,285	54,503	52,369	53,300	53,292	57,299	56,509	59,158	플랜트전공	72
44,880	48,028	50,851	53,181	54,556	57,286	51,021	47,911	48,079	49,296	49,969	51,165	53,401	내선전공	73
93,478	87,304	74,036	86,408	92,800	98,463	102,881	97,565	103,937	111,738	105,463	113,924	109,081	특고압케이블전공	74
61,011	64,085	72,597	68,516	70,173	74,584	74,151	66,547	67,955	70,455	75,996	74,140	80,902	고압케이블전공	75
51,546	61,343	61,271	63,007	61,980	61,877	55,486	59,146	60,999	62,694	67,062	66,313	67,695	저압케이블전공	76
73,215	79,213	87,213	85,260	87,102	88,167	73,483	79,766	81,310	86,699	88,161	89,120	91,681	철도신호공	77
55,118	53,782	61,657	59,259	60,716	60,822	57,587	50,009	57,774	56,174	59,029	56,122	57,107	계장공	78
-	-	-	-	-	-	-	-	-	-	-	-	-	전기공사기사1급	79
-	-	-	-	-	-	-	-	-	-	-	-	-	전기공사기사2급	80
69,325	69,427	76,579	84,302	88,577	89,013	77,946	73,980	78,603	80,630	86,391	88,931	89,403	통신외선공	81
65,417	63,014	66,382	73,709	77,056	76,852	66,296	64,758	67,740	68,225	71,782	73,094	77,635	통신설비공	82
58,956	62,228	63,196	70,804	72,860	72,591	63,738	60,168	61,107	56,623	57,139	57,615	60,507	통신내선공	83
70,361	73,494	78,241	87,823	89,854	90,455	80,042	75,788	81,640	83,279	89,004	90,922	94,873	통신케이블공	84
103,927	108,316	104,700	103,707	108,946	110,956	97,216	91,475	94,904	96,205	91,530	94,774	95,069	무선안테나공	85
-	-	-	-	-	-	-	-	-	-	-	-	-	통신기사1급	86
-	-	-	-	-	-	-	-	-	-	-	-	-	통신기사2급	87
-	-	-	-	-	-	-	-	-	-	-	-	-	통신기능사	88
57,103	65,524	71,432	70,402	76,102	74,369	-	-	-	-	-	-	-	수작업반장	89
50,127	57,302	60,639	59,231	60,264	60,326	54,191	57,364	55,210	57,379	56,204	56,993	58,657	작업반장	90
56,706	56,907	57,859	58,119	61,251	64,758	63,101	64,408	61,735	61,182	65,233	65,769	65,052	인력운반공(목도)	91
45,959	42,334	46,407	43,128	47,289	48,921	40,427	39,371	39,745	39,572	40,070	41,366	45,775	조력공	92
43,490	49,575	53,828	55,074	52,048	57,379	46,659	48,674	48,996	50,160	51,490	52,232	52,788	특별인부	93
29,933	31,866	34,005	34,947	35,932	37,736	34,098	33,755	33,323	34,360	37,052	37,483	38,932	보통인부	94
47,845	52,927	52,815	52,194	55,114	56,951	52,855	53,715	55,024	56,517	56,369	55,245	57,633	건설기계운전사 (건설기계운전기사)	95
50,133	51,867	59,143	57,402	55,503	55,484	56,042	64,260	61,773	63,589	65,668	63,182	66,191	건설기계조장	96
41,152	43,017	47,888	44,779	51,708	51,077	53,159	49,633	51,326	53,633	53,094	54,064	55,534	화물차운전사 (운전사(운반차))	97
41,444	41,899	48,780	48,031	53,634	54,325	45,276	45,575	47,548	47,972	47,371	47,406	48,859	일반기계운전사 (운전사(기계))	98
31,972	39,004	44,504	44,184	47,733	42,762	39,194	40,706	40,627	42,524	44,521	43,082	44,975	건설기계운전조수	99
53,028	68,981	62,082	66,877	67,166	63,950	63,746	67,380	67,061	64,343	64,242	64,818	63,465	고급선원	100
46,915	48,752	46,666	45,857	55,984	49,346	54,986	52,274	52,777	49,156	50,686	48,040	48,348	보통선원	101
40,155	38,308	41,003	37,353	42,542	40,088	45,267	41,303	41,914	38,787	40,188	40,659	42,756	선원	102
-	-	-	-	-	-	-	-	-	-	-	-	-	선부	103
57,521	70,370	71,508	74,955	74,876	79,532	77,929	77,084	83,294	79,639	75,444	73,997	71,491	준설선선장	104
50,236	67,447	64,445	73,526	63,958	70,637	66,667	65,732	72,765	78,016	73,482	70,014	71,301	준설선기관장	105
49,606	52,853	51,995	57,379	62,763	56,955	63,333	62,000	62,094	64,781	58,361	56,766	55,913	준설선기관사	106
49,967	58,685	57,509	62,982	68,370	66,688	58,033	64,200	63,045	61,555	55,028	54,405	54,347	준설선운전사	107
48,067	61,321	54,779	58,712	60,631	63,631	66,000	66,400	62,792	58,341	58,324	56,004	54,471	준설선전기사	108
48,776	54,671	58,636	52,520	62,084	67,415	51,838	56,925	52,976	52,839	54,218	54,111	54,468	기계설비공(기계설치공)	109
51,132	50,746	58,644	58,509	56,508	58,906	49,600	49,611	51,297	46,967	47,926	45,607	50,809	기계설비공(기계공)	110
60,931	69,694	70,591	70,175	-	78,752	-	-	-	-	-	-	-	선반공	111
41,439	47,587	48,947	49,414	54,258	52,502	-	-	-	-	-	-	-	정비공	112
58,915	60,000	-	-	-	-	-	-	-	-	-	-	-	벨트콘베이어작업공	113
65,452	68,430	74,388	79,284	89,673	-	-	66,579	60,150	-	60,534	-	60,789	현도사	114
37,613	44,875	42,988	49,968	54,997	46,978	52,957	42,366	45,300	49,792	50,526	52,322	54,433	제도사	115
-	-	-	-	-	-	-	-	-	-	-	-	-	시험관련기사 (특급품질관리원)	116
-	-	-	-	-	-	-	-	-	-	-	-	-	시험관련산업기사 (고급품질관리원)	117
-	-	-	-	-	-	-	-	-	-	-	-	-	중급품질관리원	118
-	-	-	-	-	-	-	-	-	-	-	-	-	시험관련기능사 (초급품질관리원)	119
50,793	49,719	50,738	51,485	56,810	47,867	51,959	48,017	50,020	54,542	53,359	50,610	46,634	시험사1급	120
39,301	40,889	41,389	39,852	40,464	42,272	39,935	36,857	43,794	42,241	41,450	39,180	36,671	시험사2급	121
30,798	36,200	39,607	38,667	37,439	36,667	-	-	-	-	-	-	-	시험사3급	122
29,994	32,863	28,374	30,680	32,399	30,223	-	-	-	-	-	-	-	시험사4급	123
26,635	25,797	28,396	28,817	29,065	31,003	31,260	29,231	29,340	31,443	30,537	29,385	32,484	시험보조수	124
-	-	-	-	-	-	-	-	-	-	-	-	-	안전관리기사1급	125
-	-	-	-	-	-	-	-	-	-	-	-	-	안전관리기사2급	126
55,517	59,646	59,324	62,176	65,935	63,783	61,877	57,574	57,521	56,548	58,188	60,295	58,873	유리공	127
47,509	53,826	54,346	66,277	64,474	68,943	56,465	56,248	58,194	60,537	60,061	62,933	61,305	덕트공(함석공)	128
52,064	60,429	60,956	65,529	70,228	74,016	61,021	60,784	59,532	59,048	60,370	58,758	60,389	용접공(일반)	129
55,368	67,368	71,236	72,500	70,070	71,579	-	-	-	-	-	-	-	리벳공	130
36,650	47,273	51,003	54,737	61,818	-	-	-	-	-	-	-	-	루핑공	131
44,134	45,314	53,919	58,660	58,342	58,041	52,125	48,478	48,376	47,860	48,494	47,697	51,634	닥트공	132
-	-	-	-	-	-	-	-	-	-	-	-	-	대장공	133
62,901	68,030	68,864	65,748	75,231	77,728	63,908	63,951	61,149	65,634	64,153	66,464	68,036	할석공	134
85,818	90,000	90,028	92,000	90,142	93,345	93,072	92,419	91,162	92,241	92,079	92,761	93,594	제철축로공	135
36,966	36,395	41,336	44,843	45,929	42,244	-	-	-	-	-	-	-	양생공	136
29,474	-	-	41,937	-	-	-	-	-	-	-	-	-	계령공	137
-	-	74,838	71,470	70,247	49,962	-	-	-	-	-	-	-	모래분사공	138

정부(시중)노임단가 (6)

(단위:원/인)

직종번호	직종명	2002.1	2002.9	2003.1	2003.9	2004.1	2004.9	2005.1	2005.9	2006.1	2006.9	2007.1	2007.9	2008.1
68	송전전공	238,611	246,064	253,222	254,876	256,296	257,779	245,642	249,192	260,549	268,583	272,065	273,417	274,720
69	송전활선전공	279,149	281,277	284,000	288,263	291,495	291,077	285,822	281,458	294,624	294,659	296,536	304,914	303,505
70	배전전공	156,907	162,375	171,178	175,995	176,342	173,271	171,985	171,904	172,551	170,320	171,907	176,562	180,878
71	배전활선전공	236,090	242,256	247,705	249,319	251,315	255,412	258,763	261,466	265,023	268,557	272,189	271,592	273,360
72	플랜트전공	59,669	70,035	77,517	78,094	80,465	82,619	80,149	81,360	83,741	83,673	85,139	89,959	94,145
73	내선전공	56,143	66,042	72,268	74,199	77,372	81,127	81,196	79,955	81,450	81,852	83,961	85,734	88,317
74	특고압케이블전공	122,075	123,095	134,962	134,963	137,538	135,487	138,004	139,318	146,779	153,662	157,669	161,285	167,973
75	고압케이블전공	89,217	99,183	99,875	105,855	110,551	115,876	118,207	116,146	122,430	128,801	129,121	130,647	136,931
76	저압케이블전공	73,973	81,347	79,938	85,714	85,964	89,719	91,867	92,825	98,042	100,277	102,797	108,311	114,656
77	철도신호공	88,110	93,303	97,162	101,796	104,965	107,939	110,020	109,631	115,523	117,087	115,513	119,765	126,300
78	계장공	62,012	73,834	79,270	82,768	83,629	86,342	88,927	89,203	92,401	95,188	95,669	101,057	100,234
79	전기공사기사1급	-	-	-	-	-	-	-	-	-	-	-	-	-
80	전기공사기사2급	-	-	-	-	-	-	-	-	-	-	-	-	-
81	통신외선공	90,961	100,911	111,743	113,477	113,671	116,322	117,747	119,153	121,389	122,040	122,656	121,459	122,341
82	통신설비공	77,401	82,904	89,760	90,296	91,509	92,326	92,328	92,803	93,996	94,355	98,150	101,353	104,351
83	통신내선공	63,806	70,580	75,957	79,008	82,159	82,617	82,661	83,906	84,899	84,957	83,209	84,026	87,990
84	통신케이블공	95,424	106,043	114,666	112,799	116,681	120,384	122,838	123,626	123,196	124,107	127,864	134,136	139,735
85	무선안테나공	95,000	98,787	100,371	99,578	94,930	92,296	93,195	94,851	98,866	99,598	101,347	104,869	109,876
86	통신기사1급	-	-	-	-	-	-	-	-	-	-	-	-	-
87	통신기사2급	-	-	-	-	-	-	-	-	-	-	-	-	-
88	통신기능사	-	-	-	-	-	-	-	-	-	-	-	-	-
89	수작업반장	-	-	-	-	-	-	-	-	-	-	-	-	-
90	작업반장	63,904	64,905	69,109	69,514	69,773	70,132	70,235	71,300	75,504	76,122	80,125	82,570	80,830
91	인력운반공(목도)	67,725	70,798	77,076	79,926	75,609	73,434	74,772	72,756	77,443	77,108	78,738	82,424	86,378
92	조력공	52,283	59,862	63,043	66,584	63,399	60,980	61,644	63,298	63,868	65,268	65,304	68,154	70,889
93	특별인부	55,970	62,902	65,734	67,141	66,051	66,586	66,422	67,570	70,264	72,914	74,230	77,522	80,531
94	보통인부	40,922	45,031	50,683	52,483	52,374	52,565	52,585	53,090	55,252	56,822	57,820	58,883	60,547
95	건설기계운전사 (건설기계운전기사)	56,603	60,505	81,246	79,113	78,015	77,604	77,606	76,364	77,953	78,468	80,166	82,124	86,771
96	건설기계조장	68,228	78,291	87,216	83,161	85,318	82,890	79,984	77,633	79,304	78,049	80,244	79,058	85,854
97	화물차운전사 (운전사(운반차))	55,214	55,729	61,857	64,701	63,443	65,217	65,086	65,442	66,286	68,230	67,192	68,903	70,950
98	일반기계운전사 (운전사(기계))	47,653	53,154	59,707	60,879	61,525	62,251	62,252	61,373	63,226	62,728	64,667	67,088	65,671
99	건설기계운전조수	43,994	50,520	53,719	51,861	49,488	50,268	51,211	50,528	52,731	55,000	53,305	52,537	52,471
100	고급선원	65,527	75,129	83,989	85,000	87,190	82,137	79,136	79,981	86,732	85,941	87,803	89,589	91,731
101	보통선원	49,165	50,810	58,642	58,537	62,006	60,465	58,491	59,008	63,645	66,057	66,016	69,456	68,343
102	선원	43,883	48,112	48,000	-	40,913	44,548	45,025	45,600		-	-	-	-
103	선부	-	-	-	-	-	-	-	-	49,483	-	49,389	49,300	51,861
104	준설선선장	77,731	86,555	84,922	84,211	86,560	88,531	89,553	91,330	100,617	99,912	93,612	93,225	98,120
105	준설선기관장	68,798	76,505	77,395	75,789	80,865	80,527	78,718	79,954	83,881	83,198	77,951	81,856	85,489
106	준설선기관사	56,920	65,784	63,014	63,158	64,117	67,818	65,733	66,118	70,024	72,465	71,004	73,482	76,691
107	준설선운전사	56,831	61,727	65,768	67,368	68,993	71,524	70,227	69,592	73,252	75,808	73,628	77,437	81,916
108	준설선전기사	51,756	55,735	63,981	62,439	63,626	62,934	64,251	64,800	69,814	72,253	71,669	74,800	77,939
109	기계설비공(기계설치공)	57,749	66,078	67,007	68,477	69,484	72,326	71,841	72,782	76,814	79,538	81,608	79,763	81,846
110	기계설비공(기계공)	49,113	56,132	58,291	61,664	62,214	64,630	65,205	65,477	67,754	70,524	73,626	76,071	74,069
111	선반공	-	-	-	-	-	-	-	-	-	-	-	-	-
112	정비공	-	-	-	-	-	-	-	-	-	-	-	-	-
113	벨트콘베이어작업공	-	-	-	-	-	-	-	-	-	-	-	-	-
114	현도사	-	62,247	-	-	-	71,394	72,008	-	78,942	-	-	84,785	-
115	제도사	51,818	53,621	62,965	64,000	64,391	65,819	66,699	64,800	67,017	67,200	69,484	72,772	70,783
116	시험관련기사 (특급품질관리원)	-	-	-	-	-	-	-	-	60,426	60,962	62,273	64,499	64,129
117	시험관련산업기사 (고급품질관리원)	-	-	-	-	-	-	-	-	54,770	55,319	-	55,000	54,730
118	중급품질관리원	-	-	-	-	-	-	-	-	-	-	-	-	-
119	시험관련기능사 (초급품질관리원)	-	-	-	-	-	-	-	-	-	43,818	48,936	52,364	54,318
120	시험사1급	52,142	52,618	57,903	58,923	59,796	61,469	61,181	59,511	-	-	-	-	-
121	시험사2급	41,297	41,970	47,331	50,133	52,266	52,027	53,040	-	-	-	-	-	-
122	시험사3급	-	-	-	-	-	-	-	-	-	-	-	-	-
123	시험사4급	-	-	-	-	-	-	-	-	-	-	-	-	-
124	시험보조수	34,308	36,480	37,789	-	40,673	42,308	43,360	43,581	-	-	-	-	-
125	안전관리기사1급	-	-	-	-	-	-	-	-	-	-	-	-	-
126	안전관리기사2급	-	-	-	-	-	-	-	-	-	-	-	-	-
127	유리공	66,670	72,411	77,104	77,851	76,752	79,510	79,776	80,725	83,433	87,842	86,030	86,201	84,379
128	덕트공(함석공)	63,308	61,893	69,049	71,725	74,277	75,930	73,732	75,000	80,533	76,455	78,814	84,839	87,658
129	용접공(일반)	63,468	69,775	79,947	81,112	82,490	87,771	87,854	89,071	89,422	90,337	92,456	96,295	97,714
130	리벳공	-	-	-	-	-	-	-	-	-	-	-	-	-
131	루핑공	-	-	-	-	-	-	-	-	-	-	-	-	-
132	닥트공	52,693	60,059	70,033	71,982	77,551	77,834	76,871	77,757	77,604	77,596	75,664	78,099	82,269
133	대장공	-	-	-	-	-	-	-	-	-	-	-	-	-
134	할석공	72,869	78,884	86,271	89,000	87,655	91,529	89,794	90,225	92,153	91,816	88,493	90,279	91,324
135	제철축로공	102,605	113,585	119,506	122,352	129,415	135,750	139,534	142,425	153,293	153,914	159,621	174,288	183,691
136	양생공	-	-	-	-	-	-	-	-	-	-	-	-	-
137	계령공	-	-	-	-	-	-	-	-	-	-	-	-	-
138	모래분사공	-	-	-	-	-	-	-	-	-	-	-	-	-

(단위:원/인)

2008.9	2009.1	2009.9	2010.1	2010.9	2011.1	2011.9	2012.1	2012.9	2013.1	2013.9	2014.1	2014.9	직종명	직종번호
283,873	287,923	293,068	296,392	314,465	322,635	326,438	317,565	332,019	341,541	342,661	344,087	345,127	송전전공	68
312,072	312,010	324,121	326,162	343,602	351,951	355,581	363,254	367,817	372,088	373,352	374,490	375,466	송전활선전공	69
183,802	184,446	177,157	180,608	193,646	200,344	213,248	195,794	214,518	216,877	232,495	237,193	244,965	배전전공	70
281,123	294,114	303,563	307,778	318,440	327,793	332,195	338,780	341,528	345,506	349,284	352,345	361,522	배전활선전공	71
101,557	110,014	111,096	117,737	125,566	129,208	136,915	144,303	158,613	163,491	177,610	182,761	190,040	플랜트전공	72
91,062	94,191	97,161	101,742	108,345	113,858	116,754	122,891	134,897	135,106	144,239	145,901	151,380	내선전공	73
174,060	179,209	187,184	197,326	203,302	207,924	217,870	222,742	230,335	237,241	243,173	246,203	247,913	특고압케이블전공	74
139,772	143,780	148,885	156,007	163,237	166,370	175,292	187,417	188,200	205,729	217,218	219,958	222,944	고압케이블전공	75
115,893	116,832	119,817	125,857	133,274	136,290	138,576	149,599	162,923	163,808	173,655	179,717	185,731	저압케이블전공	76
130,000	125,056	127,740	134,363	142,615	146,262	153,096	154,561	168,896	175,048	183,404	185,464	189,906	철도신호공	77
107,457	113,833	116,991	121,975	128,284	132,564	136,021	139,784	145,900	148,981	152,177	156,673	158,680	계장공	78
-	-	-	-	-	-	-	-	-	-	-	-	-	전기공사기사1급	79
-	-	-	-	-	-	-	-	-	-	-	-	-	전기공사기사2급	80
131,620	140,017	143,535	147,853	155,521	159,344	165,848	172,407	173,041	174,902	184,490	193,017	197,710	통신외선공	81
110,280	115,305	109,942	115,757	124,022	125,590	129,480	124,758	136,710	137,172	149,755	151,363	159,843	통신설비공	82
90,819	93,973	95,635	101,088	107,365	112,141	116,089	122,975	128,024	129,963	138,712	143,290	146,101	통신내선공	83
147,137	157,299	151,281	161,169	166,346	172,119	183,146	191,885	209,638	210,204	223,084	223,853	235,275	통신케이블공	84
113,338	119,649	120,105	125,344	131,918	134,812	142,274	149,521	156,739	164,612	176,534	178,124	181,233	무선안테나공	85
-	-	-	-	-	-	-	-	-	-	-	-	-	통신기사1급	86
-	-	-	-	-	-	-	-	-	-	-	-	-	통신기사2급	87
-	-	-	-	-	-	-	-	-	-	-	-	-	통신기능사	88
-	-	-	-	-	-	-	-	-	-	-	-	-	수작업반장	89
85,203	90,786	89,559	92,218	95,671	98,329	100,879	102,573	103,595	106,156	105,174	105,826	109,664	작업반장	90
92,895	90,995	91,974	97,235	93,344	-	-	88,865	95,422	94,666	93,747	91,429	97,436	인력운반공(목도)	91
75,925	80,139	81,120	78,676	82,036	84,508	87,687	88,637	92,694	95,261	101,122	103,497	99,380	조력공	92
81,596	84,686	85,320	84,404	89,835	92,956	95,366	97,283	92,512	97,951	100,936	102,334	106,569	특별인부	93
63,530	66,622	67,909	68,965	70,497	72,415	74,008	75,608	80,732	81,443	83,975	84,166	86,686	보통인부	94
90,462	95,508	96,164	98,693	97,425	100,237	105,406	109,748	104,611	108,713	114,259	112,268	121,654	건설기계운전사(건설기계운전기사)	95
86,316	92,297	90,525	94,350	96,755	98,314	95,501	92,878	96,560	96,741	100,397	101,301	106,163	건설기계조장	96
73,110	79,737	80,337	84,942	85,587	85,888	83,850	90,701	95,017	98,507	105,884	105,175	111,861	화물차운전사(운전사(운반차))	97
71,349	69,388	70,204	71,594	75,366	74,998	75,660	81,728	78,273	82,849	89,737	-	90,954	일반기계운전사(운전사(기계))	98
53,053	55,282	55,784	-	-	-	-	-	-	-	-	-	-	건설기계운전조수	99
96,955	-	96,894	-	-	-	-	-	-	-	-	-	-	고급선원	100
72,990	73,337	74,567	-	-	-	-	-	-	-	-	-	-	보통선원	101
-	-	-	80,558	78,945	79,138	81,609	83,617	89,177	91,692	93,160	100,991	102,894	선원	102
56,046	-	-	-	-	-	-	-	-	-	-	-	-	선부	103
104,735	100,428	101,382	107,747	112,072	112,106	117,431	119,215	-	126,154	116,571	-	118,056	준설선선장	104
90,170	88,597	91,118	-	-	-	-	-	-	-	-	-	-	준설선기관장	105
81,906	81,042	82,871	86,507	88,436	90,916	90,764	98,825	-	107,692	100,290	110,167	111,883	준설선기관사	106
86,607	89,831	90,685	90,838	92,224	92,858	92,121	98,299	-	102,857	98,425	-	99,884	준설선운전사	107
83,950	82,800	83,760	-	-	-	-	-	-	-	-	-	-	준설선전기사	108
85,043	85,723	82,817	86,521	90,102	91,570	94,807	95,011	94,676	100,381	107,755	106,812	112,867	기계설비공(기계설치공)	109
79,128	81,094	81,297	86,521	90,102		-	-	-	-	-	-	-	기계설비공(기계공)	110
-	-	-	-	-	-	-	-	-	-	-	-	-	선반공	111
-	-	-	-	-	-	-	-	-	-	-	-	-	정비공	112
-	-	-	-	-	-	-	-	-	-	-	-	-	벨트콘베이어작업공	113
-	-	84,211	-	-	-	-	-	-	-	-	-	-	현도사	114
76,818	74,919	72,180	77,030	81,538	82,428	87,155	88,987	91,037	93,466	101,657	108,774	110,834	제도사	115
68,846	72,502	72,055	97,102	101,604	102,456	-	109,418	119,477	117,460	123,169	124,954	135,667	시험관련기사(특급품질관리원)	116
59,887	62,979	61,000	90,942	94,662	97,258	102,462	106,383	97,623	97,066	100,414	101,427	109,707	시험관련산업기사(고급품질관리원)	117
-	-	-	87,471	87,676	87,691	91,128	93,802	89,894	88,837	91,909	96,934	102,339	중급품질관리원	118
-	59,227	56,421	81,522	82,250	83,471	87,968	90,660	85,278	86,364	84,561	84,739	88,983	시험관련기능사(초급품질관리원)	119
-	-	-	-	-	-	-	-	-	-	-	-	-	시험사1급	120
-	-	-	-	-	-	-	-	-	-	-	-	-	시험사2급	121
-	-	-	-	-	-	-	-	-	-	-	-	-	시험사3급	122
-	-	-	-	-	-	-	-	-	-	-	-	-	시험사4급	123
-	-	-	-	-	-	-	-	-	-	-	-	-	시험보조수	124
-	-	-	-	-	-	-	-	-	-	-	-	-	안전관리기사1급	125
-	-	-	-	-	-	-	-	-	-	-	-	-	안전관리기사2급	126
90,126	94,593	93,358	90,764	94,934	96,963	99,467	101,191	105,193	106,359	116,298	117,474	123,299	유리공	127
91,429	98,591	98,910	86,730	84,482	87,190	90,070	88,603	96,913	96,182	100,200	100,659	105,056	덕트공(함석공)	128
101,790	102,522	103,216	108,464	108,866	110,123	115,090	118,003	123,164	118,754	128,244	129,095	129,940	용접공(일반)	129
-	-	-	-	-	-	-	-	-	-	-	-	-	리벳공	130
-	-	-	-	-	-	-	-	-	-	-	-	-	루핑공	131
86,792	85,692	81,574	86,730	84,482		-	-	-	-	-	-	-	닥트공	132
-	-	-	-	-	-	-	-	-	-	-	-	-	대장공	133
93,989	100,194	94,602	101,602	94,720	96,658	95,502	103,334	101,771	107,298	116,402	112,398	119,120	할석공	134
191,455	199,890	205,113	212,848	224,479	234,667	250,777	250,667	275,263	255,951	230,603	225,000	211,829	제철축로공	135
-	-	-	-	-	-	-	-	-	-	-	-	-	양생공	136
-	-	-	-	-	-	-	-	-	-	-	-	-	계령공	137
-	-	-	-	-	-	-	-	-	-	-	-	-	모래분사공	138

정부(시중)노임단가 (7)

(단위:원/인)

직종번호	직종명	2015.1	2015.9	2016.1	2016.9	2017.1	2017.9	2018.1	2018.9	2019.1	2019.9	2020.1	2020.9	2021.1
68	송전전공	346,129	358,569	351,506	356,456	366,921	371,019	385,403	394,532	402,795	425,796	436,350	435,947	458,124
69	송전활선전공	377,103	392,819	390,035	377,712	397,543	405,013	408,278	407,698	434,661	451,971	465,125	492,927	501,102
70	배전전공	247,311	254,503	274,706	300,525	304,689	310,429	303,747	322,317	336,973	350,233	334,072	354,231	361,209
71	배전활선전공	366,779	373,173	376,824	385,385	387,463	389,223	393,347	414,974	424,632	439,018	440,180	457,321	472,721
72	플랜트전공	189,168	183,097	180,382	185,583	184,766	192,777	202,202	209,529	205,890	206,738	216,865	215,110	216,250
73	내선전공	154,049	160,882	169,202	179,883	185,611	191,336	199,157	212,226	225,408	233,369	239,716	239,171	242,731
74	특고압케이블전공	249,446	260,975	264,903	258,175	268,590	277,601	288,346	308,360	323,944	343,650	354,829	367,852	371,737
75	고압케이블전공	226,338	235,019	235,207	239,949	249,846	267,103	276,182	281,860	295,582	288,852	300,453	304,797	313,970
76	저압케이블전공	189,301	193,986	199,868	192,705	200,964	212,186	219,560	223,581	235,560	237,221	237,385	250,394	254,661
77	철도신호공	202,908	203,649	213,802	208,591	207,768	216,069	211,706	218,618	229,729	243,070	259,555	265,376	254,765
78	계장공	169,609	171,877	182,853	179,627	183,803	191,809	195,084	203,065	210,643	218,322	223,793	230,782	245,687
79	전기공사기사1급	-	-	-	-	-	-	-	-	-	-	-	-	-
80	전기공사기사2급	-	-	-	-	-	-	-	-	-	-	-	-	-
81	통신외선공	200,255	206,221	217,488	228,133	236,760	247,618	257,995	281,811	290,398	302,821	315,405	321,822	319,849
82	통신설비공	162,844	165,682	175,822	186,932	184,999	193,302	203,165	219,053	224,927	233,636	245,030	248,060	245,619
83	통신내선공	147,290	152,692	160,672	168,154	174,758	180,623	187,873	200,374	204,358	214,857	219,422	225,032	224,251
84	통신케이블공	237,581	247,227	254,897	261,699	271,248	281,658	297,858	314,268	326,000	326,966	332,485	343,333	339,623
85	무선안테나공	185,961	189,061	197,143	203,950	210,980	219,758	228,313	251,889	246,693	254,636	268,208	273,124	273,520
86	통신기사1급	-	-	-	-	-	-	-	-	-	-	-	-	-
87	통신기사2급	-	-	-	-	-	-	-	-	-	-	-	-	-
88	통신기능사	-	-	-	-	-	-	-	-	-	-	-	-	-
89	수작업반장	-	-	-	-	-	-	-	-	-	-	-	-	-
90	작업반장	108,086	111,998	117,612	124,304	128,126	132,631	137,535	145,013	153,186	159,003	175,081	174,074	180,013
91	인력운반공(목도)	98,311	98,941	104,483	110,197	113,766	120,074	124,911	131,775	138,477	146,205	154,522	151,659	152,601
92	조력공	98,132	102,144	105,790	110,194	112,847	116,344	120,416	127,124	133,863	140,220	140,722	144,651	152,740
93	특별인부	108,245	111,771	115,272	120,716	123,074	127,391	133,417	141,507	152,019	155,599	166,063	167,926	179,203
94	보통인부	87,805	89,566	94,338	99,882	102,628	106,846	109,819	118,130	125,427	130,264	138,290	138,989	141,096
95	건설기계운전사(건설기계운전기사)	123,642	130,411	135,644	143,601	148,613	154,499	162,022	181,074	187,069	190,235	202,885	203,878	212,637
96	건설기계조장	106,921	108,152	113,244	122,763	126,645	131,364	138,494	150,798	148,214	150,469	160,039	160,000	162,226
97	화물차운전사(운전사(운반차))	115,755	117,523	122,499	125,031	128,673	133,521	138,151	149,306	158,708	166,752	176,227	176,975	173,879
98	일반기계운전사(운전사(기계))	88,379	90,909	96,512	101,844	106,400	110,000	118,763	117,754	123,282	131,528	138,956	137,974	137,143
99	건설기계운전조수	-	-	-	-	-	-	-	-	-	-	-	-	-
100	고급선원	-	-	-	-	-	-	-	-	-	-	-	-	-
101	보통선원	-	-	-	-	-	-	-	-	-	-	-	-	-
102	선원	107,255	107,317	108,000	-	110,424	114,850	118,553	125,707	130,194	137,972	142,201	148,607	-
103	선부	-	-	-	-	-	-	-	-	-	-	-	-	-
104	준설선선장	123,810	126,060	-	-	131,924	136,571	-	149,178	-	153,960	-	191,338	-
105	준설선기관장	-	-	-	-	-	-	-	-	-	-	-	-	-
106	준설선기관사	117,463	120,000	-	-	125,150	129,869	-	141,301	-	140,829	-	168,421	-
107	준설선운전사	104,482	106,774	-	-	112,007	-	119,424	126,892	131,778	139,161	-	164,411	-
108	준설선전기사	-	-	-	-	-	-	-	-	-	-	-	-	-
109	기계설비공(기계설치공)	114,481	120,482	124,953	131,319	135,407	140,008	145,131	153,426	166,666	175,669	185,702	191,537	190,522
110	기계설비공(기계공)	-	-	-	-	-	-	-	-	-	-	-	-	-
111	선반공	-	-	-	-	-	-	-	-	-	-	-	-	-
112	정비공	-	-	-	-	-	-	-	-	-	-	-	-	-
113	벨트콘베이어작업공	-	-	-	-	-	-	-	-	-	-	-	-	-
114	현도사	-	-	-	-	-	-	-	-	-	-	-	-	-
115	제도사	113,453	117,921	122,341	128,795	132,819	138,832	144,980	153,608	159,514	167,434	171,952	178,602	186,251
116	시험관련기사(특급품질관리원)	138,292	138,407	141,211	145,116	151,429	157,891	163,055	165,589	161,386	166,727	175,338	179,942	182,441
117	시험관련산업기사(고급품질관리원)	112,496	114,532	121,054	128,297	134,065	140,800	145,529	149,200	153,385	159,454	171,650	172,710	175,386
118	중급품질관리원	104,633	109,937	113,011	117,817	122,121	128,520	133,063	136,237	140,389	146,887	157,863	159,277	160,900
119	시험관련기능사(초급품질관리원)	91,359	94,545	99,902	105,716	110,001	114,770	120,681	124,164	119,905	124,000	132,897	134,483	136,668
120	시험사1급	-	-	-	-	-	-	-	-	-	-	-	-	-
121	시험사2급	-	-	-	-	-	-	-	-	-	-	-	-	-
122	시험사3급	-	-	-	-	-	-	-	-	-	-	-	-	-
123	시험사4급	-	-	-	-	-	-	-	-	-	-	-	-	-
124	시험보조수	-	-	-	-	-	-	-	-	-	-	-	-	-
125	안전관리기사1급	-	-	-	-	-	-	-	-	-	-	-	-	-
126	안전관리기사2급	-	-	-	-	-	-	-	-	-	-	-	-	-
127	유리공	123,257	129,263	133,910	139,664	143,608	148,516	155,803	167,287	181,240	190,247	193,212	197,685	205,044
128	덕트공(함석공)	108,388	112,186	116,121	122,054	126,874	130,860	137,653	147,452	152,631	164,907	168,742	177,520	181,676
129	용접공(일반)	134,516	138,252	143,509	153,849	157,183	163,001	169,201	180,350	198,711	209,394	223,094	224,357	225,966
130	리벳공	-	-	-	-	-	-	-	-	-	-	-	-	-
131	루핑공	-	-	-	-	-	-	-	-	-	-	-	-	-
132	닥트공	-	-	-	-	-	-	-	-	-	-	-	-	-
133	대장공	-	-	-	-	-	-	-	-	-	-	-	-	-
134	할석공	119,672	124,273	128,283	135,760	139,420	145,761	152,559	163,030	170,023	176,436	182,443	189,535	189,028
135	제철축로공	223,949	229,812	227,911	233,932	233,372	232,456	235,955	237,472	250,533	260,000	260,000	260,000	260,000
136	양생공	-	-	-	-	-	-	-	-	-	-	-	-	-
137	계령공	-	-	-	-	-	-	-	-	-	-	-	-	-
138	모래분사공	-	-	-	-	-	-	-	-	-	-	-	-	-

(단위:원/인)

2021.9	2022.1	2022.9	2023.1	2023.9	2024.1	2024.9	2025.1	2025.9				직종명	직종번호
478,574	494,608	518,464	536,946	592,622	597,707	621,630	627,960	637,453				송전전공	68
521,531	542,726	568,157	590,847	618,655	636,410	652,757	662,709	673,714				송전활선전공	69
367,399	379,666	387,818	397,259	397,884	402,085	402,995	408,559	413,173				배전전공	70
496,651	508,299	509,392	520,394	528,123	563,401	537,271	557,881	560,837				배전활선전공	71
221,799	228,988	241,264	251,195	259,896	250,164	262,536	266,062	271,800				플랜트전공	72
246,868	258,917	259,089	265,460	269,968	270,251	272,860	268,915	273,539				내선전공	73
379,743	398,124	399,437	420,571	421,236	431,830	414,989	436,458	439,248				특고압케이블전공	74
321,061	338,864	340,018	353,395	354,087	363,241	354,400	370,529	372,997				고압케이블전공	75
261,463	271,717	272,282	288,442	290,333	295,784	301,374	300,337	303,632				저압케이블전공	76
258,264	255,337	261,379	271,097	290,890	291,991	302,209	297,049	305,348				철도신호공	77
252,262	259,947	268,571	283,405	304,711	302,065	310,890	315,484	318,902				계장공	78
-	-	-	-	-	-	-	-	-				전기공사기사1급	79
-	-	-	-	-	-	-	-	-				전기공사기사2급	80
334,353	339,610	357,144	363,102	380,953	387,376	397,952	405,235	407,342				통신외선공	81
256,098	262,069	272,067	280,506	293,037	296,882	305,050	308,930	314,787				통신설비공	82
226,011	235,597	242,964	251,790	263,371	267,277	275,107	278,565	283,607				통신내선공	83
356,624	364,905	381,041	389,536	407,575	414,944	423,830	433,400	440,868				통신케이블공	84
284,467	299,544	311,012	319,190	334,429	339,642	347,927	350,908	354,977				무선안테나공	85
-	-	-	-	-	-	-	-	-				통신기사1급	86
-	-	-	-	-	-	-	-	-				통신기사2급	87
-	-	-	-	-	-	-	-	-				통신기능사	88
-	-	-	-	-	-	-	-	-				수작업반장	89
182,544	189,313	191,344	197,546	204,626	208,713	209,949	213,033	214,661				작업반장	90
152,837	161,039	162,860	170,594	166,401	174,273	178,347	180,404	181,753				인력운반공(목도)	91
153,674	160,048	162,577	165,635	171,630	176,618	178,077	180,331	179,958				조력공	92
181,293	187,435	192,375	197,450	208,527	214,222	219,321	221,506	224,490				특별인부	93
144,481	148,510	153,671	157,068	161,858	165,545	167,081	169,804	171,037				보통인부	94
215,834	229,676	230,245	243,295	255,803	267,360	272,996	273,971	279,824				건설기계운전사 (건설기계운전기사)	95
165,046	172,131	183,489	186,691	-	194,091	200,944	202,954	-				건설기계조장	96
178,501	190,297	192,000	208,927	218,549	226,709	233,960	237,500	240,685				화물차운전사 (운전사(운반차))	97
-	140,351	151,669	-	-	161,142	167,059	170,920	172,387				일반기계운전사 (운전사(기계))	98
-	-	-	-	-	-	-	-	-				건설기계운전조수	99
-	-	-	-	-	-	-	-	-				고급선원	100
-	-	-	-	-	-	-	-	-				보통선원	101
148,716	160,646	-	175,538	191,869	-	204,255	-	-				선원	102
-	-	-	-	-	-	-	-	-				선부	103
-	-	-	209,438	231,855	-	-	-	-				준설선선장	104
-	-	-	-	-	-	-	-	-				준설선기관장	105
-	-	-	184,956	204,039	-	-	-	-				준설선기관사	106
-	-	-	180,381	198,611	-	-	-	-				준설선운전사	107
-	-	-	-	-	-	-	-	-				준설선전기사	108
194,812	199,489	210,486	213,337	232,974	233,722	242,281	237,652	241,550				기계설비공(기계설치공)	109
-	-	-	-	-	-	-	-	-				기계설비공(기계공)	110
-	-	-	-	-	-	-	-	-				선반공	111
-	-	-	-	-	-	-	-	-				정비공	112
-	-	-	-	-	-	-	-	-				벨트콘베이어작업공	113
-	-	-	-	-	-	-	-	-				현도사	114
188,233	194,662	207,792	209,231	217,544	223,779	230,134	232,099	239,200				제도사	115
184,123	-	186,667	-	192,294	196,399	-	-	198,613				시험관련기사 (특급품질관리원)	116
178,915	179,705	183,333	186,338	-	189,751	192,704	-	195,243				시험관련산업기사 (고급품질관리원)	117
163,497	165,777	167,559	166,550	175,758	178,723	173,658	172,227	175,633				중급품질관리원	118
137,759	138,833	140,000	139,589	146,453	147,314	146,440	144,810	147,438				시험관련기능사 (초급품질관리원)	119
-	-	-	-	-	-	-	-	-				시험사1급	120
-	-	-	-	-	-	-	-	-				시험사2급	121
-	-	-	-	-	-	-	-	-				시험사3급	122
-	-	-	-	-	-	-	-	-				시험사4급	123
-	-	-	-	-	-	-	-	-				시험보조수	124
-	-	-	-	-	-	-	-	-				안전관리기사1급	125
-	-	-	-	-	-	-	-	-				안전관리기사2급	126
211,036	221,409	229,105	235,191	241,506	247,643	247,778	248,139	250,389				유리공	127
181,078	188,856	189,441	198,718	203,376	207,048	207,557	201,482	205,696				덕트공(함석공)	128
230,706	234,564	238,739	249,748	262,551	267,021	270,724	278,326	280,178				용접공(일반)	129
-	-	-	-	-	-	-	-	-				리벳공	130
-	-	-	-	-	-	-	-	-				루핑공	131
-	-	-	-	-	-	-	-	-				닥트공	132
-	-	-	-	-	-	-	-	-				대장공	133
195,374	200,625	208,344	210,767	220,443	229,326	233,977	236,986	240,163				할석공	134
260,000	270,000	282,707	292,571	323,683	326,780	349,464	-	358,786				제철축로공	135
-	-	-	-	-	-	-	-	-				양생공	136
-	-	-	-	-	-	-	-	-				계령공	137
-	-	-	-	-	-	-	-	-				모래분사공	138

정부(시중)노임단가 (8)

(단위:원/인)

직종번호	직종명	1970	1971	1972	1973	1974	1975	1976	1977	1978	1979	1980	1981	1982
139	사공	-	-	1,760	1,760	2,890	3,440	2,580	4,220	5,690	6,940	9,180	9,360	10,300
140	마부	2,200	2,500	1,550	1,550	2,090	2,820	2,940	3,470	6,670	6,870	9,090	13,510	15,400
141	제재공	1,200	1,500	760	760	1,100	1,380	1,440	1,760	4,260	5,490	7,260	7,990	8,790
142	철도궤도공	1,400	-	970	970	1,400	1,750	1,980	2,340	3,580	4,870	6,390	7,600	9,120
143	지적기사1급	-	-	-	-	-	-	-	-	-	-	-	-	-
144	지적기사2급	-	-	-	-	-	-	-	-	-	-	-	-	-
145	지적기능사1급	-	-	-	-	-	-	-	-	-	-	-	-	-
146	지적기능사2급	-	-	-	-	-	-	-	-	-	-	-	-	-
147	지적기사	-	-	-	-	-	-	-	-	-	-	-	-	-
148	지적산업기사	-	-	-	-	-	-	-	-	-	-	-	-	-
149	지적기능사	-	-	-	-	-	-	-	-	-	-	-	-	-
150	H/W설치사	-	-	-	-	-	-	-	-	-	-	-	-	-
151	H/W시험사	-	-	-	-	-	-	-	-	-	-	-	-	-
152	S/W시험사	-	-	-	-	-	-	-	-	-	-	-	-	-
153	CPU시험사	-	-	-	-	-	-	-	-	-	-	-	-	-
154	광통신설치사	-	-	-	-	-	-	-	-	-	-	-	-	-
155	광케이블설치사	-	-	-	-	-	-	-	-	-	-	-	-	-
156	도편수	-	-	-	-	-	-	-	-	-	-	-	-	-
157	목조각공	-	-	-	-	-	-	-	-	-	-	-	-	-
158	한식목공	-	-	-	-	-	-	-	-	-	-	-	-	-
159	한식석공	-	-	-	-	-	-	-	-	-	-	-	-	-
160	한식목공조공	-	-	-	-	-	-	-	-	-	-	-	-	-
161	드잡이공	-	-	-	-	-	-	-	-	-	-	-	-	-
162	한식와공	-	-	-	-	-	-	-	-	-	-	-	-	-
163	한식와공조공	-	-	-	-	-	-	-	-	-	-	-	-	-
164	석조각공	-	-	-	-	-	-	-	-	-	-	-	-	-
165	특수화공	-	-	-	-	-	-	-	-	-	-	-	-	-
166	화공	-	-	-	-	-	-	-	-	-	-	-	-	-
167	한식미장공	-	-	-	-	-	-	-	-	-	-	-	-	-
168	드잡이공편수	-	-	-	-	-	-	-	-	-	-	-	-	-
169	한식미장공편수	-	-	-	-	-	-	-	-	-	-	-	-	-
170	한식와공편수	-	-	-	-	-	-	-	-	-	-	-	-	-
171	한식단청공편수	-	-	-	-	-	-	-	-	-	-	-	-	-
172	한식석공조공	-	-	-	-	-	-	-	-	-	-	-	-	-
173	한식미장공조공	-	-	-	-	-	-	-	-	-	-	-	-	-
174	원자력배관공	-	-	-	-	-	-	-	-	-	-	-	-	-
175	원자력용접공	-	-	-	-	-	-	-	-	-	-	-	-	-
176	원자력기계설치공	-	-	-	-	-	-	-	-	-	-	-	-	-
177	원자력덕트공 (플랜트덕트공)	-	-	-	-	-	-	-	-	-	-	-	-	-
178	원자력제관공	-	-	-	-	-	-	-	-	-	-	-	-	-
179	원자력케이블전공 (플래트케이블전공)	-	-	-	-	-	-	-	-	-	-	-	-	-
180	원자력계장공 (플랜트계장공)	-	-	-	-	-	-	-	-	-	-	-	-	-
181	원자력기술자	-	-	-	-	-	-	-	-	-	-	-	-	-
182	중급원자력기술자	-	-	-	-	-	-	-	-	-	-	-	-	-
183	상급원자력기술자	-	-	-	-	-	-	-	-	-	-	-	-	-
184	원자력품질관리사	-	-	-	-	-	-	-	-	-	-	-	-	-
185	원자력특별인부 (플랜트특별인부)	-	-	-	-	-	-	-	-	-	-	-	-	-
186	원자력보온공 (플랜트보온공)	-	-	-	-	-	-	-	-	-	-	-	-	-
187	원자력플랜트전공	-	-	-	-	-	-	-	-	-	-	-	-	-
188	비파괴시험공 (고급원자력)	-	-	-	-	-	-	-	-	-	-	-	-	-
189	비파괴시험공 (특급원자력)	-	-	-	-	-	-	-	-	-	-	-	-	-
190	통신관련기사	-	-	-	-	-	-	-	-	-	-	-	-	-
191	통신관련산업기사	-	-	-	-	-	-	-	-	-	-	-	-	-
192	통신관련기능사	-	-	-	-	-	-	-	-	-	-	-	-	-
193	노즐공	-	-	-	-	-	-	-	-	-	-	-	-	-
194	코킹공	-	-	-	-	-	-	-	-	-	-	-	-	-
195	전기공사기사	-	-	-	-	-	-	-	-	-	-	-	-	-
196	전기공사산업기사	-	-	-	-	-	-	-	-	-	-	-	-	-
197	변전전공	-	-	-	-	-	-	-	-	-	-	-	-	-
198	특급품질관리기술인	-	-	-	-	-	-	-	-	-	-	-	-	-
199	고급품질관리기술인	-	-	-	-	-	-	-	-	-	-	-	-	-
200	중급품질관리기술인	-	-	-	-	-	-	-	-	-	-	-	-	-
201	초급품질관리기술인	-	-	-	-	-	-	-	-	-	-	-	-	-

(단위:원/인)

1983	1984	1985	1986	1987	1988	1989	1990	1991	1992	1993	1994	1995.1	직종명	직종번호
10,920	11,250	11,590	11,940	12,660	14,180	15,900	18,500	23,500	28,200	35,200	35,200	-	사공	139
16,330	16,820	16,820	17,320	18,360	21,190	23,750	26,250	26,600	31,900	40,100	40,100	-	마부	140
9,320	9,600	9,890	10,190	10,800	12,100	13,950	16,800	21,800	26,200	32,900	32,900	-	제재공	141
9,880	10,180	10,490	-	11,120	11,280	13,500	16,350	21,400	27,800	45,800	45,800	58,899	철도궤도공	142
-	-	-	-	15,500	17,890	20,050	22,550	27,600	34,500	44,200	46,300	70,643	지적기사1급	143
-	-	-	-	13,900	15,570	17,450	20,050	25,100	31,400	38,300	38,500	54,306	지적기사2급	144
-	-	-	-	9,690	10,910	13,050	15,900	20,900	25,100	29,700	29,700	38,889	지적기능사1급	145
-	-	-	-	7,860	8,810	10,550	13,400	17,100	20,000	22,200	22,200	25,036	지적기능사2급	146
-	-	-	-	-	-	-	-	-	-	-	-	-	지적기사	147
-	-	-	-	-	-	-	-	-	-	-	-	-	지적산업기사	148
-	-	-	-	-	-	-	-	-	-	-	-	-	지적기능사	149
-	-	-	-	-	-	-	25,600	30,100	34,600	44,700	47,400	68,376	H/W설치사	150
-	-	-	-	-	-	-	24,350	29,400	32,300	42,800	46,500	66,017	H/W시험사	151
-	-	-	-	-	-	-	25,580	29,100	32,000	42,600	46,700	65,946	S/W시험사	152
-	-	-	-	-	-	-	26,200	29,700	34,200	44,500	46,700	97,440	CPU시험사	153
-	-	-	-	-	-	-	30,660	34,700	39,900	59,900	63,000	120,000	광통신설치사	154
-	-	-	-	-	-	-	26,200	29,000	36,300	56,300	61,500	96,756	광케이블설치사	155
-	-	-	-	-	-	-	25,670	33,700	43,100	58,900	69,400	114,095	도편수	156
-	-	-	-	-	-	-	21,820	27,900	36,300	46,700	50,200	74,835	목조각공	157
-	-	-	-	-	-	-	20,940	26,000	33,300	43,000	43,000	76,840	한식목공	158
-	-	-	-	-	-	-	-	-	-	-	-	-	한식석공	159
-	-	-	-	-	-	-	17,000	20,900	26,800	33,200	33,200	54,974	한식목공조공	160
-	-	-	-	-	-	-	22,200	29,200	35,000	51,200	51,200	103,231	드잡이공	161
-	-	-	-	-	-	-	31,380	40,400	52,500	66,100	74,600	120,254	한식와공	162
-	-	-	-	-	-	-	20,960	24,900	32,400	41,200	45,200	70,972	한식와공조공	163
-	-	-	-	-	-	-	23,450	31,500	41,000	61,000	65,000	73,110	석조각공	164
-	-	-	-	-	-	-	23,600	30,600	39,200	52,900	69,700	99,211	특수화공	165
-	-	-	-	-	-	-	18,910	25,000	33,300	48,000	50,000	75,365	화공	166
-	-	-	-	-	-	-	20,900	27,900	35,700	45,300	45,300	74,489	한식미장공	167
-	-	-	-	-	-	-	-	-	-	-	-	-	드잡이공편수	168
-	-	-	-	-	-	-	-	-	-	-	-	-	한식미장공편수	169
-	-	-	-	-	-	-	-	-	-	-	-	-	한식와공편수	170
-	-	-	-	-	-	-	-	-	-	-	-	-	한식단청공편수	171
-	-	-	-	-	-	-	-	-	-	-	-	-	한식석공조공	172
-	-	-	-	-	-	-	-	-	-	-	-	-	한식미장공조공	173
-	-	-	-	-	-	-	-	39,200	45,100	49,600	49,600	61,095	원자력배관공	174
-	-	-	-	-	-	-	-	39,200	45,100	49,600	49,600	54,064	원자력용접공	175
-	-	-	-	-	-	-	-	39,200	45,100	49,600	49,600	55,381	원자력기계설치공	176
-	-	-	-	-	-	-	-	39,200	45,100	49,600	49,600	59,060	원자력덕트공 (플랜트덕트공)	177
-	-	-	-	-	-	-	-	39,200	45,100	49,600	49,600	38,220	원자력제관공	178
-	-	-	-	-	-	-	-	39,200	45,100	50,100	50,100	59,828	원자력케이블전공 (플래트케이블전공)	179
-	-	-	-	-	-	-	-	39,200	45,100	49,100	49,100	57,556	원자력계장공 (플랜트계장공)	180
-	-	-	-	-	-	-	-	32,600	37,500	41,500	41,500	48,633	원자력기술자	181
-	-	-	-	-	-	-	-	39,200	45,100	49,000	49,000	58,904	중급원자력기술자	182
-	-	-	-	-	-	-	-	41,800	50,200	55,800	55,800	65,540	상급원자력기술자	183
-	-	-	-	-	-	-	-	32,600	37,500	40,500	40,500	58,687	원자력품질관리사	184
-	-	-	-	-	-	-	-	23,100	27,800	31,800	34,300	34,878	원자력특별인부 (플랜트특별인부)	185
-	-	-	-	-	-	-	-	39,200	40,200	45,100	45,100	58,435	원자력보온공 (플랜트보온공)	186
-	-	-	-	-	-	-	-	39,200	45,100	48,700	48,700	45,750	원자력플랜트전공	187
-	-	-	-	-	-	-	-	27,200	31,300	34,300	-	55,149	비파괴시험공 (고급원자력)	188
-	-	-	-	-	-	-	-	26,700	32,000	35,100	-	68,310	비파괴시험공 (특급원자력)	189
-	-	-	-	-	-	-	-	-	-	-	-	51,942	통신관련기사	190
-	-	-	-	-	-	-	-	-	-	-	-	63,470	통신관련산업기사	191
-	-	-	-	-	-	-	-	-	-	-	-	63,919	통신관련기능사	192
-	-	-	-	-	-	-	-	-	-	-	-	58,435	노즐공	193
-	-	-	-	-	-	-	-	-	-	-	-	51,703	코킹공	194
-	-	-	-	-	-	-	-	-	-	-	-	58,856	전기공사기사	195
-	-	-	-	-	-	-	-	-	-	-	-	49,922	전기공사산업기사	196
-	-	-	-	-	-	-	-	-	-	-	-	-	변전전공	197
-	-	-	-	-	-	-	-	-	-	-	-	-	특급품질관리기술인	198
-	-	-	-	-	-	-	-	-	-	-	-	-	고급품질관리기술인	199
-	-	-	-	-	-	-	-	-	-	-	-	-	중급품질관리기술인	200
-	-	-	-	-	-	-	-	-	-	-	-	-	초급품질관리기술인	201

정부(시중)노임단가 (9)

(단위:원/인)

직종번호	직종명	1995.9	1996.1	1996.9	1997.1	1997.9	1998.1	1998.9	1999.1	1999.9	2000.1	2000.9	2001.1	2001.9
139	사공	-	-	-	-	-	-	-	-	-	-	-	-	-
140	마부	-	-	-	-	-	-	-	-	-	-	-	-	-
141	제재공	-	-	-	-	-	-	-	-	-	-	-	-	-
142	철도궤도공	58,209	57,883	57,589	57,972	61,518	65,636	-	-	-	-	-	-	-
143	지적기사1급	80,576	82,663	85,975	88,314	92,878	93,540	93,295	91,687	88,602	88,613	90,205	93,249	97,558
144	지적기사2급	64,710	64,607	68,243	69,598	72,206	72,183	72,840	69,173	72,461	74,075	74,735	77,363	81,569
145	지적기능사1급	46,202	48,066	49,876	50,708	53,073	53,062	50,316	48,878	49,865	52,771	53,516	55,223	57,871
146	지적기능사2급	30,629	28,851	31,845	32,382	32,372	32,715	34,731	35,131	33,860	37,466	39,603	42,030	44,111
147	지적기사	-	-	-	-	-	-	-	-	-	-	-	-	-
148	지적산업기사	-	-	-	-	-	-	-	-	-	-	-	-	-
149	지적기능사	-	-	-	-	-	-	-	-	-	-	-	-	-
150	H/W설치사	69,145	72,561	78,858	79,720	80,297	82,913	82,162	83,297	83,505	83,518	80,720	81,821	81,405
151	H/W시험사	68,102	71,268	74,583	75,373	80,594	84,088	82,402	85,165	85,559	85,899	85,172	86,593	88,498
152	S/W시험사	68,052	71,253	74,316	75,292	81,691	85,238	84,693	86,583	86,920	87,283	88,655	91,329	98,454
153	CPU시험사	68,417	71,284	75,460	76,241	77,149	80,163	79,138	81,182	81,914	82,349	82,953	85,241	86,879
154	광통신설치사	119,087	122,436	144,388	149,536	151,365	149,857	132,875	108,175	109,748	109,868	110,881	105,532	101,131
155	광케이블설치사	100,121	100,948	127,122	130,983	136,647	120,493	110,336	90,147	94,054	93,734	97,185	95,081	100,005
156	도편수	99,929	122,500	113,004	125,519	135,605	132,909	131,984	120,804	128,797	138,573	133,019	128,685	114,173
157	목조각공	74,669	101,111	95,833	94,989	100,000	95,674	96,291	109,226	109,000	100,732	100,282	100,000	93,242
158	한식목공	76,241	95,044	78,830	80,650	103,043	86,465	87,000	89,987	91,741	100,201	94,374	92,284	91,540
159	한식석공	-	-	-	-	-	-	-	-	-	-	-	-	-
160	한식목공조공	57,661	70,899	61,772	73,355	74,295	62,022	69,203	73,861	66,383	70,045	67,241	62,550	63,750
161	드잡이공	82,302	87,332	100,683	93,850	100,000	98,108	106,667	98,743	100,093	104,584	105,185	102,255	100,000
162	한식와공	152,839	172,380	152,512	147,859	126,250	126,465	153,013	144,566	134,380	146,203	138,273	134,432	136,422
163	한식와공조공	80,066	108,654	90,562	88,360	77,258	91,058	80,622	98,830	90,152	96,400	88,063	91,458	90,129
164	석조각공	92,486	94,237	87,134	101,295	111,797	108,908	112,022	97,323	102,500	106,541	103,966	109,756	105,942
165	특수화공	120,987	127,500	137,500	126,316	131,930	121,264	106,000	130,909	125,780	-	125,000	121,148	118,338
166	화공	72,967	77,285	91,111	101,053	99,225	86,801	92,685	98,506	91,429	93,768	92,041	90,256	92,088
167	한식미장공	83,804	78,957	80,064	85,139	91,749	79,972	78,989	83,400	87,343	84,709	83,959	88,928	87,575
168	드잡이공편수	-	-	-	-	-	-	-	-	-	-	-	-	-
169	한식미장공편수	-	-	-	-	-	-	-	-	-	-	-	-	-
170	한식와공편수	-	-	-	-	-	-	-	-	-	-	-	-	-
171	한식단청공편수	-	-	-	-	-	-	-	-	-	-	-	-	-
172	한식석공조공	-	-	-	-	-	-	-	-	-	-	-	-	-
173	한식미장공조공	-	-	-	-	-	-	-	-	-	-	-	-	-
174	원자력배관공	65,835	64,139	82,054	88,727	85,275	85,331	84,091	85,504	93,015	91,915	93,495	93,197	95,518
175	원자력용접공	63,881	68,633	84,664	89,903	89,144	98,842	97,054	91,598	94,229	83,851	94,222	95,257	95,314
176	원자력기계설치공	71,297	73,492	81,837	83,347	80,109	98,364	97,451	95,966	83,837	79,232	87,672	89,397	90,643
177	원자력덕트공 (플랜트덕트공)	64,261	62,686	70,397	76,473	72,094	104,350	84,386	88,404	84,402	81,702	85,120	85,736	87,579
178	원자력제관공	50,047	57,920	64,156	71,541	69,263	76,379	79,640	76,226	80,957	81,702	85,933	85,224	81,226
179	원자력케이블전공 (플래트케이블전공)	63,624	62,945	72,748	77,606	90,248	85,474	66,411	61,338	68,504	76,596	81,920	79,698	86,496
180	원자력계장공 (플랜트계장공)	67,842	59,579	80,363	78,422	73,303	-	48,839	58,478	68,430	67,250	74,219	74,105	78,849
181	원자력기술자	56,145	60,345	78,152	73,936	81,749	66,616	67,556	71,548	69,637	73,226	82,316	82,403	82,531
182	중급원자력기술자	66,643	71,401	91,524	87,798	84,945	77,992	78,598	85,398	85,859	82,845	92,187	85,270	89,064
183	상급원자력기술자	77,974	80,319	96,511	97,272	108,299	114,125	116,994	109,491	98,319	92,071	100,664	100,304	102,040
184	원자력품질관리사	66,624	70,837	85,480	83,891	86,421	105,586	103,736	104,799	92,704	94,012	97,811	97,845	94,015
185	원자력특별인부 (플랜트특별인부)	48,488	52,622	73,512	70,364	65,293	64,294	68,094	58,187	68,648	73,191	74,351	69,988	71,115
186	원자력보온공 (플랜트보온공)	65,282	65,409	83,546	81,651	77,697	89,519	83,402	65,826	86,717	74,349	76,989	81,509	79,558
187	원자력플랜트전공	60,555	65,170	78,360	76,057	75,986	98,008	93,332	84,229	79,123	77,225	82,298	86,619	88,190
188	비파괴시험공 (고급원자력)	65,056	64,472	66,508	77,351	78,672	92,315	91,089	89,172	82,281	72,526	78,665	81,499	87,624
189	비파괴시험공 (특급원자력)	78,098	77,597	85,540	91,853	93,228	100,409	99,701	94,950	97,673	130,155	118,155	-	131,022
190	통신관련기사	71,662	79,468	92,125	89,527	96,544	92,723	87,004	84,229	84,743	89,331	95,528	90,809	92,459
191	통신관련산업기사	65,937	71,896	79,144	78,395	81,131	82,395	78,519	79,642	81,480	85,223	91,106	86,019	86,709
192	통신관련기능사	65,372	66,184	78,066	72,145	76,166	72,194	68,332	67,759	69,609	73,535	78,296	75,633	73,945
193	노즐공	61,202	56,066	62,079	85,075	63,392	67,815	57,373	63,577	67,930	70,400	68,514	67,469	66,731
194	코킹공	59,474	54,371	66,781	62,564	69,602	63,600	66,077	57,954	57,844	53,986	54,767	57,940	56,412
195	전기공사기사	57,455	60,899	58,218	65,241	64,723	64,241	-	63,956	63,126	56,924	64,247	65,838	63,980
196	전기공사산업기사	53,344	54,308	57,405	57,636	55,027	55,069	-	56,130	57,307	52,819	57,654	57,636	58,372
197	변전전공	-	-	-	-	-	-	-	85,699	82,306	87,939	88,662	84,845	84,511
198	특급품질관리기술인	-	-	-	-	-	-	-	-	-	-	-	-	-
199	고급품질관리기술인	-	-	-	-	-	-	-	-	-	-	-	-	-
200	중급품질관리기술인	-	-	-	-	-	-	-	-	-	-	-	-	-
201	초급품질관리기술인	-	-	-	-	-	-	-	-	-	-	-	-	-

(단위:원/인)

2002.1	2002.9	2003.1	2003.9	2004.1	2004.9	2005.1	2005.9	2006.1	2006.9	2007.1	2007.9	2008.1	직종명	직종번호
-	-	-	-	-	-	-	-	-	-	-	-	-	사공	139
-	-	-	-	-	-	-	-	-	-	-	-	-	마부	140
-	-	-	-	-	-	-	-	-	-	-	-	-	제재공	141
-	-	-	-	-	-	-	-	-	-	-	-	-	철도궤도공	142
98,423	103,376	109,524	113,829	117,742	123,289	123,590	125,546	-	-	-	-	-	지적기사1급	143
81,508	90,015	91,820	96,633	98,765	103,939	104,251	107,173	-	-	-	-	-	지적기사2급	144
60,647	64,073	68,453	73,627	77,799	79,668	80,021	80,000	-	-	-	-	-	지적기능사1급	145
45,735	50,714	54,339	56,108	61,492	63,602	63,884	65,101	-	-	-	-	-	지적기능사2급	146
-	-	-	-	-	-	-	-	138,609	142,804	145,688	152,254	156,425	지적기사	147
-	-	-	-	-	-	-	-	119,414	123,110	127,658	131,594	135,359	지적산업기사	148
-	-	-	-	-	-	-	-	73,437	77,080	81,315	85,139	92,543	지적기능사	149
82,720	92,856	98,174	98,597	103,042	106,011	106,214	106,918	111,540	112,837	112,166	116,692	123,422	H/W설치사	150
89,846	106,630	115,185	116,161	117,777	119,130	119,159	119,648	124,892	126,440	128,609	131,807	140,644	H/W시험사	151
98,026	115,612	121,567	122,160	125,795	128,099	128,300	128,755	133,148	135,028	131,872	135,798	142,435	S/W시험사	152
88,355	103,195	107,074	108,804	111,646	113,736	113,780	114,860	114,597	114,487	120,325	124,452	128,406	CPU시험사	153
108,739	112,374	122,519	124,010	126,550	126,819	127,223	127,889	129,486	126,859	131,605	135,951	145,803	광통신설치사	154
104,231	114,336	119,224	121,763	124,966	126,476	126,937	128,307	131,027	132,222	132,421	138,438	145,826	광케이블설치사	155
106,094	128,101	137,669	139,064	142,221	144,913	146,113	145,520	140,258	146,336	148,722	149,421	152,031	도편수	156
93,853	107,408	107,333	110,526	108,727	109,539	110,040	109,091	110,408	113,684	105,785	112,026	113,333	목조각공	157
88,290	103,133	109,115	115,271	116,974	118,192	118,334	117,078	116,318	116,576	113,607	113,142	115,056	한식목공	158
-	-	-	-	-	-	-	-	-	-	-	-	-	한식석공	159
70,383	74,440	74,172	75,815	77,683	81,065	80,023	79,730	81,448	84,185	88,397	88,543	91,000	한식목공조공	160
104,894	107,186	117,073	117,031	115,088	116,374	116,890	115,742	120,031	120,603	124,878	131,842	130,000	드잡이공	161
149,444	148,248	156,657	160,905	170,386	170,663	167,954	168,885	166,102	161,349	160,423	160,632	164,370	한식와공	162
101,281	100,928	109,827	114,141	115,632	118,228	116,420	115,120	114,844	110,732	110,214	110,592	112,149	한식와공조공	163
96,532	102,089	114,286	104,567	106,986	109,288	110,487	109,821	110,444	116,364	122,553	129,710	133,053	석조각공	164
133,493	143,333	154,545	159,186	154,303	146,665	143,359	141,727	141,964	144,724	145,455	152,002	-	특수화공	165
88,944	93,873	98,512	104,884	97,726	98,986	98,191	97,786	101,032	101,818	104,818	110,977	-	화공	166
85,636	86,597	93,659	96,476	98,036	99,297	100,054	98,986	97,815	99,550	101,818	107,279	108,834	한식미장공	167
-	-	-	-	-	-	-	-	-	-	-	-	-	드잡이공편수	168
-	-	-	-	-	-	-	-	-	-	-	-	-	한식미장공편수	169
-	-	-	-	-	-	-	-	-	-	-	-	-	한식와공편수	170
-	-	-	-	-	-	-	-	-	-	-	-	-	한식단청공편수	171
-	-	-	-	-	-	-	-	-	-	-	-	-	한식석공조공	172
-	-	-	-	-	-	-	-	-	-	-	-	-	한식미장공조공	173
96,766	101,018	107,985	107,250	99,434	-	98,816	101,123	113,767	119,880	128,327	134,270	141,582	원자력배관공	174
99,944	99,637	109,000	108,486	108,898	110,194	110,621	112,181	123,219	129,968	136,573	140,190	150,698	원자력용접공	175
91,634	96,746	98,147	104,495	108,186	111,268	112,549	113,878	123,343	129,900	135,424	136,964	141,189	원자력기계설치공	176
90,726	90,880	92,497	93,200	89,006	-	-	-	-	-	-	117,860	-	원자력덕트공 (플랜트덕트공)	177
85,710	82,666	85,747	84,818	86,371	79,544	-	-	-	-	-	-	-	원자력제관공	178
87,150	89,087	90,833	95,200	95,940	-	96,837	99,036	106,148	112,308	115,896	121,377	131,198	원자력케이블전공 (플래트케이블전공)	179
76,509	82,098	83,708	85,000	88,816	-	93,084	95,096	102,330	109,585	115,611	120,815	130,325	원자력계장공 (플랜트계장공)	180
84,905	-	75,113	82,320	85,455	87,690	89,162	90,119	94,412	99,148	103,513	104,785	103,883	원자력기술자	181
92,182	91,057	92,889	94,275	98,667	101,462	102,500	104,182	110,067	115,767	121,669	127,447	132,981	중급원자력기술자	182
105,581	106,819	115,921	122,419	127,995	130,874	132,480	134,832	144,411	151,425	156,921	160,446	168,147	상급원자력기술자	183
94,169	105,578	110,937	113,580	115,823	116,278	117,953	119,621	129,327	135,637	141,623	149,148	159,042	원자력품질관리사	184
71,397	75,199	78,611	74,533	70,000	-	73,179	74,121	77,729	81,784	82,487	83,195	84,345	원자력특별인부 (플랜트특별인부)	185
84,891	-	104,927	108,179	102,108	103,802	105,740	108,000	119,589	125,998	127,999	132,613	142,956	원자력보온공 (플랜트보온공)	186
85,861	95,452	96,076	100,383	104,710	106,573	108,308	110,288	120,011	126,663	131,528	133,496	138,128	원자력플랜트전공	187
89,445	96,916	97,395	102,258	105,914	109,714	112,320	114,926	123,262	130,102	134,682	137,971	144,506	비파괴시험공 (고급원자력)	188
136,394	135,096	138,883	128,583	130,869	130,162	132,229	134,504	144,971	153,729	153,334	151,510	154,786	비파괴시험공 (특급원자력)	189
92,355	101,288	110,211	108,413	106,136	106,603	107,303	108,401	112,911	113,863	112,395	112,052	115,879	통신관련기사	190
91,949	93,385	101,160	101,796	100,760	103,973	102,015	102,108	106,556	107,477	109,315	111,655	109,769	통신관련산업기사	191
73,064	80,652	87,246	89,102	93,644	92,685	93,209	92,170	96,861	96,940	99,308	102,212	105,478	통신관련기능사	192
63,841	65,520	70,244	72,686	71,903	74,157	73,506	74,131	-	80,717	81,684	-	83,000	노즐공	193
61,248	68,776	78,498	81,129	79,407	77,641	77,140	78,079	81,049	85,934	86,845	89,803	89,735	코킹공	194
64,800	74,008	79,564	81,972	84,424	86,807	87,345	88,509	91,837	93,044	93,213	95,366	99,222	전기공사기사	195
62,990	70,109	73,543	74,333	76,461	77,697	77,926	78,275	81,786	83,991	86,412	91,278	92,611	전기공사산업기사	196
87,479	98,233	105,151	106,670	111,640	112,781	112,878	113,345	118,328	120,581	119,064	120,543	123,390	변전전공	197
-	-	-	-	-	-	-	-	-	-	-	-	-	특급품질관리기술인	198
-	-	-	-	-	-	-	-	-	-	-	-	-	고급품질관리기술인	199
-	-	-	-	-	-	-	-	-	-	-	-	-	중급품질관리기술인	200
-	-	-	-	-	-	-	-	-	-	-	-	-	초급품질관리기술인	201

정부(시중)노임단가 (10)

(단위:원/인)

직종번호	직종명	2008.9	2009.1	2009.9	2010.1	2010.9	2011.1	2011.9	2012.1	2012.9	2013.1	2013.9	2014.1	2014.9
139	사공	-	-	-	-	-	-	-	-	-	-	-	-	-
140	마부	-	-	-	-	-	-	-	-	-	-	-	-	-
141	제재공	-	-	-	-	-	-	-	-	-	-	-	-	-
142	철도궤도공	-	-	-	-	-	-	-	-	-	-	-	-	-
143	지적기사1급	-	-	-	-	-	-	-	-	-	-	-	-	-
144	지적기사2급	-	-	-	-	-	-	-	-	-	-	-	-	-
145	지적기능사1급	-	-	-	-	-	-	-	-	-	-	-	-	-
146	지적기능사2급	-	-	-	-	-	-	-	-	-	-	-	-	-
147	지적기사	155,345	163,633	164,522	174,709	181,586	185,892	191,190	195,584	193,114	196,139	211,122	210,950	201,493
148	지적산업기사	142,481	148,210	150,217	155,776	150,144	152,002	159,262	163,870	168,906	173,201	176,646	175,205	180,780
149	지적기능사	98,778	104,831	104,987	110,974	115,850	117,740	125,193	130,795	141,524	151,646	149,064	149,139	155,121
150	H/W설치사	129,565	136,387	137,761	-	-	-	-	-	-	-	-	-	-
151	H/W시험사	146,801	152,910	155,943	160,012	170,735	173,041	177,071	183,444	191,461	191,839	194,224	196,712	204,329
152	S/W시험사	147,358	155,202	160,049	166,532	175,429	176,440	186,776	194,219	207,425	211,502	215,253	218,372	222,435
153	CPU시험사	136,389	141,376	145,322	-	-	-	-	-	-	-	-	-	-
154	광통신설치사	150,602	155,434	157,653	-	-	-	-	-	-	-	-	-	-
155	광케이블설치사	153,619	158,142	162,111	170,411	178,381	181,474	192,441	195,695	213,445	214,819	223,842	226,062	236,098
156	도편수	161,563	165,889	156,282	167,990	167,760	170,360	178,234	185,455	204,917	224,975	236,222	262,142	281,023
157	목조각공	118,421	115,789	116,480	-	-	-	123,429	125,806	135,932	-	141,176	141,279	-
158	한식목공	120,320	125,125	118,239	126,090	133,382	127,988	133,426	142,682	141,103	146,007	161,551	168,479	180,750
159	한식석공	-	-	-	137,425	141,519	144,386	148,117	148,638	156,226	165,635	179,488	189,313	202,080
160	한식목공조공	89,191	92,575	86,975	92,083	95,011	96,248	99,755	103,992	111,298	113,741	123,791	122,875	126,451
161	드잡이공	140,351	140,488	142,332	153,216	-	151,579	-	-	168,500	184,113	203,833	203,735	215,746
162	한식와공	162,904	160,018	153,802	160,788	155,698	160,314	170,490	182,853	176,307	188,315	192,090	197,938	204,605
163	한식와공조공	119,766	116,067	113,450	121,768	125,457	126,649	128,120	135,713	142,699	148,018	148,319	147,936	156,549
164	석조각공	145,261	151,504	149,623	156,391	-	156,098	162,857	176,959	-	-	186,191	186,667	-
165	특수화공	162,406	166,504	162,787	168,421	175,639	172,059	184,825	-	200,625	-	-	-	-
166	화공	109,350	112,167	113,731	120,294	123,696	-	129,191	129,787	141,010	141,172	156,938	160,000	175,297
167	한식미장공	116,878	119,976	115,419	123,412	119,791	121,091	124,738	125,647	124,978	127,502	134,752	139,425	143,089
168	드잡이공편수	-	-	-	-	-	-	-	-	-	-	-	-	-
169	한식미장공편수	-	-	-	-	-	-	-	-	-	-	-	-	-
170	한식와공편수	-	-	-	-	-	-	-	-	-	-	-	-	-
171	한식단청공편수	-	-	-	-	-	-	-	-	-	-	-	-	-
172	한식석공조공	-	-	-	-	-	-	-	-	-	-	-	-	-
173	한식미장공조공	-	-	-	-	-	-	-	-	-	-	-	-	-
174	원자력배관공	142,897	142,019	132,694	-	-	-	-	-	-	-	-	-	-
175	원자력용접공	150,989	149,641	142,089	143,258	151,834	145,953	154,106	156,656	167,617	172,174	183,937	197,483	194,833
176	원자력기계설치공	142,892	143,496	144,144	144,457	149,519	148,960	155,383	163,689	172,326	176,595	189,975	195,206	196,822
177	원자력덕트공 (플랜트덕트공)	-	116,586	-	-	116,491	113,986	-	124,424	-	-	-	131,657	137,752
178	원자력제관공	-	92,624	-	-	-	-	-	-	-	-	-	-	-
179	원자력케이블전공 (플래트케이블전공)	137,313	137,269	139,224	140,299	141,231	136,505	143,083	152,273	160,969	167,857	174,054	182,762	199,626
180	원자력계장공 (플랜트계장공)	135,412	136,036	136,276	131,946	140,852	134,801	146,019	141,831	154,515	157,124	169,175	177,113	168,859
181	원자력기술자	103,812	101,765	93,866	-	-	-	-	-	-	-	-	-	-
182	중급원자력기술자	133,874	132,048	136,852	-	-	-	-	-	-	-	-	-	-
183	상급원자력기술자	166,963	170,372	170,818	-	-	-	-	-	-	-	-	-	-
184	원자력품질관리사	159,411	161,481	160,884	160,842	165,073	167,167	175,725	180,233	192,265	196,636	227,463	233,236	233,709
185	원자력특별인부 (플랜트특별인부)	85,857	86,899	86,557	86,165	90,160	88,321	95,482	101,412	102,645	108,090	116,557	118,883	126,616
186	원자력보온공 (플랜트보온공)	143,211	144,823	146,320	145,453	142,365	138,345	145,855	138,852	149,843	151,459	165,375	171,547	188,572
187	원자력플랜트전공	139,957	138,997	139,411	142,078	144,980	145,896	151,628	163,143	170,961	174,547	191,525	198,348	196,244
188	비파괴시험공 (고급원자력)	150,923	150,183	151,912	153,630	154,526	156,533	165,624	167,675	181,152	184,376	196,403	202,305	208,460
189	비파괴시험공 (특급원자력)	154,856	152,961	155,976	153,630	154,526	156,533	165,624	167,675	181,152	184,376	196,403	202,305	208,460
190	통신관련기사	118,839	124,612	126,659	132,479	136,957	140,036	147,395	155,534	158,648	165,315	174,039	179,003	184,592
191	통신관련산업기사	115,189	118,653	119,664	123,749	128,249	130,718	136,269	145,230	155,584	156,769	163,285	165,872	170,777
192	통신관련기능사	102,396	108,138	108,790	112,922	115,218	119,248	123,820	124,291	133,039	136,086	143,507	145,[illegible]07	151,219
193	노즐공	-	85,354	83,741	-	-	-	-	-	-	-	-	-	-
194	코킹공	87,149	94,234	89,049	94,448	95,213	96,365	99,928	102,894	110,727	111,902	110,360	105,115	114,347
195	전기공사기사	103,906	107,657	109,872	116,015	120,056	124,668	128,372	137,423	137,191	141,540	145,542	150,348	157,425
196	전기공사산업기사	97,983	96,203	97,830	101,863	106,627	108,837	115,183	120,357	124,244	126,445	134,188	134,482	139,356
197	변전전공	129,459	133,679	134,834	142,295	146,116	146,732	157,676	166,496	170,049	176,596	182,511	186,606	202,834
198	특급품질관리기술인	-	-	-	-	-	-	-	-	-	-	-	-	-
199	고급품질관리기술인	-	-	-	-	-	-	-	-	-	-	-	-	-
200	중급품질관리기술인	-	-	-	-	-	-	-	-	-	-	-	-	-
201	초급품질관리기술인	-	-	-	-	-	-	-	-	-	-	-	-	-

(단위:원/인)

2015.1	2015.9	2016.1	2016.9	2017.1	2017.9	2018.1	2018.9	2019.1	2019.9	2020.1	2020.9	2021.1	직종명	직종번호
-	-	-	-	-	-	-	-	-	-	-	-	-	사공	139
-	-	-	-	-	-	-	-	-	-	-	-	-	마부	140
-	-	-	-	-	-	-	-	-	-	-	-	-	제재공	141
-	-	-	-	-	-	-	-	-	-	-	-	-	철도궤도공	142
-	-	-	-	-	-	-	-	-	-	-	-	-	지적기사1급	143
-	-	-	-	-	-	-	-	-	-	-	-	-	지적기사2급	144
-	-	-	-	-	-	-	-	-	-	-	-	-	지적기능사1급	145
-	-	-	-	-	-	-	-	-	-	-	-	-	지적기능사2급	146
202,574	213,060	206,417	223,006	223,382	237,460	236,268	236,123	235,513	235,826	243,896	244,812	248,325	지적기사	147
178,013	189,484	176,057	190,980	192,665	205,029	205,925	205,702	204,765	204,511	210,073	214,803	211,956	지적산업기사	148
154,961	160,774	152,797	163,334	169,586	174,452	174,105	173,700	173,954	171,936	176,698	174,004	172,575	지적기능사	149
-	-	-	-	-	-	-	-	-	-	-	-	-	H/W설치사	150
207,463	210,314	221,946	232,334	240,107	250,248	258,122	281,211	300,441	316,006	322,434	329,985	330,411	H/W시험사	151
225,925	228,481	240,506	253,927	261,513	273,048	282,126	306,008	316,695	335,062	344,600	354,908	354,793	S/W시험사	152
-	-	-	-	-	-	-	-	-	-	-	-	-	CPU시험사	153
-	-	-	-	-	-	-	-	-	-	-	-	-	광통신설치사	154
242,548	246,430	259,367	278,477	286,348	297,118	307,477	329,592	332,790	340,232	339,533	360,798	360,206	광케이블설치사	155
291,962	292,427	302,639	293,638	303,876	316,058	323,645	320,137	331,207	350,394	369,417	-	421,053	도편수	156
151,580	153,936	153,936	167,273	171,338	179,802	192,209	206,235	210,559	222,398	-	253,883	245,000	목조각공	157
185,268	193,133	201,547	195,547	205,220	213,912	220,935	228,846	237,124	250,387	263,480	261,656	246,346	한식목공	158
213,744	218,163	231,118	240,644	247,633	253,955	261,844	280,936	302,185	323,048	334,710	333,973	324,939	한식석공	159
138,585	138,734	145,409	156,441	161,097	162,262	170,364	181,486	189,704	197,677	210,126	210,502	202,105	한식목공조공	160
-	232,345	243,036	244,077	245,410	249,149	247,924	248,421	262,340	275,200	285,258	-	-	드잡이공	161
210,692	216,076	230,714	239,973	250,452	264,383	271,936	269,964	280,534	275,649	289,703	284,919	290,026	한식와공	162
157,685	163,628	170,393	169,974	176,580	177,441	188,279	202,769	213,333	201,885	206,937	216,217	227,495	한식와공조공	163
-	190,475	-	193,297	-	203,196	-	-	-	-	-	-	-	석조각공	164
-	230,344	-	235,175	-	238,720	-	-	-	-	-	-	238,720	특수화공	165
180,615	184,318	190,523	198,632	195,899	205,586	212,787	228,571	-	-	-	-	-	화공	166
147,594	154,122	160,875	172,651	178,490	188,152	235,833	221,715	217,332	197,427	249,945	249,672	246,667	한식미장공	167
-	-	-	-	-	-	273,371	-	-	-	284,800	-	-	드잡이공편수	168
-	-	-	-	-	-	251,074	-	-	271,307	285,813	256,667	261,429	한식미장공편수	169
-	-	-	-	-	-	292,847	-	-	306,667	316,204	-	365,113	한식와공편수	170
-	-	-	-	-	-	241,517	243,477	-	-	257,143	-	247,727	한식단청공편수	171
-	-	-	-	-	-	192,636	205,926	219,117	231,071	241,942	246,892	256,000	한식석공조공	172
-	-	-	-	-	-	165,089	180,980	195,281	207,538	218,105	213,333	220,000	한식미장공조공	173
-	-	-	-	-	-	-	-	-	-	-	-	-	원자력배관공	174
189,944	208,389	196,167	201,816	199,842	202,847	202,130	204,448	208,245	195,389	193,853	190,809	201,040	원자력용접공	175
197,200	201,619	187,724	202,174	199,758	210,518	210,144	211,263	201,203	213,022	215,382	213,079	214,418	원자력기계설치공	176
141,804	-	148,990	-	152,204	-	160,714	-	161,831	160,300	168,365	178,111	183,708	원자력덕트공 (플랜트덕트공)	177
-	-	-	-	-	-	-	-	-	-	-	-	-	원자력제관공	178
207,818	210,066	220,324	232,364	239,501	251,985	251,985	257,060	252,875	246,036	266,554	265,163	274,707	원자력케이블전공 (플래트케이블전공)	179
169,435	165,415	162,516	167,232	167,787	179,406	182,976	184,732	193,134	189,623	179,826	188,726	196,381	원자력계장공 (플랜트계장공)	180
-	-	-	-	-	-	-	-	-	-	-	-	-	원자력기술자	181
-	-	-	-	-	-	-	-	-	-	-	-	-	중급원자력기술자	182
-	-	-	-	-	-	-	-	-	-	-	-	-	상급원자력기술자	183
228,353	233,836	247,738	256,484	252,432	260,445	265,941	266,892	258,644	274,651	266,390	268,091	261,522	원자력품질관리사	184
128,250	131,788	137,324	144,628	150,555	150,630	158,269	167,839	162,616	161,468	170,378	176,096	176,704	원자력특별인부 (플랜트특별인부)	185
187,469	199,137	207,683	218,315	209,797	207,593	214,681	227,973	225,972	237,525	229,121	222,011	219,868	원자력보온공 (플랜트보온공)	186
194,339	201,150	205,807	205,068	207,172	215,411	213,364	214,003	209,162	197,852	223,119	218,784	219,796	원자력플랜트전공	187
212,015	218,104	215,672	228,210	236,018	244,733	252,642	272,157	266,376	258,161	211,907	210,048	227,625	비파괴시험공 (고급원자력)	188
212,015	218,104	215,672	228,210	236,018	244,733	252,642	272,157	266,376	258,161	211,907	210,048	227,625	비파괴시험공 (특급원자력)	189
189,428	196,575	203,680	208,604	215,428	224,214	231,472	246,909	259,492	260,736	254,887	260,229	257,342	통신관련기사	190
172,614	174,836	183,684	190,556	196,722	203,601	211,847	228,022	239,569	250,535	252,472	256,656	254,403	통신관련산업기사	191
152,339	152,766	161,950	168,459	173,162	179,968	185,358	199,652	199,216	199,056	205,859	206,278	206,555	통신관련기능사	192
-	-	-	-	-	-	-	-	-	-	-	-	-	노즐공	193
115,796	118,066	122,525	129,804	134,606	142,317	149,882	163,904	167,882	176,693	179,334	181,699	187,843	코킹공	194
159,262	164,207	173,285	189,482	194,979	205,010	214,690	228,507	240,346	261,628	263,992	267,522	263,081	전기공사기사	195
141,107	141,478	151,967	164,000	170,252	179,744	191,600	203,354	211,437	231,347	237,693	240,324	241,167	전기공사산업기사	196
211,751	219,634	229,801	244,383	257,066	269,720	280,556	297,950	305,887	320,009	338,501	348,736	369,045	변전전공	197
-	-	-	-	-	-	-	-	-	-	-	257,972	265,082	특급품질관리기술인	198
-	-	-	-	-	-	-	-	-	-	-	207,449	206,730	고급품질관리기술인	199
-	-	-	-	-	-	-	-	-	-	-	176,238	180,381	중급품질관리기술인	200
-	-	-	-	-	-	-	-	-	-	-	146,028	150,360	초급품질관리기술인	201

정부(시중)노임단가 (11)

(단위:원/인)

직종번호	직종명	2021.9	2022.1	2022.9	2023.1	2023.9	2024.1	2024.9	2025.1	2025.9				
139	사공	-	-	-	-	-	-	-	-	-				
140	마부	-	-	-	-	-	-	-	-	-				
141	제재공	-	-	-	-	-	-	-	-	-				
142	철도궤도공	-	-	-	-	-	-	-	-	-				
143	지적기사1급	-	-	-	-	-	-	-	-	-				
144	지적기사2급	-	-	-	-	-	-	-	-	-				
145	지적기능사1급	-	-	-	-	-	-	-	-	-				
146	지적기능사2급	-	-	-	-	-	-	-	-	-				
147	지적기사	245,110	250,223	250,962	246,481	255,175	256,928	256,260	263,991	274,286				
148	지적산업기사	217,040	219,307	219,741	215,026	231,699	233,365	234,723	236,718	242,724				
149	지적기능사	177,107	179,864	181,993	188,071	189,226	192,899	185,830	181,822	180,875				
150	H/W설치사	-	-	-	-	-	-	-	-	-				
151	H/W시험사	332,268	330,981	349,792	354,947	364,183	375,020	381,052	384,609	390,048				
152	S/W시험사	364,327	377,187	391,265	401,195	423,318	433,747	444,532	445,000	446,000				
153	CPU시험사	-	-	-	-	-	-	-	-	-				
154	광통신설치사	-	-	-	-	-	-	-	-	-				
155	광케이블설치사	374,910	388,288	398,214	409,726	430,849	444,142	455,593	460,429	467,653				
156	도편수	-	-	-	457,143	508,529	514,479	506,030	-	-				
157	목조각공	-	-	-	-	-	-	-	-	-				
158	한식목공	247,685	271,227	279,380	-	321,528	325,343	341,397	351,481	350,828				
159	한식석공	330,000	322,914	322,748	368,240	377,463	412,988	394,554	398,051	392,588				
160	한식목공조공	-	-	209,937	-	234,248	235,748	241,318	246,154	-				
161	드잡이공	281,481	-	280,702	-	301,714	312,305	-	-	-				
162	한식와공	-	293,446	298,868	322,581	339,525	362,888	346,952	353,051	347,811				
163	한식와공조공	-	250,000	245,275	-	271,844	279,091	266,667	268,333	274,659				
164	석조각공	-	-	-	-	-	-	-	-	-				
165	특수화공	300,000	-	285,714	-	-	-	-	-	-				
166	화공	269,504	261,905	252,000	-	271,248	286,414	308,505	311,263	313,333				
167	한식미장공	262,880	278,417	286,134	-	308,123	322,458	339,449	342,548	339,830				
168	드잡이공편수	-	-	-	-	-	-	-	-	-				
169	한식미장공편수	279,896	298,667	-	325,333	-	362,214	-	-	-				
170	한식와공편수	374,422	409,618	-	-	458,667	464,213	-	457,143	-				
171	한식단청공편수	-	-	250,000	-	-	280,976	-	-	-				
172	한식석공조공	260,000	284,211	267,610	308,571	300,729	325,281	309,302	311,114	320,000				
173	한식미장공조공	226,634	224,000	227,310	-	255,320	257,173	-	249,266	247,982				
174	원자력배관공	-	-	-	-	-	-	-	-	-				
175	원자력용접공	201,082	194,568	196,805	197,956	209,427	202,005	210,448	215,662	211,525				
176	원자력기계설치공	222,881	223,770	229,295	228,419	234,810	225,448	232,968	227,074	231,539				
177	원자력덕트공 (플랜트덕트공)	-	-	-	-	-	210,034	-	-	-				
178	원자력제관공	-	-	-	-	-	-	-	-	-				
179	원자력케이블전공 (플래트케이블전공)	290,040	296,879	293,572	290,265	285,303	274,097	268,376	261,587	262,679				
180	원자력계장공 (플랜트계장공)	194,262	208,010	214,700	215,631	209,366	211,930	205,259	202,712	202,691				
181	원자력기술자	-	-	-	-	-	-	-	-	-				
182	중급원자력기술자	-	-	-	-	-	-	-	-	-				
183	상급원자력기술자	-	-	-	-	-	-	-	-	-				
184	원자력품질관리사	275,550	282,525	301,308	281,198	290,732	270,646	284,993	270,376	284,862				
185	원자력특별인부 (플랜트특별인부)	182,649	187,735	198,285	205,095	207,815	216,634	215,290	218,614	220,283				
186	원자력보온공 (플랜트보온공)	227,694	236,000	248,570	-	248,017	241,557	244,203	247,028	247,756				
187	원자력플랜트전공	220,447	221,666	230,848	228,504	234,603	223,276	231,772	226,275	237,846				
188	비파괴시험공 (고급원자력)	222,653	218,137	221,714	224,819	211,797	216,221	215,484	217,619	216,404				
189	비파괴시험공 (특급원자력)	222,653	218,137	221,714	224,819	211,797	216,221	215,484	217,619	216,404				
190	통신관련기사	265,371	275,633	284,842	292,454	305,033	305,806	315,804	316,183	318,479				
191	통신관련산업기사	263,046	268,910	273,786	284,281	292,400	294,019	296,036	297,137	303,262				
192	통신관련기능사	213,828	221,858	227,878	234,222	240,768	242,587	243,776	244,717	249,360				
193	노즐공	-	-	-	-	-	-	-	-	-				
194	코킹공	186,456	184,209	191,040	194,831	199,797	200,603	204,830	206,732	208,590				
195	전기공사기사	272,340	279,912	292,105	299,140	314,544	316,876	322,514	327,381	333,866				
196	전기공사산업기사	246,849	249,961	260,292	265,465	281,158	281,837	287,871	289,211	292,729				
197	변전전공	388,030	410,051	429,168	437,936	451,145	458,700	474,414	477,832	483,274				
198	특급품질관리기술인	264,217	260,237	266,992	266,470	265,252	262,005	260,378	261,200	265,227				
199	고급품질관리기술인	206,224	211,437	214,705	216,510	214,819	212,228	215,530	212,471	216,558				
200	중급품질관리기술인	177,964	180,523	181,589	183,604	185,766	185,082	185,457	183,944	186,963				
201	초급품질관리기술인	149,841	155,277	158,045	158,227	157,179	154,726	158,008	159,901	161,595				

참고 **● 보통인부와 특별인부 노임 추이 ●**

보통인부 노임은 1970년 540원에서 2025년 하반기 171,037원으로 약 316배가량 인상되었고, 특별인부 노임은 710원에서 224,490원으로 약 316배가량 인상되었다.

그리고 1970년부터 꾸준히 인상추세를 보이던 노임은 IMF영향이 미치기 시작하는 1998년 하반기에 같은해 상반기보다 보통인부 노임이 약 9.6%, 특별인부 노임이 약 18.6% 인하되었다. 한편, 고용노동부에 따르면 2025년 최저임금은 시간급 10,030원이며, 일급(8시간 기준)은 80,240원이다.

● 정부노임단가에서 시중노임단가로 변경된 시기와 이유 ●

〈변경시기〉

정부계약의 원가계산에 의한 예정가격 작성시 적용하는 노임단가 기준이 1994년까지는 (구)재무부장관이 결정·고시하는 "정부고시노임"이였으나 1995년부터 통계법 제3조의 규정에 의하여 통계작성 승인을 받은 기관이 조사·공표하는 "시중노임"으로 변경됨.

〈변경이유〉

1994년까지 정부에서 고시하는 정부노임단가가 일반적으로 시중노임단가보다 현저히 낮아 정부노임단가에 의한 인력사용이 공사지연과 부실공사의 원인이 되어 왔다. 여기에 편법적으로 노동인력수 및 시간 조정 등으로 시장단가에 상응하는 노임으로 변칙집행을 해와 이에 정부에서는 노임을 현실화하기 위해 1995년부터 시중노임단가로 변경함.

※ 조사직종변경

구 분 / 직 종	1999년 상반기 조사부터 개편	2005년 상반기 조사부터 개편	2010년 상반기 조사부터 개편	2020년 하반기 조사부터 개편	2025년 상반기 조사부터 개편
전체직종	145개 직종	146개 직종	117개 직종	127개 직종	132개 직종
일반공사직종	104개 직종	105개 직종	91개 직종	91개 직종	91개 직종
광전자직종	6개 직종	6개 직종	3개 직종	3개 직종	3개 직종
국가유산직종	11개 직종	11개 직종	12개 직종	18개 직종	18개 직종
원자력직종	16개 직종	16개 직종	4개 직종	4개 직종	4개 직종
기타직종	8개 직종	8개 직종	7개 직종	11개 직종	16개 직종

※ 평균임금현황

직종명 / 적용일	전 체 직 종	일반공사 직 종	광전자 직 종	국가유산 직 종	원자력 직 종	기 타 직 종
2025. 9. 1	(132)278,832 (127)278,861	267,306	434,567	322,285	241,443	132)275,645 (127)274,537
2025. 1. 1	(132)276,011 (127)276,020	264,277	430,013	322,178	234,847	(132)272,223 (127)270,610
2024. 9. 1	274,286	262,067	427,059	321,129	240,045	269,511
2024. 1. 1	270,789	258,359	417,636	321,713	230,344	264,952
2023. 9. 1	265,516	253,310	406,117	309,641	242,393	264,351
2023. 1. 1	255,426	244,456	388,623	292,142	234,019	257,558
2022. 9. 1	248,819	237,006	379,757	286,364	239,564	252,767
2022. 1. 1	242,931	231,044	365,485	283,907	230,632	245,273
2021. 9. 1	235,815	223,499	357,168	276,915	229,990	239,470
2021. 1. 1	230,798	219,213	348,470	268,825	224,194	234,726
2020. 9. 1	226,947	215,178	348,564	264,191	222,691	231,739
2020. 1. 1	222,803	209,168	335,522	262,914	224,686	247,534
2019. 9. 1	216,770	203,891	330,433	252,022	220,229	242,858
2019. 1. 1	210,195	197,897	316,642	244,131	219,314	231,976
2018. 9. 1	203,332	190,702	305,604	237,460	224,152	224,043
2018. 1. 1	193,770	181,134	282,575	230,322	222,895	209,344

직종명 / 적용일	전 체 직 종	일반공사 직 종	광전자 직 종	국가유산 직 종	원자력 직 종	기 타 직 종
2017. 9. 1	186,026	175,804	273,471	221,051	222,305	200,653
2017. 1. 1	179,690	169,999	262,656	213,706	214,801	191,745
2016. 9. 1	175,071	165,389	254,913	208,944	216,386	185,041
2016. 1. 1	168,571	159,184	240,606	204,251	209,359	175,270
2015. 9. 1	163,339	154,343	228,408	197,308	211,249	166,795
2015. 1. 1	158,590	149,959	225,312	190,064	202,459	163,185
2014. 9. 1	155,796	147,352	220,954	184,513	205,402	160,079
2014. 1. 1	150,664	142,586	213,715	176,705	206,068	152,362
2013. 9. 1	148,380	140,833	211,106	172,081	198,225	150,490
2013. 1. 1	141,724	134,901	206,053	162,750	179,988	144,950
2012. 9. 1	138,571	132,168	204,110	156,713	175,792	141,355
2012. 1. 1	132,576	126,684	191,119	149,495	165,930	136,032
2011. 9. 1	129,029	123,735	185,429	144,563	159,211	129,806
2011. 1. 1	124,746	120,031	176,985	138,912	151,994	123,801
2010. 9. 1	123,031	118,090	174,848	138,670	152,852	121,205
2010. 1. 1	119,717	114,847	165,652	137,030	147,659	117,682
2009. 9. 1	117,333	111,664	156,581	130,640	146,190	110,820
2009. 1. 1	117,524	111,661	153,277	134,021	146,937	110,576

※ 통합직종

당 초	통합직종명	당 초	통합직종명
선부+보통인부	보통인부	치장벽돌공+조적공	조적공
갱부+특별인부	특별인부	함석공+덕트공	덕트공
조립인부+조력공	조력공	창호목공+샷시공	창호공
특수비계공+비계공	비계공	기계공+기계설치공	기계설비공
동발공(터널)+형틀목공	형틀목공	원자력배관공+플랜트배관공	플랜트배관공
절단공	철근공, 철공, 철판공, 철골공으로 각각 통합	원자력제관공+플랜트제관공	플랜트제관공
용접공(일반)+용접공(철도)	용접공	특급원자력비파괴시험공+고급원자력비파괴시험공	비파괴시험공
노즐공+콘크리트공	콘크리트공	광통신설치사+광케이블설치사	광케이블설치사
준설선기관장+준설선기관사, 준설선전기사+준설선기관사	준설선기관사	H/W설치사+H/W시험사	H/W시험사
보통선원+고급선원	선원	CPU시험사+S/W시험사	S/W시험사

※ 직종명칭 변경

당 초	변경명칭	당 초	변경명칭
보링공(지질조사)	보링공	원자력계장공	플랜트계장공
목도	인력운반공	원자력덕트공	플랜트덕트공
건설기계운전기사	건설기계운전사	원자력보온공	플랜트보온공
운전사(운반차)	화물차운전사	시험관련기사	특급품질관리원
운전사(기계)	일반기계운전사	시험관련산업기사	고급품질관리원
원자력특별인부	플랜트특별인부	시험관련기능사	초급품질관리원
원자력케이블전공	플랜트케이블전공	-	-

※ 폐지 및 신설직종

신설직종(13)	폐지직종(10)
중급품질관리원, 한식석공, 석면해체공, 드잡이공편수,한식미장공편수,한식와공편수,한식단청공편수,한식석공조공,한식미장공조공, 특급품질관리기술인,고급품질관리기술인, 중급품질관리기술인,초급품질관리기술인, 플로어링마루시공공, 교통정리원, 철거공, 흙막이공, 전철전공	현도사, 벽돌(블럭)제작공, 보안공, 건설기계운전조수, 시공측량사, 시공측량사조수, 측부, 상급원자력기술자, 중급원자력기술자, 원자력기술자

정부(시중)노임단가 (12)

2. 제조부문

(단위:원)

직종번호	직종명	단위	1972	1973	1974	1975	1976	1977	1978	1979	1980	1981	1982	1983	1984	1985
1	기계설계사	인	1,280	1,280	1,720	1,980	2,100	2,480	3,630	5,610	6,410	7,660	8,180	8,670	8,870	9,460
2	회로설계사	〃	1,220	1,220	1,760	2,020	2,310	2,720	4,490	5,880	6,550	8,340	9,600	9,770	10,010	10,050
3	제도사	〃	770	770	1,150	1,660	1,780	2,100	4,120	4,360	4,360	5,310	6,020	6,280	6,320	6,460
4	현도사	〃	770	770	1,230	1,780	1,870	2,460	5,420	5,420	5,420	5,730	6,080	9,180	6,440	6,860
5	마킹공	〃	720	720	1,000	1,300	1,430	1,790	2,990	3,390	3,390	3,920	4,700	4,780	4,970	5,240
6	철물재단사	〃	600	600	900	1,220	1,430	1,790	2,170	3,410	4,260	5,520	6,350	6,680	7,000	7,290
7	철물재단공	〃	700	700	940	1,230	1,380	1,730	2,830	2,850	3,610	4,040	4,650	4,970	5,310	5,610
8	산소절단공	〃	840	840	1,250	1,520	1,750	2,190	2,820	2,900	3,410	4,260	4,740	5,340	5,640	5,940
9	회전쇠톱공	〃	680	680	980	1,330	1,550	1,940	2,420	2,440	3,060	4,110	4,470	4,880	5,330	5,660
10	금속쇠톱공	〃	580	580	980	1,140	1,280	1,600	2,160	2,280	3,670	4,290	4,290	4,290	4,590	4,780
11	모형절단공	〃	700	700	-	1,330	1,520	1,900	2,400	2,570	2,960	3,730	4,290	4,560	4,890	4,920
12	가위절단공	〃	580	580	870	1,090	1,170	1,460	1,750	1,750	2,210	2,700	3,240	3,340	3,580	3,670
13	단금절단공	〃	580	580	870	1,090	1,170	1,460	1,830	1,830	2,320	3,440	3,830	4,320	4,360	4,360
14	초음파절단공	〃	800	800	1,240	1,620	1,690	2,110	2,580	2,580	3,270	3,490	3,780	4,010	4,290	4,390
15	방전절단공	〃	800	800	1,160	1,570	1,690	2,110	2,550	2,550	4,240	4,610	5,300	5,300	5,320	5,410
16	샤링공	〃	760	760	1,020	1,330	1,460	1,830	2,330	2,960	3,560	4,140	4,760	4,940	5,070	5,260
17	프레스공	〃	750	750	1,010	1,370	1,600	2,000	2,510	2,810	3,570	3,850	4,430	4,440	4,660	4,900
18	밀링공	〃	700	700	980	1,350	1,560	1,950	2,420	2,990	3,590	4,330	4,760	5,070	5,420	5,610
19	쉐파공	〃	700	700	940	1,270	1,330	1,660	2,120	3,140	3,920	4,560	5,170	5,200	5,420	5,600
20	홉핑공	〃	900	900	1,210	1,580	1,650	2,060	2,460	2,850	3,210	4,110	4,730	4,900	5,330	5,650
21	로구로공	〃	740	740	960	1,350	1,520	1,900	2,270	2,470	3,510	4,110	4,400	4,620	4,840	5,030
22	드릴공	〃	690	690	890	1,120	1,310	1,640	2,610	2,630	3,100	3,870	4,450	4,600	4,800	5,050
23	태핑공	〃	-	-	-	-	-	-	-	2,280	3,170	3,630	4,160	4,160	4,420	4,420
24	착암공	〃	-	-	-	-	-	-	-	-	-	-	-	-	-	-
25	화차원	〃	-	-	-	-	-	-	-	-	-	-	-	-	-	-
26	보링공	〃	840	840	1,170	1,530	1,640	2,050	2,690	3,690	3,690	4,570	5,260	5,750	5,930	6,080
27	자동선반공	〃	-	-	-	-	-	-	-	3,270	4,240	4,600	5,060	5,520	5,800	5,870
28	수동선반공	〃	-	-	-	-	-	-	-	2,950	3,460	4,500	4,950	5,300	5,560	5,810
29	프레나공	〃	840	840	1,170	1,530	1,600	2,000	2,390	2,890	3,690	4,420	4,980	5,270	5,580	5,700
30	스롯타공	〃	850	850	1,190	1,490	1,560	1,950	2,460	3,400	3,670	4,520	5,200	5,420	5,720	5,800
31	볼반공	〃	840	840	1,130	1,470	1,610	2,010	2,640	2,650	3,560	3,880	4,320	4,460	4,370	4,880
32	강판공	〃	760	760	1,100	1,380	1,450	1,810	2,220	2,520	4,240	4,240	4,510	4,700	4,790	4,950
33	판금공	〃	800	800	1,120	1,460	1,520	1,900	2,260	3,050	3,720	4,860	4,970	5,200	5,580	5,790
34	함석공	〃	880	880	1,270	1,710	1,880	2,340	3,770	3,770	4,050	4,800	5,210	5,880	6,030	6,410
35	문자조각기공	〃	840	840	1,130	1,470	1,610	2,010	2,440	3,260	4,690	4,690	4,970	4,970	5,220	5,500
36	모형조각기공	〃	750	750	1,050	1,320	1,520	1,900	2,400	2,400	3,040	4,140	4,760	5,045	5,130	5,360
37	3본로라공	〃	680	680	980	1,230	1,350	1,690	1,690	2,210	2,970	4,610	5,200	5,600	5,640	5,830
38	벤딩머쉰공	〃	850	850	1,140	1,430	1,530	1,910	2,400	2,590	3,320	3,810	4,250	4,370	4,390	4,420
39	절곡공	〃	900	900	1,210	1,460	1,560	1,950	2,470	2,560	3,350	3,670	4,050	4,770	5,030	5,320
40	수동교정공	〃	840	840	1,130	1,300	1,420	1,780	2,250	2,610	3,330	4,260	4,730	5,070	5,360	5,720
41	벨런스머쉰공	〃	500	500	870	1,140	1,220	1,560	2,130	3,720	3,270	4,600	4,930	5,310	5,390	5,520
42	요철공	〃	780	780	1,090	1,370	1,500	1,880	2,370	2,370	2,790	3,110	3,460	4,160	4,430	4,570
43	열처리공	〃	720	720	1,040	1,410	1,540	1,930	2,390	3,090	3,490	4,330	4,820	5,160	5,360	5,470
44	용해공	〃	800	800	1,080	1,300	1,420	1,780	2,370	2,710	3,600	4,350	4,990	5,140	5,400	5,450
45	금형공	〃	-	-	-	-	-	-	-	3,260	4,510	5,020	5,510	5,820	6,100	6,350
46	트레일러공	〃	-	-	-	-	-	-	-	-	-	-	-	-	-	-
47	목형공	〃	1,030	1,030	1,390	1,600	1,710	2,140	2,890	3,280	4,550	4,940	5,400	5,980	6,020	6,100
48	주물공	〃	810	810	1,130	1,470	1,610	2,010	2,630	3,280	3,690	4,060	4,620	5,190	5,420	5,640
49	다이케스트공	〃	-	-	-	-	-	-	-	3,320	3,340	4,500	5,000	5,160	5,360	5,670
50	단조공	〃	780	780	1,090	1,370	1,470	1,840	2,380	2,960	4,000	4,930	5,110	5,660	5,740	5,940
51	압연공	〃	760	760	1,100	1,490	1,560	1,950	2,490	3,140	3,760	4,610	5,300	5,650	5,820	6,040

(단위:원)

1986	1987	1988	1989	1990	1991	1992	1993	1994	1995	1996	1997	1998	1999	단위	직 종 명	직종번호
9,800	10,350	11,600	13,000	15,850	20,100	21,600	22,900	23,700	28,137	30,943	37,068	37,832	37,114	인	기 계 설 계 사	1
10,230	10,770	12,070	13,550	16,400	20,600	22,600	23,100	24,900	28,772	30,620	37,545	39,819	38,595	〃	회 로 설 계 사	2
6,810	7,330	8,210	9,200	12,100	16,900	20,000	22,400	23,000	27,167	28,462	30,689	32,747	32,368	〃	제 도 사	3
6,990	7,410	8,380	9,400	12,300	17,300	18,200	19,400	19,400	21,913	22,248	24,945	28,487	29,309	〃	현 도 사	4
5,530	5,800	6,380	7,350	10,250	15,300	17,600	18,800	18,900	21,003	21,639	22,536	26,924	27,195	〃	마 킹 공	5
7,660	7,990	8,950	9,750	10,650	15,500	18,400	20,700	21,300	23,923	28,750	29,463	32,666	29,425	〃	철 물 재 단 사	6
5,840	6,370	7,140	8,100	11,000	15,800	18,200	19,400	20,000	21,370	22,203	27,772	27,694	26,589	〃	철 물 재 단 공	7
6,110	6,820	7,640	8,600	11,500	16,500	17,600	19,700	19,700	23,269	27,149	28,440	31,794	29,318	〃	산 소 절 단 공	8
5,970	5,970	6,690	7,700	10,600	12,800	17,900	19,000	19,300	20,727	22,739	24,863	27,656	28,372	〃	회 전 쇠 톱 공	9
4,850	5,000	5,770	6,900	9,800	11,400	14,700	17,400	18,100	20,813	21,703	25,666	27,137	27,971	〃	금 속 쇠 톱 공	10
5,240	5,490	6,150	7,100	10,000	14,200	16,900	18,100	18,800	21,834	24,567	25,874	25,901	26,680	〃	모 형 절 단 공	11
3,870	4,100	4,740	5,700	8,600	12,200	14,600	18,300	19,100	20,000	23,674	23,889	24,872	25,720	〃	가 위 절 단 공	12
4,520	4,790	5,530	6,650	9,550	14,600	18,600	19,000	19,000	20,160	25,774	-	-	26,000	〃	단 금 절 단 공	13
4,390	4,650	5,370	6,450	9,350	11,000	13,700	15,600	17,600	22,400	25,116	26,773	28,884	29,300	〃	초음파절단공	14
5,750	5,860	6,770	7,800	10,700	15,700	16,500	17,600	18,100	20,397	24,853	26,814	27,047	28,089	〃	방 전 절 단 공	15
5,490	5,980	6,740	7,800	10,700	12,400	14,800	17,400	18,000	21,469	24,110	26,683	29,508	27,211	〃	샤 링 공	16
5,150	5,600	6,470	7,450	10,350	12,600	15,000	16,000	16,800	20,883	21,600	24,194	26,250	25,512	〃	프 레 스 공	17
5,830	5,600	7,090	8,100	11,000	13,800	16,400	18,300	19,200	21,250	24,286	26,702	27,252	26,307	〃	밀 링 공	18
5,780	6,160	6,900	7,950	19,850	14,700	15,500	17,500	17,900	21,439	23,536	27,387	29,955	28,478	〃	쉐 파 공	19
6,020	6,250	7,140	8,100	11,000	14,300	15,100	16,100	16,100	17,901	20,237	24,287	25,363	25,947	〃	홉 핑 공	20
5,300	5,560	6,420	7,400	10,300	11,400	13,200	15,700	16,700	20,511	22,880	22,923	24,998	24,867	〃	로 구 로 공	21
5,150	5,250	6,060	7,000	9,500	11,900	13,700	16,000	16,600	19,810	22,917	25,840	27,215	25,568	〃	드 릴 공	22
4,510	4,770	5,510	6,600	9,500	10,900	13,000	13,300	14,000	17,366	18,186	20,871	22,077	23,460	〃	태 핑 공	23
-	-	-	-	9,500	11,300	13,500	16,000	20,800	21,507	26,364	30,673	33,454	33,610	〃	착 암 공	24
-	-	-	-	9,500	14,500	15,800	17,900	20,000	20,603	23,861	-	-	-	〃	화 차 원	25
6,330	6,690	7,500	8,400	11,300	14,300	14,300	15,300	15,600	18,705	21,239	26,470	28,378	28,529	〃	보 링 공	26
6,040	6,600	7,400	8,300	11,200	14,100	16,200	17,300	17,800	20,770	23,769	25,358	27,466	25,190	〃	자 동 선 반 공	27
6,080	6,320	7,080	8,100	8,100	13,100	15,100	17,600	18,200	20,463	23,940	27,027	27,350	26,181	〃	수 동 선 반 공	28
5,850	6,270	7,180	8,100	11,000	14,100	15,300	16,400	17,300	20,700	20,961	22,946	25,035	24,862	〃	프 레 나 공	29
6,090	6,450	7,280	8,200	11,100	12,800	15,200	15,800	16,100	21,395	24,019	29,596	31,324	32,037	〃	스 롯 타 공	30
4,880	5,270	6,040	6,950	9,850	12,500	13,400	14,300	16,700	20,087	21,808	26,420	27,778	26,399	〃	볼 반 공	31
5,210	5,700	6,390	7,350	10,250	14,800	17,500	18,600	19,400	21,976	25,038	31,329	32,376	30,126	〃	강 판 공	32
6,090	6,440	7,220	8,100	11,000	13,100	15,600	16,700	17,000	21,063	24,921	28,921	28,947	28,447	〃	판 금 공	33
6,610	6,920	7,750	8,700	11,600	13,800	15,900	17,800	18,000	20,000	21,840	-	-	30,472	〃	함 석 공	34
5,500	5,880	6,790	7,850	10,010	13,100	15,100	16,900	19,200	19,536	24,941	29,143	31,633	32,345	〃	문자조각기공	35
5,380	5,700	6,580	7,600	10,500	13,800	18,600	21,900	22,400	24,400	27,811	30,959	34,225	24,154	〃	모형조각기공	36
6,070	6,640	7,440	8,200	11,000	12,400	16,400	22,200	23,400	26,254	27,535	31,991	34,250	35,667	〃	3 본 로 라 공	37
4,600	5,110	5,900	6,950	9,850	14,500	14,500	16,400	16,700	19,656	22,902	26,551	29,076	26,749	〃	벤 딩 머 쉰 공	38
5,550	5,870	6,780	7,800	10,700	14,900	16,000	18,100	18,700	21,324	25,275	28,312	28,966	27,344	〃	절 곡 공	39
5,860	6,160	7,110	8,100	11,000	16,000	16,800	18,800	18,800	21,783	22,823	25,005	25,582	25,229	〃	수 동 교 정 공	40
5,550	5,550	6,220	7,200	10,100	14,800	15,900	18,300	19,000	21,030	23,235	-	-	-	〃	벨런스머쉰공	41
4,730	4,910	5,670	6,800	9,700	14,700	16,900	18,000	18,000	22,155	25,600	26,500	30,132	30,949	〃	요 철 공	42
5,700	6,150	6,890	7,950	10,850	13,600	14,800	16,700	17,500	19,533	22,451	24,270	25,392	26,159	〃	열 처 리 공	43
5,540	5,960	6,880	7,950	10,850	14,500	17,200	20,000	20,900	23,096	23,511	25,075	25,672	25,540	〃	용 해 공	44
6,550	7,000	7,840	8,800	11,700	14,400	16,600	18,600	19,300	22,762	26,022	28,718	29,677	30,029	〃	금 형 공	45
-	-	-	-	11,700	16,700	19,200	24,300	27,200	27,829	29,331	35,547	34,030	33,285	〃	트 레 일 러 공	46
6,350	6,600	7,400	8,300	11,200	14,700	16,900	19,000	19,400	22,059	24,333	26,511	28,022	27,731	〃	목 형 공	47
5,800	6,300	7,060	8,100	11,000	15,400	16,900	18,000	18,000	21,799	26,303	28,091	25,636	26,668	〃	주 물 공	48
5,760	5,870	6,780	7,800	10,700	14,700	16,900	19,700	20,800	21,246	22,878	25,694	26,112	24,022	〃	다 이 케 스 트 공	49
6,130	6,540	7,400	8,300	11,200	16,200	17,600	18,700	18,900	20,242	25,148	25,798	26,695	28,126	〃	단 조 공	50
6,290	6,500	7,280	8,200	11,100	14,300	16,400	19,300	20,100	22,573	23,756	25,048	26,549	27,821	〃	압 연 공	51

정부(시중)노임단가 (13)

(단위:원)

직종번호	직 종 명	단위	2000	2001	2002	2003	2004	2005	2006	2007	2008	2009	2010	2011	2012	2013
1	기계설계사	인	38,307	38,781	41,009	47,352	53,274	58,131	62,240	71,600	79,759	83,750	91,652	88,338	85,158	95,645
2	회로설계사	〃	42,723	41,208	43,016	47,149	53,903	57,901	61,925	62,920	67,959	68,113	74,971	73,259	-	98,479
3	제 도 사	〃	33,261	33,462	37,556	43,791	49,046	51,576	54,552	56,801	65,237	73,008	77,076	77,513	81,983	90,432
4	현 도 사	〃	30,254	32,889	36,601	43,245	46,226	49,838	53,688	55,056	64,779	70,833	73,565	76,667	92,370	106,225
5	마 킹 공	〃	26,865	27,622	29,915	33,455	36,779	39,565	42,417	46,657	50,211	59,006	63,713	70,079	76,264	68,903
6	철물재단사	〃	29,851	30,602	32,451	36,996	42,352	44,704	47,573	51,080	53,236	55,451	56,535	55,910	57,394	59,018
7	철물재단공	〃	27,832	29,276	30,161	34,921	39,038	41,215	44,079	45,739	47,081	47,498	49,120	50,989	55,713	55,171
8	산소절단공	〃	31,562	31,867	34,192	34,944	40,600	42,411	45,384	45,745	48,794	50,970	57,606	59,659	62,787	64,840
9	회전쇠톱공	〃	31,005	30,994	32,798	36,600	-	36,531	38,979	39,930	42,640	43,810	43,375	45,613	51,230	53,146
10	금속쇠톱공	〃	28,895	30,590	32,584	35,694	39,383	41,826	44,700	45,731	50,251	57,402	60,899	69,274	64,260	65,035
11	모형절단공	〃	28,480	28,697	30,965	33,822	37,132	37,880	40,715	40,958	43,032	46,027	49,531	56,789	62,599	65,115
12	가위절단공	〃	25,089	25,351	25,610	25,819	27,039	28,750	30,750	37,150	41,226	48,166	48,885	46,700	46,423	43,706
13	단금절단공	〃	27,926	29,718	29,319	31,890	-	-	-	-	-	-	-	-	-	-
14	초음파절단공	〃	30,738	-	35,210	37,839	38,212	40,737	43,211	44,080	-	-	-	-	-	-
15	방전절단공	〃	30,351	31,331	32,772	35,454	-	47,173	50,397	51,648	54,812	61,377	68,178	66,000	-	87,754
16	샤 링 공	〃	27,436	27,636	30,476	31,406	34,795	37,029	39,673	46,720	50,960	56,904	59,633	66,891	60,268	71,115
17	프 레 스 공	〃	26,503	28,853	29,112	31,139	32,506	35,153	37,618	40,913	46,049	47,348	50,536	53,008	57,236	65,678
18	밀 링 공	〃	28,544	28,083	31,340	32,609	35,519	37,973	40,636	44,773	50,483	55,178	55,237	61,699	67,356	62,272
19	쉐 파 공	〃	29,873	31,822	34,378	38,143	36,154	37,934	40,517	43,270	46,154	51,760	51,707	56,907	60,947	69,110
20	홉 핑 공	〃	27,050	26,477	28,087	29,417	29,920	32,026	-	-	-	-	-	-	-	-
21	로 구 로 공	〃	27,003	29,797	31,168	31,796	-	36,643	39,186	44,886	52,748	54,335	54,403	54,475	61,681	55,562
22	드 릴 공	〃	26,247	26,664	28,116	32,430	37,019	37,986	40,634	43,567	47,482	49,753	52,805	51,123	60,027	64,690
23	태 핑 공	〃	25,119	26,962	29,033	32,222	37,589	37,387	40,043	43,808	46,019	51,960	57,269	57,114	53,352	53,218
24	착 암 공	〃	-	30,019	32,577	38,924	39,406	42,650	44,471	50,145	57,655	68,220	64,545	72,985	75,352	68,601
25	화 차 원	〃	-	-	-	-	-	-	-	-	-	-	-	-	-	-
26	보 링 공	〃	29,985	29,981	31,988	33,888	34,795	36,478	39,096	43,892	51,439	52,094	52,154	58,366	68,593	69,509
27	자동선반공	〃	26,787	26,207	29,425	32,319	36,074	38,449	40,967	44,352	52,469	53,125	52,689	56,199	60,782	58,407
28	수동선반공	〃	28,446	29,855	33,406	35,700	40,945	42,425	46,111	47,951	56,497	59,246	58,899	67,631	68,107	73,339
29	프 레 나 공	〃	26,193	29,050	31,724	32,692	38,617	42,283	45,155	53,614	61,985	62,838	63,912	74,792	72,378	65,300
30	스 롯 타 공	〃	32,085	33,728	34,921	35,126	35,913	38,001	40,618	41,318	46,600	47,260	49,590	51,461	53,913	61,011
31	볼 반 공	〃	25,134	27,768	29,722	31,877	34,454	36,371	38,091	38,697	40,595	-	48,882	51,033	-	68,770
32	강 판 공	〃	30,387	32,506	33,278	36,318	43,187	46,110	49,329	52,965	62,230	64,540	66,137	67,841	78,380	79,818
33	판 금 공	〃	31,141	30,675	33,801	39,103	39,061	40,283	43,119	48,125	56,708	63,403	63,525	62,512	68,569	70,763
34	함 석 공	〃	32,893	32,220	-	-	-	-	-	-	-	-	-	-	-	-
35	문자조각기공	〃	34,433	35,839	-	-	-	-	-	-	-	-	-	-	-	-
36	모형조각기공	〃	34,451	35,791	35,456	40,611	39,278	42,506	45,457	52,366	55,528	56,489	55,798	63,814	76,225	82,068
37	3본로라공	〃	-	30,422	-	-	-	-	-	-	-	-	-	-	-	-
38	벤딩머쉰공	〃	28,032	30,357	32,332	33,581	38,900	41,426	44,321	48,109	48,362	54,067	57,494	61,495	55,341	64,573
39	절 곡 공	〃	29,276	30,254	29,317	34,533	34,480	36,164	38,686	40,722	45,780	54,867	56,973	62,721	65,680	74,421
40	수동교정공	〃	27,737	28,536	30,400	31,053	34,000	35,281	37,770	42,904	48,680	60,040	58,326	60,631	70,897	60,917
41	벨런스머쉰공	〃	-	-	28,169	34,276	35,554	37,573	40,246	47,777	50,403	60,417	59,420	56,100	71,620	59,346
42	요 철 공	〃	31,600	-	-	-	-	-	-	-	-	-	-	-	-	-
43	열 처 리 공	〃	27,918	27,262	30,100	30,833	36,897	38,054	40,724	48,290	51,985	53,061	56,996	55,826	70,470	72,535
44	용 해 공	〃	26,230	28,556	31,327	35,621	36,096	37,596	39,558	42,407	49,814	51,329	58,140	58,200	62,219	65,565
45	금 형 공	〃	29,561	32,596	31,900	37,781	40,979	43,411	46,475	54,736	57,830	61,483	65,710	71,889	70,259	78,029
46	트레일러공	〃	31,805	32,975	34,898	35,764	-	41,455	42,735	44,120	49,400	51,450	61,810	-	53,490	62,600
47	목 형 공	〃	28,410	28,023	29,698	35,347	37,585	40,305	42,055	44,567	48,193	58,192	59,550	62,061	74,030	72,788
48	주 물 공	〃	26,477	27,368	28,755	31,879	32,895	35,356	38,807	42,378	51,663	51,789	51,975	57,613	55,815	60,378
49	다이케스트공	〃	23,608	25,483	27,768	30,426	34,280	35,963	38,451	39,092	45,644	47,861	47,434	47,730	60,812	60,336
50	단 조 공	〃	29,453	31,409	33,146	36,800	38,987	40,435	43,262	44,524	49,641	54,880	54,694	56,032	64,078	65,772
51	압 연 공	〃	28,953	29,272	30,860	32,208	36,410	37,816	40,471	48,136	49,357	51,123	55,323	60,851	67,637	74,111

(단위:원)

1972	1973	1974	1975	1976	1977	1978	1979	1980	1981	1982	1983	1984	1985	단위	직종명	직종번호
760	760	1,100	1,430	1,530	1,910	2,490	2,950	3,730	4,370	4,440	4,440	4,440	4,440	인	인발공	52
750	750	1,120	1,400	1,500	1,910	2,460	2,460	3,840	4,650	5,120	5,340	5,450	5,810	〃	압출공	53
760	760	1,140	1,430	1,500	1,880	2,300	2,470	3,780	4,490	5,160	5,160	5,530	5,660	〃	합금공	54
880	880	1,230	1,540	1,650	1,880	2,580	2,580	3,270	3,600	4,320	4,710	4,850	5,000	〃	제금공	55
-	-	-	-	-	-	-	2,030	3,170	4,220	4,850	4,410	4,500	4,610	〃	연화공	56
-	-	-	-	-	-	-	2,110	3,100	3,740	4,070	4,230	4,600	4,630	〃	신선공	57
-	-	-	-	-	-	-	-	-	-	-	-	-	-	〃	알루미늄절단공	58
-	-	-	-	-	-	-	-	-	-	-	-	-	-	〃	연포장재접합공	59
-	-	-	-	-	-	-	-	-	-	-	-	-	-	〃	제품출하공	60
-	-	-	-	-	-	-	-	-	-	-	-	-	-	〃	전기정비공	61
-	-	-	-	-	-	-	1,980	2,510	2,890	3,140	3,760	4,140	4,250	〃	연선공	62
-	-	-	-	-	-	-	2,500	3,020	3,620	4,050	4,410	4,500	4,610	〃	절연공	63
-	-	-	-	-	-	-	2,450	3,130	4,140	4,550	4,550	4,550	4,570	〃	연합공	64
-	-	-	-	-	-	-	2,570	3,110	3,590	4,030	4,030	4,190	4,190	〃	대연공	65
-	-	-	-	-	-	-	2,340	3,320	4,200	4,730	4,730	4,870	4,880	〃	테이핑공	66
-	-	-	-	-	-	-	1,780	2,930	3,610	3,920	4,060	4,080	4,200	〃	케이블건조공	67
-	-	-	-	-	-	-	2,020	2,550	3,230	3,880	3,880	4,180	4,180	〃	케이블제조공	68
-	-	-	-	-	-	-	2,410	3,310	3,650	3,860	4,280	4,280	4,280	〃	피복공	69
-	-	-	-	-	-	-	1,610	2,730	3,490	4,010	4,010	4,160	4,270	〃	권취공	70
750	750	1,050	1,260	1,320	1,650	2,090	2,190	2,770	3,570	4,110	4,340	4,340	4,340	〃	구목공	71
1,010	1,010	1,460	1,900	2,060	2,520	3,830	3,830	3,830	4,210	4,210	4,210	4,320	4,430	〃	리벳공	72
1,080	1,080	1,400	1,890	-	-	-	3,940	3,980	4,400	4,690	5,030	5,170	5,270	〃	용접공	73
-	-	-	-	-	-	-	2,730	2,950	3,600	3,600	3,600	3,790	3,810	〃	접전공	74
-	-	-	-	-	-	-	2,120	2,680	3,410	3,880	4,250	4,590	4,740	〃	권선공(코일)	75
-	-	-	-	-	-	-	2,670	2,800	2,870	3,300	3,690	3,850	4,060	〃	랍핑공	76
810	810	1,210	1,520	1,660	2,080	2,630	4,940	6,250	6,250	6,250	6,630	6,830	6,890	〃	레이저광선공	77
630	630	850	1,110	1,220	1,530	1,890	2,070	2,620	2,880	3,080	3,470	3,820	3,860	〃	양극처리공	78
850	850	1,140	1,320	1,410	1,760	2,090	2,200	3,820	4,510	4,510	4,750	5,060	5,120	〃	합성수지피막공	79
610	610	880	1,110	1,220	1,530	1,920	2,570	3,280	3,520	3,520	3,730	3,840	3,960	〃	진공침적함침공	80
-	-	-	-	-	-	-	-	-	-	-	-	-	-	〃	제정공	81
950	950	1,180	1,540	1,730	2,160	3,240	3,480	4,050	4,810	5,350	5,460	5,750	6,070	〃	일반화학공	82
-	-	-	-	-	-	-	3,160	3,980	4,780	5,500	5,500	6,050	6,310	〃	조성화학공	83
890	890	1,200	1,440	1,500	1,880	2,280	3,170	3,320	3,650	3,930	3,930	3,930	3,930	〃	고무제품제조공	84
-	-	-	-	-	-	-	-	-	-	-	-	-	-	〃	금박공	85
540	540	780	1,100	1,240	1,550	2,800	3,150	3,830	4,560	4,560	4,960	5,150	5,440	〃	요업공	86
700	700	940	1,230	1,320	1,650	2,330	3,250	4,110	4,480	5,150	5,210	5,210	5,430	〃	유리제품제조공	87
550	550	820	1,110	1,250	1,560	2,190	2,620	3,550	3,550	3,840	4,290	4,380	4,630	〃	그라인더공	88
610	610	820	1,110	1,250	1,560	1,830	2,790	3,690	4,060	4,060	4,660	4,750	5,070	〃	지석연마공	89
470	470	700	980	1,100	1,380	1,800	1,940	2,450	3,150	3,150	3,340	3,430	3,530	〃	사지공	90
680	680	850	1,150	1,200	1,500	1,830	2,510	3,390	3,490	4,010	4,310	4,310	4,560	〃	세척공	91
-	-	-	-	-	-	-	-	-	-	-	-	-	-	〃	기관사	92
-	-	-	-	-	-	-	-	-	-	-	-	-	-	〃	조차원	93
-	-	-	-	-	-	-	-	-	-	-	-	-	-	〃	제지공	94
-	-	-	-	-	-	-	-	-	-	-	-	-	-	〃	돌분쇄공	95
630	630	850	1,190	1,240	1,550	2,020	2,360	2,980	3,890	4,470	5,160	5,160	5,170	〃	빠후공	96
630	630	850	1,190	1,250	1,560	1,940	2,700	3,760	4,120	4,740	5,030	5,140	5,480	〃	콤파운드연마공	97
720	720	1,040	1,410	1,470	1,840	2,360	2,460	3,110	3,500	4,030	4,760	4,760	4,940	〃	전해연마공	98
850	850	1,140	1,430	1,490	1,860	2,330	2,330	2,950	3,480	4,000	4,630	4,630	4,700	〃	화학연마공	99
1,000	1,000	1,350	1,690	1,770	2,210	2,880	2,880	3,640	3,890	4,150	4,810	4,930	5,160	〃	호닝공	100
850	850	1,140	1,370	1,470	1,840	2,630	2,630	4,030	4,450	4,930	5,170	5,310	5,390	〃	도장공(취부)	101

정부(시중)노임단가 (14)

(단위:원)

직종번호	직 종 명	단위	1986	1987	1988	1989	1990	1991	1992	1993	1994	1995	1996	1997	1998	1999
52	인 발 공	인	4,470	4,650	5,370	6,450	9,350	14,400	18,800	21,100	21,100	24,994	25,097	29,523	29,014	28,030
53	압 출 공	〃	5,810	5,910	6,820	7,850	10,010	13,400	18,100	19,200	19,400	22,853	27,080	27,443	28,959	27,224
54	합 금 공	〃	6,060	6,420	7,190	8,100	11,000	14,900	15,600	18,400	19,000	24,305	24,397	25,990	29,689	28,888
55	제 금 공	〃	5,000	5,300	5,940	6,950	9,850	9,900	11,900	15,400	15,700	20,822	24,867	25,420	28,432	-
56	연 화 공	〃	4,870	5,080	5,870	6,950	11,000	16,000	17,900	20,000	20,000	21,773	23,662	26,375	-	28,748
57	신 선 공	〃	4,740	5,100	5,720	6,850	9,750	10,700	14,800	18,300	19,200	21,021	24,111	25,205	25,667	23,588
58	알루미늄절단공	〃	-	-	-	-	9,650	14,700	15,800	16,700	16,700	20,374	22,045	23,353	23,944	24,372
59	연포장재접합공	〃	-	-	-	-	9,650	14,700	19,100	21,300	21,600	24,788	25,613	26,821	25,306	24,537
60	제 품 출 하 공	〃	-	-	-	-	9,650	13,700	16,500	17,600	18,100	20,396	24,355	27,190	26 791	28,330
61	전 기 정 비 공	〃	-	-	-	-	9,650	14,700	18,600	20,900	21,800	22,154	22,900	29,274	30 607	29,646
62	연 선 공	〃	4,400	4,460	5,150	6,200	9,100	11,100	13,300	16,600	17,000	19,209	21,033	23,384	24,148	23,187
63	절 연 공	〃	4,870	5,080	5,870	6,950	9,850	13,400	16,600	17,700	19,600	20,538	21,975	24,908	26,035	26,035
64	연 합 공	〃	4,850	5,070	5,860	6,950	9,850	11,200	11,900	14,900	15,500	19,087	22,934	23,776	23,631	24,264
65	대 연 공	〃	4,200	4,580	5,290	6,350	9,250	13,400	14,100	15,900	15,900	19,161	20,450	24,011	24,667	24,477
66	테 이 핑 공	〃	5,010	5,320	6,020	6,950	9,850	9,900	14,400	18,100	18,600	19,831	23,272	26,787	29,040	27,996
67	케이블건조공	〃	4,210	4,650	5,370	6,450	9,650	14,400	16,600	19,300	20,400	20,974	23,036	25,197	25,520	26,805
68	케이블제조공	〃	4,290	4,460	5,150	6,200	9,100	12,000	14,300	16,100	16,700	18,766	21,856	24,890	23,148	23,231
69	피 복 공	〃	4,280	4,690	5,420	6,500	9,400	13,900	16,000	17,100	17,300	19,422	24,288	24,356	27,648	27,663
70	권 취 공	〃	4,290	4,500	5,200	6,250	9,150	13,400	15,400	17,300	17,600	20,141	21,311	21,639	24,360	23,787
71	구 목 공	〃	4,480	4,750	5,490	6,600	6,700	9,200	13,000	15,400	16,800	17,000	-	-	-	24,150
72	리 벳 공	〃	4,510	4,510	5,210	6,250	7,670	8,600	10,400	11,800	12,100	15,204	18,496	18,509	23,106	23,865
73	용 접 공	〃	5,540	5,940	6,860	7,900	10,800	14,200	17,500	18,700	19,800	22,522	24,269	27,082	27,908	26,603
74	접 전 공	〃	3,840	4,250	4,910	5,900	8,800	9,500	11,900	13,500	13,500	17,009	20,956	23,710	23,730	24,661
75	권선공(코일)	〃	5,040	5,370	6,020	6,950	9,850	12,200	14,500	14,800	15,500	17,330	21,163	21,537	25,094	25,846
76	랍 핑 공	〃	4,230	4,350	5,020	6,000	8,900	10,400	12,000	12,900	13,100	17,253	22,253	22,601	27,102	26,003
77	레이저광선공	〃	7,100	7,530	8,440	8,440	10,830	13,100	17,200	22,200	23,000	24,000	29,943	31,842	32,466	30,323
78	양 극 처 리 공	〃	3,950	4,050	4,680	5,600	8,500	10,800	12,900	14,600	15,800	18,268	19,683	19,996	22,956	-
79	합성수지피막공	〃	5,210	5,490	6,150	6,150	9,050	11,500	13,200	15,000	15,200	17,612	20,697	23,560	27,170	28,102
80	진공침적함침공	〃	4,080	4,320	4,990	6,000	6,980	7,700	9,400	14,900	20,200	22,000	24,535	-	-	24,500
81	제 정 공	〃	-	-	-	-	8,900	9,300	13,200	17,600	20,500	22,456	26,285	27,728	28,658	27,693
82	일 반 화 학 공	〃	6,190	6,670	7,700	8,650	11,550	14,300	18,200	20,500	20,600	22,997	25,033	28,320	30,672	31,772
83	조 성 화 학 공	〃	6,400	6,910	7,740	8,700	9,850	15,800	15,800	18,500	19,800	22,307	23,692	26,577	29,129	29,219
84	고무제품제조공	〃	4,010	4,040	4,670	5,600	8,390	11,400	13,100	14,900	16,300	18,984	19,697	22,706	23,643	24,203
85	금 박 공	〃	-	-	-	-	8,430	11,100	14,300	16,700	16,700	18,215	24,219	25,109	28,878	27,611
86	요 업 공	〃	5,750	5,920	6,280	7,250	7,590	11,400	12,100	14,300	14,900	15,660	17,177	19,507	19,954	21,731
87	유리제품제조공	〃	5,430	5,460	6,250	7,200	10,100	15,100	17,900	18,600	19,600	22,036	22,569	25,280	25,177	26,758
88	그 라 인 더 공	〃	4,790	5,260	5,970	6,950	9,850	14,900	15,600	16,200	17,100	19,014	22,075	25,891	26,023	27,613
89	지 석 연 마 공	〃	5,220	5,720	6,610	7,650	9,440	12,000	13,800	14,800	14,800	18,160	21,263	23,479	25,687	24,863
90	사 지 공	〃	3,640	3,860	4,460	5,350	8,250	13,300	17,500	18,200	20,700	21,200	-	27,002	27,407	24,950
91	세 척 공	〃	4,690	4,720	5,450	6,550	9,450	11,300	11,900	13,900	14,600	17,475	21,926	22,196	24,121	24,754
92	기 관 사	〃	-	-	-	-	9,450	14,500	16,700	17,300	18,000	22,106	25,397	25,965	-	-
93	조 차 원	〃	-	-	-	-	9,450	13,300	15,300	23,600	24,800	24,907	28,870	-	-	-
94	제 지 공	〃	-	-	-	-	9,450	14,100	14,800	16,700	16,700	21,140	24,756	27,517	26,327	25,646
95	돌 분 쇄 공	〃	-	-	-	-	9,450	14,500	19,400	20,600	21,900	22,712	26,862	28,197	31,328	28,438
96	빠 후 공	〃	5,230	5,610	6,290	7,250	9,080	9,100	10,500	12,500	16,400	19,752	25,267	25,774	25,919	24,324
97	콤파운드연마공	〃	5,710	5,960	6,200	7,150	8,450	13,500	15,500	16,500	16,700	17,447	21,729	24,049	24,700	23,967
98	전 해 연 마 공	〃	4,950	5,460	6,120	7,050	7,600	8,600	10,800	14,900	19,200	22,492	24,719	24,961	29,326	29,006
99	화 학 연 마 공	〃	4,920	5,660	6,340	7,300	10,200	15,200	17,500	18,200	18,200	21,550	24,652	25,745	28,077	29,932
100	호 닝 공	〃	5,200	5,710	6,410	7,400	9,920	12,100	14,400	17,100	18,000	21,079	24,393	25,068	27,427	25,728
101	도장공(취부)	〃	5,640	5,990	6,710	7,750	10,650	14,900	15,600	16,700	17,200	20,756	26,031	26,539	28,204	25,865

(단위:원)

2000	2001	2002	2003	2004	2005	2006	2007	2008	2009	2010	2011	2012	2013	단위	직종명	직종번호
26,782	27,252	29,999	35,771	36,745	38,935	41,657	42,691	49,519	50,388	49,629	52,549	64,123	70,891	인	인발공	52
27,633	30,726	29,699	30,452	34,992	36,763	38,572	43,119	50,924	55,067	54,436	60,583	65,201	64,409	〃	압출공	53
30,521	30,353	34,173	35,127	36,477	38,469	41,437	46,226	49,787	50,336	55,737	59,842	62,527	79,240	〃	합금공	54
28,087	29,281	28,769	31,072	38,191	40,549	41,830	43,025	50,716	50,814	54,310	59,278	80,468	-	〃	제금공	55
-	29,511	31,464	35,277	34,414	34,156	-	-	-	-	-	-	-	-	〃	연화공	56
25,054	27,623	28,112	31,826	34,285	35,763	38,268	38,721	44,819	50,496	50,087	58,070	67,211	70,040	〃	신선공	57
25,481	27,104	28,938	33,430	33,417	36,025	38,582	43,230	47,955	48,234	52,509	52,719	60,838	67,934	〃	알루미늄절단공	58
27,348	29,424	31,421	33,011	35,302	36,425	38,959	44,962	53,221	60,906	60,944	59,731	60,863	64,678	〃	연포장재접합공	59
27,904	27,360	28,826	33,030	34,678	35,753	38,249	42,861	49,723	51,897	54,175	60,843	62,934	69,784	〃	제품출하공	60
31,518	32,026	33,673	36,330	41,247	43,797	45,490	49,888	57,251	64,069	64,144	76,014	73,451	80,047	〃	전기정비공	61
23,198	25,059	27,337	29,245	33,864	35,080	37,520	41,296	47,633	50,024	52,282	50,076	58,645	63,314	〃	연선공	62
27,070	28,293	29,931	33,924	37,575	39,017	41,750	44,010	51,115	61,717	59,508	60,099	70,744	64,234	〃	절연공	63
25,500	28,288	30,730	39,516	39,102	40,261	43,031	46,449	53,333	62,046	59,755	64,974	68,068	77,458	〃	연합공	64
26,850	27,045	28,881	34,701	-	34,146	36,892	-	50,609	61,008	60,893	-	-	68,369	〃	대연공	65
28,263	27,968	29,429	32,501	32,799	-	-	-	-	-	-	-	-	-	〃	테이핑공	66
-	-	-	-	-	-	-	-	-	-	-	-	-	-	〃	케이블건조공	67
25,061	27,909	28,817	35,410	42,740	43,639	46,548	47,826	49,972	51,335	55,486	54,013	48,945	51,284	〃	케이블제조공	68
26,246	28,901	29,188	36,489	37,451	38,870	41,109	45,259	47,353	56,754	56,449	62,493	63,402	71,716	〃	피복공	69
25,141	26,470	28,482	33,474	34,478	35,780	38,285	45,567	49,187	50,419	47,815	52,948	-	-	〃	권취공	70
-	-	-	-	-	-	-	-	-	-	-	-	-	-	〃	구목공	71
24,543	25,005	25,407	27,930	33,972	35,630	38,122	43,864	48,146	48,286	50,331	58,310	65,854	59,198	〃	리벳공	72
27,451	29,419	31,889	38,704	40,328	41,427	44,398	50,296	56,846	64,814	65,789	70,090	70,387	72,580	〃	용접공	73
28,527	30,874	-	-	-	-	-	-	-	-	-	-	-	-	〃	접전공	74
26,971	27,057	28,279	32,394	33,522	35,407	37,887	41,211	43,830	46,537	47,353	55,341	61,812	54,797	〃	권선공(코일)	75
27,217	27,110	30,314	33,143	39,719	40,733	43,570	44,002	51,112	51,409	56,164	57,200	54,412	73,406	〃	랍핑공	76
31,926	31,000	31,820	34,652	35,276	38,070	40,659	42,710	44,497	50,346	55,153	63,222	62,426	66,724	〃	레이저광선공	77
24,227	-	-	-	-	-	-	-	-	-	-	-	-	-	〃	양극처리공	78
-	28,346	28,115	33,117	38,591	39,887	42,615	43,160	45,629	47,975	55,531	53,656	70,174	76,396	〃	합성수지피막공	79
27,551	27,396	-	-	-	-	-	-	-	-	-	-	-	-	〃	진공침적함침공	80
27,299	26,690	29,758	32,167	-	36,280	38,813	40,572	46,033	47,288	54,189	53,539	58,299	-	〃	제정공	81
31,478	31,517	32,970	36,786	38,427	41,485	44,373	50,765	58,818	67,767	65,833	75,774	82,514	87,931	〃	일반화학공	82
28,070	29,657	29,271	33,276	-	36,661	39,243	44,801	52,136	57,179	55,514	59,066	63,711	71,450	〃	조성화학공	83
25,525	26,183	26,842	28,523	32,213	33,404	35,749	41,940	43,250	45,667	49,420	52,249	57,577	62,805	〃	고무제품제조공	84
27,495	28,528	28,934	31,500	35,697	37,683	40,396	41,242	49,250	53,642	59,923	62,624	65,749	73,256	〃	금박공	85
23,459	25,356	26,732	28,156	30,620	32,087	34,299	39,702	45,953	49,828	51,561	53,309	66,527	68,090	〃	요업공	86
26,943	27,438	28,532	30,507	31,148	32,189	34,423	40,064	44,989	45,851	47,048	54,061	66,352	71,259	〃	유리제품제조공	87
27,734	27,880	30,776	34,347	36,383	37,835	40,206	43,337	50,662	59,152	57,746	60,711	68,483	72,281	〃	그라인더공	88
25,024	26,108	28,541	28,814	32,582	34,075	36,465	39,583	44,864	51,465	51,834	50,564	60,411	65,963	〃	지석연마공	89
27,908	29,109	28,111	33,742	34,064	35,410	37,841	43,100	46,554	48,771	47,201	45,927	42,999	56,205	〃	사지공	90
27,982	29,120	28,511	29,697	29,882	31,932	34,241	39,554	46,946	53,191	52,823	54,488	63,348	65,759	〃	세척공	91
36,026	-	-	-	-	-	-	-	-	-	-	-	-	-	〃	기관사	92
-	-	-	-	-	-	-	-	-	-	-	-	-	-	〃	조차원	93
25,316	25,831	26,276	30,679	36,482	37,950	40,609	48,455	55,140	56,829	60,680	59,305	63,951	67,296	〃	제지공	94
29,425	29,079	31,732	34,220	34,892	37,635	40,340	42,029	47,539	48,229	60,202	74,570	75,690	68,600	〃	돌분쇄공	95
24,020	25,237	28,183	34,431	37,790	39,989	42,784	43,623	45,388	46,026	46,935	52,271	59,439	57,095	〃	빠후공	96
23,954	23,698	26,306	31,070	34,977	36,266	38,832	42,136	45,541	45,750	46,929	53,980	59,205	63,407	〃	콤파운드연마공	97
30,229	31,969	31,145	33,018	-	34,449	36,720	37,591	41,922	46,552	48,228	54,110	60,787	56,171	〃	전해연마공	98
29,593	31,661	31,962	33,212	35,090	38,110	40,650	40,808	48,013	50,290	50,611	58,544	55,529	63,897	〃	화학연마공	99
25,022	26,726	28,889	28,960	35,357	38,265	40,986	42,075	47,195	47,660	46,737	45,990	46,445	59,261	〃	호닝공	100
25,584	27,223	30,299	36,800	39,201	41,203	44,089	44,644	50,180	56,661	57,709	57,895	58,781	63,185	〃	도장공(취부)	101

정부(시중)노임단가 (15)

(단위:원)

직종번호	직 종 명	단위	1972	1973	1974	1975	1976	1977	1978	1979	1980	1981	1982	1983	1984	1985
102	유리절단및재단공	인	-	-	-	-	-	-	-	-	-	-	-	-	-	-
103	도장공(붓칠)	〃	-	-	-	-	-	-	-	2,490	3,400	3,720	3,720	3,950	4,240	4,460
104	목장도장공	〃	950	950	1,280	1,670	1,750	2,190	2,740	3,440	4,260	4,590	5,280	5,300	5,370	5,750
105	빠데도포공	〃	780	780	1,010	1,410	1,550	1,900	3,370	3,370	3,540	4,250	4,250	4,710	4,850	4,900
106	정유공	〃	-	-	-	-	-	-	-	-	-	-	-	-	-	-
107	홈밍공	〃	660	660	920	1,200	1,340	1,680	2,180	2,180	2,760	2,760	3,170	3,470	3,560	3,770
108	배선공	〃	-	-	-	-	-	-	-	2,640	3,740	4,490	5,160	5,980	6,060	6,410
109	전기도금공	〃	750	860	1,160	1,450	1,590	1,990	3,324	3,240	3,440	3,700	3,740	4,080	4,410	4,550
110	침적도금공	〃	750	750	1,080	1,350	1,510	1,890	3,240	2,680	3,190	3,630	4,170	4,270	4 580	4,610
111	보일러공	〃	-	-	-	-	-	-	-	-	-	-	-	-	-	-
112	배관공	〃	-	-	-	-	-	-	-	-	-	-	-	-	-	-
113	사출공	〃	760	760	1,020	1,330	1,390	1,740	2,550	2,550	3,770	3,920	4,220	4,220	4,360	4,550
114	소성공	〃	-	-	-	-	-	-	-	-	-	-	-	-	-	-
115	성형공	〃	630	630	850	1,190	1,250	1,560	1,940	2,700	3,760	4,120	4,740	4,530	4,540	4,650
116	압출공	〃	610	610	880	1,150	1,290	1,610	2,250	2,250	3,300	4,100	4,720	4,910	5,060	5,180
117	제재공	〃	760	760	1,100	1,380	1,440	1,760	4,260	4,260	5,290	5,290	5,290	5,530	5,580	5,850
118	정척공	〃	-	-	-	-	-	-	-	1,730	2,190	2,970	3,270	3,860	3,980	4,100
119	제재기계운전공	〃	-	-	-	-	-	-	-	3,190	3,190	4,600	4,600	5,280	5,360	5,420
120	목재기계운전공	〃	-	-	-	-	-	-	-	1,620	4,410	4,410	4,410	4,410	4,410	4,680
121	합판제조공	〃	-	-	-	-	-	-	-	1,410	1,780	3,160	3,160	3,160	3,160	3,200
122	가구공	〃	950	950	1,420	1,850	1,970	2,140	4,010	4,010	5,070	5,180	5,180	5,200	5,340	5,520
123	목공및유리공	〃	-	-	-	-	-	-	-	3,890	4,070	4,540	5,220	5,420	5,570	5,950
124	벨트콘베이어작업공	〃	730	730	940	1,130	1,230	1,560	2,650	3,090	3,990	4,310	4,650	5,580	5,580	5,660
125	부품조립공	〃	-	-	-	-	-	-	-	1,570	2,590	3,080	3,540	3,690	3,990	4,090
126	전자제품조립공	〃	-	-	-	-	-	-	-	1,740	2,280	2,540	2,920	3,370	3,710	3,890
127	선로원	〃	-	-	-	-	-	-	-	-	-	-	-	-	-	-
128	약전기계조립공	〃	-	-	-	-	-	-	-	1,660	3,250	3,580	4,120	4,950	4,990	5,230
129	강전기계조립공	〃	-	-	-	-	-	-	-	2,400	2,900	4,480	5,040	5,650	5,960	5,990
130	경기계조립공	〃	-	-	-	-	-	-	-	3,000	3,000	4,000	4,220	4,420	4,760	4,870
131	중기계조립공	〃	-	-	-	-	-	-	-	2,570	3,760	4,570	5,050	5,540	5,680	5,840
132	제품시험공	〃	-	-	-	-	-	-	-	2,890	2,890	4,120	4,740	5,230	5,450	5,810
133	제품조정공	〃	-	-	-	-	-	-	-	3,360	3,940	3,940	4,330	4,640	4,850	4,960
134	제품검사공	〃	-	-	-	-	-	-	-	2,920	3,060	3,310	3,790	3,950	3,950	4,210
135	물품포장공	〃	490	490	630	890	1,040	1,300	2,170	2,170	2,690	3,100	3,490	3,640	3,640	3,770
136	철강포장공	〃	-	-	-	-	-	-	-	3,190	4,040	4,350	4,570	4,700	4,740	4,740
137	도안공	〃	1,030	1,030	1,140	2,010	2,300	2,880	4,750	4,750	6,390	7,120	7,120	7,290	7,290	7,330
138	제본공	〃	350	350	560	760	890	1,110	2,140	2,470	4,270	4,940	5,130	5,440	5,680	6,020
139	공판인쇄공	〃	-	-	-	-	-	-	-	3,280	5,170	5,800	5,950	6,010	6,250	6,340
140	옵셋인쇄공	〃	700	700	980	1,330	1,490	1,860	3,190	3,190	5,590	6,200	6,200	6,200	6,390	6,620
141	활판인쇄공	〃	550	550	790	1,030	1,210	1,510	2,830	2,830	5,090	5,600	5,600	5,780	6,010	6,190
142	사진제판공	〃	490	490	850	1,240	1,420	1,780	2,950	2,950	5,920	6,550	6,550	6,710	6,900	6,990
143	인쇄동판제조공	〃	-	-	-	-	-	-	-	3,010	3,810	4,570	5,160	5,920	5,920	6,100
144	인쇄연판제조공	〃	-	-	-	-	-	-	-	3,100	3,380	4,730	5,340	5,420	5,680	5,790
145	활판식자공	〃	550	550	770	1,010	1,180	1,480	3,080	3,080	3,860	4,630	5,300	5,750	5,920	6,040
146	문선공	〃	550	550	740	970	1,090	1,360	2,830	2,990	3,780	4,580	5,120	5,740	5,930	6,070
147	필경사	〃	-	-	-	-	-	-	-	4,170	5,760	6,630	7,220	7,510	7,970	8,200
148	공판타자수	〃	-	-	-	-	-	1,830	2,610	2,890	5,140	5,360	5,360	6,050	6,140	6,430
149	프린트인쇄공	〃	-	-	-	-	-	-	-	1,220	4,470	4,920	4,920	5,510	5,510	5,570
150	교정사	〃	-	-	-	-	-	-	-	-	5,500	6,390	6,860	7,240	7,590	7,710
151	지류제단공	〃	-	-	-	-	-	-	-	2,560	4,320	4,460	4,690	5,000	5,000	5,300

(단위:원)

1986	1987	1988	1989	1990	1991	1992	1993	1994	1995	1996	1997	1998	1999	단위	직종명	직종번호
-	-	-	-	9,650	12,900	17,000	19,200	19,800	21,486	23,613	26,415	29,070	27,542	인	유리절단및재단공	102
4,640	4,910	5,670	6,800	9,700	14,700	15,400	17,400	18,000	21,625	23,309	24,768	27,407	24,422	〃	도장공(붓칠)	103
5,820	6,100	7,040	8,100	11,000	12,400	14,800	17,500	18,500	21,014	24,739	25,108	28,647	30,594	〃	목장도장공	104
4,900	5,600	6,280	7,250	10,150	12,300	14,100	18,400	19,100	22,276	24,433	26,142	27,866	26,124	〃	빠데도포공	105
-	-	-	-	10,150	15,800	20,000	20,700	21,300	25,185	26,029	29,172	30,360	30,553	〃	정유공	106
3,840	4,070	4,700	5,650	8,550	11,800	14,100	14,700	14,700	-	-	-	-	-	〃	홈밍공	107
6,560	6,790	7,610	8,550	11,450	14,500	16,700	18,700	19,200	19,924	22,614	26,734	28,956	28,094	〃	배선공	108
4,680	5,020	5,800	6,950	11,450	10,800	14,500	16,900	17,500	20,340	25,913	27,330	27,765	26,043	〃	전기도금공	109
4,660	4,760	5,500	6,600	9,500	14,000	18,800	19,500	19,500	21,254	24,166	28,657	27,503	26,873	〃	침적도금공	110
-	-	-	-	9,500	14,500	16,700	18,800	19,400	23,354	28,118	34,394	33,255	33,587	〃	보일러공	111
-	-	-	-	-	21,000	21,000	21,300	21,600	25,730	26,836	27,372	29,799	31,083	〃	배관공	112
4,590	4,790	5,530	6,650	9,550	13,100	15,100	16,100	16,200	19,644	22,962	23,377	25,394	24,140	〃	사출공	113
-	-	-	-	9,550	14,600	16,800	16,800	17,400	18,528	22,010	25,833	28,404	27,427	〃	소성공	114
4,890	5,290	5,970	6,950	8,460	12,000	14,900	16,700	16,900	18,678	19,709	21,438	24,421	23,490	〃	성형공	115
5,280	5,600	6,380	7,350	10,250	13,600	15,600	16,700	17,300	19,166	23,601	28,961	27,326	25,398	〃	압출공	116
5,950	6,310	7,070	8,100	11,000	11,100	15,300	19,000	19,300	23,180	25,986	30,178	31,180	30,521	〃	제재공	117
4,220	4,470	5,160	6,200	9,100	14,100	18,900	21,100	21,900	23,000	24,276	27,500	29,133	27,056	〃	정척공	118
5,430	5,690	6,380	7,350	10,250	15,300	18,900	21,200	21,500	24,183	27,571	33,111	35,869	34,265	〃	제재기계운전공	119
4,820	5,110	5,730	6,850	9,750	13,300	17,000	18,100	18,100	22,846	23,196	30,121	33,642	30,477	〃	목재기계운전공	120
3,520	3,730	4,310	5,150	7,540	8,200	10,800	13,600	13,900	19,596	20,331	25,091	26,408	24,280	〃	합판제조공	121
5,610	6,000	6,270	6,720	10,130	10,300	13,400	16,600	18,100	21,766	25,637	27,407	26,317	24,398	〃	가구공	122
6,080	6,700	7,740	7,750	11,600	14,000	18,800	19,500	19,500	21,846	22,581	25,694	26,333	26,050	〃	목공및유리공	123
6,060	6,090	6,820	8,700	10,750	13,500	14,700	15,300	17,200	19,767	24,245	27,718	30,255	30,190	〃	벨트콘베이어작업공	124
4,230	4,650	5,370	7,850	9,350	14,400	15,300	15,600	15,600	17,417	18,727	20,665	21,471	21,674	〃	부품조립공	125
4,100	4,400	5,080	6,450	9,000	9,700	11,700	13,300	13,600	15,092	19,305	20,871	21,553	21,992	〃	전자제품조립공	126
-	-	-	-	9,050	12,200	14,000	15,400	21,500	21,760	22,400	-	-	-	〃	선로원	127
5,510	5,820	6,520	6,100	10,400	12,000	14,300	16,100	16,800	17,928	21,162	23,595	22,840	21,000	〃	약전기계조립공	128
6,260	6,600	7,400	7,500	11,450	16,200	18,600	19,800	20,600	21,100	25,672	26,417	27,614	26,393	〃	강전기계조립공	129
5,160	5,540	6,210	8,300	7,930	8,700	12,400	16,100	16,700	18,745	22,881	23,711	24,649	25,832	〃	경기계조립공	130
6,020	6,380	7,180	7,150	11,000	16,000	18,400	19,600	20,000	22,901	25,189	28,676	32,395	29,644	〃	중기계조립공	131
6,000	6,200	6,950	8,100	10,900	12,500	14,900	16,900	17,600	21,743	23,599	25,299	24,929	26,043	〃	제품시험공	132
5,230	5,230	6,040	8,000	9,850	12,000	14,900	17,600	17,900	20,136	22,549	23,534	26,798	28,077	〃	제품조정공	133
4,370	4,750	5,490	6,950	9,470	10,700	11,800	13,300	13,900	17,828	20,093	22,450	22,822	24,126	〃	제품검사공	134
3,930	4,200	4,850	6,600	8,700	9,300	11,700	13,200	13,300	16,590	18,691	23,908	24,289	22,488	〃	물품포장공	135
4,850	4,950	5,720	5,800	9,750	13,800	18,100	18,500	18,500	21,212	25,045	25,909	25,631	23,568	〃	철강포장공	136
7,750	8,060	9,030	6,850	12,700	15,100	17,400	19,700	20,000	23,914	26,829	27,402	-	-	〃	도안공	137
6,180	6,480	7,260	10,150	8,170	12,200	14,500	17,200	18,300	19,679	20,780	21,783	25,005	26,319	〃	제본공	138
6,500	6,770	7,590	8,150	9,400	13,100	17,700	18,400	19,500	23,994	28,294	29,736	-	-	〃	공판인쇄공	139
6,870	7,250	8,370	8,500	12,300	14,600	18,500	20,900	21,400	24,823	28,280	33,503	35,315	34,200	〃	옵셋인쇄공	140
6,410	7,230	8,250	9,400	12,150	17,200	18,200	21,500	22,300	22,320	23,892	25,436	29,109	29,972	〃	활판인쇄공	141
7,110	7,480	8,380	9,250	12,300	15,000	17,800	20,700	21,200	23,922	27,295	33,476	35,127	33,911	〃	사진제판공	142
6,500	6,890	7,720	9,400	11,550	16,600	17,400	21,700	22,200	23,223	25,368	29,798	32,090	30,895	〃	인쇄동판제조공	143
6,060	6,420	7,190	8,100	11,000	17,500	20,100	21,300	24,500	-	-	25,461	29,538	29,826	〃	인쇄연판제조공	144
6,370	6,590	7,610	8,550	11,450	16,500	17,300	18,400	18,600	21,557	23,638	-	-	30,504	〃	활판식자공	145
6,340	6,870	7,930	8,900	11,800	16,800	21,200	23,700	23,700	-	-	-	-	-	〃	문선공	146
8,660	9,120	10,200	11,450	14,300	15,900	18,800	20,000	32,500	-	-	-	-	-	〃	필경사	147
6,600	7,020	7,730	8,070	10,970	14,500	18,400	19,100	19,100	20,664	21,235	30,981	-	-	〃	공판타자수	148
5,640	5,690	6,380	7,190	9,770	10,600	12,700	13,600	14,700	19,916	24,274	28,441	-	-	〃	프린트인쇄공	149
7,710	8,010	8,980	10,100	12,950	14,000	16,100	17,200	21,900	25,226	26,946	26,804	30,415	32,582	〃	교정사	150
5,510	5,880	6,730	7,750	10,650	14,500	16,700	17,800	18,600	21,440	24,366	27,661	27,458	28,253	〃	지류제단공	151

정부(시중)노임단가 (16)

(단위:원)

직종번호	직 종 명	단위	2000	2001	2002	2003	2004	2005	2006	2007	2008	2009	2010	2011	2012	2013
102	유리절단및재단공	인	28,882	30,176	32,774	33,216	33,936	36,506	39,048	42,347	49,399	57,069	58,974	56,494	64,280	69,795
103	도장공(붓칠)	〃	24,963	26,816	29,050	31,970	32,246	34,125	36,504	42,153	44,758	47,867	52,840	57,209	57,381	65,681
104	목 장 도 장 공	〃	31,207	31,585	31,666	33,599	37,651	38,741	40,364	44,292	44,737	44,916	48,414	50,189	56,458	66,671
105	빠 데 도 포 공	〃	24,688	25,582	28,588	32,310	-	31,477	33,528	34,267	38,003	40,074	40,232	43,613	55,445	61,516
106	정 유 공	〃	30,751	32,587	-	-	-	-	-	-	-	-	-	-	-	-
107	홈 밍 공	〃	-	-	-	-	-	-	-	-	-	-	-	-	-	-
108	배 선 공	〃	29,637	29,511	30,524	34,975	34,515	36,743	39,367	43,013	49,000	50,342	52,057	56,838	83,252	71,900
109	전 기 도 금 공	〃	26,478	28,699	30,899	35,578	37,169	38,937	41,499	46,408	48,098	48,859	49,583	57,798	69,043	68,082
110	침 적 도 금 공	〃	28,193	32,127	30,913	31,579	33,313	35,112	37,623	43,828	45,369	48,984	50,286	58,607	65,412	69,730
111	보 일 러 공	〃	36,504	36,656	37,307	39,239	39,247	40,652	43,494	51,361	57,035	63,263	63,759	61,894	77,504	84,412
112	배 관 공	〃	29,608	31,983	36,435	37,287	41,436	43,287	46,307	52,579	61,784	66,913	71,064	73,420	86,141	89,312
113	사 출 공	〃	24,901	24,895	28,193	29,283	31,892	33,807	36,175	41,352	43,423	43,535	48,132	53,718	57,605	62,881
114	소 성 공	〃	27,930	-	30,447	37,556	33,429	34,450	36,818	40,624	44,260	51,251	51,759	53,028	70,855	77,956
115	성 형 공	〃	22,715	26,112	27,282	30,578	34,093	36,019	37,729	40,158	46,947	52,221	53,996	51,749	59,727	66,075
116	압 출 공	〃	27,053	30,622	31,033	32,812	34,776	36,054	39,336	43,805	51,170	51,715	53,181	56,779	58,230	65,896
117	제 재 공	〃	31,492	32,015	32,974	39,326	39,740	41,531	44,439	50,320	51,579	53,529	52,958	54,257	66,197	66,005
118	정 척 공	〃	29,617	-	-	-	-	-	-	-	-	-	-	-	-	-
119	제재기계운전공	〃	33,002	34,403	37,543	38,260	42,199	44,039	48,200	52,077	56,076	65,429	64,842	69,101	70,981	77,936
120	목재기계운전공	〃	31,680	33,710	36,509	40,667	45,732	48,952	52,276	52,979	54,675	57,886	55,704	53,695	61,362	65,403
121	합 판 제 조 공	〃	23,920	24,971	27,877	31,472	35,168	37,967	40,983	41,243	46,452	50,066	52,355	58,192	56,342	62,843
122	가 구 공	〃	24,428	26,213	29,905	34,640	35,023	37,005	39,585	43,018	46,665	51,767	53,217	51,432	64,119	66,620
123	목공및유리공	〃	26,684	28,594	30,816	35,619	37,049	39,040	41,485	41,976	47,541	57,709	58,748	61,282	63,318	68,396
124	벨트콘베이어작업공	〃	29,848	32,084	32,320	33,530	34,035	36,156	38,690	39,379	45,275	45,816	46,827	66,108	73,632	68,948
125	부 품 조 립 공	〃	22,810	23,047	26,451	29,373	29,397	31,985	33,606	38,997	44,107	47,018	48,434	53,926	56,671	57,443
126	전자제품조립공	〃	23,233	24,315	27,192	28,260	28,379	30,092	32,198	35,500	42,156	47,712	48,192	56,909	57,132	57,036
127	선 로 원	〃	-	-	-	-	-	-	-	-	-	-	-	-	-	-
128	약전기계조립공	〃	23,177	26,413	28,985	33,390	34,575	36,937	39,563	39,843	47,577	-	46,732	49,915	64,799	66,301
129	강전기계조립공	〃	27,658	29,768	31,471	34,299	35,979	37,581	40,213	43,102	49,076	57,597	56,168	57,858	70,475	70,556
130	경 기 계 조 립 공	〃	26,929	28,256	30,847	34,834	38,115	40,346	43,179	43,679	45,480	50,233	57,822	58,994	69,050	64,329
131	중 기 계 조 립 공	〃	31,163	31,794	33,691	34,517	38,600	40,976	43,823	51,516	58,842	62,621	62,290	66,592	64,021	74,049
132	제 품 시 험 공	〃	26,916	28,806	32,373	32,622	34,342	36,577	39,130	43,875	49,774	58,143	63,346	67,154	70,202	81,214
133	제 품 조 정 공	〃	29,650	29,360	30,342	35,983	36,710	38,279	40,916	42,663	50,397	57,628	62,118	59,004	61,213	67,179
134	제 품 검 사 공	〃	25,982	26,503	25,480	27,504	27,799	30,425	32,544	37,934	46,093	46,951	47,972	50,940	56,312	57,609
135	물 품 포 장 공	〃	22,715	22,556	25,389	27,283	28,354	30,637	33,285	36,898	42,632	46,897	46,978	49,081	54,855	56,968
136	철 강 포 장 공	〃	24,103	25,209	28,313	31,337	32,278	33,723	36,082	42,155	44,189	46,296	45,669	47,739	60,132	63,729
137	도 안 공	〃	-	-	-	-	-	-	-	-	-	-	-	-	-	-
138	제 본 공	〃	28,291	29,799	30,062	35,547	40,994	42,742	45,737	46,104	50,520	60,573	60,767	69,372	66,247	72,052
139	공 판 인 쇄 공	〃	-	-	-	-	-	-	-	-	-	-	-	-	-	-
140	옵 셋 인 쇄 공	〃	36,282	35,468	36,711	42,019	42,573	44,537	47,596	51,449	58,144	63,979	63,020	67,793	73,980	88,251
141	활 판 인 쇄 공	〃	29,194	30,319	31,911	32,460	34,702	37,011	39,607	45,640	49,270	57,421	65,252	75,476	73,527	84,462
142	사 진 제 판 공	〃	34,665	35,430	39,431	41,558	41,723	42,695	45,636	54,086	60,550	61,925	62,934	70,563	80,578	80,891
143	인쇄동판제조공	〃	33,620	36,500	37,262	40,791	47,857	48,835	52,170	57,070	59,801	64,449	62,928	74,579	65,740	81,076
144	인쇄연판제조공	〃	29,656	32,555	34,924	38,779	43,648	45,456	48,646	53,787	56,712	69,061	67,928	71,961	88,253	99,117
145	활 판 식 자 공	〃	30,590	30,320	32,436	35,292	-	-	-	-	-	-	-	-	-	-
146	문 선 공	〃	-	-	-	-	-	-	-	-	-	-	-	-	-	-
147	필 경 사	〃	-	-	-	-	-	-	-	-	-	-	-	-	-	-
148	공 판 타 자 수	〃	-	-	-	-	-	-	-	-	-	-	-	-	-	-
149	프린트인쇄공	〃	-	-	-	-	-	-	-	-	-	-	-	-	-	-
150	교 정 사	〃	31,788	32,452	34,822	38,866	38,955	40,241	43,012	43,385	48,369	56,166	60,674	59,387	56,233	57,546
151	지 류 제 단 공	〃	27,181	28,722	32,345	36,292	37,566	39,606	42,356	44,660	50,318	60,233	60,316	68,291	67,916	80,136

(단위:원)

1972	1973	1974	1975	1976	1977	1978	1979	1980	1981	1982	1983	1984	1985	단위	직 종 명	직종번호
990	990	1,380	1,730	1,940	2,430	3,650	6,000	8,300	8,300	8,300	8,300	8,650	8,700	인	직물재단사	152
-	-	-	-	-	-	-	3,650	3,670	3,670	3,820	3,820	3,850	3,850	〃	직물재단공	153
-	-	-	-	-	-	-	2,240	2,420	2,740	3,140	3,190	3,210	3,240	〃	상침공	154
-	-	-	-	-	-	-	1,800	1,950	2,080	2,500	2,660	2,670	2,740	〃	하침공	155
-	-	-	-	-	-	-	2,240	3,380	3,380	3,830	3,830	3,830	3,930	〃	이본침공	156
-	-	-	-	-	-	-	2,240	2,350	2,610	3,000	3,000	3,130	3,230	〃	오바로그공	157
-	-	-	-	-	-	-	2,370	2,480	2,640	2,640	2,810	3,050	3,260	〃	징검기공	158
-	-	-	-	-	-	-	2,240	2,530	2,530	2,560	2,810	2,940	3,070	〃	인타로그공	159
-	-	-	-	-	-	-	2,110	2,180	2,190	2,470	2,610	2,730	2,870	〃	스냅공	160
-	-	-	-	-	-	-	1,720	2,060	2,300	2,650	3,180	3,230	3,420	〃	연단공	161
360	360	520	710	830	1,040	2,850	2,850	2,850	2,850	3,280	3,480	3,480	3,510	〃	직포공	162
450	450	650	-	970	1,210	2,360	2,480	2,900	3,130	3,130	3,320	3,420	3,520	〃	침염공	163
-	-	-	-	780	980	2,750	2,750	2,750	2,750	3,150	3,360	3,360	3,410	〃	연사공	164
360	360	500	950	1,040	1,300	2,830	2,830	2,830	2,830	3,160	3,200	3,200	3,240	〃	정경공	165
-	-	-	700	820	1,030	2,160	2,160	2,730	3,400	4,080	4,240	4,240	4,400	〃	염직공	166
-	-	-	-	790	990	2,310	2,310	2,930	2,930	2,930	2,930	3,000	3,000	〃	관권공	167
-	-	-	-	-	-	-	-	-	-	-	-	-	-	〃	견출공	168
-	-	-	-	-	-	-	-	-	-	-	-	-	-	〃	마정공	169
-	-	-	-	-	-	-	-	-	-	-	-	-	-	〃	특정공	170
-	-	-	-	-	-	-	-	-	-	-	-	-	-	〃	조형공	171
-	-	-	-	-	-	-	-	-	-	-	-	-	-	〃	폐수처리공	172
-	-	-	-	-	-	-	-	-	-	-	-	-	-	〃	아연도금공	173
810	810	1,050	1,320	1,510	1,890	3,050	3,380	3,430	4,120	4,740	4,920	4,940	5,150	〃	재봉기계사	174
620	620	890	1,120	1,310	1,640	3,800	3,800	4,120	5,380	5,380	5,750	5,930	6,020	〃	방직기계보전공	175
660	660	920	1,110	1,300	1,630	2,530	2,530	2,610	3,040	3,500	3,580	3,750	3,880	〃	편직공	176
-	-	-	-	-	-	-	-	4,240	4,830	4,830	5,300	5,300	5,650	〃	횡편공	177
890	890	1,110	1,340	1,530	1,910	2,780	2,780	3,520	3,520	4,070	4,300	4,300	4,300	〃	제화공	178
-	-	-	-	-	-	-	1,750	2,750	2,850	3,120	3,120	3,230	3,310	〃	피혁공	179
890	890	1,200	1,560	1,630	2,040	2,520	2,560	3,230	3,560	4,270	4,620	4,960	5,190	〃	식품제조공(빵과자및식품제조공)	180
730	730	1,050	1,370	1,540	1,930	2,560	3,460	4,380	4,660	4,880	4,880	4,990	5,230	〃	조리사	181
900	900	1,170	1,470	1,690	2,110	2,700	3,510	4,170	5,440	5,700	6,090	6,210	6,490	〃	영양사	182
-	-	-	-	-	-	-	2,320	2,930	3,880	3,890	4,320	4,370	4,580	〃	보통인부	183
780	780	1,090	1,520	1,600	2,030	3,500	3,500	4,590	5,510	6,130	6,130	6,140	6,230	〃	작업반장	184
-	-	-	-	-	-	-	2,150	4,930	5,920	5,920	6,200	6,220	6,420	〃	양곡처리공	185
-	-	-	-	-	-	-	3,800	4,620	5,840	5,840	6,250	6,400	6,560	〃	컴퓨터운전사	186
1,040	1,040	1,400	1,890	-	-	-	4,670	4,670	5,660	6,220	6,730	7,170	7,340	〃	기계기술공	187
-	-	-	-	-	-	-	4,130	4,150	5,200	5,600	6,080	6,210	6,250	〃	보선공	188
-	-	-	-	-	-	-	3,600	4,270	5,260	5,800	6,680	6,870	7,060	〃	차량정비공	189
-	-	-	-	-	-	-	3,660	4,420	5,280	5,640	6,150	6,350	6,750	〃	기계정비공	190
-	-	-	-	-	-	-	7,000	7,060	7,860	8,990	9,250	9,430	9,630	〃	안전관리사	191
-	-	-	-	-	-	-	6,180	7,910	9,740	9,740	10,210	10,300	10,750	〃	품질관리사	192
-	-	-	-	-	-	-	2,440	3,690	4,250	4,290	4,870	4,990	5,110	〃	품질관리공	193
-	-	-	-	-	-	-	2,740	3,630	3,930	4,190	4,490	4,780	5,000	〃	다듬질공	194
1,010	1,010	1,410	1,830	2,020	2,650	4,270	4,270	4,730	5,480	6,220	6,450	6,580	6,990	〃	중기운전사	195
-	-	-	-	-	-	-	-	-	13,010	13,010	13,010	13,010	13,010	〃	컴퓨터S/W기사	196
-	-	-	-	-	-	-	-	-	13,220	13,220	13,910	13,910	14,070	〃	컴퓨터H/W기사	197
-	-	-	-	-	-	-	-	-	2,930	3,000	3,500	3,570	3,650	〃	통신기계조립공	198
-	-	-	-	-	-	-	-	-	4,130	4,750	5,110	5,110	5,430	〃	컴퓨터키펀치공	199
-	-	-	-	-	-	-	-	-	6,430	6,430	6,670	7,060	7,130	〃	통신외선공	200
-	-	-	-	-	-	-	-	-	5,660	6,020	6,110	6,460	6,490	〃	통신내선공	201

정부(시중)노임단가 (17)

(단위:원)

직종번호	직 종 명	단위	1986	1987	1988	1989	1990	1991	1992	1993	1994	1995	1996	1997	1998	1999
152	직 물 재 단 사	인	8,730	8,730	9,290	10,450	9,020	12,800	15,900	17,900	19,900	22,810	24,205	28,077	29,255	28,809
153	직 물 재 단 공	〃	3,930	4,270	4,930	5,900	6,430	11,200	14,900	15,500	15,800	18,593	21,367	23,113	24,432	23,510
154	상 침 공	〃	3,560	3,820	4,410	5,300	5,840	10,700	12,800	13,700	14,100	16,985	17,832	20,640	22,721	23,520
155	하 침 공	〃	3,340	3,480	4,020	5,000	6,670	9,800	11,300	12,100	12,300	14,101	15,292	15,783	20,195	20,135
156	이 본 침 공	〃	4,000	4,230	4,890	5,850	7,110	11,500	13,700	16,000	16,800	19,725	22,485	23,009	23,337	23,638
157	오 바 로 그 공	〃	3,550	3,950	4,250	5,100	6,460	8,000	10,600	12,600	13,400	16,418	19,272	20,856	23,290	23,963
158	징 검 기 공	〃	3,340	3,380	4,000	5,000	5,520	8,300	10,500	12,300	13,700	16,265	19,060	22,093	22,981	21,804
159	인 타 로 그 공	〃	3,380	3,670	4,240	5,100	7,720	9,800	12,800	12,900	13,100	16,931	19,048	24,472	24,366	24,263
160	스 냅 공	〃	3,340	3,810	4,400	5,300	6,530	9,200	10,600	12,500	13,200	17,064	22,177	23,879	24,281	23,135
161	연 단 공	〃	3,440	3,790	4,380	5,250	7,520	10,200	10,700	12,700	13,700	18,634	20,210	21,992	21,523	22,137
162	직 포 공	〃	3,580	3,860	4,460	5,350	7,810	10,400	13,000	14,700	14,700	17,680	21,095	24,224	25,264	24,650
163	침 염 공	〃	3,520	3,730	4,310	5,150	8,050	10,200	13,200	15,700	17,500	21,026	25,378	25,887	26,443	27,348
164	연 사 공	〃	3,580	3,940	4,550	5,450	6,600	7,900	9,600	12,000	12,700	16,007	19,945	21,865	23,465	23,306
165	정 경 공	〃	3,560	3,910	4,520	5,450	8,230	8,700	11,500	12,100	12,800	14,280	19,344	22,509	23,880	22,324
166	염 직 공	〃	4,540	5,220	5,930	6,950	9,430	12,400	15,400	18,100	19,000	20,535	24,015	29,214	28,464	28,902
167	관 권 공	〃	3,340	3,340	4,000	5,000	7,900	9,500	11,400	12,900	13,500	14,045	17,297	19,112	21,748	22,491
168	견 출 공	〃	-	-	-	-	5,970	8,100	11,700	13,700	14,600	-	-	-	-	-
169	마 정 공	〃	-	-	-	-	7,150	7,600	11,100	15,500	17,700	20,455	22,811	-	-	-
170	특 정 공	〃	-	-	-	-	7,460	7,600	8,700	9,500	12,900	14,545	16,847	-	-	25,209
171	조 형 공	〃	-	-	-	-	7,600	12,600	14,500	16,400	17,400	21,552	22,992	23,474	26,005	24,445
172	폐 수 처 리 공	〃	-	-	-	-	7,720	12,800	15,200	16,200	16,900	21,267	24,833	29,148	29,499	30,662
173	아 연 도 금 공	〃	-	-	-	-	7,710	12,000	14,300	18,000	19,600	21,833	23,548	25,068	25,350	25,976
174	재 봉 기 계 사	〃	5,470	5,890	6,600	7,600	7,600	9,400	12,300	12,900	13,600	17,904	20,814	23,994	24,979	24,300
175	방직기계보전공	〃	6,210	6,740	7,280	8,200	7,960	10,400	12,000	15,000	16,500	18,579	24,294	26,624	30,145	29,158
176	편 직 공	〃	3,980	4,340	5,010	6,000	8,900	13,200	15,200	17,700	17,800	20,057	24,775	25,350	24,861	24,591
177	횡 편 공	〃	5,900	6,250	6,610	7,650	10,030	13,000	15,000	15,600	15,600	16,333	18,700	21,020	23,893	24,539
178	제 화 공	〃	4,310	4,570	5,280	6,350	8,090	12,600	14,500	16,300	17,000	21,529	22,415	24,100	27,595	28,997
179	피 혁 공	〃	3,640	3,790	4,380	5,250	8,060	8,800	11,100	14,300	15,200	19,088	20,919	25,429	27,103	26,605
180	식품제조공(빵과자및식품제조공)	〃	5,270	5,400	6,120	7,050	9,500	10,600	13,700	15,200	15,800	19,840	23,120	23,848	25,264	24,895
181	조 리 사	〃	5,510	5,790	6,490	7,500	9,710	9,800	11,800	13,800	15,200	19,867	24,157	24,948	25,936	23,422
182	영 양 사	〃	6,640	7,250	8,120	9,100	11,410	12,700	14,600	16,500	17,500	21,127	26,404	27,903	28,910	28,361
183	보 통 인 부	〃	4,740	5,180	5,810	6,550	9,450	10,500	12,600	14,300	15,300	19,180	20,967	23,684	24,226	23,312
184	작 업 반 장	〃	6,540	6,940	8,010	9,000	11,900	16,900	19,400	20,700	21,400	26,378	30,079	33,800	33,617	34,575
185	양 곡 처 리 공	〃	6,740	7,610	8,530	9,600	12,500	16,800	17,600	20,500	21,100	26,421	28,200	32,936	32,255	31,140
186	컴퓨터운전사	〃	6,860	7,430	8,440	9,500	12,400	17,400	21,900	23,300	23,300	24,776	25,570	32,508	35,897	37,016
187	기 계 기 술 공	〃	7,470	7,750	8,680	9,750	12,650	15,200	18,000	19,200	19,700	25,628	27,007	29,254	31,114	31,256
188	보 선 공	〃	6,310	6,650	7,450	8,350	11,250	14,400	17,100	18,200	19,700	24,607	25,485	29,069	32,345	32,202
189	차 량 정 비 공	〃	7,250	7,980	8,940	10,050	12,900	14,900	18,100	24,300	25,400	26,112	31,042	34,074	35,843	32,912
190	기 계 정 비 공	〃	6,930	7,620	8,540	9,600	12,500	17,000	19,600	22,000	22,000	24,436	27,211	30,332	30,566	28,657
191	안 전 관 리 사	〃	9,940	10,380	11,630	13,050	15,900	16,700	19,200	21,600	21,900	25,121	30,529	35,257	40,956	40,565
192	품 질 관 리 사	〃	11,140	11,970	13,380	15,000	17,850	18,900	19,800	22,200	23,400	28,532	30,587	36,490	39,294	36,349
193	품 질 관 리 공	〃	5,190	5,630	6,500	7,500	10,400	15,400	16,500	18,600	19,600	23,768	25,649	28,935	29,489	28,674
194	다 듬 질 공	〃	5,060	5,280	6,100	7,050	9,950	15,000	15,800	17,800	17,800	20,917	25,919	24,989	25,495	25,178
195	중 기 운 전 사	〃	7,320	7,800	8,740	9,800	12,700	17,100	21,000	23,600	24,300	27,309	30,926	34,426	37,599	34,873
196	컴퓨터S/W기사	〃	13,150	13,240	14,830	15,200	17,800	22,400	23,500	24,900	25,000	28,660	31,463	35,320	40,459	40,295
197	컴퓨터H/W기사	〃	14,100	14,450	14,830	16,650	19,250	22,000	25,300	25,400	25,500	31,794	33,821	36,752	41,794	41,982
198	통신기계조립공	〃	3,680	3,750	4,330	5,200	8,100	10,000	11,500	13,500	14,000	-	16,629	25,559	29,097	27,815
199	컴퓨터키펀치공	〃	5,690	6,170	6,910	7,950	9,440	12,100	14,400	15,400	16,400	19,000	22,379	25,261	-	-
200	통 신 외 선 공	〃	7,550	7,980	8,720	9,290	12,190	13,500	16,000	18,600	19,200	-	-	-	30,800	29,640
201	통 신 내 선 공	〃	6,840	7,090	7,940	8,900	11,800	15,200	17,500	18,600	19,200	20,960	24,700	26,240	30,800	29,640

(단위:원)

2000	2001	2002	2003	2004	2005	2006	2007	2008	2009	2010	2011	2012	2013	단위	직 종 명	직종번호
28,882	30,176	32,774	33,216	33,936	36,506	39,048	42,347	49,399	57,069	58,974	63,305	66,769	65,989	인	직 물 재 단 사	152
24,963	26,816	29,050	31,970	32,246	34,125	36,504	42,153	44,758	47,867	52,840	49,595	62,911	72,193	〃	직 물 재 단 공	153
31,207	31,585	31,666	33,599	37,651	38,741	40,364	44,292	44,737	44,916	48,414	48,353	56,790	58,371	〃	상 침 공	154
24,688	25,582	28,588	32,310	-	31,477	33,528	34,267	38,003	40,074	40,232	43,376	50,088	51,470	〃	하 침 공	155
30,751	32,587	-	-	-	-	-	-	-	-	-	45,839	49,964	68,692	〃	이 본 침 공	156
-	-	-	-	-	-	-	-	-	-	-	46,538	47,172	51,416	〃	오 바 로 그 공	157
29,637	29,511	30,524	34,975	34,515	36,743	39,367	43,013	49,000	50,342	52,057	-	-	-	〃	징 검 기 공	158
26,478	28,699	30,899	35,578	37,169	38,937	41,499	46,408	48,098	48,859	49,583	39,626	-	54,697	〃	인 타 로 그 공	159
28,193	32,127	30,913	31,579	33,313	35,112	37,623	43,828	45,369	48,984	50,286	43,136	45,204	52,915	〃	스 냅 공	160
36,504	36,656	37,307	39,239	39,247	40,652	43,494	51,361	57,035	63,263	63,759	51,888	58,435	64,688	〃	연 단 공	161
29,608	31,983	36,435	37,287	41,436	43,287	46,307	52,579	61,784	66,913	71,064	56,574	66,338	71,205	〃	직 포 공	162
24,901	24,895	28,193	29,283	31,892	33,807	36,175	41,352	43,423	43,535	48,132	50,125	57,020	58,364	〃	침 염 공	163
27,930	-	30,447	37,556	33,429	34,450	36,818	40,624	44,260	51,251	51,759	53,581	56,364	53,821	〃	연 사 공	164
22,715	26,112	27,282	30,578	34,093	36,019	37,729	40,158	46,947	52,221	53,996	58,059	63,047	67,610	〃	정 경 공	165
27,053	30,622	31,033	32,812	34,776	36,054	39,336	43,805	51,170	51,715	53,181	55,814	63,451	66,898	〃	염 직 공	166
31,492	32,015	32,974	39,326	39,740	41,531	44,439	50,320	51,579	53,529	52,958	50,118	53,637	54,121	〃	관 권 공	167
29,617	-	-	-	-	-	-	-	-	-	-	-	-	-	〃	견 출 공	168
33,002	34,403	37,543	38,260	42,199	44,039	48,200	52,077	56,076	65,429	64,842	-	-	-	〃	마 정 공	169
31,680	33,710	36,509	40,667	45,732	48,952	52,276	52,979	54,675	57,886	55,704	-	-	-	〃	특 정 공	170
23,920	24,971	27,877	31,472	35,168	37,967	40,983	41,243	46,452	50,066	52,355	55,522	56,513	65,507	〃	조 형 공	171
24,428	26,213	29,905	34,640	35,023	37,005	39,585	43,018	46,665	51,767	53,217	66,367	68,316	74,141	〃	폐 수 처 리 공	172
26,684	28,594	30,816	35,619	37,049	39,040	41,485	41,976	47,541	57,709	58,748	50,844	60,503	61,490	〃	아 연 도 금 공	173
29,848	32,084	32,320	33,530	34,035	36,156	38,690	39,379	45,275	45,816	46,827	47,506	52,756	55,156	〃	재 봉 기 계 사	174
22,810	23,047	26,451	29,373	29,397	31,985	33,606	38,997	44,107	47,018	48,434	59,473	60,796	70,001	〃	방직기계보전공	175
23,233	24,315	27,192	28,260	28,379	30,092	32,198	35,500	42,156	47,712	48,192	53,626	60,745	70,258	〃	편 직 공	176
-	-	-	-	-	-	-	-	-	-	-	-	-	-	〃	횡 편 공	177
23,177	26,413	28,985	33,390	34,575	36,937	39,563	39,843	47,577	-	46,732	60,226	59,397	69,044	〃	제 화 공	178
27,658	29,768	31,471	34,299	35,979	37,581	40,213	43,102	49,076	57,597	56,168	60,925	57,536	62,028	〃	피 혁 공	179
26,929	28,256	30,847	34,834	38,115	40,346	43,179	43,679	45,480	50,233	57,822	52,058	52,495	57,661	〃	식품제조공(빵과자및식품제조공)	180
31,163	31,794	33,691	34,517	38,600	40,976	43,823	51,516	58,842	62,621	62,290	-	-	-	〃	조 리 사	181
26,916	28,806	32,373	32,622	34,342	36,577	39,130	43,875	49,774	58,143	63,346	-	-	-	〃	영 양 사	182
29,650	29,360	30,342	35,983	36,710	38,279	40,916	42,663	50,397	57,628	62,118	53,160	57,859	60,236	〃	보 통 인 부	183
25,982	26,503	25,480	27,504	27,799	30,425	32,544	37,934	46,093	46,951	47,972	74,290	78,307	87,508	〃	작 업 반 장	184
22,715	22,556	25,389	27,283	28,354	30,637	33,285	36,898	42,632	46,897	46,978	-	-	-	〃	양 곡 처 리 공	185
24,103	25,209	28,313	31,337	32,278	33,723	36,082	42,155	44,189	46,296	45,669	107,264	96,200	84,268	〃	컴 퓨 터 운 전 사	186
-	-	-	-	-	-	-	-	-	-	-	72,085	80,203	81,795	〃	기 계 기 술 공	187
28,291	29,799	30,062	35,547	40,994	42,742	45,737	46,104	50,520	60,573	60,767	62,355	74,050	83,566	〃	보 선 공	188
-	-	-	-	-	-	-	-	-	-	-	79,670	81,411	85,588	〃	차 량 정 비 공	189
36,282	35,468	36,711	42,019	42,573	44,537	47,596	51,449	58,144	63,979	63,020	71,266	75,906	82,521	〃	기 계 정 비 공	190
29,194	30,319	31,911	32,460	34,702	37,011	39,607	45,640	49,270	57,421	65,252	90,616	87,939	95,228	〃	안 전 관 리 사	191
34,665	35,430	39,431	41,558	41,723	42,695	45,636	54,086	60,550	61,925	62,934	90,729	92,449	109,318	〃	품 질 관 리 사	192
33,620	36,500	37,262	40,791	47,857	48,835	52,170	57,070	59,801	64,449	62,928	66,813	64,574	77,273	〃	품 질 관 리 공	193
29,656	32,555	34,924	38,779	43,648	45,456	48,646	53,787	56,712	69,061	67,928	48,917	58,463	53,419	〃	다 듬 질 공	194
30,590	30,320	32,436	35,292	-	-	-	-	-	-	-	69,123	64,678	80,007	〃	중 기 운 전 사	195
-	-	-	-	-	-	-	-	-	-	-	100,204	92,502	95,361	〃	컴퓨터S/W기사	196
-	-	-	-	-	-	-	-	-	-	-	124,092	98,036	113,365	〃	컴퓨터H/W기사	197
-	-	-	-	-	-	-	-	-	-	-	56,112	70,671	69,621	〃	통신기계조립공	198
-	-	-	-	-	-	-	-	-	-	-	-	-	-	〃	컴퓨터키펀치공	199
31,788	32,452	34,822	38,866	38,955	40,241	43,012	43,385	48,369	56,166	60,674	65,449	81,774	84,997	〃	통 신 외 선 공	200
27,181	28,722	32,345	36,292	37,566	39,606	42,356	44,660	50,318	60,233	60,316	65,449	81,774	84,997	〃	통 신 내 선 공	201

정부(시중)노임단가 (18)

(단위:원)

1972	1973	1974	1975	1976	1977	1978	1979	1980	1981	단위	직종명	직종번호
1,490	1,490	1,930	2,320	2,470	2,910	–	–	–	5,850	인	무선안테나공	202
–	–	–	–	–	–	–	–	–	12,440	〃	통신기사 1급	203
–	–	–	–	–	–	–	–	–	8,820	〃	통신기사 2급	204
–	–	–	–	–	–	–	–	–	5,540	〃	통신기능사	205
–	–	–	–	–	–	–	–	–	3,520	〃	목재포장공	206
800	800	1,240	1,610	1,770	2,240	3,700	–	–	4,100	〃	목도	207
–	–	–	–	–	–	–	–	–	–	〃	사진식자공	208
650	650	980	1,230	1,410	1,760	2,340	4,220	5,340	5,340	〃	도자기및애자공	209
–	–	–	–	–	–	–	–	–	–	〃	철도보선공	210
–	–	–	–	–	–	–	–	–	–	〃	전기기사(전기기사1급)	211
–	–	–	–	–	–	–	–	–	–	〃	전기산업기사(전기기사2급)	212
–	–	–	–	–	–	–	–	–	–	〃	전기기능사(전기기기기능사1급)	213
–	–	–	–	–	–	–	–	–	–	〃	전기기기기능사2급	214
–	–	–	–	–	–	–	–	–	–	〃	배합공	215
–	–	–	–	–	–	–	–	–	–	〃	전산용지정합공	216
–	–	–	–	–	–	–	–	–	–	〃	스켄기능공	217
–	–	–	–	–	–	–	–	–	–	〃	전자편집디자인	218
–	–	–	–	–	–	–	–	–	–	〃	스티카인쇄공	219
–	–	–	–	–	–	–	–	–	–	〃	전자조판공	220
–	–	–	–	–	–	–	–	–	–	〃	전자출판출력공	221
–	–	–	–	–	–	–	–	–	–	〃	자료입력원	222
–	–	–	–	–	–	–	–	–	–	〃	시멘트제품성형공	223
–	–	–	–	–	–	–	–	–	–	〃	조선목공	224
–	–	–	–	–	–	–	–	–	–	〃	청락공	225
–	–	–	–	–	–	–	–	–	–	〃	인조석가공공	226
–	–	–	–	–	–	–	–	–	–	〃	골판지제조공	227

1982	1983	1984	1985	1986	1987	1988	1989	1990	1991	단위	직종명	직종번호
5,850	6,250	6,820	7,210	7,210	7,470	8,370	9,400	12,300	17,300	인	무선안테나공	202
12,530	12,650	12,660	13,200	13,330	14,120	15,820	17,750	20,350	–	〃	통신기사 1급	203
9,010	10,070	10,070	10,430	10,630	10,710	11,060	12,400	15,250	–	〃	통신기사 2급	204
5,540	5,660	5,700	5,720	6,010	6,110	6,850	7,900	10,800	–	〃	통신기능사	205
3,920	4,560	4,730	4,940	5,190	5,520	6,280	7,250	10,150	13,900	〃	목재포장공	206
4,510	4,780	4,920	5,040	5,090	5,400	6,050	7,000	9,540	13,900	〃	목도	207
–	–	–	–	7,590	7,740	8,670	9,750	10,670	15,700	〃	사진식자공	208
5,870	5,870	6,050	6,150	–	6,710	7,200	7,200	6,820	7,700	〃	도자기및애자공	209
–	–	–	–	–	–	–	–	–	13,500	〃	철도보선공	210
–	–	–	–	–	–	–	–	–	–	〃	전기기사(전기기사1급)	211
–	–	–	–	–	–	–	–	–	–	〃	전기산업기사(전기기사2급)	212
–	–	–	–	–	–	–	–	–	–	〃	전기기능사(전기기기기능사1급)	213
–	–	–	–	–	–	–	–	–	–	〃	전기기기기능사2급	214
–	–	–	–	–	–	–	–	–	–	〃	배합공	215
–	–	–	–	–	–	–	–	–	–	〃	전산용지정합공	216
–	–	–	–	–	–	–	–	–	–	〃	스켄기능공	217
–	–	–	–	–	–	–	–	–	–	〃	전자편집디자인	218
–	–	–	–	–	–	–	–	–	–	〃	스티카인쇄공	219
–	–	–	–	–	–	–	–	–	–	〃	전자조판공	220
–	–	–	–	–	–	–	–	–	–	〃	전자출판출력공	221
–	–	–	–	–	–	–	–	–	–	〃	자료입력원	222
–	–	–	–	–	–	–	–	–	–	〃	시멘트제품성형공	223
–	–	–	–	–	–	–	–	–	–	〃	조선국공	224
–	–	–	–	–	–	–	–	–	–	〃	청락공	225
–	–	–	–	–	–	–	–	–	–	〃	인조석가공공	226
–	–	–	–	–	–	–	–	–	–	〃	골판지제조공	227

(단위:원)

직종번호	직종명	단위	1992	1993	1994	1995	1996	1997	1998	1999	2000	2001	2002
202	무선안테나공	인	19,900	20,300	22,600	24,442	27,074	30,253	32,058	30,291	31,413	32,183	-
203	통신기사1급	〃	-	-	-	-	-	-	-	-	-	-	-
204	통신기사2급	〃	-	-	-	-	-	-	-	-	-	-	-
205	통신기능사	〃	-	-	-	-	-	-	-	-	-	-	-
206	목재포장공	〃	17,700	18,800	18,900	22,633	24,802	25,421	28,378	30,070	32,745	32,154	32,564
207	목도	〃	16,000	17,600	20,800	-	-	-	-	-	-	-	-
208	사진식자공	〃	16,500	18,500	19,000	20,762	22,382	25,894	-	27,371	-	-	-
209	도자기및애자공	〃	10,700	11,200	11,500	14,470	18,314	23,083	24,920	25,041	26,227	27,934	28,068
210	철도보선공	〃	16,000	17,100	19,500	21,364	23,199	-	-	-	-	-	-
211	전기기사(전기기사1급)	〃	27,600	29,100	29,100	31,766	37,306	40,216	46,190	45,110	45,977	44,874	48,265
212	전기산업기사(전기기사2급)	〃	25,100	26,600	26,600	29,698	33,118	34,506	39,694	40,244	42,344	43,778	45,097
213	전기기능사(전기기기기능사1급)	〃	20,900	21,300	22,300	27,707	28,734	32,400	34,419	36,030	37,303	37,910	39,875
214	전기기기기능사2급	〃	17,100	18,200	19,100	22,060	23,261	29,137	30,377	31,087	32,058	33,061	33,270
215	배합공	〃	-	-	-	-	-	-	-	27,407	27,991	30,465	32,864
216	전산용지정합공	〃	-	-	-	-	-	-	-	26,528	28,269	29,898	30,032
217	스켄기능공	〃	-	-	-	-	-	-	-	34,822	35,808	36,827	37,199
218	전자편집디자인	〃	-	-	-	-	-	-	-	31,078	32,414	31,631	34,728
219	스티카인쇄공	〃	-	-	-	-	-	-	-	26,812	27,835	30,473	34,322
220	전자조판공	〃	-	-	-	-	-	-	-	-	28,058	31,184	32,689
221	전자출판출력공	〃	-	-	-	-	-	-	-	32,389	32,000	32,050	-
222	자료입력원	〃	-	-	-	-	-	-	-	30,295	31,003	32,836	33,414
223	시멘트제품성형공	〃	-	-	-	-	-	-	-	26,086	30,912	30,536	30,952
224	조선목공	〃	-	-	-	-	-	-	-	33,217	35,600	-	42,870
225	청락공	〃	-	-	-	-	-	-	-	22,037	24,261	26,734	27,355
226	인조석가공공	〃	-	-	-	-	-	-	-	-	-	-	-
227	골판지제조공	〃	-	-	-	-	-	-	-	-	-	-	-

직종번호	직종명	단위	2003	2004	2005	2006	2007	2008	2009	2010	2011	2012	2013
202	무선안테나공	인	45,051	-	-	-	-	-	-	-	-	-	-
203	통신기사1급	〃	-	-	-	-	-	-	-	-	-	-	-
204	통신기사2급	〃	-	-	-	-	-	-	-	-	-	-	-
205	통신기능사	〃	-	-	-	-	-	-	-	-	-	-	-
206	목재포장공	〃	33,639	37,171	39,064	41,744	47,891	48,825	49,453	53,055	52,942	57,278	61,773
207	목도	〃	-	-	-	-	-	-	-	-	-	-	-
208	사진식자공	〃	-	-	-	-	-	-	-	-	-	-	-
209	도자기및애자공	〃	28,917	29,729	31,475	33,515	38,386	42,185	47,197	46,044	48,931	48,687	54,892
210	철도보선공	〃	-	-	-	-	-	-	-	-	-	-	-
211	전기기사(전기기사1급)	〃	60,813	60,990	63,326	67,771	68,751	71,840	82,046	82,417	89,150	81,905	109,617
212	전기산업기사(전기기사2급)	〃	49,376	50,074	52,482	56,153	56,963	64,227	73,599	80,193	77,482	87,038	90,620
213	전기기능사(전기기기기능사1급)	〃	35,785	37,190	39,583	42,327	42,424	48,685	62,209	67,249	78,685	79,263	88,402
214	전기기기기능사2급	〃	-	-	-	-	-	-	-	-	-	-	-
215	배합공	〃	33,113	33,611	35,562	38,084	44,778	47,283	48,716	49,744	54,927	58,627	63,999
216	전산용지정합공	〃	35,894	36,063	37,637	40,272	41,961	50,218	61,124	61,165	64,505	68,216	79,551
217	스켄기능공	〃	38,722	43,435	44,545	47,680	49,018	54,545	60,318	63,968	65,275	61,764	63,558
218	전자편집디자인	〃	39,760	44,551	47,871	51,232	54,719	60,682	68,812	72,396	85,212	90,829	97,485
219	스티카인쇄공	〃	40,341	44,604	47,186	50,491	50,975	57,600	66,100	71,263	72,590	73,936	64,596
220	전자조판공	〃	35,696	40,360	42,262	45,208	47,570	52,671	66,781	69,535	66,306	66,362	78,621
221	전자출판출력공	〃	42,928	44,603	45,884	49,030	50,710	57,655	65,788	71,158	76,587	72,952	106,101
222	자료입력원	〃	33,643	37,017	38,239	40,951	44,988	-	-	-	-	-	-
223	시멘트제품성형공	〃	33,083	35,048	37,094	39,677	44,484	50,734	58,534	60,502	65,544	67,512	78,905
224	조선목공	〃	46,000	44,185	46,669	49,908	50,204	57,557	57,805	58,953	62,149	66,153	75,896
225	청락공	〃	32,315	34,774	-	-	-	-	-	-	-	-	-
226	인조석가공공	〃	-	-	-	-	-	48,390	54,351	61,434	63,377	70,288	63,962
227	골판지제조공	〃	-	-	-	-	-	-	46,433	47,278	51,458	64,220	60,707

정부(시중)노임단가 (19)

(단위:원)

직종번호	직종명	단위	2014	2015	2016	2017	2018. 1	2018. 7	2019. 1
1	기계설계사	인	100,490	101,207	103,191	104,559	108,531	111,099	111,366
2	회로설계사	〃	113,756	114,918	115,706	118,472	120,888	124,546	124,211
3	제도사	〃	104,257	104,569	105,402	106,949	-	-	-
4	현도사	〃	101,417	101,817	103,688	104,141	-	-	-
5	강판원	〃	71,336	72,799	76,984	77,852	-	-	-
6	드릴링기조작원	〃	65,350	66,318	67,802	73,809	73,979	77,790	80,687
7	공작기계조작원	〃	75,418	76,361	77,629	79,158	87,119	87,962	88,937
8	마킹원	〃	63,914	64,359	69,119	72,197	75,288	78,763	-
9	밀링기조작원	〃	69,111	70,589	71,481	73,353	-	-	-
10	보링기조작원	〃	73,287	73,505	76,355	79,152	-	-	-
11	볼반기조작원	〃	63,630	66,105	-	-	-	-	-
12	절곡원	〃	77,508	78,623	79,563	80,800	85,161	86,314	84,511
13	귀금속세공원	〃	84,436	84,676	89,699	91,705	96,282	-	-
14	주물원	〃	69,352	69,978	71,679	72,698	79,941	81,555	81,229
15	단조원	〃	67,023	68,262	69,437	70,597	71,464	80,497	81,767
16	금형원	〃	77,689	78,105	79,658	80,837	85,500	89,009	89,736
17	목형원	〃	79,902	80,813	81,941	82,444	82,515	-	96,375
18	조형원	〃	69,006	71,613	72,747	74,774	75,246	78,280	76,287
19	압연원	〃	83,522	85,388	86,423	88,185	90,312	91,820	90,292
20	압출기조작원	〃	75,598	76,330	77,412	78,156	82,567	83,940	83,525
21	열처리원	〃	76,078	76,668	77,526	78,816	80,866	82,925	80,782
22	용해원	〃	69,742	70,046	71,368	73,215	80,951	82,233	82,661
23	인발기조작원	〃	72,278	73,268	75,522	77,366	79,734	87,565	88,492
24	태핑기조작원	〃	51,920	-	66,734	68,462	76,312	-	-
25	판금원	〃	78,510	80,245	82,089	83,130	85,577	86,407	87,918
26	합금원	〃	72,415	73,392	80,390	81,379	90,792	92,660	93,181
27	제정기조작원	〃	68,012	-	-	-	-	-	-
28	다이케스트원	〃	63,117	64,229	66,012	67,969	74,710	75,625	75,869
29	철물재단원	〃	58,776	60,477	65,897	66,939	-	-	-
30	쇠톱기조작원	〃	63,492	64,510	65,572	68,123	79,127	80,421	77,087
31	모형조각기원	〃	79,782	79,745	82,088	83,602	88,115	90,305	89,870
32	절단원	〃	73,944	74,759	75,812	76,986	87,136	88,373	88,131
33	프레스기조작원(자동절단원)	〃	67,001	68,318	69,118	70,665	-	-	-
34	유리절단및재단원	〃	74,043	74,947	75,622	78,282	90,139	94,009	95,810
35	벤딩머쉰조작원	〃	70,443	71,392	72,153	73,346	87,001	89,009	86,214
36	금속교정원	〃	69,091	69,791	70,869	75,424	89,917	92,304	93,156
37	선반원	〃	68,352	69,796	71,355	73,294	81,703	83,980	84,632
38	프레나기조작원	〃	65,485	65,872	69,696	71,319	72,586	77,812	78,123
39	레이저광선원	〃	62,947	63,526	67,642	68,533	81,717	88,380	89,253
40	일반화학원	〃	87,586	88,973	89,921	92,216	93,246	94,421	92,839
41	요업원	〃	63,550	64,267	66,108	71,455	72,117	73,806	75,978
42	합성수지피막원	〃	85,132	85,426	86,426	87,677	88,737	89,507	86,717
43	권취원	〃	62,552	67,564	68,406	70,103	79,679	-	77,888
44	연선기·연합기조작원	〃	66,902	67,181	67,954	68,697	73,043	-	-
45	신선기조작원	〃	71,318	71,368	71,982	74,173	77,373	-	78,140
46	절연원	〃	65,756	67,774	68,541	69,772	78,618	-	-
47	피복원	〃	66,339	67,049	69,747	70,445	75,786	-	-
48	고무제품생산원	〃	57,945	60,801	64,242	65,845	74,396	76,552	76,252
49	리벳팅기조작원	〃	61,561	-	-	-	-	-	-
50	용접원	〃	70,615	73,271	75,031	76,501	89,386	91,285	88,936
51	연삭기및연마기조작원	〃	70,266	71,267	72,146	74,192	84,041	86,731	86,808
52	연마원(기타)	〃	62,865	64,177	65,789	67,911	76,877	79,648	79,069
53	세척원	〃	70,914	72,699	73,575	73,890	74,825	75,743	74,372
54	목제품도장원	〃	60,209	61,027	65,941	69,079	75,213	79,308	80,022
55	도장원(취부)	〃	66,519	67,812	70,594	72,419	84,482	87,760	88,334
56	응용도금기조작원	〃	68,865	68,993	70,495	71,444	76,079	76,955	77,448
57	전기도금원	〃	73,234	73,557	74,480	75,200	86,236	91,374	92,701
58	플라스틱사출기조작원	〃	73,989	75,236	76,499	77,500	78,806	82,602	82,131
59	배합원	〃	71,368	71,801	73,145	74,752	80,743	87,574	87,986
60	가구제조원	〃	74,925	76,558	77,345	80,422	82,039	83,855	83,930
61	유리제품제조원	〃	74,653	75,560	-	-	-	-	-
62	제재원	〃	69,314	70,388	71,272	73,847	82,768	84,584	84,919
63	펄프제조장치조작원	〃	65,699	67,356	69,806	71,185	72,167	79,252	78,888
64	합판제조원	〃	61,417	63,526	67,988	68,869	78,980	81,832	81,988
65	제재기계운전원	〃	79,592	80,787	81,524	83,340	90,229	94,171	93,250
66	목재건조기계조작원	〃	64,210	66,205	68,172	71,456	85,564	90,037	90,650
67	제지원	〃	70,875	72,853	74,001	74,884	75,697	78,042	79,439
68	조선목원	〃	63,851	-	-	-	-	-	-
69	골판지제조원	〃	69,867	71,052	71,619	72,581	78,181	79,374	79,569
70	부품조립원	〃	62,675	63,360	65,657	67,420	71,369	76,056	76,358

(단위:원)

직종번호	직종명	단위	2014	2015	2016	2017	2018. 1	2018. 7	2019. 1
71	전기기계조립원	인	75,014	75,202	76,278	77,796	78,998	83,173	83,555
72	중기계조립원	〃	70,753	71,174	75,599	–	78,612	83,955	84,613
73	경기계조립원	〃	66,643	67,721	69,842	71,001	73,755	78,969	80,158
74	전자제품조립원	〃	61,173	64,023	66,237	67,318	70,166	74,906	74,250
75	통신기계조립원	〃	75,134	76,233	77,079	79,378	80,496	90,885	85,450
76	화학공학제품시험원	〃	90,031	91,171	92,008	93,530	94,645	96,561	99,507
77	금속재료제품시험원	〃	76,685	76,905	80,665	80,915	82,727	91,196	–
78	전기전자및기계제품시험원	〃	78,713	79,420	80,279	81,510	90,146	96,546	97,816
79	기타공학제품시험원	〃	81,552	81,654	82,340	84,331	85,303	91,270	92,699
80	화학공학품질관리원	〃	84,975	86,132	86,885	88,024	88,923	95,267	96,537
81	금속재료품질관리원	〃	89,594	90,894	91,243	92,264	94,086	97,875	96,634
82	전기전자및기계품질관리원	〃	76,783	78,886	80,059	82,674	87,268	96,154	97,270
83	기타공학품질관리원	〃	80,839	81,194	81,863	82,970	83,866	87,902	87,840
84	화학공학품질관리사	〃	98,123	98,714	99,041	101,865	102,619	113,782	114,416
85	금속재료품질관리사	〃	92,462	93,000	95,529	96,941	98,150	106,550	109,833
86	전기전자및기계품질관리사	〃	92,303	93,001	94,653	96,191	97,038	112,376	114,930
87	품질관리사	〃	93,517	93,683	94,080	95,697	–	112,887	–
88	기계정비원	〃	83,238	83,626	84,926	85,904	89,215	99,317	101,170
89	전기정비원	〃	78,422	80,807	82,639	84,417	90,313	93,126	93,481
90	차량정비원	〃	76,998	85,932	86,167	88,124	89,088	–	–
91	제품검사및조정원	〃	62,109	62,954	65,404	67,697	72,958	80,725	78,509
92	기계기술자	〃	93,317	93,769	95,838	97,000	98,661	103,299	107,064
93	전선원	〃	59,402	–	72,343	76,762	86,702	99,746	99,184
94	배관원	〃	91,408	89,757	91,745	–	102,029	111,565	113,803
95	목재포장원	〃	66,910	67,836	68,531	70,060	82,634	83,645	75,871
96	기계물품포장원	〃	65,771	66,438	67,584	68,489	74,427	77,748	74,648
97	수동물품포장원	〃	61,968	62,729	64,618	66,340	71,177	73,701	73,562
98	철강포장원	〃	57,576	57,658	65,043	67,312	80,499	82,565	82,305
99	제품출하원	〃	69,435	70,002	70,635	71,889	75,192	82,868	83,074
100	전산용지정합원	〃	61,160	62,330	67,541	69,996	75,688	80,575	81,345
101	전자조판원	〃	76,095	76,523	77,322	79,910	81,843	90,534	92,004
102	교정사	〃	60,546	61,042	66,581	68,249	78,693	–	–
103	컴퓨터웹디자이너	〃	93,517	94,479	98,300	101,562	103,170	104,507	103,194
104	컴퓨터편집사무원	〃	89,233	90,508	93,999	95,387	–	–	–
105	인쇄기조작원	〃	86,204	87,176	88,341	89,866	91,279	94,048	94,759
106	제본기조작원	〃	81,525	81,879	82,876	84,345	–	–	–
107	전자출판출력원	〃	104,895	86,609	–	–	–	–	–
108	연포장재접합원	〃	74,812	75,412	76,821	77,343	77,428	80,449	80,713
109	방직기조작원	〃	54,308	58,006	61,591	63,364	68,900	74,889	78,263
110	방직기계정비원	〃	74,854	75,508	76,256	77,875	79,373	87,047	89,917
111	재봉원	〃	62,044	63,867	65,491	66,495	67,318	77,364	79,168
112	직물재단사	〃	75,730	76,538	77,702	78,625	80,105	87,504	88,824
113	염직원	〃	73,760	75,030	75,785	77,470	79,176	83,307	83,206
114	재봉기운용사	〃	62,076	64,768	65,828	67,231	73,402	78,539	78,349
115	제화원	〃	71,716	72,184	73,483	75,202	76,968	79,183	79,053
116	직포원	〃	69,566	70,186	71,666	73,207	78,478	83,465	82,518
117	편직원	〃	62,774	64,526	69,011	70,567	78,996	84,690	83,066
118	피혁가공원	〃	71,022	72,048	73,278	74,634	76,412	81,157	82,837
119	통신케이블설치및수리원	〃	84,738	–	–	–	–	–	–
120	전기기사	〃	99,082	99,868	101,578	103,045	115,569	120,776	121,638
121	전기산업기사	〃	91,105	93,059	94,311	95,201	107,480	110,947	113,009
122	전기기능사	〃	83,341	83,815	85,836	86,394	97,959	102,245	99,783
123	목공및유리공	〃	76,088	–	–	–	–	–	–
124	컴퓨터H/W기사	〃	100,397	–	120,614	–	–	–	–
125	컴퓨터S/W기사	〃	97,519	98,037	113,072	–	–	–	–
126	컴퓨터운용사	〃	97,378	100,998	103,725	–	–	–	102,294
127	콘크리트제품성형기조작원	〃	76,495	77,949	79,849	82,527	85,853	95,327	95,890
128	특수차운전원	〃	78,052	78,877	80,713	83,850	84,574	87,532	88,018
129	돌분쇄원	〃	73,459	74,320	76,443	78,695	80,831	85,729	91,683
130	착암기조작원	〃	79,438	82,394	–	–	–	–	–
131	소성원	〃	71,529	61,927	70,032	71,863	73,574	81,144	81,940
132	인조석가공원	〃	73,624	–	–	–	–	–	–
133	폐수처리원	〃	79,457	79,858	80,553	82,603	85,357	90,266	91,022
134	식품제조원	〃	61,142	62,210	65,052	66,662	68,547	75,037	72,847
135	단순노무종사원	〃	63,326	64,150	65,674	66,630	68,899	71,837	72,020
136	작업반장	〃	88,642	90,278	91,689	94,029	96,656	107,247	108,234
137	안전관리사	〃	104,663	105,970	107,249	108,666	109,480	114,579	115,509
138	벨트콘베이어작업원	〃	67,477	67,807	69,417	70,290	72,177	77,699	79,289
139	보일러조작원	〃	81,094	81,812	84,713	85,699	86,975	88,351	89,370

정부(시중)노임단가 (20)

(단위:원)

직종번호	직 종 명	단위	2019. 7	2020. 1	2020. 7	2021. 1	2021. 7	2022. 1	2022. 7	2023. 1	2023. 7
1	CAD설계사(기계)	인	111,414	110,008	111,292	112,939	120,074	126,798	129,046	129,650	131,943
2	CAD설계사(회로)	〃	122,906	127,699	129,864	134,108	137,273	139,921	134,419	133,120	135,238
3	컴퓨터웹디자이너	〃	99,010	100,125	99,840	103,008	107,273	111,523	111,956	111,956	97,814
4	컴퓨터운용사	〃	-	-	-	-	-	105,783	120,658	123,825	116,325
5	제과제빵떡제조원	〃	82,383	82,383	85,144	83,916	84,640	80,742	82,156	82,040	80,574
6	식품가공원	〃	82,029	85,730	86,898	88,685	88,837	90,040	91,749	92,292	92,209
7	식품가공기계조작원	〃	86,229	87,344	88,245	88,332	88,409	91,119	91,301	91,855	92,678
8	귀금속보석세공원	〃	86,673	86,673	87,632	89,772	96,003	96,544	96,928	98,455	-
9	목재가공기계조작원	〃	93,378	93,275	94,047	95,795	96,215	96,145	99,248	100,856	104,025
10	목재건조기계조작원	〃	-	-	-	-	-	72,442	80,405	80,405	117,835
11	펄프종이제조장치조작원	〃	99,275	106,326	108,999	108,795	113,649	113,128	104,265	100,573	100,977
12	합판제조원	〃	93,032	92,446	93,416	93,937	94,707	94,291	92,448	93,419	100,289
13	종이제품생산기계조작원	〃	93,611	96,718	97,923	100,389	101,452	101,715	99,425	100,373	105,357
14	목제품도장원	〃	86,951	86,727	87,452	87,452	-	-	-	-	90,586
15	가구목제품제조원	〃	91,654	89,475	89,847	89,608	92,396	92,116	90,898	92,468	95,344
16	유리제품생산기계조작원	〃	75,724	74,629	75,452	73,616	78,011	78,452	84,198	83,926	85,915
17	점토제품생산기계조작원	〃	82,134	82,143	85,289	88,062	-	75,791	78,913	78,913	98,993
18	채석 및 석재절단원	〃	103,490	-	-	-	-	-	-	-	-
19	시멘트광물제품생산기계조작원	〃	99,369	98,141	99,449	101,554	106,047	109,006	113,745	114,220	116,825
20	화학제품생산기계조작원	〃	93,741	95,196	95,315	97,752	101,784	104,204	105,819	106,472	107,896
21	플라스틱제품생산기계조작원	〃	97,889	98,564	99,797	105,884	107,092	109,752	104,374	105,764	108,321
22	고무제품생산기계조작원	〃	82,947	82,105	84,602	87,767	92,737	94,014	91,243	91,751	92,503
23	고무·합성수지·도료배합원	〃	91,415	89,707	91,621	93,726	94,255	95,412	96,380	98,665	104,383
24	유약·점토제품원료배합원	〃	92,961	92,871	96,314	96,314	100,254	100,991	93,336	92,312	93,540
25	시멘트·아스콘배합원	〃	95,048	95,799	97,024	99,746	102,915	102,915	108,849	113,528	119,043
26	소성로조작원	〃	-	-	82,616	82,616	89,284	-	95,197	95,197	-
27	세척원	〃	77,664	78,123	78,204	78,520	82,785	85,656	89,554	92,276	88,931
28	전자조판원	〃	101,787	103,867	107,103	107,103	-	90,628	90,988	89,509	95,001
29	편집교정사	〃	-	-	-	-	-	-	129,906	129,906	93,024
30	종이 및 합성수지인쇄기계조작원	〃	101,502	103,953	103,965	103,094	109,604	112,478	112,137	112,227	112,717
31	인쇄기능원	〃	87,263	90,717	92,848	96,351	101,503	108,312	109,328	110,092	111,719
32	연포장재접합원	〃	88,754	92,184	-	-	109,683	-	-	-	99,535
33	방적기계(섬유기계)조작원	〃	81,258	84,172	85,321	89,544	92,315	94,186	94,652	94,422	92,922
34	섬유기계정비원	〃	94,315	95,775	95,160	100,286	102,656	101,747	101,676	99,360	95,651
35	직조기조작원	〃	94,488	94,469	94,913	92,407	92,739	92,740	92,759	92,180	94,297
36	편직기조작원	〃	93,301	99,397	101,025	99,420	98,317	92,277	86,236	86,236	93,510
37	염색기계조작원	〃	96,598	100,095	101,334	99,234	99,956	90,889	85,691	85,690	87,285
38	재단사	〃	91,757	96,485	97,084	102,368	103,709	105,728	110,941	110,801	101,116
39	패턴사	〃	121,218	129,140	129,721	130,107	130,932	135,650	139,822	139,706	137,860
40	재봉사	〃	85,507	91,102	91,347	96,436	96,661	95,589	99,701	99,740	95,524
41	재봉기능원	〃	82,158	83,904	84,470	82,194	75,363	73,516	75,961	75,980	80,117
42	모피가죽제조원	〃	90,555	95,518	97,088	97,760	100,425	100,425	99,570	102,014	103,727
43	제화원	〃	79,457	80,515	79,695	78,884	91,421	-	-	-	91,363
44	신발제조기조작원	〃	95,148	95,863	96,110	96,110	-	77,503	78,707	78,707	81,031
45	판금원	〃	91,545	92,491	95,820	95,986	97,107	97,107	102,098	105,663	119,071
46	제관원	〃	97,829	100,498	102,206	105,949	105,893	105,648	108,304	108,369	114,907
47	단조원	〃	82,905	80,953	81,470	82,131	92,012	94,667	96,410	96,410	96,561
48	주물(주조)원	〃	87,831	93,421	93,923	95,806	96,483	93,424	93,825	93,047	95,664
49	용접원	〃	89,876	91,928	95,052	95,632	100,451	102,118	102,934	102,665	111,200
50	목형원	〃	87,457	87,457	-	-	-	-	102,021	102,021	-
51	금형원	〃	94,932	100,143	100,393	106,942	110,965	110,931	113,214	113,413	113,938
52	다이캐스트원	〃	-	-	-	-	99,275	98,049	99,025	99,025	79,207
53	조형원	〃	76,771	75,216	74,230	74,039	79,045	82,478	82,974	84,351	90,743
54	절곡원	〃	89,639	90,308	92,348	91,859	95,716	96,262	96,867	96,861	98,442
55	압연원	〃	99,429	104,866	104,893	106,774	-	88,923	94,151	95,882	94,994
56	열처리원	〃	81,907	80,332	80,617	82,090	85,678	87,847	90,905	91,928	91,515
57	용해원	〃	88,071	93,698	93,414	94,508	96,075	91,685	93,070	93,106	95,420
58	합금원	〃	93,633	-	-	-	-	-	95,136	-	106,260
59	절단원	〃	86,303	85,740	85,643	84,914	88,348	90,851	94,186	94,070	97,128
60	권취원	〃	74,344	73,823	74,735	76,493	82,256	85,411	86,090	85,471	-
61	수동연마원	〃	81,566	84,796	87,379	86,060	85,170	86,573	90,673	92,661	95,390
62	전선원	〃	100,926	97,446	-	-	-	-	86,908	94,027	87,085
63	절연원	〃	82,824	82,569	82,115	80,013	102,303	107,227	-	84,110	-
64	도장원(취부)	〃	89,656	89,409	89,011	89,534	94,806	99,093	100,045	100,296	102,320
65	전기도금원	〃	93,941	93,309	93,994	93,994	102,629	102,629	-	85,266	89,855

(단위:원)

직종번호	직 종 명	단위	2019. 7	2020. 1	2020. 7	2021. 1	2021. 7	2022. 1	2022. 7	2023. 1	2023. 7
66	피복원	인	85,455	85,455	-	-	87,489	95,726	85,847	87,226	-
67	합성수지피막원	〃	87,721	86,860	86,779	91,907	95,826	113,095	-	87,218	93,800
68	금속교정원	〃	-	-	-	-	-	-	-	-	-
69	선반기조작원	〃	90,137	91,151	91,868	96,692	99,508	101,255	99,621	99,374	102,095
70	드릴링기조작원	〃	79,415	79,358	80,854	80,141	87,450	88,548	91,499	91,709	90,624
71	쇠톱기조작원	〃	81,836	82,272	82,454	82,798	91,251	109,270	106,281	107,930	-
72	벤딩머쉰조작원	〃	104,737	-	105,839	-	110,031	110,031	95,204	95,204	99,244
73	프레나기조작원	〃	83,678	81,932	84,262	85,048	90,009	91,740	89,858	89,861	86,359
74	레이저광선원	〃	87,622	87,935	89,468	94,382	91,656	91,656	92,752	92,744	95,468
75	신선기조작원	〃	72,310	72,918	75,417	76,252	85,528	90,185	87,483	90,946	97,950
76	용융도금기조작원	〃	73,909	74,710	77,933	77,933	-	-	-	-	-
77	플라스틱사출기조작원	〃	89,322	93,284	93,931	92,383	91,122	92,535	92,219	92,590	96,449
78	압출기조작원	〃	91,758	91,484	93,027	94,016	94,580	97,238	97,702	98,347	98,948
79	인발기조작원	〃	85,447	86,332	-	-	-	97,602	-	-	90,306
80	태핑기조작원	〃	-	-	79,461	79,461	82,461	104,191	100,797	100,797	-
81	연삭기 및 연마기조작원	〃	83,184	80,761	82,793	85,587	89,059	91,456	91,781	92,104	93,090
82	모형조각기조작원	〃	-	-	94,452	99,929	-	-	-	-	-
83	머쉬닝센터조작원	〃	88,557	90,729	91,769	94,112	100,348	103,650	97,837	98,023	99,013
84	기타공작기계조작원	〃	85,380	87,053	89,036	90,581	94,156	94,894	95,246	95,201	99,382
85	기계기술자	〃	105,050	108,933	110,147	112,524	119,272	119,984	123,954	124,604	134,277
86	로봇기술자	〃	-	-	-	-	-	104,996	-	-	-
87	기계장치정비원	〃	107,298	109,823	112,184	111,400	110,721	110,840	112,427	113,691	118,387
88	보일러설치정비원	〃	101,365	106,416	107,512	104,799	105,147	109,364	111,953	111,999	108,848
89	전기전자설비정비원	〃	105,273	106,799	108,015	114,079	114,794	115,009	116,137	115,359	122,927
90	자동차정비원	〃	-	-	-	-	-	-	-	-	-
91	일반기계수리원	〃	102,874	106,102	110,659	111,416	110,929	111,208	111,683	111,823	114,630
92	전기 및 정밀기기수리원	〃	99,515	101,903	106,602	106,943	111,193	111,193	111,711	113,437	116,050
93	공업배관원	〃	108,964	108,225	107,569	-	104,401	104,401	94,218	94,111	-
94	폐수처리장치조작원	〃	110,626	113,605	117,761	118,043	116,764	112,825	107,774	106,547	112,526
95	전기기사	〃	123,617	122,645	123,190	128,578	133,795	135,314	136,672	137,598	139,616
96	전기산업기사	〃	118,220	117,064	121,210	122,551	128,475	132,018	134,262	134,143	-
97	전기기능사	〃	104,304	110,103	114,708	114,098	113,564	113,564	114,526	115,580	99,873
98	전자제품조립원	〃	79,306	82,567	85,725	87,316	88,054	88,725	89,809	89,618	90,685
99	전기기계조립원	〃	87,415	90,540	91,301	93,130	97,028	97,036	97,721	97,713	102,660
100	고무플라스틱제품조립원	〃	89,517	88,230	89,798	87,285	86,988	87,683	79,831	79,761	83,087
101	경기계조립원	〃	85,671	86,626	88,068	90,805	97,401	99,324	100,595	101,157	101,502
102	중기계조립원	〃	100,018	103,605	104,229	106,057	112,089	114,742	117,429	119,406	110,067
103	통신기계조립원	〃	-	-	87,692	91,664	100,127	100,127	-	-	89,995
104	벨트콘베이어작업원	〃	-	-	-	-	95,545	95,545	96,780	96,285	80,974
105	부품조립원	〃	76,928	79,162	81,430	83,488	84,628	85,726	88,369	88,920	92,152
106	제품검사 및 조정원	〃	85,546	85,655	86,491	86,920	88,467	88,155	93,289	93,864	96,692
107	상표부착원	〃	78,711	80,526	79,788	79,029	79,788	80,396	82,059	82,285	86,484
108	기계물품포장원	〃	82,682	83,903	85,130	85,676	87,025	88,166	89,632	89,550	91,978
109	수동물품포장원	〃	78,772	78,949	80,340	80,678	79,836	80,178	83,636	84,226	86,720
110	목재포장원	〃	89,845	89,198	87,996	87,996	-	75,389	90,831	90,305	103,346
111	철강포장원	〃	-	-	84,605	84,598	85,959	85,959	79,994	79,962	-
112	화학공학품질관리사	〃	120,841	122,269	125,929	130,827	135,678	135,678	144,007	146,603	152,242
113	화학공학품질관리원	〃	103,406	106,010	108,558	109,804	110,259	111,463	116,690	116,604	117,277
114	화학공학제품시험원	〃	106,331	104,964	106,155	107,317	117,908	117,269	119,723	120,555	122,225
115	금속재료품질관리사	〃	107,933	106,906	106,792	104,387	-	-	135,670	135,670	141,157
116	금속재료품질관리원	〃	95,434	94,702	97,691	96,261	100,079	102,738	106,570	107,900	116,912
117	금속재료제품시험원	〃	97,648	96,078	98,044	95,448	103,731	106,406	107,831	107,494	-
118	전기·전자 및 기계품질관리사	〃	113,032	116,090	121,631	122,441	122,339	109,210	119,211	131,019	148,938
119	전기·전자 및 기계품질관리원	〃	99,022	101,534	101,942	102,756	104,306	104,566	110,136	112,683	120,888
120	전기·전자 및 기계제품시험원	〃	97,736	99,083	102,091	101,478	102,759	104,892	93,364	93,364	99,668
121	기타공학품질관리사	〃	117,791	119,879	120,826	118,312	120,741	120,741	124,862	128,432	136,968
122	기타공학품질관리원	〃	98,940	102,113	101,347	100,343	107,204	110,331	113,083	113,004	116,637
123	기타공학제품시험원	〃	99,046	101,958	102,907	100,828	102,806	102,710	103,193	104,573	105,653
124	제품하역적재원	〃	85,336	86,009	88,862	89,596	92,897	93,791	96,642	96,979	99,130
125	내부특수차운전원	〃	93,542	94,160	94,974	95,158	93,123	93,675	96,600	96,971	100,879
126	외부특수차운전원	〃	92,422	94,072	96,153	97,535	103,200	104,645	105,422	105,231	106,889
127	단순노무종사원	〃	78,023	79,552	80,103	80,656	81,196	82,001	84,303	84,618	86,303
128	안전관리사	〃	115,525	115,011	116,466	115,311	122,630	129,642	130,998	131,590	133,698
129	작업반장	〃	115,049	115,918	117,914	119,095	119,345	119,878	120,898	121,072	125,583
130	유리절단 및 재단원	〃	-	-	-	-	70,167	70,167	74,494	74,494	-

정부(시중)노임단가 (21)

(단위:원)

직종번호	직종명	단위	2024. 1	2024. 10	직종번호	직종명	단위	2024. 1	2024. 10
1	CAD설계사(기계)	인	133,498	139,578	66	전기도금원	인	89,855	104,443
2	CAD설계사(회로)	〃	135,779	133,764	67	피복원	〃	-	-
3	컴퓨터웹디자이너	〃	94,342	107,958	68	합성수지피막원	〃	93,800	-
4	컴퓨터운용사	〃	117,165	137,484	69	금속교정원	〃	-	107,129
5	제과제빵떡제조원	〃	80,574	-	70	선반기조작원	〃	102,216	110,848
6	식품가공원	〃	91,709	102,694	71	드릴링기조작원	〃	89,090	87,630
7	식품가공기계조작원	〃	93,426	109,648	72	쇠톱기조작원	〃	111,861	-
8	귀금속보석세공원	〃	-	112,337	73	벤딩머쉰조작원	〃	100,831	108,721
9	목재가공기계조작원	〃	104,109	104,062	74	프레나기조작원	〃	87,120	88,810
10	목재건조기계조작원	〃	-	-	75	레이저광선원	〃	99,235	116,979
11	펄프종이제조장치조작원	〃	102,188	115,677	76	신선기조작원	〃	98,951	94,670
12	합판제조원	〃	101,054	105,101	77	용융도금기조작원	〃	-	-
13	종이제품생산기계조작원	〃	105,294	101,470	78	플라스틱사출기조작원	〃	96,540	100,709
14	목제품도장원	〃	90,586	-	79	압출기조작원	〃	99,258	99,533
15	가구목제품제조원	〃	96,503	101,735	80	인발기조작원	〃	90,306	108,281
16	유리제품생산기계조작원	〃	85,647	97,471	81	태핑기조작원	〃	-	96,887
17	유리절단및재단원	〃	-	-	82	연삭기및연마기조작원	〃	93,861	102,533
18	점토제품생산기계조작원	〃	-	-	83	모형조각기조작원	〃	-	-
19	채석및석재절단원	〃	-	119,748	84	머쉬닝센터조작원	〃	99,960	116,289
20	시멘트광물제품생산기계조작원	〃	117,543	138,705	85	기타공작기계조작원	〃	99,764	102,315
21	화학제품생산기계조작원	〃	107,554	113,286	86	기계기술자	〃	132,110	144,082
22	플라스틱제품생산기계조작원	〃	108,907	100,044	87	로봇기술자	〃	-	127,654
23	고무제품생산기계조작원	〃	92,020	88,949	88	기계장치정비원	〃	118,984	125,612
24	고무·합성수지·도료배합원	〃	104,005	102,893	89	보일러설치정비원	〃	108,848	118,637
25	유약·점토제품원료배합원	〃	93,037	-	90	전기전자설비정비원	〃	125,582	126,655
26	시멘트·아스콘배합원	〃	120,033	140,830	91	일반기계수리원	〃	114,694	122,145
27	소성로조작원	〃	-	-	92	전기및정밀기기수리원	〃	116,061	114,841
28	세척원	〃	88,931	90,496	93	공업배관원	〃	113,919	127,781
29	전자조판원	〃	95,007	101,831	94	폐수처리장치조작원	〃	113,482	133,026
30	편집교정사	〃	92,580	96,788	95	전기기사	〃	140,711	144,066
31	종이및합성수지인쇄기계조작원	〃	112,112	113,742	96	전기산업기사	〃	132,867	139,709
32	인쇄기능원	〃	112,054	116,585	97	전기기능사	〃	116,701	123,474
33	연포장재접합원	〃	104,533	110,277	98	전자제품조립원	〃	90,949	93,607
34	방적기계(섬유기계)조작원	〃	91,746	91,372	99	전기기계조립원	〃	104,168	116,486
35	섬유기계정비원	〃	95,651	113,152	100	고무플라스틱제품조립원	〃	83,339	84,961
36	직조기조작원	〃	97,180	97,275	101	경기계조립원	〃	103,905	120,924
37	편직기조작원	〃	93,956	101,765	102	중기계조립원	〃	113,367	128,206
38	염색기계조작원	〃	87,285	103,883	103	통신기계조립원	〃	91,269	107,591
39	재단사	〃	100,336	99,242	104	벨트콘베이어작업원	〃	80,974	-
40	패턴사	〃	137,241	141,708	105	부품조립원	〃	92,341	98,387
41	재봉사	〃	93,976	100,506	106	제품검사및조정원	〃	96,552	101,741
42	재봉기능원	〃	81,539	83,655	107	상표부착원	〃	86,445	88,099
43	모피가죽제조원	〃	103,546	99,297	108	기계물품포장원	〃	92,049	96,815
44	제화원	〃	91,363	91,132	109	수동물품포장원	〃	86,768	92,609
45	신발제조기조작원	〃	84,844	91,764	110	목재포장원	〃	100,107	90,216
46	판금원	〃	112,147	118,332	111	철강포장원	〃	-	103,126
47	제관원	〃	118,269	115,177	112	화학공학품질관리사	〃	142,790	161,467
48	단조원	〃	97,260	102,335	113	화학공학품질관리원	〃	117,329	121,433
49	주물(주조)원	〃	96,051	105,444	114	화학공학제품시험원	〃	122,624	138,062
50	용접원	〃	111,395	111,668	115	금속재료품질관리사	〃	132,057	156,472
51	목형원	〃	-	-	116	금속재료품질관리원	〃	119,655	118,433
52	금형원	〃	113,294	110,542	117	금속재료제품시험원	〃	97,260	106,726
53	다이캐스트원	〃	79,207	92,602	118	전기·전자및기계품질관리사	〃	150,218	177,173
54	조형원	〃	90,743	105,282	119	전기·전자및기계품질관리원	〃	123,696	125,933
55	절곡원	〃	98,866	109,899	120	전기·전자및기계제품시험원	〃	104,447	100,919
56	압연원	〃	95,870	96,210	121	기타공학품질관리사	〃	136,360	-
57	열처리원	〃	91,571	97,668	122	기타공학품질관리원	〃	116,723	119,633
58	용해원	〃	95,420	100,102	123	기타공학제품시험원	〃	106,865	115,798
59	합금원	〃	106,260	-	124	제품하역적재원	〃	98,887	100,402
60	절단원	〃	97,350	102,481	125	내부특수차운전원	〃	101,290	108,401
61	권취원	〃	-	87,321	126	외부특수차운전원	〃	106,992	112,086
62	수동연마원	〃	97,326	108,034	127	단순노무종사원	〃	86,008	90,085
63	전선원	〃	87,861	99,248	128	안전관리사	〃	134,355	145,997
64	절연원	〃	-	98,293	129	작업반장	〃	128,038	135,398
65	도장원(취부)	〃	102,576	104,606					

(단위:원)

직종번호	직종명	단위	2025. 7	
1	CAD설계사(기계)	인	151,886	
2	CAD설계사(회로)	〃	131,950	
3	컴퓨터웹디자이너	〃	117,967	
4	컴퓨터운용사	〃	150,580	
5	제과제빵떡제조원	〃	85,030	
6	식품가공원	〃	93,222	
7	식품가공기계조작원	〃	101,732	
8	귀금속보석세공원	〃	124,889	
9	목재가공기계조작원	〃	105,912	
10	목재건조기계조작원	〃	-	
11	펄프종이제조장치조작원	〃	128,939	
12	합판제조원	〃	103,154	
13	종이제품생산기계조작원	〃	112,674	
14	목제품도장원	〃	-	
15	가구목제품제조원	〃	105,351	
16	유리제품생산기계조작원	〃	107,742	
17	유리절단및재단원	〃	93,111	
18	점토제품생산기계조작원	〃	114,091	
19	채석및석재절단원	〃	132,356	
20	시멘트광물제품생산기계조작원	〃	142,636	
21	화학제품생산기계조작원	〃	117,942	
22	플라스틱제품생산기계조작원	〃	109,109	
23	고무제품생산기계조작원	〃	95,101	
24	고무·합성수지·도료배합원	〃	111,611	
25	유약·점토제품원료배합원	〃	102,455	
26	시멘트·아스콘배합원	〃	134,179	
27	소성로조작원	〃	103,585	
28	세척원	〃	91,487	
29	전자조판원	〃	103,691	
30	편집교정사	〃	97,231	
31	종이및합성수지인쇄기계조작원	〃	115,060	
32	인쇄기능원	〃	124,418	
33	연포장재접합원	〃	123,065	
34	방적기계(섬유기계)조작원	〃	94,931	
35	섬유기계정비원	〃	124,349	
36	직조기조작원	〃	106,477	
37	편직기조작원	〃	110,494	
38	염색기계조작원	〃	103,730	
39	재단사	〃	107,532	
40	패턴사	〃	144,168	
41	재봉사	〃	102,109	
42	재봉기능원	〃	87,489	
43	모피가죽제조원	〃	98,952	
44	제화원	〃	94,162	
45	신발제조기조작원	〃	86,601	
46	판금원	〃	111,071	
47	제관원	〃	112,480	
48	단조원	〃	106,838	
49	주물(주조)원	〃	107,510	
50	용접원	〃	119,919	
51	목형원	〃	-	
52	금형원	〃	119,545	
53	다이캐스트원	〃	91,601	
54	조형원	〃	112,019	
55	절곡원	〃	115,341	
56	압연원	〃	103,011	
57	열처리원	〃	109,071	
58	용해원	〃	112,334	
59	합금원	〃	111,759	
60	절단원	〃	110,149	
61	권취원	〃	98,097	
62	수동연마원	〃	111,841	
63	전선원	〃	-	
64	절연원	〃	95,496	
65	도장원(취부)	〃	106,926	
66	전기도금원	인	94,968	
67	피복원	〃	86822	
68	합성수지피막원	〃	102865	
69	금속교정원	〃	102,773	
70	선반기조작원	〃	116,986	
71	드릴링기조작원	〃	92,758	
72	쇠톱기조작원	〃	-	
73	벤딩머쉰조작원	〃	99,389	
74	프레나기조작원	〃	98,224	
75	레이저광선원	〃	128,540	
76	신선기조작원	〃	101,015	
77	용융도금기조작원	〃	112025	
78	플라스틱사출기조작원	〃	104,744	
79	압출기조작원	〃	111,505	
80	인발기조작원	〃	117,759	
81	태핑기조작원	〃	103,175	
82	연삭기및연마기조작원	〃	103,736	
83	모형조각기조작원	〃	-	
84	머쉬닝센터조작원	〃	121,656	
85	기타공작기계조작원	〃	107,604	
86	기계기술자	〃	141,305	
87	로봇기술자	〃	130,513	
88	기계장치정비원	〃	131,589	
89	보일러설치정비원	〃	109,288	
90	전기전자설비정비원	〃	126,037	
91	일반기계수리원	〃	136,467	
92	전기및정밀기기수리원	〃	116,708	
93	공업배관원	〃	130,206	
94	폐수처리장치조작원	〃	134,555	
95	전기기사	〃	146,027	
96	전기산업기사	〃	133,046	
97	전기기능사	〃	128,287	
98	전자제품조립원	〃	95,832	
99	전기기계조립원	〃	118,695	
100	고무플라스틱제품조립원	〃	87,208	
101	경기계조립원	〃	126,765	
102	중기계조립원	〃	126,881	
103	통신기계조립원	〃	101,423	
104	벨트콘베이어작업원	〃	90624	
105	부품조립원	〃	102,680	
106	제품검사및조정원	〃	104,227	
107	상표부착원	〃	91,311	
108	기계물품포장원	〃	100,627	
109	수동물품포장원	〃	97,146	
110	목재포장원	〃	92,926	
111	철강포장원	〃	97,313	
112	화학공학품질관리사	〃	167,653	
113	화학공학품질관리원	〃	129,109	
114	화학공학제품시험원	〃	127,935	
115	금속재료품질관리사	〃	179,162	
116	금속재료품질관리원	〃	130,151	
117	금속재료제품시험원	〃	113,848	
118	전기·전자및기계품질관리사	〃	170,081	
119	전기·전자및기계품질관리원	〃	126,212	
120	전기·전자및기계제품시험원	〃	110,832	
121	기타공학품질관리사	〃	-	
122	기타공학품질관리원	〃	123,152	
123	기타공학제품시험원	〃	105,580	
124	제품하역적재원	〃	105,602	
125	내부특수차운전원	〃	111,336	
126	외부특수차운전원	〃	114,076	
127	단순노무종사원	〃	90,830	
128	안전관리사	〃	144,631	
129	작업반장	〃	138,737	

엔지니어링사업노임단가 (1)

(단위:원/인)

부문	구 분	1984년	1985년	1986년	1987년	1988년	1989년	1990년	1991년	1992년	1993년	1994년
원자력발전	특급기술자	61,300	63,140	65,030	68,900	77,200	77,200	84,100	88,600	93,000	-	-
	고급기술자	47,400	48,820	50,280	53,300	59,700	59,700	65,100	69,600	73,800	95,800	100,600
	중급기술자	34,500	35,540	36,610	38,800	43,500	43,500	47,400	51,400	55,300	76,000	79,800
	초급기술자	22,700	23,380	24,080	25,500	28,600	28,600	31,400	34,900	37,900	57,000	59,900
	고급숙련기술자	26,800	27,600	28,430	30,100	33,700	33,700	36,700	39,700	42,900	39,000	41,000
	중급숙련기술자	14,200	14,630	15,070	16,000	18,500	18,500	20,300	22,800	25,100	44,200	46,400
	초급숙련기술자	10,100	10,400	10,710	11,400	13,200	13,200	14,500	16,500	18,300	25,900	27,200
											18,800	19,700

부문	구 분	1995년	1996년	1997년	1998년	1999년	2000년	2001년	2002년	2003년	2004년	2005년
원자력발전	기술사	-	-	-	202,296	201,064	193,859	199,465	220,477	236,345	256,982	306,744
	특급기술자	107,869	127,706	168,004	194,878	192,226	194,468	201,915	217,657	228,100	225,616	267,052
	고급기술자	86,647	107,403	131,791	157,865	151,279	157,804	162,339	167,504	172,993	191,206	216,988
	중급기술자	73,722	88,759	104,455	127,142	123,924	133,984	131,034	138,986	148,356	169,694	181,740
	초급기술자	61,624	68,086	80,272	89,740	88,610	97,370	103,624	102,825	113,300	125,257	121,251
	고급숙련기술자	62,160	82,152	98,410	104,680	100,640	113,484	114,168	125,794	139,616	154,469	188,408
	중급숙련기술자	52,780	60,374	66,167	78,048	71,106	80,769	83,866	86,825	99,331	114,259	125,674
	초급숙련기술자	-	49,493	53,833	59,265	60,149	67,309	64,562	68,055	74,423	92,993	91,971

부문	구 분	2006년	2007년	2008년	2009년	2010년	2011년	2012년	2013년	2014년	2015년	비 고
원자력발전	기술사	330,209	335,459	342,079	349,831	344,618	402,579	412,124	423,826	452,006	452,202	
	특급기술자	312,105	322,377	326,602	335,871	339,500	360,629	368,158	378,439	381,953	395,965	
	고급기술자	246,636	251,333	268,966	274,244	283,311	299,132	308,849	305,210	308,547	310,036	
	중급기술자	193,250	202,063	218,028	224,341	233,700	249,103	261,341	248,856	252,957	258,353	
	초급기술자	136,189	152,866	167,923	170,336	179,608	189,727	197,919	183,580	194,959	205,559	
	고급숙련기술자	208,528	221,758	239,108	264,478	277,589	292,388	302,968	267,108	267,386	255,438	
	중급숙련기술자	143,329	154,630	170,724	186,338	198,486	209,391	223,375	226,062	228,033	215,141	
	초급숙련기술자	114,156	117,024	122,166	127,756	133,420	145,781	149,039	141,507	134,282	130,573	

부문	구 분	1984년	1985년	1986년	1987년	1988년	1989년	1990년	1991년	1992년	1993년	1994년
산업공장	특급기술자	61,300	59,640	61,430	65,100	72,900	72,900	79,500	84,000	88,200	-	-
	고급기술자	47,400	49,840	47,220	50,100	56,100	56,100	61,100	65,600	69,500	90,800	95,300
	중급기술자	34,500	33,370	34,370	36,400	40,800	40,800	44,500	48,500	52,100	71,600	75,200
	초급기술자	22,700	22,250	22,920	24,300	27,200	27,200	29,900	33,400	36,200	53,700	56,400
	고급숙련기술자	26,800	26,160	26,940	28,600	32,000	32,000	34,900	37,900	40,900	37,300	39,200
	중급숙련기술자	14,200	14,010	14,430	15,300	17,700	17,700	19,500	22,000	24,200	42,100	44,200
	초급숙련기술자	10,100	10,090	10,390	11,000	12,700	12,700	14,000	16,000	17,800	24,900	26,100
											18,300	19,200

부문	구 분	1995년	1996년	1997년	1998년	1999년	2000년	2001년	2002년	2003년	2004년	2005년
산업공장	기술사	-	-	-	187,287	165,538	164,856	176,713	179,554	203,037	192,379	267,586
	특급기술자	125,744	131,693	143,537	144,101	139,809	142,328	159,658	169,460	175,725	201,642	239,551
	고급기술자	95,047	100,711	113,748	118,302	116,744	114,729	124,903	135,244	144,212	164,999	192,930
	중급기술자	79,841	84,119	98,973	99,626	97,632	100,062	101,968	111,068	115,735	138,328	159,762
	초급기술자	61,199	60,483	76,615	78,513	72,384	82,636	78,894	83,526	86,669	113,108	115,558
	고급숙련기술자	52,704	57,174	60,684	70,814	63,362	71,206	77,109	80,925	82,078	115,357	116,451
	중급숙련기술자	43,704	47,724	55,461	63,329	55,627	57,613	66,126	68,548	68,706	90,751	95,630
	초급숙련기술자	32,628	39,907	43,698	55,568	48,228	49,714	48,713	58,531	59,262	66,249	74,240

부문	구 분	2006년	2007년	2008년	2009년	2010년	2011년	2012년	2013년	2014년	2015년	비 고
산업공장	기술사	293,586	313,502	339,421	366,454	355,680	367,499	388,830	392,773	407,566	392,867	
	특급기술자	252,694	274,065	291,165	317,373	326,675	324,978	346,318	347,918	363,237	354,360	
	고급기술자	206,956	213,533	229,035	240,068	247,192	248,131	259,132	269,091	273,921	278,193	
	중급기술자	161,351	166,173	178,245	192,094	196,823	208,469	218,166	216,427	204,641	222,605	
	초급기술자	117,459	125,467	139,096	150,392	154,684	161,124	171,467	164,957	179,981	191,622	
	고급숙련기술자	134,546	136,169	138,532	152,955	160,137	165,162	174,727	170,458	186,339	208,620	
	중급숙련기술자	105,672	108,359	109,007	113,519	122,250	142,143	149,677	160,749	154,689	180,455	
	초급숙련기술자	86,856	89,635	89,737	91,893	99,160	116,627	121,474	120,769	136,658	145,050	

(단위:원/인)

부문	구 분	1984년	1985년	1986년	1987년	1988년	1989년	1990년	1991년	1992년	1993년	1994년
건설및기타	특 급 기 술 자	57,500	59,230	61,010	64,700	72,500	72,500	79,000	83,500	87,700	90,300	94,800
	고 급 기 술 자	44,000	45,320	46,680	49,500	55,400	55,400	60,400	64,900	68,800	70,900	74,400
	중 급 기 술 자	32,100	33,060	34,050	36,100	40,400	40,400	44,000	48,000	51,600	53,100	55,800
	초 급 기 술 자	21,400	22,040	22,700	24,100	27,000	27,000	29,700	33,200	36,000	37,100	39,000
	고급숙련기술자	25,200	25,960	26,740	28,300	31,700	31,700	34,600	37,600	40,600	41,800	43,900
	중급숙련기술자	13,400	13,800	14,210	15,100	17,400	17,400	19,100	21,600	23,800	24,500	25,700
	초급숙련기술자	9,700	9,990	10,290	10,900	12,600	12,600	13,800	15,800	17,500	18,000	18,900

부문	구 분	1995년	1996년	1997년	1998년	1999년	2000년	2001년	2002년	2003년	2004년	2005년
건설및기타	기 술 사	–	–	–	186,816	173,852	169,300	181,248	183,237	197,001	205,071	230,020
	특 급 기 술 자	107,652	129,809	153,805	142,203	132,166	127,689	138,714	140,793	162,903	158,335	177,096
	고 급 기 술 자	78,449	94,007	111,484	117,410	109,695	108,537	118,674	120,231	131,950	132,936	148,224
	중 급 기 술 자	63,339	76,473	90,147	97,488	91,968	88,632	96,387	100,560	108,828	111,576	123,952
	초 급 기 술 자	43,855	55,983	63,872	69,405	65,947	65,216	69,746	71,973	79,518	81,676	89,202
	고급숙련기술자	55,968	61,149	65,323	68,094	67,006	74,234	79,018	90,072	98,387	95,221	107,740
	중급숙련기술자	40,890	54,923	55,263	60,249	55,830	56,261	62,505	71,771	79,392	81,499	96,271
	초급숙련기술자	35,005	45,578	45,598	48,652	46,933	51,959	52,348	57,485	65,063	60,759	72,051

부문	구 분	2006년	2007년	2008년	2009년	2010년	2011년	2012년	2013년	2014년	2015년	비 고
건설및기타	기 술 사	252,897	263,837	270,525	296,530	320,277	325,979	330,109	319,299	334,901	340,765	
	특 급 기 술 자	196,337	204,020	217,535	234,433	258,303	258,726	258,612	245,203	247,598	249,900	
	고 급 기 술 자	164,387	173,417	180,902	189,895	203,277	203,802	205,855	199,093	205,518	208,973	
	중 급 기 술 자	139,232	146,066	150,970	162,228	174,482	174,250	181,472	175,860	187,789	181,229	
	초 급 기 술 자	98,848	104,129	108,805	120,491	127,396	131,853	133,629	134,313	140,332	140,862	
	고급숙련기술자	110,769	114,757	125,348	130,396	130,603	136,699	145,353	144,136	153,967	163,029	
	중급숙련기술자	97,468	100,340	107,821	120,811	134,427	138,346	136,981	141,106	147,647	141,768	
	초급숙련기술자	73,229	77,785	85,543	95,576	106,708	111,171	115,960	107,668	118,217	123,044	

참고 엔지니어링기술자의 등급 및 자격기준

(2013년 1월 1일 이후)

구 분 \ 기 준	기술자격 및 경험기준	학력 및 경험기준
기 술 사	해당 전문분야의 관련기술사	
특급기술자	기사 10년 이상 산업기사 13년 이상	
고급기술자	기사 7년 이상 산업기사 10년 이상	
중급기술자	기사 4년 이상 산업기사 7년 이상	
초급기술자	기사, 산업기사 2년이상	석사, 학사, 전문대졸 3년이상
고급숙련기술자	기능장 산업기사 4년 이상 기능사 7년 이상 기능사보 10년 이상	
중급숙련기술자	산업기사 기능사 3년 이상 기능사보 5년 이상	
초급숙련기술사	기능사 기능사보 2년 이상	고졸 1년이상

주: 가) 위 표의 '국가기술자격자란'의 각 자격은 「국가기술자격법」에 따른 국가기술자격의 종목 중 별표 1 제2호의 전문분야와 관련되는 종목의 국가기술자격을 말한다.

나) 위 표에서 '학력자란'의 각 학력은 다음의 어느 하나에 해당하는 학력을 말한다.

(1) 「초 · 중등교육법」 또는 「고등교육법」에 따른 학교에서 엔지니어링기술 관련 학과의 정해진 과정의 이수와 졸업에 따라 취득한 학력

(2) 그 밖의 관계 법령에 따른 국내외에서 받은 (1)과 같은 수준 이상의 학력

다) 위 표에서 "해당 전문분야"란 별표 1 제2호의 전문분야를 말한다.

라) 위 가) 및 나)에 따른 엔지니어링기술자의 관련 자격 · 학력 · 경력의 세부기준은 지식경제부장관이 정하여 고시한다.

마) 2013년 1월 1일 전에 제2호에 따른 기준에 따라 법 제26조에 따른 엔지니어링기술자의 신고를 한 자는 제3호에 따른 기술계엔지니어링기술자 및 숙련기술계 엔지니어링기술자의 구분에 따른 해당 기술등급으로 신고를 한 것으로 본다.

엔지니어링사업노임단가 (2)

(단위:원/인)

부 문	구 분	2016년	2017년	2018년	2019년	2020년
기계/설비	기술사	362,508	364,492	370,786	371,152	380,332
	특급기술자	312,387	310,906	317,111	309,774	320,865
	고급기술자	247,763	244,451	261,966	259,231	266,614
	중급기술자	200,366	207,720	210,081	212,496	218,272
	초급기술자	171,713	176,081	179,361	190,486	191,435
	고급숙련기술자	189,033	198,567	214,514	223,530	231,219
	중급숙련기술자	170,126	170,875	176,256	187,789	190,082
	초급숙련기술자	157,450	152,104	155,909	156,169	160,022
부 문	**구 분**	**2016년**	**2017년**	**2018년**	**2019년**	**2020년**
전 기	기술사	358,692	354,588	370,418	373,307	376,782
	특급기술자	277,366	282,385	283,140	278,739	278,900
	고급기술자	223,803	226,393	245,485	240,205	240,454
	중급기술자	177,160	190,623	205,546	207,386	217,583
	초급기술자	179,163	176,106	177,311	192,733	200,502
	고급숙련기술자	189,379	202,528	218,722	221,639	229,382
	중급숙련기술자	168,064	160,116	163,851	168,105	177,851
	초급숙련기술자	142,866	142,380	150,383	158,516	163,155
부 문	**구 분**	**2016년**	**2017년**	**2018년**	**2019년**	**2020년**
정보통신	기술사	343,430	346,425	350,148	355,354	366,143
	특급기술자	241,254	249,997	250,848	252,039	264,610
	고급기술자	219,797	222,682	235,406	230,181	238,021
	중급기술자	176,287	180,836	191,798	208,194	221,440
	초급기술자	153,175	162,724	163,804	175,747	175,817
	고급숙련기술자	169,625	169,946	179,154	183,680	194,235
	중급숙련기술자	153,762	151,310	158,289	159,697	165,458
	초급숙련기술자	125,508	136,883	141,039	138,096	144,174
부 문	**구 분**	**2016년**	**2017년**	**2018년**	**2019년**	**2020년**
건 설	기술사	348,160	351,417	363,289	367,654	369,831
	특급기술자	264,306	270,333	276,720	281,833	288,036
	고급기술자	209,485	219,469	224,307	224,061	235,682
	중급기술자	190,910	194,687	198,567	207,080	219,451
	초급기술자	149,647	152,187	156,448	160,096	170,615
	고급숙련기술자	175,906	188,392	196,898	198,902	204,010
	중급숙련기술자	148,700	156,364	162,349	169,477	174,996
	초급숙련기술자	128,933	140,151	147,296	150,170	157,750
부 문	**구 분**	**2016년**	**2017년**	**2018년**	**2019년**	**2020년**
환 경	기술사	357,318	347,860	352,065	358,937	370,148
	특급기술자	263,145	264,374	266,641	263,009	271,754
	고급기술자	204,180	221,318	234,230	240,222	247,322
	중급기술자	183,703	182,691	196,148	197,330	199,510
	초급기술자	150,977	158,171	161,365	163,087	175,373
	고급숙련기술자	159,267	160,896	166,433	177,406	189,577
	중급숙련기술자	140,660	148,624	158,090	173,426	174,180
	초급숙련기술자	133,165	139,643	140,341	152,245	157,690
부 문	**구 분**	**2016년**	**2017년**	**2018년**	**2019년**	**2020년**
원자력	기술사	469,203	460,251	461,737	461,795	473,603
	특급기술자	426,888	433,208	448,259	431,017	422,724
	고급기술자	298,148	302,945	309,433	313,732	323,208
	중급기술자	257,578	248,735	260,755	266,054	270,681
	초급기술자	202,770	215,537	227,870	238,142	231,169
	고급숙련기술자	261,220	255,233	265,599	270,473	274,760
	중급숙련기술자	227,626	233,184	253,960	257,404	260,517
	초급숙련기술자	134,872	140,331	147,578	166,486	160,899
부 문	**구 분**	**2016년**	**2017년**	**2018년**	**2019년**	**2020년**
기 타	기술사	321,854	309,039	325,036	338,813	345,558
	특급기술자	255,025	269,759	281,964	276,817	278,662
	고급기술자	218,132	213,462	226,731	224,376	232,210
	중급기술자	184,257	190,700	191,066	186,030	192,491
	초급기술자	150,083	145,234	146,656	154,454	164,798
	고급숙련기술자	161,120	174,137	183,359	201,120	210,778
	중급숙련기술자	143,957	138,642	149,534	158,079	163,000
	초급숙련기술자	132,161	130,960	141,854	148,627	143,934

(단위:원/인)

부 문	구 분	2021년	2022년	2023년	2024년	2025년
기계/설비	기술사	382,922	405,940	445,789	452,862	470,112
	특급기술자	322,321	332,140	367,153	385,299	391,791
	고급기술자	282,109	286,405	313,547	319,838	327,056
	중급기술자	219,603	236,742	266,506	276,064	281,925
	초급기술자	203,384	210,727	228,792	235,927	247,713
	고급숙련기술자	232,720	247,467	273,502	273,579	290,015
	중급숙련기술자	190,557	193,280	207,122	211,582	223,521
	초급숙련기술자	168,953	175,259	185,413	192,737	204,830

부 문	구 분	2021년	2022년	2023년	2024년	2025년
전 기	기술사	386,790	398,476	431,962	441,283	451,475
	특급기술자	288,765	294,925	325,361	340,456	350,252
	고급기술자	242,820	254,591	285,820	289,628	300,034
	중급기술자	219,050	235,752	268,378	278,902	283,992
	초급기술자	199,763	206,042	224,434	232,198	238,294
	고급숙련기술자	238,484	251,294	283,141	275,155	289,668
	중급숙련기술자	179,526	187,474	211,043	220,203	237,151
	초급숙련기술자	153,750	167,322	181,762	188,567	197,097

부 문	구 분	2021년	2022년	2023년	2024년	2025년
정보통신	기술사	367,129	387,707	417,280	434,967	450,075
	특급기술자	267,977	282,727	310,245	322,529	330,713
	고급기술자	242,904	258,258	281,987	290,679	301,470
	중급기술자	222,620	230,402	254,590	263,793	272,298
	초급기술자	182,192	194,606	218,500	226,926	234,973
	고급숙련기술자	194,866	207,847	232,694	243,388	253,886
	중급숙련기술자	172,952	184,077	202,588	210,987	219,833
	초급숙련기술자	149,870	155,003	175,059	181,810	190,539

부 문	구 분	2021년	2022년	2023년	2024년	2025년
건 설	기술사	371,891	390,500	432,440	446,055	452,718
	특급기술자	292,249	308,530	335,638	346,855	358,273
	고급기술자	242,055	253,985	282,545	293,799	300,980
	중급기술자	220,497	231,775	261,571	272,915	284,046
	초급기술자	172,529	182,591	205,686	213,496	223,644
	고급숙련기술자	207,510	218,613	240,947	252,328	267,012
	중급숙련기술자	185,073	194,638	220,894	238,259	240,710
	초급숙련기술자	162,285	169,084	186,909	194,029	204,392

부 문	구 분	2021년	2022년	2023년	2024년	2025년
환 경	기술사	367,057	379,482	424,902	437,681	451,020
	특급기술자	281,068	290,502	322,680	334,840	347,410
	고급기술자	253,264	262,115	293,753	303,255	311,177
	중급기술자	207,859	221,815	246,709	257,066	260,926
	초급기술자	190,246	199,370	217,342	223,960	234,568
	고급숙련기술자	203,924	216,523	234,982	248,354	258,712
	중급숙련기술자	184,340	186,419	209,077	213,962	222,595
	초급숙련기술자	160,472	173,122	183,671	187,715	190,631

부 문	구 분	2021년	2022년	2023년	2024년	2025년
원자력	기술사	457,398	482,622	539,581	548,952	555,998
	특급기술자	407,303	420,219	450,664	450,681	451,676
	고급기술자	314,111	325,702	361,182	361,873	377,211
	중급기술자	285,982	294,250	324,116	341,730	360,023
	초급기술자	235,216	238,441	267,042	279,477	284,926
	고급숙련기술자	293,640	293,964	324,521	334,945	345,896
	중급숙련기술자	264,761	273,315	301,470	319,831	331,533
	초급숙련기술자	167,847	174,680	201,653	207,282	223,252

부 문	구 분	2021년	2022년	2023년	2024년	2025년
기 타	기술사	351,929	363,780	400,781	418,418	433,045
	특급기술자	288,326	292,190	325,337	340,360	346,423
	고급기술자	240,794	247,580	280,031	290,356	297,079
	중급기술자	193,223	204,917	228,300	239,233	246,345
	초급기술자	175,897	183,146	202,067	211,513	219,507
	고급숙련기술자	203,120	218,687	250,442	267,012	273,830
	중급숙련기술자	169,272	180,777	201,395	212,228	223,447
	초급숙련기술자	140,473	143,332	166,204	174,216	182,031

학술연구용역 연구비단가

(단위:원/인)

구분	1986년	1987년	1988년	1989년	1990년	비고
책임연구원	576,000	576,000	576,000	662,400	662,400	
연구원	360,000	360,000	360,000	414,000	414,000	
연구보조원	246,000	246,000	246,000	282,900	282,900	
보조원	120,000	120,000	120,000	138,000	138,000	

구분	1991년	1992년	1993년	1994년	1995년	비고
책임연구원	662,400	976,860	976,860	1,195,700	1,262,659	
연구원	414,000	621,000	621,000	760,100	802,665	
연구보조원	282,900	424,350	424,350	519,400	548,486	
보조원	138,000	276,000	276,000	337,800	356,716	

구분	1996년	1997년	1998년	1999년	2000년	비고
책임연구원	1,398,670	1,461,610	1,558,075	1,674,931	1,655,071	
연구원	889,130	929,140	990,463	1,064,747	1,052,122	
연구보조원	607,560	634,900	676,803	727,563	718,936	
보조원	395,130	412,910	440,162	473,174	467,563	

구분	2001년	2002년	2003년	2004년	2005년	비고
책임연구원	1,693,138	1,762,557	1,810,146	1,875,311	1,942,822	
연구원	1,076,321	1,120,450	1,150,702	1,192,127	1,235,043	
연구보조원	735,472	765,626	786,298	814,603	843,928	
보조원	478,317	497,928	511,372	529,781	548,853	

구분	2006년	2007년	2008년	2009년	2010년	비고
책임연구원	2,416,620	2,469,786	2,531,531	2,650,513	2,724,727	
연구원	1,853,030	1,893,797	1,941,142	2,032,376	2,089,283	
연구보조원	1,238,690	1,265,941	1,297,590	1,358,577	1,396,617	
보조원	929,050	949,489	973,226	1,018,968	1,047,499	

구분	2011년	2012년	2013년	2014년	2015년	비고
책임연구원	2,803,744	2,915,894	2,980,044	3,018,785	3,058,029	
연구원	2,149,871	2,235,867	2,285,056	2,314,762	2,344,854	
연구보조원	1,437,118	1,494,604	1,527,485	1,547,342	1,567,457	
보조원	1,077,876	1,120,991	1,145,653	1,160,546	1,175,633	

구분	2016년	2017년	2018년	2019년	2020년	비고
책임연구원	3,079,435	3,110,229	3,169,323	3,216,863	3,229,730	
연구원	2,361,268	2,384,881	2,430,194	2,466,647	2,476,514	
연구보조원	1,578,429	1,594,213	1,624,503	1,648,871	1,655,466	
보조원	1,183,862	1,195,701	1,218,419	1,236,695	1,241,642	

구분	2021년	2022년	2023년	2024년	2025년	비고
책임연구원	3,245,879	3,327,026	3,496,704	3,622,585	3,705,904	
연구원	2,488,897	2,551,119	2,681,226	2,777,750	2,841,638	
연구보조원	1,663,743	1,705,337	1,792,309	1,856,832	1,899,539	
보조원	1,247,850	1,279,046	1,344,277	1,392,671	1,424,702	

※ 인건비는 해당 계약목적에 직접 종사하는 연구요원의 급료를 말하며, 위 표에서 정한 기준단가에 의하되, 「근로기준법」에서 규정하고 있는 상여금, 퇴직급여충당금의 합계액으로 한다. 다만, 상여금은 기준단가의 연 400%를 초과하여 계상할 수 없다.

해설
① "학술연구용역"이라 함은 "학문분야의 기초과학과 응용과학에 관한 연구용역 및 이에 준하는 용역"을 말한다.
② "책임연구원"이라 함은 당해 용역수행을 지휘·감독하며 결론을 도출하는 역할을 수행하는 자를 말하여, 대학교수 수준의 기능을 보유하고 있어야 한다. 이 경우 책임연구원은 1인을 원칙으로 하되, 당해 용역의 성격상 다수의 책임자가 필요한 경우에는 그러하지 아니하다.
③ "연구원"이라 함은 책임연구원을 보조하는 자로서 대학 조교수 수준의 기능을 보유하고 있어야 한다.
④ "연구보조원"이라 함은 통계처리·번역 등의 역할을 수행하는 자로서 당해 연구분야에 대한 조교정도의 전문지식을 가진자를 말한다.
⑤ "보조원"이라 함은 타자, 계산, 원고 정리 등 단순한 업무처리를 수행하는 자를 말한다.

전 기 요 금(1)

(단위:원)

종 별	구 분 (연도별요금)	1970	1971	1972	1973	1974
주 택 용	3kWh까지	142.50	142.50	163.88	163.88	(기본)213.00
	27 〃 kW당	13.50	13.50	15.53	15.53	(kW당)20.19
	180 〃 〃	10.25	10.25	11.79	11.79	-
	210kWh초과 〃	7.90	7.90	9.09	9.09	-
공 장 용 (소 동 력)	50kW까지 kW당	160.00	160.00	184.00	184.00	240.00
	450 〃 〃	127.00	127.00	146.00	146.00	190.00
	500kW초과 〃	95.00	95.00	109.00	109.00	142.00
	처음 90시간 kW/h당	8.25	8.25	9.49	9.49	12.34
	다음 90시간 〃	5.56	5.65	6.50	6.50	8.45
	다음180시간 〃	4.07	4.07	4.68	4.68	3.09
	360시간초과 〃	2.75	2.75	3.16	3.16	4.11
공 장 용 (대 동 력)	500kW kW당	-	-	152.00	152.00	198.00
	500kW초과 〃	-	-	101.00	101.00	132.00
	처음 90시간 kW/h당	-	-	9.49	9.49	12.34
	다음 90시간 〃	-	-	6.18	6.18	8.05
	다음180시간 〃	-	-	4.30	4.30	5.59
	360시간초과 〃	-	-	2.71	2.71	3.53
농 사 용	kW당	-	-	0.54	0.54	0.71
	kW/h당	-	-	3.51	3.51	4.57
정액전등	처음 60W당	-	-	5.44	5.44	7.04
	60W초과분	-	-	3.68	3.68	4.79
	최저요금	-	-	92.00	92.00	120.00

전 기 요 금(2)

(단위:원)

구 분	적용범위 (연도별 수용요금(kW당))	1975	1976	1977	1978	1979	1980	1981	1982
일반전력	갑 호 당	234	234	234	224	246	288	317	345
	을 제1종(공공용)								
	A 4kW이상 수용 계약전력에 대해	1,022	1,178	1,178	1,125	2,133	3,436	3,780	4,045
	B 20kV이상 500kW이상 수용계약전력에 대해	845	974	974	930	2,133	-	-	-
	C 140kV이상 1,000kW이상 수용계약전력에 대해	565	651	651	622	2,133	-	-	-
	제2종(영업용)								
	A 4kW이상 수용 계약전력에 대해	1,033	1,190	1,190	1,136	2,133	3,436	3,780	4,045
	B 20kV이상 500kW이상 수용계약전력에 대해	853	983	983	939	2,133	-	-	-
	C 140kV이상 1,000kW이상 수용계약전력에 대해	571	658	658	629	2,133	-	-	-
산업용전력	소동력 상시전력 계약전력에 대해	933	1,103	1,053	1,580	2,176	3,008	3,309	3,541
	대동력 상시전력 A계약전력에 대해	771	919	878	1,141	1,571	2,509	2,760	2,953
	〃 B계약전력에 대해	516	651	587	763	1,051	1,676	1,884	1,973
농업용전력	갑(양곡 생산용)	-	119	119	131	198	319	300	321
	을(전열 재배용)	-	323	323	355	537	865	814	871
	병(기타 양수용)	-	323	323	355	537	865	952	1,091
가 로 등	최저요금(월간)	-	339	339	373	564	908	999	1,069
농사용전력	최저요금(월간)	-	198	198	217	328	528	581	622

전 기 요 금(3)

(단위:원)

종 별	구 분 \ 연도별요금	1983	1984	1985	1986	1987	1987 (11.6)	1988 (3.21)	1988 (11.30)	1989	1990 (5.1)	1991 (6.1)
주택용전력	호당(1987년까지) (1988년 이후)											
	기본 100kWh 이하 100kWh 이하	338	338	338	338	338	338	338	338	338	338	338
	101~300kWh 101~200k 〃	676	676	676	676	676	676	676	676	676	676	676
	300kWh 200kWh 초과	1,014	1,014	1,014	1,014	1,014	1,014	1,014	1,014	1,014	1 014	1,014
	사용전력에 대하여											
	처음 50kWh까지	31.90	31.90	31.90	31.30	31.30	31.30	31.30	30.70	30.70	30.70	30.70
	다음 〃	75.71	75.71	75.71	74.20	74.20	74.20	73.50	70.60	68.50	68.50	68.50
	다음 〃 다음100kWh까지	102.07	102.07	102.07	100.05	100.05	100.05	–	–	–	–	102.90
	다음150kWh까지 다음100kWh까지	148.01	148.01	148.01	145.05	140.90	140.90	98.10	94.20	89.50	89.50	148.80
	300kWh 초과시 200kWh 초과시	202.35	202.35	202.35	194.16	183.10	183.10	159.20	145.35	129.40	129.40	–
	300kWh 초과시	–	–	–	–	–	–	–	–	–	–	215
업무용전력	1종(공공용)											
	기본계약전력에 대하여	4,050	4,050	4,050	4,045	4,045	4,045	4,045	4,045	4,045	4,045	4,050
	처음 90시간 사용	78.76	78.76	78.76	78.76	78.76	76.45	75.65	66.50	50.90	–	–
	(저압)3kV급 미만 수용											
	다음 45시간 사용	92.06	92.06	92.06	–	–	–	74.90	65.80	49.80	49.60	49.60
	(고압)3kV~140kV급 미만											
	다음 45시간 사용	105.60	105.60	105.60	–	–	–	74.15	65.10	48.70	48.50	48.50
	(고압) 140kV급 이상											
	180시간 초과사용	119.23	119.23	119.23	113.90	113.90	–	–	–	–	47.40	47.40
산업용전력 (갑)	기본계약전력에 대하여											
	소동력(3kV급 미만 수용)저압	3,495	3,495	3,495	2,970	2,850	2,850	2,850	2,850	2,850	2,850	2,850
	대동력											
	기본A(3kV~140kV급 미만 수용)고압	2,979	2,979	2,979	2,815	2,815	2,815	2,815	2,815	2,820	2,820	2,820
	B(140kV급 이상 수용)고압	1,992	1,992	1,992	1,973	1,973	2,270	2,385	2,500	2,630	2,630	2,630
농사용전력	기본계약전력에 대하여											
	갑(양곡생산용)	321	321	321	315	315	315	315	315	300	300	300
	을(육묘, 전조재배용)	871	871	871	854	854	854	854	850	810	810	810
	병(기타양수용)	1,019	1,019	1,019	999	999	999	999	1,000	950	950	950
농사용전등	최저요금(월간)	622	622	622	610	610	610	610	600	570	570	570
가로등(갑)	최저요금(월간)	983	983	983	954	765	765	610	610	570	570	570

전 기 요 금(4)

구 분	적용범위 \ 연도별 수용요금(kW당)	1992 (2.1)	1993	1994	1995 (5.1)
주택용전력	기본요금(호당, 95년)				
	100kWh이하 사용	338	338	338	338
	100~200kWh	740	740	740	740
	201~300kWh	1,310	1,310	1,310	1,310
	301~400kWh (300kWh초과사용시	1,310	1,310	1,310	2,620
	401~500kWh 초과100kW당-94년까지)	–	–	–	4,210
	500kWh초과	–	–	–	7,490
	전력량요금(100kW당, 95년) 전력량요금(94년까지)				
	50kWh까지 처음 50kWh까지 kWh당	30.70	30.70	30.70	30.70
	51~100kWh 다음 〃	72.50	72.50	72.50	72.50
	101~200kWh 다음 100kWh까지 kWh당	108.90	108.90	108.90	108.90
	201~300kWh 다음 〃	157.50	157.50	157.50	157.50
	301~400kWh 300kWh초과 kWh당	227.70	227.70	227.70	227.70
	401~500kWh	–	–	–	257.00
	500kWh초과	–	–	–	405.10
산 업 전 력 (95년은 갑-봄, 가을기준, 기타는 여름철 제외 기준)	기본요금(kW당-95년) (적용전력에 대하여 kW당-94년까지)				
	저압전력 저압전력	4,370	4,370	4,370	4,520
	선택Ⅰ-고압A 고압전력A	4,370	4,370	4,370	4,520
	선택Ⅰ-고압B 고압전력B	4,370	4,370	4,370	4,520
	전력량요금(kWh당)				
	저압전력 저압전력	52.10	52.10	52.10	55.90
	선택-고압A 고압전력A	51.10	51.10	51.10	55.50
	〃 -고압B 고압전력B	50.00	50.00	50.00	54.10
산 업 전 력 (95년은 갑-봄, 가을기준, 기타는 갑-여름철 제외 기준)	기본요금(kW당)				
	저압전력 저압전력	3,280	3,280	3,280	3,340
	선택Ⅰ-고압A 고압전력A	3,250	3,250	3,250	3,310
	선택Ⅰ-고압B 고압전력B	3,020	3,020	3,020	3,070
	전력량요금(kWh당)				
	저압전력 저압전력	36.00	36.00	36.00	38.30
	선택Ⅰ-고압A 고압전력A	35.70	35.70	35.70	38.10
	〃 -고압B 고압전력B	35.50	35.50	35.50	37.60
농 사 용 전 력 (갑)	기본요금(kW당)	300	300	300	300
	전력량요금(kWh당)	18.30	18.30	18.30	18.30
농 사 용 전 등	최저요금(월간)	570	570	570	570
가 로 등(갑)	최저요금(월간)	600	600	600	620

전 기 요 금(5)

(단위:원)

구 분	적용범위	연도별 수용요금(kW당)	1996 (95.5.1)	1997 (97.7.1)	1998 (98.1.1)	1999 (99.11.5)	2000 (99.11.5)	2001 (00.11.15)	2002 (02.6.1)	2003 (03.1.1)	2004 (04.3.1)
주택용전력 (2002년 6월 1일 이후 : 저압기준) (2004년 3월 1일 이후 : 표준전압 110V이상 ~ 380V 이하)	기본요금 (호당)	100kWh이하 사용	338	370	390	390	390	390	370	370	370
		101~200kWh	740	800	850	850	850	850	810	810	810
		201~300kWh	1,310	1,410	1,500	1,500	1,500	1,500	1,440	1,390	1,390
		301~400kWh	2,620	2,810	2,990	2,990	2,990	3,590	3,440	3,330	3,330
		401~500kWh	4,210	4,520	4,820	4,820	4,820	6,750	6,450	6,240	6,240
		500kWh초과	7,490	8,030	8,560	8,560	8,560	11,980	11,440	11,440	11,440
	전력량요금 (100kWh당)	50kWh까지 사용	30.70	32.40	34.50	34.50	34.50	34.50	33.00	33.00	–
		51~100kWh사용	72.50	76.70	81.70	81.70	81.70	81.70	78.10	78.10	54.60
		101~200kWh	–	–	–	–	–	122.90	117.50	113.60	112.80
		201~300kWh	108.90	115.30	122.90	122.90	122.90	177.70	169.80	164.20	162.90
		301~400kWh	157.50	166.80	177.70	177.70	177.70	308.00	245.30	237.00	235.20
		401~500kWh	227.70	241.00	256.70	256.70	256.70	405.70	360.40	348.50	345.90
		500kWh초과	257.00	272.10	289.80	289.80	289.80	639.40	611.40	611.40	606.80
			405.10	428.80	456.70	456.70	456.70	–	–	–	–
일반용전력 (갑)	기본요금 (kWh당)	저압전력	4,520	4,920	5,240	5,560	5,560	5,720	5,470	5,360	5,170
		선택(Ⅰ)요금-고압A	4,520	5,070	5,400	5,720	5,720	5,890	5,630	5,520	5,330
		선택(Ⅰ)요금-고압B	4,520	5,070	5,400	5,720	5,720	5,890	5,630	5,520	5,330
(봄, 가을기준)	전력량요금 (kWh당)	저압전력	55.90	58.00	61.80	65.50	65.50	67.50	64.50	63.20	61.00
		선택(Ⅰ)요금-고압A	55.50	57.80	61.60	65.30	65.30	67.30	64.30	63.00	60.80
		선택(Ⅰ)요금-고압B	54.10	56.10	59.80	63.30	63.30	65.30	62.40	61.10	59.00
교육용전력	기본요금 (kWh당)	저압전력	4,045	4,480	4,770	5,060	5,060	5,210	4,980	4,980	4,830
		선택(Ⅰ)요금-고압A	4,045	4,750	5,060	5,360	5,360	5,520	5,280	5,280	5,120
		선택(Ⅰ)요금-고압B	4,045	4,750	5,060	5,360	5,360	5,520	5,280	5,280	5,120
(봄, 가을기준)	전력량요금 (kWh당)	저압전력	49.80	51.30	54.70	58.00	58.00	59.70	57.10	57.10	55.40
		선택(Ⅰ)요금-고압A	49.20	51.10	54.40	57.70	57.70	59.40	56.80	56.80	55.10
		선택(Ⅰ)요금-고압B	48.80	50.70	54.00	57.30	57.30	59.00	56.40	56.40	54.70
산업용전력 (갑) (봄, 가을기준)	기본요금 (kWh당)	저압전력	3,340	3,510	3,740	4,040	4,040	4,240	4,050	4,150	4,150
		선택(Ⅰ)요금-고압A	3,310	3,720	3,960	4,280	4,280	4,490	4,290	4,400	4,400
		선택(Ⅰ)요금-고압B	3,070	3,440	3,660	3,950	3,950	4,140	3,960	4,060	4,060
(봄, 가을기준)	전력량요금 (kWh당)	저압전력	38.30	40.70	43.30	46.80	46.80	49.10	47.00	48.10	48.10
		선택(Ⅰ)요금-고압A	38.10	40.50	43.20	46.60	46.60	48.90	46.80	48.00	48.00
		선택(Ⅰ)요금-고압B	37.60	39.70	42.30	45.80	45.80	48.10	46.00	47.20	47.20
농사용전력	기본요금 (kWh당)	갑	300	300	350	350	350	360	340	340	340
		을	810	810	930	930	930	960	920	920	920
		병	950	950	1,070	1,070	1,070	1,100	1,060	1,060	1,060
	전력량요금 (kWh당)	갑	18.30	18.30	20.70	20.70	20.70	21.40	20.40	20.40	20.40
		을	23.50	23.50	26.40	26.40	26.40	27.20	26.10	26.10	26.10
		병	32.40	32.40	36.70	36.70	36.70	37.80	36.10	36.10	36.10
농사용전등	월간최저요금		570	600	640	640	640	660	630	630	630
	설비용량에 대해(W당)		17.00	18.00	19.20	19.20	19.20	19.80	18.90	18.90	18.90
가로등	기본요금	갑(정액등)월간최저요금	620	660	700	740	740	760	730	730	730
	전력량요금	갑(정액등)	18.90	20.00	21.30	22.60	22.60	23.30	22.30	22.30	22.30

㈜ 선택(Ⅰ)요금은 전기사용시간(설비가동율)이 적은 고객에게 유리.
저압전력은 표준전압 110V이상 380V이하 고객
고압A는 표준전압 3,300V이상 66,000이하 고객
고압B는 표준전압 154,000V이상 고객

전 기 요 금(6)

(단위:원)

구 분	적용범위	연도별 수용요금(kW당)	2005 (05.12.28)	2007 (07.1.15)	2008 (08.1.1)	2008 (08.11.13)	2009 (09.6.27)	2010 (10.8.1)
주택용전력 (2002년 6월 1일 이후 : 저압기준) (2004년 3월 1일 이후 : 표준전압 110V이상~380V이하)	기본요금(호당)	100kWh이하 사용	370	370	370	370	370	380
		101~200kWh	820	820	820	820	820	840
		201~300kWh	1,430	1,430	1,430	1,430	1,430	1,460
		301~400kWh	3,420	3,420	3,420	3,420	3,420	3,490
		401~500kWh	6,410	6,410	6,410	6,410	6,410	6,540
		500kWh초과	11,750	11,750	11,750	11,750	11,750	11,990
	전력량요금(100kWh당)	50kWh까지사용	-	-	-	-	-	-
		51 ~100kWh사용(처음100kWh까지)	55.10	55.10	55.10	55.10	55.10	56.20
		101~200kWh (다음100kWh까지)	113.80	113.80	113.80	113.80	113.80	116.10
		201~300kWh (다음100kWh까지)	168.30	168.30	168.30	168.30	168.30	171.60
		301~400kWh (다음100kWh까지)	248.60	248.60	248.60	248.60	248.60	253.60
		401~500kWh (다음100kWh까지)	366.40	366.40	366.40	366.40	366 40	373.70
		500kWh초과	643.90	643.90	643.90	643.90	643 90	656.20
일반용전력(갑)	기본요금(kW당)	저압전력	5,320	5,320	5,160	5,160	5,280	5,280
		선택(Ⅰ)요금-고압A	5,480	5,480	5,320	5,660	5,790	5,790
		선택(Ⅰ)요금-고압B	5,480	5,480	5,320	5,660	5,790	5,790
(봄, 가을기준)	전력량요금(kWh당)	저압전력	62.70	62.70	60.90	60.90	62.30	58.30
		선택(Ⅰ)요금-고압A	62.50	62.50	60.70	63.90	65.40	61.20
		선택(Ⅰ)요금-고압B	60.70	60.70	58.90	62.60	64.00	60.20
교육용전력	기본요금(kW당)	저압전력	4,090	4,090	4,090	4,280	4 580	4,850
		선택(Ⅰ)요금-고압A	4,340	4,340	4,340	4,540	4 850	5,140
		선택(Ⅰ)요금-고압B	4,340	4,340	4,340	4,540	4 850	5,140
(봄, 가을기준)	전력량요금(kWh당)	저압전력	46.90	46.90	46.90	49.00	52.40	52.40
		선택(Ⅰ)요금-고압A	46.70	46.70	46.70	48.80	52.20	52.40
		선택(Ⅰ)요금-고압B	46.30	46.30	46.30	48.40	51.80	52.00
산업용전력(갑) (봄, 가을기준)	기본요금(kW당)	저압전력	4,190	4,190	4,190	4,190	4,350	4,610
		선택(Ⅰ)요금-고압A	4,440	4,440	4,440	4,440	4,610	4,880
		선택(Ⅰ)요금-고압B	4,100	4,100	4,100	4,100	4,260	4,510
(봄, 가을기준)	전력량요금(kWh당)	저압전력	48.50	48.50	48.50	48.50	50.40	52.10
		선택(Ⅰ)요금-고압A	48.40	48.40	48.40	48.40	50.30	52.10
		선택(Ⅰ)요금-고압B	47.60	47.60	47.60	47.60	49.50	51.20
농사용전력	기본요금(kW당)	갑	340	340	340	340	340	340
		을	930	930	930	930	930	930
		병	1,070	1,070	1,070	1,070	1,070	1,070
	전력량요금(kWh당)	갑	20.60	20.60	20.60	20.60	20.60	20.60
		을	26.30	26.30	26.30	26.30	26.30	26.30
		병	36.40	36.40	36.40	36.40	36.40	36.40
농사용전등	월간최저요금		-	-	-	-	-	-
	사용설비용량에 대해(W당)		-	-	-	-	-	-
가로등	월간최저요금	갑(정액등)	750	780	780	820	880	930
	(kW당)	갑(정액등)	23.10	24.10	24.10	25.20	26.90	28.50

注 선택(Ⅰ)요금은 전기사용시간(설비가동율)이 적은 고객에게 유리.
저압전력은 표준전압 110V이상 380V이하 고객
고압A는 표준전압 3,300V이상 66,000V이하 고객
고압B는 표준전압 154,000V이상 고객

전 기 요 금(7)

(단위:원)

구 분	적용범위 \ 연도별 수용요금(kW당)		2011 (2011.8.1)	2012 (2012.8.6)	2013 (2013.1.14)	2014 (2013.11.21)	2015 (2013.11.21)	2016 (2013.11.21)
주택용전력 (2002년 6월 1일 이후 : 저압기준) (2004년 3월 1일 이후 : 표준전압 110V이상~380V이하)	기본요금(호당)	100kWh이하 사용	390	390	400	410	410	410
		101~200kWh	860	870	890	910	910	910
		201~300kWh	1,490	1,530	1,560	1,600	1,600	1,600
		301~400kWh	3,560	3,680	3,750	3,850	3,850	3,850
		401~500kWh	6,670	6,970	7,110	7,300	7,300	7,300
		500kWh초과	12,230	12,350	12,600	12,940	12,940	12,940
	전력량요금(100kWh당)	50kWh까지사용	–	–	–	–	–	–
		51 ~100kWh사용(처음100kWh까지)	57.30	57.90	59.10	60.70	60.70	60.70
		101~200kWh (다음100kWh까지)	118.40	120.20	122.60	125.90	125.90	125.90
		201~300kWh (다음100kWh까지)	175	179.40	183	187.90	187.90	187.90
		301~400kWh (다음100kWh까지)	258.70	267.80	273.20	280.60	280.60	280.60
		401~500kWh (다음100kWh까지)	381.50	398.70	406.70	417.70	417.70	417.70
		500kWh초과	670.60	677.30	690.80	709.50	709.50	709.50
일반용전력(갑)	기본요금(kW당)	저압전력	5,400	5,830	5,990	6,160	6,160	6,160
		선택(Ⅰ)요금-고압A	6,160	6,790	6,990	7,170	7,170	7,170
		선택(Ⅰ)요금-고압B	6,160	6,790	6,990	7,170	7,170	7,170
(봄, 가을기준)	전력량요금(kWh당)	저압전력	58.90	62.40	64.10	65.20	65.20	65.20
		선택(Ⅰ)요금-고압A	64.20	68.70	70.80	71.90	71.90	71.90
		선택(Ⅰ)요금-고압B	63.10	67.60	69.70	70.80	70.80	70.80
교육용전력	기본요금(kW당)	저압전력	5,160	5,550	5,740	5,230	5,230	5,230
		선택(Ⅰ)요금-고압A	5,460	5,880	6,090	5,550	5,550	5,550
		선택(Ⅰ)요금-고압B	5,460	5,880	6,090	5,550	5,550	5,550
(봄, 가을기준)	전력량요금(kWh당)	저압전력	54.70	57.70	59.70	59.70	59.70	59.70
		선택(Ⅰ)요금-고압A	54.70	57.80	59.80	59.80	59.80	59.80
		선택(Ⅰ)요금-고압B	54.30	57.30	59.40	59.40	59.40	59.40
산업용전력(갑) (봄, 가을기준)	기본요금(kW당)	저압전력	4,720	5,090	5,270	5,550	5,550	5,550
		선택(Ⅰ)요금-고압A	5,190	5,890	6,200	6,490	6,490	6,490
		선택(Ⅰ)요금-고압B	4,800	5,450	5,740	6,000	6,000	6,000
(봄, 가을기준)	전력량요금(kWh당)	저압전력	52.70	55.90	57.90	59.20	59.20	59.20
		선택(Ⅰ)요금-고압A	54.50	60.70	63.90	65.90	65.90	65.90
		선택(Ⅰ)요금-고압B	53.60	59.60	62.80	64.80	64.80	64.80
농사용전력	기본요금 (kWh당)	갑	340	340	350	360	360	360
		을	930	930	1,130	1,150	1,150	1,150
		병	1,070	1,100	1,150	–	–	–
	전력량요금 (kWh당)	갑	20.60	20.60	21.20	21.60	21.60	21.60
		을	26.30	26.30	38.40	39.20	39.20	39.20
		병	36.40	37.30	39.10	–	–	–
농사용전등	월간최저요금		–	–	–	–	–	–
	사용설비용량에 대해(W당)		–	–	–	–	–	–
가로등	월간최저요금 (kW당)	갑(정액등)	990	1,100	1,160	1,220	1,220	1,220
		갑(정액등)	30.30	33.90	35.60	37.50	37.50	37.50

주 선택(Ⅰ)요금은 전기사용시간(설비가동율)이 적은 고객에게 유리.
저압전력은 표준전압 110V이상 380V이하 고객
고압A는 표준전압 3,300V이상 66,000V이하 고객
고압B는 표준전압 154,000V이상 고객

전 기 요 금(8)

(단위:원)

구 분	적용범위 \ 연도별 수용요금(kW당)		2017 (2017.1.1)	2018 (2017.1.1)	2019 (2019.7.1)	2020 (2019.7.1)	2021 (2021.1.1)	2022 (2022.4.1)	2022 (2022.7.1)
주택용전력 (2002년 6월 1일 이후 : 저압기준)	기본요금(호당)	200kWh 이하사용	910	910	910	910	910	910	910
(2004년 3월1일 이후 : 표준전압		201~400kWh 사용	1,600	1,600	1,600	1,600	1,600	1,600	1,600
110V이상~380V이하		400kWh초과	7,300	7,300	7,300	7,300	7,300	7,300	7,300
	전력량요금(kWh당)	처음 200kWh까지	93.30	93.30	93.30	93.30	88.30	93.20	93.20
		다음 200kWh까지	187.90	187.90	187.90	187.90	182.90	187.80	187.80
		400kWh 초과	280.60	280.60	280.60	280.60	275.60	280.50	280.50
일반용전력(갑)	기본요금(kW당)	저압전력	6,160	6,160	6,160	6,160	6,160	6,160	6,160
		선택(I)요금-고압A	7,170	7,170	7,170	7,170	7,170	7,170	7,170
		선택(I)요금-고압B	7,170	7,170	7,170	7,170	7,170	7,170	7,170
(봄, 가을기준)	전력량요금(kWh당)	저압전력	65.20	65.20	65.20	65.20	60.20	65.10	65.10
		선택(I)요금-고압A	71.90	71.90	71.90	71.90	66.90	71.80	71.80
		선택(I)요금-고압B	70.80	70.80	70.80	70.80	65.80	70.70	70.70
교육용전력	기본요금(kW당)	저압전력	5,230	5,230	5,230	5,230	5,230	5,230	5,230
		선택(I)요금-고압A	5,550	5,550	5,550	5,550	5,550	5,550	5,550
		선택(I)요금-고압B	5,550	5,550	5,550	5,550	5,550	5,550	5,550
(봄, 가을기준)	전력량요금(kWh당)	저압전력	59.70	59.70	59.70	59.70	54.70	59.60	59.60
		선택(I)요금-고압A	59.80	59.80	59.80	59.80	54.80	59.70	59.70
		선택(I)요금-고압B	59.40	59.40	59.40	59.40	54.40	59.30	59.30
산업용전력(갑)	기본요금(kW당)	저압전력	5,550	5,550	5,550	5,550	5,550	5,550	5,550
		선택(I)요금-고압A	6,490	6,490	6,490	6,490	6,490	6,490	6,490
		선택(I)요금-고압B	6,000	6,000	6,000	6,000	6,000	6,000	6,000
(봄, 가을기준)	전력량요금(kWh당)	저압전력	59.20	59.20	59.20	59.20	54.20	59.10	59.10
		선택(I)요금-고압A	65.90	65.90	65.90	65.90	60.90	65.80	65.80
		선택(I)요금-고압B	64.80	64.80	64.80	64.80	59.80	64.70	64.70
농사용 전력	기본요금(kW당)	갑	360	360	360	360	360	360	360
		을 (저압)	1,150	1,150	1,150	1,150	1,150	1,150	1,150
		을 (고압 A,B)	1,210	1,210	1,210	1,210	1,210	1,210	1,210
	전력량요금(kWh당)	갑	21.60	21.60	21.60	21.60	16.60	21.50	21.50
		을	39.20	39.20	39.20	39.20	34.20	39.10	39.10
		(여름철)	41.90	41.90	41.90	41.90	36.90	41.80	41.80
		(봄, 가을철)	39.90	39.90	39.90	39.90	34.90	39.80	39.80
		(겨울철)	41.90	41.90	41.90	41.90	36.90	41.80	41.80
가로등	월간최저요금	갑(정액등)	1,220	1,220	1,220	1,220	1,220	1,220	1,220
	(W당)	갑(정액등)	37.50	37.50	37.50	37.50	35.70	37.50	37.50

㈜ 선택(I)요금은 전기사용시간(설비가동율)이 적은 고객에게 유리.
저압전력은 표준전압 110V이상 380V이하 고객
고압A는 표준전압 3,300V이상 66,000V이하 고객
고압B는 표준전압 154,000V이상 고객

전 기 요 금(9)

(단위:원)

구 분	적용범위	연도별 수용요금(kW당)	2022 (2022.10.1)	2023 (2023.1.1)	2023 (2023.5.16)	2023 (2023.11.9)	2024 (2024.1.1)	2024 (2024.4.1)	2024 (2024.7.1)
주택용전력 (2002년 6월 1일 이후 : 저압기준) (2004년 3월1일 이후 : 표준전압 110V이상~380V이하	기본요금(호당)	300kWh 이하사용	910	910	910	910	910	910	910
		301~450kWh 사용	1,600	1,600	1,600	1,600	1,600	1,600	1,600
		450kWh초과	7,300	7,300	7,300	7,300	7,300	7,300	7,300
	전력량요금(kWh당)	처음 300kWh까지	100.60	112.00	120.00	120.0	120.0	120.0	120.0
		다음 150kWh까지	195.20	206.60	214.60	214.6	214.6	214.6	214.6
		450kWh 초과	287.90	299.30	307.30	307.3	307.3	307.3	307.3
일반용전력(갑)	기본요금(kW당)	저압전력	6,160	6,160	6,160	6,160	6,160	6,160	6,160
		선택(Ⅰ)요금-고압A	7,170	7,170	7,170	7,170	7,170	7,170	7,170
		선택(Ⅰ)요금-고압B	7,170	7,170	7,170	7,170	7,170	7,170	7,170
(봄, 가을기준)	전력량요금(kWh당)	저압전력	72.50	83.90	91.90	91.9	91.9	91.9	91.9
		선택(Ⅰ)요금-고압A	79.20	90.60	98.60	98.6	98.6	98.6	98.6
		선택(Ⅰ)요금-고압B	78.10	89.50	97.50	97.5	97.5	97.5	97.5
교육용전력(갑)	기본요금(kW당)	저압전력	5,230	5,230	5,230	5,230	5,230	5,230	5,230
		선택(Ⅰ)요금-고압A	5,550	5,550	5,550	5,550	5,550	5,550	5,550
		선택(Ⅰ)요금-고압B	5,550	5,550	5,550	5,550	5,550	5,550	5,550
(봄, 가을기준)	전력량요금(kWh당)	저압전력	67.00	78.40	86.40	86.4	86.4	86.4	86.4
		선택(Ⅰ)요금-고압A	67.10	78.50	86.50	86.5	86.5	86.5	86.5
		선택(Ⅰ)요금-고압B	66.70	78.10	86.10	86.1	86.1	86.1	86.1
산업용전력(갑)	기본요금(kW당)	저압전력	5,550	5,550	5,550	5,550	5,550	5,550	5,550
		선택(Ⅰ)요금-고압A	6,490	6,490	6,490	6,490	6,490	6,490	6,490
		선택(Ⅰ)요금-고압B	6,000	6,000	6,000	6,000	6,000	6,000	6,000
(봄, 가을기준)	전력량요금(kWh당)	저압전력	66.50	77.90	85.90	85.9	85.9	85.9	85.9
		선택(Ⅰ)요금-고압A	73.20	84.60	92.60	92.6	92.6	92.6	92.6
		선택(Ⅰ)요금-고압B	72.10	83.50	91.50	91.5	91.5	91.5	91.5
농사용 전력	기본요금(kW당)	갑	360	360	360	360	360	360	360
		을 (저압)	1,150	1,150	1,150	1,150	1,150	1,150	1,150
		을 (고압 A,B)	1,210	1,210	1,210	1,210	1,210	1,210	1,210
	전력량요금(kWh당)	갑	28.90	32.70	35.40	35.4	39.2	41.9	41.9
		을(저압)	46.50	50.30	53.00	53.0	56.8	59.5	59.5
		을(고압)(여름철)	49.20	53.00	55.70	55.7	59.5	62.2	62.2
		을(고압)(봄, 가을철)	47.20	51.00	53.70	53.7	57.5	60.2	60.2
		을(고압)(겨울철)	49.20	53.00	55.70	55.7	59.5	62.2	62.2
가로등	월간최저요금	갑(정액등)	1,220	1,220	1,220	1,220	1,220	1,220	1,220
	(W당)	갑(정액등)	40.20	44.30	47.20	47.2	47.2	47.2	47.2

주 선택(Ⅰ)요금은 전기사용시간(설비가동율)이 적은 고객에게 유리.
저압전력은 표준전압 110V이상 380V이하 고객
고압A는 표준전압 3,300V이상 66,000V이하 고객
고압B는 표준전압 154,000V이상 고객

전 기 요 금(10)

(단위:원)

구 분	적용범위	연도별 수용요금(kW당)	2025 (2025.4.1)						
주택용전력 (2002년 6월 1일 이후 : 저압기준) (2004년 3월1일 이후 : 표준전압 110V이상~380V이하	기본요금(호당)	300kWh 이하사용	910						
		301~450kWh 사용	1,600						
		450kWh초과	7,300						
	전력량요금(kWh당)	처음 300kWh까지	120.0						
		다음 150kWh까지	214.6						
		450kWh 초과	307.3						
일반용전력(갑)	기본요금(kW당)	저압전력	6,160						
		선택(I)요금-고압A	7,170						
		선택(I)요금-고압B	7,170						
(봄, 가을기준)	전력량요금(kWh당)	저압전력	91.9						
		선택(I)요금-고압A	98.6						
		선택(I)요금-고압B	97.5						
교육용전력(갑)	기본요금(kW당)	저압전력	5,230						
		선택(I)요금-고압A	5,550						
		선택(I)요금-고압B	5,550						
(봄, 가을기준)	전력량요금(kWh당)	저압전력	86.4						
		선택(I)요금-고압A	86.5						
		선택(I)요금-고압B	86.1						
산업용전력(갑)	기본요금(kW당)	저압전력	5,550						
		선택(I)요금-고압A	6,490						
		선택(I)요금-고압B	6,000						
(봄, 가을기준)	전력량요금(kWh당)	저압전력	94.4						
		선택(I)요금-고압A	101.1						
		선택(I)요금-고압B	100.0						
농사용 전력	기본요금(kW당)	갑	360						
		을 (저압)	1,150						
		을 (고압 A,B)	1,210						
	전력량요금(kWh당)	갑	48.3						
		을(저압)	65.9						
		을(고압)(여름철)	68.6						
		을(고압)(봄, 가을철)	66.6						
		을(고압)(겨울철)	68.6						
가로등	월간최저요금	갑(정액등)	1,220						
	(W당)	갑(정액등)	47.2						

注 선택(I)요금은 전기사용시간(설비가동율)이 적은 고객에게 유리.
저압전력은 표준전압 110V이상 380V이하 고객
고압A는 표준전압 3,300V이상 66,000V이하 고객
고압B는 표준전압 154,000V이상 고객

상 수 도 요 금(1)

(단위:원)

용 도	구 분	'70	'71	'72	'73	'74	'75	'76
제 1 종	1栓1개월기본수량 30(t)기본요금	3,000	3,000	1,350	1,350	1,350	1,500	2,550
제 2 종	〃 20	900	900	900	900	900	1,200	1,200
제 3 종	〃 15	(10㎥당)80	(10㎥당)80	(10㎥당)150	150	150	305	360
제 4 종	〃 500	7,500	7,500	48,000	48,000	48,000	60,000	75,000
제 5 종	〃 500	6,000	6,000	12,000	12,000	12,000	15,000	22,500
제 6 종	사용수량 톤당	(㎥당)10	(㎥당)10	20	20	20	35	55
제 7 종	100	–	–	–	–	–	–	5,000
제 8 종	사용수량 톤당	–	–	–	–	–	–	110

용 도	구 분	'77	'78	'79	'80	'81	'82	'83
제 1 종	1栓1개월기본수량 30(t)기본요금	3,000	3,000	4,000	5,500	6,300	7,880	7,880
제 2 종	〃 20	1,200	1,200	1,200	1,400	1,600	2,000	2,000
제 3 종	〃 15	350	350	400	400	460	575	575
제 4 종	〃 500	90,000	90,000	125,000	175,000	200,000	250,000	250,000
제 5 종	〃 500	22,500	22,500	27,500	35,000	40,000	50,000	50,000
제 6 종	사용수량 톤당	65	65	85	110	125	140	160
제 7 종	100	5,000	5,000	5,000	5,000	5,000	5,000	5,000
제 8 종	사용수량 톤당	110	110	200	270	310	390	390

용 도	구 분	'84	'85	'86	'87	'88	'89~'90	'91
제 1 종	1栓1개월기본수량 30(t)기본요금	8,270	8,270	8,270	8,270	8,270	8,270	10,000
제 2 종	〃 20	2,100	2,100	2,100	2,100	2,100	2,100	2,500
제 3 종	〃 15	600	600	600	600	600	600	700
제 4 종	〃 500	260,000	260,000	273,000	273,000	273,000	273,000	310,000
제 5 종	〃 500	54,000	54,000	54,000	54,000	54,000	54,000	60,000
제 6 종	사용수량 톤당	170	170	170	170	170	170	190
제 7 종	100	5,000	5,000	5,000	5,000	5,000	5,000	5,680
제 8 종	사용수량 톤당	410	410	410	410	410	410	470

㈜ 1983.11.25. 제3종 기본량을 15㎥에서 10㎥로 하향조정

상 수 도 요 금(2)

용 도	구 분	'92 (9.23)	'93	'94 (7.1)	'95
가 정 용	월기본요금 기본수량 0~10㎥	780	780	1,090	1,090
영업1종	〃 0~20	2,700	2,700	3,400	3,400
영업2종	〃 0~30	10,500	10,500	11,040	11,040
욕탕1종	〃 0~500	63,000	63,000	88,100	88,100
욕탕2종	〃 0~200	100,000	100,000	104,700	104,700
공 공 용	〃 0~30	3,000	3,000	5,000	5,000
가 정 용	초과요금 수량 11~30㎥(㎥당)	110	110	160	160
〃	〃 31~50	220	220	320	320
〃	〃 51이상	270	270	430	430
영업1종	〃 21~50	300	300	360	360
〃	〃 51~100	320	320	440	440
〃	〃 101~300	340	340	460	460
〃	〃 301이상	360	360	530	530

용 도	구 분	'92 (9.23)	'93	'94 (7.1)	'95
영업2종	초과요금 수량 31~50㎥(㎥당)	450	450	460	460
〃	〃 51~100	470	470	540	540
〃	〃 101~200	490	490	670	670
〃	〃 201~300	630	630	780	780
〃	〃 301이상	820	820	860	860
욕탕1종	〃 501~700	150	150	210	210
〃	〃 701~1,000	150	150	210	210
〃	〃 1,001~2,000	170	170	240	240
〃	〃 2,001~3,000	190	190	280	280
〃	〃 3,001이상	200	200	320	320
욕탕2종	〃 201~500	820	820	860	860
〃	〃 501~1,000	930	930	980	980
〃	〃 1,001~2,000	1,000	1,000	1,060	1,060
〃	〃 2,001~3,000	1,030	1,030	1,100	1,100
〃	〃 3,001이상	1,050	1,050	1,130	1,130
공 공 용	〃 31이상	210	210	300	300

상 수 도 요 금(3)

(단위:원)

업 종 별	구 분	1996 (1996.3.1시행)	1997 (1997.10.1시행)	1998 (1998.10.1시행)	1999 (1999.1.15시행)	2000 (1999.1.15시행)
가 정 용	1~10m^3	①1,200	190	190	270	270
	11~20m^3	180	240	240	270	270
	21~30m^3	220	270	270	270	270
	31~40m^3	460	460	460	460	460
	41~50m^3	540	540	540	540	540
	51m^3이상	770	770	770	770	770
대중목욕탕용	1~ 500m^3	① 96,910	190	190	230	230
	501~1,000m^3	-	240	240	270	270
	1,001~2,000m^3	-	260	260	270	270
	2,001m^3이상	-	330	330	360	360
	3,001m^3이상	-	360	360	-	-
업 무 용	1~ 20m^3	① 3,740	-	-	400	400
	21~ 50m^3	400	-	-	400	400
	51~ 100m^3	480	-	-	520	520
	101~ 300m^3	510	-	-	520	520
	301m^3이상	580	-	-	590	590
영 업 용 (영업용 2종)	1~ 30m^3	① 12,400	500	500	690	690
	31~ 50m^3	520	570	570	690	690
	51~ 100m^3	630	690	690	690	690
	101~ 200m^3	-	830	830	830	830
	201~ 300m^3	-	960	960	960	960
	301~1,000m^3	-	1,020	1,020	1,020	1,020
	1,001~2,000m^3	-	1,020	1,020	1,170	1,170
	2,001~3,000m^3	-	1,020	1,020	1,210	1,210
	3,001m^3이상	-	1,020	1,020	1,240	1,240
욕 탕 용 2 종	1~ 200m^3	① 115,170	830	830	영업2종과 통 합	영업2종과 통 합
	201~ 500m^3	960	960	960		
	501~1,000m^3	1,070	1,070	1,070		
	1,001m^3이상	-	1,170	1,170		
	2,001m^3이상	-	1,210	1,210		
	3,001m^3이상	-	1,240	1,240		

업종별	구 분	2001~11 (01.3.1시행)	업종별	구 분	2012 (2012. 3 시행)	2013 (2012. 3 시행)	2014 (2012. 3 시행)	2015~2020 (2012. 3 시행)
가정용	0~30m^3이하	320	가정용	0~30m^3이하	360	360	360	360
	30초과~40m^3이하	510		30초과~50m^3이하	550	550	550	550
	40초과~50m^3이하	570		50m^3초과	790	790	790	790
	50m^3초과	790						
대중 목욕탕용	0~500m^3이하	270	욕탕용	0~500m^3이하	360	360	360	360
	500초과~ 2,000m^3이하	320		500초과~ 2,000m^3이하	420	420	420	420
	2,000m^3초과	430		2,000m^3초과	560	560	560	560
업무용	0~50m^3이하	470	공공용	0~50m^3이하	570	570	570	570
	50초과~300m^3이하	600		50초과~300m^3이하	730	730	730	730
	300m^3초과	680		300m^3초과	830	830	830	830
영업용	0~100m^3이하	800	일반용	0~50m^3이하	800	800	800	800
	100초과~200m^3이하	900		50초과~300m^3이하	950	950	950	950
	200초과~1,000m^3이하	1,100		300m^3초과	1,260	1,260	1,260	1,260
	1,000m^3초과	1,260						

주 1. 부가세면세
2. 1996년도 요금은 ①은 월 기본요금이고, 초과요금을 나타냄.
3. 1999년 8월 9일 이후 사용분부터 m^3당 80원, 2001년 1월이후 사용분부터 110원, 2003년 1월이후 사용분부터 120원, 2005년 1월이후 사용분부터 130원, 2008년 1월 이후 사용분부터 160원, 2001년 3월 이후 사용분부터 170원 물이용부담금 부과.
4. 상수도 요금은 서울을 기준으로 함.

상 수 도 요 금(4)

(단위:원)

업 종 별	구 분	2021 (2021.7월 시행)	2022	2023	2024	2024
가 정 용	구분없음	390	480	580	580	580
욕 탕 용	0~500㎥이하	400	440	500	500	500
	500㎥초과	440	440	500	500	500
공 공 용	0~300㎥이하	920	폐 지 (일반용으로통합)			
	300㎥초과	1,040				
일 반 용	0~300㎥이하	980	1,150	1,270	1,270	1,270
	300㎥초과	1,040	1,150	1,270	1,270	1,270

업 종 별	구 분	2025				
가 정 용	구분없음	580				
욕 탕 용	0~500㎥이하	500				
	500㎥초과	500				
일 반 용	0~300㎥이하	1,270				
	300㎥초과	1,270				

㈜ 상수도 요금은 서울을 기준으로 함.

하 수 도 요 금(1)

(단위:원)

업 종 별	구 분	1996	1997	1998	1999	2000
가 정 용	기본수량: [15㎥]10㎥	[490]	[490]	[490]	490	490
	사용수량: [16]11~30㎥에 대하여	[60]	[60]	[60]	70	70
	: 31~50초과 1㎥당	165	165	165	200	200
	: 51이상	330	330	330	350	350
영업용1종	기본수량: [15㎥]10㎥	[490]	[490]	[490]	500	500
	사용수량: [16]11~30㎥에 대하여	[60]	[60]	[60]	70	70
	: 31~50초과 1㎥당	165	165	165	200	200
	: 51이상	275	275	275	370	370
영업용1종	기본수량: [15㎥]10㎥	[490]	[490]	[490]	500	500
	사용수량: [16]11~30㎥에 대하여	[60]	[60]	[60]	70	70
	: 31~50초과 1㎥당	165	165	165	200	200
	: 51~100	279	279	279	370	370
	: 101~500	419	419	419	470	470
	: 501이상	496	496	496	540	540
욕탕용1종	사용수량 1㎥당	104	104	104	100	100
	기본수량: 200㎥	80,000	80,000	80,000	86,000	86,000
욕탕용2종	사용수량: 201~300㎥에 대하여	480	480	480	540	540
	: 301~500초과 1㎥당	650	650	650	740	740
	: 501이상	750	750	750	850	850
	사용수량 1㎥당					
공 공 용	사용수량 1㎥당	93	93	93	120	120
공 중 용	사용수량 1㎥당	36	36	36	40	40
산 업 용	사용수량 1㎥당	95	95	95	120	120

㈜ 수량의 변경으로 변경전과 후를[ ]로 표시

하 수 도 요 금(2)

(단위:원)

업 종 별	구 분	2001 (2001.3월납기분부터)	2002 (2002.2월납기분부터)	2003~2004 (2003.6월납기분부터)	2005~2011 (2005.8월납기분부터)
가 정 용	사용수량: 0 ~30㎥이하 : 30초과~50㎥이하 : 50㎥초과	90 240 400	90 240 400	120 280 440	160 380 580
대중목욕탕용	사용수량: 0 ~ 500㎥이하 : 500초과~2,000㎥이하 : 2,000㎥초과	110 130 150	110 130 150	130 160 180	180 220 250
업 무 용	사용수량: 0 ~ 50㎥이하 : 50초과~300㎥이하 : 300㎥초과	150 230 250	150 230 250	180 270 300	260 390 440
영 업 용	사용수량: 0 ~ 30㎥이하 : 30초과 ~ 50㎥이하 : 50초과 ~ 100㎥이하 :100초과 ~ 200㎥이하 :200초과 ~1,000㎥이하 :1,000㎥초과	90 240 400 510 580 650	90 240 400 510 580 650	120 280 440 560 640 720	170 410 650 790 850 880
산 업 용	사용수량: 0 ~ 50㎥이하 :50초과~300㎥이하 :300㎥초과	110 140 170	없음	없음	없음
미사용지하수	업종구분없음	없음	없음	없음	170

㈜ 하수도 요금은 서울을 기준으로 함.

하 수 도 요 금(3)

(단위:원)

업 종 별	구 분	2012 (2012.3월납기분부터)	2013 (2013.3월납기분부터)	2014 (2014.3월납기분부터)	2015~2016 (2014.3월납기분부터)
가 정 용	사용수량: 0 ~30㎥이하 :30초과~50㎥이하 :50㎥초과	220 510 780	260 610 930	300 700 1,070	300 700 1,070
욕 탕 용	사용수량: 0 ~ 500㎥이하 :500초과~2,000㎥이하 :2,000㎥초과	240 300 340	290 360 410	330 410 470	330 410 470
공 공 용	사용수량: 0 ~ 50㎥이하 :50초과~300㎥이하 :300㎥초과	370 560 640	460 730 840	550 880 1,000	550 880 1,000
일 반 용	사용수량: 0 ~ 30㎥이하 : 30초과~ 50㎥이하 : 50초과~ 100㎥이하 :100초과~ 200㎥이하 :200초과~1,000㎥이하 :1,000㎥초과	250 550 870 1,030 1,080 1,130	320 660 1,010 1,220 1,270 1,330	380 750 1,140 1,370 1,440 1,520	380 750 1,140 1,370 1,440 1,520
산 업 용	사용수량: 0 ~ 50㎥이하 :50초과~300㎥이하 :300㎥초과	없음	없음	없음	없음
미사용지하수	업종구분없음	없음	없음	없음	없음

㈜ 하수도 요금은 서울을 기준으로 함.

하 수 도 요 금(4)

(단위:원)

업 종 별	구 분	2017 (2017.1월납기분부터)	2018 (2018.1월납기분부터)	2019 (2019.1월납기분부터)	2020 (2019.1월납기분부터)
가 정 용	사용수량: 0 ~30㎥이하 :30초과~50㎥이하 :50㎥초과	330 770 1,180	360 850 1,290	400 930 1,420	400 930 1,420
욕 탕 용	사용수량: 0 ~ 500㎥이하 : 500초과~2000㎥이하 :2000㎥초과	360 450 520	400 500 570	440 550 630	440 550 630
공 공 용	사용수량: 0 ~ 50㎥이하 :50초과~300㎥이하 :300㎥초과	610 970 1,100	670 1,060 1,210	730 1,170 1,330	730 1,170 1,330
일 반 용	사용수량: 0 ~ 30㎥이하 : 30초과~ 50㎥이하 : 50초과~ 100㎥이하 :100초과~ 200㎥이하 :200초과~1000㎥이하 :1000㎥초과	420 830 1,250 1,510 1,580 1,670	460 910 1,380 1,660 1,740 1,840	500 1,000 1,520 1,830 1,920 2,030	500 1,000 1,520 1,830 1,920 2,030
유출지하수의 사용요금	(사용여부 및 업종구분 없음)	330	360	400	400

업 종 별	구 분	2021 (2019.1월납기분부터)	2022 (2019.1월납기분부터)	2023~2025 (2019.1월납기분부터)	
가 정 용	사용수량: 0 ~30㎥이하 :30초과~50㎥이하 :50㎥초과	400 930 1,420	400 930 1,420	400 930 1,420	
욕 탕 용	사용수량: 0 ~ 500㎥이하 : 500초과~2000㎥이하 :2000㎥초과	440 550 630	440 550 630	440 550 630	
공 공 용	사용수량: 0 ~ 50㎥이하 :50초과~300㎥이하 :300㎥초과	일반용으로 통합 〈 2021. 12. 31. 이전 공공용 업종으로 사용하던 사용자는 2022. 12. 31.까지 일반용(구 공공용)으로 적용 〉			
일 반 용	사용수량: 0 ~ 30㎥이하 : 30초과~ 50㎥이하 : 50초과~ 100㎥이하 :100초과~ 200㎥이하 :200초과~1000㎥이하 :1000㎥초과	500 1,000 1,520 1,830 1,920 2,030	500 1,000 1,520 1,830 1,920 2,030	500 1,000 1,520 1,830 1,920 2,030	
유출지하수의 사용요금	(사용여부 및 업종구분 없음)	400	400	400	

㈜ 1. 매년 1월 1일 사용량부터 적용한다. 다만, 적용일 전날까지의 사용량에 대해서는 해당 연도 요율로 날 수대로 계산하여 적용한다.
2. 유출지하수에 대해서는 업종 및 사용 여부에 관계없이 동일한 요율을 적용한다.
3. 하수도 요금은 서울을 기준으로 함.
4. 하수도 사용요금은 서울시 하수도 사용조례 제23조의 규정에 의거 부과하고 있고 4개업종 3~6단계의 누진요금체계로 되어있습니다.
5. 물이용부담금은 업종에 관계없이 1㎥당 170원을 부과하고 있습니다.(2011.1.1일이후 사용분부터)
6. 일반용(구 공공용) : 2021. 12. 31. 이전 공공용 업종으로 사용하던 수용가는 2022. 12. 31.까지 일반용(구 공공용)으로 적용.

국 제 전 보 요 금(1)

착신지역 (1語당)	'70		'71		'72		'73		'74		'75		'76		'77		'78		'79		'80	
	통상	서신	통상	서신	통상	서신	통상	서신	통상	서신	통상	서신	통상	서신	통상	서신	통상	서신	통상	서신	통상	서신
호 주	-	-	-	-	-	-	-	-	-	-	-	-	-	-	-	-	-	-	-	-	550	275
캐 나 다	132	66	132	66	132	66	188	94	250	125	294	147	304	152	304	152	304	152	304	152	370	185
대 만	80	40	80	40	80	40	108	54	150	75	-	-	-	-	-	-	-	-	-	-	210	105
하 와 이	-	-	-	-	-	-	-	-	-	-	-	-	-	-	-	-	-	-	-	-	240	120
홍 콩	90	45	90	45	90	45	122	61	160	80	192	96	192	96	192	96	192	96	192	96	230	115
인 도	194	97	194	97	194	97	264	132	410	205	416	208	494	247	494	247	494	247	494	247	600	300
이 란	-	-	-	-	-	-	-	-	-	-	-	-	-	-	-	-	-	-	-	-	630	315
이 탈 리 아	-	-	-	-	-	-	-	-	-	-	-	-	-	-	-	-	-	-	-	-	560	280
일 본	54	27	54	27	54	27	72	36	100	50	114	57	172	86	172	86	172	86	172	86	210	105
인 도 네 시 아	-	-	-	-	-	-	-	-	-	-	-	-	-	-	-	-	-	-	-	-	370	185
스 위 스	-	-	-	-	-	-	-	-	-	-	-	-	-	-	-	-	-	-	-	-	600	300
아 르 헨 티 나	-	-	-	-	-	-	-	-	-	-	-	-	-	-	-	-	-	-	-	-	520	260
멕 시 코	-	-	-	-	-	-	-	-	-	-	-	-	-	-	-	-	-	-	-	-	430	215
말 레 이 지 아	174	87	174	87	174	87	238	119	310	155	372	186	372	186	372	186	372	186	372	186	450	225
네 덜 란 드	202	101	202	101	202	101	276	138	370	185	432	216	432	216	432	216	432	216	432	216	600	300
싱 가 포 르	-	-	-	-	-	-	-	-	-	-	372	186	372	186	372	186	372	186	372	186	450	225
태 국	110	55	110	55	110	55	194	97	200	100	236	118	236	118	236	118	236	118	236	118	290	145
알 래 스 카	114	57	114	57	114	57	-	-	210	105	242	121	242	121	242	121	242	121	242	121	330	165
샌프란시스코	94	47	94	47	94	47	-	-	117	85	200	100	200	100	200	100	200	100	200	100	240	120
독 일	138	69	138	69	138	69	188	94	250	125	304	152	304	152	304	152	304	152	304	152	370	185
파 키 스 탄	194	97	194	97	194	97	264	132	410	205	416	208	484	242	484	242	484	242	484	242	580	290
오 스 트 리 아	-	-	-	-	-	-	-	-	-	-	-	-	-	-	-	-	-	-	-	-	600	300
파 나 마	-	-	-	-	-	-	-	-	-	-	-	-	-	-	-	-	-	-	-	-	520	260
괌	-	-	-	-	-	-	-	-	-	-	-	-	-	-	-	-	-	-	-	-	250	125
뉴 질 랜 드	-	-	-	-	-	-	-	-	-	-	-	-	-	-	-	-	-	-	-	-	530	265

㊟ 2005년 1월 1일부로 일반국제전보 서비스가 폐지됨.

국 제 전 보 요 금(2)

착신지역 (1語당)	'81~'82		'83		'84		'85		'86		'87		'88		'89		'90		'91~'95		'96~2004	
	통상	서신	통상	서신	통상	서신	통상	서신	통상	서신	통상	서신	통상	서신	통상	서신	통상	서신	통상	서신	통상	서신
호주	660	330	660	330	660	-	660	-	660	-	660	-	660	-	660	-	660	-	660	-	660	-
캐나다	430	215	430	215	430	-	430	-	430	-	430	-	430	-	430	-	430	-	430	-	430	-
대만	240	120	240	120	240	120	240	120	240	120	240	120	240	120	240	120	240	120	240	120	240	-
하와이	280	140	280	140	280	140	280	140	280	140	280	140	280	140	280	140	280	140	280	140	280	140
홍콩	270	135	270	135	270	135	270	135	270	135	270	135	270	135	270	135	270	135	270	135	270	135
인도	710	355	710	355	710	355	710	355	710	355	710	355	710	355	710	355	710	355	710	355	710	355
이란	750	375	750	375	750	375	750	375	750	375	750	375	750	375	750	375	750	375	750	375	750	375
이탈리아	660	330	660	330	660	-	660	-	660	-	660	-	660	-	660	-	660	-	660	-	660	-
일본	240	120	240	120	240	120	240	120	240	120	240	120	240	120	240	120	240	120	240	120	240	-
인도네시아	430	215	430	215	430	-	430	-	430	-	430	-	430	-	430	-	430	-	430	-	430	-
스위스	680	340	720	360	720	360	720	360	720	360	720	360	720	360	720	360	720	360	720	360	720	-
아르헨티나	610	305	610	305	610	305	610	305	610	305	610	305	610	305	610	305	610	305	610	305	610	305
멕시코	500	250	500	250	500	-	500	-	500	-	500	-	500	-	500	-	500	-	500	-	500	-
말레이지아	530	265	530	265	530	265	530	265	530	265	530	265	530	265	530	265	530	265	530	265	530	265
네덜란드	720	360	720	360	720	360	720	360	720	360	720	360	720	360	720	360	720	360	720	360	720	-
싱가포르	530	265	530	265	530	265	530	265	530	265	530	265	530	265	530	265	530	265	530	265	530	265
태국	340	170	340	170	340	-	340	-	340	-	340	-	340	-	340	-	340	-	340	-	340	-
알래스카	390	195	390	195	390	195	390	195	390	195	390	195	390	195	390	195	390	195	390	195	390	195
샌프란시스코	280	140	280	140	280	140	280	140	280	140	280	140	280	140	280	140	280	140	280	140	280	140
독일	430	215	430	215	430	215	430	215	430	215	430	215	430	215	430	215	430	215	430	215	430	215
파키스탄	690	345	690	345	690	345	690	345	690	345	690	345	690	345	690	345	690	345	690	345	690	345
오스트리아	730	365	730	365	730	365	730	365	730	365	730	365	730	365	730	365	730	365	730	365	730	365
파나마	610	305	610	305	610	-	610	-	610	-	610	-	610	-	610	-	610	-	610	-	610	-
괌	300	150	300	150	300	150	300	150	300	150	300	150	300	150	300	150	300	150	300	150	300	150
뉴질랜드	620	310	620	310	620	-	620	-	620	-	620	-	620	-	620	-	620	-	620	-	620	-

㈜ 2005년 1월 1일부로 일반국제전보 서비스가 폐지됨.

국 내 우 편 요 금(1)

구분	종별	내용	'70	'71	'72	'73	'74	'75	'76	'77	'78	'79	'80	'81	'82	'83
통상우편	제1종	필서·인쇄봉서	10	10	10	10	10	20	20	20	20	20	30	40	60	60
	제2종	통상엽서	5	5	5	5	5	10	10	10	10	10	15	20	30	30
		왕복엽서	10	10	10	10	10	20	20	20	20	20	30	40	60	60
		봉함엽서	10	10	10	10	10	20	20	20	20	20	30	40	60	60
	제3종	주1	1	1	1	1	1	3	3	3	3	3	5	10	10	10
		주2	2	2	2	2	2	6	6	6	6	6	10	10	10	10
	제4종	주3	2	2	2	2	2	6	6	6	6	6	10	10	10	10
	소포우편물		50	50	50	50	50	160	160	160	160	160	300	400	*10	*10
특수우편	등기		20	20	20	20	20	20	60	60	60	60	60	140	300	300
	통화·물품등기		30	30	30	30	30	30	150	150	150	150	230	600	600	600
	접수시각증명		5	5	5	5	5	5	10	20	20	20	30	40	60	60
	배달증명	발송당시	10	10	10	10	10	10	20	60	60	60	90	140	200	200
		발송후	20	20	20	20	20	20	40	60	60	60	180	280	400	400
	내용증명	발본1매	20	20	20	20	20	20	40	40	40	40	60	100	200	200
		1매증가시	10	10	10	10	10	10	20	20	20	20	30	50	100	100
	대금교환		30	30	30	30	30	30	60	60	60	60	80	200	200	200
	특별송달		30	30	30	30	30	30	60	60	60	60	90	140	200	200
	속달		30	30	30	30	30	30	60	60	60	60	90	150	200	200

구분	종별	내용	'84	'85	'86	'87	'88	'89	'90	'91	'92	'93
통상우편	제1종	필서·인쇄봉서	-	-	-	-	-	-	-	-	-	-
		규격봉서	70	70	80	80	80	80	100	100	100	110
		규격외봉서	80	80	90	90	90	90	150	150	150	160
	제2종	통상엽서	40	50	60	60	60	60	70	70	70	80
		왕복엽서	80	100	120	120	120	120	140	140	140	160
		봉함엽서	70	70	80	80	80	80	100	100	100	110
	제3종	주1	-	-	-	-	-	-	-	-	-	-
		주2	-	-	-	-	-	-	-	-	-	-
		가급	10	20	20	20	30	30	40	40	40	50
		나급	10	30	40	40	40	40	50	50	50	60
	제4종	주3	-	-	-	-	-	-	-	-	-	-
		서적류	10	-	60	60	60	60	70	70	70	80
		농산물종자	30	30	70	70	70	70	80	80	80	80
	소포우편물		500	550	700	700	700	700	800	800	800	800
특수우편	등기		330	380	470	470	470	470	500	500	600	800
	통화·물품등기		600	600	600	600	600	600	600	600	600	600
	접수시각증명		60	60	60	60	60	60	100	100	100	100
	배달증명	발송당시	330	380	470	470	470	470	500	500	500	700
		발송후	660	760	940	940	940	940	1,000	1,000	1,000	1,400
	내용증명	발본1매	330	380	470	470	470	470	500	500	600	800
		1매증가시	160	190	230	230	230	230	250	250	300	400
	대금교환		200	200	200	200	200	200	250	250	250	250
	특별송달		330	380	470	470	470	470	500	500	500	700
	속달		330	380	470	470	470	470	500	500	500	500
	국내특급		1,000	1,000	1,000	1,000	1,000	1,000	1,100	1,100	1,100	1,100
	민원우편		1,460	1,500	1,500	1,500	1,500	1,500	1,500	1,500	1,500	1,700

주 1:월 4회 이상 발행간행물로서 1부 또는 1일분의 신문 및 통신을 발행인 또는 판매인이 발송할 경우

2:기타 신문·잡지로서 제3종 우편물로 인가된 것을 일반인이 발송할 경우

3:서적·서화·그림·사진·인쇄물·상품견본 및 모형·맹인용 점자의 서적·인쇄물·사무용서류

* 등기료제외

국 내 우 편 요 금(2)

구분	종 별	내 용	'94	'95	'96	'97	'98	'99	2000
통상우편	보통우편	5g까지	100	120	120	140	140	140	140
		5g초과~25g까지	–	–	–	170	170	170	170
		25g초과~50g까지	130	150	150	190	190	190	190
	빠른우편	5g까지	300	330	330	280	280	280	280
		5g초과~25g까지	–	–	–	340	340	340	340
		25g초과~50g까지	390	400	400	380	380	380	380
	소포(보통)	2kg까지	1,000	1,200	1,200	1,500	1,500	1,500	1,500
		5kg까지	(2kg초과	(2kg초과	(2kg초과	(2kg초과	(2kg초과	2,000	2,000
		10kg까지	1kg까지	1kg까지	1kg까지	2kg까지	2kg까지	3,000	3,000
		20kg까지	마다	마다	마다	마다	마다	4,000	4,000
		30kg까지	500원)	600원)	600원)	500원)	500원)	5,000	5,000
	소포(빠른)	2kg까지	3,000	3,300	3,300	3,000	3,000	2,500	2,500
		5kg까지	(2kg초과	(2kg초과	(2kg초과	(2kg초과	(2kg초과	3,000	3,000
		10kg까지	1kg까지	1kg까지	1kg까지	1kg까지	1kg까지	4,000	4,000
		20kg까지	마다	마다	마다	마다	마다	5,000	5,000
		30kg까지	500원)	600원)	600원)	1,000원)	1,000원)	6,000	6,000
특수우편	등기		800	900	900	900	900	900	900
	통화·물품등기		600	800	800	800	800	800	800
	접수시각증명		100	300	300	300	300	300	300
	배달증명	발송당시	700	900	900	900	900	900	900
		발송후	1,400	1,400	1,400	1,800	1,800	1,800	1,800
	내용증명	발본 1매	800	1,100	1,100	1,100	1,100	1,100	1,100
		1매증가시	400	500	500	500	500	500	500
	대금교환		250	750	750	750	750	750	750
	특별송달		700	900	900	900	900	900	900
	속달		500	–	–	–	–	–	–
	국내특급		1,100	1,400	1,400	1,000	1,000	1,000	1,000
	민원우편		1,700	2,000	2,000	2,500	2,500	2,500	2,500

구분	종 별	내 용	2001	2002	2003	2004	2005	2006	2007
통상우편	보통우편	5g까지	140	160	160	190	190	220	220
		5g초과~25g까지	170	190	190	220	220	250	250
		25g초과~50g까지	190	210	210	240	240	270	270
	빠른우편	5g까지	280	240	240	270	270	–	–
		5g초과~25g까지	340	280	280	310	310	–	–
		25g초과~50g까지	380	310	310	340	340	–	–
	소포(보통)	2kg까지	–	–	–	–	–	2,200	2,200
		5kg까지	2,000	2,000	2,000	2,500	2,500	2,700	2,700
		10kg까지	3,000	2,500	2,500	3,200	3,200	3,700	3,700
		20kg까지	4,000	3,500	3,500	4,000	4,000	4,700	4,700
		30kg까지	5,000	4,500	4,500	5,000	5,000	5,700	5,700
	소포(빠른)	2kg까지	2,500	2,500	2,500	2,700	2,700	3,500	3,500
		5kg까지	3,000	3,000	3,000	3,200	3,200	4,000	4,000
		10kg까지	4,000	3,500	3,500	3,900	3,900	5,000	5,000
		20kg까지	5,000	4,500	4,500	4,700	4,700	6,000	6,000
		30kg까지	6,000	5,500	5,500	5,700	5,700	7,000	7,000
특수우편	등기		900	1,100	1,300	1,300	1,500	1,500	1,500
	통화·물품등기		800	1,000	1,000	1,000	1,000	1,000	1,000
	접수시각증명		300	300	300	300	300	300	300
	배달증명	발송당시	900	1,000	1,000	1,000	1,000	1,000	1,000
		발송후	1,800	1,000	1,000	1,000	1,000	1,000	1,000
	내용증명	발본 1매	1,100	1,000	1,000	1,000	1,000	1,000	1,000
		1매증가시	500	500	500	500	500	500	500
	대금교환		750	1,000	1,000	1,000	1,000	1,000	1,000
	특별송달		900	1,000	1,000	1,000	1,000	1,000	1,000
	속달		–	–	–	–	–	–	–
	국내특급		1,000	1,000	1,000	1,000	1,000	1,000	1,000
	민원우편		2,500	2,500	2,500	2,500	2,500	2,500	2,500

주 1:2002년부터 소포요금은 동일지역요금(2002년부터 동일지역과 타지역으로 구분하여 요금체계 개편).
2:빠른우편은 2006.3.1부로 폐지됨.
3:특수우편의 각각의 요금은 우편요금이 제외된 금액임.
-요금의 예) 2005년 5g초과~25g까지의 통상규격 보통등기우편의 요금=우편요금 220원 + 등기수수료 1,500 = 1,720원
4:2011년부터 민원우편요금은 발송시(우편요금+등기수수료+익일특급수수료)+회송시(50g규격우편요금+등기수수료+익일특급수수료.

국 내 우 편 요 금(3)

구분	종 별	내 용	2008	2009	2010	2011	2012	2013	2014
통상우편	보통우편	5g까지	220	220	220	240	240	270	270
		5g초과~25g까지	250	250	250	270	270	300	300
		25g초과~50g까지	270	270	270	290	290	320	320
	빠른우편	5g까지	–	–	–	–	–	–	–
		5g초과~25g까지	–	–	–	–	–	–	–
		25g초과~50g까지	–	–	–	–	–	–	–
	소포(보통)	2kg까지	2,200	2,200	2,200	2,200	2,200	2,200	2,200
		5kg까지	2,700	2,700	2,700	2,700	2,700	2,700	2,700
		10kg까지	3,700	3,700	3,700	3,700	3,700	3,700	4,200
		20kg까지	4,700	4,700	4,700	4,700	4,700	4,700	5,700
		30kg까지	5,700	5,700	5,700	5,700	5,700	5,700	7,200
	소포(빠른)	2kg까지	3,500	3,500	3,500	3,500	3,500	3,500	3,500
		5kg까지	4,000	4,000	4,000	4,000	4,000	4,000	4,000
		10kg까지	5,000	5,000	5,000	5,000	5,000	5,000	5,500
		20kg까지	6,000	6,000	6,000	6,000	6,000	6,000	7,000
		30kg까지	7,000	7,000	7,000	7,000	7,000	7,000	8,500
특수우편	등기		1,500	1,500	1,500	1,500	1,630	1,630	1,630
	통화·물품등기		1,000	1,000	1,000	1,000	1,000	1,000	1,000
	접수시각증명		300	300	300	300	300	300	–
	배달증명	발송당시	1,000	1,000	1,000	1,000	1,000	1,000	1,300
		발송후	1,000	1,000	1,000	1,000	1,000	1,000	1,300
	내용증명	발본 1매	1,000	1,000	1,000	1,000	1,000	1,000	1,300
		1매 증가시	500	500	500	500	500	500	650
	대금교환		1,000	1,000	1,000	1,000	–	–	–
	특별송달		1,000	1,000	1,000	1,000	1,000	1,000	1,300
	속달		–	–	–	–	–	–	–
	국내특급		1,000	2,090	2,090	2,090	2,090	2,090	2,090
	민원우편		2,500	2,500	2,500	–	–	–	–

구분	종 별	내 용	2015~2016	2017	2018	2019	2020	2021~2024	2025
통상우편	보통우편	5g까지	270	300	300	350	350	400	400
		5g초과~25g까지	300	330	330	380	380	430	430
		25g초과~50g까지	320	350	350	400	400	450	450
	빠른우편	5g까지	–	–	–	–	–	–	–
		5g초과~25g까지	–	–	–	–	–	–	–
		25g초과~50g까지	–	–	–	–	–	–	–
	소포(보통)	3kg까지	2,200	2,200	2,700	2,700	2,700	2,700	2,700
		5kg까지	2,700	2,700	3,200	3,200	3,200	3,200	3,200
		10kg까지	4,200	4,200	4,700	4,700	4,700	4,700	4,700
		20kg까지	5,700	5,700	6,700	6,700	6,700	6,700	6,700
		30kg까지	7,200	7,200	9,700	9,700	9,700	10,700	11,700
	소포(빠른)	3kg까지	3,500	3,500	4,000	4,000	4,000	4,000	4,000
		5kg까지	4,000	4,000	4,500	4,500	4,500	4,500	4,500
		10kg까지	5,500	5,500	6,000	6,000	6,000	6,000	6,000
		20kg까지	7,000	7,000	8,000	8,000	8,000	8,000	8,000
		30kg까지	8,500	8,500	11,000	11,000	11,000	12,000	13,000
특수우편	등기		1,630	1,630	1,800	1,800	2,100	2,100	2,400
	통화·물품등기		1,000	1,000	1,000	1,000	1,000	1,000	1,000
	접수시각증명		–	–	–	–	–	–	–
	배달증명	발송당시	1,300	1,300	1,300	1,300	1,300	1,600	1,600
		발송후	1,300	1,300	1,300	1,300	1,300	1,600	1,600
	내용증명	발본 1매	1,300	1,300	1,300	1,300	1,300	1,300	1,300
		1매 증가시	650	650	650	650	650	650	650
	대금교환		–	–	–	–	–	–	–
	특별송달		1,300	1,300	2,000	2,000	2,000	2,000	2,000
	속달		–	–	–	–	–	–	–
	국내특급		2,090	2,090	2,090	5,000	5,000	1,000	1,000
	민원우편		–	–	–	–	–	–	–

주 1:2002년부터 소포요금은 동일지역요금(2002년부터 동일지역과 타지역으로 구분하여 요금체계 개편).
2:빠른우편은 2006.3.1부로 폐지됨.
3:특수우편의 각각의 요금은 우편요금이 제외된 금액임.
-요금의 예) 2005년 5g초과~25g까지의 통상규격 보통등기우편의 요금=우편요금 220원 + 등기수수료 1,500 = 1,720원
4:2011년부터 민원우편요금은 발송시(우편요금+등기수수료+익일특급수수료)+회송시(50g규격우편요금+등기수수료+익일특급수수료.
5:2021년부터 특수우편(국내특급 요금)은 우편요금 및 등기수수료에 가산.

국제통상우편물요금(선편)

구분	APPU 회원국가						기타국가					
서장	20g	100g	250g	500g	1,000g	2,000g	20g	100g	250g	500g	1,000g	2,000g
78~79	115	280	470	900	1,560	2,535	195	460	780	1,495	2,600	4,225
80	140	340	560	1,080	1,870	3,030	230	550	940	1,790	3,110	5,050
81~83	260	610	1,220	1,640	4,050	6,780	340	810	1,620	3,100	5,400	8,770
84~86	260	610	1,220	1,640	4,050	6,780	340	810	1,620	3,100	5,400	8,770
87~89	260	610	1,220	1,640	4,050	6,780	340	810	1,620	3,100	5,400	8,770
90~94	260	610	1,220	1,640	4,050	6,780	340	810	1,620	3,100	5,400	8,770
95~99	350	800	1,600	3,100	5,400	8,750	350	800	1,600	3,100	5,400	8,750
00~01	350	800	1,600	3,100	5,400	8,750	350	800	1,600	3,100	5,400	8,750
02~06	400	1,200	2,000	3,500	5,500	9,000	400	1,200	2,000	3,500	5,500	9,000
07~12	400	1,200	2,000	3,500	5,500	9,000	400	1,200	2,000	3,500	5,500	9,000
13~17	440	1,350	2,260	3,960	6,220	10,190	440	1,350	2,260	3,960	6,220	10,190
2018~2025	470	1,430	2,400	4,200	6,590	10,800	470	1,430	2,400	4,200	6,590	10,800
인쇄물	20g	100g	250g	500g	1,000g	2,000g	20g	100g	250g	500g	1,000g	2,000g
78~79	60	130	195	350	585	820	95	210	325	585	975	1,365
80	70	160	230	420	700	980	110	250	390	700	1,170	1,630
81~83	130	280	500	920	1,520	2,120	170	370	670	1,220	2,020	2,830
84~86	130	280	500	920	1,520	2,120	170	370	670	1,220	2,020	2,830
87~89	130	280	500	920	1,520	2,120	170	370	670	1,220	2,020	2,830
90~94	130	280	500	920	1,520	2,120	170	370	670	1,220	2,020	2,830
95~99	200	450	800	1,450	2,400	3,400	200	450	800	1,450	2,400	3,400
00~01	200	450	800	1,450	2,400	3,400	200	450	800	1,450	2,400	3,400
02~06	300	700	1,200	2,500	4,000	6,000	300	700	1,200	2,500	4,000	6,000
07~12	300	700	1,200	2,500	4,000	6,000	300	700	1,200	2,500	4,000	6,000
13~17	320	770	1,320	2,770	4,440	6,660	320	770	1,320	2,770	4,440	6,660
2018~2025	340	820	1,400	2,940	4,710	7,060	340	820	1,400	2,940	4,710	7,060

소형포장물	100g	250g	500g	1,000g	100g	250g	500g	1,000g
78~79	130	195	350	585	210	325	585	975
80	160	230	420	700	250	390	700	1,170
81~83	500	700	1,150	1,750	600	950	1,400	2,200
84~86	500	700	1,150	1,750	600	950	1,400	2,200
87~89	500	700	1,150	1,750	600	950	1,400	2,200
90~94	500	700	1,150	1,750	600	950	1,400	2,200
95~99	700	1,100	1,700	2,700	700	1,100	1,700	2,700
00~01	700	1,100	1,700	2,700	700	1,100	1,700	2,700
02~06	800	1,500	2,200	3,800	800	1,500	2,200	3,800
07~12	800	1,500	2,200	3,800	800	1,500	2,200	3,800
13~16	930	1,770	2,600	4,490	930	1,770	2,600	4,490
2017	930	1,770	2,600	4,490	930	1,770	2,600	4,490
2018~2025	-	-	-	-	-	-	-	-

㈜ APPU(아시아·태평양 우편연합) 회원국명:
호주, 방글라데시, 부탄, 중국, 인도, 인도네시아, 일본, 라오스, 말레이지아, 몰디브, 나우루, 네팔, 뉴질랜드, 파키스탄, 파푸아뉴기니, 필리핀, 싱가폴, 스리랑카, 태국, 베트남, 아프간, 브루나이(대만은 APPU회원국 요금적용).

국제통상우편물요금(항공편)

■ 서 장

(단위:원)

중 량	10g				11~20g				21~30g				31~40g			
지역별	1	2	3	4	1	2	3	4	1	2	3	4	1	2	3	4
82~84	370	400	440	470	400	460	540	600	600	700	800	900	700	800	900	1,100
85~89	370	400	440	470	400	460	540	600	600	700	800	900	700	800	900	1,100
90~94	370	400	440	470	400	460	540	600	600	700	800	900	700	800	900	1,100
95~99	420	450	480	500	450	480	570	600	500	600	800	800	600	700	900	1,000
00~01	420	450	480	500	450	480	570	600	500	600	800	800	600	700	900	1,000
02~06	480	520	580	600	520	580	650	700	580	700	840	900	690	820	1,030	1,150
07~12	480	520	580	600	520	580	650	700	580	700	840	900	690	820	1,030	1,150
13~17	540	580	660	680	580	650	740	800	650	790	950	1,030	780	930	1,170	1,310
2018~2025	570	610	700	720	610	690	780	850	690	840	1,010	1,090	830	990	1,240	1,390

중 량	41~50g				51~60g				61~70g				71~80g			
82~84	800	950	1,100	1,260	900	1,100	1,250	1,500	1,020	1,230	1,500	1,700	1,050	1,290	1,610	1,850
85~89	800	950	1,100	1,260	900	1,100	1,250	1,500	1,020	1,230	1,500	1,700	1,050	1,290	1,610	1,850
90~94	800	950	1,100	1,260	900	1,100	1,250	1,500	1,020	1,230	1,500	1,700	1,050	1,290	1,610	1,850
95~99	700	800	1,000	1,200	800	900	1,250	1,500	900	1,000	1,500	1,700	1,050	1,100	1,600	1,850
00~01	700	800	1,000	1,200	800	900	1,250	1,500	900	1,000	1,500	1,700	1,050	1,100	1,600	1,850
02~06	810	940	1,220	1,400	930	1,060	1,410	1,650	1,050	1,180	1,600	1,900	1,170	1,300	1,790	2,150
07~12	810	940	1,220	1,400	930	1,060	1,410	1,650	1,050	1,180	1,600	1,900	1,170	1,300	1,790	2,150
13~17	910	1,060	1,390	1,610	1,050	1,200	1,610	1,890	1,180	1,330	1,820	2,180	1,320	1,480	2,040	2,470
2018~2025	960	1,120	1,470	1,710	1,110	1,270	1,710	2,000	1,250	1,410	1,930	2,310	1,400	1,570	2,160	2,620

중 량	81~90g				91~100g				101~110g				111~120g			
82~84	1,100	1,350	1,710	2,000	1,300	1,450	1,850	2,200	1,600	1,700	2,100	2,500	1,900	2,000	2,400	2,800
85~89	1,100	1,350	1,710	2,000	1,300	1,450	1,850	2,200	1,600	1,700	2,100	2,500	1,900	2,000	2,400	2,800
90~94	1,100	1,350	1,710	2,000	1,300	1,450	1,850	2,200	1,600	1,700	2,100	2,500	1,900	2,000	2,400	2,800
95~99	1,100	1,200	1,700	2,000	1,300	1,300	1,850	2,200	1,700	1,950	2,650	3,200	1,700	1,950	2,650	3,200
00~01	1,100	1,200	1,700	2,000	1,300	1,300	1,850	2,200	1,700	1,950	2,650	3,200	1,700	1,950	2,650	3,200
02~06	1,290	1,420	1,980	2,400	1,450	1,540	2,170	2,650	1,900	2,260	2,970	3,750	1,900	2,260	2,970	3,750
07~12	1,290	1,420	1,980	2,400	1,450	1,540	2,170	2,650	1,900	2,260	2,970	3,750	1,900	2,260	2,970	3,750
13~17	1,450	1,610	2,260	2,750	1,640	1,750	2,480	3,040	2,150	2,580	3,390	4,310	2,150	2,580	3,390	4,310
2018~2025	1,540	1,710	2,400	2,920	1,740	1,860	2,630	3,220	2,280	2,730	3,590	4,570	2,280	2,730	3,590	4,570

⊙ 요금적용 지역별 국명

(통상, 소포, 특급)

지역별	국 명
1	일본, 중국, 대만, 홍콩, 마카오
2	동남아시아:방글라데시, 브루나이, 미얀마, 캄보디아, 동티모르, 인도네시아, 라오스, 말레이시아, 필리핀, 싱가포르, 태국, 베트남, 몽고
3	북 미:미국본토(하와이, 알래스카 포함), 캐나다 서구라파:벨기에, 덴마크, 핀란드, 프랑스본토, 독일, 영국본토, 그리스, 이탈리아, 룩셈부르크, 네덜란드본토, 노르웨이, 포르투갈, 스페인, 스위스, 스웨덴, 오스트리아 등 동구라파:러시아, 루마니아, 폴란드, 헝가리, 체코, 구 소련연방 등 중 동:바레인, 이란, 이라크, 이스라엘, 요르단, 쿠웨이트, 사우디아라비아, 카타르, 시리아, 터키 등 대 양 주:호주, 뉴질랜드본토, 파푸아뉴기니, 괌, 사이판 아 시 아:아프가니스탄, 인도, 네팔, 파키스탄, 스리랑카 등
4	아 프 리 카:이집트, 케냐, 리비아 등 중 · 남 미:멕시코, 파나마, 아르헨티나, 브라질, 우루과이, 페루 등 서인도제도:쿠바, 하이티, 도미니카 등 남 태 평 양:피지, 키리바티, 솔로몬제도, 사모아 등

국제소포우편요금(선편)

㈜ 중량기준변경시행(2002년) : 1kg→2kg/3kg→4kg/5kg→6kg (단위:원)

지역별	미 국				브 라 질				독 일				스 위 스			
중 량	1kg	3kg	5kg	10kg	1kg	3kg	5kg	10kg	1kg	3kg	5kg	10kg	1kg	3kg	5kg	10kg
78~79	1,070	2,800	4,590	8,840	2,460	3,180	3,970	5,440	1,390	1,910	2,510	3,800	1,540	2,200	2,960	4,360
80	1,280	3,360	5,510	10,610	5,950	3,820	4,760	6,530	1,670	2,300	3,010	4,560	1,840	2,630	3,540	5,210
81~85	2,400	6,500	10,600	21,100	5,800	7,700	9,600	13,800	3,800	5,500	7,100	10,500	3,800	5,500	7,100	10,500
86~94	3,100	8,400	13,700	27,400	6,800	9,000	11,200	15,500	4,900	7,100	9,200	13,600	4,900	7,100	9,200	13,600
95~96	6,100	8,900	11,500	17,000	7,100	9,400	11,600	16,100	6,100	8,900	11,500	17,000	6,100	8,900	11,500	17,000
97~99	8,000	11,000	14,000	20,000	9,000	13,000	16,500	22,500	8,000	11,000	14,000	20,000	8,000	11,000	14,000	20,000
00~01	8,000	11,000	14,000	20,000	9,000	13,000	16,500	22,500	8,000	11,000	14,000	20,000	8,000	11,000	14,000	20,000
02~06	12,000	16,000	20,000	28,000	13,000	18,000	23,000	33,000	12,000	16,000	20,000	28,000	12,000	16,000	20,000	28,000
07~12	12,000	16,000	20,000	28,000	13,000	18,000	23,000	33,000	12,000	16,000	20,000	28,000	12,000	16,000	20,000	28,000
13~17	13,300	17,800	22,300	31,300	14,500	20,000	25,700	36,800	13,300	17,800	22,300	31,300	13,300	17,800	22,300	31,300
2018~2025	12,000	24,500	30,500	43,000	13,000	27,500	35,500	50,500	12,000	24,500	30,500	43,000	-	-	-	-

지역별	스 페 인				사 모 아				싱 가 포 르				스 웨 덴			
78~79	2,020	2,820	3,760	5,450	1,320	3,460	5,710	10,980	1,480	2,030	2,690	3,890	1,800	2,520	3,370	5,130
80	2,420	3,380	4,550	6,540	1,580	4,150	6,850	13,180	1,770	2,430	3,220	4,650	2,150	3,010	4,030	6,130
81~85	3,800	5,500	7,100	10,500	3,100	4,600	6,100	9,500	3,300	4,700	6,000	8,600	3,800	5,500	7,100	10,500
86~94	4,900	7,100	9,200	13,600	4,000	5,900	7,900	12,300	4,200	6,100	7,800	11,100	4,900	7,100	9,200	13,600
95~96	6,100	8,900	11,500	17,000	7,100	9,400	11,600	16,100	4,800	7,000	9,000	12,800	6,100	8,900	11,500	17,000
97~99	8,000	11,000	14,000	20,000	9,000	13,000	16,500	22,500	7,000	9,500	12,500	16,500	8,000	11,000	14,000	20,000
00~01	8,000	11,000	14,000	20,000	9,000	13,000	16,500	22,500	7,000	9,500	12,500	16,500	8,000	11,000	14,000	20,000
02~06	12,000	16,000	20,000	28,000	13,000	18,000	23,000	33,000	11,000	14,000	17,000	23,000	12,000	16,000	20,000	28,000
07~12	12,000	16,000	20,000	28,000	13,000	18,000	23,000	33,000	11,000	14,000	17,000	23,000	12,000	16,000	20,000	28,000
13~17	13,300	17,800	22,300	31,300	14,500	20,000	25,700	36,800	12,200	15,600	18,900	25,700	13,300	17,800	22,300	31,300
2018~2025	12,000	24,500	30,500	43,000	-	-	-	-	11,000	21,500	26,000	35,500	12,000	24,500	30,500	43,000

지역별	일 본				영 국				오스트레일리아				프 랑 스			
78~79	2,450	2,850	3,250	4,060	2,810	3,860	5,080	6,960	1,990	2,650	3,570	5,210	1,810	2,560	3,420	4,970
80	2,930	3,410	3,890	4,860	3,360	4,620	6,080	8,320	2,390	3,180	4,280	6,520	2,160	3,060	4,090	5,940
81~85	4,000	5,300	6,700	8,600	3,800	5,500	7,100	10,500	3,100	4,600	6,100	9,500	3,800	5,500	7,100	10,500
86~94	5,200	6,800	8,700	11,100	4,900	7,100	9,200	13,600	4,000	5,900	7,900	12,300	4,900	7,100	9,200	13,600
95~96	6,000	7,800	10,000	12,800	6,100	8,900	11,500	17,000	6,100	8,900	11,500	17,000	6,100	8,900	11,500	17,000
97~99	6,500	9,000	12,000	16,000	8,000	11,000	14,000	20,000	8,000	11,000	14,000	20,000	8,000	11,000	14,000	20,000
00~01	6,500	9,000	12,000	16,000	8,000	11,000	14,000	20,000	8,000	11,000	14,000	20,000	8,000	11,000	14,000	20,000
02~06	10,000	13,000	16,000	22,000	12,000	16,000	20,000	28,000	12,000	16,000	20,000	28,000	12,000	16,000	20,000	28,000
07~12	10,000	13,000	16,000	22,000	12,000	16,000	20,000	28,000	12,000	16,000	20,000	28,000	12,000	16,000	20,000	28,000
13~17	11,100	14,500	17,800	24,600	13,300	17,800	22,300	31,300	13,300	17,800	22,300	31,300	13,300	17,800	22,300	31,300
2018~2025	9,900	20,000	24,500	34,000	12,000	24,500	30,500	43,000	12,000	24,500	30,500	43,000	12,000	24,500	30,500	43,000

국제소포우편요금(항공편) (1)

(단위:원)

지역별	미국						브라질					
중량	1kg	2kg	3kg	4kg	5kg	10kg	1kg	2kg	3kg	4kg	5kg	10kg
78~79	2,830	5,470	8,110	8,110	13,380	26,570	6,120	10,330	14,240	18,450	22,370	42,530
80	3,400	6,560	9,730	9,730	16,060	31,880	7,340	12,330	17,090	22,140	26,840	51,040
81~85	6,700	13,200	15,700	15,700	32,700	65,100	14,000	23,300	29,600	39,000	51,300	94,500
86~94	8,700	17,100	25,600	25,600	42,500	84,600	17,600	30,100	41,500	54,000	65,400	122,800
95~96	13,700	23,300	30,900	30,900	47,600	81,600	19,000	32,500	44,800	58,300	70,600	132,600
97~99	14,000	24,000	33,000	33,000	51,000	81,000	20,000	32,500	45,000	56,000	67,000	122,000
00~01	14,000	24,000	33,000	33,000	51,000	81,000	20,000	32,500	45,000	56,000	67,000	122,000
02~05	18,000	28,000	38,000	38,000	54,000	86,200	24,000	38,000	52,000	64,000	76,000	136,000
06~12	20,200	26,200	32,200	32,200	44,200	74,200	22,900	32,300	43,100	53,900	64,700	118,700
13~17	23,400	31,000	40,500	40,500	59,800	107,900	25,500	36,100	48,200	60,200	72,400	132,800
2018~2025	28,000	37,000	48,000	59,500	71,000	128,000	32,000	40,000	49,500	62,000	74,500	136,000

지역별	독일						스위스					
78~79	3,410	5,800	7,960	10,370	12,530	24,080	3,540	6,010	8,230	10,710	12,930	24,580
80	4,090	6,960	9,520	12,440	15,040	28,900	4,230	7,190	9,840	12,810	15,460	29,400
81~85	7,800	13,200	17,700	23,000	27,400	51,200	7,800	13,200	17,700	23,000	27,400	51,200
86~94	10,100	17,100	22,700	29,500	35,000	64,500	10,100	17,100	22,700	29,500	35,000	64,500
95~96	13,700	23,300	30,900	40,100	47,600	81,600	13,700	23,300	30,900	40,100	47,600	81,600
97~99	14,000	24,000	33,000	42,000	51,000	81,000	14,000	24,000	33,000	42,000	51,000	81,000
00~01	14,000	24,000	33,000	42,000	51,000	81,000	14,000	24,000	33,000	42,000	51,000	81,000
02~05	18,000	28,000	38,000	46,000	54,000	86,200	18,000	28,000	38,000	46,000	54,000	86,200
06~12	20,200	26,200	32,200	38,200	44,200	74,200	20,200	26,200	32,200	38,200	44,200	74,200
13~17	22,500	29,200	36,000	42,700	49,400	83,000	22,500	29,200	36,000	42,700	49,400	83,000
2018~2025	23,000	29,500	36,500	43,500	50,000	84,500	24,500	31,500	39,000	46,000	53,500	89,500

지역별	스페인						사모아					
78~79	4,230	7,020	9,520	12,310	14,820	27,910	2,760	5,320	7,880	10,440	13,000	25,810
80	5,080	8,420	11,420	14,770	17,780	33,490	3,310	6,380	9,460	12,530	15,600	30,970
81~85	7,800	13,200	17,700	23,000	27,400	51,200	7,600	11,300	17,900	23,600	28,400	54,100
86~94	10,100	17,100	22,700	29,500	35,000	64,500	9,800	16,900	23,200	30,300	36,100	67,000
95~96	13,700	23,300	30,900	40,100	47,600	81,600	19,000	32,500	44,800	58,300	70,600	132,600
97~99	14,000	24,000	33,000	42,000	51,000	81,000	20,000	32,500	45,000	56,000	67,000	122,000
00~01	14,000	24,000	33,000	42,000	51,000	81,000	20,000	32,500	45,000	56,000	67,000	122,000
02~05	18,000	28,000	38,000	46,000	54,000	86,200	24,000	38,000	52,000	64,000	76,000	136,000
06~12	20,200	26,200	32,200	38,200	44,200	74,200	22,900	32,300	43,100	53,900	64,700	118,700
13~17	22,400	29,000	35,700	42,400	49,100	82,500	25,500	36,100	48,200	60,200	72,400	132,800
2018~2025	23,000	30,000	37,000	44,000	50,500	85,000	27,500	39,000	52,000	65,000	78,000	143,500

국제소포우편요금(항공편) (2)

(단위:원)

지역별	싱가포르						스웨덴					
중 량	1kg	2kg	3kg	4kg	5kg	10kg	1kg	2kg	3kg	4kg	5kg	10kg
78~79	2,180	3,360	4,300	5,470	6,410	11,570	3,650	6,010	8,070	10,470	12,530	23,750
80	2,610	4,020	5,140	6,540	7,670	13,840	4,370	7,190	9,650	12,520	14,990	28,410
81~85	5,200	8,300	10,500	13,500	15,800	28,100	7,800	13,200	17,700	23,000	27,400	51,200
86~94	6,700	10,700	13,100	16,700	19,100	32,900	10,100	17,100	22,700	29,500	35,000	64,500
95~96	8,500	13,600	16,600	21,200	24,300	41,800	13,700	23,300	30,900	40,100	47,600	81,600
97~99	9,800	13,600	16,600	21,200	24,300	41,800	14,000	24,000	33,000	42,000	51,000	81,000
00~01	9,800	13,600	16,600	21,200	24,300	41,800	14,000	24,000	33,000	42,000	51,000	81,000
02~05	12,000	16,000	20,000	24,000	28,000	50,000	18,000	28,000	38,000	46,000	54,000	86,200
06~12	17,700	22,900	28,100	33,300	38,500	64,500	20,200	26,200	32,200	38,200	44,200	74,200
13~17	18,000	20,900	23,700	26,600	29,600	44,100	22,500	29,200	36,000	42,700	49,400	83,000
2018~2025	18,000	21,000	26,000	27,000	30,000	44,500	24,500	31,500	39,000	46,000	53,500	89,500
지역별	일본						영국					
78~79	2,700	3,290	3,600	4,190	4,500	6,310	4,710	7,420	9,580	12,370	15,300	27,430
80	3,230	3,930	4,310	5,010	5,380	7,550	5,630	8,870	11,460	14,790	18,300	32,810
81~85	4,500	6,300	6,900	8,700	9,500	14,300	7,800	13,200	17,700	23,000	27,400	51,200
86~94	5,800	8,100	8,900	11,300	12,300	18,500	10,100	17,100	22,700	29,500	35,000	64,500
95~96	7,300	10,200	11,200	14,200	15,500	23,300	13,700	23,300	30,900	40,100	47,600	81,600
97~99	9,000	11,400	13,700	15,900	18,100	28,700	14,000	24,000	33,000	42,000	51,000	81,000
00~01	9,000	11,400	13,700	15,900	18,100	28,700	14,000	24,000	33,000	42,000	51,000	81,000
02~05	10,300	12,900	15,500	18,100	20,700	33,700	18,000	28,000	38,000	46,000	54,000	86,200
06~12	12,800	15,800	19,000	22,200	25,400	41,400	20,200	26,200	32,200	38,200	44,200	74,200
13~17	17,000	19,500	22,000	24,500	26,800	39,200	22,400	29,000	35,700	42,400	49,100	82,500
2018~2025	18,000	21,000	23,500	26,000	28,500	42,000	30,500	34,000	37,000	44,000	51,000	86,000
지역별	오스트레일리아						이탈리아					
78~79	3,820	6,190	8,240	10,770	12,820	23,950	3,850	6,450	8,760	11,360	13,670	25,810
80	4,580	7,430	9,890	12,920	15,380	28,740	4,600	7,710	10,480	13,590	16,350	30,870
81~85	7,600	13,000	17,900	23,600	28,400	54,100	7,800	13,200	17,700	23,000	27,400	51,200
86~94	9,800	16,900	23,200	30,300	36,100	67,000	10,100	17,100	22,700	29,500	35,000	64,500
95~96	13,700	23,300	30,900	40,100	47,600	81,600	13,700	23,300	30,900	40,100	47,600	81,600
97~99	14,000	24,000	33,000	42,000	51,000	81,000	14,000	24,000	33,000	42,000	51,000	81,000
00~01	14,000	24,000	33,000	42,000	51,000	81,000	14,000	24,000	33,000	42,000	51,000	81,000
02~05	18,000	28,000	38,000	46,000	54,000	86,200	18,000	28,000	38,000	46,000	54,000	86,200
06~12	20,200	26,200	32,200	38,200	44,200	74,200	20,200	26,200	32,200	38,200	44,200	74,200
13~17	18,200	25,100	32,000	39,000	45,900	80,600	22,500	29,200	36,000	42,700	49,400	83,000
2018~2025	21,000	28,500	36,500	44,000	52,000	91,500	24,500	31,500	39,000	46,000	53,500	89,500

국 제 전 화 요 금

통화지역 (수동)	'70~'72		'73		'74		'75		'76		'77~'79		'80	
	최 초 3분간	매추가 1분마다	최 초 3분간	매추가 1분마다	최 초 3분간	매추가 1분마다	최 초 3분간	매추가 1분마다	최 초 3분간	매추가 1분마다	최 초 3분간	매추가 1분마다	최 초 3분간	매추가 1분마다
일 본	1,602	534	2,178	726	3,000	1,000	3,408	1,136	3,408	1,136	5,203	1,041	6,290	1,260
대 만	1,602	534	–	–	3,000	1,000	3,976	994	3,976	994	3,976	994	4,800	1,200
홍 콩	2,002	667	2,724	908	3,600	1,200	4,730	946	4,730	946	4,730	946	5,700	1,140
필 리 핀	2,448	816	–	816	3,600	1,200	4,320	1,440	4,320	1,440	4,320	1,440	5,220	1,310
태 국	3,204	1,068	–	1,068	6,000	2,000	–	–	5,676	1,892	5,676	1,136	6,870	1,370
말 레 이 시 아	3,204	1,068	–	1,068	–	–	–	–	6,813	2,271	6,813	2,271	5,560	1,230
싱 가 포 르	3,204	1,068	–	1,068	5,700	1,900	5,961	1,325	5,961	1,325	5,961	1,325	7,200	1,600
호 주	3,204	1,068	–	1,068	4,800	1,600	–	–	6,813	2,271	6,813	1,514	8,220	1,830
독 일	4,080	1,360	4,356	1,452	6,000	2,000	6,813	2,271	6,813	2,271	6,813	1,703	7,830	2,060
미 국	3,264	1,088	4,452	1,484	4,800	1,600	5,760	1,920	5,760	1,920	6,480	1,440	7,830	1,740
캐 나 다	3,264	1,088	4,452	1,484	4,800	1,600	5,760	1,920	5,760	1,920	6,480	1,440	8,910	1,740
영 국	–	–	–	–	–	–	–	–	–	–	–	–	–	2,060

통화지역 (수동)	'81~'83		'84~'88		'89		'90~'92		'93~'94		'95~'97		'98~'00	
	최 초 3분간	매추가 1분마다	최 초 3분간	매추가 1분마다	최 초 1분간	매추가 1분마다	최 초 1분간	매추가 1분마다	최 초 1분간	매추가 1분마다	최 초 1분간	매추가 1분마다	최 초 1분간	매추가 1분마다
일 본	7,450	1,490	1,420	1,420	1,300	1,100	1,300	970	1,210	900	1,150	860	984	738
대 만	5,690	1,410	1,350	1,350	1,300	1,100	1,300	970	1,210	900	1,150	860	1,176	882
홍 콩	6,780	1,360	1,290	1,290	1,300	1,100	1,300	970	1,210	900	1,150	860	1,158	870
필 리 핀	6,180	1,550	1,420	1,420	1,300	1,100	1,300	970	1,210	900	1,150	860	1,272	954
태 국	8,130	1,630	1,420	1,420	1,300	1,100	1,300	970	1,210	900	1,150	860	1,272	954
말 레 이 시 아	6,590	1,460	1,390	1,390	1,300	1,100	1,300	970	1,210	900	1,150	860	1,272	954
싱 가 포 르	8,540	1,900	1,420	1,420	1,300	1,100	1,300	970	1,210	900	1,150	860	1,158	870
호 주	9,750	2,170	1,960	1,960	1,700	1,440	1,700	1,270	1,580	1,180	1,500	1,130	1,326	996
독 일	9,750	2,440	2,320	2,320	2,100	1,780	2,000	1,500	1,860	1,400	1,770	1,330	1,560	1,170
미 국	9,270	2,060	1,960	1,960	1,700	1,440	1,700	1,270	1,580	1,180	1,500	1,130	840	630
캐 나 다	9,270	2,060	1,960	1,960	1,700	1,440	1,700	1,270	1,580	1,180	1,500	1,130	1,734	1,302
영 국	10,550	2,440	1,550	1,550	1,550	1,310	1,550	1,160	1,510	1,130	1,480	1,110	1,320	990

통화지역 (수동)	'01~'02		'03~'04		'05		'06~'15		'16~'20		'21~'24	'25
	최 초 1분간	매추가 1분마다	최 초 1분간	매추가 1분마다	최 초 1분간	매추가 1분마다	최 초 1분간	매추가 1분마다	최 초 1분간	매추가 1분마다	1분 환산	1분 환산
일 본	840	588	690	624	696	624	696	696	745	745	950.4	1,386
대 만	1,008	708	960	864	960	864	960	960	1,056	1,056	950.4	1,386
홍 콩	1,008	702	978	882	978	882	978	978	1,075	1,075	950.4	1,386
필 리 핀	1,092	762	1,128	1,014	1,128	1,014	1,128	1,128	1,240	1,240	1,458.6	1,386
태 국	1,146	804	1,146	1,032	1,146	1,032	1,146	1,146	1,260	1,260	1,458.6	1,386
말 레 이 시 아	1,146	804	1,032	930	1,032	930	1,032	1,032	1,135	1,135	1,458.6	1,386
싱 가 포 르	1,008	702	978	882	978	882	978	978	1,075	1,075	950.4	1,386
호 주	1,152	804	1,092	984	1,086	978	1,086	1,086	1,194	1,194	1,293.6	1,386
독 일	1,344	942	948	852	948	852	948	948	1,042	1,042	1,293.6	1,386
미 국	726	510	288	258	282	252	282	282	310	310	950.4	1,386
캐 나 다	1,488	1,038	1,296	1,164	1,290	1,164	1,290	1,290	1,419	1,419	950.4	1,386
영 국	1,134	792	1,008	906	1,008	906	1,008	1,008	1,108	1,108	1,293.6	1,386

주

1. 1983. 8. 1부 국제자동통화(ISD)요금제정 시행
2. 1986. 9. 1부 대역별 요금제 및 야간할인제 시행
   ○ 대역…1대역(동남아)
   2대역(대양주, 북미)
   3대역(유럽, 중동, 서남아, 중남미, 아프리카)
   특수대역(홍콩, 타이완, 말레이지아, 영국, 이란, 미얀마, 몽고, 스와인, 상뻬에르미켈론)
   ○ 야간할인제…ISD야간통화 요금 20% 할인
3. 1987. 12. 1부 할인율 및 할인시간 확대
4. 1988. 7. 1부 공휴일 할인제 시행
   …ISD공휴일요금 30%할인 (임시공휴일 포함)
5. 1988. 12. 25부 요금인하 및 구조조정시행
6. 1983년까지는 수동, 1984년 이후에는 자동IDD 요금 적용함.
7. 2021~2024년 KT 001 요금제 기준.
8. 2025년도 부터 KT요금제 「품질좋은 001」 기준.

공 중 전 화 요 금

연 도	1월	2월	3월	4월	5월	6월	7월	8월	9월	10월	11월	12월
1970~1976	5	5	5	5	5	5	5	5	5	5	5	5
1977~1981	10	10	10	10	10	10	10	10	10	10	10	10
1982~1985	20	20	20	20	20	20	20	20	20	20	20	20
1986~1991	20	20	20	20	20	20	20	20	20	20	20	20
1992	20	20	20	20	20	20	20	20	20	20	20	20
1993	20	30	30	30	30	30	30	30	30	30	30	30
1994	30	30	30	30	30	30	30	40	40	40	40	40
1995	40	40	40	40	40	40	40	40	40	40	40	40
1996	40	40	40	40	40	40	40	40	40	40	40	40
1997	40	40	40	40	40	40	40	40	50	50	50	50
1998	50	50	50	50	50	50	50	50	50	50	50	50
1999	50	50	50	50	50	50	50	50	50	50	50	50
2000	50	50	50	50	50	50	50	50	50	50	50	50
2001	50	50	50	50	50	50	50	50	50	50	50	50
2002	50	50	50	50	70	70	70	70	70	70	70	70
2003	70	70	70	70	70	70	70	70	70	70	70	70
2004	70	70	70	70	70	70	70	70	70	70	70	70
2005	70	70	70	70	70	70	70	70	70	70	70	70
2006	70	70	70	70	70	70	70	70	70	70	70	70
2007	70	70	70	70	70	70	70	70	70	70	70	70
2008	70	70	70	70	70	70	70	70	70	70	70	70
2009	70	70	70	70	70	70	70	70	70	70	70	70
2010~2024	70	70	70	70	70	70	70	70	70	70	70	70
2025	70	70	70	70	70	70	70	70	70	70	-	-

시내전화도수료(자동전화)

연 도	1월	2월	3월	4월	5월	6월	7월	8월	9월	10월	11월	12월
1970~1974	4	4	4	4	4	4	4	4	4	4	4	4
1975	6	6	6	6	6	6	8	8	8	8	8	8
1976~1979	8	8	8	8	8	8	8	8	8	8	8	8
1980	12	12	12	12	12	12	12	12	12	12	12	12
1981	12	12	12	12	12	15	15	15	15	15	15	20
1982~1985	20	20	20	20	20	20	20	20	20	20	20	20
1986	20	25	25	25	25	25	25	25	25	25	25	25
1987~1989	25	25	25	25	25	25	25	25	25	25	25	25
1990~1992	25	25	25	25	25	25	25	25	25	25	25	25
1993	25	30	30	30	30	30	30	30	30	30	30	30
1994	30	30	30	30	30	30	30	40	40	40	40	40
1995	40	40	40	40	40	40	40	40	40	40	40	40
1996	40	40	40	40	40	40	40	40	40	40	40	41.6
1997	41.6	41.6	41.6	41.6	41.6	41.6	41.6	41.6	45	45	45	45
1998~2000	45	45	45	45	45	45	45	45	45	45	45	45
2001	45	45	45	39	39	39	39	39	39	39	39	39
2002~2015	39	39	39	39	39	39	39	39	39	39	39	39
2016	42.9	42.9	42.9	42.9	42.9	42.9	42.9	42.9	42.9	42.9	42.9	42.9
2017	42.9	42.9	42.9	42.9	42.9	42.9	42.9	42.9	42.9	42.9	42.9	42.9
2018	42.9	42.9	42.9	42.9	42.9	42.9	42.9	42.9	42.9	42.9	42.9	42.9
2019~2024	42.9	42.9	42.9	42.9	42.9	42.9	42.9	42.9	42.9	42.9	42.9	42.9
2025	42.9	42.9	42.9	42.9	42.9	42.9	42.9	42.9	42.9	42.9	-	-

담 배 판 매 가(1)

■ 막궐련

제 품 명	포장구분	발매·변경 폐지 연월	판매가격 초기	판매가격 최종
승리	10본입	45. 9~47. 5	3원	5원
백두산	〃	46. 1~49. 3	8원	8원
공작	〃	46. 1~48. 7	10원	50원
〃	20본입	49. 4~54. 4	60원	30환
무궁화	10본입	46. 6~47.12	8원	15원
〃	20본입	47.12~50.12	50원	200원
백구	〃	48. 5~52.12	1,000원	1,000원
〃	〃	53. 1~55. 8	1,000원	5환
계명	10본입	48. 8~48.11	30원	30원
백합	20본입	49. 4~53. 1	60원	500원
샛별	〃	49. 4~51. 3	50원	70원
〃	〃	51. 4~55. 8	70원	4환
건설	〃	51.12~55. 8	800원	20환
탑	〃	55. 8~56.12	60환	60환
파랑새	〃	55. 8~57.12	50환	50환
〃	〃	58. 1~62. 9	50환	5원
〃	〃	62.10~68.12	6원	6원
백양	〃	55. 8~56. 7	60환	100환
〃	〃	56. 8~57.12	100환	150환
〃	〃	58. 1~62. 7	150환	18원
〃	〃	62. 8~66. 7	18원	18원
진달래	〃	57. 1~61. 8	100환	100환
〃	〃	61. 9~64.10	100환	13원
〃	〃	64.10~66. 6	13원	13원
사슴	〃	57. 1~60. 3	100환	100환
〃	〃	60. 4~62. 8	100환	10원
〃	〃	60. 1~60. 8	70환	70환
〃	〃	60. 8~62. 8	70환	7원
재건	10본입	61. 7~64.11	100환	12원
해바라기	14본입	62. 1~62.10	100환	10원
금잔디	20본입	65. 7~70.12	15원	15원
〃	〃	70.12~73.12	15원	10원
백조	〃	65. 7~73.12	20원	20원
새마을	〃	66. 8~70. 6	10원	10원
〃	〃	70. 7~74.12	30원	30원
새마을A	〃	74. 4~76. 2	30원	40원
〃	〃	76. 2~78.11	40원	40원
새마을B	〃	74. 4~76. 2	30원	40원
〃	〃	76. 2~88.12	40원	40원
화랑	〃	49. 4~53. 3	40원	40환
〃	〃	53. 4~60. 3	40환	40환
〃	〃	60. 4~62.12	40환	4원
〃	〃	63. 1~68.12	5원	5원
〃	〃	69. 1~74.12	5원	10원
모란	〃	61. 1~64.11	40환	4원
전우	〃	64.11~74.12	5원	12원

담 배 판 매 가 (2)

■ 필터담배(1)

제 품 명	포장구분	발매·변경 폐지 연월	판매가격 초기	판매가격 최종
아리랑	20본입	58. 1~61. 8	200환	200환
〃	〃	61. 9~67.10	200환	25원
〃	〃	67.10~73.12	35원	35원
〃	〃	74. 4~76. 3	100원	150원
〃	〃	84.11~88.12	500원	500원
금관	〃	61. 1~61.12	250환	250환
〃	〃	62. 1~72. 4	250환	40원
〃	〃	74. 4~74. 8	40원	40원
파고다	〃	61 . 8~61.10	300환	300환
〃	〃	61.10~72. 5	300환	35원
〃	〃	74. 4~79. 7	50원	70원
새나라	〃	62. 1~63. 4	250환	30원
희망	10본입	64.11~73.12	15원	15원
〃	20본입	64.11~66. 2	30원	30원
신탄진	〃	65. 7~68. 2	50원	50원
〃	〃	68. 3~70. 2	50원	60원
〃	〃	70. 3~72. 3	60원	60원
〃	〃	72. 3~74. 6	60원	50원
〃	12본입	66. 6~68. 3	30원	30원
스포츠	20본입	66. 4~66. 6	15원	15원
〃	〃	66. 6~68. 3	15원	20원
〃	〃	68. 4~71.12	20원	20원
여삼연	〃	68. 9~72. 1	100원	100원
청자	〃	69. 2~72. 8	100원	100원
〃	〃	72. 8~76. 2	100원	150원
〃	〃	76. 2~79. 7	150원	150원
〃	〃	79. 7~98. 7	150원	-
은하수	〃	72. 5~73.12	150원	150원
〃	〃	74. 1~77.12	150원	220원
〃	〃	78. 1~80. 6	220원	220원
〃	〃	80. 7~88.12	220원	330원
비둘기	〃	73. 2~75.12	80원	100원
한산도	〃	74. 4~78. 7	150원	220원
〃	〃	78. 7~88.12	220원	330원
단오	〃	74. 4~76. 3	100원	150원
개나리	〃	74. 4~77. 3	80원	100원
〃	〃	77. 3~79. 7	100원	100원
환희	〃	74. 4~76. 2	80원	100원
〃	〃	76. 2~88.12	100원	100원
남대문	〃	74. 4~78.12	50원	70원
명승	10본입	74. 6~79. 7	50원	50원

제 품 명	포장구분	발매·변경 폐지 연월	판매가격 초기	판매가격 최종
태양	20본입	74. 7~77. 2	200원	300원
〃	〃	77. 2~79.12	300원	450원
〃	〃	79.12~82.12	450원	500원
태양(마일드)	〃	82.11~89. 9	500원	500원
태양(관광용)	12본입	79. 4~82.10	180원	300원
거북선	20본입	74. 7~77. 5	200원	300원
〃	〃	77. 5~79.12	300원	300원
〃	〃	79.12~85. 3	300원	500원
〃	〃	85. 4~89. 3	500원	500원
샘	〃	74. 7~77.12	100원	150원
〃	〃	77.12~79. 8	150원	150원
〃	〃	79. 8~87. 3	150원	200원
수정	〃	74. 7~78.10	150원	250원
〃	〃	78.11~79.12	250원	250원
〃	〃	80. 1~87. 3	250원	380원
〃	〃	87. 4~88.12	380원	380원
협동	〃	77. 5~88.12	50원	50원
솔	20본입	80. 8~05. 5	450원	200원
솔(신의장)	〃	87. 4~88. 7	500원	500원
솔(박하)	〃	80.10~82.12	450원	500원
솔골든라이트	〃	87. 4~94.12	500원	500원
장미	〃	82. 9~11.05	600원	2,000원
88L (라이트)	〃	87. 4~11.05	600원	1,900원
88G (골드)	〃	88. 2~05. 4	600원	1,700원
88M (멘솔)	〃	88. 2~05. 4	600원	1,700원
도라지	〃	88. 9~03. 6	600원	1,800원
마라도	〃	87. 8~88.10	250원	250원
〃	10본입	87.12~88.12	125원	125원
백자	20본입	88. 9~95. 6	200원	200원
88DX(디럭스)	〃	90. 5~07.12	700원	1,900원
Expo	〃	91.10~04. 7	700원	1,500원
엑스포골드	〃	92. 5~92.12	700원	700원
하나로	〃	92.11~11.05	800원	2,100원
오마샤리프	〃	85. 2~98.12	1,000원	1,200원
〃	〃	99. 1~00. 6	1,400원	1,400원
GET2	〃	97. 5~04. 5	1,300원	1,600원
시나브로84	〃	98. 7~04. 5	1,300원	1,600원
RICH	〃	99.12~10.12	1,600원	2,300원
마운트	〃	00.11~05. 9	1,400원	2,100원
한마음	〃	00. 4~01.12	1,500원	1,500원
잎스	〃	01. 6~01.12	1,500원	1,500원
Cima	〃	01. 7~06. 6	2,000원	2,500원
LUMEN	〃	02. 6~06. 6	2,000원	2,500원
도라지연	〃	03. 6~09. 7	1,800원	2,300원
디스진	〃	03.11~05. 5	1,600원	2,100원
ZEST	〃	04. 5~09.11	2,000원	2,500원
로크록스	〃	05. 8~08.12	2,500원	2,500원
인디고	〃	05. 4~10.11	2,500원	2,500원
레종레드	〃	07. 2~01. 7	2,500원	2,500원
Esse Blend in 3	〃	07. 8~14.12	2,500원	2,500원
블랙잭(블랙)	〃	08. 9~10.12	2,500원	2,500원
블랙잭(잭)	〃	08. 9~10.12	2,500원	2,500원
VONN	〃	08. 5~10. 3	2,200원	2,300원
Y IS STYLE(BLANC)	〃	09. 4~13.11	2,500원	2,500원
Y IS STYLE(ROUGE)	〃	09. 4~13.11	2,500원	2,500원
HOOPA	〃	09. 8~12.10	2,500원	2,500원
허밍타임	〃	02. 2~19. 5	1,800원	4,300원
LANDUS	〃	03. 5~10. 1	2,500원	5,000원
랜더스L	〃	04.10~10. 1	2,500원	5,000원

담 배 판 매 가(3)

■ 필터담배(3)

(단위:원)

제 품 명	발매일자	단 위	최초발매 가격	2001. 1. 1	2002. 2. 1	2004.12.30	2005. 7. 1	2007.10.31	2009.11.19	2010. 6.30	2015.10.26	2016. 1.23
한라산	89. 5. 1	20본입	700	1,300	1,500	2,000	2,000	2,000	2,000	2,000	4,000	4,000
라일락	89. 9. 9	〃	600	1,100	1,400	1,900	1,900	1,900	1,900	1,900	4,000	4,000
라일락M	90. 9.24	〃	600	1,100	1,400	1,900	1,900	1,900	1,900	1,900	4,000	4,000
THIS	94. 9.12	〃	900	1,300	1,500	2,000	2,000	2,000	2,000	2,000	4,000	4,000
THIS PLUS	99. 1.25	〃	1,300	1,400	1,600	2,100	2,100	2,100	2,100	2,100	4,100	4,100
Simple	96. 1.15	〃	1,000	1,600	1,800	2,300	2,300	2,300	2,300	2,300	4,300	4,300
ESSE	96.11. 1	〃	1,300	1,700	2,000	2,500	2,500	2,500	2,500	2,500	4,500	4,500
Time	00. 7. 1	〃	1,400	1,600	1,800	2,300	2,300	2,300	2,300	2,300	4,300	4,300
SEASONS	02. 3. 4	〃	2,000	-	2,000	2,500	2,500	2,500	2,500	2,500	4,500	4,500
RAISON	02. 8.19	〃	2,000	-	2,000	2,500	2,500	2,500	2,500	2,500	4,500	4,500
타임L	03. 4. 1	〃	1,800	-	-	2,300	2,300	2,300	2,300	2,300	4,300	4,300
ESSE ICE	03. 4. 1	〃	2,000	-	-	2,500	2,500	2,500	2,500	2,500	4,500	4,500
CLOUD9	03. 4. 1	〃	2,500	-	-	3,000	3,000	3,000	3,000	3,000	5,000	5,000
더원	03. 9.22	〃	2,000	-	-	2,500	2,500	2,500	2,500	2,500	4,500	4,500
레종그린	03.10.13	〃	2,000	-	-	2,500	2,500	2,500	2,500	2,500	4,500	4,500
에쎄필드(수)	04. 7.19	〃	2,000	-	-	2,500	2,500	2,500	2,500	2,500	4,500	4,500
에쎄원	04. 7.19	〃	2,000	-	-	2,500	2,500	2,500	2,500	2,500	4,500	4,500
심플비전	04.11.22	〃	2,000	-	-	2,500	2,500	2,500	2,500	2,500	4,500	4,500
아리랑	06. 3. 1	〃	2,500	-	-	-	-	2,500	2,500	2,500	4,500	4,500
에쎄수	06. 4.12	〃	2,500	-	-	-	-	2,500	2,500	2,500	4,500	4,500
레종블랙	06. 5.10	〃	2,500	-	-	-	-	2,500	2,500	2,500	4,500	4,500
THE ONE 0.5	06. 9.13	〃	2,500	-	-	-	-	2,500	2,500	2,500	4,500	4,500
CLOUD9 1mg	06.12.13	〃	3,000	-	-	-	-	3,000	3,000	3,000	5,000	5,000
레종레드	07. 2. 7	〃	2,500	-	-	-	-	2,500	2,500	2,500	4,500	4,500
에쎄수 0.5	07. 5. 2	〃	2,500	-	-	-	-	2,500	2,500	2,500	4,500	4,500
보헴시가 NO.1	07. 8.29	〃	2,500	-	-	-	-	2,500	2,500	2,500	4,500	4,500
보헴시가 NO.6	07. 8.29	〃	2,500	-	-	-	-	2,500	2,500	2,500	4,500	4,500
Esse Golden Leaf	07.10.31	〃	4,000	-	-	-	-	4,000	4,000	4,000	6,000	6,000
보헴시가 NO.5	08. 7. 9	〃	2,500	-	-	-	-	-	2,500	2,500	4,500	4,500
심플에이스 5mg	08. 8.20	〃	2,500	-	-	-	-	2,500	2,500	2,500	4,500	4,500
The One 0.1	08. 9. 3	〃	2,500	-	-	-	-	-	2,500	2,500	4,500	4,500
에쎄수 0.1	09. 1. 1	〃	2,500	-	-	-	-	-	2,500	2,500	4,500	4,500
심플에이스 1mg	09.10.21	〃	2,500	-	-	-	-	-	2,500	2,500	4,500	4,500
에쎄 Edge 5mg	09.11.19	〃	2,500	-	-	-	-	-	2,500	2,500	4,500	4,500
에쎄 Edge 1mg	09.11.19	〃	2,500	-	-	-	-	-	2,500	2,500	4,500	4,500
에쎄 SG 1mg	10. 1.20	〃	3,000	-	-	-	-	-	-	3,000	5,000	5,000
Davidoff Classic	10. 6. 9	〃	2,500	-	-	-	-	-	-	2,500	4,700	4,500
엔츠	10.12. 8	〃	2,500	-	-	-	-	-	-	-	4,500	4,500
보헴시가마스터	10.12. 8	〃	5,000	-	-	-	-	-	-	-	7,000	7,000
더원임팩트	11. 3.23	〃	2,500	-	-	-	-	-	-	-	4,500	4,500
시가 No.3	11. 4.27	〃	2,500	-	-	-	-	-	-	-	4,500	4,500
에쎄 센스 1mg	12. 1.11	〃	2,800	-	-	-	-	-	-	-	4,800	4,800
레종 에어로1mg	12. 2.18	〃	2,500	-	-	-	-	-	-	-	4,500	4,500
토니노 람보르기니L6	12. 4.18	〃	2,700	-	-	-	-	-	-	-	4,700	4,700
레종 프레쏘	12. 7.29	〃	2,500	-	-	-	-	-	-	-	4,500	4,500
보헴시가미니1mg	13. 1.18	〃	2,500	-	-	-	-	-	-	-	4,700	4,500
에쎄 프레쏘	13. 3.13	〃	2,500	-	-	-	-	-	-	-	4,500	4,500
레종 아이스 프레쏘	13. 7. 2	〃	2,500	-	-	-	-	-	-	-	4,500	4,500
에쎄수 명작	14. 8.29	〃	3,000	-	-	-	-	-	-	-	5,000	5,000
디스 아프리카 룰라	14. 9.22	〃	2,500	-	-	-	-	-	-	-	4,500	4,500

담 배 판 매 가(4)

■ 통담배

제품명	포장구분	발매·변경 폐지 연월	판매가격 초기	판매가격 최종
재건	50본(캔포장)	62.12~64.11	60원	60원
아리랑	〃	62.12~68. 1	70원	120원
파고다	〃	62.12~71. 1	90원	160원
신탄진	〃	65. 7~68. 2	150원	150원
〃	〃	68. 3~70.12	150원	180원
여삼연	〃	68. 9~71. 1	300원	300원
은하수	〃	79. 3~80. 6	550원	550원
태양	〃	79. 3~82. 7	750원	1,125원
수정	〃	79. 3~79.12	625원	875원

담 배 판 매 가(5)

■ 엽궐련

제품명	포장구분	발매·변경 폐지 연월	판매가격 초기	판매가격 최종
한강	6본입	68. 8~70. 2	50원	50원
〃	12본입	68.12~88. 2	100원	220원
설악 (소)	5개입	69. 8~70.11	25센트	25센트
설악 (중)	〃	69. 8~70.11	30센트	30센트
연송 (대)	3개입	79. 6~87.11	3,000원	3,300원
연송 (중)	5개입	76.10~88.12	1,500원	2,500원
〃	2개입	76. 9~78.12	600원	600원
〃	1개입	76. 9~78.12	300원	300원
연송 (소)	5개입	79. 6~82. 3	2,200원	2,500원
연송(최소)	〃	79. 6~88. 4	2,000원	2,200원

담배 판매량 및 금액

(단위:백만개비/십억원)

연도	국산담배 판매량	국산담배 판매금액	연도	국산담배 판매량	국산담배 판매금액	연도	국산담배 판매량	국산담배 판매금액	연도	국산담배 판매량	국산담배 판매금액
1945	12,382	0.004	1966	34,708	23.5	1987	81,572	1,658.6	2008	62,715	5,992.4
1946	12,639	0.003	1967	36,813	29.4	1988	86,068	1,958.5	2009	94,747	10,151.3
1947	10,399	0.006	1968	38,451	40.4	1989	87,917	2,157.9	2010	89,106	10,203.1
1948	10,566	0.01	1969	40,753	52.6	1990	91,527	2,362.5	2011	89,878	11,243.4
1949	14,281	0.02	1970	44,409	67.8	1991	93,848	2,528.1	2012	89,320	11,319.3
1950	7,242	0.03	1971	49,740	81.5	1992	96,360	2,662.6	2013	88,402	11,224.3
1951	13,980	0.2	1972	50,846	103.9	1993	99,115	2,823.7	2014	89,444	11,367.2
1952	17,436	0.5	1973	48,481	134.9	1994	98,384	3,033.0	2015	69,557	15,598.7
1953	15,141	0.8	1974	51,318	175.8	1995	87,425	3,876.8	2016	76,315	17,147.7
1954	19,711	1.5	1975	54,674	261.1	1996	91,299	4,247.0	2017	71,740	16,117.2
1955	28,335	4.3	1976	56,061	339.5	1997	88,069	3,914.1	2018	72,271	16,256.7
1956	-	-	1977	59,935	416.7	1998	101,289	4,573.4	2019	71,336	14,024.6
1957	19,315	4.0	1978	64,071	538.5	1999	89,457	4,182.7	2020	72,486	14,459.9
1958	21,479	4.6	1979	66,480	670.2	2000	95,076	4,568.6	2021	72,475	14,454.1
1959	21,754	5.1	1980	69,759	875.2	2001	83,416	4,597.9	2022	72,579	14,605.6
1960	20,806	5.7	1981	73,106	1,114.4	2002	72,486	4,666.7	2023	72,051	14,535.7
1961	22,917	6.8	1982	73,933	1,265.4	2003	74,385	5,158.5			
1962	25,422	8.9	1983	74,741	1,349.2	2004	82,304	5,937.8			
1963	28,220	11.2	1984	76,565	1,416.5	2005	60,085	5,459.8			
1964	31,212	13.7	1985	77,556	1,473.7	2006	62,587	5,858.7			
1965	34,633	18.9	1986	78,312	1,522.9	2007	63,582	6,048.6			

㈜ 2009년 이전은 KT&G제품, 2009년 이후는 국내총판매량(KT&G 및 외산3사합산)

주류 출고량 및 세액 (1)

(단위:㎘/천원)

연도 \ 구분	합 계		탁주·약주		소 주		맥 주	
	출고량	세 액	출고량	세 액	출고량	세 액	출고량	세 액
1965	573,147	3,829,767	404,395	672,335	87,329	430,234	38,231	1,454,198
1966	768,185	6,448,638	553,878	1,017,271	114,896	677,950	43,598	2,452,554
1967	923,898	8,236,066	639,796	1,126,995	150,793	795,881	55,615	3,253,738
1968	986,587	11,558,301	735,111	1,239,554	141,323	1,454,549	37,665	4,522,715
1969	1,297,237	16,261,794	979,303	1,627,296	173,333	2,032,410	55,674	6,830,111
1970	1,608,150	21,744,972	1,225,770	2,036,505	199,837	2,690,670	85,653	10,398,222
1971	1,835,546	24,419,175	1,429,548	2,356,390	206,720	3,135,285	97,766	11,791,012
1972	1,976,392	30,139,020	1,566,252	3,117,011	218,011	4,885,149	94,973	14,237,290
1973	2,118,049	38,265,642	1,655,758	3,551,815	237,235	6,235,204	121,237	18,801,249
1974	2,270,594	60,600,084	1,704,958	4,815,759	290,900	12,547,512	154,434	30,380,292
1975	2,160,520	83,874,342	1,463,997	5,886,590	379,562	18,842,290	169,746	43,004,235
1976	2,290,473	93,386,867	1,533,730	6,345,529	424,814	21,039,257	178,756	47,537,269
1977	2,464,687	123,260,694	1,603,026	6,469,515	462,652	25,814,502	225,386	64,904,074
1978	2,400,457	194,407,222	1,336,462	9,526,528	458,614	25,484,227	418,105	121,220,492
1979	2,618,499	278,583,774	1,353,570	10,241,033	455,768	34,588,669	609,457	179,093,888
1980	2,706,460	321,798,864	1,433,131	10,602,613	494,948	47,658,724	579,601	201,993,055
1981	2,687,436	375,261,735	1,354,568	13,448,118	531,843	63,459,924	587,007	228,020,678
1982	2,674,193	395,093,888	1,311,781	13,565,712	544,622	66,294,776	607,592	253,511,908
1983	2,352,976	440,808,536	862,351	10,787,148	583,870	69,347,487	692,452	289,033,982
1984	2,426,969	494,619,966	830,479	10,379,776	622,979	80,194,874	737,635	317,125,637
1985	2,453,037	516,050,788	874,633	11,156,271	586,949	80,612,580	772,256	334,240,014
1986	2,529,917	551,916,789	883,788	11,945,162	629,752	90,745,907	783,128	347,854,840
1987	2,627,975	618,663,000	855,894	11,898,000	662,993	95,726,000	851,198	391,100,000
1988	2,780,824	738,356,000	774,308	11,736,000	705,948	103,289,000	1,023,008	475,258,000
1989	2,901,951	900,672,000	712,137	11,752,000	709,321	111,243,000	1,194,617	581,241,000
1990	2,873,219	1,021,684,000	564,064	13,098,000	701,592	123,746,051	1,307,672	655,192,000

연도 \ 구분	청 주		과실주		수입분		기 타	
	출고량	세 액	출고량	세 액	출고량	세 액	출고량	세 액
1965	12,924	540,192	189	577	-	-	30,078	732,230
1966	14,293	793,177	257	919	-	-	41,263	1,506,768
1967	17,831	1,064,931	1,269	4,644	-	6,141	58,595	1,983,736
1968	14,575	1,548,267	2,158	28,275	-	77,779	55,756	2,687,164
1969	17,763	2,297,251	3,716	61,928	-	161,949	67,448	3,250,849
1970	19,420	2,759,104	3,435	61,419	-	152,304	74,034	3,646,748
1971	21,091	3,163,777	4,035	73,934	-	120,438	76,386	3,778,340
1972	15,796	3,144,685	2,498	66,811	-	505,074	78,862	4,183,000
1973	19,301	3,982,879	1,720	68,188	-	990,094	82,798	4,636,213
1974	22,194	5,791,903	863	81,160	-	558,188	97,245	6,425,270
1975	19,070	6,655,799	1,375	201,384	-	674,255	126,770	8,609,789
1976	19,593	7,485,014	1,670	283,844	-	501,878	131,910	10,194,076
1977	23,470	9,607,364	3,452	574,693	-	1,113,472	146,701	14,777,074
1978	27,816	11,373,956	4,222	825,228	-	4,064,760	155,238	21,912,031
1979	29,727	13,492,205	4,569	1,089,356	-	6,531,297	165,408	33,547,326
1980	27,873	14,338,213	2,867	884,578	-	11,084,929	168,040	35,236,752
1981	17,240	15,050,816	3,321	969,219	-	9,125,172	193,457	45,187,808
1982	16,498	13,420,656	3,278	1,239,102	-	7,267,128	190,422	39,794,606
1983	17,897	14,325,422	3,761	1,515,684	-	12,428,121	192,645	43,370,692
1984	19,966	15,985,810	3,944	1,729,270	-	15,319,284	211,966	53,885,315
1985	18,787	16,186,499	4,972	2,290,080	-	15,900,000	195,440	55,665,344
1986	20,190	17,812,590	5,938	2,946,791	-	20,323,000	207,121	60,288,499
1987	23,001	20,433,000	7,897	3,967,000	-	21,170,000	226,992	74,369,000
1988	24,334	22,089,000	8,922	4,564,000	-	32,824,000	244,304	88,596,000
1989	27,345	26,823,000	9,121	4,881,000	-	55,323,000	249,410	109,409,000
1990	34,859	36,185,000	8,943	4,654,000	-	73,838,000	256,089	114,970,949

주류 출고량 및 세액 (2)

(단위:kl/천원)

연도	합계		탁주·약주		소주		맥주	
	출고량	세액	출고량	세액	출고량	세액	출고량	세액
1991	2,987,280	1,166,260,000	442,363	10,140,000	678,056	128,135,538	1,583,928	799,175,000
1992	2,972,138	1,298,160,000	379,367	7,445,000	723,513	150,993,000	1,574,465	910,614,000
1993	2,886,107	1,372,332,000	322,201	7,326,000	744,679	173,722,000	1,508,854	948,039,000
1994	3,144,684	1,640,546,000	302,880	7,850,000	766,042	196,253,000	1,769,057	1,149,936,000
1995	3,163,576	1,840,362,000	249,288	7,367,000	762,655	194,243,000	1,850,334	1,283,729,000
1996	3,205,543	1,974,128,000	214,775	7,396,000	788,520	222,035,000	1,868,429	1,363,090,000
1997	3,134,049	1,965,163,000	190,475	7,768,000	814,271	242,064,000	1,799,202	1,302,136,000
1998	2,922,489	1,835,527,000	190,829	11,878,000	870,358	286,207,000	1,536,616	1,195,703,000
1999	3,041,651	2,004,704,000	182,508	21,121,000	944,860	330,871,000	1,578,663	1,248,169,000
2000	3,065,641	2,254,192,000	181,007	28,275,000	867,469	523,581,000	1,730,790	1,267,568,000
2001	3,025,340	2,253,398,000	170,203	38,829,000	785,321	531,990,000	1,755,232	1,164,155,000
2002	3,300,900	2,574,909,000	175,890	50,782,000	866,785	623,784,000	1,935,200	1,294,365,000
2003	3,303,593	2,611,530,000	189,208	57,585,000	928,883	708,018,000	1,896,302	1,334,370,000
2004	3,433,781	2,595,641,000	211,585	56,798,000	928,381	769,131,000	1,991,549	1,370,779,000
2005	3,315,880	2,568,689,000	166,319	6,648,000	929,840	818,405,000	1,837,655	1,267,590,000
2006	3,470,041	2,490,665,000	170,165	6,799,000	959,534	868,191,000	1,880,049	1,152,754,000
2007	3,482,278	2,322,210,000	172,342	7,138,000	962,158	909,728,000	1,947,984	1,124,189,000
2008	3,593,497	2,393,410,000	176,398	7,350,000	1,004,127	974,077,000	2,016,409	1,204,895,000
2009	3,522,600	2,347,713,000	282,810	35,591,000	930,020	968,025,000	1,961,568	1,220,294,000
2010	3,610,113	2,375,907,000	412,269	19,448,000	931,322	971,150,000	1,909,923	1,241,313,000
2011	3,696,289	2,399,991,000	458,198	21,971,000	923,633	971,032,000	1,963,170	1,286,152,000
2012	3,783,735	2,487,079,000	448,046	21,444,000	951,469	1,014,151,000	2,031,271	1,352,870,000
2013	3,737,626	2,628,498,000	426,216	20,345,000	906,561	1,055,652,000	2,062,054	1,454,368,000
2014	3,808,167	2,726,184,000	443,216	35,247,000	958,411	1,143,076,000	2,055,761	1,463,554,000
2015	3,804,100	2,810,770,000	427,378	33,761,000	956,461	1,177,397,000	2,040,833	1,467,485,000
2016	3,679,829	2,790,415,000	411,157	32,979,000	933,461	1,219,882,000	1,978,699	1,422,103,000
2017	3,551,405	2,766,441,000	420,227	31,156,000	947,717	1,253,841,000	1,823,899	1,385,611,000
2018	3,436,313	2,679,473,000	414,059	32,338,000	919,610	1,233,668,000	1,736,927	1,304,826,000
2019	3,376,714	2,655,320,000	381,713	31,212,000	917,310	1,275,885,000	1,715,995	1,246,552,000
2020	3,214,807	2,516,442,000	389,459	29,220,000	876,466	1,266,334,000	1,566,914	1,110,948,000
2021	3,099,828	2,462,943,000	374,449	30,693,000	828,328	1,219,156,000	1,538,968	1,093,166,000
2022	3,268,623	2,793,845,000	353,955	30,646,000	897,091	1,392,961,000	1,697,823	1,234,703,000
2023	3,237,036	2,823,323,000	347,369	27,670,000	849,127	1,392,292,000	1,687,101	1,262,227,000
2024	3,151,371	2,549,548,000	344,554	26,272,000	820,451	1,146,762,000	1,637,210	1,238,494,000

연도	청주		과실주		수입분		기타	
	출고량	세액	출고량	세액	출고량	세액	출고량	세액
1991	40,399	37,281,000	9,343	4,776,000	-	77,075,000	233,191	109,677,462
1992	50,934	40,703,000	12,667	5,911,000	-	79,664,000	231,192	102,830,000
1993	48,478	43,637,000	10,222	4,976,000	-	83,926,000	251,673	110,706,000
1994	50,095	44,933,000	8,949	4,145,000	-	114,117,000	247,661	123,312,000
1995	43,302	45,272,000	7,930	3,941,000	-	168,026,000	250,067	137,784,000
1996	42,564	51,866,000	6,590	3,786,000	-	130,851,000	284,665	195,104,000
1997	40,160	54,745,000	8,303	6,480,000	-	159,214,000	281,638	192,756,000
1998	33,494	53,057,000	5,579	4,285,000	-	95,577,000	285,613	188,820,000
1999	31,604	53,121,000	6,429	5,231,000	-	94,596,000	297,587	251,595,000
2000	28,477	48,918,000	6,622	5,653,000	-	135,160,000	251,276	245,037,000
2001	23,214	39,909,000	7,924	7,315,000	-	175,822,000	283,446	295,378,000
2002	23,736	22,896,000	12,236	12,866,000	-	241,524,000	287,053	328,692,000
2003	23,650	21,809,000	16,052	17,584,000	-	249,331,000	249,498	222,833,000
2004	23,249	21,789,000	18,125	21,723,000	-	170,087,000	260,892	183,584,000
2005	22,023	23,188,000	39,412	47,088,000	-	-	275,598	358,453,000
2006	20,638	21,782,000	45,046	55,419,000	80,462	213,374,000	351,736	342,828,000
2007	19,164	20,388,000	28,872	32,623,000	116,585	260,540,000	318,470	193,222,000
2008	17,860	18,948,000	27,091	32,214,000	120,799	324,761,000	324,238	126,912,000
2009	18,517	20,282,000	22,633	27,756,000	113,833	308,029,000	307,052	81,934,000
2010	18,394	20,743,000	21,519	27,041,000	122,600	326,170,000	297,845	75,037,000
2011	19,301	21,780,000	19,866	25,626,000	134,045	338,128,000	293,146	51,522,000
2012	18,969	21,010,000	16,350	20,858,000	153,667	351,940,000	301,086	38,282,000
2013	18,998	23,579,000	17,881	23,736,000	183,450	349,631,000	291,378	33,699,000
2014	19,466	24,108,000	17,617	23,128,000	206,705	366,510,000	313,696	37,071,000
2015	18,459	22,936,000	15,737	21,208,000	269,515	416,196,000	345,232	87,983,000
2016	18,753	22,906,000	16,721	28,660,000	315,468	447,128,000	321,038	63,885,000
2017	18,312	21,718,000	13,193	21,219,000	423,117	508,979,000	328,057	52,896,000
2018	19,068	22,647,000	12,054	19,821,000	495,465	549,032,000	334,595	66,173,000
2019	17,784	22,158,000	10,926	17,509,000	464,455	550,086,000	332,986	62,008,000
2020	17,113	21,696,000	11,315	18,590,000	396,970	521,975,000	353,540	69,655,000
2021	18,217	23,294,000	17,485	24,378,000	411,458	637,369,000	322,381	72,255,000
2022	19,661	25,818,000	14,128	23,955,000	369,939	779,165,000	316,611	85,762,000
2023	17,299	23,040,000	14,196	25,795,000	382,953	776,183,000	321,944	92,299,000
2024	16,987	18,022,000	12,383	20,707,000	364,858	703,461,000	319,786	99,291,000

라 면 · 초 코 파 이

연도	라면 (1봉지)	초코파이 (1개)	연도	라면 (1봉지)	초코파이 (1개)	연도	라면 (1봉지)	초코파이 (1개)
1970	-	-	1989	31.34	30.35	2008	87.68	77.50
1971	-	-	1990	31.42	31.25	2009	89.89	80.83
1972	-	-	1991	31.86	32.70	2010	88.62	81.01
1973	-	-	1992	34.49	33.19	2011	88.32	81.22
1974	-	-	1993	36.41	34.64	2012	94.88	83.91
1975	12.94	-	1994	39.90	35.04	2013	95.37	95.14
1976	13.29	-	1995	42.17	37.58	2014	95.44	109.70
1977	14.48	-	1996	44.50	46.40	2015	95.44	111.88
1978	15.97	-	1997	45.68	47.90	2016	94.84	99.51
1979	19.45	-	1998	56.29	52.47	2017	99.99	97.14
1980	27.04	-	1999	55.10	51.74	2018	100.32	98.32
1981	32.20	-	2000	54.44	50.35	2019	100.20	98.91
1982	33.17	-	2001	56.74	49.30	2020	100.00	100.00
1983	33.18	-	2002	59.43	55.58	2021	103.14	98.57
1984	33.18	-	2003	63.24	57.46	2022	113.25	102.67
1985	33.18	28.07	2004	67.16	57.11	2023	122.00	111.78
1986	33.18	28.08	2005	72.21	57.05	2024	117.80	113.31
1987	32.07	28.08	2006	72.22	58.37			
1988	31.12	28.08	2007	76.80	65.44			

㈜ 2020년 이후부터는 2020=100으로 하는 지수임.

자장면·설렁탕·다방커피

연도	자장면 (1그릇)	설렁탕 (1그릇)	다방커피 (1잔)	연도	자장면 (1그릇)	설렁탕 (1그릇)	다방커피 (1잔)	연도	자장면 (1그릇)	설렁탕 (1그릇)	다방커피 (1잔)
1970	-	-	-	1988	15.88	23.69	23.45	2006	61.87	64.33	75.94
1971	-	-	-	1989	18.78	28.85	25.22	2007	64.18	66.97	78.45
1972	-	-	-	1990	22.72	33.15	28.09	2008	72.58	69.41	81.08
1973	-	-	-	1991	27.51	40.10	33.72	2009	73.85	71.77	83.30
1974	-	-	-	1992	30.73	42.63	40.54	2010	74.77	74.50	85.54
1975	2.89	4.94	3.27	1993	33.23	45.35	40.64	2011	80.00	80.43	87.56
1976	3.19	7.40	4.03	1994	36.64	47.60	46.36	2012	80.94	82.26	89.74
1977	4.08	8.29	4.81	1995	39.06	50.40	49.09	2013	82.35	83.50	92.28
1978	4.28	8.83	5.30	1996	42.46	52.78	53.60	2014	83.40	84.96	93.37
1979	5.82	10.63	5.90	1997	44.95	54.23	58.43	2015	85.70	87.53	95.67
1980	7.29	13.18	7.89	1998	51.27	55.29	65.99	2016	88.11	89.09	96.05
1981	9.86	16.62	10.01	1999	49.46	54.84	64.65	2017	90.93	92.03	96.77
1982	11.05	18.19	11.45	2000	50.16	55.73	66.05	2018	94.98	96.12	97.36
1983	11.02	19.97	12.71	2001	50.79	56.83	66.61	2019	98.59	98.71	99.85
1984	11.91	20.47	14.38	2002	53.79	58.38	68.72	2020	100.00	100.00	100.00
1985	12.88	21.30	15.76	2003	59.41	61.29	71.14	2021	103.07	103.52	99.81
1986	13.48	21.56	19.18	2004	60.81	62.45	72.71	2022	114.20	112.38	104.72
1987	14.12	21.91	22.52	2005	61.07	63.31	74.03	2023	122.42	119.14	106.45
								2024	126.38	123.80	106.58

㈜ 2020년 이후부터는 2020=100으로 하는 지수임.

양 복 세 탁 료 · 이 용 료

연도	양복세탁료 (신사복 1벌)	이용료 (1회)	연도	양복세탁료 (신사복 1벌)	이용료 (1회)	연도	양복세탁료 (신사복 1벌)	이용료 (1회)	연도	양복세탁료 (신사복 1벌)	이용료 (1회)	비 고
1970	-	-	1987	34.37	51.61	2004	77.64	82.29	2020	100.00	100.00	
1971	-	-	1988	42.29	55.13	2005	78.50	81.93	2021	102.23	102.08	
1972	-	-	1989	45.16	59.88	2006	79.53	81.86	2022	110.39	105.63	
1973	-	-	1990	53.39	62.40	2007	80.51	81.88	2023	120.91	111.26	
1974	-	-	1991	62.70	63.18	2008	84.52	82.99	2024	126.69	114.68	
1975	7.93	5.26	1992	69.42	65.96	2009	87.24	83.91				
1976	8.76	6.54	1993	78.41	66.44	2010	87.48	85.17				
1977	10.50	8.02	1994	80.84	67.46	2011	88.98	87.37				
1978	12.58	9.01	1995	80.53	68.76	2012	90.78	89.46				
1979	18.98	19.75	1996	84.89	76.92	2013	91.26	90.45				
1980	27.21	30.77	1997	90.79	78.56	2014	91.77	92.40				
1981	33.06	35.50	1998	87.42	82.15	2015	92.18	93.72				
1982	34.15	38.91	1999	78.73	82.21	2016	93.04	94.80				
1983	34.07	44.32	2000	74.82	82.23	2017	94.60	95.29				
1984	33.82	48.30	2001	73.03	81.68	2018	96.15	97.42				
1985	33.73	49.86	2002	73.87	81.88	2019	97.82	98.90				
1986	33.60	51.17	2003	76.52	82.90							

㈜ 2020년 이후부터는 2020=100으로 하는 지수임.

영 화 관 람 료

년 도 별	한국 영화 관람 요금	외국 영화 관람 요금	평 균 관람 요금	년 도 별	한국 영화 관람 요금	외국 영화 관람 요금	평 균 관람 요금
1961	–	–	12	1992	3,299	3,510	3,471
1962	–	–	18	1993	3,573	3,736	3,711
1963	–	–	20	1994	3,839	3,909	3,895
1964	–	–	23	1995	4,163	4,295	4,268
1965	–	–	23	1996	4,698	4,867	4,828
1966	–	–	31	1997	4,952	5,040	5,017
1967	–	–	41	1998	4,996	5,202	5,150
1968	–	–	51	1999	5,192	5,256	5,230
1969	–	–	63	2000	5,324	5,371	5,355
1970	–	–	73	2001	5,823	5,898	5,860
1971	–	–	80	2002	6,071	6,001	6,035
1972	–	–	83	2003	5,981	6,026	6,002
1973	–	–	88	2004	6,295	6,275	6,287
1974	–	–	104	2005	6,176	6,166	6,172
1975	–	–	168	2006	6,043	6,018	6,034
1976	–	–	207	2007	6,222	6,271	6,247
1977	–	–	307	2008	6,494	6,494	6,494
1978	–	–	389	2009	6,960	6,981	6,970
1979	–	–	715	2010	7,385	8,221	7,834
1980	–	–	957	2011	7,406	8,095	7,737
1981	–	–	1,097	2012	7,295	7,711	7,466
1982	–	–	1,300	2013	7,148	7,453	7,271
1983	–	–	1,326	2014	7,619	7,857	7,738
1984	–	–	1,532	2015	7,789	8,009	7,895
1985	–	–	1,432	2016	7,961	8,115	8,032
1986	–	–	1,533	2017	7,925	8,058	7,989
1987	–	–	1,637	2018	8,286	8,483	8,383
1988	–	–	1,847	2019	8,396	8,493	8,444
1989	–	–	2,271	2020	8,660	8,392	8,574
1990	–	–	2,602	2021	9,518	9,716	9,656
1991	2,898	3,070	3,034	2022	10,049	10,582	10,285
				2023	9,850	10,297	10,080

참고 **한국영화의 이색 기록**

우리나라 최초의 영화는 1919년 '의리적 구토'였다. 한국영화의 이색적인 기록들을 찾아보면, 최다 작품 출연 기록은 536편의 영화에 출연한 배우 신성일씨가, 최다 작품 연출은 109편의 영화를 연출한 김수용 감독이 갖고 있다. 남기웅 감독의 디지털영화 '대학로에서 매춘하다가 토막살해당한 여고생 아직 대학로에 있다'(2000)가 가장 긴 제목의 영화이고, 정진우 감독의 1991년작 '사랑과 죽음의 메아리'는 무려 400분에 달하는 엄청난 상영시간을 남겼다.

가장 많은 인원이 출연한 영화는 무려 15만명이 출연하여 세계 기네스북 3위에 등극한 '우주괴인 왕마귀'(1967, 권혁진 감독)이다.

T V 수 신 료

월 / 연도	1월	2월	3월	4월	5월	6월	7월	8월	9월	10월	11월	12월
1963	100	100	100	100	100	100	100	100	100	100	100	100
1964	100	100	100	100	100	100	150	150	150	150	150	150
1965	150	150	150	150	150	150	200	200	200	200	200	200
1966~1968	200	200	200	200	200	200	200	200	200	200	200	200
1969	200	200	200	200	300	300	300	300	300	300	300	300
1970~1973	300	300	300	300	300	300	300	300	300	300	300	300
1974	300	300	300	300	300	300	500	500	500	500	500	500
1975~1978	500	500	500	500	500	500	500	500	500	500	500	500
1979	500	600	600	600	600	600	600	600	600	600	600	600
1980	800	800	800	800	800	800	800	800	800	800	800	800
1981	800	800	800	2,500	2,500	2,500	2,500	2,500	2,500	2,500	2,500	2,500
1982~2009	2,500	2,500	2,500	2,500	2,500	2,500	2,500	2,500	2,500	2,500	2,500	2,500
2010~2017	2,500	2,500	2,500	2,500	2,500	2,500	2,500	2,500	2,500	2,500	2,500	2,500
2018~2021	2,500	2,500	2,500	2,500	2,500	2,500	2,500	2,500	2,500	2,500	2,500	2,500
2019~2024	2,500	2,500	2,500	2,500	2,500	2,500	2,500	2,500	2,500	2,500	2,500	2,500
2025	2,500	2,500	2,500	2,500	2,500	2,500	2,500	2,500	2,500	2,500	–	–

일 간 신 문 구 독 료

(단위:원)

연도 \ 월	1월	2월	3월	4월	5월	6월	7월	8월	9월	10월	11월	12월
1970	220	220	280	280	280	280	280	280	280	280	280	280
1971	280	280	280	280	280	280	280	280	280	280	280	280
1972	280	280	350	350	350	350	350	350	350	350	350	350
1973	350	350	350	350	350	350	350	350	350	350	350	350
1974	450	450	450	450	450	450	450	450	450	450	450	450
1975	600	600	600	600	600	600	600	600	600	600	600	600
1976	600	600	600	600	600	600	600	600	600	600	600	600
1977	700	700	700	700	700	700	700	700	700	700	700	700
1978	900	900	900	900	900	900	900	900	900	900	900	900
1979	900	1,200	1,200	1,200	1,200	1,200	1,200	1,200	1,200	1,200	1,200	1,200
1980	1,500	1,500	1,500	1,500	1,500	1,500	1,500	1,500	1,500	1,500	1,500	1,500
1981	2,500	2,500	2,500	2,500	2,500	2,500	2,500	2,500	2,500	2,500	2,500	2,500
1982	2,500	2,500	2,500	2,700	2,700	2,700	2,700	2,700	2,700	2,700	2,700	2,700
1983	2,700	2,700	2,700	2,700	2,700	2,700	2,700	2,700	2,700	2,700	2,700	2,700
1984	2,700	2,700	2,700	2,700	2,700	2,700	2,700	2,700	2,700	2,700	2,700	2,700
1985	2,700	2,700	2,700	2,700	2,700	2,700	2,700	2,700	2,700	2,700	2,700	2,700
1986	2,700	2,700	2,700	2,700	2,700	2,700	2,700	2,700	2,700	2,700	2,700	2,700
1987	2,700	2,700	2,700	2,700	2,700	2,700	2,700	2,700	2,900	2,900	2,900	2,900
1988	2,900	2,900	2,900	3,500	3,500	3,500	3,500	3,500	3,500	3,500	3,500	3,500
1989	3,500	3,500	3,500	3,500	3,500	3,500	3,500	3,500	3,500	3,500	3,500	3,500
1990	3,500	3,500	4,000	4,000	4,000	4,000	4,000	4,000	4,000	4,000	4,000	4,000
1991	4,000	4,000	4,000	5,000	5,000	5,000	5,000	5,000	5,000	5,000	5,000	5,000
1992	5,000	5,000	5,000	5,000	5,000	5,000	5,000	5,000	5,000	5,000	5,000	5,000
1993	6,000	6,000	6,000	6,000	6,000	6,000	6,000	6,000	6,000	6,000	6,000	6,000
1994	6,000	6,000	6,000	6,000	6,000	6,000	6,000	6,000	6,000	6,000	6,000	6,000
1995	6,000	6,000	7,000	7,000	7,000	7,000	7,000	7,000	7,000	7,000	7,000	7,000
1996	8,000	8,000	8,000	8,000	8,000	8,000	8,000	8,000	8,000	8,000	8,000	8,000
1997	8,000	8,000	8,000	8,000	8,000	8,000	8,000	8,000	8,000	8,000	8,000	8,000
1998	8,000	8,000	8,000	8,000	8,000	8,000	8,000	8,000	9,000	9,000	9,000	9,000
1999	9,000	9,000	9,000	9,000	9,000	9,000	9,000	9,000	9,000	9,000	9,000	9,000
2000	10,000	10,000	10,000	10,000	10,000	10,000	10,000	10,000	10,000	10,000	10,000	10,000
2001	10,000	10,000	10,000	10,000	10,000	10,000	10,000	10,000	10,000	10,000	10,000	10,000
2002	10,000	10,000	12,000	12,000	12,000	12,000	12,000	12,000	12,000	12,000	12,000	12,000
2003~2007	12,000	12,000	12,000	12,000	12,000	12,000	12,000	12,000	12,000	12,000	12,000	12,000
2008	12,000	15,000	15,000	15,000	15,000	15,000	15,000	15,000	15,000	15,000	15,000	15,000
2009~2017	15,000	15,000	15,000	15,000	15,000	15,000	15,000	15,000	15,000	15,000	15,000	15,000
2018	15,000	15,000	15,000	15,000	15,000	15,000	20,000	20,000	20,000	20,000	20,000	20,000
2019~2024	20,000	20,000	20,000	20,000	20,000	20,000	20,000	20,000	20,000	20,000	20,000	20,000
2025	20,000	20,000	20,000	20,000	20,000	20,000	20,000	20,000	20,000	20,000	-	-

참고 정기간행물 종별 등록수

구 분	일간신문	통신	기타일간	주간	월간	격월간	계간	연2회	인터넷신문	계
1997	107	2	306	2,343	2,850	514	1,020	342	-	7,484
1998	109	2	317	2,317	2,457	447	868	264	-	6,781
1999	113	1	333	1,956	2,271	372	669	212	-	5,927
2000	119	1	368	2,166	2,468	389	696	226	-	6,433
2001	123	2	409	2,354	2,644	398	710	242	-	6,882
2002	125	2	431	2,437	2,637	390	748	225	-	7,025
2003	134	2	423	2,335	2,434	361	745	255	-	6,689
2004	139	2	426	2,316	2,505	369	794	261	-	6,812
2005	168	2	395	2,426	2,744	410	838	267	286	7,536
2006	193	2	372	2,697	3,028	431	904	298	626	8,551
2007	281	3	360	2,887	3,257	453	986	325	927	9,479
2008	275	3	331	2,788	3,243	435	973	322	1,282	9,652
2009	237	4	419	2,653	5,257	670	1,514	509	1,698	12,961
2010	673	5	4	2,868	3,936	542	1,161	408	2,484	12,081
2011	352	12	336	2,891	4,209	584	1,266	425	3,193	13,268
2012	324	14	369	3,014	4,512	611	1,354	451	3,914	14,563
2013	363	15	353	3,138	4,696	646	1,408	506	4,916	16,041
2014	374	18	360	3,289	4,905	665	1,495	551	5,950	17,607
2015	383	20	378	3,427	5,046	697	1,564	592	6,605	18,712
2016	399	22	372	3,473	4,983	732	1,597	625	6,360	18,563
2017	380	23	380	3,457	4,977	740	1,641	755	7,151	19,504
2018	620	24	88	3,383	4,997	753	1,699	895	8,171	20,630
2019	642	26	84	3,306	5,071	761	1,786	941	9,164	21,781
2020	681	28	84	3,294	5,111	802	1,833	1,047	9,896	22,776
2021	683	30	84	3,328	5,150	816	1,896	1,104	10,625	23,719
2022	716	33	84	3,329	5,203	816	1,928	1,123	11,251	24,483
2023	718	36	84	3,351	5,283	848	1,984	1,190	11,997	25,491
2024	716	37	82	3,276	5,286	838	1,992	1,248	12,141	26,006

지 하 철 요 금

(단위:원)

연도별	구 분	1월	2월	3월	4월	5월	6월	7월	8월	9월	10월	11월	12월
1974	기 본	-	-	-	-	-	-	-	30	30	30	30	30
	초 과	-	-	-	-	-	-	-	3	3	3	3	3
'75	기 본	30	30	30	30	30	30	40	40	40	40	40	40
	초 과	3	3	3	3	3	3	3.60	3.60	3.60	3.60	3.60	3.60
'76~'77	기 본	40	40	40	40	40	40	40	40	40	40	40	40
	초 과	3.60	3.60	3.60	3.60	3.60	3.60	3.60	3.60	3.60	3.60	3.60	3.60
'78	기 본	40	40	40	40	40	50	50	50	50	50	50	50
	초 과	3.60	3.60	3.60	3.60	4.63	4.21	4.21	4.21	4.21	4.21	4.21	4.21
'79	기 본	50	50	50	50	60	60	60	60	60	60	60	60
	초 과	4.21	4.21	4.21	4.21	4.63	4.63	4.63	4.63	4.63	4.63	4.63	4.63
'80	기 본	80	80	80	80	80	80	80	90	90	90	90	90
	초 과	5.32	5.32	5.32	5.32	5.32	5.32	5.32	6.38	6.38	6.38	6.38	6.38
'81	기 본	90	90	90	90	90	100	100	100	100	100	100	110
	초 과	6.38	6.38	6.38	6.38	6.38	7.45	7.45	7.45	7.45	7.45	7.45	7.82
'82	기 본	110	110	110	110	110	110	110	110	110	110	110	110
	초 과	7.82	7.82	7.82	7.82	7.82	7.82	8.21	8.21	8.21	8.21	8.21	8.62
'83	기 본	110	110	110	110	110	110	110	110	110	110	110	110
	초 과	8.62	8.62	8.62	8.62	8.62	8.62	8.62	8.62	8.62	8.62	8.62	8.62
'84	기 본	110	110	110	110	110	110	110	140	140	140	140	140
	초 과	8.62	8.62	8.62	8.62	8.62	8.62	8.62	10	10	10	10	10
'85	기본(1구역)	140	140	140	140	140	140	140	140	140	170	170	170
	초과(2구역)	10	10	10	10	10	10	10	10	10	250	250	250
'86	1구역	170	170	170	170	170	170	170	170	170	170	170	200
	2구역	250	250	250	250	250	250	250	250	250	250	250	300
'87~'89	1구역	200	200	200	200	200	200	200	200	200	200	200	200
	2구역	300	300	300	300	300	300	300	300	300	300	300	300
'90	1구역	200	200	200	200	200	200	200	200	200	200	200	250
	2구역	300	300	300	300	300	300	300	300	300	300	300	350
'91~'92	1구역	250	250	250	250	250	250	250	250	250	250	250	250
	2구역	350	350	350	350	350	350	350	350	350	350	350	350
'93	1구역	250	300	300	300	300	300	300	300	300	300	300	300
	2구역	350	400	400	400	400	400	400	400	400	400	400	400
'94	1구역	350	350	350	350	350	350	350	350	350	350	350	350
	2구역	450	450	450	450	450	450	450	450	450	450	450	450
'95	1구역	350	350	350	350	350	350	350	350	350	350	400	400
	2구역	450	450	450	450	450	450	450	450	450	450	500	500
'96	1구역	400	400	400	400	400	400	400	400	400	400	400	400
	2구역	500	500	500	500	500	500	500	500	500	500	500	500
'97	1구역	400	400	400	400	400	400	450	450	450	450	450	450
	2구역	500	500	500	500	500	500	550	550	550	550	550	550
'98	1구역	450	450	450	450	450	450	450	450	450	450	450	450
	2구역	550	550	550	550	550	550	550	550	550	550	550	550
'99	1구역	500	500	500	500	500	500	500	500	500	500	500	500
	2구역	600	600	600	600	600	600	600	600	600	600	600	600
2000	1구역	500	500	500	500	500	500	500	500	600	600	600	600
	2구역	600	600	600	600	600	600	600	600	700	700	700	700
2001~02	1구역	600	600	600	600	600	600	600	600	600	600	600	600
	2구역	700	700	700	700	700	700	700	700	700	700	700	700
2003	1구역	600	600	700	700	700	700	700	700	700	700	700	700
	2구역	700	700	800	800	800	800	800	800	800	800	800	800
2004	1구역	700	700	700	700	700	700	-	-	-	-	-	-
	2구역	800	800	800	800	800	800	-	-	-	-	-	-
	기 본	-	-	-	-	-	-	800	800	800	800	800	800
2005~06	기 본	800	800	800	800	800	800	800	800	800	800	800	800
2007	기 본	800	800	800	900	900	900	900	900	900	900	900	900
2008~11	기 본	900	900	900	900	900	900	900	900	900	900	900	900
2012	기 본	900	900	1,050	1,050	1,050	1,050	1,050	1,050	1,050	1,050	1,050	1,050
2013~14	기 본	1,050	1,050	1,050	1,050	1,050	1,050	1,050	1,050	1,050	1,050	1,050	1,050
2015	기 본	1,050	1,050	1,050	1,050	1,050	1,050	1,250	1,250	1,250	1,250	1,250	1,250
2016~22	기 본	1,250	1,250	1,250	1,250	1,250	1,250	1,250	1,250	1,250	1,250	1,250	1,250
2023	기 본	1,250	1,250	1,250	1,250	1,250	1,250	1,250	1,250	1,250	1,400	1,400	1,400
2024	기 본	1,400	1,400	1,400	1,400	1,400	1,400	1,400	1,400	1,400	1,400	1,400	1,400
2025	기 본	1,400	1,400	1,400	1,400	1,400	1,550	1,550	1,550	1,550	1,550	-	-

㈜ 1974~1985. 9의 초과금액은 ㎞당 가격임.

※변경일 ① 74. 8. 15 ④ 79. 5. 1 ⑦ 81. 12. 15 ⑩ 84. 8. 18 ⑬ 90. 12. 31 ⑯ 95. 11. 20 ⑲ 2000. 9. 1 ㉒ 2007. 4. 1
② 75. 7. 1 ⑤ 80. 8. 5 ⑧ 82. 7. 1 ⑪ 85. 10. 18 ⑭ 93. 2. 10 ⑰ 97. 7. 4 ⑳ 2003. 3. 1 ㉓ 2012. 2. 25
③ 78. 6. 21 ⑥ 81. 6. 1 ⑨ 82. 12. 15 ⑫ 86. 12. 29 ⑮ 94. 1. 15 ⑱ 99. 2. 18 ㉑ 2004. 7. 1 ㉔ 2015. 6. 27
㉕ 20. 9. 29 ㉖ 23. 10. 7

※2004. 7. 1부터 거리비례제 시행
2004. 7. 1~2007. 3. 31 기본 12㎞, 초과 6㎞당(42㎞ 초과시 12㎞마다) 100원
2007. 4. 1~2015. 6. 26 기본 10㎞, 초과 5㎞당(40㎞ 초과시 10㎞마다) 100원
2015. 6. 27~ 현재 기본 10㎞, 초과 5㎞당(50㎞ 초과시 8㎞마다) 100원

일 반 택 시 요 금

(단위:원)

연 도	기본요금											
	1월	2월	3월	4월	5월	6월	7월	8월	9월	10월	11월	12월
1970	60	80	80	80	80	80	80	80	80	80	80	80
71	80	80	80	80	80	80	80	80	80	80	80	80
72~73	90	90	90	90	90	90	90	90	90	90	90	90
74	90	160	160	160	160	160	160	160	160	160	160	160
75	160	160	160	160	160	160	200	200	200	200	200	200
76~77	200	200	200	200	200	200	200	200	200	200	200	200
78	200	200	200	200	200	250	250	250	250	250	250	250
79	250	250	250	250	250	250	250	250	250	250	250	400
80	400	500	500	500	500	500	500	500	500	500	500	500
81	500	500	500	500	500	600	600	600	600	600	600	600
82~88	600	600	600	600	600	600	600	600	600	600	600	600
89	600	600	600	600	600	600	700	700	700	700	700	700
90	700	700	700	700	700	700	700	700	700	700	700	700
91	700	800	800	800	800	800	800	800	800	800	800	800
92	800	800	800	800	800	900	900	900	900	900	900	900
93	900	900	900	900	900	900	900	900	900	900	900	900
94	900	1,000	1,000	1,000	1,000	1,000	1,000	1,000	1,000	1,000	1,000	1,000
95~97	1,000	1,000	1,000	1,000	1,000	1,000	1,000	1,000	1,000	1,000	1,000	1,000
98	1,000	1,300	1,300	1,300	1,300	1,300	1,300	1,300	1,300	1,300	1,300	1,300
99~00	1,300	1,300	1,300	1,300	1,300	1,300	1,300	1,300	1,300	1,300	1,300	1,300
2001	1,300	1,300	1,300	1,300	1,300	1,300	1,300	1,300	1,600	1,600	1,600	1,600
2002~04	1,600	1,600	1,600	1,600	1,600	1,600	1,600	1,600	1,600	1,600	1,600	1,600
2005	1,600	1,600	1,600	1,600	1,600	1,900	1,900	1,900	1,900	1,900	1,900	1,900
2006~08	1,900	1,900	1,900	1,900	1,900	1,900	1,900	1,900	1,900	1,900	1,900	1,900
2009	1,900	1,900	1,900	1,900	1,900	2,400	2,400	2,400	2,400	2,400	2,400	2,400
2010~12	2,400	2,400	2,400	2,400	2,400	2,400	2,400	2,400	2,400	2,400	2,400	2,400
2013	2,400	2,400	2,400	2,400	2,400	2,400	2,400	2,400	2,400	3,000	3,000	3,000
2014~18	3,000	3,000	3,000	3,000	3,000	3,000	3,000	3,000	3,000	3,000	3,000	3,000
2019	3,000	3,800	3,800	3,800	3,800	3,800	3,800	3,800	3,800	3,800	3,800	3,800
2020~22	3,800	3,800	3,800	3,800	3,800	3,800	3,800	3,800	3,800	3,800	3,800	3,800
2023	3,800	4,800	4,800	4,800	4,800	4,800	4,800	4,800	4,800	4,800	4,800	4,800
2024	4,800	4,800	4,800	4,800	4,800	4,800	4,800	4,800	4,800	4,800	4,800	4,800
2025	4,800	4,800	4,800	4,800	4,800	4,800	4,800	4,800	4,800	4,800	-	-

주 행 요 금

(단위:원)

연 도	기본요금											
	1월	2월	3월	4월	5월	6월	7월	8월	9월	10월	11월	12월
1970	30	40	40	40	40	40	40	40	40	40	40	40
71	40	40	40	40	40	40	40	40	40	40	40	40
72~73	45	45	45	45	45	45	45	45	45	45	45	45
74	45	80	80	80	80	80	80	80	80	80	80	80
75	80	80	80	80	80	80	100	100	100	100	100	100
76~77	100	100	100	100	100	100	100	100	100	100	100	100
78	100	100	100	100	100	125	100	100	100	100	100	100
79	125	125	125	125	125	125	125	125	125	125	125	200
80	200	250	250	250	250	250	250	250	250	250	250	250
81	250	250	250	250	250	300	300	300	300	300	300	300
82~88	300	300	300	300	300	300	300	300	300	300	300	300
89	300	300	300	300	300	300	50	50	50	50	50	50
90	50	50	50	50	50	50	50	50	50	50	50	50
91	50	100	100	100	100	100	100	100	100	100	100	100
92~93	100	100	100	100	100	100	100	100	100	100	100	100
94	100	100	100	100	100	100	100	100	100	100	100	100
95~97	100	100	100	100	100	100	100	100	100	100	100	100
98~00	100	100	100	100	100	100	100	100	100	100	100	100
2001~04	100	100	100	100	100	100	100	100	100	100	100	100
2005	100	100	100	100	100	100	100	100	100	100	100	100
2006~08	100	100	100	100	100	100	100	100	100	100	100	100
2009	100	100	100	100	100	100	100	100	100	100	100	100
2010~12	100	100	100	100	100	100	100	100	100	100	100	100
2013	100	100	100	100	100	100	100	100	100	100	100	100
2014~15	100	100	100	100	100	100	100	100	100	100	100	100
2016~24	100	100	100	100	100	100	100	100	100	100	100	100
2025	100	100	100	100	100	100	100	100	100	100	-	-

주 ※기본요금: 2㎞ 기준임, (2023.2.1 04시 이후 1.6㎞ 기준임)

※주행요금: '70~'89. 7. 1이전 ㎞당, '89. 7. 1 이후 353m, '91. 2. 20 이후 424m, '92. 6. 24 이후 381m, '94. 2. 15 이후 279m, '95. 9. 1 이후 247m, '98. 2. 20 이후 210m, '01. 9. 1 이후 168m, '05. 6. 1 이후 144m, '13. 10. 12이후 142m. '23. 2. 1 이후 131m.

※시간요금: '85. 11. 1 이후 50원/96초, '89. 7. 1 이후 50원/85초, '91. 2. 20 이후 100원/102초, '92. 6. 14 이후 100원/92초, '94. 2. 15 이후 100원/67초, '95. 9. 1 이후 100원/60초, '98. 2. 20 이후 100원/51초, '01. 9. 1 이후 100원/41초, '05. 6. 1 이후 100원/35초. '23. 2. 1 이후 100원/30초.

※ '91. 2. 20 이후 중형택시 기준임.

시내버스요금(1)

연도별	구분 \ 월별	1월	2월	3월	4월	5월	6월	7월	8월	9월	10월	11월	12월
1970	일반	10	10	10	10	10	10	10	10	10	15	15	15
	좌석	-	-	-	-	-	-	-	-	-	25	25	25
	일반할인	-	-	-	-	-	-	-	-	-	10	10	10
	좌석할인	-	-	-	-	-	-	-	-	-	20	20	20
1971	일반	15	15	15	15	15	15	15	15	15	15	15	15
	좌석	25	25	25	25	25	25	25	25	25	25	25	25
	일반할인	10	10	10	10	10	10	10	10	10	10	10	10
	좌석할인	20	20	20	20	20	20	20	20	20	20	20	20
1972	일반	15	20	20	20	20	20	20	20	20	20	20	20
	좌석	25	30	30	30	30	30	30	30	30	30	30	30
	일반할인	10	10	10	10	10	10	10	10	10	10	10	10
	좌석할인	20	20	20	20	20	20	20	20	20	20	20	20
1973	일반	20	20	20	20	20	20	20	20	20	20	20	20
	좌석	30	30	30	30	30	30	30	30	30	30	30	30
	일반할인	10	10	10	10	10	10	10	10	10	10	10	10
	좌석할인	20	20	20	20	20	20	20	20	20	20	20	20
1974	일반	20	25	25	25	25	25	25	25	25	25	25	25
	도시형	-	30	30	30	30	30	30	30	30	30	30	30
	좌석	30	35	35	35	35	35	35	35	35	35	35	35
	일반할인	10	15	15	15	15	15	15	15	15	15	15	15
	도시형할인	-	20	20	20	20	20	20	20	20	20	20	20
	좌석할인	20	-	-	-	-	-	-	-	-	-	-	-
1975	일반	25	25	25	25	25	25	30	30	30	30	30	30
	도시형	30	30	30	30	30	30	35	35	35	35	35	35
	좌석	35	35	35	35	35	35	35	35	35	35	35	35
	일반할인	15	15	15	15	15	15	20	20	20	20	20	20
	도시형할인	20	20	20	20	20	20	25	25	25	25	25	25
1976	일반	30	30	30	30	30	30	30	30	30	30	30	30
	도시형	35	35	35	35	35	35	35	35	35	35	35	35
	좌석	35	35	35	35	35	35	35	35	35	35	35	35
	일반할인	20	20	20	20	20	20	20	20	20	20	20	20
	도시형할인	25	25	25	25	25	25	25	25	25	25	25	25
1977	일반	30	30	30	30	30	30	30	30	30	35	35	35
	도시형	35	35	35	35	35	35	35	35	35	40	40	40
	좌석	35	35	35	35	35	35	35	35	35	-	-	-
	일반할인	20	20	20	20	20	20	20	20	20	25	25	25
	도시형할인	25	25	25	25	25	25	25	25	25	30	30	30
1978	일반	35	35	35	35	35	45	45	45	45	45	45	45
	도시형	40	40	40	40	40	50	50	50	50	50	50	50
	일반할인	25	25	25	25	25	30	30	30	30	30	30	30
	도시형할인	30	30	30	30	30	35	35	35	35	35	35	35
1979	일반	45	45	45	60	-	-	-	-	-	-	-	-
	도시형	50	50	50	60	60	60	60	60	60	60	60	80
	직행좌석	-	-	-	-	-	300	300	300	300	300	300	300
	일반할인	30	30	30	40	-	-	-	-	-	-	-	-
	도시형할인	35	35	35	50	50	50	50	50	50	50	50	55
1980	도시형	80	80	80	80	80	80	80	90	90	90	90	90
	직행좌석	300	300	300	300	300	300	300	300	300	300	300	300
	도시형할인	55	55	55	55	55	55	55	65	65	65	65	65
1981	도시형	90	90	90	90	90	110	110	110	110	110	110	110
	직행좌석	350	350	350	350	350	350	350	350	350	350	350	350
	도시형할인	65	65	65	65	65	60	60	60	60	60	60	60
1982	도시형	110	110	110	110	110	110	110	110	110	110	110	110
	직행좌석	350	350	350	350	350	350	350	350	350	350	350	350
	도시형할인	60	60	60	60	60	-	-	-	-	-	-	-
	도시형할인(초등학생)	-	-	-	-	-	60	60	60	60	60	60	60
	〃 (중·고·대학생)	-	-	-	-	-	85	85	85	85	85	85	85
1983	도시형	110	110	110	110	110	110	110	110	110	110	110	110
	직행좌석	350	350	350	350	350	350	350	350	350	350	350	350
	도시형할인(초등학생)	60	60	60	60	60	60	60	60	60	60	60	60
	〃 (중·고·대학생)	85	85	85	85	85	85	85	85	85	85	85	85

시 내 버 스 요 금(2)

연도별	구 분	1월	2월	3월	4월	5월	6월	7월	8월	9월	10월	11월	12월
1984	도시형	110	110	110	110	110	110	110	120	120	120	120	120
	직행좌석	350	350	350	350	350	350	350	350	350	350	350	350
	도시형할인(초등학생)	60	60	60	60	60	60	60	60	60	60	60	60
	〃 (중·고·대학생)	85	85	85	85	85	85	85	90	90	90	90	90
1985	도시형	120	120	120	120	120	120	120	120	120	120	120	120
	직행좌석	350	350	350	350	350	350	350	350	350	350	350	350
	도시형할인(초등학생)	60	60	60	60	60	60	60	60	60	60	60	60
	〃 (중·고·대학생)	90	90	90	90	90	90	90	90	90	90	90	90
1986	도시형	120	120	120	120	120	120	120	120	120	120	120	120
	직행좌석	350	350	350	350	350	350	350	350	350	350	350	350
	도시형할인(초등학생)	60	60	60	60	60	60	60	60	60	60	60	60
	〃 (중·고·대학생)	90	90	90	90	90	90	90	90	90	90	90	90
1987	도시형	120	120	120	120	120	120	120	120	120	120	120	120
	직행좌석	350	350	350	350	350	350	350	350	350	350	350	350
	도시형할인(초등학생)	60	60	60	60	60	60	60	60	60	60	60	60
	〃 (중·고·대학생)	90	90	90	90	90	90	90	90	90	90	90	90
1988	도시형	140	140	140	140	140	140	140	140	140	140	140	140
	직행좌석	400	400	400	400	400	400	400	400	400	400	400	400
	도시형할인(초등학생)	70	70	70	70	70	70	70	70	70	70	70	70
	〃 (중·고·대학생)	100	100	100	100	100	100	100	100	100	100	100	100
1989	도시형	140	140	140	140	140	140	140	140	140	140	140	140
	직행좌석	400	400	400	400	400	400	400	400	400	400	400	400
	도시형할인(초등학생)	70	70	70	70	70	70	70	70	70	70	70	70
	〃 (중·고·대학생)	100	100	100	100	100	100	100	100	100	100	100	100
1990	도시형	140	140	140	140	140	140	140	140	140	140	140	140
	직행좌석	400	400	400	400	400	400	400	400	400	400	400	400
	도시형할인(초등학생)	70	70	70	70	70	70	70	70	70	70	70	70
	〃 (중·고등학생)	100	100	100	100	100	100	100	100	100	100	100	100
1991	도시형	140	170	170	170	170	170	170	170	170	170	170	170
	직행좌석	400	470	470	470	470	470	470	470	470	470	470	470
	도시형할인(초등학생)	70	80	80	80	80	80	80	80	80	80	80	80
	〃 (중·고등학생)	100	120	120	120	120	120	120	120	120	120	120	120
1992	도시형	170	210	210	210	210	210	210	210	210	210	210	210
	직행좌석	470	500	500	500	500	500	500	500	500	500	500	500
	도시형할인(초등학생)	80	100	100	100	100	100	100	100	100	100	100	100
	〃 (중·고등학생)	120	150	150	150	150	150	150	150	150	150	150	150
1993	도시형	250	250	250	250	250	250	250	250	250	250	250	250
	좌석	550	550	550	550	550	550	550	550	550	550	550	550
	도시형할인(초등학생)	120	120	120	120	120	120	120	120	120	120	120	120
	〃 (중·고등학생)	180	180	180	180	180	180	180	180	180	180	180	180
1994	도시형	250	290	290	290	290	290	290	290	290	290	290	290
	좌석	550	600	600	600	600	600	600	600	600	600	600	600
	도시형할인(초등학생)	120	140	140	140	140	140	140	140	140	140	140	140
	〃 (중·고등학생)	180	200	200	200	200	200	200	200	200	200	200	200
1995	도시형	290	290	320	320	320	320	340	340	340	340	340	340
	좌석	600	600	700	700	700	700	700	700	700	700	700	700
	도시형할인(초등학생)	140	140	150	150	150	150	150	150	150	150	150	150
	〃 (중·고등학생)	200	200	240	240	240	240	240	240	240	240	240	240
1996	도시형	340	340	340	340	340	340	400	400	400	400	400	400
	좌석	700	700	700	700	700	700	800	800	800	800	800	800
	도시형할인(초등학생)	150	150	150	150	150	150	160	160	160	160	160	160
	〃 (중·고등학생)	240	240	240	240	240	240	270	270	270	270	270	270
1997	도시형	400	400	400	400	430	430	430	430	430	430	430	430
	좌석	800	800	800	800	850	850	850	850	850	850	850	850
	도시형할인(초등학생)	160	160	160	160	170	170	170	170	170	170	170	170
	〃 (중·고등학생)	270	270	270	270	290	290	290	290	290	290	290	290
1998	도시형	500	500	500	500	500	500	500	500	500	500	500	500
	좌석	1,000	1,000	1,000	1,000	1,000	1,000	1,000	1,000	1,000	1,000	1,000	1,000
	도시형할인(초등학생)	200	200	200	200	200	200	200	200	200	200	200	200
	〃 (중·고등학생)	340	340	340	340	340	340	340	340	340	340	340	340
1999	도시형	500	500	500	500	500	500	500	500	500	500	500	500
	좌석	1,000	1,000	1,000	1,000	1,000	1,000	1,000	1,000	1,000	1,000	1,000	1,000
	도시형할인(초등학생)	200	200	200	200	200	200	200	200	200	200	200	200
	〃 (중·고등학생)	340	340	340	340	340	340	340	340	340	340	340	340
2000	도시형	500	500	500	500	500	500	600	600	600	600	600	600
	좌석	1,000	1,000	1,000	1,000	1,000	1,000	1,200	1,200	1,200	1,200	1,200	1,200
	도시형할인(초등학생)	200	200	200	200	200	200	250	250	250	250	250	250
	〃 (중·고등학생)	340	340	340	340	340	340	450	450	450	450	450	450
2001	도시형	600	600	600	600	600	600	600	600	600	600	600	600
	좌석	1,200	1,200	1,200	1,200	1,200	1,200	1,200	1,200	1,200	1,200	1,200	1,200
	도시형할인(초등학생)	250	250	250	250	250	250	250	250	250	250	250	250
	〃 (중·고등학생)	450	450	450	450	450	450	450	450	450	450	450	450
2002	도시형	600	600	600	600	600	600	600	600	600	600	600	600
	좌석	1,200	1,200	1,200	1,200	1,200	1,200	1,200	1,200	1,200	1,200	1,200	1,200
	도시형할인(초등학생)	250	250	250	250	250	250	250	250	250	250	250	250
	〃 (중·고등학생)	450	450	450	450	450	450	450	450	450	450	450	450
2003	도시형	600	600	700	700	700	700	700	700	700	700	700	700
	좌석	1,200	1,200	1,300	1,300	1,300	1,300	1,300	1,300	1,300	1,300	1,300	1,300
	도시형할인(초등학생)	250	250	300	300	300	300	300	300	300	300	300	300
	〃 (중·고등학생)	450	450	550	550	550	550	550	550	550	550	550	550
2004	간선, 지선형	700	700	700	700	700	700	900	900	900	900	900	900
	광역	1,300	1,300	1,300	1,300	1,300	1,300	1,500	1,500	1,500	1,500	1,500	1,500
	간선,지선형할인(초등학생)	300	300	300	300	300	300	400	400	400	400	400	400
	〃 (청소년)	550	550	550	550	550	550	640	640	640	640	640	640

연도별	구분 ＼ 월별	1월	2월	3월	4월	5월	6월	7월	8월	9월	10월	11월	12월
2005	파랑(간선),초록(지선)형	900	900	900	900	900	900	900	900	900	900	900	900
	빨 강 (광 역)	1,500	1,500	1,500	1,500	1,500	1,500	1,500	1,500	1,500	1,500	1,500	1,500
	파랑(간선),초록(지선)형할인(초등학생)	400	400	400	400	400	400	400	400	400	400	400	400
	〃 (청소년)	640	640	640	640	640	640	640	640	640	640	640	640
2006	파랑(간선),초록(지선)형	900	900	900	900	900	900	900	900	900	900	900	900
	빨 강 (광 역)	1,500	1,500	1,500	1,500	1,500	1,500	1,500	1,500	1,500	1,500	1,500	1,500
	파랑(간선),초록(지선)형할인(초등학생)	400	400	400	400	400	400	400	400	400	400	400	400
	〃 (청소년)	640	640	640	640	640	640	640	640	640	640	640	640
2007	파랑(간선),초록(지선)형	900	900	900	1,000	1,000	1,000	1,000	1,000	1,000	1,000	1,000	1,000
	빨 강 (광 역)	1,500	1,500	1,500	1,800	1,800	1,800	1,800	1,800	1,800	1,800	1,800	1,800
	파랑(간선),초록(지선)형할인(초등학생)	400	400	400	450	450	450	450	450	450	450	450	450
	〃 (청소년)	640	640	640	720	720	720	720	720	720	720	720	720
2008	파랑(간선),초록(지선)형	1,000	1,000	1,000	1,000	1,000	1,000	1,000	1,000	1,000	1,000	1,000	1,000
	빨 강 (광 역)	1,800	1,800	1,800	1,800	1,800	1,800	1,800	1,800	1,800	1,800	1,800	1,800
	파랑(간선),초록(지선)형할인(초등학생)	450	450	450	450	450	450	450	450	450	450	450	450
	〃 (청소년)	720	720	720	720	720	720	720	720	720	720	720	720
2009	파랑(간선),초록(지선)형	1,000	1,000	1,000	1,000	1,000	1,000	1,000	1,000	1,000	1,000	1,000	1,000
	빨 강 (광 역)	1,800	1,800	1,800	1,800	1,800	1,800	1,800	1,800	1,800	1,800	1,800	1,800
	파랑(간선),초록(지선)형할인(초등학생)	450	450	450	450	450	450	450	450	450	450	450	450
	〃 (청소년)	720	720	720	720	720	720	720	720	720	720	720	720
2010	파랑(간선),초록(지선)형	1,000	1,000	1,000	1,000	1,000	1,000	1,000	1,000	1,000	1,000	1,000	1,000
	빨 강 (광 역)	1,800	1,800	1,800	1,800	1,800	1,800	1,800	1,800	1,800	1,800	1,800	1,800
	파랑(간선),초록(지선)형할인(초등학생)	450	450	450	450	450	450	450	450	450	450	450	450
	〃 (청소년)	720	720	720	720	720	720	720	720	720	720	720	720
2011	파랑(간선),초록(지선)형	1,000	1,000	1,000	1,000	1,000	1,000	1,000	1,000	1,000	1,000	1,000	1,000
	빨 강 (광 역)	1,800	1,800	1,800	1,800	1,800	1,800	1,800	1,800	1,800	1,800	1,800	1,800
	파랑(간선),초록(지선)형할인(초등학생)	450	450	450	450	450	450	450	450	450	450	450	450
	〃 (청소년)	720	720	720	720	720	720	720	720	720	720	720	720
2012	파랑(간선),초록(지선)형	1,000	1,150	1,150	1,150	1,150	1,150	1,150	1,150	1,150	1,150	1,150	1,150
	빨 강 (광 역)	1,800	1,950	1,950	1,950	1,950	1,950	1,950	1,950	1,950	1,950	1,950	1,950
	파랑(간선),초록(지선)형할인(초등학생)	450	450	450	450	450	450	450	450	450	450	450	450
	〃 (청소년)	720	720	720	720	720	720	720	720	720	720	720	720
2013	파랑(간선),초록(지선)형	1,150	1,150	1,150	1,150	1,150	1,150	1,150	1,150	1,150	1,150	1,150	1,150
	빨 강 (광 역)	1,950	1,950	1,950	1,950	1,950	1,950	1,950	1,950	1,950	1,950	1,950	1,950
	파랑(간선),초록(지선)형할인(초등학생)	450	450	450	450	450	450	450	450	450	450	450	450
	〃 (청소년)	720	720	720	720	720	720	720	720	720	720	720	720
2014	파랑(간선),초록(지선)형	1,150	1,150	1,150	1,150	1,150	1,150	1,150	1,150	1,150	1,150	1,150	1,150
	빨 강 (광 역)	1,950	1,950	1,950	1,950	1,950	1,950	1,950	1,950	1,950	1,950	1,950	1,950
	파랑(간선),초록(지선)형할인(초등학생)	450	450	450	450	450	450	450	450	450	450	450	450
	〃 (청소년)	720	720	720	720	720	720	720	720	720	720	720	720
2015	파랑(간선),초록(지선)형	1,150	1,150	1,150	1,150	1,150	1,200	1,200	1,200	1,200	1,200	1,200	1,200
	빨 강 (광 역)	1,950	1,950	1,950	1,950	1,950	2,300	2,300	2,300	2,300	2,300	2,300	2,300
	파랑(간선),초록(지선)형할인(초등학생)	450	450	450	450	450	450	450	450	450	450	450	450
	〃 (청소년)	720	720	720	720	720	720	720	720	720	720	720	720
2016	파랑(간선),초록(지선)형	1,200	1,200	1,200	1,200	1,200	1,200	1,200	1,200	1,200	1,200	1,200	1,200
	빨 강 (광 역)	2,300	2,300	2,300	2,300	2,300	2,300	2,300	2,300	2,300	2,300	2,300	2,300
	파랑(간선),초록(지선)형할인(초등학생)	450	450	450	450	450	450	450	450	450	450	450	450
	〃 (청소년)	720	720	720	720	720	720	720	720	720	720	720	720
2017	파랑(간선),초록(지선)형	1,200	1,200	1,200	1,200	1,200	1,200	1,200	1,200	1,200	1,200	1,200	1,200
	빨 강 (광 역)	2,300	2,300	2,300	2,300	2,300	2,300	2,300	2,300	2,300	2,300	2,300	2,300
	파랑(간선),초록(지선)형할인(초등학생)	450	450	450	450	450	450	450	450	450	450	450	450
	〃 (청소년)	720	720	720	720	720	720	720	720	720	720	720	720
2018	파랑(간선),초록(지선)형	1,200	1,200	1,200	1,200	1,200	1,200	1,200	1,200	1,200	1,200	1,200	1,200
	빨 강 (광 역)	2,300	2,300	2,300	2,300	2,300	2,300	2,300	2,300	2,300	2,300	2,300	2,300
	파랑(간선),초록(지선)형할인(초등학생)	450	450	450	450	450	450	450	450	450	450	450	450
	〃 (청소년)	720	720	720	720	720	720	720	720	720	720	720	720
2019 ~2022	파랑(간선),초록(지선)형	1,200	1,200	1,200	1,200	1,200	1,200	1,200	1,200	1,200	1,200	1,200	1,200
	빨 강 (광 역)	2,300	2,300	2,300	2,300	2,300	2,300	2,300	2,300	2,300	2,300	2,300	2,300
	파랑(간선),초록(지선)형할인(초등학생)	450	450	450	450	450	450	450	450	450	450	450	450
	〃 (청소년)	720	720	720	720	720	720	720	720	720	720	720	720
2023	파랑(간선),초록(지선)형	1,200	1,200	1,200	1,200	1,200	1,200	1,200	1,500	1,500	1,500	1,500	1,500
	빨 강 (광 역)	2,300	2,300	2,300	2,300	2,300	2,300	2,300	3,000	3,000	3,000	3,000	3,000
	파랑(간선),초록(지선)형할인(초등학생)	450	450	450	450	450	450	450	550	550	550	550	550
	〃 (청소년)	720	720	720	720	720	720	720	900	900	900	900	900
2024	파랑(간선),초록(지선)형	1,500	1,500	1,500	1,500	1,500	1,500	1,500	1,500	1,500	1,500	1,500	1,500
	빨 강 (광 역)	3,000	3,000	3,000	3,000	3,000	3,000	3,000	3,000	3,000	3,000	3,000	3,000
	파랑(간선),초록(지선)형할인(초등학생)	550	550	550	550	550	550	550	550	550	550	550	550
	〃 (청소년)	900	900	900	900	900	900	900	900	900	900	900	900
2025	파랑(간선),초록(지선)형	1,500	1,500	1,500	1,500	1,500	1,500	1,500	1,500	1,500	1,500	-	-
	빨 강 (광 역)	3,000	3,000	3,000	3,000	3,000	3,000	3,000	3,000	3,000	3,000	-	-
	파랑(간선),초록(지선)형할인(초등학생)	550	550	550	550	550	550	550	550	550	550	-	-
	〃 (청소년)	900	900	900	900	900	900	900	900	900	900	-	-

㈜ 변경년월일

① 70. 10. 6	⑤ 77. 10. 1	⑨ 79. 12. 19	⑬ 84. 8. 18	⑰ 92. 2. 16	㉑ 95. 7. 15	㉕ 00. 7. 1	㉙ 12. 2.25
② 72. 2. 11	⑥ 78. 6. 13	⑩ 80. 8. 5	⑭ 88. 2. 8	⑱ 93. 1. 25	㉒ 96. 7. 1	㉖ 03. 3. 10	㉚ 15. 6.27
③ 74. 2. 4	⑦ 79. 4. 15	⑪ 81. 6. 10	⑮ 90. 1. 1	⑲ 94. 2. 27	㉓ 97. 5. 26	㉗ 04. 7. 1	㉛ 23. 8.12
④ 75. 7. 1	⑧ 79. 6. 20	⑫ 82. 6. 1	⑯ 91. 2. 20	⑳ 95. 3. 20	㉔ 98. 1. 15	㉘ 07. 4. 1	

㈜ 2004년 7월 1일부터 할인요금(청소년, 초등학생)은 교통카드 할인요금 적용.

시외버스요금(완행) (1)

(1인 1㎞당)

연도별	구분 \ 월별	1월	2월	3월	4월	5월	6월	7월	8월	9월	10월	11월	12월
1970	포장	2.49	2.49	2.49	2.49	2.49	2.49	2.49	2.49	2.49	2.49	2.49	2.49
	비포장	2.78	2.78	2.78	2.78	2.78	2.78	2.78	2.78	2.78	2.78	2.78	2.78
	경인간	1.78	1.78	1.78	1.78	1.78	1.78	1.78	1.78	1.78	1.78	1.78	1.78
	최저요금(6㎞까지)	20	20	20	20	20	20	20	20	20	20	20	20
1971	포장	2.49	2.49	2.49	2.49	2.49	2.49	2.49	2.49	2.49	2.49	2.49	2.49
	비포장	2.78	2.78	2.78	2.78	2.78	2.78	2.78	2.78	2.78	2.78	2.78	2.78
	경인간	1.78	1.78	1.78	1.78	1.78	1.78	1.78	1.78	1.78	1.78	1.78	1.78
	최저요금(6㎞까지)	20	20	20	20	20	20	20	20	20	20	20	20
1972	포장	2.49	3.21	3.21	3.21	3.21	3.21	3.21	3.21	3.21	3.21	3.21	3.21
	비포장	2.78	3.59	3.59	3.59	3.59	3.59	3.59	3.59	3.59	3.59	3.59	3.59
	경인간	1.78	2.29	2.29	2.29	2.29	2.29	2.29	2.29	2.29	2.29	2.29	2.29
	최저요금(6㎞까지)	20	–	–	–	–	–	–	–	–	–	–	–
	″ (8 ″)	–	30	30	30	30	30	30	30	30	30	30	30
1973	포장	3.21	3.21	3.21	3.21	3.21	3.21	3.21	3.21	3.21	3.21	3.21	3.21
	비포장	3.59	3.59	3.59	3.59	3.59	3.59	3.59	3.59	3.59	3.59	3.59	3.59
	경인간	2.29	2.29	2.29	2.29	2.29	2.29	2.29	2.29	2.29	2.29	2.29	2.29
	최저요금(8㎞까지)	30	30	30	30	30	30	30	30	30	30	30	30
1974	포장	3.21	4.45	4.45	4.45	4.45	4.45	4.45	4.45	4.45	4.45	4.45	4.45
	비포장	3.59	4.98	4.98	4.98	4.98	4.98	4.98	4.98	4.98	4.98	4.98	4.98
	경인간	2.29	3.17	3.17	3.17	3.17	3.17	3.17	3.17	3.17	3.17	3.17	3.17
	최저요금(8㎞까지)	30	40	40	40	40	40	40	40	40	40	40	40
1975	포장	4.45	4.45	4.45	4.45	4.45	4.45	5.18	5.18	5.18	5.18	5.18	5.18
	비포장	4.98	4.98	4.98	4.98	4.98	4.98	5.90	5.90	5.90	5.90	5.90	5.90
	경인간	3.17	3.17	3.17	3.17	3.17	3.17	3.68	3.68	3.68	3.68	3.68	3.68
	최저요금(8㎞까지)	40	40	40	40	40	40	45	45	45	45	45	45
1976	포장	5.18	5.18	5.18	5.18	5.18	5.18	5.18	5.18	5.18	5.18	5.18	5.18
	비포장	5.90	5.90	5.90	5.90	5.90	5.90	5.90	5.90	5.90	5.90	5.90	5.90
	경인간	3.68	3.68	3.68	3.68	3.68	3.68	3.68	3.68	3.68	3.68	3.68	3.68
	최저요금(8㎞까지)	45	45	45	45	45	45	45	45	45	45	45	45
1977	포장	5.18	5.18	5.18	5.18	5.18	5.18	5.18	5.18	5.18	5.18	5.18	5.18
	비포장	5.90	5.90	5.90	5.90	5.90	5.90	5.90	5.90	5.90	5.90	5.90	5.90
	경인간	3.68	3.68	3.68	3.68	3.68	3.68	3.68	3.68	3.68	3.68	3.68	3.68
	최저요금(8㎞까지)	45	45	45	45	45	45	45	45	45	45	45	45
1978	포장	5.18	5.18	5.18	5.18	5.18	6.73	6.73	6.73	6.73	6.73	6.73	6.73
	비포장	5.90	5.90	5.90	5.90	5.90	7.53	7.53	7.53	7.53	7.53	7.53	7.53
	경인간	3.68	3.68	3.68	3.68	3.68	4.78	4.78	4.78	4.78	4.78	4.78	4.78
	최저요금(8㎞까지)	45	45	45	45	45	60	60	60	60	60	60	60
1979	포장	6.73	6.73	6.73	6.73	8.78	8.78	8.78	8.78	8.78	8.78	8.78	10.31
	비포장	7.53	7.53	7.53	7.53	9.83	9.83	9.83	9.83	9.83	9.83	9.83	11.55
	경인간	4.78	4.78	4.78	4.78	6.24	6.24	6.24	6.24	6.24	6.24	6.24	7.80
	최저요금(8㎞까지)	60	60	60	60	80	80	80	80	80	80	80	–
	″ (10 ″)	–	–	–	–	–	–	–	–	–	–	–	100
1980	포장	10.31	10.31	10.31	10.31	10.31	10.31	10.31	11.32	11.32	11.32	11.32	12.95
	비포장	11.55	11.55	11.55	11.55	11.55	11.55	11.55	12.68	12.68	12.68	12.68	14.51
	경인간	7.80	7.80	7.80	7.80	7.80	7.80	7.80	8.56	8.56	8.56	8.56	9.79
	최저요금(10㎞까지)	100	100	100	100	100	100	100	100	100	100	100	120
1981	포장	12.95	12.95	12.95	12.95	12.95	14.27	14.27	14.27	14.27	14.27	14.27	14.27
	비포장	14.51	14.51	14.51	14.51	14.51	16.00	16.00	16.00	16.00	16.00	16.00	16.00
	경인간	9.79	9.79	9.79	9.79	9.79	10.79	10.79	10.79	10.79	10.79	10.79	10.79
	최저요금(10㎞까지)	120	120	120	120	120	130	130	130	130	130	130	130
1982	포장	14.27	14.27	14.27	14.27	14.27	14.27	14.27	14.27	14.27	14.27	14.27	15.61
	비포장	16.00	16.00	16.00	16.00	16.00	16.00	16.00	16.00	16.00	16.00	16.00	17.51
	경인간	10.79	10.79	10.79	10.79	10.79	10.79	10.79	10.79	10.79	10.79	10.79	12.52
	최저요금(10㎞까지)	130	130	130	130	130	130	130	130	130	130	130	140
1983	포장	15.61	15.61	15.61	15.61	15.61	15.61	15.61	15.61	15.61	15.61	15.61	15.61
	비포장	17.51	17.51	17.51	17.51	17.51	17.51	17.51	17.51	17.51	17.51	17.51	17.51
	경인간	12.52	12.52	12.52	12.52	12.52	12.52	12.52	12.52	12.52	12.52	12.52	12.52
	최저요금(10㎞까지)	140	140	140	140	140	140	140	140	140	140	140	140
1984	포장	15.61	15.61	15.61	15.61	15.61	15.61	15.61	15.61	15.61	15.61	15.61	15.61
	비포장	17.51	17.51	17.51	17.51	17.51	17.51	17.51	17.51	17.51	17.51	17.51	17.51
	경인간	12.52	12.52	12.52	12.52	12.52	12.52	12.52	12.52	12.52	12.52	12.52	12.52
	최저요금(10㎞까지)	140	140	140	140	140	140	140	140	140	140	140	140
1985	포장	15.61	15.61	15.61	15.61	15.61	15.61	15.61	15.61	15.61	15.61	15.61	16.82
	비포장	17.51	17.51	17.51	17.51	17.51	17.51	17.51	17.51	17.51	17.51	17.51	18.88
	경인간	12.52	12.52	12.52	12.52	12.52	12.52	12.52	12.52	12.52	12.52	12.52	13.50
	최저요금(10㎞까지)	140	140	140	140	140	140	140	140	140	140	140	150
1986	포장	16.82	16.82	16.42	16.42	16.42	16.42	16.42	16.42	16.42	16.42	16.42	16.42
	비포장	18.88	18.88	18.44	18.44	18.44	18.44	18.44	18.44	18.44	18.44	18.44	18.44
	경인간	13.50	13.50	13.19	13.19	13.19	13.19	13.19	13.19	13.19	13.19	13.19	13.19
	최저요금(10㎞까지)	150	150	150	150	150	150	150	150	150	150	150	150
1987	포장	16.42	16.42	16.42	16.42	16.42	16.42	16.42	16.42	16.42	16.42	16.42	16.42
	비포장	18.44	18.44	18.44	18.44	18.44	18.44	18.44	18.44	18.44	18.44	18.44	18.44
	경인간	13.19	13.19	13.19	13.19	13.19	13.19	13.19	13.19	13.19	13.19	13.19	13.19
	최저요금(10㎞까지)	150	150	150	150	150	150	150	150	150	150	150	150
1988	포장	16.42	16.42	16.42	16.42	16.42	16.42	16.42	16.42	16.42	16.42	16.42	16.42
	비포장	18.44	18.44	18.44	18.44	18.44	18.44	18.44	18.44	18.44	18.44	18.44	18.44
	경인간	13.19	13.19	13.19	13.19	13.19	13.19	13.19	13.19	13.19	13.19	13.19	13.19
	최저요금(10㎞까지)	150	150	150	150	150	150	150	150	150	150	150	150

(1인 1km 당)

연도별	구분 \ 월별	1월	2월	3월	4월	5월	6월	7월	8월	9월	10월	11월	12월
1989	포장	16.42	18.75	18.75	18.75	18.75	18.75	18.75	18.75	18.75	18.75	18.75	18.75
	비포장	18.44	21.06	21.06	21.06	21.06	21.06	21.06	21.06	21.06	21.06	21.06	21.06
	경인간	13.19	16.87	16.87	16.87	16.87	16.87	16.87	16.87	16.87	16.87	16.87	16.87
	최저요금(10km까지)	150	170	170	170	170	170	170	170	170	170	170	170
1990	포장	18.75	18.75	18.75	18.75	18.75	18.75	18.75	18.75	18.75	18.75	18.75	18.75
	비포장	21.06	21.06	21.06	21.06	21.06	21.06	21.06	21.06	21.06	21.06	21.06	21.06
	경인간	16.87	16.87	16.87	16.87	16.87	16.87	16.87	16.87	16.87	16.87	16.87	16.87
	최저요금(10km까지)	170	170	170	170	170	170	170	170	170	170	170	170
1991	포장	18.75	23.06	23.06	23.06	23.06	23.06	23.06	23.06	23.06	23.06	23.06	23.06
	비포장	21.06	25.90	25.90	25.90	25.90	25.90	25.90	25.90	25.90	25.90	25.90	25.90
	경인간	16.87	20.75	20.75	20.75	20.75	20.75	20.75	20.75	20.75	20.75	20.75	20.75
	최저요금(10km까지)	170	210	210	210	210	210	210	210	210	210	210	210
1992	포장	23.06	28.62	28.62	28.62	28.62	28.62	28.62	28.62	28.62	28.62	28.62	28.62
	비포장	25.90	32.14	32.14	32.14	32.14	32.14	32.14	32.14	32.14	32.14	32.14	32.14
	경인간	20.75	26.78	26.78	26.78	26.78	26.78	26.78	26.78	26.78	26.78	26.78	26.78
	최저요금(10km까지)	210	260	260	260	260	260	260	260	260	260	260	260
1993	포장	34.49	34.49	34.49	34.49	34.49	34.49	34.49	34.49	34.49	34.49	34.49	34.49
	비포장	38.73	38.73	38.73	38.73	38.73	38.73	38.73	38.73	38.73	38.73	38.73	38.73
	경인간	33.60	33.60	33.60	33.60	33.60	33.60	33.60	33.60	33.60	33.60	33.60	33.60
	최저요금(10km까지)	310	310	310	310	310	310	310	310	310	310	310	310
1994	포장	34.49	34.49	40.00	40.00	40.00	40.00	40.00	40.00	40.00	40.00	40.00	40.00
	비포장	38.73	38.73	44.92	44.92	44.92	44.92	44.92	44.92	44.92	44.92	44.92	44.92
	경인간	33.60	33.60	40.00	40.00	40.00	40.00	40.00	40.00	40.00	40.00	40.00	40.00
	최저요금(10km까지)	310	310	350	350	350	350	350	350	350	350	350	350
1995	포장	40.00	40.00	40.00	44.00	44.00	44.00	44.00	44.00	44.00	44.00	44.00	44.00
	비포장	44.92	44.92	44.92	49.00	49.00	49.00	49.00	49.00	49.00	49.00	49.00	49.00
	경인간	40.00	40.00	40.00	44.00	44.00	44.00	44.00	44.00	44.00	44.00	44.00	44.00
	최저요금(10km까지)	350	350	350	400	400	400	400	400	400	400	400	400
1996	포장	44.00	44.00	44.00	47.74	47.74	47.74	47.74	47.74	47.74	47.74	47.74	47.74
	비포장	49.00	49.00	49.00	53.17	53.17	53.17	53.17	53.17	53.17	53.17	53.17	53.17
	경인간	44.00	44.00	44.00	47.74	47.74	47.74	47.74	47.74	47.74	47.74	47.74	47.74
	최저요금(10km까지)	400	400	400	450	450	450	450	450	450	450	450	450
1997	포장	47.74	47.74	47.74	47.74	51.56	51.56	51.56	51.56	51.56	51.56	51.56	51.56
	비포장	53.17	53.17	53.17	53.17	57.42	57.42	57.42	57.42	57.42	57.42	57.42	57.42
	경인간	47.74	47.74	47.74	47.74	51.56	51.56	51.56	51.56	51.56	51.56	51.56	51.56
	최저요금(10km까지)	450	450	450	450	500	500	500	500	500	500	500	500
1998	포장	62.90	62.90	62.90	62.90	62.90	62.90	62.90	62.90	62.90	62.90	62.90	62.90
	비포장	70.05	70.05	70.05	70.05	70.05	70.05	70.05	70.05	70.05	70.05	70.05	70.05
	경인간	62.90	62.90	62.90	62.90	62.90	62.90	62.90	62.90	62.90	62.90	62.90	62.90
	최저요금(10km까지)	600	600	600	600	600	600	600	600	600	600	600	600
1999	포장	62.90	62.90	62.90	62.90	62.90	62.90	62.90	62.90	62.90	62.90	62.90	62.90
	비포장	70.05	70.05	70.05	70.05	70.05	70.05	70.05	70.05	70.05	70.05	70.05	70.05
	경인간	62.90	62.90	62.90	62.90	62.90	62.90	62.90	62.90	62.90	62.90	62.90	62.90
	최저요금(10km까지)	600	600	600	600	600	600	600	600	600	600	600	600
2000	포장	62.90	62.90	62.90	62.90	62.90	62.90	69.19	69.19	69.19	69.19	69.19	69.19
	비포장	70.05	70.05	70.05	70.05	70.05	70.05	77.06	77.06	77.06	77.06	77.06	77.06
	경인간	62.90	62.90	62.90	62.90	62.90	62.90	69.19	69.19	69.19	69.19	69.19	69.19
	최저요금(10km까지)	600	600	600	600	600	600	700	700	700	700	700	700
2001	포장	69.19	69.19	69.19	69.19	69.19	69.19	69.19	69.19	69.19	69.19	69.19	69.19
	비포장	77.06	77.06	77.06	77.06	77.06	77.06	77.06	77.06	77.06	77.06	77.06	77.06
	경인간	69.19	69.19	69.19	69.19	69.19	69.19	69.19	69.19	69.19	69.19	69.19	69.19
	최저요금(10km까지)	700	700	700	700	700	700	700	700	700	700	700	700
2002	포장	69.19	69.19	74.72	74.72	74.72	74.72	74.72	74.72	74.72	74.72	74.72	74.72
	비포장	77.06	77.06	-	-	-	-	-	-	-	-	-	-
	경인간	69.19	69.19	74.72	74.72	74.72	74.72	74.72	74.72	74.72	74.72	74.72	74.72
	최저요금(10km까지)	700	700	750	750	750	750	750	750	750	750	750	750
2003	포장	74.72	74.72	74.72	74.72	74.72	74.72	74.72	74.72	74.72	74.72	74.72	74.72
	비포장	-	-	-	-	-	-	-	-	-	-	-	-
	경인간	74.72	74.72	74.72	74.72	74.72	74.72	74.72	74.72	74.72	74.72	74.72	74.72
	최저요금(10km까지)	750	750	750	750	750	750	750	750	750	750	750	750
2004	포장	74.72	74.72	74.72	74.72	74.72	74.72	83.68	83.68	83.68	83.68	83.68	83.68
	비포장	-	-	-	-	-	-	-	-	-	-	-	-
	경인간	74.72	74.72	74.72	74.72	74.72	74.72	83.68	83.68	83.68	83.68	83.68	83.68
	최저요금(10km까지)	750	750	750	750	750	750	850	850	850	850	850	850
2005	포장	83.68	83.68	83.68	83.68	83.68	83.68	83.68	83.68	83.68	83.68	83.68	83.68
	비포장	-	-	-	-	-	-	-	-	-	-	-	-
	경인간	83.68	83.68	83.68	83.68	83.68	83.68	83.68	83.68	83.68	83.68	83.68	83.68
	최저요금(10km까지)	850	850	850	850	850	850	850	850	850	850	850	850
2006	일반국도구간	83.68	83.68	83.68	83.68	83.68	83.68	83.68	92.55	92.55	92.55	92.55	92.55
	고속도로구간												
	1~200km	-	-	-	-	-	-	-	57.20	57.20	57.20	57.20	57.20
	201~400km	-	-	-	-	-	-	-	52.19	52.19	52.19	52.19	52.19
	401km이상	-	-	-	-	-	-	-	47.48	47.48	47.48	47.48	47.48
	최저요금	850	850	850	850	850	850	850	1,000	1,000	1,000	1,000	1,000
2007	일반국도구간	92.55	92.55	92.55	92.55	92.55	92.55	92.55	92.55	92.55	92.55	92.55	92.55
	고속도로구간												
	1~200km	57.20	57.20	57.20	57.20	57.20	57.20	57.20	57.20	57.20	57.20	57.20	57.20
	201~400km	52.19	52.19	52.19	52.19	52.19	52.19	52.19	52.19	52.19	52.19	52.19	52.19
	401km이상	47.48	47.48	47.48	47.48	47.48	47.48	47.48	47.48	47.48	47.48	47.48	47.48
	최저요금	1,000	1,000	1,000	1,000	1,000	1,000	1,000	1,000	1,000	1,000	1,000	1,000

시외버스요금(완행) (2)

(1인 1㎞ 당)

연도별	구 분 \ 월별	1월	2월	3월	4월	5월	6월	7월	8월	9월	10월	11월	12월
2008	일 반 국 도 구 간	92.55	92.55	92.55	92.55	92.55	92.55	92.55	92.55	92.55	100.88	100.88	100.88
	고 속 도 로 구 간												
	1~200㎞	57.20	57.20	57.20	57.20	57.20	57.20	57.20	57.20	57.20	57.20	57.20	57.20
	201~400㎞	52.19	52.19	52.19	52.19	52.19	52.19	52.19	52.19	52.19	52.19	52.19	52.19
	401㎞이상	47.48	47.48	47.48	47.48	47.48	47.48	47.48	47.48	47.48	47.48	47.48	47.48
	최 저 요 금	1,000	1,000	1,000	1,000	1,000	1,000	1,000	1,000	1,000	1,100	1,100	1,100
2009	일 반 국 도 구 간	100.88	100.88	100.88	100.88	100.88	100.88	100.88	100.88	100.88	100.88	100.88	100.88
	고 속 도 로 구 간												
	1~200㎞	57.20	57.20	57.20	57.20	57.20	57.20	57.20	57.20	57.20	57.20	57.20	57.20
	201~400㎞	52.19	52.19	52.19	52.19	52.19	52.19	52.19	52.19	52.19	52.19	52.19	52.19
	401㎞이상	47.48	47.48	47.48	47.48	47.48	47.48	47.48	47.48	47.48	47.48	47.48	47.48
	최 저 요 금	1,100	1,100	1,100	1,100	1,100	1,100	1,100	1,100	1,100	1,100	1,100	1,100
2010	일 반 국 도 구 간	100.88	100.88	100.88	100.88	100.88	100.88	100.88	107.84	107.84	107.84	107.84	107.84
	고 속 도 로 구 간												
	1~200㎞	57.20	57.20	57.20	57.20	57.20	57.20	57.20	59.78	59.78	59.78	59.78	59.78
	201~400㎞	52.19	52.19	52.19	52.19	52.19	52.19	52.19	52.90	52.90	52.90	52.90	52.90
	401㎞이상	47.48	47.48	47.48	47.48	47.48	47.48	47.48	48.30	48.30	48.30	48.30	48.30
	최 저 요 금	1,100	1,100	1,100	1,100	1,100	1,100	1,100	1,200	1,200	1,200	1,200	1,200
2011	일 반 국 도 구 간	107.84	107.84	107.84	107.84	107.84	107.84	107.84	107.84	107.84	107.84	107.84	107.84
	고 속 도 로 구 간												
	1~200㎞	59.78	59.78	59.78	59.78	59.78	59.78	59.78	59.78	59.78	59.78	59.78	59.78
	201~400㎞	52.90	52.90	52.90	52.90	52.90	52.90	52.90	52.90	52.90	52.90	52.90	52.90
	401㎞이상	48.30	48.30	48.30	48.30	48.30	48.30	48.30	48.30	48.30	48.30	48.30	48.30
	최 저 요 금	1,200	1,200	1,200	1,200	1,200	1,200	1,200	1,200	1,200	1,200	1,200	1,200
2012	일 반 국 도 구 간	107.84	107.84	107.84	107.84	107.84	107.84	107.84	107.84	107.84	107.84	107.84	107.84
	고 속 도 로 구 간												
	1~200㎞	59.78	59.78	59.78	59.78	59.78	59.78	59.78	59.78	59.78	59.78	59.78	59.78
	201~400㎞	52.90	52.90	52.90	52.90	52.90	52.90	52.90	52.90	52.90	52.90	52.90	52.90
	401㎞이상	48.30	48.30	48.30	48.30	48.30	48.30	48.30	48.30	48.30	48.30	48.30	48.30
	최 저 요 금	1,200	1,200	1,200	1,200	1,200	1,200	1,200	1,200	1,200	1,200	1,200	1,200
2013	일 반 국 도 구 간	107.84	107.84	116.14	116.14	116.14	116.14	116.14	116.14	116.14	116.14	116.14	116.14
	고 속 도 로 구 간												
	1~200㎞	59.78	59.78	62.35	62.35	62.35	62.35	62.35	62.35	62.35	62.35	62.35	62.35
	201~400㎞	52.90	52.90	55.17	55.17	55.17	55.17	55.17	55.17	55.17	55.17	55.17	55.17
	401㎞이상	48.30	48.30	50.38	50.38	50.38	50.38	50.38	50.38	50.38	50.38	50.38	50.38
	최 저 요 금	1,200	1,200	1,300	1,300	1,300	1,300	1,300	1,300	1,300	1,300	1,300	1,300
2014~2018	일 반 국 도 구 간	116.14	116.14	116.14	116.14	116.14	116.14	116.14	116.14	116.14	116.14	116.14	116.14
	고 속 도 로 구 간												
	1~200㎞	62.35	62.35	62.35	62.35	62.35	62.35	62.35	62.35	62.35	62.35	62.35	62.35
	201~400㎞	55.17	55.17	55.17	55.17	55.17	55.17	55.17	55.17	55.17	55.17	55.17	55.17
	401㎞이상	50.38	50.38	50.38	50.38	50.38	50.38	50.38	50.38	50.38	50.38	50.38	50.38
	최 저 요 금	1,300	1,300	1,300	1,300	1,300	1,300	1,300	1,300	1,300	1,300	1,300	1,300
2019~2021	일 반 국 도 구 간	116.14	116.14	116.14	116.14	116.14	116.14	116.14	116.14	116.14	116.14	116.14	116.14
	고 속 도 로 구 간												
	1~200㎞	62.35	62.35	70.77	70.77	70.77	70.77	70.77	70.77	70.77	70.77	70.77	70.77
	201~400㎞	55.17	55.17	62.62	62.62	62.62	62.62	62.62	62.62	62.62	62.62	62.62	62.62
	401㎞이상	50.38	50.38	57.18	57.18	57.18	57.18	57.18	57.18	57.18	57.18	57.18	57.18
	최 저 요 금	1,300	1,300	1,300	1,300	1,300	1,300	1,300	1,300	1,300	1,300	1,300	1,300
2022	일 반 국 도 구 간	116.14	116.14	116.14	116.14	116.14	116.14	116.14	116.14	116.14	116.14	138.41	138.41
	고 속 도 로 구 간												
	1~200㎞	70.77	70.77	70.77	70.77	70.77	70.77	70.77	70.77	70.77	70.77	74.31	74.31
	201~400㎞	62.62	62.62	62.62	62.62	62.62	62.62	62.62	62.62	62.62	62.62	65.75	65.75
	401㎞이상	57.18	57.18	57.18	57.18	57.18	57.18	57.18	57.18	57.18	57.18	60.04	60.04
	최 저 요 금	1,300	1,300	1,300	1,300	1,300	1,300	1,300	1,300	1,300	1,300	1,600	1,600
2023	일 반 국 도 구 간	138.41	138.41	138.41	138.41	138.41	138.41	145.33	145.33	145.33	145.33	145.33	145.33
	고 속 도 로 구 간												
	1~200㎞	74.31	74.31	74.31	74.31	74.31	74.31	78.03	78.03	78.03	78.03	78.03	78.03
	201~400㎞	65.75	65.75	65.75	65.75	65.75	65.75	69.04	69.04	69.04	69.04	69.04	69.04
	401㎞이상	60.04	60.04	60.04	60.04	60.04	60.04	63.04	63.04	63.04	63.04	63.04	63.04
	최 저 요 금	1,600	1,600	1,600	1,600	1,600	1,600	1,700	1,700	1,700	1,700	1,700	1,700
2024	일 반 국 도 구 간	145.33	145.33	145.33	145.33	145.33	145.33	145.33	145.33	145.33	145.33	145.33	145.33
	고 속 도 로 구 간												
	1~200㎞	78.03	78.03	78.03	78.03	78.03	78.03	78.03	78.03	78.03	78.03	78.03	78.03
	201~400㎞	69.04	69.04	69.04	69.04	69.04	69.04	69.04	69.04	69.04	69.04	69.04	69.04
	401㎞이상	63.04	63.04	63.04	63.04	63.04	63.04	63.04	63.04	63.04	63.04	63.04	63.04
	최 저 요 금	1,700	1,700	1,700	1,700	1,700	1,700	1,700	1,700	1,700	1,700	1,700	1,700
2025	일 반 국 도 구 간	145.33	145.33	145.33	145.33	145.33	145.33	145.33	145.33	145.33	145.33	-	-
	고 속 도 로 구 간												
	1~200㎞	78.03	78.03	78.03	78.03	78.03	78.03	78.03	78.03	78.03	78.03	-	-
	201~400㎞	69.04	69.04	69.04	69.04	69.04	69.04	69.04	69.04	69.04	69.04	-	-
	401㎞이상	63.04	63.04	63.04	63.04	63.04	63.04	63.04	63.04	63.04	63.04	-	-
	최 저 요 금	1,700	1,700	1,700	1,700	1,700	1,700	1,700	1,700	1,700	1,700	-	-

주 변경년월일

① 72. 2. 1	⑤ 79. 5. 1	⑨ 80. 12. 21	⑬ 86. 3. 17	⑰ 93. 1. 25	㉑ 97. 5. 9	㉕ 04. 7. 1	㉙ 13. 3. 2
② 74. 2. 4	⑥ 79. 12. 23	⑩ 81. 6. 10	⑭ 89. 2. 10	⑱ 94. 3. 26	㉒ 98. 1. 5	㉖ 06. 8. 8	㉚ 19. 3. 1
③ 75. 7. 1	⑦ 80. 2. 5	⑪ 82. 12. 15	⑮ 91. 2. 20	⑲ 95. 4. 1	㉓ 00. 7. 25	㉗ 08.10.20	㉛ 22. 11. 1
④ 78. 6. 1	⑧ 80. 8. 10	⑫ 85. 12. 3	⑯ 92. 2. 16	⑳ 96. 4. 16	㉔ 02. 3. 25	㉘ 10. 8.16	㉜ 23. 7. 11

고속직행버스요금 (1)

(1인 1km 당)

연도별	구분 \ 월별	1월	2월	3월	4월	5월	6월	7월	8월	9월	10월	11월	12월
1970	1~200km	-	-	-	-	-	-	-	-	-	-	-	-
	201~400	3.50	3.50	3.50	3.50	3.50	3.50	3.50	3.50	3.50	3.50	3.50	3.50
	401 이상	-	-	-	-	-	-	-	-	-	-	-	-
1971	1~200	-	-	-	-	-	-	-	-	-	-	-	-
	201~400	3.50	3.50	3.50	3.50	3.50	3.50	3.50	3.50	3.50	3.50	3.50	3.50
	401 이상	-	-	-	-	-	-	-	-	-	-	-	-
1972	1~200	-	-	-	-	-	-	-	-	-	-	-	-
	201~400	3.50	4.28	4.28	4.28	4.28	4.28	4.28	4.28	4.28	4.28	4.28	4.28
	401 이상	-	-	-	-	-	-	-	-	-	-	-	-
1973	1~200	-	-	-	-	-	-	-	-	-	-	-	-
	201~400	4.28	4.28	4.28	4.28	4.28	4.28	4.28	4.28	4.28	4.28	4.28	4.28
	401 이상	-	-	-	-	-	-	-	-	-	-	-	-
1974	1~200	-	-	-	-	-	-	-	-	-	-	-	-
	201~400	4.28	4.39	4.39	4.39	4.39	4.39	4.39	4.39	4.39	4.39	4.39	4.39
	401 이상	-	-	-	-	-	-	-	-	-	-	-	-
1975	1~200	-	-	-	-	-	-	5.27	5.27	5.27	5.27	5.27	5.27
	201~400	4.39	4.39	4.39	4.39	4.39	4.39	4.83	4.83	4.83	4.83	4.83	4.83
	401 이상	-	-	-	-	-	-	4.39	4.39	4.39	4.39	4.39	4.39
1976	1~200	5.27	5.27	5.27	5.27	5.27	5.27	5.27	5.27	5.27	5.27	5.27	5.27
	201~400	4.83	4.83	4.83	4.83	4.83	4.83	4.83	4.83	4.83	4.83	4.83	4.83
	401 이상	4.39	4.39	4.39	4.39	4.39	4.39	4.39	4.39	4.39	4.39	4.39	4.39
1977	1~200	5.27	5.27	5.27	5.27	5.27	5.27	5.01	5.01	5.01	5.01	5.01	5.01
	201~400	4.83	4.83	4.83	4.83	4.83	4.83	4.59	4.59	4.59	4.59	4.59	4.59
	401 이상	4.39	4.39	4.39	4.39	4.39	4.39	4.17	4.17	4.17	4.17	4.17	4.17
1978	1~200	5.01	5.01	5.01	5.01	5.01	6.00	6.00	6.00	6.00	6.00	6.00	6.00
	201~400	4.59	4.59	4.59	4.59	4.59	5.50	5.50	5.50	5.50	5.50	5.50	5.50
	401 이상	4.17	4.17	4.17	4.17	4.17	5.00	5.00	5.00	5.00	5.00	5.00	5.00
1979	1~200	6.00	6.00	6.00	6.00	7.71	7.71	7.71	7.71	7.71	7.71	7.71	9.75
	201~400	5.50	5.50	5.50	5.50	7.07	7.07	7.07	7.07	7.07	7.07	7.07	8.94
	401 이상	5.00	5.00	5.00	5.00	6.43	6.43	6.43	6.43	6.43	6.43	6.43	8.13
1980	1~200	9.75	10.52	10.52	10.52	10.52	10.52	10.52	10.52	10.52	10.52	10.52	11.84
	201~400	8.94	9.63	9.63	9.63	9.63	9.63	9.63	9.63	9.63	9.63	9.63	10.83
	401 이상	8.13	8.76	8.76	8.76	8.76	8.76	8.76	8.76	8.76	8.76	8.76	9.85
1981	1~200	11.84	11.84	11.84	11.84	11.84	12.79	12.79	12.79	12.79	12.79	12.79	12.79
	201~400	10.83	10.83	10.83	10.83	10.83	11.69	11.69	11.69	11.69	11.69	11.69	11.69
	401 이상	9.85	9.85	9.85	9.85	9.85	10.63	10.63	10.63	10.63	10.63	10.63	10.63
1982	1~200	12.79	12.79	12.79	12.79	12.79	12.79	12.79	12.79	12.79	12.79	12.79	13.87
	201~400	11.69	11.69	11.69	11.69	11.69	11.69	11.69	11.69	11.69	11.69	11.69	12.67
	401 이상	10.63	10.63	10.63	10.63	10.63	10.63	10.63	10.63	10.63	10.63	10.63	11.52
1983	1~200	13.87	13.87	13.87	13.87	13.87	13.87	13.87	13.87	13.87	13.87	13.87	13.87
	201~400	12.67	12.67	12.67	12.67	12.67	12.67	12.67	12.67	12.67	12.67	12.67	12.67
	401 이상	11.52	11.52	11.52	11.52	11.52	11.52	11.52	11.52	11.52	11.52	11.52	11.52
1984	1~200	13.87	13.87	13.87	13.87	13.87	13.87	13.87	13.87	13.87	13.87	13.87	13.87
	201~400	12.67	12.67	12.67	12.67	12.67	12.67	12.67	12.67	12.67	12.67	12.67	12.67
	401 이상	11.52	11.52	11.52	11.52	11.52	11.52	11.52	11.52	11.52	11.52	11.52	11.52
1985	1~200	13.87	13.87	13.87	13.87	13.87	13.87	13.87	13.87	13.87	13.87	13.87	14.92
	201~400	12.67	12.67	12.67	12.67	12.67	12.67	12.67	12.67	12.67	12.67	12.67	13.62
	401 이상	11.52	11.52	11.52	11.52	11.52	11.52	11.52	11.52	11.52	11.52	11.52	12.38
1986	1~200	14.92	14.92	14.61	14.61	14.61	14.61	14.61	14.61	14.61	14.61	14.61	14.61
	201~400	13.62	13.62	13.33	13.33	13.33	13.33	13.33	13.33	13.33	13.33	13.33	13.33
	401 이상	12.38	12.38	12.12	12.12	12.12	12.12	12.12	12.12	12.12	12.12	12.12	12.12
1987	1~200	14.61	14.61	14.61	14.61	14.61	14.61	14.61	14.61	14.61	14.61	14.61	14.61
	201~400	13.33	13.33	13.33	13.33	13.33	13.33	13.33	13.33	13.33	13.33	13.33	13.33
	401 이상	12.12	12.12	12.12	12.12	12.12	12.12	12.12	12.12	12.12	12.12	12.12	12.12
1988	1~200	14.61	14.61	14.61	14.61	14.61	14.61	14.61	14.61	14.61	14.61	14.61	14.61
	201~400	13.33	13.33	13.33	13.33	13.33	13.33	13.33	13.33	13.33	13.33	13.33	13.33
	401 이상	12.12	12.12	12.12	12.12	12.12	12.12	12.12	12.12	12.12	12.12	12.12	12.12
1989	1~200	14.61	14.61	14.61	14.61	14.61	14.61	14.61	14.61	14.61	14.61	14.61	14.61
	201~400	13.33	13.33	13.33	13.33	13.33	13.33	13.33	13.33	13.33	13.33	13.33	13.33
	401 이상	12.12	12.12	12.12	12.12	12.12	12.12	12.12	12.12	12.12	12.12	12.12	12.12
1990	1~200km	14.61	14.61	14.61	14.61	14.61	14.61	14.61	14.61	14.61	14.61	14.61	14.61
	201~400	13.33	13.33	13.33	13.33	13.33	13.33	13.33	13.33	13.33	13.33	13.33	13.33
	401 이상	12.12	12.12	12.12	12.12	12.12	12.12	12.12	12.12	12.12	12.12	12.12	12.12
1991	1~200	14.61	17.67	17.67	17.67	17.67	17.67	17.67	17.67	17.67	17.67	17.67	17.67
	201~400	13.33	16.12	16.12	16.12	16.12	16.12	16.12	16.12	16.12	16.12	16.12	16.12
	401 이상	12.12	14.66	14.66	14.66	14.66	14.66	14.66	14.66	14.66	14.66	14.66	14.66
1992	1~200	17.67	19.00	19.00	19.00	19.00	19.00	19.00	19.00	19.00	19.00	19.00	19.00
	201~400	16.12	17.33	17.33	17.33	17.33	17.33	17.33	17.33	17.33	17.33	17.33	17.33
	401 이상	14.66	15.76	15.76	15.76	15.76	15.76	15.76	15.76	15.76	15.76	15.76	15.76
1993	1~200km(직행)	22.61	22.61	22.61	22.61	22.61	22.61	22.61	22.61	22.61	22.61	22.61	22.61
	〃 (우등)	33.92	33.92	33.92	33.92	33.92	33.92	33.92	33.92	33.92	33.92	33.92	33.92
	201~400 (직행)	20.62	20.62	20.62	20.62	20.62	20.62	20.62	20.62	20.62	20.62	20.62	20.62
	〃 (우등)	30.93	30.93	30.93	30.93	30.93	30.93	30.93	30.93	30.93	30.93	30.93	30.93
	401 이상 (직행)	18.75	18.75	18.75	18.75	18.75	18.75	18.75	18.75	18.75	18.75	18.75	18.75
	〃 (우등)	28.13	28.13	28.13	28.13	28.13	28.13	28.13	28.13	28.13	28.13	28.13	28.13
1994	1~200km(직행)	22.61	22.61	25.84	25.84	25.84	25.84	25.84	25.84	25.84	25.84	25.84	25.84
	〃 (우등)	33.92	33.92	38.76	38.76	38.76	38.76	38.76	38.76	38.76	38.76	38.76	38.76
	201~400 (직행)	20.62	20.62	23.56	23.56	23.56	23.56	23.56	23.56	23.56	23.56	23.56	23.56
	〃 (우등)	30.93	30.93	35.34	35.34	35.34	35.34	35.34	35.34	35.34	35.34	35.34	35.34
	401 이상 (직행)	18.75	18.75	21.43	21.43	21.43	21.43	21.43	21.43	21.43	21.43	21.43	21.43
	〃 (우등)	28.13	28.13	32.14	32.14	32.14	32.14	32.14	32.14	32.14	32.14	32.14	32.14

고속직행버스요금 (2)

(1인 1km 당)

연도별	구 분 \ 월별	1월	2월	3월	4월	5월	6월	7월	8월	9월	10월	11월	12월
1995	1~200km(직행)	25.84	25.84	25.84	28.60	28.60	28.60	28.60	28.60	28.60	28.60	28.60	28.60
	〃 (우등)	38.76	38.76	38.76	41.80	41.80	41.80	41.80	41.80	41.80	41.80	41.80	41.80
	201~400 (직행)	23.56	23.56	23.56	25.30	25.30	25.30	25.30	25.30	25.30	25.30	25.30	25.30
	〃 (우등)	35.34	35.34	35.34	38.50	38.50	38.50	38.50	38.50	38.50	38.50	38.50	38.50
	401 이상 (직행)	21.43	21.43	21.43	23.10	23.10	23.10	23.10	23.10	23.10	23.10	23.10	23.10
	〃 (우등)	32.14	32.14	32.14	35.20	35.20	35.20	35.20	35.20	35.20	35.20	35.20	35.20
1996	1~200km(직행)	28.60	28.60	28.60	31.17	31.17	31.17	31.17	31.17	31.17	31.17	31.17	31.17
	〃 (우등)	41.80	41.80	41.80	45.56	45.56	45.56	45.56	45.56	45.56	45.56	45.56	45.56
	201~400 (직행)	25.30	25.30	25.30	27.58	27.58	27.58	27.58	27.58	27.58	27.58	27.58	27.58
	〃 (우등)	38.50	38.50	38.50	41.97	41.97	41.97	41.97	41.97	41.97	41.97	41.97	41.97
	401 이상 (직행)	23.10	23.10	23.10	25.18	25.18	25.18	25.18	25.18	25.18	25.18	25.18	25.18
	〃 (우등)	35.20	35.20	35.20	38.37	38.37	38.37	38.37	38.37	38.37	38.37	38.37	38.37
1997	1~200km(직행)	31.17	31.17	31.17	31.17	33.51	33.51	33.51	33.51	33.51	33.51	33.51	33.51
	〃 (우등)	45.56	45.56	45.56	45.56	48.98	48.98	48.98	48.98	48.98	48.98	48.98	48.98
	201~400 (직행)	27.58	27.58	27.58	27.58	29.65	29.65	29.65	29.65	29.65	29.65	29.65	29.65
	〃 (우등)	41.97	41.97	41.97	41.97	45.12	45.12	45.12	45.12	45.12	45.12	45.12	45.12
	401 이상 (직행)	25.18	25.18	25.18	25.18	27.07	27.07	27.07	27.07	27.07	27.07	27.07	27.07
	〃 (우등)	38.37	38.37	38.37	38.37	41.25	41.25	41.25	41.25	41.25	41.25	41.25	41.25
1998	1~200km(직행)	38.87	38.87	38.87	38.87	38.87	38.87	38.87	38.87	38.87	38.87	38.87	38.87
	〃 (우등)	56.82	56.82	56.82	56.82	56.82	56.82	56.82	56.82	56.82	56.82	56.82	56.82
	201~400 (직행)	34.39	34.39	34.39	34.39	34.39	34.39	34.39	34.39	34.39	34.39	34.39	34.39
	〃 (우등)	52.34	52.34	52.34	52.34	52.34	52.34	52.34	52.34	52.34	52.34	52.34	52.34
	401 이상 (직행)	31.40	31.40	31.40	31.40	31.40	31.40	31.40	31.40	31.40	31.40	31.40	31.40
	〃 (우등)	47.85	47.85	47.85	47.85	47.85	47.85	47.85	47.85	47.85	47.85	47.85	47.85
1999	1~200km(직행)	38.87	38.87	38.87	38.87	38.87	38.87	38.87	38.87	38.87	38.87	38.87	38.87
	〃 (우등)	56.82	56.82	56.82	56.82	56.82	56.82	56.82	56.82	56.82	56.82	56.82	56.82
	201~400 (직행)	34.39	34.39	34.39	34.39	34.39	34.39	34.39	34.39	34.39	34.39	34.39	34.39
	〃 (우등)	52.34	52.34	52.34	52.34	52.34	52.34	52.34	52.34	52.34	52.34	52.34	52.34
	401 이상 (직행)	31.40	31.40	31.40	31.40	31.40	31.40	31.40	31.40	31.40	31.40	31.40	31.40
	〃 (우등)	47.85	47.85	47.85	47.85	47.85	47.85	47.85	47.85	47.85	47.85	47.85	47.85
2000	1~200km(직행)	38.87	38.87	38.87	38.87	38.87	38.87	42.37	42.37	42.37	42.37	42.37	42.37
	〃 (우등)	56.82	56.82	56.82	56.82	56.82	56.82	61.93	61.93	61.93	61.93	61.93	61.93
	201~400 (직행)	34.39	34.39	34.39	34.39	34.39	34.39	37.49	37.49	37.49	37.49	37.49	37.49
	〃 (우등)	52.34	52.34	52.34	52.34	52.34	52.34	57.05	57.05	57.05	57.05	57.05	57.05
	401 이상 (직행)	31.40	31.40	31.40	31.40	31.40	31.40	34.23	34.23	34.23	34.23	34.23	34.23
	〃 (우등)	47.85	47.85	47.85	47.85	47.85	47.85	52.16	52.16	52.16	52.16	52.16	52.16
2001	1~200km(직행)	42.37	42.37	42.37	42.37	42.37	42.37	42.37	42.37	42.37	42.37	42.37	42.37
	〃 (우등)	61.93	61.93	61.93	61.93	61.93	61.93	61.93	61.93	61.93	61.93	61.93	61.93
	201~400 (직행)	37.49	37.49	37.49	37.49	37.49	37.49	37.49	37.49	37.49	37.49	37.49	37.49
	〃 (우등)	57.05	57.05	57.05	57.05	57.05	57.05	57.05	57.05	57.05	57.05	57.05	57.05
	401 이상 (직행)	34.23	34.23	34.23	34.23	34.23	34.23	34.23	34.23	34.23	34.23	34.23	34.23
	〃 (우등)	52.16	52.16	52.16	52.16	52.16	52.16	52.16	52.16	52.16	52.16	52.16	52.16
2002	1~200km(직행)	42.37	42.37	45.76	45.76	45.76	45.76	45.76	45.76	45.76	45.76	45.76	45.76
	〃 (우등)	61.93	61.93	66.88	66.88	66.88	66.88	66.88	66.88	66.88	66.88	66.88	66.88
	201~400 (직행)	37.49	37.49	40.49	40.49	40.49	40.49	40.49	40.49	40.49	40.49	40.49	40.49
	〃 (우등)	57.05	57.05	61.61	61.61	61.61	61.61	61.61	61.61	61.61	61.61	61.61	61.61
	401 이상 (직행)	34.23	34.23	36.97	36.97	36.97	36.97	36.97	36.97	36.97	36.97	36.97	36.97
	〃 (우등)	52.16	52.16	56.33	56.33	56.33	56.33	56.33	56.33	56.33	56.33	56.33	56.33
2003	1~200km(직행)	45.76	45.76	45.76	45.76	45.76	45.76	45.76	45.76	45.76	45.76	45.76	45.76
	〃 (우등)	66.88	66.88	66.88	66.88	66.88	66.88	66.88	66.88	66.88	66.88	66.88	66.88
	201~400 (직행)	40.49	40.49	40.49	40.49	40.49	40.49	40.49	40.49	40.49	40.49	40.49	40.49
	〃 (우등)	61.61	61.61	61.61	61.61	61.61	61.61	61.61	61.61	61.61	61.61	61.61	61.61
	401 이상 (직행)	36.97	36.97	36.97	36.97	36.97	36.97	36.97	36.97	36.97	36.97	36.97	36.97
	〃 (우등)	56.33	56.33	56.33	56.33	56.33	56.33	56.33	56.33	56.33	56.33	56.33	56.33
2004	1~200km(직행)	45.76	45.76	45.76	45.76	45.76	45.76	49.87	49.87	49.87	49.87	49.87	49.87
	〃 (우등)	66.88	66.88	66.88	66.88	66.88	66.88	72.89	72.89	72.89	72.89	72.89	72.89
	201~400 (직행)	40.49	40.49	40.49	40.49	40.49	40.49	44.13	44.13	44.13	44.13	44.13	44.13
	〃 (우등)	61.61	61.61	61.61	61.61	61.61	61.61	67.15	67.15	67.15	67.15	67.15	67.15
	401 이상 (직행)	36.97	36.97	36.97	36.97	36.97	36.97	40.29	40.29	40.29	40.29	40.29	40.29
	〃 (우등)	56.33	56.33	56.33	56.33	56.33	56.33	61.39	61.39	61.39	61.39	61.39	61.39
2005	1~200km(직행)	49.87	49.87	49.87	49.87	49.87	49.87	49.87	49.87	49.87	49.87	49.87	49.87
	〃 (우등)	72.89	72.89	72.89	72.89	72.89	72.89	72.89	72.89	72.89	72.89	72.89	72.89
	201~400 (직행)	44.13	44.13	44.13	44.13	44.13	44.13	44.13	44.13	44.13	44.13	44.13	44.13
	〃 (우등)	67.15	67.15	67.15	67.15	67.15	67.15	67.15	67.15	67.15	67.15	67.15	67.15
	401 이상 (직행)	40.29	40.29	40.29	40.29	40.29	40.29	40.29	40.29	40.29	40.29	40.29	40.29
	〃 (우등)	61.39	61.39	61.39	61.39	61.39	61.39	61.39	61.39	61.39	61.39	61.39	61.39
2006	1~200km(직행)	49.87	49.87	49.87	49.87	49.87	49.87	49.87	53.51	53.51	53.51	53.51	53.51
	〃 (우등)	72.89	72.89	72.89	72.89	72.89	72.89	72.89	78.21	78.21	78.21	78.21	78.21
	201~400 (직행)	44.13	44.13	44.13	44.13	44.13	44.13	44.13	47.35	47.35	47.35	47.35	47.35
	〃 (우등)	67.15	67.15	67.15	67.15	67.15	67.15	67.15	72.05	72.05	72.05	72.05	72.05
	401 이상 (직행)	40.29	40.29	40.29	40.29	40.29	40.29	40.29	43.23	43.23	43.23	43.23	43.23
	〃 (우등)	61.39	61.39	61.39	61.39	61.39	61.39	61.39	65.87	65.87	65.87	65.87	65.87
2007	1~200km(직행)	53.51	53.51	53.51	53.51	53.51	53.51	53.51	53.51	53.51	53.51	53.51	53.51
	〃 (우등)	78.21	78.21	78.21	78.21	78.21	78.21	78.21	78.21	78.21	78.21	78.21	78.21
	201~400 (직행)	47.35	47.35	47.35	47.35	47.35	47.35	47.35	47.35	47.35	47.35	47.35	47.35
	〃 (우등)	72.05	72.05	72.05	72.05	72.05	72.05	72.05	72.05	72.05	72.05	72.05	72.05
	401 이상 (직행)	43.23	43.23	43.23	43.23	43.23	43.23	43.23	43.23	43.23	43.23	43.23	43.23
	〃 (우등)	65.87	65.87	65.87	65.87	65.87	65.87	65.87	65.87	65.87	65.87	65.87	65.87

(1인 1㎞ 당)

연도별	구 분 \ 월별	1월	2월	3월	4월	5월	6월	7월	8월	9월	10월	11월	12월
2008	1~200㎞(직행)	53.51	53.51	53.51	53.51	53.51	53.51	53.51	53.51	53.51	56.77	56.77	56.77
	〃 (우등)	78.21	78.21	78.21	78.21	78.21	78.21	78.21	78.21	78.21	82.98	82.98	82.98
	201~400 (직행)	47.35	47.35	47.35	47.35	47.35	47.35	47.35	47.35	47.35	50.24	50.24	50.24
	〃 (우등)	72.05	72.05	72.05	72.05	72.05	72.05	72.05	72.05	72.05	76.45	76.45	76.45
	401 이상 (직행)	43.23	43.23	43.23	43.23	43.23	43.23	43.23	43.23	43.23	45.87	45.87	45.87
	〃 (우등)	65.87	65.87	65.87	65.87	65.87	65.87	65.87	65.87	65.87	69.89	69.89	69.89
2009	1~200㎞(직행)	56.77	56.77	56.77	56.77	56.77	56.77	56.77	56.77	56.77	56.77	56.77	56.77
	〃 (우등)	82.98	82.98	82.98	82.98	82.98	82.98	82.98	82.98	82.98	82.98	82.98	82.98
	201~400 (직행)	50.24	50.24	50.24	50.24	50.24	50.24	50.24	50.24	50.24	50.24	50.24	50.24
	〃 (우등)	76.45	76.45	76.45	76.45	76.45	76.45	76.45	76.45	76.45	76.45	76.45	76.45
	401 이상 (직행)	45.87	45.87	45.87	45.87	45.87	45.87	45.87	45.87	45.87	45.87	45.87	45.87
	〃 (우등)	69.89	69.89	69.89	69.89	69.89	69.89	69.89	69.89	69.89	69.89	69.89	69.89
2010	1~200㎞(직행)	56.77	56.77	56.77	56.77	56.77	56.77	56.77	59.78	59.78	59.78	59.78	59.78
	〃 (우등)	82.98	82.98	82.98	82.98	82.98	82.98	82.98	87.38	87.38	87.38	87.38	87.38
	201~400 (직행)	50.24	50.24	50.24	50.24	50.24	50.24	50.24	52.90	52.90	52.90	52.90	52.90
	〃 (우등)	76.45	76.45	76.45	76.45	76.45	76.45	76.45	80.50	80.50	80.50	80.50	80.50
	401 이상 (직행)	45.87	45.87	45.87	45.87	45.87	45.87	45.87	48.30	48.30	48.30	48.30	48.30
	〃 (우등)	69.89	69.89	69.89	69.89	69.89	69.89	69.89	73.59	73.59	73.59	73.59	73.59
2011~2012	1~200㎞(직행)	56.77	56.77	56.77	56.77	56.77	56.77	56.77	56.77	56.77	56.77	56.77	56.77
	〃 (우등)	82.98	82.98	82.98	82.98	82.98	82.98	82.98	82.98	82.98	82.98	82.98	82.98
	201~400 (직행)	50.24	50.24	50.24	50.24	50.24	50.24	50.24	50.24	50.24	50.24	50.24	50.24
	〃 (우등)	76.45	76.45	76.45	76.45	76.45	76.45	76.45	76.45	76.45	76.45	76.45	76.45
	401 이상 (직행)	45.87	45.87	45.87	45.87	45.87	45.87	45.87	45.87	45.87	45.87	45.87	45.87
	〃 (우등)	69.89	69.89	69.89	69.89	69.89	69.89	69.89	69.89	69.89	69.89	69.89	69.89
2013	1~200㎞(직행)	56.77	56.77	62.35	62.35	62.35	62.35	62.35	62.35	62.35	62.35	62.35	62.35
	〃 (우등)	82.98	82.98	91.14	91.14	91.14	91.14	91.14	91.14	91.14	91.14	91.14	91.14
	201~400 (직행)	50.24	50.24	50.38	50.38	50.38	50.38	50.38	50.38	50.38	50.38	50.38	50.38
	〃 (우등)	76.45	76.45	83.96	83.96	83.96	83.96	83.96	83.96	83.96	83.96	83.96	83.96
	401 이상 (직행)	45.87	45.87	48.30	48.30	48.30	48.30	48.30	48.30	48.30	48.30	48.30	48.30
	〃 (우등)	69.89	69.89	76.75	76.75	76.75	76.75	76.75	76.75	76.75	76.75	76.75	76.75
2014~2018	1~200㎞(직행)	62.35	62.35	62.35	62.35	62.35	62.35	62.35	62.35	62.35	62.35	62.35	62.35
	〃 (우등)	91.14	91.14	91.14	91.14	91.14	91.14	91.14	91.14	91.14	91.14	91.14	91.14
	201~400 (직행)	50.38	50.38	50.38	50.38	50.38	50.38	50.38	50.38	50.38	50.38	50.38	50.38
	〃 (우등)	83.96	83.96	83.96	83.96	83.96	83.96	83.96	83.96	83.96	83.96	83.96	83.96
	401 이상 (직행)	48.30	48.30	48.30	48.30	48.30	48.30	48.30	48.30	48.30	48.30	48.30	48.30
	〃 (우등)	76.75	76.75	76.75	76.75	76.75	76.75	76.75	76.75	76.75	76.75	76.75	76.75
2019	1~200㎞(직행)	62.35	62.35	70.77	70.77	70.77	70.77	70.77	70.77	70.77	70.77	70.77	70.77
	〃 (우등)	91.14	91.14	98.39	98.39	98.39	98.39	98.39	98.39	98.39	98.39	98.39	98.39
	201~400 (직행)	50.38	50.38	62.62	62.62	62.62	62.62	62.62	62.62	62.62	62.62	62.62	62.62
	〃 (우등)	83.96	83.96	90.63	90.63	90.63	90.63	90.63	90.63	90.63	90.63	90.63	90.63
	401 이상 (직행)	48.30	48.30	57.18	57.18	57.18	57.18	57.18	57.18	57.18	57.18	57.18	57.18
	〃 (우등)	76.75	76.75	82.85	82.85	82.85	82.85	82.85	82.85	82.85	82.85	82.85	82.85
2020~2021	1~200㎞(직행)	70.77	70.77	70.77	70.77	70.77	70.77	70.77	70.77	70.77	70.77	70.77	70.77
	〃 (우등)	98.39	98.39	98.39	98.39	98.39	98.39	98.39	98.39	98.39	98.39	98.39	98.39
	201~400 (직행)	62.62	62.62	62.62	62.62	62.62	62.62	62.62	62.62	62.62	62.62	62.62	62.62
	〃 (우등)	90.63	90.63	90.63	90.63	90.63	90.63	90.63	90.63	90.63	90.63	90.63	90.63
	401 이상 (직행)	57.18	57.18	57.18	57.18	57.18	57.18	57.18	57.18	57.18	57.18	57.18	57.18
	〃 (우등)	82.85	82.85	82.85	82.85	82.85	82.85	82.85	82.85	82.85	82.85	82.85	82.85
2022	1~200㎞(직행)	70.77	70.77	70.77	70.77	70.77	70.77	70.77	70.77	70.77	70.77	74.31	74.31
	〃 (우등)	98.39	98.39	98.39	98.39	98.39	98.39	98.39	98.39	98.39	98.39	96.59	96.59
	201~400 (직행)	62.62	62.62	62.62	62.62	62.62	62.62	62.62	62.62	62.62	62.62	65.75	65.75
	〃 (우등)	90.63	90.63	90.63	90.63	90.63	90.63	90.63	90.63	90.63	90.63	85.47	85.47
	401 이상 (직행)	57.18	57.18	57.18	57.18	57.18	57.18	57.18	57.18	57.18	57.18	60.04	60.04
	〃 (우등)	82.85	82.85	82.85	82.85	82.85	82.85	82.85	82.85	82.85	82.85	78.05	78.05
2023	1~200㎞(직행)	74.31	74.31	74.31	74.31	74.31	74.31	74.21	74.21	74.21	74.21	74.21	74.21
	〃 (우등)	96.59	96.59	96.59	96.59	96.59	96.59	108.48	108.48	108.48	108.48	108.48	108.48
	201~400 (직행)	65.75	65.75	65.75	65.75	65.75	65.75	65.67	65.67	65.67	65.67	65.67	65.67
	〃 (우등)	85.47	85.47	85.47	85.47	85.47	85.47	99.92	99.92	99.92	99.92	99.92	99.92
	401 이상 (직행)	60.04	60.04	60.04	60.04	60.04	60.04	59.97	59.97	59.97	59.97	59.97	59.97
	〃 (우등)	78.05	78.05	78.05	78.05	78.05	78.05	91.34	91.34	91.34	91.34	91.34	91.34
2024	1~200㎞(직행)	74.21	74.21	74.21	74.21	74.21	74.21	74.21	74.21	74.21	74.21	74.21	74.21
	〃 (우등)	108.48	108.48	108.48	108.48	108.48	108.48	108.48	108.48	108.48	108.48	108.48	108.48
	201~400 (직행)	65.67	65.67	65.67	65.67	65.67	65.67	65.67	65.67	65.67	65.67	65.67	65.67
	〃 (우등)	99.92	99.92	99.92	99.92	99.92	99.92	99.92	99.92	99.92	99.92	99.92	99.92
	401 이상 (직행)	59.97	59.97	59.97	59.97	59.97	59.97	59.97	59.97	59.97	59.97	59.97	59.97
	〃 (우등)	91.34	91.34	91.34	91.34	91.34	91.34	91.34	91.34	91.34	91.34	91.34	91.34
2025	1~200㎞(직행)	74.21	74.21	74.21	74.21	74.21	74.21	74.21	74.21	74.21	74.21	-	-
	〃 (우등)	108.48	108.48	108.48	108.48	108.48	108.48	108.48	108.48	108.48	108.48	-	-
	201~400 (직행)	65.67	65.67	65.67	65.67	65.67	65.67	65.67	65.67	65.67	65.67	-	-
	〃 (우등)	99.92	99.92	99.92	99.92	99.92	99.92	99.92	99.92	99.92	99.92	-	-
	401 이상 (직행)	59.97	59.97	59.97	59.97	59.97	59.97	59.97	59.97	59.97	59.97	-	-
	〃 (우등)	91.34	91.34	91.34	91.34	91.34	91.34	91.34	91.34	91.34	91.34	-	-

주 변경년월일

① 72. 2. 1 ② 74. 2. 4 ③ 75. 7. 1 ④ 77. 7.
⑤ 78. 6. 14 ⑥ 79. 5. 1 ⑦ 79. 12. 23 ⑧ 80. 2. 5
⑨ 80. 12. 21 ⑩ 81. 6. 10 ⑪ 82. 12. 15 ⑫ 85. 12. 3
⑬ 86. 3. 17 ⑭ 91. 2. 20 ⑮ 92. 2. 16 ⑯ 93. 1. 25
⑰ 94. 3. 26 ⑱ 95. 4. 1 ⑲ 96. 4. 16 ⑳ 97. 5. 9
㉑ 98. 1. 5 ㉒ 00. 7. 25 ㉓ 02. 3. 25 ㉔ 04. 7. 1
㉕ 06. 8. 8 ㉖ 08. 10. 20 ㉗ 10. 8. 16 ㉘ 13. 3. 2
㉙ 19. 3. 1 ㉚ 22. 11. 1 ㉛ 23. 7. 11

우등고속버스요금(1)

선별	지역별 \ 연도별	'92	'93	'94	'95	'96	'97	'98	'99	'00
호남선	서울-유성	-	5,280	6,000	6,500	7,100	7,600	8,800	8,800	9,600
	-논산	-	6,940	7,900	8,600	9,300	10,000	11,600	11,600	12,700
	-전주	-	7,780	8,900	9,600	10,500	11,200	13,000	13,000	14,200
	동서울-전주	-	8,190	9,400	10,100	11,000	11,900	13,800	13,800	15,000
	서울-익산	-	-	-	-	10,300	11,100	12,800	12,800	14,000
	-김제	-	8,140	9,300	10,100	11,000	11,800	13,700	13,700	14,900
	-군산	-	8,330	9,500	10,300	11,200	12,000	14,000	14,000	15,200
	-정읍	-	-	-	10,900	11,900	12,800	14,800	14,800	16,100
	-남원	-	9,680	11,100	12,000	13,000	14,000	16,300	16,300	17,700
	-영광	-	10,450	11,900	12,900	14,100	15,100	17,600	17,600	19,100
	-광주	8,830	10,510	12,000	13,000	14,200	15,200	17,700	17,700	19,300
	동서울-광주	-	10,830	12,400	13,400	14,600	15,700	18,200	18,200	19,900
	서울-영산포	-	11,130	12,700	13,800	15,000	16,100	18,700	18,700	20,400
	-목포	-	12,440	14,200	15,400	16,800	18,000	20,900	20,900	22,800
	-강진	-	12,640	14,400	15,600	17,100	18,300	21,400	21,400	23,300
	-순천	-	13,120	15,000	16,200	17,700	18,700	21,700	21,700	23,700
	-여수	-	14,200	16,200	17,600	19,200	20,500	23,800	23,800	25,900
	수원-광주	-	9,860	11,300	12,200	13,300	14,300	16,600	16,600	18,100
	대전-전주	-	3,290	3,800	4,100	4,400	4,700	5,500	5,500	5,600
	-광주	-	6,280	7,200	7,700	8,400	9,100	10,500	10,500	11,100
	성남-전주	-	7,540	8,600	9,300	10,100	10,900	12,700	12,700	13,800
	-광주	-	10,240	11,700	12,700	13,800	14,800	17,200	17,200	18,800
	청주-광주	-	7,130	7,900	8,500	9,300	10,000	11,600	11,800	12,800
	춘천-광주	-	13,000	14,900	16,100	17,500	18,900	21,900	21,900	23,900
	의정부-광주	-	-	-	-	-	-	-	19,200	20,900
경인선	인천-대전	-	6,840	7,800	8,400	9,100	9,800	11,000	9,900	10,800
	-대구	-	10,680	12,200	13,200	14,400	15,400	17,500	17,500	19,100
	-전주	-	8,690	9,900	10,700	11,700	12,500	14,200	14,200	15,400
88선	광주-대구	-	7,380	8,400	9,100	9,900	10,700	12,400	12,400	13,500
	-포항	-	10,550	12,100	13,000	14,200	15,300	16,900	16,900	18,400
	-울산	-	-	-	-	-	-	-	18,300	20,000
	전주-대구	-	7,390	8,400	9,100	9,900	10,700	12,400	12,400	13,500
	-부산	-	10,590	12,100	13,100	14,300	15,300	17,800	17,300	19,400
	-울산	-	10,750	12,300	13,300	14,500	15,700	18,200	18,200	19,900
영동선	서울-원주	-	4,130	4,700	5,100	5,500	6,000	6,900	6,900	7,500
	-제천	-	5,700	6,500	7,000	7,200	7,700	8,900	8,900	9,700
	-강릉	-	8,200	9,400	10,100	10,900	11,700	13,500	13 500	14,800
	동서울-강릉	-	8,200	9,400	10,100	10,900	11,700	13,500	13 500	14,800
	서울-속초	8,710	10,360	11,800	12,800	13,900	15,000	17,300	17,300	18,900
	동서울-속초	-	10,360	11,800	12,800	13,900	15,000	17,300	17,300	18,900
	원주-강릉	-	4,390	5,000	5,400	5,800	6,200	7,200	7,200	7,900
	대전-강릉	-	9,600	11,000	11,900	12,800	13,700	15,900	15,900	17,400
남해선	부산-진주	-	3,890	4,400	4,800	5,200	5,600	6,500	6,500	7,100
	-순천	-	6,590	7,500	8,100	8,900	9,500	11,000	11,000	12,000
	-광주	-	8,960	10,200	11,100	12,100	12,900	14,900	14,900	16,300
	-여수	-	7,610	8,700	9,400	10,200	11,000	12,800	12,800	13,900
	광주-진주	-	-	-	-	-	-	-	9,300	10,100
	-마산	-	-	-	-	-	-	-	12,100	13,200

'02	'04	'06	'08	'10	'13	'15	'17	'19	'23	'24	'25
10,400	11,300	12,200	12,900	13,600	14,200	14,200	14,200	15,300	15,300	16,900	16,900
13,700	–	–	–	13,900	15,300	15,300	14,500	15,600	15,600	17,000	17,000
15,400	15,000	16,000	17,000	17,900	18,700	18,700	18,700	20,100	20,100	22,000	22,000
16,200	17,600	18,900	18,900	19,900	–	–	–	–	–	24,500	24,500
15,100	14,700	15,700	16,000	16,800	17,500	17,500	17,500	19,700	19,700	21,500	21,500
16,100	15,800	16,900	17,900	18,900	14,300	19,700	19,700	21,500	21,500	24,400	24,400
16,100	16,900	18,100	19,200	17,900	18,700	18,700	18,700	20,100	20,100	22,000	22,000
17,400	17,200	18,500	19,600	20,600	21,500	21,500	21,500	23,200	23,200	24,300	24,300
19,100	19,100	20,500	21,700	22,800	23,300	23,300	23,300	25,200	25,200	24,300	27,500
20,700	20,700	22,200	23,600	24,800	24,800	25,900	25,900	27,900	27,900	27,500	30,600
20,800	20,900	22,400	23,700	25,000	28,700	26,100	26,100	26,100	28,100	30,800	30,800
21,400	23,400	25,100	26,600	27,000	28,200	28,200	28,200	30,400	30,400	33,300	33,300
22,000	22,200	23,800	25,300	26,600	27,800	27,800	27,800	29,900	29,900	–	–
24,000	24,400	26,200	27,700	29,200	30,400	30,400	30,400	32,800	32,800	36,000	36,000
25,200	25,700	27,500	29,200	30,700	33,200	33,200	33,200	35,800	35,800	36,000	40,200
25,600	26,200	28,100	30,000	30,400	28,600	28,600	28,600	30,800	30,800	33,800	33,800
28,000	28,600	30,600	32,500	33,100	30,800	30,800	30,800	33,200	33,200	36,400	36,400
19,000	18,900	20,200	21,500	22,600	23,600	23,600	23,600	25,400	25,400	27,800	27,800
6,000	6,600	7,100	7,500	7,900	–	–	–	–	10,100	11,200	11,200
12,000	13,000	14,000	14,800	15,600	16,300	16,300	16,300	17,600	17,600	19,400	19,400
14,900	14,600	15,600	16,600	17,500	18,200	18,200	18,200	19,600	19,600	21,400	21,400
20,200	20,500	21,900	23,200	24,500	25,500	25,500	25,500	27,500	27,500	30,100	30,100
13,800	15,100	16,200	17,200	18,100	18,800	18,800	18,800	20,300	20,300	22,400	22,400
26,100	28,400	30,500	32,300	34,100	35,500	35,500	35,500	38,300	38,300	42,300	42,300
22,600	24,600	26,400	28,000	29,500	30,800	30,800	30,800	33,400	33,400	–	34,000
11,600	12,700	13,600	14,400	15,200	15,900	15,900	15,900	17,100	17,100	18,900	18,900
20,600	22,500	23,100	24,500	25,800	26,900	26,900	26,900	29,100	29,100	32,100	32,100
16,700	16,400	17,600	18,600	19,600	18,100	20,400	20,400	22,000	22,000	24,100	24,100
14,600	15,900	17,000	18,100	19,000	–	–	–	–	20,800	22,900	22,900
19,800	21,700	23,300	25,000	26,300	26,900	26,900	26,900	28,100	28,100	31,000	31,000
21,200	23,200	24,800	26,400	27,800	29,000	29,000	29,000	39,600	30,500	33,600	33,600
14,600	15,900	17,100	16,500	17,300	18,100	18,100	18,100	19,500	19,500	21,200	21,200
19,100	20,800	21,700	21,600	22,700	23,700	23,700	23,700	24,900	24,900	28,900	28,900
21,500	23,400	25,100	24,900	26,200	27,400	27,400	27,400	29,000	29,000	32,000	32,000
8,100	8,600	8,900	9,500	10,000	10,400	10,400	10,400	11,300	11,300	12,400	–
10,500	11,500	12,300	13,100	13,700	14,300	14,300	14,300	15,500	15,500	17,100	–
15,800	17,200	18,400	19,600	20,600	21,500	21,500	21,500	21,500	21,500	24,600	–
15,800	17,200	18,400	19,600	20,600	15,000	15,000	15,000	15,600	20,200	22,800	22,800
18,800	20,500	22,000	23,400	24,400	18,100	18,100	18,100	20,300	20,300	22,300	–
18,800	20,500	22,000	–	–	17,200	17,200	17,300	17,300	18,900	20,900	20,900
8,300	9,200	9,900	10,500	11,100	7,900	7,900	7,900	8,800	–	–	–
18,900	20,600	22,100	23,400	24,700	17,400	17,400	25,500	25,500	25,500	27,300	27,300
8,900	–	–	–	–	–	–	–	–	–	–	–
14,200	15,500	15,400	16,600	17,400	18,200	18,200	18,200	18,800	18,800	19,900	19,900
18,700	20,400	21,200	22,500	23,700	19,800	22,300	24,700	26,000	26,000	28,600	28,600
16,200	17,600	17,600	18,700	19,600	20,500	20,500	20,500	21,400	–	23,600	23,600
10,900	11,900	9,700	13,500	14,300	14,900	14,900	14,900	16,000	16,000	17,700	17,700
14,300	15,500	16,700	17,700	18,600	19,400	19,400	19,400	21,000	19,800	21,900	21,900

우등고속버스요금(2)

선별	연도별 / 지역별	'92	'93	'94	'95	'96	'97	'98	'99	'00
경부선	서울-평택	-	2,330	2,700	2,900	3,200	3,400	4,000	4,000	4,300
	-안성	-	2,510	2,900	3,100	3,400	3,600	4,200	4,200	4,600
	-천안	-	2,850	3,300	3,500	3,800	4,100	4,800	4,800	5,200
	-아산	-	-	-	-	4,600	4,900	5,700	5,700	6,200
	-조치원	-	-	-	-	-	-	-	7,300	7,900
	-청주	-	4,350	5,000	5,400	5,800	6,300	7,300	7,300	7,600
	동서울-청주	-	4,650	5,300	5,700	6,300	6,700	7,800	7,600	8,200
	서울-공주	-	5,170	5,900	6,400	6,000	6,500	7,500	7,500	8,200
	-대전	-	5,200	5,900	6,400	7,000	7,500	8,700	8,700	9,500
	동서울-대전	-	5,650	6,500	7,000	7,600	8,200	9,500	9,500	10,300
	서울-금산	-	6,440	7,700	8,300	9,000	9,700	11,200	11,200	12,200
	-김천	-	7,640	8,700	9,400	10,300	11,000	12,800	12,800	14,000
	-상주	-	8,860	10,100	10,900	11,800	12,700	14,800	14,800	16,100
	-구미	-	8,470	9,700	10,500	11,400	12,300	14,200	14,200	15,500
	-대구	8,220	9,780	11,200	12,100	13,200	14,200	16,400	16,400	17,900
	동서울-대구	-	10,200	11,700	12,600	13,700	14,800	17,100	17,100	18,700
	서울-경주	-	11,820	13,500	14,600	15,900	17,100	19,900	19,900	21,700
	-포항	-	12,940	14,800	16,000	17,500	18,800	21,000	21,000	22,900
	-울산	-	13,100	15,000	16,200	17,700	19,100	22,200	22,200	24,200
	-부산	11,650	13,870	15,800	17,200	18,700	20,100	23,400	23,400	25,500
	동서울-부산	-	14,250	16,300	17,700	19,200	20,700	24,000	24,000	26,200
	대전-수원	-	4,500	5,100	5,500	6,000	6,500	7,500	7,500	8,200
	-천안	-	2,470	2,800	3,000	3,300	3,600	4,100	4,100	4,500
	-대구	-	5,040	5,800	6,200	6,800	7,300	8,400	8,400	9,200
	-경주	-	7,230	8,300	8,900	9,700	10,400	12,100	12,100	13,200
	-포항	-	5,570	9,500	10,300	11,200	12,100	13,200	13,200	14,400
	-울산	-	8,530	9,700	10,500	11,500	12,500	14,500	14,500	15,800
	-부산	-	9,360	10,700	11,600	12,600	13,600	15,700	15,700	17,100
	청주-부산	-	10,680	12,000	13,000	14,100	15,200	17,600	17,800	19,400
	대구-경주	-	2,250	2,600	2,800	3,000	3,300	3,800	3,800	4,100
	-울산	-	3,670	4,200	4,500	4,900	5,400	6,300	6,300	6,900
	-부산	-	4,600	5,300	5,700	6,200	6,600	7,700	7,700	8,400
	포항-마산	-	3,890	6,700	7,200	7,800	7,600	8,800	8,800	9,600
	부산-경주	-	2,680	3,100	3,300	3,600	3,900	4,500	4,500	4,900
	성남-대구	-	6,360	10,900	11,800	12,800	13,800	16,000	16,000	17,500
	-부산	-	13,680	15,600	16,900	18,500	19,900	23,000	23,000	25,100
	춘천-부산	-	16,170	18,500	20,100	21,900	23,500	27,300	27,300	-
	청주-대구	-	6,910	7700	8,300	9,000	9,700	11,200	11,400	-
구마선										
	서울-마산	-	12,330	14,100	15,300	16,600	17,900	20,800	20,800	22,600
	-창원	-	12,470	14,300	15,400	16,800	18,100	21,000	21,000	22,900
	-진주	-	13,510	15,400	16,700	18,200	19,600	22,700	22,700	24,800
	대구-마산	-	3,460	4,000	4,300	4,700	5,000	5,800	5,800	6,300
	-진주	-	4,870	5,600	6,000	6,500	7,000	8,200	8,200	8,900
	-순천	-	7,360	8,400	9,100	9,900	10,600	12,300	12,300	13,400
	대전-마산	-	7,730	8,800	9,500	10,400	11,200	13,000	13,000	14,100
동해선										
	서울-동해	-	9,440	10,800	11,700	12,700	13,600	15,800	15,800	17,200
	-삼척	-	9,930	11,300	12,300	13,300	14,300	16,600	16,600	18,100

'02	'04	'06	'08	'10	'13	'15	'17	'19	'23	'24	'25
4,700	5,100	5,500	4,000	–	–	–	–	–	–	7,900	7,900
4,900	5,400	5,800	5,100	–	–	–	–	–	8,500	9,400	9,400
5,600	6,100	6,600	7,000	7,300	–	–	–	–	8,000	8,900	8,900
6,700	7,300	7,800	8,300	8,700	–	–	–	–	9,600	10,600	10,600
8,600	8,700	9,300	9,900	10,400	–	–	–	–	13,400	14,000	14,800
8,200	9,000	9,600	9,600	8,400	8,800	8,800	9,100	11,600	11,600	13,300	13,300
8,900	9,700	10,400	10,400	9,000	9,800	9,800	9,800	10,700	10,700	14,400	14,400
8,800	6,300	10,100	8,200	8,600	9,000	9,000	9,000	11,900	12,200	13,700	13,700
10,200	11,200	12,000	12,700	13,400	14,000	14,000	14,000	15,100	15,100	16,600	16,600
11,100	12,200	13,000	13,800	14,600	15,200	15,200	15,200	16,400	16,400	18,100	18,100
12,600	13,700	14,700	15,600	16,500	17,200	17,200	17,200	18,500	18,500	20,400	20,400
15,200	16,500	17,700	17,000	17,000	19,000	19,000	19,000	22,300	–	–	–
15,800	17,200	13,000	13,300	13,500	14,100	14,100	17,600	19,200	19,200	21,100	21,100
16,700	18,200	15,000	14,000	15,000	18,000	18,000	18,000	22,000	22,000	25,500	25,500
19,400	21,100	21,600	22,900	24,100	25,200	25,200	25,200	27,200	27,200	30,000	30,000
20,200	22,000	21,800	23,100	24,400	25,400	25,400	25,400	27,400	27,400	30,200	30,200
23,400	25,500	26,000	27,600	29,000	30,300	30,300	30,300	30,500	30,500	33,600	33,600
24,700	26,900	27,700	29,400	30,900	31,800	28,000	28,000	31,200	31,200	34,400	34,400
26,100	28,500	29,300	29,300	29,300	32,000	32,000	32,000	34,700	34,700	38,300	38,300
27,500	29,900	29,400	31,100	32,800	34,200	34,000	34,000	34,000	36,000	39,700	39,700
28,200	30,800	29,500	31,300	32,900	34,300	34,300	34,300	36,200	–	40,000	40,000
8,300	9,000	–	–	–	–	–	–	–	–	–	–
4,900	5,300	5,700	6,000	–	–	–	–	–	–	–	–
9,900	10,800	11,600	12,300	13,000	13,600	13,600	13,600	14,600	14,600	–	–
14,300	15,500	16,700	17,700	18,600	19,400	19,400	–	–	–	–	–
15,500	16,900	18,400	19,500	20,600	20,900	20,900	20,900	22,600	22,600	–	–
17,000	18,500	19,900	21,100	22,200	21,000	21,000	21,000	25,000	–	–	–
18,500	20,200	20,000	21,200	22,300	23,300	23,300	23,300	25,100	–	–	–
20,900	22,800	22,500	23,400	24,600	25,600	25,600	25,600	26,800	26,800	40,000	29,500
4,400	4,800	5,400	3,900	4,200	4,900	–	–	–	–	–	–
7,400	8,100	8,900	9,500	10,000	10,400	–	–	–	9,500	–	–
9,000	9,800	8,400	8,900	9,300	9,700	9,700	9,700	9,700	10,400	11,000	11,000
10,300	11,300	12,100	11,000	12,500	–	–	–	–	–	–	–
5,300	3,900	3,900	4,000	4,500	4,800	4,800	4,800	5,400	5,400	–	–
18,800	20,700	21,300	22,600	23,800	24,800	24,800	24,800	26,800	26,800	29,500	–
27,100	29,700	29,000	30,800	32,400	33,800	33,800	33,800	35,600	35,600	39,300	39,300
–	–	–	–	–	–	–	–	–	–	–	–
–	14,600	15,700	15,000	15,800	16,500	16,500	16,500	17,800	17,800	19,700	–
24,400	26,800	27,100	27,800	29,300	30,500	30,500	30,500	33,000	33,000	36,300	36,300
24,700	27,100	27,400	28,200	29,600	30,900	30,900	30,900	33,400	33,400	36,800	36,800
21,300	23,200	21,000	21,000	22,000	23,000	23,000	23,000	31,300	31,300	34,500	34,500
6,800	7,400	8,000	8,500	8,900	7,500	7,500	7,500	10,500	10,500	12,200	12,200
9,600	10,500	11,200	11,900	12,500	13,100	13,100	13,100	14,100	14,100	15,600	15,600
14,500	15,800	17,000	18,200	19,200	20,000	20,000	20,000	21,600	21,600	23,800	–
15,500	16,900	18,100	13,000	13,100	19,400	19,400	19,400	19,800	–	–	–
18,400	20,100	21,300	22,600	23,800	24,800	24,800	24,800	25,800	25,800	27,200	27,200
19,400	21,100	22,100	23,400	24,700	25,700	25,700	25,700	26,700	26,700	30,000	30,000

일반고속버스요금(1)

선별	지역별 \ 연도별	'75	'76	'77	'78	'79	'80	'81	'82	'83	'84	'85	'86
경부선	서울-평택	430	430	410	450	560	770	880	880	950	950	950	1,000
	-안성	460	460	440	450	600	820	950	950	1,030	1,030	1,030	1,080
	-천안	520	520	500	510	690	950	1,100	1,100	1,190	1,190	1,190	1,230
	-온양	600	600	580	610	800	1,100	1,280	1,280	1,390	1,390	1,390	1,460
	-청주	740	740	710	770	1,020	1,400	1,640	1,640	1,780	1,780	1,780	1,870
	-공주	-	-	-	910	1,210	1,660	1,960	1,960	2,120	2,120	2,120	2,240
	-대전	890	890	780	940	1,210	1,660	1,960	1,960	2,120	2,120	2,120	2,240
	-보은	-	-	-	-	-	-	-	-	-	2,750	2,750	2,860
	-영동	-	-	-	-	-	2,200	2,640	2,640	2,870	2,870	2,870	3,020
	-금산	-	-	-	-	-	-	2,430	2,430	2,630	2,630	2,630	2,770
	-김천	1,270	1,270	1,150	1,370	1,770	2,410	2,880	2,880	3,120	3,120	3,120	3,290
	-상주	-	-	-	-	-	-	-	-	3,620	3,620	3,620	3,820
	-구미	1,380	1,380	1,260	1,500	1,960	2,670	3,200	3,200	3,460	3,460	3,460	3,650
	-대구	1,590	1,590	1,460	1,740	2,260	3,080	3,690	3,690	4,000	4,000	4,000	4,220
	-경주	1,910	1,910	1,760	2,110	2,720	3,710	4,460	4,460	4,840	4,840	4,840	5,090
	-포항	2,060	2,060	1,900	2,270	2,980	4,060	4,880	4,880	5,300	5,300	5,300	5,570
	-울산	2,130	2,130	1,970	2,360	3,020	4,120	4,960	4,960	5,380	5,380	5,380	5,660
	-부산	2,260	2,260	2,100	2,510	3,280	4,470	5,340	5,340	5,780	5,680	5,680	5,970
	대전-수원	-	-	-	-	-	-	1,700	1,700	1,840	1,840	1,840	1,940
	-천안	400	400	380	460	580	790	960	960	1,040	1,040	1,040	1,070
	-대구	800	800	760	910	1,150	1,560	1,900	1,900	2,000	2,060	2,060	2,170
	-경주	-	-	-	-	1,640	2,240	2,730	2,730	2,960	2,960	2,960	3,110
	-포항	-	-	-	1,460	1,900	2,590	3,150	3,150	3,420	3,420	3,420	3,600
	-울산	-	-	-	1,550	1,950	2,660	3,230	3,230	3,510	3,510	3,510	3,690
	-부산	1,510	1,510	1,430	1,720	2,230	3,040	3,640	3,640	3,950	3,950	3,950	4,030
	청주-부산	-	-	-	-	-	-	-	-	-	-	-	4,600
	대구-경주	360	360	350	410	510	700	850	850	920	920	920	970
	-울산	600	600	570	690	850	1,150	1,400	1,400	1,520	1,520	1,520	1,600
	-부산	760	760	730	870	1,150	1,570	1,850	1,850	2,010	2,010	2,010	1,980
	포항-마산	-	-	-	-	-	-	2,200	2,200	2,390	2,390	2,390	2,510
	부산-경주	470	470	450	540	720	980	1,130	1,130	1,230	1,230	1,230	1,150
	청주-대구	-	-	-	-	-	-	-	-	-	-	-	2,890
	성남-대구	-	-	-	-	-	-	-	-	-	-	-	4,240
	-부산	-	-	-	-	-	-	-	-	-	-	-	6,010
	의정부-대구	-	-	-	-	-	-	-	-	-	-	-	4,720
	-부산	-	-	-	-	-	-	-	-	-	-	-	6,450
	춘천-대구	-	-	-	-	-	-	-	-	-	-	-	5,470
	-부산	-	-	-	-	-	-	-	-	-	-	-	7,130
호남선1	서울-유성	-	-	-	-	-	-	-	-	2,160	2,160	2,160	2,270
	-연무대	1,050	1,050	980	1,120	1,550	2,110	2,510	2,510	2,720	2,720	2,720	2,870
	-논산	-	-	-	1,170	1,610	2,190	2,620	2,620	2,840	2,840	2,840	2,990
	-전주	1,270	1,270	1,150	1,370	1,800	2,450	2,930	2,930	3,180	3,180	3,180	3,350
	-익산	1,290	1,290	1,170	1,400	1,850	2,520	2,890	2,890	3,130	3,130	3,130	3,300
	-김제	-	-	-	1,510	1,930	2,630	3,070	3,070	3,330	3,330	3,330	3,510
	-군산	1,390	1,390	1,270	1,520	1,970	2,690	3,140	3,140	3,410	3,410	3,410	3,590
	-정읍	1,430	1,430	1,300	1,550	2,040	2,780	3,330	3,330	3,610	3,610	3,610	3,800
	-남원	-	-	-	-	-	-	-	-	3,960	3,960	3,960	4,170
	-광주	1,680	1,680	1,540	1,850	2,420	3,300	3,960	3,960	4,300	4,300	4,300	4,530
	-나주	-	-	-	-	-	-	-	-	-	-	-	4,880
	-영산포	-	-	-	-	-	-	-	-	-	-	-	4,960
	-목포	-	-	-	2,310	2,960	4,040	4,860	4,860	5,270	5,270	5,270	5,520
	-순천	2,100	2,100	1,940	2,320	3,020	4,110	4,950	4,950	5,370	5,570	5,570	5,650
	-여수	-	-	-	2,520	3,260	4,450	5,360	5,360	5,810	5,850	5,850	6,120

'87	'88	'89	'90	'91	'92	'93	'94	'95	'96	'97	'98	연도별 / 지역별	선별
1,000	1,000	1,000	1,000	1,210	1,310	1,550	1,800	2,000	2,200	2,300	2,700	서울-평택	경부선
1,080	1,080	1,080	1,080	1,310	1,410	1,670	1,900	2,100	2,300	2,500	2,900	-안성	
1,230	1,230	1,230	1,230	1,490	1,600	1,900	2,200	2,400	2,600	2,800	3,300	-천안	
1,460	1,460	1,460	1,460	1,770	1,900	2,260	2,600	2,900	–	–	–	-온양	
1,870	1,870	1,870	1,870	2,270	2,440	2,900	3,300	3,700	4,000	4,300	5,000	-청주	
2,240	2,240	2,240	2,240	2,710	2,910	3,440	3,900	4,400	4,100	4,400	5,100	-공주	
2,240	2,240	2,240	2,240	2,710	2,910	3,460	4,000	4,400	4,800	5,100	6,000	-대전	
2,860	2,860	2,860	2,860	3,460	3,720	4,430	5,100	5,600	6,100	6,600	7,600	-보은	
3,020	3,020	3,020	3,020	3,650	3,930	4,670	5,300	5,900	6,400	6,900	8,000	-영동	
2,770	2,770	2,770	2,770	3,350	3,610	4,290	5,100	5,700	6,200	6,600	7,700	-금산	
3,290	3,290	3,290	3,290	3,980	4,280	5,090	5,800	6,400	7,000	7,500	8,700	-김천	
3,820	3,820	3,820	3,820	4,610	4,960	5,900	6,700	7,400	8,000	8,600	10,000	-상주	
3,650	3,650	3,650	3,650	4,410	4,740	5,650	6,500	7,100	7,700	8,300	9,600	-구미	
4,220	4,220	4,220	4,220	5,100	5,480	6,520	7,500	8,200	8,900	9,600	11,100	-대구	
5,090	5,090	5,090	5,090	6,160	6,620	7,880	9,000	9,800	10,700	11,500	13,400	-경주	
5,570	5,570	5,570	5,570	6,740	7,250	8,630	9,900	10,800	11,700	12,600	14,100	-포항	
5,660	5,660	5,660	5,660	6,850	7,360	8,760	10,000	10,900	11,900	12,800	14,900	-울산	
5,970	5,970	5,970	5,970	7,230	7,770	9,240	10,600	11,500	12,600	13,500	15,700	-부산	
1,940	1,940	1,940	1,940	2,340	2,520	3,000	3,400	3,800	4,100	4,400	5,200	대전-수원	
1,070	1,070	1,070	1,070	1,290	1,390	1,650	1,900	2,100	2,300	2,400	2,800	-천안	
2,170	2,170	2,170	2,170	2,630	2,830	3,360	3,800	4,300	4,600	5,000	5,800	-대구	
3,110	3,110	3,110	3,110	3,760	4,050	4,820	5,500	6,100	6,600	7,100	8,300	-경주	
3,600	3,600	3,600	3,600	4,350	4,680	5,570	6,400	7,000	7,600	8,200	9,000	-포항	
3,690	3,690	3,690	3,690	4,460	4,800	5,710	6,500	7,100	7,800	8,500	9,800	-울산	
4,030	4,030	4,030	4,030	4,880	5,250	6,240	7,100	7,800	8,500	9,200	10,600	-부산	
4,600	4,600	4,600	4,600	5,560	5,980	7,120	8,000	8,700	9,500	10,200	11,900	청주-부산	
970	970	970	970	1,170	1,260	1,500	1,700	1,900	2,100	2,200	2,600	대구-경주	
1,600	1,600	1,600	1,600	1,940	1,360	2,480	2,800	3,100	3,400	3,700	4,300	-울산	
1,980	1,980	1,980	1,980	2,390	2,570	3,060	3,500	3,900	4,200	4,500	5,300	-부산	
2,510	2,510	2,510	2,510	3,040	3,270	3,890	4,400	4,900	5,400	5,200	6,000	포항-마산	
1,150	1,150	1,150	1,150	1,400	1,500	1,790	2,000	2,300	2,500	2,600	3,100	부산-경주	
2,890	2,890	2,890	2,890	3,600	3,870	4,600	5,100	5,600	6,200	6,600	7,700	청주-대구	
4,240	4,240	4,240	4,240	–	–	6,360	7,300	8,000	8,700	9,300	10,800	성남-대구	
6,010	6,010	6,010	6,010	–	–	9,120	10,400	11,400	12,400	13,300	15,400	-부산	
4,720	4,720	4,720	4,720	–	–	7,130	8,100	8,900	9,700	10,400	12,100	의정부-대구	
6,450	6,450	6,450	6,450	–	–	9,810	11,200	12,200	13,300	14,300	16,600	-부산	
5,470	5,470	5,470	5,470	–	–	8,190	9,400	10,200	11,100	12,000	13,900	춘천-대구	
7,130	7,130	7,130	7,130	–	–	10,780	12,300	13,400	14,600	15,700	18,200	-부산	
2,270	2,270	2,270	2,270	2,750	2,960	3,520	4,000	4,500	4,900	5,200	6,100	서울-유성	호남선 1
2,870	2,870	2,870	2,870	3,470	3,730	4,440	5,100	5,600	6,100	6,600	–	-연무대	
2,990	2,990	2,990	2,990	3,620	3,890	4,630	5,300	5,800	6,400	6,900	7,900	-논산	
3,350	3,350	3,350	3,350	4,050	4,350	5,180	5,900	6,500	7,100	7,700	8,900	-전주	
3,300	3,300	3,300	3,300	3,990	4,290	5,100	5,800	6,400	–	–	–	-익산	
3,510	3,510	3,510	3,510	4,240	4,560	5,430	6,200	6,800	7,400	8,000	9,300	-김제	
3,590	3,590	3,590	3,590	4,340	4,650	5,550	6,300	7,000	7,600	8,200	9,500	-군산	
3,800	3,800	3,800	3,800	4,590	4,940	5,880	6,700	7,400	8,000	8,700	10,000	-정읍	
4,170	4,170	4,170	4,170	5,040	5,420	6,450	7,400	8,100	8,800	9,500	11,000	-남원	
4,530	4,530	4,530	4,530	5,470	5,880	7,000	8,000	8,800	9,600	10,300	11,900	-광주	
4,880	4,880	4,880	4,880	5,900	6,340	7,550	8,300	9,100	9,900	10,700	–	-나주	
4,960	4,960	4,960	4,960	6,000	6,450	7,670	8,500	9,300	10,100	10,900	–	-영산포	
5,520	5,520	5,520	5,520	6,680	7,180	8,550	9,500	10,300	11,300	12,100	–	-목포	
5,650	5,650	5,650	5,650	6,840	7,350	8,570	10,000	10,900	11,900	12,600	–	-순천	
6,120	6,120	6,120	6,120	7,400	7,950	9,460	10,800	11,800	12,800	13,700	–	-여수	

일반고속버스요금(2)

선별	연도별 / 지역별	'99	'00	'02	'04	'06	'08	'10	'13	'15	'17	'19	'23	'24	'25
	서울-평택	2,700	3,000	3,200	3,500	3,700	4,000	4,200	4,500	4,500	4,500	5,300	5,300	6,100	6,100
	-안성	2,900	3,100	3,400	3,700	4,000	4,400	-	5,700	5,700	5,700	6,600	6,600	7,100	7,100
	-천안	3,300	3,600	3,800	4,200	4,500	4,800	5,000	5,400	5,400	5,400	6,200	6,200	6,800	6,800
	-온양	-	-	-	-	-	-	-	-	-	-	-	7,400	8,100	8,100
	-청주	5,000	5,200	5,600	6,100	6,600	7,000	7,400	7,700	7,700	7,700	8,300	8,300	9,100	9,100
	-공주	5,100	5,600	6,000	5,400	6,900	7,300	7,700	8,000	8,000	8,000	8,600	8,600	9,300	9,300
	-대전	6,000	6,500	7,000	7,600	8,200	8,700	9,200	9,600	9,600	9,600	10,300	10,300	11,400	11,400
	-보은	-	-	-	-	-	-	-	-	-	-	-	-	-	-
	-영동	-	-	-	-	-	-	-	-	-	-	-	-	-	-
	-금산	7,700	8,400	8,600	9,400	10,100	10,700	11,300	11,700	11,700	11,700	12,700	12,700	14,000	-
	-김천	8,700	9,500	10,300	11,300	12,100	12,800	13,500	14,100	14,100	14,100	15,200	-	-	-
경	-상주	10,000	10,900	10,700	11,700	10,400	11,100	11,600	12,100	12,100	12,100	13,100	13,100	14,400	14,400
	-구미	9,600	10,500	11,400	12,400	12,500	13,200	14,000	14,500	14,500	14,500	15,700	-	-	-
	-대구	11,100	12,100	13,100	14,300	14,600	15,500	16,300	17,000	17,200	17,200	18,400	18,400	20,300	20,300
	-경주	13,400	14,600	15,700	17,200	17,500	18,600	19,500	20,400	20,400	20,400	20,600	20,600	22,700	22,700
	-포항	14,100	15,400	16,600	18,100	18,600	19,800	20,800	21,400	21,400	21,400	21,000	21,000	23,200	23,200
	-울산	14,900	16,200	17,500	19,100	19,700	20,900	22,000	22,900	22,900	22,900	23,300	-	-	25,700
	-부산	15,700	17,100	18,400	20,100	19,800	20,900	22,000	23,000	23,000	23,000	23,000	24,200	26,700	26,700
부	대전-수원	5,200	5,600	5,700	6,200	-	-	-	8,200	8,200	8,200	10,000	-	-	-
	-천안	2,800	3,100	3,300	3,600	3,900	4,100	4,400	4,800	4,800	4,800	5,400	5,400	6,800	-
	-대구	5,800	6,300	6,800	7,400	8,000	8,400	8,900	9,300	9,300	9,300	10,000	10,000	-	-
	-경주	8,300	9,000	9,700	10,600	11,400	12,100	12,700	-	-	-	-	-	-	-
	-포항	9,000	9,800	10,600	11,500	12,500	13,300	14,000	14,200	14,200	14,200	15,400	-	-	-
	-울산	9,800	10,700	11,500	12,600	13,500	14,300	15,100	15,700	15,700	15,700	17,000	-	-	-
	-부산	10,600	11,600	12,500	13,600	13,600	14,400	15,200	15,800	15,800	15,800	17,000	-	-	-
선	청주-부산	12,000	13,100	14,100	15,300	15,300	15,800	16,600	17,400	17,400	17,400	18,100	-	-	-
	대구-경주	2,600	2,800	3,000	3,300	3,700	3,900	4,200	4,900	4,900	4,900	5,500	-	-	-
	-울산	4,300	4,700	5,100	5,500	6,100	6,500	6,800	7,100	7,100	7,100	7,700	-	-	-
	-부산	5,300	5,700	6,200	6,700	5,800	6,100	6,400	6,700	6,700	6,700	7,200	7,200	7,500	7,500
	포항-마산	6,000	6,600	7,100	7,700	8,300	8,800	9,200	-	-	-	-	-	-	-
	부산-경주	3,100	3,300	3,600	3,900	3,700	3,900	4,100	4,800	4,800	4,800	5,400	-	-	-
	청주-대구	7,800	8,500	9,200	10,000	10,700	10,300	10,800	11,300	11,300	11,300	12,200	-	-	-
	성남-대구	10,800	11,800	12,700	14,000	14,400	15,300	16,100	16,800	16,800	16,800	18,100	18,100	-	-
	-부산	15,400	16,800	18,200	19,900	19,500	20,700	21,800	22,700	22,700	22,700	23,900	-	-	-
	의정부-대구	12,100	13,200	14,300	15,600	15,500	16,400	17,300	18,100	18,100	18,100	19,500	-	-	-
	-부산	16,600	18,100	19,500	-	-	-	-	-	-	-	-	-	-	-
	춘천-대구	13,900	15,200	13,200	14,400	15,400	16,300	17,200	18,000	18,000	18,000	19,400	-	-	-
	-부산	-	-	-	-	-	-	-	-	-	-	-	-	-	-
	서울-유성	6,100	6,600	7,100	7,800	8,300	8,800	9,300	9,700	9,700	9,700	10,500	10,500	11,600	11,600
	-연무대	-	-	-	8,400	9,000	9,500	10,000	10,400	10,400	10,400	11,300	11,300	12,300	13,500
	-논산	7,900	8,700	9,400	-	-	-	9,500	10,400	10,400	10,400	10,700	10,700	11,600	11,600
	-전주	8,900	9,700	10,500	10,200	11,000	10,500	12,200	12,800	12,800	12,800	13,800	13,800	15,000	15,000
호	-익산	-	-	-	-	-	-	-	-	-	-	-	-	-	14,700
	-김제	9,300	10,100	10,900	10,800	11,500	12,200	12,900	14,300	14,300	15,000	15,000	-	-	-
	-군산	9,500	10,300	10,900	11,500	12,300	12,000	12,200	12,800	12,800	12,800	13,800	13,800	15,000	15,000
남															
	-정읍	10,000	10,900	11,800	11,700	12,600	13,300	14,000	14,600	14,600	14,600	15,800	15,800	17,200	18,700
선	-남원	11,000	12,000	12,900	12,900	13,900	14,700	15,500	15,800	15,800	15,800	17,100	-	18,700	18,700
	-광주	11,900	13,000	14,000	14,100	15,100	16,100	16,900	17,600	17,600	17,600	17,600	19,000	22,500	20,800
1	-나주	-	-	-	-	-	-	17,600	18,400	18,400	18,400	19,900	-	-	-
	-영산포	-	13,700	14,800	15,000	16,100	17,100	18,000	18,700	18,700	18,700	20,200	-	-	-
	-목포	-	15,300	16,100	16,400	17,600	18,700	19,600	20,500	20,500	20,500	22,100	-	25,900	-
	-순천	-	15,900	17,200	17,600	18,900	20,200	20,400	19,300	19,300	19,900	20,800	20,800	22,800	22,800
	-여수	-	17,400	18,800	19,200	20,600	21,800	22,200	20,700	20,700	20,700	22,300	-	24,500	24,500

일반고속버스요금(3)

선별	연도별 / 지역별	'75	'76	'77	'78	'79	'80	'81	'82	'83	'84	'85	'86	'87	'88
호남선2	수원-광주	–	–	–	–	–	–	–	–	–	–	–	4,250	4,250	4,250
	대전-전주	540	540	520	620	750	1,020	1,240	1,240	1,340	1,340	1,340	1,420	1,420	1,420
	-광주	1,000	1,000	950	1,140	1,430	1,950	2,370	2,370	2,570	2,570	2,570	2,700	2,700	2,700
	성남-전주	–	–	–	–	–	–	–	–	–	–	–	3,250	3,250	3,250
	-광주	–	–	–	–	–	–	–	–	–	–	–	4,410	4,410	4,410
	청주-광주	–	–	–	–	–	–	–	–	–	–	–	3,070	3,070	3,070
	의정부-광주	–	–	–	–	–	–	–	–	–	–	–	5,030	5,030	5,030
	전주-광주	520	520	500	600	820	1,110	1,350	1,350	1,470	1,470	1,470	1,550	1,550	1,550
남해선															
	부산-진주	680	680	650	780	980	1,370	1,650	1,650	1,790	1,790	1,790	1,680	1,680	1,680
	-순천	1,100	1,100	1,050	1,250	1,610	2,200	2,660	2,660	2,890	2,890	2,890	2,840	2,840	2,840
	-광주	1,490	1,490	1,420	1,690	2,150	2,930	3,550	3,550	3,850	3,850	3,850	3,860	3,860	3,860
	-여수	–	–	–	1,410	1,840	2,510	3,040	3,040	3,300	3,300	3,300	3,280	3,280	3,280
	광주-진주	890	890	850	1,020	1,280	1,740	2,120	2,120	2,300	2,300	2,300	2,420	2,420	2,420
	-마산	–	–	–	1,290	1,700	2,310	2,850	2,850	3,050	3,050	3,050	3,150	3,150	3,150
	-부곡	–	–	–	–	–	–	–	–	–	–	–	3,450	3,450	3,450
구마선															
	서울-마산	2,460	2,460	2,280	2,200	2,880	3,930	4,720	4,720	5,120	5,070	5,070	5,310	5,310	5,310
	-창원	–	–	–	–	–	–	–	–	–	5,100	5,100	5,370	5,370	5,370
	-부곡	–	–	–	–	–	–	–	–	–	4,710	4,710	4,960	4,960	4,960
	-진주	2,710	2,710	2,590	2,420	3,130	4,270	5,140	5,140	5,570	5,530	5,530	5,820	5,820	5,820
	대구-마산	–	–	–	620	820	1,110	1,350	1,350	1,470	1,470	1,470	1,490	1,490	1,490
	-진주	–	–	–	870	1,110	1,510	1,840	1,840	1,990	1,990	1,990	2,100	2,100	2,100
	-순천	–	–	–	–	1,670	2,280	2,770	2,770	3,010	3,010	3,010	3,170	3,170	3,170
	대전-마산	–	–	–	–	1,800	2,460	2,990	2,990	3,190	3,190	3,240	3,330	3,330	3,330
영동선															
	서울-용인	290	290	280	250	350	480	530	530	570	570	570	600	600	600
	-이천	450	450	430	430	600	810	930	930	1,010	1,010	1,010	1,070	1,070	1,070
	-여주	520	520	500	520	700	960	1,110	1,110	1,210	1,210	1,210	1,270	1,270	1,270
	-원주	720	720	690	750	970	1,320	1,560	1,560	1,690	1,690	1,690	1,780	1,780	1,780
	-제천	–	–	–	–	–	–	–	–	2,330	2,330	2,330	2,450	2,450	2,450
	-강릉	1,260	1,260	1,140	1,510	1,990	2,710	3,240	3,240	3,350	3,350	3,350	3,530	3,530	3,530
	-속초	–	–	–	1,910	2,480	3,390	4,060	4,060	4,240	4,240	4,240	4,460	4,460	4,460
	대전-강릉	–	–	–	–	–	–	–	–	–	–	–	4,140	4,140	4,140
	원주-여주	–	–	–	260	320	490	530	530	580	580	580	610	610	610
	-강릉	–	–	–	840	1,080	1,480	1,800	1,800	1,800	1,800	1,800	1,890	1,890	1,890
동해선	서울-동해	–	–	–	–	–	–	–	–	3,860	3,860	3,860	4,070	4,070	4,070
	-삼척	–	–	–	1,810	2,420	3,310	3,960	3,960	4,060	4,060	4,060	4,280	4,280	4,280
	원주-삼척	–	–	–	1,250	1,390	–	2,310	2,310	2,310	2,310	2,310	2,430	2,430	2,430
경인선	인천-대전	–	–	–	–	–	–	–	–	–	–	–	2,890	2,890	2,890
	-전주	–	–	–	–	–	–	–	–	–	–	–	3,690	3,690	3,690
	-광주	–	–	–	–	–	–	–	–	–	–	–	4,850	4,850	4,850
	-대구	–	–	–	–	–	–	–	–	–	–	–	4,550	4,550	4,550
	-부산	–	–	–	–	–	–	–	–	–	–	–	6,280	6,280	6,280
88선	광주-대구	–	–	–	–	–	–	–	–	–	–	–	3,180	3,180	3,180
	-경주	–	–	–	–	–	–	–	–	–	–	–	4,080	4,080	4,080
	-울산	–	–	–	–	–	–	–	–	–	–	–	4,670	4,670	4,670
	전주-대구	–	–	–	–	–	–	–	–	–	–	–	3,180	3,180	3,180
	-울산	–	–	–	–	–	–	–	–	–	–	–	4,650	4,650	4,650
	-부산	–	–	–	–	–	–	–	–	–	–	–	4,560	4,560	4,560
	포항-광주	–	–	–	–	–	–	–	–	–	–	–	4,540	4,540	4,540

일반고속버스요금(4)

선별	연도별 / 지역별	'89	'90	'91	'92	'93	'94	'95	'96	'97	'98	'99	'00
호남선2	수원-광주	4,250	4,250	5,140	5,520	6,580	7,500	8,200	9,000	9,700	11,200	11,200	12,200
	대전-전주	1,420	1,420	1,710	1,840	2,190	2,500	2,800	3,000	3,200	3,800	3,800	3,800
	-광주	2,700	2,700	3,270	3,520	4,190	4,800	5,300	5,800	6,200	7,200	7,200	7,600
	성남-전주	3,250	3,250	3,930	4,230	5,030	5,700	6,300	6,900	7,400	8,600	8,600	9,400
	-광주	4,410	4,410	5,330	5,730	6,820	7,800	8,500	9,300	10,000	11,600	11,600	12,700
	청주-광주	3,070	3,070	3,710	3,990	4,760	5,300	5,800	6,400	6,800	7,900	8,000	8,800
	의정부-광주	5,030	5,030	-	-	7,600	8,700	9,500	10,400	11,100	12,900	12,900	14,100
	전주-광주	1,550	1,550	1,870	2,010	2,390	2,700	3,000	-	-	-	-	-
남해선	부산-진주	1,680	1,680	2,030	2,180	2,590	3,000	3,300	3,600	3,800	4,500	4,500	4,900
	-순천	2,840	2,840	3,430	3,690	4,390	5,000	5,600	6,100	6,500	7,600	7,600	8,200
	-광주	3,860	3,860	4,670	5,020	5,980	6,800	7,500	8,200	8,700	10,100	10,100	11,000
	-여수	3,280	3,280	3,970	4,260	5,070	5,800	6,400	7,000	7,500	8,700	8,700	9,500
	광주-진주	2,420	2,420	2,920	3,140	3,740	4,300	4,700	5,200	5,500	6,300	6,300	6,900
	-마산	3,150	3,150	3,800	4,090	4,870	5,600	6,100	6,700	7,100	8,300	8,300	9,000
	-부곡	3,450	3,450	4,180	4,480	-	-	-	-	-	-	-	-
구마선	서울-마산	5,310	5,310	6,430	6,910	8,220	9,400	10,300	11,200	12,000	13,900	13,900	15,200
	-창원	5,370	5,370	6,500	6,990	8,310	9,500	10,400	11,300	12,200	14,100	14,100	15,400
	-부곡	4,960	4,960	5,990	6,440	7,670	8,800	9,600	10,400	11,200	13,000	13,000	-
	-진주	5,820	5,820	7,040	7,570	9,000	10,300	11,200	12,200	13,100	15,300	15,300	16,600
	대구-마산	1,490	1,490	1,800	1,940	2,310	2,600	2,900	3,200	3,400	4,000	4,000	4,300
	-진주	2,100	2,100	2,540	2,730	3,240	3,700	4,100	4,500	4,800	5,600	5,600	6,100
	-순천	3,170	3,170	3,830	4,120	4,900	5,600	6,200	6,700	7,300	8,400	8,400	9,200
	대전-마산	3,330	3,330	4,030	4,330	5,150	5,900	6,500	7,100	7,600	8,800	8,800	9,600
영동선	서울-용인	600	600	730	790	940	1,100	1,200	1,300	1,400	1,600	1,600	1,800
	-이천	1,070	1,070	2,390	1,390	1,650	1,900	2,100	2,300	2,400	2,800	2,800	3,100
	-여주	1,270	1,270	1,540	1,660	1,970	2,300	2,500	2,700	2,900	3,400	3,400	3,700
	-원주	1,780	1,780	2,150	2,310	2,750	3,100	3,500	3,800	4,100	4,700	4,700	5,200
	-제천	2,450	2,450	2,970	3,190	3,800	4,300	4,800	4,900	5,300	6,100	6,100	6,700
	-강릉	3,530	3,530	4,270	4,590	5,460	6,200	6,900	7,400	7,900	9,200	9,200	10,000
	-속초	4,460	4,460	5,400	5,800	6,910	7,900	8,700	9,400	10,100	11,700	11,700	12,800
	대전-강릉	4,140	4,140	5,000	5,380	6,400	7,300	8,000	8,600	9,300	10,800	10,800	11,800
	원주-여주	610	610	740	-	1,000	-	-	-	-	-	-	-
	-강릉	1,890	1,890	2,290	2,450	2,930	3,300	3,700	4,000	4,300	4,900	4,900	5,400
동해선	서울-동해	4,070	4,070	4,920	5,290	6,290	7,200	7,900	8,600	9,200	10,700	10,700	11,700
	-삼척	4,280	4,280	5,170	5,560	6,260	7,600	8,300	9,000	9,700	11,200	11,200	12,300
	원주-삼척	2,430	2,430	2,690	-	3,970	-	-	-	-	-	-	-
경인선	인천-대전	2,890	2,890	-	-	4,560	5,200	5,700	6,300	6,700	7,500	7,500	7,400
	-전주	3,690	3,690	-	-	5,790	6,600	7,300	7,900	8,500	9,600	9,600	10,500
	-광주	4,850	4,850	-	-	7,600	8,700	9,500	10,300	11,100	12,600	12,600	13,800
	-대구	4,550	4,550	-	-	7,120	8,100	8,900	9,700	10,400	11,800	11,800	12,900
	-부산	6,280	6,280	-	-	9,800	11,200	12,200	13,300	14,300	16,300	16,300	17,800
88선	광주-대구	3,180	3,180	-	-	4,920	5,600	6,200	6,800	7,300	8,400	8,400	9,200
	-경주	4,080	4,080	-	-	6,310	7,200	7,900	8,600	9,300	10,800	10,800	11,700
	-울산	4,670	4,670	-	-	7,230	8,200	9,000	9,800	10,600	12,300	12,300	13,400
	전주-대구	3,180	3,180	-	-	4,930	5,600	6,200	6,800	7,300	8,500	8,500	9,200
	-울산	4,650	4,650	-	-	7,200	8,200	8,800	9,800	10,600	12,300	12,300	13,400
	-부산	4,560	4,560	-	-	7,060	8,100	9,000	9,600	10,300	12,000	12,000	13,100
	포항-광주	4,540	4,540	-	-	5,910	8,000	8,800	9,600	10,300	11,400	11,400	12,500

'02	'04	'06	'08	'10	'13	'15	'17	'19	'23	'24	'25	연도별 / 지역별	선별
12,800	12,800	13,700	14,600	15,300	16,000	16,000	16,000	17,200	-	-	-	수원-광주	호남선2
4,100	4,500	4,800	5,100	5,400	6,900	6,900	6,900	7,800	7,800	8,600	-	대전-전주	
8,200	8,900	9,600	10,100	10,700	11,100	11,100	11,100	13,200	-	13,300	13,300	-광주	
10,100	10,000	10,700	11,300	11,900	12,400	12,400	12,400	13,400	13,400	14,600	14,600	성남-전주	
13,700	13,800	14,800	15,700	16,600	17,300	17,300	17,300	18,600	-	20,400	20,400	-광주	
9,500	10,300	11,100	11,700	12,300	12,900	12,900	12,900	13,900	-	-	-	청주-광주	
15,200	16,600	17,800	18,900	19,900	20,700	20,700	20,700	22,500	-	-	-	의정부-광주	
-	-	5,700	6,000	6,300	6,600	6,600	6,600	7,000	7,000	7,900	7,900	전주-광주	
6,100	-	-	-	-	-	-	-	-	-	-	-	부산-진주	남해선
9,700	10,600	10,500	11,300	11,900	12,500	12,500	12,500	12,900	-	-	-	-순천	
12,700	13,800	14,400	15,300	16,100	13,500	16,800	16,800	17,600	-	-	-	-광주	
11,000	12,000	12,000	12,700	13,400	14,000	14,000	14,000	14,600	-	-	-	-여수	
7,500	8,100	8,600	9,300	9,800	10,200	10,200	10,200	11,000	-	12,100	12,100	광주-진주	
9,700	10,600	11,400	12,100	12,700	13,300	13,300	13,300	14,300	-	-	-	-마산	
-	-	-	-	-	-	-	-	-	-	-	-	-부곡	
16,400	18,000	18,200	18,700	19,700	20,600	20,600	20,600	22,200	22,200	-	24,500	서울-마산	구마선
16,600	18,200	18,400	19,000	20,000	20,800	20,800	20,800	22,500	22,500	24,800	24,800	-창원	
-	-	-	-	-	-	-	-	-	-	-	-	-부곡	
14,300	15,600	16,800	17,800	18,700	19,500	19,500	19,500	21,100	21,100	24,200	23,200	-진주	
4,700	5,100	5,500	5,800	6,100	7,500	7,500	7,500	8,500	8,500	-	-	대구-마산	
6,600	7,200	7,700	8,100	8,600	8,900	8,900	8,900	9,700	-	10,600	10,600	-진주	
9,900	10,800	11,600	12,400	13,100	13,600	-	-	-	-	-	-	-순천	
10,500	11,500	12,300	12,100	12,700	-	-	-	-	-	-	-	대전-마산	
1,900	2,100	2,200	-	-	2,900	2,900	2,900	3,300	3,300	3,600	3,600	서울-용인	영동선
3,300	3,600	3,900	4,100	4,400	4,700	4,700	4,700	5,300	5,300	6,300	-	-이천	
4,000	4,300	4,700	4,900	5,200	5,700	5,700	5,700	6,500	6,500	7,800	-	-여주	
5,600	5,900	6,100	6,500	6,800	7,100	7,100	7,100	7,700	7,700	8,500	-	-원주	
7,200	7,800	8,400	8,900	9,400	9,800	9,800	9,800	10,600	10,600	11,700	-	-제천	
10,700	11,700	12,600	13,300	14,000	14,600	14,600	14,600	14,600	14,600	16,700	-	-강릉	
12,800	13,900	14,900	15,800	16,500	18,100	18,100	13,800	15,600	15,600	17,200	-	-속초	
12,800	13,900	14,900	15,900	16,700	17,400	17,400	16,800	18,100	-	-	-	대전-강릉	
-	-	-	-	-	-	-	-	-	-	-	-	원주-여주	
5,700	6,300	6,800	7,200	7,600	7,900	7,900	7,900	8,800	-	-	-	-강릉	
12,500	13,600	14,400	15,300	16,100	16,800	16,800	16,800	17,500	17,500	20,600	20,900	서울-동해	동해선
13,100	14,300	14,900	15,900	16,700	17,400	17,400	17,400	18,100	18,100	22,700	23,100	-삼척	
-	-	-	-	-	-	-	-	-	-	-	-	원주-삼척	
8,000	8,700	9,300	9,900	10,400	10,800	10,800	10,800	11,700	11,700	12,900	-	인천-대전	경인선
11,300	11,200	12,000	12,700	13,400	12,400	12,400	12,400	13,900	-	16,400	-	-전주	
14,900	15,000	16,100	17,100	18,000	18,800	18,800	18,800	20,200	20,200	-	-	-광주	
13,900	15,200	15,600	16,600	17,400	18,200	18,200	18,200	19,600	-	-	-	-대구	
19,200	20,900	20,700	22,000	23,100	24,100	24,100	24,100	25,400	-	-	-	-부산	
9,900	10,800	11,600	12,300	13,000	13,800	13,500	13,500	14,200	14,200	15,600	15,600	광주-대구	88선
12,700	13,800	14,800	15,700	16,600	17,300	-	-	-	-	-	-	-경주	
14,300	15,600	16,800	17,800	18,700	19,500	19,500	19,500	20,600	-	-	-	-울산	
9,900	10,800	11,600	11,300	11,900	12,400	-	-	-	-	-	-	전주-대구	
14,500	15,800	16,900	16,800	17,700	18,500	18,200	18,200	19,600	-	-	-	-울산	
12,900	14,100	14,700	14,600	15,400	16,100	16,100	16,100	-	-	-	-	-부산	
13,500	14,700	15,700	16,900	17,700	18,200	18,200	18,200	19,000	-	-	-	포항-광주	

고속도로통행요금

지역별 \ 연도별	'69.9	'69.12	'70.10	'72.5	'75.10	'79.5	'80.10	'81.12	'82.12	'86.2	'86.9	'89.9	'91.9	'91.12
서울-수원	100	100	100	150	350	500	800	800	800	800	900	500	600	600
-오산	150	150	150	200	500	700	1,000	1,000	1,100	1,100	1,200	800	1,000	1,000
-천안	250	200	250	350	850	1,200	1,600	1,700	1,700	1,700	1,900	1,600	2,000	2,000
-청주	350	300	350	500	1,150	1,700	2,200	2,300	2,400	2,400	2,600	2,300	2,900	2,900
-청원	–	–	–	–	–	–	–	–	2,600	2,600	2,900	2,500	3,300	3,300
-신탄진	–	–	–	–	–	–	–	–	2,800	2,800	3,100	2,800	3,700	3,700
-대전	450	400	450	600	1,450	2,100	2,700	2,800	3,000	3,000	3,300	3,000	4,000	4,000
-옥천	500	450	500	650	1,600	2,300	3,000	3,100	3,200	3,200	3,600	3,300	4,400	4,400
-영동	450	450	550	800	1,800	2,600	3,400	3,500	3,700	3,700	4,100	3,800	5,100	5,100
-황간	600	500	600	850	1,900	2,700	3,600	3,700	3,900	3,900	4,400	4,000	5,400	5,400
-김천	650	550	650	900	2,050	3,000	3,900	4,100	4,300	4,300	4,800	4,500	6,000	6,000
-구미	700	600	700	950	2,200	3,400	4,400	4,600	4,800	4,800	5,400	5,100	6,800	6,800
-왜관	700	600	700	1,000	2,300	3,600	4,700	4,900	5,100	5,100	5,700	5,400	7,200	7,200
-동대구	750	650	750	2,500	2,500	4,000	5,200	5,400	5,700	5,700	6,400	6,000	8,100	8,100
-경산	–	–	–	–	2,550	4,200	5,400	5,600	5,900	5,900	6,600	6,200	8,400	8,400
경주	900	750	900	1,200	2,750	4,700	6,100	6,400	6,700	6,700	7,400	7,100	9,600	9,600
-울산	–	–	–	–	–	–	–	7,300	7,700	7,700	8,300	8,000	10,700	10,700
-부산	850	850	1,000	1,400	3,100	5,600	7,200	7,500	7,900	7,900	8,800	8,500	11,400	11,400
-서대전	–	–	500	700	1,550	2,200	2,900	3,000	3,100	3,200	3,600	3,200	4,300	4,300
-이리	–	–	–	–	–	–	3,500	3,600	3,800	4,000	4,400	4,100	5,600	5,600
-전주	–	–	–	–	–	2,800	3,600	3,800	4,000	4,200	4,600	4,400	5,900	5,900
-정주	–	–	–	–	–	–	–	–	–	–	–	5,200	7,000	7,000
-광주	–	–	–	–	–	–	–	–	–	–	–	6,300	8,400	8,400
-여주	–	–	–	–	–	–	1,400	1,500	1,500	1,500	1,700	1,300	1,700	1,700
-원주	–	–	–	–	–	1,400	1,900	2,000	2,100	2,100	2,300	1,900	2,500	2,500
-동서울	–	–	–	–	–	–	–	–	–	–	–	1,800	2,300	2,300
-곤지암	–	–	–	–	–	–	–	–	–	–	–	1,300	1,600	1,600
-진천	–	–	–	–	–	–	–	–	–	–	–	1,500	2,200	2,200
-서청주	–	–	–	–	–	–	–	–	–	–	–	2,300	2,900	2,900
부산-울산	–	–	–	–	–	–	–	1,400	1,500	1,500	1,300	1,300	1,700	1,700
-경주	250	200	250	350	700	1,000	1,400	1,400	1,500	1,500	1,600	1,600	2,100	2,100
-동대구	350	350	400	550	1,200	1,700	2,200	2,300	2,400	2,400	2,700	2,700	3,500	3,500
-구미	450	450	550	750	1,650	2,300	3,100	3,200	3,400	3,400	3,700	3,700	4,800	4,800
-김천	500	500	600	800	1,850	2,700	3,500	3,700	3,800	3,800	4,300	4,300	5,600	5,600
-영동	600	600	700	900	2,100	3,100	4,000	4,200	4,400	4,400	4,900	4,900	6,500	6,500
-대전	700	700	800	1,050	2,350	3,600	4,700	4,900	5,200	5,200	5,900	5,900	7,900	7,900
-청주	700	700	850	1,150	2,500	4,000	5,200	5,500	5,800	5,800	6,400	6,400	8,600	8,600
-천안	750	750	900	1,200	2,700	4,500	5,800	6,100	6,400	6,400	7,100	7,100	9,600	9,600
-오산	800	800	950	1,250	2,850	5,000	6,400	6,700	7,100	7,100	7,900	7,900	10,600	10,600
-수원	850	850	1,000	1,300	2,950	5,200	6,700	7,000	7,300	7,300	8,200	8,200	11,000	11,000
광주-정주	–	–	–	–	–	–	–	–	–	–	–	1,300	1,600	1,600
-전주	–	–	–	–	–	–	–	–	–	–	–	2,100	2,700	2,700
-익산	–	–	–	–	–	–	–	–	–	–	–	2,400	3,100	3,100
-서대전	–	–	–	–	–	–	–	–	–	–	–	3,300	4,300	4,300
-청주	–	–	–	–	–	–	–	–	–	–	–	4,200	5,700	5,700

주 2004년 3월부터 이리는 익산, 정주는 정읍지역으로 변경.

'92. 7	'94. 12	'97. 5	'99. 8	'02. 4	'04. 3	'06. 2	'10. 9	'11. 11	'20. 11	'23. 05	'24. 03	'25. 06	연도별 / 지역별
900	1,000	1,200	1,300	1,300	1,500	1,700	1,700	1,700	1,900	1,900	1,900	1,900	서울-수원
1,300	1,400	1,700	1,900	2,000	2,300	2,400	2,400	2,500	2,600	2,600	2,600	2,600	-오산
2,300	2,700	3,200	3,500	3,700	4,100	4,200	4,200	4,300	4,600	4,600	4,600	4,600	-천안
3,300	3,900	4,500	5,000	5,300	5,700	5,900	5,900	6,100	6,500	6,500	6,400	6,400	-청주
3,600	4,400	5,000	5,500	5,900	6,300	6,500	6,500	-	-	-	-	-	-청원
4,000	4,700	5,400	5,900	6,400	6,800	7,100	7,100	7,200	7,700	7,700	7,700	7,700	-신탄진
4,400	5,000	5,700	6,300	6,800	7,300	7,500	7,500	7,700	8,200	8,200	8,200	8,200	-대전
4,700	5,500	6,200	6,800	7,300	7,800	8,100	8,100	8,300	8,900	8,900	8,900	8,900	-옥천
5,400	6,200	7,000	7,700	8,300	8,800	9,300	9,300	9,500	10,100	10,200	10,200	10,200	-영동
5,700	6,600	7,400	8,100	8,700	9,300	9,700	9,700	10,000	10,700	10,700	10,700	10,700	-황간
6,300	7,200	8,000	8,800	9,500	10,100	10,600	10,600	11,100	11,800	11,900	11,900	11,900	-김천
7,100	7,900	8,800	9,700	10,500	9,800	10,300	10,300	10,700	11,400	11,400	11,400	11,400	-구미
7,600	8,500	9,400	10,400	11,200	10,700	11,200	11,200	11,700	12,400	12,400	12,400	12,400	-왜관
8,400	9,400	10,400	11,400	12,400	12,200	12,800	13,100	13,500	14,400	14,400	14,400	14,400	-동대구
8,700	9,700	10,800	11,700	12,800	12,500	13,200	13,200	13,700	14,600	14,600	14,600	14,600	-경산
9,900	10,900	12,000	13,200	14,400	14,300	15,000	15,000	15,700	17,700	17,000	17,000	17,000	-경주
11,000	12,200	13,300	14,600	15,900	15,900	16,200	16,700	17,400	19,800	19,000	19,000	19,000	-울산
11,700	12,900	14,100	15,500	16,200	16,900	18,100	18,100	18,800	21,300	18,600	18,600	18,600	-부산
4,700	5,400	6,100	6,700	6,700	7,800	8,100	8,100	8,300	8,800	8,800	8,800	8,800	-서대전
5,900	6,700	-	-	-	9,500	9,900	9,900	10,300	10,500	11,000	11,000	11,000	-이리(익산)
6,300	7,100	8,000	8,700	9,500	10,100	10,400	10,400	10,900	11,100	11,500	11,500	11,500	-전주
7,400	8,300	-	-	-	11,600	12,100	12,100	12,500	12,900	13,400	13,400	13,400	-정주(정읍)
8,700	9,700	10,800	11,800	12,900	13,400	13,900	13,900	14,400	14,700	15,200	15,200	15,200	-광주
2,000	2,400	2,800	3,100	3,200	3,700	3,900	3,900	4,200	4,400	4,400	4,400	4,400	-여주
2,800	3,300	3,900	4,300	4,600	5,100	5,400	5,400	5,700	6,000	6,000	6,000	6,000	-원주
2,600	3,000	3,400	3,800	4,000	4,300	4,500	4,500	4,800	5,200	5,200	5,200	5,200	-동서울
2,000	2,300	2,700	2,900	3,100	3,400	3,600	3,600	3,900	4,100	4,100	4,100	4,100	-곤지암
2,700	3,000	3,500	3,800	4,100	4,500	4,600	4,600	4,900	5,200	5,200	5,200	5,300	-진천
3,400	3,800	4,400	4,800	5,100	5,500	5,800	5,800	6,000	6,400	6,400	6,400	6,500	-서청주
1,700	1,800	2,100	2,300	2,400	2,800	3,200	3,200	3,400	3,600	3,600	3,600	3,600	부산-울산
2,100	2,200	2,500	2,800	3,000	3,500	3,900	3,900	4,000	4,500	4,500	4,500	4,500	-경주
3,500	3,700	4,200	4,700	5,000	5,600	6,200	6,500	6,800	7,700	7,700	7,700	7,700	-동대구
4,800	5,200	5,800	6,400	6,900	7,900	8,600	8,600	9,000	10,000	10,000	10,000	10,000	-구미
5,600	5,900	6,700	7,300	7,900	9,000	9,800	9,800	10,400	16,400	9,600	9,600	9,600	-김천
6,500	6,900	7,700	8,500	9,100	10,300	11,200	11,200	11,900	18,100	11,300	11,300	11,300	-영동
7,900	8,100	9,000	9,900	10,700	11,900	12,900	12,900	13,700	20,000	13,300	13,300	13,300	-대전
8,600	9,000	10,100	11,100	12,100	13,400	13,800	13,800	14,200	16,400	13,800	13,800	13,700	-청주
9,600	10,400	11,400	12,500	13,600	15,100	15,500	15,500	16,000	18,200	15,600	15,600	15,600	-천안
10,600	11,700	12,800	14,000	15,300	16,900	17,400	17,400	17,900	20,300	17,600	17,600	17,600	-오산
11,000	12,100	13,300	14,600	15,900	16,400	17,500	17,500	18,600	20,700	18,100	18,100	18,100	-수원
1,600	1,700	-	-	-	2,500	2,600	2,600	2,700	2,700	2,700	2,700	2,700	광주-정읍
2,700	2,800	3,300	3,600	3,800	4,100	4,300	4,300	4,400	4,500	4,500	4,500	4,500	-전주
3,100	3,200	-	-	-	4,700	4,900	4,900	4,900	5,100	5,100	5,100	5,100	-익산
4,300	4,500	5,100	5,600	6,100	6,500	6,700	6,700	7,000	7,400	7,400	7,400	7,400	-서대전
5,700	6,000	6,700	7,400	8,000	8,500	8,800	8,800	9,200	9,600	9,600	9,600	9,600	-청주

고속도로구간거리표

남해고속도로 (거리:km)

순천	8.77	20.39	24.81	31.79	48.24	62.15	64.66	67.91	71.92	78.76	93.95	100.43	121.01	124.55	129.61	135.89	147.67	152 22	162.55
	광양	11.62	16.04	23.02	39.47	53.38	55.89	59.14	63.15	69.99	85.18	91.66	112.24	115.78	120.84	127.12	138.90	143 45	153.78
부산		옥곡	4.42	11.40	27.85	41.76	44.27	47.52	51.53	58.37	73.56	80.04	100.62	104.16	109.22	115.50	127.28	131.83	142.16
17.94	양산		진월	6.98	23.43	37.34	39.85	43.10	47.11	53.95	69.14	75.62	96.20	99.74	104.80	111.08	122.86	127.41	137.74
38.48	20.54	서울산		하동	16.45	30.36	32.87	36.12	40.13	46.97	62.16	68.64	89.22	92.76	97.82	104.10	115.88	120.43	130.76
68.26	50.32	29.78	경주		곤양	13.91	16.42	19.67	23.68	30.52	45.71	52.19	72.77	76.31	81.37	87.65	99.43	103.98	114.31
96.39	78.45	57.91	28.13	영천		사천	2.51	5.76	9.77	16.61	31.80	38.28	58.86	62.40	67.46	73.74	85.52	90.07	100.40
122.11	104.17	83.63	53.85	25.72	동대구		진주J	3.25	7.26	14.10	29.29	35.77	56.35	59.89	64.95	71.23	83.01	87.56	97.89
153.27	135.33	114.79	85.01	56.88	31.16	왜관		진주	4.01	10.85	26.04	32.52	53.10	56.64	61.70	67.98	79.76	84.31	94.64
172.32	154.38	133.84	104.06	75.93	50.21	19.05	구미		문산	6.84	22.03	28.51	49.09	52.63	57.69	63.97	75.75	80.30	90.63
200.27	182.33	161.79	132.01	103.88	78.16	47.00	27.95	김천		진성	15.19	21.67	42.25	45.79	50.85	57.13	68.91	73.46	83.79
212.32	194.38	173.84	144.06	115.93	90.21	59.05	40.00	12.05	추풍령		군북	6.48	27.06	30.60	35.66	41.94	53.72	58.27	68.60
232.27	214.33	193.79	164.01	135.88	110.16	79.00	59.95	32.00	19.95	영동		함안	20.58	24.12	29.18	35.46	47.24	51.79	62.12
259.71	241.77	221.23	191.45	163.32	137.60	106.44	87.39	59.44	47.39	27.44	옥천		북창원	3.54	8.60	14.88	26.66	31.21	41.54
271.94	254.00	233.46	203.68	175.55	149.83	118.67	99.62	71.67	59.62	39.67	12.23	대전		창원J	5.06	11.34	23.12	27.67	38.00
281.97	264.03	243.49	213.71	185.58	159.86	128.70	109.65	81.70	69.65	49.70	22.26	10.03	신탄진		동창원	6.28	18.06	22.61	32.94
305.11	287.17	266.63	236.85	208.72	183.00	151.84	132.79	104.84	92.79	72.84	45.40	33.17	23.14	청주		진례	11.78	16.33	26.66
340.14	322.20	301.66	271.88	243.75	218.03	186.87	167.82	139.87	127.82	107.87	80.43	68.20	58.17	35.03	천안		서김해	4.55	14.88
378.21	360.27	339.73	309.95	281.82	256.10	224.94	205.89	177.94	165.89	145.94	118.50	106.27	96.24	73.10	38.07	오산		동김해	10.33
392.28	374.34	353.80	324.02	295.89	270.17	239.01	219.96	192.01	179.96	160.01	132.57	120.34	110.31	87.17	52.14	14.07	수원		부산
406.94	389.00	368.46	338.68	310.55	284.83	253.67	234.62	206.67	194.62	174.67	147.23	135.00	124.97	101.83	66.80	28.73	14.66	단교	
416.05	398.11	377.57	347.79	319.66	293.94	262.78	243.73	215.78	203.73	183.78	156.34	144.11	134.08	110.94	75.91	37.84	23.77	9.11	양재

경부고속도로

서해고속도로 (거리:km)

목포	23.28	33.55	57.88	76.68	110.64	124.57	145.52	160.73	193.34	223.86	248.26	264.21	284.92	299.27	312.89	316.91	325.83	333.03	339.90
	무안	10.27	34.60	53.40	87.36	101.29	122.24	137.45	170.06	200.58	224.98	240.93	261.64	275.99	289.61	293.63	302.55	309.75	316.62
서창		함평	24.33	43.13	77.09	91.02	111.97	127.18	159.79	190.31	214.71	230.66	251.37	265.72	279.34	283.36	292.28	299.48	306.35
6.00	월곶J		영광	18.80	52.76	66.69	87.64	102.85	135.46	165.98	190.38	206.33	227.04	241.39	255.01	259.03	267.95	275.15	282.02
15.87	9.87	안산		고창	33.96	47.89	68.84	84.05	116.66	147.18	171.58	187.53	208.24	222.59	236.21	240.23	249.15	256.35	263.22
24.42	18.42	8.55	군포		부안	13.93	34.88	50.09	82.70	113.22	137.62	153.57	174.28	188.63	202.25	206.27	215.19	222.39	229.26
27.96	21.96	12.09	3.54	부곡		서김제	20.95	36.16	68.77	99.29	123.69	139.64	160.35	174.70	188.32	192.34	201.26	208.46	215.33
30.80	24.80	14.93	6.38	2.84	북수원		군산	15.21	47.82	78.34	102.74	118.69	139.40	153.75	167.37	171.39	180.31	187.51	194.38
36.89	30.89	21.02	12.47	8.93	6.09	동수원		서천	32.61	63.13	87.53	103.48	124.19	138.54	152.16	156.18	165.10	172.30	179.17
41.79	35.79	25.92	17.37	13.83	10.99	4.90	신갈J		대천	30.52	54.92	70.87	91.58	105.93	119.55	123.57	132.49	139.69	146.56
52.51	46.51	36.64	28.09	24.55	21.71	15.62	10.72	용인		홍성	24.40	40.35	61.06	75.41	89.03	93.05	101.97	109.17	116.04
73.22	67.22	57.35	48.80	45.26	42.42	36.33	31.43	20.71	호법J		서산	15.95	36.66	51.01	64.63	68.65	77.57	84.77	91.64
79.63	73.63	63.76	55.21	51.67	48.83	42.74	37.84	27.12	6.41	이천		당진	20.71	35.06	48.68	52.70	61.62	68.82	75.69
94.47	88.47	78.60	70.05	66.51	63.67	57.58	52.68	41.96	21.25	14.84	여주		서평택	14.35	27.97	31.99	40.91	48.11	54.98
114.45	108.45	98.58	90.03	86.49	83.65	77.56	72.66	61.94	41.23	34.82	19.98	문막		발안	13.62	17.64	26.56	33.76	40.63
130.20	124.20	114.33	105.78	102.24	99.40	93.31	88.41	77.69	56.98	50.57	35.73	15.75	원주		비봉	4.02	12.94	20.14	27.01
142.93	136.93	127.06	118.51	114.97	112.13	106.04	101.14	90.42	69.71	63.30	48.46	28.48	12.73	새말		매송	8.92	16.12	22.99
160.01	154.01	144.14	135.59	132.05	129.21	123.12	118.22	107.50	86.79	80.38	65.54	45.56	29.81	17.08	둔내		안산J	7.20	14.07
182.69	176.69	166.82	158.27	154.73	151.89	145.80	140.90	130.18	109.47	103.06	88.22	68.24	52.49	39.76	22.68	장평		광명역	6.87
191.85	185.85	175.98	167.43	163.89	161.05	154.96	150.06	139.34	118.63	112.22	97.38	77.40	61.65	48.92	31.84	9.16	속사		금천
211.84	205.84	195.97	187.42	183.88	181.04	174.95	170.05	159.33	138.62	132.21	117.37	97.39	81.64	68.91	51.83	29.15	19.99	횡계	
234.40	228.40	218.53	209.98	206.44	203.60	197.51	192.61	181.89	161.18	154.77	139.93	119.95	104.20	91.47	74.39	51.71	42.55	22.56	강릉J

영동고속도로

철 도 여 객 운 임(1)

(단위:원)

구 간		구분	'72	'73	'74	'75	'76	'77	'78	'79
경부선	서울-영등포	통일호	–	–	–	–	–	–	–	1,150
		통일호	–	–	–	–	–	–	–	750
	-수 원	무궁화	–	–	–	–	–	–	–	1,150
		통일호	350	350	410	490	490	500	600	750
	-천 안	무궁화	–	–	–	–	–	–	–	1,150
		통일호	450	450	520	630	630	500	600	750
	-조치원	무궁화	–	–	–	–	–	–	–	1,440
		통일호	510	510	590	710	710	630	760	950
	-대 전	새마을	1,020	1,020	1,180	1,420	1,420	1,570	1,960	2,650
		무궁화	–	–	–	–	–	–	–	1,850
		통일호	570	570	670	800	800	810	980	1,220
	-영 동	무궁화	–	–	–	–	–	–	–	2,360
		통일호	820	820	950	1,130	1,130	1,040	1,240	1,550
	-김 천	새마을	–	–	–	–	–	–	–	–
		무궁화	–	–	–	–	–	–	–	2,830
		통일호	890	890	1,030	1,240	1,240	1,240	1,490	1,860
	-구 미	새마을	–	–	–	–	–	–	–	–
		무궁화	–	–	–	–	–	–	–	3,080
		통일호	–	–	–	–	–	1,350	1,350	2,030
	-동대구	새마을	1,840	1,840	2,120	2,530	2,530	3,090	3,860	5,210
		무궁화	–	–	–	–	–	–	–	3,640
		통일호	1,030	1,030	1,190	1,420	1,420	1,600	1,920	2,390
	-밀 양	무궁화	–	–	–	–	–	–	–	4,260
		통일호	1,130	1,130	1,300	1,560	1,560	1,870	2,240	2,800
	-삼랑진	무궁화	–	–	–	–	–	–	–	4,400
		통일호	1,150	1,150	1,330	1,600	1,600	1,930	2,320	2,900
	-부 산	새마을	2,690	2,690	3,090	3,710	3,710	4,190	5,230	7,070
		무궁화	–	–	–	–	–	–	–	4,940
		통일호	1,570	1,570	1,810	2,170	2,170	2,170	2,600	3,250
	-영 천	새마을	–	–	–	–	–	–	–	–
	-경 주	새마을	–	–	–	–	–	–	–	6,350
호남선	서울-영등포	무궁화	–	–	–	–	–	–	–	–
	-수 원	무궁화	–	–	–	–	–	–	–	–
	-천 안	무궁화	–	–	–	–	–	–	–	–
	-조치원	무궁화	–	–	–	–	–	–	–	–
	-서대전	새마을	–	–	–	–	–	1,630	1,630	2,750
		무궁화	–	–	–	–	–	–	–	–
	-논 산	새마을	–	–	–	–	–	–	–	3,480
		무궁화	–	–	–	–	–	–	–	–
	-강 경	무궁화	–	–	–	–	–	–	–	–
	-익 산	새마을	–	–	–	–	–	2,410	2,410	4,070
		무궁화	–	–	–	–	–	–	–	–
	-김 제	무궁화	–	–	–	–	–	–	–	–
	-정 읍	새마을	–	–	–	–	–	2,820	2,820	5,670
		무궁화	–	–	–	–	–	–	–	–
	-송정리	새마을	–	–	–	–	–	–	–	5,670
		무궁화	–	–	–	–	–	–	–	–
	-광 주	새마을	–	–	–	–	–	3,490	3,490	5,890
		무궁화	–	–	–	–	–	–	–	–
	-나 주	무궁화	–	–	–	–	–	–	–	–
	-영산포	새마을	–	–	–	–	–	3,590	3,590	5,960
		무궁화	–	–	–	–	–	–	–	–
	-목 포	새마을	–	–	–	–	–	4,030	4,030	6,800
		무궁화	–	–	–	–	–	–	–	–

※1984. 1월 명칭변경:우등→무궁화호, 특급→통일호

철 도 여 객 운 임 (2)

(단위:원)

노선	구 간	구분	'80	'81	'82	'83	'84	'85	'86	'87
경부선	서울-영등포	통일호	1,520	1,700	1,800	1,900	1,900	1,900	1,900	1,900
		통일호	1,080	1,200	1,300	1,400	1,400	1,400	1,400	1,400
	-수 원	무궁화	1,520	1,700	1,800	1,900	1,900	1,900	1,900	1,900
		통일호	1,080	1,200	1,300	1,400	1,400	1,400	1,400	1,400
	-천 안	무궁화	1,520	1,700	1,800	1,900	1,900	1,900	1,900	1,900
		통일호	1,080	1,200	1,300	1,400	1,400	1,400	1,400	1,400
	-조치원	무궁화	1,900	2,100	2,300	2,400	2,400	2,400	2,400	2,400
		통일호	1,370	1,500	1,700	1,800	1,800	1,800	1,800	1,800
	-대 전	새마을	4,140	4,600	5,100	5,400	5,400	5,400	5,400	5,400
		무궁화	2,440	2,700	3,000	3,100	3,100	3,100	3,100	3,100
		통일호	1,760	1,900	2,100	2,300	2,300	2,300	2,300	2,300
	-영 동	무궁화	3,120	3,500	3,800	4,000	4,000	4,000	4,000	4,000
		통일호	2,240	2,500	2,700	2,900	2,900	2,900	2,900	2,900
	-김 천	새마을	-	-	-	8,200	8,200	8,200	8,200	8,200
		무궁화	3,730	4,100	4,600	4,800	4,800	4,800	4,800	4,800
		통일호	2,680	3,000	3,300	3,400	3,400	3,400	3,400	3,400
	-구 미	새마을	-	-	-	8,900	8,900	8,900	8,900	8,900
		무궁화	4,070	4,500	5,000	5,200	5,200	5,200	5,200	5,200
		통일호	2,920	3,200	3,600	3,800	3,800	3,800	3,800	3,800
	-동대구	새마을	8,130	9,100	10,000	10,500	10,500	10,500	10,500	10,500
		무궁화	4,800	5,300	5,900	6,200	6,200	6,200	6,200	6,200
		통일호	3,450	3,800	4,200	4,400	4,400	4,400	4,400	4,400
	-밀 양	무궁화	5,620	6,300	6,900	7,200	7,200	7,200	7,200	7,200
		통일호	4,040	4,500	5,000	5,200	5,200	5,200	5,200	5,200
	-삼랑진	무궁화	5,810	6,500	7,100	7,500	7,500	7,500	7,500	7,500
		통일호	4,170	4,600	5,100	5,400	5,400	5,400	5,400	5,400
	-부 산	새마을	11,030	12,300	13,600	14,300	14,300	14,300	14,300	14,300
		무궁화	6,510	7,200	8,000	8,400	8,400	8,400	8,400	8,400
		통일호	4,680	5,200	5,700	6,000	6,000	6,000	6,000	6,000
	-영 천	새마을	-	-	-	11,600	11,600	11,600	11,600	11,600
	-경 주	새마을	9,910	11,100	12,200	12,900	12,900	12,900	12,900	12,900
호남선	서울-영등포	무궁화	-	-	1,900	1,900	1,900	1,900	1,900	1,900
	-수 원	무궁화	-	-	1,900	1,900	1,900	1,900	1,900	1,900
	-천 안	무궁화	-	-	1,900	1,900	1,900	1,900	1,900	1,900
	-조치원	무궁화	-	-	2,400	2,400	2,400	2,400	2,400	2,400
	-서대전	새마을	4,290	4,800	7,600	7,600	7,600	5,600	5,600	5,600
		무궁화	-	-	3,300	3,300	3,300	3,300	3,300	3,300
	-논 산	새마을	5,430	6,000	9,900	9,900	9,900	7,000	7,000	7,000
		무궁화	-	-	4,100	4,100	4,100	4,100	4,100	4,100
	-강 경	무궁화	-	-	4,300	4,300	4,300	4,300	4,300	4,300
	-익 산	새마을	6,340	7,100	11,100	11,100	11,100	8,200	8,200	8,200
		무궁화	-	-	4,800	4,800	4,800	4,800	4,800	4,800
	-김 제	무궁화	-	-	5,100	5,100	5,100	5,100	5,100	5,100
	-정 읍	새마을	8,850	9,900	12,500	12,500	12,500	9,600	9,600	9,600
		무궁화	-	-	5,600	5,600	5,600	5,600	5,600	5,600
	-송정리	새마을	8,850	9,900	14,300	14,300	14,300	11,400	11,400	11,400
		무궁화	-	-	6,700	6,700	6,700	6,700	6,700	6,700
	-광 주	새마을	9,190	10,300	14,800	14,800	14,800	11,900	11,900	11,900
		무궁화	-	-	7,000	7,000	7,000	7,000	7,000	7,000
	-나 주	무궁화	-	-	7,000	7,000	7,000	7,000	7,000	7,000
	-영산포	새마을	9,290	10,400	14,900	14,900	14,900	12,000	12,000	12,000
		무궁화	-	-	7,000	7,000	7,000	7,000	7,000	7,000
	-목 포	새마을	10,610	11,800	17,700	17,700	17,700	13,700	13,700	13,700
		무궁화	-	-	8,000	8,000	8,000	8,000	8,000	8,000

※1984. 1월 명칭변경:우등→무궁화호, 특급→통일호

(단위:원)

구 간		구분	'88	'89	'90	'91	'92	'93	'94	'95
경부선	서울-영등포	통일호	1,900	1,900	2,000	2,000	2,300	2,500	3,000	3,000
		통일호	1,400	1,400	1,500	1,500	1,600	1,700	2,100	2,100
	-수 원	무궁화	1,900	1,900	2,000	2,000	2,300	2,500	3,000	3,000
		통일호	1,400	1,400	1,500	1,500	1,600	1,700	2,100	2,100
	-천 안	무궁화	1,900	1,900	2,000	2,000	2,300	2,500	3,000	3,000
		통일호	1,400	1,400	1,500	1,500	1,600	1,700	2,100	2,100
	-조치원	무궁화	2,400	2,400	2,600	2,600	3,000	3,200	3,900	3,900
		통일호	1,800	1,800	1,900	1,900	2,100	2,200	2,700	2,700
	-대 전	새마을	5,400	5,400	6,200	6,200	7,300	8,100	8,400	8,400
		무궁화	3,100	3,100	3,400	3,400	3,800	4,100	5,000	5,000
		통일호	2,300	2,300	2,500	2,500	2,700	2,800	3,400	3,400
	-영 동	무궁화	4,000	4,000	4,300	4,300	4,800	5,300	6,400	6,400
		통일호	2,900	2,900	3,200	3,200	3,400	3,600	4,400	4,400
	-김 천	새마을	8,200	8,200	-	-	-	12,300	12,800	12,800
		무궁화	4,800	4,800	5,200	5,200	5,800	6,300	7,600	7,600
		통일호	3,400	3,400	3,800	3,800	4,100	4,300	5,200	5,200
	-구 미	새마을	8,900	8,900	10,300	10,300	12,100	13,400	14,000	14,000
		무궁화	5,200	5,200	5,600	5,600	6,300	6,900	8,300	8,300
		통일호	3,800	3,800	4,100	4,100	4,500	4,700	5,700	5,700
	-동대구	새마을	10,500	10,500	12,100	12,100	14,300	15,800	16,500	16,500
		무궁화	6,200	6,200	6,700	6,700	7,500	8,100	9,800	9,800
		통일호	4,500	4,500	4,900	4,900	5,300	5,600	6,700	6,700
	-밀 양	무궁화	7,200	7,200	7,800	7,800	8,800	9,500	11,500	11,500
		통일호	5,300	5,300	5,700	5,700	6,200	6,500	7,900	7,900
	-삼랑진	무궁화	7,500	7,500	8,100	8,100	9,000	9,800	11,900	11,900
		통일호	5,500	5,500	5,900	5,900	6,400	6,700	8,100	8,100
	-부 산	새마을	14,300	14,300	16,400	16,400	19,400	21,500	22,300	22,300
		무궁화	8,400	8,400	9,000	9,000	10,100	11,000	13,300	13,300
		통일호	6,100	6,100	6,600	6,600	7,100	7,600	9,100	9,100
	-영 천	새마을	11,600	11,600	-	-	-	-	-	-
	-경 주	새마을	12,900	12,900	-	-	-	-	-	-
호남선	서울-영등포	무궁화	1,900	1,900	2,000	2,000	2,300	2,500	2,800	3,500
	-수 원	무궁화	1,900	1,900	2,000	2,000	2,300	2,500	2,800	3,500
	-천 안	무궁화	1,900	1,900	2,000	2,000	2,300	2,500	2,800	3,500
	-조치원	무궁화	2,400	2,400	2,600	2,600	3,000	3,200	3,700	4,500
	-서대전	새마을	5,600	5,600	6,400	6,400	7,300	8,100	8,100	8,900
		무궁화	3,300	3,300	3,500	3,500	3,800	4,200	4,800	5,800
	-논 산	새마을	7,000	7,000	8,100	8,100	9,300	10,300	10,300	11,200
		무궁화	4,100	4,100	4,400	4,400	4,800	5,300	6,100	7,400
	-강 경	무궁화	4,300	4,300	4,600	4,600	5,100	5,500	-	-
	-익 산	새마을	8,200	8,200	9,400	9,400	10,900	12,100	12,100	13,200
		무궁화	4,800	4,800	5,200	5,200	5,700	6,200	7,100	8,700
	-김 제	무궁화	5,100	5,100	5,500	5,500	6,100	6,600	7,600	9,300
	-정 읍	새마을	9,600	9,600	11,000	11,000	12,800	14,200	14,200	15,500
		무궁화	5,600	5,600	6,100	6,100	6,700	7,300	8,400	10,200
	-송정리	새마을	11,400	11,400	13,000	13,000	15,100	16,800	16,800	18,300
		무궁화	6,700	6,700	7,200	7,200	7,900	8,600	9,900	12,100
	-광 주	새마을	11,900	11,900	-	-	-	-	-	-
		무궁화	7,000	7,000	-	-	-	-	-	-
	-나 주	무궁화	7,000	7,000	7,500	7,500	8,200	9,000	10,300	12,600
	-영산포	새마을	12,000	12,000	13,700	13,700	15,900	17,700	17,700	19,300
		무궁화	7,000	7,000	7,500	7,500	8,300	9,100	10,400	12,700
	-목 포	새마을	13,700	13,700	15,700	15,700	18,200	20,200	20,200	22,100
		무궁화	8,000	8,000	8,600	8,600	9,500	10,400	11,900	14,500

철 도 여 객 운 임(3)

(단위:원)

노선	구 간	구분	'96	'97	'98	'99	2000	2001	2002	2003
경부선	서울-영등포	통일호	3,500	3,800	4,100	4,100	4,700	4,700	5,200	5,600
		통일호	2,400	2,600	2,600	2,600	2,900	2,900	1,100	–
	-수 원	무궁화	3,500	3,800	4,100	4,100	4,700	4,700	5,200	5,600
		통일호	2,400	2,600	2,600	2,600	2,900	2,900	1,600	–
	-천 안	무궁화	3,500	3,800	4,100	4,100	4,700	4,700	5,200	5,600
		통일호	2,400	2,600	2,600	2,600	2,900	2,900	2,500	–
	-조치원	무궁화	4,500	4,900	5,300	5,300	6,200	6,200	6,700	7,300
		통일호	3,100	3,400	3,400	3,400	3,700	3,700	3,100	–
	-대 전	새마을	8,800	9,600	9,900	9,900	11,500	11,500	12,600	13,900
		무궁화	5,800	6,300	6,800	6,800	7,900	7,900	8,600	9,400
		통일호	4,000	4,400	4,400	4,400	4,800	4,800	4,100	–
	-영 동	무궁화	7,400	8,000	8,700	8,700	10,000	10,000	10,900	11,900
		통일호	5,100	5,500	5,500	5,500	6,100	6,100	4,900	–
	-김 천	새마을	13,400	14,700	15,100	15,100	17,600	17,600	19,300	21,200
		무궁화	8,800	9,700	10,400	10,400	12,100	12,100	13,100	14,300
		통일호	6,100	6,600	6,600	6,600	7,300	7,300	5,800	–
	-구 미	새마을	14,700	16,000	16,500	16,500	19,100	19,100	21,100	23,200
		무궁화	9,600	10,600	11,300	11,300	13,200	13,200	14,300	15,600
		통일호	6,600	7,200	7,200	7,200	8,000	8,000	6,400	–
	-동대구	새마을	17,300	18,900	19,400	19,400	22,500	22,500	24,800	27,200
		무궁화	11,400	12,400	13,300	13,300	15,500	15,500	16,900	18,300
		통일호	7,800	8,500	8,500	8,500	9,400	9,400	7,500	–
	-밀 양	무궁화	13,300	14,600	15,700	15,700	18,200	18,200	19,800	21,500
		통일호	9,200	10,000	10,000	10,000	11,100	11,100	8,900	–
	-삼랑진	무궁화	13,800	15,100	16,200	16,200	18,800	18,800	20,500	22,300
		통일호	9,400	10,300	10,300	10,300	11,400	11,400	9,100	–
	-부 산	새마을	23,500	25,700	26,400	26,400	30,600	30,600	33,600	37,000
		무궁화	15,400	16,900	18,200	18,200	21,000	21,000	22,900	24,900
		통일호	10,600	11,600	11,600	11,600	12,800	12,800	9,200	–
	-영 천	새마을	–	–	–	–	–	–	–	–
	-경 주	새마을	–	–	–	–	–	–	–	–
호남선	서울-영등포	무궁화	3,500	3,800	3,800	4,100	4,700	4,700	5,200	5,600
	-수 원	무궁화	3,500	3,800	3,800	4,100	4,700	4,700	5,200	5,600
	-천 안	무궁화	3,500	3,800	3,800	4,100	4,700	4,700	5,200	5,600
	-조치원	무궁화	4,500	4,900	4,900	5,300	6,200	6,200	6,700	7,300
	-서대전	새마을	8,900	9,700	9,700	10,000	11,600	11,600	12,700	14,000
		무궁화	5,800	6,400	6,400	6,900	8,000	8,000	8,700	9,400
	-논 산	새마을	11,200	12,300	12,300	12,600	14,700	14,700	16,100	17,700
		무궁화	7,400	8,100	8,100	8,700	10,100	10,100	11,000	11,900
	-강 경	무궁화	–	–	–	–	–	–	–	12,500
	-익 산	새마을	13,200	14,400	14,400	14,800	17,200	17,200	18,900	20,800
		무궁화	8,700	9,500	9,500	10,200	11,800	11,800	12,900	14,000
	-김 제	무궁화	9,300	10,200	10,200	10,900	12,700	12,700	13,800	15,000
	-정 읍	새마을	15,500	17,000	17,000	17,400	20,200	20,200	22,300	24,500
		무궁화	10,200	11,200	11,200	12,000	13,900	13,900	15,200	16,500
	-송정리	새마을	18,300	20,100	20,100	20,600	24,000	24,000	26,400	29,000
		무궁화	12,100	13,200	13,200	14,200	16,500	16,500	17,900	19,500
	-광 주	새마을	–	–	–	–	–	–	–	30,000
		무궁화	–	–	–	–	–	–	–	20,200
	-나 주	무궁화	12,600	13,700	13,700	14,800	17,200	17,200	18,800	20,400
	-영산포	새마을	19,300	21,100	21,100	21,600	25,100	25,100	27,600	–
		무궁화	12,700	13,900	13,900	14,900	17,300	17,300	–	–
	-목 포	새마을	22,100	24,200	24,200	24,800	28,800	28,800	31,400	34,600
		무궁화	14,500	15,900	15,900	17,100	19,900	19,900	21,400	23,300

(단위:원)

구간		2004			2005			2006			2007		
		무궁화	새마을	KTX	무궁화	새마을	KTX	무궁화	새마을	KTX	무궁화	새마을	KTX
경부선	서울-영등포	2,800	–	–	2,800	–	–	3,100	7,200	–	3,200	7,500	–
	-수 원	2,800	–	–	2,800	–	–	3,100	7,200	–	3,200	7,500	–
	-천 안	5,400	–	11,400	5,400	–	11,400	5,900	8,700	12,800	6,000	9,000	13,600
	-조치원	7,300	–	–	7,300	–	–	7,900	11,600	–	8,100	12,000	–
	-대 전	9,300	13,900	19,700	9,300	13,900	19,500	10,200	15,000	21,500	10,500	15,500	22,900
	-영 동	11,900	–	–	11,900	–	–	12,900	19,000	–	13,200	19,700	–
	-김 천	14,200	21,100	–	14,200	21,100	–	15,500	22,800	–	15,900	23,600	–
	-구 미	15,500	23,000	–	15,500	23,000	–	16,900	24,900	–	17,300	25,800	–
	-동대구	18,300	27,200	34,900	18,300	27,200	34,900	20,000	29,400	38,600	20,500	30,400	41,100
	-밀 양	21,400	–	–	21,400	–	–	23,300	34,300	43,200	23,900	35,500	46,000
	-삼랑진	22,100	–	–	22,100	–	–	24,100	–	–	24,700	–	–
	-부 산	24,800	36,800	45,000	24,800	36,800	44,800	27,000	39,700	48,100	27,700	41,100	51,200
	-영 천	–	–	–	–	–	–	–	–	–	–	–	–
	-경 주	–	–	–	–	–	–	–	–	–	–	–	–
호남선	서울-영등포	2,800	–	–	2,800	–	–	3,100	7,200	–	3,200	7,500	–
	-수 원	2,800	–	–	2,800	–	–	3,100	7,200	–	3,200	7,500	–
	-천 안	5,400	–	11,100	5,400	–	11,100	5,700	8,400	12,500	5,800	8,700	13,300
	-조치원	7,300	–	–	7,300	–	–	7,700	11,300	–	7,900	11,700	–
	-서대전	9,400	13,900	19,500	9,400	13,900	19,300	10,000	14,800	21,300	10,300	15,300	22,700
	-논 산	11,900	17,700	23,500	11,900	17,700	22,900	12,800	18,800	25,500	13,100	19,500	27,200
	-강 경	12,500	–	–	12,500	–	–	13,400	19,700	–	13,700	20,400	–
	-익 산	14,000	20,800	26,700	14,000	20,800	25,500	–	–	–	–	–	–
	-김 제	15,000	–	28,300	15,000	–	26,900	16,100	23,700	29,300	16,500	24,500	31,200
	-정 읍	16,400	24,400	30,500	16,400	24,400	28,300	17,700	26,100	31,400	18,100	27,000	33,400
	-송정리	19,500	28,900	35,300	19,500	28,900	33,100	21,000	31,000	35,200	21,500	32,100	37,500
	-광 주	20,200	29,900	36,300	20,200	29,900	33,300	21,800	32,000	36,100	22,300	33,100	38,400
	-나 주	20,400	–	36,600	20,400	–	34,000	22,000	32,400	36,500	22,600	33,500	38,900
	-영산포	–	–	–	–	–	–	–	–	–	–	–	–
	-목 포	23,200	34,500	41,100	23,200	34,500	38,000	25,100	37,000	40,700	25,700	38,300	43,300

구간		2008~2010			2011~2015			2016~2021			2022~2024			2025		
		무궁화	새마을	KTX	무궁화	새마을	KTX	무궁화	새마을	KTX	무궁화	새마을	KTX	무궁화	새마을	KTX
경부선	서울-영등포	2,500	4,700	–	2,600	4,800	–	2,600	4,800	–	2,600	4,800	–	2,600	4,800	8,400
	-수 원	2,600	4,700	–	2,700	4,800	–	2,700	4,800	–	2,700	4,800	–	2,700	4,800	8,400
	-천 안	6,000	9,000	13,600	6,300	9,300	14,100	6,300	9,300	14,100	6,300	9,300	14,100	6,300	9,300	14,100
	-조치원	8,100	12,000	–	8,400	12,500	–	8,400	12,500	–	8,400	12,500	–	8,400	12,500	–
	-대 전	10,500	15,500	22,900	10,800	16,000	23,700	10,800	16,000	23,700	10,800	16,000	23,700	10,800	16,000	23,700
	-영 동	13,200	19,700	–	13,700	20,400	–	13,700	20,400	–	13,700	20,400	–	13,700	20,400	–
	-김 천	15,900	23,600	–	16,400	24,500	–	16,400	24,500	–	16,400	24,500	35,100	16,400	24,500	35,100
	-구 미	17,300	25,800	–	17,900	26,700	–	17,900	26,700	–	17,900	26,700	35,100	17,900	26,700	35,100
	-동대구	20,500	30,400	41,100	21,100	31,400	43,500	21,100	31,400	43,500	21,100	31,400	43,500	21,100	31,400	43,500
	-밀 양	23,900	35,500	46,000	24,700	36,800	48,500	24,700	36,800	48,500	24,700	36,800	48,500	24,700	36,800	48,500
	-삼랑진	24,700	–	–	25,500	–	–	25,500	38,000	–	25,500	38,000	–	25,500	38,000	–
	-부 산	27,700	41,100	51,200	28,600	42,600	59,800	28,600	42,600	59,800	28,600	42,600	59,800	28,600	42,600	59,800
	-영 천	–	–	–	–	–	–	–	–	–	–	–	–	–	–	–
	-경 주	–	–	–	–	–	–	–	–	–	–	–	–	–	–	–
호남선	서울-영등포	2,500	4,700	–	2,600	4,800	–	2,600	4,800	–	2,600	4,800	–	2,600	4,800	–
	-수 원	2,500	4,700	–	2,700	4,800	–	2,700	4,800	–	2,600	4,800	–	2,600	4,800	–
	-천 안	5,800	8,700	13,300	6,300	9,300	14,100	6,300	9,000	14,100	6,100	9,000	14,100	6,100	9,000	14,100
	-조치원	7,900	11,700	–	8,400	12,500	–	8,400	12,200	–	8,200	12,200	–	8,200	12,200	–
	-서대전	10,300	15,300	22,700	10,600	15,800	23,700	10,600	15,800	23,800	10,600	15,800	23,800	10,600	15,800	23,800
	-논 산	13,100	19,500	27,200	13,500	20,200	28,100	13,500	20,200	28,100	13,500	20,200	28,400	13,500	20,200	28,400
	-강 경	13,700	20,400	–	14,200	21,100	–	14,200	21,100	–	14,200	21,100	–	14,200	21,100	–
	-익 산	–	–	–	–	–	–	–	–	–	–	–	–	–	–	–
	-김 제	16,500	24,500	31,200	17,100	25,400	–	17,100	25,400	–	17,100	25,400	32,600	17,100	25,400	32,600
	-정 읍	18,100	27,000	33,400	18,800	27,900	39,100	18,800	27,900	39,500	18,800	27,900	39,800	18,800	27,900	39,800
	-송정리	21,500	32,100	37,500	–	–	50,800	–	–	50,800	–	–	–	–	–	–
	-광 주	22,300	33,100	38,400	22,400	–	–	22,300	33,200	47,100	23,000	34,300	47,100	23,000	34,300	47,100
	-나 주	22,600	33,500	38,900	23,500	34,700	49,300	23,300	34,700	48,500	23,300	34,700	48,500	23,300	34,700	48,500
	-영산포	–	–	–	–	–	–	–	–	–	–	–	–	–	–	–
	-목 포	25,700	38,300	43,300	26,800	39,600	53,900	26,800	39,600	53,100	26,600	39,600	53,100	26,600	39,600	53,100

철 도 여 객 운 임(4)

(단위:원)

구 간		'78	'79	'80	'81	'82		'83~87		'88~89		'90~'91		'92		'93	
		통일호	통일호	통일호	통일호	통일호	무궁화	통일호	무궁화	통일호	무궁화	통일호	무궁화	통일호	무궁화	통일호	무궁화
전라선	서울-영등포	-	750	1,080	1,200	1,300	1,900	1,400	1,900	1,400	1,900	1,500	2,000	1,600	2,300	1,700	2,500
	수 원	500	750	1,080	1,200	1.300	1,900	1,400	1,900	1,400	1,900	1,500	2,000	1,600	2,300	1,700	2,500
	천 안	500	750	1,080	1,200	1,300	1,900	1,400	1,900	1,400	1,900	1,500	2,000	1,600	2,300	1,700	2,500
	조치원	630	950	1,370	1,500	1,700	2,400	1,800	2,400	1,800	2,400	1,900	2,600	2,100	3,000	2,200	3,200
	서대전	840	1,260	1,820	2,000	2,200	3,300	2,300	3,300	2,400	3,300	2,600	3,500	2,700	3,800	2,900	4,200
	논 산	1,070	1,600	2,300	2,500	2,800	4,100	2,900	4,100	3,000	4,100	3,200	4,400	3,400	4,800	3,600	5,300
	강 경	1,120	1,670	2,410	2,700	2,900	4,300	3,100	4,300	3,100	4,300	3,400	4,600	3,600	5,100	3,800	5,500
	이 리	1,250	1,870	2,690	3,000	3,300	4,800	3,400	4,800	3,500	4,800	3,800	5,200	4,000	5,700	4,300	6,200
	전 주	1,370	2,050	2,950	3,600	3,600	5,300	3,800	5,300	3,900	5,300	4,200	5,700	4,400	6,300	4,700	6,800
	임 실	1,500	2,260	3,250	4,000	4,000	-	4,200	-	4,300	-	4,600	6,300	4,900	6,900	5,200	7,500
	남 원	1,670	2,500	3,590	4,200	4,400	6,400	4,600	6,400	4,700	6,400	5,100	6,900	5,400	7,700	5,700	8,400
	구 례	1,760	2,800	4,030	4,500	4,900	7,200	5,200	7,200	5,300	7,200	5,700	7,800	6,100	8,600	6,400	9,400
	순 천	2,020	3,020	4,350	4,800	5,300	7,800	5,600	7,800	5,700	7,800	6,200	8,400	6,600	9,300	7,000	10,200
	여 수	2,210	3,310	4,770	5,300	5,800	8,500	6,100	8,500	6,300	8,500	6,800	9,200	7,200	10,200	7,600	11,200

구 간		'94		'95		'96		'97~'98		'99		2000~2001		2002	2003	2004
		통일호	무궁화	통일호	무궁화	통일호	무궁화	통일호	무궁화	통일호	무궁화	통일호	무궁화	무궁화	무궁화	무궁화
전라선	서울-영등포	2,100	2,800	2,100	3,500	2,400	3,500	2,600	3,800	2,600	4,100	2,600	4,700	5,200	5,600	2,800
	수 원	2,100	2,800	2,100	3,500	2,400	3,500	2,600	3,800	2,600	4,100	2,600	4,700	5,200	5,600	2,800
	천 안	2,100	2,800	2,100	3,500	2,400	3,500	2,600	3,800	2,600	4,100	2,600	4,700	5,200	5,600	5,200
	조치원	2,700	3,700	2,700	4,500	3,100	4,500	3,400	4,900	3,400	5,300	3,400	6,200	6,700	7,300	7,100
	서대전	3,400	4,800	3,400	5,800	4,000	5,800	4,400	6,400	4,400	6,900	4,400	8,000	8,700	9,400	9,200
	논 산	4,400	6,100	4,400	7,400	5,100	7,400	5,500	8,100	5,500	8,700	5,500	10,100	11,000	11,900	11,700
	강 경	4,600	6,300	4,600	7,700	5,300	7,700	5,800	8,500	5,800	9,100	5,800	10,600	11,500	12,500	12,300
	이 리	5,100	-	5,100	-	-	-	-	-	-	-	-	-	-	14,000	13,800
	전 주	5,700	7,900	5,700	9,600	6,600	9,600	7,200	10,500	7,200	11,300	7,200	13,100	14,200	15,500	15,300
	임 실	6,200	8,700	6,200	10,500	7,200	10,500	7,900	11,500	7,900	12,400	7,900	14,400	15,600	17,000	16,800
	남 원	6,900	9,600	6,900	11,700	8,000	11,700	8,800	12,800	8,800	13,800	8,800	15,900	17,300	18,800	18,600
	구 례	7,800	10,800	7,800	13,100	9,000	13,100	9,900	14,400	9,900	15,500	9,900	17,800	19,400	21,100	20,900
	순 천	8,400	11,700	8,400	14,200	9,800	14,200	10,700	15,600	10,700	17,600	10,700	19,100	20,800	22,700	22,500
	여 수	9,200	12,800	9,200	15,600	10,700	15,600	11,700	17,000	11,700	18,300	11,700	21,000	22,900	24,900	24,700

구 간		2005		2006		2007		2008~2010		2011~2015		2016~2021		2022~2025		비 고
		무궁화	새마을	무궁화	새마을	무궁화	새마을	무궁화	새마을	무궁화	새마을	무궁화	새마을	무궁화	새마을	
전라선	서울-영등포	2,800	6,700	3,100	7,200	3,200	7,500	2,500	4,700	2,600	4,800	2,600	4,800	2,600	4,800	
	수 원	2,800	6,700	3,100	7,200	3,200	7,500	2,500	4,700	2,600	4,800	2,700	4,800	2,600	4,800	
	천 안	5,200	8,000	5,700	8,400	5,800	8,700	5,800	8,700	6,100	9,000	6,300	9,300	6,100	9,000	
	조치원	7,100	10,800	7,700	-	7,900	-	7,900	-	8,200	12,200	8,400	12,500	8,200	12,200	
	서대전	9,200	13,900	10,000	14,800	10,300	15,400	10,300	15,300	10,600	15,800	10,600	-	10,600	15,800	
	논 산	11,700	17,700	12,800	18,800	13,100	19,600	13,100	19,500	13,500	20,100	13,500	20,100	13,500	20,200	
	강 경	12,300	18,500	13,400	-	13,700	-	13,700	-	14,200	21,100	14,200	21,100	14,200	21,100	
	이 리	13,800	20,800	15,100	22,200	15,500	23,100	15,500	23,000	16,000	23,700	16,000	23,700	16,000	23,700	
	전 주	15,300	22,900	16,600	24,500	17,000	25,500	17,000	25,400	17,600	26,200	17,600	-	17,600	26,200	
	임 실	16,800	-	18,300	-	18,800	-	18,800	-	19,400	-	19,400	-	19,400	-	
	남 원	18,600	27,900	19,900	29,300	20,400	30,500	20,400	30,300	21,100	31,400	20,700	31,400	21,100	31,400	
	구 례	20,900	31,300	22,200	32,700	22,800	34,000	22,800	33,800	23,600	35,000	23,600	-	23,600	35,000	
	순 천	22,500	33,600	24,000	35,200	24,600	36,600	24,600	36,400	25,400	37,800	25,400	-	25,400	37,800	
	여 수	24,700	36,900	26,400	38,800	27,100	40,400	27,100	40,200	27,600	41,100	27,600	-	27,600	41,100	

※1984. 1월 명칭변경:우등→무궁화호, 특급→통일호

철도여객운임률(1)

구분			'70	'71	'72	'73	'74	'75	'76	'77	'77	'78
기본임률	비둘기(보통)	임률	-	-	-	-	-	-	-	2.51	2.51	2.94
		최저운임	-	-	-	-	-	-	-	40	40	50
	통일호(특급)	임률	-	-	-	-	-	-	-	4.87	4.87	5.84
		최저운임	-	-	-	-	-	-	-	500	500	600
	무궁화(우등)	임률	-	-	-	-	-	-	-	-	-	8.54
		최저운임	-	-	-	-	-	-	-	-	-	880
	새마을	임률	-	-	-	-	-	-	-	9.41	9.41	11.76
		최저운임	-	-	-	-	-	-	-	1,040	1,040	1,306
침대요금	통일호(특급)	상단	-	-	840	-	970	1.750	-	2,000	2,000	2,500
		하단	-	-	1,200	-	1,380	2,480	-	2,700	2,700	3,380
	무궁화(우등)	상단	-	-	-	-	-	-	-	2,800	2,800	3,500
		하단	-	-	-	-	-	-	-	3,780	3,780	4,730
특실요금	새마을	200km 까지	-	-	-	-	-	-	-	500	500	630
		400km 까지	-	-	-	-	-	-	-	750	750	940
		401km 이상	-	-	-	-	-	-	-	1,000	1,000	1,250
	무궁화(우등)	200km 까지	-	-	-	-	-	-	-	-	-	500
		400km 까지	-	-	-	-	-	-	-	-	-	750
		401km 이상	-	-	-	-	-	-	-	-	-	1,000
	통일호(특급)	200km 까지	-	-	-	-	-	-	-	300	300	380
		400km 까지	-	-	-	-	-	-	-	500	500	630
		401km 이상	-	-	-	-	-	-	-	700	700	880
정기여객최저운임	통학	비둘기(보통)	-	-	-	-	-	-	-	-	-	-
		통일호(특급)	-	-	-	-	-	-	-	-	-	-
	통근	비둘기(보통)	-	-	-	-	-	-	-	-	-	-
		통일호(특급)	-	-	-	-	-	-	-	-	-	-

구분			'79	'80	'81	'82	'83	'84	'85	'86	'87	'88
기본임률	비둘기(보통)	임률	3.24	4.86	5.83	6.43	6.75	7.80	7.80	7.80	7.80	7.80
		최저운임	60	100	120	130	140	160	160	160	160	160
	통일호(특급)	임률	7.30	10.51	11.67	12.86	13.50	13.77	13.77	13.77	13.77	13.77
		최저운임	750	1,080	1,200	1,300	1,400	1,400	1,400	1,400	1,400	1,400
	무궁화(우등)	임률	11.09	14,64	16.25	17.91	18.81	18.81	18.81	18.81	18.81	18.81
		최저운임	1,150	1,520	1,700	1,800	1,900	1,900	1,900	1,900	1,900	1,900
	새마을	임률	15.88	24.78	27.75	30.60	32.13	32.13	32.13	32.13	32.13	32.13
		최저운임	1,760	2,760	3,100	3,330	3,500	3,500	3,500	3,500	3,500	3,500
침대요금	통일호(특급)	상단	3,380	5,280	6,900	7,500	7,900	7,900	7,900	7,900	7,900	7,900
		하단	4,560	7,110	9,200	10,200	10,700	10,700	10,700	10,700	10,700	10,700
	무궁화(우등)	상단	4,730	7,380	9,600	10,600	11,100	11,100	11,100	11,100	11,100	11,100
		하단	6,390	9,970	13,000	14,300	15,000	15,000	15,000	15,000	15,000	15,000
특실요금	새마을	200km 까지	850	1,330	1,700	1,900	2,000	2,000	2,000	2,000	2,000	2,000
		400km 까지	1,270	1,980	2,600	2,800	2,900	2,900	2,900	2,900	2,900	2,900
		401km 이상	1,960	2,640	3,400	3,800	4,000	4,000	4,000	4,000	4,000	4,000
	무궁화(우등)	200km 까지	680	1,070	1,400	1,500	1,600	1,600	1,600	1,600	1,600	1,600
		400km 까지	1,010	1,570	2,000	2,200	2,300	2,300	2,300	2,300	2,300	2,300
		401km 이상	1,350	2,110	2,700	2,900	3,000	3,000	3,000	3,000	3,000	3,000
	통일호(특급)	200km 까지	510	790	1,000	1,100	1,200	1,200	1,200	1,600	1,200	1,200
		400km 까지	850	1,330	1,700	1,900	2,000	2,000	2,000	2,000	2,000	2,000
		401km 이상	1,190	1,860	2,400	2,600	2,700	2,700	2,700	2,700	2,700	2,700
정기여객최저운임	통학	비둘기(보통)	-	-	-	-	3,500	5,200	5,200	5,200	5,200	5,200
		통일호(특급)	-	-	-	-	32,500	42,300	42,300	42,300	42,300	42,300
	통근	비둘기(보통)	-	-	-	-	5,880	7,680	7,680	7,680	7,680	7,680
		통일호(특급)	-	-	-	-	54,600	62,400	62,400	62,400	62,400	62,400

철도여객운임률(2)

구	분		'89	'90	'91	'92	'93	'94~'95	'96	'97	'98	'99	2000~2001	2002	2003
기본임률	비둘기(보통)	임률	7.80	8.42	8.42	9.09	9.54	11.52	13.36	14.63	14.63	14.63	14.63	-	-
		최저운임	160	170	170	180	200	250	350	350	350	350	350	-	-
	통일호(특급)	임률	13.77	14.87	14.87	16.06	16.98	20.51	23.79	26.05	26.05	26.05	28.81	28.81	28.81
		최저운임	1,400	1,500	1,500	1,600	1,700	2,100	2,400	2,600	2,600	2,600	2,900	2,900	1,400
	무궁화(우등)	임률	18.81	20.31	20.31	22.75	24.80	29.89	34.67	37.96	40.81	40.81	47.39	51.56	56.10
		최저운임	1,900	2,000	2,000	2,300	2,500	3,000	3,500	3,800	4,100	4,100	4,700	5,200	5,600
	새마을	임률	32.13	36.95	36.95	43.49	48.27	50.20	52.71	57.72	59.28	59.28	68.84	75.72	83.29
		최저운임	3,500	4,100	4,100	4,800	5,300	5,500	5,800	6,300	6,500	6,500	7,600	8,300	9,200
침대요금	통일호(특급)	상단	7,900	8,500	8,500	9,200	9,700	11,800	13,700	15,000	15,000	15,000	16,600	-	-
		하단	10,700	11,600	11,600	12,500	13,200	16,000	18,600	20,400	20,400	20,400	22,600	-	-
	무궁화(우등)	상단	11,100	12,000	12,000	13,400	14,600	17,600	20,400	22,300	24,000	24,000	26,500	28,800	31,300
		하단	15,000	16,200	16,200	18,100	19,700	23,700	27,500	30,100	32,400	32,400	35,800	39,000	42,400
특실요금	새마을	200km 까지	2,000	2,300	2,300	3,200	1,500	1,800	3,900	3,900	4,000	4,000	4,000	4,400	4,800
		400km 까지	2,900	3,300	3,300	4,700	2,500	3,000	5,700	5,700	5,900	5,900	5,900	6,500	7,200
		401km 이상	4,000	4,600	4,600	6,500	3,300	4,000	7,900	7,900	8,100	8,100	8,100	8,900	9,800
	무궁화(우등)	200km 까지	1,600	1,700	1,700	1,900	2,100	2,500	2,900	2,900	3,100	3,100	3,100	3,400	3,700
		400km 까지	2,300	2,500	2,500	2,800	3,100	3,800	4,400	4,400	4,700	4,700	4,700	5,100	5,500
		401km 이상	3,000	3,200	3,200	3,600	3,900	4,700	5,500	5,500	5,900	5,900	5,900	6,400	7,000
	통일호(특급)	200km 까지	1,200	1,300	1,300	1,400	2,500	3,700	2,100	2,100	2,100	2,100	2,100	-	-
		400km 까지	2,000	2,200	2,200	2,400	3,600	5,400	3,500	3,500	3,500	3,500	3,500	-	-
		401km 이상	2,700	2,900	2,900	3,100	5,000	7,500	4,600	4,600	4,600	4,600	4,600	-	-
정기여객최저운임	통학	비둘기(보통)	5,200	5,530	5,530	5,850	6,500	8,100	11,400	11,400	11,400	11,400	7,550	(통일호)25,900	(통일호)25,900
		통일호(특급)	42,300	45,500	45,500	45,500	48,800	61,800	71,500	74,800	74,800	74,800	54,000	(무궁화)90,700	(무궁화)97,200
	통근	비둘기(보통)	7,680	8,160	8,160	8,640	9,600	12,000	14,000	14,000	14,000	14,000	11,400	(통일호)39,000	(통일호)39,000
		통일호(특급)	62,400	67,200	67,200	67,200	72,000	91,200	88,000	92,000	92,000	92,000	81,300	(무궁화)136,500	(무궁화)146,300

구	분		2004	2005	2007~2011.11
기본임률	통근열차(통일호)	임률	28.81	28.81	31.11
		최저운임 1	(어른) 1,400	(좌석) 1,400	1,600
		최저운임 2	(어린이) 700	(자유석) 1,200	-
	무궁화(우등)	임률	56.10	56.10	62.83
		성인	2,800	2,800	2,500
		어린이	1,400	-	-
	새마을	임률	83,29	83,29	93.28
		성인	6,700	6,700	4,700
		어린이	3,400	-	-
	KTX(고속철도)	기본임률	105.38	105.38	100.35
		특성임률	48.25	48.25	-
		최저운임	10,600	7,000	8,100
침대요금	무궁화(우등)	상단	31,300	31,300	35,100
		하단	42,400	42,400	47,500
특실요금	새마을(프리미엄특실)	운임비요율	25%	25%	15%
		최저요금	3,000	3,000	3,500
	KTX(일반특실)	운임비요율	40%	40%	40%
		최저요금	4,200	4,200	4,600
정기여객최저운임	통근열차(통일호)	15일용	14,500	14,000	27,000
		1개월용	35,000	25,200	48,000
	무궁화	15일용	35,000	26,000	42,000
		1개월용	70,000	50,400	72,000
	새마을	15일용	100,000	74,000	75,000
		1개월용	200,000	142,800	132,000
	KTX(고속철도)	15일용	112,000	74,000	135,000
		1개월용	214,200	142,800	246,000

구	분		2011.12~2024	2025
기본임률	통근열차(통일호)	임률	31.69	31.69
		최저운임 1	1,600	1,600
		최저운임 2	-	-
	무궁화(우등)	임률	64.78	64.78
		성인	2,600	2,600
		어린이	-	-
	새마을	임률	96.36	96.36
		성인	4,800	4,800
		어린이	-	-
	KTX(고속철도)	기본임률	164.41	164.41
		특성임률	-	-
		최저운임	8,400	8,400
침대요금	무궁화(우등)	상단	-	-
		하단	-	-
특실요금	새마을(프리미엄특실)	운임비요율	15%	-
		최저요금	3,600	-
	KTX(일반특실)	운임비요율	40%	40%
		최저요금	4,800	4,800
정기여객최저운임	일반형	어른(10일용)	(10일용) 45% (20일용) 45% (한달용) 50%	45%
		어른(1개월용)		50%
		청소년(10일용)		60%
		청소년(1개월용)		60%
	기간자유형	어른(10일~1개월용)		45% /(20일 초과시) 50%
		청소년(10일~1개월용)		60%

철도차급화물운임(임률) (1)

등급 \ 이정		50km 까지	100km 까지	150km 까지	200km 까지	250km 까지	300km 까지	350km 까지	400km 까지	450km 까지	500km 까지	600km 까지	700km 까지	800km 까지	900km 까지	1,000km 까지
'70	1	121.30	242.60	363.90	485.20	606.50	727.80	849.10	970.40	1,091.70	-	-	-	-	-	-
	2	98.00	196.00	294.00	392.00	490.00	588.00	686.00	784.00	882.00	-	-	-	-	-	-
	3	80.75	161.50	242.25	323.00	403.75	484.50	565.25	646.00	726.75	-	-	-	-	-	-
	4	66.30	132.62	198.90	265.20	397.80	397.80	464.10	530.40	596.70	-	-	-	-	-	-
'71	1	121.30	242.60	363.90	485.20	606.50	727.80	849.10	970.40	1,091.70	-	-	-	-	-	-
	2	98.00	196.00	294.00	392.00	490.00	588.00	686.00	784.00	882.00	-	-	-	-	-	-
	3	80.75	161.50	242.25	323.00	403.75	484.50	565.25	646.00	726.75	-	-	-	-	-	-
	4	66.30	132.62	198.90	265.20	397.80	397.80	464.10	530.40	596.70	-	-	-	-	-	-
'72	1	133	266	399	532	665	798	931	1,064	1,197	1,330	1,596	1,862	2,128	2,394	2,660
	2	113	226	339	452	565	678	791	904	1,017	1,130	1,356	1,582	1,808	2,034	2,260
	3	97	194	291	388	485	582	679	776	873	970	1,164	1,358	1,552	1,746	1,940
	4	83	166	249	382	415	498	581	664	747	830	996	1,162	1,328	1,494	1,660
'73	1	133	266	399	532	665	798	931	1,064	1,197	1,330	1,596	1,862	2,128	2,394	2,660
	2	113	226	339	452	565	678	791	904	1,017	1,130	1,356	1,582	1,808	2,034	2,260
	3	97	194	291	388	485	582	679	776	873	970	1,164	1,358	1,552	1,746	1,940
	4	83	166	249	382	415	498	581	664	747	830	996	1,162	1,328	1,494	1,660
'74	1	155	310	465	620	775	930	1,085	1,240	1,395	1,550	1,860	2,170	2,480	2,790	3,100
	2	132	264	396	528	660	792	924	1,056	1,188	1,320	1,584	1,848	2,112	2,379	2,640
	3	113	226	339	452	565	678	791	904	1,017	1,130	1,356	1,582	1,808	2,034	2,260
	4	97	194	291	388	485	582	679	776	873	970	1,164	1,358	1,552	1,746	1,940
'75	1	231	462	693	924	1,155	1,386	1,617	1,848	2,077	2,310	2,772	3,234	3,996	4,158	4,620
	2	200	400	600	800	1,000	1,200	1,400	1,600	1,800	2,000	2,400	2,800	3,200	3,600	4,000
	3	175	350	525	700	875	1,050	1,225	1,400	1,575	1,750	2,100	2,450	2,800	3,150	3,500
	4	153	306	459	612	765	918	1,071	1,224	1,530	1,530	1,836	2,142	2,448	2,754	3,360
'76	1	312	571	936	1,248	1,559	1,871	2,183	2,495	2,814	3,119	3,742	3,347	5,395	5,613	6,237
	2	270	540	810	1,080	1,350	1,660	1,890	2,160	2,430	2,700	3,240	3,780	4,320	4,860	5,400
	3	237	573	709	945	1,342	1,418	1,654	1,890	2,026	2,363	2,835	3,308	3,780	4,638	4,725
	4	207	413	620	826	1,033	1,239	1,446	1,752	1,859	2,066	2,479	2,249	3,305	3,718	4,536
'77	1	312	624	936	1,247	1,560	1,872	2,184	2,496	2,808	3,120	3,744	4,368	4,992	5,616	6,240
	2	283	566	849	1,132	1,415	1,698	1,981	2,264	2,547	2,830	3,396	3,962	4,528	5,094	5,660
	3	258	516	774	1,032	1,290	1,548	1,806	2,064	2,322	2,580	3,096	3,612	4,128	4,644	5,160
	4	237	474	711	948	1,185	1,422	1,659	1,896	2,133	2,370	2,844	3,318	3,792	4,266	4,740
'78	1	359	718	1,077	1,436	1,795	2,154	1,513	2,872	3,231	3,590	4,308	5,026	5,744	6,462	7,180
	2	326	652	978	1,304	1,630	1,956	2,582	2,608	2,934	3,260	3,912	4,564	5,216	5,868	6,520
	3	297	594	891	1,188	1,485	1,782	2,079	2,376	2,673	2,970	3,564	4,158	4,752	5,346	5,940
	4	273	546	819	1,092	1,365	1,638	1,911	2,184	2,467	2,730	3,276	3,852	4,368	4,914	5,460
'79	1	395	790	1,185	1,580	1,975	2,370	2,765	3,160	3,555	3,950	4,740	5,530	6,320	7,110	7,900
	2	359	718	1,077	1,436	1,795	2,154	2,513	2,872	2,231	3,590	4,308	5,206	5,744	6,462	7,180
	3	327	654	981	1,308	1,635	1,962	2,289	2,616	2,943	3,270	3,924	4,578	5,232	5,886	6,540
	4	300	600	900	1,200	1,500	1,800	2,100	2,400	2,000	3,000	3,600	4,200	4,800	5,400	6,000
'80	1	593	1,186	1,779	2,372	2,965	3,558	4,151	4,744	5,337	5,930	7,116	8,302	9,488	10,674	11,860
	2	539	1,078	1,617	2,156	2,695	3,234	3,773	4,312	4,851	5,390	6,468	7,546	8,624	9,702	10,780
	3	490	980	1,470	1,960	2,450	2,940	3,430	3,920	4,410	4,900	5,880	6,860	7,840	8,820	9,800
	4	450	900	1,350	1,800	2,250	2,700	3,150	3,600	4,050	4,500	5,400	6,300	7,200	8,100	9,000
'81	1	652	1,304	1,956	2,608	3,260	3,912	4,564	5,216	5,868	6,520	7,824	9,128	10,432	11,736	13,040
	2	626	1,252	1,828	2,504	3,130	3,756	4,382	5,008	5,634	6,260	7,512	8,764	10,016	11,268	12,520
	3	573	1,146	1,719	2,592	2,865	3,438	4,011	4,584	5,157	5,730	6,876	8,022	9,168	10,314	11,460
	4	540	1,080	1,620	2,160	2,700	3,240	3,780	4,320	4,860	5,400	6,480	7,560	8,640	9,720	10,800

철도차급화물운임(임률) (2)

등급 \ 이정		50km 까지	100km 까지	150km 까지	200km 까지	250km 까지	300km 까지	350km 까지	400km 까지	450km 까지	500km 까지	600km 까지	700km 까지	800km 까지	900km 까지	1,000km 까지
'82	1	753	1,506	2,259	3,012	3,765	4,518	5,271	6,024	6,779	7,530	9,036	10,542	12,048	13,554	15,060
	2	723	1,446	2,169	2,892	3,615	4,338	5,061	5,784	6,507	7,230	8,676	10,122	11,568	13,014	14,460
	3	662	1,324	1,986	2,648	3,310	3,972	4,634	5,296	5,958	6,620	7,944	9,268	10,592	11,916	13,240
	4	624	1,248	1,872	2,496	3,120	3,744	4,368	4,992	5,616	6,240	7,488	8,736	9,984	11,232	12,480
'83	1	903	1,806	2,709	3,612	4,515	5,418	6,321	7,224	8,172	9,030	10,836	12,642	14,448	16,254	18,060
	2	867	1,734	2,601	3,468	4,335	5,202	6,069	6,936	7,803	8,670	10,404	12,138	13,872	15,606	17,340
	3	793	1,586	2,379	3,172	3,965	4,758	5,551	6,344	7,137	7,930	9,516	11,102	12,688	14,274	15,860
	4	748	1,496	2,244	2,992	3,740	4,488	5,236	5,984	6,732	7,480	8,976	10,472	11,968	13,464	14,960
'84	1	903	1,806	2,709	3,612	4,515	5,418	6,321	7,224	8,172	9,030	10,836	12,642	14,448	16,254	18,060
	2	867	1,734	2,601	3,468	4,335	5,202	6,069	6,936	7,803	8,670	10,404	12,138	13,872	15,606	17,340
	3	793	1,586	2,379	3,172	3,965	4,758	5,551	6,344	7,137	7,930	9,516	11,102	12,688	14,274	15,860
	4	748	1,496	2,244	2,992	3,740	4,488	5,236	5,984	6,732	7,480	8,976	10,472	11,968	13,464	14,960
'85	1	903	1,806	2,709	3,612	4,515	5,418	6,321	7,224	8,127	9,030	10,836	12,642	14,448	16,254	18,060
	2	867	1,734	2,601	3,468	4,335	5,202	6,069	6,936	7,803	8,670	10,404	12,138	13,872	15,606	17,340
	3	793	1,586	2,379	3,172	3,965	4,758	5,551	6,344	7,137	7,930	9,516	11,102	12,688	14,274	15,860
'86	1	903	1,806	2,709	3,612	4,515	5,418	6,321	7,224	8,127	9,030	10,836	12,642	14,448	16,254	18,060
	2	867	1,734	2,601	3,468	4,335	5,202	6,069	6,936	7,803	8,670	10,404	12,138	13,872	15,606	17,340
	3	793	1,586	2,379	3,172	3,965	4,758	5,551	6,344	7,137	7,930	9,516	11,102	12,688	14,274	15,860
'87	1	903	1,806	2,709	3,612	4,515	5,418	6,321	7,224	8,127	9,030	10,836	12,642	14,448	16,254	18,060
	2	867	1,734	2,601	3,468	4,335	5,202	6,069	6,936	7,803	8,670	10,404	12,138	13,872	15,606	17,340
	3	793	1,586	2,379	3,172	3,965	4,758	5,551	6,344	7,137	7,930	9,516	11,102	12,688	14,274	15,860
'88	1	903	1,806	2,709	3,612	4,515	5,418	6,321	7,224	8,127	9,030	10,836	12,642	14,448	16,254	18,060
	2	867	1,734	2,601	3,468	4,335	5,202	6,069	6,936	7,803	8,670	10,404	12,138	13,872	15,606	17,340
	3	793	1,586	2,379	3,172	3,965	4,758	5,551	6,344	7,137	7,930	9,516	11,102	12,688	14,274	15,860
'89	1	903	1,806	2,709	3,612	4,515	5,418	6,321	7,224	8,127	9,030	10,836	12,642	14,448	16,254	18,060
	2	867	1,734	2,601	3,468	4,335	5,202	6,069	6,936	7,803	8,670	10,404	12,138	13,872	15,606	17,340
	3	793	1,586	2,379	3,172	3,965	4,758	5,551	6,344	7,137	7,930	9,516	11,102	12,688	14,274	15,860
'90	1	1,038	2,076	3,114	4,152	5,190	6,228	7,266	8,304	9,342	10,380	12,456	14,532	16,608	18,684	20,760
	2	997	1,994	2,991	3,988	4,985	5,982	6,979	7,976	8,973	9,970	11,964	13,958	15,952	17,946	19,940
	3	912	1,824	2,736	3,648	4,560	5,472	6,384	7,296	8,208	9,120	10,944	12,768	14,952	16,416	18,240
'91	1	1,038	2,076	3,114	4,152	5,190	6,228	7,266	8,304	9,342	10,380	12,456	14,532	16,608	18,684	20,760
	2	997	1,994	2,991	3,988	4,985	5,982	6,979	7,976	8,973	9,970	11,964	13,958	15,952	17,946	19,940
	3	912	1,824	2,736	3,648	4,560	5,472	6,384	7,296	8,208	9,120	10,944	12,768	14,952	16,416	18,240
'92	1	1,111	2,222	3,333	4,444	5,555	6,666	7,777	8,888	9,999	11,110	13,332	15,554	17,776	19,998	22,220
	2	1,067	2,134	3,201	4,268	5,335	6,402	7,469	8,536	9,603	10,670	12,804	14,938	17,072	19,206	21,340
	3	976	1,952	2,928	3,904	4,880	5,856	6,832	7,808	8,784	9,760	11,712	13,664	15,616	17,568	19,520
'93	1	1,205	2,410	3,615	4,820	6,025	7,230	8,435	9,640	10,845	12,050	14,460	16,870	19,280	21,690	24,100
	2	1,158	2,316	3,474	4,632	5,790	6,948	8,106	9,264	10,422	11,580	13,896	16,212	18,528	20,844	23,160
	3	1,059	2,118	3,177	4,236	5,295	6,354	7,413	8,472	9,531	10,590	12,708	14,826	16,944	19,062	21,180
'94	-	1,392	2,784	4,176	5,568	6,960	8,352	9,744	11,136	12,528	13,920	16,704	19,488	22,272	25,056	27,840
'95	-	1,392	2,784	4,176	5,568	6,960	8,352	9,744	11,136	12,528	13,920	16,704	19,488	22,272	25,056	27,840
'96	-	1,462	2,924	4,386	5,848	7,310	8,772	10,234	11,696	13,158	14,620	17,544	20,468	23,392	26,316	29,240

※ 1997년 4월 부터는 거리비례제로 시행되었으며, 운임의 산출 방법은 철도차급화물운임(임률) (3)를 참조.

철도차급화물운임(임률) (3)

〔1〕 임률

1. 일반차급임률

구 분	임 률					비 고
	1997~2001	2002	2003~2005	2006~2012	2013~2025	
1ton 1㎞까지 마다	35.05	36.80	38.64	42.50	45.90	

2. 컨테이너 규격별 기본임률

※부가세 면세 (단위:원/㎞)

종 류	규격별 / 연도	20피트	40피트	45피트
영 컨 테 이 너	1997~2001	370	611	722
	2002	389	642	758
	2003~2005	408	674	796
	2006~2012	449	741	876
	2013~2025	516	800	946
공 컨 테 이 너	규격별 영컨테이너임률의 74%를 적용			

*테레프탈산(T.P.A)을 적입한 20피트 영컨테이너는 40피트 임률을 적용

〔2〕 계산방법

1. 운임산출 기초

① 일반화물

기본임률 × 화물영업거리 × 중량(운임계산중량) = 운임

② 컨테이너화물

규격별 기본임률 × 화물영업거리 = 운임

※ 운임·요금의계산 및 단수처리
- 화물영업거리의 1㎞ 미만의 단수는 0.5㎞ 미만은 버리고, 0.5㎞ 이상은 1㎞로 올림.
- 실중량 1톤 미만의 단수는 0.5톤 미만은 버리고, 0.5톤 이상은 1톤으로 올림.
- 운임·요금의 단수는 50원 미만은 버리고, 50원 이상은 100원으로 올림.

2. 운임계산 "예시"

① 일반화물(50톤 화차의 경우)

(단위:원)

기본임률 연도	품 목	톤당임률(1㎞까지마다)	화물영업거리 구 간	실제거리	중량 실제적재중량	최저톤수율	운임계산중량	운 임
1997~2001	포대양회	35.05	도담~수색	194.3	45톤	60%	45톤	306,000
	유 류		온산~시흥	451.9	34톤	70%	35톤	543,400
	종 이 류		북전주~용산	265.9	28톤	60%	30톤	279,700
2006~2012	포대양회	42.50	도담~수색	194.3	45톤	60%	45톤	371,600
	유 류		온산~시흥	451.9	34톤	70%	35톤	672,200
	종 이 류		북전주~용산	265.9	28톤	60%	30톤	339,000
2013~2025	포대양회	45.90	도담~수색	194.3	45톤	60%	45톤	401,300
	유 류		온산~시흥	451.9	34톤	70%	35톤	726,000
	종 이 류		북전주~용산	265.9	28톤	60%	30톤	366,100

② 컨테이너 화물

(단위:원)

연도 구분	컨테이너 종류		의왕 — 부산진 거 리	임 률	운 임	동익산 — 부산진 거 리	임 률	운 임
1997~2001	20피트	영컨테이너	413㎞×	370	152,800	366㎞×	370	135,400
		공컨테이너		370×74%	113,100		370×74%	100,200
	40피트	영컨테이너		611	252,300		611	223,600
		공컨테이너		611×74%	186,700		611×74%	165,500
	45피트	영컨테이너		722	298,200		722	264,300
		공컨테이너		722×74%	220,700		722×74%	195,500
2006~2012	20피트	영컨테이너	413㎞×	449	185,400	366㎞×	449	164,300
		공컨테이너		449×74%	137,200		449×74%	121,600
	40피트	영컨테이너		741	306,000		741	271,200
		공컨테이너		741×74%	226,500		741×74%	200,700
	45피트	영컨테이너		876	361,800		876	320,600
		공컨테이너		876×74%	267,700		876×74%	237,300
2013~2025	20피트	영컨테이너	413㎞×	516	213,100	366㎞×	516	188,900
		공컨테이너		516×74%	157,700		516×74%	139,800
	40피트	영컨테이너		800	330,400		800	292,800
		공컨테이너		800×74%	244,500		800×74%	216,700
	45피트	영컨테이너		946	390,700		946	346,200
		공컨테이너		946×74%	289,100		946×74%	256,200

철 도 소 화 물 운 임

연도	이정 \ 중량	5 kg	10 kg	15 kg	20 kg	25 kg	30 kg	35 kg	40 kg	45 kg	50 kg	60 kg	70 kg	80 kg	90 kg	100kg
'70~'71	100 km까지	40(12)	50	60	80	90	100	110	120	140	150	160	170	180	200	210
	200 km	40(19)	60	80	100	120	140	150	170	190	210	230	250	270	290	310
	300 km	40(21)	60	80	100	120	150	170	190	210	230	250	270	290	310	330
'72~'73	100 km	-	-	-	-	-	-	-	-	-	-	-	-	-	-	-
	200 km	-	-	-	-	-	-	-	-	-	-	-	-	-	-	-
	300 km	-	-	-	-	-	-	-	-	-	-	-	-	-	-	-
'74	100 km	50(14)	60	80	90	110	120	130	150	160	180	200	230	260	290	-
	200 km	50(22)	70	90	120	140	160	180	200	230	250	290	340	380	420	-
	300 km	50(24)	70	100	120	150	170	190	220	240	270	310	360	410	460	-
'75	100 km	60(17)	80	90	110	130	150	160	180	200	210	250	280	320	350	-
	200 km	60(26)	90	110	140	160	190	220	240	270	290	350	400	450	500	-
	300 km	60(29)	90	120	150	180	210	230	260	290	320	380	440	500	550	-
'76	100 km	60(17)	80	90	110	130	150	169	180	200	210	250	280	320	-	-
	200 km	60(26)	90	110	140	160	190	220	240	270	290	350	400	450	-	-
	300 km	60(29)	90	120	150	180	210	230	260	290	320	380	500	500	-	-
'77	100 km	60(17)	80	90	-	130	150	160	180	200	210	250	280	320	350	-
	200 km	60(26)	90	110	-	160	190	220	240	270	290	350	400	450	500	-
	300 km	60(29)	90	120	-	180	210	230	260	290	320	380	440	500	550	-
'78	100 km	80(22)	100	120	150	170	190	210	230	260	280	320	370	410	-	-
	200 km	80(34)	110	150	180	220	250	280	320	350	390	450	520	590	-	-
	300 km	80(38)	120	160	190	230	270	310	350	380	420	500	570	650	-	-
'79	100 km	100(28)	130	160	180	210	240	270	300	320	350	410	460	520	580	630
	200 km	100(48)	140	190	230	270	320	360	400	440	490	570	660	750	830	920
	300 km	100(48)	150	200	240	290	340	390	440	480	530	630	720	820	920	1,010
'80	100 km	150(43)	190	240	280	320	370	410	450	490	540	620	710	800	880	970
	200 km	150(65)	220	280	350	410	480	540	610	670	740	870	1,000	1,130	1,260	1,390
	300 km	150(73)	220	300	320	440	520	590	660	730	810	980	1,100	1,250	1,390	1,540
'81	100 km	170(49)	220	270	320	370	420	460	510	560	610	710	810	910	1,000	1,100
	200 km	170(75)	250	320	400	470	550	620	700	780	850	1,000	1,150	1,300	1,450	1,600
	300 km	170(84)	250	340	420	510	590	670	760	840	930	1,090	1,260	1,430	1,600	1,770
'82	100 km	200(57)	260	310	370	430	590	540	600	660	710	830	940	1,060	1,170	1,280
	200 km	200(87)	290	370	460	550	640	720	810	900	980	1,160	1,330	1,510	1,680	1,850
	300 km	200(97)	300	390	490	590	690	780	880	980	1,070	1,270	1,460	1,660	1,850	2,040
'83~'84	100 km	210(61)	270	330	390	450	520	580	640	700	760	880	1,000	1,130	1,250	1,370
	200 km	210(93)	300	400	490	580	680	770	860	950	1,050	1,230	1,420	1,610	1,790	1,980
	300 km	210(104)	310	420	520	630	730	830	940	1,040	1,150	1,350	1,560	1,770	1,980	2,190
'85~'89	100 km	250(71)	320	390	460	530	610	680	750	820	890	1,030	1,170	1,320	1,460	1,600
	200 km	250(109)	360	470	580	690	800	900	1,010	1,120	1,230	1,450	1,670	1,890	2,100	2,320
	300 km	250(122)	370	490	620	740	860	980	1,100	1,230	1,350	1,590	1,840	2,080	2,320	2,570
'90~'91	100 km	300(85)	390	470	560	640	730	810	900	980	1,070	1,240	1,410	1,580	1,750	-
	200 km	300(131)	430	560	690	820	960	1,090	1,220	1,350	1,480	1,740	2,000	2,270	2,530	-
	300 km	300(146)	450	590	740	880	1,030	1,180	1,320	1,470	1,610	1,910	2,200	2,490	2,780	-

5 kg	10 kg	15 kg	20 kg	25 kg	30 kg	35 kg	40 kg	45 kg	50 kg	60 kg	70 kg	80 kg	90 kg	100kg	중량 / 이정	연도
-	430	570	720	860	1,010	1,150	1,290	1,440	1,580	1,870	2,160	2,450	2,730	3,020	200 ㎞까지	'92
-	580	740	900	1,060	1,220	1,380	1,550	1,710	1,870	2,190	2,510	2,830	3,160	3,480	300 ㎞	
-	730	910	1,080	1,260	1,430	1,610	1,790	1,960	2,140	2,490	2,840	3,190	3,550	3,900	400 ㎞	
-	880	1,070	1,270	1,460	1,660	1,850	2,040	2,240	2,430	2,820	3,210	3,600	3,980	4,370	401 ㎞이상	
-	450	600	750	900	1,100	1,250	1,400	1,550	1,700	2,000	2,300	2,650	2,950	3,250	200 ㎞까지	'93
-	600	800	950	1,100	1,300	1,500	1,650	1,800	2,000	2,350	2,700	3,050	3,400	3,750	300 ㎞	
-	800	1,000	1,200	1,400	1,550	1,750	1,950	2,150	2,300	2,700	3,100	3,450	3,850	4,200	400 ㎞	
-	950	1,150	1,400	1,600	1,800	2,000	2,200	2,400	2,650	3,050	3,500	3,900	4,300	4,750	401 ㎞이상	
-	500	700	850	1,000	1,200	1,350	1,550	1,700	1,900	2,200	2,550	2,900	3,250	3,600	200 ㎞까지	'94
-	700	900	1,100	1,300	1,450	1,650	1,850	2,050	2,250	2,600	3,000	3,400	3,800	4,150	300 ㎞	
-	900	1,100	1,300	1,550	1,750	1,950	2,150	2,400	2,600	3,000	3,400	3,850	4,250	4,700	400 ㎞	
-	1,050	1,300	1,500	1,750	2,000	2,200	2,450	2,700	2,900	3,400	3,850	4,300	4,750	5,200	401 ㎞이상	
-	500	700	850	1,000	1,200	1,350	1,550	1,700	1,900	2,200	2,550	2,900	3,250	3,600	200 ㎞까지	'95 ~ '96
-	700	900	1,100	1,300	1,450	1,650	1,850	2,050	2,250	2,600	3,000	3,400	3,800	4,150	300 ㎞	
-	900	1,100	1,300	1,550	1,750	1,950	2,150	2,400	2,600	3,000	3,400	3,850	4,250	4,700	400 ㎞	
-	1,050	1,300	1,500	1,750	2,000	2,200	2,450	2,700	2,900	3,400	3,850	4,300	4,750	5,200	401 ㎞이상	
-	600	800	1,000	1,200	1,400	1,600	1,800	2,000	2,250	2,650	3,050	3,450	3,850	4,300	200 ㎞까지	'97
-	800	1,000	1,250	1,500	1,700	1,950	2,150	2,400	2,600	3,100	3,550	4,000	4,450	4,900	300 ㎞	
-	1,100	1,350	1,600	1,850	2,100	2,350	2,600	2,850	3,100	3,600	4,100	4,600	5,100	5,600	400 ㎞	
-	1,250	1,500	1,800	2,100	2,350	2,600	2,900	3,200	3,450	4,000	4,550	5,100	5,650	6,200	401 ㎞이상	
-	650	900	1,100	1,300	1,550	1,800	2,000	2,200	2,450	2,900	3,350	3,800	4,250	4,700	200 ㎞까지	'98
-	900	1,150	1,400	1,650	1,900	2,150	2,400	2,650	2,900	3,400	3,900	4,400	4,900	5,400	300 ㎞	
-	1,200	1,500	1,750	2,000	2,300	2,600	2,850	3,100	3,100	3,950	4,500	5,050	5,600	6,150	400 ㎞	
-	1,400	1,700	2,000	2,300	2,600	2,900	3,200	3,500	3,500	4,450	5,050	5,650	6,250	6,850	401 ㎞이상	
-	650	900	1,100	1,300	1,550	1,800	2,000	2,200	2,450	2,900	3,350	3,800	4,250	4,700	200 ㎞까지	'99
-	900	1,150	1,400	1,650	1,900	2,150	2,400	2,650	2,900	3,400	3,900	4,400	4,900	5,400	300 ㎞	
-	1,200	1,500	1,750	2,000	2,300	2,600	2,850	3,100	3,400	3,950	4,500	5,050	5,600	6,150	400 ㎞	
-	1,400	1,700	1,700	2,300	2,600	2,900	3,200	3,500	3,800	4,450	5,050	5,650	6,250	6,850	401 ㎞이상	
-	800	1,000	1,250	1,500	1,750	2,000	2,300	2,500	2,800	3,300	3,800	4,300	4,800	5,300	200 ㎞까지	2000 ~ 2001
-	1,100	1,300	1,600	1,900	2,150	2,450	2,700	3,000	3,300	3,850	4,450	5,000	5,600	6,150	300 ㎞	
-	1,450	1,700	2,000	2,300	2,650	2,950	3,250	3,500	3,900	4,500	5,100	5,750	6,350	7,000	400 ㎞	
-	1,700	1,950	2,300	2,650	3,000	3,300	3,700	4,000	4,350	5,050	5,750	6,400	7,100	7,800	401 ㎞이상	
-	900	1,100	1,400	1,650	1,950	2,200	2,500	2,800	3,050	3,600	4,150	4,700	5,300	5,850	200 ㎞까지	2002
-	1,200	1,450	1,750	2,100	2,400	2,700	3,000	3,350	3,650	4,300	4,900	5,550	6,150	6,800	300 ㎞	
-	1,600	1,900	2,250	2,600	2,900	3,250	3,600	3,950	4,300	5,000	5,650	6,350	7,050	7,700	400 ㎞	
-	1,900	2,150	2,500	2,900	3,300	3,650	4,050	4,400	4,800	5,550	6,300	7,050	7,800	8,600	401 ㎞이상	
-	1,000	1,200	1,500	1,800	2,100	2,400	2,750	3,050	3,350	3,950	4,600	5,200	5,800	6,400	200 ㎞까지	2003 ~ 2004
-	1,300	1,600	1,950	2,300	2,650	3,000	3,300	3,700	4,000	4,700	5,400	6,100	6,800	7,450	300 ㎞	
-	1,750	2,100	2,500	2,850	3,200	3,600	4,000	4,350	4,750	5,500	6,250	7,000	7,750	8,500	400 ㎞	
-	2,100	2,350	2,750	3,200	3,600	4,000	4,450	4,850	5,250	6.100	6,900	7,750	8,600	9,400	401 ㎞이상	
-	1,000	1,200	1,500	1,800	2,100	2,400	2,700	3,000	3,300	4,000	4,600	5,200	5,800	6,400	200 ㎞까지	2005
-	1,300	1,600	1,900	2,300	2,600	3,000	3,300	3,700	4,000	4,700	5,400	6,100	6,800	7,500	300 ㎞	
-	1,800	2,100	2,500	2,900	3,200	3,600	4,000	4,400	4,700	5,500	6,200	7,000	7,700	8,500	400 ㎞	
-	2,100	2,400	2,800	3,200	3,600	4,100	4,500	4,900	5,300	6,100	7,000	7,800	8,600	9,500	401 ㎞이상	

㊟ 1. ( )안의 숫자는 5㎏을 더할 때마다 가산되는 임률임. ('70~'91)

2. '70~'93년도까지의 단수처리는 4사5입제이며, '94.1.15~2004.12.31까지는 30원 미만의 단수는 버리고, 30원 이상 70원 미만은 50원, 70원 이상은 100원으로 수수, 2005년 1월 1일부터 50원 미만 버림, 50원 이상 100원으로 올림.

3. 2006년 5월부로 폐지됨.

항 공 여 객 운 임 (1)

품 명 · 규 격		단위	'70	'71	'72	'73	'74	'75	'76	'77	'78	'79	'80	'81
국내선	서울-부산	편도	4,200	4,200	4,200	4,200	6,700	6,700	8,640	7,920	10,340	11,330	18,260	24,600
	-대구	〃	3,120	3,120	3,120	3,120	5,040	5,040	6,480	5,940	7,700	8,470	13,640	18,400
	-광주	〃	3,480	3,480	3,480	3,480	5,520	5,520	6,840	6,270	8,140	8,910	14,300	19,300
	-제주	〃	5,520	5,520	5,520	5,520	8,800	8,800	11,040	10,120	13,200	14,520	23,320	31,500
	-진주	〃	-	-	-	-	6,360	6,360	9,000	8,250	10,670	11,770	18,700	25,400
	-속초	〃	-	-	-	-	4,400	4,400	5,880	5,390	7,040	7,700	12,320	16,700
	-여수	〃	-	-	-	-	7,320	7,320	-	-	-	11,550	18,480	25,000
	부산-제주	〃	3,360	3,360	3,360	3,360	5,400	5,400	7,080	6,490	8,470	9,350	14,850	20,100
	진주- 〃	〃	-	-	-	-	-	-	-	-	-	8,250	13,200	17,900
	여수- 〃	〃	-	-	-	-	-	-	-	-	-	6,660	10,560	14,300
	광주- 〃	〃	2,040	2,040	2,040	2,040	3,360	3,360	4,320	3,960	5,170	5,610	9,020	12,200
	대구- 〃	〃	-	-	-	-	7,200	7,200	-	-	8,030	10,450	11,440	18,370
	서울-부산	왕복	7,980	7,980	7,980	7,980	13,400	13,400	17,260	15,840	20,680	22,660	36,520	49,200
	-대구	〃	5,928	5,928	5,928	5,928	10,080	10,080	12,960	11,880	15,400	16,940	27,280	36,800
	-광주	〃	6,612	6,612	6,612	6,612	11,040	11,040	13,680	12,540	16,280	17,820	28,600	38,600
	-제주	〃	10,488	10,488	10,488	10,488	17,600	17,600	22,080	20,240	26,400	29,040	46,640	63,000
	-진주	〃	-	-	-	-	12,720	12,720	18,000	16,500	21,340	23,540	37,400	50,800
	-속초	〃	-	-	-	-	8,800	8,800	11,760	10,780	14,080	15,400	24,640	33,400
	-여수	〃	-	-	-	-	14,640	-	-	-	-	23,100	36,960	50,000
	부산-제주	〃	6,384	6,384	6,384	6,384	10,800	10,800	14,160	12,980	16,940	18,700	29,700	40,200
	진주- 〃	〃	-	-	-	-	-	-	-	-	-	16,500	26,400	35,800
	여수- 〃	〃	-	-	-	-	-	-	-	-	-	13,200	21,120	28,600
	광주- 〃	〃	3,876	3,876	3,876	3,876	6,720	8,640	8,640	7,920	10,340	11,220	18,040	24,400
	대구- 〃	〃	-	-	-	-	14,400	-	-	16,060	20,900	22,880	36,740	49,600

품 명 · 규 격		단위	'98	'99	2000	2001	2002	2003	2004	2005	2006	2007	2008	2009
국내선	서울-부산	편도	44,300	50,500	50,500	55,500	60,900	60,900	62,400	62,400	62,400	62,400	62,400	62,400
	-대구	〃	34,800	41,000	41,000	46,000	52,900	52,900	54,400	54,400	54,400	54,400	54,400	54,400
	-광주	〃	37,000	42,000	42,000	47,000	53,400	53,400	54,900	54,900	54,900	54,900	54,900	54,900
	-제주	〃	59,100	65,500	65,500	70,000	71,900	71,900	73,400	73,400	73,400	73,400	73,400	73,400
	-진주	〃	51,300	57,500	57,500	62,000	63,900	63,900	65,400	65,400	65,400	65,400	65,400	65,400
	-속초	〃	32,100	38,500	38,500	43,500	-	-	-	-	-	-	-	-
	-여수	〃	48,900	55,000	55,000	59,500	61,400	61,400	62,900	62,900	62,900	62,900	62,900	62,900
	부산-제주	〃	39,200	45,500	45,500	50,500	55,400	55,400	56,900	56,900	56,900	56,900	56,900	56,900
	진주- 〃	〃	38,200	44,500	44,500	49,500	54,400	54,400	55,900	55,900	55,900	55,900	55,900	55,900
	여수- 〃	〃	29,500	36,500	36,500	41,500	49,400	49,400	50,900	50,900	50,900	50,900	50,900	50,900
	광주- 〃	〃	25,800	33,000	33,000	38,500	48,400	48,400	49,900	49,900	49,900	49,900	49,900	49,900
	대구- 〃	〃	48,400	54,500	54,500	59,000	60,900	60,900	62,400	62,400	62,400	62,400	62,400	62,400
	서울-부산	왕복	88,600	101,000	101,000	111,000	121,800	121,800	124,800	124,800	124,800	124,800	124,800	124,800
	-대구	〃	69,600	82,000	82,000	92,000	105,800	105,800	108,800	108,800	108,800	108,800	108,800	108,800
	-광주	〃	74,000	84,000	84,000	94,000	106,800	106,800	109,800	109,800	109,800	109,800	109,800	109,800
	-제주	〃	118,200	131,000	131,000	140,000	143,800	143,800	146,800	146,800	146,800	146,800	146,800	146,800
	-진주	〃	102,600	115,000	115,000	124,000	127,800	127,800	130,800	130,800	130,800	130,800	130,800	130,800
	-속초	〃	64,200	77,000	77,000	87,000	-	-	-	-	-	-	-	-
	-여수	〃	97,800	110,000	110,000	119,000	122,800	122,800	125,800	125,800	125,800	125,800	125,800	125,800
	부산-제주	〃	78,400	91,000	91,000	101,000	110,800	110,800	113,800	113,800	113,800	113,800	113,800	113,800
	진주- 〃	〃	76,400	89,000	89,000	99,000	108,800	108,800	111,800	111,800	111,800	111,800	111,800	111,800
	여수- 〃	〃	59,000	73,000	73,000	83,000	98,800	98,800	101,800	101,800	101,800	101,800	101,800	101,800
	광주- 〃	〃	51,600	66,000	66,000	77,000	96,800	96,800	99,800	99,800	99,800	99,800	99,800	99,800
	대구- 〃	〃	96,800	109,000	109,000	118,000	121,800	121,800	124,800	124,800	124,800	124,800	124,800	124,800

(단위:원)

'82	'83	'84	'85	'86	'87	'88	'89	'90	'91	'92	'93	'94	'95	'96	'97
24,600	25,600	25,600	26,900	25,900	25,900	25,900	25,900	25,900	25,900	36,200	36,200	36,200	36,200	36,200	37,400
18,400	19,100	19,100	20,100	19,300	19,300	19,300	19,300	19,300	19,300	27,000	27,000	27,000	27,000	27,000	29,400
19,300	20,000	20,000	21,100	20,200	20,200	20,200	20,200	20,200	20,200	28,300	28,300	28,300	28,300	28,300	31,300
31,500	32,700	32,700	34,400	33,100	33,100	33,100	33,100	33,100	33,100	46,300	46,300	46,300	46,300	46,300	49,900
25,400	26,400	26,400	27,700	26,600	26,600	26,600	26,600	26,600	26,600	37,200	37,200	37,200	37,200	37,200	43,300
16,700	17,400	17,400	18,300	17,500	17,500	17,500	17,500	17,500	17,500	24,600	24,600	24,600	24,600	24,600	-
25,000	25,900	25,900	27,300	26,200	26,200	26,200	26,200	26,200	26,200	36,700	36,700	36,700	36,700	36,700	41,300
20,100	20,900	20,900	22,000	21,100	21,100	21,100	21,100	21,100	21,100	29,500	29,500	29,500	29,500	29,500	33,200
17,900	18,600	18,600	19,600	18,800	18,800	18,800	18,800	18,800	18,800	26,300	26,300	26,300	26,300	26,300	-
14,300	14,900	14,900	15,600	15,000	15,000	15,000	15,000	15,000	15,000	21,000	21,000	21,000	21,000	21,000	-
12,200	12,600	12,600	13,300	12,800	12,800	12,800	12,800	12,800	12,800	17,800	17,800	17,800	17,800	17,800	21,900
24,800	25,800	25,800	27,200	26,100	26,100	26,100	26,100	26,100	26,100	36,500	36,500	36,500	36,500	36,500	40,900
49,200	51,200	51,200	53,800	51,800	51,800	51,800	51,800	51,800	51,800	72,400	72,400	72,400	72,400	72,400	74,800
36,800	38,200	38,200	40,200	38,600	38,600	38,600	38,600	38,600	38,600	54,000	54,000	54,000	54,000	54,000	58,800
38,600	40,000	40,000	42,200	40,400	40,400	40,400	40,400	40,400	40,400	55,600	55,600	55,600	55,600	56,600	62,600
63,000	65,400	65,400	68,800	66,200	66,200	66,200	66,200	66,200	66,200	92,600	92,600	92,600	92,600	92,600	99,800
50,800	50,800	50,800	55,400	53,200	53,200	53,200	53,200	53,200	53,200	74,400	74,400	74,400	74,400	74,400	86,600
33,400	33,400	33,400	36,600	35,000	35,000	35,000	35,000	35,000	35,000	49,200	49,200	49,200	49,200	49,200	-
50,000	51,800	51,800	54,600	52,400	52,400	52,400	52,400	52,400	52,400	73,400	73,400	73,400	73,400	73,400	82,600
40,200	41,800	41,800	44,000	42,200	42,200	42,200	42,200	42,200	42,200	59,000	59,000	59,000	59,000	59,000	66,400
35,800	37,200	37,200	39,200	37,600	37,600	37,600	37,600	37,600	37,600	52,600	52,600	52,600	52,600	52,600	-
28,600	29,800	29,800	31,200	30,000	30,000	30,000	30,000	30,000	30,000	42,000	42,000	42,000	42,000	42,000	-
24,400	25,200	25,200	26,600	25,600	25,600	25,600	25,600	25,600	25,600	35,600	35,600	35,600	35,600	35,600	43,800
49,600	51,600	51,600	54,400	52,200	52,200	52,200	52,200	52,200	52,200	73,000	73,000	73,000	73,000	73,000	81,800

2010	2011	2012	2013	2014	2015	2016	2017	2018	2019	2020	2021	2022	2023	2024	2025
62,400	62,400	62,400	70,000	70,000	76,200	76,200	76,200	76,200	78,400	80,000	82,200	93,000	87,700	87,700	87,700
54,400	68,400	68,400	79,000	79,000	86,200	86,200	86,200	86,200	81,400	63,000	-	-	-	-	-
54,900	54,900	54,900	61,000	61,000	67,200	68,200	68,200	68,200	62,000	66,000	68,000	74,400	73,700	-	-
73,400	73,400	73,400	82,000	82,000	88,200	88,200	88,200	88,200	90,400	93,000	92,200	103,000	97,700	97,700	97,700
65,400	65,400	65,400	73,000	73,000	79,200	79,200	79,200	79,200	81,400	81,000	81,000	90,600	80,700	80,700	80,700
-	-	-	-	-	-	-	-	-	-	-	-	-	-	-	-
62,900	62,900	62,900	70,000	70,000	76,200	76,200	76,200	76,200	78,400	77,000	77,000	90,600	80,700	80,700	80,700
56,900	56,900	56,900	64,000	64,000	70,200	70,200	70,200	70,200	72,400	74,000	76,200	87,000	81,700	81,700	81,700
55,900	55,900	55,900	63,000	63,000	69,200	69,200	69,200	69,200	71,400	88,000	70,000	78,000	-	77,700	77,700
50,900	50,900	50,900	57,000	57,000	63,200	63,200	63,200	63,200	65,400	82,000	64,000	71,000	-	71,700	71,700
49,900	49,900	49,900	56,000	56,000	62,200	62,200	62,200	62,200	65,400	83,000	69,400	76,000	70,700	60,700	70,700
62,400	62,400	62,400	70,000	70,000	76,200	76,200	76,200	76,200	78,400	103,000	80,000	89,600	79,700	79,700	87,700
124,800	124,800	124,800	140,000	140,000	152,400	152,400	152,400	152,400	156,800	160,000	164,400	186,000	175,400	175,400	175,400
108,800	136,800	136,800	158,000	158,000	172,400	172,400	172,400	172,400	162,800	126,000	-	-	-	-	-
109,800	109,800	109,800	122,000	122,000	134,400	136,400	136,400	136,400	124,000	132,000	136,000	148,800	147,400	-	-
146,800	146,800	146,800	164,000	164,000	176,400	176,400	176,400	176,400	180,800	186,000	184,400	206,000	195,400	195,400	195,400
130,800	130,800	130,800	146,000	146,000	158,400	158,400	158,400	158,400	162,800	162,000	162,000	181,200	161,400	161,400	161,400
-	-	-	-	-	-	-	-	-	-	-	-	-	-	-	-
125,800	125,800	125,800	140,000	140,000	152,400	152,400	152,400	152,400	156,800	154,000	154,000	181,200	161,400	161,400	161,400
113,800	113,800	113,800	128,000	128,000	140,400	140,400	140,400	140,400	144,800	148,000	152,400	174,000	163,400	163,400	163,400
111,800	111,800	111,800	126,000	126,000	138,400	138,400	138,400	138,400	142,800	176,000	140,000	156,000	-	155,400	155,400
101,800	101,800	101,800	114,000	114,000	126,400	126,400	126,400	126,400	130,800	164,000	128,000	142,000	-	143,400	143,400
99,800	99,800	99,800	112,000	112,000	124,400	124,400	124,400	124,400	130,800	166,000	138,800	152,000	141,400	121,400	141,400
124,800	124,800	124,800	140,000	140,000	152,400	152,400	152,400	152,400	156,800	206,000	160,000	179,200	159,400	159,400	175,400

항 공 여 객 운 임 (2)

품 명 · 규 격		단위	'70	'71	'72	'73	'74	'75	'76	'77	'78	'79
국제선 1등	서울-도쿄	편도	86.80	86.80	86.80	121.10	132.20	156.10	156.10	161	161	197
	-오사카	〃	-	-	-	-	102.30	120.80	120.80	125	125	153
	-후쿠오카	〃	-	-	-	-	70.90	83.70	83.70	86	86	106
	-나고야	〃	-	-	-	-	-	-	-	-	-	-
	-홍콩	〃	271.60	271.60	271.60	281.20	319.00	370.40	370.40	388	388	462
	-방콕	〃	373.10	373.10	373.10	422.60	479.30	565.40	565.40	583	583	687
	-싱가포르	〃	373.10	373.10	373.10	478.30	539.30	636.10	636.10	655	655	772
	-로스앤젤레스	〃	-	-	-	-	866.30	973.30	973.30	973	973	1,056
	-파리	〃	1,196.50	1,196.50	1,196.50	1,193.40	-	-	1,812.00	1,866	1,866	2,026
	-뉴욕	〃	896.20	896.20	896.20	926.00	-	-	-	-	-	1,392
	-마닐라	〃	-	-	-	-	-	-	-	-	-	-
	-프랑크푸르트	〃	-	-	-	-	-	-	-	-	-	-
	-런던	〃	-	-	-	-	-	-	-	-	-	-
	-취리히	〃	-	-	-	-	-	-	-	-	-	-
국제선 2등	서울-도쿄	편도	67.80	67.80	67.80	93.30	101.80	120.30	120.30	124	124	149
	-오사카	〃	-	-	-	-	76.30	89.80	89.80	93	93	112
	-후쿠오카	〃	-	-	-	-	49.90	59.10	59.10	61	61	74
	-나고야	〃	-	-	-	-	-	-	-	-	-	-
	-홍콩	〃	196.00	196.00	196.00	209.80	238.00	280.90	280.90	290	290	335
	-방콕	〃	271.60	271.60	271.60	306.70	347.90	410.30	410.30	423	423	489
	-싱가포르	〃	271.60	271.60	271.60	339.60	381.90	450.60	450.60	464	464	537
	-로스앤젤레스	〃	-	-	-	-	542.90	610.10	610.10	610	610	650
	-파리	〃	726.40	726.40	726.40	906.20	-	1,094.76	1,094.76	1.128	1,128	1,335
	-뉴욕	〃	574.00	574.00	574.00	595.00	-	-	-	-	-	848
	-마닐라	〃	-	-	-	-	-	-	-	-	-	-
	-프랑크푸르트	〃	-	-	-	-	-	-	-	-	-	-
	-런던	〃	-	-	-	-	-	-	-	-	-	-
	-취리히	〃	-	-	-	-	-	-	-	-	-	-

품 명 · 규 격		단위	'90	'91	'92	'93	'94	'95	'96	'97	'98	'99
국제선 1등	서울-도쿄	편도	255	273	273	330	330	2,937	2,937	3,404	3,773	3,962
	-오사카	〃	197	211	211	255	255	2,213	2,213	2,653	3,021	3,173
	-후쿠오카	〃	137	147	147	178	178	1,473	1,473	1,887	-	-
	-나고야	〃	223	-	-	289	289	2,531	2,531	2,986	-	-
	-홍콩	〃	595	637	637	637	637	5,070	5,070	5,495	6,045	6,650
	-방콕	〃	885	947	947	947	947	7,538	-	-	8,815	-
	-싱가포르	〃	995	1,065	1,065	1,065	1,065	7,394	7,394	8,798	9,678	10,646
	-로스앤젤레스	〃	1,516	1,622	1,622	1,703	1,703	14,940	14,940	15,687	20,394	23,454
	-파리	〃	2,632	2,816	2,816	3,105	3,105	27,244	27,244	28,062	30,869	32,413
	-뉴욕	〃	1,884	1,972	1,972	2,233	2,233	19,159	19,020	20,396	26,010	29,912
	-마닐라	〃	547	-	-	-	-	-	-	5,102	-	-
	-프랑크푸르트	〃	2,632	2,816	2,816	3,105	3,105	27,244	-	28,062	-	-
	-런던	〃	2,632	2,816	2,816	3,105	3,105	27,244	-	28,062	-	-
	-취리히	〃	2,327	-	-	-	-	24,092	-	-	-	-
국제선 2등	서울-도쿄	편도	193	207	207	234	234	-	2,547	2,965	3,286	3,451
	-오사카	〃	145	155	155	176	176	-	1,919	2,310	2,632	2,764
	-후쿠오카	〃	96	103	103	117	117	-	1,274	1,643	1,965	2,064
	-나고야	〃	166	-	-	202	202	-	2,197	2,601	-	-
	-홍콩	〃	432	462	462	462	462	3,820	4,185	4,311	4,743	5,796
	-방콕	〃	630	674	674	674	674	5,550	6,108	6,291	6,921	8,458
	-싱가포르	〃	692	740	740	740	740	5,140	6,707	6,909	7,600	9,289
	-로스앤젤레스	〃	894	946	946	869	869	8,220	8,217	8,628	11,216	14,312
	-파리	〃	1,592	1,703	1,703	1,703	1,703	15,460	-	-	19,278	22,490
	-뉴욕	〃	1,190	1,237	1,237	1,160	1,160	11,300	10,574	12,068	15,318	19,570
	-마닐라	〃	401	-	-	-	-	-	3,886	4,003	-	-
	-프랑크푸르트	〃	1,592	1,703	1,703	1,703	1,703	15,460	-	-	-	-
	-런던	〃	1,592	1,703	1,703	1,703	1,703	15,460	-	-	-	-
	-취리히	〃	1,592	1,703	1,703	1,703	1,703	15,460	-	-	-	-

㈜ 1. 단위: '70~'94까지는$, '95~2010까지는 백원.
2. 2008년부터 국제선은 인천국제공항발임.
3. 국제선은 출발일, 항공사, 경유지에 따라 가격 편차가 심해 2010년까지만 게재함.

품 명 · 규 격		단위	'80	'81	'82	'83	'84	'85	'86	'87	'88	'89	비 고
국제선 1등	서울-도쿄	편도	222	222	243	255	255	255	255	255	255	255	
	-오사카	〃	172	172	188	197	197	197	197	197	197	197	
	-후쿠오카	〃	119	119	130	137	137	137	137	137	137	137	
	-나고야	〃	-	-	-	223	223	223	223	223	223	223	
	-홍콩	〃	518	518	545	595	595	595	595	595	595	595	
	-방콕	〃	771	771	810	885	885	885	885	885	885	885	
	-싱가포르	〃	867	867	911	995	995	995	995	995	995	995	
	-로스앤젤레스	〃	1,183	1,183	1,430	1,516	1,516	1,516	1,516	1,516	1,516	1,516	
	-파리	〃	2,457	2,457	2,507	2,632	2,632	2,632	2,632	2,632	2,632	2,632	
	-뉴욕	〃	1,420	1,420	1,780	1,884	1,884	1,884	1,884	1,884	1,884	1,884	
	-마닐라	〃	-	-	-	547	547	547	547	547	547	547	
	-프랑크푸르트	〃	-	-	-	-	-	2,632	2,632	2,632	2,632	2,632	
	-런던	〃	-	-	-	-	-	-	-	-	2,632	2,632	
	-취리히	〃	-	-	-	-	-	-	-	-	-	-	
국제선 2등	서울-도쿄	편도	168	168	183	193	193	193	193	193	193	193	
	-오사카	〃	126	126	138	145	145	145	145	145	145	145	
	-후쿠오카	〃	83	83	91	96	96	96	96	96	96	96	
	-나고야	〃	-	-	-	166	166	166	166	166	166	166	
	-홍콩	〃	376	376	395	432	432	432	432	432	432	432	
	-방콕	〃	549	549	577	630	630	630	630	630	630	630	
	-싱가포르	〃	603	603	634	692	692	692	692	692	692	692	
	-로스앤젤레스	〃	728	728	834	894	894	894	894	894	894	894	
	-파리	〃	1,487	1,487	1,517	1,592	1,592	1,592	1,592	1,592	1,592	1,592	
	-뉴욕	〃	926	926	870	1,190	1,190	1,190	1,190	1,190	1,190	1,190	
	-마닐라	〃	-	-	-	401	401	401	401	401	401	401	
	-프랑크푸르트	〃	-	-	-	-	-	1,592	1,592	1,592	1,592	1,592	
	-런던	〃	-	-	-	-	-	-	-	-	1,592	1,592	
	-취리히	〃	-	-	-	1,592	1,592	1,592	1,592	1,592	1,592	1,592	

품 명 · 규 격		단위	2000	2001	2002	2003	2004	2005	2006	2007	2008	2009	2010
국제선 1등	서울-도쿄	편도	4,161	5,056	5,056	4,814	5,170	5,170	5,170	5,170	5,945	5,945	5,945
	-오사카	〃	3,332	4,100	4,100	3,905	4,234	4,234	4,234	4,234	4,933	4,933	4,933
	-후쿠오카	〃	2,488	2,975	2,975	2,978	3,279	3,279	3,279	3,279	3,902	3,902	3,902
	-나고야	〃	2,350	4,305	4,305	4,308	4,649	4,649	4,649	4,649	5,382	5,382	5,382
	-홍콩	〃	6,650	6,987	6,987	6,987	6,987	7,198	7,198	7,198	8,314	8,314	8,314
	-방콕	〃	-	-	-	10,188	10,400	10,400	10,400	10,400	12,012	12,012	12,012
	-싱가포르	〃	10,646	11,186	11,186	11,186	11,397	11,397	11,397	11,397	13,164	13,164	13,164
	-로스앤젤레스	〃	24,158	28,804	28,804	28,932	32,926	32,926	32,926	32,926	35,000	35,000	35,000
	-파리	〃	33,062	32,250	32,250	35,779	35,990	35,990	35,990	35,990	40,381	40,381	40,381
	-뉴욕	〃	30,810	36,735	36,735	34,985	39,584	39,584	39,584	39,584	41,425	41,425	41,425
	-마닐라	〃	6,175	-	-	6,489	7,198	7,198	7,198	7,198	8,314	8,314	8,314
	-프랑크푸르트	〃	33,062	32,250	32,250	35,779	35,990	35,990	35,990	35,990	42,400	42,400	42,400
	-런던	〃	33,062	32,250	32,250	35,779	35,990	35,990	35,990	35,990	42,400	42,400	42,400
	-취리히	〃	33,062	32,250	32,250	35,779	35,990	35,990	35,990	35,990	42,400	42,400	42,400
국제선 2등	서울-도쿄	편도	3,624	4,430	4,430	4,219	4,558	4,558	4,558	4,558	4,926	4,926	4,926
	-오사카	〃	2,903	3,594	3,594	3,423	3,737	3,737	3,737	3,737	4,088	4,088	4,088
	-후쿠오카	〃	2,168	2,610	2,610	2,610	2,901	2,901	2,901	2,901	3,233	3,233	3,233
	-나고야	〃	3,223	3,776	3,776	3,776	4,101	4,101	4,101	4,101	4,459	4,459	4,459
	-홍콩	〃	5,796	6,090	6,090	6,090	6,090	6,302	6,302	6,302	6,933	6,933	6,933
	-방콕	〃	8,458	8,000	8,000	8,887	9,099	9,099	9,099	9,099	10,009	10,009	10,009
	-싱가포르	〃	9,289	8,800	8,800	9,760	9,971	9,971	9,971	9,971	10,969	10,969	10,969
	-로스앤젤레스	〃	14,762	19,482	19,482	19,554	22,060	22,060	22,060	22,060	24,751	24,751	24,751
	-파리	〃	22,940	22,350	22,350	24,825	25,036	25,036	25,036	25,036	29,446	29,446	29,446
	-뉴욕	〃	20,161	25,173	25,173	23,974	26,921	26,921	26,921	26,921	30,206	30,206	30,206
	-마닐라	〃	5,382	5,655	5,655	5,655	6,302	6,302	6,302	6,302	6,933	6,933	6,933
	-프랑크푸르트	〃	22,940	22,350	22,350	24,825	25,036	25,036	25,036	25,036	29,496	29,496	29,496
	-런던	〃	22,940	22,350	22,350	24,825	25,036	25,036	25,036	25,036	29,496	29,496	29,496
	-취리히	〃	22,940	22,350	22,350	24,825	25,036	25,036	25,036	25,036	29,496	29,496	29,496

항공화물운임(1)

구간		'78	'79	'80	'81	'82	'83	'84	'85	'86	'87	'88	'89	'90	'91
20kg 미만	서울-부산	105	105	150	200	200	210	210	220	210	210	210	210	210	210
	-제주	125	125	170	220	220	230	230	240	230	230	230	230	230	230
	-대구	75	75	105	150	150	160	160	170	160	160	160	160	160	160
	-광주	75	75	105	150	150	160	160	170	160	160	160	160	160	160
	-진주	105	105	150	200	200	210	210	220	210	210	210	210	210	210
	-속초	65	65	90	120	120	130	130	130	120	120	120	120	120	120
	-여수	145	145	200	270	270	280	280	290	280	280	280	280	280	280
	-강릉	-	-	-	-	-	-	-	-	100	100	100	100	100	100
	-포항	-	-	-	-	-	-	-	-	170	170	170	170	170	170
	부산-제주	105	105	-	-	-	210	210	220	210	210	210	210	210	210
	광주-제주	75	75	-	-	-	160	160	170	160	160	160	160	160	160
	대구-제주	105	105	-	-	-	210	210	220	210	210	210	210	210	210
	여수-제주	105	105	-	-	-	210	210	220	210	210	210	210	210	210
	진주-제주	125	125	-	-	-	250	250	260	250	250	250	250	250	250
20~49kg	서울-부산	74	74	105	140	140	150	150	150	150	150	150	150	150	150
	-제주	88	88	119	150	150	160	160	170	160	160	160	160	160	160
	-대구	53	53	74	110	110	120	120	120	110	110	110	110	110	110
	-광주	53	53	74	110	110	120	120	120	110	110	110	110	110	110
	-진주	74	74	105	140	140	150	150	150	150	150	150	150	150	150
	-속초	46	46	63	80	80	90	90	90	80	80	80	80	80	80
	-여수	102	102	140	190	190	200	200	200	200	200	200	200	200	200
	-강릉	-	-	-	-	-	-	-	-	70	70	70	70	70	70
	-포항	-	-	-	-	-	-	-	-	120	120	120	120	120	120
	부산-제주	74	74	-	-	-	150	150	150	150	150	150	150	150	150
	광주-제주	53	53	-	-	-	110	110	120	110	110	110	110	110	110
	대구-제주	74	74	-	-	-	150	150	150	150	150	150	150	150	150
	여수-제주	74	74	-	-	-	150	150	150	150	150	150	150	150	150
	진주-제주	88	88	-	-	-	180	180	180	180	180	180	180	180	180
50kg 이상	서울-부산	63	63	90	120	120	130	130	130	130	130	130	130	130	130
	-제주	75	75	102	130	130	140	140	140	140	140	140	140	140	140
	-대구	45	45	63	90	90	100	100	100	100	100	100	100	100	100
	-광주	45	45	63	90	90	100	100	100	100	100	100	100	100	100
	-진주	63	63	90	120	120	130	130	130	130	130	130	130	130	130
	-속초	39	39	54	70	70	80	80	80	70	70	70	70	70	70
	-여수	87	87	120	160	160	170	170	170	170	170	170	170	170	170
	-강릉	-	-	-	-	-	-	-	-	60	60	60	60	60	60
	-포항	-	-	-	-	-	-	-	-	100	100	100	100	100	100
	부산-제주	63	63	-	-	-	130	130	130	130	130	130	130	130	130
	광주-제주	45	45	-	-	-	100	100	100	100	100	100	100	100	100
	대구-제주	63	63	-	-	-	130	130	130	130	130	130	130	130	130
	여수-제주	63	63	-	-	-	130	130	130	130	130	130	130	130	130
	진주-제주	75	75	-	-	-	150	150	150	150	150	150	150	150	150

주 1) 단위: 원/kg
2) 1999~2000년은 45kg미만, 이상으로 구분.
3) 2001~2002년은 40kg미만, 이상으로 구분.

구 간		'92	'93	'94	'95	'96	'97	'98	'99	2000	2001	2002
20kg 미만	서울-부산	270	270	270	270	270	247	291	310	310	310	310
	-제주	322	322	322	322	322	337	398	460	460	460	460
	-대구	201	201	201	201	201	189	223	230	230	230	230
	-광주	211	211	211	211	211	203	239	250	250	250	250
	-진주	278	278	278	278	278	290	342	340	340	340	340
	-속초	167	167	167	167	167	173	204	200	200	200	200
	-여수	274	274	274	274	274	274	325	330	330	330	330
	-강릉	140	140	140	140	140	-	175	180	180	180	180
	-포항	219	219	219	219	219	231	273	270	270	270	270
	부산-제주	221	221	221	221	221	216	255	290	290	290	290
	광주-제주	133	133	133	133	133	133	168	190	190	190	190
	대구-제주	272	272	272	272	272	272	321	390	390	390	390
	여수-제주	156	156	156	156	156	156	185	220	220	220	220
	진주-제주	196	196	196	196	196	210	247	300	300	300	300
20kg 이상	서울-부산	189	189	189	189	189	172	203	230	230	230	230
	-제주	225	225	225	225	225	235	278	340	340	340	340
	-대구	141	141	141	141	141	132	156	170	170	170	170
	-광주	148	148	148	148	148	142	167	190	190	190	190
	-진주	195	195	195	195	195	203	239	260	260	260	260
	-속초	117	117	117	117	117	121	142	150	150	150	150
	-여수	192	192	192	192	192	192	227	250	250	250	250
	-강릉	98	98	98	98	98	98	98	140	140	140	140
	-포항	153	153	153	153	153	161	191	200	200	200	200
	부산-제주	155	155	155	155	155	151	178	220	220	220	220
	광주-제주	93	93	93	93	93	93	117	140	140	140	140
	대구-제주	190	190	190	190	190	190	224	290	290	290	290
	여수-제주	109	109	109	109	109	109	129	170	170	170	170
	진주-제주	137	137	137	137	137	147	172	230	230	230	230

항공화물운임(2)

구 간		2003	2004	2005	2006	2007	2008	2009	2010	2011	2012	2013	2014
100kg 미만	서울-부산	310	310	310	310	310	370	370	370	370	370	370	440
	-제주	460	460	460	460	460	550	550	550	550	550	550	660
	-대구	230	230	230	230	230	-	-	-	-	-	-	-
	-광주	250	250	250	250	250	300	300	300	300	300	300	360
	-진주	340	340	340	340	340	410	410	410	410	410	410	490
	-속초	-	-	-	-	-	-	-	-	-	-	-	-
	-여수	330	330	330	330	330	400	400	400	400	400	400	480
	-강릉	-	-	-	-	-	-	-	-	-	-	-	-
	-포항	270	270	270	270	270	320	320	320	320	320	320	380
	부산-제주	290	290	290	290	290	350	350	350	350	350	350	420
	광주-제주	190	190	190	190	190	230	230	230	230	230	230	300
	대구-제주	390	390	390	390	390	470	470	470	470	470	470	560
	여수-제주	220	220	220	220	220	260	260	260	260	260	260	310
	진주-제주	300	300	300	300	300	360	360	360	360	360	360	430
100kg 이상	서울-부산	230	230	230	230	230	280	280	280	280	280	280	340
	-제주	340	340	340	340	340	410	410	410	410	410	410	490
	-대구	170	170	170	170	170	-	-	-	-	-	-	-
	-광주	190	190	190	190	190	230	230	230	230	230	230	280
	-진주	260	260	260	260	260	310	310	310	310	310	310	370
	-속초	-	-	-	-	-	-	-	-	-	-	-	-
	-여수	250	250	250	250	250	300	300	300	300	300	300	360
	-강릉	-	-	-	-	-	-	-	-	-	-	-	-
	-포항	200	200	200	200	200	240	240	240	240	240	240	290
	부산-제주	220	220	220	220	220	260	260	260	260	260	260	310
	광주-제주	140	140	140	140	140	170	170	170	170	170	170	230
	대구-제주	290	290	290	290	290	350	350	350	350	350	350	420
	여수-제주	170	170	170	170	170	200	200	200	200	200	200	240
	진주-제주	230	230	230	230	230	280	280	280	280	280	280	340

구 간		2015	2016	2017	2018	2019	2020	2021	2022	2023	2024	2025	비고
100kg 미만	서울-부산	440	440	440	440	440	440	440	440	440	440	440	
	-제주	660	660	660	660	660	660	660	660	660	660	660	
	-대구	-	-	-	-	-	-	-	-	-	-	-	
	-광주	360	360	360	360	360	360	-	-	-	-	-	
	-진주	490	490	490	490	490	490	-	-	-	-	-	
	-속초	-	-	-	-	-	-	-	-	-	-	-	
	-여수	480	480	480	480	480	480	-	-	-	-	-	
	-강릉	-	-	-	-	-	-	-	-	-	-	-	
	-포항/울산	380	380	380	380	380	380	440	440	440	440	440	
	부산-제주	420	420	420	420	420	420	420	420	420	420	420	
	광주-제주	300	300	300	300	300	300	-	-	-	-	-	
	대구-제주	560	560	560	560	560	560	-	-	-	-	-	
	여수-제주	310	310	310	310	310	310	-	-	-	-	-	
	진주-제주	430	430	430	430	430	430	-	-	-	-	-	
100kg 이상	서울-부산	340	340	340	340	340	340	340	340	340	340	340	
	-제주	490	490	490	490	490	490	490	490	490	490	490	
	-대구	-	-	-	-	-	-	-	-	-	-	-	
	-광주	280	280	280	280	280	280	-	-	-	-	-	
	-진주	370	370	370	370	370	370	-	-	-	-	-	
	-속초	-	-	-	-	-	-	-	-	-	-	-	
	-여수	360	360	360	360	360	360	-	-	-	-	-	
	-강릉	-	-	-	-	-	-	-	-	-	-	-	
	-포항/울산	290	290	290	290	290	290	340	340	340	340	340	
	부산-제주	310	310	310	310	310	310	310	310	310	310	310	
	광주-제주	230	230	230	230	230	230	-	-	-	-	-	
	대구-제주	420	420	420	420	420	420	-	-	-	-	-	
	여수-제주	240	240	240	240	240	240	-	-	-	-	-	
	진주-제주	340	340	340	340	340	340	-	-	-	-	-	

용달화물자동차운임

㈜ 화물자동차 운임은 1998년부터 자율화 시행.

구 분	거리 \ 연도	'70	'71	'72	'73	'74	'75	'76	'77
기본운임	4km까지	200	200	-	-	-	-	-	-
	8km까지	-	-	500	500	700	-	-	-
	5km까지	-	-	-	-	-	700	700	700
추가운임	2km당	100	100	-	-	-	-	-	-
	800m당	-	-	50	50	60	-	-	-
	500m당	-	-	-	-	-	40	40	40
대기운임	대기 10분당	70	70	50	50	-	-	-	-
	대기 5분당	-	-	-	-	60	70	70	70
전세운임	1시간당	650	650	850	850	1,960	-	-	-
	초과 1시간당	300	300	390	390	530	-	-	-

구 분	거리 \ 연도	'78	'79	'80	'81	'82	'83	'84	'85
기본운임	5km까지	850	850	1,600	1,800	1,800	1,800	1,800	1,800
추가운임	500m당	50	50	100	120	120	120	120	120
대기운임	대기 5분당	100	100	190	210	210	210	210	210

구 분	거리 \ 연도	'86	'87	'88	'89	'90	'91	'92	'93
기본운임	5km까지	1,800	1,800	1,800	1,800	1,800	2,200	2,200	2,200
추가운임	500m당	120	120	120	120	120	150	150	150
대기운임	대기 5분당	210	210	210	210	210	250	250	250

거리 \ 연도	'94	'95	'96	'97	'98	'99	2000	2001	2002	2003	2004	2005
5km까지	13,280	13,280	13,280	14,470	20,560	20,560	20,560	20,560	20,560	25,710	25,710	25,710
10km까지	16,280	16,280	16,280	17,740	23,280	23,280	23,280	23,280	23,280	30,000	30,000	30,000
15km까지	18,260	18,260	18,260	19,900	27,200	27,200	27,200	27,200	27,200	36,420	36,420	36,420
20km까지	20,230	20,230	20,230	22,050	30,870	30,870	30,870	30,870	30,870	42,140	42,140	42,140
25km까지	22,210	22,210	22,210	24,200	35,440	35,440	35,440	35,440	35,440	47,850	47,850	47,850
30km까지	24,190	24,190	24,190	26,360	38,200	38,200	38,200	38,200	38,200	52,140	52,140	52,140
40km까지	28,150	28,150	28,150	30,680	41,370	41,370	41,370	41,370	41,370	57,140	57,140	57,140
50km까지	32,100	32,100	32,100	34,980	46,250	46,250	46,250	46,250	46,250	60,710	60,710	60,710
60km까지	36,060	36,060	36,060	39,300	50,460	50,460	50,460	50,460	50,460	66,420	66,420	66,420
70km까지	40,020	40,020	40,020	43,620	55,380	55,380	55,380	55,380	55,380	71,420	71,420	71,420
80km까지	43,980	43,980	43,980	47,930	58,440	58,440	58,440	58,440	58,440	77,850	77,850	77,850
90km까지	47,940	47,940	47,940	52,250	63,360	63,360	63,360	63,360	63,360	85,000	85,000	85,000
100km까지	51,890	51,890	51,890	56,560	66,820	66,820	66,820	66,820	66,820	92,850	92,850	92,850
120km까지	62,850	62,850	62,850	68,500	81,050	81,050	81,050	81,050	81,050	108,570	108,570	108,570
140km까지(150km까지)	68,370	68,370	68,370	74,520	86,850	86,850	86,850	86,850	86,850	(121,420)	(121,420)	(121,420)
160km까지	71,620	71,620	71,620	78,060	93,030	93,030	93,030	93,030	93,030	-	-	-
180km까지	76,400	76,400	76,400	83,270	98,620	98,620	98,620	98,620	98,620	137,140	137,140	137,140
200km까지	81,070	81,070	81,070	88,360	103,740	103,740	103,740	103,740	103,740	150,000	150,000	150,000
230km까지(250km까지)	88,730	88,730	88,730	96,710	106,920	106,920	106,920	106,920	106,920	(165,710)	(165,710)	(165,710)
260km까지	93,680	93,680	93,680	102,110	115,040	115,040	115,040	115,040	115,040	-	-	-
290km까지(300km까지)	103,680	103,680	103,680	113,010	122,620	122,620	122,620	122,620	122,620	(180,000)	(180,000)	(180,000)
320km까지	108,770	108,770	108,770	118,600	130,430	130,430	130,430	130,430	130,430	-	-	-
350km까지	118,770	118,770	118,770	129,450	137,300	137,300	137,300	137,300	137,300	194,280	194,280	194,280
380km까지(400km까지)	123,780	123,780	123,780	134,920	145,860	145,860	145,860	145,860	145,860	(214,280)	(214,280)	(214,280)
410km까지(450km까지)	133,760	133,760	133,760	145,790	151,200	151,200	151,200	151,200	151,200	(232,850)	(232,850)	(232,850)
460km까지(500km까지)	143,580	143,580	143,580	156,500	163,620	163,620	163,620	163,620	163,620	(250,000)	(250,000)	(250,000)
510km까지	153,740	153,740	153,740	167,570	172,400	172,400	172,400	172,400	172,400	-	-	-
510km초과 50km마다	7,620	7,620	7,620	8,300	8,780	8,780	8,780	8,780	8,780	-	-	-
전세운임	27,680/4h	-	-	-	-	-	-	-	-	-	-	-
	51,770/8h	-	-	-	-	-	-	-	-	-	-	-

항만운송기본요금 (1)

품목별			1985년 2월 2일 시행			1986년 6월 30일 시행			1987년 6월 13일 시행		
			선 내	부선장적	육 상	선 내	부선장적	육 상	선 내	부선장적	육 상
규격화물	팔레트화물	합 판	696	1,512	980	734	1,512	980	756	1,512	980
		합판제외품목	762	2,055	1,326	785	2,055	1,326	793	2,055	1,326
	프레스링	원 면	762	2,055	1,326	785	2,055	1,326	845	2,086	1,386
		원면제외품목	762	2,055	1,326	785	2,055	1,326	793	2,055	1,326
	백콘테이너	양 회	762	2,055	-	750	1,469	927	775	1,475	935
		양회제외품목	762	2,055	1,326	785	2,055	1,326	793	2,055	1,326
	콘테이너(20′형, 개당)		13,353	12,740	2,508	13,754	13,059	-	14,207	13,110	-
	라 쉬(찬것)		156	-	-	161	-	-	166	-	-
	자동차전용선	RO-RO PCC	521	-	-	537	-	-	537	-	-
		RO-RO CBC	521	-	-	537	-	-	537	-	-
		LO-LO	681	-	-	701	-	-	701	-	-
일반포장물	포장물	비 료	691	1,453	904	729	1,489	949	765	1,534	977
		양 회	711	1,433	883	750	1,469	927	788	1,513	955
		지(PVC)대입	818	1,835	1,106	863	1,863	1,123	906	1,872	1,129
		마(P.P 가마니)대입	661	1,434	865	697	1,463	887	732	1,478	914
		잡식품류(고추,마늘,양파 등)	-	-	-	1,045	2,194	1,330	1,079	2,203	1,342
	드럼, 통, 캔, 바렐		860	2,313	1,482	882	2,359	1,504	891	2,371	1,504
	상자물	목재(프라스틱)상자	818	1,835	1,106	863	1,835	1,106	898	1,835	1,106
		골 판 지 상 자	924	2,093	1,262	975	2,093	1,262	1,004	2,093	1,262
	다발(묶음)화물		661	1,654	1,165	697	1,679	1,194	718	1,687	1,230
	베 일 물		818	2,055	1,371	863	2,096	1,405	898	2,117	1,447
	고 무		924	2,313	1,482	975	2,348	1,519	1,014	2,360	1,565
	펄 프		843	1,899	1,208	860	1,899	1,226	864	1,899	1,232
	판 유 리		1,030	2,571	1,638	1,087	2,610	1,679	1,141	2,623	1,729
	지 류		615	1,654	1,085	633	1,679	1,085	652	1,687	1,085
	기계류 및 동부속품, 금속 전자, 전기제품, 사진, 의료기구		924	2,313	1,482	975	2,348	1,482	1,004	2,360	1,482
	냉동품, 냉장품		1,195	2,753	1,660	1,261	2,753	1,660	1,324	2,753	1,668
유능화물	차 량	승용차, 오토바이	921	2,313	1,482	949	2,313	1,504	977	2,313	1,512
		기 타 차 량	661	1,654	1,085	697	1,654	1,107	718	1,654	1,118
	케 이 블		661	1,654	1,085	697	1,654	1,101	718	1,654	1,107
	타 이 어		762	2,055	1,326	781	2,086	1,359	789	2,096	1,373
	석, 석재		959	2,571	1,638	964	2,571	1,638	964	2,571	1,638
	철재품	코일철관(외직경12인치이상)	661	1,654	1,085	681	1,654	1,085	701	1,654	1,085
		기타철재품	818	2,055	1,326	808	2,055	1,326	832	2,055	1,326
	비철금속등(반제품,선철(산),지금류(산))		959	2,571	1,638	988	2,571	1,638	998	2,571	1,638
	미송(북양재)	접 안	715	1,485	1,036	733	1,515	1,088	740	1,530	1,121
		해 상	708	1,485	1,036	810	1,515	1,088	842	1,530	1,121
	나왕(남양재)	접 안	710	1,470	962	724	1,470	981	728	1,470	991
		해 상	763	1,470	962	805	1,470	981	829	1,470	991
	전주, 침목, 갱목, 목재(산), 티크목		818	2,055	1,326	863	2,055	1,346	906	2,065	1,353
	생동물	활우마, 맹수류	1,195	2,753	1,660	1,231	2,822	1,702	1,271	2,833	1,717
		기타가축가금류	924	2,093	1,262	952	2,145	1,294	983	2,153	1,305
	고 철		1,195	2,973	1,880	1,261	2,973	1,918	1,299	2,973	1,937
산화물	광석류	분	892	1,464	975	941	1,486	975	988	1,493	975
		괴	1,132	2,313	1,482	1,194	2,313	1,482	1,254	2,313	1,482
	석 탄 류		781	1,401	955	824	1,422	955	857	1,429	955
	소 금		846	1,535	1,023	893	1,535	1,023	920	1,535	1,023
	양곡류(밀,옥수수,쌀,수수,보리,콩)		619	1,454	1,007	638	1,454	1,007	657	1,454	1,007
	사료원료(박류,부류)		869	1,654	1,085	917	1,687	1,101	963	1,704	1,107
	원 당		853	1,377	981	900	1,398	981	945	1,405	981
	기타산화물	우드칩, 골재	869	1,654	1,085	1,275	2,635	1,679	1,275	2,635	1,679
		유황, 코우크스(괴)	1,238	2,571	1,638	895	1,695	1,112	924	1,702	1,122

(단위:원/톤)

1988년 1월 29일 시행			1989년 2월 10일 시행			1990년 4월 1일 시행			품목별		
선 내	부선장적	육 상	선 내	부선장적	육 상	선 내	부선장적	육 상			
816	1,588	1,029	914	1,731	1,122	970	1,837	1,190	합판	팔레트화물	규격화물
856	2,158	1,392	959	2,352	1,517	1,017	2,495	1,610	합판제외품목	팔레트화물	규격화물
917	2,192	1,466	1,035	2,392	1,610	1,130	2,538	1,711	원면	프레스링	규격화물
856	2,158	1,392	959	2,352	1,517	1,017	2,495	1,610	원면제외품목	프레스링	규격화물
841	1,550	989	949	1,692	1,086	1,036	1,795	1,154	양회	백콘테이너	규격화물
856	2,158	1,392	959	2,352	1,517	1,017	2,495	1,610	양회제외품목	백콘테이너	규격화물
15,415	13,779	-	17,379	15,037	-	18,978	15,954	-	콘테이너(20′형, 개당)		규격화물
180	-	-	203	-	-	222	-	-	라 쉬(찬것)		규격화물
537	-	-	537	-	-	537	-	-	PCC (RO-RO)	자동차전용선	규격화물
537	-	-	537	-	-	564	-	-	CBC (RO-RO)	자동차전용선	규격화물
761	-	-	761	-	-	831	-	-	LO-LO	자동차전용선	규격화물
841	1,657	1,055	976	1,856	1,182	1,121	1,969	1,254	비료	포장물	일반포장물
867	1,634	1,041	1,006	1,830	1,166	1,103	1,942	1,278	양회	포장물	일반포장물
997	1,966	1,185	1,157	2,143	1,292	1,298	2,274	1,371	지(PVC)대입	포장물	일반포장물
805	1,552	987	934	1,692	1,076	1,073	1,795	1,142	마(P.P 가마니)대입	포장물	일반포장물
1,171	2,315	1,420	1,322	2,526	1,559	1,444	2,680	1,657	잡식품류(고추,마늘,양파 등)	포장물	일반포장물
936	2,490	1,579	1,020	2,714	1,721	1,082	2,880	1,826	드럼, 통, 캔, 바렐		일반포장물
979	1,927	1,161	1,096	2,100	1,265	1,201	2,228	1,342	목재(프라스틱)상자	상자물	일반포장물
1,084	2,198	1,325	1,214	2,396	1,444	1,331	2,542	1,532	골판지상자	상자물	일반포장물
783	1,771	1,328	877	1,930	1,487	961	2,048	1,578	다발(묶음)화물		일반포장물
979	2,223	1,563	1,096	2,423	1,751	1,201	2,571	1,858	베일물		일반포장물
1,105	2,478	1,690	1,260	2,701	1,893	1,381	2,866	2,008	고무		일반포장물
907	1,944	1,294	989	2,173	1,410	1,049	2,306	1,496	펄프		일반포장물
1,255	2,754	1,867	1,456	3,002	2,091	1,673	3,185	2,219	판유리		일반포장물
704	1,771	1,139	788	1,930	1,242	836	2,048	1,318	지류		일반포장물
1,094	2,478	1,556	1,225	2,701	1,696	1,343	2,866	1,799	기계류 및 동부속품, 금속 전자, 전기제품, 사진, 의료기구		일반포장물
1,456	2,891	1,751	1,689	3,151	1,909	1,941	3,343	2,025	냉동품, 냉장품		일반포장물
1,055	2,429	1,588	1,182	2,648	1,779	1,254	2,810	1,888	승용차, 오토바이	차량	유능화물
783	1,737	1,174	877	1,893	1,280	930	2,008	1,358	기타차량	차량	유능화물
775	1,737	1,162	868	1,893	1,267	921	2,008	1,344	케이블		유능화물
828	2,201	1,483	903	2,399	1,661	958	2,545	1,762	타이어		유능화물
1,012	2,700	1,720	1,103	2,943	1,875	1,170	3,123	1,989	석, 석재		유능화물
757	1,737	1,139	848	1,893	1,242	900	2,008	1,318	코일철관(외직경12인치이상)	철재품	유능화물
899	2,158	1,392	1,007	2,352	1,517	1,068	2,495	1,610	기타철재품	철재품	유능화물
1,078	2,700	1,720	1,207	2,943	1,875	1,281	3,123	1,989	비철금속등(반제품,선철(산),지금류(산))		유능화물
777	1,606	1,222	847	1,751	1,369	899	1,858	1,500	접안	미송(북양재)	유능화물
918	1,606	1,222	1,028	1,751	1,369	1,127	1,858	1,500	해상	미송(북양재)	유능화물
764	1,543	1,041	833	1,682	1,135	884	1,785	1,204	접안	나왕(남양재)	유능화물
895	1,543	1,041	1,002	1,682	1,135	1,063	1,785	1,204	해상	나왕(남양재)	유능화물
997	2,168	1,421	1,137	2,363	1,549	1,246	2,507	1,643	전주, 침목, 갱목, 목재(산), 티크목		유능화물
1,379	2,977	1,817	1,556	3,249	1,995	1,699	3,447	2,121	활우마, 맹수류	생동물	유능화물
1,067	2,263	1,381	1,204	2,470	1,516	1,315	2,621	1,612	기타가축가금류	생동물	유능화물
1,416	3,122	2,034	1,586	3,403	2,217	1,683	3,611	2,352	고철		유능화물
1,087	1,568	1,024	1,261	1,709	1,116	1,415	1,813	1,184	분	광석류	산화물
1,379	2,429	1,556	1,600	2,648	1,696	1,795	2,810	1,799	괴	광석류	산화물
943	1,500	1,003	1,075	1,635	1,093	1,178	1,735	1,160	석탄류		산화물
1,003	1,612	1,074	1,123	1,757	1,171	1,231	1,864	1,242	소금		산화물
710	1,527	1,057	795	1,664	1,152	843	1,766	1,222	양곡류(밀,옥수수,쌀,수수,보리,콩)		산화물
1,059	1,789	1,162	1,207	1,950	1,267	1,354	2,069	1,344	사료원료(박류,부류)		산화물
1,039	1,475	1,030	1,205	1,608	1,123	1,352	1,706	1,192	원당		산화물
1,383	2,769	1,776	1,561	3,022	1,950	1,705	3,206	2,073	우드칩, 골재	기타산화물	산화물
1,003	1,789	1,187	1,132	1,952	1,303	1,236	2,071	1,385	유황, 코우크스(괴)	기타산화물	산화물

항만운송기본요금 (2)

품목별			1991년 4월 1일 시행			1992년 3월 20일 시행			1993년 4월 1일 시행			1994년 4월 30일 시행		
			선내	부선양적	육상	선내	부선양적	육상	선내	부선양적	육상	선내	부선양적	육상
규격화물	팔레트화물	합판	1,063	2,021	1,309	1,127	2,142	1,388	1,175	2,234	1,448	1,223	2,326	1,507
		기타품목		2,545	1,642		2,596	1,675		2,708	1,747		2,819	1,819
	프레스링, 백컨테이너		1,107	2,424	1,443	1,173	2,521	1,558	1,223	2,629	1,625	1,273	2,737	1,692
	컨테이너(20형, 개당)		19,737	16,592	-	20,171	16,957	-	21,038	17,686	-	21,901	18,411	-
	라쉬(찬것)		239	-	-	253	-	-	264	-	-	275	-	-
일반포장물	포장물		1,713	3,198	1,914	2,141	3,454	2,067	2,233	3,603	2,156	2,436	3,931	2,352
	상자물		1,599	3,101	1,799	1,839	3,349	1,943	1,918	3,493	2,027	2,093	3,311	2,211
	베일물		1,249	2,674	2,044	1,324	2,781	2,208	1,381	2,901	2,303	1,438	3,020	2,397
	다발화물		1,028	2,191	1,688	1,090	2,322	1,789	1,137	2,422	1,866	1,184	2,521	1,943
	냉동품, 냉장품, 어선, 생피, 생동물		2,523	4,346	2,633	2,901	4,694	2,844	3,026	4,896	2,966	3,150	5,097	3,088
	잡화류 (고무, 펄프, 지류, 케이블, 타이어, 드럼류, 판유리, 비철금속 등)		1,098	2,519	1,587	1,164	2,670	1,682	1,214	2,785	1,754	1,264	2,899	1,826
유능화물	차량, 오토바이		1,279	2,866	1,926	1,305	2,923	1,965	1,361	3,049	2,049	1,417	3,174	2,133
	중장비, 주정		1,023	2,209	1,494	1,105	2,386	1,614	1,153	2,489	1,683	1,200	2,591	1,752
	석, 석재		1,287	3,185	2,069	1,390	3,249	2,110	1,450	3,389	2,201	1,509	3,528	2,291
	기계류 및 동 부속품, 금속, 전자, 전기제품, 사진, 의료기구		1,397	2,923	1,871	1,481	2,981	1,908	1,545	3,109	1,990	1,608	3,236	2,072
	철재품	코일, 철관(외직경12인치이상)	990	2,209	1,410	1,069	2,342	1,495	1,115	2,443	1,559	1,161	2,543	1,623
		기타철재품	1,143	2,595	1,642	1,212	2,647	1,675	1,264	2,761	1,747	1,316	2,874	1,819
	미송(북양재)		975	2,044	1,560	1,034	2,617	1,591	1,078	2,260	1,659	1,122	2,353	1,727
	나왕(남양재)		993	1,964	1,288	1,053	2,121	1,365	1,098	2,212	1,424	1,143	2,303	1,482
	제재, 전주, 침목, 항목, 티크목, 묘목류		1,333	2,557	1,758	1,413	2,608	1,863	1,474	2,720	1,943	1,534	2,832	2,023
	고철		1,851	3,755	2,446	1,999	3,905	2,495	2,085	4,073	2,602	2,170	4,240	2,709
산화물	광석류, 비료, 코우크스		1,514	1,886	1,208	1,605	1,961	1,232	1,674	2,045	1,285	1,743	2,129	1,338
	석탄류		1,260	1,856	1,183	1,336	1,930	1,207	1,393	2,013	1,259	1,450	2,096	1,311
	소금		1,317	1,939	1,267	1,396	1,978	1,292	1,456	2,063	1,348	1,516	2,148	1,403
	양곡류(밀, 옥수수, 쌀, 수수, 보리, 콩)		902	1,890	1,246	956	2,003	1,271	997	2,089	1,326	1,038	2,175	1,380
	사료부원료(박류, 분류, 파쇄옥수수), 원당		1,488	2,020	1,348	1,607	2,141	1,375	1,676	2,233	1,434	1,745	2,325	1,493
	기타 산화물		1,323	2,154	1,440	1,402	2,240	1,498	1,462	2,336	1,562	1,522	2,432	1,626

(단위:원/톤)

1995년 4월 1일 시행			1996년 4월 17일 시행			1997년 2월 22일 시행			1999년 3월 16일 시행		
선내	부선양적	육상	선내	부선양적	육상	선내	부선양적	육상	선내	부선양적	육상
1,272	2,419	1,567	1,348	2,564	1,661	1,409	2,679	1,736	1,432	2,772	1,764
	2,932	1,892		3,108	2,006		3,248	2,096		3,300	2,130
1,324	2,846	1,760	1,403	3,017	1,866	1,466	3,153	1,950	1,498	3,203	1,981
22,777	19,147	-	24,144	20,296	-	25,230	21,209	-	25,634	21,548	-
286	-	-	303	-	-	311	-	-	316	-	-
2,582	4,167	2,493	2,737	4,417	2,643	2,860	4,616	2,762	2,906	4,690	2,806
2,177	3,963	2,299	2,308	4,201	2,437	2,412	4,390	2,547	2,451	4,460	2,588
1,496	3,141	2,493	1,586	3,329	2,643	1,657	3,479	2,762	1,684	3,535	2,806
1,231	2,622	2,201	1,305	2,779	2,142	1,364	2,904	2,238	1,386	2,950	2,274
3,276	5,301	3,212	3,473	5,619	3,405	3,699	5,984	3,626	3,758	6,080	3,684
1,315	3,015	1,899	1,394	3,196	2,013	1,457	3,340	2,104	1,480	3,393	2,138
1,474	3,301	2,218	1,562	3,499	2,351	1,632	3,656	2,457	1,658	3,714	2,496
1,248	2,695	1,822	1,323	2,857	1,931	1,383	2,986	2,018	1,405	3,034	2,050
1,569	3,669	2,383	1,663	3,889	2,526	1,738	4,064	2,640	1,766	4,129	2,682
1,672	3,365	2,155	1,772	3,567	2,284	1,852	3,728	2,387	1,882	3,788	2,425
1,207	2,645	1,688	1,279	2,804	1,789	1,337	2,930	1,870	1,358	2,977	1,900
1,369	2,989	1,892	1,451	3,168	2,006	1,516	3,311	2,096	1,540	3,364	2,130
1,167	2,447	1,796	1,237	2,594	1,904	1,293	2,711	1,990	1,314	2,754	2,022
1,189	2,395	1,541	1,260	2,539	1,633	1,317	2,653	1,706	1,338	2,695	1,733
1,595	2,945	2,104	1,691	3,122	2,230	1,767	3,262	2,330	1,795	3,314	2,367
2,257	4,410	2,817	2,392	4,675	2,986	2,500	4,885	3,120	2,540	4,963	3,170
1,813	2,214	1,392	1,922	2,347	1,476	2,008	2,453	1,542	2,040	2,492	1,567
1,508	2,180	1,363	1,598	2,311	1,445	1,670	2,415	1,510	1,697	2,454	1,534
1,577	2,234	1,459	1,672	2,368	1,547	1,747	2,475	1,617	1,775	2,515	1,643
1,080	2,262	1,435	1,145	2,398	1,521	1,197	2,506	1,589	1,216	2,546	1,614
1,815	2,418	1,553	1,924	2,563	1,646	2,011	2,678	1,720	2,043	2,721	1,748
1,583	2,529	1,691	1,678	2,681	1,792	1,754	2,802	1,873	1,782	2,847	1,903

항만운송기본요금 (3)

품 목 별			2000년 5월 15일 시행			2002년 3월 20일 시행			2003년 3월 16일 시행			2004년 3월 17일 시행		
			선 내	부선양적	육 상	선 내	부선양적	육 상	선 내	부선양적	육 상	선 내	부선양적	육 상
규격화물	팔레트화물	합 판	1,511	2,872	1,861	1,679	3,191	2,067	1,763	3,351	2,170	1,842	3,502	2,268
규격화물	팔레트화물	기 타 품 목		3,482	2,247		3,868	2,496		4,061	2,621		4,244	2,739
규격화물	프레스링, 백컨테이너		1,571	3,379	2,090	1,746	3,754	2,322	1,833	3,942	2,438	1,915	4,119	2,548
규격화물	컨테이너(20형, 개당)		27,044	22,733	-	30,043	25,254	-	31,545	26,517	-	32,965	27 710	-
규격화물	라 쉬(찬것)		333	-	-	370	-	-	389	-	-	407	-	-
일반포장물	포 장 물		3,066	4,948	2,960	3,406	5,496	3,288	3,576	5,771	3,452	3,737	6,031	3,607
일반포장물	상 자 물		2,586	4,705	2,730	2,872	5,227	3,033	3,016	5,488	3,185	3,152	5,735	3,328
일반포장물	베 일 물		1,777	3,729	2,960	194	4,142	3,288	2,073	4,349	3,452	2,166	4,545	3,607
일반포장물	다발화물		1,462	3,112	2,399	1,624	3,458	2,665	1,705	3,631	3,798	1,782	3,794	3,924
일반포장물	냉동품(2015년부터 별도 분리)/ 냉장품, 어선, 생피, 생동물		3,965	6,414	3,887	4,468	7,126	4,318	4,691	7,482	4,534	4,902	7,819	4,738
일반포장물	잡화류 (고무, 펄프, 지류, 케이블, 타이어, 드럼류, 판유리, 비철금속 등)		1,561	3,580	2,256	1,734	3,977	2,506	1,821	4,176	2,631	1,903	4,364	2,749
유능화물	차량, 오토바이		1,749	3,918	2,633	1,942	4,353	2,925	2,039	4,571	3,071	2,131	4,777	3,209
유능화물	중장비, 주정		1,482	3,201	2,163	1,646	3,556	2,403	1,728	3,734	2,523	1,806	3,902	2,637
유능화물	석, 석 재		1,863	4,356	2,830	2,069	4,839	3,144	2,172	5,081	3,301	2,270	5,310	3,450
유능화물	기계류 및 동 부속품, 금속, 전자, 전기제품, 사진, 의료기구		1,986	3,996	2,558	2,206	4,439	2,842	2,316	4,661	2,984	2,420	4,871	3,118
유능화물	철재품	코일, 철관(외직경12인치이상)	1,433	3,141	2,005	1,592	3,489	2,227	1,672	3,663	2,338	1,747	3,828	2,443
유능화물	철재품	기 타 철 재 품	1,625	3,549	2,247	1,805	3,942	2,496	1,895	4,139	2,621	1,980	4,325	2,739
유능화물	미송(북양재)		1,386	2,905	2,133	1,562	3,227	2,370	1,640	3,388	2,489	1,714	3,540	2,601
유능화물	나왕(남양재)		1,412	2,843	1,828	1,591	3,158	2,030	1,671	3,316	2,132	1,746	3,465	2,228
유능화물	제재, 전주, 침목, 항목, 티크목, 묘목류		1,894	3,496	2,497	2,104	3,884	2,774	2,209	4,078	2,913	2,303	4,262	3,044
유능화물	고 철		2,680	5,236	3,344	2,977	5,817	3,715	3,126	6,108	3,901	3,267	6,383	4,077
산화물	광석류, 비료, 코우크스		2,152	2,629	1,653	2,391	2,920	1,837	2,511	3,066	1,929	2,624	3,204	2,016
산화물	석 탄 류		1,790	2,589	1,618	1,989	2,876	1,798	2,088	3,020	1,888	2,182	3,156	1,973
산화물	소 금		1,873	2,653	1,733	2,081	2,948	1,926	2,185	3,095	2,022	2,283	3,234	2,113
산화물	양곡류(밀, 옥수수, 쌀, 수수, 보리, 콩)		1,283	2,686	1,703	1,425	2,984	1,892	1,496	3,133	1,987	1,563	3,274	2,076
산화물	사료부원료(박류, 분류, 파쇄옥수수), 원당		2,155	2,871	1,844	2,394	3,190	2,048	2,514	3,350	2,150	2,627	3,501	2,247
산화물	기타 산화물		1,880	3,004	2,008	2,088	3,337	2,230	2,192	3,504	2,342	2,291	3,662	2,447

(단위:원/톤)

2005년 3월 16일 시행			2007년 3월 17일 시행			2008년 3월 21일 시행			2010년 3월 22일 시행			2011년 4월 2일 시행		
선내	부선양적	육상	선내	부선양적	육상	선내	부선양적	육상	선내	부선양적	육상	선내	부선양적	육상
1,925	3,660	2,370	2,084	3,963	2,566	2,084	4,042	2,617	2,183	4,151	2,688	2,255	4,288	2,777
	4,435	2,862		4,802	3,099		4,898	3,161		5,030	3,246		5,196	3,353
2,001	4,304	2,663	2,166	4,660	2,883	2,166	4,753	2,941	2,269	4,881	3,020	2,344	5,042	3,120
34,448	28,957	-	35,688	29,999	-	35,688	30,599	-	37,385	31,425	-	38,619	32,462	-
425	-	-	460	-	-	460	-	-	482	-	-	498	-	-
3,905	6,302	3,769	4,228	6,823	4,081	4,228	6,959	4,163	4,429	7,147	4,275	4,575	7,383	4,416
3,294	5,993	3,478	3,566	6,488	3,766	3,566	6,618	3,841	3,735	6,797	3,945	3,858	7,021	4,075
2,263	4,750	3,769	2,450	5,143	4,081	2,450	5,246	4,163	2,566	5,388	4,275	2,651	5,566	4,416
1,864	3,965	3,056	2,016	4,292	3,309	2,016	4,378	3,375	2,112	4,496	3,466	2,182	4,644	3,580
5,123	8,171	4,951	5,547	8,846	5,360	5,547	9,023	5,467	5,811	9,267	5,615	6,003	9,573	5,800
1,989	4,560	2,873	2,154	4,937	3,110	2,154	5,036	3,172	2,256	5,172	3,258	2,330	5,343	3,366
2,227	4,992	3,353	2,411	5,405	3,630	2,411	5,513	3,703	2,525	5,662	3,803	2,608	5,849	3,928
1,887	4,078	2,756	2,043	4,415	2,984	2,043	4,503	3,044	2,140	4,625	3,126	2,211	4,778	3,229
2,372	5,549	3,605	2,568	6,008	3,903	2,568	6,128	3,981	2,690	6,293	4,088	2,779	6,501	4,223
2,529	5,090	3,258	2,738	5,510	3,528	2,738	5,620	3,599	2,868	5,772	3,696	2,963	5,962	3,818
1,826	4,000	2,553	1,977	4,330	2,764	1,977	4,417	2,819	2,071	4,536	2,895	2,139	4,686	2,991
2,069	4,520	2,862	2,240	4,893	3,099	2,240	4,991	3,161	2,347	5,126	3,246	2,424	5,295	3,353
1,791	3,699	2,718	1,939	4,004	2,942	1,939	4,084	3,001	2,031	4,194	3,082	2,098	4,332	3,184
2,008	3,983	2,561	2,174	4,312	2,772	2,174	4,398	2,827	2,277	4,517	2,903	2,352	4,666	2,999
2,412	4,454	3,181	2,612	4,822	3,444	2,612	4,918	3,513	2,736	5,051	3,608	2,826	5,218	3,727
3,414	6,670	4,260	3,696	7,221	4,612	3,696	7,365	4,704	3,872	7,564	4,831	4,000	7,814	4,990
2,742	3,348	2,107	2,968	3,625	2,281	2,968	3,698	2,327	3,109	3,798	2,390	3,212	3,923	2,469
2,280	3,298	2,062	2,469	3,570	2,233	2,469	3,641	2,278	2,586	3,739	2,340	2,671	3,862	2,417
2,386	3,380	2,208	2,583	3,659	2,390	2,583	3,732	2,438	2,706	3,833	2,504	2,795	3,959	2,587
1,633	3,421	2,169	1,767	3,704	2,349	1,767	3,778	2,396	1,851	3,880	2,461	1,912	4,008	2,542
2,745	3,659	2,348	2,972	3,962	2,542	2,972	4,041	2,593	3,113	4,150	2,663	3,216	4,287	2,751
2,394	3,827	2,557	2,592	4,143	2,768	2,592	4,226	2,823	2,715	4,340	2,899	2,805	4,483	2,995

항만운송기본요금 (4)

품 목 별			2012년 3월 14일 시행			2013년 3월 13일 시행			2014년 3월 18일 시행			2015년 3월 19일 시행		
			선 내	부선양적	육 상	선 내	부선양적	육 상	선 내	부선양적	육 상	선 내	부선양적	육 상
규격화물	팔레트화물	합 판	2,334	4,438	2,874	2,399	4,562	2,954	2,459	4,676	3,028	2,528	4,807	3,113
		기 타 품 목		5,378	3,470		5,529	3,567		5,667	3,656		5,326	3,758
	프레스링, 백컨테이너		2,426	5,218	3,229	2,494	5,364	3,319	2,556	5,498	3,402	2,628	5,652	3,497
	컨테이너(20형, 개당)		39,971	33,598	-	41,090	34,539	-	42,117	35,402	-	43,296	36 393	-
	라 쉬(찬것)		515	-	-	529	-	-	542	-	-	557	-	-
일반포장물	포 장 물		4,735	7,641	4,571	4,868	7,855	4,699	4,990	8,051	4,816	5,130	8,276	4,951
	상 자 물		3,993	7,267	4,218	4,105	7,470	4,336	4,208	7,657	4,444	4,326	7,871	4,568
	베 일 물		2,744	5,761	4,571	2,821	5,922	4,699	2,892	6,070	4,816	2,973	6,240	4,951
	다발화물		2,258	4,807	3,705	2,321	4,942	3,809	2,379	5,066	3,904	2,446	5,208	4,013
	냉동품(2015년부터 별도 분리)/ 냉장품, 어선, 생피, 생동물		6,213	9,908	6,003	6,418	10,235	6,201	6,611	10,542	6,387	6,809 / 6,796	10,858 / 10,837	6,579 / 6,566
	잡화류 (고무, 펄프, 지류, 케이블, 타이어, 드럼류, 판유리, 비철금속 등)		2,412	5,530	3,484	2,480	5,685	3,582	2,542	5,827	3,672	2,613	5,990	3,775
유능화물	차량, 오토바이		2,699	6,054	4,065	2,775	6,224	4,179	2,844	6,380	4,283	2,924	6,559	4,403
	중장비, 주정		2,288	4,945	3,342	2,352	5,083	3,436	2,411	5,210	3,522	2,479	5,356	3,621
	석, 석 재		2,876	6,729	4,371	2,957	6,917	4,493	3,031	7,090	4,605	3,116	7,289	4,734
	기계류 및 동 부속품, 금속, 전자, 전기제품, 사진, 의료기구		3,067	6,171	3,952	3,153	6,344	4,063	3,232	6,503	4,165	3,322	6,685	4,282
	철재품	코일, 철관(외직경12인치이상)	2,214	4,850	3,096	2,276	4,986	3,183	2,333	5,111	3,263	2,398	5,254	3,354
		기 타 철 재 품	2,509	5,480	3,470	2,579	5,633	3,567	2,643	5,774	3,656	2,717	5,936	3,758
	미송(북양재)		2,171	4,484	3,295	2,232	4,610	3,387	2,288	4,725	3,472	2,352	4,857	3,569
	나왕(남양재)		2,434	4,829	3,104	2,502	4,964	3,191	2,565	5,088	3,271	2,637	5,230	3,363
	제재, 전주, 침목, 항목, 티크목, 묘목류		2,925	5,401	3,857	3,007	5,552	3,965	3,082	5,691	4,064	3,168	5,850	4,178
	고 철		4,140	8,087	5,165	4,256	8,313	5,310	4,362	8,521	5,443	4,484	8,760	5,595
산화물	광석류, 비료, 코우크스		3,324	4,060	2,555	3,417	4,174	2,627	3,502	4,278	2,693	3,600	4,398	2,768
	석 탄 류		2,764	3,997	2,502	2,841	4,109	2,572	2,912	4,212	2,636	2,994	4,330	2,710
	소 금		2,893	4,098	2,678	2,974	4,213	2,753	3,048	4,318	2,822	3,133	4,439	2,901
	양곡류(밀, 옥수수, 쌀, 수수, 보리, 콩)		1,979	4,148	2,631	2,034	4,264	2,705	2,085	4,371	2,773	2,143	4,493	2,851
	사료부원료(박류, 분류, 파쇄옥수수), 원당		3,329	4,437	2,847	3,422	4,561	2,927	3,508	4,675	3,000	3,606	4,806	3,084
	기타 산화물		2,903	4,640	3,100	2,984	4,770	3,187	3,059	4,889	3,267	3 145	5,026	3,358

(단위:원/톤)

2016년 3월 31일 시행			2017년 3월 31일 시행			2018년 3월 31일 시행			2019년 3월 20일 시행			2020년 7월 1일 시행			2021년 4월 1일 시행		
선내	부선양적	육상	선내	부선양적	육상	선내	부선양적	육상	선내	부선양적	육상	선내	부선양적	육상	선내	부선양적	육상
2,558	4,865	3,150	2,596	4,938	3,197	2,653	5,047	3,267	2,711	5,158	3,339	2,752	5,235	3,389	2,796	5,319	3,443
	5,896	3,803		5,984	3,860		6,116	3,945		6,251	4,032		6,345	4,092		6,447	4,157
2,660	5,720	3,539	2,700	5,806	3,592	2,759	5,934	3,671	2,820	6,065	3,752	2,862	6,156	3,808	2,908	6,254	3,869
43,816	36,830	-	44,473	37,382	-	45,451	38,204	-	46,451	39,044	-	47,148	39,660	-	47,902	40,264	-
564	-	-	572	-	-	585	-	-	598	-	-	607	-	-	617	-	-
5,192	8,375	5,010	5,270	8,501	5,085	5,386	8,688	5,197	5,504	8,879	5,311	5,587	9,012	5,391	5,676	9,156	5,477
4,378	7,965	4,623	4,444	8,084	4,692	4,542	8,262	4,795	4,642	8,444	4,900	4,712	8,571	4,974	4,787	8,708	5,054
3,009	6,315	5,010	3,054	6,410	5,085	3,121	6,551	5,197	3,190	6,695	5,311	3,238	6,795	5,391	3,290	6,904	5,477
2,475	5,270	4,061	2,512	5,349	4,122	2,567	5,467	4,213	2,623	5,587	4,306	2,662	5,671	4,371	2,705	5,762	4,441
6,898 / 6,878	10,999 / 10,967	6,665 / 6,645	7,036 / 6,981	11,219 / 11,132	6,798 / 6,745	7,226 / 7,135	11,522 / 11,377	6,982 / 6,893	7,421 / 7,292	11,833 / 11,627	7,171 / 7,045	7,569 / 7,401	12,070 / 11,801	7,314 / 7,151	7,728 / 7,519	12,323 / 11,990	7,468 / 7,265
2,644	6,062	3,820	2,684	6,153	3,877	2,743	6,288	3,962	2,803	6,426	4,049	2,845	6,522	4,110	2,891	6,626	4,176
2,959	6,638	4,456	3,003	6,738	4,523	3,069	6,886	4,623	3,137	7,037	4,725	3,184	7,143	4,796	3,235	7,257	4,873
2,509	5,420	3,664	2,547	5,501	3,719	2,603	5,622	3,801	2,660	5,746	3,885	2,700	5,832	3,943	2,743	5,925	4,006
3,153	7,376	4,791	3,200	7,487	4,863	3,270	7,652	4,970	3,342	7,820	5,079	3,392	7,937	5,155	3,446	8,064	5,237
3,362	6,765	4,333	3,412	6,866	4,398	3,487	7,017	4,495	3,564	7,171	4,594	3,617	7,279	4,663	3,675	7,395	4,738
2,427	5,317	3,394	2,463	5,397	3,445	2,517	5,516	3,521	2,572	5,637	3,598	2,611	5,722	3,652	2,603	5,814	3,710
2,750	6,007	3,803	2,791	6,097	3,860	2,852	6,231	3,945	2,915	6,368	4,032	2,959	6,464	4,092	3,006	6,567	4,157
2,380	4,915	3,612	2,416	4,989	3,666	2,469	5,099	3,747	2,523	5,211	3,829	2,561	5,289	3,886	2,602	5,374	3,948
2,669	5,293	3,403	2,709	5,372	3,454	2,769	5,490	3,530	2,830	5,611	3,608	2,872	5,695	3,662	2,918	5,786	3,721
3,206	5,920	4,228	3,254	6,009	4,291	3,326	6,141	4,385	3,399	6,276	4,481	3,450	6,370	4,548	3,505	6,472	4,621
4,538	8,865	5,662	4,606	8,998	5,747	4,707	9,196	5,873	4,811	9,398	6,002	4,883	9,539	6,092	4,961	9,692	6,189
3,643	4,451	2,801	3,698	4,518	2,843	3,779	4,617	2,906	3,862	4,719	2,970	3,920	4,790	3,015	3,983	4,867	3,063
3,030	4,382	2,743	3,075	4,448	2,784	3,143	4,546	2,845	3,212	4,646	2,908	3,260	4,716	2,952	3,312	4,791	2,999
3,171	4,492	2,936	3,219	4,559	2,980	3,290	4,659	3,046	3,362	4,761	3,113	3,412	4,832	3,160	3,467	4,909	3,211
2,169	4,547	2,885	2,202	4,615	2,928	2,250	4,717	2,992	2,300	4,821	3,058	2,335	4,893	3,104	2,372	4,971	3,154
3,649	4,864	3,121	3,704	4,937	3,168	3,785	5,046	3,238	3,868	5,157	3,309	3,926	5,234	3,359	3,989	5,318	3,413
3,183	5,086	3,398	3,231	5,162	3,449	3,302	5,276	3,525	3,375	5,392	3,603	3,426	5,473	3,657	3,481	5,561	3,716

항만운송기본요금 (5)

(단위:원/톤)

품 목 별			2022년 4월 1일 시행			2023년 4월 1일 시행			2024년 4월 1일 시행			2025년 4월 1일 시행		
			선 내	부선양적	육 상	선 내	부선양적	육 상	선 내	부선양적	육 상	선 내	부선양적	육 상
규격화물	팔레트화물	합 판	2,897	5,510	3,567	2,969	5,648	3,656	3,046	5,795	3,751	3,143	5,980	3,871
규격화물	팔레트화물	기 타 품 목		6,679	4,307		6,846	4,415		7,024	4,530		7,249	4,675
규격화물	프레스링, 백컨테이너		3,013	6,479	4,008	3,088	6,641	4,108	3,168	6,814	4,215	3,269	7,032	4,350
규격화물	컨테이너(20형, 개당)		49,626	41,714	-	50,867	42,757	-	52,190	43,869	-	53,860	45,273	-
규격화물	라 쉬(찬것)		639	-	-	655	-	-	672	-	-	694	-	-
일반포장물	포 장 물		5,880	9,486	5,674	6,027	9,723	5,816	6,184	9,976	5,967	6,382	10,295	6,158
일반포장물	상 자 물		4,959	9,021	5,236	5,083	9,247	5,367	5,215	9,487	5,507	5,382	9,791	5,683
일반포장물	베 일 물		3,408	7,153	5,674	3,493	7,332	5,816	3,584	7,523	5,967	3,699	7,764	6,158
일반포장물	다발화물		2,802	5,969	4,601	2,872	6,118	4,716	2,947	6,277	4,839	3,041	6,478	4,994
일반포장물	냉동품(2015년부터 별도 분리)/ 냉장품, 어선, 생피, 생동물		8,083 / 7,790	12,890 / 12,422	7,812 / 7,527	8,285 / 7,985	13,212 / 12,733	8,007 / 7,715	8,542 / 9,371	13,622 / 14,945	8,255 / 9,058	8,901 / 9,765	14,194 / 15,573	8,602 / 9,438
일반포장물	냉동품(적출작업이 필요한 통조림용 다랑어 등)		-	-	-	9,134	14,566	8,828	8,193	13,064	7,916	8,455	13,482	8,169
일반포장물	잡화류 (고무, 펄프, 지류, 케이블, 타이어, 드럼류, 판유리, 비철금속 등)		2,995	6,865	4,326	3,070	7,037	4,434	3,150	7,220	4,549	3,251	7,451	4,695
유능화물	차량, 오토바이		3,351	7,518	5,048	3,435	7,706	5,174	3,524	7,906	5,309	3,637	8,159	5,479
유능화물	중장비, 주정		2,842	6,138	4,150	2,913	6,291	4,254	2,989	6,455	4,365	3,085	6,662	4,505
유능화물	석, 석 재		3,570	8,354	5,426	3,659	8,563	5,562	3,754	8,786	5,707	3,874	9,067	5,890
유능화물	기계류 및 동 부속품, 금속, 전자, 전기제품, 사진, 의료기구		3,807	7,661	4,909	3,902	7,853	5,032	4,003	8,057	5,163	4,131	8,315	5,328
유능화물	철재품	코일, 철관(외직경12인치이상)	2,749	6,023	3,844	2,818	6,174	3,940	2,891	6,335	4,042	2,984	6,538	4,171
유능화물	철재품	기 타 철 재 품	3,114	6,803	4,307	3,192	6,973	4,415	3,275	7,154	4,530	3,380	7,383	4,675
유능화물	미송(북양재)		2,696	5,567	4,090	2,763	5,706	4,192	2,835	5,854	4,301	2,926	6,041	4,439
유능화물	나왕(남양재)		3,023	5,994	3,855	3,099	6,144	3,951	3,180	6,304	4,054	3,282	6,506	4,184
유능화물	제재, 전주, 침목, 항목, 티크목, 묘목류		3,631	6,705	4,787	3,722	6,873	4,907	3,819	7,052	5,035	3,941	7,278	5,196
유능화물	고 철		5,140	10,041	6,412	5,269	10,292	6,572	5,406	10,560	6,743	5,579	10,898	6,959
산화물	광석류, 비료, 코우크스		4,126	5,042	3,173	4,229	5,168	3,252	4,339	5,302	3,337	4,478	5,472	3,444
산화물	석 탄 류		3,431	4,963	3,107	3,517	5,087	3,185	3,608	5,219	3,268	3,723	5,386	3,373
산화물	소 금		3,592	5,086	3,327	3,682	5,213	3,410	3,778	5,349	3,499	3,899	5,520	3,611
산화물	양곡류(밀, 옥수수, 쌀, 수수, 보리, 콩)		2,457	5,150	3,268	2,518	5,279	3,350	2,583	5,416	3,437	2,666	5,589	3,547
산화물	사료부원료(박류, 분류, 파쇄옥수수), 원당		4,133	5,509	3,536	4,236	5,647	3,624	4,346	5,794	3,718	4 485	5,979	3,837
산화물	기타 산화물		3,606	5,761	3,850	3,696	5,905	3,946	3,792	6,059	4,049	3,913	6,253	4,179

컨테이너운임요금 (1)

㈜ 행선지는 1998년 2월 21일 시행된 기준을 토대로 한것임.(부산기점기준)

연월 / 구분 / 행선지	1980년 4월 1일 시행		1981년 4월 6일 시행		1982년 7월 15일 시행		1984년 12월 10일 시행	
	구 분		구 분		구 분		구 분	
	40F/T	20F/T	40F/T	20F/T	40F/T	20F/T	40F/T	20F/T
인천,부천/김포	419,000	315,000	482,000	362,000	516,000	387,000	526,000	395,000
구리,남양주시								
양평,광주								
서 울	403,000	302,000	464,000	348,000	496,000	372,000	506,000	380,000
의왕,수원,오산,평택	403,000	302,000	464,000	348,000	496,000	372,000	506,000	380,000
안산,안양,성남,광명	403,000	302,000	464,000	348,000				
여 주	323,000	242,000	371,000	278,000	397,000	298,000	405,000	304,000
이천,용인	317,000	238,000	365,000	274,000	391,000	293,000	399,000	299,000
가평,춘천	472,000	355,000	543,000	408,000	581,000	436,000	593,000	445,000
평창,영월,철원								
속초,고성								
강 릉	485,000	364,000	558,000	419,000	597,000	448,000	609,000	457,000
원 주 시	359,000	270,000	413,000	310,000	442,000	332,000	451,000	338,000
동 해								
태 백								
삼 척			371,000	278,000	397,000	298,000	405,000	304,000
단 양								
충 주	292,000	219,000	336,000	252,000	360,000	270,000	367,000	275,000
진천,음성,괴산,청원	282,000	211,000	324,000	243,000	347,000	260,000	354,000	266,000
청주,보은	270,000	202,000	311,000	233,000	333,000	250,000	340,000	255,000
영동,옥천								
당진,서산								
청 양								
예 산	298,000	224,000	343,000	257,000	367,000	275,000	374,000	281,000
천 안	279,000	210,000	321,000	241,000	343,000	257,000	350,000	263,000
금산,논산,공주,부여	273,000	205,000	314,000	236,000	336,000	252,000	343,000	257,000
연 기								
대 전	256,000	193,000	294,000	221,000	315,000	236,000	321,000	241,000
완주,군산	292,000	219,000	336,000	252,000	360,000	270,000	367,000	275,000
김제,전주	288,000	216,000	331,000	248,000	354,000	266,000	361,000	271,000
부 안								
순 창								
무안,목포,영암			321,000	241,000	343,000	257,000	350,000	263,000
나 주			314,000	236,000	336,000	252,000	343,000	257,000
장 흥								
담양,광주/곡성	253,000	189,000	291,000	218,000	311,000	233,000	317,000	238,000
여천,여수	218,000	164,000	251,000	188,000	269,000	202,000	274,000	206,000
광양,순천	198,000	149,000	228,000	171,000	244,000	183,000	249,000	187,000
울 진					347,000	260,000	354,000	266,000
영주,봉화								
상주,문경								
김 천	231,000	174,000	266,000	200,000	285,000	214,000	291,000	218,000
안 동	244,000	183,000	281,000	211,000	301,000	226,000	307,000	230,000
성주,칠곡								
영 덕								
구 미	203,000	152,000	233,000	175,000	249,000	187,000	254,000	191,000
대 구	184,000	139,000	212,000	159,000	227,000	170,000	232,000	174,000
포 항	175,000	132,000	201,000	151,000	215,000	161,000	219,000	164,000
경주시(군)	131,000	98,000	151,000	113,000	162,000	122,000	165,000	124,000
거 창								
거 제								
하 동								
진 주	159,000	120,000	183,000	137,000	196,000	147,000	200,000	150,000
밀 양 시			151,000	113,000	162,000	122,000	165,000	124,000
울 산 시	115,000	86,000	132,000	99,000	141,000	106,000	144,000	108,000
창원/함안	104,000	78,000	120,000	90,000	128,000	96,000	131,000	98,000
김 해	67,000	50,000	77,000	58,000	82,000	62,000	84,000	63,000
부산시내	59,000	44,000	68,000	51,000	73,000	55,000	74,000	56,000

컨테이너운임요금 (2)

㈜ 행선지는 1998년 2월 21일 시행된 기준을 토대로 한것임.(부산기점기준)

연월 / 구분 / 행선지	1990년 10월 1일 시행		1992년 5월 1일 시행		1994년 11월 1일 시행		1995년 9월 1일 시행	
	구 분		구 분		구 분		구 분	
	40F/T	20F/T	40F/T	20F/T	40F/T	20F/T	40F/T	20F/T
인천,부천/김포	562,820	422,650	602,200	452,200	644,000	547,000	707,000	601,000
구리,남양주시	562,820	422,650	602,200	452,200	644,000	547,000	707,000	601,000
양평,광주	562,820	422,650	602,200	452,200	644,000	547,000	707,000	601,000
서 울	541,420	406,600	579,300	435,100	619,000	526,000	680,000	578,000
의왕,수원,오산,평택	541,420	406,600	579,300	435,100	619,000	526,000	680,000	578,000
안산,안양,성남,광명	541,420	406,600	579,300	435,100	619,000	526,000	680,000	578,000
여 주	433,350	325,280	463,700	348,000	496,000	422,000	545,000	463,000
이천,용인	426,930	319,930	456,800	342,300	488,000	415,000	536,000	456,000
가평,춘천	634,510	476,150	678,900	509,500	726,000	617,000	797,000	677,000
평창,영월,철원	651,630	488,990	697,200	523,200	697,000	592,000	765,000	650,000
속초,고성	248,240	186,180	265,600	199,200	697,000	592,000	765,000	650,000
강 릉	651,630	488,990	651,630	488,990	652,000	564,000	716,000	609,000
원 주 시	482,570	361,660	516,300	387,000	516,000	439,000	567,000	482,000
동 해	438,700	329,560	469,400	352,600	502,000	427,000	551,000	468,000
태 백	438,700	329,560	469,400	352,600	469,000	399,000	515,000	438,000
삼 척	433,350	325,280	463,700	348,000	464,000	394,000	509,000	433,000
단 양	537,140	403,390	574,700	431,600	614,000	522,000	674,000	573,000
충 주	392,690	294,250	420,200	314,800	449,000	382,000	493,000	419,000
진천,음성,괴산,청원	378,780	284,620	405,300	304,500	433,000	368,000	475,000	404,000
청주,보은	363,800	272,850	389,300	291,900	416,000	354,000	457,000	388,000
영동,옥천	343,470	257,870	367,500	275,900	393,000	334,000	432,000	367,000
당진,서산	466,520	349,890	499,200	374,400	534,000	454,000	586,000	498,000
청 양	455,820	342,400	487,000	366,400	521,000	443,000	572,000	486,000
예 산	400,180	300,670	428,200	321,700	458,000	389,000	503,000	428,000
천 안	374,500	281,410	400,700	301,100	428,000	364,000	470,000	400,000
금산,논산,공주,부여	367,010	274,990	392,700	294,200	420,000	357,000	461,000	392,000
연 기	363,800	272,850	389,300	291,900	416,000	354,000	457,000	388,000
대 전	343,470	257,870	367,500	275,900	393,000	334,000	432,000	367,000
완주,군산	392,690	294,250	420,200	314,800	449,000	382,000	493,000	419,000
김제,전주	386,270	289,970	413,300	310,300	442,000	376,000	485,000	412,000
부 안	365,940	274,990	391,600	294,200	419,000	356,000	460,000	391,000
순 창	386,270	289,970	413,300	313,300	413,000	351,000	453,000	385,000
무안,목포,영암	374,500	281,410	400,700	301,100	428,000	364,000	470,000	400,000
나 주	367,010	274,990	392,700	294,200	420,000	357,000	461,000	392,000
장 흥	374,500	281,410	400,700	301,100	401,000	341,000	440,000	374,000
담양,광주/곡성	339,190	254,660	362,900	272,500	388,000	330,000	426,000	362,000
여천,여수	293,180	220,420	313,700	235,800	335,000	285,000	368,000	313,000
광양,순천	266,430	200,090	285,100	214,000	305,000	259,000	335,000	285,000
울 진			405,300	304,500	433,000	368,000	475,000	404,000
영주,봉화	328,490	246,100	351,500	263,300	376,000	320,000	413,000	351,000
상주,문경	328,490	246,100	341,500	263,300	376,000	320,000	413,000	351,000
김 천	311,370	233,260	333,200	249,600	356,000	303,000	391,000	332,000
안 동	328,490	246,100	351,500	263,300	352,000	299,000	386,000	328,000
성주,칠곡	311,370	233,260	311,370	233,260	333,000	283,000	366,000	311,000
영 덕	328,490	246,100	328,490	246,100	328,000	279,000	360,000	306,000
구 미	271,780	204,370	290,800	218,700	311,000	264,000	341,000	290,000
대 구	248,240	186,180	265,600	199,200	284,000	241,000	312,000	265,000
포 항	234,330	175,480	250,700	187,000	251,000	213,000	276,000	235,000
경주시(군)	176,550	132,680	188,900	142,000	202,000	172,000	222,000	189,000
거 창	298,530	223,630	319,400	239,300	319,000	271,000	350,000	298,000
거 제	285,690	214,000	305,700	229,000	306,000	260,000	336,000	286,000
하 동	253,590	190,460	271,300	203,800	271,000	230,000	298,000	253,000
진 주	214,000	160,500	229,000	171,700	229,000	195,000	251,000	213,000
밀 양 시	176,550	132,680	188,900	142,000	189,000	161,000	208,000	177,000
울 산 시	154,080	115,660	164,900	123,600	165,000	140,000	181,000	154,000
창원/함안	140,170	104,360	150,000	112,200	160,000	136,000	176,000	150,000
김 해	89,880	67,410	96,200	72,100	103,000	88,000	113,000	96,000
부산시내	79,180	59,920	84,700	64,100	91,000	77,000	100,000	85,000

㈜ 행선지는 1998년 2월 21일 시행된 기준을 토대로 한것임.(부산기점기준)

연월 / 구분 / 행선지	1996년 11월 1일 시행		1998년 2월 21일 시행		2003년 11월 23일 시행		2005년 11월 21일 시행	
	구 분		구 분		구 분		구 분	
	40F/T	20F/T	40F/T	20F/T	40F/T	20F/T	40F/T	20F/T
인천,부천/김포	776,000	698,000	898,000	808,000	961,000/987,000	865,000/888,000	1,047,000/1,076,000	942,000/968,000
구리,남양주시	776,000	698,000	897,000	807,000	960,000	864,000	1,046,000	941,000
양평,광주	770,000	693,000	891,000	802,000	953,000	858,000	1,039,000	935,000
서 울	746,000	671,000	863,000	777,000	923,000	831,000	1,006,000	905,000
의왕,수원,오산,평택	741,000	667,000	857,000	771,000	917,000	825,000	1,000,000	900,000
안산,안양,성남,광명	746,000	671,000	863,000	777,000	923,000	831,000	1,006,000	905,000
여 주	598,000	538,000	692,000	623,000	823,000	741,000	968,000	871,000
이천,용인	588,000	529,000	680,000	612,000	810,000	729,000	968,000	871,000
가평,춘천	868,000	781,000	1,004,000	904,000	1,074,000	967,000	1,171,000	1,054,000
평창,영월,철원	839,000	755,000	971,000	874,000	1,039,000	935,000	1,133,000	1,020,000
속초,고성	826,000	743,000	956,000	860,000	1,023,000	921,000	1,115,000	1,004,000
강 릉	740,000	666,000	856,000	770,000	916,000	824,000	998,000	898,000
원 주 시	622,000	560,000	720,000	648,000	770,000	693,000	839,000	755,000
동 해	600,000	540,000	694,000	625,000	743,000	669,000	810,000	729,000
태 백	556,000	500,000	643,000	579,000	688,000	619,000	750,000	675,000
삼 척	554,000	499,000	641,000	577,000	686,000	617,000	748,000	673,000
단 양	740,000	666,000	856,000	776,000	916,000	824,000	998,000	898,000
충 주	541,000	487,000	626,000	563,000	670,000	603,000	730,000	657,000
진천,음성,괴산,청원	521,000	469,000	603,000	543,000	645,000	581,000	703,000	633,000
청주,보은	501,000	451,000	580,000	522,000	621,000	559,000	677,000	609,000
영동,옥천	474,000	427,000	548,000	493,000	586,000	527,000	639,000	575,000
당진,서산	643,000	579,000	744,000	670,000	796,000	716,000	868,000	781,000
청 양	628,000	565,000	727,000	654,000	778,000	700,000	848,000	763,000
예 산	552,000	497,000	639,000	575,000	684,000	616,000	746,000	671,000
천 안	516,000	464,000	597,000	537,000	639,000	575,000	697,000	627,000
금산,논산,공주,부여	506,000	455,000	585,000	527,000	626,000	563,000	682,000	614,000
연 기	501,000	451,000	580,000	522,000	621,000	559,000	677,000	609,000
대 전	474,000	427,000	548,000	493,000	586,000	527,000	639,000	575,000
완주,군산	541,000	487,000	626,000	563,000	670,000	603,000	730,000	657,000
김제,전주	528,000	475,000	611,000	550,000	654,000	589,000	713,000	642,000
부 안	505,000	455,000	584,000	526,000	625,000	563,000	681,000	613,000
순 창	453,000	408,000	524,000	472,000	561,000	505,000	611,000	550,000
무안,목포,영암	512,000	461,000	592,000	533,000	633,000	570,000	690,000	621,000
나 주	502,000	452,000	581,000	523,000	622,000	560,000	678,000	610,000
장 흥	479,000	431,000	554,000	499,000	593,000	534,000	646,000	581,000
담양,광주/곡성	464,000	418,000	537,000	483,000	575,000/569,000	518,000/512,000	627,000/620,000	564,000/558,000
여천,여수	401,000	361,000	464,000	418,000	496,000	446,000	541,000	487,000
광양,순천	365,000	329,000	422,000	380,000	452,000	407,000	493,000	444,000
울 진	513,000	462,000	594,000	535,000	636,000	572,000	693,000	624,000
영주,봉화	450,000	405,000	521,000	469,000	557,000	501,000	607,000	546,000
상주,문경	453,000	408,000	524,000	472,000	561,000	505,000	611,000	550,000
김 천	429,000	386,000	496,000	446,000	531,000	478,000	579,000	521,000
안 동	420,000	378,000	486,000	437,000	520,000	468,000	567,000	510,000
성주,칠곡	398,000	358,000	460,000	414,000	492,000	443,000	536,000	482,000
영 덕	392,000	353,000	454,000	409,000	486,000	437,000	530,000	477,000
구 미	386,000	347,000	447,000	402,000	478,000	430,000	521,000	469,000
대 구	340,000	306,000	393,000	354,000	421,000	379,000	459,000	413,000
포 항	300,000	270,000	347,000	312,000	371,000	334,000	404,000	364,000
경주시(군)	241,000	217,000	279,000	251,000	299,000	269,000	326,000	293,000
거 창	378,000	340,000	437,000	393,000	468,000	421,000	510,000	459,000
거 제	362,000	326,000	419,000	377,000	448,000	403,000	488,000	439,000
하 동	324,000	292,000	375,000	338,000	401,000	361,000	437,000	393,000
진 주	273,000	246,000	316,000	284,000	338,000	304,000	368,000	331,000
밀 양 시	208,000	187,000	241,000	217,000	258,000	232,000	281,000	253,000
울 산 시	203,000	183,000	235,000	212,000	251,000	226,000	274,000	247,000
창원/함안	193,000	174,000	223,000	201,000	239,000/267,000	215,000/240,000	261,000/291,000	235,000/262,000
김 해	124,000	112,000	143,000	129,000	153,000	138,000	167,000	150,000
부산시내	124,000	112,000	126,000	113,000	153,000	138,000	147,000	132,000

컨테이너운임요금 (3)

㊟ 행선지는 1998년 2월 21일 시행된 기준을 토대로 한것임.(부산기점기준)

연월 / 구분 / 행선지	2008년 6월 1일 시행		2011년 6월 10일 시행		2012년 8월 1일 시행		비 고
	구 분		구 분		구 분		
	40F/T	20F/T	40F/T	20F/T	40F/T	20F/T	
인천,부천/김포	1,141,000/1,173,000	1,027,000/1,056,000	1,244,000/1,279,000	1,120,000/1,151,000	1,356,000/1,394,000	1,220,000/1,255,000	
구리,남양주시	1,140,000	1,026,000	1,243,000	1,119,000	1,355,000	1,220,000	
양평,광주	1,133,000	1,020,000	1,235,000	1,112,000	1,346,000	1,211,000	
서 울	1,097,000	987,000	1,196,000	1,076,000	1,304,000	1,174,000	
의왕,수원,오산,평택	1,090,000	981,000	1,188,000	1,069,000	1,295,000	1,166,000	
안산,안양,성남,광명	1,097,000	987,000	1,196,000	1,076,000	1,304,000	1,174,000	
여 주	1,055,000	950,000	1,150,000	1,035,000	1,254,000	1,129,000	
이천,용인	1,055,000	950,000	1,150,000	1,035,000	1,254,000	1,129,000	
가평,춘천	1,276,000	1,148,000	1,391,000	1,252,000	1,516,000	1,364,000	
평창,영월,철원	1,235,000	1,112,000	1,346,000	1,211,000	1,467,000	1,320,000	
속초,고성	1,215,000	1,094,000	1,324,000	1,192,000	1,443,000	1,299,000	
강 릉	1,088,000	979,000	1,186,000	1,067,000	1,293,000	1,164,000	
원 주 시	915,000	824,000	997,000	897,000	1,087,000	978,000	
동 해	883,000	795,000	962,000	866,000	1,049,000	944,000	
태 백	818,000	736,000	892,000	803,000	972,000	875,000	
삼 척	815,000	734,000	888,000	799,000	968,000	871,000	
단 양	1,088,000	979,000	1,186,000	1,067,000	1,293,000	1,164,000	
충 주	796,000	716,000	868,000	781,000	946,000	851,000	
진천,음성,괴산,청원	766,000	689,000	835,000	752,000	910,000	819,000	
청주,보은	738,000	664,000	804,000	724,000	876,000	788,000	
영동,옥천	697,000	627,000	760,000	684,000	828,000	745,000	
당진,서산	946,000	851,000	1,031,000	928,000	1,124,000	1,012,000	
청 양	924,000	832,000	1,007,000	906,000	1,098,000	988,000	
예 산	813,000	732,000	886,000	797,000	966,000	869,000	
천 안	760,000	684,000	828,000	745,000	903,000	813,000	
금산,논산,공주,부여	743,000	669,000	810,000	729,000	883,000	795,000	
연 기	738,000	664,000	804,000	724,000	876,000	788,000	
대 전	697,000	627,000	760,000	684,000	828,000	745,000	
완주,군산	796,000	716,000	868,000	781,000	946,000	851,000	
김제,전주	777,000	699,000	847,000	762,000	923,000	831,000	
부 안	742,000	668,000	809,000	728,000	882,000	794,000	
순 창	666,000	599,000	726,000	653,000	791,000	712,000	
무안,목포,영암	752,000	677,000	820,000	738,000	894,000	805,000	
나 주	739,000	665,000	806,000	725,000	879,000	791,000	
장 흥	704,000	634,000	767,000	690,000	836,000	752,000	
담양,광주/곡성	683,000/676,000	615,000/608,000	744,000/737,000	670,000/663,000	811,000/803,000	730,000/723,000	
여천,여수	590,000	531,000	643,000	579,000	701,000	631,000	
광양,순천	537,000	483,000	585,000	527,000	638,000	574,000	
울 진	755,000	680,000	823,000	741,000	897,000	807,000	
영주,봉화	662,000	596,000	722,000	650,000	787,000	708,000	
상주,문경	666,000	599,000	726,000	653,000	791,000	712,000	
김 천	631,000	568,000	688,000	619,000	750,000	675,000	
안 동	618,000	556,000	674,000	607,000	735,000	662,000	
성주,칠곡	584,000	526,000	637,000	573,000	694,000	625,000	
영 덕	578,000	520,000	630,000	567,000	687,000	618,000	
구 미	568,000	511,000	619,000	557,000	675,000	608,000	
대 구	500,000	450,000	545,000	491,000	594,000	535,000	
포 항	440,000	396,000	480,000	432,000	523,000	471,000	
경주시(군)	355,000	320,000	387,000	348,000	422,000	380,000	
거 창	556,000	500,000	606,000	545,000	661,000	595,000	
거 제	532,000	479,000	580,000	522,000	632,000	569,000	
하 동	476,000	428,000	519,000	467,000	566,000	509,000	
진 주	401,000	361,000	437,000	393,000	476,000	428,000	
밀 양 시	306,000	275,000	334,000	301,000	364,000	328,000	
울 산 시	299,000	269,000	326,000	293,000	355,000	320,000	
창원/함안	284,000/317,000	256,000/285,000	310,000/346,000	279,000/311,000	338,000/377,000	304,000/339,000	
김 해	182,000	164,000	198,000	178,000	216,000	194,000	
부산시내	160,000	144,000	174,000	157,000	190,000	171,000	

㈜ 특수자동차로 운송되는 수출입 컨테이너 품목 안전운임(왕복)(부가세 별도)(50㎞까지만 표시)

연 월		2022년 7월 1일 시행					
구 분		40FT 컨테이너			20FT 컨테이너		
구간거리(㎞)	운송(왕복)거리(㎞)	안전위탁운임(원)	운수사업자 간 운임(원)	안전운송운임(원)	안전위탁운임(원)	운수사업자 간 운임(원)	안전운송운임(원)
1	2	103,500	109,400	119,100	90,000	95,000	103,200
2	4	107,100	113,100	123,000	93,200	98,300	106,500
3	6	111,000	117,200	127,300	96,400	101,600	110,100
4	8	114,600	120,900	131,200	99,700	105,000	113,500
5	10	118,100	124,500	134,800	102,800	108,200	116,900
6	12	121,800	128,300	138,800	106,100	111,600	120,400
7	14	125,500	132,100	142,800	109,200	114,800	123,700
8	16	129,100	135,800	146,700	112,300	118,000	127,100
9	18	132,700	139,500	150,500	115,500	121,200	130,400
10	20	136,200	143,100	154,400	118,600	124,500	134,000
11	22	139,900	146,900	158,300	121,700	127,600	137,200
12	24	143,500	150,700	162,300	124,900	130,900	140,600
13	26	147,000	154,200	165,900	128,000	134,200	144,100
14	28	150,600	157,900	169,900	131,100	137,300	147,300
15	30	154,100	161,600	173,700	134,200	140,500	150,700
16	32	157,600	165,200	177,500	137,900	144,300	154,700
17	34	161,100	168,700	181,200	141,700	148,200	158,700
18	36	164,700	172,500	185,100	145,500	152,000	162,600
19	38	168,200	176,000	188,800	149,400	156,000	166,700
20	40	171,600	179,600	192,600	153,100	159,800	170,700
21	42	175,200	183,300	196,400	156,900	163,700	174,800
22	44	178,500	186,700	200,100	160,600	167,500	178,600
23	46	182,000	190,300	203,800	164,300	171,300	182,700
24	48	186,200	194,600	208,400	168,200	175,300	186,800
25	50	190,300	198,800	212,700	171,800	179,000	190,700
26	52	193,100	201,700	215,800	174,400	181,600	193,400
27	54	195,900	204,600	218,900	176,900	184,200	196,100
28	56	199,200	208,000	222,300	179,400	186,800	198,900
29	58	202,500	211,400	226,000	181,800	189,300	201,500
30	60	205,800	214,800	229,600	184,300	191,900	204,300
31	62	209,200	218,300	233,300	186,700	194,400	206,800
32	64	212,600	221,800	236,900	189,200	197,000	209,600
33	66	216,000	225,300	240,600	191,600	199,500	212,300
34	68	219,300	228,700	244,200	194,100	202,000	215,000
35	70	222,700	232,200	247,900	196,500	204,500	217,600
36	72	226,000	235,600	251,400	198,800	207,000	220,300
37	74	229,300	239,100	255,100	201,200	209,500	223,000
38	76	232,700	242,500	258,700	203,700	212,000	225,500
39	78	235,900	245,900	262,200	206,100	214,500	228,300
40	80	239,100	249,200	265,700	208,500	217,000	230,900
41	82	242,500	252,600	269,300	211,300	219,900	233,900
42	84	245,700	256,000	272,800	214,200	222,900	237,000
43	86	249,100	259,400	276,400	217,000	225,800	240,100
44	88	252,300	262,700	279,900	219,900	228,700	243,200
45	90	255,500	266,000	283,300	222,700	231,600	246,200
46	92	258,900	269,600	287,100	225,500	234,500	249,200
47	94	262,000	272,800	290,500	228,400	237,500	252,400
48	96	265,200	276,100	294,100	231,100	240,300	255,300
49	98	268,500	279,500	297,500	233,900	243,200	258,400
50	100	271,700	282,800	301,100	236,900	246,200	261,500

교육비(각급학교 납입금)

연도별 \ 구분	중학교				고등학교							
					일반계				실업계			
	국·공립		사립		국·공립		사립		국·공립		사립	
	최고	최저	최고	최저	최고	최저	최고	최저	최고	최저	최고	최저
1970년	20,700	9,900	26,100	13,740	27,320	14,470	31,400	16,720	24,960	13,150	32,520	16,510
1971	30,170	12,900	30,170	12,900	32,190	15,910	37,430	18,070	26,670	13,390	37,430	18,310
1972	35,830	15,760	35,830	15,760	37,820	19,840	44,900	23,320	29,820	16,360	44,900	23,320
1973	35,830	15,760	35,830	15,760	37,820	19,840	44,900	23,320	29,820	16,360	44,900	23,320
1974	-	-	-	-	-	-	-	-	-	-	-	-
1975	56,310	34,720	56,310	34,720	78,100	49,240	78,100	57,640	78,460	43,000	78,460	57,640
1976	72,290	37,660	72,290	37,660	108,240	67,440	108,240	67,440	108,600	55,720	108,600	55,720
1977	84,050	48,640	84,050	48,640	126,600	76,800	126,600	93,960	126,960	62,080	126,960	94,360
1978	96,890	54,220	96,890	54,220	145,320	86,280	145,320	106,920	145,680	68,560	145,680	107,320
1979	109,680	59,640	109,680	59,640	160,800	92,560	160,800	117,280	161,840	71,240	161,840	117,680
1980	125,880	68,640	125,880	68,640	196,360	113,500	196,360	143,140	196,360	88,360	196,360	144,040
1981	160,560	88,560	160,560	88,560	252,640	148,360	252,640	186,880	252,640	114,520	252,640	186,880
1982	180,240	97,440	180,240	97,440	304,480	174,760	304,480	222,880	304,480	132,400	304,480	222,880
1983	189,360	102,360	189,360	102,360	319,480	183,400	319,480	233,920	319,480	138,880	319,480	233,920
1984	196,800	108,000	196,800	108,000	324,000	186,000	324,000	238,800	324,000	140,400	324,000	238,800
1985	202,300	106,200	202,800	106,200	334,200	192,000	334,200	246,600	334,200	144,600	334,200	246,600
1986	211,400	110,640	211,440	110,640	348,720	199,920	348,720	256,920	348,720	150,720	348,720	256,920
1987	211,400	110,640	211,440	110,640	348,720	199,920	348,720	256,920	348,720	150,720	348,720	256,920
1988	246,600	113,280	246,600	113,280	415,800	231,240	415,800	299,040	415,800	173,040	415,800	299,040
1989	266,800	126,600	266,800	126,600	458,640	265,800	458,640	342,200	458,640	202,200	458,640	340,200
1990	302,400	142,800	302,400	142,800	516,000	295,200	516,000	366,000	516,000	224,400	516,000	347,400
1991	318,000	129,000	318,000	129,000	543,000	293,400	543,000	219,600	543,000	367,800	543,000	348,300
1992	355,200	141,600	355,200	141,600	609,600	326,400	609,600	400,800	609,600	243,600	609,600	364,800
1993	392,400	157,200	392,400	157,200	668,520	356,160	668,520	434,160	668,520	268,560	668,520	380,160
1994	433,500	169,200	433,500	169,200	756,000	412,500	756,000	488,700	756,000	312,300	756,000	425,700
1995	500,400	183,600	500,400	183,600	883,200	471,600	883,200	561,600	883,200	358,400	883,200	492,000
1996	549,120	195,600	549,120	195,600	969,200	498,000	969,200	525,600	969,200	384,000	969,200	418,800
1997	580,800	75,600	580,800	75,600	1,023,600	456,000	1,023,600	484,800	1,023,600	336,000	1,023,600	372,000
1998	580,800	75,600	580,800	75,600	1,023,600	456,000	1,023,600	484,800	1,023,600	336,000	1,023,600	372,000
1999	673,200	79,200	637,200	79,200	1,124,400	541,200	1,124,400	562,800	1,124,400	409,200	1,124,400	439,200
2000	694,000	210,000	694,800	210,000	1,226,400	573,600	1,226,400	573,600	1,226,400	434,400	1,226,400	464,400
2001	694,800	217,200	694,800	217,200	1,226,400	586,800	1,226,400	586,800	1,226,400	440,440	1,226,400	464,400
2002	759,600	217,200	759,600	217,200	1,345,200	631,200	1,345,200	631,200	1,226,400	472,800	1,226,400	474,000
2003	802,800	92,400	802,800	92,400	1,459,200	655,200	1,459,200	655,200	1,459,200	537,600	1,459,200	547,200
2004	210,000	97,200	210,000	108,000	1,561,200	693,600	1,561,200	693,600	1,561,200	526,800	1,561,200	526,800
2005	216,000	111,600	216,000	111,600	1,636,800	709,200	1,636,800	709,200	1,636,800	571,200	1,636,800	571,200
2006	228,000	116,400	228,000	111,600	1,689,600	726,000	1,689,600	726,000	1,689,600	541,200	1,689,600	540,000
2007	237,600	102,000	237,600	116,400	1,772,400	788,400	1,772,400	791,520	1,772,400	597,200	1,772,400	600,720
2008	240,000	104,500	237,600	116,400	1,772,400	764,900	1,772,400	796,800	1,772,400	592,800	1,772,400	600,720
2009	249,600	124,000	249,600	124,000	1,786,800	760,800	1,786,800	796,800	1,786,800	600,720	1,786,800	600,720
2010	249,600	124,000	249,600	124,000	1,786,800	760,800	1,786,800	796,800	1,786,800	600,720	1,786,800	600,720
2011	-	-	-	-	-	-	-	-	-	-	-	-
2012	207,240	84,600	249,600	84,600	1,792,000	347,100	2,148,760	347,100	1,792,000	219,600	1,792,000	219,600
2013	-	-	-	-	1,796,870	347,100	1,793,700	347,100	1,911,100	219,600	1,967,200	219,600
2014	-	-	-	-	1,807,660	760,800	1,828,940	804,720	1,924,060	585,600	1,902,360	584,400
2015	-	-	-	-	1,450,800	595,200	1,450,800	595,200	1,450,800	391,200	1,450,800	391,200
2016	-	-	-	-	1,450,800	595,200	1,450,800	595,200	1,450,800	391,200	1,450,800	391,200
2017	-	-	-	-	1,450,800	595,200	1,450,800	595,200	1,450,800	391,200	1,450,800	391,200
2018	-	-	-	-	1,450,800	595,200	1,450,800	595,200	1,450,800	391,200	1,450,800	391,200
2019	-	-	-	-	1,450,800	595,200	1,450,800	595,200	1,450,800	391,200	1,450,800	391,200
2020	-	-	-	-	1,450,800	595,200	1,450,800	595,200	1,450,800	391,200	1,450,800	391,200
2021	-	-	-	-	-	-	-	-	-	-	-	-
2022	-	-	-	-	-	-	-	-	-	-	-	-
2023	-	-	-	-	-	-	-	-	-	-	-	-
2024	-	-	-	-	-	-	-	-	-	-	-	-

주 1) 1971~1972년 전문대학은 초급대학기준.
2) 1973~1978년 전문대학은 전문학교(Junior Vocational College) 기준.
3) 학생회비(학도호국단비)는 제외금액임.
4) '-'는 자료 없음.
5) 중학교 학교운영지원비 2012년 9월부터 폐지.
6) 실업계 고등학교는 2012년 부터 특성화고교로 이름 변경.
7) 국·공립 고등학교는 2021부터 무상교육이 전면 시행됨에 따라 징수액이 없음.

(1인당 연액)

전 문 대 학				대 학 교 (4년제)								구분
				인 문 계				자 연 계				
국·공립		사 립		국 립		사 립		국 립		사 립		
최 고	최 저	최 고	최 저	최 고	최 저	최 고	최 저	최 고	최 저	최 고	최 저	연도별
–	–	92,500	61,450	33,000	–	111,000	70,400	45,400	–	126,400	82,400	1970년
–	–	126,000	85,100	57,200	29,400	131,180	61,000	73,600	294,00	149,180	69,000	1971
–	–	131,800	–	65,200	–	153,600	92,800	73,600	–	172,600	92,800	1972
44,600	36,710	154,080	39,000	76,300	49,140	155,920	64,000	84,400	48,000	194,800	93,600	1973
–	–	–	–	–	–	–	–	–	–	–	–	1974
108,400	64,000	235,000	116,800	178,100	97,000	409,200	81,000	203,500	103,000	431,200	164,200	1975
131,400	85,300	243,000	187,200	199,900	102,400	344,400	282,800	180,800	102,400	380,000	321,200	1976
132,660	72,200	285,000	144,520	207,200	138,520	468,000	193,500	212,800	149,800	461,200	304,800	1977
154,460	109,200	316,400	138,800	–	–	–	–	–	–	–	–	1978
166,400	–	401,800	–	210,000	176,000	570,000	424,000	250,000	184,000	616,000	434,000	1979
260,000	207,500	490,000	–	280,500	243,000	672,000	502,000	301,500	268,000	732,000	548,000	1980
300,000	–	607,000	–	388,000	336,000	810,000	614,000	422,000	386,000	880,000	660,000	1981
514,000	–	685,000	–	722,000	396,000	1,140,000	614,000	820,000	671,000	1,188,000	636,000	1982
51,4000	–	685,000	–	777,000	432,000	1,260,000	940,000	876,000	469,000	1,314,000	976,000	1983
514,000	–	685,000	–	–	–	1,107,000	940,000	–	–	1,114,000	976,000	1984
528,000	–	718,000	–	788,000	745,000	1,146,000	1,000,000	893,000	850,000	1,148,000	1,048,000	1985
560,000	–	762,000	–	812,000	767,000	1,180,000	1,048,000	920,000	875,000	1,184,000	1,087,000	1986
586,000	–	797,000	–	844,000	798,000	1,189,000	1,118,000	957,000	911,000	1,474,000	1,168,000	1987
586,000	–	797,000	–	884,000	836,000	1,267,000	1,209,000	1,003,000	955,000	1,547,000	1,258,000	1988
673,000	652,000	1,005,800	837,000	940,000	851,000	1,498,000	1,232,000	1,193,000	970,000	2,012,000	1,264,000	1989
667,000	667,000	1,134,000	920,000	953,000	851,000	1,585,000	1,123,000	1,508,000	987,000	2,288,000	1,294,000	1990
719,000	719,000	1,394,000	1,122,000	1,049,000	921,000	1,777,000	1,377,000	1,217,000	1,069,000	2,598,000	1,618,000	1991
782,000	782,000	1,648,000	1,244,900	1,153,000	1,011,000	2,200,000	1,690,000	1,357,000	1,206,000	3,179,000	2,089,000	1992
878,000	878,000	2,054,000	1,667,000	1,272,000	1,150,000	2,678,000	1,624,000	2,090,000	1,827,000	4,906,000	2,072,000	1993
1,986,000	992,000	2,533,000	1,902,000	1,430,00	1,330,000	3,309,000	1,650,000	2,660,000	1,999,000	6,102,000	1,796,000	1994
2,215,000	1,141,000	3,213,000	2,110,000	1,849,000	1,468,000	3,607,000	1,900,000	2,828,000	1,949,000	6,878,000	2,206,000	1995
2,476,000	928,000	4,442,000	2,585,000	1,874,000	1,543,000	4,590,000	1,340,000	2,557,000	2,114,000	6,912,000	2,301,000	1996
2,945,000	1,118,000	4,540,000	2,694,000	3,052,000	1,637,000	5,290,000	600,000	3,118,000	2,373,000	7,579,000	3,062,000	1997
2,945,000	1,118,000	4,540,000	2,694,000	3,052,000	1,637,000	5,290,000	600,000	3,118,000	2,373,000	7,579,000	3,062,000	1998
2,989,000	1,016,000	4,603,000	2,458,000	2,168,000	1,281,400	5,496,000	600,000	3,364,900	2,565,500	8,992,000	2,500,000	1999
3,223,000	1,016,000	5,100,000	2,984,000	3,158,000	1,383,400	4,547,000	600,000	4,775,300	1,414,000	6,697,500	2,046,000	2000
3,512,000	1,511,000	5,500,000	2,154,000	3,632,000	1,828,000	5,508,000	600,000	4,215,000	1,828,000	6,990,000	2,686,000	2001
3,892,000	740,000	5,700,000	1,678,000	3,094,000	1,931,000	5,040,000	1,680,000	5,572,000	2,291,000	7,592,000	3,526,000	2002
4,152,000	754,000	6,100,000	2,374,000	3,996,100	2,034,400	5,743,000	1,680,000	6,070,600	2,449,400	8,195,500	3,072,400	2003
4,062,000	800,000	6,128,000	3,607,000	4,534,700	2,288,700	5,930,000	1,680,000	6,776,300	2,687,000	8,964,000	3,300,000	2004
5,290,000	826,000	6,563,000	3,590,000	4,883,000	2,505,500	6,170,000	1,680,000	6,530,600	2,911,200	9,680,000	3,663,000	2005
4,381,000	835,000	7,322,000	3,525,000	5,494,000	2,768,000	6,852,000	1,836,000	7,024,000	2,764,000	10,924,000	4,181,000	2006
4,415,448	1,036,000	7,576,000	3,500,000	6,127,000	2,997,000	7,393,000	1,836,000	7,675,000	3,040,000	11,744,000	4,724,000	2007
4,522,000	1,036,000	8,602,000	3,580,000	6,540,000	3,008,000	7,752,000	1,680,000	8,190,000	3,475,000	11,318,000	5,368,000	2008
6,537,200	1,136,000	8,709,900	4,382,500	9,764,100	2,350,000	7,840,300	1,680,000	11,803,800	2,616,100	12,208,000	5,029,400	2009
6,914,000	1,149,000	8,745,000	4,537,000	9,900,000	2,857,000	8,225,000	1,680,000	8,240,000	3,164,000	9,857,000	5,418,000	2010
–	–	–	–	–	–	–	–	–	–	–	–	2011
4,495,180	1,076,090	8,116,430	4,133,330	9,794,870	1,744,560	10,581,420	788,000	11,392,020	2,105,540	9,359,000	3,424,000	2012
4,464,140	1,076,091	8,116,177	4,144,444	9,715,450	1,744,577	7,943,000	1,680,000	11,470,952	2,105,444	9,200,000	5,580,000	2013
4,447,967	1,076,091	8,104,177	4,088,889	9,700,450	1,745,202	7,911,000	1,740,000	11,688,000	2,105,612	9,100,000	5,580,000	2014
3,604,000	726,700	7,316,300	2,089,000	4,540,100	2,669,800	8,074,300	1,740,000	5,540,000	3,474,400	9,188,600	4,749,600	2015
3,604,000	738,800	7,288,200	2,088,000	4,539,800	2,669,800	8,213,100	1,760,000	5,540,000	3,474,000	9,323,100	5,580,000	2016
3,604,000	749,900	7,273,900	2,090,000	4,565,900	2,692,100	8,351,500	1,760,000	5,526,700	3,473,500	9,110,900	5,580,000	2017
3,604,000	754,600	7,286,800	2,091,800	4,594,200	2,874,000	8,438,400	1,760,000	5,512,400	3,473,100	9,130,600	5,580,000	2018
3,604,000	755,600	7,292,800	2,089,400	3,821,000	2,874,000	8,464,600	1,760,000	4,614,300	3,473,100	9,172,100	5,580,000	2019
3,604,000	756,111	7,291,448	2,122,446	4,704,033	2,874,000	8,463,780	1,760,000	5,497,480	3,865,856	9,215,987	5,580,000	2020
2,890,000	1,652,000	8,928,000	1,500,000	9,000,000	2,044,000	13,738,000	1,760,000	9,038,000	2,060,000	13,738,000	4,608,000	2021
2,890,000	1,642,000	9,000,000	1,000,000	9,000,000	2,044,000	13,738,000	1,760,000	8,962,000	2,060,000	13,738,000	4,700,000	2022
2,890,000	1,642,000	9,260,000	2,000,000	9,000,000	2,044,000	13,933,000	1,760,000	8,962,000	2,060,000	13,933,000	4,700,000	2023
2,890,000	1,642,000	9,260,000	1,382,000	9,000,000	2,044,000	13,933,000	1,820,000	8,962,000	2,060,000	13,933,000	4,700,000	2024

※ 2025년도 학생수 초등학생 : 2,345,488명 중학생 : 1,370,356명
고등학생 : 1,299,466명 대학생/대학원생 : 3,016,724명

※ 2025년도 학교수 초등학교 : 6,192개소 중학교 : 3,292개소
고등학교 : 2,387개소 대학교/대학원 : 1,232개소

교 통 범 칙 금(1)

(보통:16인승 이상/승용:보통,소형/화물:보통,소형,특수/2륜:원동기장치자전차)

연도구분 / 범칙행위구분	1973.11~1977.3				1997.3~1979.7				1979.7~1981.4			
	보통	승용	화물	2륜	보통	승용	화물	2륜	보통	승용	화물	2륜
신호 또는 지시위반	3,000	2,000	2,000	2,000	10,000	10,000	10,000	5,000	20,000	20,000	20,000	10,000
통행금지 또는 제한 위반	3,000	2,000	2,000	1,000	5,000	5,000	5,000	3,000	10,000	10,000	10,000	5,000
중앙선침범등 통행구분 위반	5,000	4,000	3,000	2,000	13,000	13,000	13,000	10,000	20,000	20,000	20,000	10,000
지정차선 통행위반	5,000	4,000	3,000	2,000	8,000	8,000	8,000	5,000	-	-	-	-
-6대도시	-	-	-	-	-	-	-	-	15,000	15,000	15,000	10,000
-기타지역	-	-	-	-	-	-	-	-	10,000	10,000	10,000	5,000
버스전용차선 통행위반(일반도로)	-	-	-	-	-	-	-	-	-	-	-	-
-6대도시	-	-	-	-	-	-	-	-	-	-	-	-
-기타지역	-	-	-	-	-	-	-	-	-	-	-	-
통행 우선순위 위반	1,000	1,000	1,000	1,000	3,000	3,000	3,000	3,000	5,000	5,000	5,000	3,000
제한속도 위반	-	-	-	-	-	-	-	-	-	-	-	-
-최고속도위반	-	-	-	-	-	-	-	-	-	-	-	-
--속도위반 10km/h 미만	2,000	1,000	1,000	1,000	5,000	5,000	5,000	3,000	7,000	7,000	7,000	5,000
--속도위반 30km/h 미만	5,000	4,000	4,000	2,000	13,000	13,000	13,000	5,000	20,000	20,000	20,000	10,000
--속도위반 30km/h 이상	-	-	-	-	-	-	-	-	-	-	-	-
--속도위반 20km/h 이하	-	-	-	-	-	-	-	-	-	-	-	-
--속도위반 20km/h 초과	-	-	-	-	-	-	-	-	-	-	-	-
--속도위반 40km/h 초과	-	-	-	-	-	-	-	-	-	-	-	-
-최저속도위반	-	-	-	-	-	-	-	-	-	-	-	-
횡단.회전(유턴).후진위반	3,000	2,000	2,000	1,000	5,000	5,000	5,000	3,000	10,000	10,000	10,000	5,000
안전거리 미확보	2,000	2,000	2,000	1,000	-	-	-	-	-	-	-	-
-일반도로	-	-	-	-	3,000	3,000	3,000	3,000	5,000	5,000	5,000	3,000
-고속도로	-	-	-	-	10,000	10,000	10,000	-	20,000	20,000	20,000	-
앞지르기 방법 위반	5,000	4,000	4,000	2,000	10,000	10,000	10,000	5,000	20,000	20,000	20,000	10,000
앞지르기금지위반	-	-	-	-	10,000	10,000	10,000	5,000	20,000	20,000	20,000	10,000
교차로 통행방법 위반	1,000	1,000	1,000	1,000	5,000	5,000	5,000	3,000	10,000	10,000	10,000	5,000
직행 및 우회전차의 진행방해	3,000	3,000	2,000	1,000	5,000	5,000	5,000	3,000	10,000	10,000	10,000	5,000
보행자 보호의무 불이행	5,000	4,000	2,000	1,000	10,000	10,000	10,000	5,000	20,000	20,000	20,000	10,000
서행 일시(일단)정지 위반	2,000	2,000	2,000	1,000	10,000	10,000	10,000	5,000	15,000	15,000	15,000	5,000
정차위반	2,000	2,000	2,000	1,000	3,000	3,000	3,000	3,000	-	-	-	-
-6대도시	-	-	-	-	-	-	-	-	5,000	5,000	5,000	3,000
-기타지역	-	-	-	-	-	-	-	-	3,000	3,000	3,000	3,000
주차위반	2,000	2,000	2,000	1,000	3,000	3,000	3,000	3,000	-	-	-	-
-6대도시	-	-	-	-	-	-	-	-	10,000	10,000	10,000	5,000
-기타지역	-	-	-	-	-	-	-	-	5,000	5,000	5,000	3,000
주차.정차 방법 위반	4,000	3,000	3,000	1,000	5,000	3,000	3,000	3,000	-	-	-	-
-6대도시	-	-	-	-	-	-	-	-	10,000	5,000	5,000	3,000
-기타지역	-	-	-	-	-	-	-	-	5,000	3,000	3,000	3,000
정차 및 주차위반에 대한 조치 불응	-	-	-	-	-	-	-	-	-	-	-	-
-6대도시	-	-	-	-	-	-	-	-	-	-	-	-
-기타지역	-	-	-	-	-	-	-	-	-	-	-	-
제차의 등화 점등 또는 조작 불이행	1,000	1,000	1,000	1,000	-	-	-	-	-	-	-	-
-일반도로	-	-	-	-	3,000	3,000	3,000	3,000	10,000	10,000	10,000	10,000
-고속도로	-	-	-	-	10,000	10,000	10,000	-	20,000	20,000	20,000	-
제차의 신호 불이행	2,000	2,000	2,000	2,000	-	-	-	-	-	-	-	-
-일반도로	-	-	-	-	5,000	5,000	5,000	3,000	10,000	10,000	10,000	10,000
-고속도로	-	-	-	-	15,000	15,000	15,000	-	20,000	20,000	20,000	-
경음기 불사용	1,000	1,000	1,000	1,000	3,000	3,000	3,000	3,000	5,000	5,000	5,000	3,000
경음기 사용제한 위반	3,000	3,000	2,000	1,000	3,000	3,000	3,000	3,000	5,000	5,000	5,000	3,000
승차 및 적재 제한 위반	-	-	-	-	-	-	-	-	-	-	-	-
-정원초과 1/10미만	2,000	1,500	1,000	1,000	-	-	-	-	-	-	-	-
-정원초과 1/10이상	5,000	3,000	1,000	1,000	-	-	-	-	-	-		-
-적재위반 1/10미만	1,000	1,000	2,000	1,000	-	-	-	-	-	-		-
-적재위반 1/10이상	1,000	1,000	3,000	1,000	-	-	-	-	-	-	-	-
-정원초과 1/10초과	-	-	-	-	8,000	5,000	5,000	3,000	15,000	10,000	10,000	5,000
-적재위반 1/10초과	-	-	-	-	-	-	10,000	5,000	-	-	15,000	5,000
-승차인원초과	-	-	-	-	-	-	-	-	-	-	-	-
-적재제한위반	-	-	-	-	-	-	-	-	-	-	-	-
견인 제한 위반	2,000	2,000	2,000	1,000	3,000	3,000	3,000	3,000	5,000	5,000	5,000	3,000
도장 및 표지제한 위반	1,000	1,000	1,000	1,000	5,000	5,000	5,000	3,000	5,000	5,000	5,000	3,000
안전운전의무 위반	2,000	1,500	1,500	1,000	5,000	5,000	5,000	3,000	10,000	10,000	10,000	5,000
횡단보도보행자통행방해	-	-	-	-	-	-	-	-	-	-	-	-
안전지대에서 서행 위반	1,000	1,000	1,000	1,000	3,000	3,000	3,000	3,000	5,000	5,000	5,000	3,000
적재화물의 추락방지 위반	-	-	-	-	-	-	-	-	-	-	-	-
운행정지시 조치 위반	3,000	2,000	2,000	1,000	5,000	5,000	5,000	3,000	10,000	10,000	10,000	5,000
승객의 승하차시 안전조치 위반	-	-	-	-	-	-	-	-	-	-	-	-
승객의 추락방지조치 위반	-	-	-	-	-	-	-	-	-	-	-	-
승객의 차내소란행위를 방치하고 운행하는 행위	-	-	-	-	-	-	-	-	-	-	-	-
2륜자동차의 인명보호장구 미착용운행	-	-	-	-	-	-	-	-	-	-	-	-
일반도로운행시 좌선안전띠 미착용 운전자	-	-	-	-	-	-	-	-	-	-	-	-
주, 정차금지위반(고속도로 및 자동차전용도로)	-	-	-	-	10,000	10,000	10,000	-	20,000	20,000	20,000	-
고속도로 진입위반	-	-	-	-	8,000	8,000	8,000	-	15,000	15,000	15,000	-
적성검사 미필	2,000	2,000	2,000	2,000	3,000	3,000	3,000	3,000	3,000	3,000	3,000	3,000
적성검사 기간 경과	-	-	-	-	-	-	-	-	-	-	-	-
-단기간(3개월 미만)	-	-	-	-	-	-	-	-	-	-	-	-
-장기간(3개월 이상)	-	-	-	-	-	-	-	-	-	-	-	-
면허증 반납 불이행	-	-	-	-	-	-	-	-	-	-	-	-
고속도로 갓길통행, 버스전용차선(다인승전용차선) 통행위반	-	-	-	-	-	-	-	-	-	-	-	-
운전중 휴대전화 사용	-	-	-	-	-	-	-	-	-	-	-	-

(차종구분 변경:보통:16인승 이상→9인승이상('85~)/화물:중기('85~)추가/기타('82~):자전거,손수레,경운기,우마차) (단위:원)

1981.4~1982.6				1982.6~1985.6					1985.6~1986.4				
보통	승용	화물	2륜	보통	승용	화물	2륜	기타	보통	승용	화물	2륜	기타
20,000	20,000	20,000	10,000	30,000	30,000	30,000	15,000	5,000	30,000	30,000	30,000	15,000	5,000
10,000	10,000	10,000	5,000	15,000	15,000	15,000	7,000	3,000	15,000	15,000	15,000	7,000	3,000
20,000	20,000	20,000	10,000	30,000	30,000	30,000	15,000	5,000	30,000	30,000	30,000	15,000	5,000
–	–	–	–	–	–	–	–	–	–	–	–	–	–
15,000	15,000	15,000	10,000	20,000	20,000	20,000	15,000	5,000	20,000	20,000	20,000	15,000	5,000
10,000	10,000	10,000	5,000	15,000	15,000	15,000	7,000	3,000	15,000	15,000	15,000	7,000	3,000
–	–	–	–	–	–	–	–	–	–	–	–	–	–
–	–	–	–	–	–	–	–	–	–	–	–	–	–
–	–	–	–	–	–	–	–	–	–	–	–	–	–
5,000	5,000	5,000	3,000	7,000	7,000	7,000	5,000	–	7,000	7,000	7,000	5,000	–
–	–	–	–	–	–	–	–	–	–	–	–	–	–
–	–	–	–	–	–	–	–	–	–	–	–	–	–
7,000	7,000	7,000	5,000	10,000	10,000	10,000	7,000	–	10,000	10,000	10,000	7,000	–
15,000	15,000	15,000	10,000	20,000	20,000	20,000	15,000	–	20,000	20,000	20,000	15,000	–
20,000	20,000	20,000	15,000	30,000	30,000	30,000	20,000	–	30,000	30,000	30,000	20,000	–
–	–	–	–	–	–	–	–	–	–	–	–	–	–
–	–	–	–	–	–	–	–	–	–	–	–	–	–
–	–	–	–	–	–	–	–	–	–	–	–	–	–
–	–	–	–	–	–	–	–	–	10,000	10,000	10,000	7,000	–
10,000	10,000	10,000	5,000	15,000	15,000	15,000	7,000	3,000	15,000	15,000	15,000	7,000	3,000
–	–	–	–	–	–	–	–	–	–	–	–	–	–
5,000	5,000	5,000	3,000	7,000	7,000	7,000	5,000	–	7,000	7,000	7,000	5,000	–
20,000	20,000	20,000	–	30,000	30,000	30,000	–	–	30,000	30,000	30,000	–	–
20,000	20,000	20,000	10,000	30,000	30,000	30,000	15,000	–	30,000	30,000	30,000	15,000	–
20,000	20,000	20,000	10,000	–	–	–	–	–	30,000	30,000	30,000	15,000	–
10,000	10,000	10,000	5,000	15,000	15,000	15,000	7,000	–	15,000	15,000	15,000	7,000	5,000
10,000	10,000	10,000	5,000	15,000	15,000	15,000	7,000	–	15,000	15,000	15,000	7,000	5,000
20,000	20,000	20,000	10,000	30,000	30,000	30,000	15,000	5,000	30,000	30,000	30,000	15,000	5,000
15,000	15,000	15,000	5,000	20,000	20,000	20,000	7,000	–	20,000	20,000	20,000	7,000	–
–	–	–	–	–	–	–	–	–	–	–	–	–	–
5,000	5,000	5,000	3,000	10,000	10,000	10,000	5,000	–	10,000	10,000	10,000	5,000	–
3,000	3,000	3,000	3,000	5,000	5,000	5,000	5,000	–	5,000	5,000	5,000	5,000	–
–	–	–	–	–	–	–	–	–	–	–	–	–	–
10,000	10,000	10,000	5,000	15,000	15,000	15,000	7,000	3,000	15,000	15,000	15,000	7,000	3,000
5,000	3,000	3,000	3,000	7,000	5,000	5,000	5,000	3,000	7,000	5,000	5,000	5,000	3,000
–	–	–	–	–	–	–	–	–	–	–	–	–	–
10,000	5,000	5,000	3,000	15,000	7,000	7,000	5,000	–	15,000	7,000	7,000	5,000	–
5,000	3,000	3,000	3,000	7,000	5,000	5,000	5,000	–	7,000	5,000	5,000	5,000	–
–	–	–	–	–	–	–	–	–	–	–	–	–	–
15,000	15,000	15,000	10,000	20,000	20,000	20,000	15,000	5,000	20,000	20,000	20,000	15,000	5,000
10,000	10,000	10,000	5,000	15,000	15,000	15,000	7,000	5,000	15,000	15,000	15,000	7,000	5,000
–	–	–	–	–	–	–	–	–	–	–	–	–	–
10,000	10,000	10,000	10,000	15,000	15,000	15,000	15,000	5,000	15,000	15,000	15,000	15,000	5,000
20,000	20,000	20,000	–	30,000	30,000	30,000	–	–	30,000	30,000	30,000	–	–
–	–	–	–	–	–	–	–	–	–	–	–	–	–
10,000	10,000	10,000	10,000	15,000	15,000	15,000	15,000	–	15,000	15,000	15,000	15,000	5,000
20,000	20,000	20,000	–	30,000	30,000	30,000	–	–	30,000	30,000	30,000	–	–
5,000	5,000	5,000	3,000	7,000	7,000	7,000	5,000	–	7,000	7,000	7,000	5,000	–
5,000	5,000	5,000	3,000	7,000	7,000	7,000	5,000	–	7,000	7,000	7,000	5,000	–
–	–	–	–	–	–	–	–	–	–	–	–	–	–
–	–	–	–	–	–	–	–	–	–	–	–	–	–
–	–	–	–	–	–	–	–	–	–	–	–	–	–
–	–	–	–	–	–	–	–	–	–	–	–	–	–
15,000	10,000	10,000	5,000	20,000	15,000	15,000	7,000	–	20,000	15,000	15,000	7,000	–
–	–	15,000	5,000	–	–	20,000	7,000	–	–	–	20,000	7,000	–
–	–	–	–	–	–	–	–	–	–	–	–	–	–
–	–	–	–	–	–	–	–	–	–	–	–	–	–
5,000	5,000	5,000	3,000	7,000	7,000	7,000	5,000	–	7,000	7,000	7,000	5,000	–
5,000	5,000	5,000	3,000	7,000	7,000	7,000	5,000	–	7,000	7,000	7,000	5,000	–
15,000	15,000	15,000	10,000	20,000	20,000	20,000	15,000	5,000	20,000	20,000	20,000	15,000	5,000
–	–	–	–	–	–	–	–	–	–	–	–	–	–
5,000	5,000	5,000	3,000	7,000	7,000	7,000	5,000	–	7,000	7,000	7,000	5,000	–
–	–	–	–	–	–	–	–	–	–	–	–	–	–
10,000	10,000	10,000	5,000	15,000	15,000	15,000	7,000	–	15,000	15,000	15,000	7,000	–
15,000	15,000	15,000	–	20,000	20,000	20,000	–	–	20,000	20,000	20,000	–	–
–	–	–	–	–	–	–	–	–	–	–	–	–	–
–	–	–	–	–	–	–	–	–	–	–	–	–	–
–	–	–	3,000	–	–	–	5,000	–	–	–	–	5,000	–
–	–	–	–	–	–	–	–	–	–	–	–	–	–
20,000	20,000	20,000	–	30,000	30,000	30,000	–	–	30,000	30,000	30,000	–	–
15,000	15,000	15,000	–	20,000	20,000	20,000	–	–	20,000	20,000	20,000	–	–
3,000	3,000	3,000	3,000	5,000	5,000	5,000	5,000	–	5,000	5,000	5,000	5,000	–
–	–	–	–	–	–	–	–	–	–	–	–	–	–
–	–	–	–	–	–	–	–	–	–	–	–	–	–
–	–	–	–	–	–	–	–	–	–	–	–	–	–
10,000	10,000	10,000	10,000	15,000	15,000	15,000	15,000	–	15,000	15,000	15,000	15,000	–
–	–	–	–	–	–	–	–	–	–	–	–	–	–
–	–	–	–	–	–	–	–	–	–	–	–	–	–

교 통 범 칙 금(2)

(보통:9인승 이상/승용:보통,소형,고급추가('87~)/화물:보통,소형,특수,대형('87~)추가중기/2륜:원동기장치자전차/기타:자전거,손수레,경운기,우마차) (단위:원)

연도구분 / 범칙행위구분	1986.4~1989.10					1989.10~1990.10					1990.10~1992.3				
	보통	승용	화물	2륜	기타	보통	승용	화물	2륜	기타	보통	승용	화물	2륜	기타
신호 또는 지시위반	30,000	30,000	30,000	15,000	5,000	30,000	30,000	30,000	15,000	5,000	30,000	30,000	30,000	15,000	5,000
통행금지 또는 제한 위반	15,000	15,000	15,000	7,000	3,000	15,000	15,000	15,000	7,000	3,000	15,000	15,000	15,000	7,000	3,000
중앙선침범등 통행구분 위반	30,000	30,000	30,000	15,000	5,000	30,000	30,000	30,000	15,000	5,000	30,000	30,000	30,000	15,000	5,000
지정차선 통행위반	–	–	–	–	–	–	–	–	–	–	–	–	–	–	–
-6대도시	20,000	20,000	20,000	15,000	5,000	20,000	20,000	20,000	15,000	5,000	20,000	20,000	20,000	15,000	5,000
-기타지역	15,000	15,000	15,000	7,000	3,000	15,000	15,000	15,000	7,000	3,000	15,000	15,000	15,000	7,000	3,000
버스전용차선 통행위반(일반도로)	–	–	–	–	–	–	–	–	–	–	–	–	–	–	–
-6대도시	–	–	–	–	–	–	–	–	–	–	20,000	20,000	20,000	15,000	5,000
-기타지역	–	–	–	–	–	–	–	–	–	–	15,000	15,000	15,000	7,000	3,000
통행 우선순위 위반	7,000	7,000	7,000	5,000	–	7,000	7,000	7,000	5,000	–	7,000	7,000	7,000	5,000	–
제한속도 위반	–	–	–	–	–	–	–	–	–	–	–	–	–	–	–
-최고속도위반	–	–	–	–	–	–	–	–	–	–	–	–	–	–	–
--속도위반 10km/h 미만	10,000	10,000	10,000	7,000	–	10,000	10,000	10,000	7,000	–	10,000	10,000	10,000	7,000	–
--속도위반 30km/h 미만	20,000	20,000	20,000	15,000	–	20,000	20,000	20,000	15,000	–	20,000	20,000	20,000	15,000	–
--속도위반 30km/h 이상	30,000	30,000	30,000	20,000	–	30,000	30,000	30,000	20,000	–	30,000	30,000	30,000	20,000	–
--속도위반 20km/h 이하	–	–	–	–	–	–	–	–	–	–	–	–	–	–	–
--속도위반 20km/h 초과	–	–	–	–	–	–	–	–	–	–	–	–	–	–	–
--속도위반 40km/h 초과	-10,000	-10,000	-10,000	–	–	–	–	–	–	–	–	–	–	–	–
-최저속도위반	15,000	15,000	15,000	7,000	–	10,000	10,000	10,000	7,000	–	10,000	10,000	10,000	7,000	–
횡단.회전(유턴).후진위반	–	–	–	7,000	3,000	15,000	15,000	15,000	7,000	3,000	15,000	15,000	15,000	7,000	3,000
안전거리 미확보	7,000	7,000	7,000	–	–	–	–	–	–	–	–	–	–	–	–
-일반도로	30,000	30,000	30,000	5,000	–	7,000	7,000	7,000	5,000	–	7,000	7,000	7,000	5,000	–
-고속도로	30,000	30,000	30,000	–	–	30,000	30,000	30,000	–	–	30,000	30,000	30,000	–	–
앞지르기 방법 위반	30,000	30,000	30,000	15,000	–	30,000	30,000	30,000	15,000	–	30,000	30,000	30,000	15,000	–
앞지르기금지위반	15,000	15,000	15,000	15,000	–	30,000	30,000	30,000	15,000	–	30,000	30,000	30,000	15,000	–
교차로 통행방법 위반	15,000	15,000	15,000	7,000	5,000	15,000	15,000	15,000	7,000	5,000	15,000	15,000	15,000	7,000	5,000
직행 및 우회전차의 진행방해	30,000	30,000	30,000	7,000	5,000	15,000	15,000	15,000	7,000	5,000	15,000	15,000	15,000	7,000	5,000
보행자 보호의무 불이행	20,000	20,000	20,000	15,000	5,000	30,000	30,000	30,000	15,000	5,000	30,000	30,000	30,000	15,000	5,000
서행 일시(일단)정지 위반	–	–	–	7,000	–	20,000	20,000	20,000	7,000	–	20,000	20,000	20,000	7,000	–
정차위반	10,000	10,000	10,000	–	–	–	–	–	–	–	–	–	–	–	–
-6대도시	5,000	5,000	5,000	5,000	–	20,000	20,000	20,000	5,000	–	20,000	20,000	20,000	5,000	–
-기타지역	–	–	–	5,000	–	10,000	10,000	10,000	5,000	–	10,000	10,000	10,000	5,000	–
주차위반	15,000	15,000	15,000	–	–	–	–	–	–	–	–	–	–	–	–
-6대도시	7,000	5,000	5,000	7,000	3,000	30,000	30,000	30,000	7,000	3,000	30,000	30,000	30,000	7,000	3,000
-기타지역	–	–	–	5,000	3,000	20,000	20,000	20,000	5,000	3,000	20,000	20,000	20,000	5,000	3,000
주차.정차 방법 위반	15,000	7,000	7,000	–	–	–	–	–	–	–	–	–	–	–	–
-6대도시	7,000	5,000	5,000	5,000	–	30,000	30,000	30,000	5,000	–	30,000	30,000	30,000	5,000	–
-기타지역	–	–	–	5,000	–	20,000	20,000	20,000	5,000	–	20,000	20,000	20,000	5,000	–
정차 및 주차위반에 대한 조치 불응	20,000	20,000	20,000	–	–	–	–	–	–	–	–	–	–	–	–
-6대도시	15,000	15,000	15,000	15,000	5,000	30,000	30,000	30,000	15,000	5,000	30,000	30,000	30,000	15,000	5,000
-기타지역	–	–	–	7,000	5,000	20,000	20,000	20,000	7,000	5,000	20,000	20,000	20,000	7,000	5,000
제차의 등화 점등 또는 조작 불이행	15,000	15,000	15,000	–	–	–	–	–	–	–	–	–	–	–	–
-일반도로	30,000	30,000	30,000	15,000	5,000	15,000	15,000	15,000	15,000	5,000	15,000	15,000	15,000	15,000	5,000
-고속도로	–	–	–	–	–	30,000	30,000	30,000	–	–	30,000	30,000	30,000	–	–
제차의 신호 불이행	15,000	15,000	15,000	–	–	–	–	–	–	–	–	–	–	–	–
-일반도로	30,000	30,000	30,000	15,000	5,000	15,000	15,000	15,000	15,000	5,000	15,000	15,000	15,000	15,000	5,000
-고속도로	7,000	7,000	7,000	–	–	30,000	30,000	30,000	–	–	30,000	30,000	30,000	–	–
경음기 불사용	7,000	7,000	7,000	5,000	–	7,000	7,000	7,000	5,000	–	7,000	7,000	7,000	5,000	–
경음기 사용제한 위반	–	–	–	5,000	–	7,000	7,000	7,000	5,000	–	7,000	7,000	7,000	5,000	–
승차 및 적재 제한 위반	–	–	–	–	–	–	–	–	–	–	–	–	–	–	–
-정원초과 1/10미만	–	–	–	–	–	–	–	–	–	–	–	–	–	–	–
-정원초과 1/10이상	–	–	–	–	–	–	–	–	–	–	–	–	–	–	–
-적재위반1/10미만	–	–	–	–	–	–	–	–	–	–	–	–	–	–	–
-적재위반1/10이상	20,000	15,000	15,000	–	–	–	–	–	–	–	–	–	–	–	–
-정원초과 1/10초과	–	–	20,000	7,000	–	20,000	15,000	15,000	7,000	–	20,000	15,000	15,000	7,000	–
-적재위반 1/10초과	–	–	–	7,000	–	–	–	20,000	7,000	–	–	–	20,000	7,000	–
-승차인원초과	–	–	–	–	–	–	–	–	–	–	–	–	–	–	–
-적재제한위반	7,000	7,000	7,000	–	–	–	–	–	–	–	–	–	–	–	–
견인 제한 위반	7,000	7,000	7,000	5,000	–	7,000	7,000	7,000	5,000	–	7,000	7,000	7,000	5,000	–
도장 및 표지제한 위반	20,000	20,000	20,000	5,000	–	7,000	7,000	7,000	5,000	–	7,000	7,000	7,000	5,000	–
안전운전의무 위반	–	–	–	15,000	5,000	20,000	20,000	20,000	15,000	5,000	20,000	20,000	20,000	15,000	5,000
횡단보도보행자통행방해	7,000	7,000	7,000	–	–	–	–	–	–	–	–	–	–	–	–
안전지대에서 서행 위반	–	–	–	5,000	–	7,000	7,000	7,000	5,000	–	7,000	7,000	7,000	5,000	–
적재화물의 추락방지 위반	15,000	15,000	15,000	–	–	–	–	–	–	–	–	–	–	–	–
운행정지시 조치 위반	20,000	20,000	20,000	7,000	–	15,000	15,000	15,000	7,000	–	15,000	15,000	15,000	7,000	–
승객의 승하차시 안전조치 위반	–	–	–	–	–	20,000	20,000	20,000	–	–	20,000	20,000	20,000	–	–
승객의 추락방지조치 위반	–	–	–	–	–	–	–	–	–	–	–	–	–	–	–
승객의 차내소란행위를 방치하고 운행하는 행위	–	–	–	–	–	–	–	–	–	–	–	–	–	–	–
2륜자동차의 인명보호장구 미착용운행	–	–	–	5,000	–	–	–	–	5,000	–	–	–	–	5,000	–
일반도로운행시 좌석안전띠 미착용 운전자	30,000	30,000	30,000	–	–	–	–	–	–	–	10,000	10,000	10,000	–	–
주, 정차금지위반(고속도로 및 자동차전용도로)	20,000	20,000	20,000	–	–	30,000	30,000	30,000	–	–	30,000	30,000	30,000	–	–
고속도로 진입위반	5,000	5,000	5,000	–	–	20,000	20,000	20,000	–	–	20,000	20,000	20,000	–	–
적성검사 미필	–	–	–	5,000	–	5,000	5,000	5,000	5,000	–	5,000	5,000	5,000	5,000	–
적성검사 기간 경과('95.7 기준기간 변경)															
-단기간(3개월 미만→6개월미만)	–	–	–	–	–	–	–	–	–	–	–	–	–	–	–
-장기간(3개월 이상→6개월이상)	15,000	15,000	15,000	–	–	–	–	–	–	–	–	–	–	–	–
면허증 반납 불이행	–	–	–	15,000	–	15,000	15,000	15,000	15,000	–	15,000	15,000	15,000	15,000	–
고속도로 갓길통행, 버스전용차선(다인승전용차선) 통행위반	–	–	–	–	–	–	–	–	–	–	–	–	–	–	–
운전중 휴대전화 사용	–	–	–	–	–	–	–	–	–	–	–	–	–	–	–

(차종구분 변경:보통:9인승 이상/승용:고급추가('87~),대형('87~)추가
(차종구분변경 ('95. 2~): 승합:승합자동차,4톤초과화물자동차/승용:승용자동차,4톤이하화물자동차,특수자동차,건설기계/이륜:이륜자동차,원동기장치자전거/자전거등:자전거,손수레,경운기,우마차) (단위:원)

1992.3~1993.7					1993.7~1995.2					1995.2~1995.7			
보통	승용	화물	2륜	기타	보통	승용	화물	2륜	기타	보통	승용	이륜	자전거등
30,000	30,000	30,000	15,000	5,000	30,000	30,000	30,000	15,000	5,000	70,000	60,000	40,000	30,000
15,000	15,000	15,000	7,000	3,000	15,000	15,000	15,000	7,000	3,000	50,000	40,000	30,000	20,000
30,000	30,000	30,000	20,000	5,000	30,000	30,000	30,000	20,000	5,000	70,000	60,000	40,000	30,000
–	–	–	–	–	–	–	–	–	–	30,000	30,000	20,000	10,000
20,000	2,000	2,000	15,000	5,000	20,000	20,000	20,000	15,000	5,000	–	–	–	–
15,000	15,000	15,000	7,000	3,000	15,000	15,000	15,000	7,000	3,000	–	–	–	–
–	–	–	–	–	–	–	–	–	–	50,000	40,000	30,000	20,000
20,000	2,000	2,000	15,000	5,000	30,000	30,000	30,000	15,000	5,000	–	–	–	–
15,000	15,000	15,000	7,000	3,000	15,000	15,000	15,000	7,000	3,000	–	–	–	–
10,000	10,000	10,000	5,000	–	10,000	10,000	10,000	5,000	–	20,000	20,000	10,000	10,000
–	–	–	–	–	–	–	–	–	–	–	–	–	–
–	–	–	–	–	–	–	–	–	–	–	–	–	–
–	–	–	–	–	–	–	–	–	–	–	–	–	–
–	–	–	–	–	–	–	–	–	–	–	–	–	–
–	–	–	–	–	–	–	–	–	–	–	–	–	–
10,000	10,000	10,000	7,000	–	10,000	10,000	10,000	7,000	–	30,000	30,000	20,000	10,000
30,000	30,000	30,000	20,000	–	30,000	30,000	30,000	20,000	–	70,000	60,000	40,000	30,000
-10,000	-10,000	-10,000	–	–	–	–	–	–	–	–	–	–	–
30,000	30,000	30,000	7,000	–	10,000	10,000	10,000	7,000	–	20,000	20,000	10,000	10,000
–	–	–	10,000	3,000	30,000	30,000	30,000	10,000	3,000	70,000	60,000	40,000	30,000
5,000	5,000	5,000	–	–	–	–	–	–	–	–	–	–	–
30,000	30,000	30,000	5,000	–	5,000	5,000	5,000	5,000	–	20,000	20,000	10,000	10,000
30,000	30,000	30,000	–	–	30,000	30,000	30,000	–	–	50,000	40,000	30,000	20,000
30,000	30,000	30,000	15,000	–	30,000	30,000	30,000	15,000	–	70,000	60,000	40,000	30,000
15,000	15,000	15,000	15,000	–	30,000	30,000	30,000	15,000	–	70,000	60,000	40,000	30,000
15,000	15,000	15,000	7,000	5,000	15,000	15,000	15,000	7,000	5,000	50,000	40,000	30,000	20,000
30,000	30,000	30,000	7,000	5,000	15,000	15,000	15,000	7,000	5,000	50,000	40,000	30,000	20,000
20,000	20,000	20,000	15,000	5,000	30,000	30,000	30,000	15,000	5,000	50,000	40,000	30,000	20,000
–	–	–	7,000	–	20,000	20,000	20,000	7,000	–	30,000	30,000	20,000	10,000
30,000	30,000	30,000	–	–	–	–	–	–	–	50,000	40,000	30,000	20,000
20,000	20,000	20,000	7,000	–	30,000	30,000	30,000	7,000	–	–	–	–	–
–	–	–	5,000	–	20,000	20,000	20,000	5,000	–	–	–	–	–
30,000	30,000	30,000	–	–	–	–	–	–	–	50,000	40,000	30,000	20,000
20,000	20,000	20,000	7,000	3,000	30,000	30,000	30,000	7,000	3,000	–	–	–	–
–	–	–	5,000	3,000	20,000	20,000	20,000	5,000	3,000	–	–	–	–
30,000	30,000	30,000	–	–	–	–	–	–	–	50,000	40,000	30,000	20,000
20,000	20,000	20,000	5,000	–	30,000	30,000	30,000	5,000	–	–	–	–	–
–	–	–	5,000	–	20,000	20,000	20,000	5,000	–	–	–	–	–
30,000	30,000	30,000	–	–	–	–	–	–	–	50,000	40,000	30,000	20,000
20,000	20,000	20,000	15,000	5,000	30,000	30,000	30,000	15,000	5,000	–	–	–	–
–	–	–	7,000	5,000	20,000	20,000	20,000	7,000	5,000	–	–	–	–
15,000	15,000	15,000	–	–	–	–	–	–	–	20,000	20,000	10,000	10,000
30,000	30,000	30,000	15,000	5,000	15,000	15,000	15,000	15,000	5,000	–	–	–	–
–	–	–	–	–	30,000	30,000	30,000	–	–	–	–	–	–
15,000	15,000	15,000	–	–	–	–	–	–	–	30,000	30,000	20,000	10,000
30,000	30,000	30,000	15,000	5,000	15,000	15,000	15,000	15,000	5,000	–	–	–	–
5,000	5,000	5,000	–	–	30,000	30,000	30,000	–	–	–	–	–	–
5,000	5,000	5,000	5,000	–	5,000	5,000	5,000	5,000	–	20,000	20,000	10,000	10,000
–	–	–	5,000	–	5,000	5,000	5,000	5,000	–	20,000	20,000	10,000	10,000
–	–	–	–	–	–	–	–	–	–	–	–	–	–
–	–	–	–	–	–	–	–	–	–	–	–	–	–
–	–	–	–	–	–	–	–	–	–	–	–	–	–
–	–	–	–	–	–	–	–	–	–	–	–	–	–
20,000	15,000	15,000	–	–	–	–	–	–	–	–	–	–	–
–	–	20,000	7,000	–	20,000	15,000	15,000	7,000	–	–	–	–	–
–	–	–	7,000	–	–	–	20,000	7,000	–	–	–	–	–
–	–	–	–	–	–	–	–	–	–	70,000	60,000	40,000	30,000
10,000	10,000	10,000	–	–	–	–	–	–	–	50,000	40,000	30,000	20,000
10,000	10,000	10,000	5,000	–	10,000	10,000	10,000	5,000	–	30,000	30,000	20,000	10,000
20,000	20,000	20,000	5,000	–	10,000	10,000	10,000	5,000	–	30,000	30,000	20,000	10,000
–	–	–	15,000	5,000	20,000	20,000	20,000	15,000	5,000	50,000	40,000	30,000	20,000
10,000	10,000	10,000	–	–	–	–	–	–	–	70,000	60,000	40,000	30,000
–	–	–	5,000	–	10,000	10,000	10,000	5,000	–	20,000	20,000	10,000	10,000
15,000	15,000	15,000	–	–	–	–	–	–	–	50,000	40,000	30,000	20,000
20,000	20,000	20,000	7,000	–	15,000	15,000	15,000	7,000	–	30,000	30,000	20,000	10,000
–	–	–	–	–	20,000	20,000	20,000	–	–	30,000	30,000	20,000	10,000
–	–	–	–	–	–	–	–	–	–	50,000	40,000	30,000	20,000
–	–	–	–	–	20,000	20,000	–	–	–	50,000	40,000	30,000	20,000
10,000	10,000	10,000	5,000	–	–	–	–	5,000	–	30,000	30,000	20,000	10,000
30,000	30,000	30,000	–	–	10,000	10,000	10,000	–	–	30,000	30,000	20,000	10,000
20,000	20,000	20,000	–	–	30,000	30,000	30,000	–	–	50,000	40,000	30,000	20,000
–	–	–	–	–	20,000	20,000	20,000	–	–	50,000	40,000	30,000	20,000
–	–	–	–	–	–	–	–	–	–	–	–	–	–
15,000	15,000	15,000	–	–	–	–	–	–	–	–	–	–	–
30,000	30,000	30,000	15,000	–	15,000	15,000	15,000	15,000	–	20,000	20,000	10,000	10,000
15,000	15,000	15,000	30,000	–	30,000	30,000	30,000	30,000	–	30,000	30,000	20,000	10,000
–	–	–	15,000	–	15,000	15,000	15,000	15,000	–	30,000	30,000	20,000	10,000
–	–	–	–	–	–	–	–	–	–	70,000	60,000	40,000	30,000
			–	–	–	–	–	–	–	–	–	–	–

교 통 범 칙 금(3)

(차종구분변경('97.12~): 승합:승합자동차,4톤초과화물자동차,특수자동차,건설기계/승용:승용자동차,4톤이하화물자동차/,이륜:이륜자동차,원동기장치자전거/자전거등:자전거,손수레,경운기,우마차) (단위:원)

연도구분 / 범칙행위구분	1995.7~1999.4				1999.4~2001.6				2001.6~2002.6			
	보통	승용	이륜	자전거등	보통	승용	이륜	자전거등	보통	승용	이륜	자전거등
신호 또는 지시위반	70,000	60,000	40,000	30,000	70,000	60,000	40,000	30,000	70,000	60,000	40,000	30,000
통행금지 또는 제한 위반	50,000	40,000	30,000	20,000	50,000	40,000	30,000	20,000	50,000	40,000	30,000	20,000
중앙선침범등 통행구분 위반	70,000	60,000	40,000	30,000	70,000	60,000	40,000	30,000	70,000	60,000	40,000	30,000
지정차선 통행위반	30,000	30,000	20,000	10,000	30,000	30,000	20,000	10,000	30,000	30,000	20,000	10,000
-6대도시	-	-	-	-	-	-	-	-	-	-	-	-
-기타지역	-	-	-	-	-	-	-	-	-	-	-	-
버스전용차선 통행위반	50,000	40,000	30,000	20,000	50,000	40,000	30,000	20,000	50,000	40,000	30,000	20,000
-6대도시	-	-	-	-	-	-	-	-	-	-	-	-
-기타지역	-	-	-	-	-	-	-	-	-	-	-	-
통행 우선순위 위반	20,000	20,000	10,000	10,000	20,000	20,000	10,000	10,000	20,000	20,000	10 000	10,000
제한속도 위반												
속도위반 10km/h 미만	-	-	-	-	-	-	-	-	-	-	-	-
속도위반 30km/h 미만	-	-	-	-	-	-	-	-	-	-	-	-
속도위반 30km/h 이상	-	-	-	-	-	-	-	-	-	-	-	-
속도위반 20km/h 이하	-	-	-	-	-	-	-	-	-	-	-	-
속도위반 20km/h 초과	30,000	30,000	20,000	10,000	30,000	30,000	20,000	10,000	30,000	30,000	20,000	10,000
속도위반 40km/h 초과	70,000	60,000	40,000	30,000	70,000	60,000	40,000	30,000	70,000	60,000	40,000	30,000
속도위반 60km/h 초과	-	-	-	-	-	-	-	-	-	-	-	-
최저속도위반	20,000	20,000	20,000	10,000	20,000	20,000	20,000	10,000	20,000	20,000	20,000	10,000
횡단,회전(유턴),후진위반	70,000	60,000	40,000	30,000	70,000	60,000	40,000	30,000	70,000	60,000	40,000	30,000
안전거리 미확보												
-일반도로	20,000	20,000	10,000	10,000	20,000	20,000	10,000	10,000	20,000	20,000	10,000	10,000
-고속도로	50,000	40,000	30,000	20,000	50,000	40,000	30,000	20,000	50,000	40,000	30,000	20,000
앞지르기 방법 위반	70,000	60,000	40,000	30,000	70,000	60,000	40,000	30,000	70,000	60,000	40,000	30,000
앞지르기 금지위반	70,000	60,000	40,000	30,000	70,000	60,000	40,000	30,000	70,000	60,000	40,000	30,000
교차로 통행방법 위반	50,000	40,000	30,000	20,000	50,000	40,000	30,000	20,000	50,000	40,000	30,000	20,000
직행 및 우회전차의 진행방해	50,000	40,000	30,000	20,000	50,000	40,000	30,000	20,000	50,000	40,000	30,000	20,000
보행자 보호의무 불이행	50,000	40,000	30,000	20,000	50,000	40,000	30,000	20,000	50,000	40,000	30,000	20,000
서행 일시(일단)정지 위반	30,000	30,000	20,000	10,000	30,000	30,000	20,000	10,000	30,000	30,000	20,000	10,000
정차위반	50,000	40,000	30,000	20,000	50,000	40,000	30,000	20,000	50,000	40,000	30,000	20,000
-6대도시	-	-	-	-	-	-	-	-	-	-	-	-
-기타지역	-	-	-	-	-	-	-	-	-	-	-	-
주차위반	50,000	40,000	30,000	20,000	50,000	40,000	30,000	20,000	50,000	40,000	30,000	20,000
-6대도시	-	-	-	-	-	-	-	-	-	-	-	-
-기타지역	-	-	-	-	-	-	-	-	-	-	-	-
주차, 정차 방법 위반	50,000	40,000	30,000	20,000	50,000	40,000	30,000	20,000	50,000	40,000	30,000	20,000
-6대도시	-	-	-	-	-	-	-	-	-	-	-	-
-기타지역	-	-	-	-	-	-	-	-	-	-	-	-
정차 및 주차위반에 대한 조치 불응	50,000	40,000	30,000	20,000	50,000	40,000	30,000	20,000	50,000	40,000	30,000	20,000
-6대도시	-	-	-	-	-	-	-	-	-	-	-	-
-기타지역	-	-	-	-	-	-	-	-	-	-	-	-
제차의 등화 점등 또는 조작 불이행	20,000	20,000	10,000	10,000	20,000	20,000	10,000	10,000	20,000	20,000	10,000	10,000
-6대도시	-	-	-	-	-	-	-	-	-	-	-	-
-기타지역	-	-	-	-	-	-	-	-	-	-	-	-
제차의 신호 불이행	30,000	30,000	20,000	10,000	30,000	30,000	20,000	10,000	30,000	30,000	20,000	10,000
-6대도시	-	-	-	-	-	-	-	-	-	-	-	-
-기타지역	-	-	-	-	-	-	-	-	-	-	-	-
경음기 불사용	20,000	20,000	10,000	10,000	-	-	-	-	-	-	-	-
경음기 사용제한 위반	20,000	20,000	10,000	10,000	-	-	-	-	-	-	-	-
승차 및 적재 제한 위반												
-정원초과 1/10미만	-	-	-	-	-	-	-	-	-	-	-	-
-정원초과 1/10이상	-	-	-	-	-	-	-	-	-	-	-	-
-적재위반1/10미만	-	-	-	-	-	-	-	-	-	-	-	-
-적재위반1/10이상	-	-	-	-	-	-	-	-	-	-	-	-
-정원초과 1/10초과	-	-	-	-	-	-	-	-	-	-	-	-
-적재위반 1/10초과	-	-	-	-	-	-	-	-	-	-	-	-
-승차인원초과	70,000	60,000	40,000	30,000	70,000	60,000	40,000	30,000	70,000	60,000	40,000	30,000
-적재제한위반	50,000	40,000	30,000	20,000	50,000	40,000	30,000	20,000	50,000	40,000	30,000	20,000
견인 제한 위반	30,000	30,000	20,000	10,000	-	-	-	-	-	-	-	-
도장 및 표지제한 위반	-	-	-	-	-	-	-	-	-	-	-	-
안전운전의무 위반	50,000	40,000	30,000	20,000	50,000	40,000	30,000	20,000	50,000	40,000	30,000	20,000
횡단보도보행자통행방해	70,000	60,000	40,000	30,000	70,000	60,000	40,000	30,000	70,000	60,000	40,000	30,000
안전지대에서 서행위반	-	-	-	-	-	-	-	-	-	-	-	-
적재화물의 추락방지 위반	50,000	40,000	30,000	20,000	50,000	40,000	30,000	20,000	50,000	40,000	30,000	20,000
운행정지시 조치 위반	-	-	-	-	-	-	-	-	-	-	-	-
승객의 승하차시 안전조치 위반	30,000	30,000	20,000	10,000	30,000	30,000	20,000	10,000	30,000	30,000	20,000	10,000
승객의 추락방지조치 위반	70,000	60,000	40,000	30,000	70,000	60,000	40,000	30,000	70,000	60,000	40,000	30,000
승객의 차내소란행위를 방치하고 운행하는 행위	50,000	40,000	30,000	20,000	50,000	40,000	30,000	20,000	50,000	40,000	30,000	20,000
2륜 자동차의 인명보호장구 미착용운행	-	-	20,000	-	-	-	20,000	-	-	-	20,000	-
일반도로운행시 좌석안전띠 미착용 운전자	30,000	30,000	20,000	10,000	30,000	30,000	20,000	10,000	30,000	30,000	20,000	10,000
주, 정차금지위반	50,000	40,000	30,000	20,000	50,000	40,000	30,000	20,000	50,000	40,000	30,000	20,000
고속도로 진입위반	50,000	40,000	30,000	20,000	50,000	40,000	30,000	20,000	50,000	40,000	30,000	20,000
적성검사 미필	-	-	-	-	-	-	-	-	-	-	-	-
적성검사 기간 경과												
-3월이하	-	-	-	-	-	-	-	-	-	-	-	-
-6월미만	50,000	50,000	50,000	-	50,000	50,000	50,000	-	50,000	50,000	50,000	-
-6월이상	70,000	70,000	70,000	-	70,000	70,000	70,000	-	70,000	70,000	70,000	-
-9월초과	-	-	-	-	-	-	-	-	-	-	-	-
면허증 반납 불이행	30,000	30,000	30,000	30,000	30,000	30,000	30,000	30,000	30,000	30,000	30,000	30,000
고속도로 갓길통행, 버스전용차선 통행위반	70,000	60,000	40,000	30,000	70,000	60,000	40,000	30,000	70,000	60,000	40,000	30,000
운전중 휴대전화 사용	-	-	-	-	-	-	-	-	70,000	60,000	40,000	30,000

(승합:승합자동차,4톤초과화물자동차,특수자동차,건설기계/승용:승용자동차,4톤이하화물자동차/,이륜:이륜자동차,원동기장치자전거/자전거등:자전거,손수레,경운기,우마차) (단위:원)

2002.6~2004.5				2004.5~2006.5			
보통	승용	이륜	자전거등	보통	승용	이륜	자전거등
70,000	60,000	40,000	30,000	70,000	60,000	40,000	30,000
50,000	40,000	30,000	20,000	50,000	40,000	30,000	20,000
70,000	60,000	40,000	30,000	70,000	60,000	40,000	30,000
30,000	30,000	20,000	10,000	30,000	30,000	20,000	10,000
–	–	–	–	–	–	–	–
–	–	–	–	–	–	–	–
50,000	40,000	30,000	20,000	50,000	40,000	30,000	20,000
–	–	–	–	–	–	–	–
–	–	–	–	–	–	–	–
20,000	20,000	10,000	10,000	20,000	20,000	10,000	10,000
–	–	–	–	–	–	–	–
–	–	–	–	–	–	–	–
–	–	–	–	–	–	–	–
–	–	–	–	–	–	–	–
30,000	30,000	20,000	10,000	30,000	30,000	20,000	10,000
70,000	60,000	40,000	30,000	70,000	60,000	40,000	30,000
100,000	90,000	60,000	–	100,000	90,000	60,000	–
20,000	20,000	20,000	10,000	20,000	20,000	20,000	10,000
70,000	60,000	40,000	30,000	70,000	60,000	40,000	30,000
20,000	20,000	10,000	10,000	20,000	20,000	10,000	10,000
50,000	40,000	30,000	20,000	50,000	40,000	30,000	20,000
70,000	60,000	40,000	30,000	70,000	60,000	40,000	30,000
70,000	60,000	40,000	30,000	70,000	60,000	40,000	30,000
50,000	40,000	30,000	20,000	50,000	40,000	30,000	20,000
50,000	40,000	30,000	20,000	50,000	40,000	30,000	20,000
50,000	40,000	30,000	20,000	50,000	40,000	30,000	20,000
30,000	30,000	20,000	10,000	30,000	30,000	20,000	10,000
50,000	40,000	30,000	20,000	50,000	40,000	30,000	20,000
–	–	–	–	–	–	–	–
–	–	–	–	–	–	–	–
50,000	40,000	30,000	20,000	50,000	40,000	30,000	20,000
–	–	–	–	–	–	–	–
–	–	–	–	–	–	–	–
50,000	40,000	30,000	20,000	50,000	40,000	30,000	20,000
–	–	–	–	–	–	–	–
–	–	–	–	–	–	–	–
50,000	40,000	30,000	20,000	50,000	40,000	30,000	20,000
–	–	–	–	–	–	–	–
–	–	–	–	–	–	–	–
20,000	20,000	10,000	10,000	20,000	20,000	10,000	10,000
–	–	–	–	–	–	–	–
–	–	–	–	–	–	–	–
30,000	30,000	20,000	10,000	30,000	30,000	20,000	10,000
–	–	–	–	–	–	–	–
–	–	–	–	–	–	–	–
–	–	–	–	–	–	–	–
–	–	–	–	–	–	–	–
–	–	–	–	–	–	–	–
–	–	–	–	–	–	–	–
–	–	–	–	–	–	–	–
–	–	–	–	–	–	–	–
–	–	–	–	–	–	–	–
–	–	–	–	–	–	–	–
70,000	60,000	40,000	30,000	70,000	60,000	40,000	30,000
50,000	40,000	30,000	20,000	50,000	40,000	30,000	20,000
–	–	–	–	–	–	–	–
–	–	–	–	–	–	–	–
50,000	40,000	30,000	20,000	50,000	40,000	30,000	20,000
70,000	60,000	40,000	30,000	70,000	60,000	40,000	30,000
–	–	–	–	–	–	–	–
50,000	40,000	30,000	20,000	50,000	40,000	30,000	20,000
–	–	–	–	–	–	–	–
30,000	30,000	20,000	10,000	30,000	30,000	20,000	10,000
70,000	60,000	40,000	30,000	70,000	60,000	40,000	30,000
50,000	40,000	30,000	20,000	100,000	90,000	60,000	–
–	–	20,000	–	–	–	20,000	–
30,000	30,000	20,000	10,000	30,000	30,000	20,000	10,000
50,000	40,000	30,000	20,000	50,000	40,000	30,000	20,000
50,000	40,000	30,000	20,000	50,000	40,000	30,000	20,000
–	–	–	–	–	–	–	–
–	–	–	–	–	–	–	–
50,000	50,000	50,000	–	50,000	50,000	50,000	–
70,000	70,000	70,000	–	70,000	70,000	70,000	–
–	–	–	–	–	–	–	–
30,000	30,000	30,000	30,000	30,000	30,000	30,000	30,000
70,000	60,000	40,000	30,000	70,000	60,000	40,000	30,000
70,000	60,000	40,000	30,000	70,000	60,000	40,000	30,000

교 통 범 칙 금(4)

(승합:승합자동차,4톤초과화물자동차,특수자동차,건설기계/승용:승용자동차,4톤이하화물자동차/,이륜:이륜자동차,원동기장치자전거/자전거등:자전거,손수레,경운기,우마차) (단위:원)

연도구분 / 범칙행위구분	2006.6~2009.12				2010.1~2018.8			
	보통	승용	이륜	자전거등	보통	승용	이륜	자전거등
신호 또는 지시위반	70,000	60,000	40,000	30,000	70,000	60,000	40,000	30,000
통행금지 또는 제한 위반	50,000	40,000	30,000	20,000	50,000	40,000	30,000	20,000
중앙선침범등 통행구분 위반	70,000	60,000	40,000	30,000	70,000	60,000	40,000	30,000
지정차선 통행위반	30,000	30,000	20,000	10,000	30,000	30,000	20,000	10,000
-6대도시	–	–	–	–	–	–	–	–
-기타지역	–	–	–	–	–	–	–	–
버스전용차선 통행위반	50,000	60,000	40,000	30,000	70,000	60,000	40,000	30,000
-6대도시	–	–	–	–	–	–	–	–
-기타지역	–	–	–	–	–	–	–	–
통행 우선순위 위반	20,000	–	–	–	–	–	–	–
제한속도 위반								
속도위반 10km/h 미만	–	–	–	–	–	–	–	–
속도위반 30km/h 미만	–	–	–	–	–	–	–	–
속도위반 30km/h 이상	–	–	–	–	–	–	–	–
속도위반 20km/h 이하	–	–	–	–	30,000	30,000	20,000	–
속도위반 20km/h 초과	30,000	20,000	20,000	10,000	70,000	60,000	40,000	–
속도위반 40km/h 초과	70,000	60,000	40,000	30,000	100,000	90,000	60,000	–
속도위반 60km/h 초과	100,000	90,000	60,000	–	130,000	120,000	80,000	–
최저속도위반	20,000	20,000	10,000	10,000	20,000	20,000	10,000	10,000
횡단,회전(유턴),후진위반	70,000	60,000	40,000	30,000	70,000	60,000	40,000	30,000
안전거리 미확보								
-일반도로	20,000	20,000	10,000	10,000	20,000	20,000	10,000	10,000
-고속도로	50,000	40,000	30,000	20,000	50,000	40,000	30,000	20,000
앞지르기 방법 위반	70,000	60,000	40,000	30,000	70,000	60,000	40,000	30,000
앞지르기 금지위반	70,000	60,000	40,000	30,000	70,000	60,000	40,000	30,000
교차로 통행방법 위반	50,000	40,000	30,000	20,000	50,000	40,000	30,000	20,000
직행 및 우회전차의 진행방해	50,000	–	–	–	50,000	40,000	30,000	20,000
보행자 보호의무 불이행	50,000	40,000	30,000	20,000	70,000	60,000	40,000	30,000
서행 일시(일단)정지 위반	30,000	30,000	20,000	10,000	30,000	30,000	20,000	10,000
정차위반	50,000	40,000	30,000	20,000	50,000	40,000	30,000	20,000
-6대도시	–	–	–	–	–	–	–	–
-기타지역	–	–	–	–	–	–	–	–
주차위반	50,000	40,000	30,000	20,000	50,000	40,000	30,000	20,000
-6대도시	–	–	–	–	–	–	–	–
-기타지역	–	–	–	–	–	–	–	–
주차. 정차 방법 위반	50,000	40,000	30,000	20,000	50,000	40,000	30,000	20,000
-6대도시	–	–	–	–	–	–	–	–
-기타지역	–	–	–	–	–	–	–	–
정차 및 주차위반에 대한 조치 불응	50,000	40,000	30,000	20,000	50,000	40,000	30,000	20,000
-6대도시	–	–	–	–	–	–	–	–
-기타지역	–	–	–	–	–	–	–	–
제차의 등화 점등 또는 조작 불이행	20,000	20,000	10,000	10,000	20,000	20,000	20,000	10,000
-6대도시	–	–	–	–	–	–	–	–
-기타지역	–	–	–	–	–	–	–	–
제차의 신호 불이행	30,000	30,000	20,000	10,000	30,000	30,000	20,000	10,000
-6대도시	–	–	–	–	–	–	–	–
-기타지역	–	–	–	–	–	–	–	–
경음기 불사용	–	–	–	–	20,000	20,000	10,000	10,000
경음기 사용제한 위반	–	–	–	–	20,000	20,000	10,000	10,000
승차 및 적재 제한 위반								
-정원초과 1/10미만	–	–	–	–	–	–	–	–
-정원초과 1/10이상	–	–	–	–	–	–	–	–
-적재위반1/10미만	–	–	–	–	–	–	–	–
-적재위반1/10이상	–	–	–	–	–	–	–	–
-정원초과 1/10초과	–	–	–	–	–	–	–	–
-적재위반 1/10초과	–	–	–	–	–	–	–	–
-승차인원초과	70,000	60,000	40,000	30,000	70,000	60,000	40,000	30,000
-적재제한위반	50,000	40,000	30,000	20,000	50,000	40,000	30,000	20,000
견인 제한 위반	–	–	–	–	30,000	30,000	20,000	10,000
도장 및 표지제한 위반	–	–	–		–	–	–	–
안전운전의무 위반	50,000	40,000	30,000	20,000	50,000	40,000	30,000	20,000
횡단보도보행자통행방해	70,000	60,000 –	40,000	30,000	70,000	60,000	40,000	30,000
안전지대에서 서행위반	–	40,000	–	–	–	–	–	–
적재화물의 추락방지 위반	50,000	–	30,000	20,000	50,000	40,000	30,000	20,000
운행정지시 조치 위반	–	30,000	–	–	–	–	–	–
승객의 승하차시 안전조치 위반	30,000	60,000	20,000	10,000	30,000	30,000	20,000	10,000
승객의 추락방지조치 위반	70,000	90,000	40,000	30,000	50,000	40,000	30,000	20,000
승객의 차내소란행위를 방치하고 운행하는 행위	50,000	–	60,000	–	50,000	40,000	30,000	20,000
2륜 자동차의 인명보호장구 미착용운행	–	30,000	20,000	–	–	–	20,000	–
일반도로운행시 좌석안전띠 미착용 운전자	30,000	40,000	20,000	10,000	30,000	30,000	20,000	10,000
주, 정차금지위반	50,000	40,000	30,000	20,000	50,000	40,000	30,000	20,000
고속도로 진입위반	50,000	–	30,000	20,000	50,000	40,000	30,000	20,000
적성검사 미필	–		–		–	–	–	–
적성검사 기간 경과(2025년 기준 변경)		30,000						
-3월이하 → 1년 이내	–	40,000	30,000	30,000	–	–	–	–
-6월미만 → 1년 초과	50,000	50,000	40,000	40,000	50,000	50,000	50,000	50,000
-6월이상 → 2년 초과	70,000	60,000	50,000	50,000	70,000	70,000	70,000	70,000
-9월초과 → 없음	–	30,000	60,000	60,000	–	–	–	–
면허증 반납 불이행	30,000	40,000	30,000	30,000	30,000	30,000	30,000	30,000
고속도로 갓길통행, 버스전용차선 통행위반	70,000	60,000	30,000	20,000	70,000	60,000	40,000	–
운전중 휴대전화 사용	70,000		40,000	30,000	70,000	60,000	40,000	30,000

(승합:승합자동차,4톤초과화물자동차,특수자동차,건설기계/승용:승용자동차,4톤이하화물자동차/,이륜:이륜자동차,원동기장치자전거/자전거등:자전거,손수레,경운기,우마차) (단위:원)

2018.9~2023.8				2023.9~2025.10			
보통	승용	이륜	자전거등	보통	승용	이륜	자전거등
70,000	60,000	40,000	30,000	70,000	60,000	40,000	30,000
50,000	40,000	30,000	20,000	50,000	40,000	30,000	20,000
70,000	60,000	40,000	30,000	70,000	60,000	40,000	30,000
30,000	30,000	20,000	10,000	30,000	30,000	20,000	10,000
–	–	–	–	–	–	–	–
–	–	–	–	–	–	–	–
70,000	60,000	40,000	30,000	70,000	60,000	40,000	30,000
–	–	–	–	–	–	–	–
–	–	–	–	–	–	–	–
–	–	–	–	–	–	–	–
–	–	–	–	–	–	–	–
–	–	–	–	–	–	–	–
–	–	–	–	–	–	–	–
30,000	30,000	20,000	10,000	30,000	30,000	20,000	10,000
70,000	60,000	40,000	30,000	70,000	60,000	40,000	30,000
100,000	90,000	60,000	–	100,000	90,000	60,000	–
130,000	120,000	80,000	–	130,000	120,000	80,000	–
20,000	20,000	10,000	10,000	20,000	20,000	10,000	10,000
70,000	60,000	40,000	30,000	70,000	60,000	40,000	30,000
20,000	20,000	10,000	10,000	20,000	20,000	10,000	10,000
50,000	40,000	30,000	20,000	50,000	40,000	30,000	20,000
70,000	60,000	40,000	30,000	70,000	60,000	40,000	30,000
70,000	60,000	40,000	30,000	70,000	60,000	40,000	30,000
50,000	40,000	30,000	20,000	50,000	40,000	30,000	20,000
50,000	40,000	30,000	20,000	50,000	40,000	30,000	20,000
50,000	40,000	30,000	20,000	50,000	40,000	30,000	20,000
30,000	30,000	20,000	10,000	30,000	30,000	20,000	10,000
50,000	40,000	30,000	20,000	50,000	40,000	30,000	20,000
–	–	–	–	–	–	–	–
–	–	–	–	–	–	–	–
50,000	40,000	30,000	20,000	50,000	40,000	30,000	20,000
–	–	–	–	–	–	–	–
–	–	–	–	–	–	–	–
50,000	40,000	30,000	20,000	50,000	40,000	30,000	20,000
–	–	–	–	–	–	–	–
–	–	–	–	–	–	–	–
50,000	40,000	30,000	20,000	50,000	40,000	30,000	20,000
–	–	–	–	–	–	–	–
–	–	–	–	–	–	–	–
20,000	20,000	10,000	10,000	20,000	20,000	10,000	10,000
–	–	–	–	–	–	–	–
–	–	–	–	–	–	–	–
–	–	–	–	–	–	–	–
–	–	–	–	–	–	–	–
–	–	–	–	–	–	–	–
20,000	20,000	10,000	10,000	20,000	20,000	10,000	10,000
20,000	20,000	10,000	10,000	20,000	20,000	10,000	10,000
–	–	–	–	–	–	–	–
–	–	–	–	–	–	–	–
–	–	–	–	–	–	–	–
–	–	–	–	–	–	–	–
–	–	–	–	–	–	–	–
–	–	–	–	–	–	–	–
70,000	60,000	40,000	30,000	90,000	80,000	60,000	40,000
50,000	40,000	30,000	20,000	50,000	40,000	30,000	20,000
30,000	30,000	20,000	10,000	50,000	40,000	30,000	10,000
–	–	–	–	–	–	–	–
50,000	40,000	30,000	20,000	50,000	40,000	30,000	20,000
70,000	60,000	40,000	30,000	70,000	60,000	40,000	30,000
–	–	–	–	–	–	–	–
50,000	40,000	30,000	20,000	50,000	40,000	30,000	20,000
–	–	–	–	–	–	–	–
30,000	30,000	20,000	10,000	30,000	20,000	20,000	10,000
70,000	60,000	40,000	30,000	70,000	60,000	40,000	30,000
100,000	90,000	60,000	–	100,000	90,000	60,000	–
–	–	20,000	–	–	–	20,000	–
30,000	30,000	20,000	10,000	30,000	30,000	20,000	10,000
50,000	40,000	30,000	20,000	50,000	40,000	30,000	20,000
50,000	40,000	30,000	20,000	50,000	40,000	30,000	20,000
–	–	–	–	–	–	–	–
30,000	30,000	30,000	–	20,000	20,000	20,000	–
40,000	40,000	40,000	–	30,000	30,000	30,000	–
50,000	50,000	50,000	–	40,000	40,000	40,000	–
60,000	60,000	60,000	–	–	–	–	–
30,000	30,000	30,000	30,000	30,000	30,000	30,000	30,000
70,000	60,000	40,000	–	70,000	60,000	40,000	–
70,000	60,000	40,000	30,000	70,000	60,000	40,000	30,000

금 리(1)

(1) 주요여신금리

(단위:연리 %)

항 목	시중은행			지방은행			특수은행		
	프라임레이트연동	당좌대출금리	연체대출금리	지방프라임연동	당좌대출금리	연체대출금리	프라임레이트연동	당좌대출금리	연체대출금리
1991	10~12.5	12~15.0	21.0	10~13.0	12~15.5	21.0	10.5~12.5	12~15.0	21.0
1992	10~12.5	10.25~14.75	21.0	10~13.0	11.25~15	21.0	10.5~12.5	11~14.25	21.0
1993	8.5~12	9.5~13	17~18.0	9~12.5	10~13.5	18~20.0	9~11.5	10~12.75	17~19.0
1994	8.5~12.5	10~14.0	17~18.0	9~12.5	10.25~14.5	18~19.0	9~11.5	10~13.5	17~19.0
1995	9~12.5	12.8~15	18~19.0	9.25~12.5	12.5~15	18~19.0	9~11.5	11.7~14.8	18~19.0
1996	11.1	14.69	17~19.0	11.33	14.8	18~19.0	11.07	13.97	18~19.0
1997	15.32	37.48	18~27.0	13.83	33.22	19~25.0	13.05	20.18	20~25.0
1998	11.11	12.24	20~22.0	11.52	12.06	21~22.0	11.83	11.55	18~22.0
1999	8.52	10.48	18~20.0	8.64	10.8	18~19.0	8.82	9.8	17~18.0

(2) 상품별수신금리

(단위:연리 %)

항 목	가 계 당좌예금	저 축 예 금	기업자유 예 금 (80일이상)	정기예금							정기적금 (3년~4년미만)	상호부금 (3년~4년미만)
				6개월 미만	6개월~ 1년미만	1~2년 미만	2~3년 미만	3~4년 미만	4~5년 미만	5년		
1990	4	5		6	6	10	12	-	-	-	10	10
1991	4	5		6	6	10	12	13	-	-	10	10
1992	4	5	5	6	6	10	12	13	-	-	10	10
1993	1	3	4	5	5	8.5	10.5	11	-	-	8.5	8
1994	1	3	4	5	5	8.5	10.5	11	-	-	8.5	8
1995	1	3	4	5	7	8.5	9	9.5	10	9.55	8.5	8
1996	1	3	2.11	7.46	9.35	9.53	9.91	10.52	10.97	10.32	10.44	12.87
1997	1	5.13	6.11	14.94	13.92	12.08	12.61	10.69	10.46	10.79	10.26	9.94
1998	1	4.33	4.68	7.68	8.64	9.06	9.55	9.72	8.84	9.49	9.97	9.64
1999	1	3.07	4.11	6.43	7.44	7.94	8.27	8.14	7.01	7.18	8.72	8.12

항 목	금융채 (3년)	표지어음 (91~120일)	정기예금							상호금융 정기예탁금 (1년)	비 고
			기업금전 신 탁	가계금전 신 탁	적 립 식 금전신탁	개 발 신 탁	개발신탁 (2년)	기업어음 구좌(180일)	기업어음 91일가중평균		
1990	11.5	-	12.56	13.13	10.9	12.1	-	-	-	-	
1991	13.1	-	12.8	13.74	13	12.1	-	-	-	-	
1992	13.1	-	12.77	14.17	13	12.1	12.1	-	-	-	
1993	11.5	-	11.07	13.09	11.26	10.6	12.1	-	-	-	
1994	13.3	9.5	11.53	12.65	11.74	10.5	10.6	-	-	-	
1995	10.8	7.5	11.12	12.28	10.93	10	10.5	-	-	-	
1996	9.83	12.12	11.31	12.53	12	10.77	-	-	-	-	
1997	8.6	13.84	11.74	12.5	13.95	13.24	5	12.65	16.89	11.22	
1998	6.87	8.38	10.37	10.38	10.7	8.82	-	14.41	9.93	9.97	
1999	7.68	7.17	7.46	6.82	7.37	-	-	7.61	7.4	8.14	

(3) 시장금리①

(단위:연리 %)

항 목	콜금리				양도성예금증서 유통수익률		중 개 어 음 금 리	채권수익율			회사채	
	1일물	1일물 은행간거래	1일물 비은행	1~15일물 평 균	CD유통수익률 (91일물)	CD유통수익률 (180일물)		국 채	통화안정	금융채 (3년)	장 내	장 외
1986	-	-	-	-	-	-	-	-	-	-	12.8	-
1987	-	-	-	-	-	-	-	12.32	13.23	12.81	12.9	12.74
1988	-	-	-	-	-	-	-	12.21	12.86	13.2	13.7	13.58
1989	-	-	-	-	-	-	-	14.76	14.63	15.35	15.2	15.38
1990	-	-	-	-	-	-	-	16.04	16.8	18.27	15.8	18.51
1991	16.84	16.34	17.18	17.44	18.38	18.46	19.11	16.79	17.6	18.45	19.1	18.98
1992	13.51	13	13.76	13.52	15.19	15.24	14.69	13.17	14.11	13.87	-	14
1993	11.5	11.3	11.65	11.55	12.27	12.49	11.64	11.96	12.01	12.26	-	12.21
1994	14.05	13.29	14.54	14	14.85	14.96	12.03	13.46	13.67	14.38	-	14.22
1995	10.96	10.57	11.18	10.98	11.73	11.88	11.82	9.24	11.65	11.65	-	11.65
1996	12.48	12.42	12.5	12.51	13.53	13.68	11.84	11.44	12.8	12.77	-	12.57
1997	21.29	23	20.66	21.58	18.55	18.87	18.43	15.32	14.83	16.8	-	24.31
1998	7.0	6.66	7.04	6.96	7.7	7.2	-	7.59	7.49	7.41	-	8.3
1999	4.77	4.62	4.79	4.77	7.16	7.11	-	10.07	8.83	9.83	-	9.85

(3) 시장금리[1] ②

(단위:연리 %)

연월중	무담보콜금리					CD 유통수익률(91일)	CP 유통수익률(91일)	채권수익률	
	1일물				전체			통안증권	
		은행간 직거래	중개거래						
				연계콜제외[2]				1년물[3]	2년물
2000	5.13	4.99	5.14	5.06	5.16	7.08	7.44	7.81	8.24
2001	4.68	4.55	4.70	4.64	4.69	5.32	5.60	5.45	5.74
2002	4.18	4.16	4.19	4.17	4.20	4.81	4.93	5.19	5.72
2003	3.98	4.00	3.98	3.96	4.00	4.31	4.62	4.42	4.59
2004	3.62	3.66	3.62	3.62	3.64	3.79	3.97	3.92	4.09
2005	3.32	3.35	3.32	-	3.33	3.65	3.81	3.97	4.24
2006	4.18	4.14	4.19	-	4.19	4.48	4.65	4.67	4.83
2007	4.77	4.65	4.77	-	4.77	5.16	5.40	5.21	5.33
2008	4.78	4.77	4.78	-	4.78	5.49	6.28	5.33	5.47
2009	1.98	1.92	1.98	-	1.98	2.63	3.18	2.98	3.84
2010	2.16	2.03	2.16	-	2.16	2.67	2.87	3.03	3.67
2011	3.09	3.01	3.09	-	3.09	3.44	3.59	3.55	3.71
2012	3.08	3.02	3.08	-	3.08	3.30	3.39	3.14	3.16
2013	2.59	2.56	2.59	-	2.59	2.72	2.81	2.66	2.75
2014	2.34	2.32	2.34	-	2.34	2.49	2.60	2.45	2.53
2015	1.65	-	1.65	-	1.65	1.76	1.86	1.63	1.65(3년)
2016	1.34	-	1.34	-	1.34	1.49	1.62	1.56	1.64(3년)
2017	1.26	-	1.26	-	1.26	1.44	1.64	1.88	2.10(3년)
2018	1.52	-	1.52	-	1.52	1.68	1.83	1.84	1.85(3년)
2019	1.59	-	1.59	-	1.59	1.69	1.84	1.37	1.38(3년)
2020	0.70	-	0.70	-	0.70	0.92	1.50	0.83	0.94(3년)
2021	0.61	-	0.61	-	0.61	0.85	1.10	0.93	1.23(3년)
2022	2.02	-	2.02	-	2.03	2.49	2.90	2.64	3.12(3년)
2023	3.51	-	3.51	-	3.51	3.71	4.19	3.55	3.62
2024	3.44	-	3.44	-	3.44	3.55	3.96	3.14	3.15
2025.1	3.05	-	3.05	-	3.06	3.04	3.36	2.63	2.63
2025.2	2.97	-	2.97	-	2.97	2.95	3.21	2.62	2.66
2025.3	2.75	-	2.75	-	2.75	2.84	3.00	2.62	2.65
2025.4	2.77	-	2.77	-	2.77	2.74	2.94	2.45	2.42
2025.5	2.74	-	2.74	-	2.74	2.67	2.92	2.32	2.33
2025.6	2.52	-	2.52	-	2.52	2.57	2.75	2.30	2.42
2025.7	2.50	-	2.50	-	2.50	2.51	2.73	2.30	2.41
2025.8	2.51	-	2.51	-	2.51	2.51	2.73	2.24	2.38
2025.9	2.53	-	2.53	-	2.53	2.56	2.73	2.27	2.41

연월중	채권수익률								
	국채					산금채		회사채(장외3년)	
	국민주택채권 1종(5년)	국고채권							
		1년물	3년물	5년물	10년물	1년물	3년물	AA- 등급[4]	BBB- 등급[5]
2000	8.50	7.69	8.30	8.67	7.76	7.92	8.69	9.35	11.74
2001	6.66	5.45	5.68	6.21	6.86	5.55	6.35	7.05	11.38
2002	6.47	5.19	5.78	6.26	6.59	5.29	6.11	6.56	10.44
2003	4.93	4.42	4.55	4.76	5.05	4.53	4.83	5.43	8.88
2004	4.45	3.92	4.11	4.35	4.73	3.98	4.27	4.73	9.16
2005	4.66	3.97	4.27	4.52	4.95	4.06	4.44	4.68	8.71
2006	5.07	4.68	4.83	4.96	5.15	4.75	4.98	5.17	8.19
2007	5.42	5.19	5.23	5.28	5.35	5.33	5.50	5.70	8.40
2008	5.79	5.12	5.27	5.36	5.57	5.92	6.19	7.02	9.86
2009	5.10	2.91	4.04	4.64	5.17	3.37	4.77	5.81	11.76
2010	4.59	2.95	3.72	4.31	4.77	3.27	4.24	4.66	10.68
2011	4.11	3.42	3.62	3.90	4.20	3.65	4.01	4.41	10.38
2012	3.43	3.12	3.13	3.24	3.45	3.23	3.45	3.77	9.34
2013	3.16	2.66	2.79	3.00	3.28	2.72	2.44	3.19	8.84
2014	2.98	2.44	2.59	2.84	3.18	2.49	-	2.98	8.71
2015	2.07	1.62	1.66	1.81	2.08	1.71	-	2.11	8.06
2016	2.14	1.57	1.64	1.80	2.07	1.66	-	2.13	8.27
2017	2.63	1.87	2.14	2.34	2.47	1.96	-	2.69	8.96
2018	2.07	1.75	1.82	1.88	1.95	1.95	-	2.29	8.36
2019	1.70	1.34	1.37	1.49	1.68	1.49	-	1.94	8.05
2020	1.37	0.84	0.99	1.23	1.45	0.97	-	2.13	8.41
2021	1.86	0.92	1.39	1.72	2.07	1.21	-	2.08	8.33
2022	3.48	2.65	3.20	3.32	3.37	1.12	-	4.16	10.00
2023	3.81	3.53	3.57	3.59	3.64	3.79	-	4.39	10.77
2024	3.30	3.17	3.10	3.15	3.21	3.39	-	3.67	9.76
2025.1	2.85	2.64	2.57	2.69	2.82	2.83	-	3.23	8.99
2025.2	2.87	2.65	2.61	2.71	2.83	2.81	-	3.21	8.97
2025.3	2.86	2.61	2.59	2.67	2.80	2.82	-	3.16	8.92
2025.4	2.66	2.48	2.40	2.49	2.66	2.62	-	2.98	8.73
2025.5	2.62	2.31	2.33	2.47	2.71	2.51	-	2.91	8.66
2025.6	2.72	2.29	2.44	2.60	2.84	2.51	-	2.98	8.76
2025.7	2.74	2.31	2.47	2.62	2.84	2.49	-	2.96	8.78
2025.8	2.71	2.26	2.43	2.58	2.82	2.49	-	2.91	8.75
2025.9	2.75	2.28	2.46	2.62	2.85	2.53	-	2.93	8.77

1) 월 평균(영업일 기준)기준.
2) 중개거래, 투신사연계콜을 제외한 1일물 거래 기준. 단 2004. 12월부터는 연계콜이 해소.
3) 2011.5월부터 364일물(할인채)에서 1년물(이표채)로 고시기준 변경.
4) 2000년 9월까지는 A+ 무보증사채, 2000년 10월이후에는 AA- 무보증사채 기준.
5) 무보증사채 기준.

금　　리(2)

(4) 예금은행 예금금리①

(단위:연리 %)

항목	저축성예금										
	정기예금				저축예금	자유저축예금			정기적금		
	1월~3월미만	3월~1년미만	1년~2년미만	2년이상		3월이내	3월이상	6월이상	1년	2년	3년
1969. 6. 1	-	12.0	22.8	-	-	-	-	-	19.0	23.0	23.0
71. 6.28	-	10.2	20.4	-	-	-	-	-	17.0	20.0	21.0
72. 1.17	-	8.4	16.8	-	-	-	-	-	15.0	16.0	17.0
8. 3	-	6.0	12.0	-	-	-	-	-	10.0	11.0	12.0
73. 8. 6	-	6.0	12.0	-	-	-	-	-	10.0	11.0	12.0
74. 1.24	-	12.0	15.0	-	-	-	-	-	11.2	12.2	13.2
12. 9	-	15.0	15.0	-	-	-	-	-	11.2	12.2	13.2
75.11. 1	-	12.6	15.0	-	-	-	-	-	11.2	12.2	13.2
76. 8. 2	-	15.0	16.2	-	-	-	-	-	12.2	13.2	14.2
77. 7. 1	-	15.0	16.2	-	15.0	-	-	-	12.2	13.2	14.2
10. 1	-	15.0	16.2	-	15.0	-	-	-	12.2	13.2	14.2
78. 6.13	-	15.0	18.6	-	12.6	-	-	-	13.2	14.2	15.2
79. 4.20	-	15.0	18.6	-	12.6	-	-	-	16.2	17.2	18.2
80. 1.12	-	19.2	24.0	-	12.6	-	-	-	20.6	22.6	25.0
8. 1	-	19.2	24.0	-	[5]16.8	-	-	-	20.6	22.6	25.0
9.16	-	17.22	21.9	-	14.8	-	-	-	17.6	19.6	22.0
11. 8	-	14.82	19.5	-	12.3	-	-	-	15.1	17.1	19.5
81. 7. 1	-	14.82	19.5	19.5	[6]14.4	-	-	-	15.1	17.1	19.5
11. 9	-	14.82	18.6	18.6	14.4	-	-	-	14.1	16.1	18.5
11.30	-	14.82	17.4	17.4	14.4	-	-	-	12.9	14.9	17.3
12.29	-	14.4	16.2	16.2	14.4	-	-	-	13.8	14.4	16.2
82. 1.14	-	14.4	15.0	15.0	14.4	-	-	-	13.8	14.4	15.0
3.29	-	12.0	12.6	12.6	12.0	-	-	-	11.4	12.0	12.6
6.28	-	7.6	8.0	8.0	8.0	-	-	-	7.6	8.0	8.0
83. 4. 1	6.0	7.6	8.0	8.0	8.0	-	-	-	7.6	8.0	8.0
84. 1.23	4.0	6.0	9.0	9.0	6.0	-	-	-	9.0	9.0	9.0
11. 5	4.0	6.0	10.0	10.0	6.0	-	-	-	10.0	10.0	10.0
85. 4.19	4.0	6.0	10.0	10.0	6.0	6.0	9.0	12.0	10.0	10.0	10.0
88.12. 5	4.0	6.0	10.0	[9]12.0	5.0	5.0	8.0	11.0	10.0	10.0	10.0

항목	저축성예금									요구불예금		
	상호부금					목돈마련저축				보통예금	별단예금	가계종합예금
	1년	2년	3년	4년	5년	1년	2년	3년	5년			
1969. 6. 1	18.0	21.0	-	-	-	-	-	-	-	1.8	1.0	-
71. 6.28	17.0	20.0	21.0	-	-	-	-	-	-	1.8	1.0	-
72. 1.17	15.0	16.0	17.0	-	-	-	-	-	-	1.8	1.0	-
8. 3	10.0	11.0	12.0	-	-	-	-	-	-	1.8	1.0	-
73. 8. 6	10.0	11.0	12.0	12.0	12.0	-	-	-	-	1.8	1.0	-
74. 1.24	11.2	12.2	13.2	13.2	13.2	-	-	-	-	1.8	1.0	-
12. 9	11.2	12.2	13.2	13.2	13.2	-	-	-	-	1.8	1.0	-
75.11. 1	11.2	12.2	13.2	13.2	13.2	-	-	[1]23.2	[1]27.2	1.8	1.0	-
76. 8. 2	12.2	13.2	14.2	14.2	14.2	-	[2]23.8	[2]24.2	[2]28.2	1.8	1.0	-
77. 7. 1	12.2	13.2	14.2	14.2	14.2	-	[3]23.8	[3]22.0	[3]26.0	1.8	1.0	6.0
10. 1	12.2	13.2	14.2	14.2	14.2	-	21.8	22.0	26.0	1.8	1.0	6.0
78. 6.13	13.2	14.2	15.2	15.2	15.2	-	22.8	23.0	27.0	1.8	1.0	6.0
79. 4.20	16.2	17.2	18.2	18.2	18.2	[4]25.3	[4]27.6	[4]30.1	[4]33.1	1.8	1.0	-
80. 1.12	20.6	22.6	25.0	26.5	27.5	27.4	30.3	33.5	36.5	1.8	1.0	-
8. 1	20.6	22.6	25.0	26.5	27.5	27.4	30.3	33.5	36.5	1.8	1.0	-
9.16	17.6	19.6	22.0	23.5	24.5	27.4	30.3	33.5	36.5	1.8	1.0	-
11. 8	15.1	17.1	19.5	21.0	22.0	27.4	30.3	33.5	36.5	1.8	1.0	-
81. 7. 1	15.1	17.1	19.5	21.0	22.0	27.4	30.3	33.5	36.5	1.8	[6]1.8	[7]14.4
11. 9	14.1	16.1	18.5	20.0	21.0	27.4	30.3	33.5	36.5	1.8	1.8	14.4
11.30	14.1	14.9	17.3	18.8	19.8	27.4	30.3	33.5	36.5	1.8	1.8	14.4
12.29	14.1	14.9	17.3	18.8	19.8	27.4	30.3	33.5	36.5	1.8	1.8	14.4
82. 1.14	13.8	14.4	15.0	15.9	16.5	27.4	30.3	33.5	36.5	1.8	1.8	14.4
3.29	11.4	12.0	12.6	13.5	14.1	[8]27.4	[8]30.3	[8]33.5	[8]36.5	1.8	1.8	12.0
6.28	7.6	7.8	8.0	8.2	8.4	19.6	21.4	22.9	23.9	1.8	1.8	8.0
83. 4. 1	7.6	7.8	8.0	8.2	8.4	19.6	21.4	22.9	23.9	1.8	1.8	8.0
84. 1.23	8.6	8.8	9.0	9.2	9.4	19.6	21.4	22.9	23.9	1.0	1.0	6.0
11. 5	9.6	9.8	10.0	10.4	10.4	19.6	21.4	22.9	23.9	1.0	1.0	6.0
85. 4.19	9.6	9.8	10.0	10.4	10.4	19.6	21.4	22.9	23.9	1.0	1.0	6.0
88.12. 5	10.0	10.0	10.0	11.0	11.0	16.4	17.2	18.2	18.9	1.0	1.0	4.0

1) 1976년 4월 1일부터 실시
2) 1976년 7월 31일부터 실시
3) 1977년 9월 30일부터 실시
4) 1979년 9월 1일부터 실시
5) 1980년 4월 18일부터 실시
6) 1981년 2월 20일부터 실시
7) 1981년 5월 6일부터 실시
8) 1982년 5월 6일부터 실시
9) 1988년 12월 5일 이후 자유화(외환은행 기준)
10) *는 자유화된 금리임(93.11.1)

(4) 예금은행[1] 가중평균수신금리(신규취급액기준)②

(단위:연리 %)

연 월 중	저축성 수 신[2] (A+B)	저축성 수 신[2] (금융채제외)	순수저축성예금(A)	정기 예금[3]	6개월 미만	6개월~1년 미만	1~2년 미만	2~3년 미만
2000	7.01	7.00	7.09	7.08	6.42	7.48	7.94	7.84
2001	5.43	5.43	5.47	5.46	5.21	5.61	5.79	5.98
2002	4.73	4.70	4.71	4.71	4.38	4.85	4.95	5.22
2003	4.15	4.13	4.15	4.15	3.89	4.25	4.25	4.48
2004	3.75	3.72	3.75	3.75	3.37	3.79	3.87	4.07
2005	3.62	3.56	3.56	3.57	3.17	3.60	3.72	3.99
2006	4.41	4.34	4.35	4.36	3.80	4.38	4.50	4.85
2007	5.07	5.01	5.01	5.01	4.50	5.01	5.17	5.25
2008	5.71	5.66	5.67	5.67	5.00	5.69	5.87	6.22
2009	3.26	3.21	3.23	3.23	2.69	3.33	3.48	4.20
2010	3.19	3.16	3.19	3.18	2.78	3.26	3.86	4.19
2011	3.69	3.67	3.69	3.69	3.39	3.72	4.15	4.30
2012	3.43	3.42	3.43	3.43	3.25	3.42	3.70	3.75
2013	2.73	2.71	2.71	2.70	2.54	2.72	2.89	2.98
2014	2.43	2.42	2.42	2.42	2.29	2.46	2.54	2.62
2015	1.74	1.72	1.72	1.72	1.61	1.75	1.81	1.85
2016	1.48	1.47	1.47	1.47	1.34	1.52	1.56	1.56
2017	1.56	1.52	1.52	1.51	1.29	1.60	1.67	1.76
2018	1.87	1.84	1.84	1.84	1.60	1.92	2.03	2.12
2019	1.75	1.75	1.74	1.74	1.62	1.76	1.85	1.89
2020	1.05	1.04	1.05	1.04	0.88	1.07	1.16	1.20
2021	1.08	1.05	1.05	1.05	0.84	1.12	1.20	1.31
2022	2.77	2.72	2.73	2.73	2.36	2.91	3.12	3.20
2023	3.71	3.69	3.68	3.68	3.53	3.78	3.84	3.60
2024	3.46	3.46	3.45	3.45	3.42	3.51	3.48	3.20
2025. 1	3.07	3.08	3.08	3.08	3.07	3.13	3.06	2.74
2025. 2	2.97	2.97	2.97	2.97	2.96	3.01	2.98	2.66
2025. 3	2.84	2.83	2.83	2.83	2.79	2.86	2.89	2.70
2025. 4	2.71	2.72	2.71	2.71	2.69	2.72	2.74	2.52
2025. 5	2.63	2.64	2.64	2.64	2.63	2.66	2.65	2.51
2025. 6	2.55	2.55	2.54	2.54	2.52	2.55	2.57	2.51
2025. 7	2.51	2.51	2.50	2.50	2.47	2.55	2.52	2.43
2025. 8	2.49	2.49	2.48	2.48	2.45	2.53	2.52	2.42

연 월 중	순수저축성예금(A) 정기적금	순수저축성예금(A) 상호부금	순수저축성예금(A) 주택부금	시장형금융상품(B)	양도성 예금증서	환매조건 부채권매도	표지어음	금융채[4]
2000	7.73	8.05	8.63	6.73	6.88	6.45	6.67	7.81
2001	6.00	5.97	6.53	5.30	5.23	5.29	5.22	5.65
2002	5.10	4.91	5.34	4.81	4.79	4.49	4.78	5.39
2003	4.42	4.28	4.36	4.16	4.22	3.90	4.21	4.55
2004	3.90	3.81	3.71	3.74	3.78	3.46	3.74	4.03
2005	3.39	3.36	3.29	3.70	3.72	3.35	3.57	4.14
2006	3.80	3.83	3.58	4.48	4.52	4.04	4.29	4.87
2007	4.14	4.15	3.82	5.14	5.19	4.70	4.92	5.46
2008	4.83	4.61	4.16	5.77	5.76	5.34	5.43	6.19
2009	3.30	3.29	3.08	3.29	3.25	2.78	3.13	3.88
2010	3.46	3.30	3.17	3.21	3.07	2.85	2.83	3.61
2011	3.72	3.52	3.19	3.69	3.67	3.37	3.42	3.93
2012	3.65	3.47	3.24	3.44	3.45	3.28	3.25	3.52
2013	3.06	3.01	3.16	2.82	2.75	2.64	2.59	2.92
2014	2.66	2.58	2.87	2.49	2.46	2.22	2.31	2.57
2015	1.99	1.86	2.33	1.81	1.75	1.68	1.54	1.87
2016	1.67	1.55	1.95	1.54	1.50	1.40	1.18	1.58
2017	1.62	1.51	1.82	1.70	1.57	1.50	1.14	1.76
2018	1.84	1.94	2.13	1.99	1.94	1.73	1.38	2.03
2019	1.93	1.90	2.19	1.76	1.79	1.83	1.39	1.75
2020	1.44	1.14	1.39	1.07	1.04	1.07	0.74	1.08
2021	1.24	1.09	1.15	1.18	1.13	1.06	0.70	1.19
2022	2.72	2.66	1.71	2.91	2.99	2.16	2.19	3.06
2023	3.56	3.57	2.25	3.80	3.88	3.44	3.28	3.88
2024	3.65	3.31	2.21	3.50	3.59	3.51	3.16	3.47
2025. 1	3.25	2.83	2.00	3.04	3.15	3.23	2.76	3.01
2025. 2	3.21	2.80	2.00	2.97	2.99	3.08	2.61	2.97
2025. 3	3.20	2.72	2.00	2.89	2.88	2.94	2.51	2.91
2025. 4	3.10	2.62	2.00	2.69	2.75	2.83	2.38	2.66
2025. 5	3.02	2.56	2.00	2.58	2.64	2.62	2.30	2.56
2025. 6	3.04	2.49	2.00	2.55	2.56	2.53	2.22	2.55
2025. 7	3.04	2.49	2.00	2.54	2.54	2.46	2.18	2.54
2025. 8	2.87	2.48	2.00	2.52	2.55	2.50	2.19	2.52

1) 외국은행 국내지점 제외.

2) 수시입출식저축성예금을 제외한 순수저축성예금 및 시장형금융상품 수신금리.

3) 회전식정기예금의 만기 재분류(계약만기 기준 → 회전기간 기준)에 따라 2009.12월부터 시계열 비연속.

4) 후순위채, 전환사채 등을 제외한 일반 금융채 기준.

금 리(3)

(5) 예금은행 대출금리①

(단위:연리 %)

실시일	상업어음할인 우량업체	상업어음할인 기타업체	무역어음	기타어음 1년 이내 우량업체	1년 이내 기타업체	1~3년 이내 우량업체	1~3년 이내 기타업체	3~8년 이내 우량업체	3~8년 이내 기타업체	8~10년 이내 우량업체	8~10년 이내 기타업체
1970. 6.18	24.0		6.0	24.0		–		–		–	
71. 6.28	22.0		6.0	22.0		22.5		23.0		–	
72. 1.17	19.0		6.0	19.0		19.5		20.0		–	
10. 2	15.5		6.0	15.5		16.0		16.5		16.5	
73. 2. 9	15.5		6.0	15.5		15.5		15.5		15.5	
5.14	15.5		7.0	15.5		15.5		15.5		15.5	
74. 1.24	15.5		9.0	15.5		15.5		15.5		15.5	
12. 7	15.5		9.0	15.5		15.5		15.5		15.5	
75. 4.17	15.0		7.0	15.5		15.5		15.5		15.5	
12. 7	15.5		7.0	15.5		15.5		15.5		15.5	
76. 8. 2	17.8	18.0	8.0	17.0	18.0	17.0		18.0		18.0	
77. 7. 1	15.0~18.0	16.0~19.0	8.0	16.0	17.0	16.0		17.0		18.0	
10. 4	15.0~18.0	16.0~19.0	8.0	15.0	16.0	15.0		16.0		17.0	
78. 6.13	18.5	19.0	9.0	18.5	19.0	18.5		19.5		20.5	
79. 9. 7	18.5	19.0	9.0	18.5	19.0	18.5	19.0	19.5	20.0	20.5	21.0
80. 1.12	24.5	25.0	15.0	24.5	25.0	24.5	25.0	25.5	26.0	26.5	27.0
6. 5	23.5	24.0	15.0	23.5	24.0	23.5	24.0	24.5	25.0	25.5	26.0
8. 1	23.5	24.0	15.0	23.5	24.0	23.5	24.0	24.5	25.0	25.5	26.0
9.16	21.5	22.0	15.0	21.5	22.0	21.5	22.0	22.5	23.0	23.5	24.0
11.18	19.5	22.0	15.0	19.5	20.0	19.5	20.0	20.5	21.0	21.5	22.0
81. 4. 4	19.5	20.0	15.0	19.5	20.0	19.5	20.0	20.5	21.5	21.5	22.0
11. 9	18.5	19.0	15.0	18.5	19.0	18.5	19.0	19.5	20.0	20.5	21.0
11.30	17.5	18.0	15.0	17.5	18.0	17.5	18.0	18.5	19.0	19.5	20.5
12.29	16.6	17.0	4)15.0	16.5	17.0	16.5	17.0	17.5	18.0	18.5	19.0
82. 1.14	15.5	16.0	12.0	15.5	16.0	15.5	16.0	16.5	17.0	17.5	18.0
3.29	13.5	14.0	11.0	13.5	14.0	13.5	14.0	14.5	15.0	15.5	16.0
6.28	10.0		10.0	10.0		10.0		10.0		10.0	
84. 1.23	10.0~10.5		10.0	10.0~10.5		10.0~10.5		10.0~10.5		10.0~10.5	
7.23	10.0~10.5		10.0	10.0~10.5		10.0~10.5		10.0~10.5		10.0~10.5	
11. 5	10.0~11.5		10.0	10.0~11.5		10.0~11.5		10.0~11.5		10.0~11.5	
85. 4.19	10.0~11.5		10.0	10.0~11.5		10.0~13.5		10.0~13.5		10.0~13.5	
10.11	10.0~11.5		10.0	10.0~11.5		10.0~13.0		10.0~13.0		10.0~13.0	
86. 3.24	10.0~11.5		10.0	10.0~11.5		10.0~12.0		10.0~12.0		10.0~12.0	
88.12. 5	*		*	*		*		*		*	

실시일	당좌대출 우량업체	당좌대출 기타업체	적금대출 우량업체	적금대출 기타업체	콜론[3]	상호부금 1차체감	상호부금 2차체감	상호부금 3차체감	상호부금 4차체감	상호부금담보대출 우량업체	상호부금담보대출 기타업체
1970. 6.18	26.0		24.0		21.0	24.0	22.8	19.2	–	18.8	
71. 6.28	24.0		22.0		19.0	22.0	20.8	17.2	15.2	16.8	
72. 1.17	22.0		19.0		19.0	19.0	17.8	16.1	14.2	14.5	
10. 2	17.5		15.5		15.0	15.5	14.4	13.3	12.2	12.0	
73. 2. 9	17.5		15.5		15.0	15.5	14.4	13.3	12.2	12.0	
5.14	17.5		15.5		15.0	15.5	14.4	13.3	12.2	12.0	
74. 1.24	17.5		15.5		15.0	15.5	14.4	13.3	12.2	12.0	
12. 7	17.5		15.5		15.0	15.5	14.4	13.3	12.2	12.0	
75. 4.17	17.5		15.5		15.0	15.5	14.4	13.3	12.2	13.5	
10. 1	17.5		15.5		15.0	1)15.48	1)14.52	1)13.59	1)12.48	13.5	
76. 8. 2	18.0	19.0	17.0	18.0	20.0	17.04	15.98	14.93	13.74	15.5	
77. 8. 2	17.0	18.0	16.0	17.0	20.0	16.08	15.98	14.09	12.97	15.0	
10. 4	17.0	18.0	15.0	16.0	20.0	15.08	14.14	13.21	12.16	15.9	
78. 6.13	20.5	21.0	18.5	19.0	22.0	18.08	17.14	16.21	15.16	16.0	
79. 9. 7	20.5	21.0	18.5	19.0	19.0	19.08	17.14	16.21	15.16	18.5	19.0
80. 1.12	26.5	27.0	24.5	25.0	25.0	24.08	23.14	22.21	21.16	24.5	25.0
6. 5	25.5	26.0	23.5	24.0	24.0	24.08	23.14	22.21	21.16	24.5	25.0
8. 1	25.5	26.0	21.5	22.0	24.0	22.08	21.72	21.36	21.00	2)23.5	24.0
9.16	23.5	24.0	19.5	20.0	22.0	21.08	20.72	20.36	20.00	21.5	22.0
11.18	21.5	22.0	17.5	18.0	20.0	19.08	18.72	18.36	18.00	17.5	18.0
81. 4. 4	20.5	21.0	17.5	18.0	20.0	19.08	18.72	18.36	18.00	17.5	18.0
11. 9	19.5	20.0	16.5	17.0	19.0	18.60	18.24	17.88	17.52	16.5	17.0
11.30	18.5	19.0	15.5	16.0	18.0	18.00	17.64	17.28	16.92	15.5	16.0
12.29	16.5	17.0	15.5	16.0	17.0	18.00	17.64	17.28	16.92	15.5	16.0
82. 1.14	15.5	16.0	15.5	16.0	16.0	16.80	16.40	16.10	15.70	16.0	
3.29	14.0		13.5	14.0	16.0	15.24	14.76	13.44	11.76	14.0	
6.28	10.0		10.0		3)*	11.04	10.68	9.24	8.40	10.0	
84. 1.23	10.0~10.5		10.0~10.5		3)*	11.64	11.28	9.84	9.00	10.0~10.5	
7.23	10.0~10.5		10.0~10.5		3)*	11.64	11.28	9.84	9.00	10.0~10.5	
11. 5	10.0~11.5		10.0~11.5		3)*	12.64	12.28	10.84	10.00	10.0~11.5	
85. 4.19	10.0~11.5		10.0~11.5		3)*	12.64	12.28	10.84	10.00	10.0~11.5	
10.11	10.0~11.5		10.0~11.5		3)*	12.64	12.28	10.84	10.00	10.0~11.5	
86. 3.24	10.0~11.5		10.0~11.5		3)*	12.64	12.28	10.84	10.00	10.0~12.0	
88.12. 5	*		*		3)*	12.64	12.28	10.84	10.00	*	
90. 8. 7	*		*		3)*	*	*	*	*	*	

1) 1975년 11월 1일부터 실시
2) 1980년 6월 5일부터 실시
3) 1982년 6월 28일부터는 그 영업일 전의 신종 기업어음 평균 매출금리이며, 1984년 11월 5일부터는 자유화됨.
4) 잠정금리 12.0% 적용
5) * 는 자유화된 금리

(5) 예금은행 가중평균대출금리(신규취급액기준[1])②

(단위: 연리 %)

연 월 중	대출평균 (A+B+C)	기 업 대 출(A)					가 계 대 출 (B)	
			대 기 업	중소기업	운전자금	시설자금		소액대출 (500만원 이하)
2000	8.55	8.18	8.75	7.95	8.15	9.34	9.88	–
2001	7.70	7.49	7.69	7.38	7.46	8.25	8.20	10.15
2002	6.70	6.50	6.17	6.56	6.44	7.16	6.92	9.60
2003	6.24	6.17	5.98	6.21	6.13	6.89	6.50	8.03
2004	5.90	5.92	5.72	5.97	5.89	6.60	5.88	6.25
2005	5.59	5.65	5.20	5.76	5.64	6.07	5.49	5.99
2006	5.99	6.08	5.56	6.20	6.06	6.40	5.80	6.27
2007	6.55	6.60	6.09	6.72	6.59	6.75	6.48	6.57
2008	7.17	7.17	6.79	7.31	7.16	7.36	7.19	7.28
2009	5.65	5.65	5.61	5.65	5.61	6.11	5.73	6.85
2010	5.51	5.56	5.25	5.68	5.54	5.84	5.38	6.55
2011	5.76	5.86	5.50	6.00	5.87	5.74	5.47	6.67
2012	5.40	5.49	5.18	5.66	5.52	5.22	5.22	6.60
2013	4.64	4.74	4.46	4.92	4.78	4.48	4.35	5.95
2014	4.26	4.39	4.10	4.60	4.42	4.20	3.87	5.17
2015	3.53	3.69	3.40	3.87	3.74	3.45	3.22	4.43
2016	3.37	3.48	3.14	3.69	3.51	3.31	3.14	4.31
2017	3.48	3.49	3.13	3.71	3.50	3.46	3.46	4.46
2018	3.66	3.66	3.33	3.88	3.68	3.60	3.68	4.61
2019	3.45	3.54	3.34	3.67	3.60	3.30	3.24	4.51
2020	2.80	2.84	2.64	2.97	2.86	2.76	2.75	4.25
2021	2.88	2.81	2.57	2.98	2.84	2.74	3.10	4.61
2022	4.29	4.22	3.97	4.44	4.20	4.33	4.60	6.07
2023	5.19	5.28	5.21	5.34	5.34	5.09	4.96	6.99
2024	4.73	4.85	4.90	4.81	5.01	4.39	4.44	6.84
2025. 1	4.53	4.50	4.48	4.53	4.61	4.04	4.65	6.56
2025. 2	4.46	4.43	4.41	4.45	4.56	4.06	4.52	6.63
2025. 3	4.36	4.32	4.32	4.31	4.41	4.02	4.51	6.80
2025. 4	4.19	4.14	4.04	4.24	4.30	3.69	4.36	6.64
2025. 5	4.17	4.16	4.15	4.17	4.25	3.77	4.26	6.82
2025. 6	4.09	4.06	4.00	4.11	4.14	3.76	4.21	6.70
2025. 7	4.06	4.04	3.99	4.08	4.14	3.74	4.20	6.46
2025. 8	4.06	4.03	3.98	4.07	4.12	3.74	4.17	6.28

연 월 중	담 보 별 가 계 대 출					공공 및 기타부문대출 (c)	상업어음할인	기업일반 자금대출
	주택담보 대 출	집단대출	예·적금 담보대출	보증대출	일반신용대출			
2000	–	–	–	–	–	8.24	7.41	8.91
2001	6.31	–	7.21	7.62	–	7.35	7.01	7.90
2002	6.67	–	6.98	7.18	–	6.34	6.45	6.86
2003	6.21	–	6.45	6.54	–	5.62	6.34	6.50
2004	5.86	–	5.93	5.90	–	5.51	6.25	6.24
2005	5.39	4.94	5.53	5.66	6.32	4.91	6.19	5.90
2006	5.64	5.43	5.64	5.59	6.89	5.42	6.60	6.32
2007	6.34	5.88	6.11	6.10	7.46	5.65	7.11	6.75
2008	7.00	6.48	6.84	7.03	8.44	6.70	7.69	7.38
2009	5.54	5.01	6.07	5.67	7.09	5.21	6.01	5.76
2010	5.00	4.83	5.36	5.38	7.19	5.10	6.30	5.61
2011	4.92	4.96	5.38	5.47	7.82	5.20	6.61	5.83
2012	4.63	4.77	5.11	5.24	7.43	4.56	6.27	5.37
2013	3.86	3.94	4.54	4.31	6.28	4.31	5.66	4.64
2014	3.55	3.57	4.05	3.76	5.45	4.10	5.37	4.29
2015	3.03	3.03	3.49	3.07	4.55	3.26	4.74	3.61
2016	2.91	2.93	3.06	2.93	4.40	3.08	4.46	3.43
2017	3.27	3.23	2.95	3.30	4.34	3.29	4.46	3.46
2018	3.39	3.44	3.15	3.59	4.49	3.52	4.72	3.65
2019	2.74	2.99	3.14	3.30	4.17	3.35	4.67	3.49
2020	2.50	2.60	2.66	2.75	3.26	2.47	3.91	2.83
2021	2.94	3.26	2.40	2.85	4.06	2.41	3.84	2.81
2022	4.24	4.54	3.31	4.34	6.27	3.75	5.29	4.24
2023	4.37	4.33	4.93	5.18	6.62	5.05	6.21	5.24
2024	3.90	4.33	4.77	4.60	6.04	4.54	5.89	4.78
2025. 1	4.27	4.39	4.53	4.60	5.58	3.99	5.49	4.47
2025. 2	4.23	4.35	4.44	4.46	5.50	4.25	5.40	4.40
2025. 3	4.17	4.29	4.38	4.46	5.48	4.04	5.21	4.28
2025. 4	3.98	4.12	4.34	4.37	5.28	3.93	5.10	4.11
2025. 5	3.87	3.95	4.30	4.32	5.21	3.59	5.07	4.13
2025. 6	3.93	3.91	4.21	4.24	5.03	3.65	4.93	4.04
2025. 7	3.96	3.90	4.15	4.12	5.34	3.53	4.93	4.03
2025. 8	3.96	3.89	4.15	4.03	5.41	3.69	4.93	4.00

1) 금융자금대출 가중평균금리로서 당좌대출 및 마이너스통장대출 제외(마이너스통장대출은 2001.9월부터 제외)

조 세 수 입

조세수입	1971	1972	1973	1974	1975	1976	1977	1978	1979	1980	1981
내국세	355,496	374,340	439,121	717,976	1,012,291	1,370,532	1,675,180	2,252,546	3,037,510	3,675,795	4,595,782
소득세	107,615	104,697	123,710	164,660	198,619	319,021	352,715	467,759	614,679	661,374	886,150
법인세	56,699	54,824	49,779	110,291	130,480	171,172	234,955	358,715	493,207	485,206	594,062
상속세	1,036	955	877	1,601	4,234	5,687	4,917	3,799	6,582	9,623	11,975
증여세	931	573	951	1,224	6,561	4,218	5,824	4,944	4,343	6,710	14,240
자산재평가세	1,315	1,429	1,041	2,421	5,077	7,881	7,746	6,763	10,389	22,418	40,178
부당이득세	–	–	–	833	226	85	553	55	107	214	56
부가가치세	–	–	–	–	–	–	241,573	838,907	1,088,675	1,471,194	1,804,760
개별소비세	–	–	–	–	–	–	99,865	327,021	484,627	582,471	665,204
주세	27,536	28,115	34,039	53,245	81,422	93,020	123,249	193,989	265,848	297,717	374,761
증권거래세	63	–	–	–	–	–	–	–	3,317	2,579	5,377
전화세	–	–	–	5,261	9,764	13,829	20,328	22,920	30,972	49,996	66,739
인지세	2,400	7,855	8,293	13,709	12,772	14,603	19,328	24,897	37,317	33,890	49,678
과년도수입	–	–	–	–	–	–	21,127	2,776	1,789	59,113	82,601
교통·에너지·환경세	–	–	–	–	–	–	–	–	–	–	–
방위세	–	–	–	–	31,900	179,353	224,039	308,778	402,524	541,935	712,024
교육세	–	–	–	–	–	–	–	–	–	–	–
농어촌특별세	–	–	–	–	–	–	–	–	–	–	–

조세수입	1995	1996	1997	1998	1999	2000	2001	2002	2003	2004	2005
내국세	44,381,993	49,202,309	52,153,147	51,237,792	56,393,091	71,106,081	74,027,342	82,225,915	92,231,159	95,276,356	104,427,868
소득세	13,618,190	14,766,882	14,867,893	17,194,021	15,854,601	17,508,873	18,662,955	19,160,496	20,787,302	23,434,004	24,650,520
법인세	8,662,631	9,356,104	9,424,669	10,775,797	9,365,392	17,878,435	16,975,148	19,243,149	25,632,684	24,678,343	29,805,494
상속세	605,644	565,773	604,660	309,488	480,670	448,711	429,955	397,819	485,302	588,328	701,964
증여세	423,730	400,757	556,487	370,143	420,506	540,162	518,437	458,344	829,756	1,119,918	1,170,863
자산재평가세	89,105	216,674	167,214	457,208	1,017,263	537,219	173,462	1,886	-399	-13,671	-1,670
부당이득세	–	–	–	–	–	–	–	–	–	–	–
부가가치세	14,636,893	16,789,539	19,487,991	15,706,805	20,369,037	23,212,042	25,834,726	31,608,756	33,447,038	34,571,755	36,118,641
개별소비세	2,617,110	3,119,253	3,036,442	2,211,453	2,713,271	2,984,560	3,633,613	4,288,222	4,732,985	4,574,032	4,399,528
주세	1,824,513	2,083,863	1,789,791	1,814,408	2,077,975	1,962,493	2,468,163	2,655,001	2,726,181	2,588,795	2,595,099
증권거래세	502,636	289,573	261,872	242,494	1,353,726	2,735,942	1,797,919	2,035,805	1,606,461	1,301,580	2,370,525
전화세	543,051	661,012	788,624	921,887	1,191,414	1,458,176	1,346,195	17,845	1,361	581	-299
인지세	319,829	355,970	390,105	303,533	370,929	387,560	476,559	482,179	456,513	435,828	499,962
과년도수입	510,691	583,220	778,240	925,461	1,178,250	1,451,854	1,710,296	1,876,415	1,525,975	1,996,863	2,117,241
교통·에너지·환경세	3,375,401	4,826,009	5,547,139	6,504,046	7,255,772	8,405,207	10,587,760	9,495,683	10,130,251	10,200,462	10,336,940
방위세	62,008	13,633	-9,248	1,268	1,552	-3,008	-1,035	730	2,198	57,051	-8,591
교육세	2,993,104	4,124,152	5,398,538	5,203,132	5,296,940	5,798,300	3,782,501	3,531,575	3,651,326	3,529,520	3,526,591
농어촌특별세	939,859	1,035,643	556,360	585,341	1,529,670	1,296,316	928,029	1,379,104	1,163,482	1,289,033	1,748,764

조세수입	2019	2020	2021	2022	2023						
내국세	259,308,648	249,995,573	299,118,410	356,041,526	309,628,109						
소득세	83,561,998	93,108,723	114,112,339	128,748,596	115,833,024						
법인세	72,174,278	55,513,201	70,396,282	103,570,360	80,419,515						
상속세	3,154,216	3,904,234	6,944,742	7,611,302	8,544,422						
증여세	5,174,942	6,471,066	8,061,411	6,982,717	6,089,632						
자산재평가세	–	–	–	–	–						
부당이득세	–	–	–	–	–						
부가가치세	70,828,268	64,882,907	71,204,565	81,626,608	73,774,862						
개별소비세	9,719,127	9,218,115	9,363,810	9,318,244	8,820,924						
주세	3,504,110	3,008,381	2,673,378	3,766,531	3,568,637						
증권거래세	4,473,313	8,758,656	10,255,631	6,302,867	6,080,262						
전화세	–	–	–	–	–						
인지세	845,588	965,206	959,756	798,775	796,932						
과년도수입	5,872,808	4,165,084	5,146,496	7,315,526	5,699,899						
교통·에너지·환경세	14,562,708	13,937,883	16,598,390	11,116,375	10,843,590						
방위세	267	174	282	886	133						
교육세	5,109,935	4,692,746	5,102,900	4,643,472	5,150,609						
농어촌특별세	2,759,822	5,048,265	7,521,239	5,648,403	5,453,398						

(단위:백만원)

1982	1983	1984	1985	1986	1987	1988	1989	1990	1991	1992	1993	1994
5,250,666	6,188,424	6,697,373	7,496,925	8,463,984	10,011,971	12,540,239	15,208,394	19,130,227	24,089,183	30,080,065	34,174,562	38,449,032
1,005,516	1,136,116	1,229,093	1,481,558	1,784,559	2,158,867	2,964,061	3,556,892	4,723,114	6,459,371	8,008,357	9,462,850	11,207,767
781,303	863,691	923,535	1,126,731	1,191,401	1,682,444	2,247,429	3,107,894	3,226,128	4,585,547	5,941,051	5,862,329	7,387,568
17,889	18,107	19,946	17,821	33,382	32,724	36,007	39,472	71,033	104,372	175,030	346,337	523,570
17,565	24,555	27,119	28,566	30,987	36,971	73,253	103,499	224,900	221,829	258,243	320,830	383,850
57,629	50,293	35,032	16,686	6,049	13,452	32,723	89,671	95,282	65,899	68,876	98,505	86,406
1	1	–	6	–	–	–	–	–	87	–	–	–
2,094,383	2,559,277	2,704,272	2,901,197	3,272,210	3,650,479	4,205,215	5,260,229	6,964,419	8,252,627	10,076,296	11,687,506	13,057,973
664,874	793,315	898,110	980,807	1,085,500	1,189,665	1,333,176	1,256,966	1,911,791	2,246,526	3,068,615	3,606,917	2,445,573
394,708	441,027	493,393	501,187	555,805	581,501	780,470	893,033	1,022,417	1,145,342	1,329,041	1,367,588	1,545,787
4,594	4,760	6,482	7,253	18,936	78,369	249,946	415,512	224,010	129,325	165,825	306,905	684,030
101,574	123,775	153,936	166,551	195,463	235,737	283,462	237,437	261,552	311,387	360,431	399,722	458,696
54,227	64,212	68,840	75,670	83,529	99,772	120,692	162,305	193,077	224,223	214,983	242,619	275,300
56,403	109,295	137,614	192,891	206,163	251,990	213,805	85,484	212,534	152,477	291,541	149,828	336,427
–	–	–	–	–	–	–	–	–	–	–	–	2,459,132
766,160	838,999	982,714	1,123,505	1,262,637	1,592,614	2,031,307	2,446,178	3,026,308	1,364,126	182,919	121,258	75,227
197,870	263,060	284,827	321,144	372,407	411,337	512,282	423,432	521,262	1,532,107	1,822,297	2,078,903	2,539,578
–	–	–	–	–	–	–	–	–	–	–	–	169,509

2006	2007	2008	2009	2010	2011	2012	2013	2014	2015	2016	2017	2018
113,879,497	132,508,138	136,556,310	136,476,881	143,506,090	159,601,755	169,771,343	168,845,809	174,111,888	185,240,338	209,401,319	230,803,590	258,031,118
31,004,340	38,855,971	36,355,129	34,423,256	37,461,850	42,287,703	45,766,953	48,383,352	54,101,721	62,439,751	70,119,368	76,834,542	84,461,613
29,362,222	35,417,342	39,154,491	35,251,404	37,268,222	44,872,821	45,931,750	43,854,825	42,650,317	45,029,483	52,115,420	59,176,597	70,937,351
867,649	1,058,963	1,181,718	1,220,673	1,202,808	1,258,637	1,718,540	1,586,535	1,696,147	1,943,658	1,994,918	2,341,875	2,831,509
1,521,643	1,782,954	1,595,343	1,209,640	1,873,336	2,074,062	2,301,983	2,703,224	2,929,099	3,099,952	3,355,142	4,443,276	4,527,368
38,456	4	–	–	3	66	–	–	–	–	–	–	–
7	–	–	–	–	–	–	–	–	–	–	–	–
38,092,857	40,941,908	43,819,769	46,991,507	49,121,210	51,906,874	55,667,634	55,962,553	57,138,799	54,159,097	61,828,203	67,086,975	70,937,351
4,903,453	5,161,140	4,499,380	3,642,025	5,065,791	5,537,255	5,335,516	5,484,283	5,624,103	8,000,762	8,881,274	9,860,807	10,451,028
2,405,598	2,262,282	2,829,350	2,764,092	2,878,235	2,529,303	2,998,922	2,946,973	2,851,961	3,227,471	3,208,747	3,034,595	3,260,915
2,525,685	3,468,795	2,787,538	3,533,932	3,667,144	4,278,696	3,680,579	3,077,101	3,121,044	4,669,870	4,468,083	4,508,316	6,241,198
542	26	16	15	2	4	–	–	–	–	–	–	–
587,901	587,969	572,888	543,700	521,915	623,948	601,439	636,558	726,297	953,446	905,795	895,764	881,254
2,569,144	2,970,784	3,760,688	6,896,637	4,445,574	4,232,386	5,768,027	4,774,121	4,048,903	3,434,837	4,146,690	4,389,625	4,429,774
9,617,804	11,510,946	11,941,971	10,092,007	13,970,114	11,545,953	13,809,143	13,247,770	13,440,270	14,054,594	15,303,016	15,552,612	15,334,854
806	304	294	161	469	231	350	−59,219	239	170	256	323	263
3,420,417	3,857,076	4,175,650	3,751,168	4,642,687	4,244,527	4,633,853	4,509,096	4,605,236	4,869,079	4,879,230	5,007,139	5,097,573
2,038,881	2,819,498	2,757,180	2,803,221	2,866.582	3,658,843	2,746,800	2,467,502	3,390,300	2,598,309	2,451,409	2,577,552	3,198,948

인 지 세 액 (1)

과 세 문 건 · 기 재 금 액		인지액 '73~'77	인지액 '78~'92.6
• 부동산, 선박, 항공기의 소유권이전에 관한 증서 광업권, 무채재산권 또는 영업의 양도에 관한 증서	5,000원 이하	10	10
	1만원 이하	20	20
	5만원 이하	80	80
	10만원 이하	150	150
• 소비대차에 관한 증서 도급에 관한 증서	25만원 이하	350	350
	50만원 이하	700	700
• 용선계약서(항공기의 경우를 포함)	100만원 이하	1,300	1,300
	250만원 이하	3,000	3,000
• 동산 또는 유가증권의 양도에 관한 증서(전기공급에 관한 것을 포함)	500만원 이하	5,500	5,500
	1,000만원 이하	10,000	10,000
	2,500만원 이하	22,500	22,500
	5,000만원 이하	40,000	40,000
	1억원 이하	70,000	70,000
	1억원 초과	150,000	150,000
• 지상권·지역권 또는 전세권에 관한 증권	1만원 이하	-	10
	5만원 이하	-	50
	10만원 이하	-	100
	25만원 이하	-	250
	50만원 이하	-	450
	100만원 이하	-	850
	250만원 이하	-	2,000
	500만원 이하	-	3,500
	1,000만원 이하	-	6,500
	2,500만원 이하	-	15,000
	5,000만원 이하	-	25,000
	1억원 이하	-	45,000
	1억원 초과	-	100,000
• 약속어음 또는 환어음		300	300
• 상품권		30	50
• 출자증권		30	30
• 보험증권		30	30
• 주권		30	30
• 채권		30	30
• 예금 또는 저금증서		30	50
• 예금 또는 적금통장		30	50
• 위임장		30	50
• 사용대차, 임대차, 고용 또는 임차에 관한 증서		30	50
• 관인 또는 승인에 관한 증서		30	50
• 신탁에 관한 증서		30	50
• 상호신용부금의 증서 또는 상호신용적금의 증서		30	50
• 질권, 저당권 또는 전당권에 관한 증서		30	50
• 정관 또는 조합계약서		30	50
• 권리의 설정, 이전 및 변경에 관한 증서		30	50
• 상호보험회사가 작성하는 기금증권		30	30
• 채무의 보증에 관한 증권		30	50
• 입금장(100장 이하를 1권으로 함)		30	50
• 수금장		-	250
• 수표장(20장 이하를 1권으로 함)		300	500

과 세 문 건 · 기 재 금 액		인지액 '92.7~2002.12
• 부동산, 선박, 항공기의 소유권 이전에 관한 증서	500만원 초과 1,000만원 이하	10,000
	1,000 〃 2,000 〃	20,000
• 소비대차에 관한 증서	2,000 〃 3,000 〃	30,000
• 도급에 관한 증서	3,000 〃 5,000 〃	40,000
• 용선계약서(항공기의 경우포함)	5,000 〃 1억원 이하	70,000
	1억원 초과 5 〃	150,000
	5 〃 10 〃	250,000
	10 〃	350,000
• 종교 또는 조합계약서 또는 합병계약서		30,000
• 부동산에 대한 전세권 또는 부동산임대차에 관한 증서		10,000
• 시설대여업법에 의한 시설대여 또는 연불판매에 관한 계약서 기타 이와 유사한 것으로 대통령령이 정하는 것		10,000
• 대통령령이 정하는 시설물 이용권에 관한 증서		5,000
• 소유권에 관하여 법률에 의하여 등록을 요하는 동산으로서 대통령령이 정하는 자산양도에 관한 증서		3,000
• 지상권 또는 지역권에 관한 증서		3,000
• 광업권, 무체재산권, 어업권, 출판권, 저작인접권 또는 상호권의 양동 관한 증서		3,000
• 계속 반복적 거래에 관한 증서로서 대통령령이 정하는 것		300
• 상품권		200
• 주권, 채권, 출자증권, 수익증권, 상호보험회사가 작성하는 기금증권		200
• 보험증권		100
• 예금 또는 저금증서, 예금 또는 적금통장, 상호신용부금증서 또는 상호신용계금증서, 환매조건부채권 매도약정서		100
• 임차에 관한 증서 또는 통장		100
• 신탁에 〃		100
〈채무의 보증에 관한 증서〉		
• 사채보증에 관한 증서 기타 이와 유사한 것으로 대통령에 정하는 채무의 보증에 관한 증서		10,000
• 신용보증기금법에 의한 신용보증기금이 발행하는 채무의 보증에 관한 증서 기타 이와 유사한 것으로 대통령령이 정하는 채무의 보증에 관한 증서		1,000
• 보험업법에 관한 보험사업자가 발행하는 보증보험증권, 농림수산업자 신용보증법에 의한 농림수산업자 신용보증기금이 발행하는 채무의 보증에 관한 증서, 기타 이와 유사한 것으로 대통령령이 정하는 채무의 보증에 관한 증서		200

과 세 문 건 · 기 재 금 액	인 지 액	
	'02.12~'04.12	'05.1~'09.12
• 부동산, 선박, 항공기의 소유권 이전에 관한 증서		
1,000만원 초과 3,000만원 이하인 경우	20,000	20,000
3,000만원 초과 5,000만원 이하인 경우	40,000	40,000
5,000만원 초과 1억원 이하인 경우	70,000	70,000
1억원 초과 10억원 이하인 경우	150,000	150,000
10억원을 초과하는 경우	350,000	350,000
• 대통령령이 정하는 금융·보험기관과의 금전소비대차에 관한 증서		
1,000만원 초과 3,000만원 이하인 경우	20,000	20,000
3,000만원 초과 5,000만원 이하인 경우	40,000	40,000
5,000만원 초과 1억원 이하인 경우	70,000	70,000
1억원 초과 10억원 이하인 경우	150,000	150,000
10억원을 초과하는 경우	350,000	350,000
• 도급 또는 위임에 관한 증서중 법률에 의하여 작성하는 문서로서 대통령령이 정하는 것		
1,000만원 초과 3,000만원 이하인 경우	20,000	20,000
3,000만원 초과 5,000만원 이하인 경우	40,000	40,000
5,000만원 초과 1억원 이하인 경우	70,000	70,000
1억원 초과 10억원 이하인 경우	150,000	150,000
10억원을 초과하는 경우	350,000	350,000
• 부동산 전세권에 관한 증서	10,000	10,000
• 소유권에 관하여 법률에 의하여 등록 등을 요하는 동산으로서 대통령령이 정하는 자산의 양도에 관한 증서	3,000	3,000
• 지상권 또는 지역원에 관한 증서	3,000	3,000
• 광업권, 무체재산권, 어업권, 출판권, 저작인접권 또는 상호권의 양도에 관한 증서	3,000	3,000
• 시설물이용권에 관한 증서로서 다음 각목의 1에 해당하는 것 가. 체육시설의 설치·이용에 관한 법률에 의한 회원제 골프장을 이용할 수 있는 회원권에 관한 증서 나. 관광진흥법에 의한 휴양콘도미니엄을 이용할 수 있는 회원권에 관한 증서	10,000	10,000
• 계속적, 반복적 거래에 관한 증서로서 다음 각목의 1에 해당하는 것		
가. 여신전문금융업법에 의한 신용카드회원(직불카드회원을 포함한다)으로 가입하기 위한 신청서	1,000	1,000
나. 전기통신업무법 제4조제2항의 규정에 의한 기간통신역무중 대통령령이 정하는 역무를 이용하기 위하여 작성하는 계약서 또는 가입신청서	1,000	1,000
다. 여긴전문금융업법에 의한 신용카드가맹점으로 가입하기 위한 신청서 그밖에 대통령령이 정하는 것.	300	300
• 상품권	400	
권면금액이 1만원 초과 5만원 이하인 경우		200
권면금액이 5만원 초과하는 경우		400
• 주권·채권·출자증권·수익증권·증권거래법 제2조제1항제9호의 규정에 의하여 발행하는 기업어음	400	400
• 예금·적금에 관한 증서 또는 통장, 환매조건 부채상황 매도약정서, 보험증권 및 신탁에 관한 증서 또는 통장	100	100
• 여신전문금융업법에 의한 시설대여계약서	10,000	10,000
• 채무의 보증에 관한 증서		
가. 사채보증에 관한 증서 그밖에 이와 유사한 것으로서 대통령령이 정하는 채무의 보증에 관한 증서	10,000	10,000
나. 신용보증기금법에 의한 신용보증기금이 발행하는 채무의 보증에 관한 증서 그밖에 이와 유사한 것으로서 대통령령이 정하는 채무의 보증에 관한 증서	1,000	1,000
다. 보험업법에 관한 보험사업자가 발행하는 보증보험증권, 농림수산업자 신용보증법에 의한 농림수산업자 신용보증기금이 발행하는 채무의 보증에 관한 증서, 그밖에 이와 유사한 것으로서 대통령령이 정하는 채무의 보증에 관한 증서	200	200

인 지 세 액 (2)

과 세 문 건 · 기 재 금 액	인 지 액			
	'10.1~'13.12	'14.1~'17.11	'17.12~'20.9	'20.10~'25.10
• 부동산, 선박, 항공기의 소유권 이전에 관한 증서				
1,000만원 초과 3,000만원 이하인 경우	20,000	20,000	20,000	20,000
3,000만원 초과 5,000만원 이하인 경우	40,000	40,000	40,000	40,000
5,000만원 초과 1억원 이하인 경우	70,000	70,000	70,000	70,000
1억원 초과 10억원 이하인 경우	150,000	150,000	150,000	150,000
10억원을 초과하는 경우	350,000	350,000	350,000	350,000
• 대통령령으로 정하는 금융·보험기관과의 금전소비대차에 관한 증서				
1,000만원 초과 3,000만원 이하인 경우	20,000	20,000	20,000	20,000
3,000만원 초과 5,000만원 이하인 경우	40,000	40,000	40,000	40,000
5,000만원 초과 1억원 이하인 경우	70,000	70,000	70,000	70,000
1억원 초과 10억원 이하인 경우	150,000	150,000	150,000	150,000
10억원을 초과하는 경우	350,000	350,000	350,000	350,000
• 도급 또는 위임에 관한 증서 중 법률에 따라 작성하는 문서로서 대통령령으로 정하는 것				
1,000만원 초과 3,000만원 이하인 경우	20,000	20,000	20,000	20,000
3,000만원 초과 5,000만원 이하인 경우	40,000	40,000	40,000	40,000
5,000만원 초과 1억원 이하인 경우	70,000	70,000	70,000	70,000
1억원 초과 10억원 이하인 경우	150,000	150,000	150,000	150,000
10억원을 초과하는 경우	350,000	350,000	350,000	350,000
• 소유권에 관하여 법률에 따라 등록 등을 하여야하는 동산으로서 대통령령으로 정하는 자산의 양도에 관한 증서	3,000	3,000	3,000	3,000
• 광업권, 무체재산권, 어업권, 출판권, 저작인접권 또는 상호권의 양도에 관한 증서				
1,000만원 초과 3,000만원 이하인 경우	20,000	20,000	20,000	20,000
3,000만원 초과 5,000만원 이하인 경우	40,000	40,000	40,000	40,000
5,000만원 초과 1억원 이하인 경우	70,000	70,000	70,000	70,000
1억원 초과 10억원 이하인 경우	150,000	150,000	150,000	150,000
10억원을 초과하는 경우	350,000	350,000	350,000	350,000
• 다음 각 목의 어느 하나에 해당하는 시설물 이용권의 입회 또는 양도에 관한 증서				
가. 체육시설의 설치·이용에 관한 법률에 따른 회원제골프장이나 종합체육시설 또는 승마장을 이용할 수 있는 회원권에 관한 증서				
나. 관광진흥법에 따른 휴양 콘도미니엄을 이용할 수 있는 회원권에 관한 증서				
1,000만원 초과 3,000만원 이하인 경우	20,000	20,000	20,000	20,000
3,000만원 초과 5,000만원 이하인 경우	40,000	40,000	40,000	40,000
5,000만원 초과 1억원 이하인 경우	70,000	70,000	70,000	70,000
1억원 초과 10억원 이하인 경우	150,000	150,000	150,000	150,000
10억원을 초과하는 경우	350,000	350,000	350,000	350,000
• 계속적, 반복적 거래에 관한 증서로서 다음 각 목의 어느 하나에 해당하는 것				
가. 여신전문금융업법 제2조 또는 전자금융 거래법에 따른 신용카드회원(직불카드회원을 포함한다)으로 가입하기 위한 신청서	1,000	1,000	300	300
나. 전기통신사업법 제4조제2항에 따른 기간통신역무 중 대통령령으로 정하는 역무를 이용하기 위하여 작성하는 계약서 또는 가입신청서	1,000	1,000	-	-
다. 여신전문금융업법 제2조제5호에 따른 신용카드가맹점으로 가입하기 위한 신청서와 그 밖에 대통령령으로 정하는 것.	300	300	300	300
• 대통령령으로 정하는 상품권 및 선불카드				
권면금액이 1만원인 경우	-	50	50	50
권면금액이 1만원 초과 5만원 이하인 경우	200	200	200	200
권면금액이 5만원을 초과하는 경우	400	-	-	-
권면금액이 5만원 초과 10만원 이하인 경우	-	400	400	400
권면금액이 10만원을 초과하는 경우	-	800	800	800
• 자본시장과 금융투자업에 관한 법률 제4조제2항에 따른 채무증권, 지분증권 및 수입증권	400	400	400	400
• 예금·적금에 관한 증서 또는 통장, 환매조건부채권 매도약정서, 보험증권 및 신탁에 관한 증서 또는 통장	100	100	100	100
• 여신전문금융업법 제2조제10호에 따른 시설대여를 위한 계약서	10,000	10,000	10,000	10,000
• 채무의 보증에 관한 증서				
가. 사채보증에 관한 증서 또는 그 밖에 이와 유사한 것으로서 대통령령으로 정하는 채무의 보증에 관한 증서	10,000	10,000	10,000	10,000
나. 신용보증기금법에 따른 신용보증기금이 발행하는 채무의 보증에 관한 증서 또는 그 밖에 이와 유사한 것으로서 대통령령으로 정하는 채무의 보증에 관한 증서	1,000	1,000	1,000	1,000
다. 보험업법에 따른 보험업을 영위하는 자가 발행하는 보증보험증권, 농림수산업자 신용보증법 제4조에 따른 농림수산업자신용보증기금이 발행하는 채무의 보증에 관한 증서 또는 그 밖에 이와 유사한 것으로서 대통령령으로 정하는 채무의 보증에 관한 증서	200	200	200	200

화 폐 발 행 액

(단위:백만원)

화폐발행액	1970	1971	1972	1973	1974	1975	1976	1977	1978	1979
화폐발행액	158,915	186,798	245,022	353,644	454,581	560,898	736,260	1,033,960	1,491,773	1,817,500
증감(-)	29,012	27,883	58,224	108,622	100,937	106,317	175,362	297,700	457,813	325,727
평균	127,637	152,067	182,979	264,303	335,721	430,532	554,898	756,269	1,112,623	1,459,275
최고	158,915	186,798	245,022	353,644	454,581	560,898	736,260	1,033,960	1,491,773	1,817,500
최저	112,517	137,490	156,079	230,138	287,787	366,176	472,156	644,510	967,164	1,268,170
합계	158,915	186,798	245,022	353,644	454,581	560,898	736,260	1,033,960	1,491,773	1,817,500
은행권	155,433	180,832	237,336	343,055	436,339	538,912	708,246	999,329	1,446,090	1,762,422
주화	3,482	5,966	7,686	10,589	18,242	21,986	28,014	34,631	45,683	55,078

화폐발행액	1980	1981	1982	1983	1984	1985	1986	1987	1988	1989
화폐발행액	2,038,520	2,205,445	2,792,910	3,099,431	3,392,752	3,569,468	4,001,575	4,843,159	5,629,552	6,793,667
증감(-)	221,020	166,925	587,465	306,521	293,321	176,716	432,107	841,584	786,393	1,164,115
평균	1,717,022	1,954,272	2,221,037	2,565,255	2,759,304	2,917,133	3,184,149	3,696,793	4,477,288	5,289,338
최고	2,143,700	2,401,185	2,843,025	3,207,758	3,392,752	3,569,468	4,203,516	5,000,061	5,961,160	6,793,667
최저	1,549,131	1,783,841	1,905,067	2,290,329	2,464,385	2,620,185	2,866,157	3,283,480	3,948,847	4,756,529
합계	2,038,520	2,205,445	2,792,910	3,099,431	3,392,752	3,569,468	4,001,575	4,843,159	5,629,552	6,793,667
은행권	1,976,899	2,131,410	2,693,940	2,953,631	3,233,845	3,397,796	3,793,483	4,580,477	5,303,442	6,423,534
주화	61,621	74,035	98,970	145,800	158,908	171,673	208,092	262,683	326,110	370,133

화폐발행액	1990	1991	1992	1993	1994	1995	1996	1997	1998	1999
화폐발행액	8,228,098	9,102,275	9,807,735	13,883,530	15,088,910	17,323,827	17,907,333	17,786,051	15,934,082	22,573,352
증감(-)	1,434,431	874,177	705,460	4,075,795	1,205,380	2,234,917	583,506	-121,282	-1,851,969	6,639,270
평균	6,393,641	7,547,412	8,353,242	10,849,001	12,971,188	14,588,783	15,853,292	16,146,322	14,813,388	15,685,678
최고	8,480,000	9,879,001	10,450,407	15,712,437	16,619,846	18,059,243	19,931,441	19,649,159	19,324,829	22,573,352
최저	5,829,308	6,843,624	7,689,503	8,731,239	12,039,231	13,680,355	14,896,071	15,091,027	13,707,687	14,460,732
합계	8,228,098	9,102,275	9,807,735	13,883,530	15,088,910	17,323,827	17,907,333	17,786,051	15,934,082	22,573,352
은행권	7,793,493	8,588,087	9,234,618	13,237,238	14,375,426	16,522,996	17,029,335	16,839,903	15,055,336	21,570,320
주화	434,605	514,188	573,118	646,292	713,484	800,831	877,998	946,148	878,746	1,003,033

화폐발행액	2000	2001	2002	2003	2004	2005	2006	2007	2008	2009
화폐발행액	21,424,888	22,335,993	24,174,077	24,490,853	24,882,334	26,135,776	27,843,113	29,321,854	30,758,260	37,346,212
증감(-)	-1,148,464	911,105	1,838,084	316,776	391,482	1,253,441	1,707,339	1,478,741	1,436,406	6,587,952
평균	17,966,613	19,777,823	22,376,388	23,319,286	23,969,412	25,026,485	26,732,790	28,118,673	29,332,668	32,658,194
최고	22,383,741	24,020,331	26,142,988	27,224,321	27,975,003	28,832,420	30,289,912	31,981,225	33,292,076	37,837,111
최저	16,606,523	18,580,951	20,990,741	22,251,606	22,873,426	23,879,115	25,432,642	26,763,300	28,195,189	29,981,240
합계	21,424,888	22,335,993	24,174,077	24,490,853	24,882,334	26,135,776	27,843,113	29,321,854	30,758,260	37,346,212
은행권	21,424,888	22,335,993	24,174,077	24,490,853	24,882,334	24,552,470	26,183,604	27,540,872	28,915,163	35,414,582
주화	1,019,728	1,123,037	1,246,695	1,283,283	1,360,204	1,487,303	1,562,544	1,683,037	1,742,640	1,830,209

화폐발행액	2010	2011	2012	2013	2014	2015	2016	2017	2018	2019
화폐발행액	43,307,163	48,657,565	54,334,430	63,365,910	74,944,785	86,631,368	97,254,271	107,773,475	115,254,361	125,557,365
증감(-)	5,960,951	5,350,402	5,676,865	9,031,480	11,578,875	11,686,583	10,622,903	10,519,204	7,480,886	10,303,004
평균	39,761,721	45,733,238	51,194,204	58,916,464	68,684,323	80,818,782	92,462,447	103,028,570	111,562,544	120,185,419
최고	44,521,813	49,670,624	55,644,310	63,994,619	74,944,785	86,631,368	97,254,271	107,773,475	115,254,361	125,557,365
최저	36,777,124	43,121,752	48,657,565	53,895,809	63,365,910	74,944,785	86,757,133	97,382,263	107,895,457	115,389,473
합계	43,307,163	48,657,565	54,334,430	63,365,910	74,944,785	86,631,368	97,254,271	107,773,475	115,254,361	125,557,365
은행권	41,280,991	46,557,716	52,176,316	61,135,221	72,643,797	84,361,977	94,908,354	105,415,405	112,878,894	123,177,141
주화	1,921,737	1,992,219	2,046,545	2,114,726	2,179,879	2,269,391	2,345,917	2,358,070	2,375,467	2,380,224

화폐발행액	2020	2021	2022	2023	2024					
화폐발행액	147,556,869	167,571,891	174,862,272	181,094,701	193,151,964					
증감(-)	21,999,504	20,015,022	7,290,381	6,232,429	12,057,263					
평균	137,178,676	157,902,077	175,385,395	177,432,011	187,749,097					
최고	147,556,869	167,583,627	181,252,715	181,980,699	193,151,964					
최저	125,698,872	147,556,869	167,571,891	173,985,558	181,094,701					
합계	147,556,869	167,571,891	174,862,272	181,094,701	193,151,964					
은행권	145,056,450	165,096,229	172,387,726	178,643,428	190,748,322					
주화	2,357,455	2,332,172	2,328,447	2,300,773	2,252,358					

자 동 차 등 록 대 수

(단위:대)

연도 \ 차종별	총등록대수	승용차	화물차	승합차	이륜차	특수차
1970	126,506	60,677	48,901	15,831	2,865	1,097
1971	140,269	67,582	53,405	17,411	4,068	1,871
1972	145,637	70,244	55,116	17,550	4,297	2,727
1973	165,307	78,334	64,584	18,871	5,407	3,518
1974	177,505	76,462	76,833	20,060	6,039	4,150
1975	193,927	84,212	82,862	21,818	6,594	5,035
1976	218,978	96,099	93,885	23,643	7,342	5,351
1977	275,312	125,613	118,150	26,710	7,440	4,839
1978	384,536	184,886	161,886	30,597	12,020	7,167
1979	494,378	241,422	206,822	37,697	181,976	8,437
1980	527,729	249,102	226,940	42,463	216,498	9,224
1981	571,754	267,605	243,828	50,595	276,335	9,726
1982	646,996	305,811	263,939	66,326	410,286	10,920
1983	785,316	380,993	304,158	87,282	528,803	12,883
1984	948,319	465,149	360,364	108,018	640,297	14,788
1985	1,113,430	556,659	412,739	128,309	711,439	15,723
1986	1,309,434	664,226	472,601	154,627	812,349	17,980
1987	1,611,375	844,350	546,450	200,456	924,187	20,119
1988	2,035,448	1,117,999	635,445	259,600	1,066,841	22,404
1989	2,660,212	1,558,660	768,943	323,402	1,187,766	9,207
1990	3,394,803	2,074,922	924,647	383,738	1,385,247	11,496
1991	4,247,816	2,727,852	1,077,467	427,650	1,576,404	14,847
1992	5,230,894	3,461,057	1,261,522	483,575	1,763,045	24,740
1993	6,274,008	4,271,253	1,448,634	527,958	1,936,345	26,163
1994	7,404,347	5,148,713	1,644,646	582,069	2,109,489	28,919
1995	8,468,901	6,006,290	1,816,582	612,584	2,270,898	33,445
1996	9,553,092	6,893,633	1,962,564	663,011	2,437,790	33,884
1997	10,413,427	7,586,474	2,072,256	719,127	2,552,669	35,570
1998	10,469,599	7,580,926	2,104,683	749,320	2,613,280	34,670
1999	11,163,728	7,837,206	2,298,116	993,169	1,894,030	35,237
2000	12,059,276	8,083,926	2,510,992	1,427,221	1,828,529	37,137
2001	12,914,115	8,889,327	2,728,405	1,257,008	1,700,600	39,375
2002	13,949,440	9,737,428	2,894,412	1,275,319	1,708,457	42,281
2003	14,586,795	10,278,923	3,016,407	1,246,629	1,730,193	44,836
2004	14,934,092	10,620,557	3,062,314	1,204,313	1,728,463	46,908
2005	15,396,715	11,122,199	3,102,171	1,124,645	1,726,825	47,700
2006	15,895,234	11,606,971	3,133,201	1,105,636	1,747,925	49,426
2007	16,428,177	12,099,779	3,171,351	1,104,949	1,785,051	52,098
2008	16,794,219	12,483,809	3,160,338	1,096,698	1,814,399	53,374
2009	17,325,210	13,023,819	3,166,512	1,080,687	1,820,729	54,192
2010	17,941,356	13,631,769	3,203,808	1,049,725	1,825,474	56,054
2011	18,437,373	14,136,478	3,226,421	1,015,391	1,828,312	59,083
2012	18,870,533	14,577,193	3,243,924	986,833	2,093,466	62,583
2013	19,400,864	15,078,354	3,285,707	970,805	2,117,035	65,998
2014	20,117,955	15,747,171	3,353,683	947,012	2,136,085	70,089
2015	20,989,885	16,561,665	3,432,937	920,320	2,161,774	74,963
2016	21,803,351	17,338,160	3,492,173	892,539	2,180,688	80,479
2017	22,528,295	18,034,540	3,540,323	867,522	2,196,475	85,910
2018	23,202,555	18,676,924	3,590,939	843,794	2,208,424	90,898
2019	23,677,366	19,177,517	3,592,586	811,799	2,236,895	95,464
2020	24,365,979	19,860,955	3,615,245	783,842	2,289,009	105,937
2021	24,911,101	20,410,648	3,631,975	749,968	2,213,837	118,510
2022	25,503,078	20,952,759	3,696,317	723,961	2,197,763	130,041
2023	25,949,201	21,390,202	3,726,400	694,574	2,213,741	138,025
2024	26,297,919	21,771,120	3,716,743	666,166	2,242,237	143,890
2025. 1	26,325,761	21,799,448	3,717,583	664,509	2,241,281	144,221
2025. 2	26,337,666	21,814,940	3,716,535	661,699	2,241,917	144,492
2025. 3	26,352,172	21,837,979	3,711,411	658,008	2,244,680	144,774
2025. 4	26,357,539	21,855,843	3,703,646	653,134	2,248,061	144,916
2025. 5	26,379,563	21,882,450	3,701,633	650,353	2,251,131	145,127
2025. 6	26,408,276	21,913,860	3,700,835	648,127	2,245,488	145,454
2025. 7	26,425,398	21,933,663	3,700,381	645,507	2,257,106	145,847
2025. 8	26,434,692	21,946,016	3,699,683	642,956	2,261,316	146,037
2025. 9	26,456,457	21,970,426	3,699,477	640,215	2,267,221	146,339

사업종류별산재보험요율 (1)

산업분류	적용사업구분	'70	'71	'72	'73	'74	'75	'76	'77	'78	'79
광업	석탄 광업	67	67	58	58	58	90	82	80	76	81
	금속 및 비금속 광업	37	37	46	46	46	46	41	39	33	37
	채석업	37	48	52	62	81	81	87	76	43	37
	석회석광업	–	–	–	–	–	–	–	–	79	58
	제염업	4	3	3	2	3	3	3	3	3	2
	기타 광업	33	30	27	27	27	27	17	19	26	24
제조업	식료품제조업	5	5	6	6	6	6	7	7	7	6
	담배제조업	–	–	–	–	–	–	–	–	–	–
	섬유 또는 섬유제품 제조업(갑)	3	3	3	3	3	4	3	3	3	3
	섬유 또는 섬유제품 제조업(을)	–	–	–	–	–	–	–	–	–	–
	제재 및 베니어판 제조업	–	–	–	–	–	–	–	–	–	–
	목재 및 나무제품 제조업	12	9	7	9	12	16	2	20	18	18
	펄프·지류제조업	10	10	12	12	16	16	17	17	17	17
	신문·화폐발행, 출판업	–	–	–	–	–	–	–	–	–	–
	인쇄업	–	–	–	–	–	–	–	–	5	5
	경인쇄업	–	–	–	–	–	–	–	–	–	–
	제본 또는 인쇄물 가공업	–	–	–	–	–	–	–	–	5	5
	화학제품 제조업	5	5	6	6	8	8	7	7	7	8
	의약품 및 화장품 향료 제조업	–	–	–	4	3	2	2	2	2	3
	코크스 및 석탄가스 제조업	13	14	18	18	18	18	19	15	17	16
	연탄 및 응집고체 연료생산업	–	–	–	–	–	–	–	–	–	–
	코크스, 연탄 및 석유정제품 제조업	–	–	–	–	–	–	–	–	–	–
	고무제품 제조업	–	–	–	–	–	–	9	7	7	6
	도자기제품 제조업	–	–	–	–	–	–	–	–	–	–
	유리 제조업	3	3	4	4	5	5	6	5	4	4
	기타 요업제품 제조업	11	12	13	13	13	13	12	10	9	9
	시멘트 제조업	12	9	10	10	10	7	8	7	6	12
	시멘트원료채굴 및 제조업	11	11	11	11	11	14	19	19	17	15
	비금속광물제품제조업	9	9	11	11	14	14	19	16	–	–
	금속제련업	15	10	7	7	7	7	7	6	6	5
	금속재료품 제조업	34	34	37	37	37	37	31	26	26	24
	금속제품 제조업 또는 금속가공업	16	16	16	16	16	21	20	21	20	20
	도금업	–	–	–	–	–	–	–	22	15	19
	기계기구 제조업	13	12	12	12	13	13	13	12	13	13
	전기기계기구 제조업	5	5	5	5	5	5	5	6	6	6
	전자제품 제조업	–	–	–	–	–	–	–	–	–	–
	선박건조 및 수리업	11	11	14	14	14	18	20	18	17	15
	수송용 기계기구 제조업(갑)	10	18	7	9	9	12	12	11	11	11
	수송용 기계기구 제조업(을)	–	–	–	–	–	–	–	–	–	–
	자동차 및 모터사이클 수리업	–	–	–	–	–	–	–	–	–	–
	계량기·광학기계·기타 정밀기구 제조업	5	3	3	3	2	3	2	3	5	4
	수제품제조업	3	2	2	2	2	2	2	2	2	4
	기타 제조업	4	4	5	5	5	7	6	6	5	5
전기·가스	전기·가스·증기 및 수도사업	4	4	5	7	7	7	7	8	8	8
건설업	일반건설공사(갑)	–	–	–	–	–	–	–	–	15	16
	일반건설공사(을)	–	–	–	–	–	–	–	–	–	–
	중건설공사	–	–	–	–	–	–	–	–	61	47
	철도 또는 궤도신설공사	31	34	35	47	61	79	60	64	52	36
운수창고및통신업	철도 궤도 및 삭도운수업	–	–	–	–	–	–	–	2	4	3
	여객자동차운수업	20	17	14	14	14	14	13	11	11	7
	소형화물운수업 및 택배업·퀵서비스업	–	–	–	13	13	13	20	9	7	6
	화물자동차운수업	21	19	19	19	25	25	34	32	30	29
	수상운수업	7	7	8	10	13	17	20	14	12	10
	항만하역 및 화물 취급사업	18	21	21	21	21	21	21	20	20	21
	항공운수업	4	5	7	7	5	4	2	5	4	5
	운수관련서비스업	–	–	–	–	–	–	–	–	–	–
	창고업	23	19	23	23	16	11	8	6	5	8
	통신업	3	3	2	2	2	2	2	2	2	2
임업	벌목업	–	–	–	–	–	–	–	–	–	–
	기타의 임업	–	–	–	–	–	–	–	–	–	–
어업	어업	–	–	–	–	–	–	–	–	–	–
	양식어업 및 어업관련 서비스업	–	–	–	–	–	–	–	–	–	–
농업	농업	–	–	–	–	–	–	–	–	–	–
기타의사업	농수산물위탁판매업	–	–	–	–	–	–	–	–	–	–
	건물등의 종합관리사업	–	–	–	–	–	–	–	3	2	2
	위생 및 유사서비스업	–	–	–	–	–	–	–	–	–	–
	건설기계관리사업	–	–	–	–	–	–	–	6	5	6
	골프장 및 경마장운영업	–	–	–	–	–	–	–	–	–	–
	기타의 각종 사업	–	–	–	–	–	–	–	–	–	–
	전문기술서비스업	–	–	–	–	–	–	–	–	–	–
	보건 및 사회복지사업	–	–	–	–	–	–	–	–	–	–
	교육서비스업	–	–	–	–	–	–	–	–	–	–
	도 · 소매 및 소비자용품수리업	–	–	–	–	–	–	–	–	–	–
	부동산업 및 임대업	–	–	–	–	–	–	–	–	–	–
	오락 · 문화 및 운동관련 사업	–	–	–	–	–	–	–	–	–	–
	국가 및 지방자치단체의 행정	–	–	–	–	–	–	–	–	–	–
	해외파견업	–	–	–	–	–	–	–	–	–	–
금융보험	금융보험업	–	–	–	–	–	–	–	–	–	–

사업종류별산재보험요율 (2)

산업분류	적 용 사 업 구 분	'80	'81	'82	'83	'84	'85	'86	'87	'88	'89
광업	석탄 광업	81	86	97	109	118	143	170	183	178	177
	금속 및 비금속 광업	37	40	41	46	50	67	83	115	135	160
	채석업	43	47	50	54	59	52	60	68	65	73
	석회석광업	67	80	104	114	100	58	62	59	44	39
	제염업	2	3	4	3	3	2	3	3	3	3
	기타 광업	20	20	17	16	18	19	23	27	29	33
제조업	식료품제조업	6	6	6	7	7	8	10	11	10	9
	담배제조업	-	-	-	-	-	-	-	-	-	-
	섬유 또는 섬유제품 제조업(갑)	3	3	4	4	4	5	5	6	5	5
	섬유 또는 섬유제품 제조업(을)	-	-	-	-	-	-	-	-	-	-
	제재 및 베니어판 제조업	-	-	-	-	-	-	-	-	33	31
	목재 및 나무제품 제조업	17	17	17	17	18	21	15	24	24	23
	펄프·지류제조업	16	15	17	18	19	21	22	22	20	18
	신문·화폐발행, 출판업	-	-	-	-	-	-	-	-	-	-
	인쇄업	6	7	8	8	9	10	12	13	13	13
	경인쇄업	-	-	-	-	-	-	5	3	5	6
	제본 또는 인쇄물 가공업	6	7	8	8	9	10	12	13	13	13
	화학제품 제조업	9	9	10	11	12	16	17	19	17	17
	의약품 및 화장품 향료 제조업	2	2	2	2	2	2	2	3	3	3
	코크스 및 석탄가스 제조업	17	16	18	19	19	20	23	27	23	21
	연탄 및 응집고체 연료생산업	-	-	-	-	-	-	-	-	-	-
	코크스, 연탄 및 석유정제품 제조업	-	-	-	-	-	-	-	-	-	-
	고무제품 제조업	7	7	7	7	7	7	8	8	8	8
	도자기제품 제조업	-	-	-	-	-	-	-	-	-	-
	유리 제조업	5	5	5	6	7	8	7	8	8	7
	기타 요업제품 제조업	9	9	9	10	11	14	18	19	19	19
	시멘트 제조업	11	10	13	12	9	14	12	12	8	6
	시멘트원료채굴 및 제조업	15	15	13	13	13	15	15	16	14	16
	비금속광물제품제조업	-	-	-	-	-	-	-	-	36	35
	금속제련업	5	6	6	6	6	6	7	6	5	5
	금속재료품 제조업	21	22	22	24	25	29	32	30	29	25
	금속제품 제조업 또는 금속가공업	21	22	24	24	25	30	29	34	33	31
	도금업	12	15	13	14	14	14	19	21	19	16
	기계기구 제조업	13	12	12	12	13	15	16	18	17	16
	전기기계기구 제조업	6	6	6	7	8	9	9	10	9	9
	전자제품 제조업	-	-	-	-	-	-	-	-	-	-
	선박건조 및 수리업	15	15	15	15	17	20	24	25	21	22
	수송용 기계기구 제조업(갑)	10	10	11	12	13	14	15	15	13	13
	수송용 기계기구 제조업(을)	-	-	-	-	-	-	-	-	-	-
	자동차 및 모터사이클 수리업	-	-	-	-	-	-	-	-	-	-
	계량기·광학기계·기타 정밀기구 제조업	5	5	5	6	7	9	9	9	-	-
	수제품제조업	4	5	4	4	5	6	7	7	7	6
	기타 제조업	6	7	7	7	7	9	11	12	12	13
전기·가스	전기·가스·증기 및 수도사업	6	8	7	8	2	5	5	2	2	2
건설업	일반건설공사(갑)	15	15	16	17	17	21	24	27	27	27
	일반건설공사(을)	-	-	-	-	-	-	-	-	-	-
	중건설공사	46	37	27	28	37	48	58	65	56	47
	철도 또는 궤도신설공사	22	17	24	23	25	35	38	43	35	43
운수창고및통신업	철도 궤도 및 삭도운수업	3	3	5	3	2	2	2	2	2	2
	여객자동차운수업	8	7	7	7	7	8	8	8	8	7
	소형화물운수업 및 택배업·퀵서비스업	7	8	9	9	9	10	11	11	9	8
	화물자동차운수업	26	25	24	24	25	29	32	35	33	33
	수상운수업	11	12	22	21	25	38	51	44	40	30
	항만하역 및 화물 취급사업	20	20	20	20	20	22	24	24	22	21
	항공운수업	2	2	5	5	5	7	11	8	5	7
	운수관련서비스업	-	-	-	-	2	2	2	2	2	2
	창고업	7	6	4	5	7	9	9	9	8	8
	통신업	2	2	2	2	2	2	2	3	3	3
임업	벌목업	-	-	22	103	26	60	107	178	176	169
	기타의 임업	-	-	-	-	-	-	-	-	-	-
어업	어업	-	-	-	-	-	-	-	-	-	-
	양식어업 및 어업관련 서비스업	-	-	-	-	-	-	-	-	-	-
농업	농업	-	-	-	-	-	-	-	-	-	-
기타의사업	농수산물위탁판매업	-	-	-	4	9	7	7	7	8	7
	건물등의 종합관리사업	3	2	2	2	3	3	3	5	5	5
	위생 및 유사서비스업	-	-	-	-	11	14	16	20	21	24
	건설기계관리사업	7	9	9	11	12	15	16	20	19	21
	골프장 및 경마장운영업	-	-	-	-	-	-	-	-	-	-
	기타의 각종 사업	-	-	-	-	-	-	-	-	-	-
	전문기술서비스업	-	-	-	-	-	-	-	-	-	-
	보건 및 사회복지사업	-	-	-	-	-	-	-	-	-	-
	교육서비스업	-	-	-	-	-	-	-	-	-	-
	도 · 소매 및 소비자용품수리업	-	-	-	-	-	-	-	-	-	-
	부동산업 및 임대업	-	-	-	-	-	-	-	-	-	-
	오락 · 문화 및 운동관련 사업	-	-	-	-	-	-	-	-	-	-
	국가 및 지방자치단체의 행정	-	-	-	-	-	-	-	-	-	-
	해외파견업	-	-	-	-	-	-	-	-	-	-
금융보험	금융보험업	-	-	-	-	-	-	-	-	-	-

(단위:천분율)

산업분류	적 용 사 업 구 분	'90	'91	'92	'93	'94	'95	'96	'97	'98	'99
광업	석탄 광업	212	227	286	335	335	272	303	288	244	271
	금속 및 비금속 광업	195	146	182	175	178	109	142	178	258	197
	채석업	73	66	79	85	88	71	77	91	85	111
	석회석광업	36	66	53	67	64	50	55	59	58	74
	제염업	3	6	8	8	7	7	9	12	14	18
	기타 광업	44	42	46	48	43	36	38	44	42	55
제조업	식료품제조업	10	11	13	14	13	11	12	14	13	16
	담배제조업	3	4	6	8	7	6	6	7	6	7
	섬유 또는 섬유제품 제조업(갑)	5	6	8	9	6	5	6	7	7	8
	섬유 또는 섬유제품 제조업(을)	-	-	-	14	12	10	13	17	12	15
	제재 및 베니어판 제조업	34	33	38	40	36	29	31	34	32	41
	목재 및 나무제품 제조업	26	26	29	34	31	25	25	27	25	32
	펄프·지류제조업	18	19	21	23	20	16	17	18	16	20
	신문·화폐발행, 출판업	2	3	4	5	5	4	5	6	5	6
	인쇄업	12	12	14	17	14	11	12	13	12	14
	경인쇄업	7	7	7	7	8	6	8	8	7	8
	제본 또는 인쇄물 가공업	12	12	14	17	20	15	15	16	15	18
	화학제품 제조업	17	16	17	18	16	13	14	15	14	16
	의약품 및 화장품 향료 제조업	3	4	5	6	6	6	6	7	6	7
	코크스 및 석탄가스 제조업	24	24	24	23	15	12	16	22	26	34
	연탄 및 응집고체 연료생산업	-	-	26	30	31	26	30	35	35	39
	코크스, 연탄 및 석유정제품 제조업	-	-	-	-	-	-	-	-	-	-
	고무제품 제조업	8	9	11	12	11	10	12	14	13	15
	도자기제품 제조업	7	9	11	14	13	11	12	15	14	18
	유리 제조업	8	8	10	12	11	9	10	12	12	14
	기타 요업제품 제조업	21	22	25	27	23	18	19	22	21	25
	시멘트 제조업	7	10	13	17	17	13	15	16	15	18
	시멘트원료채굴 및 제조업	16	17	23	29	28	21	22	23	20	24
	비금속광물제품제조업	37	33	36	39	36	28	30	32	30	39
	금속제련업	5	5	6	8	8	7	7	8	7	8
	금속재료품 제조업	26	25	28	-	29	23	24	27	24	30
	금속제품 제조업 또는 금속가공업	35	35	39	38	33	26	28	31	29	37
	도금업	19	21	26	27	24	17	18	20	18	22
	기계기구 제조업	17	17	20	23	21	16	17	19	18	21
	전기기계기구 제조업	10	10	11	12	10	8	9	11	10	11
	전자제품 제조업	3	2	4	6	5	4	5	5	5	6
	선박건조 및 수리업	25	28	34	34	27	19	20	24	24	29
	수송용 기계기구 제조업(갑)	13	13	15	16	9	8	9	12	12	14
	수송용 기계기구 제조업(을)	-	-	-	28	21	15	17	19	17	21
	자동차 및 모터사이클 수리업	-	-	-	-	-	-	-	-	-	-
	계량기·광학기계·기타 정밀기구 제조업	8	9	10	10	9	7	8	9	8	9
	수제품제조업	6	7	8	8	9	8	9	11	10	12
	기타 제조업	15	16	19	20	19	15	17	19	18	22
전기·가스	전기·가스·증기 및 수도사업	2	4	4	6	6	5	6	8	7	8
건설업	일반건설공사(갑)	29	28	34	40	34	28	28	32	29	36
	일반건설공사(을)	-	-	-	74	39	27	28	31	29	38
	중건설공사	45	44	44	57	49	38	42	45	39	46
	철도 또는 궤도신설공사	54	46	47	69	46	39	37	39	31	34
운수창고및통신업	철도 궤도 및 삭도운수업	2	3	4	5	4	4	5	6	5	6
	여객자동차운수업	8	9	13	15	13	10	11	13	12	14
	소형화물운수업 및 택배업·퀵서비스업	9	11	13	15	14	12	13	16	14	17
	화물자동차운수업	36	35	40	44	38	29	32	36	33	43
	수상운수업	25	20	28	26	24	17	19	21	18	23
	항만하역 및 화물 취급사업	22	23	30	33	32	24	26	28	26	30
	항공운수업	6	6	5	7	7	6	6	7	6	8
	운수관련서비스업	2	3	4	6	5	4	5	6	5	6
	창고업	10	13	17	18	16	12	13	15	13	15
	통신업	3	4	5	6	5	5	6	7	7	8
임업	벌목업	244	218	272	182	292	351	320	299	258	319
	기타의 임업	-	3	4	6	8	9	12	16	18	19
어업	어업	-	17	19	29	28	35	46	63	60	78
	양식어업 및 어업관련 서비스업	-	-	-	-	-	-	-	-	-	-
농업	농업	-	3	4	9	9	8	10	13	14	16
기타의 사업	농수산물위탁판매업	10	10	16	18	14	09	9	11	10	13
	건물등의 종합관리사업	7	8	9	11	10	8	9	11	10	12
	위생 및 유사서비스업	27	26	29	31	27	20	21	22	21	25
	건설기계관리사업	25	25	27	30	27	22	29	40	41	50
	골프장 및 경마장운영업	-	8	8	12	10	9	9	9	8	9
	기타의 각종 사업	2	3	4	5	5	4	5	6	5	6
	전문기술서비스업	-	-	-	-	-	-	-	-	-	-
	보건 및 사회복지사업	-	-	-	-	-	-	-	-	-	-
	교육서비스업	-	-	-	-	-	-	-	-	-	-
	도 · 소매 및 소비자용품수리업	-	-	-	-	-	-	-	-	-	-
	부동산업 및 임대업	-	-	-	-	-	-	-	-	-	-
	오락 · 문화 및 운동관련 사업	-	-	-	-	-	-	-	-	-	-
	국가 및 지방자치단체의 행정	-	-	-	-	-	-	-	-	-	-
	해외파견업	-	-	-	-	-	-	-	-	-	-
금융보험	금융보험업	-	-	-	-	-	-	-	-	-	-

사업종류별산재보험요율 (3)

산업분류	적용사업구분	2000	2001	2002	2003	2004	2005	2006	2007	2008	2009
광업	석탄 광업	283	297	311	317	377	436	459	522	553	360
	금속 및 비금속 광업	226	237	248	266	278	313	316	304	230	206
	채석업	121	116	121	121	143	155	167	184	201	208
	석회석광업	85	88	82	74	60	56	68	76	79	69
	제염업	21	22	23	23	27	32	37	41	37	33
	기타 광업	60	59	61	55	64	60	71	81	80	70
제조업	식료품제조업	16	15	15	15	17	20	24	27	25	22
	담배제조업	8	8	7	6	7	8	10	12	11	10
	섬유 또는 섬유제품 제조업(갑)	8	8	8	7	8	9	11	13	16	14
	섬유 또는 섬유제품 제조업(을)	16	15	16	15	17	20	24	28	27	24
	제재 및 베니어판 제조업	42	44	46	48	57	59	65	77	77	72
	목재 및 나무제품 제조업	35	35	37	35	41	43	47	55	54	50
	펄프·지류제조업	21	20	17	17	20	23	26	29	27	25
	신문·화폐발행, 출판업	6	6	6	5	5	6	7	8	10	9
	인쇄업	15	15	15	13	15	18	19	21	19	17
	경인쇄업	8	8	6	5	5	6	7	8	10	9
	제본 또는 인쇄물 가공업	18	17	17	17	20	23	26	29	27	25
	화학제품 제조업	17	15	16	14	16	19	21	23	21	18
	의약품 및 화장품 향료 제조업	8	8	8	7	8	9	11	13	11	10
	코크스 및 석탄가스 제조업	39	33	30	26	22	26	32	38	38	33
	연탄 및 응집고체 연료생산업	45	41	43	43	51	61	76	91	98	90
	코크스, 연탄 및 석유정제품 제조업	–	–	–	–	–	–	–	–	–	–
	고무제품 제조업	16	15	16	16	19	22	27	32	32	28
	도자기제품 제조업	19	20	21	19	22	26	32	38	35	32
	유리 제조업	14	14	15	15	17	20	24	27	25	23
	기타 요업제품 제조업	27	27	27	26	30	31	33	37	34	31
	시멘트 제조업	21	22	23	22	26	26	28	31	31	27
	시멘트원료채굴 및 제조업	24	–	–	–	–	–	–	–	–	–
	비금속광물제품제조업	42	43	43	39	46	45	51	56	54	49
	금속제련업	8	7	7	6	7	8	10	12	14	12
	금속재료품 제조업	33	32	33	30	35	36	39	42	40	37
	금속제품 제조업 또는 금속가공업	40	40	43	39	46	45	51	56	54	49
	도금업	24	21	20	18	21	24	26	28	26	23
	기계기구 제조업	23	22	22	21	24	28	30	33	30	26
	전기기계기구 제조업	11	11	11	10	11	13	16	18	15	13
	전자제품 제조업	6	5	5	5	5	6	7	8	9	8
	선박건조 및 수리업	29	26	26	27	32	38	47	56	57	49
	수송용 기계기구 제조업(갑)	14	13	14	14	16	19	23	27	33	29
	수송용 기계기구 제조업(을)	22	20	21	20	23	27	29	31	27	23
	자동차 및 모터사이클 수리업	–	–	–	–	–	–	–	–	–	29
	계량기·광학기계·기타 정밀기구 제조업	9	9	9	8	9	10	12	14	13	12
	수제품제조업	13	12	12	12	14	16	20	23	20	18
	기타 제조업	23	22	23	22	26	29	31	35	33	31
전기·가스	전기·가스·증기 및 수도사업	8	7	7	6	7	8	10	12	11	10
건설업	일반건설공사(갑) 일반건설공사(을) 중건설공사 철도 또는 궤도신설공사	37	34	33	29	33	31	34	38	36	34
운수창고및통신업	철도 궤도 및 삭도운수업	6	6	6	5	5	6	7	8	10	9
	여객자동차운수업	14	15	16	15	17	20	25	27	25	22
	소형화물운수업 및 택배업·퀵서비스업	17	–	–	–	–	–	–	–	–	–
	화물자동차운수업	49	51	55	48	57	61	68	71	71	67
	수상운수업	26	27	28	27	32	32	35	38	36	33
	항만하역 및 화물 취급사업	30	29	28	27	32	32	35	38	36	33
	항공운수업	9	9	8	7	8	7	8	9	9	8
	운수관련서비스업	6	6	6	5	5	6	7	8	10	9
	창고업	16	15	16	15	17	19	21	23	21	18
	통신업	8	8	8	7	8	9	11	13	12	11
임업	벌목업	304	319	319	343	408	489	611	42	54	62
	기타의 임업	19	20	21	21	24	28	35			
어업	어업	90	95	99	105	124	148	185	222	288	249
	양식어업 및 어업관련 서비스업	–	–	–	–	–	–	–	–	–	11
농업	농업	17	15	16	14	16	19	23	27	28	26
기타의사업	농수산물위탁판매업	15	16	16	16	19	22	27	31	35	31
	건물등의 종합관리사업	13	13	13	13	15	18	22	26	24	21
	위생 및 유사서비스업	26	26	27	24	28	31	35	38	36	33
	건설기계관리사업	47	49	51	54	64	76	92	110	119	–
	골프장 및 경마장운영업	10	11	11	10	11	13	16	19	20	17
	기타의 각종 사업	6	6	6	5	5	6	7	8	10	10
	전문기술서비스업	–	–	–	4	4	4	5	6	7	7
	보건 및 사회복지사업	–	–	–	–	4	4	5	6	7	7
	교육서비스업	–	–	–	–	–	7	8	9	10	9
	도·소매 및 소비자용품수리업	–	–	–	–	–	–	–	–	–	–
	부동산업 및 임대업	–	–	–	–	–	–	–	–	–	–
	오락·문화 및 운동관련 사업	–	–	–	–	–	–	–	–	–	–
	국가 및 지방자치단체의 행정	–	–	–	–	–	–	–	–	–	–
	해외파견업	–	14	14	14	14	16	17	19	19	18
금융보험	금융보험업	–	4	4	4	4	4	5	6	7	7

(단위:천분율)

산업분류	적 용 사 업 구 분	2010	2011	2012	2013	2014	2015	2016	2017	2018	2019
광업	석탄 광업	360	354	354	340	340	340	340	323	281	225
	금속 및 비금속 광업	236	201	161	129	104	84	77	71	71	57
	채석업	233	234	246	238	285	338	325	323	281	225
	석회석광업	68	67	76	77	87	83	76	71	71	57
	제염업	29	–	–	–	–	–	–	–	–	–
	기타 광업	72	72	72	67	71	69	71	71	71	57
제조업	식료품제조업	23	22	22	20	20	19	19	19	19	16
	담배제조업	9	9	9	8	8	8	8	8	8	7
	섬유 또는 섬유제품 제조업(갑)	15	14	14	13	13	13	13	13	13	11
	섬유 또는 섬유제품 제조업(을)	25	25	25	23	22	21	20	20	20	–
	제재 및 베니어판 제조업	76	84	89	–	–	–	–	–	–	–
	목재 및 나무제품 제조업	50	51	51	47	49	46	44	42	42	20
	펄프·지류제조업	27	26	26	25	25	24	24	24	24	20
	신문·화폐발행, 출판업	9	10	10	10	12	12	12	11	11	9
	인쇄업	17	16	16	10	12	12	12	11	11	10
	경인쇄업	9	10	10	–	–	–	–	–	–	–
	제본 또는 인쇄물 가공업	27	26	26	25	25	24	24	24	11	10
	화학제품 제조업	18	18	18	17	17	17	17	16	16	13
	의약품 및 화장품 향료 제조업	10	9	9	9	9	9	9	9	8	7
	코크스 및 석탄가스 제조업	29	33	27	–	–	–	–	–	–	–
	연탄 및 응집고체 연료생산업	84	87	85	–	–	–	–	–	–	–
	코크스, 연탄 및 석유정제품 제조업	–	–	–	17	14	13	12	11	11	9
	고무제품 제조업	26	26	24	22	23	22	21	21	21	13
	도자기제품 제조업	32	31	32	31	31	30	29	29	26	13
	유리 제조업	24	22	20	17	16	15	15	15	15	13
	기타 요업제품 제조업	32	32	32	31	31	30	29	29	26	13
	시멘트 제조업	25	27	26	27	28	29	29	26	26	13
	시멘트원료채굴 및 제조업	–	–	–	–	–	–	–	–	–	–
	비금속광물제품제조업	49	47	46	42	41	39	37	32	19	13
	금속제련업	12	12	12	11	11	10	11	11	11	10
	금속재료품 제조업	37	37	37	34	33	33	33	–	19	13
	금속제품 제조업 또는 금속가공업	49	47	46	42	41	39	33	32	19	13
	도금업	23	23	23	21	20	19	18	17	17	–
	기계기구 제조업	26	25	24	22	21	20	19	19	19	–
	전기기계기구 제조업	13	13	13	12	12	11	11	11	7	6
	전자제품 제조업	7	7	7	7	7	7	7	7	7	6
	선박건조 및 수리업	42	36	31	27	26	26	25	26	26	24
	수송용 기계기구 제조업(갑)	25	22	20	18	17	16	16	16	16	13
	수송용 기계기구 제조업(을)	22	21	–	–	–	–	–	–	–	–
	자동차 및 모터사이클 수리업	25	22	21	18	18	17	17	17	16	13
	계량기·광학기계·기타 정밀기구 제조업	11	11	11	10	9	9	9	9	7	6
	수제품제조업	18	18	17	16	16	16	16	15	15	12
	기타 제조업	32	33	33	31	30	29	28	27	27	12
전기·가스	전기·가스·증기 및 수도사업	10	10	10	9	9	10	10	10	9	8
건설업	일반건설공사(갑) 일반건설공사(을) 중건설공사 철도 또는 궤도신설공사	37	36	37	37	38	38	38	39	39	36
운수창고 및 통신업	철도 궤도 및 삭도운수업	8	9	9	8	8	8	9	9	9	8
	여객자동차운수업	22	21	20	19	19	19	19	20	20	18
	소형화물운수업 및 택배업·퀵서비스업	–	–	20	24	23	25	28	20	20	18
	화물자동차운수업	74	73	73	71	71	69	66	20	20	18
	수상운수업	34	33	32	30	31	30	29	28	28	18
	항만하역 및 화물 취급사업	34	33	32	30	31	30	29	28	28	8
	항공운수업	7	7	7	7	7	8	9	9	9	8
	운수관련서비스업	9	9	9	9	9	9	9	9	9	8
	창고업	18	17	16	15	15	14	14	13	13	8
	통신업	11	11	12	11	12	12	11	11	11	9
임업	벌목업 기타의 임업	66	65	72	80	87	89	89	90	90	72
어업	어업	286	328	314	252	202	162	130	36	35	28
	양식어업 및 어업관련 서비스업	12	13	15	18	21	25	30	–	–	–
농업	농업	28	28	29	27	27	27	27	26	25	20
기타의 사업	농수산물위탁판매업	29	31	–	–	–	–	–	–	–	–
	건물등의 종합관리사업	21	20	20	18	18	17	17	16	16	13
	위생 및 유사서비스업	33	31	32	31	32	32	32	31	30	13
	건설기계관리사업	–	–	–	–	–	–	–	–	–	–
	골프장 및 경마장운영업	17	18	18	–	–	–	–	–	–	–
	기타의 각종 사업	10	10	10	10	10	10	10	10	10	9
	전문기술서비스업	6	6	6	6	7	7	7	7	7	6
	보건 및 사회복지사업	7	7	7	7	7	7	7	7	7	6
	교육서비스업	8	8	8	7	7	7	7	7	7	6
	도 · 소매 및 소비자용품수리업	–	–	–	10	10	9	9	9	9	8
	부동산업 및 임대업	–	–	–	9	9	9	9	8	8	7
	오락 · 문화 및 운동관련 사업	–	–	–	10	11	11	10	10	10	8
	국가 및 지방자치단체의 행정	–	–	–	10	9	9	8	8	9	9
	해외파견업	18	17	17	17	17	17	17	17	16	15
금융보험	금융보험업	7	6	7	6	6	7	7	7	7	6

사업종류별산재보험요율 (4)

산업분류	적 용 사 업 구 분	2020	2021	2022	2023	2024	2025
광업	석탄 광업	185	185	185	185	185	185
	금속 및 비금속 광업	57	57	57	57	57	57
	채석업	185	185	185	185	185	185
	석회석광업	57	57	57	57	57	57
	제염업	-	-	-	-	-	-
	기타 광업	57	57	57	57	57	57
제조업	식료품제조업	16	16	16	16	16	16
	담배제조업	-	-	-	-	-	-
	섬유 또는 섬유제품 제조업(갑)	11	11	11	11	11	11
	섬유 또는 섬유제품 제조업(을)						
	제재 및 베니어판 제조업	-	-	-	-	-	-
	목재 및 나무제품 제조업	20	20	20	20	20	20
	펄프·지류제조업	-	-	-	-	-	-
	신문·화폐발행, 출판업	10	10	10	10	9	9
	인쇄업	10	10	10	10	9	9
	경인쇄업	-	-	-	-	-	-
	제본 또는 인쇄물 가공업	10	10	10	10	9	9
	화학제품 제조업	13	13	13	13	13	13
	의약품 및 화장품 향료 제조업	7	7	7	7	7	7
	코크스 및 석탄가스 제조업	-	-	-	-	-	-
	연탄 및 응집고체 연료생산업	-	-	-	-	-	-
	코크스, 연탄 및 석유정제품 제조업	7	7	7	7	7	7
	고무제품 제조업	13	13	13	13	13	13
	도자기제품 제조업	-	-	-	-	-	-
	유리 제조업	-	-	-	-	-	-
	기타 요업제품 제조업	-	-	-	-	-	-
	시멘트 제조업	-	-	-	-	-	-
	시멘트원료채굴 및 제조업	-	-	-	-	-	-
	비금속광물제품제조업	13	13	13	13	13	13
	금속제련업	10	10	10	10	10	10
	금속재료품 제조업	-	-	-	-	-	-
	금속제품 제조업 또는 금속가공업	13	13	13	13	13	13
	도금업	-	-	-	-	-	-
	기계기구 제조업	13	13	13	13	13	13
	전기기계기구 제조업	6	6	6	6	6	6
	전자제품 제조업	6	6	6	6	6	6
	선박건조 및 수리업	24	24	24	24	24	24
	수송용 기계기구 제조업(갑)	-	-	-	-	-	-
	수송용 기계기구 제조업(을)	-	-	-	-	-	-
	자동차 및 모터사이클 수리업	-	-	-	-	-	-
	계량기·광학기계·기타 정밀기구 제조업	6	6	6	6	6	6
	수제품제조업	12	12	12	12	12	12
	기타 제조업	12	12	12	12	12	12
전기·가스	전기·가스·증기 및 수도사업	8	8	8	8	7	7
건설업	일반건설공사(갑)	36	36	36	36	35	35
	일반건설공사(을)						
	중건설공사						
	철도 또는 궤도신설공사						
운수창고및통신업	철도 궤도 및 삭도운수업	8	8	8	8	8	8
	여객자동차운수업	18	18	18	18	18	18
	소형화물운수업 및 택배업·퀵서비스업	18	18	18	18	18	18
	화물자동차운수업	18	18	18	18	18	18
	수상운수업	18	18	18	18	18	18
	항만하역 및 화물 취급사업	-	-	-	-	-	-
	항공운수업	8	8	8	8		
	운수관련서비스업	8	8	8	8	8	8
	창고업	8	8	8	8	8	8
	통신업	9	9	9	9	9	9
임업	벌목업	58	58	58	58	58	58
	기타의 임업						
어업	어업	28	28	28	28	27	27
	양식어업 및 어업관련 서비스업						
농업	농업	20	20	20	20	20	20
기타의사업	농수산물위탁판매업	-	-	-	-	-	-
	건물등의 종합관리사업	-	-	-	-	-	-
	위생 및 유사서비스업	-	-	-	-	-	-
	건설기계관리사업	-	-	-	-	-	-
	골프장 및 경마장운영업	-	-	-	-	-	-
	기타의 각종 사업	9	9	9	9	8	8
	전문기술서비스업	6	6	6	6	6	6
	보건 및 사회복지사업	6	6	6	6	6	6
	교육서비스업	6	6	6	6	6	6
	도 · 소매 및 소비자용품수리업	8	8	8	8	8	8
	부동산업 및 임대업	7	7	7	7	7	7
	오락 · 문화 및 운동관련 사업	-	-	-	-	-	-
	국가 및 지방자치단체의 행정	9	9	9	9	9	9
	해외파견업	14	14	14	14	14	14
금융보험	금융보험업	6	6	6	6	5	5

곡 물 수 매 가(1)

1. 추곡수매가격

(정곡 2등급 기준)

품목 / 연도	쌀(80kg)		옥수수(75kg)		콩(75kg)	
	가격(원)	인상률(%)	가격(원)	인상률(%)	가격(원)	인상률(%)
1970	5,150	-	2,625	22.8	5,060	22.7
1971	7,000	35.9	3,284	25.1	6,327	25.0
1972	8,750	25.0	3,710	13.0	8,750	38.3
1973	9,888	13.0	4,081	10.0	9,625	10.0
1974	11,377	15.1	5,655	38.6	13,331	38.5
1975	15,760	38.5	6,995	23.7	16,490	23.7
1976	19,500	23.7	(8,324)	(19.0)	19,624	19.0
1977	23,200	19.0	(10,950)	(31.5)	24,380	24.2
1978	26,000	12.1	(12,640)	(15.4)	28,130	15.4
1979	30,000	15.4	(13,275)	(5.0)	32,350	15.0
1980	36,600	22.0	(15,300)	(15.3)	(40,500)	(25.2)
1981	45,750	25.0	(17,475)	(14.2)	(52,160)	(28.8)
1982	52,160	14.0	(18,750)	(7.3)	(55,970)	(7.3)
1983	55,970	7.3	(18,750)	(-)	(55,970)	(-)
1984	55,970	-	(19,313)	(3.0)	(57,675)	(3.0)
1985	57,650	3.0	(20,288)	(5.0)	(60,563)	(5.0)
1986	60,530	5.0	(21,510)	(6.0)	(64,200)	(6.0)
1987	64,160	6.0	(24,520)	(14.0)	(76,900)	(10.0)
1988	73,140	14.0	(27,975)	(14.0)	(84,600)	(10.0)
1989	84,840	16.0	31,050	(11.0)	(93,075)	(10.0)
1990	96,720	14.0	31,050	(-)	(93,075)	(-)
1991	106,390	10.0	32,606	(5.0)	97,725	(5.0)
1992	113,840	7.0	34,125	5.0	102,375	5.0
1993	120,670	6.0	34,125	-	102,375	-
1994	126,700	5.0	34,125	-	102,375	-
1995	126,700	-	34,125	-	102,375	-
1996	126,700	-	35,850	5.1	107,475	5.0
1997	131,770	4.0	35,850	-	107,475	-
1998	131,770	-	37,800	5.4	113,400	5.5
1999	139,020	5.5	39,675	5.0	130,425	15.0
2000	154,000	10.8	41,850	5.5	156,525	20.0
2001	–	-	43,500	3.9	172,200	10.0
2002	160,160	4.0	43,500	-	172,200	-
2003	160,160	-	43,500	-	172,200	-
2004	160,160	-	43,500	-	172,200	-
2005	134,267	-16.2	43,500	-	215,775	25.3
2006	148,075	10.3	43,500	-	215,775	-
2007	150,196	1.4	45,675	5.0	215,775	-
2008	162,416	8.1	48,375	5.9	215,775	-
2009	142,852	-12.0	48,375	-	226,575	5.0
2010	137,416	-3.8	48,375	-	226,575	-
2011	166,068	20.9	–	-	226,575	-
2012	173,692	4.6	–	-	258,750	14.2
2013	175,280	0.9	–	-	276,675	6.9
2014	167,347	-5.0	–	-	276,675	-
2015	158,148	-5.4	–	-	307,500	11.1
2016	139,715	-11.6	–	-	290,100	-5.6
2017	134,922	-3.4	–	-	300,825	3.7
2018	175,431	30.0	–	-	315,000	4.7
2019	190,312	8.4	–	-	337,500	7.1
2020	192,292	1.0	–	-	337,500	-
2021	142,000	-	–	-	352,500	-
2022	123,340	-13.1	–	-	352,500	-
2023	134,020	8.7	–	-	360,000	2.1
2024	121,380	-9.4	–	-	360,000	-

주 1.( )는 농협수매가격임.
2.쌀은 '92년부터 일반계임.
3.옥수수 수매는 농가참여 저조로 '10년까지만 시행.
4.2021년부터 농림축산식품부 자료인용. (쌀은 포대벼 2등급, 콩은 대립종 특등 기준)

곡 물 수 매 가(2)

2. 하곡수매가격

(조곡 2등급 기준)

연도 \ 품목	겉보리(50㎏)		쌀보리(50㎏)		맥주보리(50㎏)	
	가격(원)	인상률(%)	가격(원)	인상률(%)	가격(원)	인상률(%)
1970	1,686	15.0	1,995	15.0	2,050	17.1
1971	2,141	27.0	2,794	40.0	2,563	25.0
1972	2,783	30.0	3,632	30.0	3,845	50.0
1973	3,062	10.0	3,996	10.0	4,344	13.0
1974	3,980	30.0	5,193	30.0	5,765	32.7
1975	4,860	22.0	6,341	22.0	7,195	24.8
1976	5,691	17.0	6,577	3.7	8,425	17.0
1977	6,790	19.3	9,320	41.7	10,040	19.2
1978	8,110	19.4	11,130	19.4	11,992	19.4
1979	9,640	18.9	13,230	18.9	13,822	15.3
1980	11,570	20.0	15,880	20.0	15,752	14.0
1981	13,020	12.5	17,870	12.5	17,720	12.5
1982	14,810	13.7	20,330	13.7	19,770	11.6
1983	14,810	-	20,330	-	19,940	0.9
1984	15,110	2.0	20,740	2.0	20,340	2.0
1985	15,940	5.5	21,880	5.5	21,460	5.5
1986	17,130	7.5	23,510	7.5	22,820	6.3
1987	17,990	5.0	24,690	5.0	23,800	4.3
1988	15,830	10.0	18,110	10.0	20,690	8.7
1989	17,410	10.0	19,920	10.0	22,500	8.7
1990	19,150	10.0	21,910	10.0	24,490	8.8
1991	21,070	10.0	24,100	10.0	26,940	10.0
1992	22,540	7.0	25,790	7.0	28,830	7.0
1993	23,670	5.0	27,080	5.0	30,270	5.0
1994	24,850	5.0	28,430	5.0	31,780	5.0
1995	24,850	-	28,430	-	31,780	-
1996	24,850	-	28,430	-	31,780	-
1997	24,850	-	28,430	-	31,780	-
1998	26,220	5.5	29,990	5.5	33,530	5.5
1999	27,530	5.0	31,490	5.0	35,210	5.0
2000	28,630	4.0	32,750	5.5	36,620	5.5
2001	29,780	4.0	34,060	4.0	38,080	4.0
2002	29,780	-	34,060	-	38,080	-
2003	29,780	-	34,060	-	38,080	-
2004	29,780	-	34,060	-	38,080	-
2005	29,180	-2.0	33,380	-2.0	38,080	-
2006	29,780	2.0	34,060	2.0	38,080	-
2007	29,180	-2.0	32,700	-4.0	36,560	-4.0
2008	28,590	-2.0	31,390	-4.0	35,100	-4.0
2009	27,730	-3.0	29,510	-6.0	31,010	-6.0
2010	26,900	-3.0	27,740	-6.0	29,150	-6.0
2011	26,900	-	26,070	-6.0	29,150	-

주 1. 1988년부터는 40㎏ 기준임. 2. 맥주보리는 농협에서 조곡으로 매입하는 가격임. 3. 2012년부터 하곡수매 폐지.

인 구 추 이

연도	총인구	남자	여자	연도	총인구	남자	여자
1925	19,020,030	9,726,150	9,293,880	2011	50,734,284	25,406,934	25,327,350
1930	20,438,108	10,398,889	10,039,219	2012	50,948,272	25,504,060	25,444,212
1935	22,208,102	11,271,005	10,937,097	2013	51,141,463	25,588,336	25,553,127
1940	23,547,465	11,839,295	11,708,170	2014	51,327,916	25,669,296	25,658,620
1944	25,120,174	12,521,173	12,599,001	2015	51,482,816	25,738,014	25,744,802
1949	20,166,756	10,188,238	9,978,518	2016	51,220,000	25,670,000	25,550,000
1955	21,502,386	10,752,973	10,749,413	2017	51,370,000	25,740,000	25,630,000
1960	24,989,241	12,543,968	12,445,273	2018	51,600,000	25,860,000	25,740,000
1966	29,159,640	14,684,147	14,475,493	2019	51,710,000	25,910,000	25,800,000
1970	31,435,252	15,779,615	15,655,637	2020	51,780,000	25,950,000	25,830,000
1975	34,678,972	17,445,246	17,233,726	2021	51,638,809	25,746,684	25,892,125
1980	37,406,815	18,749,306	18,657,509	2022	51,439,038	25,636,951	25,802,087
1985	40,419,652	20,227,564	20,192,088	2023	51,325,329	25,565,736	25,759,593
1990	43,390,374	21,770,919	21,619,455	2024	51,217,221	25,498,324	25,718,897
1995	44,553,710	22,357,352	22,196,358	2025	51,149,546	25,455,867	25,693,679
2000	45,985,289	23,068,181	22,917,108				
2005	47,041,434	23,465,650	23,575,784				
2010	48,874,539	24,540,316	24,334,223				

㈜ 2025년도는 9월까지 자료임.

평 균 연 령

연 도	전체	남자	여자	연 도	전체	남자	여자	연 도	전체	남자	여자
1960	23.1	22.3	23.9	1986	27.9	27.0	28.8	2006	36.0	34.8	37.2
1961	23.0	22.2	23.7	1987	28.3	27.4	29.2	2007	36.5	35.3	37.7
1962	22.9	22.1	23.7	1988	28.7	27.7	29.6	2008	37.0	35.8	38.2
1963	22.9	22.1	23.7	1989	29.0	28.1	30.0	2009	37.5	36.3	38.7
1964	22.9	22.1	23.7	1990	29.5	28.5	30.6	2010	38.0	36.8	39.2
1965	23.0	22.2	23.8	1991	29.9	28.8	30.9	2011	38.4	37.2	39.6
1966	23.1	22.3	23.9	1992	30.2	29.1	31.3	2012	38.9	37.7	40.1
1967	23.1	22.4	23.9	1993	30.5	29.4	31.6	2013	39.4	38.1	40.6
1968	23.2	22.5	24.0	1994	30.9	29.8	32.0	2014	39.8	38.6	41.0
1969	23.4	22.7	24.1	1995	31.2	30.1	32.3	2015	40.3	39.0	41.5
1970	23.6	22.9	24.3	1996	31.6	30.4	32.7	2016	40.7	39.5	41.9
1971	23.8	23.0	24.6	1997	31.9	30.8	33.1	2017	41.2	40.0	42.4
1972	23.8	23.0	24.6	1998	32.3	31.1	33.4	2018	41.7	40.5	42.9
1973	23.9	23.1	24.8	1999	32.7	31.5	33.8	2019	42.2	41.0	43.4
1974	24.1	23.2	25.0	2000	33.1	31.9	34.3	2020	42.8	41.6	43.9
1975	24.5	23.5	25.4	2001	33.5	32.3	34.7	2021	43.5	42.3	44.7
1976	24.8	23.8	25.7	2002	34.0	32.8	35.2	2022	44.0	42.8	45.2
1977	25.1	24.2	26.0	2003	34.5	33.3	35.6	2023	44.6	43.4	45.8
1978	25.4	24.5	26.3	2004	35.0	33.8	36.1	2024	45.3	44.2	46.5
1979	25.7	24.8	26.6	2005	35.5	34.3	36.6	2025	45.7	44.6	46.9
1980	25.9	25.0	26.9								
1981	26.2	25.3	27.1								
1982	26.5	25.6	27.4								
1983	26.8	25.9	27.7								
1984	27.1	26.2	28.0								
1985	27.5	26.7	28.4								

㈜ 2025년도는 9월까지 자료임.

토지 개별공시지가

(단위:원/㎡)

연도 \ 구분	최고 개별공시지가		최저 개별공시지가	
	번 지	공시지가	번 지	공시지가
1994. 1. 1	서울시 중구 명동2가 33-2(토지)	40,300,000	서울시 도봉구 도봉동 산50-1(임야)	3,070
1995. 1. 1	〃	40,000,000	〃	3,100
1996. 1. 1	〃	40,000,000	〃	3,100
1997. 1. 1	〃	40,000,000	〃	3,100
1998. 1. 1	〃	40,000,000	〃	3,100
1999. 1. 1	〃	33,000,000	〃	2,820
2000. 1. 1	〃	33,800,000	〃	2,820
2001. 1. 1	〃	33,000,000	〃	2,820
2002. 1. 1	〃	33,300,000	〃	2,820
2003. 1. 1	〃	36,000,000	〃	2,820
2004. 1. 1	서울시 중구 충무로1가 24-2(토지)	41,900,000	〃	2,820
2005. 1. 1	〃	42,000,000	〃	3,760
2006. 1 .1	〃	51,000,000	〃	3,940
2007. 1 .1	〃	59,400,000	〃	4,230
2008. 1 .1	〃	64,000,000	〃	4,510
2009. 1 .1	〃	62,300,000	〃	4,510
2010. 1 .1	〃	62,300,000	〃	4,700
2011. 1 .1	〃	62,300,000	〃	4,790
2012. 1 .1	〃	65,000,000	〃	5,170
2013. 1 .1	〃	70,000,000	〃	5,350
2014. 1 .1	〃	77,000,000	〃	5,350
2015. 1 .1	〃	80,700,000	〃	5,620
2016. 1 .1	〃	83,100,000	〃	5,910
2017. 1 .1	〃	86,000,000	〃	6,300
2018. 1 .1	〃	91,300,000	〃	6,400
2019. 1 .1	〃	183,000,000	〃	6,740
2020. 1 .1	〃	199,000,000	〃	6,740
2021. 1 .1	〃	206,500,000	〃	7,270
2022. 1 .1	〃	189,000,000	〃	7,760
2023. 1 .1	〃	174,100,000	〃	7,230
2024. 1 .1	〃	175,400,000	〃	7,230
2025. 1 .1	〃	180,500,000	〃	7,260

Chapter 03.

Contents

Ⅲ. 주요 경제 통계

※본편 調査價格의 성격
▶ 각종 지수는 연월중(2025년 7월) 기준임. (일부제외)

경제통계로 살펴보는 미래 경제 키워드

전 세계적으로 자산 가격은 오르고 성장 전망은 어두워지는 이중적 흐름이 나타나고 있다. '에브리싱 랠리(Everything Rally)' 뒤에는 인플레이션 압력과 통화 신뢰 약화, 자산 불평등 심화가 자리하고 있고, IMF의 '암울한 전망(Dim Prospects)'과 트럼프의 관세전쟁으로 상징되는 '트럼프 라운드(Trump Round)'가 더해지며, 세계 경제는 저성장과 고변동의 시대로 향하고 있다. 본 칼럼은 세 가지 키워드를 통해 향후 5년 세계 경제의 흐름을 경제통계로 조망해보고자 한다.

Everything Rally

'에브리싱 랠리(Everything Rally)'란 주식, 원자재(금, 은), 암호화폐, 부동산 등 위험자산뿐만 아니라 안전자산까지 여러 가격이 동시에 오르는 현상을 말한다. 전 세계적으로, 그리고 광범위한 자산에 걸친 이러한 현상의 원인은 매우 복합적이다.

첫째, 코로나 기간을 거치면서 풀렸던 막대한 유동성이 제대로 회수되지 않은 상황에서 2024년 이후 미국, 한국 등 주요국들이 금리 인하 사이클에 진입했다.

둘째, 트럼프의 미국 대통령 취임 이후 구체화된 관세전쟁·미국 이민정책 변화·글로벌공급망 교란 등이 복합적으로 작용하며 인플레이션 우려가 높아졌다.

셋째, 글로벌 기축통화인 달러화를 중심으로 전통적 통화가 중장기적으로 과연 그 가치를 계속 유지할 수 있을 것인가에 대한 경제주체들의 의구심이 고조되었다.

미국 달러의 사실상 유일한 공급원이라 할 수 있는 미 연준의 보유자산 규모로 측정한 '풀린 돈'의 규모는 코로나 이후의 금리 인상기를 거쳤음에도 불구하고 코로나 이전에 비해 여전히 매우 많은 수준이다. 미국 중앙은행인 미 연준은 시중 금융기관들이 보유하고 있는 채권을 사고 그 대가로 시중 금융기관들 계좌의 잔액을 늘려주는 방식으로 돈을 풀고 그 결과로서 보유하는 채권의 규모가 늘어나게 된다.

미 연준 보유자산 규모의 추이를 살펴보면, 2008년 글로벌금융위기 이전에는 1조 달러가 채 안 되었지만, 글로벌금융위기 극복을 위해 정책금리를 제로 수준까지 낮추고 이후 세 차례에 걸쳐 양적 완화를 하면서 점진적으로 4.5조 달러까지 늘어났다. 이후 이어진 금리 인상기 동안 4조 달러 수준으로 다소 줄어들었지만, 코로나 경제충격을 완화하기 위해 다시 대규모 통화 완화가 이루어지면서 9조 달러 수준까지 급증했다. 코로나 기간 물가 급등에 대응해 미 연준이 제로 수준이던 정책금리를 5.5%까지 끌어올리면서 미 연준 보유자산 규모는 지속적으로 줄어들었지만, 2025년 3분기 기준 6.6조 달러로서 여전히 코로나 이전에 비하면 65% 많은 수준이다. 이러한 추세를 감안하면 향후 4~5년간은 미국, 나아가 글로벌금융시장에 돈이 많은 상황이 지속될 가능성이 높아 보인다.

그 결과, 미국을 중심으로 세계 경제는 향후에도 상당 기간동안 인플레, 즉 물가상승 우려에서 쉽게 벗어나지 못할 전망이다. 코로나 및 러·

우 전쟁 등을 거치며 주요국 소비자물가상승률은 유로존의 경우 12%, 미국의 경우 9%, 한국의 경우에도 6%를 넘을 정도로 급격히 높아졌다. 전반적인 물가 수준의 상승은 상대적으로 화폐의 가치 하락, 실물자산의 가격 상승을 의미한다.

특히 미국의 경우 트럼프의 수입품에 대한 고율 관세 부과, 불법 입국자 추방 및 해외노동력 유입 차단에 따른 임금 상승, 미·중 무역갈등에 따른 글로벌공급망 교란 및 비효율적인 생산으로 인한 생산비 증가 등이 겹치며 소비자물가상승률이 미 연준의 목표치인 2%에 도달하지 못하는 상황이 길어지고 있다. 수입품에 관세가 부과되면 월마트 등에서 미국인들이 구입하는 수입품의 가격이 오른다. 감세로 세금을 덜 내게 된 가계가 소비를 늘리고, 세금을 덜 내게 된 기업이 투자를 늘리면 총수요가 늘어 인플레 압력이 높아진다.

이러한 '트럼플레이션(Trumflation)'에 대한 우려는 쉽게 해소되기 어려울 전망이다. 2025년 시작된 트럼프의 관세 부과에도 불구하고 미국 소비자들이 직면하는 소비자물가가 즉각적으로 크게 오르지 않았던 것은 관세전쟁이 여전히 진행 중이라는 불확실성과 함께 미국 시장 내 점유율 하락에 대한 우려로 글로벌 생산기업들 및 미국 수입기업들이 부과된 관세를 미국 소비자들을 대상으로 한 소비자판매가격에 충분히 전가하지 않았기 때문이었다. 그러나 2025년 중반 이후 월마트, 타겟 등 미국 주요 유통업체들의 영업이익률이 전년 동기 대비 상당 폭 하락하기 시작했고, 현대기아차 등 수출기업들의 실적에 관세 부과의 악영향이 본격적으로 반영되기 시작했음을 감안하면, 향후에도 계속해서 관세 부과의 부담을 글로벌 생산기업들 및 미국 수입기업들이 떠안고 가기는 어려울 것으로 예상된다. 향후 관세 부담이 미국 소비자물가에 본격적으로 전가되기 시작하면 미국의 물가상승 우려는 중장기적으로 지속될 수 있다.

보다 근본적으로는 글로벌 유동성이 크게 늘어난 상황에서 주요국 중앙은행들의 금리 인하 및 통화 완화가 지속되면서 과연 중앙은행들이 발행하는 법정통화가 가치를 유지할 수 있을 것인가에 대한 의구심도 높아지고 있다. 특히 미국의 경우, 경기 호조 및 자산가격 상승을 원하는 트럼프가 미 연준에 강하게 금리 인하를 압박 및 요구하고 있다는 점, 트럼프 행정부가 막대한 미국 정부 부채 부담의 완화 및 무역수지 적자 해소를 위해 달러화 가치 하락을 원한다는 것 등도 중장기적으로 영향을 미칠 전망이다.

이처럼 대규모로 풀린 돈, 떨어지는 돈의 가치, 추가적인 통화 증발 움직임, 미국의 달러 약세 용인 및 희망 가능성 등이 맞물리면서 돈의 액수로 표시되는 많은 자산들, 가령 주식, 금, 은, 가상화폐, 주택, 원자재, 식량 등의 가격이 동시다발적으로 오르고, 일부 자산들의 경우 사상 최고치를 경신하는 모습이 2025년에 나타났다. 향후 이러한 현상들이 더욱 심화될 경우 상대적으로 부진한 실물 경제 움직임, 기업 실적 악화 추세 등과 대비되며 경제 펀더멘털 대비 자산가격이 과도하게 오르는 소위 '자산가격 버블'에 대한 기대, 예상, 논란, 우려 등이 반복적으로 제기될 가능성이 높다.

특히, 이러한 상황은 저소득층보다는 자산을 많이 보유한 고소득층에게 더욱 유리하게 작용할 가능성이 높아 소득계층별 양극화를 더욱 심화시킨다. 또한 이러한 상황에서 남들은 돈을 버는데 나만 돈을 못 버는 'FOMO(Fear Of Missing Out)'에 대한 불안감 및 공포감이 커질 수 있다.

Dim Prospects

'암울한 전망(Dim Prospects)'은 분기에 한 번씩 경제전망을 발표하는 IMF의 2025년 10월 세계 경제 전망 보고서 제목에 포함된 표현이다. IMF는 코로나로 인해 경제성장률이 크게 요동치기 이전인 코로나 이전 10년(2010~2019년) 평균 대비 향후 5년(2026~2030년) 평균 세계 경제성장률이 3.7%에서 3.2%로 0.5%p 낮아질 것이라 예상했다. 여기서 '경제성장률'이란 특정 지역 내에서 특정 기간 동안 이루어진 경제활동을 부가가치 기준으로 포괄적으로 집계한 'GDP'의 증가율을 의미한다.

IMF는 전반적으로 경제전망의 위험이 하락 쪽에 기울어져 있다고 강조했다. IMF가 언급한 세계 경제 성장의 하락 요인들은 장기적인 무역정책의 불확실성과 보호무역 조치의 강화, 미국 등 선진국의 보다 엄격한 이민정책으로 인한 노동 공급 충격, 주요 선진국들의 재정 취약성 및 매년 만기 연장되는 부채 부담이 큰 국가들의 금리 상승 리스크, 펀더멘털을 상회하는 자산가치의 무질서한 가격 조정 및 그로 인한 소비와 투자의 위축, AI에 대한 지나치게 낙관적인 성장 전망과 신기술 가격의 재평가 가능성, 기후 충격으로 인한 식량 공급 충격, 지역 갈등 및 광범위한 지정학적 긴장, 이로 인한 식량·연료·기타 필수품 가격의 상승 등이다.

반면, IMF가 언급한 세계 경제 성장의 상승 요인들은 무역 협상의 돌파구 마련, 많은 국가들이 강화하고 있는 구조 개혁 이니셔티브, 인공지능

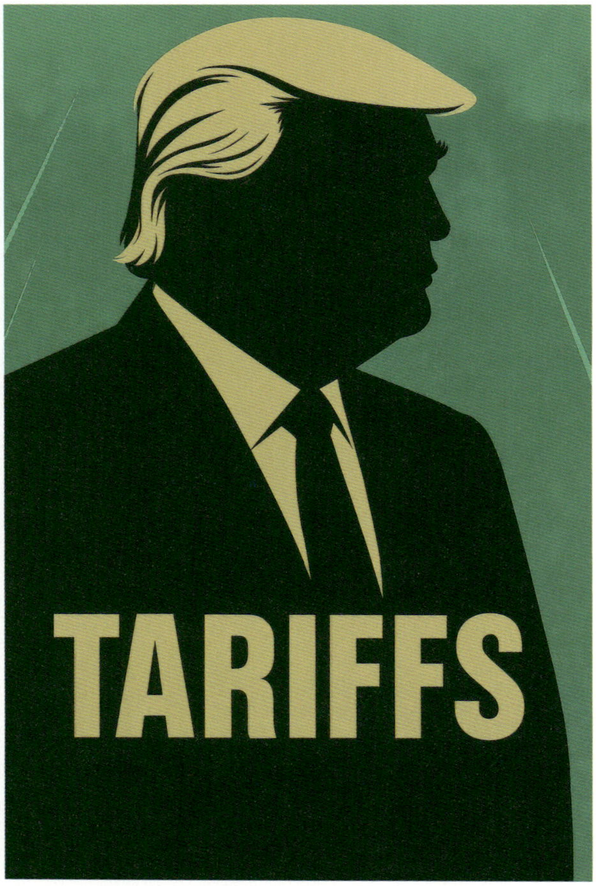

으로 인한 생산성 성장 등이다.

IMF는 선진권의 경우 향후 5년 평균 경제성장률이 1.7%일 것으로 전망하면서 코로나 이전 10년 평균 경제성장률 2.1%에서 0.4%p 하락할 것으로 전망했다. 이는 미국을 포함한 주요 선진국들의 경우 금리 인하 및 통화 완화에도 불구하고 트럼프 관세전쟁의 여파, 인구 고령화, 늦어지는 AI 기반 경제 생산성 향상 효과의 가시화 등으로 인해 경제성장에 대한 전망이 그다지 밝지 않음을 의미한다. 신흥국의 경우에는 코로나 이전 10년 평균 대비 향후 5년 평균 경제성장률이 5.0%에서 4.1%로 0.9%p나 낮아질 것으로 예상했다. 평균적인 경제성장률의 하락 폭이 선진국들보다 신흥국들에서 더욱 크게 나타날 것이라는 전망인 셈이다.

동일한 기준으로 주요국들의 경제성장률 변화를 살펴보면, 미국의 경우 향후 5년 평균 경제성장률이 2.1%일 것으로 전망하면서 코로나 이전 10년 평균 경제성장률 2.4%에서 0.3%p 하락할 것으로 전망했다. IMF는 트럼프 정책 관련 불확실성 증가, 높아지는 무역 장벽의 악영향, 노동력과 고용 모두의 둔화를 부담 요인으로 언급했다. 유로존의 경우에도 코로나 이전 10년 평균 대비 향후 5년 평균 경제성장률이 1.4%에서 1.2%로 0.2%p 낮아질 것으로 예상했다. 미국과 같은 선진권임에도 불구하고 경제성장률 레벨 자체가 상당히 낮을 것으로 예상했다는 점이 눈에 띄는 대목이다. 특히 일본의 경우 코로나 이전 10년 평균 대비 향후 5년 평균 경제성장률이 1.2%에서 0.6%로 0.6%p 낮아질 것으로 예상했다. 경제성장률 레벨이 유로존보다도 낮은 가운데 경제성장률 하락 폭도 미국 및 유로존보다 상당히 클 것으로 전망한 것이다. 세계 최고 수준의 인구 고령화 및 노인 부양 부담 증가, 막대한 수준의 국가부채 부담으로 인한 재정지출 여력의 제약 등이 중요한 원인으로 지목되었다.

중국의 경우 향후 5년 평균 경제성장률이 3.9%일 것으로 전망하면서 코로나 이전 10년 평균 경제성장률 7.7%에서 3.8%p 하락할 것으로 전망했다. 코로나를 거치며 중국의 경제 성장세가 절반 수준으로 하락한 셈이다. 동일한 기준에 따른 경제성장률 하락 폭이 베트남 1.6%p, 인도네시아 0.5%p, 러시아 0.9%p, 신흥국 전체 0.9%p 임을 감안하면, 상대적으로 중국의 경제 성장세 둔화 폭이 여타 주요 신흥국들 대비 매우 큰 편이다. 일본보다도 빠르게 진행되고 있는 고령화 등 인구 메리트의 상실, 미국과의 무역전쟁에 따른 수출 여건 악화, 장기화되고 있는 부동산시장 부진으로 인한 내수 위축, 여타국 대비 많은 기업부채 및 지방 정부부채로 인한 재정대응 여력 제약 등이 중국 경제성장률 하락 요인으로 작용할 전망이다.

IMF는 트럼프 관세 부과의 영향으로 미국의 물가상승률이 2025년 하반기 이후 상승세를 나타낼 것으로 전망했다. 그동안 공급망에 흡수되었던 트럼프 관세 부과로 인한 인플레 압력이 점차 소비자에게 전가되면서, 향후 추가적인 관세전쟁의 악화가 없더라도 2027년에 가서야 미국의 물가상승률이 미 연준이 목표로 하는 2% 수준까지 떨어질 것으로 예상했다. IMF는 미국뿐만 아니라 중국 등 많은 국가에서 경제성장 회복세가 약해지거나 경제 성장세가 약화되는 정도에 비해 물가상승률이 낮아지는 속도는 상대적으로 느릴 것으로 전망했다.

IMF는 향후 5년간 글로벌 무역량이 소폭 감소할 것으로 전망하면서, 특히 2025년부터 2026년까지의 글로벌 무역량 증가율이 세계 경제성장률보다 낮은 연평균 2.9%에 그칠 것으로 전망했다. 이러한 글로벌 교역 위축은 경제의 수출 의존도가 높은 한국 경제에 더욱 불리하게 작용할 것으로 보인다.

Trump Round

'트럼프 라운드(Trump Round)'란 2025년 시작된 트럼프 2기 미국 행정부가 주창한 것으로서, 기존 세계무역기구(WTO) 중심의 다자주의(공동의 목표를 추구하는 여러 국가의 동맹) 무역질서를 부정하고 미국우선주의 및 자국 이익 극대화를 내세우는 새로운 무역질서·체제 재편 전략을 뜻한다. 트럼프 2기 행정부에서 통상정책을 총괄하는 제이미슨 그리어 무역 대표가 2025년 8월 뉴욕타임스 기고에서 사용한 용어다.

이에 앞서 2025년 4월 그리어 대표는 트럼프 대통령의 상호관세 부과 이후 몇 달간 이어진 각국과의 무역 협상을 '라운드'로 명명한 바 있다. 이 기고문에서 그리어 대표는 2차 세계대전 당시 채택한 브레턴우즈 체제와 연결된 세계무역기구(WTO)는 더 이상 유지될 수 없다며 WTO 체제의 종식을 선언했다. 동시에 그로 인해 미국은 일자리와 경제 안보를 잃었고 다른 국가들은 필요한 개혁을 하지 못했다며, 가장 큰 승자는 국영기업과 5개년 계획이 있는 중국이었다고 주장했다.

트럼프의 관세전쟁이 당초 예상보다 장기화될 가능성이 높아지고 있다. 트럼프와 미국이 수월한 협상을 예상했을 NAFTA(북미자유무역협정) 내의 캐나다와 멕시코마저 관세 협상이 끝나지 않았다. 2025년 10월 기준, 미국이 부과한 캐나다와 멕시코에 대한 관세율은 각각 35%와 25%로서, EU와 일본에 대한 관세율 15%에 비해 상당히 높은 수준이다. 트럼프 취임 이후 캐나다 및 멕시코와의 통상 협상이 매끄럽지 않았음을 보여주는 결과이고, 이처럼 높은 관세율을 낮추겠다며 캐나다와 멕시코는 미국과의 추가 협상을 진행 중이다.

중국과의 관세전쟁은 어쩌면 아직 제대로 시작조차 안 한 것일 수 있다. 2025년 9월, 미국 상무부는 '통상 블랙리스트' 확대, 즉 수출통제 대상 기업이 지분의 50% 이상을 보유한 자회사에도 수출통제를 적용하는 새 규정을 발표했다. 이는 미국의 제재를 피해 자회사 설립이나 현지법인 인수 등을 통해 해외 진출을 모색하는 중국기업을 겨냥한 조치라는 평가가 나왔다. 2025년 10월, 중국이 전략 광물인 희토류 수출통제를 강화하고 미국 반도체 기업 퀄컴을 겨냥해 반독점 조사에 나선 것은 이러한 미국의 조치들에 대한 보복으로 해석되었다. 특히 희토류 수출통제 강화 조치는 중국산 희토류와 관련 기술을 이용해 해외에서 생산되는 제품까지 범위를 확대했다는 점에서 매우 강력한 조치로 간주되었다.

그러자 트럼프 대통령은 11월 1일부터 중국에 대해 기존 관세에 추가로 100% 관세를 부과할 것이라고 밝혔다. 미국의 기존 대중국 관세 30%에 100% 관세를 더해 130%의 관세를 매기겠다고 밝힌 것이다. 동시에 (미국 기업의) 모든 핵심 소프트웨어에 대한 (대중국) 수출통제도 시행할 것이라고 덧붙였다. 한국에서 개최된 APEC을 거치며 중국이 희토류 수출통제를 철회하고 미국도 대중국 관세율 인하를 약속하며 갈등이 계속 고조되는 것은 진정되었지만 이는 미·중 관세전쟁의 해소라기보다 일단락에 가깝다.

여전히 트럼프 행정부와 관세 협상을 문서화 단계까지 마무리 짓지 못한 국가들이 많은 상황에서 미국과 중국의 무역 충돌이 장기화되는 것을 넘어 다시 격화될 경우 향후에도 세계 경제는 '트럼프 라운드'의 소용돌이에서 벗어나기 어려울 전망이다.

'트럼프 라운드'라는 이름에서 드러나듯, 향후 무역갈등은 결국 트럼프에 의해 좌지우지될 전망이다. 경제 상황 또는 경제변수에 따라 결정되는 외환위기, 은행위기 등 일반적인 경제충격과 달리, 어느 한 개인의 결정에 따라 발생하는 경제충격은 전망하기 매우 어렵다.

미국의 고율 관세 부과는 마치 '양날의 검'과 같이 트럼프에게 '좋은 점'과 '나쁜 점'이 명확하게 엇갈리는 정책이다. 관세 부과 위협은 원하는 것을 얻어낼 수 있는 상당히 효과적인 압박 수단이다. 동시에 수입품에 대한 관세 부과는 미국의 재정 압박을 완화시켜 줄 수 있는 수단이다. 그러나 트럼프의 관세 부과가 마냥 좋은 점만 있는 것은 아니다. 수입품에 대한 관세 부과가 늘어날수록 미국민들이 직면하게 되는 제품 가격은 높아질 가능성이 높다. 전체 GDP 중 가계소비가 차지하는 비중이 70%에 달하는 미국 경제에서 물가상승 압력이 높아질 경우 소비 위축을 중심으로 미국 경제 전체가 위축될 수 있다. 상대국들의 보복 역시 미국의 수출에 부담이 될 수 있다.

향후 '트럼프 라운드'에 있어서 미국의 물가상승률, 경제성장률, 금리, 실업률 등 경제변수들이 중요한 변수가 될 전망이다.

2025년 4월 한국을 포함한 많은 국가에 새로운 고율 관세를 부과하겠다고 발표했던 트럼프는 돌연 중국을 제외한 여타 국가들에 대한 고율 관세 부과를 90일 유예하겠다고 발표했다. 이러한 변화의 배경에는 당시 미국에 대해 강한 항전을 선언했던 중국과의 관세전쟁에 집중하기 위함도 있었지만, 보다 직접적으로는 미국 국채수익률의 급등이 이유였던 것으로 보인다. 관세전쟁의 양상을 전망하려면 미국의 경제변수들을 더욱 면밀하게 살펴야 함을 잘 보여준다.

조영무
NH금융연구소 소장

물가지수

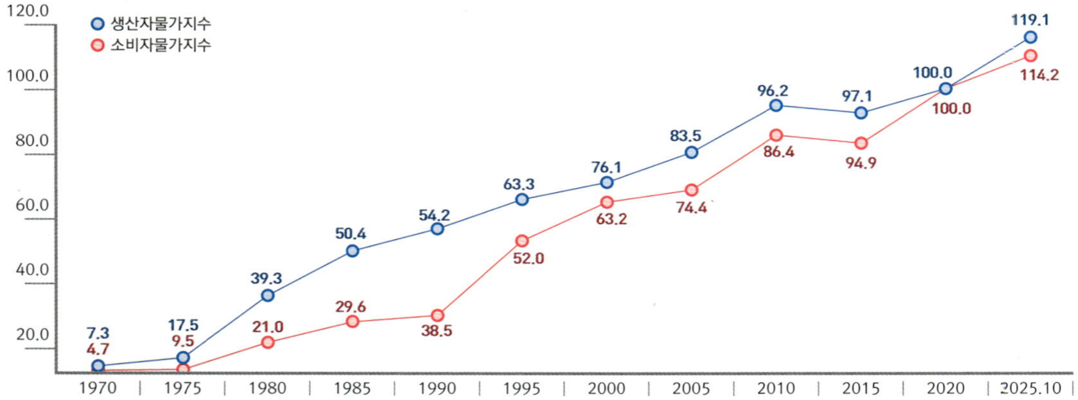

※ 2020년=100기준

물가지수

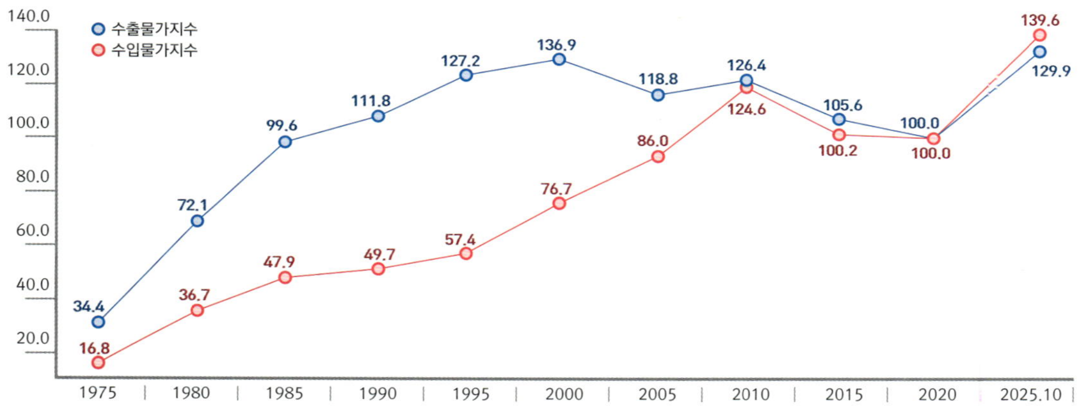

※ 2020년=100기준

종합주가지수

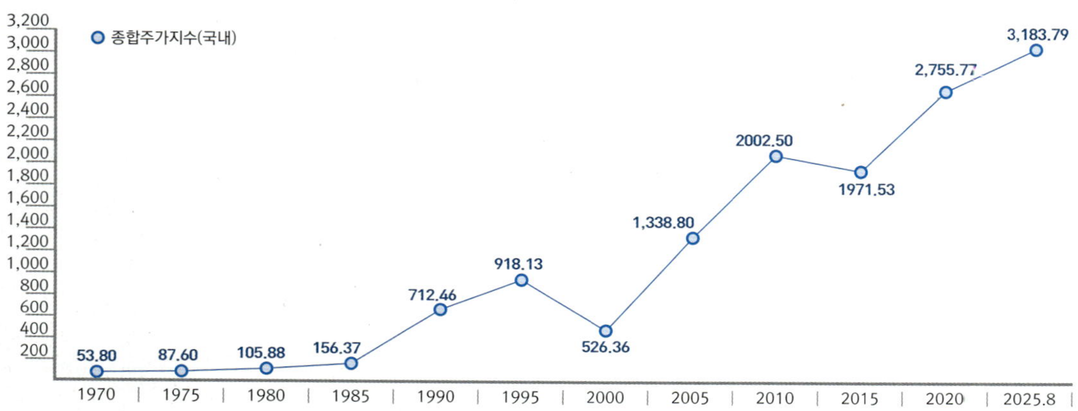

외환보유액

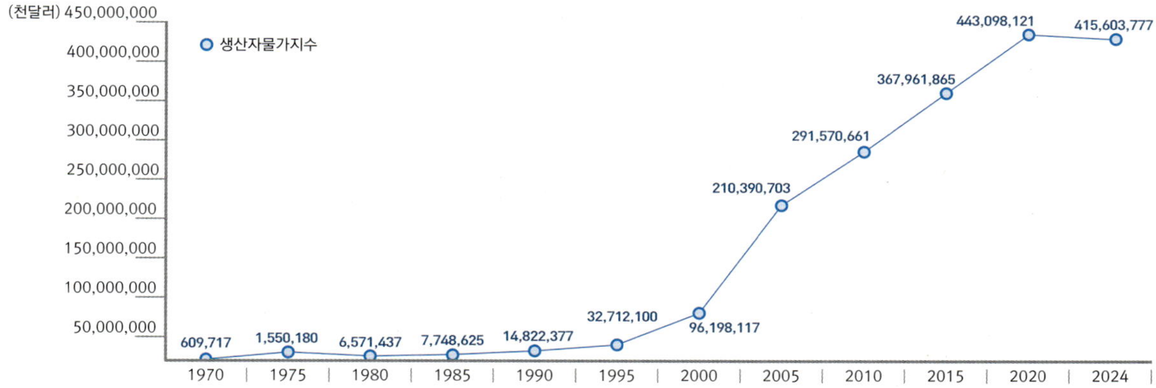

화폐발행액

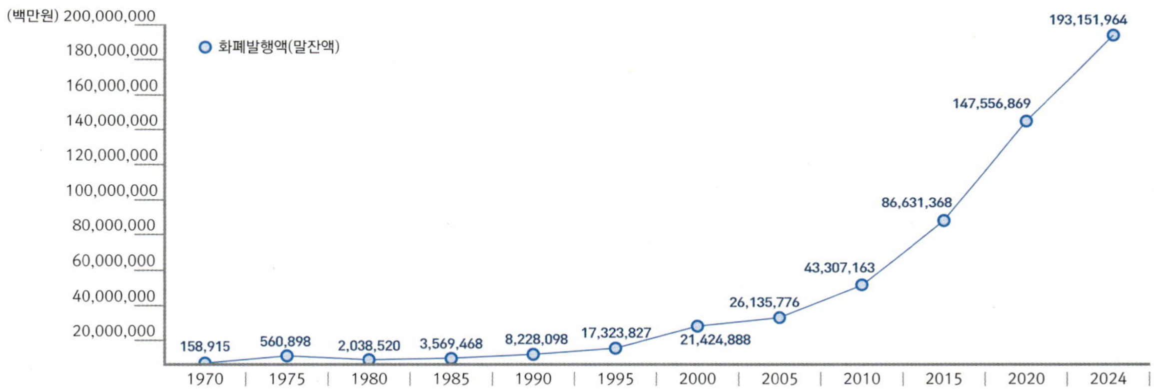

건축물건축허가연면적

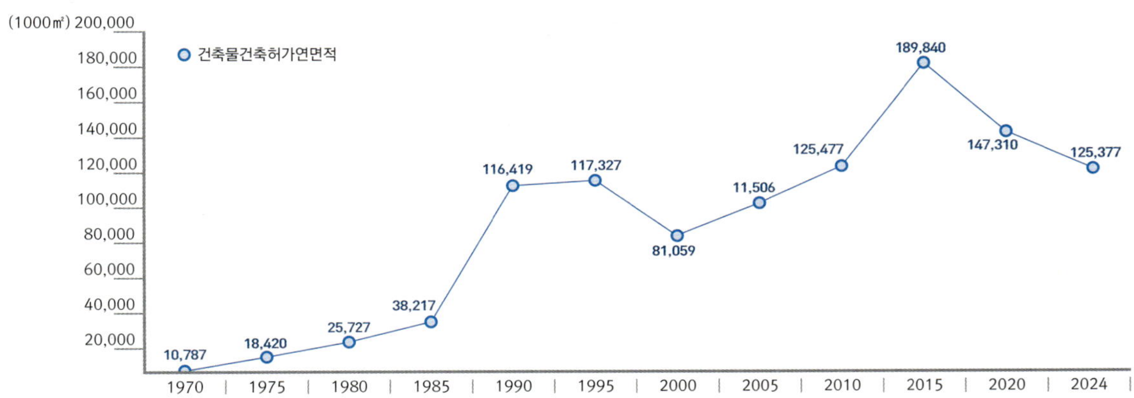

주 요 경 제 지 표 (1)

구분	통화금융											
	화폐발행액				본원통화[1]				M1 (협의통화)[2]			
	말잔액		평균잔액		말잔액		평균잔액		말잔액		평균잔액	
연월중 \ 단위	10억원	증감률	10억원	증감률	10억원	증감률	10억원	증감률	10억원	증감률	10억원	증감률
1970	158.9	-	127.6	-	299.6	-		-	334.5	-	272.6	-
1971	186.8	17.6	151.9	19.0	288.2	-3.8	285.6	-	386.7	15.6	332.5	22.0
1972	245.0	31.2	182.5	20.1	427.5	48.3	316.5	10.8	541.1	39.9	423.8	27.5
1973	353.6	44.3	264.3	44.8	624.1	46.0	505.8	59.8	755.7	39.7	640.5	51.1
1974	454.6	28.6	335.6	27.0	775.0	24.2	631.7	24.9	959.2	26.9	796.8	24.4
1975	560.9	23.4	430.5	28.2	1,077.0	39.0	845.3	33.8	1,201.9	25.3	1,025.1	28.7
1976	736.3	31.3	554.8	28.9	1,437.7	33.5	1,095.0	29.5	1,594.9	32.7	1,335.8	30.3
1977	1,034.0	40.4	755.8	36.2	2,071.6	44.1	1,485.5	35.7	2,312.9	45.0	1,869.4	39.9
1978	1,491.8	44.3	1,112.4	47.2	2,802.0	35.3	2,300.8	54.9	3,207.8	38.7	2,614.7	39.9
1979	1,817.5	21.8	1,458.9	31.1	3,468.0	23.8	2,900.2	26.1	3,949.4	23.1	3,382.2	29.4
1980	2,038.5	12.2	1,717.1	17.7	3,243.9	-6.5	2,712.2	-6.5	4,778.7	21.0	4,075.9	20.5
1981	2,205.4	8.2	1,954.3	13.8	2,801.6	-13.6	2,743.9	1.2	5,897.9	23.4	5,120.5	25.6
1982	2,792.9	26.6	2,219.8	13.6	3,825.3	36.5	2,840.7	3.5	9,603.2	62.8	7,684.5	50.1
1983	3,099.4	11.0	2,565.4	15.6	4,095.2	7.1	3,432.2	20.8	11,168.0	16.3	9,922.4	29.1
1984	3,392.8	9.5	2,759.3	7.6	4,248.4	3.7	3,625.0	5.6	11,803.4	5.7	11,154.1	12.4
1985	3,569.5	5.2	2,917.1	5.7	4,319.0	1.7	3,735.9	3.1	14,497.1	22.8	13,005.5	16.6
1986	4,001.6	12.1	3,184.1	9.2	5,016.7	16.2	4,078.3	9.2	19,469.1	34.3	16,710.8	28.5
1987	4,843.2	21.0	3,696.8	16.1	7,469.2	48.9	4,861.1	19.2	24,543.7	26.1	21,281.5	27.4
1988	5,629.6	16.2	4,477.3	21.1	9,728.4	30.2	6,856.1	41.0	29,745.1	21.2	26,580.2	24.9
1989	6,793.7	20.7	5,289.3	18.1	12,818.6	31.8	9,385.5	36.9	35,677.2	19.9	30,545.7	15.3
1990	8,228.1	21.1	6,393.6	20.9	13,811.2	7.7	11,707.3	24.7	44,131.7	23.7	38,053.9	24.2
1991	9,102.3	10.6	7,547.4	18.0	16,321.7	18.2	13,742.7	17.4	54,204.7	22.8	45,744.2	20.2
1992	9,807.7	7.7	8,353.2	10.7	18,107.3	10.9	15,286.7	11.2	64,764.9	19.5	55,349.9	21.0
1993	13,883.5	41.6	10,849.0	29.9	23,079.8	27.5	18,467.2	20.8	75,893.9	17.2	68 106.3	23.0
1994	15,088.9	8.7	12,971.2	19.6	25,204.1	9.2	21,456.4	16.2	87,459.9	15.2	77,914.9	14.4
1995	17,323.8	14.8	14,588.8	12.5	29,305.4	16.3	24,322.7	13.4	101,665.9	16.2	87,706.3	12.6
1996	17,907.3	3.4	15,853.3	8.7	25,722.4	-12.2	24,832.1	2.1	114,774.8	12.9	99,811.9	13.8
1997	17,786.1	-0.7	16,146.3	1.8	22,519.3	-12.5	21,116.0	-15.0	128,931.0	12.3	117,963.0	18.2
1998	15,934.1	-10.4	14,813.4	-8.3	20,703.0	-8.1	19,593.0	-7.2	121,731.1	-5.6	113,659.4	-3.6
1999	22,573.4	41.7	15,685.7	5.9	28,486.7	37.6	21,961.7	12.1	170,659.4	40.2	147,285.2	29.6
2000	21,424.9	-5.1	17,966.6	14.5	28,238.1	-0.9	26,357.0	20.0	196,714.5	15.3	183,349.9	24.5
2001	22,336.0	4.3	19,777.8	10.1	32,826.8	16.3	29,375.9	11.5	246,720.5	25.4	216,442.4	18.0
2002	24,174.1	8.2	22,376.4	13.1	37,987.4	15.7	33,579.3	14.3	283,580.8	14.9	265,042.4	22.5
2003	24,490.9	1.3	23,319.3	4.2	40,749.0	7.3	35,754.7	6.5	298,952.9	5.4	283,397.4	6.9
2004	24,882.3	1.6	23,969.4	2.8	38,791.8	-4.8	37,272.4	4.2	321,727.7	7.6	306,842.5	8.3
2005	26,135.8	5.0	25,026.5	4.4	43,249.0	11.5	38,785.2	4.1	332,344.9	3.3	332,902.1	8.5
2006	27,843.1	6.5	26,732.8	6.8	51,869.5	19.9	41,664.0	7.4	371,087.6	11.7	330,134.1	-0.8
2007	29,321.9	5.3	28,118.7	5.2	56,399.0	8.7	48,543.7	16.5	316,382.7	-14.7	312,832.3	-5.2
2008	30,758.3	4.9	29,332.7	4.3	64,846.3	15.0	52,272.8	7.7	330,623.7	4.5	307,273.6	-1.8
2009	37,346.2	21.4	32,658.2	11.3	67,779.1	4.5	61,739.6	18.1	389,394.5	17.8	357,344.1	16.3
2010	43,307.2	16.0	39,761.7	21.8	74,545.7	10.0	67,585.1	9.5	427,791.6	9.9	399,412.3	11.8
2011	48,657.6	12.4	45,733.2	15.0	80,055.9	7.4	75,232.0	11.3	442,077.5	3.3	425,675.1	6.6
2012	54,334.4	11.7	51,194.2	11.9	88,342.0	10.4	82,131.1	9.2	470,010.6	6.3	441,963.6	3.8
2013	63,365.9	16.6	58,916.5	15.1	104,262.0	18.0	91,379.4	11.3	515,643.4	9.7	484,062.9	9.5
2014	74,944.8	18.3	68,684.3	16.6	116,793.7	12.0	103,331.5	13.1	585,822.6	13.6	536,733.4	10.9
2015	86,757.1	15.8	80,818.8	17.7	131,438.8	12.5	120,691.4	16.8	708,452.9	20.9	636,639.0	18.6
2016	97,382.3	12.2	92,462.4	14.4	143,435.3	9.1	137,441.5	13.9	795,531.1	12.3	734,411.8	15.4
2017	107,907.6	10.8	103,028.6	11.4	155,881.0	8.7	151,858.1	10.5	849,862.4	6.8	802,016.5	9.2
2018	115,389.5	18.7	111,562.5	8.3	172,353.3	10.6	164,963.2	8.6	865,851.8	1.9	841,014.4	4.9
2019	125,698.9	8.9	120,185.4	7.7	191,829.3	11.3	178,948.7	8.5	952,922.8	10.1	876,942.0	4.3
2020	147,556.9	17.4	-	-	221,503.7	15.5	205,784.7	15.0	1,197,828.9	25.7	1,058,993.1	20.8
2021	167,571.9	13.6	-	-	248,785.5	12.3	239,402.1	16.3	1,372,336.6	14.6	1,231,614.3	21.0
2022	174,862.3	4.4	-	-	275,963.5	10.9	263,771.7	10.2	1,236,983.3	-9.9	1,333,005.6	4.0
2023	181,094.7	3.6	-	-	274,077.0	-0.7	260,902.0	-1.1	1,246,196.4	0.7	1,192,785.5	-10.5
2024	193,152.0	6.7	-	-	283,486.9	3.4	271,298.6	4.0	1,297,881.8	4.1	1,231,356.1	3.2

주 1) 본원통화=화폐발행액(기념화폐 제외)+지급준비예치금
2) M1= 현금통화 + 요구불예금 + 수시입출식 저축성예금
3) M2= M1+정기예·적금 및 부금* + 시장형 상품 + 실적배당형 상품* + 금융채* + 기타(투신증권저축, 종금사 발행어음)
(*표시는 만기 2년이상 제외)
4) Lf(종전M3)= M2 + M2 포함 금융상품중 만기 2년이상 정기예적금 및 금융채 등 + 한국증권금융(주)의 예수금
+ 생명보험회사(우체국보험 포함)의 보험계약준비금 + 농협 국민생명공제의 예수금 등
출처 : 한국은행경제통계시스템 메타데이터 조회

통화금융												구분
M2 (광의통화)[3]				LF(총유동성)[4]				계절조정M1		계절조정M2		
말 잔 액		평 균 잔 액		말 잔 액		평 균 잔 액		말 잔 액	평균잔액	말 잔 액	평균잔액	
10억원	증감률	10억원	증감률	10억원	증감률	10억원	증감률	10억원	10억원	10억원	10억원	단위 / 연월중
761.5	-	-	-	-	-	-	-	318.4	272.6	745.4	-	1970
985.0	29.3	-	-	1,278.0	-	-	-	366.0	332.5	964.3	-	1971
1,315.8	33.6	-	-	1,683.8	31.8	-	-	509.0	423.8	1,283.7	-	1972
1,790.6	36.1	-	-	2,391.1	42.0	-	-	713.7	640.5	1,748.6	-	1973
2,175.4	21.5	-	-	3,041.1	27.2	-	-	898.3	796.8	2,114.5	-	1974
2,723.3	25.2	-	-	3,903.3	28.4	-	-	1,122.0	1,025.1	2,643.3	-	1975
3,679.8	35.1	-	-	5,293.7	35.6	-	-	1,473.0	1,335.8	3,558.0	-	1976
5,155.7	40.1	-	-	7,515.5	42.0	-	-	2,113.1	1,869.4	4,955.9	-	1977
6,981.8	35.4	-	-	10,210.6	35.9	-	-	2,937.7	2,614.7	6,709.2	-	1978
9,058.6	29.7	-	-	13,379.3	31.0	-	-	3,659.8	3,382.2	8,767.0	-	1979
											-	
13,087.4	44.5	-	-	17,962.2	34.3	-	-	4,443.1	4,075.9	12,746.1	-	1980
17,814.1	36.1	-	-	23,481.3	30.7	-	-	5,576.1	5,120.5	17,479.2	-	1981
24,413.7	37.0	-	-	31,257.1	33.1	-	-	9,166.2	7,684.5	23,966.5	-	1982
30,006.7	22.9	-	-	38,032.2	21.7	-	-	10,609.5	9,922.4	29,437.6	-	1983
35,704.4	19.0	-	-	45,725.7	20.2	-	-	11,259.0	11,154.1	35,214.8	-	1984
42,161.5	18.1	-	-	55,450.0	21.3	-	-	13,858.4	13,005.5	41,589.8	-	1985
54,620.0	29.5	47,906.4	-	71,594.2	29.1	63,301.3	-	18,698.1	16,710.8	53,899.5	47,906.4	1986
71,161.0	30.3	62,358.9	30.2	93,637.7	30.8	82,139.2	29.8	23,525.8	21,281.5	70,167.4	62,358.9	1987
92,386.7	29.8	81,931.4	31.4	120,358.6	28.5	106,020.5	29.1	28,308.2	26,580.2	90,917.5	81,931.4	1988
116,204.2	25.8	102,077.9	24.6	153,927.1	27.9	134,182.7	26.6	33,730.8	30,645.7	114,191.8	102,077.9	1989
145,603.7	25.3	130,599.2	27.9	198,123.8	28.7	174,253.7	29.9	42,272.4	38,053.9	143,728.7	130,599.2	1990
174,029.9	19.5	160,777.3	23.1	244,837.3	23.6	219,071.3	25.7	51,779.2	45,744.2	171,544.0	160,777.3	1991
211,468.9	21.5	193,604.1	20.4	298,277.3	21.8	267,597.2	22.2	62,124.7	55,349.9	208,878.6	193,604.1	1992
248,271.0	17.4	235,318.3	21.5	354,933.3	19.0	325,428.4	21.6	72,851.8	68,106.3	245,569.4	235,318.3	1993
300,657.9	21.1	282,476.3	20.0	442,663.2	24.7	397,147.7	22.0	83,616.8	77,914.9	297,561.6	282,476.3	1994
370,600.4	23.3	338,213.2	19.7	527,017.0	19.1	476,281.6	19.9	96,576.7	87,706.3	366,621.6	338,213.2	1995
432,315.6	16.7	408,989.2	20.9	614,961.5	16.7	566,793.3	19.0	109,948.9	99,811.9	428,974.2	408,989.2	1996
517,306.9	19.7	482,437.8	18.0	700,285.4	13.9	659,019.0	16.3	124,650.8	117,963.0	514,939.4	482,437.8	1997
639,664.3	23.7	596,168.3	23.6	787,627.3	12.5	750,850.5	13.9	117,883.0	113,659.4	636,762.4	596,168.3	1998
672,544.4	5.1	676,674.7	13.5	850,827.8	8.0	835,924.5	11.3	166,842.3	147,285.2	669,798.8	676,674.7	1999
707,698.9	5.2	691,393.5	2.2	911,641.8	7.1	882,764.3	5.6	191,344.8	183,349.9	704,065.6	691,393.5	2000
764,979.3	8.1	739,337.0	6.9	1,017,715.3	11.6	967,324.9	9.6	245,247.9	216,442.4	763,847.0	739,337.0	2001
872,075.6	14.0	824,227.8	11.5	1,155,739.8	13.6	1,092,168.8	12.9	280,846.7	265,042.4	871,564.1	824,227.8	2002
898,069.4	3.0	888,988.6	7.9	1,209,750.8	4.7	1,187,839.8	8.8	295,032.3	283,397.4	895,639.8	888,988.6	2003
954,722.5	6.3	929,640.6	4.6	1,295,821.8	7.1	1,260,547.1	6.1	318,060.0	306,842.5	953,841.5	929,640.6	2004
1,021,448.7	7.0	993,960.1	6.9	1,391,559.6	7.4	1,348,818.8	7.0	325,588.6	332,902.1	1,017,302.3	993,960.1	2005
1,149,262.1	12.5	1,076,682.4	8.3	1,538,299.7	10.5	1,454,858.8	7.9	361,484.4	330,134.1	1,144,573.1	1,076,682.4	2006
1,273,611.9	10.8	1,197,094.8	11.2	1,691,565.2	10.0	1,603,516.0	10.2	308,233.9	312,832.3	1,277,716.2	1,197,094.8	2007
1,425,887.5	12.0	1,367,713.4	14.3	1,845,199.1	9.1	1,794,841.2	11.9	321,234.4	307,273.6	1,420,513.9	1,367,713.4	2008
1,566,850.0	9.9	1,508,550.4	10.3	2,018,785.0	9.4	1,937,336.0	7.9	380,301.4	357,344.1	1,564,576.2	1,508,550.4	2009
1,660,530.0	6.0	1,639,675.1	8.7	2,137,197.9	5.9	2,096,530.1	8.2	418,093.5	399,412.3	1,654,675.8	1,639,675.1	2010
1,751,458.4	5.5	1,708,984.5	4.2	2,277,679.0	6.6	2,208,170.4	5.3	428,250.3	425,675.1	1,745,479.0	1,708,984.5	2011
1,835,641.6	4.8	1,798,625.7	5.2	2,456,120.5	7.8	2,379,518.7	7.8	461,093.0	441,963.5	1,840,118.2	1,798,625.7	2012
1,920,795.0	4.6	1,885,781.3	4.8	2,615,093.5	6.5	2,543,232.5	6.9	505,709.8	484,062.9	1,925,002.7	1,885,781.3	2013
2,077,234.0	8.1	2,009,576.3	6.6	2,841,785.1	8.7	2,721,502.2	7.0	575,571.9	536,733.4	2,083,218.2	2,009,576.3	2014
2,247,375.0	8.2	2,182,911.9	8.6	3,098,949.4	9.0	2,986,699.4	9.7	697,722.2	636,639.0	2,252,171.2	2,182,911.9	2015
2,407,459.1	7.1	2,342,621.3	7.3	3,344,919.6	7.9	3,229,857.3	8.1	774,658.4	734,411.8	2,399,741.3	2,342,621.3	2016
2,530,353.6	5.1	2,471,225.6	5.5	3,565,892.7	6.6	3,445,685.0	6.7	829,453.3	802,016.5	2,522,385.1	2,471,225.6	2017
2,700,362.4	6.7	2,626,902.0	6.3	3,824,267.7	7.2	3,686,392.2	7.0	854,445.6	841,014.4	2,713,214.3	2,626,902.0	2018
2,913,609.6	7.9	2,809,943.7	7.0	4,134,277.5	8.1	3,979,136.5	7.9	938,917.1	876,942.0	2,914,671.6	2,809,943.7	2019
3,199,835.7	9.8	3,070,830.4	9.3	4,477,538.8	8.3	4,311,128.2	8.3	1,182,989.6	1,058,993.1	3,198,124.1	3,070,830.4	2020
3,613,687.6	12.9	3,430,442.1	11.7	4,922,888.4	9.9	4,733,309.4	9.8	1,355,394.3	1,281,614.3	3,615,042.3	3,430,442.1	2021
3,758,235.5	4.0	3,722,787.2	8.5	5,125,724.0	4.1	5,086,087.2	7.5	1,216,820.7	1,333,005.5	3,745,852.8	3,722,787.2	2022
3,904,552.6	3.9	3,830,620.4	2.9	5,343,339.7	4.2	5,243,703.7	3.1	1,225,209.9	1,192,785.5	3,895,061.5	3,830,620.4	2023
4,160,355.8	6.6	4,045,625.8	5.6	5,671,441.7	6.1	5,527,994.6	5.4	1,280,775.6	1,231,356.1	4,160,483.5	4,045,625.9	2024

주 요 경 제 지 표(2)

구분	통화금융											
	계절조정 LF				예금은행 예금[1]							
					총예금				저축성예금			
	말잔액		평균잔액		말잔액		평균잔액		말잔액		평균잔액	
연월중 \ 단위	10억원	증감률	10억원	증감률	10억원	증감률	10억원	증감률	10억원	증감률	10억원	증감률
1970	-	-	-	-	789.7	27.5	-	-	576.3	27.6	-	-
1971	-	-	-	-	977.6	23.8	855.3	-	708.7	23.0	647.4	-
1972	-	-	-	-	1,323.9	35.4	1,065.8	24.6	911.5	28.6	795.6	22.9
1973	-	-	-	-	1,760.6	33.0	1,478.8	38.8	1,221.1	34.0	1,054.0	32.5
1974	-	-	-	-	2,128.7	20.9	1,864.5	26.1	1,471.8	20.5	1,334.4	26.6
1975	-	-	-	-	2,812.3	32.1	2,368.8	27.0	1,943.7	32.1	1,730.5	29.7
1976	-	-	-	-	3,760.4	33.7	3,117.7	31.6	2,613.4	34.5	2,222.6	28.4
1977	-	-	-	-	5,455.9	45.1	4,316.2	38.4	3,588.2	37.3	3,017.3	35.8
1978	-	-	-	-	7,765.1	42.3	6,077.8	40.8	5,132.0	43.0	4,327.0	43.4
1979	-	-	-	-	9,782.7	26.0	7,869.4	29.5	6,531.4	27.3	5,703.8	31.8
1980	-	-	-	-	12,421.9	27.0	9,942.2	26.3	8,577.0	31.3	7,416.7	30.0
1981	-	-	-	-	17,034.1	37.1	12,996.5	30.7	11,499.8	34.1	9,852.8	32.8
1982	-	-	-	-	21,189.3	24.4	17,042.4	31.1	13,659.7	18.8	12,626.6	28.2
1983	-	-	-	-	23,907.6	12.8	20,647.5	21.2	15,672.7	14.7	14,735.0	16.9
1984	-	-	-	-	27,925.1	16.8	22,919.4	11.0	17,306.6	10.4	16,405.3	11.1
1985	-	-	-	-	31,022.6	11.1	25,873.2	12.9	20,246.2	17.0	18,669.9	13.8
1986	71,015.7	-	63,301.3	-	35,925.8	15.8	29,766.0	15.0	24,591.1	21.5	22,532.5	20.7
1987	92,814.0	30.7	82,139.2	29.8	45,720.4	27.3	36,460.2	22.5	29,700.1	20.8	26,998.6	19.8
1988	119,242.8	28.5	106,020.5	29.1	57,484.7	25.7	46,416.8	27.3	36,515.0	22.9	32,559.0	20.6
1989	152,375.7	27.8	134,182.7	26.6	66,917.7	16.4	53,939.0	16.2	43,778.2	19.9	39,117.7	20.1
1990	196,923.6	29.2	174,253.7	29.9	84,054.1	25.6	64,711.9	20.0	52,433.7	19.8	47,462.6	21.3
1991	243,345.5	23.6	219,071.3	25.7	98,507.9	17.2	77,533.4	19.8	60,888.4	16.1	56,768.1	19.6
1992	296,248.4	21.7	267,597.2	22.1	107,246.5	8.9	87,043.0	12.3	70,727.3	16.2	64,614.1	13.8
1993	352,755.7	19.1	325,428.4	21.6	115,731.8	7.9	98,378.2	13.0	82,492.0	16.6	76,453.4	18.3
1994	439,953.8	24.7	397,147.7	22.0	135,190.0	16.8	112,513.6	14.4	100,125.3	21.4	89,706.3	17.3
1995	523,818.5	19.1	476,281.6	19.9	154,136.1	14.0	130,231.3	15.7	114,436.8	14.3	104,747.5	16.8
1996	614,273.6	17.3	566,793.3	19.0	181,720.8	17.9	151,413.3	16.3	137,383.1	20.1	123,872.2	18.3
1997	700,805.3	14.1	659,019.0	16.3	198,197.4	9.1	179,874.9	18.8	162,853.9	18.5	151,485.9	22.3
1998	788,999.7	12.6	750,850.5	13.9	251,794.5	27.0	208,245.1	15.8	214,131.4	31.5	184,119.2	21.5
1999	853,511.0	8.2	835,924.5	11.3	323,411.1	28.4	276,638.2	32.8	281,291.5	31.4	248,105.8	34.8
2000	912,762.9	6.9	882,764.3	5.6	404,660.9	25.1	363,600.0	31.4	360,605.2	28.2	331,370.5	33.6
2001	1,015,077.4	11.2	967,324.9	9.6	455,630.5	12.6	419,897.7	15.5	405,802.5	12.5	384,122.8	15.9
2002	1,154,146.8	13.7	1,092,168.8	12.9	512,419.4	12.5	484,273.3	15.3	456,982.8	12.6	439,907.9	14.5
2003	1,205,855.0	4.5	1,187,839.7	8.8	548,098.4	7.0	527,417.3	8.9	489,619.7	7.1	478,304.7	8.7
2004	1,293,701.8	7.3	1,260,547.2	6.1	540,726.2	-1.3	542,678.1	2.9	482,666.3	-1.4	491,557.9	2.8
2005	1,386,986.7	7.2	1,348,818.7	7.0	561,945.6	3.9	545,527.3	0.5	491,014.6	1.7	489,205.9	-0.5
2006	1,532,674.9	10.5	1,454,858.8	7.9	592,720.5	5.5	559,464.7	2.6	514,458.4	4.8	497,131.3	1.6
2007	1,693,727.6	10.5	1,603,516.0	10.2	593,171.3	0.1	576,206.2	3.0	516,234.2	0.3	509,844.9	2.6
2008	1,838,816.0	8.6	1,794,841.2	11.9	675,204.7	13.8	625,190.9	8.5	599,476.6	16.1	558,708.3	9.6
2009	2,012,150.3	9.4	1,937,336.0	7.9	751,272.7	7.9	705,199.3	12.8	666,319.3	11.2	630,059.7	12.8
2010	2,131,813.7	5.9	2,096,530.1	8.2	873,890.6	16.3	827,160.7	17.3	785,784.8	17.9	746,409.1	18.5
2011	2,270,290.6	6.5	2,208,170.4	5.3	947,801.4	8.5	908,599.7	9.8	851,663.5	8.4	824,017.5	10.4
2012	2,456,774.6	8.2	2,379,518.7	7.8	990,273.1	4.5	963,912.1	6.1	889,340.6	4.4	876,284.5	6.3
2013	2,614,120.5	6.4	2,543,232.5	6.9	1,009,685.4	2.0	993,469.5	3.1	898,279.5	1.0	896,414.0	2.3
2014	2,840,916.1	8.7	2,721,502.2	7.0	1,080,543.3	7.0	1,037,923.6	4.5	957,727.8	6.6	928,284.6	3.6
2015	3,097,275.7	9.0	2,986,699.4	9.7	1,163,727.4	7.7	1,108,885.2	6.8	1,008,308.8	5.3	972,707.2	4.8
2016	3,329,531.2	7.5	3,229,857.2	8.1	1,240,973.6	6.6	1,190,993.9	7.4	1,061,034.4	5.2	1,027,630.0	5.6
2017	3,548,024.8	6.6	3,445,685.0	6.7	1,305,558.4	5.2	1,254,997.1	5.4	1,111,280.7	4.7	1,074,439.4	4.6
2018	3,819,385.9	7.6	3,686,392.2	7.0	1,394,987.3	6.8	1,337,943.4	6.6	1,192,592.6	7.3	1,147,692.9	6.8
2019	4,117,965.4	7.8	3,979,136.5	7.9	1,515,519.5	8.6	1,442,646.3	7.8	1,290,971.8	8.2	1,238,197.3	7.9
2020	4,467,579.4	8.5	4,311,128.2	8.3	1,697,818.1	12.0	1,596,874.7	10.7	1,400,177.0	8.5	1,336,421.6	7.9
2021	4,915,987.5	10.0	4,733,309.4	9.8	1,869,023.7	10.1	1,768,723.2	10.8	1,511,387.1	7.9	1,434,596.4	7.3
2022	5,103,869.9	3.8	5,086,087.2	7.5	1,958,013.6	4.8	1,916,678.6	8.4	1,622,693.5	7.4	1,557,790.0	8.6
2023	5,323,592.2	4.3	5,243,703.7	3.1	1,993,056.0	1.8	1,942,958.4	1.4	1,670,093.9	2.9	1,621,450.6	4.1
2024	5,661,870.2	6.4	5,527,424.6	5.4	2,100,017.8	5.4	2,026,686.9	4.3	1,768,876.0	5.9	1,699,334.2	4.8

주 1) 산업은행이 예금은행으로 분류된 2002년 1월부터 동 기관분 포함
2) 금융자산출금/총예수금(요구불예금 및 저축성예금+양도성예금증서+금융채)
3) 당좌대출 및 마이너스통장대출 제외(마이너스통장대출은 2001. 9월부터 제외)
4) 1997. 1월까지는 익일물 전체거래기준. 1997. 2월부터 2004.11월까지는 투신증권사와 투신운용사간의 연계율을 제외한 익일물 중개거래기준이며, 투신증권사와 투신운용사간의 연계콜이 해소된 2004.12월부터는 익일물 중개거래기준. 2001.12월까지는 일별 거래량 가중평균금리의 영업일 기준 단순평균금리, 2002. 1월부터는 월중 거래량 가중평균금리이며, 연자료는 월자료의 단순평균금리임
5) 1995년 이전은 전자결제분을 제외한 부도율

통화금융 / 예금은행 대출금[1] / 말잔액 (10억원)	말잔액 증감률	평균잔액 (10억원)	평균잔액 증감률	예금은행 대출금리[3] (연 %)	CD 유통수익률(91일) (연 %)	콜금리-익일물[4] (연 %)	어음부도율[5] 전국 (%)	어음부도율[5] 서울 (%)	구분 (단위 / 연월중)
722.4	28.3	–	–	–	–	–	0.53	0.50	1970
919.5	27.3	802.4	–	–	–	–	0.44	0.42	1971
1,198.0	30.3	1,038.9	29.5	–	–	–	0.31	0.29	1972
1,587.5	32.5	1,361.4	31.0	–	–	–	0.16	0.14	1973
2,427.8	52.9	1,973.8	45.0	–	–	–	0.11	0.10	1974
2,905.5	19.2	2,661.9	34.9	–	–	–	0.14	0.11	1975
3,724.9	28.7	3,367.0	26.5	–	–	17.90	0.15	0.11	1976
4,709.0	26.4	4,238.8	25.9	–	–	18.09	0.13	0.10	1977
6,609.0	40.3	5,731.5	35.2	–	–	19.32	0.08	0.07	1978
8,977.8	35.8	7,740.0	35.0	–	–	18.86	0.10	0.08	1979
12,204.4	35.9	10,488.5	35.5	–	–	22.85	0.17	0.11	1980
15,955.0	30.7	14,127.4	34.7	–	–	18.14	0.14	0.08	1981
20,225.8	26.8	18,254.2	29.2	–	–	14.18	0.12	0.08	1982
24,150.3	19.4	22,287.0	22.1	–	–	13.00	0.11	0.06	1983
27,978.9	15.9	26,267.8	17.9	–	–	11.39	0.09	0.05	1984
33,810.7	20.8	31,310.8	19.2	–	–	9.35	0.07	0.05	1985
39,098.6	15.6	36,636.4	17.0	–	–	9.70	0.10	0.07	1986
43,095.8	10.2	41,873.4	14.3	–	–	8.93	0.09	0.06	1987
48,805.4	13.2	45,713.2	9.2	–	–	9.62	0.04	0.03	1988
62,547.8	28.2	54,777.7	19.8	–	–	13.28	0.04	0.02	1989
74,028.6	18.4	68,379.1	24.8	–	–	14.03	0.04	0.02	1990
89,415.6	20.8	80,632.5	17.9	–	18.54	16.63	0.06	0.04	1991
102,797.0	15.0	95,746.4	18.7	–	16.41	14.26	0.12	0.07	1992
115,137.4	12.0	109,336.7	14.2	–	12.96	11.98	0.13	0.07	1993
135,850.3	18.0	126,905.5	16.1	–	13.29	12.28	0.17	0.10	1994
152,477.7	12.2	144,878.6	14.2	–	14.05	12.38	0.20	0.12	1995
177,184.1	16.2	165,417.3	14.2	11.21	12.63	12.35	0.17	0.10	1996
200,401.1	13.1	195,242.2	18.0	11.83	13.38	13.2	0.52	0.46	1997
200,289.1	-0.1	205,685.0	5.3	15.18	15.22	14.85	0.52	0.41	1998
250,240.1	24.9	222,687.7	8.3	9.40	6.81	4.98	0.43	0.44	1999
310,804.1	24.2	286,560.7	28.7	8.55	7.08	5.13	0.39	0.38	2000
357,383.5	15.0	330,756.0	15.4	7.70	5.32	4.68	0.38	0.38	2001
471,684.3	32.0	429,354.9	29.8	6.70	4.81	4.19	0.11	0.09	2002
538,260.9	14.1	512,296.4	19.3	6.24	4.31	3.98	0.17	0.13	2003
565,655.4	5.1	559,764.9	9.3	5.90	3.79	3.63	0.18	0.13	2004
613,922.8	8.5	587,900.3	5.0	5.59	3.65	3.33	0.14	0.10	2005
699,430.3	13.9	651,205.8	10.8	5.99	4.48	4.19	0.09	0.06	2006
803,724.1	14.9	747,320.0	14.8	6.55	5.16	4.77	0.02	0.01	2007
917,110.1	14.1	867,994.2	16.1	7.17	5.49	4.78	0.03	0.02	2008
953,505.2	4.0	942,858.6	8.6	5.65	2.63	1.98	0.03	0.02	2009
987,148.1	3.5	973,394.6	3.2	5.51	2.67	2.16	0.03	0.03	2010
1,063,192.5	7.7	1,029,506.7	5.8	5.76	3.44	3.09	0.02	0.02	2011
1,099,781.8	3.4	1,082,988.2	5.2	5.40	3.30	3.08	0.02	0.01	2012
1,154,760.3	5.0	1,124,129.0	3.8	4.64	2.72	2.59	0.02	0.02	2013
1,250,103.3	8.3	1,197,899.5	6.6	4.26	2.49	2.34	0.02	0.02	2014
1,346,815.8	7.7	1,293,771.1	8.0	3.53	1.76	1.65	0.01	0.01	2015
1,424,149.2	5.7	1,389,465.4	7.4	3.37	1.49	1.34	0.01	0.01	2016
1,504,333.3	5.6	1,460,136.2	5.1	3.48	1.44	1.26	0.01	0.01	2017
1,600,280.5	6.4	1,551,609.8	6.3	3.66	1.68	1.52	0.01	0.01	2018
1,698,612.9	6.1	1,645,398.3	6.0	3.45	1.69	1.59	0.01	0.00	2019
1,893,716.2	11.5	–	–	2.80	0.92	0.70	0.00	0.00	2020
2,050,701.6	8.3	–	–	2.88	0.85	0.61	0.00	0.00	2021
2,165,861.1	5.6	–	–	4.29	2.49	2.02	0.00	0.00	2022
2,266,468.8	4.6	–	–	5.19	3.71	3.51	0.01	0.01	2023
2,388,996.3	5.4	–	–	4.73	3.55	3.44	–	–	2024

주 요 경 제 지 표 (3)

구분	증권							
	국고채 유통수익률 (3년)	회사채 유통수익률 (AA-, 3년)	증권거래대금		주가지수 (코스피)	채 권 잔 액		
			주 식	채 권		국 채	통화안정증권 발행잔액	금 융 채
	연 월 중					연 월 말		
연월중 단위	연 %	연 %	10억원		1980.1.4=100	10 억 원		
1970	–	–	–	–	–	–	–	–
1971	–	–	–	–	–	–	–	–
1972	–	–	–	–	–	–	1.6	–
1973	–	–	–	–	–	–	1.6	–
1974	–	–	179.4	–	–	–	0.0	–
1975	–	–	333.9	–	–	–	0.0	–
1976	–	–	628.7	–	97.9	–	0.0	–
1977	–	–	1,375.3	–	113.2	–	0.4	–
1978	–	–	1,741.5	–	143.8	–	0.0	–
1979	–	–	1,327.8	–	120.4	–	0.0	–
1980	–	–	1,134.0	–	108.9	–	3.2	–
1981	–	–	2,534.2	–	126.6	–	30.0	–
1982	–	–	1,973.5	–	122.2	–	5.0	–
1983	–	–	1,752.6	–	121.7	–	155.5	–
1984	–	–	3,118.2	–	131.8	–	563.6	–
1985	–	–	3,620.6	–	138.7	–	504.1	–
1986	–	–	9,598.1	–	227.8	–	3,258.6	–
1987	–	12.620	20,493.9	–	416.7	–	8,174.5	–
1988	–	14.180	58,120.6	–	692.4	–	15,373.5	–
1989	–	15.170	81,199.6	–	918.7	–	17,305.4	–
1990	–	16.480	53,454.5	–	746.0	–	15,240.5	–
1991	–	18.890	62,564.9	–	658.0	–	13,496.5	–
1992	–	16.210	90,624.4	–	585.7	–	20,264.1	–
1993	–	12.630	169,918.1	–	728.4	–	24,201.8	–
1994	–	12.920	229,772.0	–	965.8	–	25,340.3	–
1995	13.390	13.790	142,914.1	–	934.9	–	25,824.9	–
1996	11.840	11.870	142,642.2	1,378.4	833.4	–	25,030.0	–
1997	12.260	13.390	162,281.5	4,044.5	654.5	–	23,470.9	–
1998	12.940	15.100	192,845.2	15,488.8	406.1	–	45,673.3	–
1999	7.690	8.860	866,923.5	293,606.7	806.8	–	51,489.2	–
2000	8.300	9.350	627,132.9	27,169.7	734.2	–	66,377.7	–
2001	5.680	7.050	491,365.4	14,226.2	572.8	–	79,121.3	–
2002	5.780	6.560	742,150.0	47,174.2	757.0	–	84,277.9	–
2003	4.550	5.430	547,509.1	214,901.9	679.8	–	105,496.7	–
2004	4.110	4.730	555,795.1	384,109.2	832.9	–	142,773.0	–
2005	4.270	4.680	786,257.9	362,759.4	1,073.6	223,700.0	155,235.0	147,500.0
2006	4.830	5.170	848,489.6	294,932.8	1,352.2	258,000.0	158,390.0	189,600.0
2007	5.240	5.700	1,362,877.1	351,395.0	1,712.5	274,700.0	150,340.0	235,300.0
2008	5.270	7.020	1,287,164.8	374,006.7	1,529.5	284,700.0	126,937.2	271,800.0
2009	4.040	5.810	1,466,274.8	510,194.3	1,429.0	330,700.0	149,237.2	257,300.0
2010	3.720	4.660	1,410,561.8	585,206.1	1,765.0	360,200.0	163,530.0	246,600.0
2011	3.620	4.410	1,702,060.3	824,826.8	1,983.4	389,700.0	164,760.0	242,800.0
2012	3.130	3.770	1,196,263.4	1,376,365.0	1,930.4	413,300.0	163,070.0	239,500.0
2013	2.790	3.190	986,375.3	1,321,989.0	1,960.5	452,500.0	163,670.0	260,600.0
2014	2.589	2.983	975,977.1	1,394,893.1	1,982.2	493,100.0	178,000.0	324,000.0
2015	1.794	2.084	1,327,229.9	1,792,232.6	2,011.9	544,700.0	180,930.0	350,500.0
2016	1.442	1.886	1,112,668.7	3,245,004.0	1,987.0	613,200.0	168,390.0	374,300.0
2017	1.801	2.325	1,294,159.8	2,410,549.1	2,311.4	615,200.0	170,860.0	406,300.0
2018	2.099	2.651	1,597,863.9	2,407,250.9	2,325.0	640,800.0	171,640.0	446,000.0
2019	1.529	2.023	1,227,492.5	2,243,884.6	2,106.1	688,000.0	164,060.0	471,800.0
2020	0.988	2.128	3,025,703.4	2,141,103.0	2,220.1	805,400.0	159,260.0	532,300.0
2021	1.392	2.083	3,825,207.6	1,475,318.0	3,111.3	925,500.0	140,320.0	569,100.0
2022	3.199	4.155	2,216,065.8	957,477.8	2,522.3	1,019,500.0	112,650.0	588,900.0
2023	3.573	4.394	2,352,658.9	1,101,483.2	2,498.9	1,078,700.0	121,610.0	595,200.0
2024	3.107	3.676	2,620,939.6	1,199,939.0	2,632.2	1,127,300.0	115,660.0	637,600.0

주 1) 일반공모발행분
2) 1995년부터는 서비스 포함
3) 전도시. 1999년 이전의 총지수 등락률은 소수점 3자리 지수에 의한 계산

물가												구 분
생산자물가[2]				소비자물가[3]				수출물가(원화기준)		수입물가(원화기준)		
총지수		농림수산품	공산품	총지수		식료품	식료품비주류음료					
2020=100	등락률(%)	2020=100		2020=100	등락률(%)	2020=100		2020=100	등락률(%)	2020=100	등락률(%)	단위 / 연월중
7.3	-	2.3	10.0	4.7	-	-	-	-	-	-	-	1970
8.0	8.6	2.8	10.6	5.3	13.5	-	-	20.9	-	6.7	-	1971
9.1	13.9	3.6	11.6	5.9	11.7	-	-	23.3	11.7	8.1	21.0	1972
9.7	7.1	3.7	12.6	6.1	3.2	-	-	26.7	14.6	10.3	27.3	1973
13.8	42.0	4.7	18.6	7.6	24.3	-	-	28.8	7.6	14.5	41.4	1974
17.5	26.5	6.5	22.8	9.5	25.2	-	-	34.4	19.5	16.8	15.9	1975
19.6	12.1	8.0	24.8	10.9	15.3	-	-	38.8	12.8	17.3	3.0	1976
21.3	9.0	9.6	26.1	12.0	10.1	-	-	41.3	6.5	17.5	1.0	1977
23.8	11.7	12.6	27.3	13.8	14.5	-	-	47.2	14.3	18.3	4.3	1978
28.3	18.7	14.3	32.8	16.3	18.3	-	-	55.4	17.4	23.1	26.6	1979
39.3	39.0	17.8	46.9	21.0	28.7	-	-	72.1	30.3	36.7	58.9	1980
47.3	20.4	22.4	55.6	25.4	21.4	-	-	83.9	16.3	43.1	17.2	1981
49.5	4.7	22.6	58.5	27.3	7.2	-	-	86.7	3.3	43.9	1.8	1982
49.6	0.2	23.2	58.3	28.2	3.4	-	-	89.3	3.1	44.5	1.5	1983
50.0	0.7	23.3	58.7	28.8	2.3	-	-	94.6	5.9	46.3	4.0	1984
50.4	0.9	24.6	58.6	29.6	2.5	20.3	37.2	99.6	5.3	47.9	3.5	1985
49.7	-1.4	24.4	57.6	30.4	2.8	20.7	40.2	102.2	2.6	45.9	-4.2	1986
49.9	0.4	24.1	58.1	31.3	3.0	21.4	39.7	106.6	4.3	49.2	7.1	1987
51.3	2.7	28.1	58.5	33.5	7.1	23.7	37.7	111.2	4.3	52.1	5.8	1988
52.0	1.5	29.0	59.3	35.4	5.7	25.2	36.7	109.1	-1.8	50.2	-3.6	1989
54.2	4.2	33.2	60.7	38.5	8.6	27.8	37.1	111.8	2.4	49.7	-1.0	1990
56.7	4.7	37.1	63.1	42.1	9.3	30.9	38.8	116.0	3.7	49.7	-0.1	1991
58.0	2.2	38.4	64.2	44.7	6.2	32.5	43.4	119.1	2.7	50.4	1.5	1992
58.9	1.5	39.0	65.1	46.8	4.8	33.4	44.8	122.0	2.5	52.2	3.5	1993
60.5	2.7	43.8	66.1	49.8	6.3	37.0	46.6	125.4	2.8	54.2	3.9	1994
63.3	4.7	45.4	69.3	52.0	4.5	38.0	50.9	127.2	1.4	57.4	5.8	1995
65.3	3.3	46.2	70.8	54.6	4.9	39.1	52.6	121.8	-4.2	57.8	0.7	1996
67.8	3.8	47.0	73.1	57.0	4.4	40.7	52.9	129.9	6.6	63.3	9.5	1997
76.1	12.2	48.8	83.9	61.3	7.5	44.8	59.8	170.5	31.3	81.1	28.2	1998
74.5	-2.1	53.8	81.0	61.8	0.8	47.0	58.5	138.3	-18.9	71.3	-12.1	1999
76.1	2.1	52.4	82.9	63.2	2.3	47.5	55.8	136.9	-1.0	76.7	7.7	2000
75.7	-0.5	54.3	81.1	65.7	4.1	50.0	57.2	131.7	-3.8	79.4	3.5	2001
75.5	-0.3	55.7	79.7	67.5	2.8	52.5	57.7	122.5	-7.0	74.5	-6.2	2002
77.1	2.2	58.9	81.1	69.9	3.5	55.0	59.0	119.8	-2.2	75.8	1.8	2003
81.8	6.1	66.0	87.3	72.4	3.6	59.6	60.5	127.2	6.2	83.5	10.2	2004
83.5	2.1	63.6	90.1	74.4	2.8	61.4	62.8	118.8	-6.7	86.0	2.9	2005
84.3	0.9	62.0	90.1	76.1	2.2	61.7	64.2	109.0	-8.2	86.8	0.9	2006
85.5	1.4	63.7	90.9	78.0	2.5	63.2	67.2	106.7	-2.1	90.7	4.5	2007
92.8	8.5	64.4	101.9	81.7	4.7	66.1	73.5	130.0	21.8	123.5	36.2	2008
92.6	-0.2	70.0	100.1	83.9	2.8	71.0	80.5	129.7	-0.2	118.3	-4.1	2009
96.2	3.8	76.3	104.4	86.4	2.9	75.7	83.0	126.4	-2.6	124.6	5.3	2010
102.6	6.7	82.0	113.8	89.9	4.0	82.0	88.4	126.7	0.2	139.1	11.6	2011
103.3	0.7	82.7	113.3	91.8	2.2	85.2	92.4	123.7	-2.4	138.1	-0.7	2012
101.7	-1.6	77.7	109.9	93.0	1.3	85.8	94.8	118.4	-4.3	128.0	-7.3	2013
101.1	-0.5	78.2	107.6	94.2	1.3	86.0	95.9	111.4	-6.0	118.3	-7.5	2014
97.1	-4.0	80.0	100.4	94.9	0.7	87.4	97.7	105.6	-5.2	100.2	-15.3	2015
95.3	-1.8	84.7	96.8	95.8	1.0	89.6	97.5	102.1	-3.3	95.9	-4.2	2016
98.6	3.4	90.2	101.5	97.6	1.9	92.9	96.9	108.3	6.1	102.2	6.5	2017
100.4	1.9	93.4	103.7	99.1	1.5	95.6	97.8	109.2	0.7	108.6	6.3	2018
100.5	0.0	91.3	102.6	99.5	0.4	95.5	99.2	105.5	-3.4	109.5	0.8	2019
100.0	-3.6	100.0	100.0	100.0	-4.9	100.0	100.0	100.0	2.7	100.0	-8.1	2020
106.4	6.4	108.1	110.4	102.5	2.5	106.2	101.8	114.3	14.3	117.6	17.6	2021
115.3	8.4	109.3	123.3	107.7	5.1	112.4	108.5	133.3	16.6	148.1	25.9	2022
117.1	1.6	112.6	122.2	111.6	3.6	118.3	118.3	122.4	-8.2	136.0	-8.1	2023
119.1	1.7	117.6	123.3	114.2	2.3	123.1	120.1	129.9	6.1	139.6	2.6	2024

주 요 경 제 지 표 (4)

구 분	국제수지[1]									외 환 보유액[2]
	경상수지	상품수지	수출	수입	서비스수지	본원소득수지	이전소득수지	금융계정	자본수지	
	연월중									연월말
연월중 \ 단위	백만달러($)									
1970	-	-	-	-	-	-	-	-	-	609.7
1971	-	-	-	-	-	-	-	-	-	568.1
1972	-	-	-	-	-	-	-	-	-	739.7
1973	-	-	-	-	-	-	-	-	-	1,094.4
1974	-	-	-	-	-	-	-	-	-	1,055.7
1975	-	-	-	-	-	-	-	-	-	1,550.2
1976	-	-	-	-	-	-	-	-	-	2,960.6
1977	-	-	-	-	-	-	-	-	-	4,306.4
1978	-	-	-	-	-	-	-	-	-	4,937.1
1979	-	-	-	-	-	-	-	-	-	5,708.1
1980	-6,896.0	-6,619.3	15,015.3	21,634.6	1,299.9	-1,996.1	419.5	-6,277.5	-	6,571.4
1981	-6,487.1	-6,264.9	18,014.5	24,279.4	2,049.4	-2,804.0	532.4	-4,945.2	-	6,891.0
1982	-5,631.0	-6,447.6	16,687.3	23,134.9	3,188.1	-2,928.5	557.0	-4,522.0	-	6,983.7
1983	-3,593.5	-4,464.0	19,001.2	23,465.2	2,878.4	-2,622.9	615.0	-3,622.9	-	6,909.7
1984	-1,847.4	-2,371.8	22,346.1	24,717.9	2,921.0	-2,996.6	600.0	-1,608.2	-	7,649.6
1985	-2,178.0	-2,350.5	20,771.5	23,122.0	2,333.3	-2,967.1	806.3	-3,902.1	-	7,748.6
1986	2,606.7	1,975.8	31,160.0	29,184.2	2,314.0	-2,948.6	1,265.5	3,105.4	-	7,955.2
1987	8,631.2	5,778.9	43,708.3	37,929.4	3,778.7	-2,595.1	1,668.7	11,315.3	-	9,192.9
1988	12,757.7	9,415.4	56,353.0	46,937.6	3,159.9	-1,787.4	1,969.8	13,777.4	-	12,378.3
1989	3,766.4	2,410.4	57,861.5	55,451.1	1,313.7	-876.1	918.4	5,586.1	-	15,245.2
1990	-2,804.2	-3,689.4	59,861.3	63,550.7	501.0	-548.1	932.3	-3,529.2	-	14,822.4
1991	-8,033.5	-7,153.4	67,400.8	74,554.2	-1,013.3	-606.8	740.0	-7,206.8	-	13,733.0
1992	-2,901.2	-1,440.4	73,489.0	74,929.4	-1,832.0	-533.6	904.8	-1,583.8	-	17,153.9
1993	1,688.1	2,682.7	80,789.6	78,106.9	-1,019.0	-742.3	766.7	472.5	-	20,262.4
1994	-4,793.5	-3,860.8	91,980.1	95,840.9	-572.3	-1,174.8	814.4	-6,297.5	-	25,672.7
1995	-10,229.7	-7,004.0	119,577.7	126,581.7	-1,394.7	-2,122.1	291.1	-11,517.0	-	32,712.1
1996	-24,461.1	-17,346.5	124,427.4	141,773.9	-4,631.8	-2,214.8	-268.0	-23,467.9	-	33,236.7
1997	-10,811.5	-6,745.0	132,366.7	139,111.7	-1,244.2	-3,167.4	345.1	-17,785.3	-	20,405.5
1998	40,112.8	39,613.8	127,539.0	87,925.2	2,881.3	-5,201.0	2,818.7	33,969.4	441.7	52,040.8
1999	21,784.6	25,446.4	136,030.6	110,584.2	1,042.1	-5,536.8	832.9	18,370.8	56.2	74,054.5
2000	10,180.8	15,392.5	169,523.6	154,131.1	-845.7	-4,151.7	-214.3	9,525.8	38.4	96,198.1
2001	2,165.2	9,406.5	146,419.6	137,013.1	-2,266.3	-3,713.8	-1,261.2	8,288.7	-64.1	102,821.4
2002	4,066.1	14,413.6	160,956.0	146,542.4	-5,826.3	-2,407.1	-2,114.1	5,559.4	-9.4	121,412.5
2003	11,308.3	22,138.0	194,911.8	172,773.8	-4,845.1	-2,819.8	-3,164.8	16,680.9	-47.9	155,352.4
2004	29,289.9	39,173.0	256,053.7	216,880.7	-5,050.4	-1,794.4	-3,038.3	34,059.4	9.7	199,066.1
2005	12,208.6	32,492.5	285,262.0	252,769.5	-8,984.2	-8,041.4	-3,258.3	18,468.9	-0.6	210,390.7
2006	2,094.8	24,514.5	329,110.9	304,596.4	-13,040.2	-4,997.7	-4,381.8	11,966.1	-69.0	238,956.1
2007	10,472.5	32,436.1	382,802.8	350,366.7	-13,039.5	-4,536.7	-4,387.4	17,126.1	5.7	262,224.1
2008	1,753.0	11,746.1	432,909.6	421,163.5	-6,310.7	-2,415.6	-1,266.8	-6,494.8	26.4	201,223.4
2009	33,087.6	48,055.6	363,931.1	315,875.5	-9,337.7	-3,435.7	-2,194.6	27,180.9	-69.6	269,994.7
2010	27,950.5	47,932.3	463,834.7	415,902.4	-13,972.8	-692.5	-5,316.5	21,520.5	-63.2	291,570.7
2011	16,638.2	28,014.3	587,213.0	559,198.7	-12,056.5	5,396.0	-4,715.6	22,920.3	-112.0	306,402.5
2012	48,790.6	48,589.3	603,664.8	555,075.5	-5,057.5	10,732.9	-5,474.1	48,389.3	-41.7	326,968.4
2013	77,258.9	80,259.0	618,393.3	538,134.3	-6,328.8	7,518.0	-4,189.3	78,539.3	-27.0	346,459.6
2014	83,029.6	86,145.0	613,396.5	527,251.5	-3,290.1	5,159.4	-4,984.7	86,507.8	-8.9	363,592.7
2015	105,118.6	120,275.0	543,082.5	422,807.5	-14,625.8	4,454.6	-4,985.2	102,957.2	-60.2	367,961.9
2016	97,923.7	116,461.7	511,926.1	395,464.4	-17,338.4	4,567.1	-5,766.7	99,925.3	-46.2	371,101.6
2017	75,230.9	113,592.9	580,310.2	466,717.3	-36,734.1	5,336.9	-6,964.8	84,516.4	-26.8	389,266.7
2018	77,466.5	110,086.8	626,266.5	516,179.7	-29,369.4	4,901.9	-8,152.8	76,473.4	316.7	403,694.3
2019	59,676.1	79,812.1	556,667.9	476,855.8	-26,845.3	12,856.0	-6,146.7	59,026.9	-169.3	408,816.1
2020	75,902.2	80,604.8	517,909.3	437,304.5	-14,670.1	13,486.9	-3,519.4	81,382.7	-386.3	443,098.1
2021	85,228.2	75,730.9	649,475.2	573,744.3	-5,286.7	19,444.9	-4,660.9	78,490.6	-155.3	463,118.4
2022	25,828.6	15,620.0	694,324.1	678,704.1	-7,253.1	20,347.1	-2,885.4	27,062.5	0.7	423,163.7
2023	32,821.7	37,657.7	643,577.2	605,919.5	-26,824.1	26,249.3	-4,261.2	32,082.0	47.1	420,147.9
2024	99,042.9	100,126.9	696,196.1	596,069.2	-23,701.6	26,619.3	-4,001.7	95,208.8	303.3	415,603.8

주 1) 1987년까지는 정부, 한국은행 및 국내외국환은행의 보유 외환, 1998년부터는 국내외국환은행의 보유외환을 제외한 공적보유액 기준

2) 1990년 2월까지는 한국은행 집중기준율, 1990년 3월부터는 시장평균환율임

무역						대미환율					구분
수출		수입		무역수지		기준환율[3]				종가환율	
통관액		통관액				대미원화평균환율		대미원화		연월말	
연월중											
백만달러($)	증감률(%)	백만달러($)	증감률(%)	백만달러($)	증감률(%)	원	전년동기대비(%)	원	전년동기대비(%)	원	단위 / 연월중
-	-	-	-	-	-	310.6	7.7	316.65	4.0	-	1970
-	-	-	-	-	-	347.7	11.9	373.3	17.9	-	1971
-	-	-	-	-	-	392.9	13.0	398.9	6.9	-	1972
-	-	-	-	-	-	398.3	1.4	397.5	-0.4	-	1973
-	-	-	-	-	-	404.5	1.6	484.0	21.8	-	1974
-	-	-	-	-	-	484.0	19.6	484.0	-	-	1975
-	-	-	-	-	-	484.0	-	484.0	-	-	1976
-	-	-	-	-	-	484.0	-	484.0	-	-	1977
-	-	-	-	-	-	484.0	-	484.0	-	-	1978
-	-	-	-	-	-	484.0	-	484.0	-	-	1979
-	-	-	-	-	-	607.4	25.5	659.9	36.3	-	1980
-	-	-	-	-	-	681.3	12.2	700.5	6.2	-	1981
-	-	-	-	-	-	731.5	7.4	748.8	6.9	-	1982
-	-	-	-	-	-	776.2	6.1	795.5	6.2	-	1983
-	-	-	-	-	-	806.0	3.8	827.4	4.0	-	1984
-	-	-	-	-	-	870.5	8.0	890.2	7.6	-	1985
-	-	-	-	-	-	881.3	1.2	861.4	-3.2	-	1986
-	-	-	-	-	-	822.4	-6.7	792.3	-8.0	-	1987
60,696.0	-	51,811.0	-	-	-	730.5	-11.2	684.1	-13.7	-	1988
62,377.0	2.8	61,465.0	18.6	-4,828.0	-	671.4	-8.1	679.6	-0.7	-	1989
65,016.0	4.2	69,844.0	13.6	-9,655.0	-100.0	708.0	5.4	716.7	5.5	716.70	1990
71,870.0	10.5	81,525.0	16.7	-5,144.0	46.7	733.6	3.6	759.5	6.0	759.50	1991
76,632.0	6.6	81,775.0	0.3	-1,564.0	69.6	780.8	6.4	786.9	3.6	786.90	1992
82,236.0	7.3	83,800.0	2.5	-6,335.0	-305.0	802.7	2.8	807.2	2.6	807.20	1993
96,013.0	16.8	102,348.0	22.1	-10,061.0	-58.8	803.6	0.1	788.5	-2.3	788.50	1994
125,058.0	30.3	135,119.0	32.0	-20,624.0	-105.0	771.0	-4.1	775.7	-1.6	775.70	1995
129,715.0	3.7	150,339.0	11.3	-8,452.0	59.0	804.8	4.4	844.9	8.9	844.90	1996
136,164.0	5.0	144,616.0	-3.8	39,031.0	561.8	951.1	18.2	1,695.0	100.6	1,695.00	1997
132,313.0	-2.8	93,282.0	-35.5	23,933.0	-38.7	1,398.9	47.1	1,204.0	-29.0	1,204.00	1998
143,685.0	8.6	119,752.0	28.4	11,786.0	-50.8	1,189.5	-15.0	1,138.0	-5.5	1,138.00	1999
172,268.0	19.9	160,481.0	34.0	9,341.0	-20.7	1,130.6	-4.9	1,264.5	11.1	1,264.50	2000
150,439.0	-12.7	141,098.0	-12.1	10,344.0	10.7	1,290.8	14.2	1,313.5	3.9	1,313.50	2001
162,471.0	8.0	152,126.0	7.8	14,991.0	44.9	1,251.2	-3.1	1,186.2	-9.7	1,186.20	2002
193,817.0	19.3	178,827.0	17.6	29,382.0	96.0	1,191.9	-4.7	1,192.6	0.5	1,192.60	2003
253,845.0	31.0	224,463.0	25.5	23,180.0	-21.1	1,144.1	-4.0	1,035.1	-13.2	1,035.10	2004
284,420.0	12.0	261,238.0	16.4	16,082.0	-30.6	1,024.3	-10.5	1,011.6	-2.3	1,011.60	2005
326,123.0	14.4	308,603.0	18.4	14,643.0	-8.9	955.6	-6.7	929.8	-8.1	929.80	2006
371,633.0	14.1	356,099.0	15.3	-13,267.0	-190.6	929.3	-2.8	936.1	0.7	936.10	2007
422,008.0	13.6	435,274.0	22.0	40,449.0	-404.9	1,101.9	18.7	1,259.5	34.5	1,259.50	2008
363,534.0	-13.9	323,085.0	-25.8	41,172.0	1.8	1,276.4	15.8	1,164.5	-7.5	1,164.50	2009
466,383.0	28.3	425,213.0	31.6	30,801.0	-25.2	1,156.9	-9.4	1,134.8	-2.6	1,134.80	2010
556,515.0	19.0	524,376.0	23.3	28,285.0	-8.2	1,107.9	-4.2	1,151.8	1.5	1,151.80	2011
548,077.0	-1.3	519,581.0	-0.9	44,047.0	55.7	1,126.9	1.7	1,070.6	-7.0	1,070.60	2012
559,649.0	2.1	515,561.0	-0.8	47,150.0	7.0	1,095.2	-2.8	1,055.4	-1.4	1,055.40	2013
573,091.0	2.3	525,567.0	1.9	90,258.0	91.4	1,053.3	-3.8	1,099.3	4.2	1,099.30	2014
526,756.0	-8.0	436,499.0	-16.9	89,233.0	-1.1	1,131.5	7.4	1,172.5	6.7	1,172.50	2015
495,426.0	-5.9	406,192.0	-6.9	95,216.0	6.7	1160.13	2.6	1,207.7	3.0	1,207.70	2016
573,694.0	15.8	478,478.0	17.8	69,657.0	-26.8	1,130.5	-2.6	1,070.5	-11.4	1,070.50	2017
604,859.0	5.4	535,203.0	11.9	38,890.0	-44.2	1,100.4	-2.7	1,115.7	4.2	1,115.70	2018
542,232.0	-10.4	503,341.0	-6.0	44,865.0	15.4	1,165.7	5.9	1,156.4	3.6	1,156.40	2019
512,498.0	-5.5	467,633.0	-7.1	29,307.0	-34.7	1,180.1	1.2	1,086.3	-6.1	1,086.30	2020
644,401.0	25.7	615,095.0	31.5	-47,785.0	-263.0	1,144.6	-3.0	1,188.8	9.4	1,188.80	2021
683,585.0	6.1	731,370.0	18.9	-10,346.0	-78.3	1,292.3	12.9	1,264.5	6.4	1,264.50	2022
632,226.0	-7.5	642,572.0	-12.1	51,842.0	-601.1	1,305.7	1.0	1,288.0	1.9	1,288.00	2023
683,610.0	8.1	631,768.0	-1.7	-	-	1,364.1	4.5	1,472.5	14.3	1,472.50	2024

주 요 경 제 지 표(5)

구 분	산업								건설업		도소매업
	제조업										
	전산업생산지수 (농림어업제외)(원지수)		생산자제품출하지수 (원지수)		생산자제품재고지수[1] (원지수)		생산능력지수	가동률지수 (원지수)	건축허가 연면적	국내건설 수주액	지수 (경상지수)
	연월중										
연월중 단위	2020=100	증감률(%)	2020=100	증감률(%)	2020=100	증감률(%)	2020=100		1,000㎡	백만원	2020=100
1970	–	–	–	–	–	–	–	–	10,787.0	–	–
1971	–	–	–	–	–	–	3.7	80.7	9,619.0	–	–
1972	–	–	–	–	–	–	4.1	85.0	8,701.0	–	–
1973	–	–	–	–	–	–	4.8	89.0	16,572.0	–	–
1974	–	–	–	–	–	–	5.6	88.5	16,884.0	–	–
1975	–	–	3.4	–	3.5	–	6.6	85.2	18,420.0	–	–
1976	–	–	4.4	29.4	3.9	11.4	7.6	95.9	17,985.0	518,976	–
1977	–	–	5.2	18.2	4.6	17.9	8.7	99.0	22,342.0	787,338	–
1978	–	–	6.5	25.0	4.2	-8.7	9.9	107.0	30,818.0	1,655,419	–
1979	–	–	7.2	10.8	6.6	57.1	12.1	99.5	27,505.0	2,195,313	–
1980	–	–	7.2	0.0	7.7	16.7	13.8	92.1	25,727.0	2,062,315	–
1981	–	–	8.0	11.1	9.1	18.2	15.2	93.1	20,846.0	3,197,678	–
1982	–	–	8.3	3.8	9.3	2.2	16.1	92.1	29,798.0	3,933,993	–
1983	–	–	9.7	16.9	9.5	2.2	16.7	100.6	39,693.0	4,734,711	–
1984	–	–	11.0	13.4	11.1	16.8	17.6	106.9	39,563.0	5,187,016	–
1985	–	–	11.5	4.5	11.6	4.5	18.2	105.0	38,217.0	5,388,477	–
1986	–	–	13.9	20.9	12.9	11.2	20.4	109.5	43,543.0	5,980,679	–
1987	–	–	16.5	18.7	14.1	9.3	23.2	112.9	47,983.0	7,249,882	–
1988	–	–	18.8	13.9	17.5	24.1	26.7	111.1	59,770.0	7,292,460	–
1989	–	–	19.6	4.3	20.7	18.3	28.6	107.2	88,615.0	13,453,246	–
1990	–	–	21.8	11.2	22.7	9.7	30.2	109.9	116,419.0	20,953,956	–
1991	–	–	23.9	9.6	27.1	19.4	32.0	111.7	105,184.0	25,539,426	–
1992	–	–	25.3	5.9	29.1	7.4	34.0	110.0	94,647.0	27,861,019	–
1993	–	–	26.8	5.9	29.9	2.7	34.6	109.3	117,790.0	33,246,480	–
1994	–	–	30.0	11.9	31.9	6.7	35.9	114.2	116,221.0	39,393,810	–
1995	–	–	33.8	12.7	36.0	12.9	39.2	113.7	117,327.0	49,025,093	–
1996	–	–	36.8	8.9	42.0	16.7	42.4	113.4	113,822.0	59,534,962	–
1997	–	–	39.2	6.5	43.9	4.5	44.5	111.2	113,373.0	62,721,509	–
1998	–	–	35.8	-8.7	36.4	-17.1	46.7	95.6	50,964.0	36,026,910	–
1999	–	–	44.9	25.4	37.2	2.2	50.7	107.5	72,531.0	36,299,174	–
2000	54.3	–	52.3	16.5	41.9	12.6	56.0	110.1	81,059.0	41,777,534	52.9
2001	56.7	4.4	53.0	1.3	42.0	0.2	57.9	105.6	97,717.4	50,994,920	56.3
2002	61.4	8.3	57.1	7.7	41.7	-0.7	59.5	109.8	137,757.0	67,833,659	60.9
2003	63.2	2.9	59.9	4.9	44.2	6.0	61.4	109.8	142,009.5	80,897,273	60.8
2004	65.4	3.5	65.4	9.2	48.4	9.5	64.4	112.9	118,497.6	77,774,389	62.8
2005	68.4	4.6	69.1	5.7	50.9	5.2	66.6	112.4	111,505.7	83,489,358	65.0
2006	72.1	5.4	74.4	7.7	55.6	9.2	69.3	112.7	133,270.6	91,001,140	67.6
2007	76.5	6.1	79.7	7.1	58.7	5.6	73.0	112.9	150,957.1	112,501,594	71.8
2008	78.2	2.2	81.7	2.5	62.7	6.8	76.8	109.3	120,657.8	103,906,835	77.0
2009	79.4	1.5	80.6	-1.3	57.8	-7.8	79.4	105.4	105,137.0	109,088,476	78.5
2010	84.8	6.8	92.2	14.4	68.1	17.8	85.6	113.6	125,447.4	89,314,311	85.5
2011	87.6	3.3	97.3	5.5	78.2	14.8	89.6	113.8	137,868.4	95,331,862	93.3
2012	88.7	1.3	98.7	1.4	81.7	4.5	91.5	110.7	137,141.8	89,395,015	95.2
2013	90.2	1.7	99.6	0.9	85.3	4.4	93.0	108.0	127,065.7	77,884,676	94.7
2014	91.4	1.3	99.6	0.0	83.1	-2.6	94.5	107.0	141,346.6	90,605,506	95.3
2015	93.2	2.0	99.7	0.1	87.6	5.4	95.4	104.9	189,840.1	134,493,463	95.8
2016	96.0	3.0	101.2	1.5	84.9	-3.1	97.3	103.9	178,954.8	145,385,768	97.7
2017	98.5	2.6	102.5	1.3	92.4	8.8	98.4	103.2	171,875.2	142,966,486	100.7
2018	100.1	1.6	102.6	0.1	98.6	6.7	98.3	103.7	160,964.4	143,292,011	103.8
2019	101.1	1.0	102.3	-0.3	96.0	-2.6	98.5	103.3	144,292.9	154,242,673	102.9
2020	100.0	-1.1	100.0	-2.2	94.5	-1.6	100.0	100.0	147,309.0	179,866,053	100.0
2021	105.5	5.5	105.0	5.0	106.2	12.4	102.0	105.6	173,205.0	196,447,736	110.3
2022	110.6	4.8	105.3	0.3	111.7	5.2	102.1	104.8	181,473.0	216,036,034	120.5
2023	111.9	1.2	104.6	-0.7	108.7	-2.7	101.6	101.2	135,080.0	176,427,078	121.7
2024	113.6	1.5	105.2	0.6	105.7	-2.8	102.3	102.1	125,377.0	195,687,803	121.1

주 1) 연월말 수치임

경제활동인구			국민계정							구분
경제활동인구	취업자	실업률	국내총생산 성장률 (연간)	농림어업성장률 (연간)	건설업성장률 (연간)	제조업성장률 (연간)	최종소비 지출증감률 (연간)	총고정자본 형성증감률 (연간)	GDP디플레이터상승률 (연간)	
연월중										
1,000명		%	%							단위 / 연월중
-	-	-	10.2	-0.7	4.2	15.8	10.3	8.6	3.7	1970
-	-	-	10.7	5.5	-2.1	17.3	9.6	6.3	4.1	1971
-	-	-	7.3	3.0	-2.0	15.1	6.1	2.6	4.7	1972
-	-	-	15.0	6.6	23.2	30.5	8.4	26.2	5.3	1973
-	-	-	9.6	6.3	11.3	16.5	7.7	14.5	7.0	1974
-	-	-	7.9	5.3	5.9	12.8	6.0	10.4	8.6	1975
-	-	-	13.3	9.0	9.4	21.1	7.5	27.8	10.4	1976
-	-	-	12.4	3.0	28.3	16.5	5.8	32.7	11.9	1977
-	-	-	11.1	-9.9	28.1	25.4	8.1	35.5	14.5	1978
-	-	-	8.7	11.4	4.7	10.5	8.5	9.7	17.2	1979
-	-	-	-1.5	-16.2	-2.8	-1.2	1.6	-11.1	21.4	1980
-	-	-	7.4	15.7	-7.3	9.5	5.6	-2.1	25.0	1981
-	-	-	8.5	7.8	15.5	5.4	6.7	11.7	26.6	1982
-	14,504.7	-	13.5	9.3	21.6	17.2	8.4	16.1	27.9	1983
-	14,428.8	-	10.6	-2.6	5.6	20.1	7.3	11.8	29.1	1984
-	14,970.2	-	7.9	5.9	5.3	7.3	6.9	6.4	30.3	1985
-	15,504.8	-	11.5	5.2	3.6	16.5	8.9	14.6	31.8	1986
-	16,354.0	-	12.9	-4.4	10.0	20.3	8.4	18.6	33.4	1987
-	16,869.3	-	12.1	9.4	8.3	13.6	9.4	14.2	35.7	1988
-	17,560.6	-	7.2	-0.1	12.3	4.5	11.0	16.3	37.9	1989
-	18,084.8	-	10.0	-5.6	23.8	11.5	10.1	24.6	41.7	1990
-	18,648.8	-	10.9	3.2	11.6	14.4	8.4	14.5	45.5	1991
-	19,009.3	-	6.4	9.0	-1.7	6.3	7.0	2.4	49.0	1992
-	19,234.5	-	7.0	-4.2	8.9	7.2	6.6	8.1	52.1	1993
-	19,848.4	-	9.4	0.1	4.6	11.9	8.4	14.4	56.3	1994
-	20,414.4	-	9.7	6.8	5.3	13.4	9.7	13.0	60.2	1995
-	20,853.1	-	8.0	3.9	6.5	8.8	7.7	8.7	62.6	1996
-	21,213.9	-	6.3	4.3	0.9	6.2	4.1	-0.5	65.1	1997
-	19,937.4	-	-4.9	-7.6	-11.4	-7.3	-9.3	-20.7	68.0	1998
-	20,291.2	-	11.6	5.2	-7.5	19.6	10.9	10.0	67.1	1999
22,151.0	21,173.0	4.4	9.2	0.1	-4.7	15.9	7.6	14.8	67.7	2000
22,511.0	21,614.0	4.0	4.7	0.4	5.4	2.9	5.9	2.5	70.1	2001
22,982.0	22,232.0	3.3	7.7	-3.1	3.8	9.2	8.7	7.9	72.2	2002
23,043.0	22,222.0	3.6	3.1	-6.1	8.9	4.8	0.7	5.6	74.8	2003
23,544.0	22,682.0	3.7	5.2	7.8	2.0	10.1	1.2	3.3	77.2	2004
23,718.0	22,831.0	3.7	4.4	0.6	0.1	5.0	4.9	1.9	78.1	2005
24,024.0	23,188.0	3.5	5.2	2.4	0.9	7.7	5.5	4.1	78.0	2006
24,351.0	23,561.0	3.2	5.8	5.1	2.6	7.9	5.6	5.0	79.9	2007
24,551.0	23,775.0	3.2	3.0	6.6	-3.2	3.3	2.3	-0.5	82.3	2008
24,582.0	23,688.0	3.6	0.8	4.6	1.5	-1.7	1.5	0.9	85.1	2009
24,956.0	24,033.0	3.7	7.0	-3.6	-3.6	14.0	4.7	6.7	87.5	2010
25,389.0	24,527.0	3.4	3.7	-1.0	-4.8	5.2	3.1	1.9	88.6	2011
25,781.0	24,955.0	3.2	2.5	-0.5	-0.4	1.7	2.3	-0.3	89.7	2012
26,108.0	25,299.0	3.1	3.3	4.2	4.4	3.5	2.5	2.4	90.7	2013
26,836.0	25,897.0	3.5	3.2	5.1	1.9	3.3	2.6	3.6	91.6	2014
27,153.0	26,178.0	3.6	2.9	-0.3	6.1	1.8	2.9	5.3	94.6	2015
27,418.0	26,409.0	3.7	3.2	-6.6	10.7	2.1	3.1	6.8	96.5	2016
27,748.0	26,725.0	3.7	3.4	1.2	6.6	4.3	3.1	9.9	98.5	2017
27,895.0	26,822.0	3.8	3.2	-0.8	-2.1	3.4	3.8	-2.0	99.1	2018
28,186.0	27,123.0	3.8	2.3	2.9	-1.7	0.5	3.3	-2.1	98.4	2019
28,012.0	26,904.0	4.0	-0.7	-6.7	-0.4	-2.0	-2.2	2.8	100.0	2020
28,310.0	27,273.0	3.7	4.6	3.4	-0.9	6.5	4.2	4.3	103.2	2021
28,922.0	28,089.0	2.9	2.7	0.8	0.9	2.5	4.2	-0.2	105.0	2022
29,203.0	28,416.0	2.7	1.6	-1.8	-0.6	1.5	2.0	-0.2	107.2	2023
29,399.0	28,576.0	2.8	2.0	0.6	-3.8	4.3	1.4	-0.8	111.5	2024

전도시소비자물가지수 (1)

구분 연월	총지수	식료품								
			빵 및 곡물	육류	어류 및 수산	우유·치즈 및 계란	식용유지	과일	채소 및 해조	과자·빙과류 및 당류
1975	9.5	-	-	-	-	-	-	-	-	-
1976	10.9	-	-	-	-	-	-	-	-	-
1977	12.0	-	-	-	-	-	-	-	-	-
1978	13.8	-	-	-	-	-	-	-	-	-
1979	16.3	-	-	-	-	-	-	-	-	-
1980	21.0	-	-	-	-	-	-	-	-	-
1981	25.4	-	-	-	-	-	-	-	-	-
1982	27.3	-	-	-	-	-	-	-	-	-
1983	28.2	-	-	-	-	-	-	-	-	-
1984	28.8	-	-	-	-	-	-	-	-	-
1985	29.6	20.3	27.3	22.9	14.8	25.3	41.5	19.0	14.7	21.7
1986	30.4	20.7	28.6	22.2	17.2	25.3	44.7	18.3	14.4	21.7
1987	31.3	21.4	29.7	20.9	18.6	25.4	47.6	21.9	15.3	21.5
1988	33.5	23.7	31.7	23.8	21.0	25.0	46.9	24.2	19.5	21.6
1989	35.4	25.2	32.9	27.0	24.2	29.5	43.5	26.2	20.5	22.1
1990	38.5	27.8	36.2	31.2	26.1	31.0	48.1	28.2	22.3	22.6
1991	42.1	30.9	38.3	34.9	29.5	32.2	50.5	38.3	24.1	23.2
1992	44.7	32.5	39.9	34.8	32.3	35.4	52.0	40.1	24.7	23.9
1993	46.8	33.4	42.4	34.8	33.1	37.8	52.9	36.2	26.7	25.3
1994	49.8	37.0	44.5	35.6	36.9	39.3	55.8	43.8	34.6	26.5
1995	52.0	38.0	46.2	35.4	38.0	40.3	55.1	49.2	32.3	28.3
1996	54.6	39.1	52.1	34.9	39.2	42.4	56.1	42.4	33.0	32.8
1997	57.0	40.7	54.4	34.9	40.1	43.7	57.7	48.4	34.3	37.6
1998	61.3	44.8	60.1	35.7	43.5	50.6	67.8	49.0	39.1	46.8
1999	61.8	47.0	62.8	37.7	46.1	49.2	61.5	54.7	41.9	46.1
2000	63.2	47.5	64.7	40.9	46.4	48.4	54.2	46.9	44.0	45.5
2001	65.7	50.0	65.5	44.5	48.9	50.1	53.9	53.1	44.4	48.7
2002	67.5	52.5	64.5	50.3	50.9	49.9	53.5	61.0	47.6	49.1
2003	69.9	55.0	66.0	54.0	52.1	50.3	54.9	58.1	57.3	49.4
2004	72.4	59.6	69.0	61.4	53.8	55.9	72.5	72.2	55.6	50.2
2005	74.4	61.4	68.4	64.5	54.7	62.5	71.0	77.7	54.3	54.2
2006	76.1	61.7	66.3	66.2	55.1	62.2	67.3	72.0	59.7	55.4
2007	78.0	63.2	67.9	64.3	55.3	63.1	70.6	80.2	60.4	57.9
2008	81.7	66.1	74.7	69.5	58.8	71.3	80.9	69.6	58.1	68.9
2009	83.9	71.0	76.3	76.2	65.8	80.3	92.3	73.0	61.4	75.3
2010	86.4	75.7	73.8	77.4	72.4	79.2	91.3	81.8	81.1	75.5
2011	89.9	82.0	80.2	84.6	78.2	82.8	93.9	93.5	79.8	82.2
2012	91.8	85.2	84.0	79.4	80.3	86.6	94.3	103.0	83.5	85.6
2013	93.0	85.8	87.7	77.9	81.3	89.7	96.8	99.0	84.6	88.9
2014	94.2	86.0	88.3	84.9	82.8	95.6	99.2	91.7	72.3	96.1
2015	94.9	87.4	87.9	88.5	83.4	95.6	98.2	87.3	78.5	97.6
2016	95.8	89.6	86.2	92.5	85.6	93.6	98.5	86.2	90.9	96.6
2017	97.6	92.9	86.3	94.2	90.3	101.5	95.7	98.0	91.1	97.7
2018	99.1	95.6	94.2	93.8	93.4	95.4	95.2	100.4	95.5	97.6
2019	99.5	95.5	99.4	93.5	94.5	97.6	96.3	96.5	87.6	99.3
2020	100.0	100.0	100.0	100.0	100.0	100.0	100.0	100.0	100.0	100.0
2021	102.5	106.2	106.3	108.4	101.5	111.4	107.2	110.7	104.2	101.0
2022	107.7	112.4	110.7	116.7	105.4	114.5	134.2	118.3	110.3	108.9
2023	111.6	118.3	117.4	115.9	112.1	122.8	151.4	129.7	115.1	118.3
2024	114.2	123.1	118.9	116.3	112.7	126.6	160.9	150.5	125.1	120.9
2025. 1	115.7	125.0	121.3	119.7	115.5	126.6	166.7	145.6	129.9	122.4
2	116.1	126.5	122.3	118.1	116.8	126.4	168.2	153.4	134.1	123.3
3	116.3	127.3	123.2	117.6	117.6	126.0	165.6	157.5	134.7	124.2
4	116.4	126.4	124.3	118.7	118.1	127.2	166.2	154.0	123.5	126.8
5	116.3	124.7	124.5	120.6	118.4	128.7	161.8	148.0	110.2	127.0
6	116.3	124.5	125.4	122.0	119.9	130.3	159.9	146.9	103.9	126.6
7	116.5	125.5	126.4	122.2	119.3	131.2	156.1	149.4	107.9	127.1
8	116.5	128.9	126.9	124.6	119.5	131.2	158.5	154.3	126.0	126.9
9	117.1	128.8	127.9	124.8	118.9	131.7	159.0	148.1	129.5	127.3

(2020=100)

식료품			주택,수도,전기및연료				전기·가스 및 기타연료		구분
기타 식료품	비주류 음료	주류 및 담배		주택 임차료	주거시설 유지·보수	수도 및 주거관련서비스		전기	연월
-	-	-	-	-	-	-	-	-	1975
-	-	-	-	-	-	-	-	-	1976
-	-	-	-	-	-	-	-	-	1977
-	-	-	-	-	-	-	-	-	1978
-	-	-	-	-	-	-	-	-	1979
-	-	-	-	-	-	-	-	-	1980
-	-	-	-	-	-	-	-	-	1981
-	-	-	-	-	-	-	-	-	1982
-	-	-	-	-	-	-	-	-	1983
-	-	-	-	-	-	-	-	-	1984
20.3	37.2	22.3	31.2	35.0	15.3	16.9	35.8	84.0	1985
18.4	40.2	22.9	32.1	36.4	16.0	18.4	35.5	82.7	1986
16.9	39.7	23.2	32.8	37.6	16.5	18.7	35.9	82.4	1987
18.7	37.7	23.6	34.0	39.6	18.2	18.8	35.5	81.8	1988
15.1	36.7	24.8	35.4	42.2	19.9	19.1	35.1	78.5	1989
18.8	37.1	26.2	38.2	46.7	23.0	19.4	35.3	77.7	1990
22.6	38.8	27.1	42.4	52.1	26.0	22.1	38.1	82.7	1991
26.3	43.4	28.5	45.5	56.1	27.4	23.4	40.7	91.8	1992
27.2	44.8	30.2	47.9	59.4	28.5	25.2	42.2	93.0	1993
28.0	46.6	33.1	49.8	61.7	30.1	27.4	43.1	93.0	1994
31.9	50.9	33.9	52.0	64.0	33.2	29.2	44.0	93.5	1995
32.7	52.6	37.0	54.4	66.3	34.8	31.8	47.3	93.8	1996
31.7	52.9	39.4	57.2	68.5	36.4	34.1	52.3	96.1	1997
36.6	59.8	41.9	61.4	68.8	46.9	36.4	65.5	105.1	1998
38.7	58.5	44.6	59.5	66.0	47.6	38.4	62.5	106.0	1999
39.6	55.8	45.0	61.7	65.8	48.8	41.7	70.7	106.4	2000
42.8	57.2	47.2	65.4	68.4	50.6	45.5	78.0	111.3	2001
42.9	57.7	50.8	67.2	72.4	52.4	47.6	73.8	109.8	2002
46.1	59.0	52.2	70.0	75.0	54.9	51.1	77.5	106.2	2003
52.3	60.5	52.8	72.3	76.1	59.4	54.3	81.6	103.4	2004
53.2	62.8	60.6	73.7	76.0	61.6	56.8	86.6	102.5	2005
53.9	64.2	60.5	75.8	76.3	62.9	59.1	93.3	104.1	2006
55.9	67.2	60.7	77.5	77.6	63.8	61.4	95.6	104.5	2007
58.3	73.5	61.0	80.9	79.4	67.1	64.4	103.6	104.5	2008
63.2	80.5	61.7	81.8	80.6	69.7	65.5	102.9	104.5	2009
65.9	83.0	62.0	83.7	82.2	70.5	66.5	107.0	105.4	2010
78.3	88.4	62.5	87.5	85.4	74.0	68.3	113.9	107.5	2011
90.4	92.4	63.4	91.5	89.0	77.7	71.6	119.7	109.7	2012
88.1	94.8	64.5	94.7	91.4	80.2	75.5	124.9	113.8	2013
86.6	95.9	64.4	97.5	93.5	82.2	77.9	129.5	116.4	2014
88.9	97.7	96.7	96.8	95.9	84.9	81.0	117.1	114.4	2015
88.9	97.5	97.3	96.0	97.7	86.4	84.8	104.3	109.7	2016
90.5	96.9	98.8	97.7	99.3	90.0	89.1	103.0	102.8	2017
96.7	97.8	99.1	98.4	99.9	94.2	92.8	100.2	99.8	2018
99.3	99.2	99.7	99.5	99.8	97.9	96.3	101.9	100.0	2019
100.0	100.0	100.0	100.0	100.0	100.0	100.0	100.0	100.0	2020
104.3	101.8	100.4	101.6	101.4	105.0	104.6	98.6	99.5	2021
109.5	108.5	102.6	107.2	103.3	112.5	109.0	115.7	112.3	2022
116.1	118.3	103.6	112.6	103.8	116.6	114.0	138.7	138.1	2023
118.4	120.1	104.6	114.5	104.0	118.8	118.9	142.9	140.5	2024
121.0	126.3	104.6	115.9	104.4	120.2	121.4	146.5	142.8	2025. 1
121.7	125.5	104.7	116.5	104.5	120.5	124.4	146.6	142.8	2
122.6	126.7	104.7	116.3	104.5	120.6	122.9	146.6	142.8	3
123.6	126.9	104.8	116.2	104.6	121.0	122.5	146.5	142.8	4
123.5	125.5	104.8	116.5	104.7	121.1	123.7	146.5	142.8	5
123.5	127.9	104.9	116.6	104.7	120.9	124.1	146.4	142.8	6
123.5	129.4	104.9	115.2	104.9	121.6	123.7	138.2	126.5	7
124.4	129.0	104.9	115.4	104.9	121.7	124.6	138.2	126.5	8
124.2	128.4	105.1	116.7	105.0	121.8	124.0	146.1	142.2	9

전도시소비자물가지수 (2)

구분 \ 연월	전기·가스 및 기타연료		가정용품 및 가사서비스						서비스
	가스	기타연료 및 에너지		가구·가사 비품 및 카페트	가정·정원용 공구 및 장비	주방용품 및 가정용품	가정용 기구	가정용 섬유제품	가구내고용 및 가사 서비스
1975	-	-	-	-	-	-	-	-	-
1976	-	-	-	-	-	-	-	-	-
1977	-	-	-	-	-	-	-	-	-
1978	-	-	-	-	-	-	-	-	-
1979	-	-	-	-	-	-	-	-	-
1980	-	-	-	-	-	-	-	-	-
1981	-	-	-	-	-	-	-	-	-
1982	-	-	-	-	-	-	-	-	-
1983	-	-	-	-	-	-	-	-	-
1984	-	-	-	-	-	-	-	-	-
1985	57.8	16.7	44.3	29.2	83.4	31.9	132.7	45.7	7.5
1986	47.8	17.2	45.4	29.3	91.5	32.4	140.7	46.8	7.7
1987	44.4	17.8	46.9	30.8	92.0	34.6	141.8	49.4	7.8
1988	37.0	18.0	49.6	32.4	92.1	38.0	137.2	55.1	9.0
1989	33.3	18.2	53.0	35.5	93.0	41.6	133.7	61.1	10.3
1990	33.1	18.5	56.3	36.9	97.5	43.9	135.2	63.5	12.9
1991	34.0	20.5	59.4	39.7	96.1	46.9	136.3	66.2	17.0
1992	35.2	21.4	61.3	39.7	94.8	48.8	136.6	67.6	22.5
1993	36.2	22.6	63.3	41.3	95.1	51.2	136.6	69.0	24.1
1994	36.8	23.4	65.5	44.7	95.2	52.4	134.6	70.6	26.5
1995	37.8	24.2	66.7	45.7	94.6	55.3	127.2	72.3	29.5
1996	39.1	28.8	68.0	48.1	94.1	56.6	124.5	73.0	33.1
1997	42.9	34.5	68.3	47.1	93.5	57.5	122.7	73.6	37.5
1998	59.0	45.7	72.3	51.3	89.8	62.4	121.1	78.3	38.7
1999	53.5	43.1	71.3	49.2	88.4	63.3	119.1	79.3	38.8
2000	61.8	52.4	69.5	48.8	87.3	62.7	110.6	79.6	39.3
2001	73.2	55.3	70.9	50.7	84.4	64.9	110.4	78.4	42.5
2002	66.0	53.7	71.5	52.1	81.3	65.6	108.6	78.7	44.8
2003	69.8	61.8	73.0	55.1	80.7	67.3	106.2	78.4	48.7
2004	72.3	72.8	73.5	56.7	80.6	68.0	101.6	75.3	52.9
2005	75.9	83.4	73.9	59.2	80.6	69.4	98.1	73.0	54.0
2006	86.7	90.8	74.1	61.1	82.7	70.0	95.6	73.1	54.7
2007	91.0	91.8	76.0	64.3	84.6	73.6	93.9	74.1	58.8
2008	99.2	116.2	79.4	67.8	89.0	78.1	96.0	78.0	61.5
2009	103.9	100.1	82.9	73.1	90.2	80.0	97.8	83.7	62.7
2010	109.1	108.1	83.2	74.3	90.2	80.2	96.0	85.4	67.0
2011	119.1	121.8	86.3	78.1	92.2	85.0	96.0	91.6	70.4
2012	127.8	130.8	88.7	80.4	94.7	89.4	96.3	93.8	74.6
2013	135.0	132.7	89.0	79.3	98.9	90.3	96.6	94.2	76.6
2014	143.2	131.4	90.9	80.1	100.0	92.1	100.1	93.3	79.0
2015	120.6	114.5	93.2	81.8	98.6	96.8	102.9	92.9	81.8
2016	100.4	96.2	94.7	86.0	98.8	97.4	103.3	93.9	83.2
2017	104.2	98.9	95.7	88.8	99.9	97.5	101.4	94.8	86.2
2018	100.3	102.5	97.9	93.7	100.6	98.8	101.0	95.6	93.8
2019	103.4	105.0	100.0	99.6	99.5	99.0	101.4	97.2	97.9
2020	100.0	100.0	100.0	100.0	100.0	100.0	100.0	100.0	100.0
2021	95.9	105.4	101.9	104.6	105.4	100.4	99.0	101.0	104.2
2022	111.2	146.7	106.8	112.6	111.8	110.1	99.6	105.8	111.4
2023	133.3	158.8	112.6	121.3	114.2	116.3	101.8	110.5	120.1
2024	139.8	163.4	114.8	126.0	116.8	117.1	101.4	110.5	125.3
2025. 1	145.3	166.3	116.2	128.0	117.9	118.2	101.1	115.2	127.1
2	145.3	166.9	116.6	129.7	118.7	119.8	100.6	115.5	127.6
3	145.3	166.7	116.3	128.5	118.8	117.6	101.2	115.5	128.0
4	145.3	165.8	118.0	131.1	119.2	117.7	102.3	115.6	129.0
5	145.3	165.1	118.2	131.4	116.9	122.5	102.0	115.6	129.1
6	145.3	164.7	119.4	130.7	118.5	120.6	103.3	115.6	129.2
7	145.4	164.9	119.3	131.7	118.7	122.4	103.0	115.2	129.3
8	145.6	164.7	119.7	132.2	119.4	121.2	103.2	115.6	129.4
9	145.4	164.6	118.7	131.8	119.6	120.6	102.9	115.6	129.5

(2020=100)

의류 및 신발							보 건		구분
	남 자 의 류	여 자 의 류	아동복 유아복	기타의류 및 의류 장신구	의류 세탁 수선 및 임차	신 발		의료용품 및 장비	연월
-	-	-	-	-	-	-	-	-	1975
-	-	-	-	-	-	-	-	-	1976
-	-	-	-	-	-	-	-	-	1977
-	-	-	-	-	-	-	-	-	1978
-	-	-	-	-	-	-	-	-	1979
-	-	-	-	-	-	-	-	-	1980
-	-	-	-	-	-	-	-	-	1981
-	-	-	-	-	-	-	-	-	1982
-	-	-	-	-	-	-	-	-	1983
-	-	-	-	-	-	-	-	-	1984
32.9	37.4	29.8	37.9	52.4	25.4	35.6	36.3	63.4	1985
33.7	39.3	30.4	38.4	52.3	25.6	35.9	37.7	64.6	1986
34.9	40.9	31.4	39.5	53.2	26.8	36.4	39.0	67.7	1987
37.7	43.4	34.5	42.6	56.2	32.5	38.5	41.7	68.2	1988
42.6	50.1	41.0	45.4	60.0	37.2	41.2	42.9	68.8	1989
46.8	54.6	46.5	46.8	62.7	44.4	43.1	46.1	70.7	1990
49.4	56.1	50.6	49.4	63.9	51.8	44.1	49.1	76.2	1991
52.4	57.2	57.1	51.5	64.7	57.5	45.6	50.6	75.9	1992
54.2	58.6	58.3	53.5	65.9	64.2	46.5	52.0	76.1	1993
55.5	59.6	59.2	55.7	67.1	72.4	46.8	53.9	79.6	1994
56.4	61.0	59.8	56.4	68.6	73.2	47.1	56.8	83.0	1995
57.1	59.1	60.9	57.6	70.0	77.2	49.7	59.5	83.9	1996
58.0	59.7	61.6	58.9	71.1	79.9	51.4	61.9	84.5	1997
60.4	64.1	62.6	61.0	75.1	81.5	55.0	65.2	85.8	1998
61.4	65.4	63.3	62.7	77.2	75.3	58.1	66.1	85.7	1999
62.3	66.1	64.3	63.6	77.5	72.6	59.4	71.0	84.1	2000
64.2	67.9	65.6	66.6	78.3	71.3	61.5	79.1	87.2	2001
66.2	68.5	68.3	67.2	79.1	71.9	65.6	78.6	88.9	2002
68.5	69.2	70.2	72.0	80.7	74.2	70.0	80.4	91.0	2003
68.7	67.5	69.6	76.3	81.1	75.5	73.3	81.6	91.4	2004
69.4	68.9	69.3	76.4	81.2	76.5	74.5	83.4	92.3	2005
71.3	73.0	71.6	71.1	81.8	77.4	74.8	85.0	93.1	2006
73.2	74.7	73.7	71.1	82.3	78.2	76.2	86.5	93.0	2007
75.0	75.9	75.5	74.3	84.4	81.7	78.8	88.1	93.5	2008
78.8	79.6	80.0	77.9	86.7	84.4	81.7	90.1	94.7	2009
81.2	82.5	82.0	80.8	88.1	84.9	82.2	91.6	95.2	2010
83.9	86.3	83.6	84.3	92.4	86.4	85.1	93.3	97.0	2011
87.9	91.0	87.1	89.7	95.0	88.1	89.5	94.1	96.7	2012
90.4	94.5	89.4	94.3	95.9	89.0	88.6	94.4	97.2	2013
94.1	97.6	94.4	96.5	97.1	90.1	91.1	95.1	98.1	2014
95.3	99.3	94.6	97.7	98.1	91.5	92.1	96.3	99.4	2015
97.0	100.5	97.3	99.6	99.4	92.6	94.7	97.2	99.4	2016
98.1	101.2	98.5	103.0	99.6	94.3	95.4	98.1	98.8	2017
99.2	102.0	99.8	103.4	100.6	96.1	97.4	98.1	98.0	2018
99.3	100.7	98.8	102.0	100.2	98.0	98.5	98.5	98.8	2019
100.0	100.0	100.0	100.0	100.0	100.0	100.0	100.0	100.0	2020
100.6	100.6	100.1	99.0	100.7	102.1	101.3	99.9	98.4	2021
103.7	103.2	102.3	102.7	103.7	110.0	104.1	100.8	98.8	2022
110.7	109.5	107.9	114.0	107.5	119.9	109.7	102.4	100.4	2023
114.3	115.3	112.4	117.6	111.4	125.5	111.1	104.3	102.3	2024
115.5	117.2	114.6	117.3	111.5	128.0	111.4	105.4	102.8	2025. 1
115.9	117.2	114.6	117.3	111.4	129.6	113.6	105.4	102.9	2
115.9	117.1	114.6	117.3	111.4	130.2	113.6	105.5	102.9	3
115.9	117.2	114.6	117.3	111.4	132.1	113.6	105.5	102.9	4
116.2	118.2	114.8	117.8	111.3	132.3	113.6	105.6	103.0	5
116.5	118.2	114.8	117.8	111.4	132.5	113.6	105.5	102.9	6
116.5	118.2	114.8	117.8	111.3	133.0	113.6	105.5	102.8	7
116.5	118.2	114.8	117.8	111.5	133.4	113.5	105.6	102.9	8
116.5	118.2	114.8	117.8	111.3	133.5	113.5	105.5	102.7	9

전도시소비자물가지수 (3)

구분 / 연월	보 건		교 육	오 락 및 문 화					
	의 료 서비스	기타의료 서 비 스			음향·영상·사진 및 정보처리 장비	기타 오락 및 문화용 주요 내구재	오락 및 문화 서비스	신문·서적 및 문방구	단 체 여 행
1975	-	-	-	-	-	-	-	-	-
1976	-	-	-	-	-	-	-	-	-
1977	-	-	-	-	-	-	-	-	-
1978	-	-	-	-	-	-	-	-	-
1979	-	-	-	-	-	-	-	-	-
1980	-	-	-	-	-	-	-	-	-
1981	-	-	-	-	-	-	-	-	-
1982	-	-	-	-	-	-	-	-	-
1983	-	-	-	-	-	-	-	-	-
1984	-	-	-	-	-	-	-	-	-
1985	23.9	-	17.4	64.9	760.1	44.7	50.3	25.6	-
1986	24.8	-	18.2	66.2	758.1	46.2	51.4	26.4	-
1987	25.5	-	19.3	67.6	754.6	46.4	52.1	27.4	-
1988	27.8	-	21.1	70.1	744.7	46.3	52.8	29.2	-
1989	28.7	-	23.0	71.9	728.3	47.0	54.3	30.4	-
1990	31.1	-	26.0	75.3	729.3	48.5	56.1	32.6	-
1991	32.7	-	28.8	78.1	723.2	50.3	59.2	34.5	-
1992	34.9	-	31.8	80.0	719.3	51.9	61.9	35.6	-
1993	36.7	-	35.1	83.5	714.1	55.1	65.2	38.1	-
1994	37.7	-	38.5	85.6	695.5	60.3	68.5	39.2	-
1995	40.1	-	43.6	88.7	625.8	63.6	70.6	44.1	-
1996	42.7	-	48.5	92.1	575.3	66.9	72.9	50.4	-
1997	45.3	-	52.0	92.9	529.0	67.4	75.0	52.8	-
1998	49.0	-	53.9	96.1	513.5	73.5	79.1	55.8	-
1999	50.3	-	54.6	96.1	491.6	72.6	76.5	58.3	-
2000	57.3	71.3	57.3	95.1	441.9	75.6	76.2	59.9	76.5
2001	70.9	80.7	59.9	94.7	410.1	78.0	76.9	61.5	78.9
2002	68.4	80.6	63.3	95.3	385.9	79.4	78.0	64.8	79.2
2003	68.4	83.5	67.0	95.7	347.5	82.3	80.1	67.7	83.0
2004	70.2	86.0	70.7	95.6	329.6	85.6	81.1	68.2	84.9
2005	72.8	87.3	73.7	95.7	303.2	85.8	81.8	69.2	91.5
2006	75.0	89.3	77.3	93.5	245.1	85.7	82.2	70.8	92.9
2007	76.9	92.7	81.9	91.8	202.9	86.1	82.6	72.8	91.8
2008	78.8	95.8	86.4	93.2	182.3	86.4	83.7	75.9	98.6
2009	81.0	99.2	88.5	95.4	183.5	94.7	85.1	80.1	95.4
2010	83.0	100.7	90.5	96.2	159.8	96.9	86.5	82.3	99.3
2011	84.4	102.2	92.1	97.7	148.2	96.3	88.8	85.4	105.3
2012	85.2	103.7	93.4	98.0	132.0	100.9	90.0	88.3	108.8
2013	86.0	101.3	94.5	99.0	127.3	101.4	90.9	90.6	112.0
2014	87.5	98.9	95.9	99.4	119.5	99.6	92.5	93.1	111.8
2015	89.1	99.2	97.5	98.9	115.0	98.8	93.4	96.0	105.2
2016	91.2	99.7	99.1	100.7	115.2	98.4	95.0	96.5	107.9
2017	93.5	100.3	100.3	100.8	112.6	100.7	95.9	97.9	106.2
2018	95.8	99.8	101.6	101.3	106.8	102.3	97.6	99.0	107.0
2019	97.7	98.2	102.2	101.0	102.8	102.1	99.2	100.6	105.2
2020	100.0	100.0	100.0	100.0	100.0	100.0	100.0	100.0	100.0
2021	101.9	100.9	100.9	100.4	98.4	100.8	101.3	100.6	101.5
2022	104.4	102.5	102.2	103.3	96.7	101.2	104.3	103.4	111.2
2023	106.5	103.8	104.2	107.1	99.5	103.6	107.8	107.2	118.1
2024	108.7	105.5	106.0	108.6	99.0	108.9	109.7	109.6	118.8
2025. 1	110.0	107.6	107.2	109.6	98.0	108.7	110.7	111.0	121.9
2	110.0	107.7	107.3	108.9	98.2	109.2	110.9	111.3	113.7
3	110.0	107.8	108.5	109.0	99.1	108.6	111.1	111.3	112.9
4	110.0	108.0	108.7	109.9	99.4	108.5	111.0	111.5	120.5
5	110.0	108.0	108.7	110.1	99.8	108.9	111.4	111.5	120.4
6	110.0	108.1	108.9	109.5	99.3	109.2	111.7	111.4	116.3
7	110.0	108.2	108.9	110.2	99.9	107.9	112.2	111.8	119.0
8	110.0	108.2	108.9	110.4	99.3	107.3	112.3	111.9	121.1
9	110.0	108.4	108.6	109.6	99.5	106.7	111.8	112.3	115.1

(2020=100)

교 통	통 신	음식 및 숙박			기타 상품 및 서비스				구분 연월
			음 식 서비스	숙 박 서비스		미용용품 및 미용 서비스	기 타 개인용품	기 타 서비스	
-	-	-	-	-	-	-	-	-	1975
-	-	-	-	-	-	-	-	-	1976
-	-	-	-	-	-	-	-	-	1977
-	-	-	-	-	-	-	-	-	1978
-	-	-	-	-	-	-	-	-	1979
-	-	-	-	-	-	-	-	-	1980
-	-	-	-	-	-	-	-	-	1981
-	-	-	-	-	-	-	-	-	1982
-	-	-	-	-	-	-	-	-	1983
-	-	-	-	-	-	-	-	-	1984
27.7	157.0	21.4	21.3	25.2	33.7	34.8	20.7	36.0	1985
28.2	166.2	22.4	22.2	29.2	35.2	36.2	21.5	43.1	1986
28.7	169.1	23.4	23.2	30.0	36.2	36.5	23.0	46.2	1987
30.2	169.1	25.6	25.4	30.4	36.9	37.5	23.0	46.2	1988
31.2	150.9	29.5	29.4	31.6	37.0	38.7	21.6	46.2	1989
32.0	160.9	33.6	33.6	32.5	38.3	40.3	22.1	48.0	1990
35.5	155.2	40.2	40.2	37.5	40.5	43.7	22.3	50.8	1991
38.8	154.9	44.2	44.3	38.8	42.1	45.8	22.6	53.4	1992
42.2	154.0	46.7	46.8	40.2	43.8	48.2	23.2	53.7	1993
45.4	150.1	49.9	50.0	41.9	45.4	50.2	24.3	53.2	1994
48.2	146.7	52.6	52.8	44.4	46.9	52.5	24.1	56.5	1995
51.8	146.0	55.6	55.7	47.6	49.6	55.9	24.3	61.3	1996
56.8	141.8	57.5	57.7	49.5	51.9	58.8	24.3	65.6	1997
66.3	141.5	60.4	60.6	52.2	56.6	65.6	27.3	66.2	1998
67.9	140.8	59.8	60.0	53.1	55.4	65.3	26.2	63.1	1999
70.9	137.6	60.4	60.5	55.5	56.1	66.7	26.0	63.3	2000
73.7	133.2	61.4	61.5	59.1	58.3	68.8	27.5	66.5	2001
74.4	127.3	63.5	63.6	62.9	60.2	69.8	30.2	69.2	2002
77.4	120.7	65.8	65.9	64.6	61.7	71.1	31.7	70.9	2003
80.1	118.8	68.3	68.4	65.0	63.0	70.9	33.1	74.6	2004
84.1	116.6	69.9	70.1	66.0	63.9	70.9	33.3	78.2	2005
88.0	115.1	71.3	71.4	67.5	67.2	72.2	37.5	83.8	2006
91.2	112.8	72.6	72.8	68.4	70.5	74.1	40.9	89.3	2007
99.2	111.2	76.1	76.3	70.3	76.9	77.8	53.1	94.5	2008
95.7	111.0	79.0	79.2	72.6	82.1	82.3	64.4	95.6	2009
100.3	110.0	80.9	81.0	75.7	85.0	84.2	71.5	96.1	2010
107.4	108.2	84.3	84.5	79.7	87.8	87.1	74.6	98.6	2011
110.9	105.4	85.3	85.4	83.8	84.9	89.8	77.0	83.9	2012
110.3	105.3	86.7	86.7	86.0	85.3	92.1	81.2	78.5	2013
108.5	105.2	87.9	88.0	87.6	87.9	95.4	85.6	79.1	2014
100.0	105.0	90.0	90.0	89.4	90.3	97.3	92.2	80.4	2015
97.8	105.1	92.2	92.3	90.7	93.4	97.5	94.3	87.6	2016
101.3	105.4	94.4	94.5	92.4	96.0	97.1	96.3	94.2	2017
103.7	104.5	97.3	97.4	94.5	96.5	97.7	97.4	94.5	2018
101.9	102.1	99.1	99.2	95.3	98.1	98.8	99.5	96.5	2019
100.0	100.0	100.0	100.0	100.0	100.0	100.0	100.0	100.0	2020
106.3	99.1	102.7	102.8	100.5	102.0	101.1	99.3	103.8	2021
116.7	100.0	110.5	110.7	105.7	108.3	108.4	101.5	110.1	2022
112.7	101.0	117.2	117.4	111.5	114.6	114.5	108.1	116.5	2023
114.3	101.3	120.8	121.0	114.6	119.3	116.8	111.2	124.9	2024
115.6	101.3	122.7	122.9	116.4	123.0	117.9	111.9	133.3	2025. 1
116.2	101.3	122.9	123.4	110.5	123.1	117.8	112.1	133.6	2
115.7	101.4	123.4	123.8	113.7	123.5	118.8	112.1	133.5	3
114.6	101.3	124.0	124.4	114.9	125.0	120.1	112.1	135.7	4
114.3	101.3	124.4	124.6	118.6	124.9	119.8	112.8	135.7	5
114.2	101.3	124.4	124.8	115.0	124.9	119.8	112.8	135.8	6
115.8	101.4	125.2	125.1	124.8	125.0	119.8	112.8	135.8	7
116.3	87.9	125.5	125.1	131.4	124.9	119.7	112.9	135.8	8
115.2	101.4	125.1	125.4	116.1	125.2	120.2	112.9	135.8	9

도시별소비자물가지수 (1)

구분 연월	서울												
		식료품 비주류음료	주류 담배	의류 신발	주택·수도 전기및연료	가정용품및 가사서비스	보건	교통	통신	오락 및 문화	교육	음식 및 숙박	기타상품 및 서비스
1975	9.4	-	-	-	-	-	-	-	-	-	-	-	-
1976	10.8	-	-	-	-	-	-	-	-	-	-	-	-
1977	12.0	-	-	-	-	-	-	-	-	-	-	-	-
1978	13.7	-	-	-	-	-	-	-	-	-	-	-	-
1979	16.1	-	-	-	-	-	-	-	-	-	-	-	-
1980	20.8	-	-	-	-	-	-	-	-	-	-	-	-
1981	25.2	-	-	-	-	-	-	-	-	-	-	-	-
1982	27.0	-	-	-	-	-	-	-	-	-	-	-	-
1983	28.0	-	-	-	-	-	-	-	-	-	-	-	-
1984	28.6	-	-	-	-	-	-	-	-	-	-	-	-
1985	29.3	21.3	23.1	34.3	29.3	44.3	36.5	26.1	153.8	65.8	18.1	21.5	34.8
1986	30.1	21.8	23.9	35.1	30.1	45.4	38.0	26.6	163.2	67.1	18.8	22.5	36.2
1987	31.1	22.6	24.2	36.2	30.8	47.1	39.3	27.2	166.2	68.4	19.8	23.3	37.1
1988	33.2	24.9	24.6	38.9	31.9	49.9	42.0	28.6	166.1	70.7	21.8	25.5	37.4
1989	35.1	26.5	25.7	43.6	33.4	53.2	43.2	29.2	148.2	72.4	23.6	28.8	37.5
1990	38.2	29.1	26.9	47.7	36.4	57.0	46.4	29.9	160.3	75.5	27.0	33.1	38.9
1991	41.9	32.2	27.7	50.4	40.8	60.1	49.3	33.5	154.1	78.1	30.1	40.2	40.7
1992	44.3	33.4	28.9	53.4	43.5	61.6	50.8	36.4	153.7	79.8	32.7	44.3	43.1
1993	46.5	34.7	30.6	54.8	46.0	62.6	52.2	39.3	152.4	83.4	35.9	47.2	44.8
1994	49.3	37.9	33.7	55.8	47.9	65.2	53.8	41.9	148.3	85.7	39.2	51.2	46.4
1995	51.2	37.9	34.3	56.3	50.3	65.7	56.7	44.3	144.5	89.1	44.5	54.0	47.6
1996	53.4	38.0	37.5	56.8	52.5	67.2	59.3	47.8	144.3	92.3	48.7	56.8	50.5
1997	55.6	39.5	40.2	57.6	54.9	67.8	61.9	53.0	141.0	92.6	51.2	58.3	52.4
1998	59.7	44.5	42.2	59.9	58.5	71.5	64.8	62.0	140.7	95.4	52.6	60.7	57.1
1999	60.2	47.3	45.1	61.3	56.4	70.6	66.2	63.6	140.0	95.5	53.2	59.8	55.9
2000	61.8	48.2	45.6	62.2	58.0	68.7	71.3	66.8	136.8	94.6	55.8	60.4	57.1
2001	64.5	50.6	48.0	64.0	62.0	69.9	79.5	69.6	132.4	94.7	58.6	61.4	58.6
2002	66.6	52.8	51.6	65.9	64.9	70.1	78.9	70.6	126.4	95.6	62.1	63.3	60.7
2003	69.1	55.5	53.1	68.3	68.0	71.5	80.5	73.6	119.9	96.2	65.9	65.7	62.5
2004	71.8	60.5	53.5	68.7	70.3	72.6	81.5	76.6	118.0	96.1	69.9	68.1	63.5
2005	73.7	63.0	61.6	69.3	71.3	73.0	83.3	80.3	115.8	96.4	73.0	69.5	64.6
2006	75.2	63.2	61.5	71.1	73.1	73.1	84.8	83.5	114.5	94.3	76.5	70.7	67.4
2007	77.2	64.8	61.7	73.0	74.9	75.1	86.7	86.9	112.4	92.8	80.9	72.1	70.8
2008	80.4	67.6	62.1	74.8	77.6	78.0	88.4	93.8	110.8	94.3	84.8	75.0	76.9
2009	82.8	72.8	62.7	78.6	79.5	81.7	90.4	91.0	110.6	96.3	86.5	77.8	82.7
2010	85.1	76.8	63.0	80.9	81.4	81.6	91.7	95.1	109.6	97.1	88.5	80.2	85.6
2011	88.3	82.8	63.3	83.5	84.9	84.2	93.2	100.6	107.9	99.0	90.2	83.8	88.1
2012	90.5	85.9	64.2	87.3	89.0	88.2	94.2	105.0	105.1	99.2	91.2	84.6	85.6
2013	91.8	86.1	65.2	89.8	92.4	88.2	94.7	104.8	105.0	100.2	92.1	85.7	85.8
2014	93.2	86.3	65.0	93.5	95.4	89.4	95.4	103.5	105.0	100.5	93.9	86.7	89.0
2015	94.4	88.2	96.1	95.0	95.7	91.4	96.4	98.4	104.9	99.6	95.9	89.1	91.1
2016	95.5	90.1	97.1	96.6	95.5	92.9	97.3	98.0	105.0	101.5	97.5	91.5	94.0
2017	97.4	93.8	98.5	97.5	97.5	93.9	98.2	100.6	105.3	101.6	98.3	93.8	96.3
2018	98.7	96.1	98.7	98.6	98.2	97.0	98.3	102.3	104.4	102.0	100.2	96.8	96.6
2019	99.3	95.5	99.5	99.1	99.3	99.7	98.9	101.6	102.0	101.5	100.9	98.9	98.1
2020	100.0	100.0	100.0	100.0	100.0	100.0	100.0	100.0	100.0	100.0	100.0	100.0	100.0
2021	102.1	105.4	100.7	100.7	101.5	101.7	99.8	104.6	99.2	100.4	101.1	102.7	101.6
2022	106.7	111.5	102.9	103.8	105.6	106.4	100.6	112.5	100.1	103.4	102.3	110.4	108.1
2023	110.9	118.1	104.1	110.6	109.9	112.5	102.1	111.9	101.1	107.4	104.3	117.1	114.6
2024	113.5	123.3	105.1	114.4	111.2	115.0	104.1	114.7	101.3	109.0	107.0	120.6	119.2
2025. 1	114.9	125.3	105.1	115.5	112.4	116.8	105.3	115.4	101.4	109.9	108.3	122.7	122.5
2	115.2	126.6	105.2	115.9	113.0	117.1	105.4	115.8	101.4	108.9	108.2	122.8	122.5
3	115.4	127.1	105.3	115.9	112.9	116.8	105.4	115.4	101.4	109.0	109.4	123.3	123.1
4	115.6	126.4	105.2	116.0	112.9	119.0	105.5	114.7	101.4	110.0	109.6	124.0	124.6
5	115.5	124.3	105.4	116.3	113.1	119.2	105.5	114.6	101.4	110.3	109.7	124.3	124.5
6	115.5	124.4	105.5	116.6	113.1	120.0	105.5	114.4	101.4	109.5	109.8	124.3	124.5
7	115.8	125.5	105.6	116.6	112.3	120.0	105.5	116.3	101.4	110.1	109.8	125.3	124.5
8	115.8	128.6	105.6	116.6	112.7	120.3	105.6	116.9	87.8	110.4	109.9	125.6	124.5
9	116.2	128.0	105.7	116.6	113.4	119.7	105.5	115.5	101.4	109.3	109.2	125.1	124.8

㈜ 2019년까지의 자료는 2015=100 기준 지수를 2020=100 기준으로 환산한 추정값이며,
2020년 이후 자료는 2020=100 기준의 실제 지수임.

(2020=100)

	부산												구분
	식료품 비주류음료	주류 담배	의류 신발	주택·수도 전기및연료	가정용품및 가사서비스	보건	교통	통신	오락 및 문화	교육	음식 및 숙박	기타상품 및 서비스	연월
9.5	-	-	-	-	-	-	-	-	-	-	-	-	1975
10.9	-	-	-	-	-	-	-	-	-	-	-	-	1976
11.9	-	-	-	-	-	-	-	-	-	-	-	-	1977
13.4	-	-	-	-	-	-	-	-	-	-	-	-	1978
15.8	-	-	-	-	-	-	-	-	-	-	-	-	1979
20.5	-	-	-	-	-	-	-	-	-	-	-	-	1980
24.6	-	-	-	-	-	-	-	-	-	-	-	-	1981
26.5	-	-	-	-	-	-	-	-	-	-	-	-	1982
27.4	-	-	-	-	-	-	-	-	-	-	-	-	1983
28.0	-	-	-	-	-	-	-	-	-	-	-	-	1984
28.7	19.4	21.9	35.0	34.9	41.0	35.8	23.0	154.6	66.2	16.3	21.3	31.4	1985
29.4	19.8	22.5	35.5	35.8	42.2	36.3	23.1	164.8	67.8	17.0	22.4	33.0	1986
30.2	20.4	22.8	36.0	36.6	43.9	37.4	23.3	167.1	69.3	17.8	23.0	33.9	1987
32.3	22.5	23.1	37.2	38.1	46.4	40.8	25.0	167.1	71.6	19.3	25.4	34.3	1988
34.4	24.1	24.3	42.5	39.1	49.4	42.4	26.0	149.1	73.1	21.9	30.5	34.3	1989
37.0	26.6	25.7	46.7	40.7	50.6	45.4	26.7	160.5	76.7	24.1	33.9	35.2	1990
40.6	29.6	27.0	49.6	45.3	53.7	48.7	30.4	154.4	79.5	26.3	39.6	38.5	1991
43.6	31.5	28.8	53.0	49.0	56.5	50.6	34.2	154.1	82.0	30.0	43.1	39.9	1992
45.4	32.2	30.2	53.9	51.3	59.3	52.3	38.6	153.0	84.9	33.0	44.7	41.4	1993
48.5	36.0	32.7	55.1	53.2	60.9	54.1	43.5	149.1	86.9	36.1	47.3	43.3	1994
50.7	37.3	33.6	56.2	55.1	62.7	57.4	46.8	145.6	89.4	41.0	49.2	44.9	1995
53.4	38.4	36.7	57.0	58.7	63.7	59.9	50.8	145.2	92.6	46.1	52.1	47.3	1996
56.2	41.0	38.7	58.1	61.6	64.3	62.4	55.4	141.3	92.8	50.0	54.8	49.3	1997
60.6	45.5	41.4	60.7	65.8	68.3	66.3	64.7	140.5	96.4	52.4	57.6	54.3	1998
61.4	47.7	44.4	61.6	64.3	68.2	67.5	66.0	139.9	96.5	53.2	57.8	53.8	1999
62.6	47.6	44.7	62.5	66.2	67.6	72.5	69.5	137.3	95.8	55.1	58.5	54.7	2000
65.2	50.4	46.9	64.5	69.3	68.8	80.2	72.2	133.0	95.8	58.0	59.7	57.5	2001
66.9	52.7	50.7	66.4	70.0	70.3	80.0	72.8	127.2	96.4	61.3	61.7	59.1	2002
69.3	55.1	51.8	68.8	72.4	72.4	81.9	75.9	120.7	96.5	65.3	64.2	61.2	2003
71.4	58.8	52.5	68.9	74.4	72.6	82.9	78.2	118.8	96.4	67.8	66.4	62.3	2004
73.4	60.3	60.4	69.6	75.9	73.3	84.8	82.6	116.7	95.9	70.7	68.1	62.7	2005
75.0	60.6	60.3	71.3	77.7	73.3	86.6	87.3	115.3	93.3	74.4	69.4	65.7	2006
76.8	63.1	60.5	73.2	78.7	75.7	87.6	89.9	112.9	91.2	79.2	70.6	68.3	2007
80.5	66.3	60.7	74.9	82.4	79.4	88.9	97.4	111.3	92.2	83.4	74.6	74.2	2008
82.9	72.1	61.2	78.8	82.2	83.4	90.2	94.1	111.1	94.7	85.3	78.1	79.0	2009
85.5	76.9	61.4	81.2	84.4	84.7	91.6	98.3	110.1	95.4	87.6	79.5	81.5	2010
89.3	82.9	62.0	83.9	88.5	87.0	93.7	106.0	108.3	96.8	90.5	83.7	84.0	2011
91.4	86.7	63.0	87.9	93.3	89.0	94.8	108.2	105.5	97.8	91.6	84.8	83.5	2012
92.8	88.2	64.2	90.5	96.9	89.2	95.0	108.0	105.3	99.1	92.7	85.8	85.4	2013
93.9	87.9	64.1	94.1	99.0	91.0	95.6	107.9	105.2	99.4	94.5	87.2	88.3	2014
94.7	89.2	97.9	95.3	96.9	93.7	96.8	100.1	105.0	99.2	96.6	89.0	91.3	2015
95.8	91.3	98.3	96.9	96.0	95.0	98.0	97.2	105.0	100.8	98.9	92.2	93.8	2016
97.5	93.6	99.9	98.2	97.2	96.4	99.0	100.9	105.3	100.9	99.7	94.1	96.5	2017
99.2	96.8	99.9	99.5	98.3	97.9	98.7	104.0	104.4	101.4	101.1	97.3	97.0	2018
99.7	97.1	100.2	99.4	99.6	99.9	99.0	102.1	102.0	101.3	102.5	99.1	98.3	2019
100.0	100.0	100.0	100.0	100.0	100.0	100.0	100.0	100.0	100.0	100.0	100.0	100.0	2020
102.5	105.9	100.7	100.6	101.0	102.0	99.8	106.0	99.2	100.5	101.9	103.0	101.7	2021
107.4	111.7	103.2	103.7	105.6	107.1	100.5	115.8	100.1	103.5	102.3	110.9	108.0	2022
111.3	117.5	104.1	110.6	110.7	113.0	102.1	112.5	101.1	107.3	104.5	118.0	113.9	2023
114.1	122.5	105.1	114.3	112.9	115.1	104.1	115.7	101.4	108.8	106.8	120.8	118.1	2024
115.8	125.1	105.1	115.5	113.9	116.1	105.2	117.4	101.4	110.5	108.3	122.8	121.4	2025. 1
116.1	126.1	105.2	115.9	114.9	116.4	105.2	117.7	101.4	109.7	108.4	122.9	121.6	2
116.4	127.2	105.2	115.9	114.4	116.4	105.2	117.1	101.4	109.4	110.2	123.7	122.0	3
116.4	126.4	105.2	116.0	113.7	118.1	105.3	115.8	101.4	110.4	110.7	124.1	123.3	4
116.3	124.0	105.2	116.3	114.8	118.2	105.3	115.5	101.4	110.6	110.8	124.6	123.3	5
116.3	123.9	105.2	116.5	114.7	119.1	105.3	115.5	101.4	110.0	110.8	124.6	123.2	6
116.6	125.5	105.4	116.5	113.3	119.2	105.3	117.2	101.4	110.6	110.8	125.3	123.6	7
116.6	129.3	105.3	116.5	112.9	119.5	105.4	117.7	88.0	110.9	111.0	125.7	123.6	8
117.1	129.2	105.3	116.5	114.5	118.7	105.5	116.5	101.4	110.0	109.2	125.3	123.7	9

도시별소비자물가지수 (2)

구분 연 월	대 구												
		식 료 품 비주류음료	주 류 담 배	의 류 신 발	주택·수도 전기및연료	가정용품및 가사서비스	보 건	교 통	통 신	오락 및 문 화	교 육	음식 및 숙 박	기타상품 및 서비스
1975	9.2	-	-	-	-	-	-	-	-	-	-	-	-
1976	10.7	-	-	-	-	-	-	-	-	-	-	-	-
1977	11.8	-	-	-	-	-	-	-	-	-	-	-	-
1978	13.6	-	-	-	-	-	-	-	-	-	-	-	-
1979	16.2	-	-	-	-	-	-	-	-	-	-	-	-
1980	21.0	-	-	-	-	-	-	-	-	-	-	-	-
1981	25.5	-	-	-	-	-	-	-	-	-	-	-	-
1982	27.2	-	-	-	-	-	-	-	-	-	-	-	-
1983	28.1	-	-	-	-	-	-	-	-	-	-	-	-
1984	28.8	-	-	-	-	-	-	-	-	-	-	-	-
1985	29.4	21.1	20.8	29.0	32.8	42.9	37.9	31.1	163.8	66.1	16.7	19.8	33.3
1986	30.0	21.4	21.0	29.4	33.4	43.8	38.8	31.5	176.8	67.7	17.9	20.4	35.0
1987	31.1	22.2	21.4	31.2	34.1	45.1	39.8	32.1	179.6	68.9	18.8	21.9	35.8
1988	34.0	25.3	22.1	35.9	35.5	49.4	42.6	34.0	179.4	71.1	20.5	24.0	37.1
1989	35.7	26.2	23.7	40.6	37.1	53.7	43.8	35.6	159.4	73.6	22.3	28.4	36.9
1990	39.0	29.0	25.3	44.5	40.5	58.3	46.9	36.7	167.3	77.8	25.1	32.2	38.5
1991	42.7	32.3	25.7	47.1	46.0	61.4	49.9	40.1	160.6	80.4	27.3	38.7	41.3
1992	45.4	34.1	27.0	50.2	49.8	62.6	51.0	43.6	160.1	82.4	30.4	43.0	42.2
1993	47.9	35.1	29.6	53.3	52.5	65.6	52.4	46.7	158.3	85.5	34.4	46.1	44.4
1994	50.8	38.6	32.9	55.0	54.9	67.2	54.7	50.2	153.3	87.5	37.2	49.3	46.4
1995	53.2	40.8	33.8	56.0	56.9	68.8	57.4	53.0	148.7	89.5	41.9	52.0	47.5
1996	55.8	42.4	36.7	56.7	59.3	70.4	60.0	56.2	147.5	92.4	45.8	55.7	50.9
1997	58.2	43.7	39.2	57.5	61.8	70.4	62.8	60.9	142.0	93.4	50.2	57.3	54.0
1998	62.3	47.2	42.2	60.0	66.0	73.9	66.0	71.5	140.8	95.9	52.5	58.9	58.1
1999	62.4	48.1	44.3	60.8	64.0	73.3	66.8	72.6	140.2	94.8	53.4	58.1	55.7
2000	63.7	48.3	44.0	61.6	66.7	70.7	71.1	75.5	137.2	93.6	56.9	58.2	55.0
2001	66.1	50.8	46.1	63.5	70.4	72.7	79.2	77.5	133.0	93.4	59.4	58.9	57.6
2002	67.7	52.9	49.4	65.4	70.8	73.7	78.7	78.5	127.0	94.6	62.5	61.1	60.1
2003	69.9	55.5	51.1	67.6	73.7	75.6	80.7	81.4	120.5	95.1	66.2	62.8	61.1
2004	72.0	59.4	51.7	67.8	75.7	75.0	81.7	83.7	118.6	94.4	69.6	64.7	62.2
2005	73.8	60.9	59.0	68.6	77.3	75.0	83.4	87.9	116.4	94.2	72.0	65.9	63.1
2006	75.5	61.0	58.7	70.6	79.6	74.6	85.0	92.8	115.0	92.4	75.5	67.1	66.4
2007	77.3	62.6	59.0	72.5	80.8	75.6	86.4	96.1	112.7	91.2	79.7	68.4	69.3
2008	81.0	65.8	59.2	74.4	83.9	79.1	88.0	104.9	111.1	92.4	84.0	72.0	75.5
2009	82.9	70.5	60.0	78.1	83.0	82.2	89.8	101.1	111.0	94.4	86.5	74.7	80.0
2010	85.2	75.4	60.4	80.4	84.7	82.4	91.6	105.6	109.9	95.2	87.8	76.4	82.0
2011	88.8	81.6	60.9	82.8	88.1	85.3	93.3	113.5	108.1	96.9	89.6	80.6	84.0
2012	91.0	85.0	61.8	86.9	92.0	87.5	93.8	116.1	105.3	96.8	92.4	82.4	82.6
2013	92.5	85.6	62.4	89.5	95.5	88.5	94.0	115.0	105.1	98.0	94.8	84.6	84.2
2014	93.8	86.9	62.4	93.3	98.5	90.7	94.7	112.3	105.0	98.5	95.7	85.9	87.2
2015	94.5	88.1	97.2	94.7	97.9	93.9	96.2	101.3	104.8	98.3	96.7	87.8	90.2
2016	95.4	90.8	97.9	96.4	96.5	95.2	97.3	97.4	104.8	100.3	98.5	90.6	93.0
2017	97.4	93.7	99.4	97.3	97.1	95.9	98.0	103.0	105.1	100.7	100.3	92.8	95.6
2018	99.1	97.0	99.4	98.4	97.8	97.6	98.2	106.3	104.3	101.3	101.4	95.7	96.4
2019	99.7	97.0	99.7	99.2	99.3	99.8	98.7	103.5	101.9	101.2	102.3	98.9	98.0
2020	100.0	100.0	100.0	100.0	100.0	100.0	100.0	100.0	100.0	100.0	100.0	100.0	100.0
2021	102.6	106.0	99.9	100.5	101.2	101.9	100.1	107.3	99.0	100.9	101.7	102.6	102.2
2022	108.0	112.5	101.8	103.6	106.2	107.3	100.9	118.6	99.9	103.7	104.5	110.5	108.4
2023	111.8	118.7	103.0	110.7	111.8	112.6	102.4	113.7	100.9	107.6	106.2	117.1	114.9
2024	114.2	122.8	104.1	114.5	112.7	114.2	104.7	115.9	101.2	108.9	107.2	120.5	120.1
2025. 1	115.6	124.5	103.9	115.5	113.4	115.6	105.8	117.3	101.2	109.5	108.8	122.3	124.3
2	116.1	126.7	104.0	115.9	114.1	116.0	105.5	118.1	101.2	109.2	108.9	122.5	124.3
3	116.3	127.7	104.3	116.0	113.8	115.9	105.5	117.8	101.2	109.4	109.8	123.0	124.7
4	116.5	127.7	104.1	116.0	113.8	117.4	105.8	116.5	101.2	109.9	110.1	123.1	126.2
5	116.3	126.1	104.4	116.3	113.8	117.3	105.8	116.1	101.2	110.3	110.1	123.5	126.0
6	116.3	125.6	105.1	116.6	113.9	118.9	105.8	116.0	101.2	110.1	110.2	123.5	126.1
7	116.4	126.1	104.6	116.6	112.3	118.8	105.7	117.7	101.2	110.7	110.2	124.3	126.1
8	116.3	129.4	104.5	116.6	112.5	118.9	105.7	117.8	87.6	110.7	110.2	124.6	126.0
9	117.0	129.6	104.6	116.6	113.7	117.6	105.7	117.1	101.3	110.1	109.3	124.4	126.2

㊟ 2019년까지의 자료는 2015=100 기준 지수를 2020=100 기준으로 환산한 추정값이며,
2020년 이후 자료는 2020=100 기준의 실제 지수임.

(2020=100)

	인				천								구분
	식 료 품 비주류음료	주 류 담 배	의 류 신 발	주택·수도 전기및연료	가정용품및 가사서비스	보 건	교 통	통 신	오락 및 문 화	교 육	음식 및 숙 박	기타상품 및 서비스	연 월
9.4	-	-	-	-	-	-	-	-	-	-	-	-	1975
10.7	-	-	-	-	-	-	-	-	-	-	-	-	1976
11.8	-	-	-	-	-	-	-	-	-	-	-	-	1977
13.8	-	-	-	-	-	-	-	-	-	-	-	-	1978
16.5	-	-	-	-	-	-	-	-	-	-	-	-	1979
21.3	-	-	-	-	-	-	-	-	-	-	-	-	1980
25.8	-	-	-	-	-	-	-	-	-	-	-	-	1981
27.6	-	-	-	-	-	-	-	-	-	-	-	-	1982
28.4	-	-	-	-	-	-	-	-	-	-	-	-	1983
29.3	-	-	-	-	-	-	-	-	-	-	-	-	1984
30.0	21.1	22.4	32.5	32.1	48.6	33.5	32.5	167.3	66.2	17.3	20.5	31.4	1985
31.0	21.7	22.9	33.6	32.9	48.9	36.1	33.1	169.7	67.6	18.3	21.8	32.6	1986
31.7	22.0	22.9	35.0	33.6	49.6	38.4	33.6	171.5	68.6	19.5	22.2	33.9	1987
33.9	24.1	23.4	39.0	34.4	51.5	40.8	35.0	171.5	71.0	21.2	24.1	35.2	1988
35.8	25.6	24.7	43.8	35.3	54.2	42.2	36.4	154.9	73.3	23.2	30.1	36.7	1989
38.6	28.3	25.9	47.2	36.8	56.5	45.7	37.4	162.2	76.5	25.9	33.1	38.0	1990
41.8	31.5	27.0	49.2	40.1	59.2	48.8	40.0	159.5	79.1	28.7	38.4	40.6	1991
44.7	34.0	29.0	51.8	43.2	61.1	50.8	42.6	159.2	80.7	31.9	41.7	42.5	1992
46.8	35.3	30.8	54.4	45.6	64.0	52.1	45.1	157.1	84.5	35.0	44.2	44.1	1993
49.6	38.5	33.3	56.3	47.3	66.1	55.0	48.3	152.3	86.9	38.5	45.6	45.0	1994
52.2	40.9	34.0	57.5	48.6	68.7	57.4	50.5	147.4	88.9	44.1	48.7	46.8	1995
55.0	42.9	36.3	58.4	50.8	69.1	59.3	53.4	146.0	92.2	51.0	51.8	49.4	1996
57.4	44.5	38.1	59.7	53.6	69.7	61.4	57.7	140.7	93.7	54.1	54.1	52.1	1997
61.3	48.0	41.0	61.9	58.0	72.5	64.6	65.7	141.8	96.5	55.3	58.7	56.3	1998
61.8	50.0	43.2	62.5	56.9	72.0	65.6	66.9	141.5	96.3	55.8	58.0	55.4	1999
63.6	50.6	43.8	63.1	60.7	69.9	69.9	69.8	138.1	94.1	59.4	58.5	55.7	2000
66.3	53.1	46.0	64.9	65.2	71.0	78.6	73.1	133.6	93.0	62.1	59.7	58.2	2001
68.0	55.4	49.5	67.1	66.4	72.5	78.6	73.6	127.9	93.4	65.4	62.4	60.6	2002
70.2	57.5	50.8	69.3	69.1	73.9	80.6	76.6	121.2	94.5	69.6	64.1	61.2	2003
72.7	61.8	51.7	69.5	71.2	74.3	81.6	79.2	119.2	94.8	73.5	66.7	62.1	2004
74.5	63.0	60.1	70.1	72.3	74.5	83.6	83.6	116.9	95.3	76.5	68.9	62.5	2005
76.3	63.0	60.0	72.0	74.8	75.1	85.3	87.4	115.3	93.4	79.9	71.3	65.6	2006
78.1	63.7	60.3	74.0	76.9	77.5	87.4	90.0	112.8	92.0	83.9	73.0	68.9	2007
81.9	67.3	60.6	76.0	80.5	81.6	89.0	98.1	111.2	93.5	89.1	76.0	75.3	2008
84.1	71.9	61.2	79.8	82.0	83.7	91.2	93.9	111.0	95.9	91.8	78.7	80.5	2009
86.8	76.6	61.5	82.0	84.0	83.6	92.7	98.7	109.9	96.8	94.4	80.3	84.3	2010
89.7	82.1	62.0	84.8	87.5	86.9	94.1	105.4	108.1	98.1	95.5	82.1	87.5	2011
91.5	85.7	63.0	89.0	91.1	88.2	95.0	109.3	105.2	98.6	95.0	83.6	84.6	2012
92.5	86.8	63.9	91.4	94.1	88.2	94.9	109.0	105.0	99.4	94.9	85.2	83.3	2013
93.8	86.7	63.8	94.9	97.3	90.4	95.6	107.6	105.0	99.9	96.2	86.8	86.1	2014
94.7	87.9	97.3	96.1	96.6	92.8	96.8	100.3	104.8	99.1	97.7	88.8	89.4	2015
95.5	89.6	97.8	97.8	95.7	94.2	97.6	98.2	104.8	101.0	99.3	90.5	93.0	2016
97.4	92.4	99.0	99.0	96.8	94.9	98.3	101.7	105.2	100.6	100.0	93.2	96.1	2017
98.9	95.7	99.3	100.0	97.7	97.3	97.9	103.8	104.3	101.2	100.9	97.0	96.1	2018
99.2	95.9	100.0	99.5	99.0	99.6	98.6	101.8	101.9	100.9	100.4	98.6	98.0	2019
100.0	100.0	100.0	100.0	100.0	100.0	100.0	100.0	100.0	100.0	100.0	100.0	100.0	2020
102.6	106.3	100.7	100.5	101.6	102.1	100.2	106.6	98.9	100.0	101.3	102.4	102.2	2021
108.0	112.9	102.6	103.6	107.5	107.4	101.2	116.6	99.9	102.5	101.1	110.7	108.7	2022
111.9	119.1	103.5	110.2	114.1	113.4	103.0	112.1	101.0	106.4	102.7	116.8	115.7	2023
114.8	125.2	104.2	113.8	116.4	115.9	104.5	114.2	101.2	107.7	104.3	120.3	120.7	2024
116.5	128.1	104.1	114.9	118.1	117.4	105.4	115.6	101.3	108.6	105.3	122.5	124.6	2025. 1
117.0	129.9	104.3	115.2	118.8	117.6	105.4	116.3	101.3	107.8	105.3	123.0	124.6	2
116.9	129.6	104.3	115.1	118.1	117.4	105.4	115.4	101.3	108.0	107.1	123.3	125.3	3
117.0	128.2	104.3	115.3	118.5	118.9	105.4	114.4	101.3	108.8	107.1	123.9	126.6	4
116.9	126.6	103.9	115.6	118.7	119.4	105.6	114.2	101.3	109.2	107.2	124.3	126.5	5
116.9	126.5	104.1	115.8	118.8	120.8	105.6	114.0	101.3	108.3	107.4	124.4	126.4	6
117.1	127.5	104.2	115.8	117.2	120.7	105.5	116.0	101.3	109.2	107.4	124.9	126.5	7
116.9	130.2	104.3	115.8	117.3	121.0	105.6	116.4	88.0	109.4	107.4	125.0	126.4	8
117.5	129.4	104.3	115.7	119.0	119.8	105.6	115.1	101.3	108.6	107.5	124.9	126.8	9

도시별소비자물가지수 (3)

구분 연월	광주	식료품 비주류음료	주류 담배	의류 신발	주택·수도 전기및연료	가정용품및 가사서비스	보건	교통	통신	오락 및 문화	교육	음식 및 숙박	기타상품 및 서비스
1975	9.4	-	-	-	-	-	-	-	-	-	-	-	-
1976	10.8	-	-	-	-	-	-	-	-	-	-	-	-
1977	11.9	-	-	-	-	-	-	-	-	-	-	-	-
1978	13.9	-	-	-	-	-	-	-	-	-	-	-	-
1979	16.2	-	-	-	-	-	-	-	-	-	-	-	-
1980	20.6	-	-	-	-	-	-	-	-	-	-	-	-
1981	25.5	-	-	-	-	-	-	-	-	-	-	-	-
1982	27.0	-	-	-	-	-	-	-	-	-	-	-	-
1983	28.2	-	-	-	-	-	-	-	-	-	-	-	-
1984	28.6	-	-	-	-	-	-	-	-	-	-	-	-
1985	29.4	19.5	21.2	33.9	34.8	46.4	36.9	30.0	160.2	59.2	16.7	23.7	32.5
1986	30.3	20.1	21.8	34.2	35.5	47.5	38.5	30.9	172.2	60.0	17.7	24.5	33.9
1987	31.1	20.4	22.0	34.6	36.5	47.9	39.4	31.7	175.8	61.6	18.9	25.3	34.7
1988	33.5	22.8	22.4	37.4	37.4	51.0	41.8	33.2	175.7	65.0	20.5	28.3	36.5
1989	35.5	24.3	23.3	42.5	39.0	55.6	43.0	34.7	156.0	66.9	22.0	33.3	37.3
1990	38.6	26.7	24.1	46.0	42.3	59.0	46.4	35.8	162.3	70.5	25.0	35.8	37.9
1991	42.1	29.8	25.3	48.1	47.2	62.4	48.9	38.9	155.5	72.9	26.8	42.1	40.4
1992	44.6	31.2	26.9	51.5	50.5	63.6	50.8	42.3	155.2	74.9	29.7	46.2	40.3
1993	46.7	32.6	28.2	52.4	52.5	65.7	52.4	45.3	153.8	78.4	33.3	48.7	42.7
1994	49.8	37.0	31.4	53.4	54.2	66.5	54.3	48.4	149.6	80.7	36.0	49.6	44.1
1995	52.0	38.1	32.1	54.9	55.9	67.8	57.6	51.1	145.5	84.4	41.4	51.0	45.5
1996	54.9	39.3	35.5	55.8	58.8	69.5	60.5	54.8	145.1	89.1	47.1	54.1	48.5
1997	57.6	41.1	38.3	56.9	62.1	68.7	63.2	59.7	140.9	90.4	51.0	56.5	51.8
1998	62.3	44.6	41.1	59.4	67.0	73.6	66.9	69.6	140.6	96.0	53.3	61.6	56.5
1999	62.7	46.5	43.3	60.3	64.7	72.5	67.5	70.9	139.7	96.2	53.8	60.7	55.2
2000	63.9	47.4	45.0	61.4	67.0	70.2	72.6	73.3	136.9	93.3	55.7	61.2	55.4
2001	66.3	50.3	47.2	63.2	69.5	71.6	80.5	75.7	132.6	93.0	58.6	61.8	57.3
2002	67.7	52.9	50.0	65.3	69.2	71.9	80.3	76.1	126.8	93.6	62.2	63.2	59.2
2003	69.9	55.4	51.3	67.4	71.4	73.6	81.8	79.7	120.4	94.6	65.8	65.2	60.8
2004	72.9	60.3	52.3	67.2	73.5	74.6	83.1	83.0	118.5	94.6	71.2	68.3	62.1
2005	75.1	62.6	59.8	68.0	76.0	74.8	84.8	86.4	116.3	94.5	74.0	70.3	62.7
2006	76.8	63.1	59.7	69.9	78.4	74.9	86.1	90.0	115.0	92.2	77.4	71.6	66.1
2007	78.8	64.2	60.2	71.8	80.1	77.2	87.1	93.8	112.8	90.3	83.0	73.0	69.8
2008	82.5	67.3	60.6	73.8	83.5	80.1	88.7	102.7	111.1	91.5	87.9	76.6	75.5
2009	84.6	72.0	61.1	77.9	83.8	83.3	90.4	98.7	111.0	93.7	89.8	79.6	80.4
2010	87.1	76.7	60.8	80.3	85.4	83.9	92.2	103.4	110.0	94.7	91.8	81.0	83.8
2011	90.7	83.2	61.2	83.1	88.9	88.2	93.7	111.3	108.2	96.1	93.0	83.7	87.5
2012	92.3	86.3	62.1	87.0	93.0	89.8	94.6	114.0	105.4	96.3	93.8	85.3	83.1
2013	93.5	86.6	63.0	89.6	96.8	89.5	95.2	113.3	105.2	97.5	96.6	85.5	83.8
2014	95.0	87.6	63.0	93.3	99.4	92.0	96.2	111.1	105.1	98.2	98.1	88.4	87.2
2015	95.3	89.2	97.1	94.3	97.7	93.7	97.3	100.8	104.9	98.5	99.3	89.7	89.2
2016	96.1	91.3	97.4	96.1	95.9	95.5	97.9	98.0	105.0	100.0	100.3	92.8	93.1
2017	98.1	94.9	99.5	97.1	97.2	96.3	98.7	102.0	105.2	100.2	101.7	94.8	96.5
2018	99.3	95.8	99.9	98.3	97.6	98.1	98.6	104.7	104.3	100.6	102.5	97.4	96.9
2019	99.5	96.0	100.1	98.9	99.2	100.0	98.9	102.4	101.9	100.7	102.6	98.5	98.3
2020	100.0	100.0	100.0	100.0	100.0	100.0	100.0	100.0	100.0	100.0	100.0	100.0	100.0
2021	102.6	106.3	100.1	100.5	100.9	102.0	99.9	106.2	98.9	100.4	101.4	103.2	101.8
2022	107.8	113.0	103.1	103.4	106.0	106.9	100.8	116.6	99.9	103.4	103.4	110.4	107.6
2023	111.8	119.2	104.5	110.3	113.1	112.4	102.6	112.1	100.9	107.0	105.8	117.2	114.0
2024	114.6	123.3	105.3	114.0	115.2	114.5	105.1	113.2	101.2	108.3	108.9	121.2	119.5
2025. 1	115.9	124.9	106.1	115.1	116.2	115.6	106.2	114.6	101.2	109.1	109.9	123.1	123.4
2	116.5	126.8	106.2	115.5	116.8	115.8	106.2	115.1	101.2	108.5	110.1	123.6	123.9
3	116.6	127.3	106.1	115.5	116.6	116.1	106.4	114.7	101.2	107.9	110.7	124.0	124.0
4	116.8	127.3	106.2	115.7	116.6	117.5	106.6	113.3	101.2	108.9	110.8	125.0	124.8
5	116.5	124.9	106.0	116.0	117.0	117.4	106.4	112.8	101.2	109.1	111.0	125.0	124.9
6	116.6	124.5	106.1	116.2	117.2	118.9	106.6	112.8	101.2	109.0	111.2	125.0	124.9
7	116.6	124.9	106.1	116.3	115.0	118.5	106.6	114.1	101.2	109.7	111.3	125.7	124.9
8	116.6	127.9	106.4	116.3	115.6	119.0	106.6	114.5	87.9	109.7	111.3	126.3	124.7
9	117.2	127.7	106.2	116.3	117.2	118.6	106.4	113.6	101.2	108.9	111.6	125.8	125.2

㈜ 2019년까지의 자료는 2015=100 기준 지수를 2020=100 기준으로 환산한 추정값이며,
2020년 이후 자료는 2020=100 기준의 실제 지수임.

(2020=100)

	대전												구분
	식료품 비주류음료	주류 담배	의류 신발	주택·수도 전기및연료	가정용품및 가사서비스	보건	교통	통신	오락 및 문화	교육	음식 및 숙박	기타상품 및 서비스	연월
9.2	-	-	-	-	-	-	-	-	-	-	-	-	1975
10.6	-	-	-	-	-	-	-	-	-	-	-	-	1976
11.8	-	-	-	-	-	-	-	-	-	-	-	-	1977
13.7	-	-	-	-	-	-	-	-	-	-	-	-	1978
16.3	-	-	-	-	-	-	-	-	-	-	-	-	1979
20.9	-	-	-	-	-	-	-	-	-	-	-	-	1980
25.4	-	-	-	-	-	-	-	-	-	-	-	-	1981
27.2	-	-	-	-	-	-	-	-	-	-	-	-	1982
27.8	-	-	-	-	-	-	-	-	-	-	-	-	1983
28.6	-	-	-	-	-	-	-	-	-	-	-	-	1984
29.2	20.3	20.9	28.5	33.9	39.5	35.0	30.2	160.1	59.3	17.0	21.0	35.0	1985
30.1	20.4	21.2	29.9	35.0	40.4	37.8	30.6	172.0	60.4	17.8	22.6	36.6	1986
31.4	21.2	21.7	32.8	36.0	42.7	39.7	30.9	175.8	62.4	19.0	24.1	37.7	1987
33.5	23.6	22.3	34.6	36.8	44.0	42.4	32.3	175.6	65.2	20.7	25.7	38.4	1988
35.2	24.7	23.5	38.5	38.1	46.5	43.9	33.9	155.9	66.7	22.9	28.5	38.5	1989
37.9	26.6	24.8	43.2	40.2	48.8	47.1	34.9	163.9	69.2	25.7	32.5	40.4	1990
41.1	29.4	25.3	45.4	43.5	50.5	50.8	38.0	156.7	73.4	28.3	39.1	42.7	1991
44.1	31.5	26.4	48.7	46.8	55.6	51.6	41.2	155.7	76.8	31.4	43.9	42.8	1992
46.9	33.0	28.3	52.1	49.9	59.0	53.3	44.0	154.4	81.0	35.4	48.0	45.2	1993
50.7	37.0	31.9	55.2	52.1	63.7	54.8	47.0	150.2	83.1	40.0	51.8	49.4	1994
53.5	39.4	32.8	57.0	53.8	67.9	58.7	49.5	146.1	87.9	45.4	54.5	50.5	1995
56.1	40.5	35.9	57.9	56.2	69.4	61.7	53.4	145.3	92.2	51.1	57.3	53.2	1996
58.6	42.0	38.2	58.8	59.2	70.0	64.2	58.7	140.8	93.4	55.2	58.7	55.3	1997
63.0	46.2	40.9	61.5	64.2	75.4	67.0	69.6	140.5	96.2	55.8	61.2	59.7	1998
63.3	47.8	43.5	62.4	62.6	74.3	67.8	70.7	140.4	94.8	56.3	59.8	57.4	1999
64.7	47.6	43.6	63.2	65.9	72.5	73.2	73.9	137.2	95.7	60.2	59.5	57.5	2000
67.2	50.1	45.9	64.9	69.3	73.2	81.4	76.3	132.8	94.7	62.9	60.4	60.1	2001
68.8	52.9	49.7	66.7	69.7	73.9	81.0	77.4	126.7	94.3	66.0	62.4	62.2	2002
70.9	54.8	51.1	69.0	72.6	75.0	82.6	80.3	120.2	94.0	69.4	65.3	63.2	2003
73.6	60.0	51.8	69.1	75.5	74.9	83.9	83.2	118.3	94.3	72.5	67.7	64.4	2004
75.8	61.7	60.0	69.7	77.5	75.7	85.6	86.9	116.2	94.7	75.0	70.2	65.9	2005
77.7	62.0	60.0	71.8	80.0	75.5	87.4	92.0	115.0	92.4	78.1	72.0	70.5	2006
79.6	63.5	60.3	73.7	81.1	77.4	88.7	94.8	112.9	91.8	83.3	73.3	74.1	2007
83.4	67.0	60.8	75.6	84.4	80.4	90.0	103.1	111.3	92.7	87.3	77.6	80.7	2008
85.3	71.7	61.4	79.5	84.2	83.5	91.3	98.9	111.2	94.3	90.2	79.9	85.4	2009
87.9	76.3	61.7	81.9	86.9	83.4	92.6	103.7	110.1	95.7	92.4	82.1	87.6	2010
91.8	82.8	61.9	84.6	91.3	87.7	94.0	112.0	108.3	97.3	93.6	86.8	90.2	2011
93.7	86.5	62.7	88.8	95.1	89.9	95.1	115.0	105.5	98.1	94.9	87.5	84.5	2012
94.6	86.4	64.0	91.4	97.8	90.2	95.3	113.9	105.4	98.7	95.5	89.2	85.4	2013
95.5	86.4	64.2	95.0	100.3	91.8	96.1	111.2	105.4	99.2	95.9	90.3	87.6	2014
95.6	87.1	96.1	95.9	98.4	94.9	97.4	101.3	105.3	99.1	97.6	92.3	90.0	2015
96.3	89.2	97.1	97.7	96.1	96.0	98.4	98.9	105.3	100.8	98.7	94.6	93.3	2016
97.9	92.6	98.5	98.7	96.9	96.8	98.9	102.4	105.6	101.1	99.5	95.9	95.9	2017
99.4	95.1	98.7	100.1	98.1	98.3	99.0	104.6	104.7	101.5	101.0	98.9	96.8	2018
99.6	95.9	99.0	99.6	99.2	99.9	99.5	102.4	102.2	101.3	102.0	99.3	97.9	2019
100.0	100.0	100.0	100.0	100.0	100.0	100.0	100.0	100.0	100.0	100.0	100.0	100.0	2020
102.5	106.2	100.2	100.6	101.5	102.0	99.6	106.8	99.7	100.4	100.3	102.7	102.1	2021
107.5	112.2	102.9	104.1	106.3	107.1	100.0	117.2	100.4	103.4	101.9	110.6	107.9	2022
111.2	118.7	104.0	111.1	112.1	112.9	101.5	113.5	101.3	107.3	102.2	117.2	113.0	2023
113.9	122.6	104.6	114.6	114.2	115.2	103.6	116.2	101.5	108.9	103.6	120.4	118.3	2024
115.3	125.5	104.3	115.7	115.2	116.3	104.8	117.2	101.6	110.1	104.5	121.8	122.1	2025. 1
115.6	125.9	104.3	116.1	116.1	117.1	104.7	117.8	101.6	108.9	104.6	121.9	122.4	2
115.8	126.8	104.5	116.2	115.9	116.2	104.7	117.2	101.6	109.1	105.1	122.5	123.0	3
115.9	126.0	104.4	116.1	116.0	118.3	104.8	115.9	101.6	110.2	105.1	123.4	124.3	4
115.9	124.8	104.7	116.3	116.1	118.7	105.0	116.1	101.6	110.6	105.1	123.6	124.5	5
115.9	124.6	104.9	116.5	116.3	119.8	104.9	116.1	101.6	109.6	105.1	123.4	124.5	6
116.0	125.2	104.8	116.3	114.8	119.8	104.9	117.6	101.6	110.6	105.1	124.1	124.5	7
116.0	128.7	104.8	116.4	115.0	120.1	104.9	117.8	87.2	110.8	105.2	124.4	124.6	8
116.7	129.1	105.1	116.4	116.4	119.0	104.8	117.0	101.6	109.6	105.2	124.3	124.8	9

도시별소비자물가지수 (4)

구분 연월	울산	식료품 비주류음료	주류 담배	의류 신발	주택·수도 전기및연료	가정용품및 가사서비스	보건	교통	통신	오락 및 문화	교육	음식 및 숙박	기타상품 및 서비스
1975	-	-	-	-	-	-	-	-	-	-	-	-	-
1976	-	-	-	-	-	-	-	-	-	-	-	-	-
1977	-	-	-	-	-	-	-	-	-	-	-	-	-
1978	-	-	-	-	-	-	-	-	-	-	-	-	-
1979	-	-	-	-	-	-	-	-	-	-	-	-	-
1980	-	-	-	-	-	-	-	-	-	-	-	-	-
1981	-	-	-	-	-	-	-	-	-	-	-	-	-
1982	-	-	-	-	-	-	-	-	-	-	-	-	-
1983	-	-	-	-	-	-	-	-	-	-	-	-	-
1984	-	-	-	-	-	-	-	-	-	-	-	-	-
1985	-	-	-	-	-	-	-	-	-	-	-	-	-
1986	-	-	-	-	-	-	-	-	-	-	-	-	-
1987	-	-	-	-	-	-	-	-	-	-	-	-	-
1988	-	-	-	-	-	-	-	-	-	-	-	-	-
1989	-	-	-	-	-	-	-	-	-	-	-	-	-
1990	40.1	-	-	-	-	-	-	-	-	-	-	-	-
1991	43.4	-	-	-	-	-	-	-	-	-	-	-	-
1992	45.5	-	-	-	-	-	-	-	-	-	-	-	-
1993	46.6	-	-	-	-	-	-	-	-	-	-	-	-
1994	49.1	-	-	-	-	-	-	-	-	-	-	-	-
1995	51.5	37.4	34.6	56.8	54.4	66.9	56.6	53.1	145.7	87.0	39.8	48.6	44.8
1996	54.3	40.6	37.8	57.3	56.5	67.1	59.5	57.0	144.5	89.8	43.9	50.5	46.9
1997	56.6	41.0	39.8	57.9	59.8	67.2	62.4	61.6	139.2	90.7	49.5	53.0	49.2
1998	61.5	44.5	42.3	60.4	64.8	72.3	66.2	70.9	140.7	95.0	54.9	58.2	54.1
1999	62.2	46.4	45.0	61.5	62.9	70.8	66.9	72.5	140.2	96.4	56.1	57.9	52.8
2000	63.4	46.6	45.5	62.7	63.8	69.2	71.6	75.0	137.0	96.1	59.5	58.6	52.6
2001	65.9	48.5	47.4	64.7	67.8	70.0	79.4	77.5	132.7	95.5	62.1	60.6	56.1
2002	67.6	51.9	50.4	66.7	67.8	70.9	78.2	77.7	126.8	94.9	65.5	62.6	58.5
2003	69.9	54.5	51.7	69.0	70.4	72.1	79.5	80.1	120.3	95.4	68.9	65.5	60.9
2004	72.5	58.7	52.7	69.3	73.9	72.7	80.9	82.5	118.3	96.0	73.0	67.0	62.7
2005	74.8	61.0	59.7	69.9	75.9	72.9	82.8	86.2	116.2	96.0	77.4	68.4	63.4
2006	76.8	61.7	59.4	71.8	79.6	73.5	84.4	90.7	114.6	94.0	81.0	69.5	66.7
2007	79.0	63.6	59.6	73.8	82.4	75.8	85.9	93.7	112.2	92.2	85.9	70.9	70.1
2008	83.1	67.2	60.0	75.6	87.3	79.4	87.0	102.6	110.6	93.2	91.1	74.4	76.4
2009	85.1	71.2	60.8	79.4	87.7	82.3	88.3	98.4	110.4	95.5	92.1	77.8	81.7
2010	87.8	75.9	61.2	81.8	90.3	82.1	89.8	103.1	109.3	96.8	93.8	79.5	85.1
2011	91.3	82.6	61.8	84.7	93.6	85.5	92.3	109.9	107.6	98.0	94.4	83.2	88.8
2012	93.2	86.1	62.7	89.0	98.2	87.0	93.1	112.9	104.8	98.3	95.1	85.0	86.1
2013	94.6	87.4	63.7	91.6	101.4	88.3	93.2	112.1	104.8	99.2	96.2	88.0	86.5
2014	95.7	88.4	63.9	95.4	104.2	90.8	94.5	110.0	104.8	99.4	97.1	88.9	88.5
2015	96.2	89.8	96.9	96.2	102.5	92.5	96.5	100.7	104.7	99.0	98.7	91.3	90.8
2016	97.1	92.1	97.5	97.9	100.6	94.5	97.8	98.4	104.8	100.7	100.5	93.8	94.1
2017	98.9	94.9	98.7	99.0	101.1	95.9	98.6	101.7	105.1	100.6	101.7	96.4	96.7
2018	100.0	96.3	99.4	100.0	100.8	97.9	98.5	103.9	104.3	101.4	102.4	98.6	97.3
2019	99.6	95.6	99.8	99.6	100.2	99.7	98.9	101.7	101.9	101.2	102.5	99.1	98.6
2020	100.0	100.0	100.0	100.0	100.0	100.0	100.0	100.0	100.0	100.0	100.0	100.0	100.0
2021	102.5	106.2	100.2	100.6	101.3	101.9	100.1	105.0	98.9	100.3	100.0	102.9	102.4
2022	107.6	112.1	102.9	104.0	107.1	106.4	100.8	113.6	99.9	103.7	101.6	110.2	108.0
2023	111.4	117.8	104.0	110.8	114.0	111.9	102.6	110.3	100.9	107.6	103.0	116.5	114.6
2024	114.0	122.7	105.1	114.4	115.8	113.8	104.8	111.4	101.2	109.2	104.3	119.9	118.5
2025. 1	115.4	124.8	105.2	115.5	117.3	115.0	106.1	112.8	101.2	110.2	105.1	121.3	122.4
2	115.8	126.5	105.3	115.9	117.7	115.6	106.1	113.4	101.2	110.0	105.0	121.2	122.4
3	115.9	127.7	105.4	115.9	117.6	114.9	106.1	113.0	101.2	110.1	104.9	121.6	122.0
4	116.0	126.6	105.5	115.9	117.7	116.4	106.1	111.4	101.2	110.7	105.1	122.9	123.4
5	115.9	124.9	105.2	116.3	118.2	116.5	106.1	111.1	101.2	111.0	105.1	123.2	123.5
6	115.9	124.8	104.6	116.5	118.4	117.8	106.0	111.1	101.2	110.3	105.1	123.0	123.7
7	116.3	127.0	104.5	116.5	116.9	117.7	106.1	112.7	101.2	111.1	105.1	123.6	123.6
8	116.4	130.5	104.7	116.5	117.3	117.9	106.3	113.1	87.7	111.3	105.1	123.9	123.6
9	117.0	130.2	105.0	116.5	118.6	117.2	106.2	112.2	101.2	110.6	105.6	124.0	123.8

주 2019년까지의 자료는 2015=100 기준 지수를 2020=100 기준으로 환산한 추정값이며, 2020년 이후 자료는 2020=100 기준의 실제 지수임.

(2020=100)

경기도													구분
	식료품 비주류음료	주류 담배	의류 신발	주택·수도 전기및연료	가정용품및 가사서비스	보건	교통	통신	오락 및 문화	교육	음식 및 숙박	기타상품 및 서비스	연월
-	-	-	-	-	-	-	-	-	-	-	-	-	1975
-	-	-	-	-	-	-	-	-	-	-	-	-	1976
-	-	-	-	-	-	-	-	-	-	-	-	-	1977
-	-	-	-	-	-	-	-	-	-	-	-	-	1978
-	-	-	-	-	-	-	-	-	-	-	-	-	1979
-	-	-	-	-	-	-	-	-	-	-	-	-	1980
-	-	-	-	-	-	-	-	-	-	-	-	-	1981
-	-	-	-	-	-	-	-	-	-	-	-	-	1982
-	-	-	-	-	-	-	-	-	-	-	-	-	1983
-	-	-	-	-	-	-	-	-	-	-	-	-	1984
-	-	-	-	-	-	-	-	-	-	-	-	-	1985
-	-	-	-	-	-	-	-	-	-	-	-	-	1986
-	-	-	-	-	-	-	-	-	-	-	-	-	1987
-	-	-	-	-	-	-	-	-	-	-	-	-	1988
-	-	-	-	-	-	-	-	-	-	-	-	-	1989
37.4	28.0	26.1	46.3	34.9	56.2	46.4	29.3	161.7	73.8	22.9	34.7	39.2	1990
40.8	31.0	27.0	48.6	38.6	59.3	48.8	32.6	159.8	77.2	25.9	40.9	41.1	1991
43.8	33.2	28.5	52.0	41.6	60.8	50.6	36.5	159.9	79.9	29.1	45.9	42.9	1992
46.0	34.0	30.0	54.3	44.2	63.3	52.3	40.3	158.1	83.6	32.3	48.1	44.7	1993
48.9	37.5	33.2	55.6	46.0	65.1	54.4	43.7	153.6	84.9	35.7	50.5	46.2	1994
51.4	39.6	33.8	56.9	47.9	66.8	57.1	46.6	149.3	88.5	40.8	53.8	47.5	1995
54.3	41.7	36.8	57.7	50.6	68.2	59.7	49.9	148.5	92.6	46.5	56.6	50.0	1996
56.8	43.2	39.2	58.5	53.5	68.2	61.4	54.9	143.8	93.9	50.3	58.5	52.1	1997
60.8	46.2	41.9	60.9	58.0	72.5	65.1	64.6	144.2	96.6	51.9	61.5	56.8	1998
61.4	47.9	44.9	61.8	56.9	71.3	65.6	66.0	142.6	96.3	52.8	62.0	55.7	1999
62.9	48.5	45.2	62.7	59.8	69.8	70.3	69.0	138.4	95.6	55.3	62.3	56.5	2000
65.5	51.1	47.4	64.6	63.4	71.4	78.4	72.0	133.9	94.9	57.6	63.4	59.0	2001
67.6	53.8	51.1	66.7	66.0	72.4	77.9	72.7	127.8	95.6	60.8	66.0	60.5	2002
69.9	56.0	52.5	69.1	68.8	73.5	79.6	75.7	121.3	95.9	64.4	68.3	61.5	2003
72.3	60.1	53.0	69.2	70.6	73.3	81.0	78.7	119.4	95.8	68.2	71.0	63.0	2004
74.3	62.0	60.9	69.9	71.7	73.8	82.9	83.0	117.2	95.9	71.3	72.9	63.8	2005
76.1	62.7	60.8	71.7	73.8	74.0	84.7	86.8	115.5	93.6	75.3	74.1	67.6	2006
78.0	63.8	61.1	73.6	75.9	76.0	86.0	90.0	112.9	91.9	79.8	75.3	71.2	2007
81.8	66.8	61.5	75.5	79.2	79.5	88.0	98.3	111.3	93.4	84.7	78.7	78.0	2008
84.1	71.9	62.2	79.2	80.8	83.0	90.2	94.5	111.1	96.1	87.0	81.8	83.5	2009
86.5	76.8	62.4	81.4	82.3	83.1	92.0	99.8	110.1	97.1	89.0	82.8	86.6	2010
89.9	83.2	62.9	84.2	85.8	86.5	93.6	106.7	108.3	98.4	90.5	85.6	89.5	2011
91.8	85.9	63.8	88.2	89.8	88.2	94.4	110.9	105.4	98.3	92.1	86.5	86.1	2012
92.9	86.9	65.0	90.7	92.9	88.4	94.5	110.1	105.2	99.3	93.3	87.4	85.8	2013
94.0	87.1	65.0	94.4	95.5	90.9	95.1	107.9	105.1	99.9	94.6	88.7	88.0	2014
94.7	88.4	96.0	95.6	95.9	93.4	96.3	99.3	104.9	99.5	96.2	90.4	90.3	2015
95.6	90.2	96.7	97.3	95.7	94.9	97.3	97.3	105.0	101.2	97.7	92.3	93.4	2016
97.5	93.4	98.4	98.4	97.7	95.8	98.2	100.6	105.3	101.2	98.8	94.6	95.7	2017
99.0	95.8	98.7	99.4	98.3	97.9	98.3	103.1	104.4	101.6	100.4	97.5	96.2	2018
99.4	96.0	99.6	99.3	99.3	99.9	98.8	101.3	102.0	101.2	101.3	99.3	97.9	2019
100.0	100.0	100.0	100.0	100.0	100.0	100.0	100.0	100.0	100.0	100.0	100.0	100.0	2020
102.6	106.3	100.5	100.5	101.9	101.7	99.9	106.2	99.2	100.4	100.8	102.7	102.2	2021
107.7	112.8	102.7	103.6	107.2	106.4	100.7	116.4	100.1	103.2	102.4	110.8	108.7	2022
111.5	118.5	103.7	110.6	112.5	112.4	102.4	112.0	101.1	107.0	104.7	117.8	115.0	2023
114.1	122.6	104.8	114.3	114.9	114.7	104.4	112.8	101.4	108.5	106.6	121.7	119.7	2024
115.7	125.1	105.0	115.5	116.7	116.0	105.4	114.0	101.5	109.7	107.8	123.5	123.5	2025. 1
116.1	126.3	105.0	115.9	117.2	116.4	105.4	114.5	101.5	108.9	107.9	123.7	123.6	2
116.3	127.3	104.9	115.9	117.1	116.0	105.4	114.0	101.5	109.1	109.1	124.2	124.3	3
116.4	126.1	105.0	115.9	117.0	117.7	105.5	113.0	101.5	110.0	109.3	124.8	125.8	4
116.3	124.4	105.2	116.3	117.3	117.9	105.5	112.8	101.4	110.3	109.5	125.2	125.8	5
116.4	124.4	105.3	116.5	117.4	119.5	105.5	112.7	101.4	109.5	109.6	125.3	125.7	6
116.6	125.8	105.4	116.5	116.2	119.2	105.5	114.5	101.5	110.3	109.7	126.0	125.8	7
116.6	129.2	105.4	116.5	116.4	119.4	105.5	114.8	88.2	110.5	109.7	126.3	125.7	8
117.1	128.7	105.6	116.5	117.8	118.3	105.4	113.6	101.5	109.7	109.5	125.8	125.9	9

도시별소비자물가지수 (5)

구분 연월	강원도												
		식료품 비주류음료	주류 담배	의류 신발	주택·수도 전기및연료	가정용품및 가사서비스	보건	교통	통신	오락 및 문화	교육	음식 및 숙박	기타상품 및 서비스
1975	–	–	–	–	–	–	–	–	–	–	–	–	–
1976	–	–	–	–	–	–	–	–	–	–	–	–	–
1977	–	–	–	–	–	–	–	–	–	–	–	–	–
1978	–	–	–	–	–	–	–	–	–	–	–	–	–
1979	–	–	–	–	–	–	–	–	–	–	–	–	–
1980	–	–	–	–	–	–	–	–	–	–	–	–	–
1981	–	–	–	–	–	–	–	–	–	–	–	–	–
1982	–	–	–	–	–	–	–	–	–	–	–	–	–
1983	–	–	–	–	–	–	–	–	–	–	–	–	–
1984	–	–	–	–	–	–	–	–	–	–	–	–	–
1985	–	–	–	–	–	–	–	–	–	–	–	–	–
1986	–	–	–	–	–	–	–	–	–	–	–	–	–
1987	–	–	–	–	–	–	–	–	–	–	–	–	–
1988	–	–	–	–	–	–	–	–	–	–	–	–	–
1989	–	–	–	–	–	–	–	–	–	–	–	–	–
1990	38.3	27.8	26.0	48.2	43.4	48.4	45.1	33.6	160.3	72.2	23.3	33.5	37.6
1991	42.0	31.7	27.2	50.4	46.9	54.9	47.8	36.9	144.6	75.3	26.0	39.2	39.3
1992	44.9	33.5	28.7	53.9	50.2	59.5	50.1	40.3	137.5	77.6	29.2	43.7	40.5
1993	46.9	33.6	30.5	54.9	52.8	61.6	51.4	43.1	140.8	81.8	34.0	45.1	41.6
1994	49.9	37.1	32.9	55.7	55.7	63.4	53.5	45.0	141.3	83.8	38.2	47.4	42.6
1995	52.0	37.9	33.7	56.6	57.8	63.0	56.4	47.8	146.5	86.9	43.1	50.3	44.2
1996	55.0	40.1	36.6	57.1	60.7	64.2	59.1	51.9	145.4	89.7	48.3	53.2	46.5
1997	57.1	40.8	39.3	57.9	63.9	64.0	61.1	57.2	139.9	90.7	51.3	55.5	48.7
1998	62.1	45.4	42.6	60.1	68.7	68.5	64.2	68.6	140.9	95.1	54.0	59.7	53.6
1999	63.0	47.7	44.8	61.0	67.0	67.9	65.5	70.5	140.3	95.8	54.8	59.3	52.6
2000	64.1	47.9	45.3	61.9	68.5	66.4	70.8	73.4	137.5	94.5	57.2	59.5	53.1
2001	66.5	50.5	47.2	63.7	70.9	68.6	78.9	76.4	132.9	93.5	60.4	60.2	56.1
2002	67.7	53.0	50.6	65.7	69.2	69.3	78.7	76.9	126.8	93.1	65.0	61.7	57.4
2003	70.0	55.6	52.4	67.8	71.8	71.4	80.5	79.7	120.5	94.1	68.5	64.8	58.6
2004	72.7	59.5	53.1	68.0	74.8	72.1	82.1	81.9	118.7	94.9	73.1	67.6	60.4
2005	75.3	61.5	60.0	68.6	78.3	72.7	83.9	86.5	116.5	95.1	76.8	69.6	61.8
2006	77.0	61.8	60.0	70.5	81.0	72.5	85.7	90.4	115.0	93.3	80.2	70.7	65.6
2007	78.8	63.6	60.3	72.4	82.1	73.6	86.9	93.1	112.6	91.9	84.6	72.3	69.1
2008	83.0	66.8	60.8	74.3	87.5	76.4	88.8	102.0	111.0	92.9	89.3	76.4	76.1
2009	84.6	71.1	61.3	78.1	84.8	80.5	90.7	97.6	110.8	94.5	91.7	78.8	81.3
2010	87.1	75.4	61.7	80.4	87.5	80.9	92.7	102.9	109.8	95.1	93.6	80.3	84.1
2011	90.9	81.9	62.2	82.9	91.9	82.9	94.4	110.1	108.1	97.0	94.5	85.2	86.7
2012	92.7	85.7	63.2	86.9	95.0	88.7	95.2	112.7	105.3	97.5	94.6	85.4	84.0
2013	93.7	86.7	64.4	89.6	97.7	89.4	95.7	112.1	105.2	98.7	95.5	85.6	85.4
2014	94.3	86.5	64.4	93.1	99.2	91.0	96.2	110.0	105.1	98.8	96.3	86.8	87.5
2015	94.4	87.9	97.0	94.2	96.4	92.6	97.2	100.1	104.8	98.0	97.8	88.4	89.5
2016	95.1	89.8	97.6	96.0	94.9	94.2	98.0	97.5	104.9	100.0	99.0	90.7	93.0
2017	97.0	92.8	98.7	97.1	96.3	95.9	99.0	100.7	105.2	100.1	100.1	93.4	95.2
2018	98.5	94.9	98.9	98.4	98.0	98.2	98.8	103.0	104.3	100.8	101.2	96.1	96.0
2019	99.4	95.7	99.7	99.3	99.9	99.6	99.1	102.1	102.0	100.9	101.9	98.7	97.5
2020	100.0	100.0	100.0	100.0	100.0	100.0	100.0	100.0	100.0	100.0	100.0	100.0	100.0
2021	102.8	106.4	100.2	100.5	102.3	102.1	99.9	107.9	99.0	100.4	99.7	102.3	102.8
2022	109.0	113.5	102.2	103.7	111.3	107.5	100.8	121.2	99.9	103.2	101.2	110.3	109.3
2023	113.0	119.5	103.0	110.7	117.9	113.1	102.5	117.3	101.0	107.2	103.4	117.2	115.9
2024	115.6	123.7	103.6	114.4	120.6	115.4	104.4	118.5	101.3	108.6	104.7	121.2	120.7
2025. 1	117.3	126.8	103.6	115.7	122.6	116.4	105.5	120.2	101.3	109.7	104.0	122.9	124.6
2	117.7	128.0	103.8	116.0	123.1	117.2	105.5	121.4	101.3	108.7	104.4	123.1	124.9
3	118.0	128.6	103.8	116.1	123.0	116.3	105.6	120.8	101.3	108.8	107.9	123.7	125.5
4	118.0	126.8	104.2	116.0	123.2	118.1	105.7	119.7	101.3	109.9	108.4	124.0	127.1
5	117.9	125.7	103.7	116.4	123.3	118.2	105.7	119.2	101.3	110.2	108.5	124.3	127.0
6	117.9	126.0	103.8	116.6	123.3	120.0	105.7	118.8	101.3	109.7	108.8	124.3	127.0
7	117.9	125.9	103.9	116.6	120.8	120.1	105.7	120.2	101.3	110.4	108.8	125.1	127.0
8	117.7	128.9	104.0	116.6	120.9	120.4	105.7	120.5	88.2	110.5	108.8	125.4	127.0
9	118.6	129.3	104.4	116.6	123.1	119.2	105.6	119.9	101.3	109.7	108.6	125.0	127.0

주 2019년까지의 자료는 2015=100 기준 지수를 2020=100 기준으로 환산한 추정값이며, 2020년 이후 자료는 2020=100 기준의 실제 지수임.

(2020=100)

제 주 도													구분
	식료품 비주류음료	주류 담배	의류 신발	주택·수도 전기및연료	가정용품및 가사서비스	보건	교통	통신	오락 및 문화	교육	음식 및 숙박	기타상품 및 서비스	연월
-	-	-	-	-	-	-	-	-	-	-	-	-	1975
-	-	-	-	-	-	-	-	-	-	-	-	-	1976
-	-	-	-	-	-	-	-	-	-	-	-	-	1977
-	-	-	-	-	-	-	-	-	-	-	-	-	1978
-	-	-	-	-	-	-	-	-	-	-	-	-	1979
-	-	-	-	-	-	-	-	-	-	-	-	-	1980
-	-	-	-	-	-	-	-	-	-	-	-	-	1981
-	-	-	-	-	-	-	-	-	-	-	-	-	1982
-	-	-	-	-	-	-	-	-	-	-	-	-	1983
-	-	-	-	-	-	-	-	-	-	-	-	-	1984
-	-	-	-	-	-	-	-	-	-	-	-	-	1985
-	-	-	-	-	-	-	-	-	-	-	-	-	1986
-	-	-	-	-	-	-	-	-	-	-	-	-	1987
-	-	-	-	-	-	-	-	-	-	-	-	-	1988
-	-	-	-	-	-	-	-	-	-	-	-	-	1989
38.5	27.2	27.6	48.6	39.8	44.6	43.5	34.7	150.7	80.9	24.7	33.4	42.8	1990
42.2	30.5	28.0	50.9	44.2	51.3	45.5	38.5	148.9	83.2	27.3	38.6	46.1	1991
45.1	32.4	28.9	53.2	49.3	54.3	48.4	42.1	151.7	85.3	29.8	43.2	46.3	1992
47.4	33.1	30.4	54.8	52.4	59.8	50.0	45.4	152.0	88.6	34.4	44.5	47.4	1993
50.3	36.4	34.1	56.0	55.7	63.0	52.0	47.4	149.5	90.2	37.8	46.9	47.7	1994
52.9	38.7	34.9	56.7	57.4	65.5	55.1	49.9	148.5	91.9	42.3	49.6	50.1	1995
55.4	40.2	37.8	57.1	59.9	66.6	58.1	53.0	147.9	95.5	48.7	50.6	53.2	1996
57.9	41.4	40.0	58.1	62.9	66.3	61.3	57.9	144.3	97.6	52.3	53.1	55.0	1997
62.3	44.7	43.2	60.6	67.3	70.5	64.9	68.3	142.6	100.6	53.9	57.3	60.6	1998
63.1	46.1	46.4	61.6	66.4	69.7	64.2	70.2	142.0	100.6	55.1	58.5	58.7	1999
64.4	45.7	46.6	62.8	68.7	67.8	69.5	72.3	139.1	100.1	59.0	59.7	59.7	2000
66.3	47.6	48.7	64.9	70.1	70.2	77.5	76.0	134.3	99.0	60.5	60.5	61.4	2001
68.2	50.7	51.8	66.8	70.4	70.5	77.9	77.5	127.9	98.9	65.1	62.2	63.7	2002
70.5	53.2	53.4	69.0	72.5	72.1	79.9	79.1	121.6	99.7	68.4	65.5	65.9	2003
73.3	57.5	54.1	69.3	75.6	73.6	81.3	82.3	119.7	99.3	71.8	67.8	68.9	2004
75.1	58.4	61.6	70.0	77.8	73.7	83.2	85.9	117.6	98.5	73.6	69.7	70.8	2005
76.6	58.0	61.4	71.7	78.8	74.5	84.8	89.5	115.8	95.8	78.1	70.7	75.0	2006
78.2	59.9	61.6	73.5	79.7	75.6	87.2	91.0	113.1	93.4	81.8	71.8	79.7	2007
82.2	63.6	61.8	75.4	85.2	78.8	88.4	100.4	111.4	94.5	85.3	75.2	85.4	2008
83.7	68.6	62.2	79.1	81.7	82.7	90.4	96.2	111.2	96.9	86.2	78.1	89.4	2009
86.5	72.7	62.5	81.8	85.0	83.4	92.0	101.6	110.2	97.9	90.2	79.7	91.2	2010
90.2	79.7	63.3	84.4	90.1	86.5	93.1	108.3	108.4	97.9	90.6	83.0	94.3	2011
91.3	83.6	64.3	88.3	93.2	88.6	93.8	110.6	105.6	97.6	91.1	83.9	84.2	2012
92.6	85.1	65.1	90.7	95.8	88.9	94.4	110.5	105.3	98.2	94.1	85.5	83.7	2013
93.6	85.9	65.1	94.4	97.0	90.8	95.2	109.3	105.1	98.5	95.2	87.6	85.8	2014
94.2	88.0	97.4	95.8	95.0	93.3	96.3	100.9	104.7	98.1	95.8	89.4	88.7	2015
95.4	90.2	97.7	97.8	95.1	94.5	97.4	98.2	104.7	100.2	96.7	92.6	92.2	2016
97.6	92.5	98.9	98.9	97.8	95.9	98.1	102.3	105.1	100.5	97.2	95.5	96.1	2017
99.3	96.1	99.1	100.1	100.1	97.7	98.0	103.9	104.2	101.0	98.4	97.8	97.2	2018
99.7	96.9	99.8	100.2	100.7	99.9	98.4	102.4	101.8	100.5	100.1	98.9	98.2	2019
100.0	100.0	100.0	100.0	100.0	100.0	100.0	100.0	100.0	100.0	100.0	100.0	100.0	2020
102.6	106.0	99.9	100.5	102.0	102.3	100.4	105.8	98.8	100.4	99.4	103.0	102.5	2021
108.7	112.7	101.3	103.7	108.9	107.5	101.0	119.5	99.8	103.5	99.9	110.8	109.3	2022
112.0	118.6	102.2	110.8	112.1	112.5	102.7	114.2	100.8	107.0	100.8	116.9	116.6	2023
114.0	122.3	103.1	114.4	113.1	114.3	104.9	114.8	101.1	108.3	101.5	119.4	121.6	2024
115.2	123.7	103.2	115.5	114.5	115.5	106.0	115.8	101.1	109.2	101.8	120.6	125.9	2025. 1
115.5	125.5	103.4	115.9	114.6	115.8	105.9	116.5	101.1	109.1	101.8	120.5	125.9	2
115.6	125.7	103.5	115.9	114.5	115.4	105.9	116.4	101.2	109.3	102.2	120.5	126.4	3
115.7	125.4	103.6	115.9	114.4	116.9	105.6	115.1	101.1	109.3	103.0	120.9	127.9	4
115.7	124.3	103.3	116.2	114.5	117.5	105.6	115.1	101.1	109.6	103.0	121.6	127.6	5
115.6	124.3	103.5	116.4	114.2	118.2	105.6	114.8	101.1	109.5	103.3	121.4	127.8	6
115.9	126.0	103.6	116.4	113.0	117.9	105.7	116.0	101.2	109.8	103.3	121.9	127.6	7
115.8	128.7	103.7	116.4	113.3	118.3	105.8	116.9	87.9	109.9	103.3	122.2	127.5	8
116.6	129.6	103.8	116.4	114.6	117.3	105.6	114.9	101.2	109.6	103.3	122.4	127.8	9

생산자물가지수 (1)

(기본분류지수)

구 분 / 연월중	총지수	농 림 수산품	광산품	공 산 품							
					음식료품	섬유 및 의복제품	가죽제품	목재 및 목제품	펄프 및 종이제품	석탄 및 석유제품	의약품
가 중 치	1,000.0	29.5	2.0	489.7	45.5	14.9	1.4	4.1	11.3	29.1	9.7
1970	7.3	2.3	1.9	10.0	7.4	13.2	5.8	6.3	7.5	1.8	24.0
1971	8.0	2.8	2.2	10.6	7.7	14.0	6.5	6.6	8.1	1.9	25.3
1972	9.1	3.6	2.5	11.6	8.4	15.8	7.8	7.3	8.9	2.3	29.1
1973	9.7	3.7	2.7	12.6	8.9	16.8	9.5	8.2	10.0	2.6	29.6
1974	13.8	4.7	3.7	18.6	11.9	19.3	11.0	10.1	15.3	6.4	35.6
1975	17.5	6.5	4.7	22.8	15.1	21.3	11.3	11.9	17.5	8.3	41.5
1976	19.6	8.0	5.3	24.8	16.4	23.3	12.9	13.3	18.2	8.9	42.7
1977	21.3	9.6	7.2	26.1	17.2	25.9	13.4	14.7	18.9	9.3	45.8
1978	23.8	12.6	9.2	27.3	17.8	27.8	15.6	15.8	19.5	10.0	49.6
1979	28.3	14.3	11.1	32.8	19.3	34.2	20.1	23.1	22.4	13.7	55.4
1980	39.3	17.8	16.2	46.9	26.1	41.8	24.2	33.2	28.8	25.4	68.6
1981	47.3	22.4	22.4	55.6	32.0	46.4	27.0	32.9	32.8	35.6	74.3
1982	49.5	22.6	24.9	58.5	33.0	49.5	28.9	33.9	34.2	38.5	78.4
1983	49.6	23.2	25.6	58.3	33.0	51.6	29.4	34.0	34.3	36.8	79.4
1984	50.0	23.3	27.1	58.7	33.6	53.8	30.7	38.4	34.9	36.2	80.7
1985	50.4	24.6	28.5	58.6	33.5	53.1	31.3	38.5	34.7	36.2	83.6
1986	49.7	24.4	30.0	57.6	33.6	55.0	33.3	38.7	35.6	30.8	85.3
1987	49.9	24.1	31.9	58.1	32.9	57.9	36.0	40.8	37.7	29.3	87.1
1988	51.3	28.1	33.0	58.5	33.0	59.7	38.9	45.0	38.8	24.6	87.1
1989	52.0	29.0	33.7	59.3	34.2	60.5	40.6	44.8	38.9	22.6	88.3
1990	54.2	33.2	34.9	60.7	35.5	61.2	43.0	47.4	38.9	22.9	89.7
1991	56.7	37.1	38.0	63.1	36.4	64.5	47.2	49.5	40.7	24.5	90.6
1992	58.0	38.4	38.5	64.2	38.1	66.4	47.7	52.1	41.3	25.7	93.3
1993	58.9	39.0	38.5	65.1	39.4	67.1	49.3	73.0	40.4	27.1	93.7
1994	60.5	43.8	39.5	66.1	41.5	69.3	51.7	71.6	42.0	26.9	95.1
1995	63.3	45.4	39.4	69.3	43.0	73.9	54.0	72.0	50.2	28.9	96.8
1996	65.3	46.2	39.8	70.8	46.1	74.6	54.5	72.1	50.8	34.5	97.2
1997	67.8	47.0	40.5	73.1	48.5	75.4	58.3	74.8	49.4	43.4	97.0
1998	76.1	48.8	43.7	83.9	56.5	83.1	69.7	86.1	65.0	59.5	105.0
1999	74.5	53.8	44.3	81.0	54.9	81.6	69.4	81.4	61.8	56.7	107.4
2000	76.1	52.4	45.3	82.9	53.9	81.4	68.4	78.4	68.9	67.3	98.3
2001	75.7	54.3	45.8	81.1	55.8	78.8	72.0	76.9	69.5	71.3	99.6
2002	75.5	55.7	49.6	79.7	57.7	78.7	75.4	78.7	68.8	72.5	100.1
2003	77.1	58.9	50.2	81.1	59.0	80.0	78.1	77.1	69.9	80.1	99.6
2004	81.8	66.0	54.1	87.3	62.0	82.5	80.4	82.2	71.6	90.3	99.1
2005	83.5	63.6	57.8	90.1	66.1	81.5	81.4	79.3	70.8	101.1	100.2
2006	84.3	62.0	56.5	90.1	66.7	78.0	81.5	78.4	70.5	112.3	99.2
2007	85.5	63.7	60.4	90.9	68.9	76.1	81.9	81.0	71.2	118.3	99.0
2008	92.8	64.4	65.9	101.9	77.3	79.4	85.1	88.2	79.8	156.4	100.7
2009	92.6	70.0	72.2	100.1	82.8	82.4	89.7	94.9	82.3	133.8	104.3
2010	96.2	76.3	80.1	104.4	84.1	85.6	90.5	96.1	89.9	151.2	105.3
2011	102.6	82.0	81.8	113.8	89.6	93.6	91.9	106.8	94.5	187.8	105.9
2012	103.3	82.7	84.6	113.3	93.0	95.7	92.5	107.4	96.3	196.8	102.2
2013	101.7	77.7	86.6	109.9	94.5	96.8	92.7	106.8	93.2	186.3	101.0
2014	101.1	78.2	88.5	107.6	96.0	98.2	96.1	106.6	92.7	169.2	101.3
2015	97.1	80.0	88.8	100.4	96.7	97.4	97.8	103.6	92.7	115.5	101.3
2016	95.3	84.7	92.3	96.8	96.9	97.8	101.0	100.9	93.7	98.6	101.4
2017	98.6	90.2	96.9	101.5	98.1	98.2	101.3	100.3	101.0	118.1	101.0
2018	100.4	93.4	101.6	103.7	98.5	99.0	100.7	101.2	105.7	139.5	100.5
2019	100.5	91.3	102.3	102.6	99.1	100.2	100.8	100.4	102.6	133.8	100.7
2020	100.0	100.0	100.0	100.0	100.0	100.0	100.0	100.0	100.0	100.0	100.0
2021	106.4	108.1	106.5	110.4	104.4	102.5	99.8	114.4	110.3	145.9	99.9
2022	115.3	109.3	118.8	123.3	113.7	110.7	103.3	129.2	119.6	226.1	99.9
2023	117.1	112.6	131.0	122.2	120.4	115.7	104.3	124.5	120.9	192.1	100.8
2024	119.1	117.6	133.0	123.3	121.7	116.4	103.9	123.2	121.9	191.7	100.7
2025. 1	120.3	118.9	130.1	124.2	122.8	115.9	104.0	122.3	124.2	199.7	100.5
2	120.3	119.3	130.4	124.3	123.2	116.1	104.0	122.6	123.9	198.2	100.6
3	120.4	119.9	130.3	124.3	123.9	116.3	104.0	123.7	122.8	189.6	100.5
4	120.1	118.2	129.2	123.8	123.9	116.1	104.2	122.8	122.8	182.3	100.6
5	119.6	113.0	129.1	123.0	124.9	116.0	104.2	123.1	122.6	174.7	100.5
6	119.8	113.7	128.1	123.0	125.2	116.2	104.2	122.6	122.5	177.1	100.6
7	120.2	120.1	126.6	123.3	125.7	116.2	103.3	122.5	122.1	180.8	100.5
8	120.1	124.1	125.2	123.2	126.0	116.1	103.4	122.5	122.1	178.8	100.5
9	120.5	124.6	125.2	123.5	125.5	116.1	103.4	122.4	122.1	180.0	100.5

(2020=100)

공	산	품									구 분
화학제품	플라스틱제품	비 금 속 광물제품	제1차 금속제품	금속가공 제 품	일반목적용 기 계	전 기 장 비	컴퓨터 및 주변기기	운 송 장 비	자동차	가구	연월중
84.6	24.4	16.8	48.1	32.2	23.5	48.3	1.2	51.5	51.3	5.3	가 중 치
11.3	9.2	9.6	7.2	9.3	16.1	23.7	-	23.5	23.7	11.0	1970
11.7	10.1	9.6	7.1	9.6	16.8	24.3	-	25.2	25.5	11.6	1971
12.5	10.3	10.7	7.5	9.9	17.0	25.1	-	29.2	29.6	12.0	1972
13.2	11.2	10.8	9.6	11.2	18.6	26.8	-	29.2	29.5	13.0	1973
18.4	17.5	15.5	13.7	15.2	22.7	35.0	-	34.1	34.3	20.0	1974
22.7	20.4	21.8	14.5	18.0	26.5	37.8	-	41.2	41.5	22.4	1975
26.3	22.9	23.6	15.1	19.0	28.8	38.2	-	43.4	43.7	23.2	1976
26.7	25.9	25.1	16.6	20.0	29.4	38.4	-	45.2	45.7	23.2	1977
27.0	26.0	27.0	17.6	21.5	30.3	38.7	-	46.5	47.0	23.1	1978
31.5	33.2	34.7	21.4	25.5	33.5	43.1	-	50.5	50.7	29.4	1979
43.9	47.8	48.7	28.7	31.3	38.5	55.8	1,518.9	57.1	57.2	34.6	1980
51.1	55.2	56.4	32.0	34.9	42.2	60.6	1,518.9	64.0	64.2	37.1	1981
53.1	56.3	61.2	32.4	36.4	43.7	62.9	1,518.9	71.3	72.0	37.8	1982
52.8	56.2	61.5	33.1	36.7	43.8	62.9	1,518.9	72.1	72.8	39.6	1983
52.8	56.2	61.5	33.1	37.5	44.6	63.5	1,475.7	72.6	73.3	41.5	1984
52.4	54.9	61.5	33.1	37.7	45.0	64.1	1,455.1	72.3	72.9	43.5	1985
51.2	54.1	61.2	33.5	37.8	45.6	64.7	1,278.4	72.4	73.0	45.2	1986
51.8	54.4	61.0	34.6	38.6	47.0	64.8	1,288.8	72.8	73.3	46.8	1987
52.3	56.7	61.8	37.2	39.7	50.4	67.5	1,288.8	73.1	73.6	49.9	1988
52.6	57.3	62.4	37.9	42.2	54.8	69.3	1,288.8	75.5	76.0	52.4	1989
53.6	58.2	68.7	37.6	44.4	56.2	70.1	1,288.8	76.9	77.4	53.6	1990
55.6	60.1	77.4	38.3	46.7	59.2	70.9	1,284.5	78.4	78.9	57.7	1991
54.7	58.6	79.9	38.6	47.6	61.1	71.4	1,271.0	79.0	79.3	61.3	1992
54.3	58.6	77.2	38.3	47.1	62.0	71.3	1,218.2	79.2	79.5	66.3	1993
55.2	59.5	74.5	39.0	47.8	62.8	71.9	1,095.8	79.4	79.7	70.7	1994
61.6	65.5	76.1	42.0	48.8	64.7	73.7	950.4	79.3	79.6	72.2	1995
60.7	66.3	78.2	41.8	49.7	66.2	72.6	892.0	79.0	79.3	75.3	1996
61.2	66.6	80.5	44.0	50.5	66.6	72.6	822.2	79.5	79.8	75.8	1997
71.8	74.9	91.3	50.6	57.7	73.9	80.0	886.5	80.9	81.1	78.7	1998
68.3	73.3	88.9	47.4	57.2	73.1	78.1	814.5	81.7	81.9	75.6	1999
71.0	75.7	86.7	48.5	58.2	73.9	75.9	727.0	82.2	82.4	76.5	2000
71.1	75.3	90.1	48.4	58.6	74.3	76.8	490.4	83.3	83.4	77.7	2001
70.4	75.6	91.9	49.0	58.9	73.5	76.8	375.1	83.1	83.3	77.7	2002
74.4	76.4	94.0	52.8	60.9	73.6	76.8	280.6	83.2	83.4	79.1	2003
83.1	80.3	94.4	68.7	69.0	76.4	81.8	247.6	82.8	82.9	80.1	2004
86.4	84.7	92.7	74.1	72.9	78.0	84.4	211.7	83.3	83.4	77.6	2005
87.5	83.9	89.2	79.9	73.3	79.6	90.4	175.9	84.9	85.0	77.9	2006
89.8	83.7	87.7	89.0	73.9	80.9	92.3	157.7	85.7	85.8	78.8	2007
104.0	91.2	97.9	110.3	86.4	84.9	94.9	144.1	86.8	86.9	79.8	2008
101.6	92.4	105.9	100.9	91.5	89.6	94.9	145.5	87.9	88.0	84.4	2009
108.5	96.1	105.0	110.8	96.1	88.8	98.3	132.3	89.7	89.7	85.6	2010
121.0	102.1	105.3	127.4	103.7	93.1	102.0	117.6	90.8	90.8	88.1	2011
121.7	103.5	108.1	117.8	104.6	95.7	101.2	109.4	92.0	92.0	89.3	2012
120.2	103.0	104.3	106.1	103.7	96.3	100.1	106.3	93.1	93.1	88.5	2013
116.4	103.0	104.3	101.3	103.2	97.0	99.4	106.9	96.1	96.1	91.0	2014
103.9	101.4	102.8	90.1	99.9	97.7	97.7	106.5	97.8	97.9	91.3	2015
100.9	99.3	101.3	83.3	97.6	98.0	96.8	105.1	97.8	97.8	91.2	2016
105.2	99.7	100.4	96.8	99.0	98.3	98.4	105.0	98.5	98.5	94.1	2017
108.6	101.5	101.0	101.2	100.4	98.4	99.6	103.9	99.2	99.2	96.2	2018
105.4	101.2	101.8	100.6	100.2	99.8	100.0	101.7	99.5	99.5	98.6	2019
100.0	100.0	100.0	100.0	100.0	100.0	100.0	100.0	100.0	100.0	100.0	2020
113.6	107.2	104.2	126.0	116.9	101.5	105.3	101.0	101.2	101.2	104.3	2021
126.8	115.4	118.0	147.0	134.5	109.0	112.6	99.1	103.5	103.5	116.7	2022
123.5	116.6	128.1	139.7	136.3	113.1	119.2	95.4	105.3	105.3	124.5	2023
124.2	116.8	129.5	136.8	136.4	115.1	124.4	95.8	107.4	107.4	126.6	2024
124.1	117.7	129.3	138.2	135.9	115.7	125.6	96.1	108.2	108.2	129.4	2025. 1
124.7	117.9	129.1	138.7	135.8	115.9	126.0	96.1	108.3	108.3	129.5	2
124.6	118.2	128.1	140.2	136.3	116.2	127.0	96.1	108.3	108.3	129.5	3
123.4	118.3	128.7	139.4	136.3	116.6	127.0	96.4	108.3	108.3	129.2	4
122.3	118.3	128.5	138.6	136.0	116.7	124.8	96.4	108.3	108.3	129.2	5
122.0	118.8	128.5	138.7	135.9	116.4	125.0	96.4	108.4	108.4	129.2	6
122.0	118.6	128.2	138.2	135.6	116.5	124.9	96.8	109.1	109.1	129.8	7
122.1	118.5	127.9	138.1	135.8	116.5	124.9	96.8	109.1	109.1	129.8	8
122.7	119.6	127.8	139.1	135.8	116.5	125.3	96.8	109.2	109.2	129.8	9

생산자물가지수 (2)

(기본분류지수·특수분류지수)

구 분 / 연월중	전력·가스·수도 및 폐기물	전 력	도시가스	수 도	서 비 스	운 송	통 신	금융 및 보험	부동산	전문, 과학 및 기술	숙 박
가 중 치	82.3	40.7	22.6	1.9	396.5	57.1	16.1	27.5	65.9	32.7	3.9
1970	5.9	7.1	-	-	-	-	-	-	-	-	-
1971	5.9	7.1	-	-	-	-	-	-	-	-	-
1972	6.7	8.1	-	-	-	-	-	-	-	-	-
1973	6.5	7.9	-	-	-	-	-	-	-	-	-
1974	8.9	10.7	-	-	-	-	-	-	-	-	-
1975	13.1	15.9	-	-	-	-	-	-	-	-	-
1976	14.9	18.1	-	-	-	-	-	-	-	-	-
1977	17.2	20.9	-	-	-	-	-	-	-	-	-
1978	18.0	21.7	-	-	-	-	-	-	-	-	-
1979	26.2	31.7	-	-	-	-	-	-	-	-	-
1980	42.6	51.6	-	-	-	-	-	-	-	-	-
1981	53.5	64.8	-	-	-	-	-	-	-	-	-
1982	58.0	70.2	-	-	-	-	-	-	-	-	-
1983	56.6	68.6	-	-	-	-	-	-	-	-	-
1984	56.3	68.2	-	-	-	-	-	-	-	-	-
1985	56.3	68.2	43.8	21.5	-	-	-	-	-	-	-
1986	54.6	66.0	43.8	21.5	-	-	-	-	-	-	-
1987	52.8	63.7	42.5	21.5	-	-	-	-	-	-	-
1988	48.3	58.2	27.8	21.5	-	-	-	-	-	-	-
1989	45.3	54.4	24.7	21.5	-	-	-	-	-	-	-
1990	42.7	51.0	26.9	21.5	-	-	-	-	-	-	-
1991	43.3	50.8	28.4	24.9	-	-	-	-	-	-	-
1992	46.3	54.2	31.1	26.3	-	-	-	-	-	-	-
1993	46.9	54.4	32.5	27.9	-	-	-	-	-	-	-
1994	47.1	54.4	33.1	28.7	-	-	-	-	-	-	-
1995	48.8	56.2	33.9	31.2	59.1	50.0	127.1	92.9	65.4	33.6	57.6
1996	51.0	57.0	35.0	34.4	63.1	52.9	126.3	94.0	68.5	40.2	64.0
1997	53.5	58.7	40.1	36.7	66.6	55.3	124.2	93.4	71.7	45.3	67.7
1998	59.4	64.3	57.5	39.8	71.9	64.1	126.5	90.6	72.4	48.5	69.2
1999	58.9	64.9	52.0	46.1	70.7	63.9	126.7	97.7	70.4	47.6	70.0
2000	64.0	68.3	63.1	52.2	71.8	66.1	125.8	97.5	70.3	49.2	73.1
2001	68.5	70.5	77.8	56.9	72.7	67.7	125.7	93.3	71.4	51.3	78.0
2002	66.7	70.4	67.1	59.7	74.3	70.0	123.0	96.2	73.1	54.2	82.7
2003	68.6	70.3	73.7	64.6	76.0	72.7	120.0	96.5	75.5	57.3	82.7
2004	69.3	69.3	77.9	68.0	78.2	76.9	118.4	101.8	77.2	60.9	79.6
2005	69.8	69.1	80.4	70.5	79.3	77.9	117.0	107.0	77.8	63.1	79.1
2006	74.3	70.6	96.3	72.2	81.1	79.9	117.1	114.5	78.7	65.2	79.5
2007	76.7	72.9	100.6	74.9	83.0	82.0	115.9	122.5	80.4	66.9	79.7
2008	79.7	72.9	109.3	78.6	85.1	87.0	115.0	113.4	82.8	73.8	80.8
2009	83.8	77.2	120.6	79.1	86.0	88.5	114.9	108.2	84.9	76.1	81.7
2010	86.8	80.3	126.6	79.8	87.5	89.4	114.0	111.9	86.0	80.5	83.4
2011	91.8	83.2	138.4	80.5	89.7	90.4	113.0	114.8	87.9	83.1	88.6
2012	98.3	90.4	146.6	86.8	91.1	92.7	112.0	111.5	89.9	85.0	94.3
2013	103.6	97.4	152.7	89.4	91.3	93.3	110.0	105.0	91.6	85.0	96.4
2014	109.1	102.3	162.8	90.5	92.7	94.8	110.4	106.1	93.0	85.2	98.3
2015	101.9	101.7	130.1	92.1	93.8	94.3	110.5	106.8	94.4	87.3	99.8
2016	96.1	101.0	100.9	95.2	94.8	94.6	110.2	104.3	95.9	89.7	98.9
2017	97.5	100.4	105.6	97.4	96.1	95.6	109.7	105.1	97.3	92.6	101.5
2018	98.0	100.0	101.3	99.0	97.5	97.0	107.0	103.6	98.2	94.4	105.1
2019	100.3	100.0	106.7	99.5	98.7	98.9	102.2	99.6	99.0	97.8	104.2
2020	100.0	100.0	100.0	100.0	100.0	100.0	100.0	100.0	100.0	100.0	100.0
2021	100.6	97.9	101.4	100.9	102.3	103.2	98.6	106.3	101.0	103.1	99.6
2022	121.6	111.1	149.7	104.8	105.5	109.9	97.7	99.9	102.0	106.5	105.7
2023	140.9	144.0	159.2	107.4	108.1	110.7	97.7	99.2	103.0	108.9	113.0
2024	145.3	153.3	155.3	112.2	110.5	111.2	97.7	100.3	104.7	111.3	116.6
2025. 1	150.9	161.2	160.3	116.2	111.4	111.6	97.8	97.9	105.7	112.2	119.2
2	150.9	161.2	159.7	116.4	111.5	111.4	97.8	97.5	106.0	112.0	112.7
3	150.6	161.2	158.6	116.4	111.5	111.4	97.8	96.1	105.9	111.8	115.7
4	151.1	161.2	160.7	116.4	111.7	111.6	97.8	95.1	106.0	111.5	117.9
5	150.3	161.2	157.5	116.4	111.9	111.4	97.8	96.2	106.1	111.5	122.4
6	150.1	161.2	156.6	118.4	112.1	111.3	97.8	98.6	106.3	111.5	118.3
7	148.4	158.6	154.6	118.4	112.6	111.9	97.8	100.0	106.4	111.7	137.7
8	148.4	158.6	154.2	118.4	112.2	112.1	83.3	100.1	106.6	111.8	145.3
9	150.0	161.2	156.1	118.9	112.7	112.0	97.9	101.5	106.6	111.8	119.7

(2020=100)

서비스		식료품·식료품이외		신선식품·신선식품이외		에너지·에너지이외		IT·IT이외		구 분
정 보	교 육	식료품	식료품이외	신선식품	신선식품이외	에너지	에너지이외	IT	IT이외	연월중
8.0	16.0	67.1	932.9	12.2	987.8	89.4	910.6	106.5	893.5	가중치
-	-	3.5	8.8	0.8	7.9	1.9	9.3	-	-	1970
-	-	4.0	9.3	1.0	8.6	2.2	10.0	-	-	1971
-	-	4.8	10.3	1.2	9.8	2.6	11.3	-	-	1972
-	-	5.0	11.2	1.2	10.5	2.8	12.1	-	-	1973
-	-	6.7	16.4	1.9	14.9	6.0	15.9	-	-	1974
-	-	9.0	20.0	2.8	18.7	7.9	19.9	-	-	1975
-	-	10.6	22.0	3.7	20.9	8.7	22.4	-	-	1976
-	-	12.3	23.4	5.0	22.4	9.5	24.4	-	-	1977
-	-	15.3	24.7	7.0	24.6	10.5	27.2	-	-	1978
-	-	17.0	30.3	6.9	29.6	14.4	31.5	-	-	1979
-	-	21.7	43.8	9.6	41.2	25.8	41.2	-	-	1980
-	-	27.1	52.1	12.4	49.5	34.3	48.5	-	-	1981
-	-	27.3	55.3	11.4	52.0	37.7	50.1	-	-	1982
-	-	27.6	55.1	11.9	52.1	36.3	50.7	-	-	1983
-	-	27.7	55.6	12.0	52.4	35.7	51.4	-	-	1984
-	-	28.8	55.5	13.1	52.7	35.9	51.9	-	-	1985
-	-	28.8	54.5	13.1	51.9	32.5	51.8	-	-	1986
-	-	28.4	55.0	12.9	52.2	31.4	52.4	-	-	1987
-	-	31.1	55.4	17.1	53.0	27.6	54.9	-	-	1988
-	-	32.2	55.9	18.6	53.6	25.9	56.2	-	-	1989
-	-	35.8	56.9	21.3	55.5	25.5	58.9	-	-	1990
-	-	38.7	59.1	26.1	57.7	26.5	61.8	-	-	1991
-	-	40.4	60.1	27.3	58.9	28.2	62.8	-	-	1992
-	-	41.0	61.0	27.1	59.9	29.4	63.6	-	-	1993
-	-	44.5	61.9	34.2	60.9	29.4	65.5	-	-	1994
70.4	-	46.1	64.9	34.0	63.9	30.9	68.6	285.6	51.8	1995
73.2	-	47.5	67.1	32.4	66.1	34.8	70.3	264.1	54.2	1996
73.0	-	48.8	69.7	35.9	68.5	41.1	72.1	241.1	57.0	1997
73.0	-	54.4	78.3	36.6	77.1	53.4	79.7	245.4	64.6	1998
73.6	-	56.8	76.0	39.1	75.3	51.5	78.2	227.9	63.5	1999
73.9	-	55.4	78.1	36.2	77.1	59.2	78.7	215.2	65.3	2000
73.9	-	56.7	77.5	38.0	76.6	63.3	77.7	187.2	66.5	2001
73.9	-	57.8	77.1	40.5	76.3	63.0	77.5	169.4	67.3	2002
73.9	-	60.4	78.6	44.9	77.8	67.7	78.8	155.6	69.8	2003
73.9	-	65.6	83.1	52.4	82.3	72.9	83.4	151.1	74.8	2004
73.9	-	65.1	85.2	50.4	84.2	79.0	84.5	142.5	77.1	2005
76.7	-	64.4	86.1	50.3	85.0	86.3	84.6	133.3	79.0	2006
78.3	-	66.1	87.2	54.1	86.1	89.7	85.6	124.6	81.4	2007
78.3	-	69.2	95.0	48.6	93.8	107.1	91.8	123.4	89.7	2008
78.3	-	75.2	94.1	57.7	93.3	100.2	92.3	121.7	89.7	2009
76.7	77.5	79.6	97.5	73.7	96.5	109.1	95.3	119.2	93.9	2010
76.7	80.2	85.1	104.0	73.4	103.1	124.8	101.0	116.9	101.1	2011
76.7	83.7	87.3	104.6	81.5	103.6	132.7	101.1	114.7	102.0	2012
84.7	86.9	85.4	102.9	72.1	102.1	133.5	99.3	111.8	100.5	2013
83.7	88.8	86.1	102.3	68.8	101.7	132.6	98.7	109.6	100.2	2014
84.5	90.7	87.3	97.8	72.0	97.5	110.3	96.1	108.0	95.8	2015
91.6	92.6	90.2	95.7	86.8	95.4	98.9	95.1	104.1	94.3	2016
93.0	93.9	94.2	98.9	90.5	98.7	105.8	98.1	105.2	97.9	2017
93.4	96.2	96.0	100.8	92.6	100.6	111.1	99.7	101.8	100.3	2018
99.8	98.2	95.0	100.9	87.2	100.7	111.4	99.7	99.5	100.6	2019
100.0	100.0	100.0	100.0	100.0	100.0	100.0	100.0	100.0	100.0	2020
99.9	101.6	105.9	106.4	101.9	106.4	111.3	106.0	103.4	106.7	2021
101.9	104.1	110.2	115.7	106.5	115.4	154.6	112.6	103.1	116.8	2022
103.6	107.1	115.6	117.2	116.6	117.1	162.9	113.9	101.4	119.0	2023
106.1	109.4	119.4	119.0	128.4	118.9	165.5	115.8	105.1	120.8	2024
108.1	110.9	120.6	120.2	127.5	120.2	172.0	116.7	107.0	121.9	2025. 1
108.0	111.0	121.0	120.3	132.4	120.2	171.9	116.8	106.6	122.0	2
108.2	111.3	121.7	120.3	131.6	120.2	169.5	117.0	106.9	122.0	3
108.0	111.6	121.0	120.1	122.8	120.1	169.1	116.8	106.7	121.8	4
108.1	111.7	119.1	119.7	109.1	119.8	166.4	116.4	106.3	121.3	5
107.8	111.8	119.7	119.8	107.5	119.9	166.7	116.5	106.0	121.4	6
107.9	111.9	122.9	120.0	118.2	120.2	166.1	117.0	106.3	121.9	7
111.1	112.0	125.0	119.8	124.0	120.1	165.5	117.0	104.2	122.1	8
111.1	112.1	124.9	120.2	120.9	120.6	167.3	117.3	106.8	122.2	9

생산자물가지수 (3)

(가공단계별물가지수)

구 분 연월중	총지수	원 재 료				중 간 재				
			제조용	연 료	기 타		제조용	건설용	연료 동력	기 타
가 중 치	1,000.0	87.8	50.9	23.6	13.3	612.6	310.1	42.4	58.7	201.4
1970	-	-	-	-	-	-	-	-	-	-
1971	-	-	-	-	-	-	-	-	-	-
1972	-	-	-	-	-	-	-	-	-	-
1973	-	-	-	-	-	-	-	-	-	-
1974	-	-	-	-	-	-	-	-	-	-
1975	-	-	-	-	-	-	-	-	-	-
1976	-	-	-	-	-	-	-	-	-	-
1977	-	-	-	-	-	-	-	-	-	-
1978	-	-	-	-	-	-	-	-	-	-
1979	-	-	-	-	-	-	-	-	-	-
1980	37.1	20.6	20.0	21.9	-	42.2	54.6	29.0	28.4	24.7
1981	44.2	24.7	24.1	28.1	-	50.1	61.9	32.7	37.3	31.1
1982	45.9	25.2	24.5	32.2	-	52.1	62.8	34.3	40.4	33.0
1983	46.2	25.1	24.2	31.5	-	51.9	63.5	34.6	38.3	33.0
1984	46.9	26.1	25.2	30.9	-	52.5	65.2	35.1	37.8	33.9
1985	47.6	26.9	26.1	32.7	-	52.5	65.3	35.1	37.7	33.9
1986	46.0	21.9	21.0	32.1	-	51.7	65.9	35.2	32.8	33.4
1987	46.9	22.6	21.7	30.6	-	53.1	69.3	35.7	31.0	33.3
1988	48.5	21.9	21.0	30.2	-	55.0	74.5	37.7	25.1	33.8
1989	48.8	21.8	20.9	30.3	-	54.6	74.0	38.6	24.0	34.6
1990	50.2	24.2	23.2	32.7	-	53.7	71.4	40.6	23.6	35.0
1991	52.5	25.0	24.0	34.0	-	55.8	73.9	43.9	23.5	37.0
1992	53.7	25.7	24.6	34.8	-	56.6	74.2	45.1	24.8	37.9
1993	54.5	26.2	25.1	34.4	-	57.0	74.4	45.5	25.5	38.4
1994	55.9	26.5	25.4	31.6	-	57.9	76.3	44.9	25.7	38.6
1995	58.8	28.4	27.3	30.9	51.7	62.3	82.7	47.0	27.4	41.5
1996	60.0	30.6	29.3	35.1	52.7	62.8	81.2	48.2	31.1	43.8
1997	63.0	33.8	32.5	39.5	52.2	66.3	84.6	49.9	36.5	45.6
1998	75.5	40.8	39.1	53.8	54.2	82.3	105.2	59.0	47.2	57.4
1999	71.1	37.7	36.0	46.9	60.4	74.7	93.5	55.8	45.4	52.2
2000	73.5	46.3	44.6	53.4	59.8	77.8	95.6	55.5	54.3	53.6
2001	73.6	47.4	45.2	59.2	65.3	77.5	93.7	56.8	56.8	56.1
2002	71.6	48.0	45.9	57.2	66.3	74.5	88.1	58.2	57.9	55.8
2003	73.1	51.0	49.3	55.9	67.2	76.1	88.8	61.3	62.3	56.8
2004	79.1	61.2	59.1	70.9	74.6	83.6	97.3	69.6	67.3	61.9
2005	81.2	72.2	70.1	89.2	74.3	84.4	96.4	71.9	74.0	62.3
2006	81.7	81.3	80.7	92.4	72.0	84.0	94.4	73.1	81.1	63.2
2007	83.3	86.7	87.5	89.6	69.8	86.1	96.3	75.6	84.4	66.3
2008	98.4	129.4	133.0	130.0	79.2	101.9	111.9	94.0	104.0	82.9
2009	96.7	110.4	111.8	112.7	85.3	100.2	109.7	95.0	95.8	88.6
2010	101.3	127.3	129.5	134.0	85.5	104.3	113.9	98.3	105.3	88.9
2011	109.5	159.8	164.5	160.0	87.2	112.8	124.1	105.0	122.7	92.0
2012	110.0	164.6	169.5	165.3	88.0	112.2	120.7	105.6	130.9	93.6
2013	106.6	152.6	158.1	146.9	90.4	108.2	114.2	102.3	130.4	93.0
2014	104.4	142.2	146.9	137.9	91.9	105.4	109.5	100.0	128.1	93.6
2015	97.8	100.7	99.6	112.8	92.9	98.6	101.2	96.0	104.2	94.1
2016	95.2	85.3	84.5	90.4	91.6	95.4	97.1	93.9	93.9	94.5
2017	99.1	104.8	102.1	122.9	98.9	99.4	101.7	98.7	102.8	95.9
2018	102.1	120.2	119.6	132.3	96.6	102.1	104.3	101.3	111.4	97.5
2019	102.4	119.7	118.7	133.3	98.2	102.0	103.1	101.3	111.7	98.8
2020	100.0	100.0	100.0	100.0	100.0	100.0	100.0	100.0	100.0	100.0
2021	108.6	131.4	133.2	126.3	115.9	109.5	112.5	119.1	112.3	103.1
2022	122.5	188.1	184.6	231.3	129.2	122.9	127.5	137.3	157.0	107.7
2023	121.7	168.4	169.7	185.5	134.4	122.2	122.9	139.9	164.3	109.9
2024	124.0	169.5	173.1	174.9	138.9	124.3	125.4	140.2	166.8	111.7
2025. 1	125.8	170.1	175.0	172.1	141.8	126.0	127.2	140.5	174.3	112.5
2	126.0	174.4	184.9	166.9	142.0	126.0	127.2	140.6	174.1	112.6
3	126.1	172.5	182.9	163.2	142.6	126.2	127.8	141.0	171.6	112.7
4	125.2	166.0	173.3	160.0	141.5	125.5	126.7	140.7	170.3	112.6
5	123.5	156.8	161.5	154.4	136.1	124.1	124.3	140.6	166.7	112.7
6	122.8	150.5	151.9	150.0	137.4	123.7	123.3	140.3	166.5	113.1
7	123.8	157.6	161.1	152.1	144.3	124.2	123.9	140.3	167.2	113.6
8	124.0	159.7	165.4	147.2	149.2	124.3	124.4	140.2	166.4	113.3
9	124.1	157.5	163.6	141.6	151.0	124.5	124.6	140.2	166.2	113.8

(2020=100)

최 종 재					생 산 재 (원재료+중간재)					구 분
	자 본 재	소 비 재				제조용 재 료	건설용 재 료	연료·동력	기 타	연월중
			내구재	비내구재						
299.6	76.4	94.2	30.1	64.1	700.4	361.0	42.4	82.3	214.7	가 중 치
-	-	-	-	-	-	-	-	-	-	1970
-	-	-	-	-	-	-	-	-	-	1971
-	-	-	-	-	-	-	-	-	-	1972
-	-	-	-	-	-	-	-	-	-	1973
-	-	-	-	-	-	-	-	-	-	1974
-	-	-	-	-	-	-	-	-	-	1975
-	-	-	-	-	-	-	-	-	-	1976
-	-	-	-	-	-	-	-	-	-	1977
-	-	-	-	-	-	-	-	-	-	1978
-	-	-	-	-	-	-	-	-	-	1979
37.1	45.2	36.7	178.3	24.8	38.3	44.9	28.4	28.8	25.1	1980
44.5	51.5	44.4	183.5	30.4	45.6	52.1	32.2	37.7	31.3	1981
46.6	56.2	46.2	190.0	31.7	47.1	52.9	33.8	41.0	32.8	1982
47.6	58.0	47.1	190.6	32.3	46.9	53.0	34.2	39.3	33.5	1983
48.0	59.5	47.3	189.7	32.5	47.8	54.7	34.8	38.3	34.4	1984
49.2	61.1	48.5	189.5	33.4	48.3	55.5	34.9	38.3	34.2	1985
49.3	62.9	48.3	192.6	33.2	45.7	52.6	35.0	33.5	33.7	1986
49.6	64.9	48.2	194.1	33.0	47.0	55.1	35.6	31.7	33.6	1987
52.2	67.3	50.9	195.3	35.1	48.1	57.7	37.6	26.9	34.1	1988
53.6	70.2	52.1	193.4	36.1	47.7	57.3	38.5	24.9	34.9	1989
57.0	71.7	56.0	196.2	39.1	48.0	57.3	40.6	24.6	35.3	1990
60.0	73.9	59.5	199.2	42.0	49.9	59.2	43.9	24.5	37.3	1991
62.0	76.0	61.6	200.3	43.8	50.7	59.7	45.1	25.8	38.3	1992
63.4	77.6	63.0	201.7	45.1	51.2	60.1	45.4	26.6	38.8	1993
66.1	78.9	66.3	201.5	48.0	51.9	61.5	44.9	26.7	39.1	1994
67.4	80.3	67.8	195.4	49.6	55.9	66.5	46.9	28.4	42.0	1995
69.0	80.2	70.3	193.4	52.2	56.8	66.2	48.2	32.2	44.4	1996
71.4	81.9	73.3	193.4	54.9	60.2	69.7	49.8	37.7	46.3	1997
81.6	99.4	81.0	201.2	61.7	74.6	86.2	58.8	48.9	57.9	1998
80.9	94.3	82.3	194.0	63.5	67.8	77.1	55.7	46.8	53.1	1999
80.2	91.7	82.4	185.2	64.2	72.2	81.6	55.3	55.7	54.7	2000
80.6	91.2	83.2	170.7	67.0	72.2	80.4	56.7	58.6	57.4	2001
79.0	87.5	82.4	157.1	67.8	69.9	76.6	58.1	59.4	57.3	2002
79.6	86.3	83.7	147.3	70.5	71.9	78.2	61.1	63.4	58.3	2003
81.8	88.3	86.2	140.4	74.2	80.1	87.3	69.4	69.6	63.7	2004
82.1	86.5	87.4	132.7	76.4	83.2	90.0	71.7	77.5	64.0	2005
81.2	84.3	86.9	125.0	77.4	84.4	90.4	72.9	84.2	64.5	2006
81.1	83.6	87.0	117.2	79.0	87.0	93.2	75.4	86.7	67.0	2007
86.6	91.6	92.1	115.6	85.3	107.2	114.3	93.7	109.6	82.8	2008
90.3	99.4	94.6	116.7	88.0	102.7	108.5	94.7	100.0	88.5	2009
92.1	96.5	98.3	115.1	92.7	108.9	115.2	98.2	111.3	88.9	2010
95.0	98.6	102.3	113.6	98.2	119.3	129.1	104.8	130.6	91.9	2011
96.5	99.3	103.7	111.9	100.3	117.4	127.1	105.4	137.9	93.5	2012
95.8	97.1	101.9	108.8	99.0	112.5	119.8	102.2	133.4	93.0	2013
96.5	95.6	102.5	107.8	100.1	108.9	114.2	99.9	130.0	93.6	2014
96.4	96.4	100.3	105.7	98.0	98.8	100.9	95.9	105.8	94.0	2015
97.0	97.8	99.5	103.8	97.5	94.5	95.5	93.9	93.6	94.4	2016
97.8	96.8	100.4	102.6	99.3	100.0	101.9	98.7	106.1	96.0	2017
98.5	96.6	100.6	101.0	100.4	104.1	107.0	101.4	115.2	97.5	2018
99.5	98.9	100.8	101.2	100.6	103.9	105.8	101.3	115.6	98.8	2019
100.0	100.0	100.0	100.0	100.0	100.0	100.0	100.0	100.0	100.0	2020
102.4	100.8	103.2	99.5	105.0	112.1	116.3	119.0	115.2	103.3	2021
108.8	107.9	112.2	102.0	117.2	130.2	137.7	137.2	171.6	108.0	2022
111.3	109.3	114.5	100.7	121.6	127.7	131.4	139.8	167.7	110.4	2023
114.3	112.1	117.6	101.7	126.1	129.7	134.1	140.0	167.4	112.3	2024
116.3	114.7	119.8	102.7	128.9	131.3	135.9	140.3	172.2	113.1	2025. 1
116.1	114.2	119.3	101.1	129.0	131.8	137.0	140.5	170.6	113.2	2
116.4	114.9	119.5	101.6	129.1	131.8	137.4	140.8	167.8	113.3	3
116.4	114.6	119.0	101.0	128.6	130.5	135.3	140.6	165.9	113.2	4
115.6	113.0	117.5	99.9	126.9	128.3	131.8	140.5	161.8	113.1	5
115.5	112.4	117.5	99.7	127.0	127.4	129.8	140.1	160.4	113.5	6
116.1	113.1	118.2	100.8	127.5	128.5	131.3	140.1	161.6	114.3	7
116.2	113.7	119.1	101.0	128.8	128.8	132.3	140.1	159.6	114.3	8
116.6	113.4	119.8	100.9	130.0	128.8	132.2	140.0	157.9	114.8	9

수 출 물 가 지 수

원화지수(Won Basis)

구 분 / 연월중	총 지 수	농 림 수산품	공 산 품					
				음식료품	섬 유 및 가 죽 제 품	목 재 및 종 이 제 품	석 탄 및 석 유 제 품	화학제품
가 중 치	1,000.0	3.5	996.5	15.0	14.8	5.0	99.0	187.4
1970	-	-	-	-	-	-	-	-
1971	20.9	-	-	-	-	-	-	-
1972	23.3	-	-	-	-	-	-	-
1973	26.7	-	-	-	-	-	-	-
1974	28.8	-	-	-	-	-	-	-
1975	34.4	-	-	-	-	-	-	-
1976	38.8	-	-	-	-	-	-	-
1977	41.3	-	-	-	-	-	-	-
1978	47.2	-	-	-	-	-	-	-
1979	55.4	-	-	-	-	-	-	-
1980	72.1	-	-	-	-	-	-	-
1981	83.9	-	-	-	-	-	-	-
1982	86.7	-	-	-	-	-	-	-
1983	89.3	-	-	-	-	-	-	-
1984	94.6	-	-	-	-	-	-	-
1985	99.6	20.0	92.6	41.9	36.8	45.6	32.3	43.1
1986	102.2	20.8	92.3	44.7	38.1	48.1	20.0	41.6
1987	106.6	25.5	99.3	50.1	42.6	52.6	20.8	45.8
1988	111.2	28.8	112.8	54.1	49.4	59.1	20.3	55.2
1989	109.1	32.6	120.2	58.5	53.5	62.5	18.7	52.9
1990	111.8	32.6	121.3	60.4	56.5	60.8	23.1	52.4
1991	116.0	34.8	122.4	59.5	59.3	62.0	27.5	51.4
1992	119.1	38.1	121.7	60.5	59.4	63.4	28.0	49.8
1993	122.0	43.4	119.7	58.5	58.5	65.8	26.4	47.6
1994	125.4	49.6	121.7	57.8	59.8	71.0	25.5	51.7
1995	127.2	58.5	127.8	59.4	61.6	82.0	27.4	61.1
1996	121.8	58.9	122.3	61.7	61.2	74.5	33.6	53.7
1997	129.9	60.8	130.4	72.4	69.0	82.0	37.0	55.8
1998	170.5	71.3	171.5	89.6	98.0	93.1	37.6	68.0
1999	138.3	69.2	138.8	70.5	81.1	90.6	40.0	57.8
2000	136.9	64.8	137.6	70.2	79.7	98.1	62.3	64.5
2001	131.7	72.5	132.1	80.9	85.4	93.9	60.8	66.5
2002	122.5	66.0	122.9	75.3	78.6	95.0	60.0	66.7
2003	119.8	66.4	120.2	72.8	74.9	92.5	67.6	71.2
2004	127.2	78.9	127.5	73.4	73.0	92.6	86.2	87.8
2005	118.8	67.3	119.1	69.8	67.6	81.9	106.0	84.5
2006	109.0	61.0	109.4	68.6	64.5	79.7	118.7	84.7
2007	106.7	65.1	107.0	67.0	64.8	81.4	128.5	90.0
2008	130.0	82.8	130.3	86.3	81.0	108.8	201.1	114.3
2009	129.7	87.6	130.0	101.9	91.2	102.4	148.0	108.6
2010	126.4	95.7	126.6	96.4	90.9	112.5	174.0	117.4
2011	126.7	109.9	126.8	99.9	95.7	111.6	230.3	134.0
2012	123.7	106.8	123.8	101.9	97.2	108.9	238.1	131.1
2013	118.4	93.5	118.6	94.6	94.1	105.5	222.1	126.0
2014	111.4	87.9	111.5	91.4	91.8	100.2	195.8	117.6
2015	105.6	87.7	105.6	95.4	98.0	104.7	123.9	103.0
2016	102.1	97.6	102.1	100.2	100.5	103.2	103.7	98.4
2017	108.3	104.8	108.4	99.8	98.2	102.2	127.2	107.4
2018	109.2	100.6	109.2	97.6	97.7	113.0	154.6	113.8
2019	105.5	102.4	105.5	99.8	102.0	111.3	149.0	107.5
2020	100.0	100.0	100.0	100.0	100.0	100.0	100.0	100.0
2021	114.3	104.3	114.3	98.4	104.0	103.5	161.9	129.5
2022	133.3	119.4	133.4	110.4	122.1	151.5	278.3	152.2
2023	122.4	107.6	122.5	114.5	119.2	152.2	236.8	136.7
2024	129.9	105.2	130.0	121.7	122.9	143.6	231.1	140.3
2025. 1	135.3	110.2	135.4	127.9	130.0	153.0	241.6	145.9
2	134.6	109.9	134.7	128.7	129.2	153.1	235.8	147.0
3	135.1	111.7	135.2	130.1	130.7	152.8	224.4	146.5
4	133.1	110.6	133.2	129.3	130.3	148.7	211.6	143.1
5	128.4	109.5	128.5	125.7	125.9	142.5	201.6	137.2
6	126.9	107.5	127.0	123.2	124.3	138.6	210.9	134.6
7	127.9	112.1	128.0	123.4	124.9	137.1	214.9	133.4
8	128.7	113.3	128.8	124.3	126.1	137.1	210.6	134.4
9	129.5	114.0	129.6	124.5	126.4	137.1	215.0	134.4

(2020=100)

공산품: 비금속 광물제품	공산품: 제1차 금속제품	공산품: 금속 가공제품	공산품: 전기장비	공산품: 컴퓨터, 전자 및 광학기기	공산품: 기계 및 장비	공산품: 운송장비	공산품: 기타 제조업제품	구분 / 연월중
7.4	81.9	14.0	64.4	254.0	97.3	152.1	4.2	가중치
-	-	-	-	-	-	-	-	1970
-	-	-	-	-	-	-	-	1971
-	-	-	-	-	-	-	-	1972
-	-	-	-	-	-	-	-	1973
-	-	-	-	-	-	-	-	1974
-	-	-	-	-	-	-	-	1975
-	-	-	-	-	-	-	-	1976
-	-	-	-	-	-	-	-	1977
-	-	-	-	-	-	-	-	1978
-	-	-	-	-	-	-	-	1979
-	-	-	-	-	-	-	-	1980
-	-	-	-	-	-	-	-	1981
-	-	-	-	-	-	-	-	1982
-	-	-	-	-	-	-	-	1983
-	-	-	-	-	-	-	-	1984
60.8	29.5	37.4	58.3	1,447.1	55.6	42.1	31.6	1985
58.8	29.9	36.7	55.8	1,408.5	54.6	41.8	32.1	1986
59.4	32.3	38.9	56.2	1,419.5	54.6	44.1	35.0	1987
65.4	41.4	43.0	61.3	1,484.2	57.3	49.0	40.8	1988
76.1	43.8	50.7	67.1	1,527.8	60.3	52.3	44.4	1989
81.2	40.5	49.9	66.3	1,428.0	61.5	51.7	45.5	1990
84.5	40.2	54.3	67.3	1,329.5	63.2	52.5	46.9	1991
88.4	38.1	55.3	68.6	1,306.0	63.8	52.5	48.0	1992
87.3	38.0	52.5	68.5	1,288.4	64.5	51.3	48.1	1993
90.5	38.9	51.6	68.6	1,274.4	66.1	52.5	47.6	1994
100.0	45.6	55.4	69.8	1,269.9	68.0	54.9	48.2	1995
105.8	43.4	56.4	73.2	1,082.2	71.0	57.7	52.3	1996
114.8	46.1	62.4	84.4	1,013.5	78.5	65.8	61.2	1997
137.4	62.0	75.7	112.1	1,268.5	105.3	92.7	89.1	1998
103.3	48.8	61.3	87.5	955.2	85.5	77.4	71.5	1999
97.2	49.2	62.1	81.2	862.1	82.1	74.0	68.4	2000
101.7	48.7	69.0	90.7	686.4	92.2	84.9	77.7	2001
91.8	50.4	64.4	84.7	581.7	88.3	83.3	73.5	2002
83.5	57.2	64.5	79.0	505.3	85.1	85.6	69.5	2003
81.1	73.5	68.6	81.3	474.5	82.8	86.5	66.7	2004
74.4	75.8	64.9	78.8	367.4	76.8	79.1	60.3	2005
66.5	83.0	64.3	81.0	280.0	74.7	76.5	62.4	2006
62.9	93.0	73.6	87.2	225.2	76.2	78.1	66.4	2007
83.2	121.1	100.4	103.9	226.1	92.4	97.1	84.1	2008
92.3	105.5	105.0	106.6	229.6	105.4	110.1	88.5	2009
83.3	117.0	98.4	102.6	200.7	94.4	96.8	86.5	2010
86.7	125.7	101.9	102.1	153.6	95.9	95.6	86.3	2011
94.2	117.6	105.3	100.2	136.9	99.1	97.2	86.1	2012
91.6	105.1	97.2	96.0	134.2	96.0	96.6	86.4	2013
89.2	99.0	90.6	92.0	125.9	92.9	93.5	84.7	2014
94.7	90.9	91.1	95.2	124.6	97.2	96.8	90.7	2015
92.8	89.2	90.6	95.6	115.9	98.7	99.2	91.1	2016
89.1	101.2	91.0	95.1	128.3	96.4	97.2	88.8	2017
92.2	108.0	93.4	94.9	119.5	95.2	94.9	90.4	2018
99.3	105.2	98.9	98.4	103.8	99.4	99.4	98.6	2019
100.0	100.0	100.0	100.0	100.0	100.0	100.0	100.0	2020
99.8	141.0	109.3	102.5	106.3	98.2	98.5	98.9	2021
118.5	161.7	139.5	117.2	104.9	111.0	110.6	118.7	2022
123.1	146.5	142.8	121.9	85.6	115.1	114.8	124.1	2023
124.2	147.0	149.7	128.4	102.0	120.0	121.2	130.5	2024
130.2	152.5	158.0	135.2	104.9	125.6	128.4	139.8	2025. 1
129.3	153.6	157.2	134.5	103.1	124.9	128.6	138.9	2
130.4	156.7	158.6	137.9	104.6	125.8	129.9	139.9	3
130.0	153.1	157.8	136.8	105.1	125.4	127.2	138.7	4
125.7	148.4	150.4	132.5	102.5	121.9	121.4	133.9	5
123.1	146.5	148.4	129.7	100.5	120.2	119.4	131.2	6
123.9	148.1	149.8	131.1	103.1	120.9	117.8	132.0	7
125.2	149.4	151.1	132.6	104.2	121.9	119.0	133.4	8
125.5	152.2	150.6	132.9	104.9	122.2	119.4	133.6	9

수 입 물 가 지 수

원화지수(Won Basis)

구분 연월중	총 지 수	농 림 수산품	광산품	공 산 품						
					음식료품	섬 유 및 가죽제품	목 재 및 종이제품	석 탄 및 석유제품	화학제품	비 금 속 광물제품
가 중 치	1,000.0	38.8	276.3	684.9	37.5	40.3	11.3	56.5	112.3	10.5
1970	-	-	-	-	-	-	-	-	-	-
1971	6.7	-	-	-	-	-	-	-	-	-
1972	8.1	-	-	-	-	-	-	-	-	-
1973	10.3	-	-	-	-	-	-	-	-	-
1974	14.5	-	-	-	-	-	-	-	-	-
1975	16.8	-	-	-	-	-	-	-	-	-
1976	17.3	-	-	-	-	-	-	-	-	-
1977	17.5	-	-	-	-	-	-	-	-	-
1978	18.3	-	-	-	-	-	-	-	-	-
1979	23.1	-	-	-	-	-	-	-	-	-
1980	36.7	-	-	-	-	-	-	-	-	-
1981	43.1	-	-	-	-	-	-	-	-	-
1982	43.9	-	-	-	-	-	-	-	-	-
1983	44.5	-	-	-	-	-	-	-	-	-
1984	46.3	-	-	-	-	-	-	-	-	-
1985	47.9	34.8	37.5	57.1	30.4	41.2	36.2	44.8	41.2	97.8
1986	45.9	33.8	24.8	60.1	26.9	45.4	40.3	30.2	42.1	113.6
1987	49.2	35.8	25.2	65.5	25.9	50.2	45.5	29.4	43.9	119.9
1988	52.1	38.2	21.7	71.8	30.8	53.8	48.0	24.9	50.2	120.0
1989	50.2	35.0	22.2	69.0	31.2	50.5	48.0	24.7	44.8	115.0
1990	49.7	35.4	26.8	65.6	31.3	51.1	45.9	31.7	41.0	114.7
1991	49.7	36.1	25.1	66.3	31.1	51.8	45.4	28.9	42.1	113.2
1992	50.4	37.8	25.4	67.0	36.3	50.7	48.7	28.6	40.3	116.2
1993	52.2	45.0	23.8	69.2	37.8	48.4	52.5	26.5	41.0	119.5
1994	54.2	48.7	22.7	72.5	42.6	54.4	61.5	24.5	44.6	118.0
1995	57.4	49.5	23.9	77.3	45.3	55.6	74.2	26.9	51.5	117.7
1996	57.8	50.4	27.6	75.8	45.1	58.0	61.8	32.1	48.9	126.5
1997	63.3	52.5	31.6	82.6	52.3	65.8	67.5	37.8	54.7	131.5
1998	81.1	64.5	35.8	108.9	73.1	85.1	90.3	39.6	75.2	164.0
1999	71.3	53.5	36.4	93.4	55.1	75.2	78.1	42.4	64.0	146.2
2000	76.7	52.6	49.8	95.5	51.2	77.5	83.9	62.8	68.3	147.8
2001	79.4	58.5	50.3	99.2	58.5	85.0	75.0	62.8	73.4	159.1
2002	74.5	59.6	50.2	90.8	57.3	78.9	75.4	60.4	69.0	144.4
2003	75.8	61.7	53.4	91.0	58.3	79.1	75.6	68.8	72.1	134.2
2004	83.5	67.4	64.8	97.0	60.0	78.8	80.4	85.0	79.8	137.8
2005	86.0	60.5	84.4	90.7	56.5	69.8	73.1	99.1	79.5	120.9
2006	86.8	60.7	99.2	86.4	59.4	67.8	75.6	110.7	77.2	112.2
2007	90.7	71.2	104.7	89.3	64.1	68.7	79.8	126.5	81.2	116.1
2008	123.5	97.1	164.0	113.7	94.7	87.4	101.4	175.6	104.8	143.8
2009	118.3	94.7	134.3	117.4	101.9	101.5	100.7	143.1	109.8	157.7
2010	124.6	103.5	157.8	117.2	106.9	101.1	113.1	170.3	112.6	153.8
2011	139.1	119.9	202.3	122.3	115.6	103.5	111.8	209.9	126.9	139.9
2012	138.1	111.0	206.1	120.2	115.3	101.8	106.4	220.0	125.3	129.0
2013	128.0	104.5	190.1	111.7	107.5	100.8	105.6	206.2	117.0	108.5
2014	118.3	102.3	170.9	104.4	103.2	97.7	100.2	184.2	109.2	96.7
2015	100.2	97.3	107.5	98.2	101.2	99.4	103.9	114.4	100.2	94.9
2016	95.9	97.0	89.2	97.5	99.8	101.8	99.6	95.8	99.4	102.5
2017	102.2	97.2	114.0	99.1	99.2	99.2	105.5	120.2	102.0	91.3
2018	108.6	95.7	135.5	101.5	92.6	97.7	114.9	144.6	104.1	90.8
2019	109.5	99.4	135.7	102.5	97.8	98.6	104.7	134.0	104.1	97.4
2020	100.0	100.0	100.0	100.0	100.0	100.0	100.0	100.0	100.0	100.0
2021	117.6	113.5	145.5	109.5	113.7	101.6	121.2	158.5	111.3	107.0
2022	148.1	136.2	223.9	126.5	142.5	113.1	149.2	217.3	133.1	126.8
2023	136.0	123.7	191.4	120.3	145.0	111.6	128.0	182.5	123.0	127.3
2024	139.6	130.7	191.4	124.6	151.6	114.2	133.2	195.0	123.7	126.4
2025. 1	145.1	141.9	197.7	129.6	160.5	120.4	142.1	205.6	129.5	131.2
2	143.6	144.3	192.4	128.9	159.6	120.2	142.4	205.5	131.5	129.5
3	143.0	145.8	185.2	130.1	161.2	121.3	145.0	198.9	132.8	129.5
4	139.8	143.4	175.7	128.6	160.3	120.7	140.8	187.4	130.7	128.6
5	134.6	136.5	166.7	124.6	158.3	117.9	133.8	176.1	125.7	124.7
6	133.7	132.4	169.2	122.9	155.1	116.1	130.5	177.6	123.0	121.3
7	134.8	132.2	172.3	123.5	153.4	116.7	130.9	175.0	124.0	122.3
8	135.2	135.1	171.1	124.2	154.6	118.1	132.0	170.5	124.8	123.4
9	135.4	135.9	170.7	124.6	156.7	118.3	131.8	172.7	124.0	123.4

(2020=100)

공산품							용도별분류				구분
제 1 차 금속제품	금속가공 제 품	전기장비	컴퓨터, 전자 및 광학기기	기계 및 장비	운송장비	기 타 제조업제품	원재료	중간재	자본재	소비재	연월중
70.2	8.5	48.0	163.8	77.0	36.3	12.7	302.9	457.5	130.1	109.5	가중치
-	-	-	-	-	-	-	-	-	-	-	1970
-	-	-	-	-	-	-	-	-	-	-	1971
-	-	-	-	-	-	-	-	-	-	-	1972
-	-	-	-	-	-	-	-	-	-	-	1973
-	-	-	-	-	-	-	-	-	-	-	1974
-	-	-	-	-	-	-	-	-	-	-	1975
-	-	-	-	-	-	-	-	-	-	-	1976
-	-	-	-	-	-	-	-	-	-	-	1977
-	-	-	-	-	-	-	-	-	-	-	1978
-	-	-	-	-	-	-	-	-	-	-	1979
-	-	-	-	-	-	-	25.7	44.9	33.7	-	1980
-	-	-	-	-	-	-	30.7	50.4	39.8	-	1981
-	-	-	-	-	-	-	30.9	51.2	44.2	-	1982
-	-	-	-	-	-	-	30.5	53.4	47.3	-	1983
-	-	-	-	-	-	-	31.8	55.6	48.9	-	1984
23.0	39.4	47.3	253.5	51.4	53.0	43.4	32.7	57.0	52.8	-	1985
24.5	39.4	52.1	283.5	53.6	53.0	46.1	24.3	58.8	59.8	-	1986
26.5	39.4	56.5	312.9	62.3	56.3	46.4	24.9	64.7	63.8	-	1987
32.8	39.4	57.7	336.7	65.7	56.3	48.3	23.1	74.1	66.1	-	1988
32.2	39.3	54.7	331.6	64.6	56.3	49.0	22.7	72.3	66.1	-	1989
29.8	39.1	52.6	297.2	65.1	56.3	52.5	25.6	65.6	66.0	-	1990
28.9	40.4	53.6	296.5	69.3	58.5	52.5	25.9	68.7	69.5	-	1991
28.4	40.4	54.8	294.7	72.5	65.7	52.5	26.4	70.2	75.8	-	1992
29.4	43.5	62.6	310.5	75.3	70.2	68.6	26.1	70.8	81.3	-	1993
30.9	44.1	66.6	312.1	76.6	71.3	72.9	26.1	73.1	83.8	-	1994
34.8	42.5	67.0	308.6	77.4	72.1	74.9	28.1	78.4	84.8	56.6	1995
33.2	44.6	66.1	300.9	75.8	72.3	76.3	31.3	76.5	83.4	59.9	1996
36.1	47.9	71.0	320.1	79.4	78.7	87.2	34.8	84.4	87.3	65.3	1997
48.0	67.5	96.5	421.2	104.5	117.2	101.9	40.2	112.5	112.0	82.3	1998
38.5	62.7	81.9	341.0	95.3	98.4	92.2	38.6	94.0	102.5	77.5	1999
40.5	61.9	78.6	313.5	90.4	89.6	86.0	49.4	97.7	97.2	84.6	2000
42.3	65.6	80.7	314.3	98.0	96.5	94.9	50.5	100.4	104.8	90.5	2001
42.5	62.8	72.1	262.0	93.3	92.6	93.8	50.6	91.3	98.6	85.4	2002
48.2	63.1	68.3	238.2	94.1	95.2	91.7	53.7	91.9	97.5	83.9	2003
62.1	65.6	68.3	226.6	94.0	96.1	95.0	64.3	99.6	97.1	86.5	2004
62.5	59.8	61.7	187.4	83.9	85.1	88.6	80.1	94.0	86.4	81.8	2005
69.1	53.4	60.3	154.2	77.1	80.9	87.0	92.7	90.3	78.1	78.2	2006
82.3	54.6	63.7	138.5	75.5	82.0	87.9	99.2	94.4	76.1	79.1	2007
115.5	73.1	79.4	150.6	95.9	100.5	99.8	153.4	121.3	93.6	96.8	2008
102.3	92.0	93.6	161.0	114.9	116.8	107.0	127.5	121.6	111.7	106.7	2009
115.1	88.2	85.4	140.4	105.0	106.6	99.1	148.8	123.8	101.9	103.3	2010
124.6	94.1	83.7	129.2	106.6	105.9	96.5	188.5	131.3	101.7	102.0	2011
116.8	98.0	84.9	123.9	107.9	102.5	93.8	190.7	127.5	102.9	103.1	2012
104.7	91.0	79.5	116.2	97.8	99.7	89.7	175.8	117.6	95.8	100.7	2013
98.0	84.6	73.9	108.3	91.8	95.6	87.6	158.5	108.9	90.8	99.3	2014
88.2	88.2	76.3	111.9	92.2	93.4	89.1	104.7	99.6	92.1	100.5	2015
83.1	95.1	78.7	112.3	96.8	96.2	92.8	90.1	97.6	96.3	100.6	2016
94.8	92.6	75.3	108.0	93.1	96.8	92.8	111.9	100.8	94.0	98.4	2017
100.3	93.7	92.2	102.1	92.1	96.6	91.2	130.1	105.1	92.8	96.7	2018
100.4	100.0	101.9	101.9	96.8	98.9	97.0	130.4	104.6	97.1	100.6	2019
100.0	100.0	100.0	100.0	100.0	100.0	100.0	100.0	100.0	100.0	100.0	2020
130.4	99.8	96.5	99.5	97.9	99.2	98.7	142.3	115.5	98.5	99.8	2021
157.6	118.5	110.6	105.5	103.8	100.6	107.0	212.4	138.1	106.6	108.4	2022
147.4	113.1	110.8	101.7	105.3	101.9	110.0	182.5	128.4	108.2	106.9	2023
149.5	113.6	111.1	110.2	108.1	102.3	114.2	183.2	133.3	111.0	111.0	2024
156.2	119.1	119.0	111.7	113.0	103.9	118.4	190.6	138.9	114.9	114.8	2025. 1
157.4	118.6	116.9	108.4	113.7	104.0	118.3	186.3	138.0	115.2	114.6	2
160.7	119.8	116.7	109.8	116.4	105.0	119.6	180.1	138.9	116.9	116.0	3
155.6	119.1	114.4	109.6	117.9	105.8	119.6	171.3	136.4	117.2	115.6	4
151.0	115.1	111.4	106.5	114.1	104.9	116.3	162.4	131.7	114.0	113.3	5
150.1	112.9	109.1	104.8	112.7	105.5	115.2	164.0	129.7	112.8	112.3	6
151.1	113.1	110.0	106.0	113.2	105.8	116.7	166.7	130.2	113.2	113.4	7
152.4	114.2	110.2	107.2	114.1	106.1	117.6	166.0	130.8	114.0	114.3	8
154.3	114.5	110.3	107.3	114.6	106.3	117.8	165.8	131.4	113.8	114.5	9

주 요 상 품 별 수 입

구분 \ 연월	수입 총계	소비재					원자재			
			곡물	직접 소비재	내구 소비재	비내구 소비재		연료	원유	광물
1990	69,843.7	6,047.0	1,873.0	1,394.8	2,264.7	514.5	37,488.4	11,000.6	6,385.9	2,720.2
1991	81,524.9	7,346.5	1,876.2	2,156.2	2,589.5	631.2	43,061.1	12,757.2	8,133.5	3,038.9
1992	81,775.3	7,988.9	2,141.3	2,205.3	2,792.5	756.9	42,281.7	14,651.3	9,548.4	2,669.8
1993	83,800.1	8,161.5	2,094.4	2,141.4	2,935.7	907.1	43,987.4	15,055.9	9,150.9	3,045.6
1994	102,348.2	10,471.7	2,255.5	2,876.4	3,818.9	1,418.5	50,157.6	15,398.3	8,878.3	3,080.9
1995	135,118.9	15,889.6	2,851.7	3,576.5	7,298.3	2,163.2	64,555.3	18,976.5	10,809.1	3,801.1
1996	150,339.1	16,566.3	3,835.2	4,199.7	5,497.6	2,912.0	74,876.8	24,181.5	14,431.5	3,536.3
1997	144,616.4	21,234.8	3,101.1	4,154.6	11,194.4	2,784.7	69,308.3	27,212.5	17,771.8	3,861.0
1998	93,281.8	12,968.9	2,519.9	2,372.5	6,964.8	1,111.8	45,563.7	18,165.5	11,240.6	3,145.8
1999	119,752.3	14,356.0	2,319.6	3,655.9	6,729.5	1,651.0	57,230.3	22,653.1	14,782.7	3,577.9
2000	160,481.0	16,466.5	2,438.3	4,646.8	6,797.2	2,584.2	78,948.9	37,800.6	25,215.6	4,191.5
2001	141,097.8	16,894.1	2,528.8	4,786.5	6,448.8	3,130.0	71,902.3	33,790.2	21,367.8	4,064.4
2002	152,126.2	20,390.5	2,665.4	5,708.4	7,903.9	4,112.8	73,925.3	32,139.8	19,200.3	4,144.1
2003	178,826.7	23,695.8	2,933.9	6,161.0	10,026.7	4,574.2	86,420.5	38,155.5	23,081.6	4,849.9
2004	224,462.7	26,445.8	3,716.5	6,326.3	11,535.6	4,867.4	113,831.0	49,355.1	29,917.2	7,517.3
2005	261,238.3	26,324.6	3,364.9	7,154.5	10,365.1	5,440.0	141,333.4	66,487.2	42,605.8	9,367.6
2006	309,382.6	30,963.7	3,470.7	8,292.6	12,364.7	6,835.8	173,915.7	85,347.4	55,864.9	13,049.8
2007	356,845.7	36,975.9	4,749.7	9,660.8	14,574.3	7,989.8	201,740.4	94,626.2	60,323.5	16,042.6
2008	435,274.7	42,145.1	7,422.0	10,164.3	16,358.3	8,199.5	268,990.9	140,902.5	85,855.4	19,597.8
2009	323,084.5	34,132.9	5,298.2	8,856.1	12,900.3	7,077.9	184,404.8	90,595.1	50,757.4	13,660.4
2010	425,212.2	42,282.3	5,925.1	10,986.8	16,205.2	9,164.8	247,220.9	121,250.5	68,662.2	21,358.5
2011	524,413.1	53,129.1	7,514.0	14,962.5	18,586.8	12,065.5	324,748.0	171,913.6	100,805.6	31,050.5
2012	519,584.5	54,191.4	7,870.2	14,322.5	19,374.5	12,624.1	325,036.6	184,331.1	108,298.2	28,302.1
2013	515,585.5	58,259.7	8,459.4	14,466.0	20,991.2	14,342.9	313,063.4	177,903.2	99,333.2	24,728.6
2014	525,514.5	65,335.7	7,937.5	16,701.4	24,653.6	16,043.1	311,211.2	173,654.8	94,906.9	24,581.7
2015	436,499.0	66,691.2	6,928.9	17,091.1	26,635.8	16,035.3	218,977.1	102,068.4	55,120.0	17,571.4
2016	406,192.9	67,353.3	6,171.6	17,789.7	26,951.2	16,440.8	191,027.9	80,571.6	44,295.0	15,512.1
2017	478,478.3	73,575.2	6,005.8	19,731.9	29,981.4	17,856.0	233,092.8	108,710.3	59,603.0	20,272.9
2018	535,202.4	81,596.3	6,765.0	22,339.2	32,171.1	20,320.9	279,029.6	145,655.3	80,393.0	21,995.3
2019	377,422.8	84,533.3	6,914.1	22,198.1	34,510.0	20,911.1	253,953.1	126,196.4	70,251.0	21,681.2
2020	467,632.8	84,203.8	7,074.0	22,276.7	34,893.4	19,959.6	206,327.0	86,002.6	44,455.5	21,368.7
2021	615,093.4	99,626.7	8,946.6	25,667.0	42,178.6	22,834.4	302,626.3	136,678.2	67,012.5	33,342.1
2022	731,369.6	108,692.5	11,325.4	29,043.5	42,768.7	25,554.9	393,777.6	217,855.7	105,953.5	31,344.6
2023	642,572.1	102,704.0	9,760.4	27,508.5	40,732.5	24,702.7	328,405.8	170,799.4	86,158.4	27,067.9
2024	631,767.2	101,418.5	8,664.9	27,730.1	40,377.1	24,646.3	308,287.5	161,626.3	85,334.4	25,941.8
2025	469,328.6	79,405.4	5,891.7	22,185.1	33,332.0	17,996.6	215,409.8	106,307.0	56,739.8	20,512.1

㈜ 2025년은 10월 조회 기준. (단위:100만 U.S$)

원자재					자본재				구분
경공업 원료	섬유류	화공품	철강재	비철금속		기계류와 정밀기기	전기전자	수송장비	연월
5,403.1	-	6,825.7	3,563.6	2,036.3	26,308.3	-	10,401.0	2,688.0	1990
5,243.9	-	7,500.5	4,958.8	2,274.9	31,117.3	-	12,134.3	3,161.0	1991
5,020.2	-	6,918.9	3,688.3	2,154.0	31,504.7	-	12,555.7	3,824.0	1992
5,172.9	-	7,393.4	3,507.5	2,358.3	31,651.2	-	13,236.1	3,653.0	1993
5,519.8	-	8,672.6	5,081.2	3,210.3	41,718.9	-	17,198.9	5,193.1	1994
8,434.5	-	12,516.4	7,119.8	4,800.3	54,674.1	-	22,826.1	6,707.5	1995
6,531.6	-	8,603.2	6,762.4	4,338.2	58,896.0	-	23,911.2	4,676.0	1996
6,875.2	-	12,266.8	6,255.5	4,664.0	54,073.2	-	27,804.8	4,617.4	1997
4,267.5	-	8,540.1	3,319.2	3,349.6	34,749.1	-	21,169.9	2,569.3	1998
4,992.3	-	10,528.2	4,750.3	4,017.2	48,166.0	-	31,315.2	2,849.9	1999
5,870.5	3,278.1	12,670.8	6,007.0	4,844.8	65,065.7	18,478.1	42,411.4	3,336.6	2000
5,528.8	2,987.2	12,070.0	5,029.7	4,222.8	52,301.5	14,893.1	33,331.7	3,389.4	2001
5,322.6	3,103.2	13,128.0	6,267.8	4,342.7	57,810.4	17,073.3	35,902.7	4,043.1	2002
5,363.8	2,965.0	15,422.0	8,204.8	5,279.0	68,710.3	20,951.1	42,332.4	4,340.0	2003
5,818.6	3,166.5	19,353.0	13,251.2	7,766.4	84,186.0	27,499.7	49,712.9	5,676.1	2004
5,968.0	3,270.2	22,727.0	16,407.8	8,599.8	93,580.3	31,260.4	54,563.8	6,394.7	2005
6,623.0	3,547.0	25,201.2	17,701.5	12,329.2	104,503.2	35,345.9	59,665.4	7,978.2	2006
7,356.3	3,723.0	29,172.0	24,075.5	14,306.1	118,129.4	39,292.8	66,984.5	9,982.5	2007
8,146.8	3,681.6	33,114.9	37,071.7	13,359.1	124,138.7	40,040.8	70,447.8	11,650.1	2008
6,169.6	3,198.2	28,708.3	21,561.0	9,110.8	104,546.8	33,617.9	59,782.5	9,544.6	2009
8,586.8	4,378.2	37,666.6	27,311.5	12,617.9	135,708.9	47,656.3	73,319.8	12,847.9	2010
10,494.3	5,080.4	44,188.4	30,350.6	15,089.2	146,535.9	50,538.7	80,056.7	13,917.6	2011
9,247.7	4,264.0	43,757.4	26,334.3	12,562.7	140,356.5	49,848.3	76,331.8	12,110.4	2012
9,232.8	4,426.1	43,176.8	24,573.0	12,474.4	144,262.4	50,113.3	80,917.1	11,319.6	2013
9,133.1	4,467.5	43,857.7	27,013.9	12,776.2	148,967.6	50,814.2	84,463.8	11,616.5	2014
8,233.2	4,224.7	39,578.8	21,152.8	11,548.1	150,830.7	49,101.7	87,459.5	12,365.9	2015
7,638.4	4,189.0	39,067.0	18,853.9	10,716.1	147,811.7	47,812.9	84,869.9	12,984.3	2016
8,453.8	4,102.0	44,023.4	20,320.7	12,062.4	171,810.3	63,075.9	95,800.2	10,797.6	2017
8,656.8	4,414.5	49,992.3	19,715.6	12,770.4	174,576.5	60,490.5	100,371.0	11,511.8	2018
7,225.6	4,151.5	47,012.5	19,775.5	12,006.3	164,856.6	50,688.7	100,422.1	11,598.5	2019
6,231.1	4,027.0	46,378.0	15,212.1	11,740.1	177,102.0	57,876.1	105,055.1	11,868.0	2020
8,106.7	4,544.7	60,445.5	22,200.5	18,399.5	212,840.5	69,996.7	127,619.9	13,008.5	2021
8,739.6	4,474.3	70,183.6	22,692.1	19,456.0	228,899.6	68,649.8	144,753.1	13,248.2	2022
7,024.4	3,939.5	64,790.3	21,252.8	15,866.4	211,462.3	66,071.5	129,326.2	13,702.7	2023
6,956.9	3,803.5	55,454.6	20,490.2	15,898.1	222,061.2	67,833.7	135,422.7	16,259.8	2024
4,913.9	2,726.0	40,866.9	13,902.4	12,540.2	174,513.5	55,709.3	105,055.1	11,676.7	2025

주 요 상 품 별 수 출

연월 \ 구분	수출계	식료 및 직접소비재	원료 및 연료	경공업제품				
					섬유류			목제품
					섬유사	직물	의류	
1990	65,015.7	2,264.8	1,485.0	25,890.7	867.1	4,407.6	7,987.0	-
1991	71,870.1	2,348.5	2,446.9	26,083.3	970.9	5,367.5	7,504.4	-
1992	76,631.5	2,351.0	2,993.7	25,654.9	1,041.6	6,076.9	6,851.9	-
1993	82,235.9	2,291.1	3,273.7	24,912.5	944.1	6,767.1	6,217.9	-
1994	96,013.2	2,573.4	3,564.9	26,661.2	1,055.0	8,109.4	5,680.7	-
1995	125,058.0	2,986.7	4,609.4	30,415.0	1,330.6	8,678.0	4,968.9	-
1996	129,715.1	3,098.6	6,121.3	32,662.1	1,461.7	8,683.7	4,226.4	-
1997	136,164.2	3,040.5	7,712.8	33,727.4	1,735.4	8,652.0	4,194.4	-
1998	132,313.1	2,770.8	7,385.5	32,485.6	1,505.6	7,030.8	4,653.3	-
1999	143,685.5	2,951.0	7,846.8	29,708.3	1,390.3	7,032.2	4,869.0	-
2000	172,267.5	2,791.9	11,572.3	30,285.3	1,529.8	7,481.2	5,024.1	322.2
2001	150,439.1	2,646.2	10,000.1	26,314.9	1,260.5	6,104.1	4,300.1	279.5
2002	162,470.5	2,634.7	8,498.1	25,478.8	1,382.8	6,621.1	3,946.9	267.3
2003	193,817.4	2,792.3	9,048.4	27,298.3	1,557.3	6,107.1	3,627.4	306.3
2004	253,844.7	3,122.7	13,061.4	29,606.7	1,590.7	6,006.4	3,378.4	376.3
2005	284,418.7	3,174.4	18,650.9	26,332.1	1,437.5	5,703.8	2,568.6	501.5
2006	325,464.8	3,167.7	25,071.5	26,864.0	1,337.9	5,271.6	2,173.2	650.8
2007	371,489.1	3,531.7	29,442.5	27,469.7	1,464.6	5,194.6	1,909.3	684.7
2008	422,007.3	4,071.7	44,102.6	29,416.3	1,358.0	5,263.4	1,737.1	651.7
2009	363,533.6	4,282.8	27,892.3	27,497.7	1,166.9	4,522.4	1,392.9	653.8
2010	466,383.8	5,238.2	38,530.4	32,690.4	1,577.9	5,463.0	1,605.0	745.0
2011	555,213.7	6,521.2	61,736.2	38,935.2	1,786.5	6,355.5	1,836.8	968.9
2012	547,869.8	6,817.2	65,386.1	40,458.7	1,752.2	6,140.7	1,907.2	1,110.6
2013	559,632.4	6,700.1	61,167.3	38,995.3	1,726.5	6,109.4	2,095.9	1,208.3
2014	572,664.6	6,958.8	59,201.4	38,606.4	1,650.3	6,079.7	2,233.3	1,201.0
2015	526,756.5	6,809.4	39,465.7	35,365.9	1,467.3	5,497.9	2,113.4	1,104.5
2016	495,425.9	7,354.0	32,986.6	35,424.5	1,326.9	5,284.5	2,047.4	1,189.0
2017	573,694.4	7,790.2	43,103.3	35,961.0	1,404.6	5,221.7	2,019.1	1,214.9
2018	604,859.7	7,896.4	55,087.3	35,817.5	1,456.1	5,170.9	2,095.4	1,254.9
2019	406,104.3	8,231.9	48,839.3	34,191.7	1,378.5	4,840.4	1,922.3	1,196.4
2020	512,498.0	8,633.7	32,191.0	32,367.7	1,025.5	3,625.7	1,899.0	1,050.6
2021	644,400.3	9,763.3	51,408.1	35,283.9	1,450.2	4,178.2	2,194.9	1,160.0
2022	683,584.7	10,352.7	75,114.4	35,156.2	1,239.2	4,275.3	2,188.9	1,167.4
2023	632,225.8	10,746.7	62,593.4	33,419.8	935.7	3,684.7	2,095.4	1,152.3
2024	683,609.4	11,597.5	60,915.0	34,184.1	829.7	3,659.2	1,931.1	1,185.5
2025	519,701.1	9,168.7	41,775.5	25,987.7	560.6	2,516.3	1,387.1	880.3

㈜ 2025년은 10월 조회 기준. (단위:100만 U.S$)

귀금속 및 보석류	완구,운동용구 및악기	중화학공업제품						구분
			화공품	철강제품	기계류 및 정밀기기	전기전자	수송장비	연월
-	-	35,375.2	2,170.2	5,366.1	-	15,015.7	-	1990
-	-	40,991.5	2,801.8	5,696.0	-	16,982.5	-	1991
-	-	45,632.0	3,954.3	6,898.0	-	18,360.2	-	1992
-	-	51,758.6	4,341.6	7,991.7	-	19,780.5	-	1993
-	-	36,213.8	5,558.5	7,713.4	-	25,189.2	-	1994
-	-	87,046.9	8,971.7	9,954.8	-	42,990.1	-	1995
-	-	87,833.2	9,029.0	8,549.6	-	40,835.3	-	1996
-	-	91,683.5	10,612.5	9,945.1	-	41,299.8	-	1997
-	-	89,671.3	10,205.9	11,117.2	-	38,532.7	-	1998
-	-	103,179.4	10,676.1	10,307.8	-	51,772.4	-	1999
1,600.7	644.6	127,618.0	13,530.5	11,360.1	10,612.0	66,828.0	24,610.6	2000
1,147.4	579.2	111,478.0	12,231.4	10,029.9	10,461.6	52,196.8	25,910.8	2001
1,063.2	523.7	125,859.0	13,456.0	10,310.1	11,484.1	61,308.2	28,654.7	2002
2,104.0	535.7	154,678.5	16,592.4	13,094.4	14,253.5	74,730.1	35,136.3	2003
3,214.1	577.9	208,053.8	22,675.4	18,621.5	20,189.5	96,943.3	48,501.6	2004
526.6	531.6	236,261.3	27,295.5	22,478.6	25,876.3	103,521.9	55,771.0	2005
1,290.4	491.2	270,361.7	31,234.9	27,172.4	28,599.4	116,127.9	65,666.3	2006
1,212.0	461.1	311,045.1	36,822.5	31,593.7	36,163.8	126,914.3	77,543.1	2007
1,976.0	451.2	344,416.7	41,920.1	38,083.1	42,949.8	127,181.5	91,536.2	2008
3,510.3	474.5	303,860.8	36,630.6	29,875.9	32,772.2	121,217.2	81,110.8	2009
3,925.3	492.8	389,924.8	47,490.8	37,648.8	44,040.6	154,148.0	103,432.8	2010
5,496.3	478.2	448,021.0	59,053.6	48,628.5	54,547.2	156,892.5	124,734.8	2011
5,641.9	462.1	435,207.7	59,646.8	47,149.0	55,657.0	155,968.6	112,067.1	2012
3,132.1	410.2	452,769.8	64,441.7	43,620.1	55,264.9	171,177.1	113,120.9	2013
2,968.7	396.0	467,898.0	65,576.7	47,504.4	57,879.2	174,446.2	116,467.9	2014
2,389.8	377.2	445,115.4	55,868.5	41,407.0	57,347.7	170,508.7	112,821.1	2015
2,885.5	361.3	419,660.8	55,308.5	39,945.4	55,173.2	159,392.7	100,967.9	2016
1,986.7	407.0	486,839.9	65,682.6	46,881.4	63,284.9	191,994.1	108,768.1	2017
1,868.8	398.5	506,058.5	73,959.2	48,060.6	69,379.7	214,809.2	87,383.0	2018
2,199.1	421.0	450,969.8	67,378.6	44,116.6	67,631.0	171,443.4	87,675.0	2019
3,399.5	382.6	439,305.6	66,556.0	39,582.3	63,368.2	178,471.6	77,574.5	2020
2,879.0	517.1	547,945.1	91,943.8	52,618.7	70,905.1	221,787.2	94,226.4	2021
2,971.3	564.4	562,961.4	98,013.6	55,323.0	70,886.7	224,220.3	98,443.6	2022
3,263.8	565.8	525,465.9	86,566.7	49,830.1	72,616.2	181,095.6	118,205.3	2023
3,250.7	577.1	576,912.9	83,583.3	48,166.8	72,435.9	230,951.2	120,585.5	2024
3,663.9	474.1	442,769.3	59,799.2	34,985.8	52,725.6	183,779.6	93,972.4	2025

산 업 생 산 지 수 (1)

(원 지 수)

구 분 연월중	총 지 수	광 업	광업 및 제 조 업	전기,가스,증기 및 공기조절 공급업	광 업			제 조 업
					석탄, 원유 및 천연가스 광업	금속 광업	비금속광물 연료용 제외	식료품
1975	3.1	222.5	3.1	3.4	2515.5	201.2	54.7	11.2
1976	4.1	224.3	4.1	4.0	2350.0	222.3	63.9	14.8
1977	4.9	243.5	4.9	4.5	2465.1	244.3	75.3	18.9
1978	6.0	250.3	6.0	5.4	2582.6	227.3	80.4	22.7
1979	6.7	250.2	6.7	6.1	2604.6	212.0	83.0	27.7
1980	6.6	247.4	6.6	6.4	2652.2	209.2	76.2	26.8
1981	7.5	254.0	7.5	6.9	2622.1	221.5	87.5	28.5
1982	7.8	239.6	7.8	7.4	2514.5	204.8	79.0	31.8
1983	9.0	241.3	9.0	8.3	2354.7	211.8	96.8	37.3
1984	10.4	258.7	10.4	9.2	2565.3	218.7	101.3	40.2
1985	10.8	283.6	10.9	9.9	2930.7	207.4	105.1	43.8
1986	13.1	304.1	13.2	11.1	3105.2	198.9	117.8	49.2
1987	15.6	307.8	15.8	12.6	3082.6	180.3	126.2	54.8
1988	17.7	305.7	17.9	14.6	3032.7	161.8	129.3	59.1
1989	18.2	275.2	18.4	16.1	2541.4	154.9	130.9	60.6
1990	19.8	248.7	19.9	18.4	2111.1	132.1	134.3	63.8
1991	21.7	256.2	21.8	20.5	1824.3	125.2	158.0	67.9
1992	23.0	224.4	23.0	22.9	1474.9	126.4	144.1	67.7
1993	24.1	213.8	24.0	25.6	1171.8	91.5	151.7	67.6
1994	26.7	216.6	26.6	29.5	945.4	57.3	168.9	71.2
1995	29.9	205.7	29.8	33.5	742.8	57.2	168.7	72.9
1996	32.5	204.7	32.3	37.6	659.4	71.5	168.1	76.2
1997	34.1	198.0	33.7	41.3	605.7	75.9	162.6	74.6
1998	31.9	153.2	31.5	39.9	577.1	58.4	123.8	68.2
1999	39.7	166.2	39.5	44.8	548.1	49.3	137.0	72.9
2000	46.4	163.6	46.3	50.2	549.9	40.4	135.4	75.2
2001	46.7	163.4	46.3	53.7	505.2	23.5	138.0	78.6
2002	50.4	170.2	50.1	57.8	441.4	39.0	145.1	81.2
2003	53.2	168.7	52.8	60.9	438.9	34.1	144.2	79.8
2004	58.8	162.9	58.5	64.5	430.3	44.8	137.9	81.5
2005	62.5	150.1	62.2	69.1	377.8	43.3	127.6	81.3
2006	67.7	143.9	67.6	71.9	352.7	49.0	122.9	82.7
2007	72.4	137.4	72.3	75.1	310.1	74.0	118.6	82.8
2008	74.8	123.6	74.7	79.1	248.4	67.0	110.0	80.8
2009	74.8	132.0	74.5	80.5	336.8	52.9	110.8	80.5
2010	86.9	122.5	87.0	88.1	329.9	95.9	98.4	85.3
2011	92.1	128.0	92.2	92.3	302.2	119.8	106.7	87.0
2012	93.4	122.2	93.4	94.0	297.5	104.0	101.3	88.3
2013	94.0	127.2	94.1	94.1	284.4	94.3	108.6	88.5
2014	94.2	117.1	94.3	94.7	234.6	95.8	102.6	89.5
2015	94.0	118.9	94.1	93.8	194.9	75.6	109.6	91.1
2016	96.0	122.9	96.2	94.5	188.7	71.9	115.3	93.5
2017	98.5	119.2	98.4	99.8	168.5	63.6	113.8	93.7
2018	99.9	106.4	99.8	103.4	143.1	79.3	102.2	94.8
2019	100.3	101.5	100.2	101.9	122.1	74.2	99.6	98.4
2020	100.0	100.0	100.0	100.0	100.0	100.0	100.0	100.0
2021	108.5	101.6	108.7	104.7	88.2	86.8	103.2	100.2
2022	109.6	93.3	109.7	107.7	80.5	77.7	94.9	102.4
2023	106.8	90.4	107.0	104.8	63.4	82.1	92.0	98.1
2024	111.2	81.4	111.5	106.1	53.4	69.3	83.4	100.0
2025. 1	103.6	58.9	102.6	125.5	42.9	53.4	59.8	98.1
2	106.3	57.8	105.7	119.6	49.6	49.7	58.1	95.3
3	117.0	71.8	117.3	111.6	41.4	57.5	74.3	99.5
4	116.4	81.9	117.4	97.0	43.8	71.2	84.3	104.5
5	112.6	78.6	113.4	95.1	41.7	54.5	82.1	98.6
6	114.3	76.5	115.2	95.8	35.7	50.6	80.5	95.8
7	114.5	74.6	114.7	111.5	33.1	54.0	78.5	101.2
8	110.9	68.1	111.0	110.1	38.1	36.5	71.5	94.6

(2020=100)

제조업								구 분
음료	담배	섬유제품 (의복제외)	의복,액세서리 및 모피제품	가죽, 가방 및 신발	목재 및 나무제품 (가구제외)	펄프, 종이 및 종이제품	인쇄 및 기록매체복제	연월중
9.3	28.1	104.1	80.6	457.9	116.8	9.5	29.8	1975
10.5	29.8	135.0	112.6	654.2	154.3	12.0	34.0	1976
13.5	33.2	147.0	121.7	784.0	174.4	14.7	35.6	1977
17.5	37.9	167.9	147.8	884.1	202.2	17.4	45.2	1978
20.5	39.8	189.7	149.2	800.5	187.7	18.9	52.8	1979
19.4	43.6	215.1	149.9	796.6	131.4	21.2	55.6	1980
20.1	45.0	235.5	185.9	912.5	142.0	23.4	52.8	1981
21.3	45.3	244.6	181.6	929.0	134.3	24.3	49.5	1982
21.5	47.9	250.7	204.6	1061.4	164.2	27.9	44.6	1983
23.5	49.6	260.4	221.2	1320.8	157.5	29.0	55.5	1984
23.6	48.1	257.0	229.5	1299.9	148.7	29.5	58.8	1985
24.5	49.8	302.8	275.9	1708.3	160.0	35.7	87.4	1986
27.6	50.8	335.8	328.2	1971.5	180.0	42.7	98.4	1987
34.1	53.5	355.0	316.6	1934.6	181.8	48.0	103.6	1988
40.1	53.3	349.0	296.0	1678.0	186.8	50.4	104.8	1989
43.1	56.6	354.6	276.9	1793.2	194.1	53.1	105.5	1990
50.9	57.2	350.2	263.0	1668.7	210.1	55.2	108.1	1991
56.9	59.2	339.4	239.7	1543.2	200.0	58.7	126.0	1992
61.3	60.7	311.2	204.6	1178.7	166.1	63.5	124.1	1993
72.4	57.7	309.6	213.1	998.4	171.3	71.0	140.9	1994
68.5	55.8	301.1	217.3	849.3	168.4	75.9	167.8	1995
72.5	60.0	286.7	210.8	726.8	169.3	80.0	166.1	1996
73.9	61.3	268.2	167.6	615.3	170.1	83.4	159.7	1997
64.9	64.0	244.3	121.9	433.5	106.4	73.4	131.6	1998
76.3	60.8	260.6	132.8	436.6	134.4	81.7	133.0	1999
78.0	62.3	257.5	152.3	402.7	139.0	84.8	133.3	2000
85.2	62.0	230.9	140.3	380.3	149.0	84.3	130.8	2001
86.3	62.2	217.6	146.2	352.7	156.8	89.3	131.7	2002
84.6	81.1	193.2	128.1	304.2	158.3	89.4	121.3	2003
86.1	87.7	177.0	128.2	262.1	151.7	92.2	118.8	2004
84.9	70.6	155.0	135.2	236.6	145.1	92.7	111.2	2005
84.4	79.0	155.3	148.1	242.5	159.1	94.7	113.4	2006
86.4	82.1	153.3	157.2	237.9	155.3	97.2	113.2	2007
89.0	85.3	141.0	165.0	233.8	144.6	95.7	124.5	2008
84.3	85.0	133.1	160.2	206.1	128.0	93.0	110.3	2009
88.7	82.1	149.3	168.3	195.6	126.6	99.2	126.1	2010
91.8	83.4	151.5	169.3	197.8	123.4	101.5	115.7	2011
95.9	86.7	147.9	164.7	192.2	111.3	101.8	114.1	2012
96.5	79.2	145.7	157.6	218.2	117.5	104.2	109.4	2013
97.6	85.3	142.9	147.8	215.2	112.8	106.0	109.1	2014
100.4	79.1	134.0	142.1	203.2	117.1	104.8	106.3	2015
104.1	89.3	132.0	137.4	188.0	116.3	104.3	107.6	2016
106.1	97.0	127.6	136.1	166.7	121.4	102.3	108.4	2017
105.8	87.8	119.0	132.8	168.3	111.6	102.4	106.7	2018
104.2	95.7	112.0	124.1	145.4	101.9	100.9	101.3	2019
100.0	100.0	100.0	100.0	100.0	100.0	100.0	100.0	2020
99.8	93.2	101.6	103.6	101.6	100.7	101.9	101.6	2021
106.9	95.3	99.9	107.5	102.0	88.5	102.9	97.8	2022
103.3	97.7	90.4	92.0	85.7	76.7	98.3	93.3	2023
100.7	104.6	88.5	82.0	73.2	72.3	99.9	89.8	2024
90.9	82.5	80.5	76.5	74.7	63.4	95.2	80.4	2025. 1
92.9	99.2	84.8	69.6	65.6	64.6	95.4	86.2	2
99.5	99.0	91.3	85.2	80.3	67.0	96.8	87.1	3
107.4	110.1	93.1	85.8	82.4	74.1	101.2	91.4	4
101.7	99.0	89.2	76.0	70.8	68.3	97.5	86.5	5
99.5	98.2	86.4	74.5	75.2	68.5	95.1	85.3	6
108.3	109.5	86.8	82.7	66.9	68.6	100.4	88.2	7
103.4	95.8	79.6	83.7	60.5	59.5	95.8	81.7	8

산 업 생 산 지 수 (2)

(원 지 수)

구분 \ 연월중	제조업						
	코크스, 연탄 및 석유정제	화합물질및 화학제품	의료용 물질 및 의약품	고무 및 프라스틱제품	비금속 광물제품	제1차 금속산업	금속 가공제품
1975	8.4	3.3	2.0	6.7	12.3	3.8	11.2
1976	9.7	4.2	2.6	8.8	14.2	5.4	17.0
1977	11.5	5.0	3.5	13.0	18.0	6.5	23.3
1978	12.3	6.2	4.4	18.5	20.9	8.6	31.3
1979	14.6	6.9	5.5	21.2	23.0	11.2	31.7
1980	15.0	7.0	4.9	22.2	23.5	12.0	31.9
1981	15.7	7.4	5.1	20.0	23.6	15.9	38.6
1982	15.5	7.7	5.9	20.0	25.1	17.2	41.0
1983	17.4	8.8	7.0	26.8	31.7	19.6	48.8
1984	18.6	9.7	8.0	31.4	34.6	21.8	56.6
1985	19.5	10.2	8.5	32.4	35.2	22.7	58.3
1986	20.8	11.2	9.2	37.5	40.3	25.2	71.6
1987	20.9	13.5	10.7	44.5	45.8	28.9	73.7
1988	24.1	16.7	13.0	51.7	51.8	31.2	74.6
1989	27.0	17.5	14.1	50.8	57.6	34.0	74.0
1990	28.5	20.0	16.9	52.7	61.7	38.0	75.9
1991	35.8	23.5	18.8	57.1	71.6	42.1	81.7
1992	44.9	29.2	19.7	60.5	76.3	44.1	78.0
1993	48.7	32.0	20.9	63.1	77.0	49.1	81.6
1994	49.7	34.7	22.8	68.3	82.8	53.2	90.1
1995	56.1	37.1	24.5	71.7	87.7	58.4	101.2
1996	65.4	41.7	27.4	76.0	92.9	62.0	106.9
1997	79.6	47.6	29.2	77.5	94.5	65.6	109.4
1998	71.3	47.0	25.8	61.3	72.6	57.7	85.9
1999	77.6	52.0	28.2	72.1	78.0	65.8	90.3
2000	78.9	54.7	31.0	77.0	83.1	71.4	94.7
2001	76.0	55.5	33.6	78.9	84.8	72.4	87.6
2002	69.6	59.1	35.4	84.1	86.6	76.0	90.4
2003	71.9	61.2	37.7	86.2	91.6	79.9	92.0
2004	74.3	64.2	40.3	89.1	90.2	84.0	94.5
2005	76.7	65.1	45.1	90.8	84.2	84.3	92.9
2006	77.7	66.8	50.1	97.0	89.4	87.3	98.8
2007	78.6	71.4	54.4	102.6	94.5	91.3	104.1
2008	79.2	72.2	58.7	99.2	95.5	92.7	109.9
2009	78.2	75.9	62.4	90.8	94.5	84.0	98.9
2010	80.9	82.1	65.0	101.9	99.7	100.9	107.3
2011	86.5	84.3	65.3	107.1	100.0	107.1	116.9
2012	88.3	87.5	65.8	108.4	94.9	107.8	126.6
2013	84.7	91.0	67.1	112.0	100.3	106.9	125.9
2014	89.1	91.7	68.1	112.9	96.6	110.9	130.5
2015	94.4	93.8	69.4	112.7	103.0	109.0	124.8
2016	101.0	98.9	76.2	113.4	112.3	111.1	127.5
2017	108.4	102.4	82.2	112.7	114.5	112.1	120.6
2018	110.5	104.7	88.9	107.2	110.4	109.1	111.0
2019	108.6	103.2	91.3	105.2	107.4	106.6	109.2
2020	100.0	100.0	100.0	100.0	100.0	100.0	100.0
2021	103.2	108.5	102.6	103.2	104.3	105.1	94.6
2022	105.0	97.7	117.2	103.2	100.3	97.8	94.0
2023	105.2	88.3	127.3	98.5	97.1	97.8	96.2
2024	107.1	90.2	151.8	100.8	91.2	94.9	101.2
2025. 1	107.8	88.1	144.4	90.9	63.1	91.4	87.2
2	99.3	85.2	149.4	97.4	63.4	86.0	97.8
3	95.6	91.6	180.5	102.7	80.8	93.2	106.1
4	101.7	92.3	174.2	106.2	94.2	94.3	102.6
5	107.5	88.9	154.3	99.9	87.4	95.9	95.5
6	104.4	87.0	161.8	98.1	86.8	93.9	103.3
7	111.9	91.4	166.8	98.4	81.5	94.9	96.9
8	110.2	86.9	161.8	92.3	72.5	91.0	91.2

(2020=100)

제 조 업								구 분
전자부품, 컴퓨터영상음향 및통신장비	의료, 정밀, 광학기기 및 시 계	전기장비	기타기계 및 장 비	자 동 차 및 트레일러	기타 운송장비	가 구	기타제품	연월중
0.1	8.7	1.5	2.5	0.7	4.7	13.0	125.6	1975
0.1	15.9	2.3	3.9	0.9	4.3	18.1	153.7	1976
0.1	18.6	3.6	4.2	1.7	3.8	21.8	186.6	1977
0.1	23.5	6.1	6.4	2.7	4.7	27.3	159.8	1978
0.2	25.4	7.4	6.3	3.3	4.9	28.0	154.8	1979
0.2	26.0	5.0	5.0	2.1	5.7	25.5	161.2	1980
0.2	26.0	6.0	6.3	2.6	9.3	30.1	174.7	1981
0.2	23.9	6.8	7.0	3.0	9.8	38.9	172.7	1982
0.3	26.2	8.6	9.9	3.5	8.7	50.7	204.4	1983
0.4	29.9	11.7	11.0	4.6	16.3	58.0	242.8	1984
0.4	29.3	12.4	12.2	5.0	15.8	55.1	235.4	1985
0.7	36.5	18.2	15.9	7.4	16.5	59.8	287.8	1986
1.0	50.9	25.5	19.5	11.1	17.2	71.5	363.6	1987
1.2	53.6	32.1	21.7	14.2	20.6	91.7	352.1	1988
1.3	48.8	31.0	23.0	16.1	19.0	99.4	309.3	1989
1.4	46.1	33.8	28.0	20.0	22.1	102.2	292.4	1990
1.6	46.1	37.3	31.0	23.1	26.3	106.0	292.4	1991
1.7	46.5	38.7	30.3	26.3	32.7	103.4	261.9	1992
2.0	47.5	41.0	31.6	30.7	28.8	101.6	231.3	1993
2.4	50.9	45.8	37.5	36.7	33.4	101.4	222.2	1994
3.2	54.2	52.7	44.8	42.9	38.2	104.8	215.6	1995
3.9	51.7	55.7	47.0	48.3	45.5	100.8	204.1	1996
4.7	50.7	55.5	45.7	48.1	49.7	90.7	188.2	1997
6.2	45.7	41.7	31.3	31.7	74.3	63.6	207.7	1998
9.4	50.9	52.8	38.8	48.6	80.6	89.5	215.5	1999
13.0	55.0	63.0	48.8	55.4	74.1	84.6	206.1	2000
13.3	55.9	62.7	46.6	54.8	90.3	82.4	192.5	2001
16.5	55.5	70.6	49.8	59.4	88.5	88.8	173.5	2002
19.3	56.6	70.6	53.1	63.3	94.5	89.5	141.8	2003
24.5	57.5	74.8	59.8	70.7	107.6	89.2	124.3	2004
28.9	54.4	77.5	61.6	76.6	115.8	86.9	109.4	2005
35.3	58.4	77.7	67.5	82.8	125.4	88.1	103.7	2006
40.1	61.2	81.2	74.2	87.9	134.2	87.4	102.7	2007
43.8	64.2	86.3	74.7	85.1	165.1	89.3	87.3	2008
47.8	65.2	87.6	66.9	79.6	186.2	80.0	82.3	2009
59.9	72.9	96.4	92.7	98.1	173.3	84.4	94.9	2010
64.1	77.0	97.2	101.3	112.5	176.3	89.0	97.0	2011
65.7	81.3	95.2	99.2	112.3	185.5	82.9	98.6	2012
68.0	90.5	93.5	95.2	113.9	176.3	82.1	99.6	2013
66.8	81.9	95.3	95.6	117.0	156.6	87.9	99.5	2014
67.7	78.6	92.2	92.6	118.5	142.5	92.8	95.8	2015
71.1	79.3	95.4	94.0	115.7	126.4	98.6	100.0	2016
76.2	93.9	98.3	106.7	112.6	96.8	101.6	103.6	2017
85.3	107.0	98.1	103.2	111.3	87.7	94.6	98.4	2018
89.4	95.5	101.0	97.0	110.5	103.0	92.7	103.4	2019
100.0	100.0	100.0	100.0	100.0	100.0	100.0	100.0	2020
120.2	116.8	108.2	112.4	105.4	97.1	98.4	103.4	2021
121.3	123.3	111.9	113.2	115.2	116.7	84.2	106.8	2022
114.3	107.9	111.3	104.9	127.2	126.7	73.3	98.1	2023
133.2	114.5	103.3	103.3	124.7	146.5	67.5	94.5	2024
130.6	102.3	87.2	86.7	108.4	148.3	58.8	81.1	2025. 1
123.7	111.8	98.2	97.4	126.6	156.5	72.8	82.1	2
152.8	120.9	106.6	106.2	133.3	172.3	72.4	95.3	3
136.6	129.0	105.8	109.2	137.8	187.3	62.6	95.8	4
143.2	121.8	100.9	103.7	128.5	179.4	56.6	99.1	5
150.5	126.3	109.0	105.7	128.6	179.2	56.0	87.0	6
146.4	128.0	107.9	104.7	120.4	189.9	54.3	100.5	7
151.8	117.6	100.1	93.9	122.9	151.9	55.2	78.4	8

생산자출하지수(1)

구 분 연월중	총 지 수	광 업	제 조 업	전기,가스,증기 및 수도사업	광 업			제조업
					석탄, 원유 및 천연가스	금 속	비금속광물	식 료 품
1975	3.4	207.3	3.4	2.7	2,403.7	193.5	42.8	11.9
1976	4.4	208.4	4.3	3.2	2,290.1	205.6	47.2	15.0
1977	5.2	227.0	5.2	3.7	2,483.2	204.9	56.3	18.5
1978	6.5	247.5	6.5	4.4	2,514.9	208.3	75.0	22.3
1979	7.2	248.4	7.1	5.0	2,523.4	183.3	81.1	27.7
1980	7.2	259.6	7.1	5.6	2,586.3	162.5	94.1	28.2
1981	8.0	287.7	8.0	6.0	2,562.2	184.9	144.3	29.0
1982	8.3	262.5	8.3	6.5	2,380.9	193.2	115.2	32.2
1983	9.7	270.5	9.7	7.4	2,432.9	209.5	117.3	38.0
1984	11.0	292.4	10.9	8.1	2,655.1	219.7	126.1	40.0
1985	11.5	297.6	11.4	8.8	2,858.3	197.2	117.9	43.1
1986	13.9	316.6	13.9	9.8	3,023.5	180.0	131.7	49.0
1987	16.5	319.1	16.6	11.2	2,986.9	178.4	140.0	55.5
1988	18.8	309.8	18.8	13.0	2,909.0	163.0	136.5	59.5
1989	19.6	287.8	19.6	14.3	2,516.2	151.4	147.3	60.8
1990	21.8	256.6	21.8	16.3	2,106.2	125.1	148.0	64.1
1991	23.9	270.2	23.9	18.2	1,789.8	116.5	179.9	67.7
1992	25.3	225.6	25.3	20.5	1,366.2	119.6	155.3	68.0
1993	26.8	237.4	26.7	23.3	1,133.0	90.1	182.5	67.7
1994	30.0	237.0	29.9	27.1	819.3	58.4	201.4	71.5
1995	33.8	232.8	33.7	30.8	690.6	57.8	203.9	74.3
1996	36.8	235.7	36.7	35.0	632.6	77.4	208.4	77.0
1997	39.2	224.2	39.0	38.5	577.9	77.4	199.2	76.7
1998	35.8	176.0	35.6	37.9	609.4	54.8	148.5	69.6
1999	44.9	184.5	44.8	42.5	561.6	47.3	160.7	75.2
2000	52.3	187.5	52.4	48.3	553.6	42.3	164.7	77.5
2001	53.0	188.1	52.8	52.6	527.2	27.7	168.3	79.9
2002	57.1	190.8	57.0	56.1	464.5	39.8	175.0	82.0
2003	59.9	192.8	59.7	59.0	499.6	32.7	175.1	81.8
2004	65.4	181.2	65.4	62.5	477.5	40.9	163.3	82.8
2005	69.1	163.1	69.0	67.2	402.0	42.0	148.6	82.7
2006	74.4	155.5	74.5	69.2	365.4	57.7	142.8	83.8
2007	79.7	149.1	79.9	72.6	336.4	78.9	137.5	84.1
2008	81.7	135.0	81.8	76.3	291.1	68.6	125.8	82.0
2009	80.6	142.2	80.6	78.0	347.3	50.4	129.4	82.4
2010	92.2	129.8	92.3	87.4	323.9	87.7	116.1	87.1
2011	97.3	136.5	97.5	91.4	298.1	99.1	125.0	87.7
2012	98.7	132.0	98.9	93.2	292.9	104.5	120.3	89.6
2013	99.6	135.1	99.7	94.6	275.2	100.0	125.3	90.3
2014	99.6	128.7	99.7	93.5	233.8	92.3	121.6	90.8
2015	99.7	133.3	100.0	92.6	186.2	81.5	130.9	92.3
2016	101.2	136.1	101.5	94.2	157.0	77.0	136.7	94.6
2017	102.5	124.0	102.5	100.8	171.3	66.9	122.3	94.6
2018	102.6	104.4	102.4	105.8	148.7	79.8	101.6	95.8
2019	102.3	99.2	102.2	103.0	119.4	75.6	98.5	99.1
2020	100.0	100.0	100.0	100.0	100.0	100.0	100.0	100.0
2021	105.0	106.8	105.0	104.9	105.4	92.9	107.4	100.1
2022	105.3	96.8	105.2	107.5	115.6	78.7	96.5	101.3
2023	104.6	94.5	104.8	103.5	106.6	85.2	94.3	96.2
2024	105.2	86.7	105.3	104.8	102.1	73.9	86.5	96.5
2025. 1	96.9	64.9	94.5	137.1	139.4	63.2	61.6	98.6
2	101.5	61.1	99.7	132.3	93.8	35.5	60.8	91.1
3	109.4	77.6	109.0	117.7	72.5	90.0	77.1	96.0
4	107.0	84.9	107.7	96.3	85.6	59.2	85.9	100.0
5	105.3	82.8	106.3	91.3	64.2	56.7	84.7	97.1
6	106.7	79.0	107.9	88.7	14.5	38.5	83.5	93.0
7	105.2	79.6	105.5	101.3	84.2	72.9	79.6	98.9
8	102.1	73.5	102.3	99.5	99.7	40.1	73.7	92.8

(2020=100)

제조업								구분
음료품	담배	섬유제품 (의복 제외)	의복, 액세사리 및 모피제품	가죽, 가방 및 신발	목재 및 나무제품	펄프, 종이 및 종이제품	인쇄 및 기록매체복제	연월중
9.6	30.3	98.3	60.7	325.6	154.8	8.0	26.2	1975
10.8	31.2	122.7	84.1	479.6	199.8	10.6	30.4	1976
12.9	35.6	134.1	91.7	587.8	226.9	12.8	31.8	1977
16.7	40.3	159.0	112.4	669.8	248.7	15.4	40.5	1978
19.7	44.3	166.1	112.1	611.7	226.6	16.5	47.8	1979
18.8	46.1	196.0	113.6	655.5	159.2	18.4	50.2	1980
19.5	47.8	216.4	141.4	716.2	166.4	20.2	50.7	1981
20.5	50.0	219.9	137.7	768.9	147.9	21.8	46.7	1982
21.2	51.5	232.3	153.3	864.4	161.0	25.2	42.8	1983
23.1	52.8	236.5	167.2	1073.2	150.2	26.4	53.3	1984
23.0	53.6	241.0	171.9	1065.4	143.7	27.3	56.5	1985
24.0	56.6	281.5	203.8	1402.3	155.9	33.9	84.1	1986
26.6	58.7	305.3	245.6	1634.4	174.5	40.9	94.7	1987
33.0	61.6	318.9	234.7	1597.1	178.0	46.2	99.6	1988
37.9	60.0	313.6	223.3	1424.5	181.3	48.6	100.8	1989
41.6	62.7	315.4	209.6	1498.1	193.0	52.3	101.5	1990
49.4	63.1	314.4	205.6	1357.5	209.6	53.7	107.2	1991
56.8	63.7	301.1	184.2	1267.9	205.5	57.2	123.1	1992
60.8	64.5	279.3	158.1	1031.0	170.1	63.6	122.0	1993
71.3	57.4	282.0	164.7	888.1	179.2	70.7	141.1	1994
67.6	59.4	270.2	165.0	782.3	171.8	74.6	169.8	1995
71.2	63.3	263.4	162.1	708.7	176.6	78.8	168.4	1996
73.0	64.0	248.3	130.6	602.5	178.3	83.7	161.7	1997
62.4	65.8	227.8	98.3	431.0	116.6	72.6	133.0	1998
73.6	59.7	244.6	99.8	425.8	140.7	80.7	135.3	1999
75.1	65.4	241.5	118.5	399.2	142.6	82.0	135.9	2000
81.6	60.3	218.5	109.2	371.6	155.4	84.1	133.6	2001
82.0	62.7	206.2	117.2	349.7	165.0	87.8	134.4	2002
79.9	80.5	182.9	102.5	289.2	168.4	88.5	122.4	2003
81.3	88.5	169.5	102.2	254.3	159.3	91.5	119.9	2004
81.3	71.1	150.0	108.6	230.7	149.9	92.3	112.1	2005
81.2	79.2	150.6	119.7	238.8	164.3	94.4	114.2	2006
82.7	82.5	151.8	129.8	235.5	163.0	96.6	113.8	2007
85.3	85.5	139.5	134.0	226.0	152.9	94.4	125.1	2008
81.0	84.4	130.7	129.8	195.4	133.8	93.3	110.7	2009
86.3	80.2	147.5	135.6	190.2	130.2	98.7	125.9	2010
87.9	81.8	146.6	139.1	199.7	127.1	101.8	115.6	2011
93.5	86.5	142.3	137.9	197.8	115.6	102.8	114.1	2012
93.9	79.1	140.9	133.0	223.6	119.9	104.7	109.4	2013
95.1	86.8	138.9	125.2	213.1	116.8	105.3	109.0	2014
97.9	81.6	130.7	123.0	211.4	123.0	104.1	106.4	2015
101.5	89.4	128.7	123.0	191.8	120.5	103.1	107.7	2016
103.9	96.7	124.0	122.6	172.0	122.6	101.1	109.9	2017
103.2	86.6	116.5	119.7	168.2	113.7	100.9	107.2	2018
103.4	92.9	110.5	115.2	146.8	101.1	101.2	101.5	2019
100.0	100.0	100.0	100.0	100.0	100.0	100.0	100.0	2020
102.8	92.0	102.9	101.8	94.0	101.0	101.8	101.9	2021
109.3	92.9	101.3	98.8	91.8	87.4	101.7	98.7	2022
105.8	97.0	92.5	88.9	78.9	76.6	97.5	94.0	2023
103.5	103.3	90.9	78.9	70.2	72.0	98.8	90.3	2024
91.7	81.4	82.1	72.6	74.5	63.9	94.5	80.9	2025. 1
88.8	94.0	88.9	69.8	63.5	63.9	96.2	86.6	2
94.2	91.3	95.6	79.0	72.5	65.6	96.9	87.4	3
104.3	103.1	97.3	77.6	75.4	72.0	101.8	91.6	4
101.7	100.4	92.0	69.7	67.4	66.7	95.8	87.0	5
99.5	97.4	87.9	66.1	69.8	66.9	95.2	85.7	6
112.7	92.8	89.4	72.1	62.4	66.7	101.7	88.6	7
106.6	104.2	82.5	70.9	56.3	58.3	95.6	82.0	8

생산자출하지수 (2)

구 분	제조업						
연월중	코크스, 연탄 및 석유정제	화학물질 및 화 학 제 품	의료용 물질 및 의 약 품	고 무 및 플라스틱제품	비 금 속 광물제품	제 1 차 금속산업	금 속 가공제품
1975	11.4	3.3	1.9	6.9	12.3	3.8	9.9
1976	13.2	4.4	2.5	9.4	14.2	5.4	15.0
1977	15.2	5.2	3.3	13.6	17.8	6.5	20.9
1978	16.7	6.3	4.1	19.8	20.3	8.4	28.4
1979	17.8	6.9	5.0	21.7	21.5	10.2	28.4
1980	17.3	7.4	4.6	22.5	22.0	11.5	28.5
1981	17.5	7.8	4.8	20.3	23.1	14.5	34.7
1982	16.8	8.1	5.5	19.9	23.9	15.7	35.8
1983	19.1	9.4	6.6	26.6	29.5	18.5	41.8
1984	20.3	10.3	7.4	31.6	32.2	20.1	51.3
1985	20.9	10.8	7.9	32.4	32.6	21.2	51.0
1986	22.1	12.2	8.6	37.3	38.1	24.3	68.2
1987	23.6	14.2	10.1	43.6	43.8	28.3	69.0
1988	28.9	16.8	11.9	49.4	49.9	30.6	69.5
1989	31.5	17.6	13.6	48.4	57.6	33.9	68.9
1990	35.5	20.7	16.1	51.0	64.7	38.7	71.3
1991	44.1	23.7	18.1	54.5	74.1	43.4	77.8
1992	51.1	28.6	18.7	57.2	78.8	45.2	73.6
1993	58.4	31.5	20.5	60.3	81.9	50.5	78.4
1994	57.7	34.9	21.8	66.4	91.7	55.0	86.4
1995	64.8	37.0	23.6	69.3	95.0	60.8	96.6
1996	74.4	42.0	26.3	74.0	100.3	65.0	103.0
1997	81.5	48.0	28.0	75.6	102.6	69.7	105.8
1998	75.4	47.1	25.3	60.6	78.6	61.8	85.1
1999	79.9	51.3	26.9	70.7	84.6	70.1	87.6
2000	81.6	55.7	30.1	75.2	89.8	75.9	90.9
2001	78.8	56.5	32.9	77.1	92.1	77.7	83.2
2002	73.3	59.8	35.4	82.6	97.8	81.8	86.3
2003	72.3	61.5	37.9	84.3	101.3	85.0	89.5
2004	73.7	64.3	40.0	87.6	101.4	88.3	91.9
2005	75.6	66.3	44.5	89.3	93.6	87.9	91.1
2006	78.4	67.3	49.8	95.7	98.9	92.3	98.1
2007	80.2	72.0	54.9	101.3	104.2	97.2	103.8
2008	81.0	71.8	58.1	99.0	102.8	96.7	110.3
2009	81.3	76.9	61.7	91.1	100.1	88.6	101.0
2010	84.1	81.7	64.2	101.5	102.6	102.3	108.9
2011	90.7	83.6	64.9	106.1	102.8	108.3	118.1
2012	92.7	85.8	65.4	108.0	98.7	108.9	128.1
2013	90.1	89.5	67.9	111.7	104.2	108.8	127.3
2014	92.3	89.8	69.5	112.3	100.1	108.0	132.4
2015	97.9	92.4	72.0	112.2	108.5	106.7	126.9
2016	102.6	97.1	77.2	113.0	115.1	109.8	129.3
2017	107.8	101.2	83.7	111.5	117.2	109.8	121.7
2018	109.7	102.4	90.3	105.9	109.9	107.5	110.7
2019	107.9	103.5	91.8	105.5	104.8	105.4	108.8
2020	100.0	100.0	100.0	100.0	100.0	100.0	100.0
2021	98.7	106.1	104.2	103.6	103.4	104.1	91.4
2022	100.7	96.0	117.1	104.0	98.9	98.4	90.4
2023	102.1	91.3	128.6	100.7	95.5	98.2	94.3
2024	106.3	93.8	135.9	102.8	88.1	94.8	97.3
2025. 1	99.7	90.3	145.9	92.3	59.2	88.7	80.3
2	98.5	91.7	138.1	98.9	61.7	88.7	90.3
3	98.1	94.1	147.4	104.5	79.2	94.4	98.6
4	98.3	96.6	156.0	107.7	95.1	97.4	97.1
5	103.4	94.4	150.0	101.8	86.8	94.9	90.1
6	104.5	92.1	146.5	100.6	83.0	94.2	97.8
7	108.0	96.0	142.3	101.2	78.6	95.3	91.9
8	106.6	91.9	133.9	94.4	71.0	90.7	84.8

(2020=100)

제조업								구분
전자부품, 컴퓨터영상음향 및통신장비	의료, 정밀, 광학기기 및 시계	전기장비	기타기계 및 장비	자동차및 트레일러	기타 운송장비	가구	기타제품	연월중
0.1	7.6	1.4	2.1	0.7	5.5	11.2	105.8	1975
0.1	14.5	2.1	3.1	0.9	4.6	15.2	129.9	1976
0.2	16.6	3.5	3.3	1.7	3.9	18.8	160.8	1977
0.2	21.3	6.1	5.0	2.8	4.5	24.1	137.8	1978
0.2	22.7	7.6	5.0	3.3	4.5	23.5	129.8	1979
0.2	23.7	4.9	4.3	2.2	5.8	22.5	132.0	1980
0.3	23.1	5.7	5.3	2.5	9.5	25.3	147.4	1981
0.3	21.5	6.3	5.9	3.0	9.5	34.1	146.8	1982
0.4	24.5	8.4	8.7	3.2	9.0	44.0	175.8	1983
0.5	27.9	10.9	9.7	4.1	16.4	53.0	203.7	1984
0.6	27.2	11.7	11.1	4.5	16.0	47.7	200.6	1985
0.9	33.9	17.0	14.3	6.7	16.9	52.3	247.0	1986
1.4	46.7	24.0	18.0	9.7	18.0	63.2	311.5	1987
1.7	50.1	28.8	20.5	11.8	21.9	79.5	304.4	1988
1.7	44.8	29.0	22.2	14.0	19.9	87.3	270.9	1989
1.9	43.3	31.9	27.6	17.8	22.4	92.2	259.3	1990
2.2	42.5	35.2	30.5	20.4	25.7	96.8	255.9	1991
2.4	43.5	37.6	30.5	23.3	32.6	98.1	230.4	1992
2.8	44.2	39.4	31.0	26.3	29.0	93.1	202.4	1993
3.5	50.6	44.0	36.8	31.2	34.1	95.0	189.9	1994
4.8	54.0	51.1	43.7	36.5	38.8	97.8	184.4	1995
5.8	51.8	53.8	46.6	41.1	46.0	95.7	180.6	1996
7.5	50.4	53.8	45.4	41.0	49.9	86.9	159.0	1997
8.7	44.5	41.6	32.0	28.6	74.1	61.8	175.1	1998
13.9	49.7	52.3	38.9	43.2	80.8	84.8	184.7	1999
19.1	54.6	61.7	48.3	49.1	73.3	82.7	176.6	2000
19.7	55.3	61.1	47.2	50.1	88.7	81.4	167.5	2001
24.1	56.1	70.7	51.1	54.1	89.7	88.2	151.5	2002
27.7	57.7	70.0	54.5	58.1	95.4	90.7	129.3	2003
33.9	59.2	73.3	60.8	67.3	107.3	92.9	116.9	2004
39.1	57.3	75.5	62.1	73.9	114.9	91.6	104.1	2005
47.1	61.3	75.9	67.7	79.8	124.2	93.7	98.2	2006
53.5	63.0	80.3	75.6	84.7	135.6	96.5	96.8	2007
57.9	66.5	84.1	77.4	82.0	165.7	91.0	85.3	2008
60.3	67.5	86.2	68.5	77.1	182.4	79.3	79.1	2009
73.7	75.6	94.9	93.9	95.0	166.7	87.9	90.7	2010
77.2	81.7	95.4	101.7	109.6	170.1	94.5	91.9	2011
79.0	85.9	93.7	101.0	109.8	175.8	83.7	95.6	2012
82.7	92.5	92.2	95.5	110.7	166.7	80.2	95.4	2013
82.2	83.9	93.8	96.2	113.7	149.3	86.4	95.4	2014
82.4	78.7	91.7	94.1	115.5	138.7	91.3	93.0	2015
84.0	78.9	94.0	95.7	113.3	125.0	95.7	99.0	2016
86.5	95.2	96.4	108.5	110.6	92.9	98.6	102.3	2017
91.9	107.2	98.8	104.3	109.9	84.5	93.5	98.2	2018
92.3	98.3	102.7	98.8	110.3	100.6	94.0	103.2	2019
100.0	100.0	100.0	100.0	100.0	100.0	100.0	100.0	2020
111.0	115.8	106.9	111.9	104.5	96.5	97.7	100.3	2021
108.5	118.6	118.4	111.9	113.1	109.7	85.8	103.2	2022
110.1	109.2	111.6	105.4	125.3	109.0	75.5	93.1	2023
120.3	117.0	92.4	103.9	122.8	126.3	71.0	90.1	2024
103.2	103.6	73.6	88.1	106.5	131.4	59.4	72.5	2025. 1
108.5	115.6	85.0	98.4	124.0	129.4	74.6	77.8	2
139.8	128.4	92.7	109.1	130.3	150.8	70.0	90.3	3
109.0	131.2	89.1	111.0	134.1	160.5	64.3	90.5	4
126.3	124.6	89.9	104.6	126.1	149.4	58.7	94.4	5
131.1	127.8	100.4	108.1	127.6	153.5	55.3	83.4	6
118.0	128.4	90.7	105.9	119.3	159.4	55.2	98.1	7
131.8	123.2	86.5	94.6	118.7	121.8	56.0	82.5	8

제 조 업 가 동 률 지 수

(원 지 수)

구 분 / 연월중	총 지 수	식료품	음료품	담 배	섬유제품	가죽,가방 및 신 발	목 재 및 나무제품	펄 프 종 이 및 종이제품	코 크 스 연 탄 및 석유정제	화 학 물 질 및화학제품	고 무 및 플라스틱 제 품
1980	92.1	94.2	105.1	–	214.2	322.2	138.8	90.9	84.4	86.3	92.2
1981	93.1	87.4	96.7	–	211.6	313.4	136.3	90.0	74.0	86.3	68.9
1982	92.1	88.0	99.7	–	207.8	315.7	105.7	87.1	66.0	81.6	60.5
1983	100.6	101.9	106.1	–	209.6	320.3	103.2	91.7	72.3	84.8	89.3
1984	106.9	101.0	111.4	–	209.4	309.4	117.0	98.9	74.9	88.0	101.9
1985	105.0	103.8	97.4	138.8	200.7	299.7	125.4	95.7	74.5	93.0	91.1
1986	109.5	102.8	98.2	144.6	206.2	319.3	131.4	100.4	77.7	96.3	96.5
1987	112.9	107.8	101.3	149.6	213.3	316.2	141.1	105.2	77.7	100.4	100.8
1988	111.1	107.4	108.7	157.4	210.2	291.4	140.0	105.2	91.7	98.8	106.7
1989	107.2	103.0	113.5	154.6	205.0	267.7	129.0	100.8	97.4	94.3	102.5
1990	109.9	101.5	109.0	163.2	205.7	280.1	134.7	99.0	97.9	96.1	104.8
1991	111.7	100.2	112.6	153.6	200.4	257.2	125.8	96.3	108.9	96.2	108.2
1992	110.0	96.7	108.2	154.4	195.8	249.3	105.5	95.4	111.3	99.9	111.8
1993	109.3	94.2	104.2	152.4	187.9	229.3	98.6	96.2	114.4	99.9	108.2
1994	114.2	96.2	110.6	133.5	179.7	216.2	103.2	100.5	116.4	104.0	108.3
1995	113.7	95.8	94.7	123.6	157.1	204.8	105.7	101.2	106.5	102.4	104.5
1996	113.4	97.6	93.5	131.3	156.0	196.8	115.7	97.4	108.9	103.7	107.5
1997	111.2	100.0	92.9	135.0	158.2	161.2	129.7	101.0	108.7	107.8	108.0
1998	95.6	87.7	82.9	140.9	149.3	160.5	81.9	89.0	96.9	97.3	89.5
1999	107.5	93.8	99.8	131.8	156.6	182.9	108.1	98.2	100.4	105.9	103.1
2000	110.1	94.9	102.5	130.1	151.4	176.3	116.3	99.2	102.3	107.5	107.5
2001	105.6	97.4	108.1	128.8	139.3	179.9	118.4	96.4	99.0	106.8	105.2
2002	109.8	101.2	107.1	129.7	135.2	170.0	124.4	99.1	90.6	109.8	108.4
2003	109.8	98.6	102.6	128.4	132.2	146.0	123.1	98.9	94.6	110.8	106.7
2004	112.9	96.8	103.3	138.9	129.1	148.8	116.7	100.1	99.1	109.2	111.0
2005	112.4	93.1	101.6	114.1	125.2	133.0	113.8	100.0	103.2	105.6	108.4
2006	112.7	91.6	100.6	127.7	128.5	130.8	123.7	100.0	102.3	106.1	109.7
2007	112.9	91.4	100.8	116.4	132.3	133.2	111.3	103.6	102.0	108.7	109.9
2008	109.3	91.9	104.8	102.1	125.2	132.8	102.5	100.8	102.5	101.8	104.3
2009	105.4	93.2	98.6	102.1	121.3	126.8	92.9	100.7	100.3	102.8	100.8
2010	113.6	98.9	100.5	101.3	132.2	140.7	103.0	106.2	101.7	106.2	112.4
2011	113.8	98.3	99.2	102.6	131.6	128.8	102.5	106.7	106.7	105.2	113.9
2012	110.7	98.9	102.5	110.3	129.3	126.1	99.2	106.4	107.6	105.2	111.9
2013	108.0	100.5	102.9	101.8	129.0	131.6	104.4	107.3	101.7	104.4	111.9
2014	107.0	98.5	103.6	106.7	127.1	117.4	105.9	106.4	102.5	103.6	110.9
2015	104.9	98.2	104.1	94.7	124.5	119.5	110.1	106.1	104.5	103.4	110.4
2016	103.9	100.2	106.6	106.5	121.0	116.6	110.7	106.9	109.1	105.5	110.3
2017	103.2	100.9	108.0	110.1	116.8	100.6	114.3	105.6	112.1	106.7	109.4
2018	103.7	99.6	106.0	93.3	115.5	107.6	107.4	106.2	113.7	104.3	106.3
2019	103.3	99.4	104.7	95.4	113.6	112.6	99.4	102.7	111.0	99.8	104.0
2020	100.0	100.0	100.0	100.0	100.0	100.0	100.0	100.0	100.0	100.0	100.0
2021	105.6	101.8	98.6	93.2	105.9	100.8	109.8	107.1	101.5	106.5	107.8
2022	104.8	109.6	107.7	95.3	116.9	99.6	105.5	110.1	103.3	96.2	110.8
2023	101.2	108.3	106.3	94.4	111.2	78.4	89.6	104.8	103.4	87.4	109.0
2024	102.1	112.4	105.3	91.7	110.2	70.0	90.4	108.2	105.2	88.8	112.3
2025. 1	93.3	112.5	96.9	71.9	99.0	68.8	78.9	105.5	106.0	86.1	102.0
2	96.6	109.4	98.0	86.4	105.5	68.8	80.5	105.6	97.6	83.3	109.9
3	105.6	114.0	104.0	86.2	112.1	81.3	84.5	104.9	93.9	89.3	116.4
4	105.6	119.0	112.8	95.9	112.9	81.0	92.7	111.1	99.9	88.0	120.8
5	102.7	113.0	107.6	86.4	107.1	63.9	85.8	107.3	105.5	85.5	114.6
6	103.3	110.8	104.1	83.9	102.5	71.4	85.9	104.6	102.5	84.5	114.3
7	103.2	117.9	112.2	93.5	103.2	60.7	86.4	109.2	110.0	88.9	114.6
8	99.8	110.8	107.7	84.8	94.7	61.0	73.9	103.8	108.3	84.3	107.4

(2020=100)

비 금 속 광물제품	제 1 차 금속산업	금 속 가공제품	기타기계 및 장 비	전기장비	전자부품, 컴퓨터영상음향 및통신장비	의료,정밀, 광학기기 및 시 계	자동차및 트레일러	기 타 운송장비	가 구	기타제품	구 분 / 연월중
122.8	91.7	66.8	66.8	53.9	96.5	168.5	50.4	38.0	-	-	1980
118.2	90.9	76.1	73.4	63.0	97.3	183.3	53.8	57.5	-	-	1981
131.4	96.1	72.9	74.8	69.5	84.1	191.3	61.9	54.9	-	-	1982
149.6	108.0	78.7	98.5	83.9	96.5	195.1	93.0	46.4	-	-	1983
150.4	112.5	90.6	92.5	96.6	110.7	212.3	107.3	67.6	-	-	1984
140.6	114.5	111.1	81.8	96.8	87.3	221.8	108.5	68.8	-	218.8	1985
137.4	118.4	117.5	85.1	105.7	103.2	217.1	109.0	61.3	-	239.1	1986
143.5	119.7	122.3	94.0	109.1	104.6	242.8	113.2	59.1	-	247.2	1987
145.2	111.3	110.2	91.8	99.1	96.9	229.3	101.7	70.4	-	230.5	1988
146.8	110.6	111.7	87.5	86.3	96.0	179.1	95.6	58.6	-	219.9	1989
148.3	120.0	112.3	98.8	92.0	95.1	175.8	101.0	70.0	-	212.9	1990
155.8	117.4	122.9	97.5	96.9	93.2	181.7	106.3	84.6	-	218.5	1991
150.5	112.0	108.3	79.2	97.4	92.1	175.2	111.4	97.1	-	212.0	1992
146.5	114.3	109.7	82.6	97.2	97.7	170.3	114.8	73.3	-	195.9	1993
149.9	116.5	122.0	99.8	107.2	106.6	165.0	118.4	89.5	-	196.1	1994
149.8	116.7	124.7	123.2	115.2	105.2	166.5	122.4	86.7	-	189.1	1995
142.9	120.5	132.6	123.5	113.0	101.2	144.8	125.9	85.0	-	169.7	1996
138.3	123.2	123.6	111.1	111.2	105.4	131.3	112.8	80.4	-	153.5	1997
106.7	98.7	93.1	77.5	88.9	109.7	120.3	75.2	84.7	-	137.3	1998
117.6	104.1	110.5	94.3	110.7	115.8	135.1	100.4	97.1	-	153.1	1999
127.5	109.0	117.0	114.2	102.2	119.8	137.5	96.9	92.1	-	155.8	2000
130.0	109.9	117.5	105.8	101.8	107.2	127.3	90.0	95.8	-	134.9	2001
130.8	111.4	122.4	110.7	107.4	118.3	111.0	94.9	107.1	-	139.1	2002
130.4	114.1	117.2	122.1	99.8	117.5	118.7	95.5	110.3	-	132.4	2003
124.3	117.3	112.2	134.7	100.6	126.2	114.0	99.9	122.6	-	104.0	2004
113.2	114.5	111.6	129.1	104.8	127.7	112.5	105.9	134.5	101.6	99.4	2005
116.0	113.6	112.4	127.2	105.3	125.1	113.7	110.0	139.7	100.1	101.5	2006
117.6	112.0	109.5	127.8	103.2	123.6	107.9	114.5	137.4	97.7	114.9	2007
108.5	111.5	110.3	125.0	101.0	118.9	112.6	106.9	142.5	91.9	115.3	2008
106.1	98.5	99.5	109.8	99.0	122.7	107.1	98.0	137.7	90.3	112.3	2009
107.3	110.1	105.2	125.4	108.2	129.8	119.9	115.9	111.3	105.0	120.1	2010
105.5	110.1	111.6	129.1	104.7	120.8	118.7	123.4	117.5	104.9	119.3	2011
101.5	109.2	109.0	124.6	101.8	115.1	116.3	119.2	105.7	94.5	120.6	2012
103.8	108.0	107.4	114.8	97.9	111.6	117.2	118.2	96.6	91.9	116.5	2013
97.4	110.6	107.4	112.2	97.9	109.8	102.6	119.8	91.7	98.7	114.7	2014
101.7	108.7	104.5	105.0	98.9	100.5	100.5	121.6	92.9	97.9	117.4	2015
107.5	110.3	107.2	101.8	101.6	98.1	97.1	114.1	84.8	98.9	117.4	2016
107.6	111.2	107.5	107.2	102.8	98.4	99.7	106.6	68.7	121.4	115.6	2017
111.2	108.3	105.0	106.4	101.1	102.3	104.0	109.0	69.8	118.9	112.6	2018
109.1	105.9	104.0	107.5	102.7	98.7	100.7	112.8	94.4	105.5	113.1	2019
100.0	100.0	100.0	100.0	100.0	100.0	100.0	100.0	100.0	100.0	100.0	2020
108.7	105.3	108.4	107.6	108.0	106.2	112.3	101.1	100.1	105.3	100.7	2021
109.2	97.8	114.7	113.9	108.3	99.2	116.5	108.6	118.8	99.5	108.7	2022
108.9	97.7	114.0	111.9	105.9	91.2	109.4	112.0	119.8	89.7	126.6	2023
99.6	95.1	113.1	104.0	100.8	102.4	103.1	105.4	126.6	84.6	128.8	2024
67.9	91.4	97.5	88.8	85.3	97.5	91.3	89.8	131.8	74.9	113.5	2025. 1
67.9	86.0	107.1	100.8	95.7	92.5	103.2	106.1	136.6	91.6	116.7	2
86.7	92.9	111.4	109.9	102.4	112.4	104.8	110.9	152.7	91.3	133.0	3
100.7	94.0	113.7	113.8	100.9	101.3	105.5	114.8	159.0	77.2	135.5	4
95.8	95.7	104.5	106.6	95.6	105.1	102.2	107.0	157.4	69.4	136.6	5
94.6	93.7	105.2	111.2	103.4	106.8	103.3	107.0	161.7	69.5	120.8	6
89.5	94.7	106.2	107.4	103.3	104.5	107.0	100.4	177.5	67.4	122.9	7
78.5	90.7	98.7	97.2	94.9	108.9	101.2	102.7	153.2	69.1	107.1	8

발주자별건설공사수주액

구 분 연월중	총 액	공 공 기 관				
			중앙정부	지방자치 단 체	공 기 업	기 타 공공단체
1977	787,338	558,098	140,520	114,908	265,102	37,568
1978	1,655,419	737,792	256,310	206,728	234,545	40,209
1979	2,195,313	1,550,684	437,439	307,803	754,879	50,563
1980	2,062,315	1,194,702	380,091	400,407	355,778	58,426
1981	3,197,678	2,203,111	606,401	609,420	906,693	80,597
1982	3,933,993	2,550,345	657,250	955,108	829,199	108,788
1983	4,734,711	2,815,326	626,457	913,529	1,145,804	129,536
1984	5,187,016	3,107,683	604,154	1,185,602	1,133,325	184,602
1985	5,388,477	3,460,668	748,448	1,115,076	1,385,700	211,444
1986	5,980,679	3,045,878	728,639	793,200	1,337,494	186,545
1987	7,249,882	3,832,906	971,059	1,111,529	1,459,959	290,359
1988	7,292,460	2,988,316	735,880	778,709	1,285,279	188,448
1989	13,453,246	5,938,712	1,508,476	1,376,246	2,828,192	225,798
1990	20,963,956	8,602,720	1,615,366	2,817,956	3,711,081	458,317
1991	25,569,426	11,545,754	1,899,929	3,258,029	5,791,241	596,555
1992	27,861,019	13,470,521	3,173,754	3,843,179	5,087,127	1,366,461
1993	33,246,480	12,752,134	2,240,210	4,794,634	4,970,237	747,053
1994	39,393,810	14,924,508	2,533,733	5,263,471	6,401,794	725,510
1995	49,025,093	17,040,084	3,812,416	3,671,236	7,948,392	1,608,040
1996	59,534,962	24,649,966	4,560,342	5,726,019	11,722,378	2,641,227
1997	62,721,509	26,519,695	6,504,709	7,232,620	10,366,771	2,415,595
1998	36,026,910	20,832,261	4,888,065	5,212,513	7,805,019	2,926,664
1999	36,299,174	14,387,620	5,202,069	3,965,572	3,953,683	1,266,296
2000	41,777,534	13,122,550	4,156,196	3,577,836	4,330,915	1,057,603
2001	50,994,920	19,614,220	3,690,507	5,965,659	8,960,146	997,908
2002	67,833,659	19,394,834	6,101,166	6,585,268	4,936,074	1,772,326
2003	80,897,273	19,571,017	6,038,044	5,850,371	5,169,371	2,513,231
2004	77,774,389	22,210,226	7,103,873	5,821,088	6,727,198	2,558,067
2005	83,489,358	21,824,744	4,400,576	4,811,392	9,189,351	3,423,425
2006	91,001,140	20,459,627	3,257,165	4,432,297	10,862,131	1,908,034
2007	112,501,594	28,695,292	3,780,042	4,625,300	18,120,990	2,168,960
2008	103,906,835	31,558,911	2,784,294	5,505,303	19,243,503	4,025,811
2009	109,088,476	51,488,068	9,555,013	9,332,850	22,558,373	10,041,832
2010	89,814,311	29,196,986	4,170,646	5,604,704	11,486,086	7,935,550
2011	95,331,862	28,624,348	4,440,979	4,924,404	14,532,197	4,726,768
2012	89,395,015	26,070,865	4,021,742	3,101,667	14,701,038	4,246,418
2013	77,884,676	24,736,059	3,940,426	4,789,466	10,945,287	5,060,880
2014	90,605,506	26,426,919	2,888,746	4,466,611	13,266,645	5,804,917
2015	134,493,463	28,546,287	3,544,279	4,862,487	13,933,216	6,206,305
2016	145,385,768	33,831,786	5,216,109	5,768,128	18,781,387	4,066,162
2017	142,966,486	33,446,295	5,111,948	5,486,555	18,566,344	4,281,448
2018	143,292,011	29,371,290	4,011,358	5,161,249	17,507,689	2,690,994
2019	154,242,673	30,571,981	3,296,348	6,442,387	17,741,534	3,091,712
2020	179,866,053	35,493,214	3,602,804	8,202,944	20,096,264	3,591,202
2021	196,447,736	34,206,042	4,511,275	10,460,121	14,402,355	4,832,291
2022	216,036,034	36,618,653	3,742,986	10,623,336	16,867,505	5,384,826
2023	176,427,078	44,254,156	3,743,925	11,188,559	19,211,340	10,110,332
2024	195,687,803	50,386,044	4,542,358	11,118,969	25,839,428	8,885,289
2025. 1	9,740,587	2,270,319	140,117	662,585	1,348,770	118,847
2	11,320,383	2,278,346	625,903	477,363	907,044	268,036
3	15,653,656	2,138,065	158,505	614,938	1,251,954	112,668
4	13,121,771	2,737,925	338,139	576,064	1,651,918	171,804
5	13,373,404	2,285,558	310,070	442,839	1,438,452	94,197
6	22,165,391	5,547,608	445,924	966,893	2,655,456	1,479,335
7	21,843,053	4,849,944	782,421	573,397	3,137,257	356,869
8	15,972,221	3,709,256	447,662	687,262	2,125,082	449,250

주 1990년까지는 도급순위 상위 170개 업체 조사
1991년부터 1994년까지는 기성액 순위 상위 200개 업체조사(대표도 55%내외)
1995년부터는 최근년 '건설업통계조사'에 근거해서 총기성액의 54%에 해당하는 기성액 순위 상위업체 선정
(일정한 대표도 유지를 기준으로 표본을 선정함에 따라 조사대상업체수는 매년 변화 가능)

(단위:100만원)

민 간			국 내 외국기관	구 분 / 연월중
	제 조 업	비 제 조 업		
222,895	94,406	128,489	6,345	1977
909,119	228,157	680,962	8,508	1978
626,953	203,377	423,576	17,676	1979
822,632	165,309	657,323	44,981	1980
946,198	344,300	601,898	48,369	1981
1,340,946	226,927	1,114,019	42,702	1982
1,862,514	431,522	1,430,992	56,871	1983
2,038,757	543,313	1,495,444	40,576	1984
1,830,190	562,697	1,267,493	97,619	1985
2,838,426	1,108,070	1,730,356	96,375	1986
3,301,010	1,324,203	1,976,807	115,966	1987
4,234,626	1,646,352	2,588,274	69,518	1988
7,481,776	2,042,596	5,439,180	32,758	1989
12,352,195	2,752,571	9,599,624	9,041	1990
14,011,399	2,529,274	11,482,125	12,273	1991
14,385,802	2,552,038	11,833,764	4,696	1992
20,474,516	2,612,222	17,862,294	19,830	1993
24,454,844	4,169,292	20,285,552	14,458	1994
31,709,984	8,111,978	23,598,006	28,405	1995
34,584,338	7,351,829	27,232,509	21,606	1996
32,548,197	5,443,828	27,104,369	71,475	1997
13,802,099	1,266,537	12,535,562	100,856	1998
20,943,098	1,892,784	19,050,314	127,600	1999
25,919,037	2,859,526	23,059,511	91,456	2000
28,677,329	2,712,031	25,965,298	112,069	2001
45,654,948	3,918,286	41,736,662	237,711	2002
58,271,232	4,666,095	53,605,137	141,461	2003
51,510,140	7,482,379	44,027,761	136,078	2004
58,974,640	8,116,627	50,858,013	196,454	2005
66,549,857	9,739,898	56,809,959	103,490	2006
77,554,322	10,615,137	66,939,185	284,571	2007
66,440,317	16,686,215	49,754,102	154,780	2008
53,159,372	9,307,341	43,852,031	440,478	2009
55,086,239	14,425,756	40,660,483	193,761	2010
61,839,073	16,167,123	45,671,950	141,790	2011
59,810,764	14,134,204	45,676,560	160,140	2012
50,947,224	9,444,197	41,503,027	198,828	2013
62,115,127	8,301,123	53,814,004	201,441	2014
103,184,882	16,089,190	87,095,692	144,415	2015
107,748,478	14,853,506	92,894,972	91,385	2016
104,430,939	18,021,986	86,408,953	120,711	2017
107,005,637	19,751,964	87,253,673	313,282	2018
113,151,284	18,064,705	95,086,579	356,789	2019
140,880,870	21,898,209	118,982,661	40,290	2020
159,465,620	25,956,854	133,508,766	99,711	2021
176,520,141	33,076,996	143,443,145	421,438	2022
126,091,308	38,421,390	87,669,918	459,924	2023
140,658,680	42,647,133	98,011,547	171,182	2024
7,442,989	2,623,568	4,819,421	-	2025. 1
9,033,381	1,233,027	7,800,354	5,527	2
13,503,122	1,143,173	12,359,949	9,898	3
10,358,536	967,894	9,390,642	12,961	4
11,074,992	1,172,755	9,902,237	2,227	5
16,367,360	6,308,352	10,059,008	4,518	6
13,951,220	4,694,741	9,256,479	1,124	7
11,778,867	2,415,939	9,362,928	11,979	8

공종별건설공사수주액

구 분 연월중	총액	건 축	주 택	사무실 및 점포	공 장 및 창고	관공서	기 타	토 목	치 산 및 치수	농 림 및 수산
1977	787,338	337,494	147,106	57,011	56,009	46,774	30,594	449,844	31,267	51,092
1978	1,655,419	1,085,843	636,786	130,137	163,915	102,106	52,899	569,576	13,741	30,654
1979	2,195,313	974,620	454,663	152,290	175,766	131,351	60,550	1,220,693	33,651	64,467
1980	2,062,315	1,195,424	545,717	198,250	127,986	190,127	133,344	866,891	22,009	59,378
1981	3,197,678	1,560,530	532,806	387,043	203,555	290,201	146,925	1,637,148	31,293	178,234
1982	3,933,993	1,849,000	789,923	448,193	159,723	296,246	154,915	2,084,993	219,099	62,987
1983	4,734,711	2,457,187	961,596	693,868	243,658	329,831	228,234	2,277,524	159,484	112,487
1984	5,187,016	3,164,031	1,585,599	667,138	345,647	315,763	249,884	2,022,985	75,905	130,459
1985	5,388,477	2,992,897	1,214,004	720,534	453,317	402,542	202,500	2,395,580	48,088	188,474
1986	5,980,679	3,772,649	1,411,634	829,770	877,487	370,694	283,064	2,208,030	60,659	98,308
1987	7,249,882	4,091,240	1,602,147	696,870	848,750	565,929	377,544	3,158,642	51,479	198,610
1988	7,292,460	4,922,051	1,911,255	1,014,866	1,209,158	490,684	296,088	2,370,409	38,195	143,901
1989	13,453,246	8,467,280	3,571,046	2,513,446	1,401,180	620,585	361,023	4,985,966	97,494	284,254
1990	20,963,956	13,425,604	7,924,144	2,497,815	1,764,215	751,730	487,700	7,538,352	59,340	217,854
1991	25,569,426	16,367,126	9,481,787	3,571,322	1,817,912	1,008,996	487,109	9,202,300	108,413	320,095
1992	27,861,019	17,154,128	10,257,908	3,046,833	1,746,491	1,168,281	934,615	10,706,891	63,973	912,704
1993	33,246,480	23,442,657	15,147,532	4,179,952	1,753,928	1,709,804	651,441	9,803,823	163,846	244,328
1994	39,393,810	26,992,599	16,163,406	5,005,078	3,044,175	1,564,898	1,215,042	12,401,211	111,995	187,135
1995	49,025,093	32,542,671	18,412,188	6,269,145	4,978,056	1,970,521	912,761	16,482,422	74,385	461,381
1996	59,534,962	35,505,955	21,062,245	7,253,781	3,282,613	2,844,065	1,063,251	24,029,007	129,269	407,337
1997	62,721,509	35,068,229	20,208,447	7,214,086	3,552,355	2,586,783	1,506,558	27,653,280	128,847	590,389
1998	36,026,910	16,888,421	10,920,578	2,377,374	498,908	1,584,724	1,506,837	19,138,489	80,302	554,553
1999	36,299,174	22,597,591	17,437,210	1,700,529	747,635	1,267,985	1,444,232	13,701,583	104,282	267,796
2000	41,777,534	27,376,546	20,067,061	3,488,484	1,038,042	1,310,621	1,472,338	14,400,988	304,024	324,465
2001	50,994,920	31,008,919	21,553,499	4,612,702	1,009,991	2,708,386	1,124,341	19,986,001	188,784	362,058
2002	67,833,659	46,622,930	31,004,908	8,854,535	2,195,109	3,203,927	1,364,451	21,210,729	427,992	348,287
2003	80,897,273	58,125,047	42,668,087	7,844,790	3,447,525	2,822,632	1,342,013	22,772,226	662,443	437,439
2004	77,774,389	52,918,760	35,160,612	6,671,951	6,196,065	3,022,562	1,867,570	24,855,629	885,299	339,694
2005	83,489,358	60,376,765	42,454,617	7,384,379	4,508,508	3,988,456	2,040,805	23,112,593	588,393	210,806
2006	91,001,140	69,573,049	52,755,519	7,067,996	5,969,858	2,762,869	1,016,807	21,428,091	186,296	175,652
2007	112,501,594	82,442,065	58,408,817	10,570,032	7,141,733	4,391,678	1,929,805	30,059,529	262,083	290,130
2008	103,906,835	69,776,091	44,679,171	12,272,077	6,187,700	3,990,479	2,646,664	34,130,744	405,032	221,798
2009	109,088,476	59,840,584	39,830,621	9,211,169	3,534,615	5,314,355	1,949,824	49,247,892	5,275,291	274,547
2010	89,814,311	54,522,575	31,352,850	8,690,214	6,124,280	6,857,374	1,497,857	35,291,736	2,082,740	750,740
2011	95,331,862	62,162,973	37,908,184	9,391,594	6,568,583	6,291,230	2,003,382	33,168,889	673,013	475,317
2012	89,395,015	59,229,522	34,252,469	9,944,359	6,564,151	6,948,462	1,520,081	30,165,493	395,473	135,984
2013	77,884,676	53,203,385	30,501,294	9,279,237	5,295,698	6,646,777	1,480,379	24,681,291	586,653	357,739
2014	90,605,506	66,638,961	42,074,698	12,646,178	5,216,748	4,763,977	1,937,360	23,966,545	531,773	456,025
2015	134,493,463	100,324,902	67,031,806	19,591,817	4,862,719	7,224,663	1,613,897	34,168,561	517,553	352,641
2016	145,385,768	114,804,115	73,557,789	24,082,619	8,592,830	6,951,212	1,619,665	30,581,653	587,913	377,915
2017	142,966,486	109,446,702	68,306,245	19,647,227	13,592,972	6,475,237	1,425,021	33,519,784	617,943	744,313
2018	143,292,011	103,977,556	62,222,683	20,045,501	14,945,386	4,942,011	1,821,975	39,314,455	582,141	499,301
2019	154,242,673	111,234,160	69,109,335	23,252,678	11,750,033	5,179,501	1,942,613	43,008,513	767,010	237,597
2020	179,866,053	143,652,277	94,451,752	21,395,688	19,102,632	5,665,362	3,036,843	36,213,776	867,726	395,815
2021	196,447,736	154,293,730	88,022,003	28,881,579	26,409,966	7,404,770	3,575,412	42,154,006	1,083,418	642,395
2022	216,036,034	167,739,895	95,369,774	28,141,270	33,367,009	7,804,446	3,057,396	48,296,139	1,300,624	404,246
2023	176,427,078	116,586,325	66,000,503	16,940,112	22,322,802	8,725,097	2,597,811	59,840,753	1,450,309	355,813
2024	195,687,803	136,947,338	84,723,756	13,873,106	27,744,354	8,195,018	2,411,104	58,740,465	1,899,877	325,137
2025. 1	9,740,587	7,112,698	3,356,865	913,671	2,490,640	249,949	101,573	2,627,889	51,197	5,908
2	11,320,383	8,184,417	4,393,426	2,152,152	855,459	623,899	159,481	3,135,966	77,581	37,170
3	15,653,656	13,992,307	8,040,302	4,816,691	612,214	229,904	293,196	1,661,349	38,853	19,634
4	13,121,771	10,292,428	6,918,679	1,120,968	1,272,900	562,704	417,177	2,829,343	160,031	4,193
5	13,373,404	11,674,585	9,402,293	896,549	813,301	480,839	81,603	1,698,819	88,175	12,273
6	22,165,391	17,262,964	8,253,331	1,550,232	6,084,862	1,193,455	181,084	4,902,427	149,789	9,285
7	21,843,053	14,358,989	9,520,985	1,116,166	2,981,758	508,046	232,034	7,484,064	110,569	21,142
8	15,972,221	12,088,426	8,362,181	544,273	2,577,783	461,868	142,321	3,883,795	39,125	19,599

주 2009년부터 공종별 분류 토목부분의 토지조성을 토지조성과 조경공사로 분리
2010년부터 공종분류 건축, 토목, 전문공사를 건축, 토목으로 조정함에 따라 과거계열 전체 보정

(단위:100만원)

토목										구분
도로 및 고량	항만 및 공항	철도궤도	상하수도	발전 및 송전	토지조성	댐	기계설치	조경공사	기타	연월중
66,116	62,607	11,708	30,900	90,746	44,789	4,255	31,278	-	25,086	1977
191,017	60,555	27,431	37,181	57,278	78,696	2,154	38,340	-	32,529	1978
321,442	76,204	65,227	63,946	290,047	115,758	91,040	40,295	-	58,616	1979
200,629	66,063	89,417	57,644	106,645	157,369	604	39,329	-	67,804	1980
410,621	111,010	192,507	80,291	343,043	159,234	28,984	53,214	-	48,717	1981
449,863	72,489	373,319	104,080	335,503	270,895	30,777	64,838	-	101,143	1982
564,769	78,261	257,847	129,054	313,526	317,955	79,647	170,668	-	93,826	1983
521,440	148,608	132,501	254,306	135,043	429,340	10,216	85,327	-	99,840	1984
510,183	152,160	102,069	436,728	178,294	489,920	28,584	147,303	-	113,777	1985
482,151	222,432	83,431	193,905	151,073	448,520	90,108	202,710	-	174,733	1986
848,983	202,136	49,284	254,701	374,351	612,449	75,394	347,251	-	144,004	1987
574,685	184,820	53,824	323,937	186,326	512,613	41,593	190,445	-	120,070	1988
1,572,869	256,421	237,463	362,583	617,649	914,168	50,637	504,472	-	87,956	1989
1,768,078	442,797	1,105,955	548,474	545,024	1,980,761	8,159	629,068	-	232,842	1990
2,982,764	800,138	745,022	716,386	937,935	1,470,960	67,585	672,967	-	380,032	1991
3,548,213	502,850	1,310,515	1,380,017	407,853	1,439,079	139,143	417,176	-	585,365	1992
3,144,139	545,812	1,710,877	971,668	999,629	1,179,858	29,224	530,530	-	283,912	1993
4,171,014	435,741	1,953,372	989,684	1,681,137	1,911,817	74,652	652,524	-	232,140	1994
6,369,861	929,893	678,062	1,387,046	2,144,728	1,848,024	89,513	2,023,981	-	475,548	1995
10,055,741	1,444,344	1,661,792	1,596,630	2,500,835	3,362,720	21,650	2,504,436	-	344,253	1996
11,024,594	3,585,143	2,923,204	1,693,505	2,005,865	3,218,763	91,511	1,931,760	-	459,699	1997
10,583,608	621,024	2,120,468	1,327,713	1,346,610	1,247,291	86,485	867,939	-	302,496	1998
5,067,042	1,186,580	2,002,731	1,464,011	631,514	740,881	57,169	1,952,113	-	227,464	1999
6,797,148	827,547	1,097,510	1,116,904	766,912	1,430,175	2,429	1,471,858	-	262,016	2000
9,709,596	1,269,227	3,019,015	1,244,542	329,638	1,356,950	46,371	2,105,797	-	354,023	2001
9,146,639	1,438,938	3,385,524	1,047,190	1,304,135	1,340,026	149,563	1,892,400	-	730,035	2002
7,677,843	1,988,035	3,273,181	1,581,566	3,130,222	1,847,766	122,838	1,193,318	-	857,575	2003
8,758,382	2,035,061	3,918,693	1,551,808	1,810,636	2,548,108	156,089	2,315,012	-	536,847	2004
7,423,070	1,531,920	3,339,858	1,738,763	1,942,138	2,964,990	93,234	2,796,606	-	482,815	2005
7,784,642	948,114	873,253	2,614,174	989,200	4,144,103	450,686	3,130,512	-	131,459	2006
9,622,087	1,677,365	1,789,691	2,165,252	4,183,446	5,593,383	81,059	3,757,119	-	637,914	2007
8,179,072	922,501	2,321,222	2,127,290	2,962,079	6,152,012	117,751	10,122,372	-	599,615	2008
14,091,309	1,240,681	10,264,821	1,601,953	2,336,433	4,799,474	371,190	6,853,027	492,907	1,646,259	2009
7,058,379	1,449,475	3,164,413	1,420,295	6,254,989	2,798,431	203,891	9,203,612	401,661	503,110	2010
6,125,187	1,520,219	4,053,086	1,126,002	5,312,702	3,518,146	118,922	9,375,346	473,336	397,613	2011
5,130,305	1,238,591	1,999,949	865,626	8,050,635	3,096,854	114,843	7,922,410	681,085	533,738	2012
3,901,290	1,857,199	3,200,558	976,782	4,047,872	2,732,459	15,253	5,455,753	755,024	794,704	2013
5,407,115	1,209,461	4,677,362	736,150	3,733,839	2,576,129	71,077	3,101,617	860,850	605,147	2014
4,284,040	1,788,956	5,762,675	1,212,961	6,174,774	3,015,824	47,669	9,475,060	980,851	555,557	2015
8,240,144	2,025,968	3,883,744	1,285,801	2,352,704	4,511,335	98,138	5,744,002	983,055	490,934	2016
9,503,151	1,934,073	1,688,520	1,499,307	5,436,495	3,491,322	46,602	6,856,591	1,084,153	617,314	2017
8,433,903	2,099,532	2,121,708	1,230,480	10,606,430	3,267,356	128,279	8,902,906	841,944	600,475	2018
10,161,816	1,661,745	8,219,320	1,557,818	3,918,373	4,909,311	107,694	10,032,026	700,813	734,990	2019
5,748,400	1,444,206	2,727,613	1,712,828	5,709,308	4,233,475	19,696	12,330,027	867,014	157,668	2020
7,679,228	2,161,957	3,778,188	2,052,937	6,266,078	5,785,905	134,553	11,397,072	1,055,685	116,590	2021
5,654,152	1,767,126	3,956,373	2,559,472	5,595,495	6,549,673	13,965	18,357,608	2,025,803	111,602	2022
9,973,919	1,095,259	11,333,040	2,734,899	8,459,410	4,967,380	151,875	18,176,195	1,074,134	68,520	2023
8,320,110	2,129,409	9,746,004	2,394,291	7,822,922	6,090,358	349,180	18,017,429	1,410,633	235,115	2024
632,099	15,870	438,429	94,040	347,398	307,929	-	643,471	85,915	5,633	2025. 1
131,872	294,527	82,678	77,915	494,715	1,375,188	-	517,493	44,142	2,685	2
144,037	119,416	103,062	91,363	59,988	463,129	125	540,319	71,385	10,038	3
305,515	313,916	94,995	127,867	626,786	893,744	647	246,782	54,627	240	4
309,566	76,331	33,389	132,702	122,087	281,411	332	569,231	70,796	2,526	5
1,318,876	1,002,913	649,735	235,492	403,527	532,675	-	515,720	78,068	6,347	6
198,197	862,650	3,133,479	79,033	373,979	367,565	-	2,243,074	93,727	649	7
265,337	358,230	820,269	134,214	851,930	436,354	-	888,477	69,458	802	8

건 축 물 건 축 허 가

㈜ 신축, 개축, 증축, 대수선, 대변경을 포함.

1. 연면적

(단위:1,000㎡)

항목 연도별	합계	구조별				용도별				
		철근 및 철골조	조적조	목조	기타	주거용	상업용	공업용	교육 및 사회용	기타
1970	10,787	4,853	4,482	586	866	4,692	2,323	1,529	1,095	1,148
1971	9,619	4,415	3,873	447	884	5,594	1,787	1,164	656	418
1972	8,701	3,526	4,084	391	700	4,524	1,543	1,514	77[illegible]	344
1973	16,572	6,883	8,379	294	1,018	7,924	2,212	4,836	75[illegible]	850
1974	16,884	6,250	9,470	238	927	10,300	2,371	2,808	673	731
1975	18,420	8,205	9,315	255	644	11,623	2,650	2,641	945	561
1976	17,985	8,288	8,717	287	693	9,494	3,240	3,494	883	874
1977	22,342	9,322	11,959	304	757	12,880	3,615	3,413	1,265	1,169
1978	30,818	14,549	14,535	488	1,246	17,516	4,110	5,997	1,724	1,471
1979	27,505	14,799	11,904	260	542	14,737	4,430	4,870	1,783	1,686
1980	25,727	15,566	9,727	160	275	14,740	5,653	2,222	1,823	1,289
1981	20,846	14,197	6,357	120	171	10,308	4,957	2,647	1,856	1,077
1982	29,798	19,713	9,922	104	59	16,651	6,867	2,307	2,976	997
1983	39,693	26,219	13,247	128	101	21,707	10,183	3,412	2,964	1,429
1984	39,563	30,023	9,301	117	122	20,553	10,087	4,746	3,170	1,007
1985	38,217	29,028	8,949	89	149	20,606	9,497	4,140	2,913	1,054
1986	43,543	32,666	10,601	121	155	22,518	10,321	5,932	3,482	1,289
1987	47,983	36,295	11,363	104	221	21,639	13,375	7,995	3,433	1,536
1988	59,770	44,765	15,554	91	387	30,162	16,328	9,414	3,587	1,306
1989	88,615	70,757	17,184	96	578	47,509	26,061	9,034	4,025	1,986
1990	116,419	92,923	22,176	128	1,192	70,927	26,408	10,569	5,105	3,408
1991	105,184	88,810	14,033	145	2,196	59,060	25,620	11,280	5,098	4,126
1992	94,647	80,067	11,378	168	3,034	54,713	18,869	9,878	5,479	5,707
1993	117,790	99,025	12,174	207	6,384	69,299	24,766	11,375	4,984	7,366
1994	116,221	102,717	8,527	123	4,854	63,387	27,500	13,291	5,936	6,107
1995	117,327	103,134	9,085	88	5,020	62,614	28,549	13,726	6,281	6,157
1996	113,822	101,941	7,192	132	4,557	61,064	26,862	11,921	6,289	7,682
1997	113,373	104,215	5,105	172	3,881	62,677	27,919	8,797	6,603	7,379
1998	50,964	46,700	1,889	112	2,263	31,154	8,754	2,796	3,983	4,279
1999	72,531	66,190	2,340	142	3,859	44,606	11,746	7,824	4,478	3,882
2000	81,059	75,292	2,056	178	3,532	41,283	18,882	11,646	5,126	4,121
2001	97,717	91,562	2,056	181	3,919	47,856	25,888	13,538	5,534	4,901
2002	137,757	135,232	2,087	169	269	56,713	49,453	15,437	7,484	8,671
2003	142,010	139,898	1,729	372	10	62,233	45,921	14,561	8,111	11,183
2004	118,498	116,591	1,527	379	1	50,276	32,454	14,467	8,541	12,760
2005	111,506	110,204	1,073	229	1	50,281	23,368	13,576	9,862	14,419
2006	133,271	131,063	1,626	474	107	53,861	32,570	16,813	11,340	18,687
2007	150,957	147,838	2,177	750	193	65,212	35,739	16,351	12,268	21,387
2008	120,658	117,843	1,950	819	46	38,462	33,265	18,504	13,588	16,839
2009	105,137	102,487	1,755	839	56	41,917	24,399	11,542	11,262	16,017
2010	125,447	122,840	1,680	868	59	51,464	26,617	15,484	12,062	19,820
2011	137,868	135,229	1,611	997	33	56,557	34,002	16,499	10,452	20,358
2012	137,142	134,749	1,388	961	43	59,256	32,334	15,940	10,459	19,152
2013	127,066	124,727	1,291	995	53	50,238	33,719	16,092	10,319	16,697
2014	141,347	138,824	1,260	1,200	63	60,935	37,420	15,655	9,350	17,987
2015	189,840	187,096	1,354	1,313	77	85,520	52,449	16,709	10,333	24,828
2016	178,955	174,888	1,136	1,505	1,426	78,420	48,144	17,443	10,6[illegible]2	24,335
2017	171,875	169,148	924	1,565	239	70,255	48,226	16,377	8,988	28,029
2018	160,964	158,573	686	1,167	538	57,325	44,755	16,247	8,671	33,967
2019	144,293	142,120	563	1,039	571	46,242	38,260	16,372	9,855	33,563
2020	147,310	145,112	639	1,059	500	46,062	41,558	16,982	9,479	33,229
2021	173,206	170,680	782	1,193	551	57,576	49,016	17,322	10,801	38,491
2022	181,474	179,322	660	1,024	467	64,510	47,058	18,801	9,565	41,540
2023	135,080	133,782	409	666	223	44,748	33,521	15,469	8,458	32,885
2024	125,377	123,688	362	615	712	43,752	28,697	15,732	8,280	28,916
2025. 1	7,198	7,084	20	28	66	2,717	1,667	736	578	1,500
2	6,656	6,581	23	42	10	2,011	1,821	795	402	1,627
3	9,747	9,663	30	45	9	3,526	2,295	845	672	2,409
4	9,144	9,049	30	52	14	3,143	2,612	1,006	587	1,797
5	8,029	7,931	30	45	22	2,602	2,410	881	524	1,612
6	9,483	9,403	28	41	11	3,237	2,582	1,273	488	1,903
7	7,055	6,958	36	51	10	1,828	2,236	1,037	569	1,385
8	8,046	7,931	28	45	42	2,124	2,828	962	626	1,505

㈜ 2022년부터 구조별 항목 '철근 및 철골조'에서 '콘크리트', '철골', '철골철근콘크리트'로 세분화되었으며, 본 통계에서는 세 항목의 합계를 과거 '철근 및 철골조'와 동일 기준으로 산정하였다.

2. 동수별

항목 / 연도별	합계	구조별				용도별				
		철근 및 철골조	조적조	목조	기타	주거용	상업용	공업용	교육 및 사회용	기타
1970	92,909	8,967	61,281	9,893	12,768	80,585	7,677	2,002	2,645	-
1971	89,112	9,455	58,454	8,342	12,861	76,716	7,942	1,801	1,137	1,516
1972	74,153	7,567	52,008	6,586	7,992	60,832	8,512	1,982	1,094	1,733
1973	117,359	10,695	90,536	4,777	11,351	96,551	10,196	5,833	1,175	3,604
1974	128,228	9,368	106,339	3,831	8,690	109,347	10,339	3,468	1,178	3,896
1975	120,950	11,766	98,765	3,600	6,819	101,887	10,995	3,045	1,694	3,329
1976	111,580	12,660	89,362	3,588	5,970	88,323	12,552	4,384	1,676	4,645
1977	142,453	13,830	118,150	3,699	6,774	117,801	13,931	3,595	2,274	4,852
1978	149,749	17,837	122,199	4,047	5,666	124,789	13,862	4,114	2,292	4,692
1979	129,382	19,581	103,268	2,718	3,815	102,991	13,380	4,599	2,536	5,876
1980	104,481	22,335	78,095	2,209	1,842	77,695	16,800	2,519	2,346	5,121
1981	75,024	17,923	53,932	1,779	1,390	51,644	14,687	2,534	2,224	3,935
1982	101,503	19,749	79,922	1,475	357	71,506	17,832	2,900	3,729	5,536
1983	126,506	26,463	98,211	1,371	461	89,255	22,824	3,738	3,761	6,928
1984	101,586	28,269	71,560	1,177	580	65,770	21,805	4,590	4,501	4,920
1985	95,418	26,524	67,564	833	497	61,252	20,578	3,540	5,034	5,014
1986	100,115	27,997	70,464	961	693	63,314	20,981	5,201	5,255	5,364
1987	114,077	35,328	77,117	717	915	69,110	28,094	6,592	4,579	5,702
1988	137,217	40,240	94,727	743	1,507	89,036	30,826	6,951	5,063	5,341
1989	156,881	51,296	102,350	689	2,546	99,183	37,839	7,868	4,967	7,024
1990	188,959	65,316	118,061	692	4,890	122,679	42,470	9,505	5,556	8,749
1991	157,846	68,542	79,647	697	8,960	91,512	40,239	11,621	5,043	9,431
1992	136,847	59,893	64,230	697	12,027	69,437	39,906	10,611	5,345	11,548
1993	143,280	66,266	59,579	740	16,695	72,107	38,904	11,658	5,111	15,500
1994	123,045	69,227	39,637	481	13,700	54,830	39,554	12,423	5,033	11,205
1995	140,062	74,754	48,017	649	16,642	68,820	38,716	12,387	5,215	14,924
1996	144,630	83,432	42,894	871	17,433	71,404	38,480	11,708	5,117	17,921
1997	123,683	74,091	32,345	1,052	16,195	55,120	36,809	9,668	5,533	16,553
1998	66,660	32,686	18,736	1,122	14,116	25,258	19,064	5,504	4,254	12,580
1999	95,286	51,052	22,544	1,265	20,425	35,634	30,474	11,374	4,443	13,361
2000	110,861	71,385	19,691	1,309	18,476	43,323	36,505	13,673	5,448	11,912
2001	145,959	108,166	18,582	1,252	17,959	73,805	38,109	15,382	5,303	13,360
2002	199,599	174,803	21,547	1,592	1,657	89,124	57,606	22,838	7,412	22,619
2003	165,786	144,591	19,126	1,983	86	62,500	54,523	20,301	7,732	20,686
2004	140,828	122,113	16,423	2,289	3	45,652	43,363	20,176	8,841	22,796
2005	134,669	118,708	13,628	2,326	7	37,799	40,546	20,788	9,991	25,525
2006	188,283	161,149	20,926	5,654	554	53,225	57,796	26,450	12,380	38,432
2007	227,507	191,525	25,280	8,979	1,723	73,488	72,040	24,099	13,197	44,683
2008	229,352	194,265	24,156	10,184	747	76,357	71,752	23,732	14,128	43,365
2009	212,347	178,182	22,225	11,022	918	72,891	63,776	19,407	14,784	41,489
2010	227,511	195,370	19,924	10,922	1,295	81,793	64,200	22,539	13,350	45,629
2011	239,836	208,302	19,357	11,686	491	99,074	67,789	22,353	12,558	38,062
2012	230,928	201,135	17,398	11,826	569	98,898	65,987	21,000	11,771	33,272
2013	225,002	196,499	16,101	11,709	693	93,592	65,553	22,132	11,916	31,809
2014	236,804	206,806	16,100	13,062	836	101,894	68,830	20,956	9,817	35,307
2015	265,445	232,757	16,406	15,393	889	124,789	75,215	21,229	10,203	34,009
2016	275,572	242,570	14,778	17,043	1,181	130,489	77,488	20,258	9,442	37,895
2017	263,683	232,787	12,420	17,231	1,245	116,358	72,870	17,620	8,484	48,351
2018	270,811	245,375	9,246	12,750	3,440	98,611	73,012	16,592	8,741	73,855
2019	237,034	212,577	8,377	11,549	4,531	74,424	67,084	14,248	8,932	72,346
2020	223,389	198,538	8,249	12,016	4,586	72,565	71,519	15,317	8,741	55,247
2021	232,431	206,482	8,640	12,845	4,464	82,866	85,124	15,915	8,527	39,999
2022	201,315	178,827	6,904	11,480	4,104	70,869	78,802	13,990	7,534	30,120
2023	150,469	133,801	5,109	8,301	3,258	49,168	59,269	11,509	6,454	24,069
2024	131,741	116,532	4,688	7,489	3,032	40,449	52,541	11,271	6,381	21,099
2025. 1	7,417	6,679	229	318	191	2,038	2,946	640	440	1,353
2	8,455	7,475	263	534	183	2,280	3,658	807	500	1,210
3	10,950	9,832	354	536	228	3,129	4,614	841	512	1,854
4	11,533	10,170	429	697	237	3,500	4,827	878	526	1,802
5	10,783	9,565	395	565	258	3,184	4,410	851	458	1,880
6	10,361	9,178	395	558	230	3,195	4,044	892	393	1,837
7	10,637	9,424	395	607	211	3,149	4,376	958	544	1,610
8	9,741	8,624	327	550	240	2,849	3,892	880	471	1,649

주요수입원자재가격('75~'80)

(가격단위:U.S.$, 12월 기준임. 단, '75년은 6월 기준임)

구분	품명	규격	단위	거래조건	주수입국	1975년	1976년	1977년	1978년	1979년	1980년
철강재	선철	1종	M/T	FOB	일본	-	-	-	160.00	190.00	185.00
	고철	HMS#1	〃	C&F	미국	117.00	-	-	132.00	157.00	150.00
	〃	Crop CAD	〃	FOB	일본	-	-	-	200.00	210.00	183.00
	빌레트	연강	〃	〃	〃	138.00	148.00	173.00	-	280.00	275.00
	핫코일	3mmx4feet	〃	〃	〃	170.00	175.00	195.00	270.00	310.00	319.00
	원강판	SS41	〃	〃	〃	-	-	-	320.00	320.00	330.00
	스테인리스핫코일	SUS304	〃	〃	〃	-	-	-	1,080.00	1,297.00	1,385.00
	고탄소강선재	5.5~10mm	〃	〃	〃	-	-	-	310.00	347.00	357.00
	철광석	Fe 60%	〃	〃 (C&F)	호주	(18.00)	(15.00)	(20.00)	19.00	23.00	28.02
	규소강판	S-20	〃	〃 (CIF)	일본	-	-	-	(630.00)	(700.00)	710.00
	이중강관	4.76	〃	〃 (CIF)	〃	-	-	-	(0.154)	(0.148)	0.142
비철금속	전기동	99.9%	〃	CIF(C&F)	미국	(1,297.50)	(1,500.00)	(1,413.00)	(1,670.00)	(2,150.00)	2,143.61
	동설	94.0%	〃	C&F	일본	-	-	-	1,410.00	2,150.00	1,752.00
	〃	96.0%	〃	〃	〃	1,110.00	1,278.00	1,212.00	-	-	-
	알루미늄괴	95.5%	〃	〃	미국	-	-	-	1,380.00	1,780.00	1,580.00
	〃	99.9%	〃	〃	구미	815.00	1,050.00	1,020.00	-	-	-
	연괴	〃	〃	〃	미국	381.00	580.00	795.00	1,085.00	1,280.00	827.00
	아연괴	〃	〃	〃	〃	771.00	800.00	595.00	844.00	780.00	923.00
	석괴	99.85%	〃	〃	말련	-	8,500.00	12,175.00	14,153.00	16,500.00	14,875.00
	니켈	99.90%	〃	〃 (FLF)	캐나다	-	(5,300.00)	(4,784.00)	4,453.00	7,250.00	7,054.00
	황동판	3/7	〃	CIF	일본	-	-	-	-	1,377.00	1,311.00
유기화학연료	펄프	U.K.P	〃	C&F	캐나다	-	-	-	380.00	400.00	460.00
	생고무	RSS #3	〃	〃	싱가폴	565.25	779.00	867.00	1,105.00	1,368.00	1,350.00
	우지	공업용	〃	FOB	미국	348.75	365.00	365.00	535.00	480.00	440.00
	원당	97%	〃	C&F	대만	342.50	310.00	238.00	220.00	434.00	780.00
	당밀		〃	〃	태국	63.00	63.00	52.00	90.00	116.00	162.00
섬유원료	원모	66S	Lb	〃	호주	1.81	2.20	1.96	2.10	2.54	2.92
	원면	SLM(11/16)	〃	FAS	미국	0.46	0.76	0.54	0.68	0.74	0.94
	카프로락탐		M/T	C&F(FOB)	일본	(900.00)	(940.00)	(915.00)	(850.00)	(1,700.00)	1,700.00
	DMT		〃	FOB	〃	565.00	480.00	412.00	400.00	820.00	690.00
	EG		〃	〃	〃	540.00	410.00	335.00	380.00	690.00	545.00
	AN모노머		〃	〃	〃	600.00	520.00	370.00	370.00	690.00	650.00
	TPA		〃	〃	〃	-	-	-	405.00	820.00	680.00
	나이론사	70D	Lb	〃	〃	0.80	0.92	1.00	-	-	-
	폴리에스텔사	75D	〃	〃	〃	-	0.80	0.87	-	-	-
섬유화학및화공약품	프로필렌		M/T	FOB(C&F)	미국(유럽)	260.00	300.86	250.00	(220.00)	(450.00)	-
	프로필렌테트라마		〃	CIF(FOB)	미국(일본)	(300.00)	(300.00)	(300.00)	(371.00)	(575.00)	690.00
	EDC		〃	C&F	미국	230.00	220.00	242.00	216.00	300.00	300.00
	폴리에틸렌	LDPE	〃	FOB	일본	495.00	540.00	500.00	580.00	1,150.00	1,100.00
	〃	HDPE	〃	C&F	미국	-	-	-	620.00	1,150.00	840.00
	SBK	#1500	〃	FOB	일본	-	-	-	760.00	-	-
	VCM	99%	〃	CIF	미국(일본)	-	-	-	(395.00)	(600.00)	450.00
	MEK	99%	〃	FOB	일본	-	-	-	-	-	645.00
	가성소다	액상 98%	〃	〃	대만	-	-	-	-	220.00	-
	〃	고체 98%	〃	〃	일본(대만)	340.00	-	-	(240.00)	(370.00)	(420.00)
	스티렌모노머		〃	〃	일본	417.50	620.00	560.00	-	-	-
	PP레진		〃	〃	〃	570.00	540.00	505.00	-	-	-
	오소키시렌		〃	〃	〃	290.00	300.00	290.00	-	-	-
	아세트알데히드		〃	〃	〃	322.50	447.00	420.00	-	-	-
양곡	대맥		〃	〃	미국	-	-	-	136.00	182.00	172.67
	옥수수		〃	〃	〃	115.50	107.39	102.57	100.00	127.00	159.00
	대두		〃	〃	〃	196.75	272.00	233.14	270.00	258.00	305.70
	쌀	현미	〃	〃	〃	325.00	246.00	246.00	-	-	-
	소맥	#2	〃	〃	〃	125.00	106.00	115.00	-	-	-
기타	원유		BR	C&F	중동	10.68	12.09	12.70	12.70	21.50	31.50
	원피	Steer Hide	Lb	〃 (CIF)	미국	(0.25)	(0.36)	(0.54)	0.93	0.35	0.66
	피혁	Drum Dyed	S/F	FOB	일본(미국)	-	-	-	(1.25)	(1.45)	1.40
	원목	나왕	m^3	C&F	인니	47.00	85.00	66.00	82.00	150.00	115.00
	석면	6급	M/T	〃 (CIF)	캐나다(남아)	-	(378.70)	(416.47)	325.00	420.00	420.00
	고지	OCC	〃	CIF(C&F)	미국	-	-	-	(137.00)	(168.00)	130.00
	염	94%	〃	C&F	호주	-	17.50	17.50	17.80	21.00	35.00
	유연탄		〃	FOB(CIF)	일본(미국)	-	65.00	75.00	(75.00)	(90.00)	68.00
	인광석	BPL 68%	〃	FOB	미국	-	40.00	40.00	-	-	-

주요수입원자재가격('81~'86)

(가격단위:U.S.$, 12월 기준임)

품목 구분	품명	규격	단위	거래조건	주수입국	1981년	1982년	1983년	1984년	1985년	1986년
농림산물	밀	White	M/T	C&F	미국	161.00	181.00	158.00	157.00	154.00	120.00
	옥수수	#3	〃	〃	〃	133.00	127.00	165.00	135.00	125.00	84.00
	대두	#2	〃	CIF	〃	269.00	244.00	337.00	248.00	231.00	207.00
	커피	NY 2S17-18	〃	FOB	브라질	–	–	–	–	–	–
	낙화생(탈각)	28-32	〃	CIF	중국	–	–	–	–	–	–
	원목(미송)		m³	C&F	인니	–	–	–	–	–	–
	원목(나왕)		〃	〃	〃	150.00	135.00	128.00	120.00	120.00	130.00
무기원료	유황	99.5%	M/T	〃	캐나다	–	–	–	–	–	–
	석면	6급	〃	〃	〃	445.00	440.00	403.00	330.00	300.00	300.00
	붕사	입자	〃	〃	유럽	–	–	–	–	–	–
	수은		Flask	FOB	일본	410.00	390.00	370.00	410.00	–	–
유기원료	우지	공업용	M/T	C&F	대만	–	–	–	–	–	–
	조당(사탕수수)	당도 96~97%	〃	〃	태국	400.00	300.00	380.00	270.00	–	–
	당밀(〃)	〃 52%	〃	〃	〃	75.00	50.00	95.00	50.00	77.00	78.00
	천연고무	RSS #3	〃	〃	싱가폴	831.00	790.00	1,106.00	755.00	725.00	847.00
	합성고무	#268	〃	CIF	일본	–	–	–	–	–	–
	화학목재펄프	UKP	〃	C&F	캐나다	410.00	325.00	410.00	360.00	300.00	490.00
	고지	OCC	〃	〃	〃	110.00	130.00	160.00	94.00	95.00	150.00
	가성소다	고체 98%	〃	〃	일본	–	–	–	–	–	–
섬유화학류	나프타		〃	〃	중동	–	–	–	–	–	–
	저밀도폴리에틸렌	비중0.94미만	〃	〃	일본	800.00	780.00	800.00	600.00	670.00	650.00
	스티렌모노머	순도99.6%	〃	CIF	미국	–	–	–	–	–	–
	VCM	99%	〃	〃	일본	–	–	–	–	–	–
	MEK	99%	〃	FOB	〃	–	–	–	–	–	–
	에틸렌글리콜		〃	〃	〃	470.00	370.00	415.00	455.00	375.00	340.00
	테레프탈산		〃	C&F	미국	707.00	667.00	695.00	650.00	680.00	595.00
	아크릴로니트릴		〃	〃	〃	750.00	570.00	670.00	700.00	700.00	520.00
	카프로락탐		〃	FOB	일본	1,530.00	1,270.00	1,300.00	1,320.00	1,330.00	1,340.00
	에틸렌	순도Purtity Base	〃	C&F	〃	–	–	–	–	–	–
	프로필렌	순도 99%	〃	CIF	싱가폴	645.00	480.00	430.00	440.00	407.00	307.00
섬유류	양모	66S	Lb	C&F	호주	2.96	2.55	2.66	2.73	2.52	2.66
	원면(25.4~28.5㎜)	SLM(11/10)	〃	FAS	미국	0.65	0.66	0.77	0.66	0.62	0.57
	Acrylic Fiber		〃	FOB	일본	–	–	–	–	–	–
철강재	적철강(미응결)	Fe 62~64%	M/T	〃	호주	–	–	–	–	–	–
	선철	그레이아이언1종	〃	〃	일본	200.00	160.00	160.00	160.00	144.00	130.00
	고철	HMS#1	〃	C&F	미국	110.00	92.00	117.00	115.00	106.00	95.00
	이중강관	4.76	〃	FOB	일본	–	–	–	–	–	–
	스테인리스핫코일	SUS304	〃	〃	〃	–	–	–	–	–	–
비철금속	전기동(음극)	순도 99.95%	〃	CIF	미국	1,780.00	1,684.00	1,535.00	1,431.00	1,480.00	1,398.00
	동설	순도 99.00%	〃	C&F	〃	1,488.00	1,366.00	1,311.00	1,190.00	1,146.00	1,157.00
	황동설	3/7Nari-Honey	〃	〃	〃	1,128.00	1,003.00	992.00	992.00	903.00	925.00
	알루미늄괴	순도 99.70%	〃	〃	호주	1,190.00	1,080.00	1,163.00	1,125.00	1,140.00	1,200.00
	연괴	순도 99.97%	〃	CIF	〃	757.00	519.00	464.00	498.00	420.00	588.00
	아연괴	순도 99.90%	〃	〃	미국	1,026.00	862.00	1,037.00	961.00	760.00	870.00
	주석괴	순도 99.85%	〃	〃	말련	15,386.00	12,130.00	12,870.00	12,261.00	–	–
	니켈	순도99.9%(도금용)	〃	C&F	캐나다	–	–	–	–	–	–
기타	유연탄	강점탄	〃	FOB	호주	74.00	63.61	54.00	52.50	56.45	–
	원유		BR	〃	오만	32.30	32.30	27.30	27.30	27.30	–
	금괴	순도4/9(99.99%)	GR	CIF	홍콩	–	–	–	–	–	–
	금선		KF	FOB	미국	–	–	–	–	–	–
	원피	SH 58Lbs	Lb	〃	〃	0.60	0.60	0.83	0.76	0.87	0.98

주요수입원자재가격('87~'92)

(가격단위:U.S.$, 12월 기준임. 단, '88년은 10월 기준임)

구분	품명	규격	단위	거래조건	주수입국	1987년	1988년	1989년	1990년	1991년	1992년
농림산물	커피	NY 2S17-18	M/T	FOB	브라질	-	2,200.00	1,400.00	1,900.00	1,600.00	1,660.00
	밀	White	〃	CFR	미국	131.00	190.00	196.00	126.00	180.00	174.00
	옥수수	#3	〃	〃	〃	103.00	144.00	138.00	125.00	136.00	132.00
	대두	#2	〃	〃	〃	240.00	330.00	273.00	258.00	247.00	262.00
	낙화생	28-32	〃	〃	중국	-	950.00	880.00	1,100.00	750.00	780.00
	원목	미송	m³	C&F	미주	-	-	99.00	90.00	96.00	105.00
	〃	나왕	〃	〃	말련	-	-	-	-	168.00	230.00
무기원료	천일염	94%	M/T	〃	호주	-	-	39.00	27.50	26.50	26.50
	유황	99.5%	〃	CFR	캐나다	-	107.00	100.00	100.00	120.00	60.00
	석면	6급	〃	C&F	〃	320.00	350.00	350.00	375.00	420.00	440.00
	붕사	입자	〃	CFR	미국	-	-	-	-	380.00	380.00
	수은		Flask	FOB	일본	-	350.00	290.00	270.00	170.00	160.00
광물	유연탄	강점탄(WMT)	M/T	〃	호주	-	46.90	49.90	52.20	49.70	49.20
	원유	AP134	〃	〃	오만	-	10.45	18.10	23.65	15.50	17.10
유기원료	우지	BF	〃	〃	미국	-	-	300.00	355.00	305.00	370.00
	팜유	PORAM SPEC	〃	〃	말련	-	-	255.00	250.00	298.00	325.00
	원당	96~97%	〃	CFR	태국	-	-	-	270.00	245.00	260.00
	당밀	52%	〃	〃	〃	90.00	80.00	76.00	90.00	83.00	58.00
	조주정	95% up	〃	CIF	이태리	-	-	350.00	355.00	375.00	340.00
	천연고무	RSS #3	〃	C&F	싱가폴	1,129.00	1,080.00	-	-	-	-
	합성고무	#268	〃	CIF	일본	-	1,990.00	-	-	-	-
	화학목재펄프	UPK	〃	C&F	캐나다	600.00	715.00	-	-	-	-
	고지	OCC	〃	〃	〃	168.00	148.00	-	-	-	-
석유화학류	나프타		〃	CFR	중동	-	130.00	172.00	290.00	190.00	190.00
	프로탄		〃	FOB	사우디	-	-	90.00	215.00	141.35	133.00
	LDPE	비경0.94미만	〃	CFR	미국	-	-	-	-	740.00	760.00
	HDPE	〃 이상	〃	〃	〃	-	-	950.00	1,150.00	740.00	570.00
	VAM		〃	〃	〃	-	-	750.00	1,000.00	700.00	620.00
	스틸렌모노머	99.6%	〃	CIF	〃	-	1,300.00	650.00	1,100.00	510.00	450.00
	VCM	99%	〃	〃	일본	-	-	450.00	650.00	330.00	425.00
	메틸알콜	99.5%	〃	CFR	말련	-	-	90.00	175.00	135.00	125.00
	에틸렌글리콜	EG	〃	FOB	일본	450.00	1,250.00	600.00	480.00	470.00	410.00
	테레프탈산		〃	C&F	미국	585.00	715.00	-	-	-	-
	카프로락탐		〃	FOB	일본	1,770.00	1,800.00	-	-	-	-
	에틸렌	순도 Purity Base	〃	C&F	〃	-	900.00	-	-	-	-
	프로필렌	순도 99%	〃	CIF	싱가폴	435.00	500.00	-	-	-	-
섬유류	양모	66S	Lb	CFR	호주	4.62	7.29	4.48	3.57	2.73	2.23
	라미사	36S	〃	CIF	중국	-	-	3.45	2.10	2.10	2.10
	원면	SLM(11/10)	〃	FAS	미국	0.66	0.56	0.68	0.69	0.55	0.59
	Acrylic Fiber	5D28㎜	〃	CIF	일본	-	-	0.80	0.80	0.86	0.86
	Moda Acrylic Fiber	〃	〃	〃	〃	-	-	1.15	1.15	1.23	1.23
철강재	적철강	Fe 62~64%	M/T	FOB	호주	-	15.00	21.61	24.85	26.60	21.45
	선철	주물용	〃	CFR	중국	-	-	-	-	155.00	145.00
	고철	HMS#1	〃	〃	미국	134.00	145.00	150.00	145.00	121.00	140.00
	〃	Crop end	〃	FOB	일본	-	-	190.00	210.00	190.00	180.00
	빌레트	압연용	〃	CFR	중국	-	-	-	-	240.00	220.00
	핫코일	3㎜ 4feet	〃	FOB	일본	-	-	-	400.00	400.00	320.00
	스테인리스핫코일	304	〃	〃	〃	-	-	1,950.00	1,800.00	1,700.00	1,735.00
비철금속	전기동	99.95%	〃	CIF	미국	3,281.00	3,397.00	2,450.00	2,520.00	2,235.00	2,267.00
	동설	99%	〃	〃	〃	2,314.00	2,425.00	2,183.00	2,271.00	2,116.00	2,205.00
	알루미늄괴	99.70%	〃	〃	호주	2,070.00	2,635.00	1,650.00	1,610.00	1,175.00	1,266.00
	연괴	99.97%	〃	〃	〃	-	759.00	770.00	700.00	605.00	516.00
	아연괴	99.90%	〃	〃	미국	860.00	1,690.00	1,460.00	1,340.00	1,155.00	1,100.00
	주석괴	99.85%	〃	〃	말련	-	8,350.00	7,000.00	5,670.00	5,550.00	6,163.00
	니켈	99.90%	〃	〃	캐나다	-	-	8,850.00	9,000.00	7,200.00	6,112.00
	황동설	3/7 Nari-Honey	〃	〃	미국	1,322.00	-	1,543.00	1,742.00	1,500.00	1,477.00
귀금속	금괴	4/9(99.99%)	GR	〃	홍콩	-	13.20	13.45	12.61	11.63	10.94
	금선	5/9 13㎜	KF	FOB	미국	-	80.00	80.00	80.00	-	-
기타	녹용		kg	〃	NZ	-	-	460.00	500.00	370.00	350.00
	원피	SH 58Lbs	Lb	〃	미국	1.22	1.09	1.49	1.43	1.00	1.13
	피혁	Drum Dyed	S/F	〃	〃	-	-	2.00	2.00	2.00	1.70

주요수입원자재가격('93~'97)

(가격단위:U.S.$, 12월 기준임)

품목		규격	단위	거래조건	주수입국	1993년	1994년	1995년	1996년	1997년
구분	품명									
농림산물	소맥	백맥	M/T	CFR	미국	-	188.00	232.00	178.00	168.00
	옥수수	#3	〃	〃	〃	155.00	128.00	182.00	143.00	131.00
	대두	#2	〃	〃	〃	295.00	266.00	320.00	303.00	290.00
	원당	96-97%	〃	〃	태국	294.00	375.00	335.00	300.00	315.00
	커피	NY-2	〃	FOB	브라질	1,585.00	3,700.00	2,610.00	2,328.00	3,862.00
	미송	Hemlock	CBM	CIF	미국	113.00	135.00	130.00	110.00	118.00
	나왕	Meranti	〃	〃	말련	270.00	240.00	245.00	235.00	185.00
광산품	철광석	62-64%	M/T	FOB	호주	20.00	18.00	19.26	19.00	18.00
	유연탄	WMT	〃	〃	〃	47.20	44.00	50.00	53.50	52.50
	원유	API 34	BBL	〃	오만	12.85	16.28	16.56	22.50	16.21
	금	4/9	Gram	CIF	홍콩	12.66	12.40	12.59	12.00	9.36
	은	〃	kg	〃	〃	-	156.75	171.09	159.04	187.38
	백금	〃	T.Oz	〃	〃	-	424.35	419.04	379.03	368.80
	석면	6급	M/T	〃	캐나다	475.00	475.00	415.00	415.00	410.00
유기·무기원료	우지	TW	〃	FOB	미국	-	625.00	475.00	530.00	535.00
	팜유	OLEIN	〃	〃	말련	-	673.00	568.00	570.00	550.00
	천연고무	RSS #3	〃	CIF	〃	-	1,584.00	1,663.00	1,291.00	600.00
	펄프	BKP HARD	〃	CFR	미국	-	660.00	865.00	470.00	480.00
	고지	OCC	〃	〃	〃	-	270.00	210.00	158.00	135.00
	녹용	약지용	kg	FOB	N.Z	250.00	300.00	300.00	320.00	320.00
	원피	62/64 lbs	Lb	〃	미국	-	1.2578	0.9848	1.1818	1.0455
유화원료	나프타	공업용	M/T	CFR	중동	135.00	182.00	176.00	247.00	183.00
	등유	〃	〃	FOB	미국	-	23.20	31.55	34.30	20.00
	프로판	C3	BBL	〃	사우디	109.00	155.00	195.00	310.00	238.00
	에틸렌	공업용	M/T	CFR	일본	-	600.00	360.00	450.00	460.00
	프로필렌	〃	〃	CIF	〃	-	630.00	430.00	490.00	100.00
	폴리에틸렌	LDPE, 필름	〃	CFR	미국	680.00	960.00	820.00	850.00	740.00
	벤젠	공업용	〃	〃	일본	-	300.00	250.00	335.00	-
	파라크실렌	〃	〃	CIF	〃	-	640.00	1,058.00	430.00	-
	스티렌(SM)	〃	〃	〃	미국	480.00	1,000.00	500.00	520.00	460.00
	메탄올	99.5%	〃	CFR	사우디	200.00	540.00	150.00	220.00	200.00
섬유원료	에틸렌글리콜(EG)	합섬원료	〃	CIF	〃	390.00	520.00	780.00	490.00	700.00
	테레프탈산(TPA)	〃	〃	CFR	멕시코	-	840.00	1,190.00	580.00	500.00
	AN모노머	〃	〃	〃	미국	-	1,200.00	950.00	800.00	690.00
	카프로락탐	〃	〃	CIF(CFR)	일본	-	1,450.00	1,800.00	1,520.00	1,590.00
	양모	66 S	Lb	CFR	호주	1.91	3.92	3.20	3.40	3.54
	원면	SLM(11/16")	〃	FAS	미국	0.6775	0.8340	0.8409	0.7665	-
철강재	선철	주물용	M/T	CFR	러시아	158.00	164.00	165.00	-	-
	〃	〃	〃	〃	중국	-	-	-	164.00	158.00
	고철	HMS No.1	〃	〃	미국	171.00	167.00	166.00	146.00	152.00
	빌레트	압연용	〃	〃	일본	275.00	300.00	300.00	260.00	251.00
	핫코일	3㎜ 4feet	〃	〃	〃	-	410.00	378.00	330.00	335.00
	슬랩	강판용	〃	〃	브라질	-	290.00	245.00	258.00	273.00
	스테인리스핫코일	SUS 304	〃	FOB	일본	1,500.00	1,670.00	1,990.00	1,560.00	1,380.00
비철금속	전기동	99.95%	〃	CIF	칠레	-	3,060.00	3,004.00	2,354.00	1,884.00
	동설	Berry	〃	〃	미국	-	2,800.00	2,822.00	2,271.00	1,720.00
	알루미늄	99.70%	〃	〃	호주	1,152.00	2,021.00	1,725.00	1,574.00	1,621.00
	연	99.97%	〃	〃	미국	529.00	708.00	854.00	-	-
	〃	99.99%	〃	〃	중국	-	-	-	757.00	605.00
	아연	99.995%	〃	〃	〃	1,013.00	1,113.00	1,140.00	-	-
	〃	99.995%	〃	〃	남미	-	-	-	1,145.00	1,203.00
	니켈	99.90%	〃	〃	캐나다	5,317.00	8,679.00	8,302.00	6,793.00	6,227.00
	주석	99.85%	〃	〃	말련	4,941.00	6,140.00	6,430.00	5,888.00	5,503.00

주요수입원자재가격('98~'02)

(가격단위:U.S.$, 12월 기준임)

품목 구분	품목 품명	규격	단위	거래조건	주수입국	1998년	1999년	2000년	2001년	2002년
농산물	소맥	백맥	M/T	CFR	미국	144.00	123.00	136.00	161.00	187.16
	옥수수	#3	〃	〃	〃	109.00	109.00	118.00	107.00	121.75
	대두	#2	〃	〃	〃	230.00	208.00	217.00	189.00	235.50
	원당	96~97%	〃	〃	태국	262.00	165.00	260.00	215.00	199.00
	커피	NY-2	〃	FOB	브라질	2,405.00	2,579.00	1,610.00	1,170.00	1,320.00
광산물	철광석	62~64%	〃	〃	호주	18.50	17.05	17.78	18.54	18.10
	유연탄	WMT	〃	〃	〃	49.88	41.90	41.90	38.98	48.10
	원유	API 34	BBL	〃	오만	9.75	24.26	22.04	17.97	26.13
	금	4/9	Gram	CIF	홍콩	9.45	9.27	8.73	8.96	10.80
유기·무기원료	팜유	OLEIN	M/T	FOB	말련	643.00	358.00	228.00	324.00	464.74
	천연고무	RSS #3	〃	CIF	〃	641.00	660.00	621.00	540.00	848.00
	펄프	BKP HARD	〃	CFR	미국	380.00	580.00	500.00	390.00	420.00
	고지	OCC	〃	〃	〃	95.00	155.00	105.00	100.00	130.00
	원피	62/64 lbs	Lb	FOB	〃	0.9015	0.9318	1.0684	0.8790	1.0040
유화원료	나프타	공업용	M/T	CFR	중동	128.00	235.00	252.00	173.00	280.21
	프로판	C3	〃	FOB	사우디	195.00	240.00	335.00	210.00	327.00
	파라자일렌(PX)	공업용	〃	CIF	중국	260.00	410.00	471.00	310.00	475.00
	메탄올	99.50%	〃	CFR	사우디	110.00	120.00	225.00	115.00	210.00
섬유원료	에틸렌글리콜(EG)	합섬원료	〃	CIF	〃	400.00	620.00	515.00	400.00	500.00
	카프로락탐	〃	〃	CFR	일본	1,080.00	1,400.00	1,150.00	850.00	1,100.00
	양모	66S	Lb	〃	호주	2.24	2.32	2.24	2.34	3.99
	원면	SM	〃	FOB	미국	0.77	0.5500	0.7250	0.5600	0.63
철강재	선철	제강	M/T	CFR	중국	107.00	140.00	125.00	112.00	160.00
	고철	HMS NO.1	〃	〃	미국	101.00	125.00	113.00	105.00	158.50
	빌레트	압연용	〃	〃	중국	176.00	180.00	181.00	185.00	233.00
	슬랩	강판용	〃	〃	브라질	160.00	214.00	175.00	170.00	229.00
비철금속	전기동	99.95%	〃	CIF	칠레	1,525.00	1,846.00	1,905.00	1,526.74	1645.68
	알루미늄	99.70%	〃	〃	호주	1,305.00	1,661.00	1,649.00	1,429.03	1457.42
	연	99.99%	〃	〃	중국	541.00	509.00	483.00	504.00	464.61
	니켈	99.90%	〃	〃	캐나다	4,362.00	8,268.00	7,318.00	5,268.00	7,196.58

주요수입원자재가격('03~'08)

(가격단위:U.S.$, 12월 기준임)

품목		규격	단위	거래조건	주수입국	2003년	2004년	2005년	2006년	2007년	2008년
구분	품명										
농산물	소맥	백맥	M/T	CFR	미국	190.70	199.86	183.35	244.43	568.00	264.00
	옥수수	#3	〃	〃	〃	169.00	155.00	140.00	230.00	305.00	190.00
	대두	#2	〃	〃	〃	354.00	290.00	269.03	314.50	556.70	375.18
	원당	96~97%	〃	〃	태국	182.00	270.00	295.00	380.00	280.00	355.00
	커피	NY-2	〃	FOB	브라질	1,377.00	2,230.00	2,894.00	3,068.00	3,241.00	2,684.00
광산물	철광석	62~64%	〃	〃	호주	19.26	22.58	41.00	48.80	51.00	83.00
	유연탄	WMT	〃	〃	〃	46.10	57.00	125.00	116.00	98.00	300.00
	원유	API 34	BBL	〃	오만	28.47	34.20	58.38	58.66	85.89	40.03
	금	4/9	Gram	CIF	홍콩	13.30	14.35	18.12	20.44	26.15	26.61
유기·무기원료	팜유	OLEIN	M/T	FOB	말련	512.34	405.00	392.50	565.00	955.00	532.50
	천연고무	RSS #3	〃	CIF	〃	1,260.00	1,210.00	1,885.00	1,794.29	2,496.70	1,243.80
	펄프	BKP HARD	〃	CFR	미국	460.00	470.00	550.00	650.00	730.00	540.00
	고지	OCC	〃	〃	〃	155.00	178.00	150.00	180.00	255.00	125.00
	원피	62/64 Ibs	Lb	FOB	〃	1.1428	1.0554	1.1475	3.3258	1.1876	0.6129
유화원료	나프타	공업용	M/T	CFR	중동	316.49	412.21	560.12	570.33	858.25	294.87
	프로판	C3	〃	FOB	사우디	310.00	417.00	575.00	480.00	860.00	340.00
	파라자일렌(PX)	공업용	〃	CIF	중국	625.00	892.50	995.00	1,150.00	1,100.00	652.00
	메탄올	99.50%	〃	CFR	사우디	250.00	295.00	300.00	480.00	600.00	170.00
섬유원료	에틸렌글리콜(EG)	합섬원료	〃	CIF	〃	676.70	945.00	838.75	850.50	1,548.33	497.14
	카프로락탐	〃	〃	CFR	일본	1,300.00	2,350.00	1,850.00	2,180.00	2,434.00	1,196.00
	양모	66S	Lb	〃	호주	3.70	3.57	3.23	4.15	5.08	3.03
	원면	SM	〃	FOB	미국	0.85	0.61	0.72	0.73	0.85	0.67
철강재	선철	제강	M/T	CFR	중국	263.00	319.00	240.00	340.00	450.00	350.00
	고철	HMS NO.1	〃	〃	미국	217.00	280.00	210.00	290.00	400.00	266.00
	빌레트	압연용	〃	〃	일본	305.00	363.00	327.00	425.00	670.00	360.00
	슬랩	강판용	〃	〃	브라질	272.00	559.00	372.00	570.00	610.00	860.00
비철금속	전기동	99.95%	〃	CIF	칠레	2,251.29	3,265.45	4,854.33	6,760.11	6,672.67	3,156.98
	알루미늄	99.70%	〃	〃	호주	1,637.29	1,929.55	3,077.86	2,873.63	2,441.69	1,565.43
	연	99.99%	〃	〃	중국	713.00	1,044.90	1,328.33	1,785.50	2,656.03	1,007.88
	니켈	99.90%	〃	〃	캐나다	14,169.52	14,225.71	15,005.24	34,970.26	26,391.94	10,086.43

주요수입원자재가격('09~'14)

(가격단위:U.S.$, 12월 기준임)

구분	품명	규격	단위	거래조건	주 수입국	2009년	2010년	2011년	2012년	2013년	2014년
농산물	소맥	백맥	M/T	CFR	미국	246.00	362.00	283.00	377.00	318.00	344.00
	옥수수	#3	〃	〃	〃	240.00	315.00	301.25	340.00	250.00	260.00
	대두	#2	〃	〃	〃	481.98	569.35	507.29	630.20	600.52	476.16
	원당	96~97%	〃	〃	태국	490.00	770.00	691.50	517.50	428.00	435.00
	커피	NY-2	〃	FOB	브라질	3,460.00	5,235.00	5,479.00	3,593.00	2,741.00	4,282.00
광산물	철광석	62~64%	〃	〃	호주	58.20	140.00	167.00	130.00	133.00	94.00
	유연탄	WMT	〃	〃	〃	129.00	209.00	285.00	170.00	152.00	119.00
	원유	API 34	BBL	〃	오만	75.54	88.95	105.51	106.35	107.46	60.23
	금	4/9	Gram	CIF	홍콩	36.76	45.15	1,652.31	1,688.53	1,225.40	1,202.29
유기·무기원료	팜유	OLEIN	M/T	FOB	말련	775.00	1,206.50	1,070.00	776.77	854.00	678.00
	천연고무	RSS #3	〃	CIF	〃	2,823.00	4,727.20	3,405.60	3,128.60	2,225.71	1,583.30
	펄프	BKP HARD	〃	CFR	미국	700.00	750.00	560.00	650.00	670.00	640.00
	고지	OCC	〃	〃	〃	200.00	287.50	245.00	235.00	260.00	220.00
	원피	62/64 Ibs	Lb	FOB	〃	1.145	1.370	1.290	1.630	1.800	1.838
유화원료	나프타	공업용	M/T	CFR	중동	709.19	867.50	902.61	942.00	975.00	518.00
	프로판	C3	〃	FOB	사우디	720.00	905.00	770.00	1,010.00	1,100.00	550.00
	파라자일렌(PX)	공업용	〃	CIF	중국	1,107.00	1,330.00	1,418.50	1,592.44	1,434.74	877.29
	메탄올	99.50%	〃	CFR	사우디	290.00	382.00	373.75	370.42	560.00	328.50
섬유원료	에틸렌글리콜(EG)	합섬원료	〃	CIF	〃	865.00	1,047.00	1,082.00	1,108.50	1,049.00	750.90
	카프로락탐	〃	〃	CFR	일본	2,210.00	2,829.00	2,500.00	2,298.00	2,333.50	1,934.00
	양모	66S	Lb	〃	호주	4.54	5.39	7.05	6.71	6.02	5.35
	원면	SM	〃	FOB	미국	0.90	1.69	1.03	0.90	1.05	0.77
철강재	선철	제강	M/T	CFR	중국	365.00	510.00	500.00	420.00	430.00	355.00
	고철	HMS NO.1	〃	〃	미국	355.00	470.00	460.00	400.00	410.00	295.00
	빌레트	압연용	〃	〃	일본	483.00	630.00	652.50	575.00	540.00	440.00
	슬랩	강판용	〃	〃	브라질	440.00	590.00	570.00	500.00	530.00	430.00
비철금속	전기동	99.95%	〃	CIF	칠레	7,081.71	9,247.26	7,697.55	8,162.58	7,402.95	6,652.95
	알루미늄	99.70%	〃	〃	호주	2,230.10	2,400.67	2,141.78	2,336.63	1,889.78	2,318.24
	연	99.99%	〃	〃	중국	2,373.52	2,457.93	2,118.98	2,405.50	2,263.00	2,066.10
	니켈	99.90%	〃	〃	캐나다	17,466.40	24,511.19	18,803.50	18,256.58	15,415.50	16,568.57

주요수입원자재가격('15~'19)

(가격단위:U.S.$, 12월 기준임)

품목 구분	품목 품명	규격	단위	거래조건	주 수입국	2015년	2016년	2017년	2018년	2019년
농산물	밀(백맥)	No.2 or better	M/T	CFR	미국	294.00	211.00	201.00	223.00	232.00
	옥수수	#3(사료용)	〃	〃	미국,남미	194.70	195.50	183.66	211.07	198.96
	대두	#2	〃	〃	미국,브라질	380.47	461.00	435.00	409.00	430.00
	원당	98%이상	〃	〃	태국	346.00	402.50	361.00	294.00	311.00
	커피	Arabica	〃	FOB	브라질	2,979.00	3,444.00	3,010.00	2,529.00	3,163.00
광산물	철광석	62~64%	〃	〃	호주	62.00	68.00	75.00	93.00	107.00
	유연탄	WMT	〃	〃	〃	89.00	200.00	181.91	227.70	136.25
	원유	API 31	BBL	〃	중동	34.92	52.10	61.61	57.32	64.75
	금	4/9	OZ	EXW	호주,홍콩	1,068.30	1,151.00	1,261.05	1,247.92	1,476.04
유기·무기원료	팜유	RBD OLEIN	M/T	FOB	말레이시아	581.00	780.00	656.00	491.63	717.26
	천연고무	RSS #3	〃	〃	태국	1,260.63	2,237.80	1,677.14	1,448.57	1,696.67
	펄프	BKP HARD	〃	CIF	브라질	650.00	590.00	895.00	785.00	546.67
	고지	OCC	〃	〃	미국	215.00	255.00	245.00	210.00	165.00
	소가죽(원피)	62/64 Ibs	Lb	〃	〃	1.37	1.37	1.13	0.82	0.74
유화원료	나프타	공업용	M/T	CFR	중동	464.40	477.00	596.32	474.46	582.23
	프로판	C3	〃	FOB	〃	460.00	380.00	590.00	445.00	440.00
	파라자일렌(PX)	99.7%min	〃	CFR	〃	772.09	844.83	910.98	1,033.86	819.36
	메탄올	99.85%	〃	〃	〃	238.75	342.20	403.13	300.83	243.17
섬유원료	에틸렌글리콜(EG)	폴리에스테르용	〃	〃	사우디	561.38	822.88	915.88	676.17	574.17
	카프로락탐	합섬원료	〃	〃	유럽	1,287.00	1,720.00	2,004.00	1,782.00	1,232.00
	양모	66S	Lb	CIF	호주	5.89	5.68	7.04	8.26	6.44
	원면	SM	〃	CFR	미국	0.76	0.81	0.80	0.90	0.74
철강재	선철	제강	M/T	CFR	러시아,브라질,인도	200.00	340.00	405.00	400.00	340.00
	고철	HMS NO.1	〃	CIF	미국	219.00	278.00	350.00	313.00	315.00
	빌릿	압연용	〃	CFR	일본	270.00	380.00	520.00	472.50	422.50
	슬랩	강판용	〃	〃	일본,브라질	250.00	445.00	520.00	447.00	402.00
비철금속	전기동	99.99%	〃	CIF	칠레	4,682.17	5,734.62	6,850.11	6,142.82	5,987.85
	알루미늄	99.70%	〃	〃	호주,중동	1,573.35	1,808.00	2,154.03	2,014.50	1,782.48
	아연	99.995%	〃	〃	인도	1,738.26	2,901.62	3,406.61	2,839.13	2,250.50
	니켈	99.80%	〃	〃	호주,캐나다	8,814.26	11,381.15	11,577.11	11,004.74	13,789.50

주요수입원자재가격('20~'24)

(가격단위:U.S.$, 12월 기준임)

품목 구분	품목 품명	규격	단위	거래조건	주 수입국	2020년	2021년	2022년	2023년	2024년
농산물	밀(백맥)	No.2 or better	M/T	CFR	미국	255.00	427.00	336.00	270.00	232.00
	옥수수	#3(사료용)	〃	〃	〃	250.00	330.00	345.00	250.00	240.00
	대두	#2	〃	〃	미국,브라질	585.00	617.50	685.87	572.08	455.72
	원당	98%이상	〃	〃	태국	319.00	519.16	487.90	655.50	507.05
	커피	Arabica	〃	FOB	브라질	3,002.00	5,612.00	4,035.00	4,537.00	7,738.00
광산물	철광석	62~64%	〃	〃	호주	164.00	102.00	111.58	111.53	104.46
	유연탄	WMT	〃	〃	〃	101.42	339.99	265.66	325.96	200.41
	원유	API 31	BBL	〃	중동	49.84	73.21	77.22	77.33	73.23
	금	4/9	OZ	EXW	호주,홍콩	1,856.65	1,786.65	1,796.74	2,029.66	2,653.91
유기·무기원료	팜유	RBD OLEIN	M/T	FOB	말레이시아	935.11	1,274.64	956.25	855.48	1,259.00
	천연고무	RSS #3	〃	〃	태국	2,472.50	1,957.78	1,571.11	1,755.00	2,491.43
	펄프	BKP HARD	〃	CIF	브라질	600.00	680.00	975.00	785.00	665.00
	고지	OCC	〃	〃	미국	220.00	260.00	180.00	210.00	185.00
	소가죽(원피)	62/64 lbs	Lb	〃	〃	0.84	0.92	0.68	0.64	0.56
유화원료	나프타	공업용	M/T	CFR	중동	436.45	711.87	598.71	656.89	633.19
	프로판	C3	〃	FOB	〃	450.00	795.00	650.00	610.00	635.00
	파라자일렌(PX)	99.7%min	〃	CFR	〃	599.99	835.12	926.71	992.96	822.79
	메탄올	99.85%	〃	〃	〃	332.50	432.50	352.50	326.25	347.50
섬유원료	에틸렌글리콜(EG)	폴리에스테르용	〃	〃	사우디	508.63	640.88	453.26	488.25	547.17
	카프로락탐	합섬원료	〃	〃	유럽	1,485.00	2,035.00	1,530.00	1,640.00	1,390.00
	양모	66S	Lb	CIF	호주	5.19	5.48	5.44	5.15	4.90
	원면	SM	〃	CFR	미국	0.78	1.25	1.05	0.91	0.84
철강재	선철	제강	M/T	CFR	러시아,브라질,인도	450.00	660.00	506.25	511.83	469.38
	고철	HMS NO.1	〃	CIF	동아시아향	440.00	510.00	403.00	405.00	344.00
	빌릿	압연용	〃	CFR	일본,CIS	550.00	690.00	546.00	530.50	468.40
	슬랩	강판용	〃	〃	일본,브라질	605.00	812.00	624.67	646.33	610.00
비철금속	전기동	99.99%	〃	CIF	칠레	7,819.90	9,578.26	8,443.50	8,543.10	9,079.27
	알루미늄	99.70%	〃	〃	호주,중동	2,117.82	2,790.87	2,416.50	2,312.10	2,656.82
	아연	99.995%	〃	〃	인도	3,034.62	3,586.22	3,130.61	2,735.08	3,279.32
	니켈	99.80%	〃	〃	호주,캐나다	17,064.05	20,125.22	29,315.23	16,817.25	15,862.73

주요수입원자재가격('25.1~'25.7)

(가격단위:U.S.$)

품목		규격	단위	거래조건	주 수입국	2025년						
구분	품명					1월	2월	3월	4월	5월	6월	7월
농산물	밀(백맥)	No.2 or better	M/T	CFR	미국	234.00	240.00	239.00	239.00	239.00	235.00	235.00
	옥수수	#3(사료용)	〃	〃	〃	240.00	265.00	255.00	255.00	245.00	235.00	245.00
	대두	#2	〃	〃	미국,브라질	466.82	468.02	463.05	475.31	476.43	478.70	471.61
	원당	98%이상	〃	〃	태국	528.38	550.88	516.60	488.96	499.15	481.97	475.61
	커피	Arabica	〃	FOB	브라질	8,051.00	9,564.00	9,372.00	9,053.00	8,987.00	8,065.00	7,094.00
광산물	철광석	62~64%	〃	〃	호주	101.38	106.46	102.15	99.64	99.22	93.14	98.00
	유연탄	WMT	〃	〃	〃	192.26	188.23	174.68	182.67	191.93	178.65	177.00
	원유	API 31	BBL	〃	중동	80.41	77.92	72.40	67.74	63.73	69.26	70.87
	금	4/9	OZ	EXW	호주,홍콩	2,693.77	2,896.18	2,987.24	3,228.05	3,289.59	3,352.00	3,339.65
유기·무기원료	팜유	RBD OLEIN	M/T	FOB	말레이시아	1,142.00	1,164.00	1,121.79	1,055.38	970.12	984.40	1,020.80
	천연고무	RSS #3	〃	〃	태국	2,448.57	2,511.25	2,443.75	2,272.50	2,325.71	2,267.14	2,282.80
	펄프	BKP HARD	〃	CIF	브라질	705.00	730.00	750.00	675.00	645.00	645.00	630.00
	고지	OCC	〃	〃	미국	195.00	185.00	185.00	170.00	170.00	165.00	160.00
	소가죽(원피)	62/64 lbs	Lb	〃	〃	0.55	0.53	0.51	0.48	0.43	0.43	0.43
유화원료	나프타	공업용	M/T	CFR	중동	667.94	661.25	635.94	567.62	561.39	585.23	574.04
	프로판	C3	〃	FOB	〃	625.00	635.00	615.00	615.00	610.00	600.00	575.00
	파라자일렌(PX)	99.7%min	〃	CFR	〃	822.79	822.79	740.00	735.00	839.50	839.50	847.14
	메탄올	99.85%	〃	〃	〃	352.00	351.25	355.00	335.00	321.00	323.75	320.00
섬유원료	에틸렌글리콜(EG)	폴리에스테르용	〃	〃	사우디	549.25	546.50	529.50	498.38	512.20	518.88	576.00
	카프로락탐	합섬원료	〃	〃	유럽	1,390.00	1,430.00	1,200.00	1,100.00	1,100.00	1,100.00	1,050.00
	양모	66S	Lb	CIF	호주	4.90	5.06	5.28	5.19	5.19	5.18	5.34
	원면	SM	〃	CFR	미국	0.81	0.79	0.79	0.78	0.76	0.77	0.77
철강재	선철	제강	M/T	CFR	러시아,브라질,인도	460.00	462.66	485.63	489.38	473.28	457.50	447.50
	고철	HMS NO.1	〃	CIF	동아시아향	341.25	351.25	360.00	349.00	335.00	337.00	333.00
	빌릿	압연용	〃	CFR	일본,CIS	459.25	460.00	460.00	449.00	451.25	439.00	454.00
	슬랩	강판용	〃	〃	일본,브라질	610.00	610.00	610.00	610.00	610.00	610.00	610.00
비철금속	전기동	99.99%	〃	CIF	칠레	9,144.02	9,439.23	9,812.50	9,273.36	9,551.86	9,752.21	9,837.11
	알루미늄	99.70%	〃	〃	호주,중동	2,674.14	2,724.55	2,733.07	2,496.84	2,535.41	2,600.93	2,689.07
	아연	99.995%	〃	〃	인도	3,079.84	3,057.28	3,128.57	2,859.68	2,889.59	2,892.07	2,981.89
	니켈	99.80%	〃	〃	호주,캐나다	15,779.77	15,665.50	16,456.43	15,608.64	15,693.18	15,369.52	15,390.00

외국환시세·기준율 (1)

통화별 / 연 월	미 국 (USD) US $	일 본 (JPY) Per 100￥	유로통화 (EUR)	영 국 (GBP) £	독 일 (DEM) DM
1970	316.60	-	-	758.00	86.80
1971	373.30	-	-	951.00	113.80
1972	398.90	-	-	936.60	124.60
1973	397.50	-	-	921.90	147.20
1974	484.00	-	-	1,130.80	211.20
1975	484.00	-	-	979.70	184.80
1976	484.00	-	-	823.50	205.20
1977	484.00	201.70	-	929.30	230.80
1978	484.00	250.70	-	988.30	266.20
1979	484.00	202.10	-	1,079.30	280.00
1980	607.44	269.65	-	1,414.38	334.52
1981	681.27	309.37	-	1,378.08	302.22
1982	731.49	294.25	-	1,278.82	301.50
1983	776.15	326.92	-	1,176.32	304.15
1984	806.00	339.55	-	1,076.32	283.98
1985	870.53	368.72	-	1,133.44	299.29
1986	881.33	526.29	-	1,293.75	407.63
1987	822.41	570.07	-	1,347.44	458.17
1988	730.53	570.56	-	1,301.30	417.04
1989	671.38	487.51	-	1,099.93	357.72
1990	707.97	491.58	-	1,265.70	439.64
1991	733.60	545.95	-	1,295.68	443.16
1992	780.84	617.08	-	1,377.36	501.13
1993	802.73	725.67	-	1,205.79	485.43
1994	803.62	787.91	968.70	1,231.62	496.98
1995	771.04	824.45	997.69	1,217.12	538.96
1996	804.78	739.59	1,008.02	1,258.32	534.92
1997	951.11	784.02	1,074.60	1,560.81	548.33
1998	1,398.88	1,074.41	1,567.46	2,317.37	794.46
1999	1,189.48	1,048.64	1,268.71	1,924.32	648.68
2000	1,130.61	1,048.92	1,044.18	1,713.03	533.88
2001	1,290.83	1,062.41	1,155.97	1,859.01	591.04
2002	1,251.24	999.57	1,180.64	1,878.12	-
2003	1,191.89	1,029.76	1,348.29	1,948.46	-
2004	1,144.67	1,058.76	1,422.91	2,097.50	-
2005	1,024.31	930.66	1,273.95	1,862.47	-
2006	955.51	821.49	1,199.31	1,759.10	-
2007	929.20	789.75	1,272.72	1,859.70	-
2008	1,102.59	1,076.63	1,606.77	2,013.85	-
2009	1,276.40	1,363.13	1,774.35	1,993.84	-
2010	1,156.26	1,320.56	1,532.94	1,787.09	-
2011	1,108.11	1,391.31	1,541.42	1,775.87	-
2012	1,126.88	1,413.14	1,448.20	1,785.37	-
2013	1,095.04	1,123.41	1,453.56	1,711.45	-
2014	1,053.22	996.19	1,398.82	1,734.67	-
2015	1,131.49	934.56	1,255.16	1,729.79	-
2016	1,160.50	1,068.17	1,283.30	1,572.18	-
2017	1,130.84	1,008.52	1,276.39	1,455.43	-
2018	1,100.30	996.27	1,298.63	1,468.22	-
2019	1,165.65	1,069.76	1,304.81	1,487.83	-
2020	1,180.05	1,105.07	1,345.99	1,513.05	-
2021	1,144.42	1,041.45	1,352.79	1,573.96	-
2022	1,291.95	983.44	1,357.38	1,592.33	-
2023	1,305.41	931.24	1,412.36	1,624.19	-
2024	1,363.98	900.36	1,475.05	1,742.68	-
2025. 9	1,391.83	941.20	1,633.09	1,879.73	-

* 기준:매매기준율(평균환율)-최초고시환율 적용
(단, 1970~1979까지는 12월말 기준)
독일, 이탈리아, 프랑스, 벨기에, 오스트리아, 네덜란드는 유로화로 통합됨.

(단위:원)

캐나다 (CAD) Can $	프랑스 (FRF) FFr	이탈리아 (ITL) Per 100Lit	스위스 (CHF) SFr	홍 콩 (HKD) HK$	통화별 / 연 월
312.40	57.40	50.80	73.50	51.90	1970
372.60	71.40	62.80	95.20	65.60	1971
401.10	78.00	68.50	105.30	70.00	1972
399.30	84.60	65.80	122.30	78.30	1973
488.70	108.80	74.20	193.10	99.60	1974
476.10	108.50	70.80	184.70	96.30	1975
479.10	97.50	55.30	198.00	104.30	1976
442.40	103.00	55.60	243.00	105.20	1977
408.10	116.20	58.40	299.20	101.70	1978
413.50	120.20	60.10	302.70	99.00	1979
519.65	143.87	71.04	362.78	122.54	1980
568.46	125.86	60.19	348.29	122.55	1981
593.02	111.65	54.15	360.88	120.79	1982
629.81	102.14	51.18	369.70	107.41	1983
622.62	92.51	46.03	344.00	103.10	1984
637.61	98.06	45.89	359.46	111.75	1985
634.43	127.48	59.33	492.94	112.94	1986
620.24	136.97	63.52	552.63	105.47	1987
593.64	122.98	56.30	501.07	93.59	1988
567.18	105.42	48.99	410.98	86.08	1989
606.95	130.52	59.28	512.82	90.89	1990
640.38	130.33	59.26	512.76	94.40	1991
646.55	147.88	63.68	557.23	100.89	1992
622.47	141.78	51.12	543.46	103.77	1993
588.33	145.29	49.92	589.81	103.98	1994
562.09	154.79	47.38	653.96	99.68	1995
590.43	157.34	52.20	651.34	104.05	1996
685.66	162.96	55.82	656.76	122.84	1997
946.37	236.96	80.46	965.17	180.58	1998
800.64	193.41	65.52	792.72	153.30	1999
761.17	159.18	53.93	670.36	145.09	2000
833.59	176.23	59.70	765.61	165.50	2001
796.81	176.66	59.76	805.05	159.95	2002
852.93	-	-	886.93	153.06	2003
880.79	-	-	922.24	146.96	2004
846.63	-	-	822.85	131.71	2005
842.32	-	-	762.50	123.00	2006
867.66	-	-	774.71	119.10	2007
1,028.11	-	-	1,015.39	141.66	2008
1,118.94	-	-	1,175.37	164.66	2009
1,122.76	-	-	1,111.87	148.83	2010
1,120.26	-	-	1,252.92	142.35	2011
1,127.26	-	-	1,201.56	145.27	2012
1,063.45	-	-	1,181.04	141.17	2013
953.53	-	-	1,151.45	135.82	2014
885.30	-	-	1,175.58	145.95	2015
876.27	-	-	1,177.36	149.51	2016
871.68	-	-	1,148.72	145.13	2017
848.95	-	-	1,124.29	140.38	2018
878.54	-	-	1,173.43	148.78	2019
879.91	-	-	1,257.34	152.14	2020
913.26	-	-	1,251.65	147.23	2021
991.82	-	-	1,352.05	164.98	2022
967.38	-	-	1,454.10	166.75	2023
995.49	-	-	1,549.06	174.81	2024
1,006.80	-	-	1,746.95	178.75	2025. 9

외국환시세·기준율 (2)

통화별 / 연월	스웨덴 (SEK)	덴마크 (DKK) DKr	벨기에 (BEF) BF	오스트리아 (ATS) ASch	노르웨이 (NOK) NKr
1970	61.30	42.30	6.40	12.20	44.40
1971	76.20	52.60	8.30	15.80	55.50
1972	84.10	58.30	9.00	17.30	60.00
1973	87.00	63.40	9.60	20.10	69.40
1974	118.30	85.00	13.40	28.00	92.50
1975	109.90	78.40	12.30	26.20	86.70
1976	117.40	83.80	13.50	28.90	93.70
1977	103.60	83.80	14.80	33.00	94.40
1978	112.90	95.10	16.80	36.30	96.80
1979	116.60	90.30	17.30	38.90	98.10
1980	143.66	107.97	20.79	47.00	123.14
1981	135.31	95.99	18.42	42.88	119.05
1982	117.34	87.91	16.06	42.94	113.89
1983	101.24	84.99	15.21	43.27	106.38
1984	97.58	78.00	13.99	40.40	99.09
1985	101.91	83.05	14.83	42.58	102.09
1986	123.87	109.28	19.81	57.99	119.29
1987	129.84	120.45	22.06	65.16	122.21
1988	119.37	108.79	19.92	59.34	112.29
1989	104.20	91.97	17.07	50.80	97.31
1990	119.87	114.88	21.28	62.49	113.47
1991	121.53	114.91	21.53	62.99	113.36
1992	134.76	129.71	24.35	71.23	126.02
1993	103.24	123.93	23.25	68.98	113.19
1994	104.39	126.79	24.12	70.57	114.20
1995	108.33	137.85	26.19	76.52	121.82
1996	120.07	138.80	25.99	75.98	124.67
1997	124.50	143.94	26.57	77.90	134.36
1998	175.95	208.56	38.51	112.85	185.31
1999	143.99	170.62	31.45	92.20	152.55
2000	123.61	140.10	25.88	75.88	128.64
2001	125.04	155.12	28.66	84.01	143.69
2002	128.92	158.89	28.68	84.09	157.33
2003	147.85	181.45	-	-	168.58
2004	155.96	191.27	-	-	170.03
2005	137.32	171.00	-	-	159.06
2006	129.64	160.78	-	-	149.07
2007	137.58	170.82	-	-	158.81
2008	166.73	215.51	-	-	194.97
2009	167.12	238.30	-	-	203.22
2010	160.73	205.83	-	-	191.38
2011	170.64	206.88	-	-	197.70
2012	166.36	194.56	-	-	193.63
2013	168.06	194.90	-	-	186.46
2014	153.88	187.63	-	-	167.43
2015	134.16	168.28	-	-	140.28
2016	135.63	172.36	-	-	138.14
2017	132.45	171.59	-	-	136.84
2018	126.65	174.24	-	-	135.22
2019	123.28	174.76	-	-	132.48
2020	128.42	180.57	-	-	125.62
2021	133.35	181.90	-	-	133.13
2022	127.68	182.45	-	-	134.37
2023	123.09	189.55	-	-	123.66
2024	128.98	197.76	-	-	126.85
2025. 9	148.45	218.78	-	-	139.96

＊기준:매매기준율(평균환율)-최초고시환율 적용
(단, 1970~1979까지는 12월말 기준)
독일, 이탈리아, 프랑스, 벨기에, 오스트리아, 네덜란드는 유로화로 통합됨.

(단위:원)

네덜란드 (NLG) DFL	사우디 (SAR) SR	쿠웨이트 (KWD) KD	바레인 (BHD) BD	아랍에미레이트 (AED) DH	통화별 / 연월
88.00	-	-	-	-	1970
114.10	-	-	-	-	1971
123.60	-	-	-	-	1972
141.00	-	-	-	-	1973
193.00	-	-	-	-	1974
180.40	-	-	-	-	1975
197.10	136.90	-	-	-	1976
213.50	138.40	1,680.70	1,222.90	124.10	1977
245.50	145.80	1,779.70	1,260.30	126.00	1978
254.10	143.70	1,771.30	1,282.10	128.50	1979
305.83	182.33	2,246.37	1,608.31	163.82	1980
273.88	201.02	2,441.25	1,807.51	185.47	1981
274.00	213.08	2,538.84	1,940.83	199.25	1982
272.24	224.33	2,660.86	2,059.42	211.35	1983
251.87	228.39	2,713.53	2,138.24	219.50	1984
265.38	239.89	2,895.20	2,309.35	237.08	1985
361.36	237.65	3,030.94	2,337.57	239.95	1986
406.60	219.30	2,950.56	2,181.32	223.93	1987
370.60	194.78	2,620.05	1,937.50	198.92	1988
317.14	179.01	2,283.34	1,780.62	182.82	1989
390.28	188.68	2,427.27	1,877.61	192.76	1990
393.32	195.60	2,454.87	1,945.66	199.75	1991
445.15	208.23	2,660.18	2,071.20	212.62	1992
432.22	214.04	2,660.19	2,129.25	218.58	1993
443.17	214.27	2,698.05	2,132.09	218.82	1994
481.25	205.58	2,582.56	2,045.34	209.95	1995
477.40	214.58	2,686.42	2,134.97	219.15	1996
487.19	253.59	3,134.04	2,523.18	258.99	1997
704.70	372.93	4,589.36	3,711.04	380.89	1998
575.71	317.14	3,907.24	3,155.45	323.89	1999
473.83	301.44	3,684.60	2,999.06	307.82	2000
524.55	344.16	4,210.80	3,423.81	351.45	2001
530.61	333.66	4,115.36	3,318.63	340.66	2002
-	317.81	3,999.68	3,161.25	324.50	2003
-	305.23	3,883.45	3,036.18	311.65	2004
-	273.12	3,507.16	2,721.31	278.91	2005
-	254.79	3,292.18	2,534.71	260.15	2006
-	247.97	3,268.50	2,466.08	253.03	2007
-	293.93	4,098.17	2,925.53	300.20	2008
-	340.34	4,425.87	3,385.77	347.52	2009
-	308.32	4,030.75	3,066.98	314.81	2010
-	295.48	4,009.48	2,939.26	301.69	2011
-	300.48	4,023.01	2,989.00	306.80	2012
-	291.98	3,857.27	2,904.56	298.13	2013
-	280.79	3,699.27	2,793.58	286.75	2014
-	301.65	3,758.27	3,000.59	308.06	2015
-	309.41	3,838.78	3,078.11	315.95	2016
-	301.53	3,727.34	2,998.61	307.88	2017
-	293.37	3,642.39	2,916.35	299.56	2018
-	310.80	3,835.90	3,091.86	317.35	2019
-	314.46	3,846.22	3,128.33	321.27	2020
-	305.09	3,792.78	3,035.48	311.57	2021
-	344.05	4,215.49	3,426.59	351.74	2022
-	347.95	4,246.97	3,463.26	355.42	2023
-	363.51	4,444.09	3,618.38	371.36	2024
-	371.01	4,558.22	3,691.53	378.97	2025. 9

산업별임금추이

연도별	전산업	광공업	광업	제조업	전기,가스,수도	건설업	도소매및 음식,숙박업	운수,창고,통신업	금융,보험,부동산 및사업서비스업	사회및개인 서비스업
1970	17,831	15,032	18,574	14,301	37,156	24,295	19,807	18,524	37,915	24,354
1971	20,581	17,434	22,171	16,611	47,332	26,645	21,831	21,288	44,187	29,045
1972	24,179	19,791	25,131	18,923	50,957	32,006	25,317	27,010	52,715	35,540
1973	26,954	23,267	30,415	22,330	61,326	36,740	29,160	28,875	61,032	37,020
1974	35,542	31,552	41,068	30,209	73,743	43,984	36,066	36,497	73,728	47,183
1975	46,019	40,020	54,650	38,378	104,339	61,590	52,700	45,509	96,251	66,888
1976	62,362	53,326	66,055	51,685	133,400	115,274	75,186	64,287	122,992	98,380
1977	82,355	71,022	93,851	69,168	170,954	154,519	90,442	89,188	152,312	131,345
1978	111,201	95,157	127,685	92,907	210,627	222,772	123,765	119,245	206,364	162,348
1979	142,665	122,268	166,171	119,515	247,583	247,835	157,872	157,985	246,384	211,619
1980	176,058	150,328	203,281	146,684	282,953	257,697	211,012	203,495	281,560	275,280
1981	212,477	180,735	243,710	176,176	357,083	319,767	247,240	238,309	339,664	343,118
1982	245,981	207,171	268,660	202,117	420,028	365,970	283,906	271,373	387,992	409,035
1983	273,119	231,880	286,419	226,790	484,421	387,082	311,111	292,194	417,352	450,421
1984	296,907	249,731	296,817	245,261	497,918	380,550	339,895	319,685	479,600	452,645
1985	324,283	275,082	325,079	269,652	574,795	400,397	372,048	342,269	519,175	484,407
1986	350,965	300,411	355,443	294,485	639,765	415,676	402,073	373,413	551,464	523,604
1987	386,536	334,372	384,769	328,696	698,967	453,203	447,085	410,403	612,629	557,515
1988	446,370	398,403	446,861	393,056	747,308	503,843	431,112	460,907	661,086	611,715
1989	540,611	496,460	530,013	491,632	815,994	593,717	558,434	522,270	737,546	715,512
1990	642,309	595,850	605,011	590,760	953,528	745,427	655,164	584,104	852,343	826,907
1991	754,673	696,565	710,574	690,310	1,124,142	884,932	773,419	699,480	929,874	939,499
1992	869,284	805,786	859,895	798,548	1,216,116	1,020,180	884,338	777,719	1,053,791	1,079,363

연도별	전산업	광공업	광업	제조업	전기, 가스 및 수도사업	건설업	도소매업	숙박 및 음식점업
1993	975,125	886,788	980,313	885,398	1,324,133	1,154,795	981,900	759,094
1994	1,098,984	1,023,390	1,096,356	1,022,496	1,424,938	1,269,975	1,071,236	863,573
1995	1,222,097	1,124,578	1,194,911	1,123,895	1,608,238	1,384,194	1,173,833	994,539
1996	1,367,501	1,262,275	1,379,913	1,261,168	1,916,933	1,501,257	1,316,805	1,111,722
1997	1,463,300	1,328,031	1,534,912	1,326,241	2,078,546	1,623,638	1,426,564	1,202,060
1998	1,426,797	1,286,604	1,524,520	1,284,477	2,021,708	1,502,275	1,396,727	1,178,028
1999	1,543,600	1,444,014	1,563,292	1,442,921	2,303,792	1,575,503	1,426,364	1,052,163
2000	1,667,542	1,568,387	1,679,318	1,567,510	2,457,890	1,701,494	1,548,080	1,106,319
2001	1,752,382	1,659,680	1,744,655	1,659,109	2,835,142	1,687,011	1,725,231	1,174,275
2002	1,947,774	1,857,663	1,937,837	1,857,171	3,206,059	1,858,504	1,888,148	1,364,386
2003	2,127,401	2,019,140	2,229,446	2,017,864	3,648,732	2,072,367	2,088,960	1,438,643
2004	2,254,889	2,210,478	2,398,046	2,209,335	3,838,223	2,129,889	2,174,981	1,512,717
2005	2,404,385	2,388,107	2,474,690	2,387,579	4,101,258	2,123,065	2,408,400	1,600,016
2006	2,541,886	2,522,623	2,544,920	2,522,501	4,307,420	2,319,199	2,542,631	1,615,132
2007	2,683,203	2,731,736	2,767,737	2,688,353	4,648,789	2,436,731	2,693,340	1,622,317
2008	2,568,838	2,757,386	2,914,609	2,677,585	5,128,743	1,858,835	2,436,554	1,387,902
2009	2,636,260	-	2,796,921	2,736,593	5,096,846	1,880,993	2,586,080	1,392,443
2010	2,816,188	-	2,999,821	2,985,136	5,454,864	1,943,685	2,768,605	1,462,296

연도별	광업	제조업	전기,가스,증기 및 수도사업	건설업	도매 및 소매업	운수업	숙박 및 음식점업	금융 및 보험업	부동산업 및 임대업	교육서비스업
2011	3,250,903	2,919,138	5,459,782	2,090,244	2,519,056	2,358,348	1,439,647	4,608,532	1,911,722	2,642,341
2012	3,410,733	3,097,963	5,367,071	2,187,156	2,655,106	2,542,539	1,512,524	4,820,908	2,055,057	2,773,720
2013	3,474,043	3,239,819	5,519,443	2,311,574	2,685,025	2,678,897	1,483,088	4,881,772	2,110,876	2,940,432
2014	3,412,677	3,364,886	5,526,600	2,377,187	2,705,732	2,745,412	1,514,012	5,055,397	2,148,140	3,119,013
2015	3,581,269	3,462,028	5,824,516	2,431,641	2,773,433	2,881,205	1,546,902	5,285,800	2,255,039	3,196,513
2016	3,678,313	3,602,539	6,300,086	2,507,323	2,880,322	3,023,064	1,569,828	5,499,056	2,383,105	3,230,981
2017	3,713,427	3,690,128	6,280,982	2,624,174	3,048,777	3,156,001	1,625,656	5,706,396	2,446,291	3,315,550
2018	3,834,721	3,930,372	6,436,235	2,783,640	3,214,316	3,357,075	1,757,468	6,026,380	2,600,249	3,396,843
2019	3,976,572	4,017,254	6,502,381	2,951,013	3,372,163	3,475,846	1,874,608	6,236,453	2,755,026	3,474,398
2020	4,325,202	3,990,086	6,733,071	3,032,156	3,422,671	3,529,748	1,878,720	6,526,274	2,847,661	3,365,722
2021	4,415,388	4,238,595	6,753,004	3,105,606	3,550,757	3,795,199	1,904,899	6,963,401	2,954,373	3,354,988
2022	4,607,896	4,483,866	6,906,890	3,229,118	3,772,902	4,040,454	2,003,540	7,323,792	3,086,439	3,435,471
2023	4,636,029	4,632,731	7,188,344	3,358,882	3,920,911	4,184,751	2,097,226	7,337,948	3,117,335	3,507,590
2024	4,899,797	4,754,798	7,687,480	3,455,292	4,030,938	4,325,511	2,134,030	7,443,270	3,165,350	3,602,268
2025. 2/4	4,595,556	4,472,772	6,977,975	3,451,084	3,968,152	4,235,345	2,156,633	7,079,217	3,125,121	3,419,380

국내종합주가지수

연·월	1월	2월	3월	4월	5월	6월	7월	8월	9월	10월	11월	12월
1972	24.40	25.70	27.50	29.20	30.00	32.90	36.40	41.70	44.50	48.50	57.10	53.80
1973	51.40	55.80	60.30	62.00	67.10	73.80	86.10	88.10	84.30	80.70	78.10	71.90
1974	68.00	77.30	78.10	72.90	72.80	72.20	69.20	69.80	68.30	63.90	64.50	68.50
1975	69.60	76.20	76.40	74.90	75.80	75.90	79.40	82.50	84.80	87.90	87.10	87.60
1976	91.50	95.10	96.00	97.70	96.70	97.90	102.00	99.20	99.20	97.10	100.80	101.40
1977	98.40	104.10	105.80	104.20	105.00	109.00	110.40	113.40	119.80	126.20	129.80	134.40
1978	132.90	137.30	137.20	141.60	146.00	150.00	151.70	153.10	147.30	144.60	138.60	144.10
1979	122.00	121.80	118.90	122.50	117.60	115.10	109.20	118.10	126.20	126.10	126.10	123.10
1980	102.73	104.43	104.34	112.42	114.92	113.28	111.32	111.15	111.56	108.83	105.29	105.88
1981	103.08	104.35	104.92	112.25	121.77	137.10	154.84	145.37	141.53	132.06	128.03	129.79
1982	125.89	125.53	129.11	123.13	114.20	117.46	121.22	124.11	118.02	118.85	122.56	126.77
1983	119.88	121.43	120.60	125.22	128.04	123.91	122.87	122.08	118.96	118.17	119.81	119.47
1984	118.54	129.84	129.16	133.23	131.74	133.46	133.14	135.11	134.81	132.19	132.95	138.34
1985	139.98	135.73	134.30	136.14	133.17	137.35	135.77	136.54	136.34	140.21	145.26	156.37
1986	157.54	168.83	187.77	206.02	209.57	239.30	260.24	268.18	262.02	243.64	257.00	273.30
1987	289.09	320.53	365.85	368.66	383.97	387.28	453.99	483.98	481.52	509.43	477.53	488.71
1988	579.48	644.36	624.94	643.46	673.32	710.98	696.84	693.39	675.05	713.39	778.15	884.34
1989	884.23	902.21	965.89	959.12	936.94	900.75	886.63	922.35	951.58	913.00	898.67	901.80
1990	898.00	867.18	845.48	785.50	771.65	766.70	698.17	637.42	602.21	682.79	696.44	712.46
1991	647.53	654.72	670.55	638.34	630.19	604.73	646.25	710.56	684.34	705.16	668.07	625.06
1992	639.76	651.33	615.75	588.37	589.28	564.48	523.02	496.30	537.08	544.92	645.14	650.33
1993	696.30	668.80	645.90	713.50	719.80	760.40	752.00	708.50	692.50	733.00	798.40	848.80
1994	890.40	933.30	889.20	883.99	942.38	926.69	944.66	938.92	1,002.40	1,085.34	1,110.50	1,040.72
1995	965.33	929.68	942.38	902.74	884.23	884.25	945.66	916.89	971.15	998.95	957.32	918.13
1996	866.12	874.78	857.40	920.20	942.60	867.70	832.20	805.40	783.40	806.70	740.90	690.60
1997	669.60	698.10	656.70	694.30	713.10	765.20	752.30	740.50	676.50	584.10	494.10	390.30
1998	475.24	525.20	523.00	444.22	356.32	313.26	327.79	312.80	312.15	358.79	429.17	524.72
1999	597.62	532.97	586.17	721.12	745.41	841.40	971.40	933.10	926.90	828.60	950.10	984.50
2000	952.50	902.70	878.40	779.80	720.80	795.10	794.13	720.35	622.90	548.07	544.09	526.36
2001	585.02	593.40	543.89	530.27	600.73	602.90	554.10	567.70	504.00	523.30	604.90	666.00
2002	739.00	774.40	864.70	894.00	842.20	784.30	753.70	713.20	703.00	642.20	679.70	699.80
2003	631.00	591.60	550.80	585.90	613.50	663.20	703.50	731.70	742.30	756.50	789.10	801.20
2004	845.50	867.50	875.60	907.10	798.80	771.60	746.10	770.30	835.90	849.10	863.10	873.10
2005	903.40	964.50	988.20	955.40	939.00	991.30	1,058.70	1,101.80	1,171.00	1,190.90	1,253.30	1,338.80
2006	1,379.30	1,341.70	1,331.72	1,415.92	1,388.83	1,249.19	1,278.00	1,316.08	1,356.50	1,354.00	1,403.93	1,418.83
2007	1,379.25	1,434.89	1,431.62	1,517.12	1,614.90	1,754.28	1,911.56	1,815.02	1,879.03	2,004.60	1,924.80	1,903.60
2008	1,732.29	1,689.53	1,651.15	1,776.58	1,846.75	1,758.17	1,569.60	1,537.54	1,446.60	1,201.70	1,073.95	1,114.90
2009	1,156.37	1,139.75	1,140.45	1,322.10	1,400.50	1,395.24	1,460.03	1,577.91	1,659.45	1,630.61	1,583.47	1,646.64
2010	1,682.16	1,598.96	1,665.50	1,730.29	1,648.30	1,691.94	1,731.12	1,762.18	1,815.75	1,889.70	1,924.71	2,002.50
2011	2,091.61	2,002.87	2,002.67	2,153.13	2,121.87	2,074.64	2,150.06	1,869.41	1,790.95	1,825.88	1,858.50	1,863.23
2012	1,891.01	2,003.23	2,023.41	1,995.92	1,886.35	1,848.60	1,826.75	1,918.91	1,961.29	1,942.19	1,904.70	1,973.84
2013	1,986.10	1,979.85	1,990.24	1,938.88	1,974.45	1,884.41	1,871.77	1,896.96	1,984.39	2,029.68	2,009.92	1,988.33
2014	1,948.22	1,937.73	1,952.43	1,991.19	1,994.13	1,995.08	2,021.95	2,060.93	2,042.71	1,942.80	1,959.65	1,941.93
2015	1,920.99	1,961.00	2,012.62	2,107.27	2,114.90	2,063.69	2,058.03	1,952.55	1,939.58	2,020.57	2,006.78	1,971.53
2016	1,894.65	1,900.61	1,976.50	1,996.17	1,966.68	1,977.03	2,002.48	2,036.66	2,042.56	2,036.03	1,981.75	2,021.67
2017	2,061.73	2,082.80	2,136.17	2,160.18	2,301.89	2,372.20	2,412.90	2,372.18	2,371.84	2,482.87	2,533.51	2,467.73
2018	2,520.94	2,439.10	2,451.57	2,458.22	2,461.30	2,394.51	2,284.25	2,283.80	2,307.33	2,153.48	2,083.33	2,070.13
2019	2,101.98	2,210.20	2,161.91	2,212.12	2,086.90	2,105.30	2,079.48	1,944.24	2,045.21	2,065.75	2,128.79	2,147.01
2020	2,203.44	2,167.12	1,786.75	1,849.59	1,965.17	2,134.70	2,195.95	2,349.87	2,371.52	2,357.82	2,504.18	2,755.77
2021	3,089.27	3,092.41	3,032.47	3,165.08	3,169.20	3,259.14	3,254.57	3,182.50	3,141.70	2,989.87	2,964.30	2,988.49
2022	2,865.55	2,724.02	2,698.72	2,703.24	2,628.34	2,474.95	2,362.79	2,479.57	2,333.93	2,230.27	2,417.56	2,361.28
2023	2,362.36	2,450.34	2,417.56	2,523.29	2,524.43	2,598.91	2,594.39	2,562.05	2,543.82	2,392.14	2,458.95	2,553.64
2024	2,518.59	2,630.42	2,699.59	2,674.25	2,710.45	2,748.16	2,809.19	2,647.99	2,593.62	2,596.11	2,504.19	2,443.64
2025	2,503.89	2,578.75	2,585.97	2,472.18	2,620.08	2,949.13	3,168.59	3,183.79	-	-	-	-

국내제조업주가지수

연·월	1월	2월	3월	4월	5월	6월	7월	8월	9월	10월	11월	12월
1980	107.81	105.30	107.97	126.64	127.61	119.17	115.46	111.07	105.43	95.88	97.55	93.67
1981	98.72	94.86	93.68	106.64	104.81	121.58	113.74	107.22	108.64	101.02	103.71	104.00
1982	100.15	111.08	108.30	101.13	98.74	110.69	109.85	105.29	103.46	107.27	111.74	121.05
1983	117.62	127.32	126.28	141.94	134.54	132.47	136.60	130.94	132.36	141.44	136.90	142.22
1984	153.21	158.10	163.58	174.83	168.92	174.53	172.34	174.00	172.30	168.31	176.41	181.32
1985	176.67	174.77	177.24	173.29	174.99	178.10	178.76	175.66	177.08	179.42	199.26	223.85
1986	230.99	259.16	297.65	298.45	349.76	358.21	390.53	381.02	374.46	351.66	390.23	399.11
1987	444.05	470.17	555.26	483.82	519.28	545.28	586.13	545.67	544.29	551.52	529.51	588.39
1988	632.29	609.85	642.32	656.07	727.02	715.33	708.61	651.41	677.05	716.42	779.90	831.49
1989	827.65	856.55	969.45	898.39	880.61	863.42	912.48	977.38	965.59	912.57	926.64	935.21
1990	937.75	922.42	928.70	762.25	857.25	782.73	737.43	677.21	665.97	731.66	712.91	720.66
1991	645.78	705.87	714.81	696.04	655.30	661.79	745.17	692.79	712.78	677.29	651.73	623.40
1992	712.53	656.53	658.45	668.90	628.17	593.65	554.83	596.27	552.00	629.10	645.75	680.07
1993	702.82	668.57	694.49	767.72	829.83	830.01	819.00	724.19	795.69	851.86	927.93	978.69
1994	1,031.82	992.55	964.71	1,018.00	1,084.13	1,063.53	1,096.04	1,145.76	1,222.07	1,314.76	1,282.87	1,230.57
1995	1,108.25	1,065.24	1,155.44	1,104.45	1,057.58	1,087.05	1,120.21	1,061.77	1,156.27	1,183.72	1,082.49	1,024.25
1996	1,023.42	954.41	967.25	1,103.90	991.82	902.48	930.23	888.37	904.72	889.37	862.84	748.11
1997	779.96	813.36	826.58	872.81	941.69	943.78	937.24	911.09	854.93	594.60	551.83	454.67
1998	748.20	789.96	653.90	584.33	451.09	404.13	449.58	416.71	405.62	506.07	556.51	674.81
1999	694.06	632.60	737.38	858.95	837.57	1,030.06	1,306.61	1,333.19	1,168.83	1,125.74	1,249.05	1,214.29
2000	1,186.95	1,051.13	1,196.83	1,017.99	979.88	1,119.46	966.63	950.35	796.38	626.85	643.82	623.29
2001	788.13	743.74	738.59	792.91	850.11	831.12	735.11	722.74	610.21	700.05	844.88	952.18
2002	1,049.91	1,180.35	1,309.74	1,262.94	1,157.00	1,091.53	1,066.44	1,069.36	936.58	1,015.16	1,124.50	949.97
2003	901.01	880.60	853.38	936.41	998.55	1,078.66	1,188.18	1,266.70	1,142.88	1,315.14	1,351.64	1,387.78
2004	1,481.36	1,534.92	1,566.62	1,523.14	1,400.71	1,374.85	1,283.64	1,376.19	1,452.16	1,423.38	1,483.92	1,510.51
2005	1,619.18	1,769.11	1,686.69	1,568.91	1,674.63	1,718.95	1,881.01	1,863.40	2,062.71	1,936.36	2,140.48	2,273.70
2006	2,324.44	2,278.80	2,227.82	2,276.44	2,120.88	2,087.32	2,074.88	2,209.62	2,252.23	2,200.02	2,284.36	2,263.96
2007	2,145.73	2,230.75	2,344.88	2,502.55	2,756.82	2,885.73	3,212.42	3,138.38	3,295.46	3,452.09	3,208.71	3,119.60
2008	2,714.60	2,917.51	2,939.84	3,137.59	3,273.20	2,941.58	2,798.61	2,507.70	2,528.20	2,004.68	1,876.49	1,940.65
2009	2,035.98	1,926.16	2,212.82	2,504.95	2,513.05	2,511.77	2,824.34	2,946.05	3,054.03	2,862.02	2,835.05	3,157.55
2010	2,975.32	2,964.05	3,176.14	3,333.15	3,166.80	3,271.74	3,370.36	3,346.82	3,622.90	3,667.00	3,757.19	4,062.32
2011	4,187.77	3,951.28	4,364.06	4,603.20	4,527.85	4,361.97	4,391.42	3,803.64	3,638.24	3,959.09	3,870.62	3,866.52
2012	4,137.84	4,334.59	4,314.66	4,367.87	4,012.91	4,005.25	4,112.72	4,089.73	4,294.69	4,087.70	4,179.93	4,325.41
2013	4,148.97	4,327.31	4,293.20	4,198.10	4,289.98	3,962.26	4,041.93	4,140.41	4,266.54	4,342.44	4,373.75	4,204.21
2014	4,040.89	4,123.43	4,152.48	4,095.94	4,204.17	4,173.90	4,265.20	4,142.74	3,953.60	3,854.01	3,934.47	3,873.57
2015	3,969.16	4,045.28	4,201.25	4,335.93	4,267.99	4,136.60	3,973.96	3,796.05	3,858.93	4,102.56	4,058.85	4,023.15
2016	3,843.02	3,888.82	4,120.66	4,081.57	4,077.86	4,171.32	4,294.83	4,328.11	4,337.64	4,241.92	4,259.13	4,449.94
2017	4,597.51	4,614.94	4,772.40	4,886.20	5,185.52	5,346.93	5,335.85	5,315.28	5,515.26	5,837.07	5,687.52	5,648.76
2018	5,648.76	5,565.65	5,634.00	5,836.45	5,676.43	5,389.21	5,323.39	5,449.32	5,393.59	4,629.03	4,716.47	4,579.62
2019	5,087.28	5,037.85	4,902.15	5,097.73	4,670.68	4,945.30	4,710.39	4,606.33	4,896.77	4,971.85	4,930.53	5,273.05
2020	5,160.22	4,893.83	4,345.98	4,741.91	4,916.36	5,195.26	5,601.59	5,753.98	5,822.45	5,669.15	6,638.83	7,548.59
2021	7,868.24	7,915.10	7,919.49	8,055.23	8,070.80	8,261.35	8,025.53	7,973.65	7,672.89	7,370.66	7,113.04	7,591.60
2022	6,837.66	6,801.86	6,852.88	6,785.91	6,783.78	5,921.57	6,322.22	6,411.54	5,601.41	6,118.59	6,518.73	5,761.90
2023	6,296.89	6,307.10	6,642.37	6,738.24	7,022.31	7,028.33	7,209.06	6,915.70	6,614.65	6,078.81	6,794.73	7,137.38
2024	6,560.52	6,915.09	7,348.57	7,186.79	7,003.51	7,538.00	7,347.13	7,015.96	6,738.96	6,574.63	6,[illegible]29.15	6,082.50
2025	6,370.31	6,450.30	6,352.51	6,432.32	6,641.74	7,487.93	8,220.27	7,990.08	8,795.61	–	–	–

국내산업별주가지수 (1)

1. 음식료품

연·월	1월	2월	3월	4월	5월	6월	7월	8월	9월	10월	11월	12월
1980	100.80	97.98	96.41	109.50	107.47	104.43	105.30	112.68	107.49	101.27	98.31	104.15
1981	96.90	101.90	99.00	108.70	106.30	114.50	122.20	118.10	109.90	106.00	103.90	111.60
1982	107.76	109.68	108.48	105.64	103.54	112.44	115.01	116.50	115.67	117.62	118.56	137.28
1983	114.72	125.12	123.76	127.25	122.77	121.29	129.18	127.09	124.40	138.83	138.30	142.77
1984	171.56	173.83	180.92	200.62	209.83	227.22	212.98	210.67	204.67	199.17	204.02	200.84
1985	195.99	199.03	202.31	200.87	214.88	215.83	209.01	205.31	203.43	197.77	193.33	201.98
1986	214.82	229.55	243.70	269.06	288.23	280.65	289.88	279.60	268.86	258.64	272.41	274.02
1987	355.46	398.28	475.26	428.89	454.88	466.67	496.30	458.67	444.46	448.32	466.80	515.36
1988	540.80	526.42	520.36	523.97	571.76	550.27	523.66	489.83	489.48	524.01	575.46	592.54
1989	565.88	590.70	749.18	730.06	715.50	686.96	704.99	708.83	680.36	639.08	648.86	686.92
1990	702.91	687.67	666.35	577.33	613.89	559.47	533.77	517.58	498.73	526.40	523.10	541.71
1991	502.76	526.23	515.51	500.08	476.55	485.55	504.04	462.13	453.92	453.35	473.44	484.60
1992	624.76	614.49	660.90	634.09	651.45	555.91	515.37	554.68	509.51	540.72	549.31	578.98
1993	617.58	597.68	591.58	626.03	657.25	690.29	717.79	595.24	656.96	754.38	835.07	763.66
1994	788.81	751.89	789.27	821.46	842.64	873.48	916.44	907.98	927.55	1,122.38	1,266.09	1,228.94
1995	1,112.53	1,051.47	1,108.66	1,023.44	967.05	999.58	1,013.42	930.39	999.68	1,020.17	979.42	924.63
1996	920.70	848.24	875.54	1,043.29	1,064.29	954.05	1,069.53	998.45	1,072.46	1,066.88	1,066.28	923.04
1997	1,025.67	1,068.85	1,093.06	1,131.73	1,069.63	1,103.16	1,073.28	1,003.96	939.96	666.59	591.18	492.47
1998	695.23	733.92	704.25	613.96	519.25	512.57	532.42	536.28	539.47	593.08	706.17	825.81
1999	930.45	849.04	1,072.60	1,298.33	1,287.94	1,530.10	1,505.99	1,448.37	1,234.62	1,221.60	1,181.84	1,394.52
2000	1,140.02	1,064.90	1,074.09	911.25	771.48	1,024.68	887.04	877.24	825.45	730.19	684.50	628.81
2001	641.30	702.25	638.62	670.51	780.25	775.52	689.09	706.82	699.53	726.35	844.68	916.05
2002	1,106.75	1,170.24	1,314.03	1,227.54	1,203.81	1,146.33	1,153.57	1,121.56	1,044.70	949.44	1,030.80	884.43
2003	865.81	823.61	800.41	927.08	1,050.57	1,063.45	1,129.74	1,084.16	1,042.28	1,192.90	1,211.77	1,266.36
2004	1,301.41	1,273.45	1,258.50	1,334.90	1,218.45	1,275.49	1,191.67	1,230.37	1,360.78	1,308.89	1,408.52	1,492.57
2005	1,533.89	1,646.74	1,665.17	1,626.85	1,660.67	1,732.02	1,795.42	1,722.94	2,016.43	1,983.89	2,301.65	2,322.15
2006	2,370.65	2,461.80	2,425.70	2,457.77	2,274.88	2,157.11	2,149.66	2,150.47	2,265.44	2,259.00	2,379.51	2,484.60
2007	2,333.44	2,256.17	2,335.82	2,502.75	2,670.09	2,776.41	3,084.55	2,961.24	2,932.33	3,233.27	2,955.29	2,901.99
2008	2,549.59	2,631.49	2,464.98	2,570.32	2,701.87	2,651.89	2,510.10	2,381.23	2,169.39	1,765.64	1,830.82	2,023.66
2009	1,872.43	1,721.79	1,814.90	2,034.66	2,053.96	2,014.48	2,117.89	2,093.69	2,284.67	2,268.04	2,318.23	2,375.77
2010	2,251.79	2,209.87	2,312.44	2,306.32	2,341.78	2,436.02	2,471.99	2,385.82	2,540.00	2,451.67	2,466.33	2,531.42
2011	2,452.03	2,376.33	2,617.26	2,771.47	2,824.60	2,859.93	3,181.74	3,087.71	2,727.13	2,952.47	3,008.13	3,103.30
2012	3,122.05	3,194.71	3,219.19	3,397.75	3,300.40	3,314.29	3,187.09	3,364.06	3,572.10	3,833.26	3,832.46	3,896.71
2013	3,954.15	4,158.99	4,222.37	4,519.91	4,100.49	3,707.84	3,855.91	3,588.17	3,812.58	3,805.82	3,725.31	3,872.73
2014	3,809.10	3,913.63	3,908.37	4,028.74	4,155.19	4,332.40	4,430.25	4,667.82	4,774.29	4,548.22	4,455.14	4,212.51
2015	4,544.54	4,615.31	4,991.14	5,347.88	5,571.72	5,601.93	5,736.31	5,631.31	5,587.73	5,331.48	5,507.70	5,736.92
2016	5,943.88	5,312.13	5,114.18	5,072.76	5,080.92	4,831.31	4,699.50	4,285.91	4,453.64	4,241.92	4,270.55	4,141.12
2017	4,156.80	4,373.78	4,310.67	4,371.32	4,818.24	4,554.02	4,469.83	4,428.05	4,240.81	4,431.02	4,441.53	4,364.77
2018	4,519.07	4,208.97	4,273.76	4,451.48	4,436.98	4,628.44	4,332.49	4,063.70	4,077.32	3,665.33	3,961.63	3,960.01
2019	4,047.11	4,014.01	4,050.36	3,991.86	3,645.13	3,740.90	3,450.11	3,251.38	3,453.54	3,410.15	3,431.14	3,480.12
2020	3,295.05	3,178.68	3,050.78	3,580.69	3,829.50	3,991.31	4,151.47	4,206.70	3,962.30	3,632.83	3,785.52	3,940.15
2021	4,006.58	4,065.58	4,209.34	4,140.29	4,643.08	4,505.55	4,429.20	4,298.10	4,093.83	4,013.68	3,551.91	3,826.86
2022	3,630.62	3,781.33	3,848.52	4,074.08	3,943.06	3,684.11	3,736.33	3,794.48	3,688.26	3,590.81	3,735.22	3,847.06
2023	3,749.78	3,677.03	3,703.65	3,728.94	3,678.93	3,395.55	3,288.02	3,608.24	3,643.34	3,528.17	3,623.83	3,695.74
2024	3,386.99	3,360.65	3,395.23	3,710.54	4,138.31	4,616.34	4,425.41	3,877.75	3,927.17	3,795.52	3,716.90	3,747.04
2025	3,658.85	3,712.35	3,859.32	4,136.62	4,258.44	4,564.17	4,662.48	4,707.74	4,673.71	-	-	-

국내산업별주가지수 (2)

2. 섬유, 의류

연·월	1월	2월	3월	4월	5월	6월	7월	8월	9월	10월	11월	12월
1980	118.51	114.92	112.17	136.77	142.12	130.83	127.84	121.73	108.79	96.86	97.54	93.63
1981	102.70	92.20	97.00	104.10	101.10	128.20	118.80	112.60	120.20	106.90	119.60	107.80
1982	105.32	108.72	107.91	104.01	98.56	106.43	103.64	103.16	100.25	102.78	105.67	107.15
1983	111.22	114.16	123.09	124.76	119.53	115.73	118.42	113.33	113.91	116.50	119.56	121.59
1984	123.33	136.25	142.62	156.93	149.77	144.55	141.06	140.73	139.56	143.66	160.42	164.37
1985	169.38	165.67	165.77	167.60	170.51	170.50	167.52	165.36	165.81	165.97	169.88	176.10
1986	180.35	203.41	250.41	274.47	306.64	302.33	327.84	309.11	307.05	302.11	335.62	353.42
1987	485.01	597.55	707.42	614.89	647.66	659.07	635.32	639.84	626.03	630.78	630.20	693.56
1988	725.44	688.78	694.73	669.08	706.58	699.31	665.02	618.16	605.78	634.89	699.39	721.86
1989	681.04	736.58	886.76	846.27	830.73	814.97	813.04	848.61	814.04	764.05	781.57	761.88
1990	804.95	814.64	792.48	666.58	734.65	658.43	624.02	592.39	568.09	621.71	610.[illegible]6	617.43
1991	557.93	605.47	609.52	592.71	554.67	558.69	597.54	533.78	523.44	521.33	528.11	508.79
1992	617.35	634.28	714.26	751.52	838.34	683.76	642.20	699.26	628.69	690.85	678.25	716.49
1993	749.84	759.92	748.70	771.87	806.57	825.06	823.37	697.64	788.03	905.34	1,008.07	956.44
1994	1,020.97	937.53	934.26	941.44	1,002.42	1,006.90	1,046.46	1,011.89	1,029.13	1,201.09	1,194.32	1,217.32
1995	1,109.81	1,067.59	1,173.61	1,086.85	1,031.40	1,063.07	1,063.03	1,000.51	1,051.68	1,059.48	1,025.58	953.80
1996	962.59	887.35	898.11	1,005.05	955.32	843.04	876.98	832.54	861.28	868.38	833.15	735.74
1997	746.56	760.40	798.55	841.85	829.29	814.59	785.64	775.90	742.17	521.11	428.28	303.90
1998	433.64	434.90	432.48	337.60	261.39	233.88	259.10	248.37	263.17	275.97	312.96	362.35
1999	417.07	376.83	436.91	526.08	576.61	606.87	618.94	558.56	512.94	477.48	429.52	395.43
2000	355.40	350.45	375.93	313.76	250.99	259.71	248.88	275.08	271.78	231.31	233.40	200.56
2001	250.03	272.56	248.46	240.92	299.64	292.92	268.89	242.98	199.80	225.28	240.89	230.45
2002	274.04	281.60	306.95	288.68	306.32	209.08	204.67	193.15	155.86	169.43	168.46	132.77
2003	111.94	116.22	95.57	94.82	99.30	99.24	94.48	91.57	85.18	80.37	86.77	90.20
2004	87.67	87.14	82.87	83.46	75.89	74.56	70.23	72.56	76.68	72.23	72.78	70.47
2005	78.18	89.12	90.36	92.00	91.26	96.40	105.76	97.48	121.07	134.48	155.97	166.75
2006	179.63	178.50	179.20	180.82	170.12	169.19	158.99	160.31	165.38	166.75	183.52	189.97
2007	179.28	178.09	185.90	206.30	223.18	228.19	258.35	248.47	242.99	238.24	224.94	217.37
2008	188.68	187.69	186.01	198.58	200.83	191.29	185.08	172.31	159.40	110.32	112.45	117.95
2009	118.21	108.07	123.01	151.36	160.80	158.68	176.73	170.47	169.67	170.72	160.93	174.70
2010	161.71	165.90	175.95	172.67	169.92	181.33	185.37	190.02	195.74	202.99	197.56	201.46
2011	201.73	193.58	206.62	216.75	231.77	237.98	254.63	246.01	208.26	221.63	222.80	222.74
2012	236.89	239.60	229.18	219.27	192.85	183.94	174.59	200.79	207.63	203.82	209.38	211.37
2013	198.51	212.84	227.83	244.61	245.11	225.73	227.65	210.92	226.83	232.70	245.01	243.98
2014	238.70	241.82	250.92	249.14	258.35	265.24	268.45	299.22	329.86	332.51	314.52	402.30
2015	358.46	415.21	395.58	423.28	482.42	453.51	442.59	464.67	398.65	398.24	386.74	377.35
2016	380.90	382.09	377.55	375.85	345.21	329.24	315.36	296.14	310.02	298.94	286.61	291.15
2017	277.49	282.60	281.80	290.90	312.24	304.72	304.78	296.83	281.13	287.26	306.32	294.92
2018	307.05	279.95	285.77	298.91	307.39	312.88	298.93	327.50	320.06	257.27	259.91	253.51
2019	267.78	286.28	312.50	318.99	292.80	298.43	285.99	266.49	285.42	282.12	287.74	289.14
2020	259.04	232.81	197.62	234.95	244.44	232.35	222.92	251.55	245.83	243.69	248.76	254.64
2021	267.45	314.22	315.45	378.35	401.65	436.01	433.36	473.83	460.64	514.99	471.26	518.08
2022	464.32	493.89	458.70	448.55	444.99	392.43	423.56	409.27	380.09	401.49	422.10	400.10
2023	420.10	404.58	402.30	406.74	381.25	368.63	315.90	317.10	328.89	299.67	287.15	291.78
2024	257.53	260.64	260.70	252.48	254.79	238.63	228.82	222.77	238.94	227.37	209.23	212.11
2025	227.03	231.88	217.59	228.51	245.29	254.67	246.07	233.10	226.25	–	–	–

3. 종이, 목재

연·월	1월	2월	3월	4월	5월	6월	7월	8월	9월	10월	11월	12월
1980	103.86	100.71	99.67	110.14	110.10	102.54	101.63	101.35	96.67	92.40	88.96	85.70
1981	99.20	95.30	95.50	109.40	97.10	116.00	95.00	86.70	86.90	81.00	83.60	82.61
1982	84.18	81.62	83.36	80.04	82.76	84.80	89.64	92.28	104.70	124.16	127.56	101.81
1983	96.77	107.55	108.19	113.66	109.52	110.67	115.10	114.97	116.54	115.79	116.20	121.28
1984	124.93	129.08	127.63	137.65	129.87	151.19	139.43	145.32	143.43	139.93	148.13	152.37
1985	150.09	149.09	150.70	149.52	160.32	159.89	168.72	163.74	157.17	152.98	144.94	147.37
1986	141.98	155.93	155.25	180.53	192.27	205.30	221.24	257.17	244.20	229.58	249.62	257.60
1987	309.34	385.45	482.10	414.80	469.32	503.79	568.45	543.36	549.80	560.41	536.95	591.46
1988	698.24	687.64	693.49	673.17	747.11	724.91	692.79	656.49	669.83	736.10	810.67	851.74
1989	830.79	917.23	1,069.03	1,084.45	1,068.28	1,036.20	1,056.11	1,083.35	1,069.30	1,020.07	980.34	994.09
1990	1,038.94	1,019.43	958.96	840.15	901.70	826.73	795.84	723.21	733.34	805.48	804.92	894.29
1991	818.76	863.96	813.67	795.62	754.28	710.56	725.55	660.15	671.51	740.38	727.29	695.96
1992	791.63	760.91	716.75	760.23	714.76	642.84	592.17	679.97	641.09	699.66	702.48	742.00
1993	824.75	785.86	781.63	816.47	890.31	908.71	884.90	730.73	828.29	837.35	927.64	924.07
1994	848.19	838.07	847.19	867.19	930.72	980.85	1,041.39	1,068.30	1,232.21	1,508.10	1,502.87	1,723.77
1995	1,463.32	1,331.46	1,437.45	1,338.70	1,258.62	1,262.16	1,238.40	1,167.39	1,228.55	1,226.91	1,142.06	1,021.86
1996	1,000.82	925.98	977.96	1,129.16	1,069.43	977.91	1,007.38	1,009.76	1,069.71	1,112.39	1,034.21	891.17
1997	894.36	957.89	911.90	1,032.96	983.12	1,005.01	1,007.09	966.39	971.86	707.34	505.93	409.25
1998	554.94	551.76	497.63	405.72	333.20	303.52	334.86	289.22	285.98	336.17	385.88	449.16
1999	499.38	426.55	539.86	680.62	592.50	595.84	569.46	507.88	444.88	435.64	501.41	376.25
2000	381.45	327.25	354.76	305.77	230.29	234.32	222.84	238.42	236.46	200.55	190.60	174.64
2001	195.92	199.58	181.20	181.08	199.67	198.60	174.47	175.97	157.78	175.53	208.00	236.51
2002	270.32	284.90	339.58	273.66	267.84	244.47	251.44	264.18	229.70	231.16	244.58	185.50
2003	182.91	174.48	161.00	168.64	176.82	179.62	175.58	186.73	177.83	171.84	188.49	194.75
2004	181.95	204.97	206.01	189.07	169.21	156.53	160.66	175.77	186.46	195.09	209.80	215.01
2005	238.63	271.63	257.22	228.06	242.60	253.32	282.22	270.34	310.67	333.41	376.21	385.82
2006	352.96	322.34	326.03	338.55	296.56	285.49	291.73	310.81	321.44	326.44	353.55	343.09
2007	329.33	344.18	374.80	389.37	447.64	438.95	471.11	464.11	489.56	422.37	418.67	412.11
2008	357.94	362.05	347.49	378.76	386.68	369.76	340.32	335.53	322.99	231.64	216.26	234.39
2009	220.56	213.17	232.54	265.32	285.96	276.98	307.24	311.51	297.07	281.47	265.52	281.62
2010	258.59	278.60	284.64	299.80	291.47	302.46	305.75	289.21	300.26	311.00	289.54	304.13
2011	302.06	263.26	278.51	280.13	251.52	259.93	278.70	279.00	229.78	247.13	240.16	251.22
2012	257.49	288.03	272.16	255.06	242.60	248.65	259.15	276.72	292.67	272.93	285.77	277.92
2013	298.32	303.94	340.68	391.85	375.77	348.17	340.74	322.59	331.01	348.59	343.45	329.12
2014	327.46	336.50	338.00	334.60	336.20	330.84	337.83	347.84	357.79	348.80	325.24	319.83
2015	332.98	356.12	405.41	435.83	445.00	420.88	443.41	393.07	396.79	414.95	385.04	381.52
2016	356.79	352.26	374.43	377.48	370.53	373.01	398.69	362.43	369.20	359.97	355.88	362.90
2017	371.87	369.08	364.80	357.94	362.20	358.96	334.94	327.21	310.72	308.18	309.13	298.95
2018	337.45	344.71	374.29	399.69	452.77	406.3	385.94	444.00	437.57	351.07	351.57	357.66
2019	384.20	390.02	386.45	397.01	381.55	391.83	343.65	364.67	348.74	338.47	330.44	330.11
2020	352.95	320.97	270.8	321.52	315.86	295.91	304.87	312.71	321.13	330.36	418.97	392.31
2021	393.32	408.53	451.73	466.75	472.44	486.32	479.53	446.64	420.79	411.64	376.06	403.65
2022	375.62	390.98	409.76	431.78	409.42	331.91	355.51	362.89	312.86	325.41	364.00	339.00
2023	353.84	350.91	362.71	398.39	399.50	411.95	509.65	541.94	524.72	307.08	296.69	294.17
2024	297.65	305.71	298.94	289.57	289.45	287.82	276.36	270.06	267.25	264.84	255.47	250.91
2025	263.90	259.81	249.77	269.60	272.33	290.11	278.98	269.15	269.79	–	–	–

국내산업별주가지수 (3)

4. 화학

연·월	1월	2월	3월	4월	5월	6월	7월	8월	9월	10월	11월	12월
1980	105.22	101.61	100.10	121.48	119.68	107.30	105.53	105.48	97.66	91.45	89.31	87.48
1981	97.20	91.10	89.90	101.60	96.30	124.70	119.20	105.40	104.20	97.30	101.40	102.80
1982	102.77	112.47	113.08	107.64	99.66	102.71	102.84	98.76	99.99	106.41	122.03	133.81
1983	113.66	118.58	109.73	116.03	113.73	113.22	115.06	114.04	115.93	122.17	122.36	129.37
1984	139.62	142.91	142.81	153.51	150.01	151.36	166.11	168.85	169.27	164.70	174.64	187.43
1985	184.32	179.03	176.26	171.31	164.43	165.74	164.56	162.78	161.92	162.18	178.83	203.87
1986	192.05	214.79	252.62	260.65	317.37	331.68	346.59	336.69	333.84	315.65	338.07	341.35
1987	364.53	371.35	435.15	376.98	395.47	445.46	516.77	490.72	526.12	561.18	537.03	563.93
1988	561.83	555.82	564.57	574.77	620.25	612.52	601.93	563.16	578.94	618.70	698.83	722.68
1989	711.51	746.10	877.71	804.62	786.16	753.32	797.89	854.53	859.15	802.08	842.32	836.72
1990	830.41	799.86	795.16	631.41	714.91	678.34	620.28	590.55	584.49	624.32	617.73	642.76
1991	572.24	614.53	616.38	595.22	564.03	559.40	638.73	597.08	606.46	578.67	556.78	540.34
1992	612.32	562.58	534.80	569.82	549.18	523.23	484.51	514.50	472.93	530.26	554.95	578.07
1993	592.81	553.45	571.36	614.80	670.68	665.29	646.03	569.13	614.83	636.90	674.47	688.48
1994	770.46	719.74	719.16	729.68	775.06	774.28	810.38	892.71	975.31	1,089.36	1,056.09	994.96
1995	940.75	852.88	934.59	863.18	814.12	833.73	816.63	744.23	792.04	798.08	737.21	706.32
1996	678.10	648.53	697.17	773.96	740.31	664.15	658.43	654.62	647.89	653.74	620.24	549.25
1997	598.53	600.40	621.34	650.49	682.33	672.62	680.09	652.88	620.02	455.08	375.23	312.32
1998	494.75	458.45	411.68	346.45	299.59	263.55	302.43	274.91	281.18	346.95	393.58	512.88
1999	513.62	476.69	562.07	743.98	756.28	919.62	952.64	936.64	830.90	835.48	865.75	878.71
2000	797.70	716.03	755.94	624.65	527.90	580.40	531.98	547.35	508.83	440.28	424.06	426.70
2001	481.81	490.22	462.23	487.58	567.09	571.02	497.89	522.08	499.02	526.39	618.15	647.61
2002	718.32	815.86	917.37	828.90	790.86	764.12	731.34	742.96	629.35	655.89	713.79	642.73
2003	634.78	613.95	570.31	649.28	721.78	746.11	757.36	822.73	755.09	872.41	930.53	994.42
2004	1,030.53	1,116.18	1,110.90	1,139.42	1,091.50	1,078.78	1,087.66	1,116.07	1,236.47	1,257.94	1,370.98	1,343.97
2005	1,345.60	1,531.19	1,519.38	1,388.06	1,416.89	1,526.33	1,520.59	1,546.19	1,722.93	1,614.01	1,708.03	1,683.66
2006	1,727.83	1,712.14	1,788.28	1,792.78	1,649.31	1,551.35	1,573.95	1,625.94	1,683.96	1,744.50	1,858.93	1,921.09
2007	1,831.68	1,924.61	2,054.18	2,335.31	2,646.94	2,796.12	3,073.26	3,012.26	3,283.79	3,725.10	3,307.17	3,130.27
2008	2,463.97	2,842.16	2,642.91	2,877.58	2,926.39	2,728.90	2,725.34	2,453.08	2,506.27	1,862.35	1,859.51	1,965.19
2009	2,019.07	1,920.10	2,130.53	2,477.65	2,545.76	2,498.09	2,600.39	2,752.78	2,972.31	2,741.92	2,802.05	3,001.71
2010	2,759.62	2,837.58	2,998.92	3,206.63	3,098.53	3,432.02	3,602.69	3,921.11	4,178.66	4,242.50	4,395.97	4,657.74
2011	5,108.11	4,628.65	5,575.02	6,148.63	6,158.12	5,905.00	5,992.43	5,041.36	4,328.78	4,758.35	4,482.73	4,369.45
2012	4,823.35	4,909.28	4,722.29	4,196.16	4,121.15	4,167.30	4,152.35	4,259.12	4,445.67	4,171.04	4,157.18	4,340.66
2013	4,111.31	4,121.13	3,953.80	3,827.05	3,903.65	3,590.39	3,911.13	3,854.14	4,124.16	4,171.66	4,135.77	4,149.54
2014	3,927.01	3,962.88	3,923.78	3,914.82	3,946.89	4,099.72	4,146.74	4,098.50	4,039.88	3,776.43	3,876.14	3,694.01
2015	4,029.89	4,264.92	4,564.50	5,049.17	5,026.21	5,214.79	5,139.57	4,777.48	5,021.86	5,070.01	5,233.17	5,346.66
2016	5,171.39	5,152.38	5,551.73	5,452.16	5,375.36	5,349.04	5,250.41	5,171.96	5,222.28	4,987.87	4,831.27	5,113.99
2017	5,091.29	5,155.26	5,145.46	5,127.33	5,619.21	5,450.91	5,650.26	5,842.06	5,698.48	5,994.89	6,065.43	6,071.54
2018	6,385.57	6,074.11	6,097.05	6,187.08	5,882.77	5,792.04	5,675.43	5,625.06	5,600.71	4,646.56	4,887.66	4,874.93
2019	5,142.43	5,275.01	5,110.77	5,133.95	4,669.26	4,733.17	4,525.94	4,369.96	4,461.52	4,559.73	4,479.44	4,591.69
2020	4,267.39	4,037.85	3,504.50	4,146.89	4,228.92	4,450.35	4,806.56	5,511.23	5,243.79	5,201.97	6,175.73	6,503.57
2021	7,161.87	7,144.94	7,180.54	7,789.58	7,529.90	7,841.85	7,436.03	7,225.95	7,328.99	7,071.52	6,066.63	6,210.01
2022	5,745.19	5,721.53	5,714.70	5,768.16	5,948.14	5,186.39	5,450.55	5,610.96	4,684.69	5,034.04	5,643.42	5,047.95
2023	5,491.61	5,443.76	5,776.40	5,682.98	5,457.66	5,310.95	5,613.36	5,270.98	4,826.93	4,365.90	4,875.01	4,886.42
2024	4,348.40	4,544.90	4,586.65	4,577.81	4,541.38	4,486.10	4,117.77	3,882.36	4,146.70	3,793.53	3,340.17	3,192.98
2025	3,427.88	3,454.38	3,260.40	3,290.10	3,412.38	3,832.51	4,051.32	3,827.38	3,834.29	–	–	–

5. 제약

연·월	1월	2월	3월	4월	5월	6월	7월	8월	9월	10월	11월	12월
1980	113.89	108.83	116.17	139.06	137.70	127.74	119.53	111.47	106.69	90.57	98.31	87.21
1981	99.20	94.50	91.60	112.10	113.70	134.70	127.70	120.70	119.60	106.70	107.90	111.90
1982	122.27	146.27	139.42	122.73	118.72	142.64	141.82	128.37	123.08	127.66	134.62	144.70
1983	148.61	164.55	155.76	155.97	151.64	152.27	160.69	157.42	161.03	174.85	172.27	180.13
1984	208.95	216.62	220.93	245.40	274.26	299.33	291.51	297.44	292.35	286.22	292.52	300.16
1985	313.86	314.05	317.84	305.31	332.19	344.67	340.80	330.57	330.08	322.93	305.33	305.43
1986	302.23	309.78	306.28	312.58	308.27	311.54	311.96	304.07	294.94	282.78	293.06	300.12
1987	400.83	408.40	540.76	485.46	499.19	506.24	571.73	537.88	506.16	488.44	503.99	565.85
1988	630.93	638.73	597.42	587.08	666.89	614.16	633.77	581.89	586.60	625.11	730.83	720.44
1989	733.55	750.08	949.57	959.98	931.29	918.10	988.29	993.23	944.85	874.49	908.78	940.78
1990	977.91	972.16	927.41	769.99	815.27	710.55	658.53	663.94	647.84	713.66	725.71	739.35
1991	691.45	734.19	721.64	686.35	638.70	640.23	690.83	629.35	617.76	603.56	628.51	618.49
1992	813.59	792.55	862.51	898.73	946.72	775.55	696.37	757.14	670.21	731.78	823.98	885.03
1993	975.49	965.28	954.42	991.33	1,026.16	1,081.06	1,058.35	880.48	965.68	1,048.68	1,141.99	1,072.77
1994	1,165.11	1,124.97	1,162.42	1,144.66	1,160.34	1,199.57	1,212.34	1,161.86	1,260.96	1,531.97	1,642.94	1,972.69
1995	1,482.11	1,372.10	1,449.16	1,365.06	1,335.05	1,318.63	1,376.44	1,302.22	1,404.38	1,405.20	1,412.82	1,272.10
1996	1,261.33	1,233.77	1,239.43	1,444.04	1,454.14	1,392.07	1,597.31	1,578.57	1,706.37	1,698.17	1,576.71	1,375.35
1997	1,619.96	1,736.42	1,801.15	1,877.67	1,790.04	1,771.30	1,839.58	1,857.11	1,734.85	1,193.20	1,129.56	851.62
1998	1,264.60	1,302.06	1,211.28	910.59	710.49	628.30	714.46	644.63	594.72	654.53	768.26	913.72
1999	958.75	834.78	940.67	1,085.44	1,107.88	1,143.35	1,157.17	1,083.75	909.70	879.10	887.44	905.11
2000	964.28	1,264.12	1,201.82	997.37	873.13	915.45	834.53	848.08	928.15	787.31	858.18	779.38
2001	933.41	992.86	912.12	871.43	1,049.63	1,046.63	977.46	1,010.40	955.15	1,048.47	1,118.99	1,102.85
2002	1,191.44	1,191.36	1,399.04	1,218.74	1,096.35	1,034.46	981.79	1,046.57	985.18	955.06	965.12	884.41
2003	835.40	871.51	892.16	1,008.17	1,114.09	1,120.15	1,237.18	1,205.81	1,110.43	1,132.29	1,122.95	1,186.47
2004	1,181.26	1,269.49	1,241.57	1,277.78	1,146.92	1,205.01	1,207.94	1,273.61	1,380.19	1,394.27	1,628.56	1,594.97
2005	1,749.43	1,922.67	1,790.50	1,751.31	1,921.54	2,511.69	2,453.77	2,441.28	2,959.08	2,997.69	3,773.51	3,481.03
2006	3,338.67	3,443.74	3,418.76	3,363.40	3,092.21	2,880.72	2,860.57	3,147.49	3,122.58	3,227.27	3,613.03	3,687.61
2007	3,242.90	3,332.95	3,381.57	3,387.42	4,108.79	4,219.01	4,853.46	4,887.95	4,759.21	4,662.39	4,668.96	4,786.74
2008	4,312.55	4,511.58	4,445.47	4,798.67	4,484.67	4,422.05	4,122.99	3,919.30	3,624.57	2,724.99	3,170.54	3,396.58
2009	3,357.77	3,485.09	3,826.74	4,027.35	3,683.84	3,784.08	3,952.97	4,200.99	4,054.40	4,150.48	3,770.27	3,976.05
2010	3,687.61	3,679.10	3,719.07	3,500.58	3,329.74	3,534.59	3,488.86	3,719.28	3,889.62	3,681.22	3,520.46	3,794.35
2011	3,479.59	3,358.24	3,531.11	3,474.97	3,284.24	3,441.93	4,071.20	3,598.41	3,324.24	3,539.20	3,342.76	3,395.62
2012	3,585.65	3,339.53	3,308.52	3,086.99	2,951.88	3,296.80	3,359.19	3,593.29	3,925.06	4,326.13	4,136.87	4,105.26
2013	4,370.16	4,531.24	4,739.09	4,902.18	4,622.48	4,215.30	4,825.80	4,392.41	4,638.52	4,539.91	4,419.02	4,227.26
2014	4,476.57	4,476.57	4,565.62	4,404.01	4,433.83	4,346.21	4,407.93	4,273.73	4,371.75	4,693.72	4,673.64	4,547.01
2015	4,611.43	4,829.65	5,843.16	6,795.95	8,009.12	9,070.86	7,991.02	7,346.76	6,999.91	7,611.90	8,713.78	8,448.15
2016	9,407.28	8,422.87	9,019.46	9,070.86	10,067.43	10,442.59	9,682.74	9,261.78	9,246.37	7,119.82	7,321.45	7,591.60
2017	7,229.07	7,788.73	7,810.91	7,987.07	9,268.12	10,080.17	9,596.40	9,841.25	10,693.90	11,528.94	11,656.16	12,370.06
2018	14,179.41	14,839.06	14,672.94	13,863.89	13,284.62	13,320.24	12,281.44	13,665.52	14,878.96	10,867.84	11,381.22	11,626.69
2019	11,773.39	11,473.64	10,302.94	11,127.72	9,951.76	10,349.47	8,937.99	8,538.84	8,978.69	10,792.64	10,229.68	11,031.00
2020	10,902.30	10,565.78	12,262.83	12,996.52	13,662.77	17,125.94	17,331.91	18,913.09	16,893.67	16231.37	19761.92	21085.04
2021	19,286.05	18,113.52	17,813.70	17,641.55	18,204.86	18,404.23	18,280.66	21,075.21	18,897.89	17107.05	17440.33	17204.26
2022	13,854.84	14,623.43	15,535.97	15,407.75	15,089.30	14,156.50	15,441.21	14,936.39	13,624.25	14587.98	14526.58	13793.83
2023	13,453.55	12,759.60	12,879.38	13,191.88	13,490.29	12,682.10	12,833.52	12,653.09	12,087.66	12035.86	12726.46	14157.97
2024	13,880.32	13,487.52	14,323.19	13,704.51	12,785.21	12,760.78	15,424.08	16,306.53	16,008.36	15915.78	15253.53	15417.59
2025	16,202.14	16,369.99	14,943.60	15,242.56	15,230.86	14,988.70	16,180.26	15,374.92	15,657.13	-	-	-

국내산업별주가지수 (4)

6. 비금속

연·월	1월	2월	3월	4월	5월	6월	7월	8월	9월	10월	11월	12월
1980	101.20	96.86	92.93	108.37	104.95	103.03	107.40	99.92	98.45	96.95	97.94	94.73
1981	89.70	90.20	93.00	105.50	103.70	123.90	113.90	102.90	95.30	88.70	83.20	89.70
1982	84.94	101.23	84.74	82.62	78.56	92.11	100.86	94.02	92.62	98.35	114.01	126.61
1983	123.48	130.77	130.83	133.49	128.00	131.12	143.18	137.32	140.73	164.65	159.89	172.76
1984	179.61	183.21	188.12	190.28	183.26	182.46	179.96	183.30	182.03	179.46	188.60	187.86
1985	181.62	190.15	191.27	189.47	205.16	216.63	225.52	220.21	218.15	221.74	227.4[illegible]	241.00
1986	223.53	240.20	251.39	264.43	297.52	325.35	339.86	333.48	316.44	303.39	338.43	328.49
1987	333.45	350.50	454.83	400.14	449.65	468.60	482.40	444.77	440.49	439.35	434.49	487.86
1988	511.75	521.49	536.18	537.03	654.79	634.68	712.36	662.24	668.58	739.18	834.93	902.17
1989	861.52	918.46	1,065.07	1,018.03	1,026.20	984.58	1,020.51	1,043.25	1,007.30	983.24	1,054.09	1,243.73
1990	1,253.51	1,201.68	1,170.63	1,023.25	1,157.26	1,035.07	982.50	944.53	922.47	945.91	923.12	950.36
1991	789.87	867.57	850.72	802.24	748.47	743.66	838.61	754.08	758.86	770.87	763.51	741.10
1992	928.24	892.95	1,004.22	935.78	841.81	785.11	680.65	828.68	730.26	772.22	797.23	860.54
1993	868.21	845.70	836.78	932.98	969.15	987.16	978.14	863.55	922.32	1,046.73	1,175.41	1,211.23
1994	1,422.32	1,318.91	1,280.41	1,374.51	1,379.09	1,344.82	1,379.69	1,331.71	1,437.61	1,579.58	1,581.66	1,508.85
1995	1,361.73	1,262.35	1,317.89	1,117.32	1,112.04	1,179.88	1,201.98	1,133.90	1,221.44	1,203.01	1,136.29	1,112.84
1996	1,105.60	1,051.15	1,052.74	1,196.25	1,137.27	1,019.99	1,053.93	976.74	1,005.64	999.91	920.[illegible]3	776.67
1997	816.78	833.79	794.09	867.12	888.54	919.55	923.89	906.28	855.20	606.09	465.09	317.84
1998	463.37	476.43	409.24	318.24	247.74	212.76	274.70	250.52	248.17	290.39	343.98	512.76
1999	521.23	472.63	544.39	743.54	738.29	809.40	777.95	741.73	672.57	629.04	569.94	509.21
2000	500.98	411.56	435.58	411.75	360.92	386.50	399.98	484.00	445.09	431.83	419.97	384.12
2001	458.90	474.26	429.96	456.66	535.13	578.80	468.40	451.42	441.25	480.67	544.36	551.19
2002	717.66	748.94	923.67	752.56	686.94	643.33	636.51	639.53	627.55	598.76	641.45	573.03
2003	550.01	572.88	566.18	661.06	713.85	744.09	778.34	923.94	810.58	852.44	836.61	865.57
2004	850.49	832.06	807.16	835.93	736.18	726.20	730.80	783.18	877.26	835.56	925.91	913.49
2005	977.10	978.03	958.01	835.82	868.43	987.08	1,057.95	1,143.46	1,235.83	1,000.08	1,054.12	985.25
2006	926.08	974.47	973.64	991.68	889.16	843.92	789.95	820.20	838.88	859.52	965.94	958.93
2007	859.98	885.93	963.95	1,070.32	1,229.96	1,313.88	1,382.55	1,361.25	1,399.88	1,317.40	1,225.63	1,255.89
2008	1,122.64	1,152.48	1,090.01	1,091.15	1,066.24	1,001.01	947.84	894.12	827.66	548.45	531.95	611.13
2009	592.89	562.11	634.27	796.46	724.80	698.73	770.42	794.56	823.18	744.90	713.38	780.19
2010	702.77	688.11	729.33	707.89	615.65	651.93	650.02	685.62	769.12	798.42	778.83	821.96
2011	815.49	776.28	829.39	835.94	814.32	815.46	835.29	754.05	602.02	602.24	616.45	645.29
2012	669.50	746.35	726.85	660.29	583.64	601.72	590.33	642.70	663.24	659.92	648.78	655.83
2013	747.27	763.48	761.52	747.56	795.33	727.45	735.81	723.83	776.72	774.51	784.00	782.63
2014	820.62	944.19	1,025.96	1,038.55	1,066.19	1,165.47	1,138.89	1,250.19	1,254.69	1,267.72	1,263.30	1,339.04
2015	1,528.65	1,619.31	1,785.32	1,786.70	1,805.79	1,821.44	1,904.67	1,742.29	1,701.26	1,579.87	1,500.18	1,494.80
2016	1,427.70	1,476.01	1,615.26	1,706.42	1,612.48	1,623.53	1,674.69	1,463.45	1,489.19	1,424.12	1,364.29	1,341.90
2017	1,304.80	1,343.82	1,327.43	1,305.46	1,440.90	1,351.75	1,357.94	1,299.77	1,185.46	1,294.92	1,443.25	1,352.51
2018	1,524.83	1,369.28	1,376.07	1,695.15	2,030.56	1,686.87	1,644.04	1,796.92	1,896.78	1,495.08	1,674.10	1,661.05
2019	1,817.81	1,747.23	1,730.43	1,691.35	1,651.96	1,699.23	1,506.53	1,543.00	1,522.35	1,507.52	1,463.46	1,489.51
2020	1,408.72	1,340.51	1,138.72	1,368.26	1,438.23	1,559.16	1,653.77	1,784.88	1,745.79	1,620.26	1,853.09	2,071.15
2021	2,357.91	2,638.13	2,795.59	2,809.24	2,776.93	2,820.75	2,880.31	2,936.94	3,017.94	2,714.35	2,636.68	2,690.04
2022	2,338.08	2,392.50	2,594.81	2,711.82	2,553.54	2,092.34	2,336.23	2,687.41	2,321.74	2,768.29	3,017.91	2,587.63
2023	3,033.92	3,042.07	3,551.47	4,104.91	4,051.81	4,077.22	4,058.77	4,003.88	3,839.57	3,735.53	3,935.59	3,864.11
2024	3,789.96	4,099.07	4,076.59	4,078.52	4,090.67	4,073.90	4,226.46	4,107.36	3,945.68	3,924.70	3,904.69	3,838.82
2025	3,880.51	3,762.85	3,623.25	3,986.29	4,091.32	4,277.54	4,500.79	4,262.83	4,142.78	-	-	-

7. 금속

연·월	1월	2월	3월	4월	5월	6월	7월	8월	9월	10월	11월	12월
1980	96.58	91.65	89.66	101.36	102.34	90.37	92.72	96.24	91.20	89.49	90.68	83.40
1981	96.10	92.60	92.40	112.90	101.50	153.30	126.80	128.60	132.60	117.30	119.20	119.30
1982	120.40	139.62	126.88	118.07	120.47	138.00	158.22	145.49	139.73	153.88	167.25	113.55
1983	108.23	123.08	119.23	132.41	123.19	118.10	122.66	113.21	114.32	120.71	117.88	119.47
1984	128.25	125.62	129.59	148.87	137.88	141.95	137.09	139.07	132.63	130.77	141.55	152.33
1985	152.84	150.97	155.51	156.49	157.76	163.12	160.10	153.46	153.29	151.45	149.29	150.86
1986	154.58	181.33	206.75	228.03	251.74	264.29	291.61	291.22	290.37	264.24	288.29	285.84
1987	357.34	410.98	525.69	523.86	589.23	642.94	662.27	605.19	580.84	591.01	580.11	642.41
1988	719.80	720.70	776.90	765.77	1,013.61	908.10	904.38	826.12	804.33	891.56	960.45	1,093.36
1989	1,006.27	1,020.14	1,124.76	1,029.53	1,007.48	952.87	1,009.11	1,048.57	1,017.97	965.38	973.81	982.70
1990	965.68	939.16	906.94	735.59	852.12	782.60	743.45	673.93	686.82	729.98	714.71	711.55
1991	636.79	680.88	674.08	654.57	604.14	605.15	700.20	652.01	677.29	650.31	617.13	571.99
1992	696.10	661.22	689.34	663.91	578.02	543.62	514.34	561.33	524.46	657.59	659.12	679.69
1993	649.12	624.70	654.56	752.09	844.11	802.82	797.13	732.45	807.64	827.94	961.79	1,229.23
1994	1,299.37	1,264.51	1,145.85	1,321.50	1,364.04	1,346.55	1,432.56	1,491.14	1,651.76	1,572.11	1,496.68	1,400.48
1995	1,280.59	1,266.97	1,349.70	1,326.41	1,270.01	1,305.87	1,375.69	1,282.92	1,337.73	1,350.72	1,219.12	1,088.25
1996	1,111.69	1,044.00	1,104.79	1,222.52	1,116.08	1,033.14	1,033.23	995.97	939.24	912.18	914.86	815.16
1997	884.58	891.19	895.14	1,033.40	1,131.40	1,163.59	1,087.55	1,103.23	1,044.36	773.31	756.41	675.60
1998	973.09	1,082.79	887.84	844.36	652.21	545.55	658.55	612.65	601.96	789.00	780.90	943.43
1999	890.72	801.76	974.12	1,223.99	1,292.25	1,717.49	1,840.43	1,900.84	1,654.67	1,699.66	1,740.08	1,451.49
2000	1,477.68	1,254.39	1,225.27	998.09	977.54	1,079.77	1,049.44	981.15	973.96	800.41	857.06	908.39
2001	1,118.07	1,183.50	1,073.52	1,142.03	1,211.75	1,199.04	1,026.07	1,033.67	926.85	1,028.11	1,219.46	1,354.71
2002	1,475.02	1,667.16	1,653.41	1,500.90	1,578.46	1,537.79	1,385.10	1,284.82	1,234.31	1,314.32	1,437.76	1,342.13
2003	1,314.66	1,244.55	1,122.26	1,193.64	1,269.83	1,407.31	1,571.23	1,578.99	1,490.99	1,583.45	1,669.69	1,887.98
2004	1,788.47	1,963.28	1,851.05	1,674.74	1,586.80	1,673.00	1,772.24	1,883.39	1,988.77	1,953.21	2,322.10	2,220.56
2005	2,245.57	2,818.60	2,483.82	2,208.16	2,237.83	2,249.90	2,526.83	2,624.25	2,963.39	2,707.79	2,657.15	2,574.26
2006	2,835.65	2,939.14	3,125.99	3,344.38	3,129.11	3,136.43	2,938.36	3,061.43	3,103.94	3,285.19	3,637.39	3,766.81
2007	3,829.97	4,078.23	4,529.84	4,728.38	5,524.09	5,423.24	6,628.94	6,998.47	7,904.44	7,702.81	6,913.44	6,799.17
2008	5,926.62	6,343.52	5,743.56	6,043.03	6,760.44	6,610.43	6,513.98	5,562.05	5,280.89	4,039.21	3,877.01	4,328.58
2009	4,196.24	3,722.34	4,359.07	4,892.09	5,166.90	5,160.69	6,004.72	5,716.90	5,976.24	6,118.98	6,574.15	7,226.70
2010	6,374.34	6,405.09	6,476.22	6,287.72	5,941.99	6,004.70	6,388.45	6,449.96	7,002.83	6,429.00	6,416.65	6,896.96
2011	6,811.60	6,800.26	7,534.52	7,388.59	6,962.40	7,335.81	7,481.65	6,624.13	5,742.89	6,129.80	5,839.23	5,754.16
2012	6,444.47	6,683.49	6,103.66	5,881.36	5,493.45	5,593.37	5,603.73	5,743.93	5,993.53	5,496.37	5,325.71	5,579.03
2013	5,461.73	5,464.51	5,175.05	5,007.68	5,119.67	4,676.10	5,022.29	5,103.27	5,229.15	5,164.92	5,109.57	5,180.48
2014	4,882.35	4,693.67	4,837.26	4,935.75	4,918.05	5,117.97	5,581.50	5,538.50	5,388.87	5,058.22	5,053.14	4,735.92
2015	4,671.15	4,812.21	4,712.92	5,024.32	4,954.95	4,781.70	4,299.52	4,146.38	3,881.55	3,963.10	3,770.32	3,739.77
2016	3,689.95	4,011.11	4,316.21	4,666.46	4,081.67	4,035.74	4,370.80	4,338.97	4,307.48	4,286.54	4,480.90	4,683.94
2017	4,868.26	4,878.60	4,907.92	4,626.61	4,870.82	5,042.14	5,507.77	5,571.90	5,130.18	5,290.53	5,344.40	5,293.84
2018	5,783.55	5,489.57	5,067.77	5,542.42	5,227.38	4,875.56	4,898.49	4,877.01	4,713.97	3,972.97	4,028.74	4,043.12
2019	4,450.89	4,376.72	4,213.82	4,246.97	3,969.08	4,145.27	3,815.12	3,638.72	3,778.30	3,508.32	3,605.86	3,693.15
2020	3,395.63	3,147.69	2,618.24	3,011.60	3,049.62	2,872.64	3,247.79	3,150.69	3,172.73	3,305.00	3,620.72	4,112.28
2021	3,908.33	4,292.50	4,808.85	5,616.10	5,534.29	5,443.25	5,773.58	5,434.83	5,235.73	4,902.00	4,305.36	4,558.75
2022	4,399.64	4,721.25	4,946.41	5,094.03	4,954.53	3,965.04	4,099.31	4,577.60	3,848.99	4,236.53	4,798.94	4,355.59
2023	4,607.42	4,877.56	5,257.95	5,328.14	5,087.27	5,328.57	7,221.62	6,717.81	6,337.09	5,284.46	5,929.58	6,085.88
2024	5,407.10	5,501.78	5,357.54	5,295.82	5,073.18	4,981.35	4,709.13	4,671.59	5,307.49	5,489.57	5,298.49	4,939.77
2025	4,759.52	4,863.18	4,842.05	4,948.34	5,098.56	5,697.86	6,291.50	5,756.68	5,935.22	–	–	–

국내산업별주가지수 (5)

8. 기계, 장비

연·월	1월	2월	3월	4월	5월	6월	7월	8월	9월	10월	11월	12월
1980	107.93	99.75	102.87	143.58	137.08	135.42	149.33	142.16	131.69	123.01	126.69	125.31
1981	145.30	136.10	135.20	152.60	152.00	191.00	185.10	168.30	150.30	133.90	151.40	151.70
1982	140.87	145.96	136.41	124.34	114.05	133.41	137.63	129.70	124.45	126.33	119.55	131.38
1983	172.71	195.09	191.17	224.59	200.98	200.24	136.60	193.11	195.30	207.79	196.81	201.72
1984	204.33	200.86	208.02	210.72	195.83	199.17	182.22	192.77	181.73	170.44	190.48	214.23
1985	234.26	215.46	234.40	223.96	249.94	245.55	248.82	237.87	243.58	237.64	259.70	280.47
1986	292.59	334.50	410.29	400.48	465.64	451.14	467.95	436.73	425.48	387.05	443.96	406.61
1987	431.28	447.59	518.58	447.62	485.04	490.02	572.92	540.88	521.98	529.88	517.20	575.39
1988	674.43	630.04	675.60	689.33	844.59	890.65	909.56	827.16	899.30	915.44	925.51	957.08
1989	1,044.93	1,078.52	1,156.29	1,077.49	1,085.15	1,110.61	1,202.61	1,384.29	1,404.71	1,355.75	1,376.43	1,362.01
1990	1,381.41	1,357.59	1,476.15	1,197.63	1,349.37	1,199.23	1,177.59	1,078.99	1,035.50	1,177.88	1,116.74	1,095.74
1991	1,004.42	1,114.88	1,181.33	1,145.52	1,097.91	1,105.63	1,279.69	1,187.57	1,237.68	1,161.64	1,093.70	1,042.41
1992	1,131.35	1,004.93	915.95	981.21	857.62	838.41	744.70	694.23	667.75	752.97	780.90	880.12
1993	926.35	871.70	929.27	1,047.18	1,198.21	1,228.97	1,203.08	1,050.02	1,171.59	1,193.72	1,234.30	1,246.47
1994	1,213.08	1,091.80	1,149.65	1,071.73	1,248.93	1,248.30	1,236.58	1,290.06	1,375.04	1,323.88	1,236.81	1,209.56
1995	1,025.43	990.15	979.65	932.04	955.88	900.02	920.74	912.61	977.61	975.57	887.17	846.90
1996	824.64	779.69	794.33	896.99	839.78	732.93	717.63	708.40	773.01	791.97	750.40	700.73
1997	560.71	519.26	514.93	558.10	689.93	664.76	668.52	633.96	615.52	447.18	416.80	353.54
1998	573.84	609.79	506.49	444.99	328.09	293.48	357.46	311.13	319.58	355.92	363.12	429.44
1999	397.18	341.01	421.93	479.08	458.95	479.86	530.01	471.39	454.62	457.92	466.32	428.48
2000	399.13	378.20	346.24	279.67	239.36	247.72	230.45	243.12	202.97	160.47	166.76	145.39
2001	166.36	187.16	183.25	201.46	275.60	317.58	265.16	261.85	212.99	229.91	260.61	266.41
2002	299.87	330.62	386.27	338.26	308.44	284.85	261.93	269.30	226.65	238.60	255.22	223.86
2003	205.63	210.11	209.61	247.60	278.77	295.10	308.39	368.08	326.69	376.67	399.35	430.31
2004	404.42	439.56	444.92	400.92	359.56	362.69	356.03	402.21	435.84	422.73	462.09	432.03
2005	461.16	499.16	497.54	450.09	483.18	554.12	594.89	579.68	667.90	699.96	827.75	928.12
2006	872.38	862.82	879.77	889.79	796.92	831.19	836.70	871.16	949.72	909.72	980.86	1,034.02
2007	983.64	1,055.95	1,224.24	1,471.43	1,839.94	1,734.41	1,970.74	1,840.64	1,905.18	2,526.01	2,202.81	1,992.67
2008	1,522.84	2,043.48	1,996.82	1,798.86	2,010.16	1,713.95	1,664.56	1,330.02	1,368.60	883.51	871.07	995.37
2009	1,082.78	955.69	1,107.72	1,365.29	1,274.61	1,103.27	1,212.00	1,173.33	1,183.41	1,132.87	1,042.42	1,274.31
2010	1,277.27	1,342.91	1,439.23	1,401.36	1,237.59	1,295.64	1,351.65	1,262.15	1,524.24	1,652.38	1,439.15	1,654.23
2011	1,547.42	1,357.92	1,501.18	1,436.93	1,333.91	1,362.39	1,509.55	1,275.52	1,202.81	1,288.14	1,251.61	1,225.93
2012	1,287.66	1,396.20	1,284.04	1,177.11	1,091.97	1,139.07	1,156.98	1,152.65	1,164.27	999.59	976.87	1,052.03
2013	1,039.26	1,018.81	1,055.52	998.91	1,062.40	984.11	1,036.83	1,055.37	1,132.86	1,090.29	1,005.94	962.83
2014	972.82	970.81	1,032.24	973.72	987.67	969.65	973.36	952.07	891.50	842.88	823.55	815.34
2015	827.63	887.73	869.33	899.91	849.58	831.17	798.49	730.87	737.23	798.57	851.70	831.55
2016	796.62	785.48	820.89	874.31	907.14	840.47	928.26	934.16	933.91	844.06	809.95	861.79
2017	822.25	814.81	835.81	819.53	879.71	882.18	873.81	888.00	892.99	916.17	911.32	920.54
2018	999.13	918.11	930.80	964.35	978.42	871.59	855.53	876.74	925.36	736.80	771.38	765.14
2019	848.14	796.47	753.79	791.51	737.95	765.30	716.77	709.21	744.99	698.16	673.26	701.59
2020	649.76	608.82	485.03	563.26	607.97	620.66	721.31	828.57	801.20	793.76	952.04	972.02
2021	960.55	926.88	1,088.56	1,118.35	1,250.54	1,300.67	1,248.91	1,206.92	1,162.08	1,185.83	1,016.32	1,120.85
2022	967.84	1,073.32	1,092.91	1,103.72	1,087.93	980.78	993.74	1,062.05	825.39	844.54	931.39	915.65
2023	955.14	952.43	1,001.36	1,053.88	1,084.06	1,176.68	1,193.77	1,214.49	1,135.22	927.68	1,143.32	1,231.53
2024	1,080.86	1,176.09	1,382.06	1,342.72	1,473.32	1,517.84	1,344.81	1,279.99	1,264.19	1,268.42	1,212.49	1,164.12
2025	1,456.78	1,442.81	1,284.37	1,469.95	1,698.24	2,399.87	2,364.35	2,354.90	2,397.33	–	–	–

9. 전기, 전자

연·월	1월	2월	3월	4월	5월	6월	7월	8월	9월	10월	11월	12월
1980	107.58	100.64	101.49	115.74	123.91	121.86	121.66	113.54	102.48	95.14	89.24	84.50
1981	103.20	98.50	102.90	119.30	125.50	159.90	144.20	131.30	128.10	112.30	120.80	121.86
1982	115.21	126.39	120.83	116.46	122.78	122.58	128.47	121.51	119.93	122.29	124.43	132.37
1983	133.33	139.34	139.37	161.19	158.19	154.35	158.42	156.35	154.64	163.09	155.93	161.04
1984	189.72	187.85	208.61	228.54	214.61	209.29	216.07	223.19	222.77	211.38	223.32	227.04
1985	214.71	218.02	220.65	207.58	203.25	193.78	196.41	184.21	188.39	207.28	237.28	250.70
1986	283.01	325.59	398.46	376.73	467.39	468.26	526.09	523.39	511.91	478.38	534.39	552.34
1987	661.35	670.81	776.52	651.91	699.87	740.60	807.82	732.14	718.87	722.70	684.06	753.83
1988	822.42	757.08	828.81	881.90	937.43	941.95	934.87	851.02	950.24	963.73	1,044.77	1,074.97
1989	1,126.87	1,155.77	1,262.72	1,150.21	1,117.19	1,129.05	1,222.33	1,383.51	1,392.38	1,323.52	1,324.00	1,317.03
1990	1,298.08	1,305.45	1,391.38	1,139.07	1,273.21	1,157.56	1,090.53	960.89	936.52	1,075.16	1,032.67	1,005.78
1991	926.82	1,039.48	1,061.42	1,045.04	1,000.14	1,030.82	1,150.61	1,082.69	1,118.98	983.05	937.08	881.41
1992	965.49	841.19	806.45	847.35	786.03	802.20	761.96	801.21	747.17	819.81	851.10	903.76
1993	977.50	902.58	961.44	1,098.36	1,169.76	1,170.93	1,152.10	1,057.13	1,139.11	1,244.52	1,345.28	1,425.26
1994	1,502.61	1,492.56	1,457.28	1,618.55	1,785.82	1,696.85	1,728.09	1,923.26	2,056.36	2,255.01	2,160.18	1,973.51
1995	1,832.04	1,835.35	2,110.09	2,132.32	1,997.19	2,122.11	2,271.64	2,210.63	2,516.31	2,655.73	2,356.73	2,290.64
1996	2,347.50	2,158.09	2,062.33	2,446.25	1,948.67	1,810.03	1,881.59	1,725.44	1,770.16	1,650.74	1,631.38	1,335.32
1997	1,415.97	1,595.90	1,648.16	1,672.73	1,899.23	1,940.49	1,960.83	1,903.74	1,764.70	1,114.31	1,133.17	987.07
1998	1,878.12	2,052.02	1,561.10	1,489.51	1,092.87	1,007.40	1,058.59	1,003.42	932.60	1,234.73	1,369.81	1,663.71
1999	1,758.55	1,634.53	1,848.20	1,943.53	1,819.74	2,428.53	3,680.40	3,976.80	3,541.46	3,337.29	4,140.31	4,223.51
2000	4,250.02	3,704.27	4,655.30	4,009.41	3,971.40	4,621.94	3,766.44	3,629.65	2,801.28	1,985.64	2,091.71	1,957.68
2001	2,708.62	2,339.24	2,419.97	2,627.73	2,615.25	2,394.46	2,196.04	2,145.21	1,632.11	1,982.82	2,537.16	3,089.59
2002	3,388.27	3,830.79	4,254.39	4,245.82	3,821.34	3,581.01	3,597.59	3,644.70	3,164.65	3,566.93	4,022.47	3,264.61
2003	3,030.72	2,945.31	2,925.29	3,120.11	3,275.26	3,662.06	4,201.01	4,470.20	3,984.70	4,675.69	4,599.30	4,520.71
2004	5,205.42	5,379.51	5,685.00	5,533.12	5,006.79	4,720.33	4,111.47	4,448.08	4,559.69	4,368.63	4,394.35	4,573.91
2005	5,020.31	5,362.50	5,024.05	4,649.67	5,116.03	5,060.05	5,690.34	5,462.32	5,840.72	5,435.06	6,044.83	6,761.03
2006	7,212.92	6,770.61	6,277.56	6,393.45	6,001.42	5,815.87	5,826.93	6,367.33	6,358.08	5,897.41	6,075.17	5,885.39
2007	5,448.79	5,505.18	5,573.75	5,728.26	5,560.13	5,954.28	6,464.02	6,169.65	6,225.94	6,176.97	6,175.29	6,061.74
2008	5,998.47	5,971.23	6,611.91	7,301.94	7,495.42	6,394.41	5,675.39	5,234.11	5,450.93	4,960.22	4,405.57	4,165.92
2009	4,548.96	4,458.09	5,341.71	5,833.43	5,713.14	5,944.11	6,994.04	7,665.18	7,793.62	6,963.01	6,872.01	7,816.18
2010	7,525.16	7,175.52	7,986.21	8,494.63	7,847.03	7,831.71	7,908.25	7,386.26	7,665.12	7,492.54	8,017.12	8,845.24
2011	9,102.16	8,605.42	8,674.83	8,585.70	8,360.13	7,603.65	7,606.58	6,486.63	7,000.42	8,002.55	8,209.34	8,496.53
2012	9,119.75	9,845.67	10,161.40	10,725.40	9,426.76	9,411.57	9,987.60	9,588.51	10,315.16	10,185.39	10,834.95	11,429.91
2013	10,889.94	11,592.48	11,606.33	11,620.51	11,804.37	10,449.54	10,056.37	10,582.76	10,632.62	11,152.38	11,400.22	10,693.84
2014	10,126.63	10,514.61	10,510.89	10,648.20	11,340.74	10,852.81	10,916.06	10,262.92	9,831.64	10,116.30	10,464.94	10,583.95
2015	10,907.41	10,857.65	11,296.26	11,048.71	10,567.37	9,952.15	9,192.61	8,645.71	8,925.40	10,185.96	9,842.13	9,599.38
2016	8,801.62	9,113.70	9,866.91	9,440.88	9,714.23	10,493.26	11,264.12	11,726.93	11,601.18	11,789.32	12,393.41	12,926.30
2017	14,181.34	13,748.83	14,793.18	15,823.64	16,203.98	17,462.65	17,369.26	17,188.85	18,876.18	19,963.43	18,715.98	18,795.89
2018	18,489.76	17,588.77	18,430.64	19,472.10	19,184.98	17,805.32	17,783.86	18,317.40	17,394.10	15,784.05	15,678.44	14,447.02
2019	16,947.32	16,675.95	16,593.43	17,173.67	15,669.14	17,071.05	16,689.78	16,277.85	17,780.19	18,208.01	18,186.96	20,207.86
2020	20,403.97	19,573.08	17,214.87	18,179.44	18,657.30	19,455.28	21,062.73	20,007.16	21,473.60	20,801.35	24,527.27	29,788.48
2021	30,849.19	31,278.98	30,724.75	30,626.15	30,169.07	30,846.29	30,054.50	29,352.28	28,273.96	26,942.54	27,587.28	30,325.09
2022	27,332.44	26,676.83	26,506.48	25,609.41	25,581.04	21,673.75	23,393.16	23,451.66	20,648.47	23,422.82	24,863.62	21,190.01
2023	24,001.69	24,094.80	25,579.32	25,687.19	27,825.00	27,804.37	27,969.86	26,683.70	25,611.76	23,865.02	26,908.43	28,273.89
2024	25,731.18	26,931.99	29,635.47	28,415.10	27,415.55	30,249.12	29,195.09	27,178.44	25,083.27	24,422.67	22,047.07	21,839.66
2025	22,531.34	22,684.59	22,755.83	21,917.20	22,643.81	26,228.48	29,240.52	28,478.07	33,571.34	-	-	-

국내산업별주가지수 (6)

10. 운송장비, 부품

연·월	1월	2월	3월	4월	5월	6월	7월	8월	9월	10월	11월	12월
1980	118.07	100.47	100.72	111.04	110.75	106.43	111.73	110.97	98.10	92.71	91.91	97.37
1981	113.00	113.90	120.00	149.40	151.70	194.50	183.40	176.10	162.00	137.80	160.10	161.90
1982	153.72	171.55	159.20	150.41	170.42	171.88	181.61	173.52	167.92	170.48	184.21	221.05
1983	139.70	154.66	154.54	212.06	185.77	179.88	176.40	154.98	164.07	170.27	154.70	160.20
1984	156.59	167.58	170.41	156.07	146.80	149.54	160.71	160.74	156.01	150.04	154.92	167.11
1985	156.15	144.98	147.67	148.85	152.58	174.14	181.04	190.81	199.51	195.28	266.54	360.10
1986	345.41	393.77	431.21	397.09	476.50	495.51	576.77	503.36	485.12	455.48	515.58	521.36
1987	517.36	530.66	598.38	506.92	559.86	576.42	611.42	571.26	546.13	524.48	466.12	540.01
1988	617.40	596.79	684.90	704.82	756.72	763.34	749.21	670.69	739.37	759.10	787.45	882.19
1989	973.77	977.01	1,036.20	940.09	920.32	935.96	1,003.51	1,084.18	1,072.65	1,009.97	981.85	952.68
1990	953.18	937.24	942.00	751.65	864.02	781.19	739.94	665.69	672.38	760.75	719.96	743.23
1991	646.01	734.36	772.49	763.99	718.39	736.86	879.10	839.38	907.96	886.46	829.86	808.45
1992	837.10	713.69	684.34	658.03	541.51	549.91	539.16	578.32	550.65	688.90	699.70	717.46
1993	689.69	650.12	721.24	828.61	891.04	869.52	854.25	759.82	852.50	887.57	946.85	1,017.85
1994	1,041.29	1,012.73	939.00	963.73	1,013.18	961.37	958.27	979.46	994.19	1,050.25	1,033.05	937.93
1995	819.03	802.59	871.19	816.25	797.34	810.49	812.21	761.99	848.61	867.43	786.10	741.97
1996	719.87	675.90	708.09	748.39	687.18	614.20	617.95	602.60	583.36	589.77	577.26	515.03
1997	532.81	533.52	522.52	538.32	587.01	554.30	547.74	531.00	471.93	369.03	350.46	261.73
1998	412.96	429.01	342.84	279.29	223.34	195.85	214.35	180.95	179.51	239.50	262.22	299.18
1999	293.62	252.24	289.31	350.58	316.98	371.89	527.79	496.05	389.86	364.80	346.32	298.48
2000	282.71	217.45	226.72	188.30	200.83	223.61	225.17	235.52	206.96	191.40	207.89	200.08
2001	242.98	250.49	258.94	282.72	335.11	370.08	306.33	280.41	245.28	282.94	326.26	329.93
2002	365.53	428.33	497.92	497.97	416.56	401.28	374.61	378.38	310.01	338.37	379.75	320.79
2003	304.55	308.19	294.71	348.38	365.15	380.85	404.41	461.61	400.37	478.14	548.84	585.44
2004	564.59	548.98	548.83	499.54	472.46	495.24	474.20	522.77	570.19	581.86	566.05	600.26
2005	673.54	703.15	692.76	661.52	709.99	718.11	821.73	838.52	982.17	909.15	1,042.11	1,126.54
2006	1,008.87	1,008.30	1,015.29	1,052.71	964.78	1,029.10	1,008.48	1,077.43	1,117.30	1,110.71	1,073.13	1,027.13
2007	990.88	1,095.76	1,161.38	1,249.66	1,548.96	1,698.93	1,869.23	1,781.11	1,887.34	2,032.13	1,820.89	1,775.01
2008	1,343.37	1,526.21	1,556.36	1,628.24	1,698.83	1,474.94	1,476.38	1,274.32	1,322.81	891.63	774.01	852.98
2009	950.41	881.66	989.30	1,197.91	1,199.79	1,165.21	1,329.83	1,358.76	1,403.57	1,335.97	1,232.61	1,438.47
2010	1,379.80	1,449.18	1,550.64	1,736.07	1,715.14	1,787.44	1,860.13	1,865.97	2,167.49	2,417.87	2,432.38	2,631.41
2011	2,726.19	2,606.84	3,030.97	3,452.65	3,441.61	3,342.85	3,240.53	2,808.00	2,713.08	2,831.04	2,671.51	2,581.73
2012	2,693.19	2,807.91	2,821.31	3,026.08	2,788.98	2,700.29	2,750.44	2,732.70	2,796.41	2,501.65	2,516.68	2,514.17
2013	2,379.03	2,514.62	2,503.22	2,279.26	2,439.16	2,472.63	2,584.02	2,699.35	2,794.10	2,777.00	2,810.01	2,657.58
2014	2,597.10	2,634.67	2,680.20	2,456.30	2,420.24	2,403.57	2,489.29	2,428.58	2,139.04	1,960.32	2,019.84	1,917.14
2015	1,887.01	1,879.52	1,907.70	1,975.26	1,870.67	1,712.02	1,720.51	1,713.91	1,835.81	1,877.53	1,809.20	1,785.09
2016	1,679.07	1,739.52	1,776.43	1,780.39	1,734.00	1,692.24	1,736.97	1,779.68	1,795.81	1,781.49	1,664.59	1,757.54
2017	1,663.14	1,781.60	1,783.60	1,699.03	1,884.25	1,820.99	1,723.50	1,638.91	1,636.64	1,795.13	1,782.16	1,643.03
2018	1,737.84	1,671.57	1,599.41	1,651.21	1,539.81	1,430.69	1,464.84	1,475.03	1,546.85	1,294.28	1,336.19	1,420.40
2019	1,575.98	1,546.37	1,459.67	1,633.45	1,520.04	1,621.48	1,538.98	1,567.97	1,643.24	1,533.29	1,532.82	1,559.12
2020	1,470.53	1,330.18	1,014.14	1,106.15	1,214.04	1,275.22	1,322.88	1,576.16	1,629.98	1,584.19	1,799.29	1,924.37
2021	2,281.59	2,282.30	2,282.76	2,231.26	2,372.84	2,457.15	2,293.48	2,261.81	2,130.26	2,180.60	1,960.72	2,101.78
2022	1,957.79	1,901.41	1,934.16	2,036.16	2,054.97	1,966.41	2,070.96	2,135.07	1,851.17	1,808.50	1,868.12	1,707.54
2023	1,832.42	1,912.78	1,969.95	2,087.96	2,130.21	2,262.88	2,245.92	2,151.76	2,115.72	1,874.50	2,101.13	2,254.48
2024	2,156.93	2,547.38	2,465.47	2,597.86	2,552.91	2,889.70	2,757.33	2,706.88	2,590.55	2,542.54	2,595.47	2,708.78
2025	2,931.02	3,046.15	3,085.61	3,439.81	3,518.68	3,811.84	4,245.99	4,280.53	4,422.32	-	-	-

11. 건설업

연·월	1월	2월	3월	4월	5월	6월	7월	8월	9월	10월	11월	12월
1980	104.12	107.65	109.65	108.87	109.42	110.76	112.89	120.86	128.22	129.31	131.04	136.09
1981	123.10	126.70	132.30	151.20	155.90	174.60	179.60	180.30	178.60	171.70	173.00	174.70
1982	150.99	145.33	149.54	149.96	151.03	150.38	160.62	160.74	162.07	157.59	155.66	155.46
1983	125.34	122.28	112.82	133.35	126.39	118.55	118.36	107.81	108.41	104.82	96.01	95.60
1984	92.70	105.68	123.08	110.99	98.74	90.53	97.62	96.78	93.20	84.19	82.92	92.36
1985	91.55	82.97	84.95	86.57	84.14	83.98	83.01	87.67	93.04	95.98	92.45	95.66
1986	86.96	88.99	98.43	94.41	95.60	95.55	102.56	98.84	104.36	97.32	103.14	99.46
1987	89.11	102.02	134.55	122.23	148.28	165.38	210.77	215.73	206.04	213.21	181.07	221.96
1988	293.54	306.18	323.40	318.06	370.87	356.96	459.71	441.34	407.10	452.47	475.36	539.37
1989	522.90	531.51	554.29	553.66	531.38	510.63	529.14	535.95	511.32	497.62	540.54	541.91
1990	561.16	541.88	546.67	432.36	514.56	455.74	425.45	366.27	358.60	411.30	408.44	409.62
1991	384.31	441.26	417.94	397.34	359.88	352.91	380.50	356.50	355.57	336.14	316.91	276.62
1992	295.55	272.96	267.89	297.56	281.70	265.85	242.53	257.89	237.76	282.99	336.09	369.55
1993	362.93	349.08	365.41	376.36	406.17	409.46	400.74	367.07	395.15	405.34	439.42	458.00
1994	516.44	482.16	464.43	486.06	496.19	524.98	509.39	494.07	542.21	575.13	574.15	591.77
1995	531.56	473.84	474.89	424.25	442.04	439.23	465.35	495.37	513.82	502.90	462.85	429.95
1996	418.56	436.02	420.92	481.63	481.93	408.62	418.41	388.97	357.68	364.69	337.61	295.30
1997	311.11	288.33	271.01	276.93	302.81	286.43	264.76	250.62	240.53	189.86	119.22	103.08
1998	110.48	102.85	103.40	77.54	56.26	50.63	65.30	54.96	51.71	62.66	81.52	137.33
1999	127.37	116.70	153.53	187.92	167.30	176.00	180.21	190.54	150.84	139.02	122.00	107.57
2000	101.24	77.23	74.70	69.75	62.24	67.57	55.54	61.20	51.18	38.26	39.47	40.85
2001	56.24	51.77	39.40	41.31	52.58	58.01	46.52	54.92	54.39	52.57	64.31	64.57
2002	70.29	72.60	73.21	58.91	54.20	51.84	55.08	60.72	49.28	47.27	52.57	44.87
2003	42.24	44.46	46.14	54.87	62.31	59.96	58.13	62.12	61.08	58.96	61.50	66.75
2004	63.13	65.84	65.94	66.44	59.31	57.94	55.09	68.51	73.90	85.53	85.94	92.29
2005	101.41	109.85	103.37	106.47	109.41	127.66	143.15	137.68	161.88	160.77	192.11	198.61
2006	193.01	191.74	204.91	236.75	205.91	184.81	200.47	206.85	211.78	231.91	259.23	248.09
2007	222.52	242.02	242.00	277.73	356.11	339.74	394.95	393.75	404.01	444.31	387.76	399.88
2008	296.50	355.16	341.74	337.57	332.00	291.80	257.43	213.19	228.41	153.21	143.73	164.62
2009	172.02	148.76	177.41	202.73	207.24	196.58	213.57	219.21	218.95	216.87	217.04	226.67
2010	203.51	195.26	202.44	182.20	164.41	179.78	184.57	189.09	207.60	218.21	213.58	229.22
2011	246.05	201.12	216.85	226.64	206.51	221.74	229.77	197.06	167.15	184.13	168.46	175.64
2012	191.56	203.40	199.20	177.12	166.55	162.61	152.51	157.20	164.57	148.98	148.67	155.13
2013	157.40	154.03	153.49	128.73	145.95	131.81	133.55	130.57	140.61	137.23	134.82	129.71
2014	126.42	138.16	137.82	137.68	131.82	138.40	153.60	149.33	143.96	128.30	122.93	118.66
2015	125.90	142.80	147.99	149.28	143.21	145.53	143.66	135.41	133.04	125.94	117.68	107.79
2016	119.50	111.27	120.76	126.68	114.27	108.63	117.13	116.32	117.80	114.46	105.54	111.43
2017	109.47	118.12	120.23	121.12	127.87	121.80	121.80	110.54	105.23	107.41	102.08	103.47
2018	113.87	101.87	107.74	136.84	145.69	120.47	120.04	121.21	125.98	97.27	109.17	112.60
2019	121.54	113.32	111.53	111.29	108.39	113.78	98.33	94.16	100.16	93.38	91.72	94.07
2020	86.48	78.51	67.87	84.00	86.23	80.95	85.79	85.82	82.89	85.12	94.72	106.20
2021	107.25	107.65	118.68	127.11	137.46	138.57	135.61	134.35	130.08	125.71	108.52	115.08
2022	105.30	112.68	123.19	116.09	108.47	95.48	94.29	97.46	77.12	72.67	85.39	73.60
2023	80.05	75.37	73.95	77.74	77.45	76.18	73.16	71.80	70.40	67.47	75.19	71.39
2024	72.26	73.60	69.17	72.17	71.20	70.19	75.55	74.64	70.46	67.39	68.41	63.91
2025	66.95	70.47	69.67	79.09	93.73	105.36	95.60	92.36	90.73	-	-	-

국내산업별주가지수 (7)

12. 유통업

연·월	1월	2월	3월	4월	5월	6월	7월	8월	9월	10월	11월	12월
1980	115.74	116.72	119.83	134.89	133.67	130.56	129.81	133.57	132.76	132.95	132.99	134.25
1981	116.40	119.00	121.50	123.50	124.20	125.60	126.10	129.20	131.50	132.60	133.90	134.80
1982	116.12	115.32	118.24	124.23	142.31	155.79	151.73	149.78	148.19	146.56	147.44	148.02
1983	108.90	111.61	117.00	131.91	117.74	116.75	118.44	108.03	107.39	110.49	104.96	108.03
1984	103.92	109.75	108.19	105.36	98.30	96.63	122.14	126.52	127.34	120.27	126.76	137.84
1985	144.99	130.30	133.95	132.47	132.40	128.92	129.78	127.98	128.27	130.04	136.58	149.14
1986	135.89	163.23	194.38	189.71	224.91	232.43	267.51	256.68	243.48	238.65	264.17	247.05
1987	238.87	271.37	310.15	277.32	311.59	328.95	381.32	348.53	371.15	364.16	329.08	424.25
1988	595.17	550.08	574.11	531.52	619.60	587.90	725.80	662.08	682.13	691.04	721.82	895.05
1989	874.74	861.18	891.40	823.84	813.53	775.76	798.76	857.18	830.60	787.36	851.77	818.49
1990	834.47	825.38	854.32	669.99	791.07	709.62	713.22	612.85	594.36	660.38	688.29	686.76
1991	635.30	704.54	681.18	662.81	626.30	608.49	692.59	638.99	646.78	604.75	576.95	525.01
1992	580.25	512.14	470.19	494.70	453.73	444.05	423.21	428.92	397.59	438.70	469.45	519.45
1993	524.84	497.64	519.19	572.61	639.75	636.79	625.37	551.64	604.79	634.58	684.08	707.41
1994	796.41	733.50	704.50	692.52	729.15	726.86	692.46	649.90	680.07	724.93	699.40	723.61
1995	663.85	595.43	600.58	558.62	566.02	551.14	593.96	599.01	644.86	621.07	569.51	524.72
1996	514.79	484.70	500.92	562.44	532.77	465.47	454.17	433.31	417.05	427.53	400.31	357.33
1997	362.17	357.96	354.88	379.73	413.70	404.34	394.35	363.24	348.56	275.79	200.40	174.56
1998	266.42	244.05	219.76	165.68	139.55	127.41	146.45	120.60	113.23	135.69	163.12	217.90
1999	214.92	195.69	244.54	388.94	373.76	473.62	430.48	378.17	316.71	323.15	394.09	304.10
2000	287.89	240.64	265.52	221.81	187.06	197.76	204.63	188.59	162.37	134.05	127.67	120.24
2001	157.45	157.90	142.18	156.46	182.84	189.06	169.71	161.99	148.96	158.57	196.76	211.43
2002	247.38	280.06	333.08	301.26	261.11	261.93	252.59	264.04	229.70	215.06	234.74	190.25
2003	186.33	182.91	154.24	167.28	189.68	196.04	208.51	215.22	195.87	214.31	220.00	247.60
2004	224.08	223.29	216.23	253.01	265.51	240.02	221.31	244.77	244.27	239.45	237.57	240.05
2005	248.01	274.62	270.52	252.85	268.18	267.52	294.78	287.15	325.38	317.41	361.10	400.72
2006	431.02	403.96	388.37	413.37	371.43	434.50	409.90	436.37	422.62	436.03	467.34	477.24
2007	434.92	434.91	443.29	483.78	545.26	511.68	567.65	551.52	576.35	642.48	579.16	589.08
2008	470.56	490.32	505.77	535.16	529.21	477.15	453.17	423.71	413.47	286.06	237.33	311.65
2009	311.18	270.81	309.67	364.40	380.48	386.18	408.10	412.68	446.62	425.06	422.90	443.35
2010	424.11	434.75	446.76	425.69	410.60	433.07	458.97	467.00	524.45	511.37	516.66	544.63
2011	522.66	474.76	516.01	541.75	558.57	556.03	584.52	559.56	514.75	521.90	491.14	490.69
2012	517.42	528.60	515.44	504.51	468.72	461.40	453.30	479.87	499.77	479.74	480.06	493.36
2013	493.32	494.76	513.53	502.64	488.52	465.67	483.23	468.81	502.78	520.32	524.01	525.51
2014	511.70	508.41	505.84	506.95	505.40	521.14	534.98	562.52	565.15	526.29	519.29	489.38
2015	477.50	499.77	512.76	537.44	571.70	573.43	572.88	581.56	569.17	535.04	517.75	493.56
2016	510.40	504.82	492.72	493.11	467.04	457.03	456.19	469.73	469.79	476.87	440.21	437.79
2017	441.08	452.19	456.94	469.58	512.30	499.58	480.28	449.95	434.44	466.12	468.29	455.45
2018	498.56	456.76	473.60	489.91	471.58	459.65	431.65	429.76	452.20	378.12	394.82	393.50
2019	411.92	415.66	420.20	424.29	377.70	388.00	353.53	341.96	349.36	350.33	355.86	369.33
2020	350.09	324.40	277.83	336.21	331.10	331.13	324.85	328.53	336.26	340.07	369.32	394.67
2021	392.02	399.95	411.58	425.76	443.59	441.28	438.83	423.68	409.67	390.62	348.09	379.42
2022	341.64	357.80	373.53	375.98	375.45	351.67	348.87	351.92	312.22	326.80	346.82	334.16
2023	345.13	331.56	328.50	330.07	330.00	334.23	379.25	378.98	363.03	330.68	355.95	369.76
2024	369.36	389.28	381.14	368.76	347.81	374.18	374.24	370.27	360.90	341.82	333.69	318.59
2025	324.80	342.39	335.43	346.36	380.90	403.24	406.96	398.84	418.20	-	-	-

13. 운송·창고업

연·월	1월	2월	3월	4월	5월	6월	7월	8월	9월	10월	11월	12월
1980	105.85	103.67	104.80	115.65	116.05	112.27	112.27	112.30	110.18	105.69	107.19	107.17
1981	105.60	104.00	107.30	121.30	125.20	151.90	149.50	142.10	133.50	124.70	136.20	134.20
1982	125.28	126.69	126.21	119.76	113.56	121.60	122.58	119.64	117.05	118.22	118.14	124.68
1983	129.36	144.62	144.01	162.40	154.89	148.54	156.00	145.53	133.74	139.94	135.17	136.16
1984	146.29	143.98	150.95	155.31	142.04	139.99	143.45	153.65	142.43	142.21	147.04	151.43
1985	144.36	140.26	155.59	152.27	150.52	161.67	155.96	148.11	152.60	157.10	160.58	166.24
1986	184.99	194.36	270.44	263.69	311.08	344.89	383.24	380.16	350.74	330.09	358.90	322.91
1987	335.16	400.51	454.22	396.01	434.75	447.94	516.97	502.56	513.11	510.37	521.79	567.79
1988	682.28	643.55	701.02	704.48	762.09	773.96	798.46	749.17	780.26	816.61	892.09	982.19
1989	1,061.98	1,120.72	1,246.25	1,164.19	1,156.14	1,113.82	1,176.29	1,245.39	1,220.22	1,138.99	1,161.43	1,219.52
1990	1,203.78	1,193.93	1,212.64	961.87	1,077.39	998.37	938.17	769.49	758.53	818.71	782.00	821.41
1991	716.53	812.11	817.79	785.04	736.97	735.47	882.26	836.30	870.81	841.20	815.35	775.59
1992	1,032.45	968.55	949.49	875.82	831.16	757.94	697.51	762.17	715.02	797.89	800.70	815.20
1993	824.53	766.01	782.17	866.33	931.72	931.81	920.97	778.35	859.72	951.72	1,112.92	1,076.90
1994	1,280.67	1,257.72	1,231.07	1,383.79	1,382.84	1,303.09	1,312.96	1,334.49	1,566.94	1,705.77	1,696.23	1,614.16
1995	1,509.99	1,445.66	1,677.87	1,672.57	1,623.97	1,698.99	1,614.58	1,494.96	1,662.11	1,638.01	1,534.60	1,479.98
1996	1,401.37	1,294.25	1,332.22	1,428.47	1,313.48	1,121.00	1,055.44	1,029.07	1,016.41	989.97	982.91	841.50
1997	908.31	900.00	927.49	1,029.02	1,080.18	1,049.08	1,074.28	964.25	908.59	558.17	427.88	392.49
1998	601.18	530.71	521.81	423.61	335.67	320.10	413.52	344.75	335.27	416.50	488.82	648.19
1999	751.04	705.42	795.47	966.58	932.52	1,167.09	1,359.70	1,242.07	943.46	846.31	1,029.81	831.08
2000	726.69	673.50	733.95	550.21	433.71	488.36	451.72	442.78	370.68	301.79	289.35	310.66
2001	375.97	363.93	298.59	305.56	360.90	342.47	304.49	297.50	242.78	253.00	333.41	344.71
2002	485.17	614.89	698.04	676.43	612.81	525.71	567.05	525.44	370.09	443.50	500.29	400.58
2003	416.77	442.70	349.62	432.16	511.14	540.09	524.75	676.15	629.51	821.19	906.05	977.33
2004	972.18	944.13	888.41	802.05	774.69	841.49	810.56	967.92	922.12	1,066.40	1,209.56	1,178.31
2005	1,160.66	1,430.75	1,352.97	1,268.48	1,258.48	1,286.73	1,376.97	1,224.67	1,400.97	1,313.10	1,497.13	1,629.29
2006	1,609.89	1,623.60	1,458.16	1,589.97	1,562.00	1,537.28	1,362.78	1,460.00	1,536.96	1,532.93	1,755.45	1,707.46
2007	1,584.53	1,685.61	1,855.19	2,190.14	2,904.82	2,647.76	3,537.85	3,434.04	3,506.13	4,379.89	3,804.67	3,483.02
2008	2,852.30	3,164.06	3,073.37	3,208.97	3,168.30	2,899.63	2,814.24	2,620.50	2,529.85	1,925.18	1,878.79	1,992.21
2009	1,952.48	1,723.34	1,894.51	2,076.83	2,173.14	2,048.26	2,160.60	2,221.52	2,288.55	2,133.07	2,140.94	2,264.61
2010	2,260.06	2,331.78	2,566.20	2,694.31	2,658.49	3,045.86	2,893.95	2,910.22	3,284.86	3,094.88	3,157.75	3,113.33
2011	3,135.78	2,775.29	2,957.34	2,800.97	2,732.28	2,833.79	2,881.16	2,700.20	2,274.66	2,563.70	2,391.68	2,312.48
2012	2,539.60	2,617.54	2,623.46	2,541.55	2,312.64	2,465.54	2,442.93	2,548.43	2,591.78	2,532.25	2,429.30	2,436.12
2013	2,376.30	2,288.00	2,094.50	1,920.29	1,959.00	1,909.25	1,946.02	1,941.58	2,038.02	1,969.37	1,855.69	1,899.19
2014	1,957.24	1,982.48	1,967.62	1,926.10	1,998.50	2,020.68	2,067.79	2,325.92	2,361.21	2,246.74	2,302.29	2,423.58
2015	2,294.30	2,336.22	2,312.67	2,348.63	2,274.25	2,035.70	1,906.17	1,881.35	2,017.78	1,863.54	1,737.81	1,733.11
2016	1,714.62	1,652.81	1,678.65	1,658.58	1,667.62	1,587.39	1,571.26	1,650.86	1,674.76	1,589.44	1,492.73	1,429.54
2017	1,428.34	1,528.25	1,524.83	1,515.82	1,681.66	1,699.85	1,658.72	1,645.11	1,537.02	1,522.98	1,478.36	1,406.03
2018	1,517.66	1,461.37	1,509.77	1,607.39	1,463.05	1,341.21	1,378.95	1,325.65	1,365.18	1,234.62	1,333.94	1,341.29
2019	1,402.56	1,435.11	1,312.44	1,487.28	1,447.12	1,363.13	1,283.44	1,290.76	1,265.60	1,280.08	1,298.96	1,330.05
2020	1,250.76	1,226.31	1,097.06	1,263.23	1,335.23	1,275.22	1,322.88	1,355.57	1,398.33	1,482.71	1,738.56	1,755.95
2021	1,862.49	2,007.86	2,158.88	2,355.09	2,611.36	2,631.30	2,453.91	2,546.49	2,378.64	2,098.85	1,811.52	2,018.65
2022	1,798.87	2,082.84	2,184.30	2,164.55	2,253.70	1,871.05	1,863.70	1,805.18	1,506.93	1,527.82	1,694.56	1,610.63
2023	1,737.26	1,715.60	1,663.97	1,596.55	1,545.56	1,662.15	1,548.51	1,501.99	1,478.04	1,380.64	1,508.08	1,716.49
2024	1,690.03	1,667.69	1,520.06	1,531.41	1,578.68	1,724.21	1,664.97	1,592.12	1,687.28	1,646.83	1,695.28	1,603.24
2025	1,779.70	1,735.52	1,622.55	1,572.33	1,713.03	1,826.14	1,917.64	1,949.45	1,808.60	-	-	-

국내산업별주가지수 (8)

14. 금융업

연·월	1월	2월	3월	4월	5월	6월	7월	8월	9월	10월	11월	12월
1980	104.12	107.66	109.66	108.86	109.42	110.76	112.89	120.86	128.22	129.27	131.09	136.15
1981	123.17	126.77	132.30	151.26	156.45	177.68	179.24	181.83	178.49	171.61	172.92	174.56
1982	150.93	145.26	149.31	149.82	150.62	150.09	160.18	160.25	161.61	157.34	152.43	153.33
1983	144.29	147.56	140.69	141.32	140.36	135.44	137.93	132.85	125.91	125.53	124.35	127.94
1984	118.82	125.78	118.69	115.54	116.01	117.56	115.79	114.07	113.80	111.15	114.26	120.65
1985	112.56	110.44	109.26	107.07	105.62	110.73	114.60	114.69	117.67	118.88	119.79	120.52
1986	111.78	110.63	110.39	128.61	127.29	160.77	210.12	204.13	174.26	170.89	199.68	216.59
1987	256.36	284.16	375.00	345.75	366.92	390.75	564.89	600.76	652.74	721.76	657.70	698.22
1988	965.90	935.59	1,032.58	987.68	1,080.00	1,061.07	1,061.89	973.80	989.11	1,090.89	1,340.49	1,469.39
1989	1,392.93	1,462.23	1,566.75	1,473.11	1,488.01	1,249.55	1,302.57	1,470.60	1,397.20	1,356.47	1,370.12	1,327.11
1990	1,294.18	1,215.62	1,144.02	947.58	1,094.67	904.36	896.82	774.59	781.87	985.20	1,045.41	1,026.19
1991	950.59	967.40	907.95	907.75	869.14	849.47	1,086.69	1,057.96	1,097.33	1,140.45	1,025.67	938.09
1992	1,007.60	891.18	884.88	904.05	822.32	851.17	774.49	888.96	761.61	898.41	962.94	982.10
1993	953.95	917.38	961.54	1,020.33	1,026.98	1,020.95	970.88	912.18	958.06	939.00	1,003.20	1,063.47
1994	1,061.79	1,035.06	1,018.83	972.29	997.53	1,017.97	952.39	901.23	1,002.46	1,112.47	1,105.79	1,025.43
1995	891.59	848.94	828.72	799.02	811.98	791.84	890.38	929.06	956.46	899.93	893.15	792.94
1996	796.66	850.76	865.48	969.70	868.15	797.24	793.72	757.59	750.58	701.47	621.44	581.45
1997	575.65	531.89	510.73	519.48	592.89	566.84	520.96	492.88	463.69	412.58	271.57	299.14
1998	367.56	290.80	275.72	208.87	179.80	140.29	166.87	127.33	126.52	191.07	257.66	328.21
1999	315.50	290.31	381.60	487.44	417.57	442.09	412.40	367.94	330.35	356.82	364.94	310.40
2000	328.16	253.12	213.12	180.92	185.72	225.99	207.58	209.31	204.99	175.18	169.71	162.38
2001	224.62	225.49	175.15	200.35	225.10	226.93	204.44	207.74	191.55	217.08	282.13	307.75
2002	342.94	356.40	364.25	344.15	339.71	303.38	298.90	311.25	249.30	240.06	263.49	229.35
2003	222.95	214.85	170.59	199.59	209.81	219.75	230.82	258.18	227.15	247.65	247.59	251.25
2004	263.87	284.40	270.62	260.67	237.73	226.36	211.74	259.15	257.38	263.57	277.25	288.45
2005	284.81	308.17	293.21	272.91	291.76	315.70	364.59	353.88	427.16	409.49	496.87	543.13
2006	533.63	514.39	532.23	560.46	513.11	502.74	523.15	520.58	521.20	524.97	542.93	556.53
2007	542.49	593.11	582.11	593.70	619.35	636.11	702.00	650.74	645.53	684.08	609.13	658.86
2008	557.07	559.20	548.06	616.12	586.62	538.64	508.08	498.80	455.63	311.79	312.58	322.91
2009	342.31	285.70	323.27	387.82	412.04	415.86	505.53	499.77	543.23	519.71	500.52	509.13
2010	472.20	467.43	499.06	516.74	462.65	471.44	498.52	474.63	488.41	486.81	486.95	543.85
2011	526.10	504.46	526.74	525.08	482.48	499.72	508.61	446.35	410.77	434.71	411.15	398.12
2012	435.59	443.53	451.54	419.20	403.35	407.97	394.07	404.53	422.70	408.60	394.45	416.90
2013	434.81	444.34	432.49	421.62	433.54	407.26	421.25	412.46	430.00	445.47	438.52	452.48
2014	434.84	431.87	431.59	421.74	424.37	429.65	476.48	490.20	470.92	480.67	472.64	441.40
2015	437.20	433.69	440.05	480.67	472.50	460.31	453.85	426.29	429.57	451.23	424.45	417.68
2016	400.11	398.32	422.81	424.62	408.38	391.59	409.78	416.73	419.74	443.79	441.53	435.06
2017	446.59	449.18	456.50	471.92	503.49	524.61	543.93	533.58	523.02	542.56	542.30	540.29
2018	577.19	540.16	525.55	529.81	495.59	481.59	475.12	468.03	491.16	438.85	448.83	434.35
2019	451.09	453.81	442.16	451.03	427.92	438.51	407.35	379.80	391.95	390.70	401.50	409.49
2020	372.14	334.07	282.08	315.05	322.52	325.06	327.80	344.88	337.54	339.14	375.54	392.51
2021	390.76	397.98	433.02	466.36	476.80	477.37	457.93	473.34	465.53	453.19	431.01	430.60
2022	399.99	415.80	434.31	417.49	412.17	348.75	351.60	355.11	312.77	325.80	363.98	343.83
2023	371.21	366.43	346.35	353.45	357.24	348.08	356.39	362.35	365.01	345.00	374.03	386.93
2024	397.27	440.33	442.26	442.47	448.96	458.48	482.82	472.03	466.36	475.39	481.37	458.12
2025	484.57	474.19	462.81	500.11	571.46	667.74	667.92	667.40	695.41	-	-	-

15. 은행

＊2020년 10월부터 KRX 은행지수로 대체
(1980~2020.9까지는 KOSPI 기준)

연·월	1월	2월	3월	4월	5월	6월	7월	8월	9월	10월	11월	12월
1980	99.23	103.51	103.84	102.10	102.47	104.92	107.40	116.93	124.85	125.29	126.59	132.31
1981	117.81	121.51	122.96	138.46	138.79	157.32	159.03	160.79	158.29	152.93	154.70	158.16
1982	135.69	129.67	135.24	134.88	135.08	133.52	145.73	147.79	150.47	146.59	141.68	142.52
1983	132.61	136.49	128.87	129.36	128.23	124.77	123.18	118.59	110.51	108.22	107.13	110.44
1984	101.74	110.89	104.12	102.24	100.41	99.09	98.24	96.62	97.29	96.83	98.81	103.44
1985	95.30	91.91	90.27	88.81	87.47	94.96	99.27	99.08	102.64	103.95	105.25	105.31
1986	95.02	91.59	90.16	100.83	99.78	111.61	162.91	136.90	119.20	116.84	123.49	127.17
1987	124.56	153.85	216.50	202.96	226.74	253.77	363.39	380.77	410.42	442.93	390.80	419.46
1988	596.53	576.39	676.42	624.51	744.99	736.42	749.10	718.56	714.43	782.28	918.88	982.67
1989	912.37	947.52	1,052.92	993.03	962.92	848.82	888.84	969.35	934.77	901.75	904.54	869.80
1990	849.55	805.35	754.68	633.58	738.45	631.28	640.99	550.64	553.02	692.86	741.70	730.18
1991	683.87	703.12	659.78	651.95	628.14	616.44	758.70	738.05	751.09	770.84	712.91	666.26
1992	703.25	637.26	630.38	622.61	561.99	584.02	533.87	609.55	523.54	618.25	640.63	649.13
1993	618.28	589.93	630.66	653.44	663.55	632.60	600.15	589.04	610.81	586.58	609.13	636.48
1994	587.54	575.03	612.20	568.23	580.37	617.86	570.99	571.61	681.81	716.49	696.63	645.96
1995	552.51	549.92	539.74	523.32	524.82	513.31	556.26	591.87	618.63	581.14	588.55	538.99
1996	547.96	597.79	598.27	634.53	568.58	536.77	532.71	512.05	515.30	471.07	413.56	410.04
1997	392.35	358.33	355.57	366.96	394.98	376.01	345.60	326.84	308.16	274.36	189.60	245.52
1998	261.99	219.04	212.53	157.26	138.63	101.60	107.72	73.76	72.87	125.03	156.02	170.49
1999	170.87	153.68	211.72	240.20	207.85	238.29	206.85	181.79	163.32	180.12	166.89	160.06
2000	160.37	112.39	104.76	101.69	103.74	130.13	118.20	119.10	121.08	111.98	108.78	103.19
2001	126.37	125.85	99.25	110.32	121.42	128.53	120.01	121.93	114.69	133.34	159.41	176.22
2002	203.82	207.92	210.96	210.97	222.64	205.54	194.78	202.87	166.08	154.05	169.01	152.12
2003	147.44	139.34	108.86	128.59	128.95	134.41	142.18	163.25	146.04	170.22	172.62	179.69
2004	191.01	203.09	187.51	182.69	171.75	160.42	151.11	171.60	171.29	177.25	187.30	187.55
2005	200.06	209.32	203.19	192.00	200.76	214.76	247.14	242.08	284.56	270.86	320.13	351.36
2006	352.21	340.75	366.57	370.33	337.32	336.90	359.63	340.59	331.06	335.32	334.55	338.97
2007	335.71	373.90	383.75	379.29	377.05	367.06	382.36	369.71	366.69	352.26	322.91	337.64
2008	309.18	292.61	280.97	348.44	330.09	309.74	290.42	296.18	261.12	169.36	169.47	164.77
2009	177.65	136.96	156.86	188.34	222.27	246.56	306.74	293.54	339.46	341.37	332.39	345.41
2010	312.94	309.40	332.40	339.65	307.84	315.83	327.76	319.96	346.80	347.07	324.07	355.99
2011	324.97	310.42	343.22	351.50	332.79	332.87	324.16	283.25	248.42	274.04	267.95	236.44
2012	245.36	252.25	266.80	252.00	241.28	248.87	246.88	246.13	247.49	232.50	223.74	231.71
2013	236.74	246.75	241.44	233.53	233.49	205.29	212.98	211.22	222.28	228.96	214.21	227.04
2014	233.61	254.10	252.28	237.91	261.90	252.83	288.63	329.09	298.71	293.11	261.34	244.62
2015	219.91	231.80	227.66	255.10	250.31	241.89	234.24	223.70	230.21	239.37	228.70	212.78
2016	204.41	205.03	218.64	229.32	216.62	209.54	222.62	227.20	237.40	260.68	254.21	259.45
2017	262.90	261.76	257.74	281.87	289.98	335.91	353.92	343.17	329.59	322.29	325.21	325.34
2018	339.49	341.29	303.33	331.24	311.93	320.42	329.31	316.50	325.61	309.62	308.11	300.61
2019	293.77	291.58	293.58	295.79	289.39	293.51	274.70	259.04	275.50	246.57	245.59	246.62
2020	224.73	198.91	156.58	165.83	173.58	169.21	169.90	169.38	167.76	564.18	622.40	614.12
2021	572.37	626.73	725.34	759.75	800.59	782.33	746.69	762.21	782.00	778.95	723.29	739.81
2022	747.34	775.45	803.99	773.44	788.03	631.10	622.35	621.71	543.88	581.82	655.22	606.12
2023	693.61	654.70	601.40	602.20	615.22	595.73	614.92	631.77	637.27	594.51	652.82	683.24
2024	710.62	780.48	798.30	812.21	822.39	817.83	907.18	887.12	854.72	871.71	921.46	833.96
2025	899.26	863.27	848.93	916.77	1,016.85	1,154.24	1,202.94	1,164.42	1,219.15	-	-	-

국내산업별주가지수 (9)

16. 보험업

연·월	1월	2월	3월	4월	5월	6월	7월	8월	9월	10월	11월	12월
1980	102.93	103.03	104.90	116.47	114.64	112.10	110.40	112.44	109.76	105.42	107.48	91.50
1981	101.60	100.00	106.70	117.50	120.70	149.60	145.60	138.80	140.20	126.20	128.60	117.68
1982	119.56	122.16	120.67	112.24	110.24	116.05	116.82	113.24	111.93	113.04	112.04	145.16
1983	145.66	149.54	145.47	146.84	145.35	146.18	151.52	153.19	153.45	152.41	152.84	156.42
1984	156.75	155.57	146.89	147.90	146.54	142.59	143.05	145.62	145.53	145.38	144.93	141.70
1985	141.79	141.09	134.96	133.38	134.28	131.47	128.43	125.06	124.41	125.90	126.43	128.25
1986	128.50	127.36	108.73	108.96	110.10	137.08	226.20	364.28	266.86	251.96	460.80	487.25
1987	871.81	971.05	956.32	807.37	840.38	839.28	1,083.58	1,205.16	1,199.12	1,647.44	1,412.20	1,641.76
1988	2,019.48	1,743.84	1,744.12	1,663.70	1,856.98	1,689.65	1,603.31	1,440.37	1,488.67	1,726.76	2,396.57	2,464.93
1989	2,442.43	2,652.01	2,612.72	2,586.04	2,563.50	2,151.46	2,201.65	2,526.79	2,408.52	2,241.75	2,232.95	2,214.87
1990	2,214.04	2,074.30	1,985.53	1,622.86	1,715.93	1,355.67	1,404.02	1,195.77	1,103.98	1,459.77	1,545.72	1,604.46
1991	1,464.76	1,535.63	1,482.14	1,456.41	1,345.33	1,368.02	1,812.64	1,619.91	1,691.73	1,747.83	1,576.43	1,495.14
1992	1,750.30	1,571.28	1,568.37	1,638.27	1,769.94	1,618.20	1,373.84	1,595.30	1,373.70	1,499.14	1,511.68	1,551.03
1993	1,552.19	1,605.12	1,601.74	1,651.64	1,694.09	1,755.78	1,722.31	1,606.41	1,674.10	1,732.95	2,424.76	2,983.89
1994	4,085.97	3,336.47	2,948.13	3,337.72	3,219.41	3,157.50	3,154.88	2,926.99	3,189.64	3,683.07	3,310.63	3,150.77
1995	3,090.40	2,695.12	2,922.85	2,713.98	2,829.60	3,357.27	3,471.01	3,609.56	4,445.86	4,414.42	4,539.46	4,534.56
1996	4,901.29	5,000.52	4,928.57	5,215.44	5,712.10	5,458.60	4,835.25	4,437.40	4,330.52	4,076.57	3,469.54	3,230.26
1997	3,638.04	3,418.49	3,375.87	3,406.91	3,771.25	3,530.62	3,359.01	3,452.39	3,200.52	2,371.82	2,013.30	1,714.53
1998	2,988.56	3,026.08	3,041.84	2,498.86	2,021.77	1,537.01	2,069.83	1,671.69	1,760.69	2,198.70	2,374.45	3,343.96
1999	3,041.84	2,990.29	3,726.65	4,820.50	5,275.06	6,490.93	5,320.49	4,962.63	4,370.71	4,411.56	4,154.76	3,020.72
2000	3,397.18	2,812.40	2,451.53	1,947.97	2,118.68	2,413.68	2,077.67	2,249.02	2,230.48	1,934.01	1,991.80	1,850.52
2001	2,568.07	2,473.68	2,108.67	2,417.78	2,878.10	3,130.09	2,743.73	2,764.09	2,542.40	2,959.52	3,988.37	4,240.13
2002	4,724.88	5,080.92	5,850.63	6,309.30	5,496.05	5,197.05	5,510.36	5,645.70	4,816.28	4,996.52	5,097.21	4,382.43
2003	4,069.34	3,918.62	3,463.67	4,136.97	4,561.75	4,253.88	4,269.86	4,784.23	4,557.68	4,875.43	4,856.92	4,999.03
2004	5,300.97	5,538.77	5,818.82	5,895.44	5,455.42	5,339.12	4,787.14	5,039.28	4,944.74	5,044.05	5,816.42	6,023.95
2005	6,017.37	6,571.63	6,131.05	5,579.50	6,132.42	7,091.99	7,811.52	8,419.01	9,859.06	9,018.98	10,471.31	12,366.35
2006	11,842.50	11,530.57	11,447.05	12,459.47	12,530.52	11,894.19	11,484.13	12,105.06	12,726.17	12,585.82	12,973.64	13,744.22
2007	13,578.94	14,472.29	14,135.98	14,515.04	15,332.93	16,878.25	18,827.38	18,658.99	19,326.75	25,294.50	21,909.01	24,539.56
2008	18,246.35	18,389.07	18,943.51	19,825.87	20,924.76	20,465.98	18,719.43	17,646.81	17,672.17	12,602.16	14,065.01	14,168.88
2009	12,739.96	12,218.13	13,254.79	15,285.92	15,455.80	16,064.81	17,666.16	19,433.84	20,288.05	19,299.77	17,823.79	17,596.43
2010	16,955.07	16,905.40	16,857.00	18,077.10	16,225.28	16,675.93	17,408.55	16,547.21	16,292.19	16,296.58	15,724.08	17,225.33
2011	17,553.92	17,437.41	17,920.19	17,124.70	16,047.38	17,739.93	17,793.29	16,186.10	15,861.77	16,262.85	16,238.32	15,984.28
2012	16,162.63	16,526.06	17,194.44	16,606.79	16,099.70	15,990.53	15,583.89	16,839.84	17,238.92	17,237.27	16,449.14	16,679.51
2013	17,409.32	17,228.08	16,940.98	17,163.13	17,428.48	17,299.48	17,570.47	17,451.65	17,454.44	17,666.00	18,038.68	18,372.19
2014	17,944.49	17,257.13	17,440.06	17,096.33	17,456.83	17,381.45	18,473.47	18,701.68	18,589.18	19,676.40	20,252.38	19,319.87
2015	18,934.64	17,565.22	17,166.84	18,741.60	19,619.60	19,386.61	19,365.93	18,145.46	18,672.61	20,386.80	19,291.79	20,032.26
2016	19,404.22	19,393.72	20,275.32	19,406.99	18,727.87	17,686.38	17,462.68	18,072.82	18,479.93	19,329.12	19,835.75	18,792.40
2017	18,441.28	18,158.87	18,516.67	18,929.97	20,481.42	20,176.35	21,791.34	20,997.02	20,500.33	22,212.26	21,433.31	21,138.28
2018	22,296.29	21,048.96	19,773.83	19,671.63	18,032.94	17,805.02	17,914.73	17,178.26	18,265.86	17,269.98	16,711.13	16,303.29
2019	16,780.72	17,463.20	17,090.50	17,160.48	15,579.44	15,468.15	14,388.27	12,879.06	13,150.57	12,886.06	13,464.64	13,698.26
2020	12,249.88	11,085.54	8,740.77	10,438.30	9,876.75	9,503.05	9,806.15	10,929.66	10,919.65	11,067.19	12,033.64	12,660.89
2021	11,596.24	12,416.04	13,359.53	13,932.97	14,452.17	14,555.99	14,251.62	14,420.14	14,991.54	14,226.97	12,831.37	13,285.27
2022	13,705.46	13,520.54	15,102.99	14,658.52	14,164.78	13,243.09	13,202.55	13,319.98	12,419.45	13,276.43	14,599.28	14,575.09
2023	14,781.12	15,413.46	14,351.42	15,479.14	15,046.40	15,198.47	15,487.12	15,811.24	16,930.48	16,924.64	16,672.60	16,596.76
2024	17,089.20	20,321.48	19,838.58	19,738.17	20,312.70	22,030.62	22,372.92	21,903.97	21,194.81	21,632.19	22,849.62	20,786.00
2025	20,621.58	20,239.28	19,379.02	20,222.28	22,218.99	26,261.29	26,600.16	28,008.17	29,695.89	-	-	-

17. 의료정밀

연·월	1월	2월	3월	4월	5월	6월	7월	8월	9월	10월	11월	12월
1998	542.12	527.57	602.37	529.60	503.44	402.72	426.69	378.36	421.11	454.48	493.91	520.17
1999	551.54	506.68	586.96	705.32	752.14	748.68	892.75	827.77	780.75	751.52	952.54	934.97
2000	785.91	870.82	747.86	649.91	521.46	568.96	454.09	434.82	345.20	242.20	222.61	188.29
2001	296.94	273.57	237.18	260.71	270.42	270.44	214.13	190.21	150.47	172.88	202.82	242.06
2002	317.53	343.63	345.20	276.94	245.35	216.83	244.63	254.77	208.60	226.22	242.44	224.05
2003	224.40	217.52	205.89	233.62	253.31	291.59	321.94	365.01	295.01	300.19	382.29	422.48
2004	393.51	350.31	350.07	329.70	299.32	274.08	254.60	292.63	267.73	227.31	236.15	256.45
2005	292.46	353.27	306.24	277.55	321.62	361.13	398.92	408.88	426.62	457.25	533.61	538.74
2006	643.64	723.85	711.91	812.24	767.32	674.00	795.11	854.65	976.28	934.22	919.97	862.18
2007	727.32	869.67	901.73	935.79	1,296.86	1,209.21	1,431.54	1,651.50	1,692.62	1,345.23	1,136.61	1,053.64
2008	1,118.82	1,198.64	1,318.89	1,443.65	1,485.17	1,140.60	905.49	786.50	654.78	648.50	711.17	686.97
2009	693.06	621.04	1,047.53	1,325.28	1,840.36	1,673.75	1,528.54	1,706.98	2,032.78	2,000.16	1,998.70	1,965.51
2010	1,720.50	1,684.44	1,895.78	1,978.57	1,854.81	1,944.85	1,895.89	1,618.32	1,713.05	1,777.80	1,811.68	1,794.83
2011	1,802.45	1,643.27	1,784.30	1,668.38	1,552.90	1,462.07	1,634.67	1,389.37	1,106.11	1,297.89	1,230.41	1,386.32
2012	1,265.77	1,326.64	1,213.34	1,391.98	1,055.10	1,134.82	1,173.92	1,525.36	1,547.64	1,755.58	1,263.29	1,197.38
2013	1,586.41	1,564.04	1,832.92	1,920.42	1,733.11	1,693.40	1,867.25	1,790.44	1,883.01	1,827.34	1,829.39	1,789.69
2014	1,957.47	1,944.47	2,139.46	2,112.75	2,179.51	1,733.22	1,727.21	1,759.27	1,890.82	1,779.70	1,723.79	1,736.80
2015	1,710.76	1,788.74	1,915.24	1,961.41	2,382.15	2,125.71	2,348.79	2,323.77	2,430.71	2,463.90	2,452.03	2,259.93
2016	2,185.84	2,268.18	2,436.11	2,509.20	2,466.27	2,282.76	2,370.18	2,312.63	2,397.43	2,083.72	2,022.12	2,263.55
2017	2,081.31	1,995.16	2,210.83	2,323.65	2,413.55	2,821.82	2,938.55	3,158.21	2,962.24	2,955.13	3,120.61	3,028.17
2018	3,058.88	3,273.15	3,416.17	3,270.53	3,644.32	3,521.06	3,279.09	3,405.54	3,420.39	2,545.36	2,462.30	2,133.84
2019	2,603.78	2,497.98	2,533.59	2,901.13	2,494.93	2,743.19	2,514.59	2,581.63	2,580.41	2,528.62	2,307.66	2,460.99
2020	2,201.92	1,916.99	1,690.48	1,926.34	2,186.30	2,210.42	2,405.32	2,150.94	2,268.23	2,305.02	2,523.46	2,795.33
2021	2,740.77	3,012.30	3,169.59	3,298.98	3,187.39	3,471.03	3,313.73	3,040.61	2,763.40	2,744.93	3,159.26	3,186.59
2022	3,206.78	3,008.83	3,159.01	2,711.91	2,931.29	2,431.48	2,513.00	2,287.71	1,820.56	1,929.50	2,160.20	2,073.61
2023	2,136.59	1,924.97	1,984.92	1,976.48	1,889.75	1,667.43	1,712.75	1,596.98	1,434.57	1,312.37	1,526.38	1,561.05
2024	1,459.31	1,780.38	1,833.67	1,758.29	1,675.03	1,803.38	1,580.63	1,436.55	1,391.78	1,419.08	1,295.75	1,244.64
2025	1,385.61	1,345.12	1,272.69	1,262.43	1,340.35	1,329.29	1,327.50	1,306.89	1,410.12	-	-	-

18. 전기가스업

연·월	1월	2월	3월	4월	5월	6월	7월	8월	9월	10월	11월	12월
1998	665.36	628.99	527.34	524.93	418.93	418.95	497.84	495.41	553.09	709.59	692.04	846.41
1999	911.03	816.25	838.64	977.66	1,053.06	1,342.90	1,206.23	1,233.44	1,121.77	990.05	1,281.00	979.47
2000	961.33	811.02	898.48	903.47	842.20	950.53	889.33	898.21	808.58	708.70	644.36	663.83
2001	721.80	715.01	573.93	634.39	685.23	682.43	589.66	637.64	592.08	582.75	649.07	615.94
2002	611.79	620.66	696.00	682.23	699.11	621.40	610.25	609.30	599.73	549.90	588.74	544.96
2003	533.64	544.95	548.68	614.90	607.54	582.28	577.16	586.68	649.43	681.66	739.71	634.53
2004	604.60	621.45	611.06	603.30	585.04	593.78	612.71	633.54	676.32	714.66	791.47	800.29
2005	819.50	821.80	787.06	848.01	872.15	928.24	1,031.32	952.05	1,054.99	1,020.88	1,038.40	1,109.76
2006	1,187.78	1,198.33	1,173.42	1,213.02	1,134.67	1,031.31	1,053.62	1,083.18	1,093.37	1,078.23	1,160.62	1,244.28
2007	1,229.85	1,163.25	1,114.69	1,135.78	1,245.46	1,285.17	1,380.87	1,321.59	1,356.15	1,286.90	1,276.55	1,276.55
2008	1,258.65	1,134.08	1,050.92	1,161.84	1,161.78	1,084.06	1,123.40	1,142.75	1,042.02	849.18	928.03	976.97
2009	918.08	779.29	814.66	891.48	907.90	946.08	1,051.43	1,001.06	1,123.82	1,065.87	1,005.36	1,058.34
2010	1,171.58	1,133.93	1,110.56	1,034.83	1,003.86	971.75	1,017.41	915.75	943.37	950.12	893.45	970.95
2011	903.25	864.45	850.40	812.85	922.71	886.07	819.57	734.60	684.18	804.15	801.77	825.58
2012	887.48	807.84	750.65	735.26	744.06	819.95	824.76	853.11	983.33	1,008.96	986.95	1,063.83
2013	1,089.09	1,115.62	1,067.06	1,112.89	941.22	921.52	1,007.23	1,033.90	1,034.87	1,016.28	1,111.95	1,178.16
2014	1,183.73	1,237.45	1,203.58	1,281.47	1,253.15	1,203.73	1,355.87	1,328.76	1,465.93	1,404.11	1,410.89	1,303.55
2015	1,298.25	1,324.53	1,348.55	1,395.45	1,411.51	1,366.65	1,482.00	1,400.28	1,422.84	1,482.20	1,409.69	1,423.88
2016	1,478.45	1,629.10	1,668.98	1,719.20	1,739.51	1,678.66	1,708.72	1,630.13	1,540.40	1,433.43	1,356.75	1,318.90
2017	1,270.57	1,307.35	1,362.64	1,343.59	1,299.98	1,267.43	1,344.95	1,288.94	1,181.62	1,181.84	1,157.11	1,164.06
2018	1,135.90	1,062.04	1,061.96	1,192.37	1,105.54	1,090.73	1,099.88	1,011.30	1,010.99	919.84	981.80	1,050.60
2019	1,107.88	1,102.52	965.78	929.36	851.31	844.46	901.27	827.50	837.46	825.45	878.30	876.02
2020	794.12	678.05	598.15	736.85	693.39	625.89	616.31	648.67	654.60	653.69	697.21	844.83
2021	737.42	740.22	756.58	784.73	835.91	835.29	828.81	806.89	863.23	818.25	732.41	786.17
2022	736.15	839.75	810.89	836.51	855.60	819.70	807.31	807.06	760.63	689.28	821.41	851.82
2023	822.86	762.45	757.89	646.91	639.62	667.85	627.40	597.12	594.38	565.59	619.80	619.34
2024	648.58	786.02	704.09	689.35	657.96	742.37	720.16	794.21	746.50	780.15	823.84	685.50
2025	707.15	719.81	728.56	841.88	986.54	1,207.23	1,196.82	1,123.77	1,120.71	-	-	-

국내산업별주가지수 (10)

19.통신업

연·월	1월	2월	3월	4월	5월	6월	7월	8월	9월	10월	11월	12월
1998	191.19	180.36	165.04	160.03	113.20	120.79	137.06	124.58	123.63	186.51	169.12	200.36
1999	202.72	180.39	217.83	271.16	323.20	413.98	440.08	371.11	367.10	417.79	718.50	1,077.37
2000	809.01	753.98	703.72	540.78	643.54	672.77	526.17	479.94	466.88	437.71	416.00	443.42
2001	484.02	403.55	346.42	408.05	382.83	341.11	358.21	366.49	329.20	374.26	409.30	403.30
2002	382.62	421.65	462.25	413.54	416.93	396.59	347.88	387.66	386.69	362.18	390.89	366.83
2003	312.17	286.79	274.50	309.99	317.60	331.42	324.19	321.74	307.48	334.93	319.79	318.63
2004	335.00	349.87	325.26	307.35	298.39	294.03	261.03	271.87	276.78	277.16	314.51	316.08
2005	299.47	303.49	285.02	277.81	303.43	306.68	329.23	306.88	333.99	309.33	316.70	305.96
2006	307.22	318.39	313.06	356.87	358.68	330.71	325.32	324.56	336.31	342.83	368.73	366.50
2007	330.97	327.52	326.73	334.89	343.70	352.31	350.28	354.03	368.07	361.65	400.00	395.68
2008	365.83	330.79	337.31	347.02	350.84	330.43	327.20	345.90	345.30	314.18	333.20	338.65
2009	336.11	310.41	316.67	309.74	288.11	290.08	310.77	296.85	310.19	305.85	291.50	293.67
2010	336.25	306.59	313.15	321.75	301.11	297.60	297.92	294.01	306.76	302.03	307.12	308.86
2011	285.95	272.69	275.34	275.13	266.67	276.41	258.64	255.96	256.64	261.05	260.31	254.57
2012	243.50	244.00	238.32	222.65	205.61	216.47	243.61	255.61	257.28	266.27	268.09	265.24
2013	282.72	291.60	290.35	313.95	341.03	334.58	353.35	350.37	340.43	348.00	335.89	334.38
2014	321.66	318.10	315.02	320.92	316.82	330.09	362.67	381.72	400.84	370.72	380.90	369.59
2015	386.77	385.27	364.90	384.07	334.69	338.81	352.17	340.06	366.57	339.19	332.91	311.19
2016	299.51	329.57	312.50	313.13	332.76	317.38	335.86	328.84	336.56	335.76	329.49	326.53
2017	325.44	342.12	370.66	361.47	382.40	390.50	411.54	367.35	361.03	367.05	374.70	377.91
2018	376.42	342.15	340.61	338.14	327.29	347.48	370.21	385.19	416.70	387.57	418.78	397.99
2019	373.77	375.12	365.61	356.33	358.04	368.47	350.47	342.16	347.23	339.66	348.64	345.69
2020	329.30	310.52	257.67	310.30	314.12	302.92	308.17	334.42	321.57	296.40	326.59	325.16
2021	331.28	339.83	371.74	400.56	437.36	434.09	421.19	414.09	439.67	416.95	399.47	412.49
2022	404.95	403.27	431.72	432.31	439.74	408.82	417.90	403.96	389.35	393.72	400.91	370.41
2023	373.82	350.62	355.95	357.54	371.37	350.89	342.35	366.44	379.37	366.45	332.77	377.27
2024	381.75	406.04	397.31	381.91	385.97	391.16	411.17	409.00	418.58	438.33	431.40	433.36
2025	447.59	450.21	454.70	471.09	463.88	510.42	508.41	498.31	487.58	-	-	-

20. 서비스업

연·월	1월	2월	3월	4월	5월	6월	7월	8월	9월	10월	11월	12월
1998	638.03	625.76	479.92	433.69	351.09	297.93	356.52	328.03	340.10	394.74	444.08	544.08
1999	567.60	493.85	607.58	732.18	734.23	798.46	825.30	765.98	728.90	722.11	958.91	947.67
2000	760.89	952.39	810.17	655.84	630.57	649.64	543.46	521.86	447.31	386.87	373.94	330.94
2001	434.97	462.12	394.16	342.45	398.18	397.69	332.52	332.30	315.59	363.99	420.22	434.95
2002	501.71	550.32	650.34	425.42	376.68	373.31	351.94	312.74	254.57	249.23	284.69	252.14
2003	246.79	245.02	236.50	278.68	281.52	298.37	307.30	313.83	315.02	339.59	329.01	334.97
2004	355.96	368.91	389.92	417.70	400.59	411.85	397.90	383.38	406.42	406.32	415.11	418.00
2005	430.04	487.38	483.65	452.13	483.44	497.97	520.37	493.29	552.71	545.22	596.89	614.85
2006	618.61	599.71	605.24	625.24	576.54	551.33	552.91	568.84	586.96	581.62	612.83	606.98
2007	588.90	599.59	618.23	674.40	766.14	796.31	838.55	826.24	919.54	1,029.08	937.06	899.11
2008	747.41	821.80	788.44	846.76	857.61	766.11	729.48	673.35	640.27	493.39	474.58	515.94
2009	520.90	495.59	575.31	667.52	719.47	683.61	698.19	708.48	753.00	701.60	699.62	759.77
2010	715.40	738.86	782.07	785.34	757.43	800.15	846.86	890.51	963.70	970.61	948.91	988.04
2011	985.68	904.73	991.04	1,056.98	1,047.56	1,007.46	1,080.02	971.06	907.26	975.38	941.28	880.64
2012	944.87	990.51	954.65	892.11	845.74	865.91	892.77	942.71	974.03	932.91	958.47	962.20
2013	964.05	996.62	983.64	977.36	998.19	926.24	959.68	930.27	989.33	990.29	1,030.50	1,047.20
2014	1,011.76	1,062.21	1,064.30	1,038.71	1,054.94	1,084.71	1,078.82	1,110.03	1,144.96	1,103.71	1,098.68	1,031.40
2015	1,067.13	1,088.85	1,110.26	1,161.27	1,216.39	1,246.45	1,247.20	1,187.14	1,175.55	1,191.24	1,208.51	1,191.02
2016	1,195.18	1,146.94	1,158.47	1,173.07	1,198.66	1,134.33	1,118.11	1,135.88	1,159.85	1,089.90	1,047.98	1,049.28
2017	1,037.50	1,058.48	1,109.88	1,125.84	1,213.94	1,197.42	1,176.52	1,157.47	1,179.22	1,288.17	1,248.22	1,293.04
2018	1,362.90	1,228.52	1,267.30	1,212.98	1,159.61	1,177.06	1,147.92	1,175.72	1,176.32	1,017.88	1,127.99	1,080.00
2019	1,135.15	1,146.03	1,148.32	1,159.85	1,091.96	1,112.03	1,106.70	1,118.23	1,138.31	1,166.28	1,176.93	1,219.07
2020	1,202.74	1,129.52	1,050.36	1,176.98	1,353.58	1,414.20	1,584.23	1,672.83	1,608.82	1,487.38	1,572.83	1,639.72
2021	1,752.90	1,810.09	1,825.75	1,858.22	1,973.56	2,201.95	2,156.28	2,154.87	1,942.20	1,999.06	1,920.76	1,903.83
2022	1,538.97	1,610.62	1,706.42	1,547.06	1,514.97	1,267.27	1,332.57	1,306.97	1,094.02	1,035.39	1,152.28	1,103.15
2023	1,193.37	1,185.15	1,161.98	1,150.93	1,142.66	1,089.43	1,137.70	1,115.84	1,057.21	977.58	1,130.45	1,181.29
2024	1,092.48	1,108.92	1,109.68	1,064.25	1,019.31	1,015.39	1,017.03	1,020.49	1,007.38	1,014.20	1,041.77	1,055.42
2025	1,097.81	1,072.89	1,061.22	1,135.57	1,151.96	1,274.56	1,324.98	1,331.88	1,302.52	-	-	-

해 외 주 가 지 수(1)

1. 미 국(Dow Jones)

연·월	1월	2월	3월	4월	5월	6월	7월	8월	9월	10월	11월	12월
1995	3,843.9	4,011.1	4,157.7	4,321.3	4,465.1	4,556.1	4,708.5	4,610.6	4,789.1	4,755.5	5,074.5	5,117.1
1996	5,395.3	5,485.6	5,587.1	5,569.1	5,643.2	5,654.6	5,528.9	5,616.2	5,882.2	6,029.4	6,521.7	6,448.3
1997	6,813.1	6,877.7	6,583.5	7,009.0	7,331.0	7,672.8	8,222.6	7,622.4	7,945.3	7,442.1	7,823.1	7,908.3
1998	7,906.5	8,545.7	8,799.8	9,063.4	8,900.0	8,952.0	8,883.3	7,539.1	7,842.6	8,592.1	9,116.6	9,181.4
1999	9,358.8	9,306.6	9,786.2	10,789.0	10,559.7	10,970.8	10,655.2	10,829.3	10,337.0	10,729.9	10,877.8	11,497.1
2000	10,940.5	10,128.3	10,921.9	10,733.9	10,522.3	10,447.9	10,522.0	11,215.1	10,650.9	10,971.1	10,414.5	10,786.9
2001	10,887.4	10,495.3	9,878.8	10,735.0	10,911.9	10,502.4	10,522.8	9,949.8	8,847.6	9,075.1	9,851.6	10,021.5
2002	9,920.0	10,106.1	10,403.9	9,946.2	9,925.3	9,243.3	8,736.6	8,663.5	7,591.9	8,397.0	8,896.1	8,341.6
2003	8,053.8	7,891.1	7,992.1	8,480.1	8,850.3	8,985.4	9,233.8	9,415.8	9,275.1	9,801.1	9,782.5	10,453.9
2004	10,488.1	10,583.9	10,357.7	10,225.6	10,188.5	10,435.5	10,139.7	10,173.9	10,080.3	10,027.5	10,428.0	10,783.0
2005	10,489.9	10,766.2	10,503.8	10,192.5	10,467.5	10,275.0	10,640.9	10,481.6	10,568.7	10,440.1	10,805.9	10,717.5
2006	10,864.9	10,993.4	11,109.3	11,367.1	11,168.3	11,150.2	11,185.7	11,381.2	11,679.1	12,080.7	12,221.9	12,463.2
2007	12,621.7	12,268.6	12,354.4	13,062.9	13,627.6	13,408.6	13,212.0	13,357.7	13,895.6	13,930.0	13,371.7	13,264.8
2008	12,650.4	12,266.4	12,262.9	12,820.1	12,638.3	11,350.0	11,378.0	11,543.6	10,850.7	9,325.0	8,829.0	8,776.4
2009	8,000.9	7,062.9	7,608.9	8,168.1	8,500.3	8,447.0	9,171.6	9,544.2	9,712.3	9,712.7	10,344.8	10,428.1
2010	10,067.33	10,325.26	10,856.63	11,008.61	10,136.63	9,774.02	10,465.94	10,014.72	10,788.05	11,118.49	11,006.02	11,577.51
2011	11,891.93	12,226.34	12,319.73	12,810.54	12,569.79	12,414.34	12,143.24	11,613.53	10,913.38	11,955.01	12,045.68	12,217.56
2012	12,653.72	12,952.07	13,212.04	13,213.63	12,393.45	12,880.09	13,008.68	13,090.84	13,437.13	13,096.46	13,025.58	13,104.14
2013	13,860.58	14,054.49	14,578.54	14,839.80	15,115.57	14,909.60	15,499.54	14,810.31	15,129.67	15,545.75	16,086.41	16,576.66
2014	15,698.85	16,321.71	16,457.66	16,580.84	16,698.74	16,826.60	16,563.30	17,098.45	17,042.90	17,390.52	17,828.24	17,823.07
2015	17,164.95	18,132.70	17,776.12	17,840.52	18,010.68	17,619.51	17,689.86	16,528.03	16,284.70	17,663.54	17,719.92	17,425.03
2016	16,466.30	16,516.50	17,685.09	17,773.64	17,787.20	17,929.99	18,432.24	18,400.88	18,308.15	18,142.42	19,123.58	19,762.60
2017	19,864.09	20,812.24	20,663.22	20,940.51	21,008.65	21,349.63	21,891.12	21,948.10	22,405.09	23,377.24	24,272.35	24,719.22
2018	26,149.39	25,029.20	24,103.11	24,163.15	24,415.84	24,271.41	25,415.19	25,964.82	26,458.31	25,115.76	25,538.46	23,327.46
2019	24,999.67	25,916.00	25,928.68	26,592.91	24,815.04	26,599.96	26,864.27	26,403.28	26,916.83	27,046.23	28,051.41	28,538.44
2020	28,256.03	25,409.36	21,917.16	24,345.72	25,383.11	25,812.88	26,428.32	28,430.05	27,781.70	28,689.95	30,046.24	30,606.48
2021	31,097.60	31,522.75	32,778.64	34,548.53	35,061.55	34,835.09	35,547.13	35,225.08	34,529.45	34,677.96	36,252.16	36,465.06
2022	38,770.52	34,777.76	34,678.35	34,459.24	32,998.39	31,490.07	32,035.02	31,104.97	29,064.63	32,591.86	33,147.25	33,147.25
2023	34,305.65	35,693.31	34,231.53	35,124.19	34,253.77	35,032.60	34,586.88	35,523.79	35,162.12	35,744.81	36,128.21	36,852.89
2024	38,315.88	39,069.11	39,512.13	40,243.96	40,003.59	40,872.26	41,198.08	41,563.08	42,330.15	42,872.09	44,736.57	45,014.04
2025	45,596.00	46,100.40	46,300.75	46,400.00	46,750.46	46,900.33	45,947.32	45,631.74	46,397.89	-	-	-

해 외 주 가 지 수(2)

2. 미 국(Nasdaq)

연·월	1월	2월	3월	4월	5월	6월	7월	8월	9월	10월	11월	12월
1995	755.20	793.73	817.21	843.98	864.58	933.45	1,001.21	1,020.11	1,043.54	1,036.06	1,059.20	1,052.13
1996	1,059.79	1,100.05	1,101.40	1,190.52	1,243.43	1,185.02	1,080.59	1,141.50	1,226.92	1,221.51	1,292.61	1,291.03
1997	1,379.85	1,309.00	1,221.70	1,260.76	1,400.32	1,442.07	1,593.81	1,587.32	1,685.69	1,593.61	1,600.55	1,570.35
1998	1,619.36	1,770.51	1,835.68	1,868.41	1,778.87	1,894.74	1,872.39	1,499.25	1,693.84	1,771.39	1,949.54	2,192.69
1999	2,505.90	2,288.03	2,461.40	2,542.85	2,470.52	2,686.12	2,638.49	2,739.35	2,746.16	2,966.43	3,336.16	4,069.31
2000	3,940.40	4,696.69	4,572.83	3,860.66	3,400.91	3,966.11	3,766.99	4,206.35	3,672.82	3,369.63	2,597.93	2,471.52
2001	2,772.73	2,151.83	1,840.26	2,116.24	2,110.49	2,160.54	2,027.13	1,805.43	1,498.80	1,690.20	1,930.58	1,950.40
2002	1,934.03	1,731.49	1,845.35	1,688.23	1,615.73	1,463.21	1,328.26	1,314.85	1,172.06	1,329.75	1,478.78	1,335.51
2003	1,320.91	1,337.52	1,341.17	1,471.30	1,595.91	1,622.80	1,735.02	1,810.45	1,786.94	1,932.21	1,960.26	2,009.88
2004	2,066.15	2,032.57	1,994.22	1,920.15	1,986.74	2,047.79	1,887.36	1,838.10	1,896.84	1,974.99	2,096.81	2,175.44
2005	2,062.41	2,051.72	1,999.23	1,921.65	2,068.22	2,056.96	2,184.83	2,152.09	2,151.69	2,120.30	2,241.67	2,205.32
2006	2,302.69	2,287.04	2,294.23	2,322.57	2,178.88	2,172.09	2,091.47	2,183.75	2,258.43	2,366.71	2,431.77	2,415.29
2007	2,463.93	2,416.15	2,421.64	2,525.09	2,604.52	2,603.23	2,546.27	2,596.36	2,701.50	2,859.12	2,660.96	2,652.28
2008	2,389.86	2,271.48	2,279.10	2,412.80	2,522.66	2,292.98	2,325.55	2,367.52	2,082.33	1,720.95	1,535.57	1,577.03
2009	1,476.42	1,377.84	1,528.59	1,717.30	1,774.33	1,835.04	1,978.50	2,009.06	2,122.42	2,045.11	2,144.60	2,269.15
2010	2,147.35	2,238.26	2,397.96	2,461.19	2,257.04	2,135.18	2,251.69	2,114.03	2,368.62	2,507.41	2,498.23	2,652.87
2011	2,700.08	2,782.27	2,781.07	2,873.54	2,835.30	2,773.52	2,756.38	2,579.46	2,415.40	2,684.41	2,620.34	2,605.15
2012	2,813.84	2,966.89	3,091.57	3,046.36	2,827.34	2,935.05	2,945.84	3,066.96	3,116.23	2,977.23	3,010.24	3,019.51
2013	3,142.13	3,160.19	3,267.52	3,328.79	3,455.91	3,403.25	3,616.47	3,589.87	3,771.48	3,919.71	4,059.89	4,176.59
2014	4,103.88	4,308.12	4,198.99	4,114.56	4,242.62	4,408.18	4,369.77	4,580.27	4,493.39	4,630.74	4,791.63	4,736.05
2015	4,635.24	4,963.53	4,900.89	5,023.64	5,070.03	4,986.87	5,128.28	4,776.51	4,620.17	5,053.75	5,108.67	5,007.41
2016	4,613.95	4,557.95	4,869.85	4,775.36	4,948.06	4,842.67	5,162.13	5,213.22	5,312.00	5,189.14	5,323.68	5,383.12
2017	5,614.79	5,825.44	5,911.74	6,047.61	6,198.52	6,140.42	6,348.12	6,428.66	6,495.96	6,727.67	6,873.97	6,903.39
2018	7,411.48	7,273.01	7,063.45	7,066.27	7,442.12	7,510.30	7,671.79	8,109.54	8,046.35	7,305.90	7,330.54	6,635.28
2019	7,281.74	7,532.53	7,729.32	8,095.39	7,453.15	8,006.24	8,175.42	7,962.88	7,999.34	8,292.36	8,665.47	8,972.60
2020	9,150.94	8,567.37	7,700.10	8,889.55	9,489.87	10,058.77	10,745.28	11,775.46	11,167.51	10,911.59	12,198.74	12,888.28
2021	13,070.69	13,192.35	13,246.87	13,962.68	13,748.74	14,503.95	14,672.68	15,259.24	14,448.58	15,498.39	15,537.69	15,644.97
2022	14,239.88	13,751.40	14,220.52	12,334.64	12,081.39	11,028.74	12,390.69	11,816.20	10,575.62	10,988.15	11,468.00	10,466.48
2023	11,584.55	11,455.54	12,221.91	12,226.58	12,935.29	13,787.92	14,346.02	14,034.97	13,219.32	12,851.24	14,226.22	15,011.35
2024	15,164.01	16,091.92	16,379.46	15,657.82	16,735.02	17,732.60	17,599.40	17,713.62	18,189.17	18,095.15	19,218.17	19,310.79
2025	19,627.44	18,847.28	17,299.29	17,446.34	19,113.77	20,369.73	21,122.45	21,455.55	22,660.01	-	-	-

3. 영 국(FT-SE100)

연·월	1월	2월	3월	4월	5월	6월	7월	8월	9월	10월	11월	12월
1995	2,991.60	3,009.30	3,137.90	3,216.70	3,319.40	3,314.60	3,463.30	3,477.80	3,508.20	3,529.10	3,664.30	3,689.30
1996	3,759.30	3,727.60	3,699.70	3,817.90	3,747.80	3,711.00	3,703.20	3,867.60	3,953.70	3,979.10	4,058.00	4,118.50
1997	4,275.80	4,308.30	4,312.90	4,436.00	4,621.30	4,604.60	4,907.50	4,817.50	5,244.20	4,842.30	4,831.80	5,135.50
1998	5,458.50	5,767.30	5,932.20	5,928.30	5,870.70	5,832.50	5,837.00	5,249.40	5,064.40	5,438.40	5,743.90	5,882.60
1999	5,896.00	6,175.10	6,295.30	6,552.20	6,226.20	6,318.50	6,231.90	6,246.40	6,029.80	6,255.70	6,597.20	6,930.20
2000	6,268.50	6,232.60	6,540.20	6,327.40	6,359.30	6,312.70	6,365.30	6,672.70	6,294.20	6,438.40	6,142.20	6,222.50
2001	6,297.50	5,917.90	5,633.70	5,966.90	5,796.10	5,642.50	5,529.10	5,345.00	4,903.40	5,039.70	5,203.60	5,217.40
2002	5,164.80	5,101.00	5,271.80	5,165.60	5,085.10	4,656.40	4,246.20	4,227.30	3,721.80	4,039.70	4,169.40	3,940.40
2003	3,567.40	3,655.60	3,613.30	3,926.00	4,048.10	4,031.20	4,157.00	4,161.10	4,091.30	4,287.60	4,342.60	4,476.90
2004	4,390.70	4,492.20	4,385.70	4,489.70	4,430.70	4,464.10	4,413.10	4,459.30	4,570.80	4,624.20	4,703.20	4,814.30
2005	4,852.30	4,968.50	4,894.40	4,801.70	4,964.00	5,113.20	5,282.30	5,296.90	5,477.70	5,317.30	5,423.20	5,618.80
2006	5,760.30	5,791.50	5,964.60	6,023.10	5,723.80	5,833.40	5,928.30	5,906.10	5,960.80	6,129.20	6,048.80	6,220.80
2007	6,203.10	6,171.50	6,308.00	6,449.20	6,621.40	6,607.90	6,360.10	6,303.30	6,466.80	6,721.60	6,432.50	6,456.90
2008	5,879.80	5,884.30	5,702.10	6,087.30	6,053.50	5,625.90	5,411.90	5,636.60	4,902.50	4,377.30	4,288.00	4,434.20
2009	4,149.60	3,830.10	3,926.10	4,243.70	4,417.90	4,249.20	4,608.40	4,908.90	5,133.90	5,044.60	5,190.70	5,412.90
2010	5,188.52	5,354.52	5,679.64	5,553.29	5,188.43	4,916.87	5,258.02	5,225.22	5,548.62	5,675.16	5,528.27	5,899.94
2011	5,862.94	5,994.01	5,908.76	6,069.90	5,989.99	5,945.71	5,815.19	5,394.53	5,128.48	5,544.22	5,505.42	5,572.28
2012	5,681.61	5,871.51	5,768.45	5,737.78	5,320.86	5,571.15	5,635.28	5,711.48	5,742.07	5,782.70	5,866.82	5,897.81
2013	6,276.88	6,360.81	6,411.74	6,430.12	6,596.12	6,215.47	6,621.06	6,412.93	6,462.22	6,731.43	6,650.57	6,749.09
2014	6,510.44	6,809.70	6,598.37	6,780.03	6,844.51	6,743.94	6,730.11	6,819.75	6,622.72	6,546.47	6,722.62	6,566.09
2015	6,749.40	6,946.66	6,773.04	6,960.63	6,984.43	6,520.98	6,696.28	6,247.94	6,061.61	6,361.09	6,356.09	6,242.32
2016	6,083.79	6,097.09	6,174.90	6,241.89	6,230.79	6,504.33	6,724.43	6,781.51	6,899.33	6,954.22	6,783.79	7,142.83
2017	7,099.15	7,263.44	7,322.92	7,203.94	7,519.95	7,312.72	7,372.00	7,430.62	7,372.76	7,493.08	7,326.67	7,687.77
2018	7,533.55	7,231.91	7,056.61	7,509.30	7,678.20	7,636.93	7,748.76	7,432.42	7,510.20	7,128.10	6,980.24	6,728.13
2019	6,968.85	7,074.73	7,279.19	7,418.22	7,161.71	7,425.63	7,586.78	7,207.18	7,408.21	7,248.38	7,346.53	7,542.44
2020	7,286.01	6,580.61	5,671.96	5,901.21	6,076.60	6,169.74	5,897.76	5,963.57	5,866.10	5,577.27	6,266.19	6,460.52
2021	6,407.46	6,483.43	6,713.63	6,969.81	7,022.61	7,037.47	7,032.30	7,119.70	7,086.42	7,237.57	7,059.45	7,384.54
2022	7,464.37	7,458.25	7,515.68	7,544.55	7,607.66	7,169.28	7,423.43	7,284.15	6,893.81	7,094.53	7,573.05	7,451.74
2023	7,771.70	7,876.28	7,631.74	7,870.57	7,446.14	7,531.53	7,699.41	7,439.13	7,608.08	7,321.72	7,453.75	7,733.24
2024	7,630.57	7,630.02	7,952.62	8,144.13	8,275.38	8,164.12	8,367.98	8,376.63	8,236.95	8,110.10	8,287.30	8,173.02
2025	8,673.96	8,809.74	8,582.81	8,494.85	8,772.38	8,760.96	9,132.81	9,187.34	9,350.43	-	-	-

4. 프랑스(CAC40)

연·월	1월	2월	3월	4월	5월	6월	7월	8월	9월	10월	11월	12월
1998	3,172.10	3,421.90	3,875.30	3,880.92	4,041.16	4,203.45	4,177.31	3,765.23	3,197.95	3,522.93	3,843.38	3,942.66
1999	4,251.80	4,092.94	4,197.88	4,405.35	4,351.29	4,536.61	4,382.06	4,589.22	4,591.42	4,888.62	5,341.62	5,958.32
2000	5,659.81	6,190.96	6,286.05	6,419.72	6,426.26	6,446.54	6,542.49	6,625.42	6,266.63	6,397.66	5,928.08	5,926.42
2001	5,998.49	5,367.48	5,180.45	5,640.03	5,454.19	5,225.33	5,085.51	4,689.34	4,079.02	4,341.29	4,476.06	4,624.58
2002	4,461.87	4,462.99	4,688.02	4,462.74	4,274.64	3,897.99	3,415.38	3,366.21	2,777.45	3,150.04	3,326.65	3,063.91
2003	2,937.88	2,754.07	2,618.46	2,953.67	2,991.75	3,084.10	3,210.27	3,311.42	3,134.99	3,373.20	3,424.79	3,557.90
2004	3,638.44	3,725.44	3,625.23	3,674.28	3,669.63	3,732.99	3,647.10	3,594.28	3,640.61	3,706.82	3,753.75	3,821.16
2005	3,913.69	4,027.16	4,067.78	3,911.71	4,120.73	4,229.35	4,451.74	4,385.24	4,600.02	4,436.45	4,573.60	4,715.23
2006	4,943.35	5,008.14	5,220.85	5,188.40	4,930.18	4,965.96	5,009.42	5,165.04	5,250.01	5,348.73	5,327.64	5,541.76
2007	5,608.31	5,541.07	5,634.16	5,960.04	6,104.00	6,054.93	5,751.08	5,662.70	5,715.69	5,847.95	5,670.57	5,614.08
2008	4,869.79	4,790.66	4,707.07	4,996.54	5,014.28	4,434.85	4,392.36	4,482.60	4,032.10	3,487.07	3,262.68	3,217.97
2009	2,973.92	2,702.48	2,807.34	3,159.85	3,277.65	3,140.44	3,426.27	3,656.54	3,795.41	3,607.69	3,680.15	3,936.33
2010	3,739.46	3,708.80	3,974.01	3,816.99	3,507.56	3,448.89	3,643.14	3,490.79	3,715.18	3,834.84	3,610.44	3,804.78
2011	4,005.50	4,110.35	3,989.18	4,106.92	4,006.94	3,982.21	3,672.77	3,256.76	2,981.96	3,242.84	3,154.62	3,159.81
2012	3,298.55	3,452.45	3,423.81	3,212.80	3,017.01	3,196.65	3,291.66	3,413.07	3,354.82	3,429.27	3,557.28	3,641.07
2013	3,732.60	3,723.00	3,731.42	3,856.75	3,996.31	3,738.91	3,992.69	3,933.78	4,143.44	4,299.89	4,295.21	4,295.95
2014	4,165.72	4,408.08	4,391.50	4,487.39	4,519.57	4,422.84	4,246.14	4,381.04	4,416.24	4,233.09	4,390.18	4,272.75
2015	4,604.25	4,951.48	5,033.64	5,046.49	5,007.89	4,790.20	5,082.61	4,652.95	4,455.29	4,897.66	4,957.60	4,637.06
2016	4,417.02	4,353.55	4,385.06	4,428.96	4,505.62	4,237.48	4,439.81	4,438.22	4,448.26	4,509.26	4,578.34	4,862.31
2017	4,748.90	4,858.58	5,122.51	5,267.33	5,283.63	5,120.68	5,093.77	5,085.59	5,329.81	5,503.29	5,372.79	5,312.56
2018	5,481.93	5,320.49	5,167.30	5,520.50	5,398.40	5,323.53	5,511.30	5,406.85	5,493.49	5,093.44	5,003.92	4,730.69
2019	4,992.72	5,240.53	5,350.53	5,586.41	5,207.63	5,538.97	5,518.90	5,480.48	5,677.79	5,729.86	5,905.17	5,978.06
2020	5,806.34	5,309.90	4,396.12	4,572.18	4,695.44	4,935.99	4,783.69	4,947.22	4,803.44	4,594.24	5,518.55	5,551.41
2021	5,399.21	5,703.22	6,067.23	6,269.48	6,447.17	6,507.83	6,612.76	6,680.18	6,520.01	6,830.34	6,721.16	7,153.03
2022	6,999.20	6,658.83	6,659.87	6,533.77	6,468.80	5,922.86	6,448.50	6,125.10	5,762.34	6,266.77	6,738.55	6,473.76
2023	7,082.42	7,267.93	7,322.39	7,491.50	7,098.70	7,400.06	7,497.78	7,316.70	7,135.06	6,885.65	7,310.77	7,543.18
2024	7,656.75	7,927.43	8,205.81	7,984.93	7,992.87	7,479.40	7,531.49	7,630.95	7,635.75	7,350.37	7,235.11	7,380.74
2025	7,950.17	8,111.63	7,790.71	7,593.87	7,751.89	7,665.91	7,771.97	7,703.90	7,895.94	-	-	-

5. 독 일(DAX)

연·월	1월	2월	3월	4월	5월	6월	7월	8월	9월	10월	11월	12월
1995	2,024.82	2,097.85	1,914.69	2,017.95	2,099.95	2,089.04	2,222.51	2,234.23	2,201.27	2,165.76	2,254.95	2,260.69
1996	2,470.14	2,473.55	2,485.87	2,505.25	2,542.80	2,561.39	2,473.35	2,543.83	2,651.85	2,659.25	2,845.52	2,888.69
1997	3,035.15	3,259.64	3,429.05	3,438.07	3,547.84	3,785.77	4,438.93	3,906.03	4,167.85	3,726.69	3,949.14	4,249.69
1998	4,440.38	4,709.83	5,102.35	5,107.44	5,569.08	5,897.44	5,873.92	4,833.89	4,474.51	4,671.12	5,022.70	5,002.39
1999	5,159.96	4,911.81	4,884.20	5,393.11	5,069.83	5,378.52	5,101.87	5,270.77	5,149.83	5,525.40	5,896.04	6,958.14
2000	6,835.60	7,644.55	7,599.39	7,414.68	7,109.67	6,898.21	7,190.37	7,216.45	6,798.12	7,077.44	6,372.33	6,433.61
2001	6,795.14	6,208.24	5,829.95	6,264.51	6,123.26	6,058.38	5,861.19	5,188.17	4,308.15	4,559.13	4,989.91	5,160.10
2002	5,107.61	5,039.08	5,397.29	5,041.20	4,818.30	4,382.56	3,700.14	3,712.94	2,769.03	3,152.85	3,320.32	2,892.63
2003	2,747.83	2,547.05	2,423.87	2,942.04	2,982.68	3,220.58	3,487.86	3,484.58	3,256.78	3,655.99	3,745.95	3,965.16
2004	4,058.60	4,018.16	3,856.70	3,985.21	3,921.41	4,052.73	3,895.61	3,785.21	3,892.90	3,960.25	4,126.00	4,256.08
2005	4,254.85	4,350.49	4,348.77	4,184.84	4,460.63	4,586.28	4,886.50	4,829.69	5,044.12	4,929.07	5,193.40	5,408.26
2006	5,674.15	5,796.04	5,970.08	6,009.89	5,692.86	5,683.31	5,681.97	5,859.57	6,004.33	6,268.92	6,309.19	6,596.92
2007	6,789.11	6,715.44	6,917.03	7,408.87	7,883.04	8,007.32	7,584.14	7,638.17	7,861.51	8,019.22	7,870.52	8,067.32
2008	6,851.75	6,948.82	6,534.97	6,948.82	7,093.79	6,418.32	6,479.56	6,422.30	5,831.02	4,987.97	4,669.44	4,810.20
2009	4,338.35	3,843.74	4,084.76	4,769.45	4,940.82	4,808.64	5,332.14	5,517.35	5,675.16	5,414.96	5,625.95	5,957.43
2010	5,608.79	5,598.46	6,153.55	6,135.70	5,964.33	5,965.52	6,147.97	5,925.22	6,229.02	6,601.37	6,688.49	6,914.19
2011	7,077.48	7,272.32	7,041.31	7,514.46	7,293.69	7,376.24	7,158.77	5,784.85	5,502.02	6,141.34	6,088.84	5,898.35
2012	6,458.91	6,856.08	6,946.83	6,761.19	6,264.38	6,416.28	6,772.26	6,970.79	7,216.15	7,260.63	7,405.50	7,612.39
2013	7,776.05	7,741.70	7,795.31	7,913.71	8,348.84	7,959.22	8,275.97	8,103.15	8,594.40	9,033.92	9,405.30	9,552.16
2014	9,306.48	9,692.08	9,555.91	9,603.23	9,943.27	9,833.07	9,407.48	9,470.17	9,474.30	9,326.87	9,980.85	9,805.55
2015	10,694.32	11,401.66	11,966.17	11,454.38	11,413.82	10,944.97	11,308.99	10,259.46	9,660.44	10,850.14	11,382.23	10,743.01
2016	9,798.11	9,495.40	9,965.51	10,038.97	10,262.74	9,680.09	10,337.50	10,592.69	10,511.02	10,665.01	10,640.30	11,481.06
2017	11,535.31	11,834.41	12,312.87	12,438.01	12,615.06	12,325.12	12,118.25	12,055.84	12,828.86	13,229.57	13,023.98	12,917.64
2018	13,189.48	12,435.85	12,096.73	12,612.11	12,604.89	12,306.00	12,805.50	12,364.06	12,246.73	11,447.51	11,257.24	10,558.96
2019	11,173.10	11,515.64	11,526.04	12,344.08	11,726.84	12,398.80	12,189.04	11,939.28	12,428.08	12,866.79	13,236.38	13,249.01
2020	12,981.97	11,890.35	9,935.84	10,861.64	11,586.85	12,310.93	12,313.36	12,945.38	12,760.73	11,556.48	13,291.16	13,718.78
2021	13,432.87	13,786.29	15,008.34	15,135.91	15,421.13	15,531.04	15,544.39	15,835.09	15,260.69	15,688.77	15,100.13	15,884.86
2022	15,471.20	14,461.02	14,414.75	14,097.88	14,388.35	12,783.77	13,484.05	12,834.96	12,114.36	13,253.74	14,397.04	13,923.59
2023	15,128.27	15,365.14	15,628.84	15,922.38	15,664.02	16,147.90	16,446.83	15,947.08	15,386.58	14,810.34	16,215.43	16,751.64
2024	16,903.76	17,678.19	18,492.49	17,932.17	18,497.94	18,235.45	18,508.65	18,906.92	19,324.93	19,077.54	19,626.45	19,909.14
2025	21,732.05	22,551.43	22,163.49	22,496.98	23,997.48	23,909.61	24,065.47	23,902.21	23,880.72	-	-	-

해 외 주 가 지 수(3)

6. 일 본(NIKKEI225)

연·월	1월	2월	3월	4월	5월	6월	7월	8월	9월	10월	11월	12월
1995	18,649.82	17,053.43	16,139.95	16,806.75	15,436.79	14,517.40	16,677.53	18,117.22	17,913.06	17,654.64	18,744.42	19,868.15
1996	20,812.74	20,125.37	21,406.85	22,041.30	21,956.19	22,530.75	20,692.83	20,166.90	21,556.40	20,466.86	21,020.36	19,361.35
1997	18,330.01	18,557.00	18,003.40	19,151.12	20,068.81	20,604.96	20,331.43	18,229.42	17,887.71	16,458.94	16,636.26	15,258.74
1998	16,628.47	16,831.67	16,527.17	15,641.26	15,670.78	15,830.27	16,378.97	14,107.89	13,406.39	13,564.51	14,883.70	13,842.17
1999	14,499.25	14,367.54	15,836.59	16,701.53	16,111.65	17,529.74	17,861.86	17,436.56	17,605.46	17,942.08	18,558.23	18,934.34
2000	19,539.70	19,959.52	20,337.32	17,973.70	16,332.45	17,411.05	15,727.49	16,861.26	15,747.26	14,539.60	14,648.51	13,785.69
2001	13,843.55	12,883.54	12,999.70	13,934.32	13,262.14	12,969.05	11,860.77	10,713.51	9,774.68	10,366.34	10,697.44	10,542.62
2002	9,997.80	10,587.83	11,024.94	11,492.54	11,763.70	10,621.84	9,877.94	9,619.30	9,383.29	8,640.48	9,215.56	8,578.95
2003	8,339.94	8,363.04	7,972.71	7,831.42	8,424.51	9,083.11	9,563.21	10,343.55	10,219.05	10,559.59	10,100.57	10,676.64
2004	10,783.61	11,041.92	11,715.39	11,761.79	11,236.37	11,858.87	11,325.78	11,081.79	10,823.57	10,771.42	10,899.25	11,488.76
2005	11,387.59	11,740.60	11,668.95	11,008.90	11,276.59	11,584.01	11,899.60	12,413.60	13,574.30	13,606.50	14,872.15	16,111.43
2006	16,649.82	16,205.43	17,059.66	16,906.23	15,467.33	15,505.18	15,456.81	16,140.76	16,127.58	16,399.39	16,274.33	17,225.83
2007	17,383.42	17,604.12	17,287.65	17,400.41	17,875.75	18,138.36	17,248.89	16,569.09	16,785.69	16,737.63	15,680.67	15,307.78
2008	13,592.47	13,603.02	12,525.54	13,849.99	12,338.54	13,481.38	13,376.81	13,072.87	11,259.86	8,576.98	8,512.27	8,859.56
2009	7,994.05	7,568.42	8,109.53	8,828.26	9,522.50	9,958.44	10,356.83	10,509.86	10,133.23	10,034.74	9,345.55	10,546.44
2010	10,198.04	10,126.03	11,089.94	11,057.40	9,768.70	9,382.64	9,537.30	8,824.06	9,369.35	9,202.45	9,937.04	10,228.92
2011	10,237.92	10,624.09	9,755.10	9,849.74	9,693.73	9,816.09	9,833.03	8,955.20	8,700.29	8,988.39	8,434.61	8,455.35
2012	8,802.51	9,723.24	10,083.56	9,520.89	8,542.73	9,006.78	8,695.06	8,839.91	8,870.16	8,928.29	9,446.01	10,395.18
2013	11,138.66	11,559.36	12,397.91	13,860.86	13,774.54	13,677.32	13,668.32	13,388.86	14,455.80	14,327.94	15,661.87	16,291.31
2014	14,914.53	14,841.07	14,827.83	14,304.11	14,632.38	15,162.10	15,620.77	15,424.59	16,173.52	16,413.76	17,459.85	17,450.77
2015	17,674.39	18,797.94	19,206.99	19,520.01	20,563.15	20,235.73	20,585.24	18,890.48	17,388.15	19,083.10	19,747.47	19,033.71
2016	17,518.30	16,026.76	16,758.67	16,666.05	17,234.98	15,575.92	16,569.27	16,887.40	16,449.84	17,425.02	18,308.48	19,114.37
2017	19,041.34	19,118.99	18,909.26	19,196.74	19,650.57	20,033.43	19,925.18	19,646.24	20,356.28	22,011.61	22,724.96	22,764.94
2018	23,098.29	22,068.24	21,454.30	22,467.87	22,201.82	22,304.51	22,553.72	22,865.15	24,120.04	21,920.46	22,351.06	20,014.77
2019	20,773.49	21,385.16	21,205.81	22,258.73	20,601.19	21,275.92	21,521.53	20,704.37	21,755.84	22,927.04	23,293.91	23,656.62
2020	23,205.18	21,142.96	18,917.01	20,193.69	21,877.89	22,288.14	21,710.00	23,139.76	23,185.12	22,977.13	26,433.62	27,444.17
2021	27,663.39	28,966.01	29,178.80	28,812.63	28,860.08	28,791.53	27,283.59	28,089.54	29,452.66	28,892.69	27,821.76	28,791.71
2022	27,001.98	26,526.82	27,821.43	26,847.90	27,279.80	26,393.04	27,801.64	28,091.53	25,937.21	27,587.46	27,968.99	26,094.50
2023	27,327.11	27,445.56	28,041.48	28,856.44	30,887.88	33,189.04	33,172.22	32,619.34	31,857.62	30,858.85	33,486.89	33,464.17
2024	36,286.71	39,166.19	40,369.44	38,405.66	38,487.90	39,583.08	39,101.82	38,647.75	37,919.55	39,081.25	38,208.03	39,894.54
2025	39,572.49	37,155.50	35,617.56	36,045.38	37,965.10	40,487.39	41,069.82	42,322.00	44,932.63	-	-	-

7. 중 국(상하이B)

연·월	1월	2월	3월	4월	5월	6월	7월	8월	9월	10월	11월	12월
1995	52.45	56.20	57.17	50.25	55.14	53.42	58.62	61.13	58.32	55.04	50.64	47.68
1996	51.48	52.38	50.36	51.97	48.98	51.53	50.64	51.41	48.90	47.08	53.42	67.03
1997	66.85	67.16	73.53	91.22	86.87	81.48	72.90	83.55	76.31	63.99	54.20	55.88
1998	46.93	58.73	53.98	51.61	46.01	40.77	30.14	27.23	33.49	33.23	30.37	28.71
1999	25.24	24.44	26.55	26.91	38.71	58.60	47.53	45.46	43.30	40.45	38.16	37.91
2000	40.72	38.22	41.85	43.10	55.15	56.02	61.78	66.18	62.13	69.55	74.50	89.55
2001	85.57	91.42	156.88	181.47	239.73	217.35	164.86	158.76	151.55	156.35	165.31	171.53
2002	142.71	143.15	151.19	145.28	138.17	150.79	150.72	151.64	144.58	129.70	118.75	113.51
2003	127.27	125.69	122.47	118.61	119.50	112.30	111.84	100.20	99.12	106.48	110.37	104.94
2004	114.59	118.87	117.16	107.02	105.02	86.85	90.61	87.08	91.96	85.09	82.38	75.65
2005	74.18	81.46	77.22	75.26	67.19	65.30	58.69	65.05	67.65	59.76	60.93	62.02
2006	86.52	86.28	88.31	90.74	96.27	92.39	90.89	91.78	107.80	107.58	120.48	130.12
2007	160.68	178.34	177.80	231.13	301.62	254.98	328.10	323.40	367.35	380.52	343.01	365.93
2008	302.51	310.60	256.00	261.32	242.86	209.37	210.04	151.76	132.76	88.47	106.13	110.92
2009	124.78	131.41	161.06	162.51	174.90	190.30	218.61	188.52	193.50	207.95	248.15	252.41
2010	242.63	254.06	258.58	247.29	207.54	208.93	237.59	256.93	262.77	290.99	298.30	304.35
2011	306.45	315.14	317.44	303.36	288.40	271.31	281.70	260.64	239.33	254.35	229.16	215.26
2012	221.79	241.77	230.33	248.37	237.22	235.64	203.34	214.43	220.00	220.54	217.27	244.92
2013	277.77	277.62	263.80	255.50	263.56	238.66	236.76	244.40	252.55	249.31	255.55	253.63
2014	246.32	228.91	224.99	226.44	222.93	221.27	237.36	252.95	268.17	262.04	277.48	290.76
2015	289.75	296.03	310.63	406.45	494.58	431.85	351.32	300.60	309.71	358.55	381.26	426.41
2016	344.86	339.35	375.16	368.31	348.66	346.75	343.17	354.81	354.14	342.69	348.39	341.80
2017	338.51	348.01	337.41	335.13	320.96	327.27	335.83	345.20	361.64	350.58	341.38	341.81
2018	344.75	327.93	326.87	318.89	309.07	295.00	292.93	287.25	290.20	273.79	279.42	271.05
2019	272.11	298.66	306.79	311.75	288.08	296.90	281.43	261.69	270.67	260.54	237.83	256.82
2020	248.58	230.73	216.00	215.28	200.23	213.45	237.90	253.16	248.10	243.25	237.99	243.47
2021	244.06	243.38	245.19	249.28	250.95	255.32	254.04	266.87	275.46	271.50	279.41	285.86
2022	280.73	280.94	283.51	291.32	308.66	309.50	306.24	304.84	283.63	278.06	289.82	281.97
2023	299.55	295.83	294.84	294.37	270.23	266.99	277.52	240.33	236.22	230.02	226.26	231.60
2024	244.04	261.35	253.94	256.55	249.01	227.40	237.95	234.77	270.12	277.70	276.78	267.38
2025	264.93	260.58	272.74	254.01	256.82	258.04	264.81	265.88	261.45	-	-	-

8. 타일랜드(SET)

연·월	1월	2월	3월	4월	5월	6월	7월	8월	9월	10월	11월	12월
1995	1,217.74	1,288.87	1,216.68	1,208.69	1,392.31	1,394.77	1,383.10	1,314.90	1,294.23	1,270.76	1,196.62	1,280.81
1996	1,217.74	1,321.87	1,289.75	1,292.61	1,311.91	1,247.08	1,064.04	1,102.32	1,099.01	910.33	925.97	831.57
1997	788.04	727.56	705.43	661.29	566.39	527.28	665.62	502.23	544.54	447.21	395.47	372.69
1998	495.23	528.42	459.11	412.13	325.59	267.33	266.72	214.53	253.82	331.29	362.82	355.81
1999	363.00	340.94	352.01	459.35	453.60	521.77	456.81	440.27	389.49	395.55	422.12	481.92
2000	477.57	374.32	400.32	390.40	323.29	325.69	284.67	307.83	277.29	271.84	277.92	269.19
2001	332.77	325.20	291.94	300.63	310.10	322.55	297.69	335.57	277.04	275.09	302.62	303.85
2002	340.82	371.81	373.95	371.42	407.96	389.10	376.02	361.16	331.79	357.22	364.90	356.48
2003	370.01	361.32	364.55	374.63	403.82	461.82	484.11	537.71	578.98	639.45	646.03	772.15
2004	698.90	716.30	647.30	648.15	641.05	646.64	636.70	624.59	644.67	628.16	656.73	668.10
2005	701.91	741.55	681.49	658.88	667.55	675.50	675.67	697.85	723.23	682.62	667.75	713.73
2006	762.63	744.05	733.25	772.00	709.43	678.13	691.49	690.90	686.10	722.46	739.06	679.84
2007	654.04	677.13	673.71	699.16	737.40	776.79	859.76	813.21	845.50	907.28	846.44	858.10
2008	784.23	845.76	817.03	832.45	833.65	768.59	676.32	684.44	596.54	416.53	401.84	449.96
2009	437.69	431.52	431.50	491.69	560.41	597.48	624.00	653.25	717.07	685.24	689.07	734.54
2010	696.55	721.37	787.98	763.51	750.43	797.31	855.83	913.19	975.30	984.46	1,005.12	1,032.76
2011	964.10	987.91	1,047.48	1,093.56	1,073.83	1,041.48	1,133.53	1,070.05	916.21	974.75	995.33	1,025.32
2012	1,083.97	1,160.90	1,196.77	1,228.49	1,141.50	1,172.11	1,199.30	1,227.48	1,298.79	1,298.87	1,324.04	1,391.93
2013	1,474.20	1,541.58	1,561.06	1,597.86	1,562.07	1,451.90	1,423.14	1,294.30	1,383.16	1,442.88	1,371.13	1,298.71
2014	1,274.28	1,325.33	1,376.26	1,414.94	1,415.73	1,485.75	1,502.39	1,561.63	1,585.67	1,584.16	1,593.91	1,497.67
2015	1,581.25	1,587.01	1,505.94	1,526.74	1,496.05	1,504.55	1,440.12	1,382.41	1,349.00	1,394.94	1,359.70	1,288.02
2016	1,300.98	1,322.37	1,407.70	1,404.61	1,424.28	1,444.99	1,524.07	1,548.44	1,483.21	1,495.72	1,510.24	1,542.94
2017	1,577.31	1,559.56	1,575.11	1,566.32	1,561.66	1,574.74	1,576.08	1,616.16	1,673.16	1,721.37	1,697.39	1,753.71
2018	1,826.86	1,830.13	1,776.26	1,780.11	1,726.97	1,595.58	1,701.79	1,721.58	1,756.41	1,669.09	1,641.80	1,563.88
2019	1,641.73	1,653.48	1,638.65	1,673.52	1,620.22	1,730.34	1,711.97	1,654.92	1,637.22	1,601.49	1,590.59	1,579.84
2020	1,514.14	1,340.52	1,125.86	1,301.66	1,342.85	1,339.03	1,328.53	1,310.66	1,237.04	1,194.95	1,408.31	1,449.35
2021	1,466.98	1,496.78	1,587.21	1,583.13	1,593.59	1,587.79	1,521.92	1,638.75	1,605.68	1,623.43	1,568.69	1,657.62
2022	1,648.81	1,685.18	1,695.24	1,667.44	1,663.41	1,568.33	1,576.41	1,638.93	1,589.51	1,608.76	1,635.36	1,668.66
2023	1,671.46	1,622.35	1,609.17	1,529.12	1,533.54	1,503.10	1,556.06	1,565.94	1,471.43	1,381.83	1,380.18	1,415.85
2024	1,364.52	1,370.67	1,377.94	1,367.95	1,345.66	1,300.96	1,320.86	1,359.07	1,448.83	1,466.04	1,427.54	1,400.21
2025	1,314.50	1,203.72	1,158.09	1,197.26	1,149.18	1,089.56	1,242.35	1,236.61	1,274.17	–	–	–

9. 타이완(TAIEX)

연·월	1월	2월	3월	4월	5월	6월	7월	8월	9월	10월	11월	12월
1995	6,307.85	6,509.33	6,524.00	5,803.78	5,674.55	5,444.97	5,180.42	4,809.93	5,033.06	4,817.04	4,777.20	5,173.73
1996	4,763.40	4,797.67	5,032.35	6,134.28	5,966.82	6,560.41	6,106.97	6,324.60	6,504.68	6,426.09	6,826.06	6,933.94
1997	7,283.40	7,875.32	8,004.20	8,485.66	8,163.11	9,030.28	10,066.35	9,756.47	8,708.83	7,313.40	7,797.19	8,187.27
1998	8,085.47	9,202.56	9,091.16	8,304.21	7,903.34	7,548.81	7,653.51	6,550.11	6,833.95	7,165.98	7,177.22	6,418.43
1999	5,998.32	6,318.52	6,881.72	7,371.17	7,316.57	8,467.37	7,326.75	8,157.73	7,598.79	7,854.85	7,720.87	8,448.84
2000	9,744.89	9,435.94	9,854.95	8,777.35	8,939.52	8,265.09	8,114.92	7,616.98	6,185.14	5,544.18	5,256.93	4,739.09
2001	5,936.20	5,674.69	5,797.92	5,381.67	5,048.86	4,883.43	4,352.98	4,509.44	3,636.94	3,903.49	4,441.12	5,551.24
2002	5,872.14	5,696.11	6,167.47	6,065.73	5,675.65	5,153.71	4,940.38	4,764.94	4,191.81	4,579.14	4,646.69	4,452.45
2003	5,015.16	4,432.46	4,321.22	4,148.07	4,555.90	4,872.15	5,318.34	5,650.83	5,611.41	6,045.12	5,771.77	5,890.69
2004	6,375.38	6,750.54	6,522.19	6,117.81	5,977.84	5,839.44	5,420.57	5,765.54	5,845.69	5,705.93	5,844.76	6,139.69
2005	5,994.23	6,207.83	6,005.88	5,818.07	6,011.56	6,241.94	6,311.98	6,033.47	6,118.61	5,764.30	6,203.47	6,548.34
2006	6,532.18	6,561.63	6,613.97	7,171.77	6,846.95	6,704.41	6,454.58	6,611.77	6,883.05	7,021.32	7,567.72	7,823.72
2007	7,699.64	7,901.96	7,884.41	7,875.42	8,144.95	8,883.21	9,287.25	8,982.16	9,411.95	9,711.37	8,586.40	8,056.28
2008	7,521.13	8,412.76	8,572.59	8,919.92	8,619.08	7,523.54	7,024.06	7,046.11	5,719.28	4,870.66	4,460.49	4,591.22
2009	4,247.97	4,557.15	5,210.84	5,992.57	6,890.44	6,432.16	7,077.71	6,777.47	7,509.17	7,340.08	7,582.21	8,188.11
2010	7,640.44	7,436.10	7,920.06	8,004.25	7,373.98	7,329.37	7,760.63	7,616.28	8,237.78	8,287.09	8,372.48	8,972.50
2011	9,145.35	8,599.65	8,683.30	9,007.87	8,988.84	8,652.59	8,644.18	7,741.36	7,225.38	7,587.69	6,904.12	7,072.08
2012	7,517.08	8,121.44	7,933.00	7,501.72	7,301.50	7,926.28	7,270.49	7,397.06	7,715.16	7,166.05	7,580.17	7,699.50
2013	7,850.02	7,897.98	7,918.61	8,093.66	8,254.80	8,062.21	8,107.94	8,021.89	8,173.87	8,450.06	8,406.83	8,611.51
2014	8,462.57	8,639.58	8,849.28	8,791.44	9,075.91	9,393.07	9,315.85	9,436.27	8,966.92	8,974.76	9,187.15	9,307.26
2015	9,361.91	9,622.10	9,586.44	9,820.05	9,701.07	9,323.02	8,665.34	8,174.92	8,181.24	8,554.31	8,320.61	8,338.06
2016	8,145.21	8,411.16	8,744.83	8,377.90	8,535.59	8,666.58	8,984.41	9,068.85	9,166.85	9,290.12	9,240.71	9,253.50
2017	9,447.95	9,750.47	9,811.52	9,872.00	10,040.72	10,395.07	10,427.33	10,585.78	10,383.94	10,793.80	10,560.44	10,642.86
2018	11,103.79	10,815.47	10,919.49	10,657.88	10,874.96	10,836.91	11,057.51	11,063.94	11,006.34	9,802.13	9,888.03	9,727.41
2019	9,932.26	10,389.17	10,641.04	10,967.73	10,498.49	10,730.83	10,823.81	10,618.05	10,829.68	11,358.71	11,489.57	11,997.14
2020	11,495.10	11,292.17	9,708.06	10,992.14	10,942.16	11,621.24	12,664.80	12,591.45	12,515.61	12,546.34	13,722.89	14,732.53
2021	15,138.31	15,953.80	16,431.13	17,566.66	17,068.43	17,755.46	17,247.41	17,490.29	16,934.77	16,987.41	17,427.76	18,218.84
2022	17,674.40	17,652.18	17,693.47	16,592.18	16,807.77	14,825.73	15,000.07	15,095.44	13,424.58	12,949.75	14,879.55	14,137.69
2023	15,265.20	15,503.79	15,868.06	15,579.18	16,578.96	16,915.54	17,145.43	16,634.51	16,353.74	16,001.27	17,433.85	17,930.81
2024	17,889.56	18,966.77	20,294.45	20,396.60	21,174.22	23,032.25	22,199.35	22,268.09	22,224.54	22,820.43	22,262.50	23,035.10
2025	23,525.41	23,053.18	20,695.90	20,235.03	21,347.30	22,256.02	23,542.52	24,233.10	25,820.54	–	–	–

찾아보기

- 한글의 자모순에 따라 자음을 우선시 하였고, 이중모음은 그 앞 모음의 끝에 배열하였다.
- 품명이 국·영문 혼용으로 되어 있는 것은 발음순서에 따랐다.
- 영문자로 시작되는 품명은 후미에 배열하였다.

1970~2025 통계로 본 물가 55년사

종합 물가총람®

초판 1쇄 인쇄 | 2025년 11월 14일
초판 1쇄 발행 | 2025년 11월 28일

발행인 | 노승권
발행처 | ㈔한국물가정보

주소 | (10881)경기도 파주시 회동길 354
전화 | 1577-7200(代)
팩스 | 031-870-1097

등록 | 1980년 3월 29일
홈페이지 | www.kpi.or.kr

값은 뒤표지에 있습니다.